一代宗師

赵松庭笛子艺术全集

戴亚 主编

人民音乐出版社·北京

YIDAI ZONGSHI
ZHAOSONGTING DIZI YISHU QUANJI

图书在版编目（CIP）数据

一代宗师：赵松庭笛子艺术全集 / 戴亚主编；赵晓笛副主编. -- 北京：人民音乐出版社, 2024. 10. ISBN 978-7-103-06831-1

Ⅰ. K825.76；J630.9-53

中国国家版本馆CIP数据核字第20244Y6E81号

责任编辑：刘　滢

人民音乐出版社出版发行

（北京市东城区朝阳门内大街甲55号　邮政编码：100010）

http://www.rymusic.com.cn

E-mail: rmyy@rymusic.com.cn

新华书店北京发行所经销

北京中科印刷有限公司印刷

635×927毫米　8开　90印张

2024年10月北京第1版　2024年10月北京第1次印刷

印数：1—1,000册　定价：680.00元

读者服务部联系电话：（010）58110591

如有缺页、倒装等质量问题，请与出版部联系调换。电话：（010）58110533

赵松庭

（1924—2001）

十七八展露頭角
二十幾名噪一域
三十初藝揚異國
四十多勤於求索
五十來精心傳習
花甲年著書立說
古稀後隨心所欲

書贈趙松庭藝友
丁卯仲冬岷川周大風鴉塗

1 2 3

4 5

6

1. 锦堂师范学校学生照（1941 年浙江慈溪）
2. 上海法律学院学生照（1947 年上海）
3. 浙江民间歌舞团证件照（1956 年浙江杭州）
4. 解放军第二十一军战友照（1950 年嘉兴，后排左一）
5. 为战友合唱伴奏（1953 年停战后，摄于朝鲜）
6. 在朝鲜立功照（1953 年朝鲜）

1　2

3

1. 参加世界青年联欢节（1957 年莫斯科）

2. 为歌唱家伴奏（20 世纪六七十年代）

3. 黄龙洞浙江艺术学校大门前留念（1976 年浙江杭州）

1

2

1. 中国音乐学院大门前留念（1981 年北京）

2. 光荣退休（20 世纪 90 年代）

1　2　　1. 2. 3. “七十笛艺春秋纪念”音乐会（2000 年台北）

3　4　　4. 赵松龄、赵松乔、赵松庭三兄弟（1981 年北京北沙滩）

1　2
3　4
　 5

1. 赵松庭（左三）与刘管乐（左二）（20 世纪 80 年代天津）

2. 赵松庭与陆春龄畅饮（1994 年上海）

3. 赵松庭与彭修文

4. 赵松庭与刘管乐

5. 赵松庭与陆春龄

1

2

3

1. 赵松庭与弟子戴亚（左一）、曾永清（左二）、张维良（右二）、詹永明（右一）

2. 赵松庭与詹永明、张维良、肖兴华、李镇、戴亚（从左至右）

3. 赵松庭先生授课

1

2 3

1. 赵松庭细心指导学生（1982 年浙江杭州）

2. 赵松庭与小学生同台演出（1983 年浙江金华）

3. 赵松庭与青年音乐营学生合影（1983 年香港）

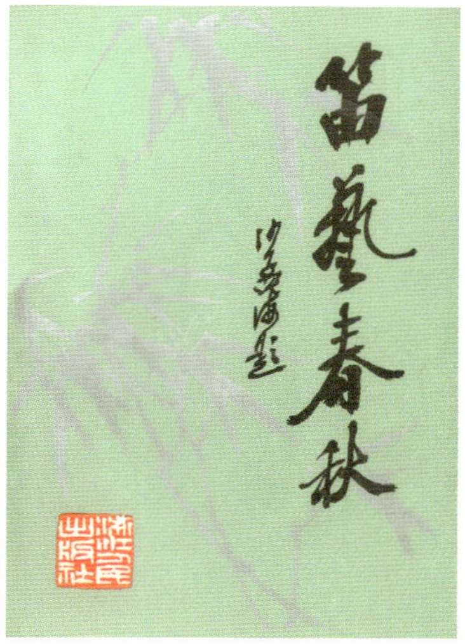

1 2 3
4
5

1. 2. 3. 赵松庭出版的著作

4. 赵松庭出版的音像制品

5. 赵松庭的讲义和讲座录音磁带

证　书

趙松庭同志：

为了表彰您为发展我国文化艺术事业做出的突出贡献，特决定从一九九一年七月起发给政府特殊津贴并颁发证书。

国务院

政府特殊津贴第（91）933119　　一九九一年十月一日

趙松庭：

经中国民族管弦乐学会第二届全国会员代表大会选举，您当选为副会長。

中国民族管弦乐学会

一九九六年八月十日　北京

0006

1

2

3

1. 赵松庭设计制作的笛子

2. 赵松庭获“国务院政府特殊津贴”证书

3. 赵松庭当选中国民族管弦乐学会副会长证书

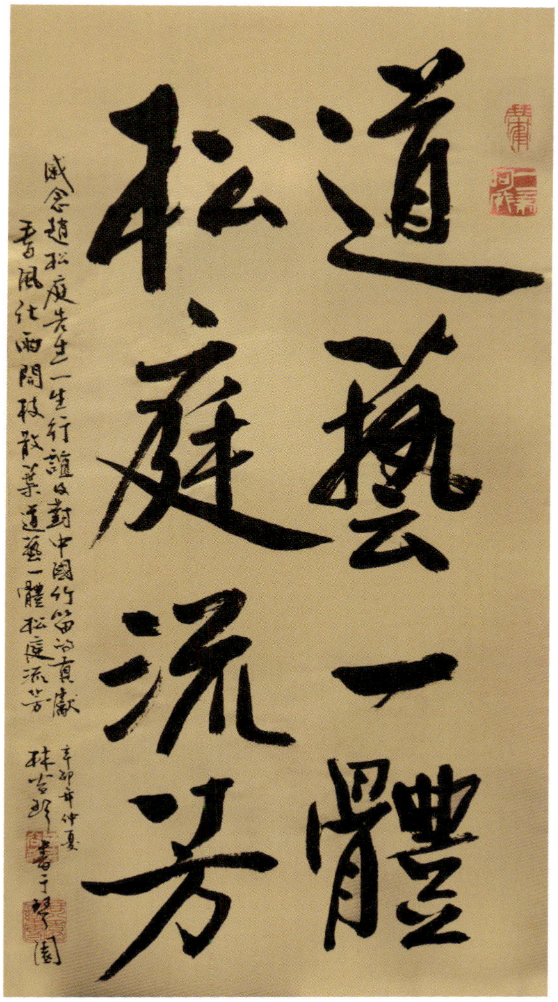

1　2

3

1. 林谷珍为赵松庭先生题字

2. 赵松庭学生所赠纪念牌与其他荣誉牌

3. 人民音乐出版社 2011 年出版的《笛艺春秋——赵松庭笛曲 · 文论集》（赵晓笛主编）书封

U 盘

- 赵松庭教学视频、电视专题片、笛子独奏专辑等
- 赵松庭纪念音乐会与研讨会视频
- 赵松庭创编笛曲作品（乐队版）12 首乐谱

编辑委员会

目录

上编

一、文论

二、教材

三、笛曲作品

四、博学多识

下编

一、赵松庭笛派嫡传弟子（简历・论文・笛曲作品/蒋国基、詹永明、张维良、戴亚、王次恒、刘宽忍、杜如松、吴樟华、陈悦、蔡拯）

三、追思怀念

序

今年是20世纪中国笛乐艺术的缔造者之一，杰出的笛子演奏家、作曲家、教育家、理论家赵松庭先生的百年诞辰，相关单位为了纪念先生在笛乐艺术领域的丰功伟业，总结中国笛乐艺术百年来所取得的历史进步，特别决定举行一场纪念音乐会、学术研讨会，并编辑出版一套《一代宗师——赵松庭笛子艺术全集》，以表达笛乐界乃至民族音乐界对先生崇高的敬意和深切缅怀。

1954年，赵松庭先生乘从朝鲜回国休养的间隙，创作了他的第一首笛子独奏曲《早晨》。那一年，他刚刚30岁。两年后，他代表浙江省赴京参加"首届全国音乐周"，演奏的曲目就是《早晨》，未料，乐曲生动清新的气韵如天籁盈耳，流入全体听众的心底，一曲奏罢，赢得满场赞誉，经《人民日报》的专题介绍后更引发了民族音乐界的广泛关注。次年，他随中国代表团前往莫斯科参加世界青年联欢节，《早晨》美妙的旋律又飘洒在境外音乐厅上空，这或许也是中国笛声第一次缭绕于外国同行的耳际。

《早晨》的巨大成功，是赵松庭先生在他年轻生命旅途上镌刻的一座碑石，也是他"而立之年"献给民族音乐界的一份厚礼。在此之前，几位民间笛乐大师也都曾演出了他们的佳作，而赵松庭先生的《早晨》则以意味幽远的主题和高洁隽永的格调，为当代笛乐带来一股和煦的"晨风"，民族器乐界公认这是一部划时代的民乐佳品，标志着20世纪中国笛乐艺术进入了一个全新的时代。

赵松庭先生投入笛乐创作与表演之际，正值中国民族器乐经历着从传统到"现代"的"转接期"。这一"转接"包含了一系列与新的器乐艺术观演观念相关的新体裁、新形式、新思维的探索实践，催生了各类民族乐器的复兴和繁荣。原本仅为地方剧种主奏、伴奏或参与民间乐社自娱、雅集活动的某件乐器，先后以独奏、重奏、协奏、大型民族管弦乐等新的表演形式登上现代舞台。自此，民乐新作与多样的演奏技艺交相辉映，教学传承、理论研究、乐器改革互促互融，共同开创了半个多世纪以来中国民族器乐艺术的全新景观。

"转接期"早期，少有专业作曲家涉猎民族器乐创作，其中，二胡领域由于有20世纪20年代刘天华先生的实践和倡导，蒋风之、陈振铎、陆修棠及50年代成长起来的一批演奏家创编了一大批作品，完成了二胡走上现代之路的一个"奠基礼"。而在笛乐领域，作曲家真正介入新作品创作，已经是80年代以后的事了。赵松庭先生自《早晨》后，于1950—1960年期间，连续谱写了数十首笛乐新作，这些笛乐作品，大大丰富了笛乐艺术在"转接期"的舞台表演和教学实践，厥功至伟，贡献尤大。

如果让我来用一句话评价赵松庭先生，我一定会说：他是当代笛乐艺术第一人。依据何在？我在这里主要讲下面三点：

一、赵松庭的笛乐创作

赵松庭先生虽然没接受过专业作曲训练，也无专业作曲家的身份，然其传统音乐的根底却极为深厚。自幼年起，他便与民间音乐结缘，9岁开始学笛子，12岁学唢呐并接触了吹、打、拉、弹多类民族乐器，对昆曲、婺剧、乱弹等地方戏曲音乐更是了然于胸。小时候，他已经是当地有名的"台下班”[①]主角，一个人竟可以背唱六十出昆曲折子戏的唱段。凭着这样的广泛积累和“童子功”，很自然地具备了笛乐创作的先天条件。

我们都知道，赵松庭先生的笛乐作品，成功率甚高，每有新作问世，就会受到笛乐界的一致赞许，并迅速传播而被列入经典。其根本原因就是他深厚的传统音乐功底，借此，他才能胸有成竹地处理创作中遇到的一系列关系。诸如传统音乐资源与表达现代生活的关系，如何提炼、创用传统音乐元素与融入新作品核心乐旨的关系，作品可听性与高难技巧有机结合的关系等，真正实现了传统与创新的完美结合。特别是《早晨》一曲，他借用传统曲牌〔点绛唇〕，开掘出一种全新的、极具创新性的笛乐语汇，成为民族音乐创作中的一颗璀璨明珠。纵观他的笛乐创作，我个人最强烈的感受是，多数作品格局大，立意高，结构精致，叙事逻辑顺畅，音乐语言通俗而新颖，好听、耐听，熟悉而又新鲜，蕴含着永久不衰的生命力量。在当代中国笛乐艺术中，这样一种作品品格，前所未有。

二、赵松庭的笛乐教学

赵松庭老师的笛乐教学，几乎与他的创作、演奏同步，持续了半个世纪。早在《早晨》获誉不久，就有一些音乐学院青年教师及艺术院团的演奏者慕名求教。此后，慕名者更夥，收徒传艺成为他笛乐生涯中的平常事。特别是他曾经两度身陷囹圄，因为境遇变迁而转向教学，开启了他笛乐人生的另一种辉煌——笛乐领域的传道授业。从70年代到他离世，他教过的学生简直难以计数。我们只知道，由南到北，多所音乐学院及中国台湾地区、香港地区和新加坡等地都留下了他的足迹。他早就编有自己的教材，但对于学生，他不计长幼，不论才学，因材施教，有教无类，有如一位笛乐文化的“布道者”，积善成德，堪称天下所有喜欢笛子者最值得尊敬的导师。一方面为普及中国民族器乐尽职尽责，另一方面又为当代中国笛乐艺术培养了一大批才俊，蒋国基、曾永清、俞逊发、詹永明、张维良、戴亚、王次恒、刘宽忍、杜如松、吴樟华、陈悦等，在各大音乐学院、各演出团体都是立于“头排”的名师名家。如此教学的成功率，如此斐然的教学成果，在中国民族器乐教育史上，无疑是一个令人瞩目的奇迹。

与教学的成功率相伴的另一个问题摆在当下，也引起我们的深思。赵松庭先生作为教师，并未拥有某某音乐学院“教授”的显赫头衔，他虽在众多音乐学院执教，但按今日之标准，却并非编制内之教师。中央音乐学院、中国音乐学院、上海音乐学院、浙江音乐学院，乃至台湾的音乐学府，都曾留下他教学的身影。反观今日音乐学院之教师，多为专业音乐学院毕业，留校任教，终其一生于一校。而赵松庭先生则截然不同，他独自行走于音乐教育的广阔天地，不拘一格，自成一家。此事虽小，但若将其教学效果置于今日之教育背景下审视，无疑能为我们提供诸多有益的启示。

三、赵松庭的笛乐演奏

赵松庭先生的演奏是他笛乐艺术不可或缺的组成部分。在接连不断的创作过程中，促进了对新的演奏技巧的求索和追寻。只要有机会谛听到某种新风格和新技巧，他一定会抓住机会了解、学习。在朝鲜战场上，他有幸聆听到北方笛派代表刘管乐大师的《荫中鸟》，其浓厚纯正的北派风格令他大为惊叹，于是，他特地请假，向刘管乐老师请教半月余。由此，二人交谊深笃，成为终生挚友。这段难忘的经历，让特别用心的赵松庭先生自编了一套南北派演奏技艺的“口诀”[②]，用于督促自己

① 即不登台，不扮装，在台下“光唱不演”，引自赵松庭《笛艺春秋》。

② 如“北曲叠音自顶端，南曲叠音不过三”“北曲拿手，吐、滑、垛、花；南曲出手，颤、叠、赠、打”等，引自赵松庭《笛艺春秋》。

的演奏、创作实践，也教给了学生。自此，中国笛乐南北派风格相互交融，成就了一种新的笛乐风气。赵松庭先生的演奏，也因为吸收北派刚健明快的个性而别具一番特色。

赵松庭先生演奏艺术的另一个创造，是他把民间唢呐的“循环换气”首先创用于笛乐演奏。这一“循环换气技巧”对于舞台表演，特别是气息长短应用、音量强弱控制、音色变化转换等对于笛乐演奏产生了巨大的影响力[①]。例如在《早晨》《鹧鸪飞》等作品中，气息的处理长短相间，悠远自如，干净清丽，给人的听觉以强烈的震撼。

此外，赵松庭先生的演奏技巧不仅是他演奏艺术的精髓所在，也是他教学的重要组成部分，这二者在他身上的完美融合，为20世纪笛子艺术的发展作出了卓越的贡献。

赵松庭先生不仅是一位杰出的笛子演奏家与教育家，更是一位深具理论素养的音乐学者。他的艺术生涯兼具创作、演奏、教学与理论研究等多个面向，是推进当代笛乐艺术专业化发展的伟大先驱。

在理论研究方面，赵松庭先生同样有着卓越的贡献。他曾为大型百科全书撰写了长达数千言的笛子条目，展现了他深厚的学术功底与独到的研究视角。这一成就不仅体现了他对音乐理论的深刻理解，也彰显了他将实践经验与理论思考相结合的能力。

赵松庭先生的音乐之路充满了传奇色彩。他出身于书香门第，原本在大学攻读法律专业，却因对音乐的深厚情感与执着追求，毅然选择了音乐这条道路，最终成为集创作、演奏、教学与理论研究于一身的艺术大师。他长达半个世纪的艺术生涯对中国笛乐艺术产生了极其深远的影响，乃20世纪中国笛乐艺术的一代宗师。他在中国笛乐艺术领域的非凡创造和理论见解，将给一代又一代的后来人以启迪。

中国笛乐艺术在当下以至未来都会因赵松庭先生的丰硕成果而熠熠生辉！

赵松庭先生的艺术创新精神不朽！

2024年8月30日于塞上榆阳　思仁斋

（乔建中，音乐学家，博士生导师，中国艺术研究院音乐研究所原所长）

① 赵松庭先生总结的“吹笛气功技巧”有“控、变、换、震、冲、泛”六种，引自赵松庭《笛艺春秋》。

编　者　按

为纪念一代笛子宗师赵松庭先生（1924年9月30日—2001年3月9日）100周年诞辰，赵松庭众多嫡传弟子，一致同意组成编辑委员会，整理、编辑和联系出版《一代宗师——赵松庭笛子艺术全集》一书。同时还计划于2024年金秋时节在北京国家大剧院举办大型音乐会和研讨会等系列活动，以此寄托对恩师的怀念，弘扬先生的笛子艺术。

全集编写的内容主要分两个方面：一是赵先生作为一代宗师的艺术成就和理论研究成果；二是收录赵先生嫡传弟子的艺术创作和理论研究代表作，以及赵派笛子代代薪火传承的实践成果。

对于编辑出版该全集，人民音乐出版社大力支持，当即将本书纳入2024年出版计划，并安排资深编审负责编辑事务，展现出对弘扬笛子艺术和民族音乐的高度热心和责任感，令人感动。

浙江省松庭笛箫艺术公益中心理事长王建元先生，积极承担协调、约稿和相关编辑工作，表现出对赵先生深厚的感情和对笛子艺术的热爱，对全集的编写发挥了重要的作用。

赵松庭先生生前任教于浙江艺术学校（现为浙江艺术职业学院），曾任名誉校长，并先后受聘于上海音乐学院、中国音乐学院、中央音乐学院担任客座教授，其笛子教研成果与他在上述学院中的教研实践密切相关。本书的编撰获得上述学院的领导和教授们的大力支持。浙江艺术职业学院在收集、整理、研究赵松庭先生文稿和资料方面做了大量工作，其科研成果亦收入本书。对上述学院和相关教授的支持，编委会表示特别的感谢。

杭州电视台综合频道领导也支持本书的出版，同意本书收录该台拍摄制作的人物电视片《笛艺人生》（获2001年全国电视文艺“星光奖”），该片由杭州电视台综合频道李天琼女士主创编导。台湾琴园国乐团林谷珍先生在赵松庭先生七十岁时，策划了“笛艺春秋——赵松庭笛艺七十年回顾展”专场演出，邀请赵先生携弟子赴台，并将演出录制成电视片专辑。民族音乐网站华音网的贺晓华先生及同事，为编辑整理相关音像资料花费了大量时间和精力，体现了对笛子艺术和民族音乐的拳拳之心。对此，编委会亦深表谢意。

《一代宗师——赵松庭笛子艺术全集》编辑委员会

2024年9月

赵松庭艺术年表

赵松庭（1924—2001），笛子演奏家、理论家、作曲家、教育家。浙江东阳人。9岁学吹笛子，15岁考取锦堂师范学校，后在上海法律学院肄业。曾任浙江东阳巍山镇小学、缙云师范学校音乐教师。新中国成立后，历任解放军第二十一军文工团团员，浙江歌舞团演奏员，浙江艺术学校教师、艺术指导，上海音乐学院、中国音乐学院客座教授。赵松庭从事笛子艺术六十年，功勋卓著，被公认为中国笛乐艺术的代表人物之一。

曾任浙江艺术学校（现浙江艺术职业学院）名誉校长，中国民族管弦乐学会副会长，浙江省政协第六、第七届委员，中国民主同盟浙江省委会常委，浙江省音乐家协会主席，浙江省民族管弦乐学会会长。曾在笛子上创造性地使用循环换气法。创作笛子独奏曲《早晨》《三五七》《婺江风光》等。著有《温度与乐器音准问题》等。

笛艺人生

1924年，赵松庭先生出生于浙江东阳的一个书香门第，小学时受一位邢姓老师启蒙与笛子艺术结缘，并早期随喜爱吹笛的父亲学习，自此开始了笛乐艺术人生。

受家乡丰富的民间音乐熏陶，加之刻苦钻研，十三四岁的赵松庭已能熟练吹奏《三五七》《小桃红》等婺剧基本曲调，还曾在中学期间担任学校业余乐队的“正吹”。17岁的赵松庭拜昆曲艺人叶小苟为师学吹昆曲，直至晚年，赵先生仍能背诵出六十余部折子戏的唱腔。

中学毕业后，赵松庭考取锦堂师范学校，受教于袁一洪老师学习音乐基础理论，并接触到竹笛的制作。毕业后遵父辈之意考入上海法律学院学习了三年的法律。

1949年12月，赵松庭考入解放军第二十一军文工团，真正开始从事专业音乐工作。

1950年，赵松庭随团赴朝鲜战场慰问演出，结识了随中央慰问团同去演出的北派演奏家刘管乐，刘管乐演奏的《卖菜》《荫中鸟》令赵松庭大为震撼，他特意向组织申请一周假期随刘管乐先生学习了北派演奏技术。在朝鲜期间，赵松庭立功七次，由一名普通战士晋升为乐队副队长。

1954年，因伤回国休养期间，赵松庭创作了具有划时代意义的笛子独奏曲《早晨》。这部作品由曲笛演奏，融合了南派与北派的典型演奏技巧，并首次使用“循环换气”演奏技法。

1955年，赵松庭先生从文工团复员回乡，担任东阳婺剧团的导演。同年下半年被省群艺馆借调到杭州，并随浙江民间歌舞团到浙江各地巡回演出。

1956年，赵松庭先生代表浙江赴北京参加首届全国音乐周活动，他演奏的《早晨》反响热烈，《人民日报》对此进行了专门报道。在京期间，赵松庭先生与京剧大师马连良、歌唱家周小燕、钢琴家傅聪等受到周恩来总理的亲切接见。

1957年，赵松庭先生在参加完莫斯科世界青年联欢节回国之后，在“反右”运动中被错划为“右派”。在下放农村劳动的四年中，赵松庭先生仍对笛乐艺术充满热爱，创作了《采茶忙》《婺江风光》

等作品。

1962年，在周恩来总理的关怀下，赵松庭先生重回浙江歌舞团。

1964年，参加了“上海之春”音乐节的演出，用排笛演奏了自己创作的《婺江风光》《采茶忙》和刘管乐先生的《荫中鸟》。著名音乐家李凌在《文汇报》上以《吹情》为题撰文对其大加赞赏。

赵松庭先生在20世纪60年代初期发明排笛。

“文革”期间，赵松庭先生的演奏生涯被迫中断，并被打入“牛棚”。在艰苦的岁月里，赵松庭先生把自己的热情投入笛子教学与理论研究中。1972年与其胞弟物理学家赵松龄先生合作的文章《横笛频率计算与运用》发表于《乐器》期刊，同年回到浙江省曲艺团，并在浙江艺术学校兼课任教，开始专业化培养笛乐人才。

1973年，赵松庭先生回到浙江歌舞团工作，同年创作《渔港春潮》，并改编排笛曲《火车向着韶山跑》《荫中鸟》，两曲同年在中国进出口商品交易会开幕式上演出。

1976年，正式受聘于浙江艺术学校从事教学工作，讲课生动幽默、充满激情，深受学生的欢迎和爱戴。赵松庭先生对教育事业充满感情，数十年的悉心耕耘浇灌，培养出许多优秀人才。

1978年，赵松庭先生在《乐器科技》期刊发表文章《温度与乐器音准问题》，并在同年研制出G调低音笛。

1979年，赵松庭先生与曹星合作创作了经典笛曲《幽兰逢春》。

1980年，赵松庭先生受邀于中央人民广播电台主讲《笛子广播讲座》。

1980年和1981年分别受上海音乐学院与中国音乐学院之邀，担任客座教授。

1983年，广播出版社出版了其教材《笛子演奏技巧广播讲座》。

1985年，浙江人民出版社为其出版了专著《笛艺春秋》。

1985年和1990年研发了玉石龙凤笛与弯管低音大笛。文章《一种古老而新颖的民族乐器——同管双笛》（上、下）分别发表于《乐器》期刊的1992年第4期和1993年第1期。

1993年，应台北市立国乐团的邀请，赵松庭先生赴台湾地区演奏《幽兰逢春》。

1994年，被台湾中国文化大学中国音乐系聘为客席教授。

1995年，由“马可勃罗”为其灌录唱片《赵松庭笛子金曲精选》。

2000年，已至暮年的赵松庭先生和胞弟赵松龄先生经过近十年的联手研发，成功研制出“雁飞篪”。同年，受台湾琴园国乐团的邀请在中国台北举办“笛艺春秋——赵松庭笛艺七十年回顾展音乐会”，并出版发行实况录像。

2001年，赵松庭先生于1995年录制的《笛子演奏基础教程》入门篇、提高篇及配套教材《笛子演奏技巧十讲》出版发行。

2001年3月，赵松庭先生因罹患胰腺癌医治无效，在浙江大学医学院附属第一医院逝世，享年78岁。

赵松庭艺术生涯

一代宗师，赵氏松庭，9岁始学丝竹，一管竹笛，集演奏、作曲、研究、教学于一身，推陈出新，颇多创举；呕心沥血，毕生无悔。

先生作为“浙派”创始，融南北笛子演奏之精华，开“赵派”笛子艺术之先河，是中国20世纪笛乐缔造者之一。曾任中国民族管弦乐学会副会长、浙江省音乐家协会主席、浙江艺术学校（现浙江艺术职业学院）名誉校长、中国民主同盟浙江省委会常委。

赵松庭，出身于浙江省东阳县（现东阳市）巍山镇赵姓家族，族中排行“初”字辈，乳名赵鹤初。东阳赵家源自北宋魏王赵廷美一脉，随宋廷南渡，迁至浙中定居。东阳位于层峦苍翠起伏的浙中丘陵，歌山画水，钟灵毓秀，人文荟萃，“形胜之美甲于他邦”。自东汉兴平二年（公元195年）置县至今已有一千八百多年。唐宋时代，东阳已为“婺之望县”，今更有教授县、博士乡之称。巍山距东阳城60里，古称永寿乡。背依巍山，面对笔架山。两侧有白溪和渼沙溪蜿蜒合流而过。巍山自古而来学风蔚然，书院棋布，如环清轩。兴学堂，如绿旖书院、林水斋、栗园和晚香居等。音乐则以丝竹称，也是婺剧的发源地。这里的山水孕育了一代代学子贤士，赵松庭的音乐文化底蕴，深受这片土地的润泽。

赵松庭自幼接受中国传统文化熏陶，熟读儒道释经典，后又接受新学教育，曾先后就读锦堂师范学校和上海法律学院。长辈希望赵松庭继承父业，专攻法律，但赵松庭酷爱传统戏曲，痴情民族音乐，最终放弃法律专业，选择音乐作为职业，1949年考入解放军第二十一军文工团，开始了五十多年的艺术生涯。

艺术成就

《早晨》是赵松庭笛曲创作和演奏的成名之作。1954年，赵松庭在朝鲜战场负伤，回国在东北疗养，远离战场隆隆炮声，眺望窗外旭日东升，耳闻晨鸟啼鸣，江山如诗如画，此情此景给他带来灵感，由此创作出笛子独奏曲《早晨》。此曲的创作，采用了昆曲曲牌〔点绛唇〕音乐元素，以现代音乐理念和表现方法创造意境，结合中国笛子南北两种风格表演技巧扩展笛子表现力，笛曲既有舒缓悠远的优美旋律，也有上下起伏的音阶灵动，一改旧笛曲的风格，为前人所未闻。《早晨》可以称之为我国现代意义笛子独奏曲的第一曲。

赵松庭从部队复员后在东阳婺剧团短暂任艺术指导。1955年，浙江省文化局贯彻执行文化部组织民间音乐舞蹈队伍文件精神，次年赵松庭调入筹建中的浙江民间歌舞团（今浙江歌舞总团）。赵松庭成为浙江民间歌舞团的创始团员和元老。

赵松庭在浙江民间歌舞团工作二十余年，创作了《三五七》《鹧鸪飞》《婺江风光》《采茶忙》等十多首笛子名曲；同时在演奏技巧方面，借鉴唢呐气息控制方法创吹笛循环换气法；融合南北方笛子两种表现手法，达到刚柔相济，能抑能扬的艺术效果；发明排笛，拓宽笛子音域和表现力。

1964年，在第五届“上海之春”音乐会上，赵松庭演奏了笛曲《婺江风光》。著名音乐评论家李凌以《吹情》为题在上海《文汇报》撰文，赞美《婺江风光》是一首“以器乐写心灵”的杰作，认为它“音中有物，声中有情”。

此期，他还加入中国音乐家协会，并应邀到上海音乐学院兼课；录制了《早晨》《和平鸽》《牧羊歌》等唱片，出版了《赵松庭的笛子》一书。

赵松庭的笛子艺术成就，受到周恩来总理的赏识。周总理还曾邀请赵松庭、马连良、周小燕、黄虹和傅聪等几位文艺界知名人士到他家做客。1962年，赵松庭曾受周总理的关怀而改善了境遇，这令赵松庭一生念念不忘。他的笛曲《幽兰逢春》就融入了此感恩和思念的情怀。

兰花，花之君子，古代文人喜自比之。历代江浙文人爱兰花，赵松庭也爱兰花，曾抄录古人许多咏兰诗词。他的笛曲《幽兰逢春》，可谓其创作顶峰，一生的总结。他与老朋友，浙江大律师曹星共创此曲，他创意、构思了该曲，并谱写前半部“孤兰生幽园”的意境；曹大律师代他写“逢春”喜悦部分。乐曲采用了昆曲的音乐素材，悠扬雅致，委婉抒情。该曲旋律，从低缓压抑到轻快舒展，以幽兰逢春的意境来暗喻个人际遇和对时代变迁的感怀。该曲创作于1979年，时值十年“文革”刚刚结束。作者在该曲的题记中写道：“周总理曾说昆曲是朵兰花。今天，兰花逢春，重放幽香。缅怀总理，仿昆曲情趣，作此曲。”

赵松庭于1976年调到浙江艺术学校任教，主业转向音乐教育，逐步淡出乐曲创作和舞台表演。

教育树人

“文王拘而演周易，仲尼厄而作春秋”，以此道理类推赵松庭在音乐教育方面的成功，甚为直观。由于“文革”期间被取消登台表演的资格，赵松庭弘扬民族音乐的全部热情失去了倾注的出口，于是他把大部分精力转向了培养学生，以此寄托自己的心愿，延续自己的艺术生命。他对全国各地慕名而来求学的笛子爱好者，来者不拒，有教无类，皆收为弟子，并秉承中国传统教育理念，因材施教，诲人不倦，博雅教育，学思并重，倾心指导，成功培养出一批笛艺新秀。

到浙江艺术学校专职任教之后，开始有了笛子专业的学生，后来又相继应邀到上海音乐学院、中国音乐学院任客座教授，科班出身的笛子专业学生增多，如詹永明、张维良、戴亚、王次恒、刘宽忍、杜如松、吴樟华、陈悦等，都是科班出身弟子中的佼佼者。他们学业有成之后，有的留校任教，成长为教授、硕士生导师、博士生导师；有的到各大音乐团体任笛子演奏员，成长为一级演员、笛子首席。赵松庭的这些弟子又带出自己的学生，一代传一代。现今，我国各大音乐学院、各大音乐团体的著名笛子专业教授和演奏家，大半出自赵松庭门下。赵松庭成为中国赵派笛艺的宗师，他编写的笛子教程《笛子演奏技巧十讲》，成为笛子教材的经典。

研究理论

赵松庭在音乐理论方面的造诣颇深。“文革”期间，他还把一部分精力转向了声学研究。他的胞弟赵松龄是同济大学声学教授，曾任同济大学物理系主任。两兄弟合作研究管乐器的发声原理和实际制作。

古人云，“工欲善其事，必先利其器”。音乐也是如此，没有良好的乐器，音乐家也难出伟大的作品。中国民族音乐的一个严重不足或说短板，在于乐器。相较于西方长笛，赵先生常常感慨中国笛子在音准、音域、转调、材质（易裂）等方面存在缺点，尤其是音准，需要靠吹奏者气息控制和手指按孔矫正，完全靠经验，很不规范。为此他热心于乐器改革，发明了排笛、低音弯管笛、同管双笛（雁飞篪）等，拓宽了笛子的音域、音阶。更重要的是，他与胞弟共同研究温度、闭管、开管、管径、管壁厚度、开孔的位置、孔直径长短等因素与频率的关系，前面各项因素发生变化及其互相影响，则频率也相应发生变化。这项管乐器的计算理论，在中国乃至世界都是最先进的管乐器科研成果。它从理论上解决了笛子、箫及各种吹管乐器的频率计算问题。其重要论文有《横笛的频率计算与应用》《温度与乐器音准问题》《一种古老而新颖的民族乐器——同管双笛》《同管双笛（雁飞篪）的性能及其实用设计》等。

赵松庭还对中国笛子的源流、笛子艺术的继承与发展、笛子教学方法等进行深入研究，这些收录在其专著《笛艺春秋——赵松庭笛曲·文论家》中。

继往开来的方法

中华文化的传承之道，传承的理念，或曰传承的方法，可概括为四个字——“继往开来”。先秦诸子百家，历经传承发展，在历史上形成思想各异形形色色众多门派，仅仅儒道两家本土原生之道，内部分支门派就多不胜数，有的还彼此争斗。但不管门派思想如何不同，其文化传承的方法却是基本相同，即“继往开来”，一方面继承以往思想文化，另一方面开辟新的道路。例如，宋明哲学流派理学和心学，两派皆承儒学，兼容佛道哲学思想，但又有很大分歧，彼此争论不休，理学大师朱熹和心学大师陆九渊曾展开一场旷世之辩，激辩三天三夜。然而，两派在传承方法上却完全一致，朱熹重视“继往圣，开来学”，另一位心学大师王阳明也言治学为“继往开来”。这样开发性的传承之道，使得中华文化流水不腐，生生不息。

中华民族音乐文化作为中华文化的重要内容，也是源远流长，丰富多彩。中国古代先民发明埙、笛、篪、钟等乐器，是他们从感知宇宙自然之声中悟出的，其声音空旷、深沉而悠远，似乎存在宇宙的秘密，缊藏先民的智慧。历史上的《诗经》、楚辞、汉乐府、唐诗、宋词、元散曲、明清戏曲，还有中华56个民族史诗和民间音乐传承，经历长期发展，积淀了无数音乐宝藏，可谓浩如烟海。发掘其秘密，学习其智慧，并弘扬之，复兴民族音乐事业，是中国音乐人的使命。

赵松庭痴爱中华民族音乐，从艺五十多年，弘扬民族音乐，无怨无悔。他对民族音乐文化的传承也沿用了“继往开来”的方法，从传统文化中汲取一瓢精华，以现代的开放的理念加以发扬光大，继往而开来。一方面，赵先生有深厚的国学功底，能让他较深领会中华民族音乐文化的精华，并继承之。另一方面，赵先生又接受过新学教育，了解新文化和现代音乐，这使得他能够做到传统与现代相结合，在继承的基础上推陈出新。他在笛曲创作中，灵活运用传统戏曲音乐元素和古代诗词意境，以现代音乐手法和笛子表现技巧，创造新时代音乐的新意境，开中国当代新笛曲之先河，《早晨》《三五七》《二凡》《鹧鸪飞》《婺江风光》《采茶忙》《幽兰逢春》等笛曲的创作都是如此方法；在音乐理论研究、教材编写和教学中，也是融汇古今，结合中西，因材施教，培养后学；在乐器制作理论研究和实践上，发掘骨笛、埙、篪等古代管乐器资料，研究古代管乐发声原理，以现代声学理论，计算横笛频率，创新发明同管双笛（篪），使得管乐制作从经验走向科学。先生诸多建树，开创赵派笛艺，可谓继往开来的笛艺宗师。

赵松庭是豁达之人，既能领会儒家“达则兼济天下，不达则独善其身”的人生哲学，也喜好道家逍遥游、顺其自然的思想，对释家思想也有所领悟。他的五十余年艺术生涯，大起大落，时达时不达。面对荣辱，个人境遇的变化，他都会从儒道释哲学精华中找到个人处世和为人之道，尤其是身处不达甚至困境之时，能够做到独善其身，荣辱不惊，颇有古代士人的风采。

赵松庭爱好唐宋诗词，喜欢写律诗。1982年9月，赵先生登上泰山玉皇顶，感慨颇多，作五律一首：

志在玉皇顶，白头攀紫岑。
豪情随蹬涌，幽思逐云生。
历尽崎岖路，求来坦荡心。
苍松万千树，无语却知音。

此诗乃赵松庭对自己一生追求弘扬民族音乐事业的述怀，也是他的墓志铭。

赵松庭笛子艺术全集

上编

· 文论

· 教材

· 笛曲作品

· 博学多识

一、文论

笛艺生涯五十春

赵松庭

记得我八九岁在小学念书的时候,学校里有一个小小的文娱室,每当课外活动时,我就到里面去摸弄各样乐器。学习吹笛就是那时开始的。有一位好心的老师,拿了一根笛子由他按指,叫我来吹,结果配合得很好,好像我一个人吹奏似的。当时我感到万分高兴,学习兴趣就提起来了。我的父亲也是喜欢吹笛子的,他见我有兴趣,就把基本的指法和道理讲给我听。持笛的姿势,他告诉我两手的拇指和小指虽然不按音孔,但要摆好位置,以免六指开放或做其他活动时笛身摇动;吹气要使用口劲,风门的松紧要和音的高低相适应,不可"直吹",否则不但发音不悦耳,而且容易头昏,影响身体健康等。直到如今,我还常常记着父亲这些话,并且加以发挥。从这点可以说明启蒙时代正确指导的重要性。这样断断续续地吹了几年,到十三四岁时,能吹奏我家乡的地方戏曲的基调了,如《三五七》《二凡》《小桃红》《拨子》《芦花》等,这些就成为我以后编写笛子独奏曲的重要素材。初中毕业时,我担任了学校业余乐队的正吹。所谓正吹,就是第一把手,他的地位和近代管弦乐队中的首席提琴差不多,坐在舞台上面左手最前方。"正吹"不单是吹笛子,而且要吹唢呐、先锋(长号),还要会拉板胡、徽胡,要能够演奏一首叫《花头台》的著名乐曲。这首乐曲有四个乐章,第一乐章以笛子为主,第二乐章以徽胡为主,第三乐章以小梅花为主,第四乐章以大唢呐为主,都要求"正吹"作为主要演奏者,然后配以各种锣鼓点子。干不了这些,就坐不牢"正吹"这个位置。当时县里办的一张报纸,在我演奏了《花头台》后,表扬了我。于是我得意扬扬了,对一个老艺人说:"您看像我这样的技艺,到大街上去混,赚几个钱总不会有问题吧?"他对我笑笑说:"我吹了四五十年,到现在要混碗饭吃还很困难呢!"是啊,在那时的社会里,要想靠演奏民间乐器过活,那的确是太困难了。我那时的想法是多么幼稚可笑啊!

当我的家庭和亲属知道我想从事民间乐器的事业时,就拼命地加以阻拦,"败家子""游民""呆子""不务正业"等帽子从四面八方飞到我头上来。曾经引我对笛子发生兴趣的父亲这时也说:"修道以明志,学艺以养性,这些'巫乐之流',不能入书香门第。"又说:"若要以音乐为终身之业,也应当学钢琴或提琴,因为二胡、笛子不能登大雅之堂。"从那时起,我在家中成了众矢之的。但一般地说,他们并不过分地阻拦我在业余时间从事音乐活动。因此,我的全部假期,都能够在民间音乐这块腴沃的土壤里汲取营养。十七岁那年,我拜昆曲艺人叶小苟为师,向他学吹昆曲。优雅的昆曲曲调使我着了迷,我一面吹,一面唱。直到今天,我还能背诵出大约六十出折子戏的唱腔。我的青年时代的大部分业余时间,都是在昆曲"台下班"中度过的。所谓"台下班",就是光唱不演,每逢过年过节,在街上挨户挨店地演唱,而主人则请我们喝酒或送个红纸包(戏金)。我是一面吹笛子,一面唱花旦的,因为我个子高,所以得到了一个"长脚花旦"的绰号,在当时那个不大的乡镇上,还颇有一点名气哩!

我没有进过艺术院校，我的音乐基础知识，是锦堂师范的一位姓袁的老师教我的。袁老师视我为得意门生，他把能教的都教给我了，还教我自制笛子。从此以后，我每到一个地方，就将自制的笛和箫送给那里的音乐朋友。我上音乐课一般不用风琴，而用笛子。在学校读书时，我是乐队的队长，上台笛子独奏，吹一些群众歌曲或戏曲。师范毕业后，担任中学和简易师范的音乐教师，笛子成了我的亲密伙伴，每年暑假或寒假，就参加“台下班”到处去游唱。整个青年时代的艺术实践，使我学到了许多在那个时代的专业院校里无法学到的东西。在笛子演奏技巧上，我熟悉了乱弹、高腔热闹、粗犷、活泼、华彩的表现手法，掌握了昆曲典雅、秀丽、以声带情的伴奏风格，以及技巧上的八字诀：抑、扬、顿、挫、颤、叠、赠、打。更重要的是，在这个实践过程中，我逐渐形成了一个基本风格：尽量保持和发挥浙东的乡土气息和我们的民族风格。我的作品《早晨》，取材于昆曲曲牌〔点绛唇〕。《三五七》《二凡》《西皮》，是直接从婺剧音乐中改编、创作而成的。《采茶忙》是根据建德民歌改编的。《婺江风光》取材于金华地区民歌，《幽兰逢春》取材于昆曲《二郎神》……生活是艺术的唯一源泉，我以自己的笛声，倾诉着对家乡的恋情，对老师的怀念，描绘了自己最熟悉的社会生活。

1947 年，我怀着为艺术奋斗终生的志向，去报考当时的国立音乐院，遗憾的是我没有考完就逃出了考场，我父亲告诫过的“二胡、笛子不登大雅之堂”的说法，居然成为当时音乐院的无情尺子。当我从许多洋教授、洋乐生那鄙视的目光中狼狈地逃出考场时，我是感到何等的屈辱和愤怒啊！家庭的阻拦和社会的鄙视，筑成了我人生道路上的高墙，它迫使我放弃自己的理想，于是我只得考入法学院读法律。

1949 年春，我的家乡解放了。我带着试一试的心情去报考一个部队文工团，可巧专业考试项目竟和我一贯喜爱的完全一致。我考了二胡、琵琶，又考唢呐、笛子，还考了唱和演，没过几天，报上发了榜，在长长的一行录取名单中，我居然名列第一。这时候，我的家乡都轰动了，谁也不会再轻视我了，过去被人鄙视的笛子、二胡也登上了新中国的大雅之堂！于是我带着我亲密的伙伴——笛子，从和平的家乡东海之滨，到战火弥漫的朝鲜战场，我从一个封建家庭的少爷公子，成为一名新的文艺工作者，我的社会生活起了翻天覆地的变化。存在决定意识，我的思想感情及作为表达我的思想感情的笛子技艺，也有了改革和创新。首先，从技巧上来说，由于扩大了眼界，我认识到自己过去在演奏技巧上的局限性。比如说，南方人吹笛子一向不用舌头，即所谓“南无吐”，我的师父也从来不许我用舌头吹吐音。因此在演奏跳跃欢快的乐曲时，总是含糊不清。我的舌头由于不锻炼，连打嘟噜都不会。为了使舌头能打嘟噜，我足足花了半年时间狠命练习。有一次在行军路上，舌头突然能够做弹性的滚动了，我高兴得大声叫喊起来，整个班的战友都向我表示祝贺。这只是一个例子。值得庆幸的是，著名笛子演奏家刘管乐老师也到朝鲜慰问演出，我向他学习了两个星期。自此之后，我下定决心，要把北方风格的演奏技巧学到手。同时，决心把南北风格在笛子曲上结合起来，为表现新的内容服务。这也是我创作笛子曲《早晨》最初的动机。我当时想，笛子的演奏方法，除了我过去已经掌握的以外，原来还有许多以前见所未见的好东西，那么除了我看到和听到的以外，是不是还会有更多的表现方法呢？我原来走了许多弯路，那么我以后应该怎样科学地有系统地来训练自己呢？应该怎样妥善地运用技巧表达内容，使技巧升华为艺术，又以艺术的要求提高演奏技巧呢？渐渐地我明确了以下几点：

第一，技巧是表现内容的手段，而手段总是越多越好的。

第二，技巧是手段，不是目的。音乐艺术是通过一定技巧演奏出来的有组织的乐音，它是一种艺术形象，能表达人的思想感情，反映一定的社会生活。因此，要使自己的演奏具有艺术的感染力，绝不能单纯地追求技巧，而需要提高审美能力，提高对艺术的理解能力。

第三，风格是逐渐形成的，也是逐渐发展成熟的。一种新的风格在原有风格的基础上发展起来，而为人民群众所接受和喜爱时，它也就成熟了。

第四，竹笛是中国的民族乐器，善于表达中国人民的思想感情，因此必须有民族与民间的特色，而且要注意表达今天的中国人民的思想感情，反映今天的社会生活。

我就是用上述观点，来指导我的艺术实践的。

既然技巧是表现内容的手段，而手段总是越多越好，于是我就大胆地进行了摸索。

首先，我将笛子的演奏技巧归结为三大部门，即气功、指法、舌头技巧。

在用气的功夫中，北方风格与南方风格有它们的共同之处，也有不同之处。它们的共同之处在于呼吸方法的一致，都要求丹田提气，音色结实、纯净。它们的不同之处在音量：北方风格强调力度，因而发音刚健明亮，南方风格强调留气三分，因而发音柔和秀丽。南柔北刚，各有千秋。那么，是否能将两种用气的方法结合起来，做到能刚能柔、刚柔相济，能强能弱能抑能扬呢？我在创作《早晨》这首乐曲时，第一乐句“$\overset{\frown}{6\ -\ 6}\ \underline{\underline{54}}\ \underline{35}\ |\ \frac{3}{4}\ 2\ -\ -\ -$（*p* ＜ *f*）”就提出了这样的要求：以极慢的散板，从弱到强，这样来表现光线强度在逐渐地增加，以描绘太阳初升的情景。我在过去，从来没有演奏过如这种要求的乐曲。在50年代初期，我也没有听到过谁这样演奏。这种看来很简单的技巧，却和乐音的三特性（即音调、音量、音品）紧密地结合在一起，它要求音调必须准确，做到强而不高，弱而不低；它要求音量的变化能达到 ***pp*—*ff*** 的范围；它要求音色结实纯净，做到强而不噪，弱而不虚。三个要求中的任何一个要求，都要达到，不然就毫无意义。这种技巧，我称之为气息控制，术语为“控”。它是能否将南北风格结合起来的技术关键，在气功中，它是富有表现力的非常重要的技巧。通过这样的气功训练方法，竹笛的表演性能大大提高，它既能演奏高入云霄的强烈音调，又能演奏细如涓流的纤巧乐章，大大地增强了表达人的思想感情和反映社会生活的能力。

由于掌握了细如涓流的气功技巧，使我有可能将唢呐上“鼻吸、口吐”同时进行循环换气的技巧，移植到吹奏笛子上去。我在十二三岁时，就会吹唢呐，也会循环换气，可是在当时谁也没有用循环换气的技巧来吹奏笛子。因为那时候还不大有人使用气息控制的技巧，一般人都认为吹笛子要吹得响亮，唇部要放松，一般不进行口劲变化能力的训练，甚至反对这种训练。50年代，我用气息控制的技巧演奏《鹧鸪飞》，用了如箫一般的演奏手法，就有很多人表示反对，说什么笛子是嘹亮的乐器，口劲太紧了，发音不好听。其实，这无异于作茧自缚。经过一段时间之后，很多演奏家，以细腻优美的气息控制技巧来演奏包括《鹧鸪飞》在内的许多乐曲，得到了大众的赞赏，说明这种做法是成功的。

吹笛子进行循环换气，必须有很细的口风和很足的口劲，它不像吹唢呐换气，可以将腮部高高地鼓起，能在口腔里挤出许多空气来。也不像在唢呐上换气可以将唇部贴住铜片，得到唇部协作的力量。在笛子上进行循环换气时，口形不能变，一变就会影响发音，因此不能像吹唢呐那样鼓腮。吹笛子时气流被棱角劈开，不是全部气流都进入笛管，因此在进行循环换气时，要掌握准确的角度。由于口腔内空气很少，没有足够的口劲，即使能够进行循环换气，发音也会偏低。这些都是要注意的。

我在摸索这一技巧时，一开始就遇到以上所说的许多困难。经过大约三个月的磨炼，总算掌握住了,并把它应用到乐曲中去。记得1956年全国第一次音乐周,我在演奏《早晨》时运用了这一技巧,在引子中吹奏了一个长音"3",曾使很多同行迷惑不解。他们看到我瘦瘦的个子,为什么会有这么长的气?以后,我在很多乐曲中都使用了它,如《鹧鸪飞》中的快板,一口气以极快的速度,演奏了56小节。又如《三五七》《和平鸽》中,我以极长的气和快速指法相结合的技法,塑造出腾空飞翔、流利华彩的音乐形象,在当时听众感到新鲜,极表欢迎。但是也有一些同行反对这种技巧,认为音乐是语言,极长的乐句近乎技巧的卖弄,因而是不需要的。我想,这种说法是不值一驳的。技巧是手段,掌握了手段,用不用由我,如果需要用的时候却拿不出所需要的手段,那就只能说能力不够了。除此以外,还能怎么解说呢?

气息控制的技巧,能使音量变化的范围达到 ***pp—ff***,是否能达到 ***ppp—fff*** 的范围呢?我又进行了摸索。摸索的结果,找到了两种方法:第一种是开半孔法。如《早晨》的最后一个长音"5 - | 5 - | 5 - | 5 - "(渐弱至 ***ppp***)要求音量减弱到 ***ppp***,当然,音高不能变,音色不能虚。如用一般的气息控制技巧来演奏,是很难达到这个要求的,于是我就尝试采用开半孔法。所谓开半孔法,就是将发音孔上面的一个音孔开出一点点。这样,音的高度变了,如果把口风缩得更小,口劲放得更松,使音量变得更弱,这样,就可以产生一种特殊的强弱变化的效果。第二种方法是用移调的指法演奏。如我改编的《牧羊歌》中有这样的乐句:

"6̣ - | 6♯565♮5 ♯4♮4 3♯2 | 3 - ˅ | 6̣ - | 5 4 3 ♯2 | 3 - "
(***fff*** … ***ppp***)

从 ***fff*** 到 ***ppp*** 的音量变化很大,如果用一般的技巧演奏,是很难达到要求的。于是我采用了移调法:第一句强音"6̣"开第四孔(全按作"2"),第二句"6̣"弱音,开第五孔(全按作"1"),指法翻高一个调,音的高度不变,这样就必然地使音量产生大幅度的变化……

通过气息控制技巧的摸索我又认识到,演奏中国笛子,必须与声学等自然科学的研究结合起来,只有正确认识了错综复杂的自然规律以后,才能把这些自然规律控制起来为我所用,才能合理地解释这些技巧的性能、用途及训练方法。就在这个时候,我提出了吹笛气功技巧,概括为:控(气息控制)、变(气变音)、换(循环换气)、震(气震音)、冲(气冲音)、泛(泛音)六种。我提出后,曾遭到一些人反对,包括我的师父。因为当时很多人都以为,吹笛子唇部要松,越松音色越好,甚至有人认为吹低音和吹高音口劲一个样,这显然不符合发音的规律。

在指法技巧中,我把它归结为:叠(叠音)、历(历音)、滑(圆滑音)、颤(颤音)、震(震音)、叉(叉口)、垛(垛音)、赠(赠音)、打(打音)九种,还编了几句顺口溜:"北曲拿手,吐、滑、垛、花;南曲出手,颤、叠、赠、打。"这几句顺口溜,是说明南北风格在传统习惯上的技巧应用手法。"出手常用颤,叠音不过三,间隙可馈赠,同音打来分,灵活相交叉,仙女来散花,恰到便是好,莫成老油条。"这几句顺口溜,是说明南方风格如何使用装饰技巧。"指震、气震经常用,特殊需要揉、摇、冲。"这句顺口溜,说明震音的用法。"北曲叠音自顶端,南曲叠音不过三。"说明南北风格叠音用法的不同。"历音起点要分明,历上历下不离经。"说明历音的用法。以上技巧,大都属于装饰性的,它们固然与艺术的民族风格、艺术趣味等有关,但并不是本质性的东西。我主张无论教学或演奏,首先应该强调本质的东西;

而音乐的本质离不开“声”“情”两个字。声，指有组织的乐音，需符合音调、音品、音量等特性，它的组织需符合逻辑性；情，即需通过乐音所形成的艺术形象，表达人的思想感情，反映一定的社会生活。这两者有机地结合起来了，就能做到声情并茂。有声而无情，就不能感动人；有情而无声，则缺乏感人的条件。所以，不注意本质的东西，片面强调技巧，是舍本逐末、轻重倒置。

在学习北方风格的演奏技巧中，我体会到舌头功夫的重要。南方风格不用舌，是一个大缺点。气与舌必须相结合，它类似提琴的弓法，长音类似长弓，单吐类似顿弓，双吐类似跳弓，花舌类似碎弓。如果只用“呼”（南方吹奏法）而不用“吐”，那就等于弓法贫乏，表现力当然受到限制。认识到这一点，我就把舌头技巧与气功、指法并列为每日必修的三大基本功，每天花很大力气训练。不过舌头功夫由于训练得迟了，总练不深。这又说明启蒙时代正确指导的重要性。在训练用舌时，我又发现了一种介于“呼”与“吐”之间的吹奏方法，我把它命名为“轻吐”，符号为“⊙”。这种技巧能使发音清楚，但又不是顿音，一般可用在乐句的开头，避免“出手常用颤”或加上“叠”“打”的程式。我在演奏《早晨》的最后一句乐句时，全部用“轻吐”点出来，是经过分析有意识这样做的。舌头的技巧，可归结为“单”“双”“三”“轻”“花”五种。

1956年前后，是我笛艺活动最旺盛的时期。当时我创作及改编了《早晨》《三五七》《鹧鸪飞》《和平鸽》《二凡》《牧羊歌》《海滨》《小河淌水》《流水板》等笛子曲，录制了《早晨》《和平鸽》《牧羊歌》等唱片，出版了《赵松庭的笛子》一书，加入了中国音乐家协会，并应邀到上海音乐学院兼课。最使我难忘的是，敬爱的周总理还曾经邀请我和其他几位文艺界老前辈到他家做客。在席间我为他表演，他还指名要我参加中国青年艺术家代表团去访问西欧。遗憾的是，此行未果。当时我已听人说：“赵某某骄傲自大，将自己的著作标上《赵松庭的笛子》之名，可谓目中无人。”这真是不白之冤。书名是当时的领导给安上的，我要想改也改不了。当时我还是个青年，还不懂得也不愿懂得“不虞之誉，求全之毁”是什么含义。1957年我被错划为“右派”，当年夏天，我刚从莫斯科参加世界青年联欢节回来，就被送到农村去劳动了。

每天长达十二小时的劳动，并没有使我离开我亲密的伙伴——笛子，我每天坚持基训，并写出了《欢乐的山谷》《婺江风光》等笛子曲。1962年在周总理及省委有关同志的关怀下，我回到了浙江歌舞团，参加了1964年的“上海之春”音乐会。我用排笛演奏了《婺江风光》《采茶忙》《荫中鸟》等乐曲，受到听众的欢迎，前两曲还灌了唱片。当时李凌同志曾在《文汇报》上以《吹情》为题，评价了我的演奏，使我的日子好过不少。

我是怎样开始使用“排笛”的呢？它是从伴奏引起的。从农村回到歌舞团以后，我的主要工作是伴奏，原来的“艺术指导”职务当然不让我做了。上台独奏吹不好，至多说你“技术不行”；要是伴奏出了差错，可就是“世界观”问题了。所以，为了搞好伴奏，我付出了大量精力。歌舞节目一个换一个，笛子就需要一根换一根，有时真需要带一箱笛子上台。我开始时将三四根笛子放在手腕中，免得带箱子上台，慢慢地我又将笛子扎起来，先是将两根笛子扎在一起，以后是三根、四根。现在，我已能同时用五根笛子了，这是名副其实的“排笛”。用了排笛，方便得多，它灵活而简便，只要将小笛子头上的装饰部分截掉，再用活动的螺丝扣牢就行。从实际需要出发，要什么笛子，就扎什么笛子，不要就拿掉。这虽不算什么改革，可是却给我独奏曲子开创了一条新路。《婺江风光》《采茶忙》我都用它来演奏。我用它演奏《荫中鸟》，原作者刘管乐老师十分赞赏。此后我又将排笛的演奏方法教给了几个学生，包括上海乐团的俞逊发、总政歌舞团的曾永清及许多浙江的学生。今天，我们已经积累了相当多的排笛独奏曲，可以说，我们已经成为一个流派了。

天空的乌云越聚越密，我颇思寻找一条退路。但我又不愿丢弃自己心爱的笛子，于是就开始钻研笛子的制作技术。1966 年，我被剥夺了上台演奏的权利，但还有制作笛子的自由。我就以大部分时间从事笛子制作和乐器声学的研究。在“文化大革命”期间，我制成了将近两千根笛子，同时在理论上解决了横笛频率的计算问题。在频率计算上虽然我付出了巨大的精力，但毕竟得到了补偿。1972 年，我根据这项成果，写了《横笛的频率计算与应用》一文，发表在《乐器科技》上。

1970 年我从“牛棚”出来，又当了三个月的炊事员，此后就调到浙江曲艺队，为评弹做伴奏。1973 年调回歌舞团，并参加了广州交易会，为外宾演出了《火车向着韶山跑》《采茶忙》《荫中鸟》等曲。没想到交易会结束回到杭州，又被打成了“右倾翻案分子”，叫我看门、扫地、烧开水。从这时开始，我就着意培养青年一代的笛子演奏员，并进一步作声学理论研究。有好几个优秀的青年演奏员是我在那时期培养出来的，如蒋国基、詹永明、张维良、戴亚等。1978 年，我完成了《温度与乐器音准问题》的论文，在《乐器科技》上发表。由于转向教学，我逐渐积累了一些教学经验，1976 年组织上把我调到浙江文艺学校任教。在这里，我又整理了一份《中国竹笛教学讲义》，并写出了《中国竹笛教学方法》的论文。

难忘的 1976 年 10 月，笼罩中国大地的漫天乌云终于被驱散了，我被剥夺了求学权利的三个子女先后考取了大学，我的笛艺生涯也重新得到了党的光辉的照耀。1979 年，我以《幽兰逢春》的新作，倾诉自己的衷肠。从《早晨》到《幽兰逢春》将近三十载，从活泼欢快的旋律到低沉迂回的乐思，我感到自己更成熟了。1980 年，我到上海音乐学院任教，1981 年又到中国音乐学院任教，并先后奔赴天津、武汉、济南、南京、成都、重庆等地讲学。为民族音乐的发扬光大而奋斗，是我为社会主义祖国应尽的义务，我是肝脑涂地，九死而不悔的。

下面谈几点经验和体会：

笛子为我国传播最广、群众最喜爱的民族乐器之一。它的演奏技术经过历代无数演奏者的摸索，已积累了不少宝贵的经验。一个善于学习的人是会从多方面吸收前人的经验来丰富自己的。对于一个初学吹笛的人来说，最好先找一个老师，一个善于把自己的和别人的经验都传授给学生的老师。而这样的老师，也总是希望自己的学生能从多方面汲取营养的。因此，他不但会把自己的好经验毫无保留地教给学生，也一定会引导学生更好地吸收旁人的先进经验。因为只有这样，才能一代胜过一代，做到青出于蓝而胜于蓝。

接受任何技术，都不应分什么南北中西。我们不能因为南北中西的风格不同而存门户之见，把自己的技术训练限制在狭小的圈子里。应当放宽视野，把前辈积累的宝贵经验全部继承下来，而且也要把前辈不可能看到过的国外演奏者的技术学习过来，为我所用。我们要把南方的吹奏技术介绍给北方；也要把北方的吹奏技术介绍给南方。说得具体一些，我们既要学习昆曲讲究声色的气功技术和乱弹灵活流利的指法，也要学习北方的叉口滑音技术和西洋横笛的用舌技术……要想提高自己的演奏水平，不去学习这些宝贵的经验就像“有车不坐偏要走路，有船不乘偏要蹚水”一般，是不可能取得好成绩的。反过来说，假如我们能够打破疆域的限制，大胆地，不分东西南北地吸收各种各样的吹奏技术，那么每一个学习吹笛子的人就会感觉到：一根简单的笛子里面，蕴藏着变化无穷的吹奏技术，就会学而不倦，精益求精，就会在技术上不断地有所提高。同时，也使自己的思想境界不断地开阔起来。每个人都能这样做，我们的笛子的表现能力，就能提高到前辈连做梦也想不到的水平。

学技术不能做到互相交流，互相提高，其中的主要思想障碍是保守主义和宗派主义。以前，曾有人提出“南北各自守，昆乱不同流”的论调。假若说，这是为了保存各自的独特风格原也不错，但如果因此反对技术上的交流，甚至责备学习异己者为“走邪路”就不对了。过去，我也曾长期受这种论调的影响，认为竹笛出在南方，自应以南方为正统，对北方的吹奏方法、西洋横笛的吹奏方法，以及其他自己不熟悉的吹奏方法抱着一种偏见，认为“学得好不过是一种杂技；学得不好连本钱都要赔掉”。它在一定时期内成为我提高演奏水平的绊脚石。我所以会产生这种思想，主要是由于自己艺术修养太差，缺乏分析批判能力，对技术和风格的关系、技术和艺术的关系等缺乏起码的认识。另外也由于见识不广，坐井观天，犯了保守主义和宗派主义的毛病。这个经验教训，可以给青年朋友作借鉴！

技术也就是我们为人民服务的本领，本领越大，就能为人民做更多的事，我们的演奏技术越高，就能表现更多方面的内容。没有技术就谈不上什么演奏。但是技术绝不是演奏的全部，还得从多方面来提高和丰富自己的艺术修养。我们知道，一个对音乐缺乏起码知识的人，即使掌握了很多复杂的演奏技术，也不能很好地运用它来表达内容。一个缺乏多方面生活体验的人，也不能演奏各种不同风格、不同内容的作品。一个学习演奏技术的人，如果缺乏一定的艺术修养，缺乏审美能力和分析能力，就很难掌握正确的训练自己的方法，要真正提高技术就不可能。所以说，要演奏好一种乐器，绝不能单纯依靠技术训练，它是一个复杂的艺术创作过程，只有使先进的技术和社会主义的内容互相结合起来了，才能使艺术走上社会主义现实主义的道路。

关于这个问题，笛子演奏员应特别注意。下面几点也是十分重要的。

（一）技术须为内容服务，绝不能要内容来迁就技术。无论演奏什么曲子，都要从曲子内容所要表达的思想感情出发，选择最能表现这种思想感情的演奏技术，绝不能拿自己学会的某些技术乱套。比方说，演奏一支优美的昆曲，它的内容是抒情的、平和的，那么在吹奏时，就应该着重用气，注意音色和音量的变化；用舌则以轻吐音为适宜；指法上可稍用些叠音。如果不分青红皂白，乱用一些强音、顿音、滑音等，不但达不到抒情的目的，也无助于表达曲子的内容，反而会对曲子起到一定的破坏作用。有许多人学了一些外国的演奏技术之后，到处乱套，在听众中起了一些不好的作用，因而一些前辈和内行、甚至反对他们学非传统的演奏技术。如果我们能在运用技术之前，仔细分析一下这种技术的性质，深刻领会曲子所要表达的思想感情，在技术服从内容的前提下，妥善地运用技术，就可能起到良好的作用。再通过一次一次地反复研究和实践，使技术能得到充分的发挥，内容也就能得到完美的表达。我们这样做是不会遭到反对的，除了那些有保守思想或宗派主义严重的人。

（二）笛子是民间乐器，要向各方面学习，更要向民间学习。并且一定要把向民间学习放在最重要的位置上。不论提高也好，改革也好，总得首先向民间学习，而不能颠倒过来，先学习一套西洋的，再来吸收一点民间的，先做一些所谓“提高”和“改革”的工作，再来补充一点传统和基础。如果是这样的话，那么笛子当然不能学好，甚至于欣赏笛子演奏，也不会引起共鸣。有这么一部分人，他们看不起我国竹笛的传统吹奏技术，认为我们的笛子是落后的乐器，它要发展，只能走西洋长笛的路。这种对我国的民间乐器抱取消主义态度的人，我们要坚决反对。这种观点影响极坏，它使许多学习笛子的人，在还没有学完基本的传统吹奏法以前，就盲目地来否定笛子的传统吹奏法了。还未曾学会吹奏几支民间乐曲，就急于要用笛子来吹奏西洋大调或变化音阶了。还没有动手学习叉口和变指的传统技术，就急于要增加音孔（如十二孔、八孔）了。这样，他们吹笛子，虽然也可能把音吹准，能吹奏一些快速的曲子，会转调，但人们会发觉他的笛子吹奏出的音乐，是没有生命、没有灵魂的，更谈不上鲜明的民族特色了。

我们不能否认，我国竹笛的确存在着一些缺点，也不应该否认民间传统的表现方法中有一些问题，需要改革和提高。但总不能在还没有了解笛子的性能以前来谈改革，在还没有掌握传统技术以前来谈提高吧！

我国的笛子有缺点，但也有长处，有其特殊的表现力。它除了音色有鲜明的民族色彩以外，有一些表现方法也是西洋长笛所望尘莫及的。如笛子上的叠音、滑音、指变强弱音、指震音，等等，有非常强的音乐表现力，这些，西洋长笛就无法吹奏。我国笛子的吹奏方法，也还蕴藏着巨大的潜在力，努力钻研，可使我国笛子的表现方法更趋丰富。最近几年，我摸索出笛子的换气技术，吹奏特殊强弱变化音的技术。一些民间艺人，也摸索出许多复杂的音阶吹法。而这些摸索、总结出来的技术，都源于我国的传统技术。如果没有唢呐的传统换气吹法，我就创造不出在笛子上换气的方法。如果没有叉口滑音等传统吹奏法，我也不可能摸索出强弱变化音和各种复杂的音阶来。

总之，要想提高笛子的演奏技术，要想使自己的演奏具有鲜明的民族色彩，首先要有长期向民间学习的态度。而这种学习，不单是对民间传统吹奏技术的多方面吸收，同时也包括长期的、多方面地对民间生活的了解和体验。只有掌握了各种不同的民间传统吹奏技术，才能演奏出各种不同的风格；只有对各地的民俗风情有所了解和体验，才能妥善地运用技术去表达劳动人民的思想感情。作为一个民间乐器的演奏者，无疑应该把向民间学习作为自己在艺术创造中的一个最重要的课程。

（三）技术和内容互相推动的过程，也就是演奏水平提高的过程。技术掌握得愈多，对内容的要求也愈高；曲子的内容愈复杂，对技术的要求也愈复杂。一个技术水平不高的演奏者，不会对内容的表达抱较高的要求。一个具有高度技术水平的演奏者，就会对一些内容平淡、缺乏变化的曲子不感兴趣。反过来说，当演奏者发觉自己的技术不符合内容表达的要求时，就会努力提高自己的技术，弥补所缺的一环。如果曲子内容平淡而影响技术的发挥，演奏者一方面可以在技术服从内容的前提下，充分地发挥技术性能，更好地表达内容，另一方面也可对作曲者起到启发、促进的作用。这样互相刺激，互相推动的结果，演奏水平就会不断提高，作曲者也可能写出内容更丰富、对技术要求更高的曲子。从而推动演奏技术从形式到内容都有进一步的提高。让我举我所写作和演奏《早晨》的例子来说明。

《早晨》是我在1954年春天写成的。在创作以前，我已经完成了一些难度较高的技术训练，摸索到了一些新的表现技术。我产生了演奏更复杂的曲子的愿望。但是，当时适于笛子演奏的曲子却很少，我当时演奏的都是些经过改编的民歌或戏曲音乐，往往只能通过唱或伴奏才能将它的内容圆满地表达出来，单独作为笛子的演奏曲，既不能完全发挥笛子的技能，曲子的内容也无法完美表达。在这种情况下，我就自己动手，创作了《早晨》。但是我把它写好以后，我发觉它虽然是按照我自己的演奏水平写的，但是实际上在很多地方，我的技术还不能把它完满地表达出来，需要我继续提高技术。如，我在曲子中描写了一个由恬静到万籁俱寂的情景，要从热闹的鸟喧声中，听到人的呼吸声，又有一个非常急速的舞蹈场面……按照我旧有的技术，是无法做到这些的。这些被规定的内容，就促使我进一步提高技术。现在我已经学会并掌握了换气技术、特殊强弱变化、飞快的历音，等等，这是我在当时作品写成后学起来的。其他原有技术，也由于表达内容的需要得到了提高。从1954年作品写好到1956年这三年中间，我通过数百次的演出，做了数百次的修改，每演出一次就提高一次。现在，作曲家们似乎丢开我们这些笛子演奏者不管了。让我在介绍自己粗浅的经验同时，向作曲家们呼吁：给我们一些演奏曲吧！给我们一些能够起到相互推动的曲子吧！多写一些表达新的内容、新的思想感情又有鲜明民族色彩的作品吧！

如今我已年逾花甲，华发盈巅，在演奏上深感力不从心，但我有志在七个方面做一些切切实实的工作。这七个方面是：

第一，探讨笛史，包括竹笛源流探讨，它与中国文学和中国人民思想感情的紧密联系等。

第二，演奏技巧的归纳、总结，包括技巧术语符号的统一，技巧的种类、风格的探讨，性能的分析等。

第三，竹笛的声学问题，包括音调、音品、音量的研究，计算方法及实用等。

第四，竹笛的律学问题，包括纯律、平均律、三分损益律、五声音阶等的频率对比及研究。

第五，美学问题，包括文艺观点、创作方法等。

第六，教学方法，包括系统性的教材以及培育青年一代的教学经验等。应中央人民广播电台之邀，最近我已完成《竹笛演奏技巧广播讲座》一稿（这是一本谈笛子演奏技巧的通俗读物，其主要内容已收入本书“笛子演奏技巧”一章内）。

第七，有关乐器改革问题的探讨。

……

1982 年 9 月爬了一次泰山，登上了玉皇顶，感慨颇多，作五律一首，不计工拙把它作为本篇的结尾：

志在玉皇顶，　白头攀紫岑。
豪情随蹬涌，　幽思逐云生。
历尽崎岖路，　求来坦荡心。
苍松万千树，　无语却知音。

竹笛源流

赵松庭

现在有些外国人，如日本的林谦三，他写了一本《东亚乐器考》说：中国笛子是从印度或西域传入的。我们中国人也有许多是这样说的，如明朝的朱载堉，这位平均律的创始人也认为横吹的笛子，是张骞出使西域后传入中原的。请参看有关竹笛源流的历代文献摘录，上面记载的真是众说纷纭，但归纳起来只有三种比较重要的见解：（一）笛自古已有，但“笛”字“不经见故”。就是说，笛子这个名词古书上没有。古书上的“笛”就是“篴”。“篴”“笛”音义并同。“篴”是雅乐，是竖吹的，不是今天的横笛。（二）“近世长笛从羌起”（马融《长笛赋》）。但羌笛是竖吹还是横吹的呢？尚争论不休。羌笛到底有几个孔？有的说两个、三个，有的说四个、五个。羌族是四川省的一个少数民族，它与印度及西域有什么关系呢？在汉朝时，四川省属于西域，匈奴、羯、羌、鲜卑都属于西域，张骞都到过这些地方，也会将羌笛带到中原。那么是否在这以前，中原就没有竹笛呢？总的说，第二种见解的本身还非常含糊。（三）汉武帝时，丘仲作笛。这种说法也非常含糊。是丘仲将羌笛改革成长笛呢？还是将雅笛改成适合汉代的雅乐器？或者说是他将笛子创制出来？

以上三种说法是不能令人信服的。

70年代，也就是最近几年，湖北随县曾侯乙墓出土了两根竹制的横吹的笛子，有五个音孔。七声音阶完整，小巧玲珑，制作考究，这证明了在距汉朝尚有三四百年的战国时代，我国就已有了横吹的竹笛。凭这一点，就足以把前面说的第二、第三两种见解全部否定了，而且也把古代笛子只有竖吹的论点推翻了。横吹的笛子，我国自古已有，它的起源可以追溯到公元前五千年。最近浙江余姚河姆渡出土了一批文物，其中有四五十根骨制的笛子，我和吕骥同志一起观察了这批文物，并进行了照相和录音。它们中大多数的形制为手指一般粗细和长短，横开二个音孔，或三个音孔，这个形制和现今流行的口笛基本一样。因此，我曾对青年笛子演奏家俞逊发等说："你们不要认为口笛是你们的创造，它早在七千年前就已经有了。不过你们是有贡献的，这贡献在于发音规范化，使它能演奏出美妙的旋律。"另外，还有一根非常宝贵的骨笛，中指般粗细，十厘米左右长，开有一个横吹的吹孔，以及六个音孔，这简直是今天的六孔竹笛的缩影。这些珍贵文物的发现，使我们可以大胆地、有根据地说：笛子不但是我国最古老的乐器，而且是所有管乐器的鼻祖。任何事物都是从简单开始，然后向复杂发展。乐器的形成，必然与社会生活有关，它们是社会生活的反映。原始社会，我们的祖先靠野兽的肉为主要生活资料，在吃肉吸髓的日常生活中，发现了骨头管子能发出好听的声音，于是就发明了骨制的笛子，这是最原始的乐器，也是最起码的、最古老的乐器。至于琴、钟等乐器，那是很久以后才制造出来的，比起骨笛来，要相差一个时代了。这些原始的管乐器，逐渐地向横的和纵的两个方面发展，先有一根，然后向横发展成二根三根，"卅"就变成了籥，也就是排箫。再进一步发展成了簧管耦合，形成了笙、篪、竽、管等乐器。向纵的方面发展就成了长长短短、大大小小、形形色色、五花八门的笛子。到了汉、晋时期，就有了长达三尺二寸的长笛，晋书中有列和（笛子演奏家）的一段话："每合乐时，随声之清浊，用笛有长有短，假令声清者用三尺二笛，因名曰此三尺二调也。声清者，用二尺九笛，因名曰此二尺九调，汉魏相传，施行皆然……"说明了这时候已经有了长短不同的笛子。我们知道，中国的律学理论是很完善的，缺点是理论和实际往往脱节。三分损益律的理论，首先从管的长度开始实践，所谓黄钟长九寸，三分损一得六寸，为林钟，三分益一得八寸，为太簇……这种求律的理论应用到笛子上来，就产生了十二律笛。汉、晋时期的蔡邕、荀勖、梁武帝等人，都曾制作了十二律笛。一根笛子一个律，这比起列和的以声的清浊定调，当然要完善得多。不过这种以律制笛的方法，往往会有脱离实际、走向烦琐哲学的倾向。因此，列和曾讥讽为"知昔日之作不可吹也"。隋朝后，为了解决十二律笛的过于烦琐，因此，就有了能演奏半音阶的笛子，相当于现代的十孔笛或十一孔笛。唐朝的吕才制成了"尺八"竖吹，在当时颇为流行，曾随着唐朝的雅乐流传到了日本，前几年日本还到中国来定制尺八三万支，说明他们至今还非常喜爱。唐朝的刘系，制作了七星管，蒙膜助声，这恐怕是记载笛子贴膜的最早文献。那么唐朝以前的笛子是否贴膜呢？这个问题还值得研究。有许多古书上说：有些人能将笛子吹破，如晋朝桓伊的一个部下，由于心情激动，一连吹破了三根笛子，最后只好用猪脚笛给他吹，才算把曲子吹下来。我想这种描写，很可能是演奏者把笛膜吹破，而不是把笛子吹破，把笛子吹破是不可能的，也许是记载者故意夸张，也许是记载者不知道笛子是贴膜的。如果是这样，那么竹笛贴膜的时代要比唐朝更早一些。这时候已经有了“顺笛”，笛子里塞一块木头，一吹就会响，这种笛子在我国是儿童作为玩具用的，而在世界各地却很流行，如法国笛、印度竖笛、巴基斯坦竖笛等，都属于这种形制。另外，还有手笛，长九寸，类似今天的高音笛。更有趣的是一种叉手笛，据宋史记载：“……此笛足以协十二旋相为宫，亦可通八十四调，其制如雅笛而小，长九寸与黄钟管等。其窍有六，左四右二，乐人执持，两手相交有拱揖之状，请名曰拱辰管。”这种笛类似今天的大口笛，我曾试制了几支大口笛，的确很有特点，音域宽，变化非常复杂。因为它把开管和闭管混合起来了，因此，振动的规律很难掌握。大家如果有兴趣不妨试一试，找找规律，看有没有发展前途。以上说的许多笛子都是向纵的方面发展的结果。

到了元朝以后，竹笛的形制就和现在的六孔竹笛完全一样了。由于戏曲盛行，竹笛的名称，随着它伴奏的剧种分为两大类：一类是梆笛，伴奏梆子戏；一类是曲笛，伴奏昆曲、乱弹等剧种。这种称呼，其实就是列和的“三尺二调”“二尺九调”的再版。随着时代的进步，这种名词也需要改一改了，到底应该怎样称呼才好，请大家讨论。

以上谈的是关于竹笛的源流问题，我的结论是这样的：

早在七千年前，我国就已经有了如同今天的六孔笛形制的笛子，但是这种笛子是用骨头制成的。什么时候开始有竹制的笛子呢？随县的出土文物（两根竹制的横吹笛子）证明竹笛绝非外来，而是我国自古已有。按照推理，我国最迟在黄帝时代（约公元前2400年）已有了竹制的笛子，这种推理的根据有三：

1. 古代的传说，如《吕氏春秋》《玉海》等文献，都载有黄帝命伶伦伐昆仑之竹为笛的传说。

2. 在黄帝时代，黄河流域生长有大量的竹子，竹子是当时人民的重要生活资料（据气象学家竺可桢的研究）。

3. 我国古代的管乐器，笙、箫、管、篪、籥、竽、埙、篴，几乎全部是用竹子制成的。

还有一个问题附带地讲一讲：

一直以来，箫和笛这两个概念，总是混淆不清。我的家乡都把我说成是“吹箫儿的”，上次河南吹打班来京表演，节目中有一个“闷笛独奏”，我没有听过什么“闷笛”，一看了才知道是管子，是加上簧片发声的。他们告诉我说，在河南一带，管子叫笛，唢呐叫箫。说实在的，箫和笛这两个概念已经争论了两千年了。究竟什么叫箫，什么叫笛？我们应该用科学的办法把它弄清楚。应该说我国音乐史上，对乐器分类是不科学的，金、石、丝、竹、匏、土、革、木的分类不能从本质上说明问题。近代的乐器分类采用体、皮、气、弦的分类法，是比较合理的，但是这样分类太简单化了。比如说，笛子是气鸣乐器，唢呐也是气鸣乐器，二者有共性，但没有把个性分清楚。什么叫笛子？应该用科学含义给它定性。

笛，横吹的开管乐器。通过人体吹气并经过唇部的控制，使气流成一束，以斜面角度射入管的吹端，从而产生边振动，在管内形成驻波，发出与管长对应的频率。凡是属于这一类振动发声的都称为笛，如果是加上簧片振动发音的（如笙、双簧管、单簧管）那就不能称为笛。因此说，笛与箫可以不分，因为它们的振动原理一模一样，箫也是斜吹的，不然就不会发声。但是笛与管一定要分，单簧管与双簧管也一定要分，因为单簧管是闭管，而双簧管与唢呐就不一定要分，因为它们性质完全一样。音乐辞典上把单簧管称为“竖笛”，这都属于概念的含糊。为了尊重习惯，箫和笛子这两个概念可以竖吹横吹来区分，不管历史上的争论，从今后凡是竖吹的，性质和笛子一样的乐器，我们称它为箫，凡是横吹的则称为笛子。大家都这样叫，过了一个阶段也就会统一了。这是我的建议，不一定妥当。

刚才说到笛子是横吹的“开管”乐器，“开管”是声学上的术语。趁此机会，我向大家简单地介绍一下：

空气柱的振动，两端都和大气接通，就称为“开管”。图示如下：

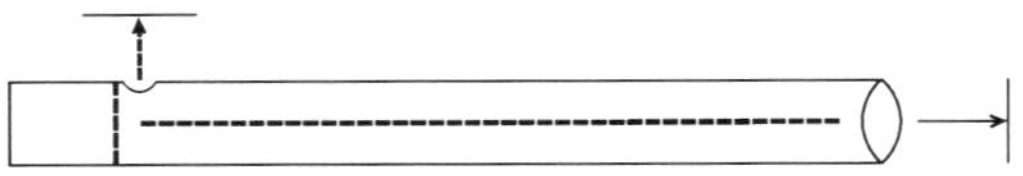

笛子一端开吹孔，吹孔旁边是塞住的，气从孔进去，末端出来，它的声波形象和弦的振动不一样，弦的振动可以用实际的弦长来计算，而管振动则要校正。就是说，只有实际的管长还不能计算出波的长度，如果用管的实际长度来求律的话，那就不会准确。这个问题汉朝的音律学家京房就已发现了，他发现了“管不能度律”，以管求律的方法，如黄钟九寸、林钟六寸、太簇八寸等，做出笛子，发音不正确。因此他创造了“准”——用弦来求律，这是对的。“开管”的校正数有两个，一个是末端校正，一个是吹端校正，究竟要校正多少呢？晋朝的荀勖曾作了一番研究，在实际上也作了应用，杨荫浏先生认为荀勖已经成功地应用了管口校正数。不过，如何求得校正数，在那时候是不可能的，不要说荀勖，即使一百年前的波姆，他也想解决校正数问题，可是没有成功，因为那时的声学科学水平还达不到这一点。那么，现在是否能求出来呢？末端校正数已经公认为0.6R，“R”是管的半径。吹端校正数是我和弟弟（他是物理学家）两个人，花了两年的时间研究出来的，但是现在还没有得到公认。这个校正数怎么求呢？算式如下：

$$\delta_1 = (b+2r)\frac{R^2}{r^2}$$

δ_1 吹端校正数

b 为壁的厚度

r 为吹孔的半径

R 为管的半径

让我们来举一个实例：

设：b 为 0.4　　r 为 0.5　　R 为 1，

则 $\delta_1 = (0.4 + 2 \times 0.5)\frac{1^2}{0.5^2} = 5.6$

末端校正数为 $0.6 \times 1 = 0.6$

两个校正数加起来为：$5.6 + 0.6 = 6.2$

校正数求得后，就可以根据开管频率计算公式，求得所需要的频率，这个计算公式为：

$$F = \frac{C}{2L}$$

F 为频率

L 为实际管长加上校正数

C 为声速，即每秒 331 公尺，加温度系数

（详见《乐器科技简讯》1973 年第 2 期《横笛的频率计算与应用》）

一种古老而新颖的民族乐器——同管双笛

赵松庭

提要

本文讨论了吹孔开在管身中部、管中无阻隔、吹孔左右两侧皆开有音孔的特殊笛类乐器的历史渊源及命名，介绍了几种此类乐器的制作方法，指出其发音机理的复杂性，展望了其应用、发展前景。

在品种庞杂、异彩纷呈的笛管乐器中，有一种历史悠久的特殊形制。这种形制与目前常见的横笛有所不同：它的吹孔开在笛管中部，管中无阻隔；吹孔左右两侧皆开有音孔，由两手手背朝外按指演奏，表现力极为丰富。这种乐器指法及泛音相当复杂，变化层出不穷，在很多方面有深入研究的价值。本文先对它作一概括性的介绍。

历史渊源与命名

1973 年，浙江余姚河姆渡出土了一批文物，其中有一百多根骨哨与骨笛，据测定为新石器时代的制品，距今约七千年（这批文物现存浙江博物馆）。河姆渡文化发展史前后约两千年，骨哨是初期产品，骨笛当是中后期产品，哨与笛是有区别的。吹奏哨或笛时，在吹孔处以适当的角度吹入气流，使管内气柱产生共振，从而发出与固有频率相对应的乐音。如果能吹出的固有频率只有一个基音，则应称其为“哨”；如借助横开的音孔能吹出好多基音，则不问其形制多么粗糙或原始，都应称之为“笛”。

河姆渡出土的骨哨与骨笛中，有一半以上笛管长约 6—7 厘米，如手指般粗细。1979 年，我与吕骥等同志对这批骨笛进行了测试。我判断此种形制，吹孔应在中间而不是管口，并且两端管口可以用拇指启闭。此种形制，在 20 世纪 60 年代到 70 年代俞逊发等人创造的“口笛”中，得到再现和发展。

口笛曾风靡一时，证明这种形制具有强大的生命力。进一步更可证明，此种形制的起源，实际上要比常见的笛更早一些。河姆渡出土的一百多根哨与笛之中，只有一根是横开 6 孔、吹孔在管端的。笛管长约 10 厘米，中指般粗细，手指无法按住 6 个音孔，因为距离太近。只能说，这是一种横笛的雏形。

由于吹孔在笛管中部，在一般情况持笛的姿势是自然地两手手背朝外。这种演奏姿势，还保留在已经发展成为吹孔在管端的篪上。1978 年，湖北曾侯乙墓出土了两根篪，吹孔在管端，横开 5 个音孔，管端管尾皆封闭，但在离管末端不远处开有用拇指启闭的音孔。

有人认为，两手手背都朝外的演奏姿势，是因为封建皇帝忌惮演奏者把手指指向他的缘故，这也未尝不是一种推理。历史上的确有迎合皇帝心理而做出的演奏姿势。据《宋史 · 乐志一》记载：“乐器中有‘叉手笛’，乐工考验皆与雅音相应……此笛足以协十二旋相之宫，亦可通八十四调。其制如雅笛而小，长九寸，与黄钟管等。其窍有六，左四右二，乐人执持，两手相交，有拱揖之状，请名之曰

‘拱辰管’。”这是一段颇为重要的文献，它说明了此种形制的历史、大体形制和性能。遗憾的是记载不完整，指法、管径、音名、乐曲等皆阙如，更谈不上理论。至于两手交叉如拱揖状，则无疑是为了迎合皇帝，其法不足取。在汉代石刻及出土文物中，有不少图像可以证明此种形制在当时颇为流行。

汉画像石刻吹笛（摹本）

1354 年长沙杨家湾汉木椁墓出土

山东南武阳东阙画像石
汉元和三年至章和元年（公元 86—87 年）

朱载堉《乐律全书·律吕精义·内篇》卷八对此种形制有较详的记载：“……尝于好事之家见一古器，铜色若漆，状类诗筒。中空而两端有底，底中心皆无孔。前面左右皆三孔，共为六孔。孔径约一分半，惟居中一孔翘然上出可径三分。后面有铭三字，字皆古篆，甚奇，其文曰‘黄钟龢’。两端围径大小与开元通宝同，横排钱十四枚则与篪之长同，所谓大篪长尺四寸也。律家相传以为开元钱之径即古黍尺之一寸，信矣。径一寸者所谓围三寸也。以篾探之，其中空处约径七分，筒厚一分半。吹之呜呜然，其声和雅。盖三代之物，希世之宝也。”

朱氏又介绍了开篪孔法：“用纸一条比篪两端取齐，折为四折，以墨界之；又折为六折，亦以墨界之；数其界者，共为七道，每道之际各开一孔，中间一大孔向上，左右六小孔向外。大篪小篪其法皆同。”

若按朱氏的说法，就使我们产生了一个很大的疑问：篪的吹孔究竟是在笛管中部，还是在管端？据曾侯乙墓出土的篪，吹孔是在管的一端的，其性质为“单管笛”；如果吹孔在中部，则其性质是在同一管内存在左右两根中通的笛子，也就是我在这里要介绍的形制。假定说，篪的吹孔是在管的中部，那么，我们就可以把此种形制的笛管统称为篪，不必另命名了；但恰恰是古代的篪，和朱氏说的不同，这就使本来已经在概念上含糊不清的笛管乐器，变得更加含糊了。

马容氏曾按朱氏所说“开篪孔法”仿造、实验……除吹口外各孔全闭得 e^4，依一、二、三、四、五、六或二、一、四、三、六、五次第逐一开孔得 f^4、$^\sharp f^4$、g^4、$^\sharp g^4$、a^4、$^\sharp a^4$ 各音。（马容氏原文见“*Annuaire du Conservatoire Royal de Musique de Bruxelles*”1890，P196。）马容氏疑心这不是乐器，而是一种定音的器具。

另见“*Wood wind Instruments and Their History*”P185—187，有图与“黄钟龢”相同，只是吹口与指孔在同一直线上，没有谈到两端是否封闭。

黄钟龢

历代文献中曾把此种形制的乐器吹捧成“希世之宝”，但今天除“口笛”外，已很少看到有人演奏。值得一提的是云南景颇族至今尚流行一种吹孔居中的吹管乐器叫“吐良”，又称“吐任”。演奏时,左手拇指开闭一端管口,右掌心开闭另一端管口,利用开管、闭管的相互交错泛音系列,以及双手控制管口开启程度,可奏出美妙的音乐来。

吐良

由上可知,此种笛管乐器的历史悠久,当前也有存在的价值与发展的前景。为此,值得我们对它进行深入研究、发掘,并改进它的声学特性、形制、指法等,使之能大放异彩。要研究它首先需要有统一的名称。这类乐器,目前有“骨笛”“口笛”“叉手笛”“拱宸笛”“黄钟龥”“吐良”等许多不同的叫法。这些名称,都缺乏典型意义,不能确切地反映其共同特征。若按朱载堉的说法,把吹孔开在中部的笛管称为“篪”,那么曾侯乙墓出土的吹孔在管端的“篪”,应该如何归属呢?一是“双管”,一是“单管”,两者性质不同,是不宜混同的。另外,“篪”这一称呼,生僻而又难以理解。我认为,定名与定性应尽可能地结合,不必拘泥于古籍中的称呼。与常见的横笛相比较,此种笛管乐器的共同特点是:吹孔在中部,把笛管一分为二,管中无阻隔,左右两侧笛管相互联系而又可以分别加以控制。为此,作为一个笛类乐器的分支,其正常学名建议取为“同管双笛”。为了便于推广,再取一个容易为人们接受的通俗名称是有利的,建议取“雁飞笛”(即“雁飞篪”——编者注)作为此种形制的“艺名”。它象征一排鸿雁(音孔)在头雁(吹孔)的带领下一字排开,展翅飞翔,可以较直观地反映它的吹奏特点。

以上命名,是否妥当,请大家商讨。

几种“雁飞篪”的制作方法

(在没有得到公认以前,还用“雁飞篪”的称谓。)

前面谈到“雁飞篪”是多种多样的,历史上曾出现的“叉手笛”这样的品种,目前已不流行了。但如“骨笛”“口笛”“吐良”等品种,至今尚活跃在舞台或民间。我曾仿河姆渡骨笛制作成鸡骨笛,演奏钱兆熹作曲的《原始狩猎图》,颇受国内外观众欢迎,很多人要求我为他们制作。俞逊发用“口笛”演奏白诚仁作曲的《苗岭的早晨》,风靡全国,许多国际友人为之惊叹不已。用无音孔口笛,甚至能演奏《云雀》这样复杂的乐曲。“吐良”演奏的旋律,则可想见每天晚上都悠悠地飘散在景颇族乡土的上空。这些“雁飞篪”的品种,除骨笛受材料限制制作较麻烦外,其他如“口笛”“无音孔口笛”“吐良”等,材料易得,制作简单。现简要地将上述品种的制作方法介绍于下:

1.“仿河姆渡骨笛”制作法

(演奏《原始狩猎图》等用)

材料:大公鸡腿骨,不短于13厘米。

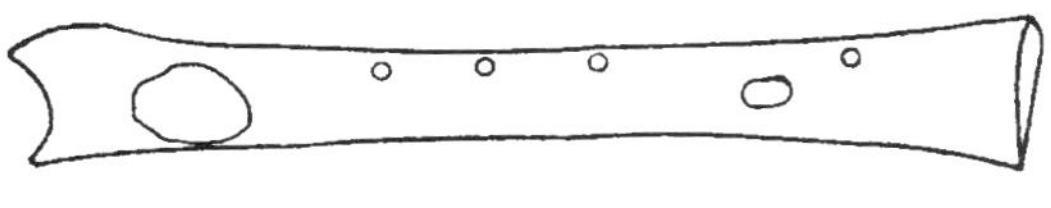

“仿河姆渡骨笛”外形图

如图所示,先在鸡腿骨靠近关节凹陷处开一较大的气孔,然后用铁丝将骨髓除尽洗净,在右端离管口3.5厘米骨管较圆处开出吹孔(平均半径不超过0.35厘米),试吹基音是否为f^2(698Hz),基音与开右端管口的音高是否为纯五度关系。调整基音高度及调整基音与开右端管口音高的纯五度关系,是成败的关键(凭经验)。一般来说,要注意两点:第一,如基音偏低,需增大吹孔及缩短右管,并增大尾端气孔。第二,如纯五度关系过宽则增大左端气孔,如纯五度关系过窄则需缩短右端管长。务必记住,这个关系与"单笛"恰恰相反,右笛音低则需缩短左管,右笛音高则需缩短右管。基音及五度关系解决以后,就可开出左边 3 个、右边 1 个音孔。音孔半径不大于 0.1 厘米,否则高音难吹。音孔距离凭经验而定。

指　法	唱　名
○●●●; ●○	5̇
○○●●; ●○	6̇
○●●●; ●∅	↓1̇
○○○○; ●○	1̇̇
○●●○; ○○	♭3̇̇

《原始狩猎图》开始乐句中的几个音的指法如右图所示:

表中:"○"为放开音孔(或管口);"●"为按闭音孔(或管口);"∅"为用拇指控制开孔的大小。下同。

2."口笛"制作法

(演奏《苗岭的早晨》等用)

取内径 0.9—1 厘米、长 8 厘米竹管,用 5.4∶4.6 的比例确定左、右管长度,即右管为 $8\times0.54=4.32$ 厘米,左管为 $8\times0.46=3.68$ 厘米(管长量到吹孔中心)。开出吹孔(孔径不大于 0.7 厘米)后,试吹。要求基音为 e^2,放开右手拇指为 a^2,左右拇指皆放开为 e^3。这时要注意:①基音偏低时,用锉刀锉两头,或稍许将吹孔放大一些;②在修正管长时,要随时注意全闭及开一端、开两端的音程关系;③开右端偏低时锉左端,开右端偏高时则属失败,所以要留有余地,一点点修正。

管长调整好以后,开出音孔(凭经验):①左管开一个音孔,大约开在左管的 $\frac{1}{2}$ 处;②右管开两个音孔,大约开在右管的 $\frac{1}{3}$ 及 $\frac{2}{3}$ 处;③音孔尽量小一些,以便修正;④越靠近吹孔的音孔越小,不然高音难吹;⑤此外还须注意开孔位置与手指生理条件的关系。

下图标出一支"口笛"实物的尺寸,仅供参考。

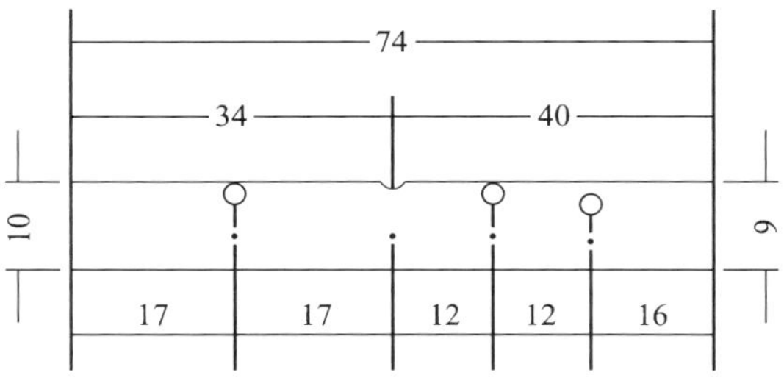

(单位:厘米)

"口笛"实物尺寸(管壁厚 0.2)

《苗岭的早晨》起始乐句:

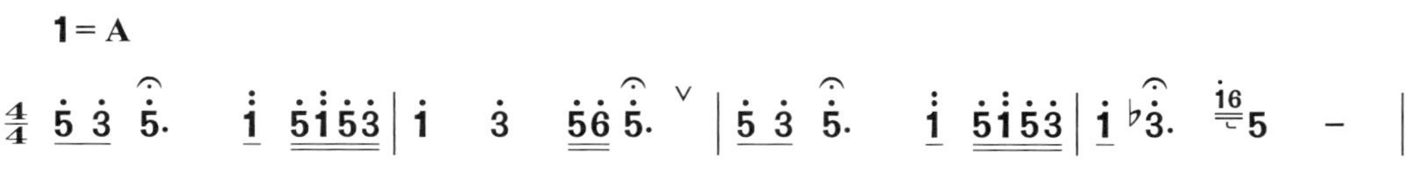

“口笛”基本指法及音高及《苗岭的早晨》开始乐句中几个音的指法如图所示：

指　法	频率（Hz）	音　名
●●；●●●	659	e^2
●●；●●○	880	a^2
○●；●●○	1318	e^3
○○；●●○	1480	$^\sharp f^3$
○○；●○○	1661	$^\sharp g^3$
○○；○○○	1760	a^3

指　法	唱　名
●●；●●●	5
●●；●●∅	6
●●；●●○	1̇
∅●；●●∅	♭3̇
∅●；●●∅	3̇
○●；●●○	5̇
○○；●●○	6̇
○○；○○○	1̈

3.“无音孔口笛”制作法

（演奏《云雀》等用）

吹奏《云雀》用的“无音孔口笛”，制作更简单。其要点除上面“口笛”所举者外，主要是基音比上述的口笛要高四度。

取内径为0.8厘米左右的竹管，截成5.5厘米左右的长度，按前所列的比例开出吹孔，然后修正，即可制成。其基本指法见下表。

4.“吐良”制作法

取内径1.5厘米的竹管，截成45厘米长度，在距左端21.5厘米处（亦即距右端23.5厘米处）开出吹孔（以管端至吹孔中心距离计）。吹孔呈方形，边长1厘米。修正音高后即告制成。

指　法	频率（Hz）	音　名	附　注
●；●	880	a^2	旋律变化大部分依靠两手拇指控制
●；○	1174	d^3	
○；○	1760	a^3	

“吐良”的发音，主要靠系列泛音，加上两端管口的启闭音，构成相当复杂的配合方式。其配合的方式依靠演奏者本人摸索，目前似乎还提不出规范化的方法来。正因为这样，使我们可以充分估计到它的潜在表现力。它需要我们去探索。

“雁飞篪”展望

“雁飞篪”这一古老而又新颖的笛类乐器，正越来越受到人们的重视。据我所知，有许多同行都在对它进行探索。与常见的横笛相比较，“雁飞篪”有自己的特色，这也给研究带来特殊的困难。

首先是声学理论基础方面。常见的横笛是一种“单笛”，它的声学性能已基本搞清。早在60年代，我在声学家赵松龄教授的帮助下，为横笛的频率建立了一套完整的理论计算公式，实践证明，它对横笛的设计与应用，产生满意的结果（见拙作《横笛的频率计算与应用》，《乐器科技简讯》1973年第2期）。而“雁飞篪”是一种“双笛”，由于左笛与右笛相互耦合在一起，使它的声学特性显著地复杂化，很难以简便的理论公式较准确地计算出它的频率。正因为如此，目前对“雁飞篪”的设计主要依靠经验,在实践中探索,带有较大的盲目性。

其次,在乐音音阶的控制方面。单笛频率的变化规律比较单纯,它与一段开管的发声规律基本相同,其等效长度:$L = l + \delta_a + \delta_b$

式中 l 为基本长度,即为吹孔至开启的音孔间的距离,δ_a 与 δ_b 分别为吹孔端与音孔端的末端修正长度。由于修正长度 δ 一般远小于基本长度 l,因此它的变化对频率的影响不大敏感。这就是说,单笛泛音的频率接近基音频率的整倍数。这样,只要适当选择吹孔至 6 个音孔的距离,从音孔全闭开始,由远至近逐个开启音孔就不难吹出完整的音阶。另一方面,对于“雁飞篪”来说,频率的变化规律要复杂得多。例如,当“雁飞篪”两端全开时,它的发声特性与开管接近;但当两端全闭时,则与闭管相接近;如果一开一闭,情况就更难掌握。因此,“雁飞篪”泛音的频率并不接近于基音频率整倍数。另外“雁飞篪”的音孔分布在吹孔两侧,控制左笛与右笛的音孔对频率影响的差别很大。所以,要想获得一组完整的音阶,要比单笛困难得多。

由于“雁飞篪”的发声规律远比单笛的发声规律复杂,无论在设计制作上、演奏上都会遇到许多问题。这也正是为什么历史上“雁飞篪”比单笛出现得早,却反而没有像单笛那样广为流传的原因。

不过,“雁飞篪”复杂的发声规律也有其有利的一面。我们知道,同样长度的开管与闭管基本频率相差一倍,泛音频率相互交替成倍增加。“雁飞篪”既然能随意接近于开管或闭管,表明它发声的音域可以更宽广。控制其左笛与右笛音孔,影响有所不同,表明它可以吹奏出更多频率不同的乐音。这就是说,“雁飞篪”的发声特性具有很大的潜力,有待我们去挖掘、开发。可以认为,它是具有广阔发展前景的。

在当前阶段宜着重进行下列工作:一是在发声规律上深入进行研究,根据严格的声学理论,发展完善具有一定精度并切合实际的频率理论计算;二是贯彻理论联系实际的原则,根据不同的使用要求,作出最佳设计,除了发扬“雁飞篪”音域宽广、音调丰富的优点外,还要力求演奏时指法灵活、合乎逻辑,制作时笛管的各种几何参数易规范化。

“雁飞篪”这种形制既是古老的,又是新生事物,对它的研究有一定难度,也很有希望。期望各界人士给予关心和支持。

(原文连载于《乐器》1992 年 04 期、1993 年 01 期)

同管双笛(雁飞篪)的性能及其实用设计

浙江艺术学校　赵松庭

同济大学声学研究所　赵松龄

一、概述

同管双笛是一种类似于横笛的民族乐器,它的历史渊源及其演变在文献中已作了概括的阐述。它在华夏文明的孕育下,借了“百花齐放,推陈出新”的东风,引入近代科学技术的成果,得到了脱胎换骨的革新,现正以崭新的风貌在舞台上亮相,奏响了迎接中华文艺复兴的旋律。

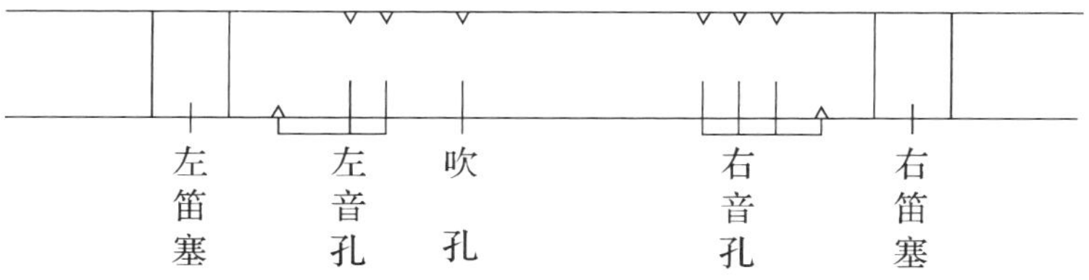

同管双笛型结构

革新后同管双笛的典型结构如图所示。吹孔位于笛管中部，音孔分布在吹孔两侧，笛管左右两端都以笛塞加以限位。左右两侧笛管相互连通，可以相互独立地加以控制，但同时又相互紧密地耦合在一起。因此，从它的声学结构特征来看，应把它命名为“同管双笛”。它的发声规律，我们在文献中作了较深入的分析研究，文中根据管道中声传播的严格理论，导出了计算本征频率的精确公式，实验结果与理论预测良好相符，表明该文阐明的理论可以作为实用设计的可靠依据。

另一方面，演奏这种乐器时，演奏者吹入吹孔的口风随着乐曲的节奏时急时缓地变化，同时按住左右两侧音孔的手指相应地作忽上忽下的掀动，其形象类似于一字排开的雁行在头雁（吹孔）带领下展翅飞翔。从乐器形式及其音色来看，它与古代宫廷乐器“篪”很相接近，因此也可以把它命名为“雁飞篪”。两种名称并行不悖，可认为“同管双笛”是其正规的“学名”，适用于普遍的情况，而“雁飞篪”则是在音乐舞台上采用的“艺名”，适用于特定的场合，使听众对它的神采有较深刻的感受。

二、雁飞篪的特点与优点

理论分析与实践结果表明，与传统的横笛相比较，雁飞篪具有显著的特点与优点。

首先，演奏雁飞篪时可以充分运用双手的手指，特别是拇指，因此可以开较多的音孔。当手指按住或开启某个音孔时，吹出的纯音有所不同，音孔每增加一个，纯音数一般就可翻上一番。音孔增多，纯音数会相应地按几何级数增大。这就是说，雁飞篪可以吹奏出比传统横笛丰富得多的纯音。

其次，雁飞篪具有双笛的结构，左笛与右笛的长度可适当选择，达到相互配合的目的。短笛有利于吹奏高音，而长笛有利于中低音，可以有效地拓宽吹奏音域范围。特别是两端有笛塞限位，在其近旁开较大的音孔由拇指控制，当长笛的音孔全部按住时，其特性相当于闭管，可使本征频率大幅度降低。由此可知，雁飞篪能吹奏的音域范围比传统横笛要宽广得多。

再次，雁飞篪的双笛结构还会产生一种独特的音响效果。演奏雁飞篪时，左笛与右笛同时共振发声，并同步地向外辐射纯音，其音调完全相同，但其相位差及相对强弱会随乐曲而有所起伏变化。这就是说，一支雁飞篪相当于左右两支“同音调”的笛子同步地进行协奏，可使听众感受到空间立体声的音响效果。这一独特的优点是传统横笛及其他乐器所不具备的。

此外，值得一提的是，雁飞篪演奏者的仪态保存了古代宫廷雅乐演奏要求的合理部分。演奏时演奏者面对听众不偏不倚，双手分置左右不高不低，手臂平举乐器似托似拱，展现出一派谦恭而又端庄的舞台艺术形象，闪耀着东方文明的传奇色彩。在这种气氛渲染下，听众能更深刻地领略所奏乐曲的神韵。

三、雁飞篪实用设计的难点

雁飞篪作为一种乐器最基本的要求是要能奏出一组相互谐和的纯音，这组纯音能组成一个较完整的音阶。与传统横笛相比较，雁飞篪的发声规律要复杂得多。

我们早期的研究工作阐明，传统横笛的发声结构可简化为一支两端敞开的“开管”，一端为吹孔，另一端为第一个开启的音孔。开管的有效长度为吹孔至开启音孔间的距离加上两端的末端修正值。开启不同的音孔改变开管的有效长度，可以吹出不同频率的纯音。由于横笛的音孔集中在一边，各音孔对本征频率影响的规律具有相似性与一致性，因此，适当选择音孔的位置，可以较方便地顺次吹出一组纯音，组成一个较完整的音阶。特别是在超吹时，根据开管的特性，本征频率加倍，可以较精确地吹出高八度的纯音。

雁飞篪具有双笛的结构，左笛与右笛相互联系相互制约，一般不能简化成一支“开管”。分布在左笛与右笛上的音孔对本征频率的影响有所不同，超吹吹出提高八度纯音的简单关系也不再适用。特别是个别几何参数的变化往往会影响雁飞篪的整体性能，因此在实际设计制作过程中往往会顾此失彼，极大地增加了工作的难度。

四、雁飞篪实用设计工作程序

我们遵循“实践—理论—再实践”的技术路线进行长期探索研究，经过多次反复，总结出一套实用设计的工作程序，并成功地试制了若干基本上满足舞台演出要求的雁飞篪。扼要阐述如下：

1. 选定制作管材

雁飞篪的频率特性与管子的管径及壁厚密切相关，管子内径应均匀并宜控制在12—20毫米范围内，壁厚也应均匀并宜控制在2—3毫米范围内。应首先选定拟实际使用的管子，再作具体的设计。

目前，我们首选的管材是PVC－U塑料管，主要原因是考虑到塑料管已成批地作工业化生产，其均匀性与一致性比较好，易于严格控制设计制作的精度。

用竹管或其他管材制作虽没有什么原则性的困难，但由于管径及壁厚参数变化，必须另行设计加工，并应相应调整演奏指法。

2. 选定吹孔及音孔的大小

吹孔与音孔的大小不但与雁飞篪的频率特性密切相关，而且也会直接影响其响度特性。吹孔半径一般宜控制在4—5.5毫米范围内，过大或过小会使雁飞篪吹不响。音孔半径一般宜控制在3—5毫米范围内，拇指控制的音孔半径可增大1毫米左右。对于吹孔及音孔的半径，同样应首先选定一组拟实际使用的适当数值，再作具体的设计，以减少待定参数的个数。假使初步设计的结果不够理想，可对个别音孔的半径作适当调整，然后重新进行设计。

3. 选定基准音的频率，并选定正常使用时的室温

雁飞篪的音调应根据设计目标预先给定，基准音的频率即为与该音调相对应的频率。例如A调雁飞篪基准音的频率为440赫兹。

雁飞篪吹出各个纯音的频率，不但与各几何参数密切相关，而且与室温也明显有关。对于传统的横笛，通常采用伸缩管长的措施来加以适应。对于雁飞篪，由于频率变化的规律很复杂，不太适宜采用这种修正措施。较合理的办法是：把室温作为设计目标预先给定并严格限制温度的使用范围，一般宜保证室温偏离设计温度的偏差不超过5度。

4. 选定基准音的指法，确定左笛与右笛的长度

当笛塞旁由拇指控制的音孔开启而其他音孔按住时，所发的纯音选定为基准音。用简谱表示时，记为“**1**”（do），对于如图所示结构，相应的指法记为（011，00001）。要使基准音的频率能精确符合设计预先给定的音调所对应的频率，关键的措施是要适当选择左笛与右笛的长度。其长度比宜控制在$\frac{1}{2}$至$\frac{2}{3}$范围内。从左笛塞到右笛塞的总长度，对于A调雁飞篪大致宜控制在50厘米左右。

5. 选定若干控制音,确定相应音孔的位置及相应的指法

一般地说,适当选择一个音孔的位置,并配合相应的指法,可使所发纯音的频率精确,符合设计所要求的频率。对于如图所示结构,除了拇孔外还有5个音孔的位置可以自由选择,即除了基准音外还可以选择5个纯音作为控制音。我们选择“**2**”(re)、“**3**”(mi)、“**4**”(fa)、“**5**”(sol)及高八度的“**1**”(do)等5个纯音作为控制音,并据此确定各个音孔的位置。

值得注意,指法(011,00001)所发的基本纯音为“**1**”(do),超吹时所发纯音并不是高八度的“**1**”(do),适当选择左右笛的长度比,可以吹出精确的纯音“**6**”(la)。如果指法上稍加改变,可以吹出相当精确的纯音“**7**”(si)。这样,在中音段内,可以顺次吹出八个纯音,组成了一个完整的音阶。

6. 选择适当的指法,在高音段和低音段吹出谐和的纯音

雁飞篪在超吹时,可以吹出丰富的高次纯音。一般地说,这些纯音并不与中音段的纯音相谐和,但借助微机技术进行搜索,可以筛选出可能吹出所需纯音的相应指法,在实践中加以检验后,不难顺次找出近似谐和的高八度纯音。

在低频段,可以吹出的纯音比较少。采用指法(000,00001)可以相当精确地吹出低八度的纯音“**6̣**”(la);采用指法(000,00000)可以吹出比基准音近似低八度的纯音“**1̣**”(do);超吹时可以吹出低八度的纯音“**7̣**”(si)。目前在低音段尚不能顺次吹出可组成完整音阶的纯音,这有待进一步的探索。

五、结论与讨论

由上所述,可得结论:雁飞篪的设计与制作目前已进入可供实用的阶段,应及时考虑在音乐舞台上逐步推广使用。

对于实用设计,尚需要进行下列两方面工作:一方面是应逐步发展不同音调不同型号雁飞篪的设计,并力求系列化与规范化;另一方面是应充分发掘雁飞篪的潜力,使吹出的纯音达到音调准、音阶齐,并且音域宽广,力求能覆盖三个八度音的范围,突破传统横笛音域狭窄的局限性。

A调宽音域雁飞篪设计频率及指法

音域	设计频率				指法		说明
	简谱	音名	频率比 f/f_0	频率 f(Hz)	左笛	右笛	
低音 (do)	**1̣**	co	1/2	220	000	00000	控制音、精确
(re)	**2̣**	do	9/16	248	111	00000	偏低约2%
(mi)	**3̣**	eo	5/8	275	暂缺		
(fa)	**4̣**	fo	2/3	293	暂缺		
(sol)	**5̣**	go	3/4	330	000	00000	控制音(超吹)、精确
(la)	**6̣**	ao	5/6	367	000	00001	控制音、精确
(si)	**7̣**	bo	15/16	413	100	00001	偏高约2%
中音	**1**	c^1	1	440	011	00001	控制音、精确
	2	d^1	9/8	495	101	00011	控制音、精确
	3	e^1	5/4	550	111	00101	控制音、精确
	4	f^1	4/3	587	111	011000	准、略低
					110	1001	准、略高
	5	g^1	3/2	660	111	01111	控制音、精确
	6	a^1	5/3	733	111	11111	控制音、精确
	7	b^1	15/8	825	010	10010	尚准、偏低约1%
					010	00010	准、偏低0.6%(超吹)

（续表）

音域	设计频率				指法		说　明
	简谱	音名	频率比 f/f_0	频率 f	左笛	右笛	
高音	$\dot{1}$	c^2	2	880	011	00001	准、偏低约 0.4%（超吹）
					100	00001	准、偏高约 0.8%（超吹）
	$\dot{2}$	d^2	9/4	990	011	00101	准、略高（超吹）
					101	00011	准、略低（超吹）
					111	00011	尚准、偏高约 1%（超吹）
	$\dot{3}$	e^2	5/2	1100	111	00111	尚准、偏低约 1%（超吹）
					101	00111	尚准、偏低约 1%（超吹）
	$\dot{4}$	f^2	8/3	1173	101	01111	准、略高（超吹）
					101	00100	准、略高（超吹）
					011	00010	准、略高（超吹）
					000	10111	尚准、略高（平吹）
					001	11101	尚准、略低（平吹）
	$\dot{5}$	g^2	3	1320	111	11000	准（超吹）
					111	01001	准（超吹）
					111	01101	准（超吹）
					010	00110	尚准、略高（超吹）
					010	00100	尚准、略低（超吹）
					001	01000	尚准、略低（超吹）
					000	10100	准（平吹）
	$\dot{6}$	a^2	10/3	1467	011	11100	准（超吹）
					011	11110	准（超吹）
					010	00111	尚准、偏高约 1%（超吹）
					001	01111	尚准、偏高约 1.5%（超吹）
					000	10011	准、稍低（超吹）
	$\dot{7}$	b^2	15/4	1650	010	10110	准、略低（超吹）
					010	10100	准、略低（超吹）
					011	11010	尚准、偏低（超吹）
					011	11000	尚准、偏低（超吹）
超高音	$\overset{:}{1}$	c^3	4	1760	101	10101	准、略高（超吹）
					110	01110	尚准、偏高约 1%（超吹）
					111	01100	尚准、偏高约 1%（超吹）
					111	11100	尚准、偏高约 1%（超吹）
	$\overset{:}{2}$	d^3	9/2	1980	101	10000	准（超吹）
					110	10111	准、略高（超吹）
					100	10111	准、略低（超吹）
					001	10101	准、略低（超吹）
	$\overset{:}{3}$	e^3	5	2200	000	10000	准、偏高约 6%（超吹）
					001	10000	尚准、偏高约 1.5%（超吹）
	$\overset{:}{4}$	f^3	16/3	2347	110	10101	准、偏高约 0.5%（超吹）
					110	10110	准、偏高约 0.5%（超吹）
					111	11011	准、偏低约 0.5%（超吹）
					111	11001	准、偏低约 0.5%（超吹）
					010	11111	尚准、偏低约 1%（超吹）
					010	11101	尚准、偏低约 1%（超吹）
	$\overset{:}{5}$	g^4	6	2640	111	11111	尚准、偏低约 1%（超吹）

A调宽音域雁飞篪基本设计参数

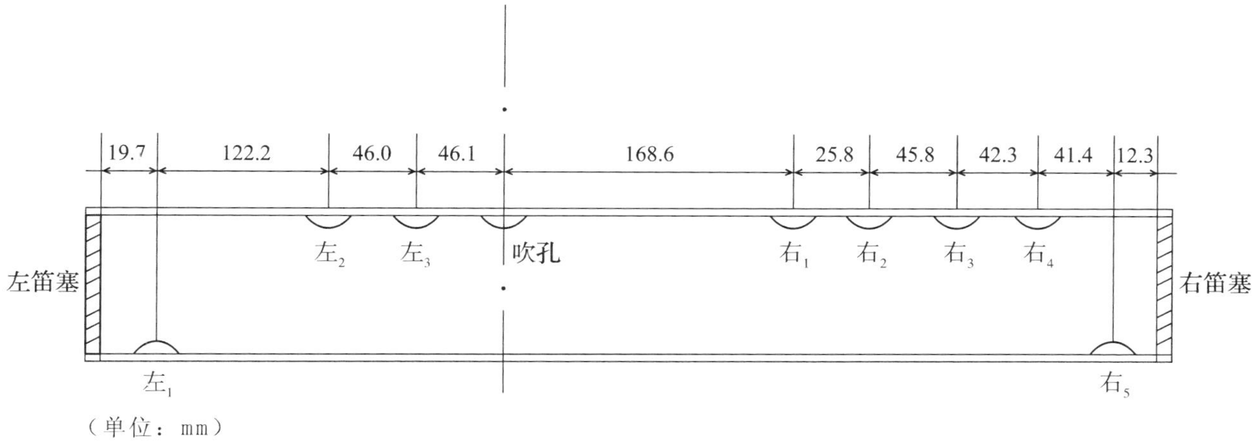

笛管内壁半径 R=10.0mm　　管壁厚度 b=2.5mm

以吹孔中心为参照(可预先在笛管外画一圆圈,或贴上一圈胶纸)

左管长 234.0 毫米(不包括笛塞)

右管长 336.2 毫米(不包括笛塞)

设计温度　室内 20℃

管内 25℃(热吹后)

基本频率 f_0 = 440Hz(A 调)

	至吹孔中心距离(mm)	穿孔半径(mm)	位　置
左笛塞	234.0		左端面
左 1	214.3	5.5	底侧（左拇）
左 2	92.1	5.0	顶侧（左中）
左 3	46.1	5.0	顶侧（左无）
吹孔	0	5.5	顶侧
右 1	168.6	3.5	外侧上方（右小）
右 2	194.4	4.0	顶侧（右无）
右 3	240.2	4.0	顶侧（右中）
右 4	282.5	4.0	顶侧（右食）
右 5	323.9	5.5	底侧（右拇）
右笛塞	336.2		

大 D 调雁飞篪的设计

一、基本性质

1. 设计音调:大 D 调,即基音 do 为 d_2(f_0 = 587.4Hz)

2. 使用温度:室内 20℃(管内 25℃)

3. 使用材料:DVC - U 塑料管

二、结构设计

笛管内径 2R = 21.0mm

笛管壁厚 b = 2.1mm

结构示意图：

总长 421.3mm，吹孔半径 5.0mm

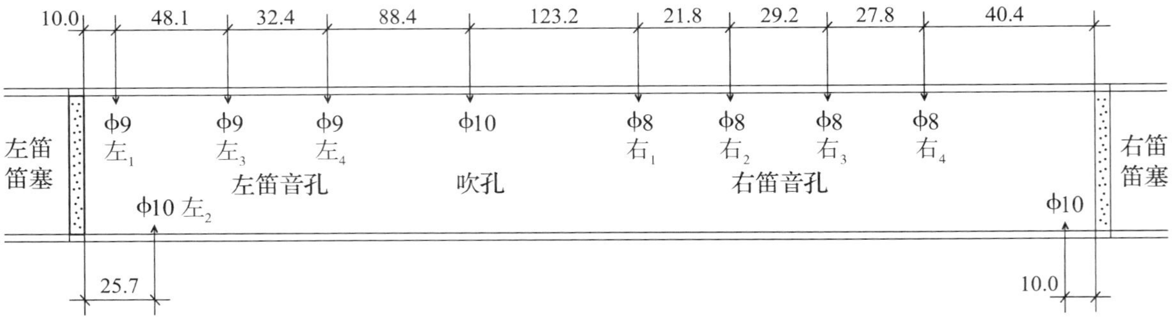

（单位：mm）

左笛：总长 178.9mm

音　孔	左 1	左 2	左 3	左 4
半径 a	4.5	5.0	4.5	4.5
与吹孔距离 e	161.5	145.8	120.8	88.4

（单位：mm）

右笛：总长 242.4mm

音　孔	右 1	右 2	右 3	右 4	右 5
半径 a	4.0	4.0	4.0	4.0	5.0
与吹孔距离 *l*	123.2	145.0	174.2	202.0	232.4

（单位：mm）

三、音调与指法

基音（do）的频率为 $f_0 = 587 - 4$ Hz（d_2）

设计音调				指　法		预　测
音名	简谱	频率比 f/f_0	平均律	左笛	右笛	
sol	5̣	3/4	a_1+00	0000	00000	控制音
la	6̣	5/6	b_1−09	0111 0100	00111 01001	准确（任选一种）
si	7̣	15/16	$^\sharp c_2$−07	0111 1011 1111	00011	准确（任选一种）
do	1	1	d_2+00	0000	00001	基音
re	2	9/8	e_2+00	0000	00011	控制音
mi	3	5/4	$^\sharp f_2$−08	0000	00111	控制音
fa	4	4/3	g_2−01	0000	01011	尚准确
sol	5	3/2	a_2+00	1000	01101	准确
la	6	5/3	b_2−09	1000	11111	控制音
si	7	15/8	$^\sharp c_3$−07	1010 0000 1001	10000 00110 11000	准确 偏高 偏低
do	1̇	2	d_3+00	1100	00001	超吹，准确
re	2̇	9/4	e_3+00	1110 1101	11101 00011	准确 超吹，准确

（续表）

设计音调				指　法		预　测
音名	简谱	频率比 f/f₀	平均律	左笛	右笛	
mi	$\dot{3}$	5/2	$^{\sharp}f_3-08$	1110	01111	准确
fa	$\dot{4}$	8/3	g_3-01	1010	10010	稍偏低，可能吹不响
sol	$\dot{5}$	3	a_3+00	0010 0010	01000 01010	超吹，准确 超吹，稍偏高
la	$\dot{6}$	10/3	b_3-09	0100 0111	11011 10111	超吹，稍偏高 超吹，稍偏低
si	$\dot{7}$	15/4	$^{\sharp}c_4-07$	0010 0100	10100 10110 01010 11010	尚准确，可能吹不响 超吹，稍偏高
do	$\ddot{1}$	4	d_4+00	1000 1100	11101 10111	尚准确，可能吹不响 超吹，准确
re	$\ddot{2}$	9/2	e_4+00	0111 0001	11100 11011 11111	超吹，准确 超吹，稍偏高
mi	$\ddot{3}$	5	$^{\sharp}f_4-08$	0111	11111	超吹，偏低太多
fa	$\ddot{4}$	16/3	g_4-01	1111	10100	超吹，偏低
sol	$\ddot{5}$	6	b_4-09	1010 1111	11111	超吹，尚准确

C_2 调雁飞篪设计

一、基本参数

管道内径 2R = 15mm　　室温 25℃（夏天用）　　声速 C = 348.16m/s

管壁厚度 b = 2mm　　管温 28.6℃（热吹）

基本参考频率 f_0 = 523.2Hz（C_2）

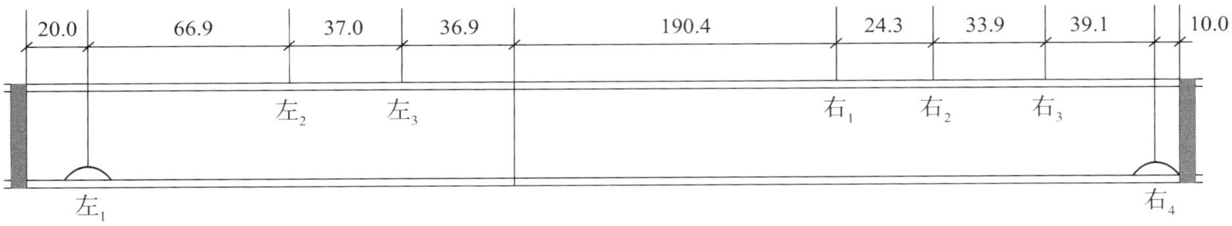

开孔末端修正有效长度：

吹孔 $\delta_{吹}$ = 26.66mm

音孔 $\delta_{音}$ = 30.94mm（a = 4mm）

$\delta_{拇}$ = 19.06mm（a = 6mm）

	开孔半径 (mm)	与吹孔间距离（中心距）(mm)
左　塞	/	160.8
左孔 1	6.0	140.8
左孔 2	4.0	73.9
左孔 3	4.0	36.9
吹　孔	5.0	0
右孔 1	4.0	190.4
右孔 2	4.0	214.7
右孔 3	4.0	248.6
右孔 4	6.0	287.7
右　塞	/	297.7

（单位：mm）

二、频率及指法

频率计算公式　$f=f_0\times 2(\frac{N}{12})$

f_0 参考频率　N 频指标

指标N	音　名	唱　名	频率设计值(Hz)	指　法	频率计算值(Hz)	偏　差Σ	说明
−12	c^1	1̣	261.6	(000，0000)	265.4	+1.4%	超低音
−3	a^1	6̣	440	(000，0001)	444.1	+0.9%	
0	c^2	1(do)	523.2	(100，0001)	523.2	控制音	低音 无偏差
2	d^2	2(re)	587.3	(100，0011)	587.3	控制音	
4	e^2	3(mi)	659.2	(100，0111)	659.2	控制音	
5	f^2	4(fa)	698.5	(100，1001)	698.5	控制音	
7	g^2	5(sol)	783.9	(100，1000)	783.9	控制音	
9	a^2	6(la)	880.0	(010，1100)	880.0	控制音	
11	b^2	7(si)	987.8	(100，0100)	986.2	1Σ1<0.5%	
12	c^3	1̇	1046	(011，0010) (001，0010) (000，0001)	1047 1047 1057	1Σ1<0.5%	高音
14	d^3	2̇	1175	(111，0011)	1183	+0.7%	
16	e^3	3̇	1318	(111，0111) (110，0001) (000，0100)	1320 1314 1317	1Σ1<0.5%	
17	f^3	4̇	1397	(010，1100) (010，1110) (100，1010) (101，1010) (111，0110)	1393 1397 1409 1410 1390	1Σ1<0.5% 1Σ1<0.5% +0.9% +0.9% 1Σ1<0.5%	
19	g^3	5̇	1568	(111，1111) (110，1100) (000，0110) (011，1001)	1568 1564 1567 1566	1Σ1<0.5%	

（续表）

指标N	音　名	唱　名	频率设计值(Hz)	指　法	频率计算值(Hz)	偏　差Σ	说明
21	a^3	$\dot{6}$	1760	(010，1101)	1751	-0.5%	
				(010，1001)	1748	-0.7%	
				(111，0011)	1735	-1.4%	
23	b^3	$\dot{7}$	1976	(011，1101)	1973	1Σ1<0.5%	
				(100，0111)	1981		
				(110，0111)	1981		
				(101，1010)	1970		
				(111，1010)	1969		
24	c^4	$\overset{\vdots}{1}$	2093	(011，1000)	2110	+0.8%	超高音
				(011，1010)	2122	+1.4%	
				(100，0100)	2133	+1.9%	
				(100，0110)	2139	+2.2%	
26	d^4	$\overset{\vdots}{2}$	2349	(100，1011)	2323	-1.1%	
				(101，1001)	2321	-1.2%	
				(101，1011)	2339	-0.4%	
				(101，1101)	2335	-0.6%	
				(101，1111)	2348	1Σ1<0.5%	
				(110，1001)	2303	-2%	
				(110，1011)	2349	1Σ1<0.5%	
				(110，1101)	2334	-0.6%	
				(110，1111)	2353	1Σ1<0.5%	
28	e^4	$\overset{\vdots}{3}$	2637	(001，1101)	2632	1Σ1<0.5%	
				(001，1111)	2635		
				(011，0011)	2581	-2%	
				(110，1100)	2582		
				(111，1100)	2587		
29	f^4	$\overset{\vdots}{4}$	2794	(001，1000)	2751	-1.5%	
				(001，1010)	2772	-0.8%	
				(001，1100)	2772	-0.8%	
				(010，1000)	2736	-2%	
				(010，1010)	2751		
				(010，1100)	2751	-1.5%	
				(100，1000)	2760	-1.2%	
				(100，1010)	2776		
				(100，1100)	2774	-0.7%	
30	g^4	$\overset{\vdots}{5}$	2960	(101，1101)	2962	1Σ1<0.5%	
				(101，1111)	2964		
				(111，1101)	2986	+0.9%	
				(111，1111)	2989	+1.0%	

三、设计特点与计算理论

1. 本设计中“左3右4”开孔位置的选择，按照可保证实现6个“控制音”的原则设计，即实现c^2、d^2、e^2、f^2、g^2、a^2(分别为do、re、mi、fa、sol、la)，它们几乎已涵盖了一个八度音程，是比较理想的，其他音则借助指法调节实现，微机搜索表明，对于高音(特别是超高音)，可供选用的指法相当丰富且较有规律，所得结果又很逼近设计要求，可以预期较容易实现，至此本设计可望吹奏出涵盖了oct的完整的音阶。

2. 本设计中室温取为25℃，适用于夏天。当温度变化不大于10℃时，频率改变一般不大于1.5%(约$\frac{1}{8}$)个音，影响可以忽略不计。如温度改变较大，不如另行设计制作相应的雁飞篪 。例如可取室温为15℃(春秋天用)或5℃(冬天用)。设计基本上相似，只是开孔位置略作调节，频率与指法可以保持不变。

3. 本设计按平均律制作，便于转调。例如本设计为C调(即以C^2为do)，实际上即可把它作为f调吹奏(即改以f^2为do)，转换关系如下：

音　名	c^2	d^2	e^2	f^2	g^2	a^2	b^2	c^3	d^3	e^3	f^3
唱　名 C	1	2	3	4	5	6	7	1̇	2̇	3̇	4̇
f	5̣	6̣	7̣	1	2	3	4	5	6	7	1̇

转成其他调时，如转成d、e……原则上也可以，只是要以加吹奏出一些半音，指法也将复杂化，不如另外设计制作相应的d^2调、e^2调……雁飞篪，结构与指法可望保持一致。

a^1调雁飞篪设计(粗管)

一、基本参数

基音频率f_0=440Hz(a^1调)　　室温25℃(管内28.6℃，夏天用)

管道内径2R=20mm　　管壁厚度b=2mm

	开孔半径(mm)	与吹孔间距离(mm)	说明(mm)	
左箎塞	/	170.0	189	原降a调管子
左一孔	6.0	160.0	179	
左二孔	4.0	115.0	130	
左三孔	4.0	45.9	68	
吹孔	5.0	0	0	
右一孔	4.0	199.6	212	原降a调管子
右二孔	4.0	227.6	236	
右三孔	4.0	270.8	281	
右四孔	6.0	317.0	329	
右箎塞	/	327.0	339	

二、指法与频率

频率指标	音名	唱名	设计频率(Hz)	指法	计算频率(Hz)	偏差	说明
−12 −3	a_0 $^\sharp f_0$	1̣ 6̣	220.0 370.0	(000,0000) (000,0001)	227.5 371.0	+3.4% +0.3%	不够精确 尚精确
0 2 4 5 7 9 11	a^1 b^1 $^\sharp c^2$ d^2 e^2 $^\sharp f^2$ $^\sharp g^2$	1(do) 2(re) 3(mi) 4(fa) 5(sol) 6(la) 7(si)	440.0 493.9 554.4 587.4 659.2 740.0 830.6	(100,0001) (100,0011) (100,0111) (100,1011) (111,1111) (100,0001) (110,0001)	440.0 493.9 554.4 587.4 659.2 740.0 827.7	无偏 无偏 无偏 无偏 无偏 无偏 −0.3%	控制音 尚精确
12	a^2	1̇	880.0	(110,0011)	880.0	无偏	控制音
4	b^2	2̇	988	(111,0011)	979.5	−0.8%	尚精确
16	$^\sharp c^3$	3̇	1109	(111,1011) (111,0100) (110,0011)	1068 1106 1112	−3.7% −0.2% +0.3%	原指法不够精确 改变指法后较精确
17	d^3	4̇	1175	(111,1111) (000,0110) (010,0010) (010,0100) (010,1111)	 1181 1188 1190 1195	+0.5% +1.1% +1.3% +1.7%	原指法吹不响 可供选择的指法
19	e^3	5̇	1318	(100,0001) (001,0001) (001,0101) (001,1001) (011,0001) (011,0101) (011,1001) (100,1100) (100,1110)	1355 1321 1326 1335 1324 1329 1338 1325 1327	+2.8% +0.2% 1.5%	原指法不够精确 可供选择的指法
21	$^\sharp f^3$	6̇	1480	(100,0000) (101,0111) (101,1111) (110,0011) (110,1011) (111,0011)	 1470 1470 1471 1473 1471	−0.5% −0.6%	原指法吹不响 可供选择的指法

小调雁飞篪的设计(粗管)

一、基本参数

管道内径 2R = 20mm　管壁厚度 b = 2mm　室温 A = 25℃(夏天用)

基本频率 f_0 = 392Hz(g_1 调)　声速 C = 348.2m/s(管内温度取 28.6℃)

半波长 L_0 = 444.1mm

	开孔半径(mm)	至吹孔中心的距离(mm)
左　塞	/	190.2
左一孔	5.4	179.2
左二孔	3.6	128.3
左三孔	3.6	53.8
吹孔	4.5	0
右一孔	3.6	223.0
右二孔	3.6	254.6
右三孔	3.6	303.1
右四孔	5.4	355.2
右　塞	/	366.2

二、频率比及指法

频　段	频率指数 N	唱　名	(设计值)频率比 f/f_0	指　法	f/f_0 计算值	偏　差	说　明
超低频	−12	1̣	0.5000	(000,0000)	0.5173	+3%	不够精确
	−3	6̣	0.8409	(000,0001)	0.8432	+0.3%	精确
	−1	7̣	0.9439	(000,0000)	0.9610	+1.8%	尚精确
低频	0	1(do)	1.0000	(100,0001)	1.0000	无偏	控制音
	2	2(re)	1.1225	(100,0011)	1.1225	无偏	控制音
	4	3(mi)	1.2599	(100,0111)	1.2599	无偏	控制音
	5	4(fa)	1.3348	(100,1011)	1.3348	无偏	控制音
	7	5(sol)	1.4983	(111,1111)	1.4983	无偏	控制音
	9	6(la)	1.6818	(100,0001)	1.6818	无偏	控制音
	11	7(si)	1.8877	(110,0001)	1.8812	−0.3%	精确
高　频	12	1̇	2.0000	(110,0011)	2.0000	无偏	控制音
	14	2̇	2.2449	(111,0011)	2.2233	−0.9%	
	16	3̇	2.5198	(110,0011)	2.5284	+0.4%	精确
				(111,0100)	2.5163	−0.06%	
				(111,1011)	2.4213	−4%	不够精确

（续表）

频　段	频率指数 N	唱　名	（设计值）频率比 f/f_0	指　法	f/f_0 计算值	偏　差	说　明
	17	$\dot{4}$	2.6697	(000,0110)	2.6895		可供选择指法尚精确
				(101,0010)	2.7015		
				(101,0100)	2.7077		
				(010,1111)	2.7144		
	19	$\dot{5}$	2.9966	(001,0001)	2.9992		可供选择指法尚精确
				(001,0101)	3.0088		
				(001,1001)	3.0310		
				(011,0001)	3.0062		
				(011,0101)	3.0151		
				(011,1001)	3.0385		
				(100,0001)	3.0833		
				(100,1100)	3.0162		
				(100,1110)	3.0198		
	21	$\dot{6}$	3.3636	(101,0111)	3.3337		可供选择指法尚精确
				(101,1111)	3.3337		
				(110,0011)	3.3412		
				(110,1011)	3.3497		
				(111,0011)	3.3416		
	23	$\dot{7}$	3.7755	(001,1011 1111)	3.751	±1%以内	可供选择指法尚精确
				(011,1011 1111)			
				(100,0011 0111)	3.79		
				(100,1100 1110)	3.75		
				(101,0100 0110)	3.79		
				(110,0100 0110)	3.78		
超高频	24	$\dot{\dot{1}}$	4.000	(101,1001)	3.976		可供选择指法尚精确
				(101,1011)	4.013		
				(101,1001)	4.005		
				(101,1111)	4.026		
				(110,1011)	3.958		
				(110,1101)	3.947		
				(110,1111)	3.966		

（续表）

频段	频率指数N	唱名	（设计值）频率比 f/f_0	指法	f/f_0计算值	偏差	说明
				(111,0011)	3.992		
				(111,1001)	4.090		
				(111,0111)	4.009		
				(111,1100)	3.980		
				(111,1110)	3.984		
	26	$\overset{:}{2}$	4.490	(100,0111)	4.523		可供选择指法尚精确
				(100,1100)	4.416		
				(100,1110)	4.442		
				(110,0111)	4.536		
				(110,1100)	4.431		
				(110,1110)	4.456		
	28	$\overset{:}{3}$	5.040	(000,0110)	5.032		可供选择指法尚精确
				(000,1110)	5.032		
				(001,0110)	5.034		
				(001,1110)	5.034		
				(010,0110)	5.067		
				(010,1100)	5.019		
				(010,1110)	5.067		
				(011,0110)	5.067		
				(011,0100)	5.017		
				(011,1100)	5.019		
				(011,1110)	5.067		
	29	$\overset{:}{4}$	5.339	(100,1001 1011)	5.254		可供选择指法尚精确
				(100,1101 1111)	5.362		
				(101,1001 1011)	5.263		
				(101,1101 1111)	5.363		
				(110,1001 1011)	5.254		
				(110,1101 1111)	5.361		
超高频	29	$\overset{:}{4}$（续）	5.339	(111,1001 1011)	5.263		
				(111,1101	5.363		

（续表）

频　段	频率指数N	唱　名	（设计值）频率比 f/f_0	指　法	f/f_0计算值	偏　差	说　明
				1111) (011,1101) (011,1111)	5.906 5.925		
				(100,0101 0111 1001 1011 1101 1111)	5.944 −5.983		
	31	$\ddot{5}$	5.993	(101,0101 0111 1001 1011 1101 1111)	5.943 −6.006		可供选择的指法范围很大，且对指法不敏感，可能是由于共振不尖锐（即易与其他共振频率混淆）
				(110,0101 0111 1001 1011 1101 1111)	5.963 −6.004		
				(111,0101 0111 1001 1011 1101 1111)	5.970 −6.023		
				(011,0111) (001,1001)	6.687 6.726		
	33	$\ddot{6}$	6.727	(001,1010) (001,1110)	6.675 6.681		可供选择的指法，对指法同样不敏感，可能难以实现共振
				(010,0111) (010,1001) (010,1010) (010,1110)	6.680 6.719 6.666 6.672		

（原文连载于《乐器》2001年07期、08期，文中有多幅古代乐工演奏雁飞篪的图，研究者可以查看原文。原文只有五个方面的论述，不包含后面若干雁飞篪的实用设计。）

“同管双笛”本征频率的理论分析

（影印版）

赵　松　龄

（同济大学声学研究所　上海，200092）

赵　松　庭

（浙江省艺术学校　杭州，310012）

1993 年 2 月 22 日收到

摘要　本文改进并推广了原有的横笛频率计算理论，使它适用于一种新颖的横笛——“同管双笛”。文中运用声在管道中传播的成熟理论，对双笛中的声学特性作了严格的分析。导出了计算双笛本征频率的理论关系式。讨论了吹孔末端修正及吹气温度的影响。以两种典型双笛结构为实例作了验证，理论计算与实测结果良好相符。表明本文所提供的理论准确可靠，可作为实际设计、制作双笛的重要依据。

Analysis about eigenfrequencies of aligned double flute

ZHAO Songling

(*Tongji University*　Shanghai，200092)

ZHAO Songting

(*Zhe jiang Art School*　Hangzhou，310012)

Received February 22, 1993

Abstract　In this paper, an improved theory for determining eigenfrequencis of flute is demonstrated. The theory is developed from author's previous work in order that it can be applied as well as to analyse the flute of a new type, such as the so-called “aligned double flute”. The acoustic character of the double flute is analysed rigorously. The procedure to calculate the correction of the effective length of the tube at exit terminal is investigated. Theoretical formulas to determine eigenfrequencies of the double flute are derived. Correction at blow aperture and the influence of temperature deviation caused by the warm blow are discussed.

Two typical structures of the double flute are illustrated. It is shown that experimental results are in good agreement with the theoretical calculation. It shows that the theory proposed in the present paper is delicate and reliable. It can serve as a theoretical fundamental for design or manufacture of the double flute in practice.

一、引　　言

横笛是一种历史悠久的管乐器，它的基本结构是一根在管壁上开一系列小孔的柱形管道。一个小孔为吹孔，其余小孔称为音孔。演奏时，沿吹孔边缘吹气，分别开启或闭合各个音孔，可激发出不同频率的纯音。

对于常见的横笛，笛管一端开启，另一端用笛塞封闭。笛管上的音孔开在管端开启的一侧，而吹孔则开在靠近笛塞的另一侧。它的声学特性，我们在六十年代已作了严格的理论分析，并已公开发表了部分研究成果[1]。所得结论指出，从频率特性考虑，这种横笛等价于一根两端开启的开管，其等效长度主要决定于吹孔与第一个音孔间的距离，但在吹孔端与音孔端都需要加上适当的修正长度。我们的理论在实际应用中获得了令人满意的成效。

近年来，在音乐舞台上出现了一种新颖的横笛[2]，它的笛管两端开启，吹孔开在笛管中部，左右两侧都开有若干音孔。演奏时，双手手背朝外分握笛管两侧，并且借助拇指可以自由闭合管端。这种横笛中，左右两侧笛管相互连通，可相互独立地加以控制，但相互紧密地作声耦合。根据它的声学结构特征，可称它为“同管双笛”，常见的横笛宜相应地称为“单笛”，以资区别。

实践表明，同管双笛的音域宽广，音调丰富，表现力很强，具有广泛推广使用的前景。从历史渊源看，多种本质上基本相同但构造上略有差别的同管双笛，曾以不同名称在音乐文献中记载。实际上，它比单笛还要出现得早（参见文献 [2]）。不过，由于双笛的声学特性较复杂，特别是要吹出相互谐和的纯音较难掌握，因此目前它反而远不如单笛来得普及。

本文改进并推广了原有的横笛频率计算理论，使它适用于同管双笛。文中分析讨论了双笛的基本声学结构，运用声在管道中传播的成熟理论，阐明了笛管等效长度在音孔端修正值的计算程序。导出了计算双笛本征频率的理论关系式。讨论了吹孔末端修正及吹气温度的影响。以两种典型双笛结构为实例作了验证，理论计算与实测结果良好相符，表明本文所提供的理论准确可靠，可作为实际设计、制作双笛的重要依据。

二、基本理论关系式

设笛管为一根粗细均匀的圆柱形管道，管壁厚度为b，圆柱内表面半径为R。假定吹孔与音孔为圆形小孔并不会影响结论的普遍性。记吹孔半径为a_0，音孔半径为a。下面，我们对与横笛频率密切相关的几个基本问题分别加以阐述：

1. 笛管等效长度在音孔端的修正值

横笛频率主要由第一个开启的音孔与吹孔间的笛管长度所决定，其他音孔也有不可忽视的影响，这相当于在音孔端对笛管等效长度加上适当的修正值。

以吹孔中心截面为参考基准。先讨论右侧笛管的等效长度L_A。设右笛开有n个音孔，以脚标$\nu=1,2,\cdots,n$表示与第ν孔有关的量，并以脚标$\nu=n+1$表示与管口有关的量。

如图 1 所示，设x轴与管轴平行，吹孔中心截面在$x=0$处，第ν音孔或管口在$x=x_\nu$处。由于声波波长λ一般远大于笛管半径R，因此离音孔较远处，声波在笛管内的传播特性可由一维平面波理论决定，在音孔附近笛管内的声场则较复杂。以第ν孔为例，把音孔近旁假想地划分为三个区域：音孔区Ω_H，下游区Ω_D及上游区Ω_δ。在三区域交汇处，应满足声压及体积振速连续的条件。各区域在三叉口处的声学量可根据区域外的相应值经线性理论外推得出。由此可知，音孔的声学作用相当于旁接一段开启的短管，其等效长度l_e为

$$l_e = b + \alpha a \tag{1}$$

式中α为末端修正系数。可以证明[3]，在一阶近似范围内，圆柱面上小孔的末端修正与无限大平面上相应小孔的末端修正是相同的，可得[4]

$$\alpha = \frac{16}{3\pi} = 1.70 \tag{2}$$

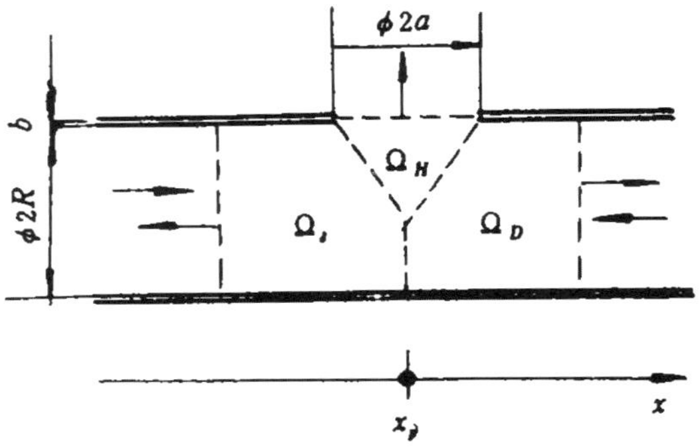

图 1 第 v 音孔近旁区域

暂不考虑音孔声阻，可得音孔区提供的声阻抗为

$$Z_H = j\rho l_e \omega / \pi a^2 \tag{3}$$

下游区在$x = x_v$处产生的声阻抗Z_D可记为

$$Z_D = j(\rho c / \pi R^2) \tan(kD_v) \tag{4}$$

式中 k 为波数，D_v为把下游笛管折算成一段管端自由管道时的等效长度。

记上游区在$x = x_v$处笛管等效长度的修正值为δ_v，相应的声阻抗Z_δ为

$$Z_\delta = j(\rho c / \pi R^2) \tan(k\delta_v) \tag{5}$$

下游区等效长度D_v可改写为

$$D_v = (x_{v+1} - x_v) + \delta_{v+1} \tag{6}$$

由声压及体积振速连续的条件可得

$$1 / Z_\delta = 1 / Z_H + 1 / Z_D \tag{7a}$$

考虑截面积对声阻抗的影响，并以笛管截面积为参考值，音孔的等效长度 H 应改写为

$$H = (b + 1.70a) R^2 / a^2 \tag{8}$$

式(7a)可简化为

$$\cot(k\delta_v) = 1 / kH + \cot[k(x_{v+1} - x_v + \delta_{v+1})] \tag{7b}$$

如果第 v 孔闭合，$H \to \infty$，上式简化为

$$\delta_v = x_{v+1} - x_v + \delta_{v+1} \tag{7c}$$

在管口，$x = x_{n+1}$，可得

$$\delta_{n+1} = \begin{cases} 0.6R & (\text{开启}) \\ \lambda / 4 & (\text{闭合}) \end{cases} \tag{9}$$

由上可知，当笛管几何尺寸及频率为已知时，自式 (9) 决定δ_{n+1}，然后根据递推公式(7b)或(7c)可以逐个求出各音孔处的长度修正值δ_v，最后可得右笛的等效长度L_A为

$$L_A = x_1 + \delta_1 \tag{10}$$

值得指出，由式(7b)求出的δ_v值是长度修正的准确值，它与频率有关。在特殊情况下，当音孔间距离及长度修正值比波长小得多时，由式(7b)近似可得

$$\delta_v = H(x_{v+1} - x_v + \delta_{v+1}) / [H + (x_{v+1} - x_v + \delta_{v+1})] \tag{7d}$$

这就是我们原来在单笛理论中采用的关系式。由于它与频率无关，在作粗略估算时是较适宜的。

与上述步骤相类似，可以求出左侧笛管的等效长度L_B。

2. 双笛本征频率特征方程

在同管双笛中，右笛与左笛在吹孔处相互耦合。如果规定自中心向外的方向为体积振速的正向，在$x = 0$处右笛和左笛的声阻抗分别为

$$Z_A = j(\rho c / \pi R^2) \tan(kL_A) \tag{11a}$$

$$Z_B = j(\rho c / \pi R^2) \tan(kL_B) \tag{11b}$$

记吹孔的声阻抗为Z_0，由连续条件可得

$$1 / Z_A + 1 / Z_B + 1 / Z_0 = 0 \tag{12a}$$

这是决定双笛本征频率的特征方程。

值得注意，吹孔的声学作用也相当于一段开启的短管，可用与音孔相类似的方法分析，只是在选取短管管口的末端修正系数α时应有所区别。这是因为吹气时，演奏者的口唇紧靠吹孔边缘，使吹孔的辐射阻抗起了变化。假定口唇的影响近似地相当于在吹孔边缘沿管轴方向竖立一块与管壁垂直的反射面，可以证明（参见附录），反射面的作用将使α值增加 0.27。由此可得吹孔的等效长度H_0为

$$H_0 = (b + 1.97a_0) R^2 / a_0^2 \tag{13}$$

特征方程(12a)简化为

$$\cot(kL_A) + \cot(kL_B) + 1 / kH_0 = 0 \tag{12b}$$

当L_A、L_B、H_0给定时，不难对波数k，从而对频率f，数值求解。不过，由于L_A及L_B值涉及音孔端长度修正值δ_v，它们本身与待求频率有关，因此在实际求解过程中宜采用适当的迭代程序。一般可先根据式 (7d) 计算δ_v的粗略值，再求出相应的L_A和L_B值，代入式 (12b) 求出波数k的近似值，然后由式 (7b) 计算出δ_v的较准确的近似值。依此反复迭代，可求出满足实际精度要求的k值。

对于常见的单笛，左笛很短且管端封闭，因此等效长度L_B近似为$\lambda / 4$，特征方程式(12b)中第二项可忽略，关系简化。这表明单笛可作为双笛的一种特殊情况处理，也可适用本文提出的较普遍的理论。

3. 吹气温度的影响

舞台实践表明，横笛在正式演奏前，宜预吹若干分钟，称为热吹。否则，在演奏过程中横笛音调会有所变化。这是由于吹气温度高于室温，吹气后笛管内空气温度逐步提高，声速增大，波数 k 值相应降低。与室温时情况相比较，这相当于使笛管等效长度缩短，从而使简正频率相应提高。吹奏一段时间后，管内温度趋向平衡，横笛本征频率才能保持稳定。

为了较准确地预测横笛频率，应对吹气温度的影响加以修正。考虑到笛管内的温度场分布不均匀，且涉及一些不确定的因素，我们只能在统计平均的意义下，对它作半定量的分析讨论。

设室温为θ_0，吹气原始温度为体温θ_B。沿吹孔边缘吹气时，喷注会卷吸周围空气一起进入笛管。设在吹孔附近混合后的平均温度为θ_m，它介于θ_0与θ_B之间。热平衡时，笛管内温度θ随距离x按指数规律衰减，可得

$$\theta - \theta_0 = (\theta_m - \theta_0)e^{-\beta x} \tag{14}$$

式中β为温度衰减系数。由热平衡方程经简单运算得

$$\beta = G\pi R / (Q + \kappa \cdot \pi R b) \tag{15}$$

式中Q为吹气流量与定压比热的乘积，κ为笛管材料导热系数，G为管内气体通过单位面积管壁向周围散热的传热率。对于通常的笛管，β为小值，即温度随距离的变化很缓慢。由上可知，热平衡后管内温度可近似取为θ_m值。

引入温升的相对比值 s，它由下式定义

$$s = (\theta_m - \theta_0)/(\theta_B - \theta_0) \tag{16a}$$

s 值与笛管构造及吹气情况有关，并带有一定的随机性。不过，它的变化范围不大，对于给定的笛管可近似把 s 作为一个待定常数。设温度以℃为单位，取 $\theta_B = 37$℃，得

$$\theta_m = \theta_0 + s(37 - \theta_0) \tag{16b}$$

声速 c 相应为

$$c = 331 + 0.6\theta_m \tag{17}$$

三、典型实例测试分析

为了检验本文所提供理论的可靠性与准确性，我们以两种典型的双笛结构作为实例进行测试与分析。

实验测试以型号为 Korg AT—12 的音调测试仪进行。对于纯音，该仪器可直接指示等程音阶的音名。在相邻两个半音之间分 100 个音分，可借助表头读出 ± 50 音分范围内的偏差。在测试前，仪器用音调为a_1的标准音叉校准。

第一种双笛是最简单也是最基本的结构。笛管不另开音孔，左笛长 215mm，右笛长 235mm。笛管内表面半径为 7.7mm，壁厚为 4.7mm。吹孔半径为 5.35mm，测试时室温为 20℃。所得结果列在表 1 内。表中第一列为指法，1 表示开启，0 表示闭合；第二列为实测音调，记录音名及其偏差；第三列为本征频率相应值；第四列为按本文理论计算所得频率值。计算时，温升相对比值 s 取为 0.3。可以看出，不论基音还是高次音，理论计算与实测结果都是良好相符。

表 1　无音孔双笛的本征频率

$L_A=235\text{mm}$　　$L_B=215\text{mm}$　　$R=7.7\text{mm}$

$a_0=5.35\text{mm}$　　$b=4.7\text{mm}$　　$\theta_0=20\ ^{\circ}\text{C}$

指法	实测结果 音调	实测结果 频率 (Hz)	理论计算 (Hz)	指法	实测结果 音调	实测结果 频率 (Hz)	理论计算 (Hz)
00	$^{\#}d_1+18$	314	300	10	f_1-50	339	326
	$^{\#}a_2+10$	938	943		f_2-50	678	697
	$^{\#}g_3-25$	1637	1644		f_3+10	1405	1422
	d_4+20	2377	2376		c_4+40	2143	2147
01	f_1+45	359	351	11	d_2+5	589	603
	c_3+20	1059	1070		$^{\#}d_3-20$	1230	1266
	a_3+20	1780	1804		b_3-40	1929	1970

表 2　"左 2 右 4"双笛的本征频率

$L_A=267.2\text{mm}$　　$L_B=148.2\text{mm}$　　$R=7.5\text{mm}$　　$b=2.5\text{mm}$

$a_c=4.22\text{mm}$　　$a_D=5.83$，353mm　　$\theta_0=25\ ^{\circ}\text{C}$

指法	实测结果 音调	实测结果 频率 (Hz)	理论计算 (Hz)	指法	实测结果 音调	实测结果 频率 (Hz)	理论计算 (Hz)
111,00001	d_2+10	591	591	010,00011	$^{\#}d_3+20$	1259	1264
100,00011	$^{\#}d_2+20$	630	636	001,00011	e_3	1319	1298
111,00011	e_2+20	667	664	000,01011	f_3	1397	1396
100,00101	f_2	699	689	001,01011	$^{\#}f_3$	1480	1457
110,00101	f_2+50	719	710	101,00111	$^{\#}f_3+20$	1498	1484
111,00101	$^{\#}f_2$	740	727	010,00001	g_3-20	1550	1561
111,00111	$^{\#}f_2+40$	758	746	011,01111	g_3+40	1605	1568
110,01001	g_2	784	771	001,00001	$^{\#}g_3+10$	1671	1680
111,01001	g_2+50	807	792	001,10001	a_3	1760	1729
111,01011	$^{\#}g_2$	831	815	011,11011	$^{\#}a_3-15$	1848	1818
111,01111	$^{\#}g_2+50$	855	838	111,11101	$^{\#}a_3+25$	1892	1877
011,11001	$^{\#}a_2$	932	954	111,11011	b_3-30	1941	1924
111,11111	b_2-30	970	943	111,00001	$^{\#}c_4$	2217	2196
011,00001	d_3-10	1168	1196	000,00001	d_4	2349	2360

第二种双笛是"左 2 右 4"笛，即左笛开 2 个音孔，右笛开 4 个音孔。这是一种以右笛为主左笛为辅的双笛。管口及各音孔与吹孔间距离，自左至右依次取为 148.2, 76.4, 38.2; 139.6, 161.2, 186.9, 215.5, 267.2 mm。笛管内表面半径为 7.5 mm，壁厚为 2.5 mm。左笛音孔及右笛第一音孔的半径为 3.83 mm，其余音孔半径为 3.53 mm，吹孔半径为 4.22 mm。

测试时室温为25℃。所得结果列在表2内。表中第一列为指法，表示自左至右管口及各音孔的开闭状态；第二、三列为实测结果；第四列为理论计算值，计算时 s 值仍取为0.3。可以看出，理论计算与实测结果良好相符。

四、结　　论

由前面的论述，可得主要结论如下:

1. 同管双笛的基本结构可看成为右笛与左笛通过吹孔作声耦合的声学系统。决定本征频率的特征方程中，主要参量为右笛、左笛以及吹孔三者的等效长度。

2. 右笛或左笛的等效长度主要由第一个开启的音孔与吹孔间的笛管长度所决定，其他音孔的影响提供了一定的修正值。

3. 音孔的末端修正可根据无限大平面上相应小孔的末端修正得出。吹孔的末端修正则还应考虑吹孔旁口唇反射的附加影响。

4. 吹气温度的影响，使管内平均温度高于室温，这会使本征频率相应提高，应加以适当修正。

5. 本文阐明的本征频率计算理论准确可靠，可作为实际设计、制作同管双笛的重要依据。

参　考　文　献

[1] 赵松庭,“横笛的频率计算与应用”，乐器科技简讯，1973年2期。

[2] 赵松庭,“一种古老而新颖的民族乐器——同管双笛”，乐器，1992年第4期及1993年第1期。

[3] 赵松龄,“圆柱面上小孔的声阻抗率”，声学学报，17(1992), No.1。

[4] 赵松龄,“噪声的降低与隔离”，第二篇第一章，同济大学出版社，1985。

附　　录

圆孔旁反射面对末端修正的影响

如图2 设在“无限大”刚性障板上有一半径为a的圆孔S_A。在孔边缘竖立一垂直于障板的反射面。S_A面上声源所发声波经反射面反射后，在A处产生的附加声压P_A可看成由S_A的声像S_B所产生。

设声源面上法向振速 v 均匀分布，可得

$$P_A = \frac{j\rho ckv}{2\pi}\iint_{S_B}\frac{e^{-jkr}}{r}\,dS_B \qquad (\text{I})$$

取面积元dS_B为 $rdrd\theta$，先关于 r 积分，略 kr 高次项，再把角度变量 θ 转换成 ψ，经简单运算得

$$P_A = j\rho ckv_a \cdot I \qquad (\text{II})$$

式中I为

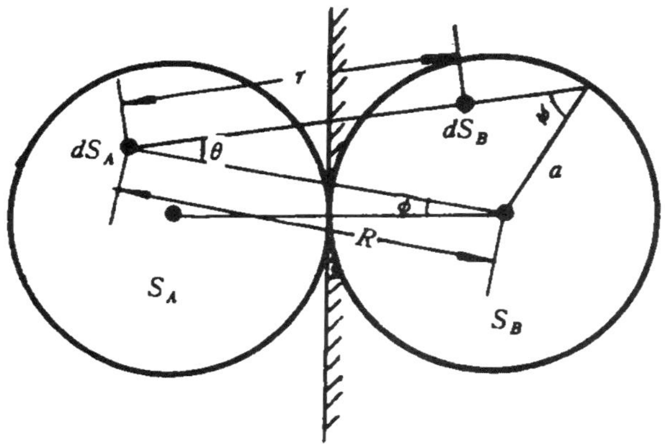

图 2 反射面的影响

$$I = \frac{2}{\pi} \int_0^{\pi/2} \frac{a \cos^2 \psi}{\sqrt{R^2 - a^2 \sin^2 \psi}} d\psi \qquad (\text{Ⅲ})$$

为一椭圆积分。让P_A在S_A上取平均，把附加的末端修正系数记为$\alpha' a$，可得

$$\alpha' = \frac{1}{\pi a^2} \iint_{S_A} I \, dS_A \qquad (\text{Ⅳ})$$

把(Ⅲ)展开成a / R的幂级数，逐项积分后代入式(Ⅳ)，可得

$$\alpha' = \sum_{n=0} \left[\frac{(2n)!}{4^n (n!)^2}\right]^2 \frac{C_n}{2n+2} \qquad (\text{Ⅴ})$$

式中系数C_n为

$$C_n = \frac{1}{\pi a^2} \iint_{S_A} \left(\frac{a}{R}\right)^{2n+1} dS_A \qquad (\text{Ⅵ})$$

取面积元dS_A为$RdRd\varphi$，先关于R积分一次，然后借助数值计算求出关于Φ的积分，可逐个求出系数C_n值。例如首五个值为 0.5173; 0.1723; 0.0764; 0.0423; 0.0271。最后，根据式(Ⅴ)可求出$\alpha' = 0.272$。

（原文发表于《声学学报》1994年第19卷第5期）

凤箫龙笛溯源

赵松庭

中国的笛和箫常常雕上龙凤作为装饰，美其名曰"龙凤笛"或"龙凤箫"。常言道，百鸟朝凤。凤者，鸟之王也，而凰者，凤之后也。一雄一雌，在鸟类王国中地位是很高的。不过中国人想象力很丰富，又造出一条龙来。在封建社会，龙是皇帝的象征，有皇帝就应该有皇后，于是把凤许配给了龙，所谓"有凤来仪，王道熙熙"，从此，凤和凰就合二而一，且变成了雌性。

龙代表了权力威仪，凤代表了美丽温柔，都是很高贵的物种。为什么不是那么高贵的笛和箫，却用这样高贵的物种作装饰呢？这里面有许多典故。

据《吕氏春秋·古乐篇》记载：黄帝命伶伦作笛，伶伦模仿凤的鸣声制六律，模仿凰的鸣声制六吕。因此，要想知道凤凰的鸣声怎样，只要听听竹笛的演奏就知道了。汉朝，马融写了一篇《长笛赋》。他写道："近世双笛从羌起，羌人伐竹未及已。龙鸣水中不见已，截竹吹之声相似。"这里，竹笛的声音又从凤凰的变成龙的了。到底笛声似凤鸣还是龙吟呢？唐朝李白在《宫中行乐词八首·其三》中写道："笛奏龙吟水，箫鸣凤下空。"于是有了龙笛凤箫的说法。

由于竹子的颜色光洁如玉，又被美称为玉笛（也有用真玉雕成笛子的，那是货真价实的玉笛了，不过这样宝贵的笛子，大都只在宫廷中使用，民间是很少的）。竹笛既美称为龙笛或玉笛，因此"玉龙"也成为竹笛的代号。姜夔在《疏影·苔枝缀玉》中写道："还教一片随波去，又却怨、玉龙哀曲。"赵长卿《念奴娇·落梅》也写道："玉龙声杳，正瑶台曲舞，香山初彻。"吴文英《瑞龙吟·德清清明竞渡》写道："簪柳门归懒。犹自有、玉龙黄昏吹怨。"李白《与史郎中钦听黄鹤楼上吹笛》写道："黄鹤楼中吹玉笛，江城五月落梅花。"玉笛、龙笛、玉龙，说的都是竹笛。

从"玉"又联想到"霜"。"霜竹"是笛子的异称，故吹笛又雅称为"喷霜"。黄庭坚《念奴娇·断虹霁雨》写道："孙郎微笑，坐来声喷霜竹。"周邦彦《满庭芳·忆钱唐》写道："潮声起，高楼喷笛，五两了无闻。"（"五两"是一种测风仪）。辛弃疾《念奴娇·登建康赏心亭呈史留守致道》写道："片帆西去，一声谁喷霜竹。"谢逸《鹊桥仙·蝶飞烟草》写道："珠帘日晚，银屏人散，楼上碎横霜竹。"陈氏《乐书》对"霜竹"作了一个说明："剪云梦之霜筠，法龙吟之异韵。"把"霜竹"的来历说清楚了。

关于箫的典故最早恐怕要数屈原的《九歌·湘君》。他写道："吹参差兮谁思。""参差"就是箫，不过可能是排箫，因为，"参差不齐"，既不齐就不会只有一根管。苏东坡诗词中有好几首关于箫的描写，《次韵王巩独眠》中写道："何人吹断参差竹，泗水茫茫鸭头绿。"《点绛唇》中写道："箫声远，鬓云乱，愁入参差雁。"

关于箫还有一个美丽的故事。郦道元《水经注》云："雍有凤台、凤女祠。秦穆公时，有箫史者善吹箫，能致白鹄孔雀。穆公女弄玉好之，公为作凤台以居之，积数十年，一旦随凤去。"李白《忆秦娥·箫声咽》写道："箫声咽，秦娥梦断秦楼月。"李煜《谢新恩·秦楼不见吹箫女》写道："秦楼不见吹箫女，空余上苑风光。”既是用典，也是倾诉人间的悲欢离合。

竹笛从汉朝到唐朝还是重要的军乐器。岑参写“上将拥旄西出征，平明吹笛大军行”就是一个很好的证明。按理说，军乐总是比较雄壮、刚健、能振奋人心的。可是由于历来多征战，人民受苦受难，就用悠扬的笛声来倾诉悲离惨别的痛苦心情。王之涣写道：“羌笛何须怨杨柳，春风不度玉门关。”李白写道：“五月天山雪，无花只有寒。笛中闻折柳，春色未曾看。”《折柳》《杨柳》即乐府横吹曲《折杨柳歌》，在汉唐军乐曲中占有重要地位。它歌词粗犷豪放，但是乐曲是哀怨的。敦煌曲《乐世》中写道：“菊黄芦白雁初飞，羌笛胡笳泪湿衣。”

在军乐中的笛声尚且含悲难禁，一般民间的竹笛乐曲，表达哀怨情绪的就更多了。杜甫写道：“吹笛秋山风月清，谁家巧作断肠声。”杜甫一辈子颠沛流离，闻笛而肠断心碎是可以理解的。苏轼写道：“谁知一曲终宵怨，霜雪无端两鬓生。”这样的描写，使我们想起伍子胥过昭关的故事。

新中国成立后，怨笛悲箫变了，冯子存的《喜相逢》首先吹出了劳动人民的欣喜心情。“文化大革命”前十七年，全国出版了二百多首笛箫独奏曲，其中多是欢歌喜曲，怨笛悲箫变为歌颂劳动人民生活的欢笛喜箫了。

中国的竹笛什么时候才有的呢？

日本的林谦三写过一本《东亚乐器考》，内中说：中国笛子是从印度或西域传入的。我们中国也有许多人这样说。如明朝的朱载堉。这位平均律的创始人认为横吹的笛子，是张骞出使西域后传入中原的。查看有关竹笛源流的历代文献，众说纷纭，归纳起来有三种比较重要的说法：①笛自古已有，但“笛”字“不见经传”。古书上有“篴”字，“篴”“笛”音义并同。不过，“篴”是雅乐，是竖吹的，不是今天的横笛。②“近世长笛从羌起”（马融《长笛赋》）。但羌笛是竖吹还是横吹的呢？目前还争论不休。羌笛到底有几个孔？有的说两个、三个，有的说四个、五个。所以这种说法也未足为据。③汉武帝时，丘仲作笛。这种说法也非常含糊。是丘仲将羌笛改革成长笛呢？还是将羌笛改成适合汉代的雅乐器？或者说是他将笛子创制出来的？

总之，这三种说法都未能考出竹笛的源流。

20世纪70年代，湖北随县（今随州市）曾侯乙墓出土了两根竹制的横吹笛子①，有五个音孔。七声音阶完整，小巧玲珑，制作考究，这证明在距汉朝尚有三四百年的战国时代，我国就已有了横吹的竹笛。凭这一点，就可以说明古代笛子有竖吹的也有横吹的。其实，横吹的笛子还可以追溯到公元前五千年。近年浙江余姚河姆渡地方，出土了一批文物，其中就有四五十根骨制的笛子。我和吕骥同志一起观察了这批文物，并照了相，录了音。它们的形制大多数为手指一般粗细和长短，横开两个或三个音孔，和现今流行的口笛基本一样。另外，还有一根非常宝贵的骨笛，中指般粗细，十厘米左右长，有一个横吹的吹孔，六个音孔，这和今天六孔竹笛十分相似。有这些珍贵文物做根据，我们就可以大胆地说：笛子不但是我国最古老的乐器，而且是所有管乐器的鼻祖。任何事物都是从简单向复杂发展的。乐器的形成，与社会生活有关，它们是社会生活的反映。在原始社会，我们的祖先以鸟兽肉为食，在吃肉吸髓中，发现骨头管子能发出好听的声音，于是就发明了骨制的笛子。这是最原始的乐器，也是最简单的乐器。至于琴、钟等，那是以后才制造出来的，比起骨笛来，要相差好几代。这些原始的管乐器，先向横的方面发展。比如笛，先有一根，然后向横发展成两根三根，“卄”就变成了籥，也就是排箫。再进一步发展成了

① 有人认为应该称为“篪”，如果是这样，那么，“笛”与“篪”都是同类乐器，因为它们之间没有什么本质的区别。

簧管耦合，形成了笙、竽、管等乐器。向纵的方面发展就有了长长短短、大大小小、形形色色、五花八门的笛子。到了汉、晋时期，有长达三尺二寸的长笛。《晋书》中载有列和（笛子演奏家）的一段话："每合乐时，随歌者声之清浊，用笛有长短。假令声浊者用三尺二笛，因名曰此三尺二调也；声清者用二尺九笛，因名曰此二尺九调也。汉魏相传，施行皆然。"这说明当时已经有了长短不同的笛子。我们知道中国的律学理论是很完善的，缺点是理论和实际往往脱节。三分损益律的理论早就从管的长度开始实践，所谓黄钟长九寸，三分损一得六寸，为林钟；三分益一得八寸，为太簇……这种求律的理论，应用到笛子上来，就产生了十二律笛。汉、晋时期的蔡邕、荀勖、梁武帝等人，都曾制作了十二律笛。一根笛子一个律，这比起列和的以声的清浊定调，要完善得多，不过这种以律制笛的方法，往往脱离实际，也太烦琐。列和曾讥讽为"知昔日之作不可吹也"。隋朝后，为了解决十二律笛过于烦琐的弊病，就出现了能演奏半音阶的笛子，相当于现代的十孔笛或十一孔笛。唐朝的吕才，制成了"尺八"竖吹，在当时颇为流行。它随着唐朝的雅乐流传到日本。前几年日本还到中国来定制"尺八"三万支，说明他们至今还非常喜爱。唐朝的刘系，制作了七星管，蒙膜助声。他也是最早谈论笛子贴膜的人。唐朝以前的笛子，是否贴膜呢？这个问题还无人研究过。有一本古书上曾说，晋朝桓伊的一个部下，吹笛子心情激动，一连吹破了三根笛子，最后只好用猪脚笛给他吹，才算把曲子吹完。这种描写，很可能就是说的演奏者把笛膜吹破，而不是把笛子吹破。如果是这样，那么竹笛贴膜的时代就在唐朝以前的时代了。晋时已经有了"顺笛"——笛子里塞一块木头，一吹就会响。这种笛子在我国是儿童作为玩具用的，而在世界各地却很流行，如法国笛、印度竖笛、巴基斯坦竖笛等，都属于这种形制。另外，还有手笛，长九寸，类似今天的高音笛。更有趣的是叉手笛，据《宋史・乐志一》记载："……此笛足以协十二旋相为宫，亦可通八十四调。其制如雅笛而小，长九寸，与黄钟管等。其窍有六，左四右二，乐人执持，两手相交，有拱揖之状，请名之曰'拱辰管'。"这种笛类似今天的大口笛。我曾试制了几支，它很有特点，音域宽，变化非常复杂，但由于把开管和闭管混合起来了，振动的规律很难掌握。

到了元朝以后，竹笛的形制就和现在的六孔竹笛完全一样了。由于戏曲盛行，竹笛的名称随着它所伴奏的剧种分为两大类：一类是梆笛，伴奏梆子戏；一类是曲笛，伴奏昆曲、乱弹等。这其实类似列和的"二尺九调""三尺二调"。

关于竹笛的源流问题，我的结论是：

早在七千年前，我国就已经有了如同今天的六孔笛形制的笛子，但是这种笛子是用骨头制成的。什么时候才开始有竹制的笛子呢？还未考查清楚。从随县出土的文物（两根竹制的横吹笛子）来看，可以肯定我国的竹笛绝非外来，而是古已有之的。按照我的推理，我国最迟在黄帝时代（公元前2400年）已经有了竹制的笛子，其根据有三：

（一）古代的《吕氏春秋》《玉海》等文献，都载有黄帝命伶伦伐昆仑之竹为笛的传说。

（二）在黄帝时代，黄河流域长有大量竹子，竹子是当时人民的重要生活资料（据气象学家竺可桢的研究），竹子中空，有人可能从骨笛得到启发用以制竹笛。

（三）我国古代的管乐器笙、箫、管、篪、籥、竽、埙、篴，几乎全部是用竹子制成的。

还有一个问题附带地讲一讲：

长期以来，箫和笛这两个概念混淆不清。我的家乡把我说成是"吹箫儿的"。上次河南吹打班来京表演，节目中有一个"闷笛独奏"。我不知什么是"闷笛"，一看才知道是只管子，是加上簧片发声的。他们告诉我，在河南一带，管子叫笛，唢呐叫箫。说实在的，箫和笛这两个概念已经混淆了两千年了。究竟什么叫箫，什么叫笛，我们要把它弄清楚。应该说，我国音乐史上对乐器的分类是不科学的，金、石、丝、竹、匏、土、革、木的分类不能从本质上说明问题，近代乐器采用体、皮、气、弦的分类法，比较合理，但是又太简单化了。比如说，笛子是气鸣乐器，唢呐也是气鸣乐器，二者有共性，但个性没有分清楚。什么叫笛子？应该科学定性。

笛，横吹的开管乐器，通过人体吹气并经过唇部的控制，使气流成一束，以斜面角度射入管的吹端，从而产生边棱振动，在管内形成驻波，发出与管长对应的频率。凡是属于这一类振动发声的都可称为笛。如果是加上簧片振动发音的，如笙、双簧管、单簧管，就不能称为笛。笛与箫可以不分，因为它们的振动原理一模一样，箫也是斜吹的，不然就不会发声。但是笛与管一定要分。单簧管与双簧管也一定要分，因为单簧管是闭管，而双簧管与唢呐就不一定要分，因为它们性质完全一样。音乐辞典上把单簧管称为"竖笛"，这是概念模糊。为了尊重习惯，箫和笛子这两个概念可以竖吹横吹来区分，凡是竖吹的，性质和笛子一样的乐器，我们称它为箫，凡是横吹的则称为笛子。大家都这样叫，过一段时期，叫法就会统一了。

说到笛子是横吹的"开管"乐器，顺便谈一谈什么叫"开管"。"开管"是声学上的术语。空气柱的振动，两端都和大气接通，就称为"开管"。图示如下：

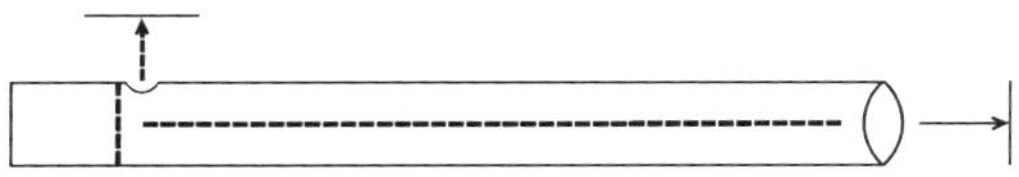

笛子一端开吹孔，吹孔旁塞住，气从孔进去，从另一末端出来。它的声波形象和弦的振动不一样，不易计算。弦的振动可以用实际的弦长来计算，而管振动则靠校正，用实际的管长还不能计算出波的长度，就是说，用管的长度来求律，不会准确。汉朝的音律学家京房就说过，"管不能度律"。以管求律（如黄钟九寸、林钟六寸、太簇八寸等）做出的笛子，发音不会正确。因此他创造了"准"——用弦来求律的办法。"开管"的校正数有两个，一个是末端校正，一个是吹端校正。究竟要校正多少呢？晋朝的荀勖曾做了一番研究，在实际上也作了应用。杨荫浏先生认为荀勖已经成功地应用了管口校正数。不过，如何求校正数，却还没有作出结论，在那时候也不可能作出。不要说荀勖，即使距今一百年前的波姆，他想解决校正数问题也没有成功。现在末端校正数已经公认为0.6R，"R" 是管的半径。吹端校正数是我和弟弟（他是物理学家）两个人花了两年时间研究出来的（详见《横笛的频率计算与应用》一文），但是现在还没有得到公认。

排笛简介

赵松庭

我于60年代初期，就将几根笛子扎在一起（暂名排笛）演奏《采茶忙》《婺江风光》《荫中鸟》等乐曲。这种方法，有下面一些好处：

1. 音域可扩大到三个八度以上。

2. 音色有更多的选择自由，表现力也更丰富。

3. 机动灵活，可以根据乐曲需要更换笛子，解决很多单根竹笛不能解决的问题。

4. 简便易行，不需要改变原竹笛的演奏指法及其构造，只要稍事练习，就可以熟练。

排笛通常由二至四根笛子组成（见下图），超过四支时手指就无法控制了（当然还可采用其他办法增加笛子的数目）。

扎制排笛应注意下面几点：

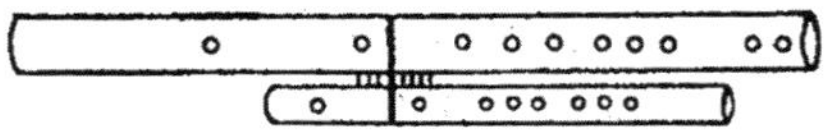

三根

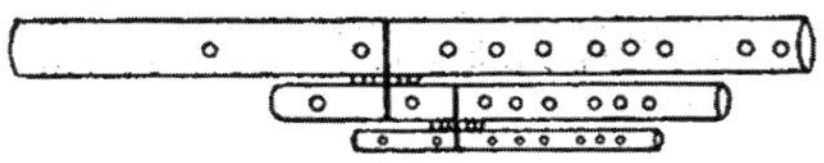

四根

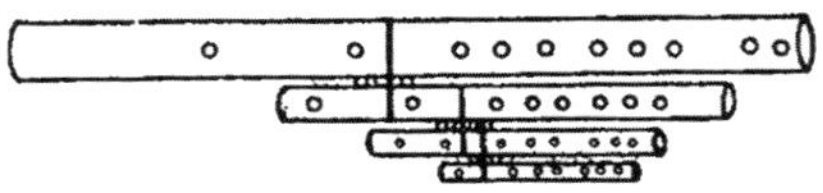

1. 除最外面的一根外，其余几根需将吹端笛塞以上的装饰部分截去，使它们相互间的吹孔靠近，截去多少，要以颊部不受牵制而又轻轻地感觉到里面一根笛子的位置为度。这样，换笛子时速度就能很快，一般来说，稍事练习后就能在不到一拍休止的时间内换过去而不露痕迹。

2. 几根笛子排在一起不要成为平面，里面一根笛子的吹孔要略高于外面一根，这样就不会造成由于前面一根笛子挡住口风而产生“回风”以及摩擦噪音。

3. 扎笛子最好用可活动的螺丝套（见下图），材料要有弹性，如铜或不锈钢等。加接的笛子，要避免扎住后伸缩不灵活。两根笛子一个螺丝套就可以了。由于笛子有粗细，因此螺丝套也应有大小。

螺丝套（左）和垫片（右）

4. 两根笛子之间要有一片凹镜形的竹制或其他材料制的垫片（见上图），使笛子扎住后不致滑动。

5. 在冬天演奏时，注意保护笛膜。因为吹里面一根笛子时，容易使外面一根笛子的笛膜受到哈气的影响而发潮。因此要在笛膜孔的上方以及里部方向竖立挡片，但不要挡住里面吹孔的前方。

当然，排笛不能解决十二音不完整的问题，同时换笛子时难免要停顿一下，这是它的局限性。

横笛的频率计算与应用

赵松庭

关于横笛频率的理论计算与实验开始于1961年，是我与同济大学教授赵松龄同志合作的。我经过两年的实验和探索，感到这理论分析是符合实际的，于是在1963年由赵松龄同志整理出《横笛频率理论计算》一文。近十年来，在原来工作的基础上，我们又做了大量的实验，积累了不少数据，并编写了数据表，希望能为一般笛子制造者提供一些方便。我们的探讨还有不完善之处（估计还有百分之二的误差），想通过本文引起有关方面关心，大家共同来探讨和实验，进一步解决横笛频率的计算和应用问题，乃至其他管乐器的计算和应用问题。

横笛是一个通称，它包括各种类型的中国竹笛、西洋长笛和短笛，以及乐器构造基本相同的各国民间笛子。我们的探讨以中国竹笛为主，也完全适用于长笛和短笛。对于其他类似的乐器，如箫等也基本适用。至于性质有同但又不完全相同的管乐器则只能在某些部分提供一些参考，如对单簧管、双簧管“音孔”的计算。

我国许多乐书、律书史籍中，记载了各种计算管律的资料。我们阅读这些史料时，感到前人为了解决这一问题已付出了许多劳动。但是，由于横笛的频率计算比较复杂，所以在理论上一直没有得到满意的解决办法。在生产实践中，主要靠经验，这种从实践中取得的经验是可贵的，我们重视它、学习它、研究它，同时要结合声学原理把它提高到理论上来，再把这种理论付诸实践，受实践的考验，发现问题，再进行修改，以求进一步的完善。

下面是我们探讨的初步结果。

一、“横笛”是开管

横笛究竟类似于“开管”呢，还是类似于“闭管”呢？这是一个带有根本性的问题。

举中国笛子的基本构造为例：

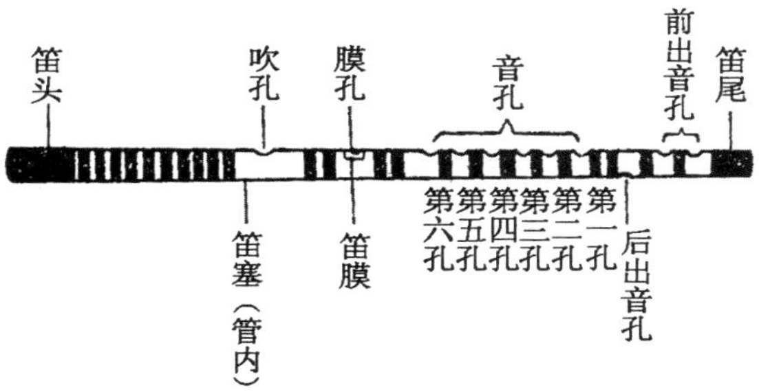

粗看起来，笛子一端闭塞，一端开口，直觉上容易认为它是“闭管”。以往许多学者就往往把它作“闭管”来分析研究。实际上，由于在吹孔处，管内空气柱已与大气接通，其振动方式与开管类似。因此，必须把它作“开管”来进行分析研究。下面的事实也可以证明横笛是“开管”而不是“闭管”。

闭管频率公式为：

$$F=N\frac{C}{4L}\qquad(N\text{ 为 }1、3、5、7\cdots\cdots)$$

开管频率公式为：

$$F=N\frac{C}{2L}\qquad(N\text{ 为 }1、2、3、4\cdots\cdots)$$

（式中“F”为频率，“C”为声速，“L”为有效管长）

假如笛子是“闭管”的话，那么在超吹时，频率将按 1、3、5、7 的奇数倍进，而吹不出高八度音。但事实上，笛子频率是按 1、2、3、4 的倍数进行的。例如：最低音为 $a^1$440，则用力吹时，为 $a^2$880，接着再用力吹时为 $e^2$1320，再用力吹则为 $a^3$1760，与“开管”情况相符。

假如笛子是“闭管”的话，那么从吹孔中心到笛塞之间的一段空隙的大小，对频率的高低有很大影响，距离1—3厘米的变化，就可使频率升高或降低半个音甚至一个音左右。但事实上，这段空隙的大小，对笛子的音高（特别是低音）影响不大，距离1—3厘米的变化，只能使频率升高或降低1%左右。这也与开管的情况相符。

由上所述，可以肯定笛子类似于开管，其频率公式为：

$$F = N\frac{C}{2L}$$

但是由于有其他因素的影响，在选定有效长度“L”时，要有相应的分析。

1. 管的长度，需从与大气接通的吹孔中心量起，而不是从闭塞处或吹孔边缘量起。

2. 管的实际长度“l”，与频率公式中的有效长度“L”，并不完全一致，而须加以修正。

3. 管的长度，量至第一个开放的音孔中心为止，但以下诸音孔的启闭情况，有相当大的影响。

4. 吹孔和音孔的大小，管壁的厚度，唇部和面部的位置，温度的变化等等，都对频率起作用。

5. 从吹孔中心到笛塞间的一段空隙（暂名为声囊），对频率的高低，有一定影响，但在计算低音（即基音）时，暂可略而不问。

二、确定频率标准与温度标准

目前，国际上采用平均律，a^1为440赫兹。中国笛子是否采用平均律，是一个值得探讨的问题。为了计算方便，应有一个统一的标准，我们在这里采用平均律和$a^1$440的标准。

平均律的理论，可以简化为：

设主音频率为“1”，则其高八度音程为“2”，令十二音间的音程均为“t”则

$$t^{12} = 2。$$

$$t = \sqrt[12]{12} = 1.0595$$

依次求得各音的比值为：

1. 1.0595，1.1225，1.1892，1.2599，1.3348，1.4142，1.4983，1.5874，1.6878，1.7818，1.8877

2. 设a^1为440，以A为主音，求得十二音频率为：

440，466，494，523，554，587，622，659，698，740，784，830.5，880

基本公式$F = N\frac{C}{2L}$中。“C”为声速，而声速与温度有关，我们取$C = 331 + 0.6\theta°$ C的算式。

另外，为了计算方便和切合实际需要起见，温度的标准取15℃。

即声速 = 331 + 0.6 × 15 = 340米/秒。

三、求出各音的有效管长“L”

用以上标准，代入基本公式$F = N\frac{C}{2L}$分别求得各音的有效管长为：

$a^1$440	L为38.63cm	$d^2$587	L为28.96cm	$^\sharp f^2$740	L为22.97cm
$^\sharp a^1$466	L为36.48cm	$^\sharp d^2$622	L为27.33cm	$g^2$784	L为21.68cm
$b^1$494	L为34.41cm	$e^2$659	L为25.79cm	$^\sharp g^2$830.5	L为20.46cm
$c^2$523	L为32.50cm	$f^2$698	L为24.35cm	$a^2$880	L为19.31cm
$^\sharp c^2$554	L为30.68cm				

高八度音乘$\frac{1}{2}$，低八度音乘“2”。

（计算单位，统一用厘米“cm”。小数点以下，保留2位。）

四、管长修正数的计算方法

基本公式 $F=N\frac{C}{2L}$中，“L”为有效管长。

设实际管长为“l”，则 $L=l+$管长修正数。

管长修正数在吹端，是固定不变的，在出气端，则有两种不同形式：

1. 以管的全部长度振动发声，出气的地方，在管口处。

2. 以横开的音孔，缩短管长。其振动方式比较复杂，除吹孔下第一个开放的音孔能决定频率外，其他音孔的开放和闭合，也都对频率起着大小不同的作用。

第一种形式：

$L=$实际管长+吹气端修正+管口修正。

管口修正，已有理论和实验证明为：

管口修正$=0.6R$（R为管半径。）

第一种形式，我们写成为：

$$L=l+\delta_1+0.6R$$

第二种形式：

$L=$实际管长+吹气端修正+出气端修正。

$$L=l+\delta_1+\delta_2$$

从以上分析中可以看出，我们需要解决的问题，实际上只有两个修正数，即 δ_1 和 δ_2。

δ_1 的求法

分析吹孔的声学特性，得出吹气端的修正数 δ_1，在理论分析上，有相当大的困难；但是如果引入适当的简化假定，就可以根据声学理论，求出切合实用的表达式。

假定管壁上的小孔与平板上的小孔性质一样（实际上管壁为圆柱面，而并非平面，并不完全一样），那么，小孔的作用相当于长度为：

$$(b+1.7r)\frac{R^2}{r^2}\text{的笛管}$$

“式中“b”为管壁厚度。“r”为小孔平均半径。“R”为管半径，$\frac{R^2}{r^2}$是折合成管长而引入的因子。

以上述假定为基础，并假定吹奏时面部与唇部的影响，相当于在吹孔边上，竖立一垂直面，则可以求得吹孔的折合管长为：

$$\delta_1=(b+2.0r)\frac{R^2}{r^2}$$

式中“b”为吹孔处的管壁厚度。“r”为吹孔的平均半径。实验表明，这个表达式，比较符合实际。

δ_2的求法

δ_2的计算，比较繁杂，这是因为：

1. 笛子各个音孔的大小与吹孔不一样，有时，各个音孔之间的大小也不一样。

2. 管壁的厚度有时也不一样，例如，长笛就在吹孔处垫高 0.4 厘米左右，其他音孔旁，都竖立 0.2 厘米左右的镶边。

3. 出气的音孔，有时会有其他情况。如老式的中国笛子，在基音孔处横开二孔，再在基音孔的后面开二个辅助音孔，既不适用 $0.6R$ 的修正式，与其他音孔的修正式又有所不同。

4. 吹笛时按住若干孔，开放若干孔。以开一二三孔（从下向上数）为例，各个开放的音孔，以及基音孔（或管口）都在出气。因此，原则上各开放音孔以及基音孔（或管口）都对频率有影响。影响最显著，具有决定性意义的，当然是从吹孔往下数来开放着的第一孔，但以下诸孔的影响也绝不能忽视。

根据这些情况，需要逐个进行分析。

情况之一：

音孔出气时，没有面部和唇部的影响；假如开放音孔的手指距音孔较远，其影响可以略而不计（手指离音孔过近，就对频率有影响，一般来说，这是演奏的技术问题）。那么，其计算式列为：

$$\triangle=(b+1.7r)\frac{R^2}{r^2}$$

"△"为音孔处的折合管长，"b"为音孔处的壁厚，"r"为音孔的平均半径。

情况之二：

如果并列开两个小孔时，折合管长定为：

$$\triangle_{\text{双}}=(b+2.3r)\frac{R^2}{2r^2}$$

情况之三：

发音孔以下诸孔影响的分析：

只开管口时，其修正值即为 $0.6R$ 。

开第一孔（从下向上数）时，出气有两条道路，一条沿管口，一条向音孔。

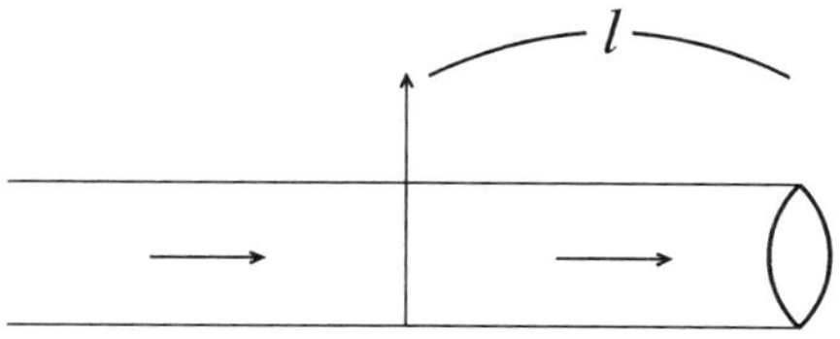

沿管口的折合长度为 $l+0.6R$。

沿横孔的折合长度为：

$$\triangle=(b+1.7r)\frac{R^2}{r^2}$$

对于这两条并联的通路，其等效长度即 δ_2 为：

$$\frac{1}{\delta_2}=\frac{1}{\triangle}+\frac{1}{l+0.6R}\qquad \delta_2=\frac{\triangle}{1+\dfrac{\triangle}{l+0.6R}}$$

开多个孔时，可以归纳为：

设已知第 N 孔以下的修正数为 δ_N，若再开放第 N 孔以上一孔，求相应的修正数 δ_2。

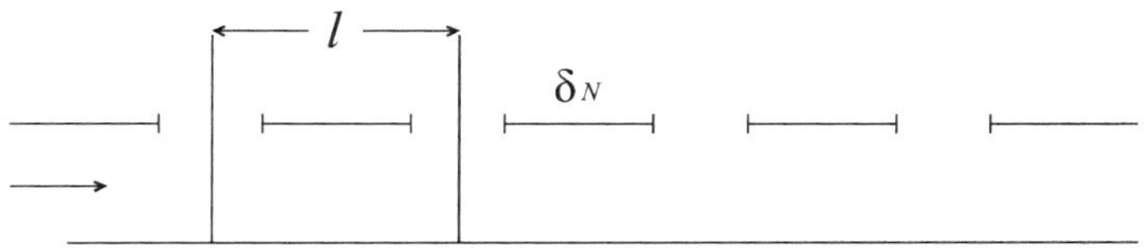

第 N 孔

这时，沿管的长度折合为 $l+\delta_N$，

沿横孔的折合长度仍为△，

则其等效长度 δ_2 为：

$$\frac{1}{\delta_2}=\frac{1}{\triangle}+\frac{1}{l+\delta_N}\quad 即\quad \delta_2=\cfrac{\triangle}{1+\cfrac{\triangle}{l+\delta_N}}$$

把以上 1、2、3 点并在一起，即得连分式，

以开四孔为例：

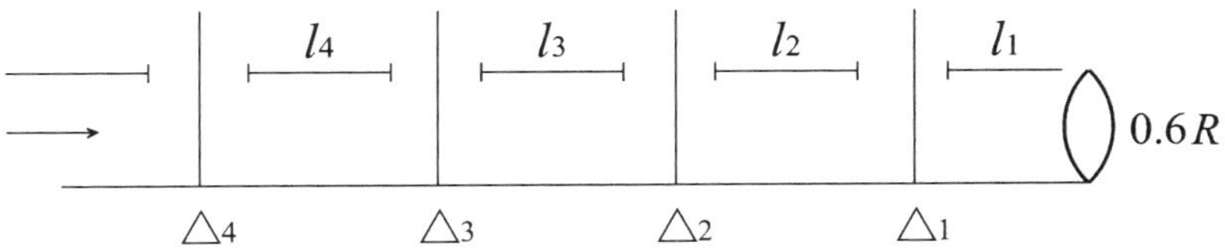

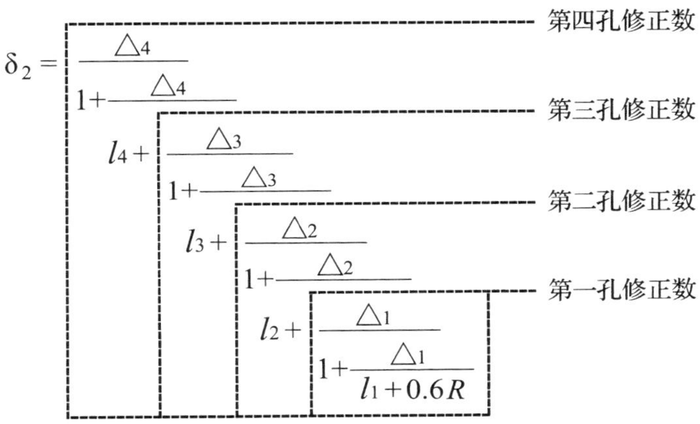

$$\delta_2=\cfrac{\triangle_4}{1+\cfrac{\triangle_4}{l_4+\cfrac{\triangle_3}{1+\cfrac{\triangle_3}{l_3+\cfrac{\triangle_2}{1+\cfrac{\triangle_2}{l_2+\cfrac{\triangle_1}{1+\cfrac{\triangle_1}{l_1+0.6R}}}}}}}}$$

（△的值一般是相同的，但也可以不同，例如开双孔，或较大较小的音孔。）

管长修正数的计算方法，基本上就是这些。

五、温度问题

温度与频率有关，在计算频率和实际应用中绝不能忽视温度的影响。由于温度是一个极不稳定的因素，因此它会在很大程度内妨碍乐器（特别是管乐器）的频率的稳定性。在管弦乐队中要解决温度与音准的关系问题，需要专题探讨，本文不准备详论，只就与横笛频率的计算与应用有关的方面提出几点看法：

1. 在计算频率时，采用 15℃的温度标准，求出各音的有效管长（如上所述）。

2. 求出温度升高或降低时，对管长的修正比率。

从前述两个公式中，即① $F=N\dfrac{C}{2L}$ ② $C=331+0.6\theta$℃

可以推出温度±10℃对管长的修正比率为$\frac{300}{F}$。如:$a^1$440,在15℃时,对应的有效管长"L"为38.63厘米,温度为25℃时其对应的有效管长"L"应为$38.63+\frac{300}{440}=39.31$。当温度为5℃时,其对应的有效管长"$L$",应为$38.63-\frac{300}{440}=37.95$。

列表于下:

音　名	频　率	15℃有效管长	温度率
a^2	880	19.31	0.34
$^\sharp g^2$	830.5	20.46	0.36
g^2	784	21.68	0.38
$^\sharp f^2$	740	22.97	0.40
f^2	698	24.35	0.42
e^2	659	25.79	0.45
$^\sharp d^2$	622	27.33	0.48
d^2	587	28.96	0.51
$^\sharp c^2$	554	30.68	0.54
c^2	523	32.50	0.57
b^1	494	34.41	0.60
$^\sharp a^1$	466	36.48	0.64
a^1	440	38.63	0.68

注:频率高八度乘以"2",低八度除以"2"。

有效管长与温度率高八度除以"2",低八度乘以"2"。

温度率为±10℃时的修正比率,以$a^1$440为例,温度升高为25℃时,"L"需加上0.68厘米,余类推。

3. 实际温度以气温为准。在乐器制造上需要另外寻求适应实际温度的方法,需要有专题探讨。一般地说:对于中国笛子可以采用三到四种平均温度的适应方法。如:①以15℃的管长制成笛子,适应春秋季节。②以5℃的管长制成笛子,适应寒冬季节。③以25℃的管长制成笛子,适应夏天。④以35℃的管长制成笛子,适应盛暑。这种方法比用伸缩装置来适应温度的方法要准确。

4. 管内的平均气温,尚需另加一个修正数。

由于笛子通过人体吹气发声,而人体常温为36℃。因此,管内的实际温度,并非大气的温度。同时,管内的实际温度,变化多端,随着吹奏时间的长短,不断起伏,要准确测量是困难的。据我们的实践经验,可以近似地列为:

$$管内平均温度=气温+\frac{1}{3}(36℃-气温)$$

如:气温为15℃时,管内的平均温度,约为

$$15+\frac{1}{3}(36-15)=22℃。$$

六、"笛塞"的处理

从吹孔中心到笛塞间的一段空隙,是能起"缓冲作用"的小容积。在一定的范围内,这段距离的大小,对频率没有很大影响。例如:距离在1~3厘米间,频率变化在1%以内。发高音则影响增大。如原距离为1厘米,假定发低音为"g^2",移动为2厘米以后,低音仍为"g^2",高八度的音则

偏低。移动到3厘米后，低音比 g^2 低 $\frac{1}{4}$ 音左右，高音则偏低近半音。这段距离较大时，对高音的影响更显著，会使得低音与高音的频率，不再成整倍数。因此，笛塞的位置，要根据低音和高音之间是否为整倍数来定。在基音求得后逐渐用力吹，发出的音依次为1、2、3、4…… 倍数正确时（如基音为 $a^1$440，用力吹为 $a^2$880，再用力吹则为基音三倍 $e^3$1320，再用力吹则为基音的四倍 $a^3$1760），其距离即为正确。否则，就须放长或缩短。高音超过低音的整倍数时，要放长一些，高音不到低音的整倍数时，要缩短。一般这段距离的长度在0.5厘米到1.5厘米之间，也需随管径的粗细，略有改变。管径粗的应放宽一些，否则短一些。

七、计算方法和步骤

频率的计算与应用，有两个方面：一为已知开孔位置计算频率；另一为倒过来给一定频率值求得开孔位置。其他计算所需的因素包括：管的半径，吹孔和音孔的半径，壁厚以及温度都应为已知数（竹子的管半径和壁厚往往两端不一样，一般可以平均估计，精密一些，就应分开来量算）。

计算的方法和步骤一般如下：

甲：已知开孔位置计算频率。

第一步　根据算式

$\delta_1=(b+2.0r)\frac{R^2}{r^2}$ 求出吹端修正数。

第二步　求出 $0.6R$ 值。

第三步　根据算式

$\triangle=(b+1.7r)\frac{R^2}{r^2}$ 求出音孔的折合长度（如果是双孔，则用 $\triangle_{双}=(b+2.3r)\frac{R^2}{2r^2}$ 的算式）。

第四步　由管口至各音孔，逐个计算出各音孔的修正数“δ_2”（见前列连分式）。

第五步　计算出对应于各音孔的有效管长。

$$L=l+\delta_1+0.6R（管口）$$

$$L=l+\delta_1+\delta_2（各音孔）$$

第六步　根据公式 $F=N\frac{C}{2L}$，计算出各音孔的频率。

乙：给定频率求开孔位置。

第一步　根据公式 $F=\frac{C}{2L}$ 即 $L=\frac{C}{2F}$，求得对应于给定频率的有效管长。

第二步　算出“δ_1”与 $0.6R$ 值。这时，基音的实际管长已可求得，即：$l=L-\delta_1-0.6R$。

第三步　计算出各音孔的折长“$\triangle$”。

第四步　由管口至各音孔，逐个定出音孔的修正数“δ_2”。这个步骤还有些周折——

前面已列出 δ_2 的算式为：

$$\delta_2=\frac{\triangle}{1+\frac{\triangle}{l+0.6R}}$$

这时，“$\triangle$”为已知，但因第一孔的位置未定，“l”为未知值，不能直接求得 δ^2。这困难可以这样解决：

设筒音的有效管长为“L_0”,开第一孔的有效管长为“L_1”,其中可以有关系——

$$L_0 - L_1 = l + 0.6R - \delta_2$$

即　$l + 0.6R = \triangle L + \delta_2$（式中“$\triangle L$” $= L_0 - L_1$）

由此得：

$$\delta_2 = \cfrac{\triangle}{1 + \cfrac{\triangle}{\triangle L + \delta_2}}$$

“△”及“$\triangle L$”都为已知,由此可以解得 δ_2 值。

直解二次方程,可用下式：

$$\frac{\sqrt{\triangle L^2 + 4\triangle L\triangle} - \triangle L}{2} = \delta_2$$

也可用数值近似解法,即在连分式内,δ_2 值取适当的数值代入,算出左方的 δ_2 值,将所得 δ_2 值再代入右方式内再算出左方 δ_2 值,这样反复代入几次,δ_2 值不再变更,即为所求。例如:长笛（Flute）全按时为 $c^1$261.5,有效管长 $L = 64.98$,开第一孔为$^\sharp c^1$277,有效管长为 61.37,则 $\triangle L = 3.61$。并已知 $\triangle = 2.56$,故得第一孔的修正数：

$$\delta_2 = \cfrac{2.56}{1 + \cfrac{2.56}{3.61 + \delta_2}}$$

取 δ_2 右为 1.39,得 δ_2 左为 1.69。取 δ_2 右为 1.69,得 δ_2 左为 1.72。

取 δ_2 右为 1.72,得 δ_2 左为 1.73。取 δ_2 右为 1.73,得 δ_2 左为 1.73。

在整批计算 δ_2 值时,大致可以估计,有一定的规律可循。（用计算机,则可采用 $\frac{\sqrt{\triangle L^2 + 4\triangle L\triangle} - \triangle L}{2}$ 式,直接求得。）

第五步　求得各音孔的实际管长,即:$l = L - \delta_1 - \delta_2$。

＊计算实例一

品名　中国梆笛

已知　吹孔横笛 0.8,直 1.0,平均 0.9　$r_1 = 0.45$

音孔横量 0.7,直 0.9,平均 0.8　$r_2 = 0.40$

管径 1.40　$R = 0.70$

管壁 0.20　$b = 0.20$

实际管长（从吹孔中心到管口）　$l_0 = 28.3$

开六孔,从下而上分别量得　$l_1 = 4.1$

$l_2 = 2.5$

$l_3 = 2.2$

$l_4 = 2.5$

$l_5 = 2.4$

$l_6 = 2.2$

温度取 15℃。

求各音孔频率

计算：

1. 按 $\delta_1=(b+2.0r_1)\frac{R^2}{{r_1}^2}$代入

$$\delta_1=(0.2+2.0\times0.45)\frac{0.7^2}{0.45^2}=2.66$$

2. $$0.6R=0.6\times0.7=0.42$$

3. 按 $\triangle=(b+1.7r_2)\frac{R^2}{{r_2}^2}$代入

$$\triangle=(0.2+1.7\times0.4)\frac{0.7^2}{0.4^2}=2.70$$

4. 按连分式代入

$$\delta_2=\cfrac{2.7}{1+\cfrac{2.7}{2.2+\cfrac{2.7}{1+\cfrac{2.7}{2.4+\cfrac{2.7}{1+\cfrac{2.7}{2.5+\cfrac{2.7}{1+\cfrac{2.7}{2.2+\cfrac{2.7}{1+\cfrac{2.7}{2.5+\cfrac{2.7}{1+\cfrac{2.7}{4.1+0.42}}}}}}}}}}}}$$

分别求得各音孔修正数自下而上为：

第一孔 1.69，第二孔 1.64，第三孔 1.58，第四孔 1.62，第五孔 1.61，第六孔 1.58。

5. 按 $L=l+\delta_1+0.6R$，$L=l+\delta_1+\delta_2$

求得各音孔有效管长为：31.4，28.6，26.0，23.8，21.3，18.9，16.7。

6. 按公式 $F=\frac{C}{2L}$ 代入，分别求出各音孔的频率为 541，594，654，714，798，899，1017。

对照频率表，此笛属于全按为 c^2 的梆笛，发音偏高，关系也不正确，只有 e^2 及 g^2 基本符合。

＊计算实例二

品名　中国梆笛

已知　除各音孔的实际管长为未知外，其余同计算实例一。

要求　给定频 $c^2$523、$d^2$587、$e^2$660、$f^2$698、$g^2$784、$a^2$880、$b^2$988，求对应的实际管长。

计算：

1. 分别求得各定频的有效管长为：

筒音 32.50，第一孔 28.96，第二孔 25.79，第三孔 24.35，第四孔 21.68，第五孔 19.31，第六孔 17.20。

2. 已知 $\delta_1=2.66$，$0.6R=0.42$，$\triangle=2.70$

3. 筒音的实际管长已可求得为：

$$l = 32.50 - 2.66 - 0.42 = 29.42$$

4. 求得“$\triangle L$”为 3. 54，3. 17，1. 44，2. 67，2. 37，2. 11。

5. 按 $\delta_2 = \dfrac{\triangle}{1 + \dfrac{\triangle}{\triangle L + \delta_2}}$ 代入

第一孔 $\delta_2 = \dfrac{2.7}{1 + \dfrac{2.7}{3.54 + \delta_2}} = 1.79$

第二孔 $\delta_2 = \dfrac{2.7}{1 + \dfrac{2.7}{3.17 + \delta_2}} = 1.75$

第三孔 $\delta_2 = \dfrac{2.7}{1 + \dfrac{2.7}{1.44 + \delta_2}} = 1.38$

第四孔 $\delta_2 = \dfrac{2.7}{1 + \dfrac{2.7}{2.67 + \delta_2}} = 1.66$

第五孔 $\delta_2 = \dfrac{2.7}{1 + \dfrac{2.7}{2.37 + \delta_2}} = 1.61$

第六孔 $\delta_2 = \dfrac{2.7}{1 + \dfrac{2.7}{2.11 + \delta_2}} = 1.55$

6. 按 $l = L - \delta_1 - \delta_2$ 分别求得各音孔的 l 值为：第一孔 24. 51，第二孔 21. 38，第三孔 20. 31，第四孔 17. 36，第五孔 15. 04，第六孔 12. 99。

＊计算实例三

品名　中国曲笛

已知　吹孔半径 = 0. 50

音孔半径 = 0. 45

壁　　厚 = 0. 30

管 半 径 = 0. 85

从吹孔中心到基音孔中心长度为 34. 1，基音横开两孔。基音孔以下又有两辅助音孔，其距离以 l_{-1} l_{-2} l_{-3} 表示，一直到管口。基音孔以上开六孔。自下而上分别量得为：$l_1 = 5.0$，$l_2 = 3.1$，$l_3 = 2.7$，$l_4 = 3.2$，$l_5 = 2.7$，$l_6 = 2.5$。自基音孔以下量得 $l_{-1} = 2.4$，$l_{-2} = 2.1$，$l_{-3} = 3.3$。

求各音频率。

计算：

1. $\delta_1 = (0.3 + 2.0 \times 0.5)\dfrac{0.85^2}{0.5^2} = 3.75$

2. $\triangle = (0.3 + 1.7 \times 0.45)\dfrac{0.85^2}{0.45^2} = 3.78$

3. 双孔 $\triangle_{双} = (0.3 + 2.3 \times 0.45)\dfrac{0.85^2}{2 \times 0.45^2} = 2.38$

4. 基音（双孔）的修正值为：

$$\delta_2 = \cfrac{2.38}{1+\cfrac{2.38}{2.4+\cfrac{3.78}{1+\cfrac{3.78}{2.1+\cfrac{3.78}{1+\cfrac{3.78}{3.3+0.51}}}}}} = 1.53$$

5. 各音孔修正值

第一孔 $$\delta_2 = \cfrac{3.78}{1+\cfrac{3.78}{5.0+1.53}} = 2.39$$

第二孔 $$\delta_2 = \cfrac{3.78}{1+\cfrac{3.78}{3.1+2.39}} = 2.23$$

第三孔 $$\delta_2 = \cfrac{3.78}{1+\cfrac{3.78}{2.4+2.23}} = 2.08$$

第四孔 $$\delta_2 = \cfrac{3.78}{1+\cfrac{3.78}{3.2+2.08}} = 2.20$$

第五孔 $$\delta_2 = \cfrac{3.78}{1+\cfrac{3.78}{2.70+2.20}} = 2.13$$

第六孔 $$\delta_2 = \cfrac{3.78}{1+\cfrac{3.78}{2.50+2.13}} = 2.08$$

6. 按 $F = \dfrac{C}{2L}$ 代入，分别求得各音频率为：基音 431，第一孔 483，第二孔 531，第三孔 578，第四孔 644，第五孔 720，第六孔 810。

计算表明：此笛全按为 a^1（偏低），第二孔 $^\sharp c^2$ 不符，为老式的“骑墙音”；其他各音也普遍低于标准。但在温度为 25℃以上时吹奏，则基本符合。

＊计算实例四

品名　中国曲笛

已知　除各音孔的实际管长为未知外，其余同计算实例三。

要求　给定频 $a^1$440、$b^1$494、$^\sharp c^2$554、$d^2$587、$e^2$659、$^\sharp f^2$740、$^\sharp g^2$830，求对应的实际管长。

计算：

1. 分别求得各定频的有效管长为：38.63，34.41，30.68，28.96，25.79，22.97，20.46。

2. 各有效管长之间的差数“$\triangle L$”为：4.22，3.73，1.72，3.17，2.82，2.51。

3. $\delta_1 = 3.75$

4. △ =3. 78

5. $\triangle_{双}$ =2. 38

6. 基音 δ_2 = 1. 53(见前)

第一孔 $$\delta_2 = \frac{3.78}{1 + \frac{3.78}{4.22 + \delta_2}} = 2.40$$

第二孔 $$\delta_2 = \frac{3.78}{1 + \frac{3.78}{3.73 + \delta_2}} = 2.33$$

第三孔 $$\delta_2 = \frac{3.78}{1 + \frac{3.78}{1.72 + \delta_2}} = 1.82$$

第四孔 $$\delta_2 = \frac{3.78}{1 + \frac{3.78}{3.17 + \delta_2}} = 2.22$$

第五孔 $$\delta_2 = \frac{3.78}{1 + \frac{3.78}{2.82 + \delta_2}} = 2.14$$

第六孔 $$\delta_2 = \frac{3.78}{1 + \frac{3.78}{2.51 + \delta_2}} = 2.07$$

(注:基音为双孔,基音以下的辅助音孔由于音名没有确定,因此有效管长为未知。在实际应用时,可用两种方法解决:第一,基本确定基音孔到辅助音孔的距离,使 l 值为已知。第二,假定一个辅助音孔的音名。如假定基音孔"A"以下的辅助音孔为"♯G",则有效管长为40.96,与A的有效管长差数"△L"为2.32,以此可求得基音的 δ_2 值。)

7. 按 $l = L - \delta_1 - \delta_2$ 求得各定频的实际管长为:基音33.35,第一孔28.26,第二孔24.6,第三孔23.39,第四孔19.82,第五孔17.08,第六孔14.64。

在实际应用中,还要注意到手指的生理条件。如上例,第二孔到第三孔间,由于是半音,因此距离较密,手指按起来不太舒服。解决这个问题,可用音孔大小不同的办法,比如说:将第二孔放大,那么就可使第一孔与第二孔之间的距离缩短。将第三孔缩小一些,就可使第二孔与第三孔之间的距离放宽一些。计算时,须用不同的"△"值。

***长笛(Flute)计算数据(供参考)**

品名 长笛(基音 $c^2$261.5)

已知 吹孔横量1.30 直1.10 r_1 =0.60

音孔呈圆形 r_2 =0.70

管径 R =0.95

管壁 吹孔处垫高 b_1 =0.60

其他音孔有镶边 b_2 =0.20

计算结果列表于下：

$\delta_1=4.51\qquad\triangle=2.56$

N	l_n	δ_2	$l_{实}$	$l_{计}$	频率标准	计算频率值
12	1.9	1.46	26.1	26.5	c^2 523	529
11	2.1	1.50	28.0	28.4	b^1 494	500
10	2.3	1.53	30.1	30.5	$^\sharp a^1$ 466	471
9	2.3	1.54	32.4	32.6	a^1 440	442
8	2.4	1.57	34.7	34.8	$^\sharp g^1$ 415.5	417
7	2.6	1.59	37.1	37.3	g^1 392	394
6	2.7	1.61	39.7	39.8	$^\sharp f^1$ 370	371
5	2.9	1.64	42.4	42.6	f^1 349	350
4	3.1	1.67	45.3	45.4	e^1 330	330
3	3.3	1.69	48.4	48.5	$^\sharp d^1$ 311	311
2	3.4	1.70	51.7	51.7	d^1 293.5	294
1	4.0	1.64	55.1	55.1	$^\sharp c^1$ 277	278
0	管口	0.57	59.1	59.9	c^1 261.5	265

计算所得的末位数，略有出入，但这是关系不大的。

（原文发表于《乐器科技简讯》1973 年 02 期）

温度与乐器音准问题

赵松庭

温度的变化能给予各种乐器的频率以不同程度与不同质的影响，而温度是极不稳定的因素，因此，它在很大程度内妨碍乐器演奏的稳定性和准确性。如何适应温度的变化，这是每一个演奏员，每一个乐队组织者和每一个乐器生产部门都颇为关心的问题。要解决这个复杂的问题，需要运用各种方法，采用很多措施以及各方面的通力合作，否则是困难的。

温度对弦乐器类频率的影响

弦乐器类的频率如果不考虑其他偶然性的因素，那么其频率高低的决定性因素有三：1. 弦的长度“l”。2. 弦的线密度即单位长度内的弦的质量“μ”。3. 弦的张力“T”。其频率公式为：

$$f=N\frac{1}{2l}\sqrt{\frac{T}{\mu}}\text{（}N\text{ 为 1、2、3、4……）}$$

温度变化时，弦的长度由于两端固定而不变；线的密度变化甚微，±20℃的变化，“μ”的变化不超过千分之一，可以略而不计；主要是由于弦的张力的变化，使弦放松或缩紧。

温度升高时，因弦相对伸长而放松，张力变小，使频率降低；温度降低时，则因弦缩短而收紧，张力变大，使频率升高。定性地说：频率的相对降低和温度的升高成正比。

设 θ ℃时频率为 f, t℃时频率为 f_0 则

$$\frac{f_0 - f}{f_0} = at$$

a 为比例常数,可实际测定或自己知量计算,如材料已知,则由长度、频率可间接计算。

此类计算,对提高乐器质量,改进弦的质量等有用,但在解决温度与乐器音准这一实际问题时则意义不大,这是因为:

1. 温度虽是极不稳定的因素,但在某一单位时间内,相对地来说,比较稳定。

2. 温度变化给予弦乐器类频率的影响,在程度上远较管乐器为小。

3. 弦乐器可以随时调整张力(除钢琴等较麻烦外),矛盾不突出。

但是虽然如此,弦乐演奏者仍须认真对待温度问题,不要让弦乐与管乐之间发生不相协调的情况。

温度对管乐器类频率的影响

管乐器类基本上有两种:

1. 开管(包括铜管、木管中的笛、双簧管)。其频率公式为:

$$f = N\frac{C}{2L}(N 为 1、2、3、4\cdots\cdots)$$

式中 f 为频率,C 为声速,L 为有效管长。

2. 闭管(单簧管)。其频率公式为:

$$f = N\frac{C}{4L}(N 为 1、3、5、7\cdots\cdots)$$

温度与声速有关,其算式为:

$$C = (331 + 0.6\theta ℃)米/秒$$

温度影响声速,声速影响频率,这是温度变化对管乐器频率起作用的根本原因。其他因素如湿度等也有一定影响,但作用甚微,可不计。

举一实例来说明温度变化对管乐器频率所起的作用:

设频率"f"为 $a^1$440,温度"θ"为 15℃,按开管频率公式代入,求得有效管长"L"为 38.63 厘米。

如温度升高到 25℃时,要求频率仍为 $a^1$440,则对应 $a^1$440 的有效管长应为 39.31 厘米。如温度降低到 5℃时,要求频率仍为 $a^1$440,则对应 $a^1$440 的有效管长,应为 37.95 厘米。计算表明,温度 ±10℃将使对应于频率为 $a^1$440 的有效管长增加或缩短 0.68 厘米。

假如管长不变而温度变了,那么将出现什么情况呢? 以 38.63 厘米为有效管长,在 15℃时对应频率为 440,在 25℃时将为 448 ,在 5℃时则为 432。

计算表明,温度 ±10℃,将使一定管长的频率升高或降低$\frac{1}{6}$ — $\frac{1}{7}$个音,对于有训练的耳朵来说,这是一个不能忍受的误差。

我国地处温带,一年四季温度的差距在 40℃左右。以一定的管长,要求在一年四季中都适应自然界的大气温度而频率不变,这是不可能的。而管乐器是通过人体吹气发声的,人体常温为 36℃,

管内的实际温度，并非大气的温度；管内的实际温度随着吹奏时间的长短起伏不停，虽然可以测出单位时间内的变化数据，但从实际出发，不可能那么机械进行，因此我们只能根据实践经验求出一个近似值来。据我的实际经验，管内的实际温度可近似地列为：

$$\frac{1}{3}(36℃ - 大气温度) + 大气温度$$

例如：大气温度为15℃，则管内平均温度约为$\frac{1}{3}(36-15)+15=22℃$。

温度对管乐器频率的影响实在很大，如不适当处理，将会使演奏的质量大大降低。特别是在寒冬季节或冷暖变化悬殊的情况下，经常会发生整个乐队发音不准，音质极坏，管乐与弦乐不相协调等现象。

温度对其他乐器的影响

除管弦乐器外，尚有一些其他常见的乐器，如木琴、钢片琴、手风琴、定音鼓、锣、钹等。一般来说，由簧片、木块、钢板、铜板等振动（即棒振动或板振动）发音的，与温度的关系不密切，可以略而不计。如果发现这类乐器发生频率变化（普遍的变化是频率降低），十有八九是由于棒或板的劲度受到冲击而降低的缘故，这需要采取其他措施来弥补。但是棒或板的振动如果与空气柱结合成偶合性的乐器，那么情况又不同了，例如：单簧管、双簧管是簧与管偶合的乐器，笙也是簧与管偶合的乐器，它们与温度的关系不相同甚至截然相反。这是由于簧管偶合的乐器有两个振动系统，一是簧，二是管，两者互相独立又互相联系。温度给予的影响状况如何要看谁占“主控”地位。双簧管、单簧管是管的固有频率占主控地位，簧片起“狭缝”或“激发”作用，因此，其频率的高低除管的长度外，决定性的因素是声速。所以温度升高或降低，会影响其频率升高或降低。笙以簧的振动占优势，其耦合情况较复杂，很难作定量分析，是否可以作以下的定性：设二种固有频率，分别为f^1和f^2，并设以f^1为主，则耦合后的频率，近似地为：$f^1 \pm Kf^2$（K为决定于耦合的具体情况的参数），耦合后的频率以$f^1 - Kf^2$占优势。因此它是随温度的升高而降低的。

其他如木琴也有空气柱的耦合，对频率有一定影响，而其性质和笙的情况类似。

皮革类的乐器，情况很复杂，要作具体分析：定音鼓两端密封，鼓内空气膨胀或收缩，会引起鼓面张力的提高和松弛。潮湿寒冷，鼓面松弛，频率下降；干燥炎热，鼓面缩紧，频率升高。单面鼓或不密封的鼓与弦乐器类似，由于它没有一定的频率要求，其与温度的关系可以忽略不计。皮面的弦乐器如二胡，由于并非密封，因而皮面张力与弦的张力性质相同，即频率随温度的升高相对降低。密封的皮面乐器如三弦，由于筒内空气体积甚小，其影响也可以忽略不计。

综上所述，说明温度的变化能给予各种乐器的频率以不同程度与不同质的影响。矛盾的主要方面在管乐器，应如何解决这一问题？谨提出以下几点供各界参考。

一、管乐器生产要标明频率标准与温度标准

随着声学科学与乐器制造工艺的进步，使管乐器生产有可能和有必要标明其频率标准与温度标准；反过来说，因为要标明频率标准与温度标准，也将大大促进乐器生产的科学工艺水平。众所周知，频率标准不是一成不变的。古时候无法测量频率，因而只能以尺寸比例作为音高的标准。但是，决定频率的因素并非只有管的长度，我国古时，有“横黍直黍”之争，就是因为管径几何缺乏明确记载。即使管径一定，也不能确定频率数值，因为还有其他的因素。确定$a^1$440赫兹的国际标准还是

1939 年以来的事。30 年代，西欧各国生产的管乐器，大都 a^1 为 435 赫兹，更早一些则是 a^1 为 430 赫兹左右。$a^1$440 的标准，也没有最后固定，如前几年挪威乐队到杭州演出，就要求将钢琴调到 $a^1$444。总的来说，都有向高发展的趋向。我国在新中国成立以前，管乐器依赖进口，牌子杂乱，标准很不统一，至今还有后遗症。我们自己生产的管弦乐器，一定要求高标准、高质量。能否正确地标明频率标准与温度标准，对乐器制造厂也是一个考验。

对于弦乐器来说，这基本上是属于力学范围的问题。比如说，提琴的面板，钢琴的弦架，能承受几何压力？琴弦的张力与温度、频率、音质等之间的最佳关系是什么？等等。

就管乐器来说，问题就较为复杂，总的来说，有两大问题，一是如何计算，二是如何测量检验。

管乐器的频率计算问题，在横笛一类乐器中已经解决（见“横笛的频率计算与应用”一文）。可以计算标出频率和温度标准。举几个实例如下：

实例一：长笛计算数据

吹孔横量 1.3cm，直量 1.1cm

音孔呈圆形直径 1.4cm

管径 1.9cm

管壁厚度：吹孔处 0.6cm 音孔处 0.2cm

计算结果列表于下：

N	音　名	频率标准（赫）	15°C 管长（cm）	25°C 管长（cm）	附　注
12	c^2	523	26.5	27.07	
11	b^1	494	28.4	29.00	①第 12 孔以上从略。
10	$^\sharp a^1$	466	30.5	31.14	②管长从吹孔中心量至音
9	a^1	440	32.6	33.28	孔中心。
8	$^\sharp g^1$	415	34.9	35.62	③波姆式长笛吹端管径缩
7	g^1	392	37.3	38.06	0.2cm，上表中所列数字应全部
6	$^\sharp f^1$	370	39.8	40.60	加上 0.9cm。
5	f^1	349	42.6	43.44	④如要作为生产时依据，
4	e^1	330	45.4	46.30	此表尚须进一步作精密的计算。
3	$^\sharp d^1$	311	48.5	49.46	
2	d^1	293	51.7	52.72	
1	$^\sharp c^1$	277	55.1	56.18	
0	c^1	261	59.9	61.04	

实例二：中国曲笛第三孔“d^1”常用规格

吹孔平均直径 1.0cm

音孔平均直径 0.9cm

管径粗端（开吹孔）1.7cm 细端 1.5cm

壁厚 0.35cm

计算结果列表于下：

N	音　名	频率标准（赫）	15℃管长（cm）	25℃管长（cm）	35℃管长（cm）	附　注
6	$^{\sharp}g^2$	830.5	14.57	14.93	15.29	①管径需均匀一致，如管径不规则就不准确。 ②第二孔如开成“骑墙音”，则第三孔需向上移，移位的数字要看第二孔的情况。 ③开双孔以下 2cm 处当开出辅助音孔。
5	$^{\sharp}f^2$	740	17.04	17.44	17.84	
4	e^2	659	19.85	20.30	20.75	
3	d^2	587	23.39	23.90	24.41	
2	$^{\sharp}c^2$	554	24.69	25.23	25.77	
1	b^1	494	28.38	28.98	29.58	
0	a^1	440	34.28	34.96	35.64	
双	a^1	440	33.48	34.16	34.84	

实例三：中国梆笛第三孔“f^2”常用规格

吹孔平均直径 1.0cm，音孔平均直径 0.8cm

管径粗端（开吹孔）1.4cm，细端 1.3cm

壁厚 0.3cm

计算结果列表于下：

N	音　名	频率标准（赫）	15℃管长（cm）	25℃管长（cm）	35℃管长（cm）	附　注
6	b^2	988	13.08	13.38	13.68	同曲笛
5	a^2	880	15.14	15.48	15.82	
4	g^2	784	17.49	17.87	18.25	
3	f^2	698	20.43	20.86	21.29	
2	e^2	659	21.55	22.00	22.45	
1	d^2	587	24.66	25.17	25.68	
0	c^2	523	29.57	30.14	30.71	
双	c^2	523	29.01	29.58	30.15	

在计算时首先一定要注意条件的变化，吹孔的大小、音孔的大小、壁厚等都对频率起作用。特别是管径，两端粗细不一，影响每一个音孔的位置，如果只按一般的比例来决定长度，那是不会准确的。这是笛子生产者应特别注意的问题。以上所举三实例如果要作为生产时的依据，首先要检验条件是否相符。特别是中国笛子，因为中国笛子生产的原料是竹子，天然差异甚大，如果只有固定的规格，那是不能适应的。

双簧管、单簧管、铜管的频率计算，尚有几个问题待解决，需要专题探讨。

其次是如何检验及测量的问题。

检验及测量时，一定要注意温度，注意管内的实际温度，否则就无从确定标准。在不同的气温下测量乐器音高时，先估计管内的实际温度，测出频率后，再用温度率换算，这是简而易行的。除此以外，还要提一提“口劲”“口风”问题。

管乐器一般有两种互相联系的频率，一是管本身的固有频率，二是吹奏时的激发频率。前者频率较稳定且较纯，后者频率在一定范围内有变化。当吹奏时，气流成细束（术语称为射流）进入管内，这种成束的气流，本身具有一定的频率。频率的高低，与气流的速度成正比，而与细束的直径（为圆时)或宽度(为扁时)成反比。具体地说:如气粗而缓,则激发频率低,因而适宜吹低音;如要吹高音,激发频率应相应提高,吹气应细而急。吹气的粗细缓急,由吹奏者改变口形和用气调节,演奏的术语称为"口劲"和"口风"。

双簧管的情况也是如此,其激发频率决定于哨子。哨子开口狭而小,激发频率高,反之激发频率低。哨子开口大小和用气强度一定时,激发频率有一定的范围,并不是只有一个频率。管本身的固有频率,在这范围内都可发声,但在中心频率处激发最强,即音量可达最大;反之,对于固定的固有频率,改变用气强度,或改变哨子的开口大小,或调节口含哨片的松紧程度,可达到控制音量、音高的目的。

"口劲""口风"是管乐演奏者必修的基本技术。一个有经验的管乐演奏者,必定能了解自己所使用乐器的可控范围,掌握最佳口劲和口风。这样,不但能使乐器的音量、音色达到可控和纯净,而且能在一定程度内适应温度或其他方面的变动,排除各种情况对音准的干扰。一个有经验的管乐器生产者,除了有敏锐的音乐感觉外,还须掌握最正确的口劲和口风。否则就不能在检验和测量时,正确地测出频率的高度。这个问题与演奏训练有关。因此,管乐器生产者同样应该努力提高对自己所生产的乐器的演奏水平。

二、伸缩管长的利弊及其适应范围

近代生产的管乐器,多数有伸缩管长的装置,这是为了适应温度变化而设的。温度升高时增加管长,温度降低时缩短管长,其法简而易行。但这种方法有两个不能令人满意的地方:

第一是这种方法很难使发音准确,伸缩的程度越大则误差也越大。因为管长与频率成反比,频率与温度成正比,温度改变达一定程度时,所需的管长伸缩量应随着频率的高低而有所不同。例如:

15℃时对应 $a^1$440 的有效管长为 38.63 厘米 ,对应 $b^1$494 的有效管长为 34.41。25℃时对应 $a^1$440 的有效管长为 39.31,对应 $b^1$494 的有效管长为 35.01。5℃时对应 $a^1$440 的有效管长为 37.95,对应 $b^1$494 的有效管长为 33.81。计算表明,温度 ±10℃时对应 $a^1$440 的管长伸缩量应为 0.68 厘米,对应于 $b^1$494 的管长伸缩量则为 0.6 厘米。有一个简单的算法:

温度 ±10℃时,管长的伸缩量为$\frac{300}{f}$(f 为频率)。

如果是闭管,则管长的伸缩量为$\frac{150}{f}$。

将十二个音的管长伸缩量列表于下(见下页表一。表中数值系开管,如闭管则乘 $\frac{1}{2}$。高八度乘 $\frac{1}{2}$,低八度乘 2,计算单位 cm):

计算表明,随着温度改变而伸缩管长的装置,只能伸缩一个等量,因此就难免产生大小不同的误差。以长笛为例,其误差情况如下页表二所示。

因为这种误差不是按比例上升或下降,虽然差数不大,但却容易损害音律。因此,不能完全依靠它来解决温度问题。有经验的管乐演奏者都知道这个道理,每当伸缩程度较大时就用口劲和口风来弥补。一般来说,管伸长后吹高音时口劲要更足,吹低音时口劲要更松。从下面的计算实例中,可以看出这种口劲的紧与松,是为了弥补由于伸缩管长而造成的误差。但是,这种做法也是有限度的。超过了 ±20℃ 时,就会明显地让人感觉出来。

表一

音　名	频率（赫）	±10° C 管长伸缩量（cm）
$^{\sharp}g^2$	830.5	0.36
g^2	784	0.38
$^{\sharp}f^2$	740	0.40
f^2	698	0.42
e^2	659	0.45
$^{\sharp}d^2$	622	0.48
d^2	587	0.51
$^{\sharp}c^2$	554	0.54
c^2	523	0.57
b^1	494	0.60
$^{\sharp}a^1$	466	0.64
a^1	440	0.68

表二

N	音　名	频率（赫）	15℃ 管长（cm）	±10℃ 管长伸缩量（cm）	25℃ 时管增长 0.68 后频率（赫）	管长误差（cm）
12	c^2	523	26.5	0.57	521	+0.11
11	b^1	494	28.4	0.60	493	+0.08
10	$^{\sharp}a^1$	466	30.5	0.64	465	+0.04
9	a^1	440	32.6	0.68	440	0
8	$^{\sharp}g^1$	415	34.9	0.72	416	−0.04
7	g^1	392	37.3	0.76	393	−0.08
6	$^{\sharp}f^1$	370	39.8	0.80	371	−0.12
5	f^1	349	42.6	0.84	350	−0.16
4	e^1	330	45.4	0.90	331	−0.22
3	$^{\sharp}d^1$	311	48.5	0.96	313	−0.28
2	d^1	293	51.7	1.02	295	−0.34
1	$^{\sharp}c^1$	277	55.1	1.08	280	−0.40
0	c^1	261	59.9	1.14	264	−0.46

第二个缺点是截断后再接上的管子振动发声，在音色上总比未经截断的来得差。特别是如果在连接处有较大的凹凸面，就很容易引起振动的突变而使整个音阶失调。这种情况在有伸缩装置的中国竹笛产品中经常可以发现。但是衡量利弊，这种办法利多弊少，还是可取的。

三、随温定音法

伸缩管长不能满意地解决温度变化问题，需要进一步采取另外的措施，随温定音是其中的一种。所谓随温定音，就是根据温度的变化状况，适当地提高或降低频率的标准。比如说，在春秋季节（平均温度15℃～25℃）频率标准为$a^1$440；在寒冬季节（平均温度为5℃～15℃）频率标准可降为$a^1$435；在炎热季节（平均温度为25℃～35℃）频率标准可升为$a^1$445。温度应在实际演出时实测，测量的时间一般应在演出休息时，要把灯光、观众人数、冷暖设备、台上台下等因素都估计进去。随温定音不能完全跟着温度跑，不然的话，标准升降太大，弦乐器将无法适应（钢琴等类乐器，在一年之中调节三四次是可以做到的）。

在乐队演出时，如果没有钢琴等类乐器使标准不易更动的话，则可以分得更细一些，将标准从 $a^1$432 ~ $a^1$448 逐级升降。在实施这一方法前，需要做下列准备工作。

1. 由于乐器的情况不同，每个乐队和管乐演奏员，应该从实际出发，对所使用的乐器作一番调查和测定工作，了解所使用乐器的标准情况。

2. 通过实践，求出最合适的标准，凡是合适的标准就能使整个乐器发音和谐，音准、音色、音量都能令人满意。在寻求合适标准的过程中必然会有不同的反映，有的嫌高，有的嫌低，原因是使用的乐器不同，因此需要做深入细致的工作。一般来说，检验标准是否合适的方法可以凭听觉判断：

演奏几分钟后，管乐器发音偏高——标准低

整个乐队发音闭闷、音量减弱——标准低

管乐器演奏吃力、发音刺耳——标准高

整个乐队音量不平衡，管乐太响——标准高

……

通过一段时间的实践检验，就可以求出一个适合自己本单位乐队的标准表。

3. 要解决定音的仪器。单有 $a^1$440 的音叉或音哨是不够的。近代生产的频率发声器，能从430 ~ 450 赫正确地逐级发出声音来，这种仪器比较理想，可用。

四、其他适应温度的方法

近年，广大演奏者及生产者，在实践中得出许多适应温度变化的经验和方法，归纳起来大约有以下几类：

1. 改变发声装置，利用激发频率本身具有的一定变化范围求得适应，如双簧管的哨子，改变它的宽度、扁度、厚度，都能对频率起作用，使用不同的哨子，在一定范围内，可以达到适应温度变化的目的。这种方法的缺点是容易使乐器的低音或高音受到损害。

2. 横笛一类乐器，可以在吹孔上加上一个可以缩小吹孔的盖子或套子，使频率降低。这种方法的缺点是加盖子或套子后，乐器的音色、音量会受到一些损害。

3. 采用多节伸缩管长。如单黄管、长笛、双簧管等，都有三节。多节伸缩可以减少误差，但不能完全避免误差。

4. 改变管径，例如在管内塞进一根木条等。但这类方法利少弊多。

5. 升温降温措施。大型的管乐器装有调温设备，如苏州生产的大排笙。这是好的。笙这类民族乐器，如何适应温度的变化，是一个较棘手的问题，因为它和温度的关系较密切，而且变化幅度很大，是否考虑用电气设备来弥补。

临时升降温的方法很多。剧场有冷暖设备当然很理想，但为了适应广大人民群众的需要，适应“上山下乡”的需要，必须要有能够适应 ±20℃的准备。夏天灌水降温，冬天生炉加温都简便易行，特别值得一提的是“人体”这个天然的暖炉，通过贴身保暖，吹气加温等方法，即使在隆冬季节也能使管内的实际温度保持在10℃以上。总之，一个有经验的管乐演奏者，必定能在演奏过程中，随时掌握自己所演奏乐器的温度情况，尽可能地用演奏的技术来适应它。当然，要最后解决这一问题还需要运用各种方法，采用多种措施，这就有待大家共同来探索了。

（原文发表于《乐器科技》1978 年 01 期）

常用竹笛计算数据

赵松庭

中国竹笛存在较为严重的音准问题，其主要原因有三：1. 没有统一规格，品种繁杂。2. 取材于天然竹子，材料本身存在差异。3. 手工操作，量具不标准，误差较大。

为了协助专业生产及业余爱好者制作较为准确的竹笛，现把常用竹笛的数据列出，供查对参考。

查对时请注意下列几点：

（一）孔序由下而上。“○”为管口，如基音处并列双孔，则“○”即代表双孔。

（二）笛子品名，按习惯以“小工调”的高度命名。如“大 C”即第三孔为 c^2，全按为 g^1。余类推。

大 F、大 G（编号 1、2）为七孔笛。第一孔由小指按孔，第二孔由无名指按孔，第三孔由中指按孔，第四孔由食指按孔，故以第四孔的高度命名。

（三）“*F*”为频率。计算采用的标准按平均律 $a^1$440。

（四）“*θ* 率”为温度升高或降低时需要增长或缩短管长的百分比。请注意表中所列数值是以温度为 15℃的标准计算的。如需要制作不同温度标准的笛子，请按表中的管长数增长或缩短不同音名的“*θ* 率”。温度升高则增加管长，温度降低则缩短管长。

（五）“*R*”为管的内半径（壁厚不算）。两端要分开来量。查表时选择最接近的数值。

（六）“r_1”为吹孔半径，椭圆形的取平均值。注意，吹孔的大小对频率影响甚大，因此，手工制作时，宁可先开小一些，然后调整。

（七）“*b*”为管壁厚度，取管壁的平均值。

（八）“r_2”为音孔半径，椭圆形的取平均值。注意，第二孔与第三孔之间为半音，由于靠得太近，影响手指的灵活性。在实际应用中，可将第二孔向下移一些，然后将音孔放大一些，计算较繁杂，此处从略。又请注意，第五孔与第六孔之间按全音计算，习惯的指法是按住第四、第五两孔吹半音，如按表中数字制作，发音稍偏高，因此在实际应用中，可将第六孔稍向下移，或开小一些，然后根据自己的习惯调整。

（九）基音处如开双孔，则将基音值换为双孔值。请注意双孔以下 2 厘米处，要开出辅助音孔（即前出音孔）。

（十）“*l*”为实际管长。请注意，管的长度，从吹孔中心量起，量到音孔中心为止（笛塞的位置请参阅计算论文）。

（十一）表中所列为常用的数值，如要适应各种复杂的情况，请学会计算。

（十二）“cm”为计量单位。小数点以后保留两位。

编号：1　　品名：大 F

孔序	0	1	2	3	4	5	6	7
音名	c^1	d^1	$^\sharp d^1$	e^1	f^1	g^1	a^1	b^1
F	261.5	293	311	330	349	392	440	494
***θ* 率**	11.4%	10.2%	9.6%	9.0%	8.7%	7.6%	6.8%	6.0%

r_1	R		r_2	b	l								
	吹端	末端			基音	1	2	3	4	5	6	7	双孔
0.55	1.15	1.15	0.5	0.4	57.76	47.21	44.83	41.82	38.99	32.97	28.37	24.28	56.83
				0.35	57.97	47.54	45.12	42.11	39.28	33.29	28.69	24.59	57.06
				0.3	58.19	47.89	45.44	42.42	39.59	33.63	29.02	24.91	57.30
			0.45	0.4	57.76	46.76	44.51	41.50	38.68	32.57	27.99	23.92	56.74
				0.35	57.97	47.12	44.82	41.71	38.99	32.91	28.33	24.25	56.96
				0.3	58.19	47.49	45.15	42.14	39.31	33.27	28.67	24.53	57.21
0.55	1.2	1.15	0.5	0.4	57.17	46.52	44.10	41.10	38.24	32.14	27.56	23.48	56.24
				0.35	57.41	46.88	44.49	41.45	38.63	32.50	27.90	23.83	56.50
				0.3	57.65	47.25	44.79	41.77	38.91	32.86	28.26	24.17	56.76
			0.45	0.4	57.17	46.05	43.80	40.79	37.93	31.72	27.15	23.09	56.15
				0.35	57.41	46.45	44.14	41.14	38.28	32.10	27.53	23.47	56.41
				0.3	57.65	46.84	44.48	41.48	38.62	32.48	27.90	23.83	56.67
0.55	1.2	1.1	0.5	0.4	57.20	46.67	44.28	41.19	38.36	32.24	27.60	23.48	56.31
				0.35	57.44	47.04	44.60	41.53	38.69	32.60	27.99	23.83	56.57
				0.3	57.68	47.40	44.94	41.85	39.01	32.96	28.35	24.17	56.83
			0.45	0.4	57.20	46.23	43.96	40.87	37.98	31.83	27.25	23.09	56.22
				0.35	57.44	46.62	44.30	41.22	38.40	32.20	27.63	23.47	56.48
				0.3	57.68	47.0	44.65	41.56	38.74	32.58	28.0	23.83	56.74
0.55	1.15	1.1	0.5	0.4	57.79	47.37	44.91	41.90	39.03	32.97	28.37	24.28	56.90
				0.35	58.0	47.71	45.20	42.19	39.32	33.29	28.69	24.59	57.13
				0.3	58.22	48.04	45.52	42.50	39.63	33.63	29.02	24.91	57.37
			0.45	0.4	57.79	46.94	44.59	41.58	38.72	32.57	27.99	23.92	56.81
				0.35	58.0	47.29	44.90	41.89	39.03	32.91	28.33	24.25	57.04
				0.3	58.22	47.66	45.23	42.22	39.35	33.27	28.67	24.59	57.28
0.55	1.15	1.05	0.5	0.4	57.82	47.53	45.01	41.97	39.13	33.05	28.46	24.28	56.96
				0.35	58.03	47.85	45.35	42.26	39.43	33.38	28.78	24.59	57.19
				0.3	58.25	48.19	45.67	42.57	39.73	33.72	29.11	24.91	57.43
			0.45	0.4	57.82	47.11	44.75	41.66	38.84	32.68	27.99	23.92	56.87
				0.35	58.03	47.45	45.06	41.97	39.15	33.01	28.43	24.25	57.10
				0.3	58.25	47.81	45.38	42.29	39.46	33.37	28.77	24.59	57.34
0.55	1.1	1.05	0.5	0.4	58.37	48.18	45.64	42.63	39.76	33.76	29.15	25.05	57.51
				0.35	58.57	48.50	45.93	42.91	40.04	34.07	29.45	25.34	57.73
				0.3	58.77	48.81	46.22	43.20	40.32	34.38	29.75	25.64	57.95
			0.45	0.4	58.37	47.77	45.34	42.33	39.47	33.38	28.79	24.70	57.42
				0.35	58.57	48.11	45.64	42.63	39.76	33.70	29.11	25.02	57.64
				0.3	58.77	48.44	45.95	42.93	40.06	34.03	29.42	25.33	57.86
0.55	1.1	1.0	0.5	0.4	58.40	48.32	45.79	42.70	39.82	33.85	29.24	25.05	57.59
				0.35	58.60	48.65	46.07	42.98	40.14	34.16	29.54	25.34	57.81
				0.3	58.80	48.95	46.36	43.26	40.42	34.47	29.84	25.64	58.03
			0.45	0.4	58.40	47.95	45.50	42.41	39.58	33.48	28.89	24.70	57.51
				0.35	58.60	48.27	45.80	42.71	39.88	33.80	29.20	25.02	57.73
				0.3	58.80	48.60	46.10	43.0	40.17	34.12	29.51	25.33	57.95

编号：2　　品名：大 G

孔序	0	1	2	3	4	5	6	7
音名	d^1	e^1	f^1	$^{\sharp}f^1$	g^1	a^1	b^1	$^{\sharp}c^2$
F	293	330	349	370	392	440	494	554
θ 率	10.2%	9%	8.5%	8%	7.6%	6.8%	6%	5.4%

r_1	***R***		r_2	b	***l***								
	吹端	末端			基音	1	2	3	4	5	6	7	双孔
0.55	1.1	1.1	0.5	0.4	51.26	41.81	39.72	37.01	34.49	29.15	25.05	21.44	50.37
				0.35	51.46	42.13	40.0	37.29	34.77	29.45	25.34	21.73	50.59
				0.3	51.66	42.44	40.28	37.58	35.05	29.75	25.64	22.02	50.81
			0.45	0.4	51.26	41.41	39.43	36.73	34.21	28.79	24.70	21.11	50.28
				0.35	51.46	41.74	39.72	37.02	34.50	29.11	25.02	21.42	50.50
				0.3	51.66	42.07	40.02	37.32	34.80	29.42	25.33	21.72	50.72
0.55	1.15	1.1	0.5	0.4	50.71	41.16	39.07	36.36	33.81	28.37	24.28	20.68	49.82
				0.35	50.92	41.49	39.36	36.65	34.09	28.69	24.59	20.99	50.05
				0.3	51.14	41.83	39.66	36.96	34.40	29.02	24.91	21.30	50.29
			0.45	0.4	50.71	40.75	38.76	36.07	33.51	27.99	23.92	20.33	49.73
				0.35	50.92	41.10	39.07	36.37	33.82	28.33	24.25	20.66	46.96
				0.3	51.14	41.45	39.39	36.70	34.14	28.67	24.59	20.99	50.20
0.55	1.15	1.05	0.5	0.4	50.74	41.31	39.20	36.43	33.91	28.46	24.37	20.68	49.88
				0.35	50.95	41.63	39.50	36.72	34.19	28.78	24.68	20.99	50.11
				0.3	51.17	41.97	39.80	37.02	34.50	29.11	25.0	21.30	50.35
			0.45	0.4	50.74	40.91	38.92	36.15	33.61	28.09	24.02	20.33	49.79
				0.35	50.95	41.25	39.22	36.44	33.93	28.43	24.34	20.66	50.02
				0.3	51.17	41.60	39.54	36.76	34.24	28.77	24.68	20.99	50.26
0.55	1.1	1.05	0.5	0.4	51.29	41.96	39.79	37.08	34.53	29.15	25.05	21.44	50.43
				0.35	51.49	42.27	40.08	37.36	34.81	29.45	25.34	21.73	50.65
				0.3	51.69	42.58	40.36	37.65	35.09	29.75	25.64	22.02	50.87
			0.45	0.4	51.29	41.57	39.51	36.81	34.25	28.79	24.70	21.17	50.34
				0.35	51.49	41.89	39.80	37.10	34.54	29.11	25.02	21.42	50.56
				0.3	51.69	42.22	40.10	37.39	34.84	29.42	25.33	21.72	50.78
0.55	1.1	1.0	0.5	0.4	51.32	42.10	39.95	37.15	34.63	29.24	25.14	21.44	50.51
				0.35	51.52	42.41	40.21	37.43	34.91	29.54	25.42	21.73	50.73
				0.3	51.72	42.71	40.49	37.71	35.18	29.84	25.72	22.02	50.95
			0.45	0.4	51.32	41.73	39.66	36.88	34.37	28.89	24.79	21.11	50.43
				0.35	51.52	42.05	39.95	37.17	34.65	29.20	25.11	21.42	50.65
				0.3	51.72	42.37	40.24	37.46	34.94	29.51	25.42	21.72	50.87

（续表）

r_1	R		r_2	b	l								
	吹端	末端			基音	1	2	3	4	5	6	7	双孔
0.55	1.05	1.0	0.5	0.4	51.86	42.73	40.51	37.80	35.24	29.91	25.79	22.18	51.05
				0.35	52.04	43.02	40.77	38.05	35.50	30.17	26.07	22.45	51.25
				0.3	52.22	43.31	41.03	38.31	35.75	30.46	26.34	22.71	51.45
			0.45	0.4	51.86	42.37	40.24	37.59	34.98	29.58	25.48	21.87	50.97
				0.35	52.04	42.67	40.51	37.80	35.24	29.97	25.87	22.25	51.17
				0.3	52.22	42.97	40.78	38.07	35.51	30.40	26.28	22.66	51.37
0.55	1.05	0.95	0.5	0.4	51.89	42.89	40.66	37.86	35.34	30.0	25.88	22.18	51.13
				0.35	52.07	43.16	40.91	38.12	35.59	30.26	26.15	22.45	51.33
				0.3	52.25	43.45	41.17	38.38	35.84	30.55	26.42	22.71	51.53
			0.45	0.4	51.89	42.53	40.40	37.61	35.09	29.68	25.57	21.87	51.04
				0.35	52.07	42.83	40.66	37.87	35.35	29.95	25.85	22.15	51.24
				0.3	52.25	43.12	40.93	38.14	35.61	30.24	26.14	22.43	51.44

编号：3　　品名：大 A

孔序	0	1	2	3	4	5	6
音名	e^1	$^\sharp f^1$	$^\sharp g^1$	a^1	b^1	$^\sharp c^2$	$^\sharp d^2$
F	330	370	415	440	494	554	622
θ率	9.0%	8.0%	7.2%	6.8%	6.0%	5.4%	4.8%

r_1	R		r_2	b	l							
	吹端	末端			基音	1	2	3	4	5	6	双孔
0.55	1.05	1.05	0.5	0.4	45.49	37.06	32.14	30.58	25.79	22.18	18.93	44.63
				0.35	45.67	37.33	32.41	30.83	26.07	22.45	19.19	44.83
				0.3	45.85	37.62	32.70	31.08	26.34	22.71	19.46	45.03
			0.45	0.4	45.49	36.69	31.80	30.34	25.48	21.87	18.64	44.54
				0.35	45.67	36.98	32.09	30.60	25.76	22.15	18.92	44.74
				0.3	45.85	37.28	32.38	30.86	26.05	22.43	19.19	44.94
0.55	1.1	1.05	0.5	0.4	44.95	36.43	31.47	29.94	25.09	21.44	18.21	44.09
				0.35	45.15	36.73	31.77	30.21	25.39	21.73	18.49	44.31
				0.3	45.35	37.04	32.08	30.49	25.68	22.02	18.78	44.53
			0.45	0.4	44.95	36.05	31.11	29.69	24.75	21.11	17.90	44.0
				0.35	45.15	36.37	31.43	29.97	25.07	21.42	18.20	44.22
				0.3	45.35	36.69	31.75	30.26	25.38	21.72	18.49	44.44

（续表）

r_1	R		r_2	b	l							
	吹端	末端			基音	1	2	3	4	5	6	双孔
0.55	1.1	1.0	0.5	0.4	44.98	36.58	31.56	30.01	25.13	21.51	18.21	44.17
				0.35	45.18	36.86	31.86	30.28	25.47	21.81	18.44	44.39
				0.3	45.38	37.17	32.16	30.65	25.72	22.10	18.78	44.61
			0.45	0.4	44.98	36.20	31.21	29.75	24.79	21.20	17.90	44.09
				0.35	45.18	36.52	31.52	30.03	25.11	21.51	18.20	44.31
				0.3	45.38	36.84	31.88	30.32	25.47	21.81	18.49	44.53
0.55	1.05	1.0	0.5	0.4	45.52	37.20	32.23	30.62	25.80	22.18	18.93	44.71
				0.35	45.70	37.47	32.50	30.87	26.07	22.45	19.19	44.91
				0.3	45.88	37.76	32.78	31.11	26.34	22.71	19.46	45.11
			0.45	0.4	45.52	36.84	31.90	30.43	25.48	21.87	18.64	44.63
				0.35	45.70	37.13	32.18	30.64	25.76	22.15	18.92	44.83
				0.3	45.88	37.43	32.47	30.90	26.05	22.43	19.19	45.03
0.55	1.05	0.95	0.5	0.4	45.55	37.35	32.32	30.71	25.88	22.26	18.93	44.79
				0.35	45.73	37.61	32.59	31.01	26.15	22.53	19.19	44.99
				0.3	45.91	37.89	32.87	31.21	26.42	22.79	19.46	45.19
			0.45	0.4	45.55	36.99	32.0	30.48	25.57	21.96	18.64	44.70
				0.35	45.73	37.28	32.28	30.74	25.85	22.24	18.92	44.90
				0.3	45.91	37.58	32.57	31.0	26.14	22.52	19.19	45.10
0.55	1.0	0.95	0.5	0.4	46.05	37.93	32.96	31.28	26.50	22.87	19.61	45.29
				0.35	46.22	38.19	33.22	31.52	26.75	23.12	19.86	45.48
				0.3	46.39	38.46	33.47	31.75	27.01	23.37	20.12	45.67
			0.45	0.4	46.05	37.59	32.64	31.04	26.19	22.57	19.33	45.20
				0.35	46.22	37.87	32.90	31.29	26.46	22.86	19.60	45.39
				0.3	46.39	38.15	33.18	31.54	26.74	23.12	19.90	45.58
0.55	1.0	0.9	0.5	0.4	46.08	38.07	33.04	31.37	26.59	22.95	19.61	45.38
				0.35	46.25	38.33	33.30	31.61	26.84	23.20	19.86	45.57
				0.3	46.42	38.59	33.56	31.84	27.10	23.45	20.12	45.76
			0.45	0.4	46.08	37.74	32.74	31.15	26.29	22.66	19.33	45.28
				0.35	46.25	38.01	33.0	31.39	26.55	22.94	19.60	45.47
				0.3	46.42	38.29	33.27	31.64	26.83	23.20	19.90	45.66

编号：4　　品名：大 $^\flat$B

孔序	0	1	2	3	4	5	6
音名	f^1	g^1	a^1	$^\flat b^1$	c^2	d^2	e^2
F	349	392	440	466	523	587	659
θ 率	8.7%	7.6%	6.8%	6.4%	5.7%	5.1%	4.5%

r_1	R		r_2	b	l							
	吹端	末端			基音	1	2	3	4	5	6	双孔
0.55	1.0	1.0	0.5	0.4	43.14	35.24	30.63	29.14	24.64	21.20	18.13	42.33
				0.35	43.31	35.51	30.88	29.38	24.89	21.45	18.37	42.52
				0.3	43.48	35.78	31.14	29.61	25.15	21.70	18.62	42.71
			0.45	0.4	43.14	34.92	30.29	28.91	24.33	20.90	17.86	42.25
				0.35	43.31	35.20	30.57	29.16	24.61	21.19	18.11	42.44
				0.3	43.48	35.46	30.84	29.40	24.88	21.46	18.38	42.63
0.55	1.05	1.0	0.5	0.4	42.64	34.66	30.0	28.52	23.94	20.51	17.44	41.83
				0.35	42.82	34.94	30.26	28.77	24.21	20.77	17.70	42.03
				0.3	43.0	35.22	30.54	29.01	24.48	21.04	17.97	42.23
			0.45	0.4	42.64	34.33	29.67	28.29	23.63	20.21	17.16	41.75
				0.35	42.82	34.62	29.91	28.55	23.91	20.49	17.43	41.95
				0.3	43.0	34.90	30.24	28.80	24.19	20.77	17.70	42.15
0.55	1.05	0.95	0.5	0.4	42.67	34.80	30.09	28.62	24.03	20.59	17.44	41.91
				0.35	42.85	35.07	30.35	28.86	24.29	20.85	17.70	42.11
				0.3	43.03	35.35	30.63	29.10	24.56	21.12	17.97	42.31
			0.45	0.4	42.67	34.57	29.77	28.39	23.72	20.30	17.16	41.82
				0.35	42.85	34.76	30.04	28.65	24.0	20.58	17.43	42.02
				0.3	43.03	35.05	30.33	28.90	24.28	20.85	17.70	42.22
0.55	1.0	0.95	0.5	0.4	43.17	35.39	30.72	29.18	24.64	21.20	18.13	42.41
				0.35	43.34	35.65	30.97	29.41	24.89	21.45	18.37	42.60
				0.3	43.51	35.91	31.23	29.64	25.15	21.70	18.62	42.79
			0.45	0.4	43.17	35.07	30.39	28.95	24.33	20.90	17.86	42.32
				0.35	43.34	35.35	30.67	29.20	24.61	21.19	18.11	42.51
				0.3	43.51	35.59	30.94	29.44	24.88	21.46	18.38	42.70
0.55	1.0	0.9	0.5	0.4	43.20	35.50	30.81	29.27	24.73	21.28	.18.13	42.50
				0.35	43.37	35.79	31.06	29.50	24.98	21.53	18.37	42.69
				0.3	43.54	36.05	31.33	29.73	25.23	21.78	18.62	42.88
			0.45	0.4	43.20	35.22	30.49	29.05	24.43	20.99	17.86	42.40
				0.35	43.37	35.49	30.76	29.29	24.70	21.28	18.11	42.59
				0.3	43.54	35.75	31.03	29.53	24.97	21.54	18.38	42.78
0.55	0.95	0.9	0.5	0.4	43.69	36.10	31.43	29.82	25.34	21.89	18.79	42.99
				0.35	43.84	36.35	31.66	30.0	25.57	22.11	19.01	43.16
				0.3	43.99	36.59	31.89	30.24	25.79	22.34	19.23	43.33
			0.45	0.4	43.69	35.80	31.13	29.62	25.06	21.62	18.54	42.89
				0.35	43.84	36.05	31.37	29.83	25.30	21.86	18.77	43.06
				0.3	43.99	36.30	31.62	30.05	25.55	22.10	19.01	43.23
0.55	0.95	0.85	0.5	0.4	43.72	36.24	31.52	29.91	25.42	21.96	18.79	43.05
				0.35	43.87	36.48	31.75	30.12	25.65	22.18	19.01	43.22
				0.3	44.02	36.71	31.98	30.33	25.87	22.40	19.33	43.39
			0.45	0.4	43.72	35.95	31.22	29.72	25.15	21.71	18.54	42.96
				0.35	43.87	36.20	31.47	29.93	25.39	21.94	18.77	43.14
				0.3	44.02	36.45	31.71	30.15	25.64	22.12	19.01	43.32

编号：5　　品名：大 C

孔序	0	1	2	3	4	5	6
音名	g^1	a^1	b^1	c^2	d^2	e^2	$^{\sharp}f^2$
F	392	440	494	523	587	659	740
θ **率**	7.6%	6.8%	6.0%	5.7%	5.1%	4.5%	4.0%

r_1	***R***		r_2	b	***l***							
	吹端	末端			基音	1	2	3	4	5	6	双孔
0.5	0.9	0.9	0.5	0.40	37.58	31.49	27.35	25.96	22.02	18.93	16.19	36.88
				0.35	37.77	31.75	27.61	26.21	22.28	19.18	16.42	37.09
				0.30	37.95	32.00	27.86	26.43	22.52	19.41	16.65	37.29
			0.45	0.40	37.48	31.2	27.08	25.77	21.76	18.68	15.94	36.68
				0.35	37.67	31.46	27.33	26.01	22.02	18.92	16.19	36.89
				0.30	37.85	31.72	27.58	26.23	22.25	19.16	16.43	37.09
0.5	1.0	0.9	0.5	0.40	37.22	30.4	26.22	24.82	20.81	17.67	14.92	36.50
				0.35	37.42	30.67	26.46	25.08	21.08	17.94	15.19	36.72
				0.30	37.62	30.97	26.78	25.35	21.35	18.22	15.45	36.94
			0.45	0.40	37.22	30.09	25.92	24.64	20.50	17.42	14.66	36.41
				0.35	37.42	30.39	26.23	24.91	20.84	17.71	14.94	36.63
				0.30	37.62	30.71	26.54	25.17	21.14	17.99	15.23	36.86
0.5	0.95	0.9	0.5	0.40	37.77	30.95	26.81	25.40	21.44	18.31	15.57	37.05
				0.35	37.95	31.20	27.06	25.65	21.68	18.56	15.82	37.25
				0.30	38.13	31.48	27.34	25.88	21.96	18.82	16.08	37.45
			0.45	0.40	37.77	30.64	26.52	25.23	21.16	18.02	15.28	36.96
				0.35	37.95	30.92	26.80	25.47	21.46	18.34	15.60	37.16
				0.30	38.13	31.22	27.08	25.71	21.72	18.60	15.86	37.37
0.5	0.95	0.85	0.5	0.40	37.8	31.17	26.99	25.53	21.56	18.42	15.65	37.11
				0.35	37.98	31.42	27.24	25.78	21.83	18.68	15.89	37.32
				0.30	38.16	31.68	27.50	26.02	22.08	18.93	16.14	37.52
			0.45	0.40	37.8	30.89	26.71	25.35	21.30	18.17	15.38	37.05
				0.35	37.98	31.14	27.46	25.51	21.56	18.42	15.66	37.25
				0.30	38.16	31.42	27.72	25.82	21.82	18.68	19.92	37.45
0.5	0.9	0.85	0.5	0.40	38.31	31.68	27.54	26.08	22.17	19.03	16.28	37.62
				0.35	38.48	31.92	27.78	26.31	22.41	19.25	16.49	37.82
				0.30	38.64	32.16	28.01	26.58	22.62	19.48	16.72	38.0
			0.45	0.40	38.31	31.40	27.26	25.87	21.89	18.76	16.02	37.56
				0.35	38.48	31.64	27.50	26.09	22.14	19.01	16.27	37.75
				0.30	38.64	31.90	27.76	26.33	22.38	19.25	16.51	37.93

（续表）

r_1	*R*		r_2	*b*	*l*							
	吹端	末端			基音	1	2	3	4	5	6	双孔
0.5	0.9	0.8	0.5	0.40	38.34	31.87	27.69	26.20	22.28	19.13	16.34	37.72
				0.35	38.51	32.12	27.93	26.41	22.51	19.36	16.57	37.91
				0.30	38.67	32.35	28.16	26.62	22.72	19.57	16.78	38.09
			0.45	0.40	38.34	31.62	27.43	26.02	22.01	18.88	16.10	37.64
				0.35	38.51	31.87	27.69	26.24	22.26	19.13	16.34	37.83
				0.30	38.67	32.11	27.93	26.47	22.52	19.36	16.60	38.01
0.5	0.85	0.8	0.5	0.40	38.83	32.36	28.22	26.71	22.83	19.69	16.93	38.21
				0.35	38.98	32.59	28.43	26.89	23.04	19.90	17.14	38.38
				0.30	39.12	32.80	28.64	27.09	23.25	20.09	17.33	38.54
			0.45	0.40	38.83	32.11	27.97	26.55	22.59	19.45	16.71	38.13
				0.35	38.98	32.34	28.2	26.75	22.83	19.69	16.95	38.30
				0.30	39.12	32.56	28.42	26.95	23.05	19.92	17.16	38.46

编号：6　　品名：D 调笛

孔序	0	1	2	3	4	5	6
音名	a^1	b^1	$^\sharp c^2$	d^2	e^2	$^\sharp f^2$	$^\sharp g^2$
F	440	494	554	587	659	740	830
θ **率**	6.8%	6.0%	5.4%	5.1%	4.5%	4.0%	3.6%

r_1	*R*		r_2	*b*	*l*							
	吹端	末端			基音	1	2	3	4	5	6	双孔
0.5	0.85	0.85	0.5	0.40	33.40	28.06	24.41	23.16	19.62	16.86	14.41	32.73
				0.35	33.57	28.29	24.56	23.35	19.83	17.07	14.62	32.92
				0.30	33.73	28.49	24.76	23.53	20.02	17.26	14.81	33.10
			0.45	0.40	33.31	27.78	24.05	22.97	19.37	16.63	14.20	32.55
				0.35	33.49	28.01	24.28	23.17	19.60	16.70	14.41	32.76
				0.30	33.66	28.25	24.52	23.38	19.81	17.07	14.63	32.96
0.5	0.9	0.85	0.5	0.40	33.58	27.54	23.89	22.62	19.07	16.28	13.83	32.89
				0.35	33.75	27.78	24.13	22.84	19.30	16.49	14.05	33.09
				0.30	33.91	28.01	24.34	23.04	19.51	16.72	14.27	33.27
			0.45	0.40	33.58	27.26	23.61	22.42	18.80	16.02	13.59	32.83
				0.35	33.75	27.50	23.85	22.63	19.05	16.27	13.84	33.02
				0.30	33.91	27.76	24.11	22.87	19.29	16.51	14.08	33.20

（续表）

r_1	R		r_2	b	l							
	吹端	末端			基音	1	2	3	4	5	6	双孔
0.5	0.9	0.8	0.5	0.40	33.61	27.73	24.03	22.72	19.17	16.37	13.89	32.99
				0.35	33.78	27.96	24.26	22.93	19.40	16.60	14.12	33.18
				0.30	33.94	28.19	24.49	23.14	19.61	16.81	14.33	33.36
			0.45	0.40	33.61	27.48	23.78	22.56	18.92	16.14	13.67	32.91
				0.35	33.78	27.73	24.04	22.78	19.17	16.38	13.91	33.10
				0.30	33.94	27.97	24.28	23.01	19.43	16.62	14.15	33.28
0.5	0.85	0.8	0.5	0.40	34.10	28.22	24.55	23.23	19.72	16.93	14.48	33.48
				0.35	34.25	28.43	24.76	23.41	19.93	17.14	14.69	33.65
				0.30	34.39	28.64	24.97	23.61	20.14	17.33	14.88	33.81
			0.45	0.40	34.10	27.97	24.32	23.09	19.50	16.71	14.28	33.40
				0.35	34.25	28.20	24.55	23.29	19.74	16.95	14.50	33.57
				0.30	34.39	28.42	24.77	23.49	19.95	17.16	14.71	33.73
0.5	0.85	0.75	0.5	0.40	34.13	28.41	24.70	23.34	19.81	17.02	14.54	33.56
				0.35	34.28	28.62	24.91	23.53	20.0	17.23	14.75	33.73
				0.30	34.42	28.83	25.12	23.72	20.20	17.44	14.96	33.89
			0.45	0.40	34.13	28.21	24.51	23.19	19.65	16.82	14.37	33.48
				0.35	34.28	28.42	24.72	23.39	19.85	17.04	14.57	33.66
				0.30	34.42	28.61	24.91	23.57	20.05	17.24	14.77	33.82
0.5	0.8	0.75	0.5	0.40	34.60	28.88	25.21	23.84	20.37	17.57	15.12	34.03
				0.35	34.72	29.06	25.39	24.0	20.55	17.75	15.3	34.17
				0.30	34.85	29.26	25.59	24.18	20.75	17.95	15.49	34.32
			0.45	0.40	34.60	28.68	25.01	23.68	20.18	17.39	14.94	33.95
				0.35	37.72	28.86	25.19	23.85	20.36	17.57	15.12	34.10
				0.30	34.85	29.04	25.37	24.02	20.54	17.75	15.30	34.25
0.5	0.8	0.7	0.45	0.40	34.63	28.87	25.16	23.8	20.28	17.48	15.0	34.04
				0.35	34.75	29.05	25.34	23.97	20.45	17.65	15.18	34.19
				0.30	34.88	29.25	25.54	24.14	20.65	17.84	15.36	34.34
			0.4	0.40	34.63	28.62	24.92	23.64	20.05	17.27	14.78	33.95
				0.35	34.75	28.82	25.13	23.81	20.26	17.46	14.98	34.10
				0.30	34.88	29.02	25.32	23.98	20.44	17.65	15.18	34.25

编号：7　　品名：E 调笛

孔序	0	1	2	3	4	5	6
音名	b^1	$^{\sharp}c^2$	$^{\sharp}d^2$	e^2	$^{\sharp}f^2$	$^{\sharp}g^2$	$^{\sharp}a^2$
F	494	554	622	659	740	830	932
θ 率	6.0%	5.4%	4.8%	4.5%	4.0%	3.6%	3.2%

r_1	R		r_2	b	l							
	吹端	末端			基音	1	2	3	4	5	6	双孔
0.5	0.75	0.75	0.45	0.40	30.17	25.47	22.18	21.04	17.91	15.46	13.3	29.53
				0.35	30.31	25.64	22.35	21.22	18.08	15.63	13.48	29.69
				0.30	30.44	25.81	22.52	21.38	18.25	15.8	13.64	29.84
			0.4	0.40	30.07	25.20	21.92	20.87	17.67	15.23	13.09	29.33
				0.35	30.22	25.4	22.11	21.05	17.85	15.42	13.28	29.51
				0.30	30.35	25.58	22.3	21.21	18.04	15.6	13.45	29.66
0.5	0.85	0.8	0.45	0.40	29.88	24.32	21.05	20.0	16.76	14.28	12.14	29.18
				0.35	30.03	24.55	21.28	20.19	16.99	14.5	12.34	29.35
				0.30	30.17	24.77	21.49	20.38	17.19	14.71	12.55	29.51
			0.4	0.40	29.88	24.02	20.76	19.75	16.49	14.02	11.89	29.08
				0.35	30.03	24.25	20.98	19.96	16.71	14.25	12.11	29.26
				0.30	30.17	24.48	21.21	20.16	16.93	14.47	12.33	29.42
0.5	0.85	0.75	0.45	0.40	29.91	24.54	21.22	20.08	16.89	14.4	12.21	29.26
				0.35	30.06	24.75	21.43	20.28	17.09	14.6	12.41	29.44
				0.30	30.21	24.94	21.62	20.46	17.29	14.79	12.61	29.6
			0.4	0.40	29.91	24.25	20.94	19.88	16.6	14.14	11.97	29.18
				0.35	30.06	24.48	21.16	20.09	16.83	14.36	12.21	29.36
				0.30	30.21	24.7	21.38	20.28	17.05	14.57	12.4	29.52
0.5	0.8	0.75	0.45	0.40	30.38	25.01	21.72	20.57	17.42	14.94	12.78	29.73
				0.35	30.5	25.19	21.9	20.74	17.6	15.12	12.96	29.88
				0.30	30.63	25.37	22.08	20.91	17.78	15.3	13.14	30.03
			0.4	0.40	30.38	24.72	21.44	20.38	17.17	14.69	12.55	29.65
				0.35	30.5	24.92	21.64	20.56	17.35	14.89	12.74	29.8
				0.30	30.63	25.13	21.84	20.74	17.55	15.07	12.93	29.95
0.5	0.8	0.7	0.45	0.40	30.41	25.2	21.87	20.69	17.52	15.22	13.01	29.82
				0.35	30.53	25.38	22.05	20.86	17.69	15.4	13.19	29.97
				0.30	30.66	25.58	22.25	21.03	17.89	15.57	13.37	30.12
			0.4	0.40	30.41	24.97	21.65	20.53	17.31	15.03	12.84	29.73
				0.35	30.53	25.16	21.84	20.7	17.50	15.2	13.02	29.88
				0.30	30.66	25.35	22.03	20.87	17.69	15.39	13.2	30.03
0.5	0.75	0.7	0.45	0.40	30.84	25.63	22.34	21.16	18.03	15.54	13.38	30.25
				0.35	30.96	25.81	22.52	21.32	18.21	15.72	13.56	30.4
				0.30	31.07	25.99	22.7	21.47	18.39	15.9	13.73	30.53
			0.4	0.40	30.84	25.4	22.12	20.99	17.82	15.33	13.37	30.16
				0.35	30.96	25.59	22.3	21.15	18.0	15.52	13.36	30.31
				0.30	31.07	25.76	22.47	21.31	18.17	15.69	13.53	30.44
0.5	0.75	0.65	0.45	0.40	30.87	25.84	22.5	21.28	18.14	15.65	13.46	30.34
				0.35	30.99	26.01	22.68	21.44	18.33	15.84	13.63	30.48
				0.30	31.10	26.19	22.85	21.59	18.49	15.99	13.79	30.61
			0.4	0.40	30.87	25.6	22.26	21.09	17.91	15.43	13.24	30.25
				0.35	30.99	25.79	22.46	21.26	18.10	15.61	13.42	30.4
				0.30	31.10	25.97	22.64	21.43	18.29	15.79	13.59	30.54

编号：8　　品名：F 梆笛

孔序	0	1	2	3	4	5	6
音名	c^2	d^2	e^2	f^2	g^2	a^2	b^2
F	523	587	659	698	784	880	988
θ **率**	5.7%	5.1%	4.5%	4.2%	3.8%	3.4%	3.0%

r_1	***R***		r_2	b	***l***							
	吹端	末端			基音	1	2	3	4	5	6	双孔
0.5	0.7	0.7	0.45	0.35	28.88	24.55	21.44	20.36	17.42	15.1	13.03	28.32
				0.30	29.0	24.72	21.61	20.5	17.58	15.24	13.17	28.46
				0.25	29.12	24.89	21.78	20.64	17.74	15.39	13.3	28.6
			0.4	0.35	28.78	24.32	21.21	19.8	17.19	14.88	12.83	28.12
				0.30	28.9	24.49	21.38	19.97	17.36	15.05	13.0	28.26
				0.25	29.02	24.65	21.54	20.13	17.52	15.21	13.15	28.4
0.5	0.8	0.75	0.45	0.40	28.47	23.32	20.21	19.16	16.16	13.82	11.77	27.82
				0.35	28.59	23.50	20.39	19.33	16.34	14.0	11.95	27.97
				0.30	28.72	23.68	20.57	19.50	16.52	14.18	12.13	28.12
			0.4	0.40	28.47	23.04	19.94	18.98	15.82	13.58	11.55	27.74
				0.35	28.59	23.23	20.14	19.16	16.1	13.77	11.74	27.89
				0.30	28.72	23.44	20.34	19.33	16.3	13.96	11.93	28.04
0.5	0.8	0.7	0.45	0.40	28.50	23.51	20.36	19.28	16.26	13.91	11.83	27.91
				0.35	28.62	23.69	20.54	19.45	16.43	14.08	12.01	28.06
				0.30	28.75	23.89	20.74	19.62	16.63	14.27	12.19	28.21
			0.4	0.40	28.50	23.29	20.15	19.12	16.05	13.69	11.61	27.82
				0.35	28.62	23.47	20.3	19.29	16.24	13.88	11.8	27.97
				0.30	28.75	23.66	20.52	19.46	16.43	14.07	11.99	28.12
0.5	0.75	0.7	0.45	0.40	28.93	23.94	20.83	19.75	16.77	14.42	12.37	28.34
				0.35	29.05	24.12	21.01	19.91	16.95	14.60	12.55	28.49
				0.30	29.16	24.3	21.19	20.06	17.13	14.78	12.71	28.62
			0.4	0.40	28.93	23.72	20.61	19.58	16.56	14.21	12.16	28.25
				0.35	29.05	23.9	20.79	19.74	16.74	14.40	12.35	28.40
				0.30	28.96	24.07	20.96	19.9	16.91	14.57	12.52	28.53
0.5	0.75	0.65	0.45	0.40	28.96	24.15	20.99	19.87	16.89	14.53	12.44	28.43
				0.35	29.08	24.32	21.17	20.03	17.07	14.71	12.61	28.57
				0.30	28.99	24.49	21.33	20.17	17.23	14.87	12.77	28.70
			0.4	0.40	28.96	23.91	20.75	19.68	16.65	14.30	12.23	28.35
				0.35	29.08	24.1	20.95	19.81	16.85	14.49	12.41	28.49
				0.30	28.99	24.28	21.13	20.02	17.03	14.67	12.58	28.63

（续表）

r_1	**R**		r_2	b	***l***							
	吹端	末端			基音	1	2	3	4	5	6	双孔
0.5	0.7	0.65	0.4	0.35	29.47	24.49	21.38	20.27	17.32	14.97	12.92	28.88
				0.30	29.57	24.66	21.55	20.43	17.49	15.14	13.08	29.01
				0.25	29.67	24.83	21.72	20.59	17.66	15.31	13.24	29.14
			0.35	0.35	29.47	24.21	21.11	20.08	17.05	14.71	12.67	28.78
				0.30	29.57	23.39	21.29	20.24	17.23	14.89	12.85	28.91
				0.25	29.67	24.58	21.47	20.4	17.41	15.06	13.02	29.04
0.5	0.7	0.6	0.4	0.35	29.50	24.69	21.54	20.39	17.44	15.09	12.99	28.98
				0.30	29.60	24.86	21.71	20.55	17.6	15.23	13.14	29.1
				0.25	29.70	25.03	21.87	20.69	17.76	15.39	13.29	29.22
			0.35	0.35	29.50	24.46	21.34	20.2	17.19	14.83	12.76	28.87
				0.30	29.60	24.64	21.48	20.37	17.37	15.01	12.92	29.0
				0.25	29.70	24.82	21.67	20.54	17.56	15.19	13.09	29.13

编号：9　　品名：G 梆笛

孔序	0	1	2	3	4	5	6
音名	d^2	e^2	$^\sharp f^2$	g^2	a^2	b^2	$^\sharp c^3$
F	587	659	740	784	880	988	1046
***θ* 率**	5.1%	4.5%	4.0%	3.8%	3.4%	3.0%	2.7%

r_1	**R**		r_2	b	***l***							
	吹端	末端			基音	1	2	3	4	5	6	双孔
0.45	0.65	0.65	0.4	0.3	25.11	21.21	18.44	17.49	14.86	12.79	10.99	24.55
				0.25	25.25	21.39	18.61	17.66	15.02	12.97	11.16	24.71
				0.2	25.39	21.56	18.78	17.82	15.19	13.14	11.33	24.87
			0.35	0.3	25.01	20.97	18.21	17.33	14.64	12.59	10.8	24.35
				0.25	25.15	21.17	18.41	17.5	14.83	12.78	10.98	24.51
				0.2	25.29	21.37	18.6	17.68	15.02	12.97	11.17	24.67
0.45	0.75	0.7	0.4	0.3	25.22	20.56	17.8	16.89	14.2	12.12	10.32	24.59
				0.25	25.36	20.76	18.0	17.08	14.4	12.31	10.51	24.76
				0.2	25.5	20.98	18.21	17.26	14.6	12.53	10.73	24.92
			0.35	0.3	25.22	20.3	17.55	16.71	13.96	11.88	10.1	24.49
				0.25	25.36	20.53	17.77	16.91	14.17	12.09	10.31	24.66
				0.2	25.5	20.75	17.99	17.11	14.38	12.3	10.52	24.82

（续表）

r_1	R 吹端	R 末端	r_2	b	l 基音	l 1	l 2	l 3	l 4	l 5	l 6	l 双孔
0.45	0.75	0.65	0.4	0.3	25.25	20.75	17.95	16.99	14.3	12.22	10.38	24.59
				0.25	25.39	20.96	18.15	17.17	14.5	12.4	10.57	24.86
				0.2	25.53	21.16	18.35	17.34	14.7	12.6	10.78	25.02
			0.35	0.3	25.25	20.51	17.71	16.82	14.07	11.99	10.18	24.59
				0.25	25.39	20.73	17.93	17.02	14.28	12.21	10.38	24.76
				0.2	25.53	20.95	18.15	17.22	14.49	12.43	10.58	24.92
0.45	0.7	0.65	0.4	0.3	25.67	21.17	18.4	17.46	14.79	12.69	10.89	25.11
				0.25	25.79	21.36	18.58	17.6	14.96	12.86	11.07	25.26
				0.2	25.96	21.59	18.81	17.79	15.18	13.08	11.28	25.45
			0.35	0.3	25.67	20.93	18.17	17.27	14.57	12.49	10.69	25.01
				0.25	25.79	21.13	18.37	17.45	14.76	12.68	10.88	25.16
				0.2	25.96	21.33	18.57	17.53	14.95	12.87	11.07	25.3
0.45	0.7	0.6	0.4	0.3	25.7	21.38	18.57	17.57	14.91	12.8	10.96	35.20
				0.25	25.82	21.56	18.75	17.72	15.09	12.98	11.13	25.34
				0.2	25.99	21.74	18.93	17.87	15.27	13.16	11.31	25.48
			0.35	0.3	25.7	21.17	18.36	17.4	14.7	12.6	10.76	25.1
				0.25	25.82	21.37	18.57	17.59	14.91	12.8	10.95	25.25
				0.2	25.99	21.57	18.76	17.77	15.1	13.0	11.14	25.39
0.45	0.65	0.6	0.4	0.3	26.1	21.78	19.0	17.99	15.37	13.27	11.45	25.6
				0.25	26.2	21.94	19.16	18.12	15.53	13.43	11.61	25.72
				0.2	26.3	22.1	19.32	18.25	15.69	13.59	11.77	25.84
			0.35	0.3	26.1	21.55	18.78	17.82	15.16	12.98	11.27	25.5
				0.25	26.2	21.72	18.95	17.97	15.33	13.21	11.43	25.63
				0.2	26.3	21.89	19.12	18.12	15.5	13.41	11.59	25.75
0.45	0.65	0.55	0.35	0.3	26.13	21.76	18.94	17.93	15.28	13.18	11.34	25.6
				0.25	26.23	21.93	19.11	18.09	15.45	13.35	11.5	25.73
				0.2	26.33	22.1	19.28	18.23	15.62	13.51	11.66	25.85
			0.3	0.3	26.13	21.49	18.69	17.76	15.03	12.93	11.1	25.49
				0.25	26.2	21.68	18.87	17.93	15.21	13.11	11.27	25.62
				0.2	26.33	21.86	19.05	18.09	15.39	13.29	11.45	25.75

编号：10　　品名：小 A

孔序	0	1	2	3	4	5	6
音名	e^2	$\sharp f^2$	$\sharp g^2$	a^2	b^2	$\sharp c^3$	$\sharp d^3$
F	659	740	830	880	988	1103	1244
θ 率	4.5%	4.0%	3.6%	3.4%	3.0%	2.7%	2.4%

r_1	R		r_2	b	l							
	吹端	末端			基音	1	2	3	4	5	6	双孔
0.45	0.6	0.6	0.35	0.3	22.71	19.25	16.74	15.94	13.56	11.75	10.13	22.11
				0.25	22.83	19.41	16.9	16.08	13.72	11.9	10.27	22.26
				0.2	22.95	19.56	17.05	16.22	13.87	12.05	10.41	22.41
			0.3	0.3	22.6	18.99	16.48	15.75	13.32	11.52	9.9	21.89
				0.25	22.72	19.16	16.65	15.9	13.48	11.69	10.06	22.04
				0.2	22.84	19.33	16.82	16.05	13.65	11.85	10.22	22.89
0.45	0.7	0.65	0.35	0.3	22.5	18.17	15.72	14.96	12.53	10.69	9.09	21.84
				0.25	22.62	18.37	15.92	15.14	12.71	10.88	9.26	21.99
				0.2	22.74	18.57	16.12	15.32	12.89	11.07	9.43	22.13
			0.3	0.3	22.5	17.87	15.44	14.75	12.26	10.43	8.83	21.72
				0.25	22.62	18.08	15.65	14.92	12.46	10.64	9.04	21.87
				0.2	22.74	18.3	15.86	15.12	12.66	10.84	9.23	22.02
0.45	0.7	0.6	0.35	0.3	22.53	18.38	15.89	15.07	12.64	10.8	9.14	21.93
				0.25	22.65	18.57	16.08	15.24	12.83	10.98	9.33	22.08
				0.2	22.77	18.76	16.27	15.41	13.02	11.17	9.51	22.22
			0.3	0.3	22.53	18.09	15.61	14.86	12.37	10.55	8.89	21.82
				0.25	22.65	18.3	15.81	15.04	12.57	10.74	9.08	21.97
				0.2	22.77	18.52	16.02	15.22	12.78	10.94	9.29	22.12
0.45	0.65	0.6	0.35	0.3	22.93	18.78	16.32	15.50	13.11	11.27	9.63	22.33
				0.25	23.03	18.95	16.49	15.66	13.27	11.43	9.8	22.46
				0.2	23.13	19.12	16.66	15.82	13.43	11.59	9.96	22.58
			0.3	0.3	22.93	18.49	16.06	15.29	12.86	11.03	9.41	22.22
				0.25	23.03	18.68	16.23	15.46	13.03	11.19	9.57	22.35
				0.2	23.13	18.88	16.43	15.62	13.21	11.38	9.76	22.48
0.45	0.65	0.55	0.35	0.3	22.96	18.98	16.48	15.56	13.22	11.38	9.71	22.43
				0.25	23.06	19.15	16.65	15.72	13.39	11.54	9.87	22.56
				0.2	23.16	19.32	16.8	15.86	13.54	11.69	10.02	22.68
			0.3	0.3	22.96	18.73	16.24	15.39	12.98	11.14	9.48	22.32
				0.25	23.06	18.91	16.41	15.54	13.15	11.31	9.65	22.45
				0.2	23.16	19.09	16.59	15.70	13.33	11.49	9.83	22.58
0.45	0.60	0.55	0.35	0.3	23.34	19.36	16.9	16.20	13.67	11.82	10.18	22.81
				0.25	23.43	19.52	17.05	16.16	13.82	11.97	10.32	22.93
				0.2	23.52	19.68	17.21	16.29	13.97	12.12	10.47	23.04
			0.3	0.3	23.34	19.11	16.66	15.84	13.45	11.6	9.98	22.7
				0.25	23.43	19.28	16.82	15.99	13.6	11.76	10.14	22.82
				0.2	23.52	19.45	16.99	16.14	13.77	11.92	10.28	22.94
0.45	0.6	0.5	0.35	0.3	23.37	19.56	17.05	16.13	13.79	11.93	10.28	22.92
				0.25	23.47	19.7	17.19	16.27	13.93	12.07	10.42	23.03
				0.2	23.55	19.85	17.34	16.39	14.08	12.22	10.57	23.15
			0.3	0.3	23.37	19.33	16.82	15.98	13.56	11.7	10.09	22.82
				0.25	23.47	19.49	16.98	16.12	13.72	11.86	10.23	22.94
				0.2	23.55	19.66	17.15	16.27	13.89	12.03	10.39	23.05

编号：11　　品名：小♭B 梆笛

孔序	0	1	2	3	4	5	6
音名	f^2	g^2	a^2	$^{\flat}b^2$	c^3	d^3	e^3
F	698	784	880	932	1046	1174	1318
θ 率	4.2%	3.8%	3.4%	3.2%	2.8%	2.5%	2.2%

r_1	*R*		r_2	*b*	*l*							
	吹端	末端			基音	1	2	3	4	5	6	双孔
0.45	0.55	0.55	0.35	0.3	22.24	18.47	16.14	15.36	13.15	11.42	9.85	21.72
				0.25	22.31	18.60	16.27	15.48	13.28	11.55	9.97	21.81
				0.2	22.38	18.73	16.40	15.59	13.40	11.67	10.09	21.90
			0.3	0.3	22.24	18.23	15.91	15.21	12.94	11.22	9.66	21.61
				0.25	22.31	18.39	16.07	15.32	13.08	11.35	9.79	21.70
				0.2	22.38	18.52	16.20	15.45	13.22	11.49	9.92	21.79
0.45	0.65	0.6	0.35	0.3	21.49	17.47	15.12	14.40	12.08	10.37	8.81	20.89
				0.25	21.59	17.63	15.29	14.55	12.24	10.53	8.97	21.02
				0.2	21.69	17.82	15.46	14.71	12.41	10.70	9.13	21.15
			0.3	0.3	21.49	17.20	14.86	14.21	11.82	10.12	8.58	20.78
				0.25	21.59	17.39	15.05	14.38	12.0	10.30	8.75	20.91
				0.2	21.69	17.50	15.23	14.54	12.19	10.48	8.93	21.04
0.45	0.65	0.55	0.35	0.3	21.52	17.59	15.20	14.48	12.15	10.39	8.81	21.0
				0.25	21.62	17.75	15.36	14.63	12.31	10.60	8.97	21.12
				0.2	21.72	17.93	15.53	14.78	12.48	10.76	9.13	21.24
			0.3	0.3	21.52	17.33	14.94	14.31	11.90	10.20	8.58	20.89
				0.25	21.62	17.52	15.13	14.46	12.08	10.38	8.75	21.01
				0.2	21.72	17.70	15.31	14.62	12.27	10.55	8.93	21.13
0.45	0.6	0.55	0.35	0.3	21.90	18.05	15.68	14.93	12.64	10.92	9.36	21.38
				0.25	21.99	18.20	15.85	15.07	12.79	11.07	9.50	21.49
				0.2	22.08	18.37	16.0	15.20	12.94	11.22	9.65	21.60
			0.3	0.3	21.90	17.81	15.45	14.74	12.40	10.70	9.15	21.27
				0.25	21.99	17.99	15.63	14.90	12.57	10.86	9.29	21.38
				0.2	22.08	18.15	15.79	15.05	12.73	11.02	9.46	21.49

（续表）

r_1	R		r_2	b	l							
	吹端	末端			基音	1	2	3	4	5	6	双孔
0.45	0.6	0.5	0.35	0.3	21.93	18.17	15.77	15.01	12.71	10.99	9.36	21.48
				0.25	22.02	18.32	15.92	15.14	12.86	11.14	9.50	21.60
				0.2	22.11	18.47	16.07	15.27	13.01	11.28	9.65	21.71
			0.3	0.3	21.93	17.94	15.54	14.83	12.48	10.78	9.15	21.38
				0.25	22.02	18.11	15.71	14.99	12.65	10.93	9.29	21.50
				0.2	22.11	18.27	15.87	15.14	12.81	11.09	9.46	21.62
0.45	0.55	0.5	0.35	0.3	22.27	18.59	16.22	15.39	13.15	11.42	9.85	21.82
				0.25	22.34	18.72	16.35	15.51	13.28	11.55	9.97	21.92
				0.2	22.41	18.84	16.47	15.62	13.40	11.67	10.09	22.01
			0.3	0.3	22.27	18.37	16.0	15.24	12.94	11.22	9.66	21.72
				0.25	22.34	18.52	16.15	15.35	13.08	11.35	9.79	21.82
				0.2	22.41	18.65	16.28	15.48	13.22	11.49	9.92	21.92
0.45	0.55	0.45	0.35	0.3	22.30	18.70	16.29	15.48	13.22	11.49	9.85	21.93
				0.25	22.37	18.82	16.41	15.59	13.35	11.62	9.97	22.02
				0.2	22.44	18.94	16.54	15.72	13.47	11.73	10.09	22.11
			0.3	0.3	22.30	18.49	16.12	15.33	13.02	11.29	9.66	21.83
				0.25	22.37	18.63	16.23	15.44	13.16	11.43	9.79	21.93
				0.2	22.44	18.76	16.39	15.57	13.29	11.56	9.92	22.03

编号：12　　品名：小 C

孔序	0	1	2	3	4	5	6
音名	g^2	a^2	b^2	c^3	d^3	e^3	$^\sharp f^3$
F	784	880	988	1046	1174	1318	1480
θ 率	3.8%	3.4%	3.0%	2.8%	2.5%	2.2%	2.0%

r_1	R		r_2	b	l							
	吹端	末端			基音	1	2	3	4	5	6	双孔
0.4	0.5	0.5	0.3	0.3	19.67	16.20	14.14	13.48	11.48	9.94	8.57	19.12
				0.25	19.75	16.35	14.28	13.60	11.62	10.07	8.70	19.23
				0.2	19.82	16.48	14.41	13.72	11.75	10.20	8.82	19.33
			0.25	0.3	19.67	15.92	13.86	13.28	11.23	9.69	8.34	18.98
				0.25	19.75	16.08	14.02	13.42	11.38	9.84	8.49	19.09
				0.2	19.82	16.23	14.17	13.55	11.53	9.98	8.62	19.20

（续表）

r_1	R		r_2	b	l							
	吹端	末端			基音	1	2	3	4	5	6	双孔
0.4	0.6	0.55	0.3	0.3	18.88	15.14	13.05	12.47	10.35	8.82	7.47	18.25
				0.25	18.99	15.34	13.24	12.64	10.53	8.98	7.62	18.38
				0.2	19.10	15.52	13.43	12.80	10.71	9.17	7.81	18.51
			0.25	0.3	18.88	14.82	12.75	12.24	10.04	8.52	7.18	18.11
				0.25	18.99	15.03	12.95	12.42	10.24	8.72	7.38	18.25
				0.2	19.10	15.23	13.15	12.60	10.44	8.92	7.58	18.39
0.4	0.6	0.5	0.3	0.3	18.91	15.27	13.13	12.55	10.42	8.89	7.47	18.36
				0.25	19.02	15.43	13.32	12.71	10.60	9.05	7.62	18.50
				0.2	19.13	15.63	13.50	12.87	10.78	9.24	7.81	18.64
			0.25	0.3	18.91	14.97	12.84	12.33	10.13	8.60	7.18	18.22
				0.25	19.02	15.17	13.03	12.51	10.32	8.80	7.38	18.36
				0.2	19.13	15.36	13.23	12.68	10.52	9.0	7.58	18.51
0.4	0.55	0.5	0.3	0.3	19.30	15.74	13.64	13.0	10.92	9.38	8.03	18.75
				0.25	19.40	15.92	13.81	13.14	11.08	9.54	8.18	18.88
				0.2	19.49	16.07	13.97	13.29	11.24	9.69	8.33	19.0
			0.25	0.3	19.30	15.45	13.35	12.77	10.64	9.11	7.77	18.61
				0.25	19.40	15.63	13.54	12.95	10.83	9.29	7.94	18.74
				0.2	19.49	15.81	13.71	13.09	11.0	9.46	8.11	18.87
0.4	0.55	0.45	0.3	0.3	19.33	15.86	13.72	13.08	10.99	9.45	8.03	18.86
				0.25	19.43	16.03	13.88	13.22	11.15	9.61	8.18	18.99
				0.2	19.52	16.18	14.04	13.36	11.31	9.76	8.33	19.11
			0.25	0.3	19.33	15.59	13.44	12.87	10.73	9.19	7.77	18.73
				0.25	19.43	15.77	13.63	13.03	10.91	9.37	7.94	18.87
				0.2	19.52	15.94	13.80	13.19	11.08	9.54	8.11	18.99
0.4	0.5	0.45	0.3	0.3	19.70	16.32	14.22	13.51	11.48	9.94	8.57	19.23
				0.25	19.78	16.46	14.35	13.63	11.62	10.07	8.70	19.34
				0.2	19.85	16.59	14.48	13.75	11.75	10.20	8.82	19.44
			0.25	0.3	19.70	16.06	13.95	13.31	11.23	9.69	8.34	19.10
				0.25	19.78	16.22	14.11	13.45	11.38	9.85	8.49	19.22
				0.2	19.85	16.36	14.25	13.57	11.53	9.99	8.63	19.32
0.4	0.5	0.4	0.3	0.3	19.73	16.44	14.29	13.59	11.55	10.01	8.57	19.34
				0.25	19.81	16.58	14.43	13.71	11.69	10.14	8.70	19.45
				0.2	19.88	16.70	14.55	13.82	11.82	10.26	8.82	19.55
			0.25	0.3	19.73	16.20	14.04	13.41	11.31	9.77	8.34	19.22
				0.25	19.81	16.35	14.19	13.54	11.46	9.93	8.49	19.33
				0.2	19.88	16.49	14.34	13.66	11.61	10.06	8.63	19.43

中国笛子艺术的继承与发展

赵松庭

中国笛子艺术的内涵深远广阔，它的产生、变化、发展与中华民族的文明史有着非常紧密的联系。理清并分析这联系的纽带与实体，才能列出如何继承这一命题的提纲。

笛子是乐器，演奏是它的目的。演奏艺术是“声”与“情”的结合体。声属于自然科学范畴；情属于意识形态范畴。如何有机地将两者结合起来，不断地向深度和广度进军，不断地提出问题、解决问题，以求提高艺术水平的高度，这就是如何发展这一命题的要领。

本文围绕上列命题，从演奏的角度，着重探讨以下几个方面。

乐器的继承与发展

在演奏艺术这一声与情的结合体中，声是音乐的条件，情是音乐的根据。有情而无声，缺乏感人的条件，有声而无情，缺乏感人的根据。要达到声情并茂，必须正确认识并处理好两者之间的辩证关系。为了便于讨论，首先需要对笛子这种乐器，进行正名和定性。

我国古代，用金、石、丝、竹、匏、土、革、木八种不同材料对乐器进行分类，但这未能明确乐器的特性。印度在很早就用体、皮、气、弦对乐器进行分类，这种分类法比较科学，但失之过简。如笛子与唢呐，同为气鸣乐器，声学特性却各不相类。单簧管与双簧管同为簧管耦合乐器，前者是闭管，泛音乃奇数倍，后者是开管，泛音为偶数倍，两者在声学特性上，有本质的差别。由于对乐器的命名缺乏科学定性，因而造成概念上的模糊，音乐辞典将单簧管称之为竖笛，这是概念模糊的一个例子。我国古代对乐器的命名，或形声，或象形，有一定的根据，但名词生僻，笔画繁杂，缺乏科学性，不利于普及和研究，因而需整理归纳，然后正名。

笛子这类乐器，正名定性于下。

笛，吹管乐器，无论横吹或竖吹，都是通过人体或机械进行吹气，将聚成一束的气流（术语称为射流）以斜面的角度射向管的吹端，产生边棱振动，在管内形成驻波，并以横开的音孔缩短管长，或以参差排列的长短管，改变管的长度，使其发出与管长对应的频率，组成不同的音调。凡是以此种形式振动发声的，都属于笛类乐器。从这一概念出发，我国的笛类乐器包括：篴、篪、箫（玉屏箫、琴箫、秘箫、三月箫、夜箫、仙箫等）、排箫、言、羌笛、竖笛、顺笛、义觜笛、两头笛、双音笛、尺八、长笛、十二律笛、筹梆笛、曲笛、低音笛、排笛、多音孔笛、加键笛、新笛、骨笛（鸡骨笛、猿臂笛、猪脚笛、鹤胫笛、鹰笛）、玉笛、石笛、铁笛等，还有少数民族的一些笛子品种。另外，历史上有种吹孔在中间的形制，宋《乐书》称之为叉手笛又名拱辰管，明朱载堉称之为黄钟龢，此种形制还包括河姆渡骨笛、口笛、景颇族的吐良（或吐任）等。品种庞杂的笛类乐器，在发声原理上有其共性，在形制及音调、音品、音量等方面有不同程度的区别，要分析其合理的部分加以保护或发展，其不合理的部分加以澄清及改进。在继承发展问题上，要反对盲动，但也反对复古主义。百花齐放，推陈出新。从实际需要出发，而不是从定义出发；从民族性与中国的国情出发，而不是对古人或外国人的硬搬和模仿。总的来说，要将继承和发展完美地结合起来。

笛子品种的区别，大致可分五类。

第一类，古名今名不一。今之“笛”犹古之“篴”，古之“言”犹今之“大排箫”，唐之“尺八”犹今之“南箫”，古之“二尺九笛”“三尺二笛”犹今之“梆笛”与“曲笛”，古之“十二律笛”犹今之“定调套笛”，古之“顺笛”犹今之“竖笛”。汉之“长笛”“羌笛”形制不明确，至今尚阙疑。以古代律名命调的笛子，如“黄钟笛”“黄钟龥”等，已名存实亡，古律读不出频率数字，对此，我们要有科学的态度。古笛是竖吹还是横吹？横笛是否从羌起？是否从西域传入？逐渐已被澄清（请参阅拙文《竹笛源流》，《中国音乐》1983年01期）。凡古名与今名不一者，从今名。“叉手笛”“拱辰管”“口笛”“吐良”等名称都归属“同管双笛”，建议统称之为“雁飞篪”。“篪”与“笛”的区别，尚有争论，据朱载堉之说：“黄钟龥”乃吹孔在中间，左右两面分别开三音孔。这样说起来，其性质为“同管双笛”，并非曾侯乙墓出土“篪”的形制，曾墓出土之“篪”，形制已向“单笛”转化，只是保留双手拱吹之姿势以及末端封闭，因而与常见竹笹稍有区别（详见拙文《同管双笛（雁飞篪）的性能及其实用设计》，《乐器》1992年第4期）。

第二类，长短不同。影响频率具有决定性的因素是管的长度。历代笛子形制，最短小的是河姆渡骨笛，长度约6—7厘米，这是从原始的骨哨演变而产生的（哨与笛的区别，在于管的固有频率是单一还是有变化范围）。其次是“黄钟笛”也称“手笛”，长九寸（古制），相当于近代的高音笛，基音的有效管长为21.68厘米，对应g^2，或19.31厘米，对应a^2。汉朝的长笛，长度几何？尚有疑义。《乐书》：“长笛六孔具黄钟一均，如‘尺八’而长。”又“长笛四尺二寸”。《三礼图》：“汉丘仲作笛长二尺四寸，六孔。”《晋书》列和辞：“每合乐时，随歌者声之清浊，用笛有长短，假令声浊者用三尺二笛，因名之曰：此三尺二调也，声清者用二尺九笛，因名曰：此二尺九调。汉魏相传，施行皆然。”历代文献对笛子长度的记载，众说纷纭，莫衷一是。以黄钟九寸之倍数命名之“尺八”，按理有一致的长度，但事实却不然，据《唐书》吕才传：“才制尺八凡十二枚，长短不同，与律谐契。”蔡邕、荀勖等制成的十二律笛，长短不同，数据记载较详。不过，这些数据，作为乐律研究是有参考价值的，若作为实际的应用，则缺乏科学的精密性。古人缺乏声学科学知识，没有频率的计量标准和工具，因而读不出准确的数字，这是不足为怪的。

元、明、清后，由于戏曲艺术盛行，笛子成了戏曲伴奏的重要乐器，伴奏昆曲的称曲笛，伴奏梆子的称梆笛。曲笛、梆笛的长度也没有严格的规定，习惯上以第三孔作为主音（称为“小工调”）的音高，用近代音名标出：C、D、$^\sharp$C，为曲笛，F、G、$^\sharp$G，为梆笛。实际的音高为$c^2$523，$d^2$587，$^\sharp c^2$554，$f^2$698，$g^2$784，$^\sharp f^2$740。梆笛、曲笛的称呼不能概括笛子的品种和声学特性，因而也将随着时代流入历史。

在20世纪初，曲笛被认为是长笛，最低音为$g^1$415，显然整个音域都在高音谱表上；梆笛、高音笛则更不用说了，这对笛子的表情性能是很不利的。因此，近四十年来，很多同行都在为扩大笛子的长度而作出努力。到目前为止，我已将长度扩展到基音$E_0$165，有效管长为103.18厘米，为了能适合演奏，将笛管改成L型，故名之为L型低音笛。福建歌舞团陈强岑，在扩展南箫的长度上，也有类似设计。

不同的长度，就有不同的音区和不同的情趣，这正是中国笛子的特色之一。对此，我们要继承并且发展，不要用外国的长笛（flute）或短笛（piccolo）的模式，来谋求中国笛子长短统一，并希望作曲家能对各类长短笛的性能，有较深的理解。

第三类，音孔数目不等。最古老的笛子，只有两三个音孔，吹不出较完整的音阶。能够吹出五声音阶的笛子，历史称之为"雅笛"，马融《长笛赋》写道："易京君明识音律，故本四孔加以一君，君明所加孔后出，是谓商声五音毕。"主张复古的文人及音律家，把雅笛奉为先王之制，因此坚决反对七声音阶，一直到唐代的"尺八"还是遵循古制。中国音乐包括笛子的旋律，直到如今五声音阶仍占重要地位，这也许是重要的历史根源。历代文献对于笛子音孔数的记载，含糊不清，如马融《长笛赋》："旧制四孔而已，京房因加一孔，以备五音。"《元史礼乐志》："'羌笛'制如笛而长，三孔。"《乐书》："汉部所用雅笛七窍，不知去二变以全五声之正也。"《和岘论太乐》："手笛之制，如雅笛而小，其长九寸与黄钟律管等矣，其孔有六与羌笛同矣。"又如十二律笛，按理说应是雅笛，但陈旸贬之曰："不知去二变以全五音，去六十律以全十二律，其与先王之制不亦远乎。"对于众口不一的论说，朱载堉叹道："以此观之，汉儒似不识笙师所掌之笛矣！"其实朱载堉也未必能说清中国笛子的源与流。随着音乐艺术的发展，笛子的音孔数也跟着发展，即使在同一个时代，也会有孔数不等的情况，如河姆渡骨笛，产生于公元前五千年，在一大批骨笛中，音孔数目，就有两个三个甚至于达到六个的不同。雅笛应是竖吹的，音孔数前四后一，这后面的一个音孔，是汉代加上去的，马融把长笛、羌笛混淆在一起，羌笛的形制至今还没有搞清楚。唐诗中有许多描写笛声的名句，都称之为羌笛。这样看来，羌笛和横吹的确大有关系。横吹乃汉唐军乐，竖吹笛的音量比不上横吹笛，因此说，羌笛就是横笛的说法是有一定根据的，但不能由此就得出结论，认为横吹笛是汉时西域传入中华，其理由本文不详论。横吹的古笛，称之为"篪"，"篪"的古读音与"笛"一般，音孔数为五个，这里有几个疑问，既然雅笛只要求吹五音（宫、商、角、徵、羽），那么，只要四个音孔就可以了（全部按住还有一个音）。为什么要加以一，才能做到五音毕呢？春秋时代的篪，为何不是四个音孔而是五个呢？再说，"变"与"闰"这两个音名，在周代就已应用，并随之而有三分损益法的发现，为什么春秋时代的篪，不是六个音孔呢？有六个音孔才能吹出七声音阶。是不是在这时候已经发现了"叉口"技巧等，姑阙疑。

由于音阶从五发展到七，音孔数也就自然地由四发展到六。按照五度相生律，六孔的笛子不能旋相为宫，于是只得一笛一律，产生六孔的十二律笛。到了近代，平均律广泛被采用，在一根笛子上旋相为宫的可能性增加，于是多孔笛应运而生，从七孔、八孔、九孔、十孔、十一孔到依靠键盘机械增加到十八孔，不但解决了平均律体系的转调问题，而且拓宽了音域，这个发展的过程，目前正在进行。

在这过程中，必然会产生争议，争议的焦点不在技术问题，也不能轻率地认为是保守与进步之争，而在于中国的笛子究竟采用何种律制！在这问题上，我的观点接近于折中主义，叙述如下：

第一，多孔笛包括加键笛，能较简便地解决转调能迅速地演奏变化音阶，有它的长处，因而在百花园地中，有它生存和发展的权利。

第二，笛子的魅力或艺术性，即使在将来也不一定要依靠复杂的变化音阶才能达到更高的境界。

第三，实践是检验真理的标准，从实际需要出发而不是从定义出发，新的品种必须从演奏、作品、技巧、理论、效果等各方面，表现出真正的艺术价值，才会得到社会承认。

第四，目前流行的六孔笛子，在音孔排列的方法上仍存在不同的律制：同样的七声音阶，可以排列成古律，也可以排列成平均律，也可以按五声音阶体系排列，即变与闰两个音用三度间音处理，这种排列方法，民间尚在广泛使用，演奏传统的民间乐曲如《三五七》《五梆子》《鹧鸪飞》等还是这种排列方法为好。随着乐曲的需要而采取不同的排列方法，这也是从实际出发的表现，在很长的一段历史时期内，可能会继续下去。

第四类，多管形制。在一件乐器中，有两根以上的管，则属于多管形制。

竖吹的多管形制，在历史上称之为“箫”。《尔雅释乐》：“大箫谓之言，小者谓之筊。”大者编二十三管（又说：二十四管），长尺四寸，小者十六管，长尺二寸，其管横列，谓似凤凰之翼，故又名凤箫。管长不等故又名“参差”。《楚辞》吹“参差兮谁思”，苏东坡诗“愁入参差雁”，都是描写排箫。由于今名之箫，已习惯地成了洞箫的概念，因此古之箫，只得正名为排箫。周代《礼记》载之“籥”，按文字形状，也应是多管形制，但据朱载堉所记“籥，如笛，三孔而短……是知笛与籥同类也”，不知何据。我认为“籥”是小型的排箫，有底，不一定只有三个吹孔（即三根管），姑阙疑。唐代有“骠国笛”即“两头笛”，在一根笛子管上，“中隔一节，左右开冲气穴，两端皆分洞体为笛”，就是说在一根竹子上制两根笛子。受这种形制的启发，湖北尹维鹤制成了“双音笛”，其法是将两个吹孔尽量靠近，吹气时能左右兼顾，因此能同时发出两根笛管的声音。60年代我将几根不同调的笛子绑扎在一起，制成了“排笛”，其法是吹孔上端的装饰部分截去，使几根笛子的吹孔尽量靠近，使之能迅速地换笛演奏。还有一种特殊的多管形制，即“同管双笛”。所谓同管，是吹孔在中部，形成了左笛和右笛，但中间没有隔开的节，因此左笛右笛互相耦合，产生复杂的振动形式。此种形制很有研讨的价值，本文不详论，请参阅拙文《同管双笛（雁飞篪）的性能及其实用设计》（《乐器》1992年第4期）。

多管笛的形制，近几十年来有所发展，但远不如“单笛”形制之受人重视，需要进一步加强研究并实践，说不定能开创一条新路。比如说“叉手笛”（即同管双笛）、“此笛足以协十二旋相之宫，亦可通八十四调。”（《宋史·乐志一》）诚能如此，则用纯律旋相为宫的可能性也就存在。

第五类，不同的材料。乐器是人类社会生活反映的产物，茹毛饮血的原始狩猎社会，产生了骨笛，黄帝时代，黄河流域生长大量的竹子，竹是当时社会的重要生活资料，因此就产生了以竹为主要材料的中国古代管乐器群体，其中包括了竹笛。随着手工业及文化的高度发展，至迟在春秋末期就有了工艺精湛，供上层社会品赏的玉笛。到了唐代发展为玉笛群体，包括白玉、紫玉、绿玉、琥珀等，俱见之于文献。金、石、匏、土、竹都可以制笛，土制的埙，在声学特性上，与笛有共性，也可以把它归入笛类乐器，也可以用竹子制造。到了近代则塑料、合成纤维、玻璃、合金都可以而且已经用来制笛。不同的材料，使乐器产生不同的音色，同时富有不同的艺术价值。艺术的价值，并不完全决定于乐器的构造如何先进复杂或性能如何完备，有时，构造简单的乐器，也能在特殊的情况下，塑出特殊的艺象和反映出特定的社会生活，因而产生特殊的艺术感染力。如用极为简单的河姆渡骨笛，演奏《原始狩猎图》获得其他笛子无法代替的效果。又如用青田石试制成的龙凤笛来演奏一般的笛曲，虽然乐器的本质没有变化，但由于乐器形象华贵，也就产生了令人喜爱的鉴赏价值。再如用近代人工合成的材料来制笛子，由于材料规范化，音调可以精密计算，可以用模具生产因而也有其优越的一面。

对于不同材料的笛子形制，我们也要继承并且发展。

第一，历代文献中记载的不同材料笛子形制，首先应进行复制，这是继承的第一手。

第二，以材料学为指导，分析各种材料的声学特性，要避免盲目性。

第三，对目前最流行的竹笛，要从材料学的角度作出专题研究，包括竹子品种的分析比较、密度分析、防裂方法、最佳阻尼分析等。

第四，探讨并实验用其他材料制笛的可能性以及实际效果。

乐曲的继承与发展

我国民族器乐曲的遗产，琳琅满目，至今未有完全统计，据1989年《中国民族民间器乐曲集成》

统计，仅浙江卷就记录乐谱三千五百首(套)。古琴曲号称三千，琵琶南北名曲近百首，而称得古代笛曲即使是有名无实的曲名，也不过是“横吹”二十八首，汉之《武溪深》，唐之《谪仙怨》《紫云迴》等而已。现今流行的古曲《梅花三弄》相传为唐代颜师古根据古曲《梅花落》移植为琴曲，如今又据琴曲重译为笛曲，其真实性不免带有问号。这样看来，唐代以前之古笛曲，已无曲可承。唐代乐曲，在敦煌石窟中保存八首，有希望破译。尚有大量唐代乐谱，现存英国、法国，也有希望完璧归赵。《霓裳羽衣曲》的引子部分，据说是用笛演奏的，可惜其真面目到了宋朝就已不复可识。唐代白明达作曲的《春莺啭》，似乎应该是笛曲，但现已根据日本的《仁智要录》破译成筝独奏曲。据说日本有横笛谱集《博亚笛谱》的手抄本，当与唐曲有关。日本在1982年曾刊印《明暗洞箫经谱三十首》，也与唐乐有关。闽南的南音尚保存唐代遗音的一部分，正在整理中。此外，在佛教音乐中，值得先提一提的是“筹”这种乐器，其形制和笛并无两样，只是其吹端不开吹孔，用管口斜吹产生边棱振动；其演奏的形象在浮雕中屡有可见，历史有一千四百年以上，但不见经传。(最近河南出土的骨制筹有八个音孔，长22厘米，据测定为八千年前的制品，这是一个重要的发现，正在研究。)河南开封对大相国寺末代和尚王宗葵，尚精心保存有以“筹”为主要乐器的五百余首手抄大相国寺乐曲，破译工作正在进行，其来龙去脉如何，人们拭目以待。

中国音乐史中，独立的演奏曲是罕见，但以笛子为主要乐器或伴奏乐器的器乐曲、戏曲等，则浩如烟海，举重要者于下：

《西安鼓乐》以笛为主，现存坐乐套曲八十余套，散曲二百余首。

《笛套古乐》潮州音乐之一，以大横笛主奏。正在整理中。

《江南丝竹》流行于苏南、沪杭等地，笛子占有重要地位。乐曲除《欢乐歌》等八大名曲外，《春江花月夜》《小霓裳》等名曲也被纳入江南丝竹的行列。

《十番锣鼓》早期只用打击乐，明末加入丝竹，在僧道音乐中称为“梵音”，民间则称“吹打”，统称为“丝竹”。十番锣鼓的形式，是丝竹乐队的典型化、规范化，可以称之为中国的管弦乐队，其覆盖面极为广阔。由于笛子在民族乐器的地位非常重要，无论吹打乐、丝竹乐都离不开它。因此，所有的名曲也理所当然地成为笛曲遗产的一部分。这笔庞大的遗产，正在被近年来编辑的《中国民间民族器乐集成》，较完整地保存下来。

以笛子为主要伴奏乐器的词曲戏曲等，去掉词，就成为笛曲，其中最重要的是昆曲。昆曲是拥有曲调最丰富的剧种，《遏云阁曲谱》《六也曲谱》都有工尺谱。明代吴江派(以沈璟为代表)编撰有《南九宫十三调曲谱》共二十二卷。《幽闺记》现存曲谱全书。1746年刊印的九宫大成南北词宫谱，收有4466个曲牌，其中有南戏的曲谱四十余首。昆曲结构严谨，随着表情需要，即使是同一曲牌，旋律、节奏、情绪都会有不同的处理，不固守曲牌的呆板程式，也因此赋予音乐以独立性，使它能够脱离文词后也具有完整性。

除昆曲外，南宋姜夔《白石道人歌曲》十七首，附有工尺谱，是宋代仅见的词乐曲谱，有研究的价值。

清乾隆以后，地方戏盛行，出现了雅部(指昆曲)和花部。“花部”最早产生于陕甘一带的秦腔，流行于各地之后，形成了各具特色的梆子腔。梆子腔的音乐结构是板腔体。所谓板腔体，是音乐本身已具有完整的主题发展变奏，有毫不紊乱的音乐思维和逻辑，而唱词的结构反需要服从音乐的逻辑。正因为这样，所有花部的板腔，已经成为可以独立的器乐演奏曲。理解这一点，就能给中国笛曲的继承和发展，提供广阔的内容。戏曲艺术在宋金时代就已确立，经过近千年的演变，集中了民间音乐长期积累的成果,形成了各种形式和风格。近百年来,中国所有的民间乐曲及表现形式,都能从不同的戏曲中得到反映。笛子艺术风格的形成也与戏曲有关:南派风格,脱胎于昆曲,其乐曲来源及表现手法,与昆曲一脉相承。北派风格脱胎于梆子,其乐曲来源及表现手法,与梆子腔紧密相连。南派吹“曲笛”,北派吹“梆笛”,似乎是南北两派区别的标志,当然也有例外,如“二人台”属于北方风格,却喜欢用曲笛伴奏,塞北草原地处华北,其风格却自成一系。风格问题,下面还要谈到,此处从略。

新中国成立以来,笛曲的发展可谓空前繁荣,北派冯子存首先以独奏的形式,脱胎于板腔体而又摆脱原有程式,充分发挥器乐的性能,创作并演奏出《喜相逢》《五梆子》等乐曲:南派陆春龄脱胎于江南丝竹,而又从社会主义现实主义的观点出发,创作并演奏出《欢乐的农村》《今昔》等乐曲;我在50年代初期,创作并改编了《早晨》《三五七》《鹧鸪飞》等乐曲;天津刘管乐、安徽尹明山、山东赵仁玉等创作改编了《卖菜》《百鸟音》《喜新婚》等乐曲;随后刘森的《牧笛》、王铁锤的《黄河边的故事》、胡结续改编的《我是一个兵》、陈大可的《小八路勇闯封锁线》等,相继登上舞台,使笛曲内容扩展到叙事、队列、描写战斗等领域。短短的十七年,据不完全统计,先后出版了二百多首新笛曲。今天来评价他们,无疑地首先要肯定他们在推动笛艺发展的重大作用,笛子艺术从此走入了自己的广阔天地!回顾四十年来的中国笛坛,人才辈出,群星灿烂。到1987年止,评上国家一级演奏员的就有上海俞逊发、山东曲祥、湖北孔建华、陕西高明、内蒙古李镇,以及北京王铁锤、詹永明、宁保生、林文曾等人;评上国家二级演奏员的(包括艺术院校副教授)则更多。每个省、每个地区(包括少数民族地区、台湾地区、香港地区)都有笛艺的代表性人物。这些代表性人物,利用自己的三个优越条件(①对演奏技巧性能的熟悉;②对传统的笛曲素材掌握得较多;③具有丰富的实践经验),因此,他们虽非专业作曲者,却能创作或改编出许多有影响的作品来。新中国成立以来,数以千计的笛子乐曲,绝大部分是演奏者自己创作或改编的,他们描绘自己所熟悉的社会生活,表达自己所理解的情感,推动了民族音乐的普及,满足了人民群众的文化生活需要,对笛子乐曲的发展,作出了巨大的贡献!

中国的专业作曲家们,经过长期的徘徊、观望,终于认识到只有和民族相结合,才能创作出为中国人民所喜爱的乐曲;只有继承传统,熟悉传统,热爱传统,才能发展传统。因此,从80年代开始,逐渐有较多的作曲家进入了民族器乐的创作阵地,并且很快地获得丰硕的成果。在笛子曲的创作上,首先作出卓越贡献的要数浙江一级作曲家钱兆熹。他的作品,具有高度的作曲技巧、具有崭新的手法、又具有强烈的民族色彩,如《双声恨》《原始狩猎图》《伯仲吟》《风下空》《龙吟水》《杨柳怨》《梅花引》等,都引起了强烈的反响。接着,瞿小松、杨青、郭文景、李滨扬、徐昌俊、高为杰、施万春、叶小纲等作曲家,都以极大的热情投入了笛曲的创作,衷心地欢迎作曲家们到笛艺领域来施展他们的才能。不同的审美观,不同的表现手法,不同的题材,都在欢迎之列。艺术上的是与非、高与低、雅与俗,不能由少数人说了算,也不能由行政命令说了算。没有点点滴滴也就没有浩浩荡荡,没有积累也就没有文化。几千年的中华文化史,已经给了我们沉痛的教训,这教训就如同鲁迅先生所说的:“不要勇于抹杀别人,使别人变得和自己一样虚无。”不要把艺术的明珠和水珠同等看待!历史的长河,将永远奔向前方,越早认识到积累的重要性,就越能为人类创造真实的精神财富。“占小善者率以录,名一艺者无不庸”。“玉札丹砂,赤箭青芝”,固然要珍惜,纵使是“牛溲马勃,败鼓之皮”,也应“俱收并蓄,待用无遗”。随着历史的前进,人民群众自会作出客观而又公正的评价。这就是我对笛曲继承和发展问题的基本观点。

演奏艺术的继承和发展

演奏艺术是“声”与“情”的结合体，“声”是条件，“情”是根据，要使演奏成为艺术，必须做到声情并茂。“声”属于自然科学范畴，“情”属于意识形态范畴。也就是说，要掌握与艺术有关的自然科学，要从感性到理性不断深化、认识、渗透、理解、融化与艺术有关的社会科学。具体地说，演奏中的技能训练，一般属于自然科学范畴，如乐音三要素（音调、音品、音量）的掌握与训练，节奏训练、指法训练、呼吸训练、唇舌训练、视觉训练、听觉训练等与之有关的学科为“律学”“声学”“生理学”“材料学”等，除此以外的必要修养，一般属于意识形态范畴，如风格的掌握与创新，艺术形象的塑造，更美、更强烈、更理想、更集中、更典型地反映生活等与之有关的学科为文学、史学、哲学、美学、心理学等，以上都属于演奏艺术应包括的内涵。如何将二者结合起来，科学地、规范地编制大纲、设计教材，拟订规划、落实措施则又是一门教育科学，是笛艺内涵中既独立又联系的一个方面。如何使乐器本身进一步提高它的表现力，则应是以声学为主但又不能忽略横向联系的学科，也是笛艺内涵中既独立又联系的一个方面。演奏艺术的内涵极为深远广阔，学海无涯，艺无止境，艺术水平的高度与掌握艺术内涵的深度、广度成正比。理解这一点，才能对演奏艺术的继承和发展问题有一个正确的指导思想，才能找到不断提高演奏艺术水平的正确道路。笛乃小技，但这只是一个谦词或贬词。任何艺术都有它自己的汪洋大海，微观不过一滴，宏观则无尽。本文不揣浅薄，试论之如下。

一、龙的形象所包含的哲学思维

东汉马融诗云：“龙吟（鸣）水中不见已，截竹吹之声相似。”唐李白诗云：“笛奏龙吟水”“万壑皆龙吟”。宋代孔武仲诗云：“羌儿吹笛作龙吟，中有太古之纯音。”元萨都剌诗云：“江上何人吹竹笛，水浅沙寒龙夜泣。”笛子号称为龙，这是从汉朝开始一直流传下来的艺术形象。龙是中华民族的象征，笛子能得到这个称号，是特殊的光荣。为什么能得此殊荣呢？首先是由于它的悠久性、广泛性、群众性，从而缔结了深刻的民族性。七千年的历史，约九百六十万平方公里的神州大地，从昆仑之巅到东海之滨，从黑龙江畔到海南天涯，笛声犹如长江、黄河之水，龙吟不捨书夜。其次是笛子本身的形象，是一条小龙，是易卦中的“初九”。初九潜龙，九二见龙在田，九五飞龙在天，上九亢龙有悔，龙的形象即古典哲学“易经”阐明的乾卦之象。乾象曰：“天行健，君子以自强不息。”自强不息乃中华民族的传统精神，也是笛子艺术的传统精神。龙性刚健进取，但决不盲动：潜龙勿用，当前程充满艰险时，则屯聚积蓄力量，不丧其志，是为“屯”（䷂）；当已取得一定成就，但前有大山阻路时，则应努力培育新人作好长期奋斗的准备，是为“蒙”（䷃）；当事业顺利，前程坦荡时，则必须“终日乾乾，夕阳若是为乾之九三”；当事业大成，德高望重时，则必须防止骄傲自满，亢龙有悔，是为乾之上九；龙性充满自信，不受消极因素的干扰，但力求自身的行动符合客观规律；当处在低位时，看到否极泰来，是为“复”（䷗）；当处在中低位时，则勇于拼搏，是为“师”（䷆）；当处在中高位时，则以“谦”（䷎）为最大美德；“谦则无往而不利，它是中华民族最推崇的德性，其象征是身如山之崇高，却愿从平地之中”；当周围动荡不安时，却能洁身自好，自得其乐，是为“豫”（䷏）；当处在高位，德高望重时，能团结周围，平易待人，是为“比”（䷇）；最要不得的是孤身处高位以权威自居，傲视一切，盛气凌人，刚愎自用是为“剥”（䷖）。孔子曰：“如有周公之才之美，使骄且吝，其余不足观也已！”龙的精神，所体现的易象（或哲学思维），凡笛艺爱好者或专业者是否值得深思呢？

二、笛子艺术的传统审美观

“笛者，涤也。所以荡涤邪秽，纳之于雅正也。”吹笛，犹如说话歌唱：“诗言志，歌永言”，“言之不足故嗟叹之，嗟叹之不足故永歌之，永歌之不足，不知手之舞之足之蹈之也。”故刘向曰：“惟乐不可以为伪。”韩愈曰：“乐也者，郁于中而泄于外者也。”这是对“涤”一词的中肯解释。笛艺之美，美在露真情。唯其真，故善而美；而不是虚伪做作，所谓“巧言令色，鲜矣仁”，唯其假，故丑而恶。音乐不像文字那样具有第二信号系统，但其表情性能，具有直接的感染力这一点，是任何其他艺术所不能代替的。笛之所以为“涤”，目的是“洁”。不涤则不洁，不是为了涤而涤，这就有一个动机和效果的问题。在这一点上，它与“琴”的性格就有所不同：“琴者禁也”，禁止于邪以正人心。同样是为了使心纳于雅正，一个采取“涤”的方式，一个采取“禁”的方式；一个是幽咽低叹如泣如诉，或慷慨激昂，豪情奔放，一个则是怨而不怒，悲而不伤，或笑不露齿，行不露趾。两者都具有艺术之美，但笛子接近于劳动人民的性格，而琴则接近于上层人士的性格；笛艺为广大群众喜闻乐见，琴艺则为文人雅士击节叹赏。或许正由于这个原因，笛子在古代上层社会中，其地位远不如琴瑟钟鼓。《周礼》“笙师掌教龡竽箫埙籥笙篪篴管”，笙师是管乐的首席，笛的地位是从属的。曾侯乙墓出土的编钟乐队，编钟六十余枚，只有两根篪坐在角落，以充雅乐之数。周秦时期，笛有雅俗之分，所谓雅笛是因为能合五音六律，其貌不扬，其声不亢，充当跑龙套无伤也！俗笛则不然，敢于远先王之制，敢于唱出“子不我思，岂无他人”，“时日曷丧，予及女偕亡”的远礼之言，故大人君子，心虽好之，而又畏之，将其摈斥于大雅堂之外。因此说，笛艺之美，美在它的群众性；它善于表达劳动群众的喜怒哀乐，诉述他们离合悲欢之情。是怨，是怒，是恨，是悲，是喜，是乐，是慕，是诉，真实的感情，用不同方式表达出来，最后达到感情的升华，就会由此产生不同的社会效果。这社会的效果，可能是反叛型，也可以是“克己复礼型”，也可能是幻想型，也可以是现实型。从美学的观点来说，效果越强烈则艺术性就越高；从社会学的观点来说，效果应与公认的社会准则结合在一起。“笛者，涤也”。是笛子艺术的本质，“荡涤邪秽，纳之于雅正也”。则无疑是上层社会对艺术效果的期望，不但对笛子艺术是如此，对其他艺术包括古琴艺术，也未尝不是如此。

中国古代的音乐美学思想，受儒家、道家的深刻影响，儒家主张中庸之道，道家主张清静无为。对强烈的富有情感的音乐，儒家总是抱着引导的态度，希望纳之于“正”，这“正”就是“和”“和睦”“和顺”“平和”“祥和”，成为音乐的最高境界。道家则认为“五音令人耳聋”，有不如无。墨家非乐，法家禁乐，则又从社会效果上认为音乐是社会的消极因素。对比起来，儒家的观点还是比较进步、比较现实的。但“和”的美学观点，否定了音乐艺术的表情特性。“笛者，涤也”。这“涤”字本身的含义就否定了情感的合理性，而把情感统统归属于邪秽之列。因此，笛艺的传统审美观中，有自相矛盾的一面，既要表达真情，又把真情戴上了道义的枷锁，等于承认自己是在发牢骚，发了一通牢骚又达到了平和的目的。纵观古代文学艺术史，这种矛盾的现象似乎普遍存在。如何批判地继承笛艺的传统审美观，寄希望于美学专家们，投入笛艺研究的行列中来。

三、古典文学与笛子演奏艺术

文可入书，文可入乐，古典文学是笛子艺术的巨大宝库。历代文人通过他们对社会生活的体验和感受，运用他们的知识和文学技巧，凝成了智慧的宝石，这宝石放射出民族文化的光芒，它集艺术性、思想性、民族性于一体；它能给音乐艺术提供形象思维和逻辑思维；有许多优美的古典文学，本身就是文学化的音乐，特别是有关笛子艺术的古典文学，就像一首高水平的笛曲，只要转换成音乐的文字，就能成为上等音乐作品。举例说，钱兆熹的作品《伯仲吟》，来自《诗经 · 小雅》“何人斯”一章中的“伯氏吹埙，仲氏吹篪”。以及“棠棣”一章中的“兄弟阋于墙，外御其务。每有良朋，烝也无戎（音路)”。乐曲由埙、篪重奏，在形式上已表明了兄弟关系，内容含有人事也可引申到政治，含蓄而深刻，比起同类内容的作品，要巧妙而更富有民族文化的特色。又如另一部大型作品《杨柳怨》，从王之涣诗“黄河远上白云间，一片孤城万仞山。羌笛何须怨杨柳，春风不度玉门关。”中找到了音乐的主题。顺着诗所描写的历史背景，特定人物、情与景、矛盾冲突、表现手法等转化成音乐的文字。因此，稍有古典文学修养的听众，就能立刻引起联想，沿着古典文化所放射的光芒，翩翩地浮起了“秦时明月汉时关，万里长征人未还”等一系列的艺术形象。再如我在50年代改编的《鹧鸪飞》，原是一首民间乐曲，我以李白诗《越中览古》“越王勾践破吴归，义士还家尽锦衣，宫女如花满春殿，只今惟有鹧鸪飞。”作为改编的依据，重新构思，汰除了传统的华彩装饰手法，增加了幽思缥缈的箫声演奏技巧，发展一大段对“宫女如花满春殿”的描绘，而鹧鸪飞的形象也以标题音乐处理，作为冷落背景的凭吊，因此，与传统的《鹧鸪飞》，无论在立意、表现手法、技巧的使用等方面，都显得截然不同。如果说改编后受到欢迎，那也是古典文学增加了它的深度所致。有许多作曲家，从历史故事、历史人文中去找题材，也是借鉴古典文学的一种手法，如《楚魂》《九歌》《花木兰》《白蛇传》《黄鹤的故事》《广陵抒怀》等。另外，还有一些作曲家喜欢主题隐蔽起来让听众自己去发挥想象，不过，既然有标题，总得给自己和别人一条线索，于是就借用了古代文字的特殊妙用，取一个深奥的名字，如：杨青的箫曲《咽》，徐昌俊的低音笛独奏曲《篴》等。箫曲取名为《咽》，不管作者怎样想，听众(自然是指有一定古典文学素养者)首先产生的联想是李白的《忆秦娥·箫声咽》：“箫声咽(读郁)，秦娥梦断秦楼月。秦楼月，年年柳色，灞陵伤别。”其次会引申到苏轼的《赤壁赋》：“其声呜呜然，如怨如慕，如泣如诉；余音袅袅，不绝如缕。舞幽壑之潜蛟，泣孤舟之嫠妇。”遗憾的是作者和演奏者都没有按这条线索来构思和表达，在我看来，显得有些文不对题。《篴》原文的本义是一种吹管乐器，但不是笛子，如想描绘低音大笛，则应取名为“筀”，文字含义是大竹。这类古文，太偏僻，无助于音乐的内涵。总之，学习古典文学借鉴古典文学，是笛子演奏艺术重要的一环。特别希望能引起年轻一代的普遍关注。

四、风格、流派、时代风格

风格是艺术的个性，杰出的演奏家都会有而且应该有自己的独特风格。所谓流派，就是有一批风格相接近、审美观基本相同的演奏者组成一个群体，其中有代表性人物或典型化的艺术形式得到群体的拥戴，并为社会所承认。此外，在不同的历史时期，都会产生具有主流意义的艺术风格，同时，必然会产生非主流的艺术风格，与之相辅相成或相对抗。这具有主流意义的艺术风格，就被称为时代风格。

风格、流派、时代风格，是三个不同的概念，但它们之间有必然的联系。

风格是逐渐形成的，因而必然是逐渐发展的。杰出演奏家个人的独特风格，依赖其主观的创造，同时也与社会根源及历史根源休戚相关。

分析中国笛艺史，大约可分四个时期：第一，周秦到初汉，以雅笛演奏古乐为主流，俗笛(包括羌笛、长笛)演奏非雅乐与之相对抗，并逐渐取得优势。第二，汉至唐，以横笛演奏军乐，鼓吹乐为主流，雅笛、十二律笛等演奏宫廷乐、燕乐等与之相对抗。第三，宋代至近代，戏曲风格占主流，雅部由曲笛主奏，被称为南方风格；花部由梆笛主奏，被称为北方风格。它们相辅相成，互相吸收，但有时也相互对抗。宫廷乐等已占不了地位。20世纪四五十年代至90年代，笛子成为独立的艺术，演奏家纷纷创建自己的独特风格，南北界限逐渐消除，但习惯势力尚存在。曲笛、梆曲的代表性也被丰富多彩的各种形制所削弱，演奏曲大量创作出来，传统音乐为其吸收。创作的指导思想，以社会主义现实主义占主流。80年代起涌入新思潮，出现了许多带有新思潮色彩的作品，与传统相对抗，又互相渗透融化。因此，只能以"百花齐放"来说明这个时期的时代特点。

现浅论之：

第一，古代笛谱已荡然无存，因而其风格如何已成无皮之毛，只能从诸子百家论说中，略窥一斑。这个时间，儒家的复古哲学思想及其美学观点，无疑占重要地位，但也并非没有对立面。孔子主张克己复礼，天下归仁，可是诸子百家，争鸣于野，好货好色之君，各立于朝，春秋战国，儒学衰微，孔子哀叹：吾道不行。体现在音乐思想上，就是雅乐逐渐只供庙堂作为礼仪祭祀之用，而作为声色之娱的俗乐，则方兴未艾，形成了艺术与政治相对立的局面。

"移风易俗，万善于乐"，这是儒家提出来的论点，它给予音乐的社会功能以充分的肯定，这是有远见的，是辩证的。精神文明必然对物质文明起到反向作用，这种观点，即使在今天也有进步意义。但是正由于儒家把音乐的社会功能过分地神圣化、神秘化，使艺术脱离物质存在成为抽象的公式化概念。这种概念并没有能为社会大众所普遍接受，特别是能为追求声色之娱的统治阶层所接受，于是"上有好之者，下必有甚焉"，雅乐逐渐被俗乐所代替，也是必然规律。公式化的概念，束缚了艺术的发展，在笛艺领域也是如此，比如说在雅笛的形制上，增加一两个音孔都会受到严厉的谴责，何况试图制造新的风格及流派。

第二，笛子艺术从汉朝以后，大面积地深入民间，有两个重要的原因：一是民族之间的矛盾激化，战争连绵不断，军乐随之而兴。张骞出使西域后，带回《摩诃兜勒》乐曲，李延年改编成横吹二十八曲（到魏晋时尚存《黄鹄》《垄头》《出关》《入关》《黄覃子》《望行人》等曲）。战争是群众性的行动，笛子成了军乐器，也就成了群众性的乐器。二是除了宫廷音乐、庙堂音乐外出现了鼓吹的艺术形式，笛子是鼓吹形式的重要乐器，这种艺术形式，对我国民族器乐的发展起了重要作用，近代的民间吹打都是它的继承与发展。

民族的对立，帝王的好大喜功，使丝绸之路染满了人民的鲜血，"一将功成万骨枯""旧鬼烦怨新鬼哭""醉卧沙场君莫笑，古来征战几人回！"人民妻离子散，怨气冲天，作为群众心灵喉舌的笛子，倾诉着自己的苦难，出现了长达千年的被称为笛艺汉唐风格的"怨笛"。"羌笛何须怨杨柳，春风不度玉门关"，"杨柳"是军乐曲，歌词激昂慷慨，出之于上层之笔，音乐却是催泪断魂，表达战士的心声。"折柳""阳关"是离别出征的专用名词，"此夜曲中闻折柳，何人不起故园情""劝君更尽一杯酒，西出阳关无故人""吹笛秋山风月清，谁家巧作断肠声""谁知一曲终宵怨，霜雪无端两鬓生"等这些千古绝唱，犹如龙吟寒水中，将永远在华夏儿女的耳边回响！

月有阴晴圆缺，人有悲欢离合，鼓吹乐深入民间，立刻成为群众最欢迎的艺术形式。生离死别、婚姻嫁娶、祭祖悼灵、寿筵宴席，都会有吹打乐声烘托此情此景，鼓吹艺术就在人民群众的社会生活中，进一步缔结了深厚的民族感情。笛子的民族风格是永存的，它是凌驾于所有独特风格、流派、时代风格等之上的。

一方面是人民群众的"怨"，另一方面必然是统治阶层的"乐"。端冕中天、万方来朝、版图扩张、山河一统，汉唐素称盛世，于是歌舞升平的宫廷乐、燕乐，包括隋唐七部乐、九部乐、十部乐、大曲、大遍发展到极为繁荣的境地，对于这些遗产，我们自然也是要继承的，都是民族的财富，不能因为它曾经是帝王们的享用品，就像项羽那样，放把火，烧掉阿房宫。

在此时期是上层人物中间，也有身居高位，虽同情劳动人民既不敢"怨"也不愿恨，洁身自好，以梅、兰、竹、菊自拟，晋之桓伊，唐之李蓦，可谓代表性人物，其风格属于清高超脱型。

第三，宋金开始，戏曲逐渐集民间音乐之大成，乾隆后笛子艺术也随着戏曲形成了“雅部”“花部”两大流派，在本文第二部分已有所论述。笛艺两大流派的特点与昆曲的风格及梆子的风格紧密地联系在一起；昆曲有南北之分，梆子腔也流行全国各地，因此，不能将雅部风格、花部风格与笛艺的南派风格、北派风格等同起来。笛子艺术什么时候才有了南派北派之分？这个问题还需要考证一下，很可能是新中国成立以后才这样称呼起来地，正如“江南丝竹”这个名词，1954 年才见之于报刊，在以前只称为“国乐”或“丝竹乐”（据上海音乐学院李民雄先生考证）。风格的形成，有深远的历史根源与社会根源；典型的艺术形式其所以能成为典型，也必然有其历史及社会的原因。因此，分析笛子艺术的南北风格，不能只从典型的艺术形式所呈现的特征上去归纳，而应深入历史及社会中去寻找根源。

南派笛艺，讲求细腻、雅致，旋律优美抒情者多；用气平和，富有抑扬顿挫的美感；装饰技法，大都用颤、叠、赠、打、连音加华彩；倚音多从上到下，如：“$^{\underline{\underline{2}}}1\ -\ ^{\underline{\underline{3}}}1\ -$”，很少“$^{\underline{5}}1\ -\ ^{\underline{5}}1\ -$”的方式；大都用曲笛演奏，讲究音色松、软、脆、稳，很少紧、硬、刚、动。北派笛艺，讲求刚健、明亮，旋律跳跃或激情者多；用气以能吹破天者为上乘；装饰技法中吐、滑、垛、花舌为常用，倚音多从下滑上；音色较坚实，震与冲为常用，大都用梆笛演奏。以上只是简要地概括，而且限于技法上的特征，并没有能从音乐的本质上进行分析。我认为笛子艺术的风格，用简单化的南北分类是不妥善的，中国这么大，何者为南？何者为北？南中有更南、北中有更北，将笛艺风格局限南北两类，是历史的产物，因此，必将随着历史的前进而流入历史。

第四，50 至 90 年代，是为当代，笛子艺术出现了百花齐放的新气象，本文在前面，也已有所论及。把新气象说成是时代风格，当然牵强且不妥，但百花齐放是为时代风格的形成创造条件，至于我们这个时代的笛艺风格是什么，不妨以后再来评说。

第五，笛子演奏技巧的特性（或特色）。作为乐器，在演奏技巧上有其共性，无论什么乐器，都要求发音准确，音色纯净，具有多种表现力。同时，任何乐器除了具有特性外，必定有其局限性，不可能具有特性又没有局限性。笛子演奏技巧的继承和发展就是要充分发挥其特性，克服其局限性。

中国笛子演奏技巧的特性，表现在以下几方面：

第一，以中国气功为指导，同时掌握太极拳及少林拳的运气方法。无论南派或北派，都强调意守丹田，气往下沉。缓吸平吹、全身松弛、均匀吹气，如同流水，不颤不浮、不急不冲，与太极拳的运气方法完全一致。急吸超吹则丹田着力，重心下移，稳如磐石，气动如脱兔，刚而不躁，持而不虚，与少林拳的运气方法完全一致。因而能柔能刚，能弱能强，或宁静婉转，气如一丝，缥缈悠远，发人遐思；或银瓶炸裂、气动如山、吹破云霄、荡胸涤魄。李白诗云：“清风吹歌入空去，歌曲自绕行云飞。”随情之所至，时而幽思徘徊，时而激昂长啸吹完一曲，痛快淋漓，既感动了自己，又感动了别人。“吹情”，是中国笛艺的精华，要吹情必须要有情而且有能吹情之气，传统气功，赋予了笛子以这种功能。若与同类的西洋长笛相比较，就能明显地看出其差别。

第二，有极为丰富的传统技巧以及创新技巧。按性质分可分为三类：基本技巧、装饰技巧、特殊技巧。按生理分可分为五类：气、指、舌、唇、喉。按已有术语分：气控、气变、换气、气震、气冲、指叠、指历、指滑、指颤、指揉、指叉、指垛、指赠、指打、舌单吐、舌双吐、舌嘟、舌呶、舌噜、舌花、唇舌“吐部吐苦”，唇色吹喉震，喉卡双音等，一般笛技书籍都有详载，此处从简。此外，尚有许多技巧，陆续创新，如俞逊发创新了十多种，詹永明创新了七八种，张维良在箫的演奏技巧上有重大突破，杜衡在排箫的演奏技巧上获得广泛赞赏，还有更多的吹笛技巧尚在民间，未被周知。对于技巧的创新，有一个知识产权的问题，要引起重视，至少要先肯定其发明权，新产品可以申请专利，新技术可以转让，为什么演奏技巧的创新却无足轻重呢？如杭州王彦，在60年代就创新了“TBTK”技巧（循环换气双吐），可是他什么好处也没有得到，而且这种技巧反被外国人扬名获利，这是不公平的。艺术的价值，要得到社会的承认，才能推动艺术事业的前进。

第三，从简单的乐器中，找出丰富的表现力来，这是中国笛子演奏技巧的又一特性。举波姆长笛为例，其构造要比中国笛子复杂，但长笛不具有演奏中国笛子的气功性能，要强强不过中国笛子，要弱也弱不过中国笛子。长笛不能演奏圆滑音，也不能演奏$\frac{1}{4}$个音或$\frac{1}{8}$个音，在表现中国民族特色、抒发中国人的思想感情以及反映中国的社会生活等方面，是无法和中国笛子相比拟的。

但是，要看到中国笛子的演奏技巧也有较大的局限性：发音不够稳定；音调的准确性上存在很大弱点；音阶不完整，音域也不够广，不易作较复杂的转调；高音易刺耳，音品不够纯，个性太强等。以上这些缺点，在波姆长笛中是比较少的。因此说，要学习别人的长处，切不可盲目自大，故步自封，以致使龙的形象成为“乾之上九”，亢龙有悔，或成为“剥”，剥落无有。

结束语

中国笛艺的继承和发展问题，是民族音乐研究领域中的一个较重要的命题，它的内涵深远广阔，牵涉许多学科，即使收集第一手资料，也需费巨大精力。本文只是初步地、也是浅显地提出个人的研讨心得，有赖于各界同人指正，并有效地深入。愿中国笛子这朵民族之花，永葆艺术青春，发扬光大，香飘四海！

一九九二年十月于杭州

学生常用乐器知识与演奏技巧——笛

赵松庭

概　述

乐器的产生，是人类社会生活的反映。早在石器时代，我们的祖先，靠狩猎得到食物，吃了鸟兽的肉，留下了骨头，他们发现骨管可以吹出好听的乐音，于是就发明了骨笛。开始是一根管子吹出一个乐音，慢慢地在骨管上横开了一个、两个或三个以上的音孔，这样就可以吹出旋律来了。公元前五千年，就有了横开六个音孔的骨笛，这和我们现在常吹的竹笛除了大小不一样外，其他几乎是一般模样了。

原始的乐器形成后，逐渐向各个方向发展，笛子开始是用骨头制成的，以后就大量地用竹子来制造了。因为，在我国的黄帝时代，黄河流域生长的茂密的竹子，它是人民的重要生活资料。吃、住、用，包括制乐器都离不开竹子，竹笛也就是在那个时期形成的。笛子的长短、开孔的数目、笛子的音律等，都有了很大程度的发展。汉朝时有了长达三尺二寸的笛子和二尺九寸的笛子。魏晋南北朝有长短不同的十二律笛。唐朝时从骠国（现在是泰国）传进来“两头笛”，也叫“骠国笛”，将两根不同调的笛子制在一根竹子上。唐朝有一位叫吕才的人制成了“尺八”，就是长度一尺八寸，是竖吹的，后来传到日本，日本人至今还把“尺八”看成是非常高贵的乐器。还有一个叫刘系的人，在笛子上加开一个贴笛膜的孔。中国的笛子，贴上笛膜，这是国际上独一无二的。到了宋朝，有一种笛子是两手交叉演奏的左面四个音孔，右面二个音孔，这种笛称为“叉手笛”。元朝以后的笛子和现在常用的“曲笛”“梆笛”就没有什么两样了。为什么称作“曲笛”或“梆笛”呢？这是因为元朝、明朝到清朝戏曲盛行，笛子是戏曲的重要伴奏乐器，伴奏梆子戏的为河南梆子、河北梆子、山西梆子等称为梆笛；伴奏昆曲、南戏等的称为曲笛。至今笛子界还常常用吹梆笛还是吹曲笛来区分是北派、南派，当然这样的区分标准不是很科学的。

一、演奏姿势

笛子有长、有短、有大、有小。最短小的只有一寸长，手指头般粗细；最大的有一米多长，毛竹筒般粗。小朋友练习用笛子，要随着年龄以及手指头的长短而挑选，初小的儿童一般选用第三孔是“G”的笛子（从下面往上数），高小儿童则可选用第三孔是“E”的笛子，初中生则尽量多练较长的笛子（第三孔是 D 或 C）。

有一个很有趣的口诀，可以帮助演奏者端正演奏姿势。

风门正，笛身平，　　头要直，胸要挺。
拇指小指相扶持，　　莫使笛子柳摇金。
虎口之间可容蛋，　　关节舒畅手才灵。
六指按孔要严密，　　指指放松成弧形。
高低起落有规格，　　多余动作丢干净。
口劲松紧随我意，　　口风粗细由我心。
双臂张开四十五，　　青龙白虎全都行。
演奏姿态忌做作，　　严肃认真见真情。

风门的形状（双唇之间的小孔叫风门）最佳的是刚好在当中，而且是圆形的。但这是天生的，有的天生就是偏右或偏左，有的唇厚，有的唇薄，一般来说，都可以找到合适的位置，如果超出了限度，那就不宜学吹笛子。头要直，是说头颈不要扭曲。笛身平，是说笛尾不要朝上翘或朝下垂。

拇指小指虽然没有按孔，但要轻轻贴住笛身，而且要放在正确的位置上，这不但是使笛子不会摇动的需要，而且也是为了将来增加音孔时的需要。

拇指和食指之间叫“虎头”，笛子是放在虎口间的，除了放好笛子外，在“虎口”上还能放得下一个鸡蛋。当然，儿童的手掌没有这样大，只能放得下一颗鹌鹑蛋。千万不要像拿锄头一样把笛子紧紧握住。如果这样，手腕、手指的关节就都不会灵活了。

初学笛子时，往往吹不响，主要的原因有二：第一是口风和口形不对，第二是六个音孔没有按严。按孔要严密，决不要漏气，同时也不可太用劲，太用劲手指就紧张而不放松了。六个手指都要成为圆弧的形状，不可又直又僵。

手指打开时，不要抬得太高，也不要过低，高不要超过 3 厘米，低不要少于 2 厘米，太高没有必要，会影响速度；太低则因出气不舒畅，会使发音降低。手指打开时，就放在音孔的正上方，不要左右移动。也不要屈起来或伸长起来，总之，多余的动作要一概丢掉。

口劲的松紧，由上下嘴唇放松或缩紧而来，一定要将腮部向里缩，不要鼓腮，嘴唇也不要过分向后拉，保持微笑的形状，再做成发声为“吁”的口形，向下斜角的方向吹气，上唇稍稍向前突出一点点。

这样就一定能吹响而且好听。

左右两臂向上抬起45度，两臂一样高。手指、手腕、手臂连起来成为一条弧线，注意手腕不要向下屈，也不要向上弯。

不管你现在吹的笛子是什么调，凡是六孔全部按住的，发音唱名是“5̣”。（这叫首调唱法，这个调名，传统都叫“小工调”，第三孔作“1”）。

二、转调练习

六孔竹笛的传统调名有七个，它们是：①小工调，②凡调，③六字调，④正宫调，⑤乙字调，⑥上字调，⑦尺字调。

为了记谱的方便，传统的调名，一般都不用，而是在乐曲的开始，标上全按时的唱名，如全按作“5̣”，全按作“2”，全按作“1”……

先吹一首全按作“1”的曲子（传统的调名，叫乙字调）。先慢慢地把指法搞准，节奏搞正确，把高音吹响，有吸气记号“∨”的地方才吸气。然后，加快速度。有能力的还可以加点儿花样。

全按作“1̣”，开第一孔“2̣”，开一二孔“3̣”，

开一二三孔“4̣”，开一二三四孔“5̣”，

开一二三四五孔“6̣”，六孔全开“7̣”，

高八度指法相同，“1̇”全按后将第六孔打开，

“7”打开一二六孔，按住三四五孔，

“2̇”打开第一四孔，其余按住。

紫　竹　调

全按1

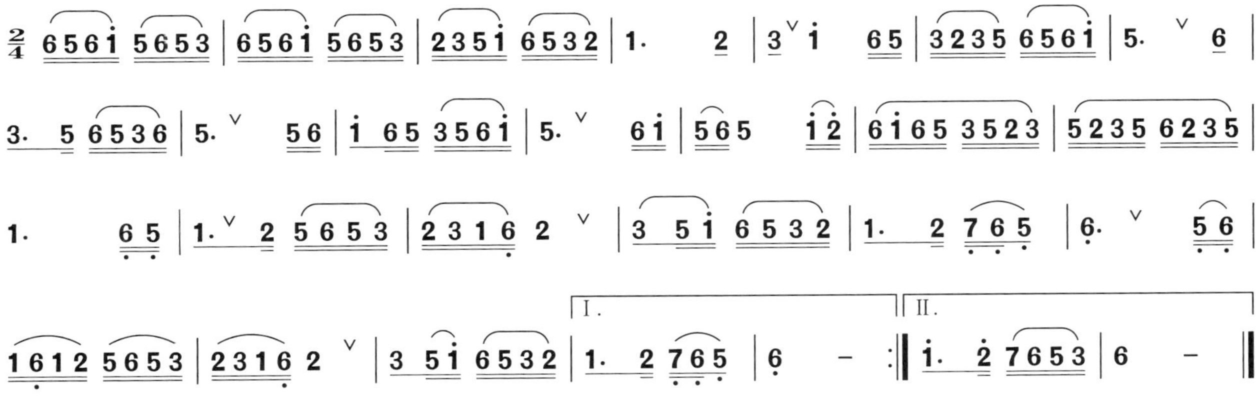

全按作“2”，传统叫“正宫调”。这个调，在笛子上用得非常多，如《喜相逢》《五梆子》《卖菜》《早晨》《牧笛》《牧民新歌》《陕北好》《扬鞭催马运粮忙》《小八路勇闯封锁线》等较有名的乐曲，都是全按作“2”的。

全按作“2”的指法，有一个地方要变了，想想看是哪一个地方？为什么要变呢？这个问题想通了，以后转其他任何调也就能知道怎样变化以及为什么要变化了。

全按作“2̣，开第一孔“3̣”，开第一孔以及第二孔的半孔才是“4̣”。为什么？因为“3̣”“4̣”之间，是

半音！开一二三孔是“5̣”，开一二三四孔是“6̣”，开一二三四五孔是“7̣”，开一二三六孔按住四五孔，或者六孔全开按住第六孔的半孔是“1”。为什么？因为“7̣”“1”之间是半音。吹高八度时，用力一些，口风缩紧一些，指法和吹低音一样，只有“1̇”的指法和吹低音时不一样，要将第二三四五孔都按住。如果是用按住第六孔的半孔来吹“1̇”，则低音高音的指法都一样，问题是按半孔一定要的听觉相配合，不能按得太少或按得太多。学音乐的人，一定要有敏感的耳朵，“如果没有音乐的耳朵，则任何美好的音乐都是毫无意义的”。

第二孔的半孔按在孔的什么部位？是“◒”还是“◑”？按在手指的什么部位？是中指的指尖还是中指的第二节？①最好是按住里半孔“◒”，这样指法较灵活。②较小的笛子（如高音笛、梆笛），按在中指的指尖上；较大的笛子（如曲笛、大笛）按在中指的第二节上，因为第二节比指尖容易按半孔。

三、气功练习

先将两手向前平伸，手心向下，然后慢慢吸气，双手随着慢慢拉回到胸前，手心向胸前，双臂张开45度，注意吸气时的要领：双肩不可上下动，胸腹自然来扩张。这时，全身都充满气，肺部、腹部、小腹（即丹田）浑然一体，像一个长方形的皮球，留气三四秒钟（不吹也不吸），然后双手像打太极拳那样，手心朝前缓缓推出，而体内的空气，也随双手，从“吁”的口形中慢而匀地吹出。这样就完成了一次深呼吸。一般来说，均匀地将气呼出，儿童也能做到8秒钟。

要领明白后，在笛子上做长音练习。

5̣ - - - - - - - -˅ | 6̣ - - - - - - - -˅ | 7̣ - - - - - - - -˅ | 1 - - - - - - - -˅ |

2 - - - - - - - -˅ | 3 - - - - - - - -˅ | 4 - - - - - - - -˅ | 5 - - - - - - - -˅ |

一秒钟一拍。

练长音是吹笛子最基本的功夫之一，吹到老要练到老，要严格地符合要求：

1. 均匀平稳；
2. 发音结实响亮；
3. 每个音吹8秒。

儿童正在发育时期，不要求一开始就达到8秒。可以从4秒开始，逐渐加长，但发音一定要平稳、结实，决不能发抖或有杂音。发抖的主要原因，是丹田在抖动，要学会丹田始终不动的功夫，即使气已快完了，丹田还是稳如泰山。杂音的来源有三个：①呼吸时有摩擦声；②吹气时的角度不对；③口风散了，没有将口风束缚成一股射流。要慢慢提高听音的能力，首先是辨别发音准确还是不准确的能力，其次是鉴别音质好还是不好的能力。

吹笛的气功很像打少林拳。少林寺和尚练坐马功时，击出一拳就大喊一声“哈”！这时，他击出一拳愈有力，那么，双脚踩在地上也愈重，久而久之，少林寺练功场地就被踩成很多很深的脚洞。吹笛子也是这样，当吹强音或高音时，就要用到这种功夫。练习时，先用哈哈笑的“哈”字，来找到用气的位置，这个位置是在“丹田”。用手摸摸看，发出“哈”的声音时，丹田是不是在那里鼓劲？位置找到了，然后把“哈”字改成吹笛时的口形“吁”字，把口风缩紧一些，让气流像箭一般向前射，在笛子上练高音和强音，如：

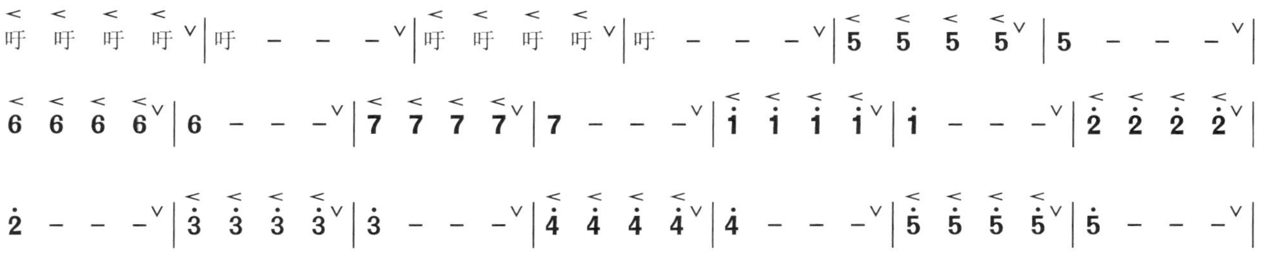

这样一遍吹下来，可能累了，休息一下，再练。这种练习方法，像不像打少林拳呢？时间练长了，气力也增长了，吹起笛子来可以响彻云霄，传入九天。更重要的是懂得什么是气往下沉。再结合像打太极拳般的用气方法。吹起笛子来，时而婉转柔和，时而激昂慷慨，时而风和日暖，时而暴风骤雨，这样，才能通过艺术来表达各种各样的情感，去塑造丰富多彩的艺术形象。

如果每天保持一刻钟练长音，必能收到天天向上的效果。

四、常用指法

也许你要问，吹笛子最重要的技巧是什么？第一，是把音吹准；第二，则把音色吹好听；第三，是能够看着乐谱，把各种各样的音程、节奏、表情、风格等很快地吹出来。如果能掌握这三个重要方面，那么，你就具有接近专业的资格了！你现在当然做不到，不过，在训练的过程中，要时时刻刻注意这三个重要方面，千万不可片面地去追求技巧的花样，而把最重要的东西丢在脑后。也就是说，要注意音乐内涵的训练，不可追求“花拳绣腿”。话又要说回来，要做到重要的三条是和指法、舌头、气功等的技巧训练分不开的。

颤音“*tr*”训练

指法训练中，手指的弹性是重要的。要随时随地训练手指独立活动的能力，要使每个手指都能作弹性的跳动，跳动时能做到均匀、持久、灵活，臂部的肌肉不紧张，要注意两手的无名指，越是不灵活的手指越要训练。

五、常用舌头技巧

吹笛子的舌头技巧是很重要的，舌头技巧好比拉琴的弓法。拉琴时有长弓、顿弓、快速跳弓、碎弓等，吹笛子也一样，有长、顿、跳、花之分。先要把乐谱上的符号和舌头的动作搞清楚。

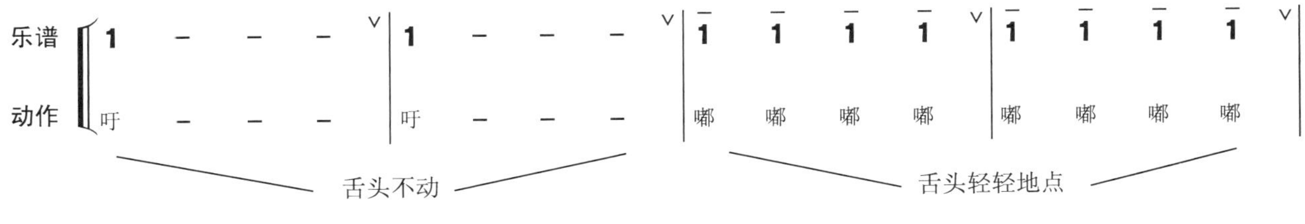

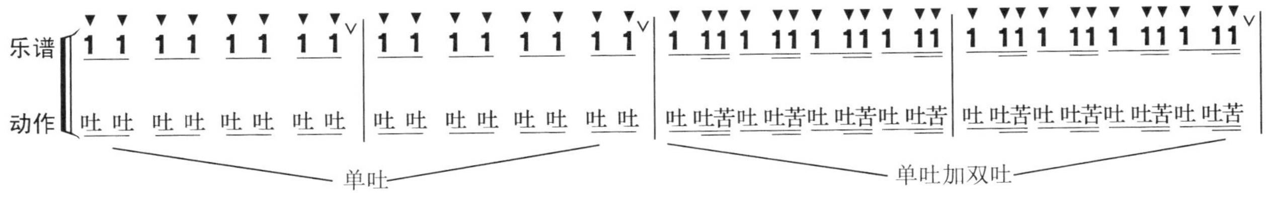

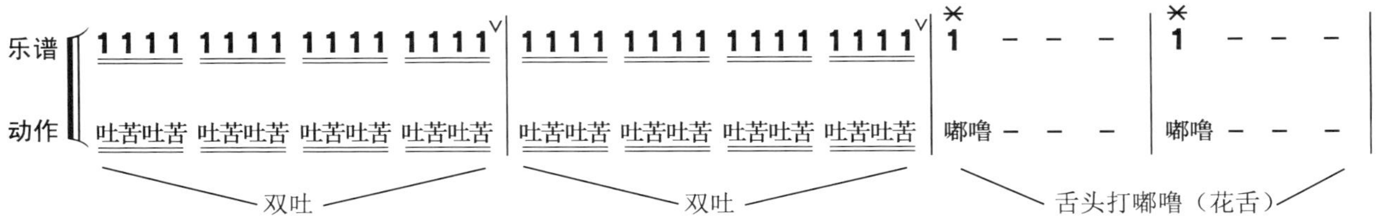

注意：

①乐谱上有“ ⌒ ”连线记号时，不能用舌头。

②乐谱上没有“▾”记号时，一般都用“吁”来吹。

③乐谱上有“— ”“ ~ ”的记号时，表示要吹得清楚一些，就用舌头轻轻地“嘟”一下，不要爆破。

④乐谱上有“▾”记号时，用“吐”爆破音来吹，但舌头不可露出唇外。

⑤乐谱上有连续快速“▾”记号时，或有“TK”的记号时，用“吐苦吐苦”的双舌技巧演奏。

⑥乐谱上有“ ⋇ ”记号时，用打嘟噜（花舌）演奏。

六、常用气功技巧

气功技巧最重要的有五个字：稳、准、纯、亮、长。它们都是互相联系的，稳而后能准，准而后才能求纯；吹得亮才能吹得长，吹得长才能吹得亮。因此说：呼吸方法、用气方法、口劲、口风、位置等的训练是吹笛技巧中至为重要的。就像武术中所说的这是内功，内功不好，就会变成空架子，花拳绣腿就是空架子。若要使自己的练功不致成为“空架子”，就必须做到：①多练长音，严格地符合要求；②不断地提高辨别音准的能力；③不断地提高辨别音色好坏的能力，而且要从一开始练功就要贯彻到底。

吹笛子的低音、长音，用气就像打太极拳；吹高音、强音，就像打少林拳。用吹笛子的术语来说：“低音不能冲，一冲就要高；高音不能松，一松就要掉”。吹低音，用气要粗而缓，吹高音，口风要细而急，最关键的是要用耳朵辨别高低音的关系是否准确。

练习曲

全按5

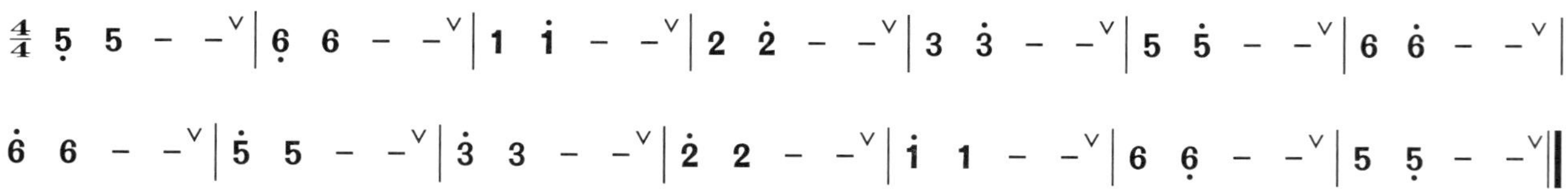

练习的主要目的是掌握八度音程之间的正确关系，同时训练两者之间用气的分寸。

练习曲

全按5

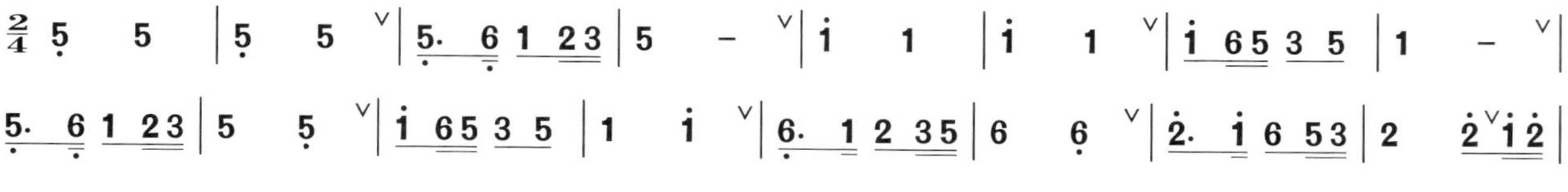

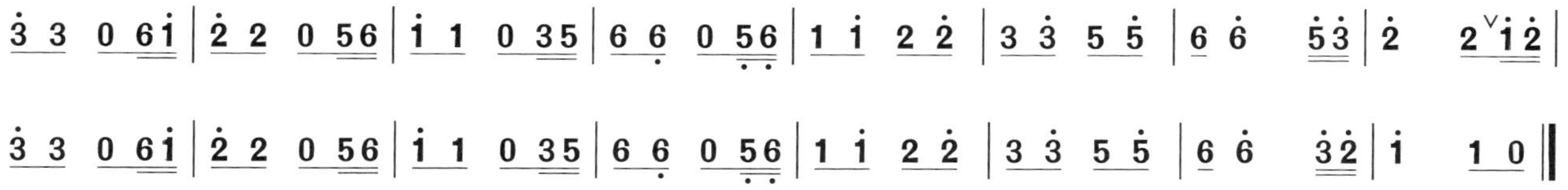

气功技巧除了稳、准、纯、亮、长以外，还有一些常用的技巧，如控“< >”、变“♭”、换“ⓥ”、震“〰”、冲垛“Ɂ”、泛“○”、喉“⊕”等。

控“< >”，气息控制。吹笛子能够吹得响彻云霄，又能吹得细如一线。能强能弱，能刚能柔，就能使笛子产生美妙的艺术感染力。但这种技巧很不好学，因为它要达到三个要求：①强弱的幅度变化要很大；②强而不能高，弱而不能低；③强而不能躁，弱而不能虚。

变“♭”，气变音。利用气流向上向下的变化使音升高或降低。要学这项技巧，首先要学会气息控制，在此以前，不要急于训练此种技巧。

震“〰”，波浪音。无论唱歌或拉琴，都会有波浪音的。波浪音有好几种，用手指振动、手臂摇晃以及气振动，都会产生波浪音。要紧的是波浪起伏要有规则，不能一会儿大，一会儿小。同时要做到，不可什么时候都用上震音。吹中国笛子，南方人喜欢用指震，北京味道的曲子大都用气震。第一，不要乱用。第二，波浪起伏要均匀。指震每秒钟 6 次左右，气震音每秒钟 4 次左右。更要记住，平稳、结实的训练是主要的。这好比画一条直线要比弯来弯去的画直线要难得多，训练的时候，一定要从难从严。

冲垛“Ɂ”，这是气、指、舌三样都结合在一起，才能产生的技巧。这种技巧发出的声音，就像打板一样，像小鸟的“叽叽”叫，火车的“轧隆隆隆”，跑马的“骨答骨答”，都可以使用这种技巧。学习这种技巧时，吹气像打少林拳，要非常急促而且有力，手指按下来时，要急速有力地打在音孔上，参加打的手指越多 则越有力。手指打下来时，要不分先后。同时，舌头的动作则采用爆破的吐音，越短促越好。试试看，能不能吹出像鸟叫，火车、跑马的声音来。

泛音“○”，竹笛只有两个音孔能吹出规则的泛音。而全按时（称为基音）则能吹出四五个泛音。

全按作“5̣”时，手指不要动，依靠口风和口劲的变化，可以依次吹出“5 2̇ 5̇ 7̇”等泛音，大笛子还可以吹出“2̈ 4̈”等音。第一孔可以依次吹出“6̣ 6 3̇ 6̇”等音，开一二孔可以依次吹出“7̣ 7 ♯4̇ 7̇”等音（但要其他音孔帮忙）。多练习吹泛音，能够使口劲口风的控制能力迅速提高，又能检验笛子的音色是好是坏（泛音能顺利吹出的笛子，一般音色都较好）。同时，还可以用泛音来检验笛子的音准。

泛 音 练 习

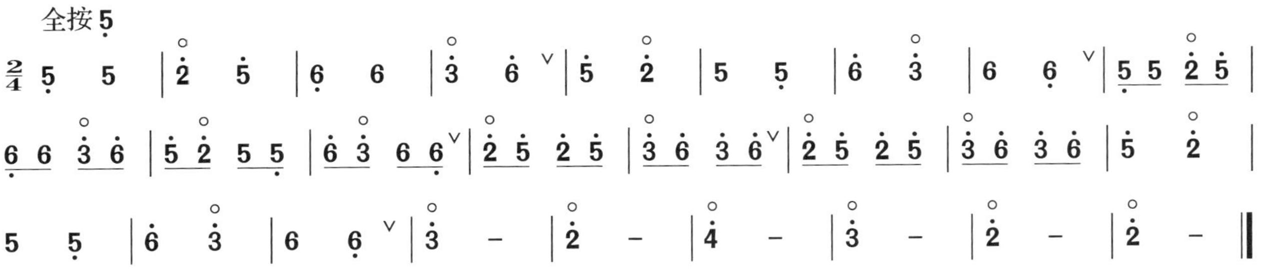

注意：

①泛音的“$\overset{\circ}{\dot{3}}$ $\overset{\circ}{\dot{2}}$”和正常的“$\dot{3}$ $\dot{2}$”要一般高。

②用轻吐进行练习。

喉音“⊕”，吹笛子时，用声带帮助发音就叫“喉音”，这种技巧用得很少。不过，也有人用一面唱、一面吹的方法来演奏双音，也是值得研究的技巧。

中国竹笛教学方法探讨

赵松庭

竹笛在中国民族乐队及戏曲乐队中占有极其重要地位。新中国成立以来，在党的重视和关怀之下，大多数艺术院校都办起了民乐系或民乐班。而竹笛被认为是不可缺少的专业。三十年来，经过许多专业工作者的努力，逐渐地总结出了一些行之有效的教学经验和方法，出版了好几本竹笛教程，成绩是可喜的。回忆一下新中国成立以前，这一方面是一个空白，再看看今天在这一项专业上，离开高度科学和文化水平的差距，那么每一个竹笛专业工作者，包括教师、学生，都会感到一则以喜，一则以惧，成绩固然可喜，但存在的问题确实也不少。关于三十年来在这方面的成就可以另作专题总结，本文着重地探讨一下目前在中国竹笛教学方法上存在的问题，以及在如何进行教学问题上提出自己的看法。

按照我的看法，目前在中国竹笛教学方法上存在以下问题：

一、普遍地有一种轻视或忽视基础训练的倾向

基训的目的是演奏，比如造一座房子，先要平地基，平地基是为了把房子造起来，问题是要看造什么房子，不同的房子对地基有不同的要求，一间茅草房只要把地搞平就够了，如果要造一幢现代化建筑，那就非得把基础挖深打实不可。由于片面地追求实用，急于把房子盖起来，其结果必然使建筑物流于低级。在教学方法的这种倾向，也必然会使学生受到各方面的局限，而对于攀登艺术高峰，这是与新时期总任务的精神不相符合的。

有些同行认为竹笛构造简单，没有什么难学之处，多吹几个曲子，在文艺团体跟上一个时期，也就可以称职了。这种看法是片面的，他只看到竹笛简单的一面，却没有看到竹笛复杂与困难的一面。中国竹笛有着极为丰富的表现力，有许多高深尖的技巧，它是属于比较难学的乐器，因而它需要有更结实的基础。当然，基础与实体并不是对立的，基训是为了演奏，问题是如何系统地、有步骤、有计划地并且有较为科学的方法来达到这个目的。对于基础训练的重要性，在理论上很少有不同的看法，关键是如何通过实践检验来证明基础训练的重要性，在这个问题上，我想谈谈自己教学中的实际体会：

我有很多学生，有专业的，也有业余的，我在教学中根据他们自己的志愿和不同的条件，采取了两种不同的教学方法。对于专业的年轻学生，着重结实地打基础，按照正规的训练计划，有步骤、有要求、有检查地稳步训练，这样教学的结果，大多数学生都富有成效地进入了专业文艺团体，普遍地演奏路子较广，视奏能力强，工作胜任愉快，得到了观众的好评。对于一些业余的学生或年纪较大的学生，则采取愿学什么就教什么的方法。由于他们之中很多是工人或农民，没有更多的时间从事艺术劳动，他的学习目的，除个别抱有专业打算外，大多数只是一种爱好而已，因此就不强调基础训练，只是使他们能有所提高就是了。这样教学的结果，大多数业余学生都能在他们所在的工作单位参加独奏演出，有很多成为文娱骨干，但是演奏水平较高的却很少见。这就是实践的检验，它证明了基础训练的成果是看得见摸得着的东西，也许在开始的某一个阶段内成效不著，可是随着上层建筑的显露，就会使那些缺乏基础的学生望洋兴叹！

从这个观点出发，我深感目前大专院校中竹笛教学存在的轻视或忽视基础训练的问题是严重的，是亟待改进的。

二、缺乏系统性的经实践检验证明是较完整和较科学的教材

新中国成立以来，出版了好几本笛子教材，从无到有，不能在质量上苛求。西洋管弦乐器都有较完整的教材，这是经过几百年的探讨与积累的成果，是值得我们学习和借鉴的。万丈高楼从地起，不怕没有房子住，就怕不肯造，更怕拆房子。我愿意向那些编写笛子教材的同行致敬，不过我期望着更好的、更有系统和更科学的笛子教材问世。从事竹笛教学工作的教师，更应该负起这个责任来。一个竹笛教师不一定是个竹笛演奏家，但应该知道各种风格的演奏。一个竹笛教师不一定有很高的技巧，但应该全面地了解竹笛的演奏技巧和怎样练习这些技巧。教师的责任在于指导学生学习，有目的、有步骤、有要求、有措施，能够发现问题、解决问题，这样的教师就必然有一本教材，也许还没有写成文字，应该把它写出来，通过实践再加以修改补充，大家来积累探讨，就一定能在不远的将来，在全国范围内编写一些系统性强、科学性强的行之有效的竹笛教本来。而目前的情况却是老师吹什么，学生学什么，或者是你编你的，我教我的，一般的教材多则两年，少则一年就可学完，风格不全面，技巧不全面，观点不一致。换一个老师就得换一种方法，使学生浪费了许多时间。如果有一本或几本公认为较科学的教本就不致发生这些情况了。再说，中专五年、大专四年学生学的东西没有什么区别，一样的深度、一样的广度，但是学制又是不能变的，其结果是使学生陷入了盲目性。作为专业学校特别是大学专业，主要的应该引导学生求得质的飞跃，从低级到高级，而不是简单地循环。要向现代化进军，向高深尖攀登，没有结实的基础不行，没有宏伟的目标和踏踏实实的步伐也不成。因此说缺乏系统性的经过实践检验证明是科学的教材，这个问题也是亟待解决的。

三、一些有关教学方法的基本观点存在着分歧，又没有针对着分歧开展学术探讨，因而问题就得不到解决

据我所知，目前全国大专院校及专科学校中，对竹笛的教学方法是存在着很多分歧的。前面谈到的两个问题，就存在着不同的看法，比如说什么是基础训练？就有不同的理解。举我们浙江艺校为例，由于学校的性质以戏曲为重点，有时是京剧，有时是昆曲，有时则办婺剧，更多的时候则办越剧，对于竹笛专业的学生来说还是不问具体情况，一律采取同一的教法，同样的教材，认为基础总是基础，不管什么剧都一样呢？还是根据不同的需要把各剧种的风格训练作为基础训练呢？在这个问题上我们学校就有相当大的争论和分歧。由于这个分歧，就产生了第二个分歧，竹笛的系统性、完整性、科学性的教材怎样编写呢？是不是不同的训练需要，应该有不同的教本呢？如果是这样的话，那么全国范围来说，要求有几本系统、完整、科学的教本似乎是不可能的事了。基本的观点有分歧，就对教学方法产生了一系列的影响，从教学的目的要求、规划、措施，到学生成绩的考核标准都发生了矛盾，其结果对教师和学生都是不利的。因此说，这样的问题是应该认真地探讨，求得一个比较合理的解决办法的。

此外，还有一些基本观点没有求得一致，如音律问题就是其中之一。竹笛采用什么律？纯律和平均律的问题矛盾不大，有的主张“民族韵味”，把笛子上发音不准的情况，说成是风格上的需要，而这一点在昆笛上的旋相为宫中表现特别明显，这就属于基本观点的分歧了。对竹笛是发展中的民族乐器，需要进一步改革的观点也有分歧。对竹笛演奏技巧应该不分东西南北广泛地全面地吸收和训练的观点，也有不同的看法……

不怕问题多，也不怕有分歧，怕的是你说你的我教我的，井水不犯河水，风马牛不相及。我回想起四十几年前向民间艺人学吹笛子的时候，师傅不许我看谱子，只许他吹一句唱一句，我跟着吹一句唱一句，不许我用舌头，只准用“呼”，不准用“吐”，叫我在小便着急的时候练气功，这叫丹田提气。吹昆曲《单刀赴会》的唱词第一句是“大江东去”，曲谱是“工尺上尺工，上尺上乙五”，是上字调指法，全按是“乙”，可想而知，它发音不准的程度是骇人的。我尊敬我的师傅，但要看到时代在前进，特别是新中国成立后在党的重视和关怀下，竹笛艺术真是一日千里，突飞猛进。我的师傅他们由于受到了时代的局限性，岂能梦想到今天的竹笛演奏技艺达到这样的水平。这样想开去，我们今天绝不要故步自封，我们要向前看，要有雄心壮志，既热爱自己的事业，又要有一个冷静的科学思考方法。由于需要探讨的问题很多，今天我只着重地探讨基础训练与教材两个问题。

第一，基础训练问题。

竹笛专业的基础训练有广义和狭义两个方面。从广义的范围来说，竹笛是音乐艺术的一个部分，因此竹笛专业的基础训练离不开音乐艺术的基础，其中最基本的最本质的东西是音乐美感的训练，包括音准、音质的鉴别能力，节奏感，对音乐的理解和必需的基本知识等，学校中都设有视唱练耳、基本乐理及其他与艺术有关的政文等课程，这都是竹笛专业学生从广义范围来说的基础训练。再从狭义的范围来说，竹笛专业的基础训练，是在音乐艺术科学指导下的演奏训练，但基础训练并不等于演奏，它只是为更好地演奏做好准备，准备得越充分，演奏的能力和水平就越强越高，正如部队要练兵，有时要演习，但练兵和演习都不等于真的打仗。竹笛专业的基础训练，按照我的教法，其主要内容如下：

1. 结合练耳做视奏训练

目的：解决音准、节奏问题，提高识谱能力和视奏能力。

要求：

（1）先把五声音阶一字一字吹准，然后把七声音阶一字一字吹准。

（2）平均每天视奏一首乐曲，从易到难，做到音符正确，节奏正确，视奏两遍即能通过。

2. 气功训练

目的：解决呼吸方法、力度、音色、用气、口劲、口风、风口位置等的基本问题。

要求：每天至少单独训练一刻钟。

（1）平稳、结实、响亮、无沙音。

（2）吹完十二拍有余气（一秒一拍），呼吸方法正确。

（3）发音准确。

（4）掌握正确的口劲、口风、风口位置。

3. 手指弹性训练

目的：训练手指灵活性能。

要求：每天做手指的弹性训练十分钟。

（1）每个手指都能作弹性的跳动。

（2）均匀持久，肌肉不紧张。

4. 舌头灵活性训练

目的：训练舌头的灵活性能。

要求：每天做舌头动作训练一刻钟。

（1）单、双、三、轻、花，轮流训练。

（2）发音结实、清楚。

（3）口水不能吐进笛子。

（4）均匀、持久、灵活。

以上四条每日必修，就像舞蹈训练的搁腿弯腰一样，要长期坚持不懈。

5. 完成各个进度的基本训练作业

要保证（详见《笛子演奏技巧十讲》）学生完成基本训练作业的时间。按照我的看法，专业学校的学生，专业训练的时间应该是总学时的二分之一，基础训练的时间应该是专业训练时间的二分之一，无论从广义和狭义两方面来说，基础训练的时间都是一半。

我在前面已谈到，基训是为了更好地演奏，它与演奏各种风格的要求是不矛盾的。基本训练是带有共性的东西，而各种风格的演奏是带有个性的东西。戏曲乐队的伴奏，带有强烈的地方性和风格性，因而个性较强，在训练时要注意时间分量上的安排。但不能把风格训练作为基础，也不能用风格训练取代基本训练，就像不能只顾专业的训练，而把其他从广义上来说是基础训练的东西一概排斥了一样。艺术是上层建筑的东西，它与各方面有着密切的联系，缺乏音乐艺术的素质就吹不好笛子，缺乏专业的基础训练也就演奏不好各种风格。再说，风格是逐渐形成的，因而也是在不断发展的，比如说越剧在20世纪40年代以前还不过是“的笃班”唱唱呤吓调，相当原始，新中国成立后的数年之间就发展成为全国大剧种之一，越剧音乐在国际上享有很高声誉。这是因为基础不同了，新中国成立后越剧音乐工作者的基本功是以前的那些工作者所望尘莫及的了。

第二，教材问题。

教材的系统性、完整性、科学性，我认为要体现在以下几个方面：

1. 要有明确的训练目的，严格的训练要求，切实的训练措施和有条不紊的训练规划。

2. 有正确的经过实践检验的训练方法，包括姿势、呼吸是否正确，训练程序、时间安排是否合理，以及第一条所提出的目的、要求、措施、规划是否妥当等。

3. 基训和实践要相结合，个别训练和集体训练要相结合，独奏训练和伴奏、合奏训练相结合，技巧训练和提高审美能力相结合，在训练完成时，学生应具备伴奏、合奏和独奏的能力，具备分析乐曲、处理乐曲乃至改编创作乐曲的能力。

4. 尽可能全面地掌握各种演奏技巧，尽可能地熟悉各种演奏风格，对有特殊训练的要求（如各种地方戏曲）也能求得适应。

5. 能不断地深化，使中专五年、大专四年学生都有新的东西可以学习。

要编写好具有完备性能的教材是有很多困难的，但如果大家一齐来探讨，一起动手，则事在人为，是可以把这个工作做好的。下面我向大家介绍一下我所编的教学大纲，先抛一块砖头，希望能引出美玉来。

中国竹笛教学大纲

（中专部分）

第一单元，学时为一年。

本单元训练内容：

1. **姿势要领：**

风门正，笛身平，	头要直，胸要挺，
拇指小指相扶持，	莫使笛子柳摇金，
虎口之间可容蛋，	关节舒畅手才灵，
六指按孔要严密，	指指放松成弧形，
高低起落有规格，	多余动作丢干净，
口劲松紧随我意，	口风粗细由我心，
双臂张开四十五，	青龙白虎全都行，
演奏姿态忌做作，	严肃认真见真情。

2. **呼吸（气功）要领：**

双肩不可上下动，	胸腹同时来扩张，
缓吸平吹全身松，	腹肌不必空自忙，
急吸超吹劲往下，	丹田鼓气力度强，
口鼻兼用看需要，	切忌呼吸有声响，
莫到无气才吸气，	均匀呼气流水长。（供讨论）

气功训练目的：

(1)掌握正确的呼吸方法。

(2)锻炼肺活量，训练力度。

(3)掌握正确的口劲、口风及风口位置。

(4)训练音色的纯净结实性。

要求：

(1)发音平稳、结实、响亮、无沙音。

(2)吹完十二拍（一秒一拍）有余气，呼吸方法正确。

(3)发音准确。

(4)姿势正确。

(5)找到平吹超吹的不同口劲和位置。

方法：

(1)对准键盘乐器，一字一字把音吹准。

(2)每日练长音一刻钟（从低到高二到三遍）。

3. **舌头训练（包括单、双、三、轻、花）**。

目的：

(1)训练舌头的灵活性。

（2）舌与气不可分，气舌相结合，类似提琴弓法训练，长音类似长弓，单吐、轻吐类似顿弓，双吐、三吐类似跳弓，花舌类似碎弓。

要求：

（1）发音结实，干脆、清楚。

（2）口水不能吹进笛子。

（3）丹田鼓气吹强吐音。

（4）单吐要练得均匀持久。

（5）双吐舌头要灵活，紧密配合手指。

（6）舌头动作时，不能吐出唇外。

（7）加快速度练习。

（8）节奏感要强烈。

方法：

（1）结合长音练习，变换各种舌头动作。

（2）用练习曲进行练习。

4. 手指灵活性训练，包括“*tr*”音训练，“╱╲”音训练，及基本调（小工调及正宫调）各种音阶进行练习。

目的：

（1）手指的灵活性是演奏旋律的最基本条件。

（2）小工调及正宫调的指法，是中国竹笛的最基本指法。

（3）“*tr*”“╱╲”以及各种音阶的进行练习，是指法练习中最基本的。

要求：

（1）每个手指都能作弹性的跳动。

（2）均匀持久、肌肉不紧张。

（3）逐渐加快速度。

（4）注意持笛姿势。

（5）要特别注意两手无名指的训练。

（6）小指在训练时，不要离开笛子。

（7）完成规定的练习曲。

方法：

（1）每日作手指弹性训练十分钟。

（2）用练习曲进行练习。

以上气、指、舌训练，除每日必修外，平均每两星期完成练习曲一首，全年共二十首。

5. 视奏训练

目的：

（1）视奏是每个演奏员必需的工作能力。

（2）通过大量视奏，可以提高演奏水平，同时可以积累音乐素材，加深对音乐艺术的理解。

（3）可以根据不同的训练要求，有计划地安排时间的分量。比如说，要训练某种戏曲的演奏人员，就可以在视奏材料上加重这方面的数量，所谓熟能生巧。

(4)通过视奏，进一步解决音准、节奏、互相配合等问题。

要求：

(1)平均每天视奏一首乐曲，全年三百首。

(2)乐曲由简单到复杂，要求视奏两遍即能通过。

(3)个别视奏和集体视奏相结合，训练集体演奏互相配合的能力。

方法：

(1)布置视奏作业，按时抽查。

(2)定期举行集体视奏训练。

6. 演奏训练

目的：

(1)基训与实践相结合，使基训项目得到实际应用，进一步巩固基本训练。

(2)演奏旋律是基训的主要目的。

(3)积累演奏曲，为艺术实践准备条件。

要求：

(1)一学期学会三首演奏曲，一年六首。

(2)熟练，能单独演奏并有处理，对乐曲理解。

方法：

(1)在适当的时候，挑选合适的演奏曲进行训练。

(2)演奏曲的难度及技巧的应用不要离开基训内容太远。

(3)开小型演奏会，进行艺术实践。

以上第一单元共六个训练内容，练习曲二十首，演奏曲六首，视奏曲三百首，完成训练后进行测验，记分标准要严格、具体。

第二单元，学时为一年。

本单元训练内容：

1. 第一单元复习

将第一单元训练内容，压缩为每日半小时左右，以后尚须经常保持。

2. 进一步加强以力度为主的气功训练

目的：

(1)进一步训练力度，锻炼肺活量。由于竹笛是嘹亮的乐器，加强力度的训练可以使它在必要时得以发挥，同时可以延长吹奏的寿命，过早的训练气息控制，容易变为“细口风”。

(2)加强力度的训练，才能演奏粗犷刚健的乐曲以及大多数北方风格的乐曲。

要求：

(1)唇与吹孔稍呈钝角，发音比以前更响亮，但要做到强而不噪。

(2)用梆笛、曲笛交替练习。吹长音，要求除更响亮外，其他与以前同。

方法：

(1)每日吹长音一刻钟。

(2)用新的力度练习第二单元的练习曲和演奏曲。

(3)要注意不要过分,注意强而不噪。

3. 气震音训练

目的:训练用气的变化,使音产生波动的技巧。

要求:均匀持久、幅度较大,犹如大提琴揉弦。

方法:结合长音和练习曲进行气震练习。

4. 指震音训练

目的:训练用指法使音产生波动的技巧。

要求:均匀持久,幅度较小,犹如小提琴揉弦。

方法:结合长音和练习曲进行指震练习。

下三孔震里半孔,上三孔震上半孔。

5. 气变音训练

目的:掌握气变音技巧,这种技巧是应用颇广的传统演奏技巧方法之一。

要求:

(1)指法不变,利用位置及气流的变化,能使音升高或降低半个音。

(2)能在乐曲中使用。

(3)与音准紧密配合。

方法:通过练习曲和演奏曲训练。

6. 圆滑音训练

目的,能圆滑演奏是中国竹笛特点之一,必须对它进行系统的训练。

要求:

(1)每个指头都能进行圆滑演奏。

(2)各种音程都能进行圆滑演奏。

(3)能气指结合进行极为圆滑地演奏。

(4)能有鉴别、有分析地妥善应用圆滑音。

方法:通过练习曲和演奏曲训练。

7. 垛音训练

目的:掌握垛音这种特殊演奏技巧。

要求:

(1)每个音孔都能发出垛音。

(2)能够妥善地在乐曲中应用。

方法:通过练习曲和演奏曲训练。

以上各种传统演奏技巧训练,共练习曲二十首。平均每两星期一首。

8. 视奏训练

目的、要求、方法同第一单元,难度要增大。

9. 演奏训练

目的、要求、方法同第一单元,全年完成演奏曲六首,演奏曲应以北方风格为主。

第二单元共九个训练内容，练习曲二十首，演奏曲六曲，视奏曲三百首，完成训练后进行测验。

第三单元，学时为一年。

本单元训练内容：

1. 第一、二单元复习。将第二单元也进行压缩，合起来每日进行一小时复习

2. 气息控制训练

目的：掌握气息控制技巧，才能使笛子演奏具有抑扬起伏的艺术表现力，它是笛子演奏中非常重要的技巧，因此要努力掌握它。

要求：

(1) 音量能强到 ***ff***，弱到 ***pp***。

(2) 音高不能变，强而不高，弱而不低。

(3) 音色要结实、纯净，强而不噪，弱而不虚。

方法：

(1) 唇与吹孔稍呈锐角。

(2) 吹弱音口风向前，吹强音口风向下。

(3) 结合长音及练习曲、演奏曲进行训练。

3. 循环换气的技巧训练

目的：掌握循环换气的技巧就能够演奏特长音。

要求：

(1) 呼吸无声响。

(2) 音高不变，听不出痕迹。

(3) 不紧张，看不出痕迹。

(4) 能在乐曲中妥善地应用。

方法：

(1) 先学会基本动作。

(2) 在笛子上练，做到长吹不断，不鼓腮。

(3) 逐渐能在旋律中应用。

4. 装饰音训练

目的：中国竹笛的装饰音有它自己的特点，常用的有“叠”“打”“赠”“带”“飞”等，应用得好与坏，能影响演奏风格，因此要做系统性训练。

要求：

(1) 对各种装饰技巧能有意识地灵活地应用。

(2) 对各种装饰技巧的性能有充分了解。

方法：

(1) 分别进行训练。

(2) 通过练习曲及演奏曲进行训练。

5. 特殊强弱变化技巧训练

目的：掌握特殊的强弱变化技巧，使音量能减弱到 ***ppp***，或如洞箫一般演奏。

要求：

(1)熟悉各种留气方法。

(2)熟悉各种开半孔的指法。

(3)要有极敏锐的音准观念。

(4)能在各种场合应用。

方法:通过练习曲和演奏曲进行训练。

6. 泛音练习

目的:熟悉泛音的性能及笛子的声学知识。

要求：

(1)掌握泛音的演奏技巧。

(2)通过泛音讲解,了解竹笛的声学知识。

方法:通过练习曲及演奏曲训练,并对学生进行笛子的声学知识讲解。

以上各项内容,计练习曲二十首,平均每两星期完成一首。

7. 视奏训练

目的、要求、方法同第一和第二单元。

8. 演奏训练

目的、要求、方法同第一和第二单元。全年完成演奏曲六首,演奏曲应以南方风格为主。

第四单元,学时为一年。

本单元训练内容:着重训练旋相为宫的各种指法。

1. 第一、二、三单元复习,每天保持一个半小时。

2. 乙字调演奏训练。

目的：

(1)掌握乙字调的演奏指法。

(2)学习乙字调的演奏曲。

要求：

(1)将主音三音之间音程吹准。

(2)将第七音吹准。

(3)指法灵活。

方法:结合演奏和视奏进行训练,视奏曲三十首,演奏曲三首。

3. 尺字调演奏训练

目的：

(1)掌握尺字调的演奏指法。

(2)学习尺字调的演奏曲。

要求：

(1)特别要将主音的按半孔技术学好。

(2)将第四音吹准。

(3)指法灵活。

方法:同乙字调,完成视奏曲三十首,演奏曲三首。

4. 六字调演奏训练

目的:

(1)掌握六字调的演奏指法。

(2)学习六字调的演奏曲。

要求:

(1)特别要注意将主音的叉口和按半孔技术学好。

(2)将第四音、第五音吹准。

方法:同乙字调、尺字调,完成视奏曲三十首,演奏曲三首。

5. 凡字调演奏训练

目的:

(1)掌握凡字调的演奏指法。

(2)学习凡字调的演奏曲。

要求:

(1)将第七音吹准。

(2)开始练习八孔笛,训练两个小指的活动能力。

(3)六孔笛和八孔笛都能演奏凡字调。

方法:

(1)作第七音按半孔的训练。

(2)作增加两个音孔的八孔笛训练。

(3)完成视奏曲三十首,演奏曲三首。

6. 上字调演奏训练

目的、要求、方法都同上。

以上共计视奏曲一百五十首,演奏曲十五首。

7. 半音阶训练

六孔竹笛演奏半音阶存在困难,这个问题牵涉乐器改革问题,一般的半音阶比较少的乐曲可以勉强对付,但总非竹笛所长,如何解决,要大家来探讨,或者可以放到大专训练项目中去。

第五单元

演奏实践,从略。

关于大专的竹笛教学大纲,我没有经过实践,不敢妄议,在我想象中,第一、二学年应以加深复习为主,第三学年后应该做专题学习,要求学生能写出论文来,从理论到实践,都有较深的造诣。

请批评指教。

一九八二年十月

笛艺问答

（九篇）

赵松庭

编者按：著名笛子演奏家、教育家赵松庭先生的“笛艺答问”一文以问答的形式，对“笛子艺术的内涵”“笛艺入门的要点有哪些”“音调——最重要的笛子演奏技巧”“如何掌握好笛子的音色”“最常用的技巧及其要点”“装饰技巧和特殊技巧”“笛子的质量如何检验”“如何适应温度的变化”等诸问题进行了阐述。此文不仅对笛子演奏者和爱好者有用，而且对学器乐的人来说，也有其更为广泛的实用价值。

一、笛子艺术的内涵

问：您认为笛子艺术的内涵，主要的应包括哪些方面？

答：在民族音乐中，笛子有相当重要的地位，这不仅仅是因为笛子这一乐器本身具有民族特色，具有丰富的表现力，而且因为它的产生、变化、发展与中华民族的文明史有着非常紧密的联系。横吹为笛，竖吹为箫（笛与箫本应是合二而一的概念），笛为龙，箫为凤，“龙笛”“凤箫”是中国人民赐予它的高贵美丽称号，正由于它的悠久性、广泛性、群众性，从而缔结了深刻的民族性。因此说，笛艺内涵中的民族性应是最为重要的，是根本的。

笛子是乐器，是表演艺术。表演艺术是“声”与“情”的结合体，“声”属于自然科学范畴，“情”属于意识形态范畴；“声”是音乐的条件，而“情”则是音乐的根据；有“情”而无“声”缺乏感人的条件，有“声”而无“情”则缺乏感人的根据。要使自己的演奏能够成为艺术，必须达到“声情并茂”，也就是说，要掌握与艺术有关的自然科学，要从感性到理性不断深化认识、理解、渗透、融化与艺术有关的社会科学。具体地说，演奏中的技能训练一般属于自然科学范畴，如乐音三要素（音调、音品、音量）的掌握与训练、节奏训练、指法训练、呼吸训练、唇舌训练、视觉训练、听觉训练……与之有关的学科为“律学”“声学”“生理学”“材料学”等，除此以外的必要修养一般属于意识形态范畴，如风格的掌握与创新，艺术形象的塑造，更美、更强烈、更理想、更集中、更典型地反映生活……与之有关的学科为文学、史学、哲学、美学、心理学等，以上都属于笛子艺术中应包括的内涵。如何将二者结合起来，科学地、规范地编制大纲，设计教材，拟订规划，落实措施则又是一门教育科学，是笛艺内涵中既独立又联系的一个方面；如何使乐器本身，进一步提高它的表现力，也就是说要进一步发展与改革，则应是以声学为主而又不能忽略横向联系的学科，也是笛艺内涵中即独立又联系的一个方面。

艺术水平的高度与知识面的广度、深度成正比。模仿绝不是艺术，艺术也不等于技术，艺术靠实践，实践出效果，实践是检验真理的标准。

二、笛艺入门的要点有哪些？

问：笛艺的内涵既深且广，那么，怎样入门呢？入门的要点有哪些呢？

答：爱因斯坦有句名言“成功＝艰巨的劳动＋正确的方法＋少说空话”。学习艺术，要有献身精神，要有“锲而不舍，金石可镂”的毅力，要以最节约的时间去求得可能求得的最大空间；要尽量少走弯路，要排除干扰，而弯路或干扰的根源就是空话（包括“反话”“废话”）。不能否认，我国目前在民族音乐界，指导性的理论和方法，尚处于探讨和逐步完善阶段，谁也不敢自诩自己的理论和方法是权威性的、科学的、规范的。对此，我们不能操之过急，但也不能谁也不买谁的账。“培育龙的传人，四海合力；浇开民族之花，五湖同心。”目的一致才能团结，团结一致才能繁荣。讲这一些，也许是空话，但对如何入门是有关的。艺术不是抽象的主观本身，它是有对象的，如果对象间互相排斥，那么艺术的价值就会被人为地抹杀，“入其门而见丑”，何谓入门！

笛艺入门的要点，首先就是要找到正确的方法，而正确的方法来自正确的指导思想。从大的方面来说，既然艺术水平的高度与知识面的广度、深度成正比，那么就应有机地结合起来，一开始就有一个总的结构的蓝图，然后开始进行艰巨的劳动。应该把“专”当成目的，同时应围绕“专”所包含的“博”作为基础，要克服目前学校教育中存在的文化与专业摆不平的矛盾，这关键又在于指导者本身的指导思想。从小的方面来说，基础训练和演奏训练是专业训练过程的手段和目的。在这里，又要有一个指导思想：基础的坚度与建筑的高度、厚度成正比。要反对“模仿 + 演奏”“演奏 + 模仿”的入门方法，反对有啥吃啥的营养结构。常言道要吃好“开口奶”，这也就是笛艺入门的第一步，这第一步必须在正确指导思想下进行。

按照我的提法，笛艺入门要点如下：

1. 德、智、体、美全面发展，缺少其一，前程不远。

2. 重视基础训练，要有系统训练，但不排斥不同的实用要求（如业余的或专业实用性强，迫切要求实用的等），要因材施教。

3. 入门四个“先”。

①决定目的；②拟订方案；③明确要求；④落实措施。

4. 入门四个“找”。

①找到正确的姿势（要考虑不同生理条件）；②找到用气的位置（要以生理科学为指导）；③找到发音准确的位置（从听觉、乐器本身、用气及指法等去提出问题和解决问题）；④找到音色最好的位置（从听觉、乐器本身、口风位置、笛膜等去提出问题和解决问题）。

5. 入门四个“必”。

①必须每日练习用气，常练不懈；②必须每日练习指法的弹性、各种音程进行的速度及节奏；③必须一开始就结合指法练习用舌；④必须每日坚持练习视奏，由浅入深，这是综合练习，包括视觉、听觉、节奏及气、指、舌各方面，到一定程度就转化为演奏，那就要提出表情的各种要求。

三、音调——最重要的笛子演奏技巧

问：您认为笛子演奏技巧中，最重要、最应注意而且是最难掌握的是哪一种？

答：音调。音调是乐音三要素中的第一要素，音调不对头就不成其为音乐。因此，如何解决音调问题，以及掌握与此有关的技巧是最重要的。很多人似乎对技巧的追求非常迫切，追求新花样，追求高难度，这当然是应该值得赞赏的，但技巧是手段不是目的，如果是为了技巧而技巧，那就成为杂技而不是音乐了。

笛子的音调问题颇为复杂，牵涉许多方面，举几个重要的课题：律学方面——“中国竹笛的律制”；声学方面——“横笛的频率计算与应用”，“温度与乐器的音准问题”；乐器制作方面——“目前生产的竹笛音调问题”；乐器改革方面——“中国竹笛如何转调”（或如何演奏半音阶）。

以上四个方面都属于音调问题，都需要作专题研究。作为一个专业工作者，无疑应该对以上问题有所了解、有所研究并参与探讨。

作为演奏技巧训练来说，应把音调准确放在第一位，训练的程序从实际出发，分几个阶段进行：

1. 五声音阶、七声音阶及高、低八度的音准掌握。

2. 常用的五声音阶转调，一根六孔竹笛能转六个调，但以五声音阶为限，同时必须掌握按半孔及“叉口”技术。

3. 简单的变化音阶。

4. 复杂的变化音阶，必须增加音孔，从八孔到十一孔，也可考虑加键。

5. 音律研究及实践。

解决音调问题及掌握有关技巧的前提是要有辨别音的高低误差不超过5—10音分的耳朵听觉。这一要求使演奏中国笛子的难度大大增加，使它不同于很多音调稳定或较稳定的乐器。缺乏灵敏耳朵是很难演奏好中国笛子的。当然耳朵的辨别能力也是可以训练的，首先就是要重视它，切莫掉以轻心；其次是要严格要求，采取切实的措施，并注意方式方法。在初级阶段的训练要点为下：

1. 选择发音准确的乐器。

2. 注意发音平稳的训练。

3. 找到平吹和超吹的不同口劲和口风。检验的标准是高低八度是否是1比2的关系。

4. 注意指法。手指抬得高低、发音孔以下的音孔开放或闭合都对音调发生作用。

四、如何掌握好笛子的音色

问：如何掌握好笛子的音色？

答：通常所说的“音色”是指音的特色。音色的决定因素是泛音的成分，泛音的成分随着不同的条件而产生无穷的变化，因此绝对相同的音色是没有的，即使是同一种乐器，也会有不同的音色。一般所说的音色的好坏，是在同一类器乐或声乐中进行比较的。音色问题极为复杂，它不能像音调那样可以读出数字来，电子仪器也只能测出是谐波还是无规则的波或非周期性的振动，这也只能是检验音色好坏的一个方面，并非全部。音色的好与坏有其客观的标准，但也不能否认有它一定的主观性与随意性。

一般公认吹笛子的音色首先是要求做到“纯”与“净”。不纯不净就是沙、哑、破、杂；笛子靠吹气发声，吵、哑、破、杂的声音都来自气，因此，要掌握好笛子的音色，首先就是要练好吹笛气功。在这里说一说要点：

1. 呼吸方法以混合呼吸为好，要排除一切由呼吸而产生的杂音。

2. 吹气的控制点在丹田，所谓“气往下沉”指的就是这一个。缓吹要做到“长”（吹八拍为合格）、“匀”、“亮”，吹气的方法如同打太极拳；急吹超吹要做到“刚而不噪”，吹气的方法如同打少林拳。无论缓吹、急吹都要意守丹田。检验的方法是上身能做到纹丝不动；坐吹或站吹能感到臀部或脚跟有重量，越强则越重。

3. 口风能粗能细，口劲能松能紧。气流必须集成一束。吹笛的气流，术语称为“射流”，射流不集中是吹笛时产生沙、哑、破、杂的主要根源，“三日不吹唇长毛”，长毛就是影响气流的集中。

4. 口风、口劲与丹田松紧等的配合，就属于“气自控制”技巧。频率与气流的速度成正比，与气束的直径（为圆时）或宽度（为扁时）成反比。具体地说：如气粗而缓，适宜吹低音；如要吹高音，吹气应细而急。口风除要求能细能粗外，还要注意吹气的角度。正常的角度是笛子吹孔的平面与脸部成直角。脸与吹笛平面的角度大于90度，则音量强，音色刚而易躁；如小于90度，则音量弱，音色柔而易虚。强而不躁，弱而不虚，是一致公认的吹笛音色较难达到而又必须达到的要求。

5. 不要忘记，乐音三要素中，音调是第一位的。因此，切不可片面地强调音色，而置音调于不顾。例如音色问题上一致都强调放松，但放松是以音调准确为前提的，吹高音必须缩小口风，加快气流速度，相应地就不放松了，"高音不能松，一松就要掉。"所以要注意音高达到后，尽量求得放松。

五、如何掌握好笛子的音量

问：如何掌握好笛子的音量？

答：自古以来，笛子被认为是发音嘹亮的乐器，"平明吹笛大军行"，汉代、唐代都把笛子作为军乐使用。所谓"笛者，涤也，其声涤涤"，能涤除烦忧，畅诉胸怀。由于这样的原因，一般都强调吹笛的力度，也就是说要把笛子吹得饱满、结实、响亮。要达到饱满、结实、响亮、，必须先练气。这里音量与气量是结合在一起的。我们必须通过技巧，使气量转化为音量，但不能操之过急，切忌一开始就拼命用力地吹；"直吹"最伤肺，会引起头晕目花，所谓"欲速则不达"，这是得注意的。

音量的强与弱是相对的，没有弱也就没有强，都是强也就不显得强，"欲强必先弱""欲弱必先强"。如何掌握好笛子的音量？这个问题的答案，就是掌握好强弱变化的技巧。

音量的强弱变化在于气息控制，气息控制的关键在口风能粗能细，口劲能紧能松。口风、口劲、角度、速度四者，与音调、音品、音量三者构成错综复杂的关系，举例如下：

1. 口风细、音量弱；口内粗、音量强。

2. 口风细、音要低；口风粗、音要高。

3. 角度大加口风粗，音变高、强、音色易噪。

4. 角度小加口风细，音变低、弱，音色较柔和。

5. 气流速度快，音量强，音变高。

6. 气流速度慢，音量弱，音变低。

以上六种情况是有规律性的，气息控制就是要把这些规律控制起来。举例如下：

1. 口风细加口劲足，加速度快，音量弱，音不低。

2. 口风粗加口劲松，加速度慢，音量强，音不高。

3. 口风极细，加口劲很足，加速度更快，加角度增大，音不低，音量很弱，音色不虚。

4. 口风极粗加口劲很松，加速度很慢加角度变小，音不高，音量很大，音色不噪。

总的来说，要采取各种各样的措施，达到三个要求，即音量能强能弱，音色不噪不虚，音准不高不低。

关键的关键，在于耳朵的审音能力。当然，还需有艰巨艺术的劳动。

六、最常用的技巧及其要点

问：除前几次论到的三种最基本的技巧及要点外，还有哪一些最常用的技巧？其要点为何？

答：技巧是手段，表达内容才是其目的。凡有助于表达内容的技巧，多多益善。我不赞成以风格为借口，对某种特定风格属于不需要的技巧，就采取排斥的态度，因为新的风格的创造，必然会出现一些新的技巧。

常用的笛子演奏技巧分气、指、舌三部分，它们的术语及符号，一般的笛子书中都有，我这里不重复。按轻重缓急排列，除前几次讲到的最基本技巧及要点外，接下来应该是气功中的“震”与“变”，指法中的“颤”“滑”“叉”，用舌中的“双吐”。

“震”，俗称“波浪音”。吹笛先要求平稳，然后才可以练习均匀地振动，使声音更有美感。它的要点有三：1. 切记不动比动难。平衡为主起伏为宾，不可倒置。2. 振幅的大小，要根据需要，不可盲动，大的振幅如大提琴揉弦，小的振幅如小提琴揉弦。3. 要动就动，要稳就稳，切不可把“震”变成习惯。

“变”，口风射入吹孔的角度，需要在常规中求得变化。角度的变化能使频率升降达到半个音。它的要点是：1. 根据需要调节角度。2. 用唇肌的控制改变气流的角度而不要用颈部或头部的俯仰来改变气流角度。3. 牢牢记住及把握音高标准，在不稳定中求得稳定。

“颤”，颤是训练手指弹性的重要方法，全部按音孔的手指都要坚持不懈地做弹性训练。它的要点是：1. 均匀跳动。2. 持久。3. 不紧张。4. 每秒 6—8 次。

“滑”，滑音是中国竹笛的特点之一。要做到：1. 滑上滑下无间隙。2. 每个指头都能滑。3. 各种音程都能滑。

“叉”，叉有两种含义，一是改变按孔的指法使音升高或降低；二是按半孔使音降低。六个音孔的笛子要能转调，必须熟练“叉”的技巧。它的要点是：1. 先学会第二孔的按半孔技巧，这样就能演奏全按作“**6**”的一般民音乐曲。2. 再接着学会第五孔的按半孔（或改变指法）的技巧，这样就能演奏全按作“**3**”的一般民间乐曲。3. 再接着学会第一孔、第四孔的按半孔技巧，加上六孔全开的升高半音，就十二音齐全了。

“双吐”即“TK”，在顿音技巧中双吐用得最多。其要点是：1. 灵活、清楚，指、舌紧密配合。2. 注意各种类型的变化，不要千篇一律。如一组十六分音符中就可有各种变化。3. 注意各种音程的练习。

以上就是些最常用的技巧和它们的要点。

七、装饰技巧和特殊技巧

问：除基本技巧、常用技巧外，还有一些什么技巧？

答：还有一些装饰技巧和特殊技巧。

所谓装饰技巧，一般都以经过音、装饰音、助音等出现，如叠音、历音、打音、赠音、花舌等。它们的运用比较自由。装饰也是一种艺术，装饰得好与坏会影响整体形象。这里面有雅俗之分，有高低之分。有些特定的风格，往往在装饰手法上也可以显示出来，如江南情趣的民间乐曲常用“颤、叠、赠、打”进行装饰；北方情趣的民间乐曲则常用“吐、滑、垛、花”进行装饰。这似乎有点“泾渭分明”了。我曾在江南情趣的装饰手法上讲过几句顺口溜：“出手常用‘颤’，叠音不过三，间隙可馈‘赠’，同音‘打’来分，灵活相交叉，仙女来散花，恰到便是好，莫成老油条。”

特殊的演奏技巧五花八门，有些是传统的，也有很多是近代创造的。北方风味的乐曲常使用“垛”这一技巧，发出的声音像拍打一般，用以模拟或描绘鸟啼、马嘶、车跑、人们欢跃的情景。有许多艺人常使用“喉声”而产生特殊的音色，近年来，很多演奏者用气和喉相结合，吹出两个声音。吹笛时用唇部振动发声，像“巴乌”那样演奏，这种技巧暂称之为“包吹”。上面这些技巧，“垛”用得比较广泛，其他，只偶尔在乐曲中使用，还没有取得很成功的效果。

特殊演奏技巧中，吹笛的循环换气得到较大的反响，目前已在国际上传播。这是一种从唢呐上移植过来的技巧,这种技巧能使吹气连续不断,因而可以演奏很长的乐句。练习和使用这种技巧,注意以下要点:1. 先学会吹气、吸气同时进行的方法。2. 在笛子上能应用,并做到看不出和听不出。3. 注意应用的目的性,切不可卖弄技巧。这种技巧到60年代已发展到能在“双吐”演奏时进行。它的要领是将原来的双吐的动作“TKTK”,改成“TBTK”。“B”是唇音,这时利用短暂的“唇爆破”空间,将气从鼻吸进去。有了这种技巧,就能演奏《无穷动》《野蜂飞舞》这样一类的乐曲。唇的技巧,过去没有提出系统的训练方法,俞逊发创造性地发展了它,他有很多新技法,有些是传统技法的提高,如弹性的吐音,幅度较大的“指揉音”等;有些是新的创造,如“口哨双音”“唇击音”“指孔吹笛”等。还有很多创新技法,有的原来已在民间产生,由于没有广泛的宣传而人们不大知道;有的只是作为技巧而单独存在,没有能在艺术作品上发挥作用。但这是时间问题,能丰富音乐内涵的技巧是应多多益善的。

八、笛子的质量如何检验

问:笛子的质量如何检验?

答:“工欲善其事,必先利其器。”演奏者对乐器的要求按其重要性排列是:1. 音调准确完备。2. 音品纯净。3. 发音敏感。4. 开孔位置符合演奏者的生理条件。5. 牢固不易损坏。6. 美观。

检验笛子的音调是否准确和完备,要视演奏者对音调的要求如何。比如说:用什么律?是平均律还是纯律?用七声音阶还是五声音阶?对转调的要求如何?对音高的标准要求如何?对音域的要求如何……目前大多数笛子演奏者对六孔竹笛音调的要求,大致上有以下几条:1. 以第三孔作“**1**”,要求能准确地发出全部的音。第二孔“**7̣**”要求不严格(大部分产品,“**7̣**”都偏低)。2. 平均律。3. 音高标准为440赫兹,要求能在±30音分内进行调节,调节后各音程比例基本准确。

检验的要点:1. 先吹基音。假定基音的唱名是“**5**”,依次吹出此基音的泛音系列,检验其发音是否准确。如音程过宽,则将笛塞往外推;过窄则向里推。2. 检验基音的泛音“**2**”与第四孔的高度“**2**”是否一致;检验第一孔的泛音“**3**”与第五孔的高度“**3**”是否一致。3. 检验八度音程关系是否一致。4. 检验其他各音及高音能否顺利发出。5. 检验与标准是否一致,(这一条与温度有关,等下次再说)。

检验音色的好坏,不能单凭现场的效果,因为影响音色的因素很复杂,新的笛子感觉到音色好,不一定是好笛子。其要点如下:1. 材料(竹子)厚实、有分量、口径圆、两端粗细相差0.1到0.2厘米,竹节中无大肚皮现象、皮不过厚。2. 基音响亮,高音又能顺利吹出的笛子,属于选材适当。不然就是过细或过粗。3. 吹孔、音孔、膜孔的大小依次序为第一、第二、第三。4. 膜孔开在管长$\frac{1}{4}$再加上$\frac{3}{5}$R(R为管半径)处。膜孔的位置影响高音及低音的笛膜音色,如要求高音笛膜声重,则可将膜孔向上移,但要注意,高音膜声过重,音色易刺耳。5. 笛子的音色,除了以上几条外,主要依靠经常的吹奏,因为这样,才能使笛管保持“最佳的阻尼”(“阻尼”为声学术语。)

音量的检验标准,服从音调及音品,制作合理的笛子,一般音量的强弱变化、容易控制。

开孔的位置,在常用的中小型笛子上是基本统一的,但对低音的笛子,由于向左还是向右,以及小指的长短、按孔部位的习惯不同等,应按要求制定。

九、如何适应温度的变化

问:如何适应温度的变化?

答:温度的变化能给予各种乐器的频率以不同程度与不同质的影响,而温度是极不稳定的因素,因此，它在很大程度上妨碍乐器演奏的稳定性和准确性，特别是管乐器受影响更大。因之对于笛子演奏者及制作者来说，对待这个问题是决不能掉以轻心的。

计算表明，温度±10℃，将使一定管长的频率升高或降低$\frac{1}{6}$至1～7个音（相当于30音分左右），这对于有训练的耳朵来说，是一个不能忍受的误差。

我国地处温带，一年四季温度的差距在40℃左右。以一定的管长，要求在一年四季中都能适应大气温度而频率不变，这是不可能的。另外，管乐器是通过人体吹气发声的，人体常温为36℃，因此，管内的实际温度，并非大气的温度；管内的实际温度随着吹奏时间的长短起伏不停，虽然可以测出单位时间的变化数据，但从实际出发，不可能那么机械进行，只能根据实际经验求出一个近似值。我的经验，管内的实际温度可近似地列为：

$\frac{1}{3}$（36℃－大气温度）＋大气温度，例如：大气温度为15℃，则管内平均温度约为$\frac{1}{3}$（36－15）＋15＝22℃。

那么，如何适应温度的变化呢？

①演奏技巧的适应

一个有经验的演奏者，必定能了解自己所使用乐器的可控范围，掌握能适应一定范围内的高度变化的技巧。一般来说，±5℃的温度升降可以通过口劲、口风、角度等的灵活运用而求得解决。当然，对于演奏者来说较为稳定的温度最理想。

②乐器的适应

最常见的方法是将笛子加上插口，使它可以伸缩。这种方法有利也有弊，有利是可以随时伸缩使音高符合标准；不利的是伸缩以后，会使音程之间的比例换调，伸缩的程度越大则误差也越大。

乐器的适应，还有很多其他办法，如：备用三四支不同温度标准的笛子，以适应一年四季的变化。用蜂蜡一类的胶剂缩小吹孔、音孔使音降低等。

温度问题相当复杂，它不只是笛子及其他管乐器需要认真对待的问题，也是整个管弦乐队需要研究、商讨并采取措施的，这要依靠各方面的通力合作，才能求得较妥善地解决。

痛悼刘管乐老师

赵松庭

中国笛坛近几年来遭受重大不幸！继1987年北派代表人物冯子存先生仙逝后，1990年5月27日，另一北派代表人物刘管乐老师又去世于天津，终年72岁。逝者如斯，就吟悲苦！无可奈何花落去，零落成泥香如故。含悲忍泪作此悼文。

艺术来自生活，根植于人民群众之中。刘管乐同志——我的老师，1918年1月24日出生于河北安国县。这是一个吹歌之乡，山山水水都充满了来自生活，来自民间，发自群众的音乐。他10岁就投入了笛子艺术生涯，表现出非凡的天赋和执着的追求。抗日战争爆发后，投身革命。新中国成立后，进河北艺术学校学习。1951 年，加入天津音乐工作团，后转入天津歌舞剧院。他曾作为中国音乐家代表团成员参加首届“布拉格之春”国际音乐节，又先后出访朝鲜、苏联、阿富汗、埃及、叙利亚等国进行演出，受到中外观众的热烈赞誉，为我国对外文化交流活动作出了重要的贡献。

中国竹笛的特性，历来被认为是“笛性怨也”，这是社会生活的反映。帝王爱征战，黎庶受苦难，羌笛怨杨柳，征人尽望乡。随着解放战争的胜利，千年铁树开了花！冯子存前辈首先吹出了《喜相逢》《五梆子》，刘管乐老师紧接着创作并演出《和平鸽》《卖菜》等曲，精湛的演奏技巧，浓郁的生活气息，绚丽的民族特色，融合在崭新的时代风貌之中，使人耳目一新，也曾使我如醉如痴。正是在他们的启示和带领下，竹笛的特性迅速起了变化。喜乐欢曲，讴歌了党的英明领导，反映了新中国成立后朝气蓬勃、充满希望、温暖和力量的人民生活。“移风易俗，莫善于乐”，有什么样的“风”，就会有什么样的“乐”，有什么样的“乐”，就会产生什么样的“风”。回顾一下新中国成立后十七年的艺术作品，百分之九十以上都具有爱祖国、爱人民、爱民族、爱科学、爱劳动的优良传统，它们所塑造的艺术形象，真实地体现了时代精神，从而鼓舞人民，教育人民，团结人民。在中国笛坛来说，冯老、刘老他们都是旗手，带领我们朝着党所指引的道路前进！今天评价他们在精神文明建设中所起的作用，岂能局限于技艺！

艺术的源泉是生活，艺术的价值却产生于劳动。有创造性的劳动，才会有创造性的劳动成果。刘管乐老师的艺术成就，无论在演奏技巧、创作、出版、乐器改革诸方面，都有创造性的卓越贡献。他一辈子粗茶淡饭，生活俭朴，居陋室而胸怀弘扬民族文化大志，数十年如一日。他历经坎坷，不管风吹浪打，胜似闲庭信步。他关心下一代的成长，循循善诱，诲人不倦，因材施教，不分等级。每当我想起他在去世前不久，因为教学而劳累过度引起中风，就禁不住涕泪满襟。年轻的朋友们，是不是应该想一想：老一辈这样忘我地为培养下一代而呕心沥血，究竟为了什么？如果学艺的目的是一切向钱看，学了一点艺术本领，就去争名夺利，钩心斗角，或者糊里糊涂地认为音乐只是抽象的主观本身，或者认为音乐是没有目的的运动，或者认为音乐只是为了好玩，或者抱着鄙视的心情，主张抛弃黄土地要走向蓝色的海洋，这些所谓“理论”“思潮”，曾经而且还在继续散布，如果不加分析，不加批判地随着这些歪风，骑上了瞎马，结果是走上了歧路，甚至堕入了深渊，那么又怎样对得起先辈们的在天之灵！

管乐老师，虽然把我看成是他的平辈，一再叫我不要称呼他为老师，但我怎能忘记他对我的启迪。早在 1953 年，在满目疮痍刚停战的朝鲜战场，他作为祖国赴朝慰问团的成员之一到了朝鲜，我当时是志愿军文艺战士，紧紧抓住机会，追随他两星期之久，就在这珍贵而短暂的期间，我开阔了眼界，增长了知识，提高了技巧，并且从此立志要把南北两派的笛艺结合起来。此后不久，我就写出了自己的笛曲处女作《早晨》。三十七年过去，弹指一挥间，如果说我的笛艺能够有今天的成就，那么这两星期的熏陶，是具有决定性因素的。使我感到遗憾的是有很多青年人，饮水不思源，当自己达到某种成就时，就忘记了起点与基础，忘记了掘井人。“青出于蓝而胜于蓝”，这固然是发展的规律，也是一个良师的最大心愿，但正如孟子所说的“不揣其本，而齐其末，则方寸之木，可使高于岑楼”。学生可能而且应该达到新的高度，但这新的高度，是沿着一代又一代的作为老师制作的人梯而攀登的。

刘老师你安息吧！你的教导我将铭之座右，永志不忘，勿忘勿亡，载言载行！

刘管乐同志，永垂不朽！

二、教材

笛子演奏技巧十讲

本文是赵松庭先生四十多年前的呕心力作，此次选编入本书时，编者对原文进行了适量的删减、修正、润色，使其更为凝练、精彩，更具有教学的针对性。

第一讲　竹笛的历史沿革和基本演奏方法

有关笛子的起源、沿革、形制、名称等，历来众说纷纭，这里仅作一个简单的介绍。早在八千多年前，我国就有了骨制笛子。有横开一个孔、两个孔、三个孔甚至六个孔的笛子（浙江河姆渡出土文物、河南舞阳出土文物证明了这一点），至迟到殷周时代就有了音阶完整的竹制笛子。汉朝以后，吸取了羌笛的形制，称竹笛为“横吹”。嗣后，根据音律学的理论又制成了长短不同的笛子。当时的著名演奏家列和演奏的长笛长达三尺二寸。魏晋时期，蔡邕、荀勖、梁武帝等人制造的十二律笛，都是根据音律的理论制成的。这时期已经有了“顺笛”（竖吹，管子里面加一块有槽的木头，一吹就会发音）和“手笛”（高音笛）。隋朝有了十二孔笛，一根笛能吹十二个调子。唐朝的吕才制成“尺八”，凡十二枚，在当时颇为流行，并随唐朝的雅乐传到日本。唐朝的刘系作七星管，贴上笛膜以助声，这恐怕是笛子贴膜的最早记载。到了宋朝又出现了吹孔在中间、两手交叉起来演奏的“叉手笛”，又名“拱宸管”。宋元以后，戏曲盛行，竹笛成了戏曲伴奏的重要乐器，伴奏梆子戏的称为“梆笛”，伴奏昆曲的称为“曲笛”，这种称呼一直流传至今。由于当时还没有发明计量单位“赫兹”，因而未能标明各种音名的频率高度，所以梆笛、曲笛是什么调就很难说清楚。相对而言，短小的称为“梆笛”，第三孔的高度约为 f^2、g^2、a^2 的，通常称它们为 F 调梆笛、G 调梆笛、小 a 调梆笛，以 g^2 梆笛为中心；较长的则称为“曲笛”，第三孔的高度约为 c^2、$^{\sharp}c^2$、d^2、e^2，以 d^2 曲笛为中心。

传统的调名称呼，不管笛子长短以及发音的高低，凡是以第三孔（从下数上）作主音“**1**”的，统称为“小工调”；第四孔作主音的称“凡字调”；第五孔作主音的称“六字调”；第六孔（即顶孔）作主音的称“正宫调”；筒音作主音的称“乙字调”；第一孔作主音的称“上字调”；第二孔作主音的称“尺字调”。这种命调的方式，只能在六孔竹笛上适用，如果有七个孔就不适用了，而且也不能标出音调的高低。目前生产的竹笛，大都标有音名。仍按习惯以第三孔作为命调点，如大 C 调就是第三孔的音高为 $c^2$523，D 调就是第三孔音高为 $d^2$587，这两种都属于曲笛；又如 F 调梆笛就是第三孔音高是 $f^2$698，G 调梆笛就是第三孔音高为 $g^2$784，这两种都属于梆笛；第三孔的音高超过 c^2 的都称为高音小笛，如小 c 调、小 d 调等。第三孔音高低于 $^{\flat}b^1$ 的称为大笛，如大 A 调、大 C 调等。按人的手指生理条件，小的可以小到小 d 调，大的可以大到倍大 G 调，最低音达到低音谱表下加二间。

从声学理论上来说，竹笛属于横吹的开管乐器。它的声学特点是，通过人体吹气并经过唇部的控制，使气流成为一束，以斜面的角度射入管的吹端，从而产生边棱振动，在管内形成驻波，因而发出与管长相对应的频率。凡是以此类形式振动发声的都称为笛类乐器，无论横吹还是竖吹，性质都是一样。我国历史上对于笛是竖吹还是横吹争论不休，箫和笛的概念也混淆不清。其实，它们都是同一性质的乐器。为了区别笛和箫这两个概念，我建议不管历史上的争论，凡是横吹的都称为“笛”，竖吹的则称为“箫”。如果是加上簧振动的，那就不属于笛类乐器。有些人把唢呐也称为“箫”，把管子称为“闷笛”，把黑管也称为“竖笛”，这显然是不妥当的。

中国竹笛经历了几千年的变化和发展，至今还在不断变化发展着。我们不必急于求得有一个统一的规格，要避免带着一个框框去进行“改革”，而是应该从实际需要出发，进行各种各样的尝试，逐步地按照艺术科学的标准，使它进一步完善起来。

既然竹笛是一件还在发展中的乐器，因此，在开始练习这种乐器时，就要对此有所准备：

1. 注意两手的拇指、小指，不要放任自流，除了摆好位置外，还要有意识地培养它们的活动能力。

2. 注意练耳。培养多种律的音乐感觉，不要停留在五声音阶或单一的律制上。

3. 除简谱外，要学会看线谱，首调的观念和固定调的观念都要训练。

从目前的情况来说，对如何进行改革、统一规格等问题，还没有一致的认识。因此，在学习这种乐器时，应该尽可能多方面地了解，对各种类型的笛子以及各种演技，首先要有一个学习、继承的过程，然后才会有提高和发展的过程。

练习前要准备好常用笛一套，以大 C 调曲笛为主，以便对照录音进行训练。

大 C 调笛的音域为：基音 g392—$c^3$2092（见图示）。

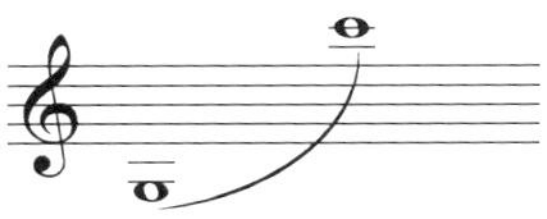

大 C 调笛的音域

笛子的各部分名称（大小笛子都一样）。见图示：

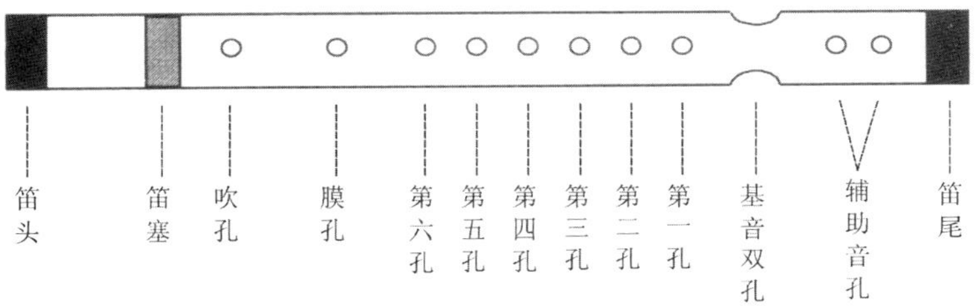

笛子的各部分名称

基本调第三孔作“**1**”（首调唱名），即小工调，指法如下：

$\underset{\cdot}{5}$ 全按
$\underset{\cdot}{6}$ 开第一孔
$\underset{\cdot}{7}$ 开第一、二孔
1 开第一、二、三孔
2 开第一、二、三、四孔
3 开第一、二、三、四、五孔
4 开第一、二、三、六孔
5 全按，也可开第六孔
6 开第一孔
7 开第一、二孔
$\dot{1}$ 开第一、二、三孔
$\dot{2}$ 开第一、二、三、四孔
$\dot{3}$ 开第一、二、三、四、五孔
$\dot{4}$ 开第一、六孔（“**4**”常用开半孔法吹奏）
$\dot{5}$ 开第六孔
$\dot{6}$ 开第一、四孔
$\dot{7}$ 开第二、五孔
$\ddot{1}$ 开第二、三、五孔
$\ddot{2}$ 开第一、六孔

如有不同情况，以音准为前提。

演奏姿势要领：

风门正，笛身平，	头要直，胸要挺。
拇指小指相扶持，	莫使笛子柳摇金。
虎口之间可容蛋，	关节舒畅手才灵。
六指按孔要严密，	指指放松成弧形。
高低起落有规格，	多余动作丢干净。
口劲松紧随我意，	口风粗细由我心。
双臂张开四十五，	青龙白虎全都行。

图3　正确的演奏姿势

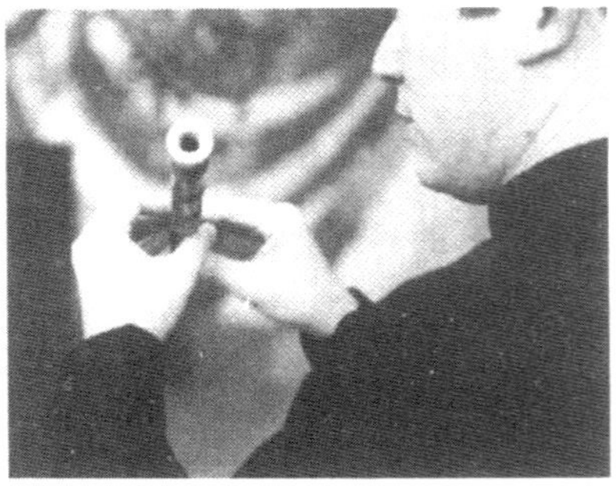

图4　正确的持笛姿势

图5　正确的口风

图6　正确的手指姿势

关于演奏姿势的几点说明：

1. 风门的形状受生理条件支配，有的天生不正，有的唇过厚而不规则。如果超出了限度，那就不宜学吹笛子；如果不严重，则一般可以找到合适的位置。

2. 拇指的位置摆法有不同，有的上手拇指远离食指，托住笛身，这种摆法的优点是上手食指较灵活，缺点是拇指处不能开孔，圆滑的性能要差一些。总的要求是要使关节放松，才能使手指灵活。

3. 小指要轻轻贴住笛身，这不但是持笛的需要，也是将来增加音孔时的需要。

4. 手指放松成弧形，按笛孔的手指忌僵直，僵直则缺乏弹性。笛子有大小，因此手指的弧度也要随着改变。吹小笛时按在指尖上，吹中笛时按在指肚上，吹大笛时按在手指的一、二节之间。手指有长短，位置不能强求一律。吹较大的笛子时上手食指可轻托住笛子，以使关节放松。

5. 多余动作丢干净。多余动作指的是一些不必要的手指小动作，如"兰花"手指、屈指、移指等。

高低起落有规格，指的是开放音孔时，手指离音孔的距离，正常情况远不要超过3厘米，近不要小于2厘米。过远则影响速度，过近则影响音高。

6. 青龙白虎全都行，指传统的持笛姿势"左青龙、右白虎"，是为了行街演奏时对称好看。六孔竹笛，向左向右都一样，但由于国际上管乐器的结构都向右，因此初学者以向右为宜，如已学成向左，则不必改动。

训练按下列程序：

1. 准备好一根发音准确的笛子，第三孔为C。请注意笛子的发音一定要准确，要请耳朵好的老师检验通过才能用。十二岁以下的儿童，可以先用适合手指生理条件的笛子（如F调或G调梆笛）进行练习。

2. 切实端正好姿势，在严格的指导下进行。

3. 特别要注意吹笛的口形。正确的口形可以参考坐禅的姿势：全身肌肉放松，脸部肌肉更要放松，不皱眉、不闭眼、双眉下垂、含蓄的微笑是口形的要领。在发“雨”“鱼”这两个字音中去找吹气的两唇位置。双手合掌放在胸前，将气吹入双手掌的中间，手背上不要感觉到有气流，头部不要向下，上唇稍向前，但决不要包住下唇，整个口腔没有任何紧张不自然的感觉，双唇不要向外拉。

4. 将笛子轻轻地贴在唇下，试吹，找到好听的声音（在严格的指导下进行），然后将手指从上到下，逐个按上去检验能否全部吹响。注意手指的姿势是否严密、是否放松。

以上是初学吹笛的第一课，它对今后的训练有着非常重要的启蒙作用。

宁可慢，但要正确，一字一句地首先练习好小工调的五声音阶。学习的重点：第一，是姿势，特别是口形；第二，是指法，对照口诀逐条检查；第三，是五声音阶的音准，可以与唱结合起来训练，一般的初学者都能唱准五声音阶，却吹不准；第四，是要找到最好听的音色。然后就是节奏及熟练程度等。

教材：

1. 五声音阶练习曲。

2. 快速的五声音阶练习曲。

3. 正宫调换调练习。

4. 民间小调及小工、正宫翻调练习。八板、八段锦、四季歌、五更调、句句双、龙虎斗、小开门、紫竹调。

这一讲为业余吹笛者的启蒙教材，训练得法的话，一个月的时间大概可以完成。同时，由于这些小调都是非常流行的传统乐曲，训练起来不致枯燥无味。但是，请务必记住训练的重点，这样才能使开头的第一步就朝着艺术的殿堂之门循序渐进。

五声音阶练习

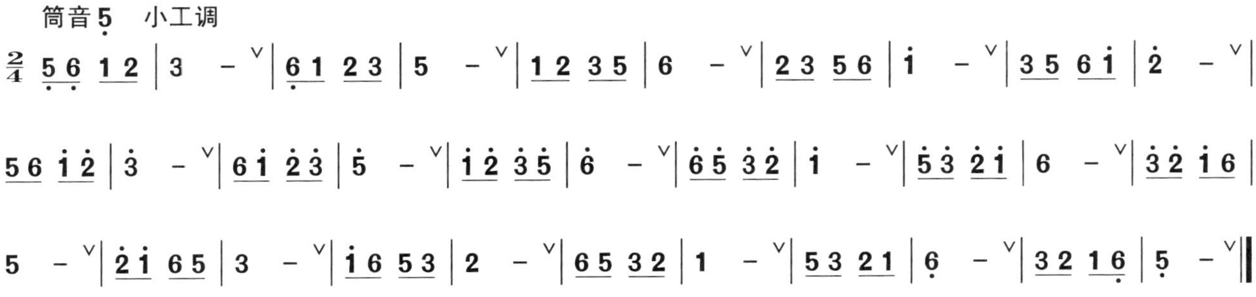

五声音阶快速练习

筒音5 小工调

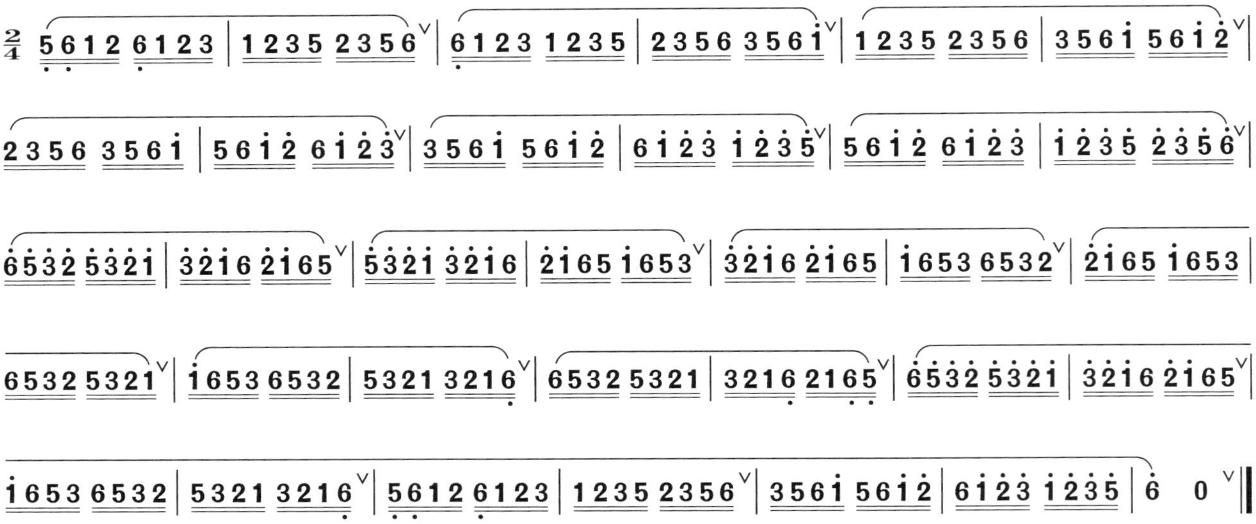

注：开始时一句一句地练，然后连起来，要训练如何抢气及节奏。
　　尝试将以上练习曲，换成全按作“2”的正宫调练习。

筒音2 正宫调

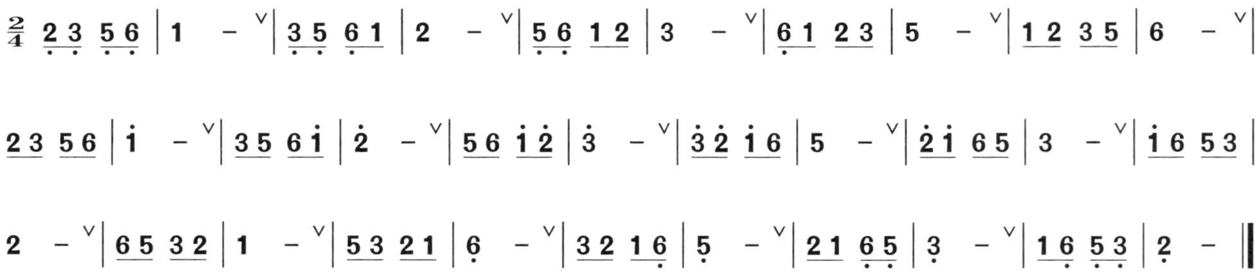

筒音2 正宫调

民间小调练习

古曲《八板》

全按5 小工调

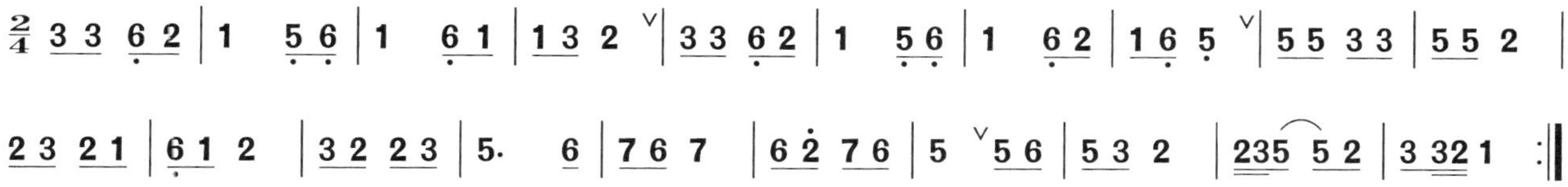

注：可以尝试用全按作“2”的正宫调练习此曲，一开始就练习转调是会有好处的。

民间小调练习

《八段锦》

全按5 小工调

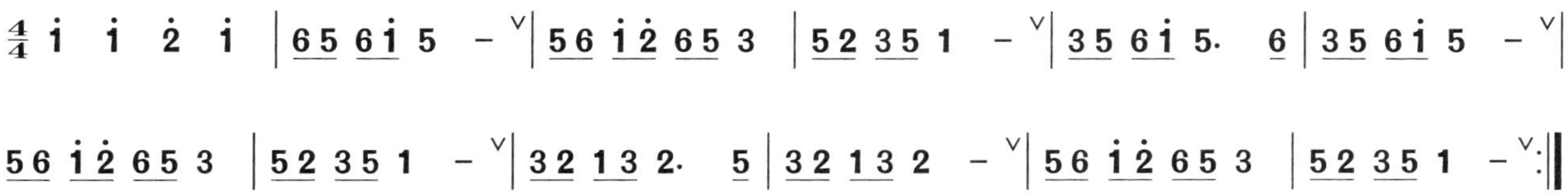

注：尝试用正宫调练习。

民间小调练习

《四季歌》

全按5 小工调

反复高八度演奏

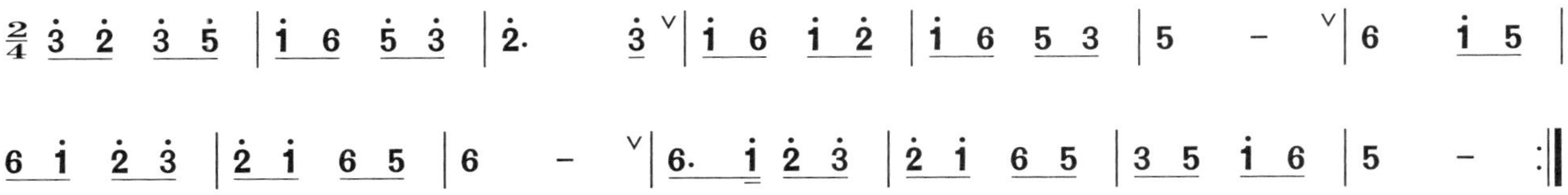

注：尝试用正宫调练习。

民间小调练习

《五更调》

全按5 小工调

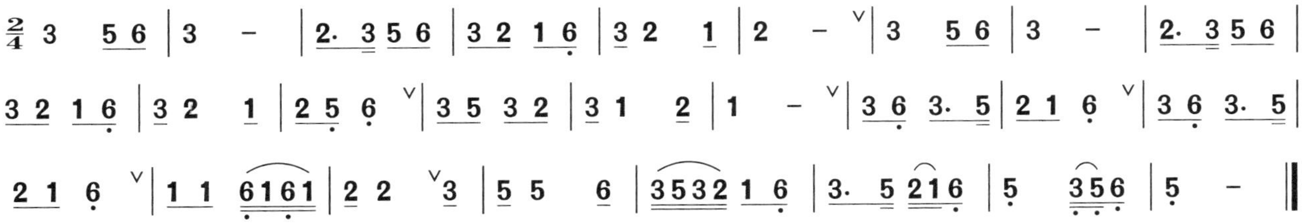

注：尝试用高八度练习。

民间小调练习

《句句双》

全按5 小工调

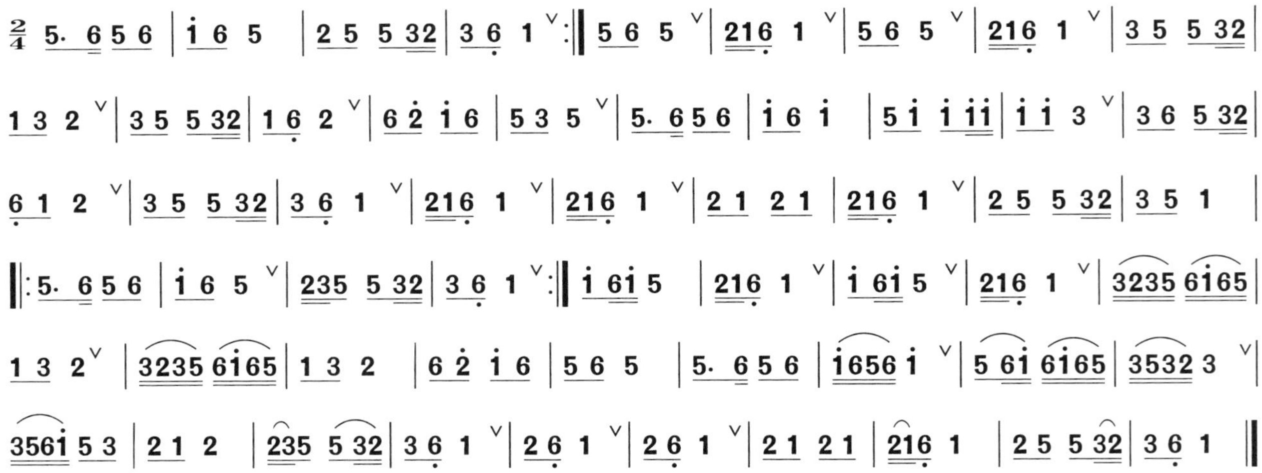

注：尝试自由加花练习，用正宫调练习。

民间小调练习

《龙虎斗》

全按5 小工调

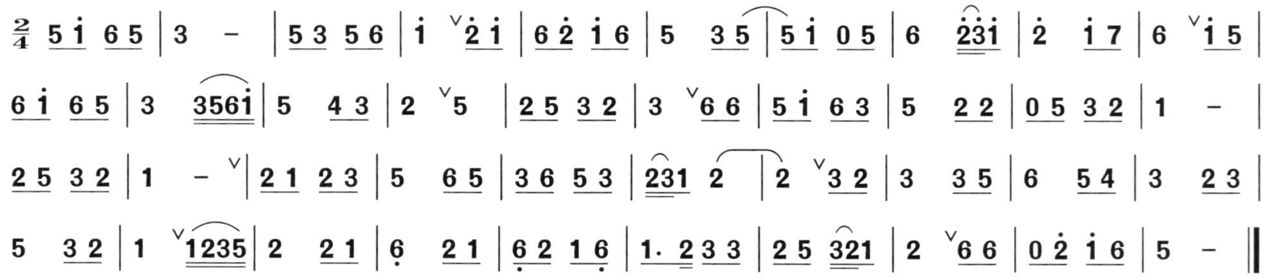

注：自由加花练习，正宫调练习。

民间小调练习

《小开门》

全按5 小工调

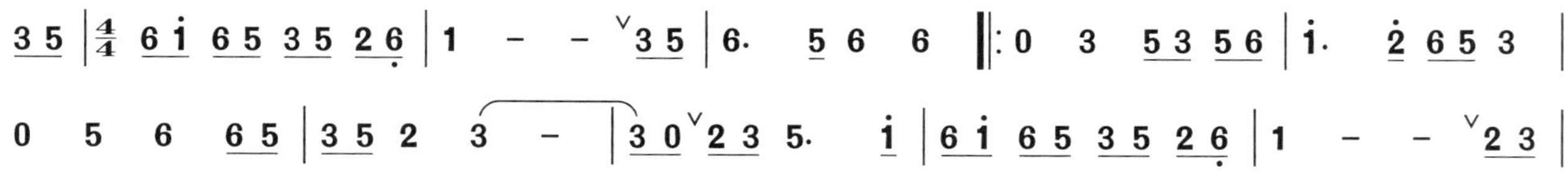

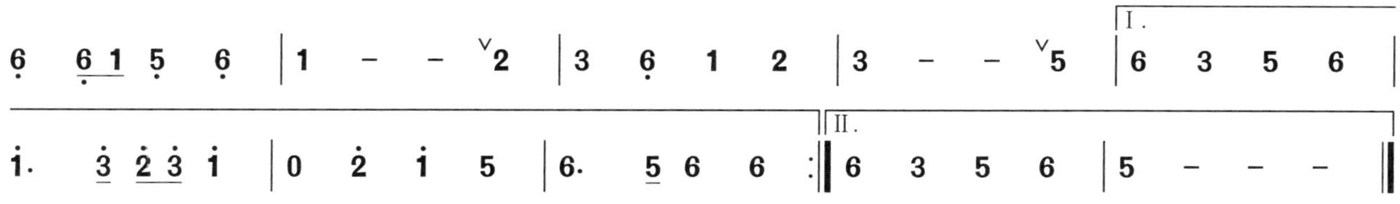

注：自由加花练习，正宫调练习。

民间小调练习

《紫竹调》

全按5 小工调

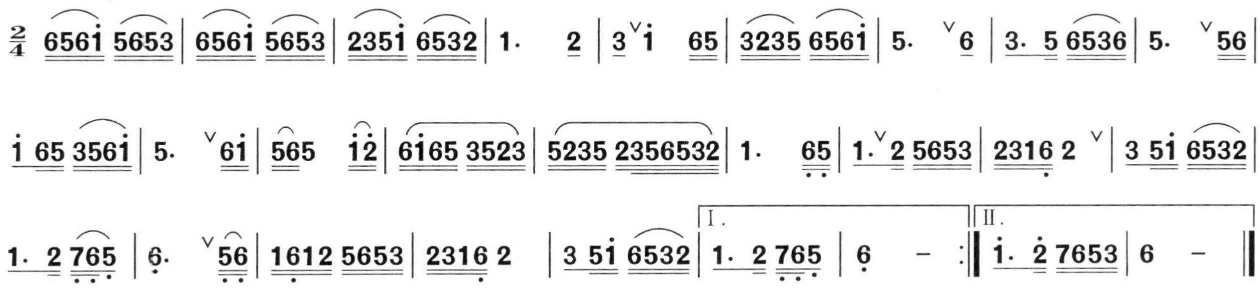

注：尝试用全按作“2”练习。

第二讲 气功

笛子是气鸣乐器，吹笛时，通过人体吹气及唇部的控制使气流成为一束，以斜面的角度射向吹口（术语称为“射流”），产生边棱振动，在管内形成驻波，发出与管长相对应的频率。

乐音有三个特性：一是音调；二是音品；三是音量。这三个特性的构成条件，除了乐器本身外，首先取决于声源。声源是气流与气流的作用状况相结合的产物，它包括的因素有气流的速度、气流的直径（为圆时）、宽度（为扁时）、气流射向吹孔的角度等。训练吹笛，要求吹气时有最佳的气流速度、最佳的气流直径、最佳的射入吹孔的角度，吹笛的术语称它们为口风、风门、口劲角度。它们和乐音三特性紧密相连，是非常重要的基本功。学习吹笛要非常注意，把训练的重点始终注意在最基本的要素上，而不是舍本逐末、轻重倒置。

气功训练的内容：

1. 训练唇部的约束能力，使气流量能大也能小，使气流成为一束，集中而不分散，保持不变。

2. 训练气流速度能以人的意念为转移，要平稳就平稳，要振荡就振荡，要缓要急随心所欲。

3. 训练最正常的气流射向吹孔角度，以及根据需要而产生的角度变化。

4. 掌握吹笛正确的呼吸方法。

5. 特殊的气功技巧。

要掌握以上五条，需要由浅入深，循序渐进，不可操之过急，更不可盲目乱吹。首先要做的练习就是持之以恒地吹长音。

长音练习的要求：

1. 发音平稳（气流的速度始终不变）。

2. 发音结实，找到最好听的音色和合适的音量。

3. 发音准确，要注意高低八度的音程关系，因为高低八度间的气流速度是不一样的。

4. 发音保持不变，儿童4秒到6秒，成人6秒到8秒。

每日至少训练一刻钟。

在这方面没有下过功夫的专业工作者，也应该补课。

要求越严，越能激发练习的决心和恒心；明确目的性以及不断地检验自己，就能提高练习的兴趣。

长 音 练 习

全按5 小工调

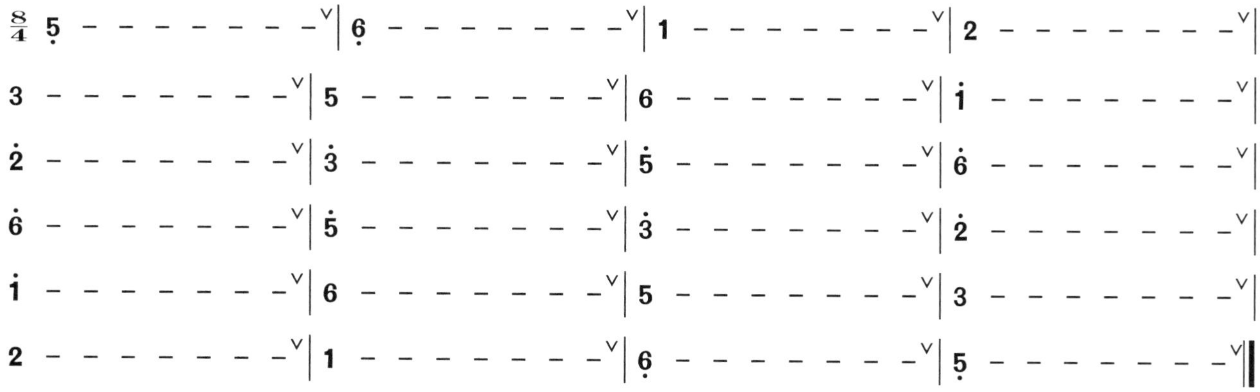

下面来谈谈呼吸方法：

呼吸的方法有胸式、腹式、混合式等。混合式公认比较好。吹笛子要求“气归丹田”，使发音坚实、有力、不虚不浮。但很多初学者并没能正确地掌握这种方法，普遍的是腹肌不自然地向前鼓起，以为这是“气归丹田”。实际上，这是腹呼吸，这种呼吸方法吸气不多，且容易疲劳。有的学生本来呼吸方法还比较自然，由于不理解什么叫“沉下去”，什么叫“丹田提气”，结果盲目地紧张，气越练越向上浮了。凡是科学的东西，总是符合客观规律的。呼吸的科学，首先就是生理的科学。正确的呼吸方法，总是能够最大量地吸气，这是检验呼吸方法好与坏的主要标准。要将气吸得多，必须胸腹同时扩张，而不是只有胸部或腹部扩张，可以用平卧时的自然呼吸方法作为参考，练习时掌握这一点就容易明白以下呼吸的要领了。

呼吸要领：

双肩不可上下动，　胸腹同时来扩张。

缓吸平吹全身松，　腹肌不必空自忙。

急吸超吹劲往下，　丹田鼓气力度强。

口鼻兼用看需要，　切忌呼吸有声响。

莫到无气才吸气，　终始要有余气藏。

强而不噪弱不虚，　均匀呼气流水长。

吹笛子要求有较大的气压和控制气压的能力，这是它和生理呼吸不一致的地方。较大的气压的产生和控制，需要丹田鼓劲，而口风则紧紧压缩，一鼓一缩就产生了压力。所谓“气归丹田”，就是通过小腹部的鼓气，聚积向外冲击的力量。对此，以人发笑为例就可以明白了。当人哈哈大笑时必然是气归丹田的，笑久了肚子会痛；如果是“嘻嘻”地皮笑肉不笑，气就向上浮。吹笛子要求“急吸超吹劲往下”。所谓“往下”，就是气归丹田，“丹田鼓气力度强”。如果是缓吹缓吸，那就应全身放松，丹田就不要很紧了，否则容易疲劳。但绝不是说一放松气就浮了上去。所谓“沉下去”的意思，是说用气的位置，始终不在丹田，这一点非常重要，一定要努力掌握。练习的方法可以用笑的声音来找位置。比如说，先“哈、哈、哈……”，笑后，待气归丹田，然后再放松吹出长音，这时就能感觉到丹田虽然放松了，但用气的位置却没有变。

试做下面练习：

哈哈哈哈哈哈 ∨5̣ - - - - - - - -

哈哈哈哈哈哈 ∨6̣ - - - - - - - -

哈哈哈哈哈哈 ∨1 - - - - - - - -

哈哈哈哈哈哈 ∨2 - - - - - - - -

哈哈哈哈哈哈 ∨3 - - - - - - - -

接着练习高八度，要注意丹田鼓得更紧了，口风比吹低八度时细了，口劲比吹低八度时更足了。

吹笛子的口劲、口风和风门的位置是随着音的高低不断变化的，在理论上称为激发频率的变化范围。具体地说，吹低音时，口风要粗而缓，位置向里一些（即气流与吹孔垂直面所成的角度要小一些）。随着频率的逐渐升高，口风、口劲、风口位置都要朝着细、紧和向外的方向变化。所以，一定要找到平吹、缓吹、急吹、超吹等不同的口劲、口风和风口位置。特别要注意高低八度的音程关系。一般来说，吹低音容易冲一冲就高，吹高音则容易松一松就掉。

高低八度练习

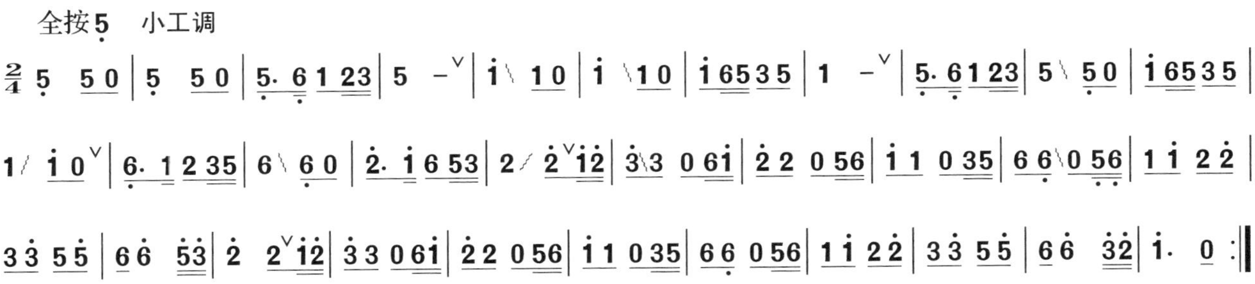

开始练习时慢一些，把注意力集中在高低八度的音程关系是否准确上面，然后逐渐掌握正确的口劲、口风和风口位置。检验它们正确与否的标准有两个：一是发音是否准确；二是音质是否纯净、结实。一定要在实际训练中，提高自己的鉴别能力，这是最关键的。

除了长音练习、高低八度练习外，每天可以吹奏一些长乐句的辽阔、嘹亮的乐曲。一方面可以提高练习气功的兴趣；另一方面还可以加深对乐曲的理解，提高表现能力。

要求：

1. 发音平稳、结实、嘹亮。

2. 特别注意呼吸方法，“终始要有气藏”。脸不红、心不跳，同时要达到呼吸要领中的要求。

3. 发音准确。（这是自然的要求，下文从略。）

注意：如果达不到要求，就要思考一下，找出原因，不可盲目乱吹，以免影响身体。头晕、恶心就要休息，唇、颊发酸，则要加强训练。

民间小调练习

《二月里来》
冼星海曲

全按5 小工调
中速

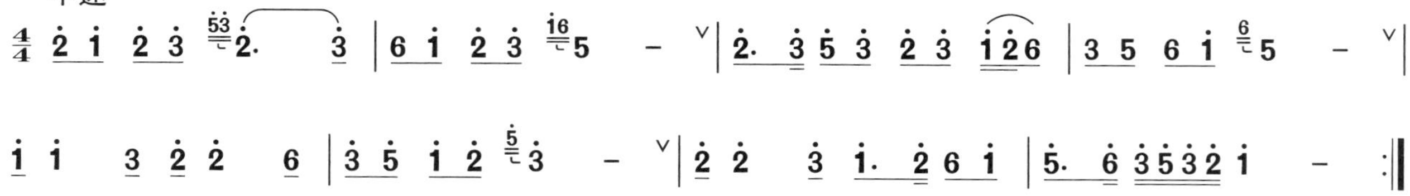

《嘎达梅林》
蒙古族民歌
安　波记谱

全按2 正宫调
中速

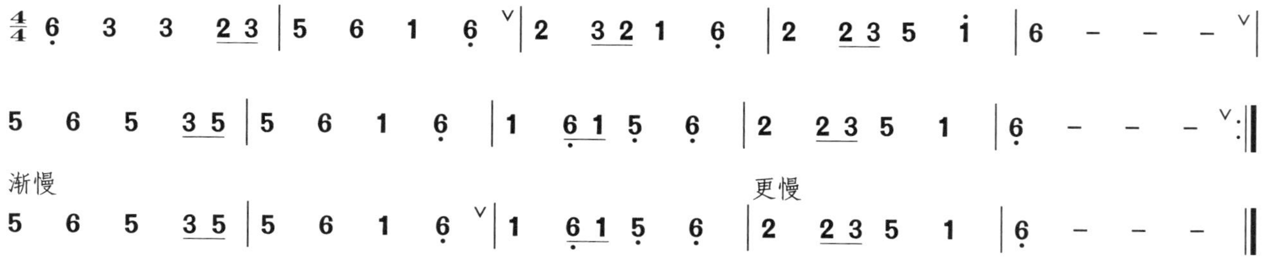

《满江红》
古　曲

全按2 正宫调
稍慢

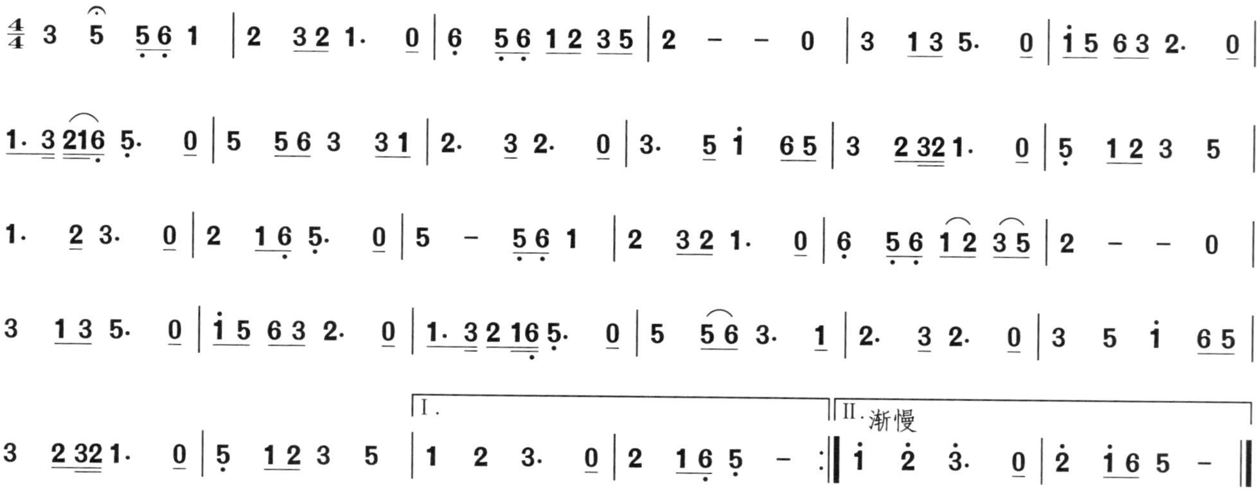

《西宫词》

古 曲

全按5 小工调

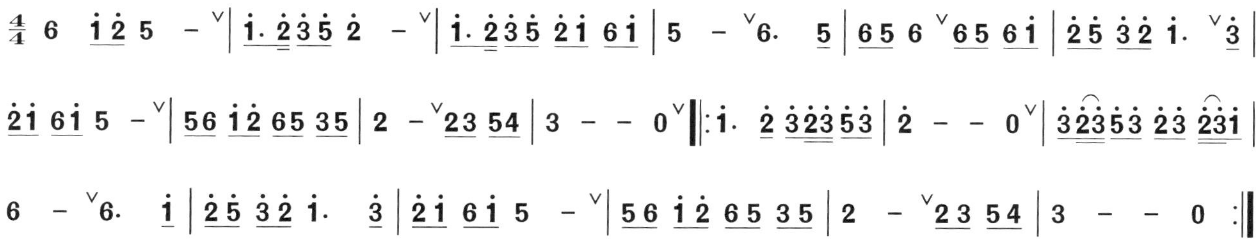

《康定情歌》

四川民歌

全按5 小工调

中速

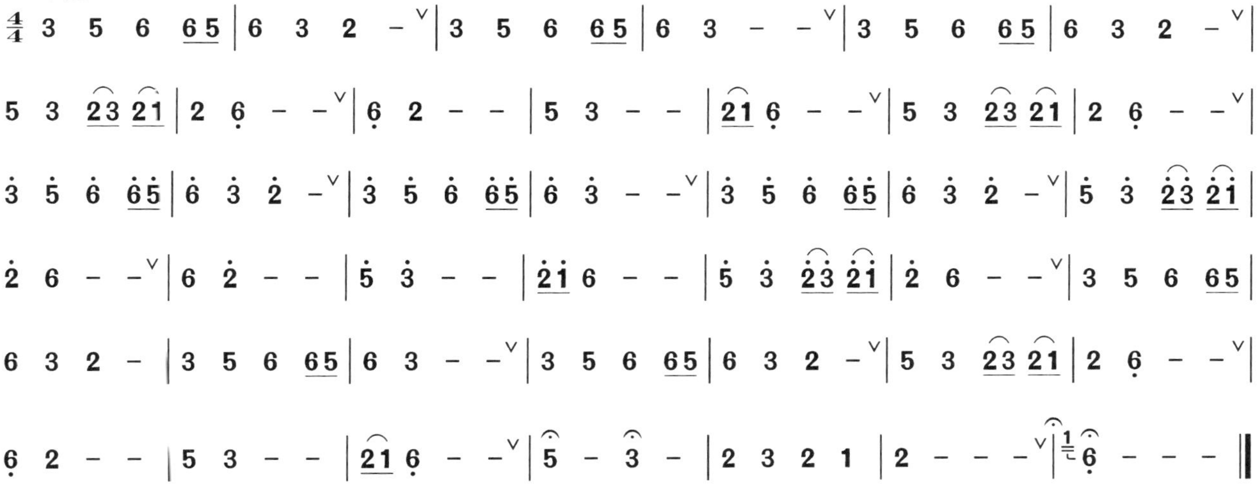

《黄水谣》

冼星海曲

全按5 小工调

中速

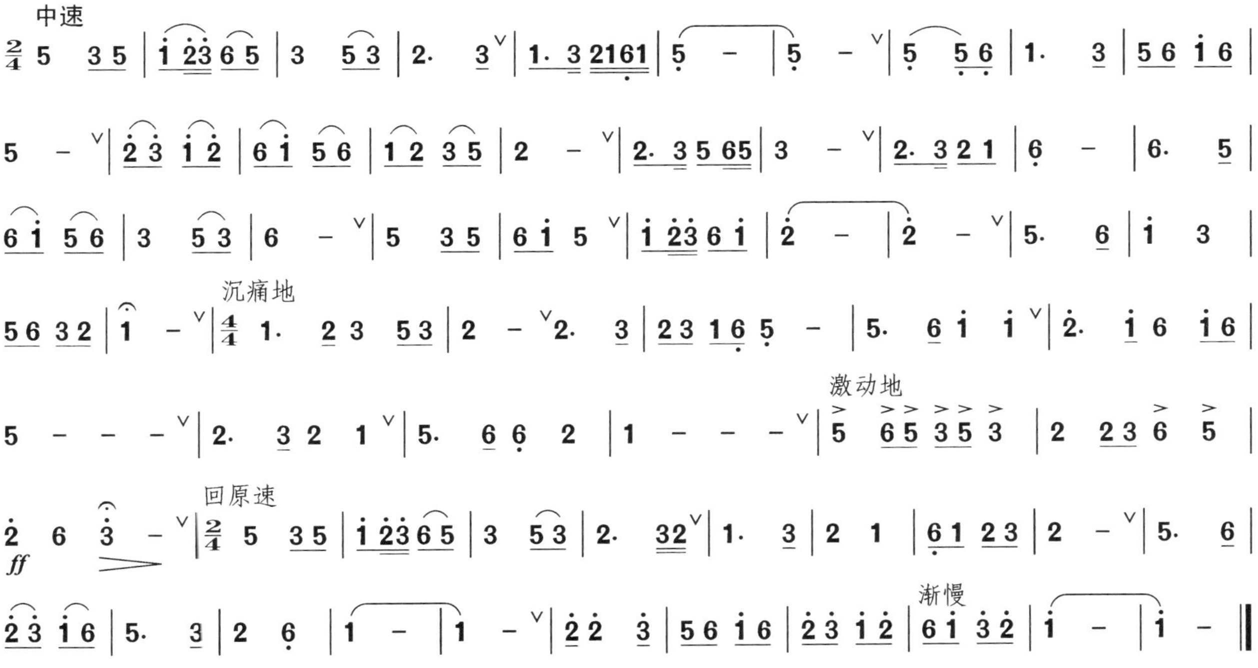

第三讲　气、指、舌结合训练

五声音阶的音准以及气功的基础训练，如果能比较好地掌握，一般来说就能收到悠扬动听的演奏效果。进一步的练习要着重以下几个方面：

1. 把七声音阶吹准。

2. 训练手指的弹性以及吹奏各种音程的灵活性。

3. 训练用舌。

首先从基本调（小工调）开始。

小工调的“4”，用叉口法，即按住四孔、五孔来解决。如果发音不准，那么一定要将音孔修理一下。麻烦的是二孔“7”，由于五声音阶对“7”和“4”两个音不很讲究，往往以经过音或装饰音出现，它的性质近于小三度中间的音，因此“4”往往偏高，“7”则往往偏低。按七声音阶来说，“3”和“4”、“7”和“i̇”是半音，所以两者就产生矛盾。还有一个问题是，如果将第二、三孔之间构成半音关系，那么手指就不大舒服，因为靠得太近了。目前生产的笛子虽然将第二孔向第三孔靠近了一些，可是还是发音偏低。要解决这个矛盾，只有将第二孔放大，将第三孔缩小。如果没有这样的笛子，那只好自己动手将第二孔挖大一些。

指法训练中，手指的弹性是重要的，要随时随地训练手指独立活动的能力，要使每个手指都能作弹性的跳动，跳动时做到均匀、持久、灵活，臂部的肌肉不紧张，要特别注意两手的无名指。根据各自的情况，越是不灵活的手指越要训练。每天都要将六个手指作个别的弹跳练习，时间不少于十分钟。

练　习　一

（颤音*tr*）

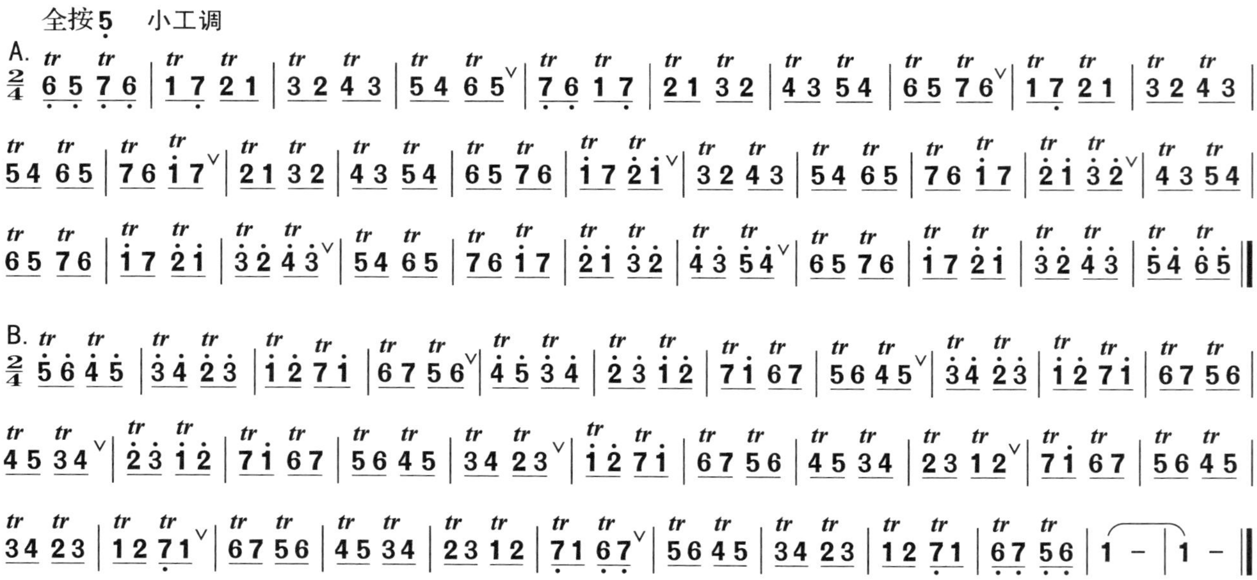

注：要求每个音能颤四下，逐渐加快速度。“4”的颤音打第三孔，“4̇”颤音按住第二、三、四、五孔打第二孔，“6̇”颤音开一、三、四孔打第五孔。

训练手指的弹性，一定要注意每个手指的单独活动能力。不要急于求快，而使臂部的肌肉紧张。在训练时，两手的小指要轻轻贴笛身，不要用小指的活动来帮助其他手指。上手的食指的根部，如果托住笛身，那么在六指打颤时要离开，而且不要产生两个动作，不然就会影响速度。（在这一点上，上手的拇指托住笛身的姿势，就比用食指根部托笛身的姿势来得优越。）如能将上面的练习曲经常练习，手指的灵活性就会大有进步。

一开始就要训练用舌，舌与气不可分，气与舌相结合类似提琴的弓法，长音类似长弓，单吐类似顿弓，双吐类似跳弓，三吐类似又顿又跳的弓，轻吐类似将乐音分开来的弓，花舌类似碎弓。

单吐、双吐、三吐都要求发音结实和清楚。舌头的动作要灵活，并且能与指法紧密结合，舌头避免碰上唇，轻吐则经常用在乐句的开始或要求清楚地演奏的乐音上，舌头的动作如蜻蜓点水。花舌即“打嘟噜”，不常用。单吐的舌头动作是“吐吐”，双吐的舌头动作是“吐苦吐苦”或“踢克踢克”，三吐的舌头动作是“吐吐苦”或“吐苦吐”。

气功中的长音练习，指法中的弹性训练和舌头的单独训练，三者构成每日必修的基训项目，专业工作者一般需要以每日三刻钟的时间，应持久不懈地坚持。

接着进行最基本的指与舌结合训练，逐条完成以下练习。先是一条一条突破，然后把它们连接起来，每天练习一到两遍，一直到非常熟练，再进一步作难度较大的练习。在还未熟练的阶段，每天需要练习一小时左右。

练　习　二

（音阶级进）

全按5　小工调

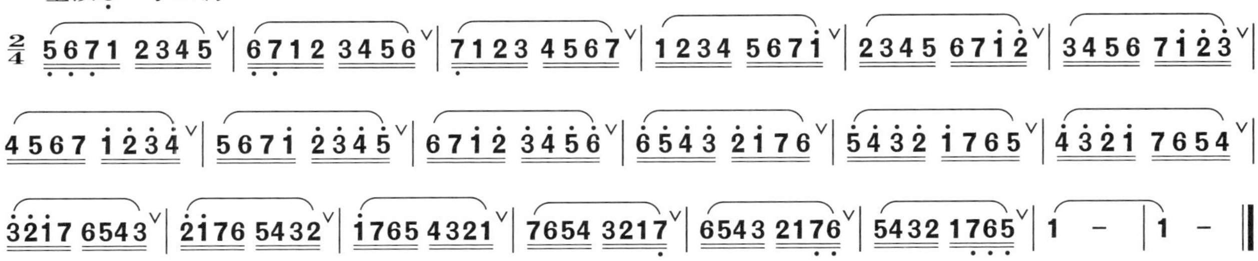

注：每小节吸气，注意节奏，开始慢些，逐渐加快。

练　习　三

（音阶级进）

全按5　小工调

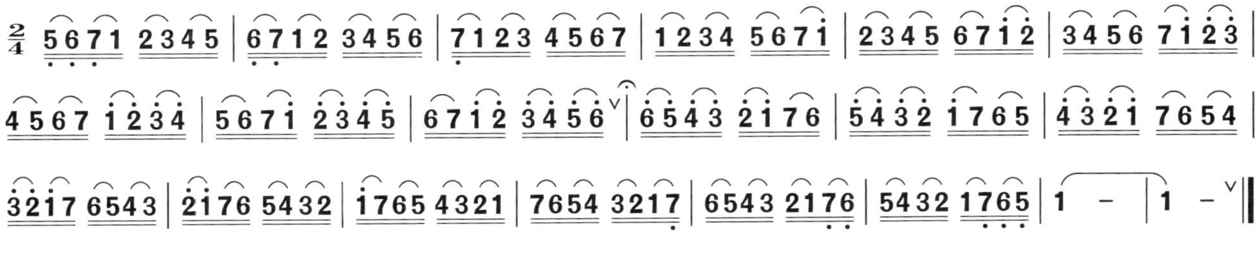

注：每拍两下轻吐，练到全曲两口气吹完。

练　习　四

（单吐、双吐）

全按5　小工调

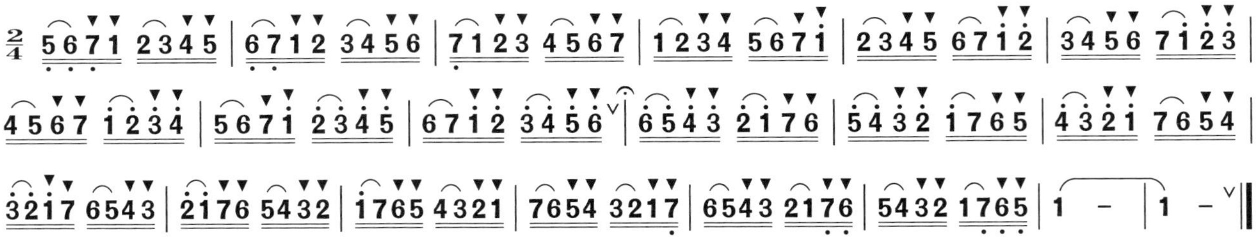

注：开始用单吐，然后用双吐，练到两口气吹完。

练　习　五

（三吐）

全按5　小工调

注：随时吸气，注意节奏。

练　习　六

（双吐）

全按5　小工调

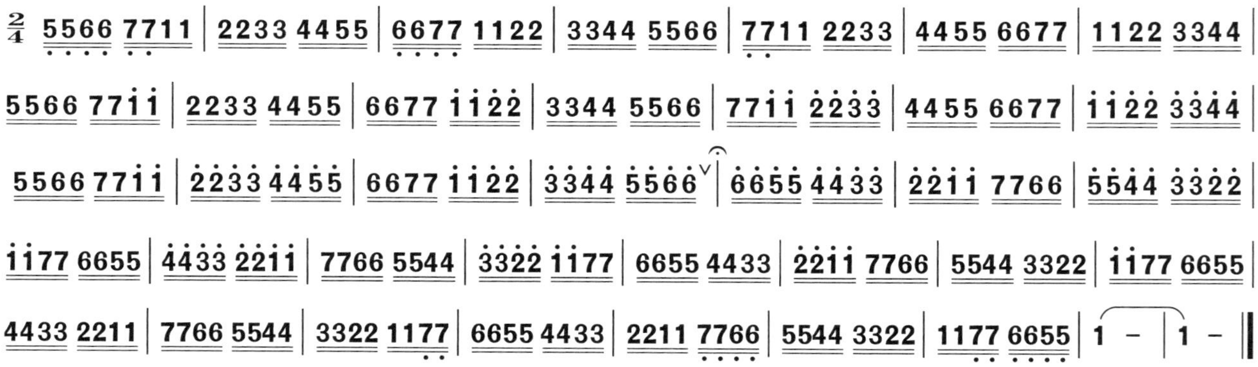

注：练到两口气吹完，发音清楚、结实。

练 习 七

（双吐）

全按5̣ 小工调

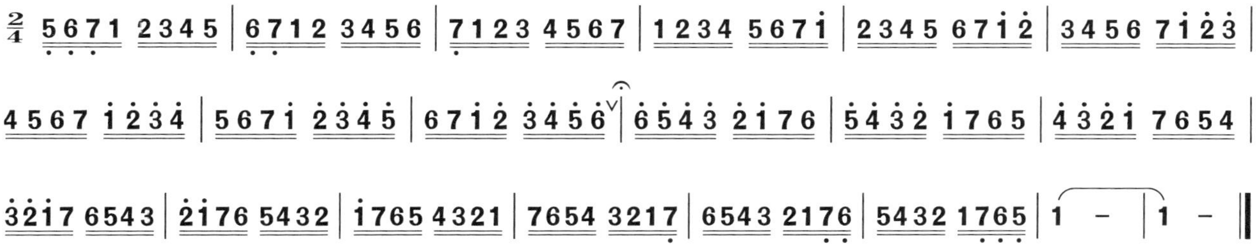

注：手指、舌头要配合好，发音清楚。

练 习 八

全按5̣ 小工调

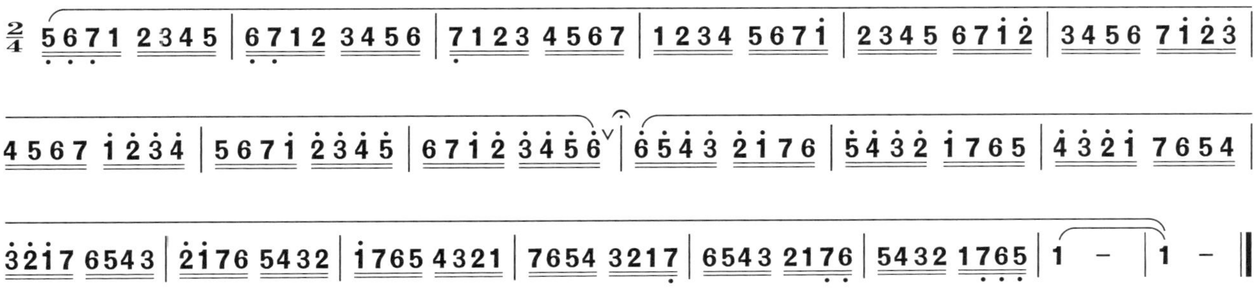

注：两口气吹完，不能漏掉一个音。儿童吹练习曲二至练习曲八时，不要求两口气吹完。

练 习 九

（指、舌）

全按5̣ 小工调

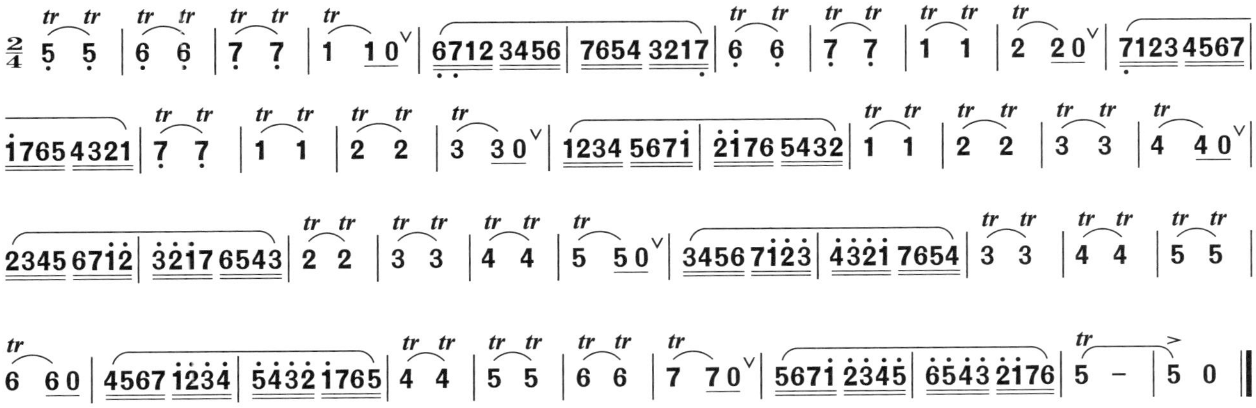

注：“tr”音练到每拍能打四个，连音要均匀，注意节奏，注意呼吸，不要掉音。

练　习　十

（双吐）

全按5　小工调

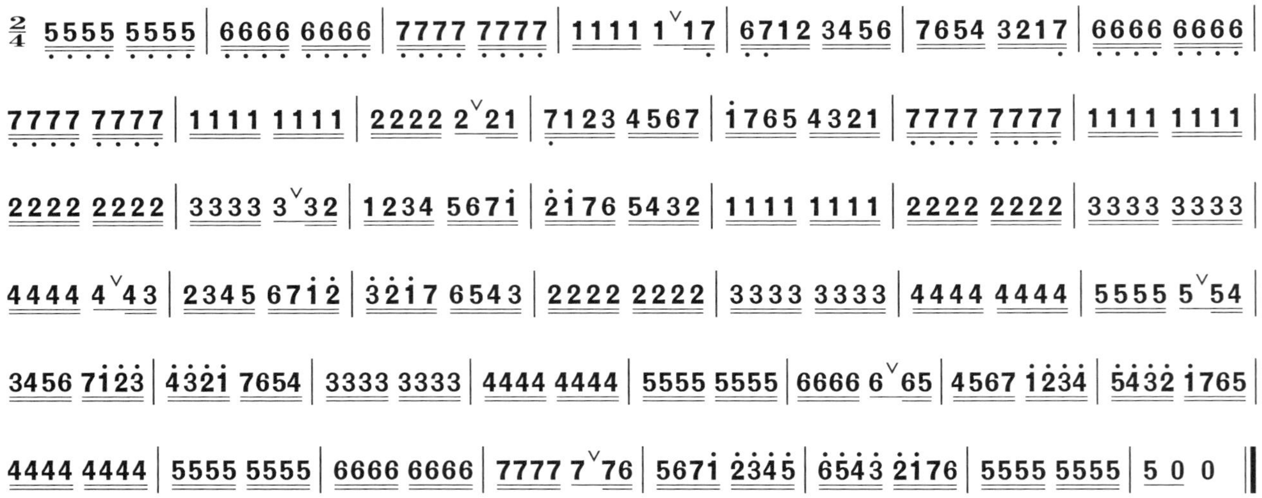

注：手指、舌头要配合好，发音清楚。

练　习　十　一

（指、舌）

全按5　小工调

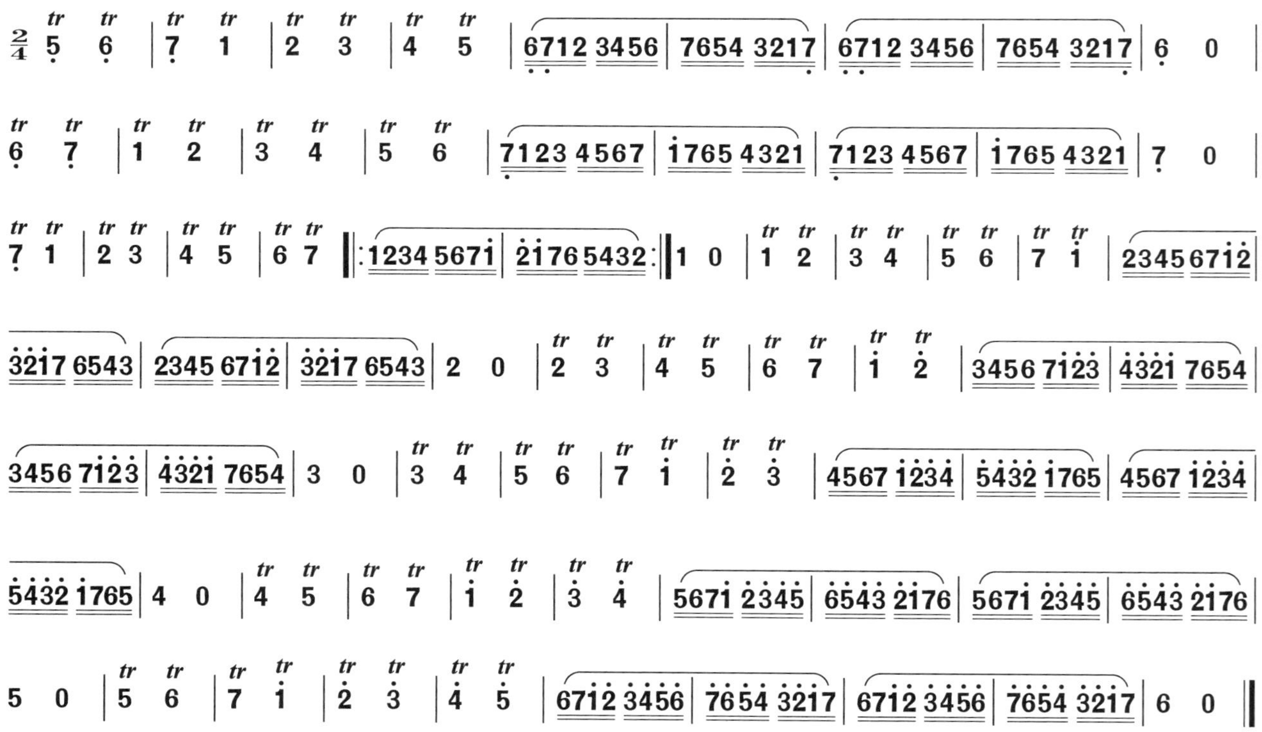

注：“$\dot{7}$”的指法为开第五孔，有的笛子“$\dot{7}$”的指法要开第二、五两个音孔。

练 习 十 二

（双吐）

全按5 小工调

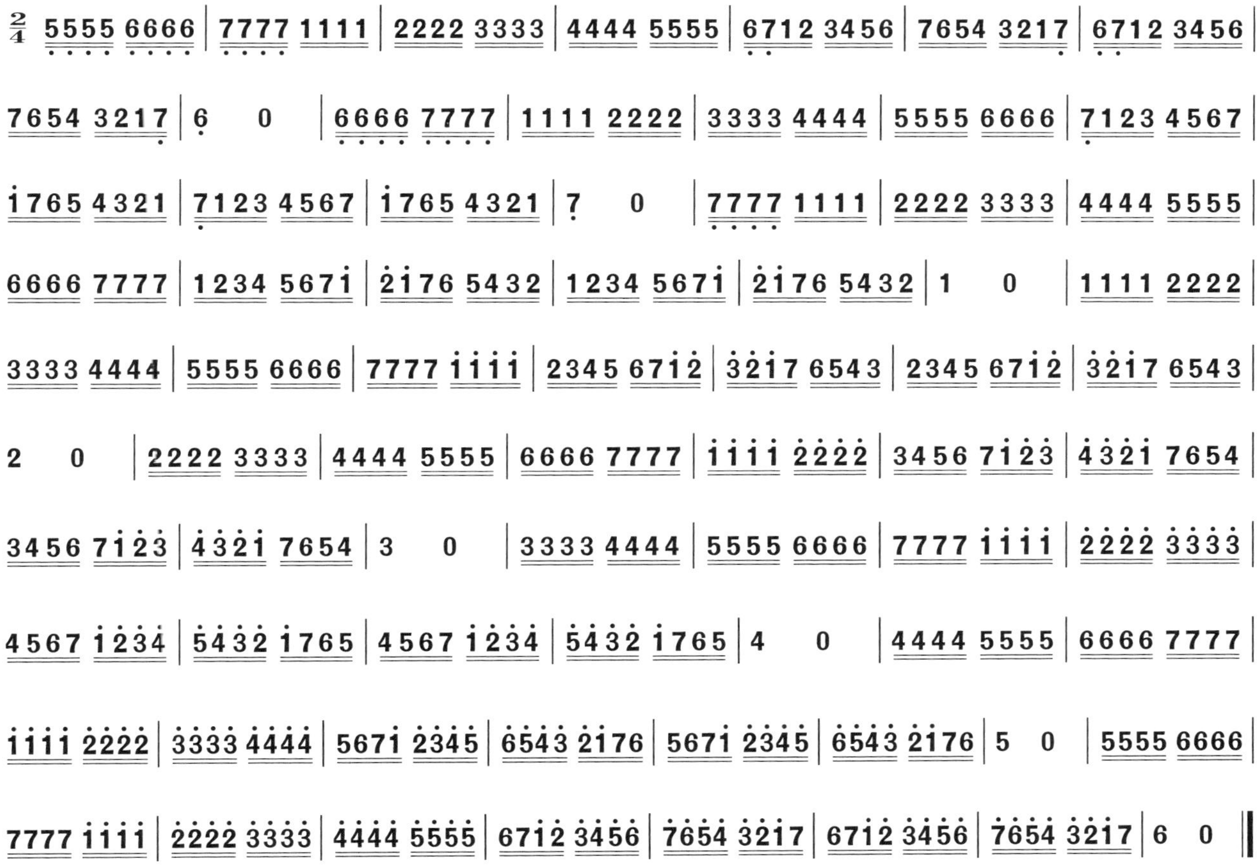

练 习 十 三

（历音）

全按5 小工调

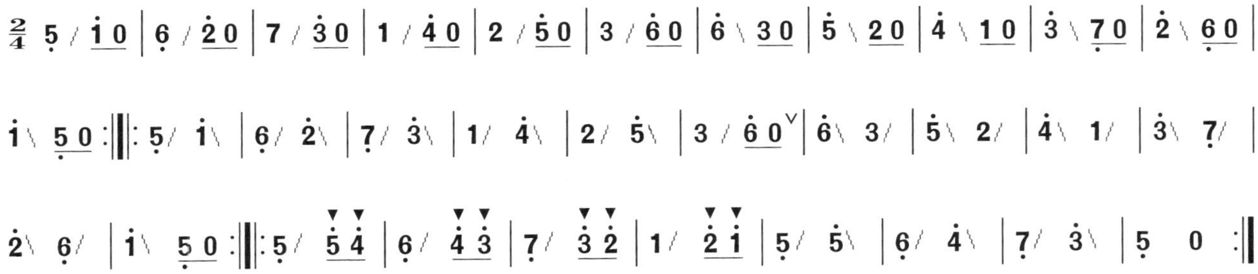

注：①“5/i”相当于“5671234567i”，其余类推。

②历音即快速的音阶级进，是中国竹笛常用的演奏方法之一。历音的应用能使乐曲产生流利、活泼的情趣，但不可信手乱用。吹奏历音要求一音不漏，各音阶之间距离均匀，不可有的快、有的慢。

练习十四

（三度跳进）

全按5 小工调

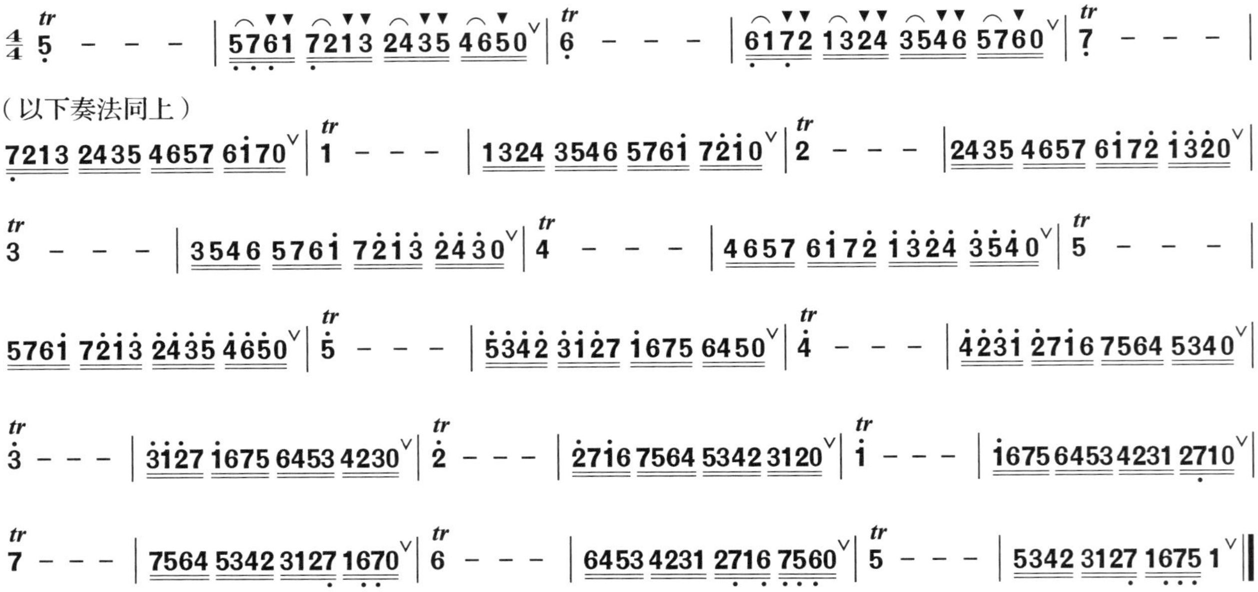

注：先用单吐，后用双吐，连音和吐音不要搞乱。

练习十五

全按5 小工调

（以下奏法同前）

注：舌头动作的转换要灵活。

练习十六

（双吐）

全按5　小工调

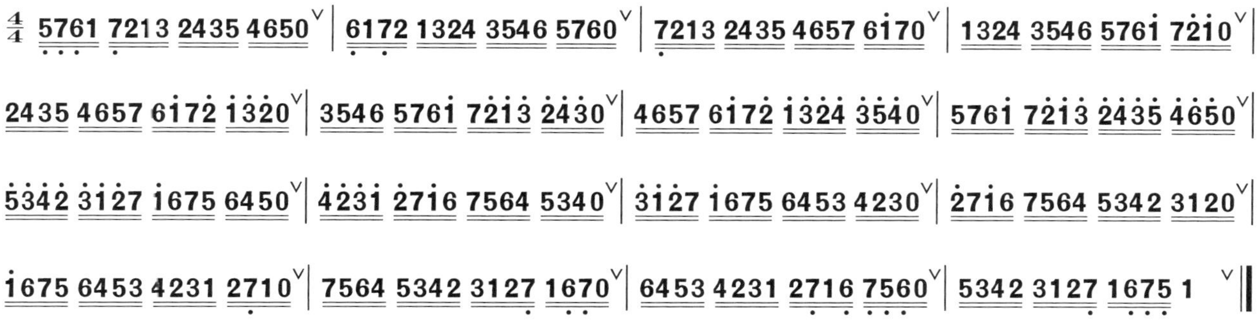

注：此练习要演奏得清楚、干净、节奏准确。

练习十七

（双吐）

全按5　小工调

注：①以极快的速度、两口气将全曲吹完。

②手指有弹性，如同连音“*tr*”音。

③不掉音，节奏稳，音符之间均匀。

④连音练完后，再练吐音。

练习十八

（双吐）

全按5　小工调

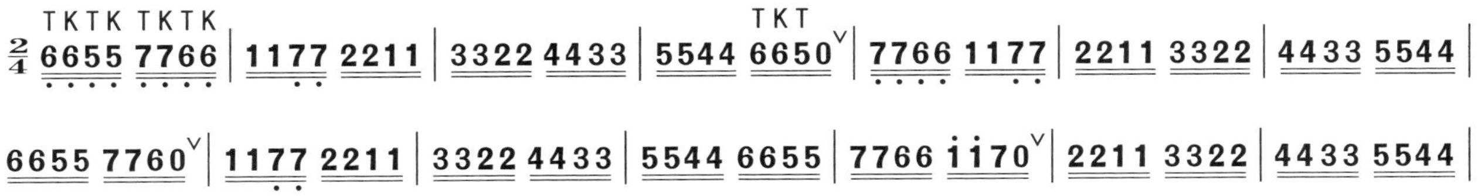

练 习 十 九

（双吐）

全按5 小工调

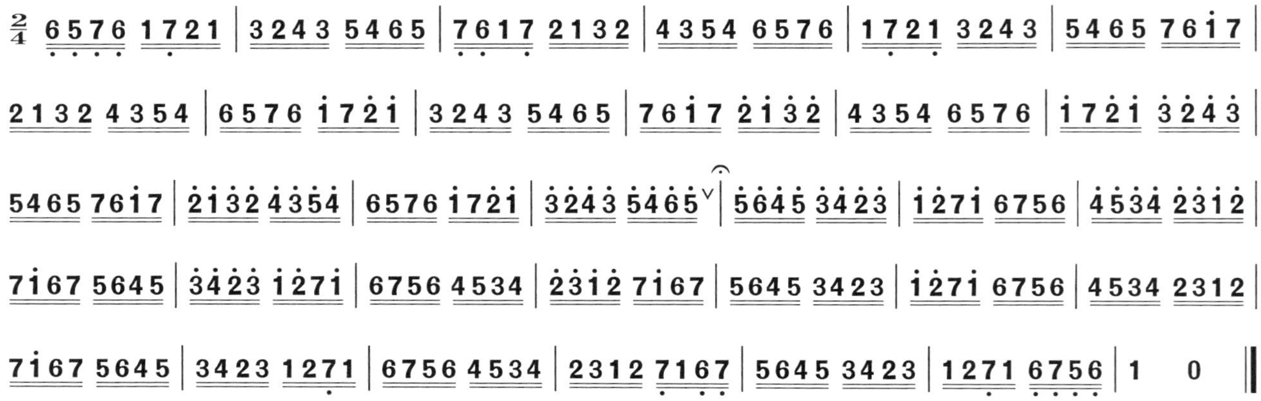

注：先用连音，后用吐音，用极快的速度、两口气将全曲吹完。

练 习 二 十

（四度跳进）

全按5 小工调

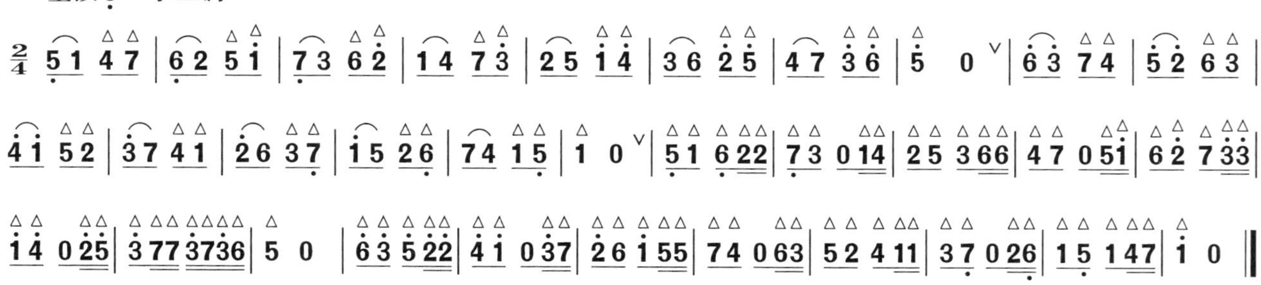

练习二十一

（和弦跳进）

全按5 小工调

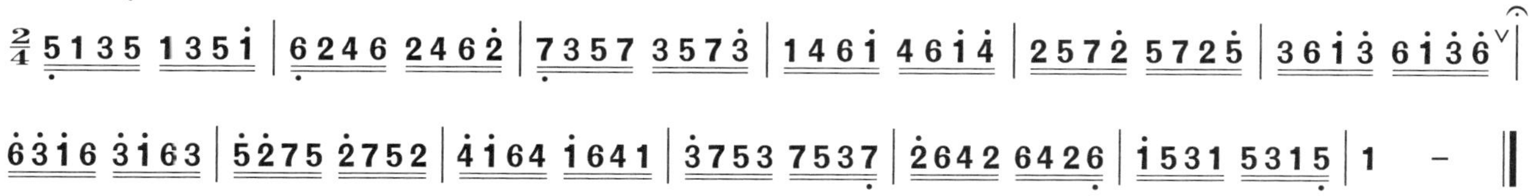

注：练习此曲的方法：

①慢一些用连音吹奏，可每小节吸气，音要吹清楚。

②加快速度，用连音吹奏，练到全曲两口气吹完。

③用连音加吐音练习“XXXX XXXX”。

④双吐演奏，练到全曲两口气吹完。

练习二十二

（六度跳进）

全按5 小工调

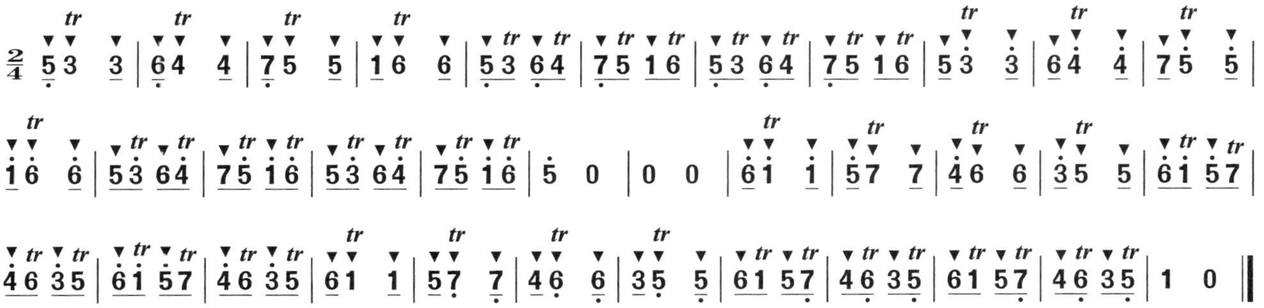

注：注意节奏，“*tr*”每拍四个。

练习二十三

（七度跳进）

全按5 小工调

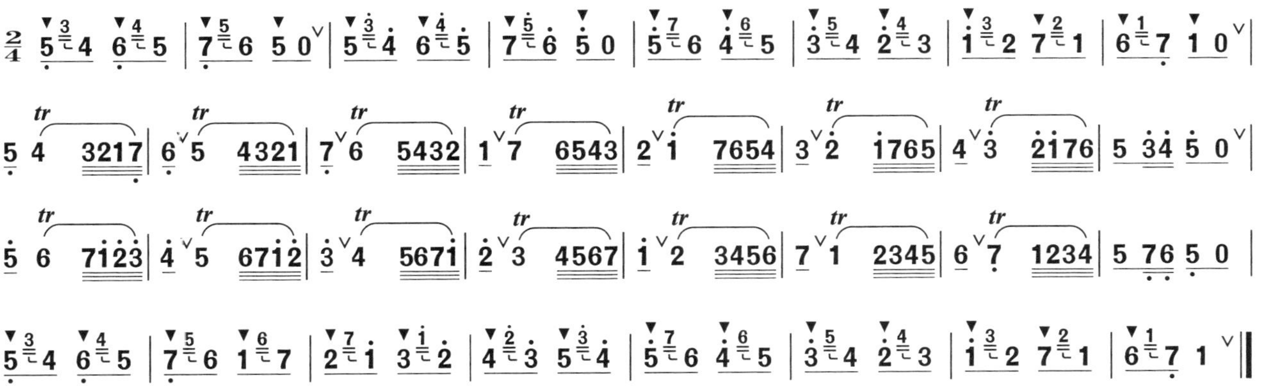

注：先慢后快，把装饰音都吹出来，把吸气记号吹出来。

一般来说,需要有半年的训练时间,才能把这一讲的内容学完。业余练习者应该根据自己能投入艺术训练时间的多少,来决定是否进行此项系统的训练;专业学习者如能根据各自的情况有选择地进行系统练习,是会有好处的。

第四讲　颤、叠、赠、打及南方风格的演奏

在没有开始讲解各种演奏技巧之前,先要明确两点:第一,技巧是为表现内容服务的,因此,要提高对音乐的理解能力,在使用各种技巧时,要进行分析和鉴别,切忌信手乱用。第二,技巧是表现内容的手段,而手段总是越多越好,因此,我们要一手伸向民间,一手伸向西洋,力求不断地增加竹笛的表现手段。

竹笛的演奏技巧,是经过几千年的摸索和积累,可以归结为下面的术语。

颤“***tr***”,历“⁄╲”,震“~~~~”,叠“又”,赠“贝”,打“丁”,控“<>”,换“⊗”,泛“○”,滑“↗↘”,变“♯♭”,冲“⋖”垛“↴”,叉“◒”,单“△”,双“TK”,三“$\overset{\text{三}}{\triangle}$”,轻“⊙”,花“❋”。

对上述术语的符号和包含的内容,目前还没有完全统一认识,需要经过讨论求得一致。

“颤”就是“颤音”,“历”就是“历音”,“单”“双”“三”“轻”“花”都是舌头技巧,这些都已在第三讲中讲过了。现在向大家介绍未曾介绍过的技巧,其中重要的详细介绍,不太重要的则简略。

“震音”,是使音产生均匀的波动,如同小提琴、大提琴揉弦一般。竹笛的震音有好几种,有的用气、有的用指。用气产生波动的称为“气震音”。这种震音,幅度较大、较缓慢,如同大提琴的揉弦。用手指在音孔旁边振动产生波浪音的称为“指震音”。这种震音幅度小、较快,如同小提琴的揉音。除此以外还有臂震的,日本、朝鲜的笛子经常用这种方法,我们称之为“摇”。还有一种,气和指结合起来振动的,在特殊情况下使用,可称之为“揉”。震音的符号为“~~~~”,如要求特定的震音,则标上“$\overset{\sim}{\circ}$”或“$\overset{\sim}{◒}$”。

震音的应用,没有严格的要求,一般的乐谱中不加以标明,由演奏者自己处理。不过,要认识到有震与无震、快震与慢震,以及使用特殊的震音,都会使乐曲产生不同的情趣。因此,在使用时,要经过分析。有些演奏者,不管什么乐曲都使用震音,反而产生不好的效果。

练习震音要做到均匀、持久、放松、自然,切不可紧张、做作。不要变成习惯动作,以至于任何时候都非震不可,自己要能支配,要震就震,要稳就稳。一般来说,稳比震难,匀比不匀难,因此要多做平稳、结实以及均匀振动的训练,每天结合长音作练习,要达到三个要求:均匀、自然和持久。

“北曲拿手吐、滑、垛、花,南曲出手颤、叠、赠、打。”这句顺口溜说明演奏南方风格的乐曲要注意颤、叠、赠、打等技巧的应用。

所谓“叠”“打”“赠”,都是一些装饰音,由于应用较自由,一般都不在谱上标出。这些术语的名称、含义并不统一,有的称“叠”为“唤”,有的称“赠”为“送”,也有的称“打”为“导”。

“叠”的含义是几个音叠在一起。在吹一个音时,指法上有几个音的动作。例如吹“**5**”,就有好几种指法:①$\overset{\text{又}}{6}$**5**,②$\overset{\text{又}}{7}$**5**,③$\overset{\text{又}}{\dot{1}}$**5**,④$\overset{\text{又}}{\dot{2}}$**5**,⑤$\overset{\text{又}}{\dot{3}}$**5**,⑥$\overset{\text{又}}{\dot{4}}$**5**。它们听起来都是一个“**5**”,但实际上是不同的,叠

的距离有长、有短。“北曲叠音自顶端，南曲叠音不过三。”这句顺口溜是说南北风格在叠音用法上有所不同。

北方风格的叠音往往从顶孔开始。如：“$\overset{1}{}$2. 3 5 32 | $\overset{16}{}$1. 6 |”（全按2）中的“2”的叠音是从顶孔“1”开始的。

南方风格的演奏，叠音的起点离主音不能超过三个音。如：

（三孔“1”）“$\overset{1}{}$6 – $\overset{3}{}$2 – | $\overset{2}{}$i – i – |”如果演奏成为“$\overset{4}{}$6 – $\overset{4}{}$2 – | $\overset{4}{}$i – $\overset{4}{}$i – |”那就不像了。

叠音不能演奏成历音，也不能演奏成垛音。关键是速度、力度要适当。太清楚了容易变成历音，太强烈了又容易变成垛音。

所谓“赠”，就是赠送的意思。谱表上本没有这个音符。例如：“5 3 3 –$\overset{4}{}$ | $\overset{7}{}$6 – – –$\overset{4}{}$ |”中两个“$\overset{4}{}$”本来是没有的。如果严格一些的话，应该根据需要把它标出来。

“打”就是用手指在音孔上打一打，把同音反复分隔开来。南方传统演奏不用舌，因此在演奏同音反复时多采用颤、叠、打的方法。例如“i i i i |”第一个“i”用叠、第二个用打、第三个也用打、第四个用颤。

颤、叠、赠、打是演奏南方风格乐曲常用的装饰技巧。要灵活、熟练地应用它们，切忌呆板重复，不要连续地使用同一种装饰技巧，而是应该把它们交叉起来使用。其应用的方法为四句顺口溜：

出手常用颤，　　叠音不过三。
间歇可馈赠，　　同音打来分。
灵活相交叉，　　仙女来散花。
恰到便是好，　　莫成老油条。

装饰是一种艺术，但它不是本质的。音乐的美首先要注意本质，过分地追求装饰的美，是对本质的美缺乏信心的表现。不过，丝毫不加装饰又未免太朴素。至于胡乱装饰，置风格、内涵于不顾，更会产生相反的结果。

下面我们来分析一段昆曲的装饰手法，以起到触类旁通的效果。

昆曲近于一种词牌音乐，旋律与歌词结合得非常紧密。一般来说，学吹昆曲，必须先学唱，演奏起来才会有抑扬顿挫的美感，因此，在曲谱上附有唱词。

教材：昆曲《长生殿·惊变》〔粉蝶儿〕，根据《遏云阁》订谱。

粉 碟 儿

小工调

散板

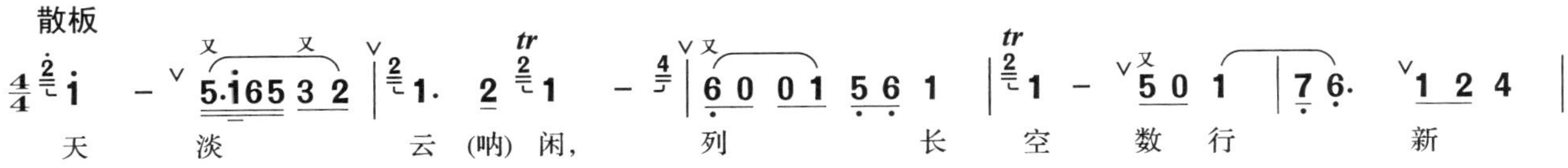

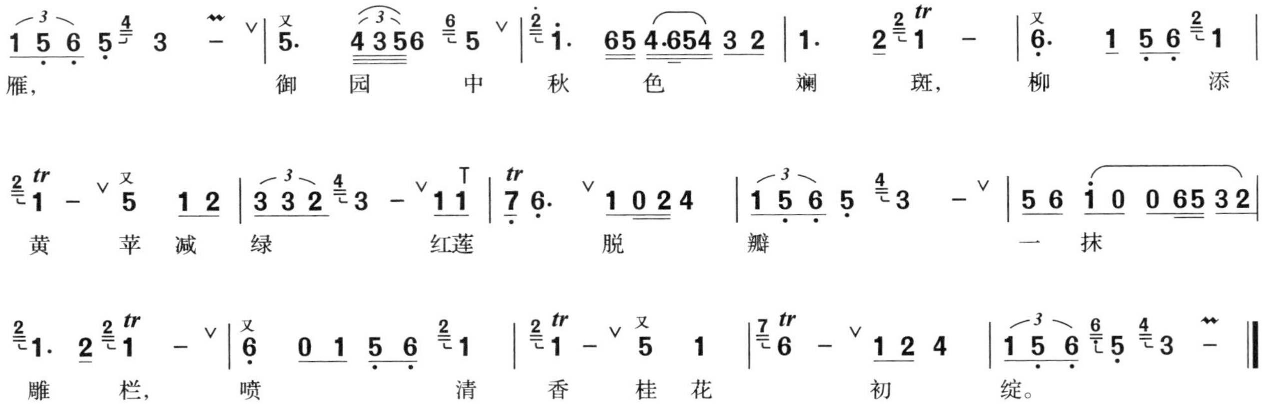

分析之一：

昆曲有南昆、北昆之别，其中主要区分的标志之一是南、北音韵有别。北昆阳上去，无人声字；南昆则为平上去入四声。

分析之二：

从曲中之装饰符号中可以看出，订谱者以南昆来处理此曲。表现在：

1. 顿挫之处，都为入声字“数”“列”“脱”“抹”“色”等；

2. 声韵分唱之字，如“天”“云”“闲”“空”“秋”“斑”“黄”“栏”“香”等平声字都用上倚音来处理，都属于南方声腔（北方声腔则下倚音较多）。

分析之三：

出手常用颤，但不连续在同一小节内使用。

分析之四：

“又”音的使用，有时较密，但要以不同的起点来产生变化。

分析之五：

“丁”音只用了两次“3 3 2 3 | 1 1 7 6· |”。

分析之六：

“贝”未标出，可以比较一下用与不用的结果。

音乐的背景为秋高气爽，帝王及时行乐，华贵中带有清新，不宜过于细腻、秀气，音量要强一些，刚中带柔。

分析之七：

散板形式，以抒情为主，描绘景色为次。震音幅度较大是昆曲特色，多用在结束或半结束句。试练后再来分析震、颤、赠、打抑扬顿挫的应用方法。

继续练习两首江南风格的乐曲，重点是通过练习掌握南方风格的装饰技巧。理解抑扬顿挫的演奏特色。然后再多方面欣赏及练习较有代表性的乐曲，求得进一步理解，并学会分析处理。

姑苏行

1=C或D　全按 5̣　小工调

江先渭曲

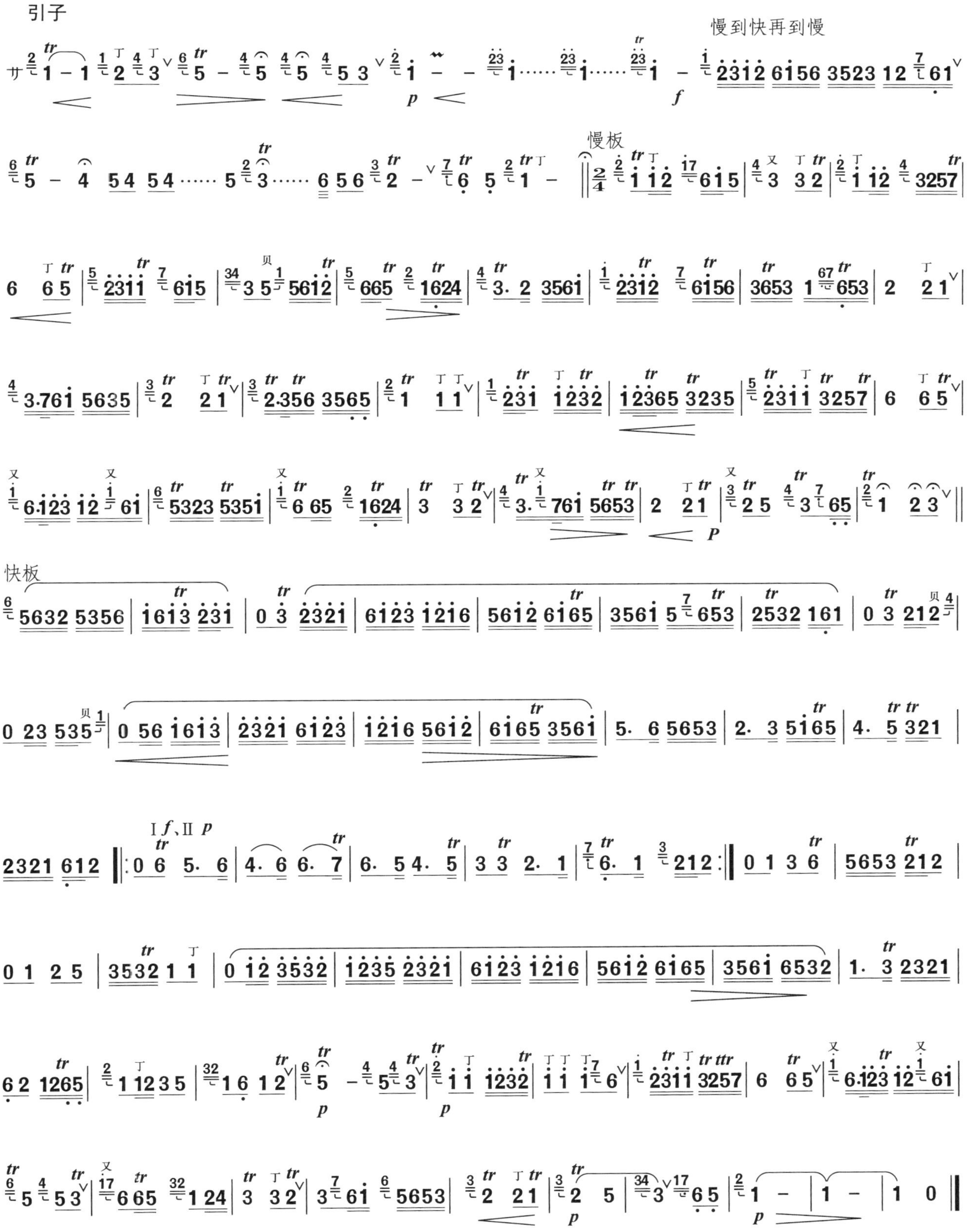

欢 乐 歌

江 南 丝 竹
陆 春 龄编曲
曲广义、树蓬订谱

1= D或 C（D或 C 调笛 筒音作 $\underset{\cdot}{5}$）

中板

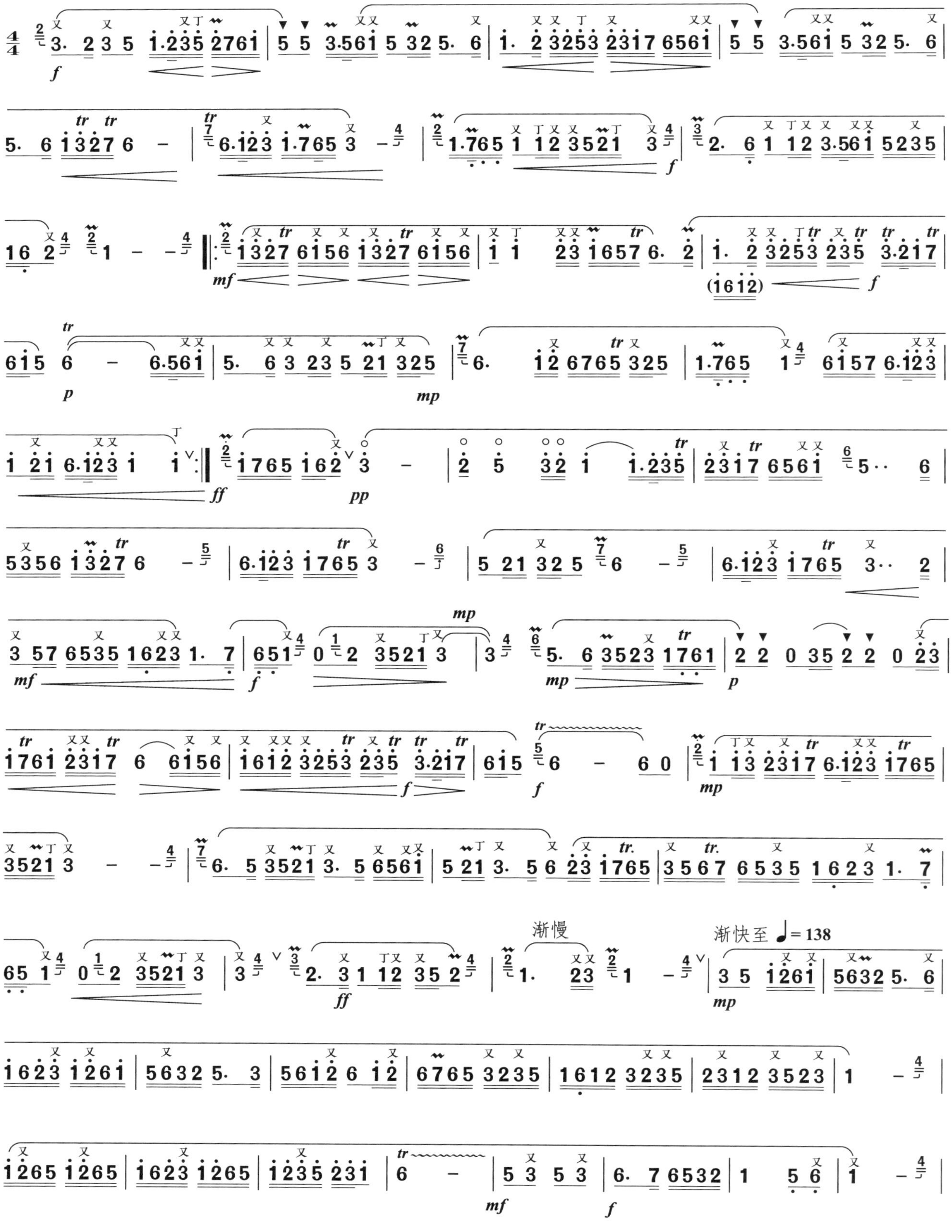

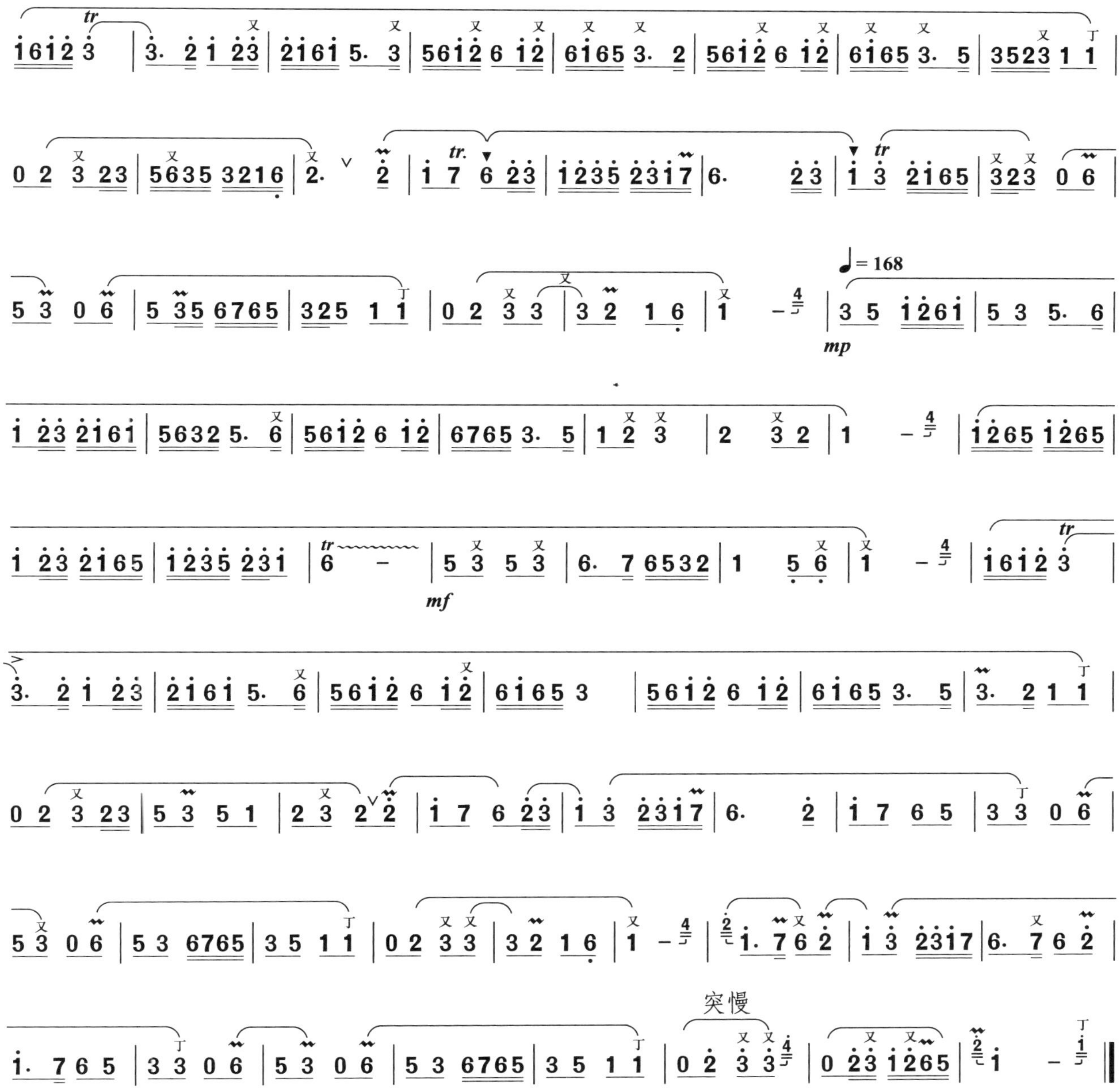

《欢乐歌》是江南丝竹名曲之一，情绪明快热情，常在喜庆集会上演奏。

江南丝竹，从一竹（箫）一丝（二胡）到较大的乐队都可以演奏。其音乐格调清秀明丽，曲调流畅委婉。

《欢乐歌》是一首倒装的民间演奏曲，它的主题在后（快板部分）。前面的中板是主题的加花演奏，主题的一拍扩充为这里的两拍，旋律优美抒情，富有歌唱性。后面的快板部分，旋律简明，起伏多姿，情绪欢快热烈。

吹奏江南丝竹乐曲用气要平和。整个乐曲宜把强、弱幅度拉大些。快板部分要奏得音符清晰、节奏稳健。曲中的顿音亦是用气点出，不用舌吐。

本曲依陆春龄演奏的唱片录音校订。原谱见吴逸群编著，上海文艺出版社 1966 年 5 月版、1981 年 2 月修订版《怎样吹好笛子》，后收入人民音乐出版社编辑部编、人民音乐出版社 1982 年 8 月版《陆春龄笛子全集》。

第五讲　圆滑音

能够圆滑地演奏，是中国竹笛的重要特点之一。它既能应用于诙谐风趣的乐曲之中，也能应用于低沉哀怨的乐曲之中。特别有效果的是它能模拟人声、鸟鸣及其他自然界音响，使竹笛具有浓厚的生活气息。北方风格的笛子曲十有八九使用了这种技巧。不过，对这种技巧的应用持谨慎态度，应用得好就能大大地增强乐曲的艺术效果，如果应用得不好，那就会破坏乐曲的情趣，特别是庄严、雄伟的乐曲就不能应用它。南方丝竹把它作为禁忌，这是生活习惯的影响，是风格的要求。至于一般民歌体裁的南方乐曲则完全可以使用，重要的是要有所鉴别。

圆滑音的技巧既然很重要，就要系统地加以训练。要训练每个手指的圆滑能力，要训练各种音程之间的圆滑进行。这样训练的结果，不但能使演奏得心应手，把笛子变成像自己的声带一样可以自由地歌唱，而且也为练习转调、演奏半音阶等打下基础。

下面介绍五首圆滑音练习曲：

练　习　一

（二度滑进）

全按2̣　正宫调

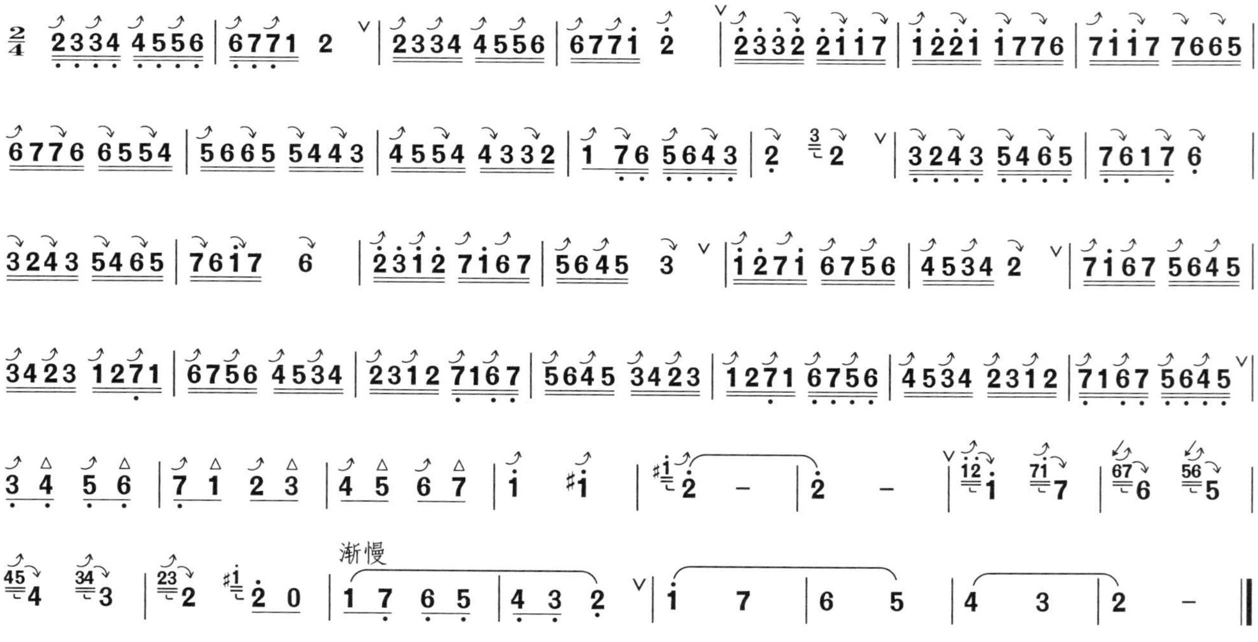

☆“♯i̇”指法：开第一、二、六孔；“2̇”指法：开第一、二、三、六孔。

注：①用轻吐把每拍中的两个圆滑音隔开；②尽可能地圆滑；③指法要自然，不僵直、不紧张；④发音准确，速度不必很快；⑤梆笛、曲笛交替练习。

练　习　二

（三度滑进）

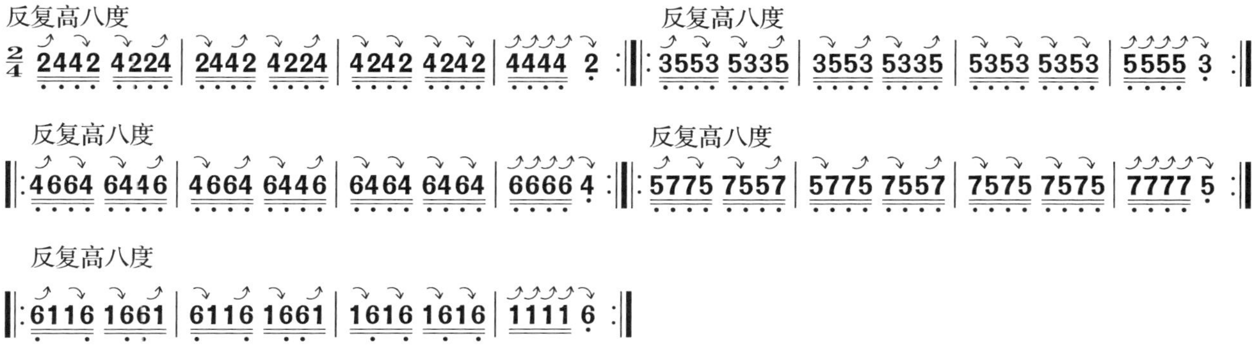

练　习　三

（四度滑进）

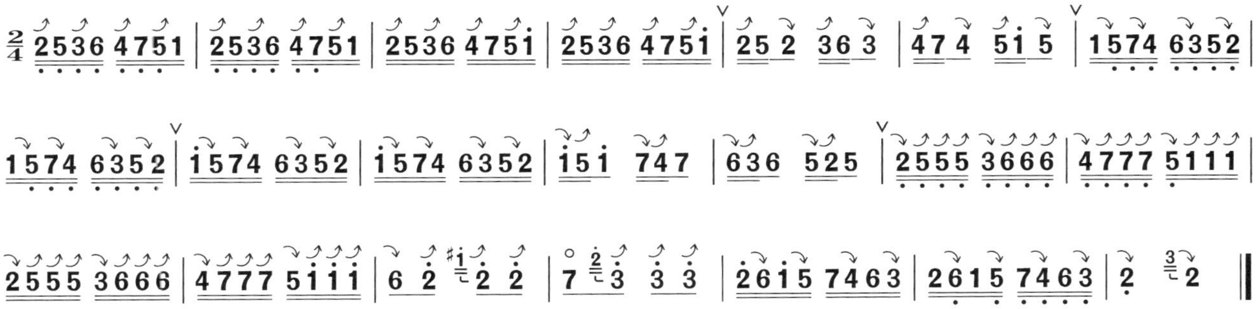

练　习　四

（五度滑进）

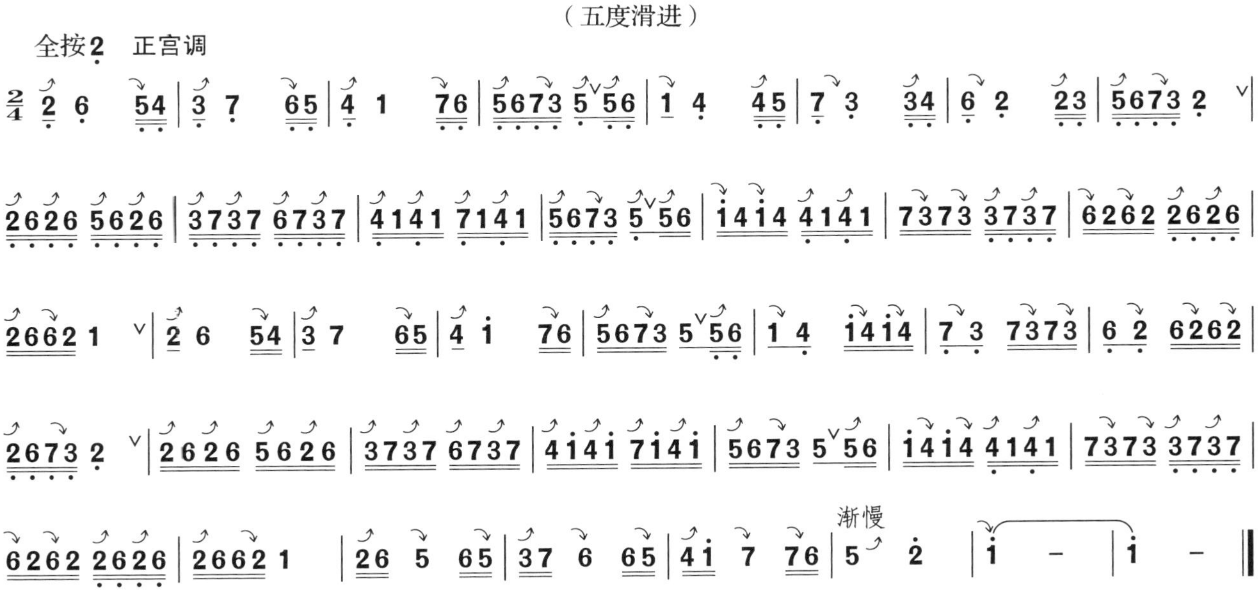

注：要求同前，并要求演奏得富有旋律感。将震音恰当地加以应用，气息控制也可以结合进去，但主要的目的是训练圆滑技巧。

练　习　五

（各种音程的滑进）

全按2　正宫调

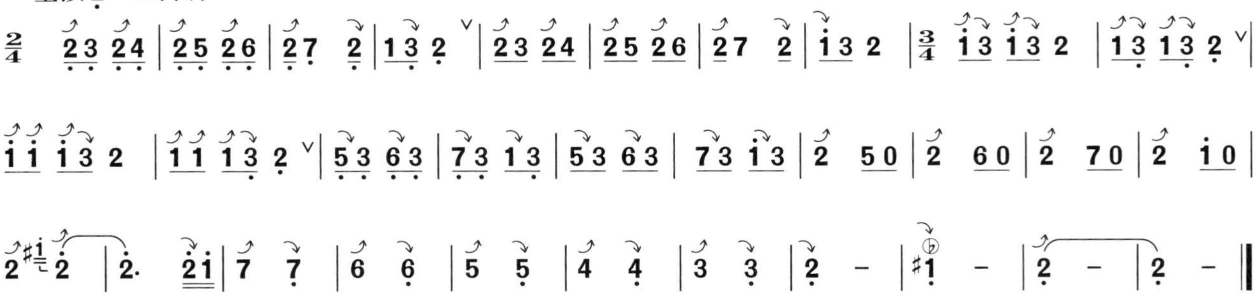

注：“1”为气变音。

以上五首练习曲用以训练手指的圆滑音。还有一种用气变来产生圆滑音的技巧，称为“气变音”。

气变音（♯♭）是改变用气的强度及改变风口的位置、使音降低或升高的技巧。这种技巧和气息控制结合在一起，就成了改变音量的手段；和圆滑技巧结合在一起，就成了更圆滑的手段。它是一种很有用处的技巧。在声学理论上，它属于“激发频率”的变化，因此，是不正常与不稳定的，它特别需要听觉的帮助。

做下面的练习：

练　习　六

（气变音练习）

全按2　正宫调

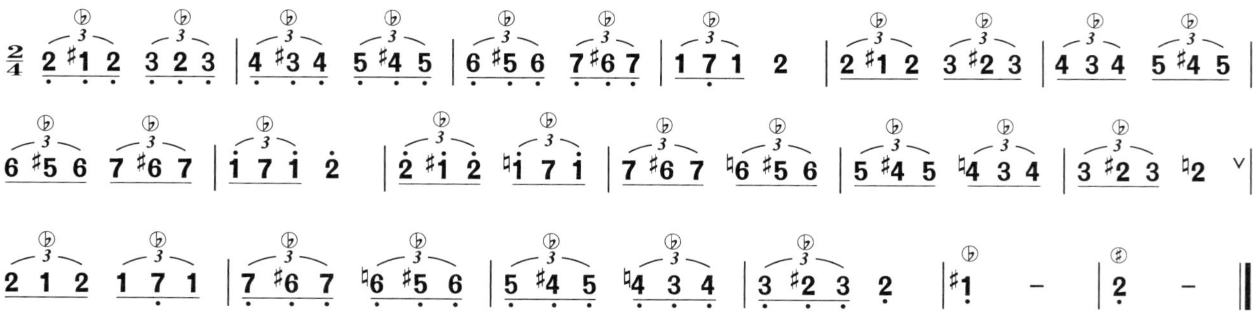

注：降低或升高达到半音，结合轻吐可做到清楚地演奏，去掉轻吐则为极圆滑的演奏。

将气变音和指变的圆滑技巧结合在一起，就可以使笛子的演奏具有人的声带一般的自由滑动的性能。让我们较细致地来练习一首京剧流水板：

教材“京剧流水板”

正宫调　全按2

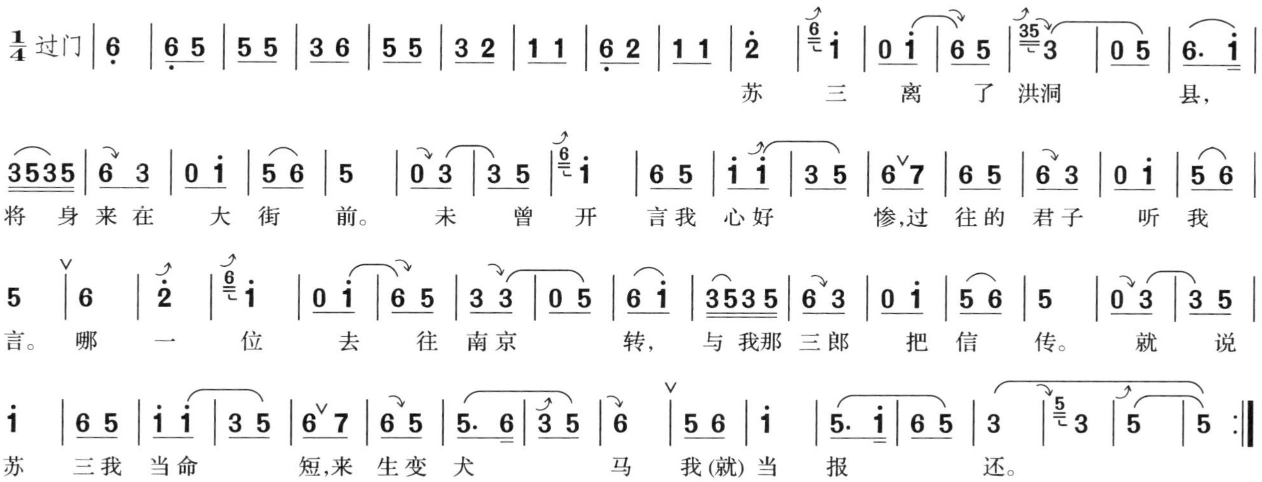

分析之一：

这是一首很有名的京剧唱腔，流派不同唱腔也就不很一致。因此要吹好此曲，就必须先学习唱腔，怎样唱就怎样吹，笛子成了人的歌喉，模拟性非常强烈。

分析之二：

女声的戏曲唱腔，婉转柔情要富有抑扬顿挫的美感。切忌照谱演奏呆板而没有变化。

分析之三：

声随词转，要使人听出声与腔的部位，而不是声、腔不分；在技巧上要充分发挥舌的功能，要仔细地领会舌头动作中“吐”“嘟”“呶”“噜”的不同应用方法。

分析之四：

手指的圆滑动作，不能使音量起到抑扬的变化，必须把气变音和指法结合起来，同时要注意音准、音色、音量这三种特性的完美结合。

滑音是笛子重要的演奏技巧，特别是北派演奏家用以表现风格的重要手段。在记谱上，以孤线箭头为标记，但仅从谱面上是无法奏出各种风格的。也就是说，演奏家们运用的各种滑音技巧，是无法用记谱标记完全体现出来，甚至用语言也难以说清，只有现场的视听感觉，才能领会到其中的奥秘。

北派风格有很多著名的演奏家，如冯子存、刘管乐、梁培印、王铁锤、刘森、高明、李镇，等等。其中冯子存、刘森运用的滑音技巧最典型也最具有特色。

冯子存，1904 年出生于河北省阳原县一个农民家庭，他从小就酷爱竹笛，1953 年进中央歌舞团，以河北省代表的身份，参加了全国第一届民间音乐舞蹈观摩会演大会，用笛子独奏的形式，演奏了《喜相逢》《放风筝》两首乐曲，从而结束了笛子仅是伴奏的历史，第一次把笛子独奏搬上了文艺舞台，这个贡献是巨大的。不仅如此，冯子存以他独特的演奏风格，成为北派的典型代表。冯老的作品大多取材于“二人台”山西梆子和民歌小调，重要的代表作有《喜相逢》《放风筝》《农民翻身》《黄莺亮翅》《五梆子》《挂红灯》《万年红》等。演奏技巧，多以滑音、垛音、单吐、三吐、花舌、颤音为主。冯老演奏的滑音速度不快，过程稍长，用得很多，如《黄莺亮翅》，几乎通篇都是滑音。

刘森是20世纪50年代较年轻的著名演奏家，他独创的演奏风格极富歌唱性，抒情而优美，特别受青年人的喜爱，体现了一种青春的活力。代表作有《牧笛》《山村小景》《小放牛》《栽秧忙》《山歌》等。刘森的滑音运用得很自如，速度比冯子存的稍快些。整个滑音很圆滑，似乎是划了一个圈，如“$^{35}3$ $^{6\dot{1}}6$”，可以说，冯子存、刘森两种风格的特色与滑音有很大的关系。另外，刘管乐老师的滑音速度就比较快，富有创新精神。

让我们来练习他们的几首乐曲：

牧 笛

刘　炽曲
刘　森改编

1=A 全按2 正宫调

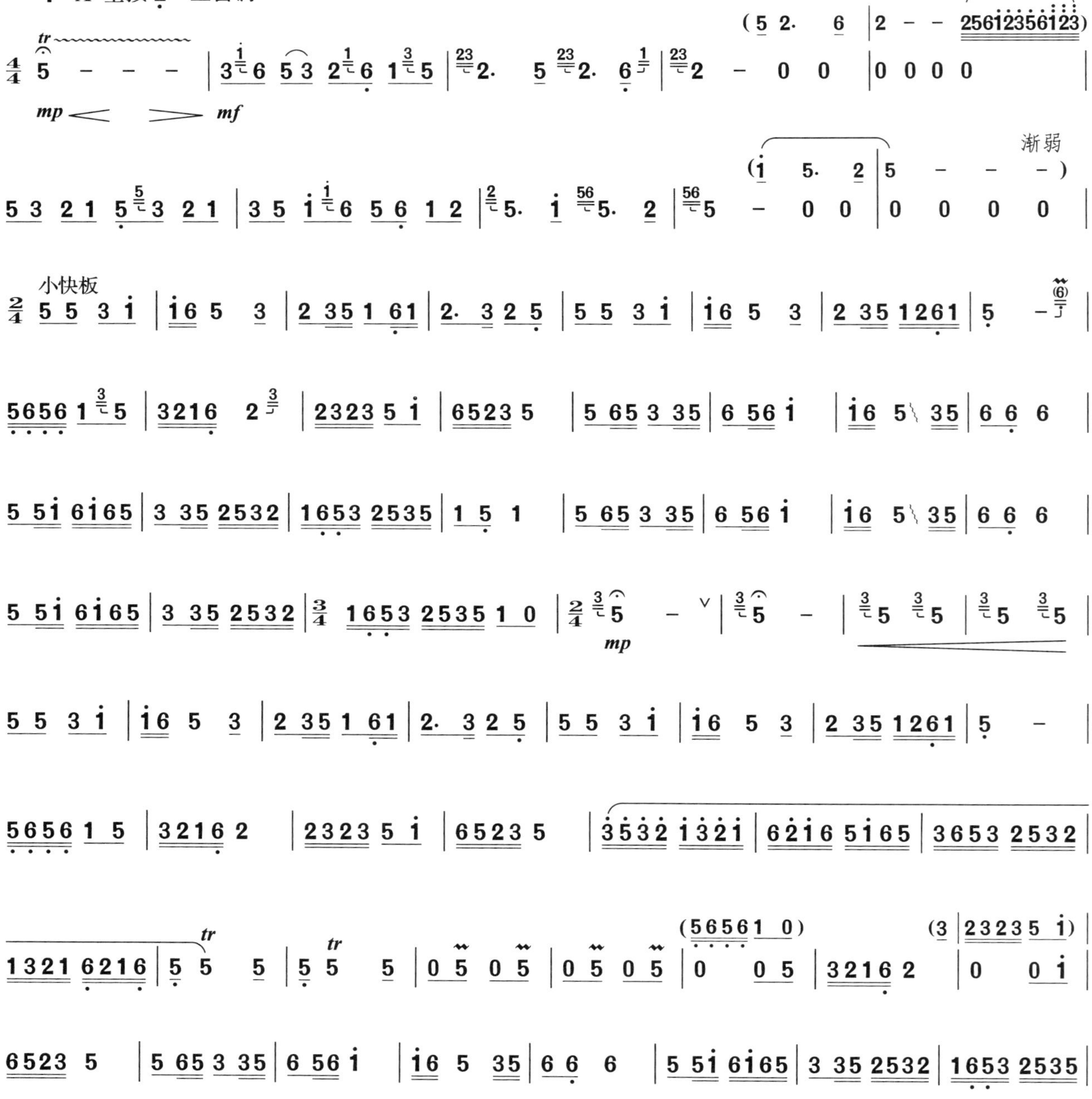

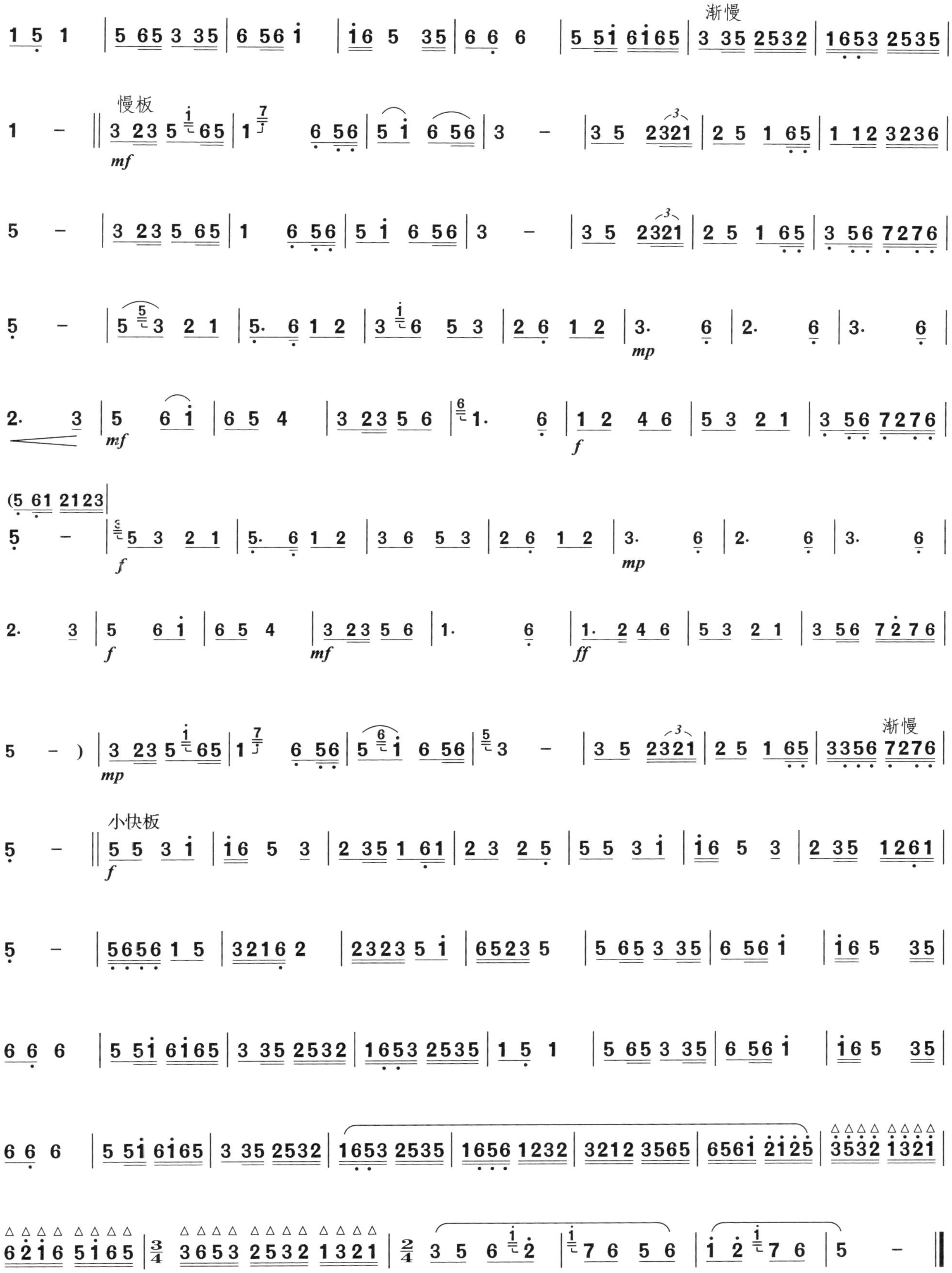

注：打指由慢转快，再渐慢。

第六讲　垛音

"垛音"是强烈的气冲音(<)和手指的急速拍打结合在一起而产生的特殊的、近似打板的音响，性质上为气冲音和强叠音相结合，因此以"叉"来表示。也有用"ⅴ"表示的。它是一种特殊的竹笛传统演奏技术，能使笛子的演奏具有强烈的民间色彩。但由于它在一定程度上有离开音律的倾向(因为似乎是噪音)，所以只能在特殊情况下使用。一般地说，大都用在模拟性的或诙谐风趣的乐曲之中。它产生的效果是特殊的，如模拟鸟叫声、机器声、马蹄声、强烈的劳动节奏、跑跳等。

垛音的训练先从气冲音开始，丹田鼓气，急速有力地向外冲气，加上风门或舌头的阻拦，使冲气分外有力，于是产生了强烈而短促的音响。这时，如果手指不配合动作就成了气冲音，在情绪激动时(包括悲伤或欢乐的)可偶尔使用。

气冲音和急速有力的手指动作结合在一起，就产生拍打音，从顶孔以下参加拍打的手指越多，效果就越强烈。下面是一段模拟火车的乐段：

全按5　小工调

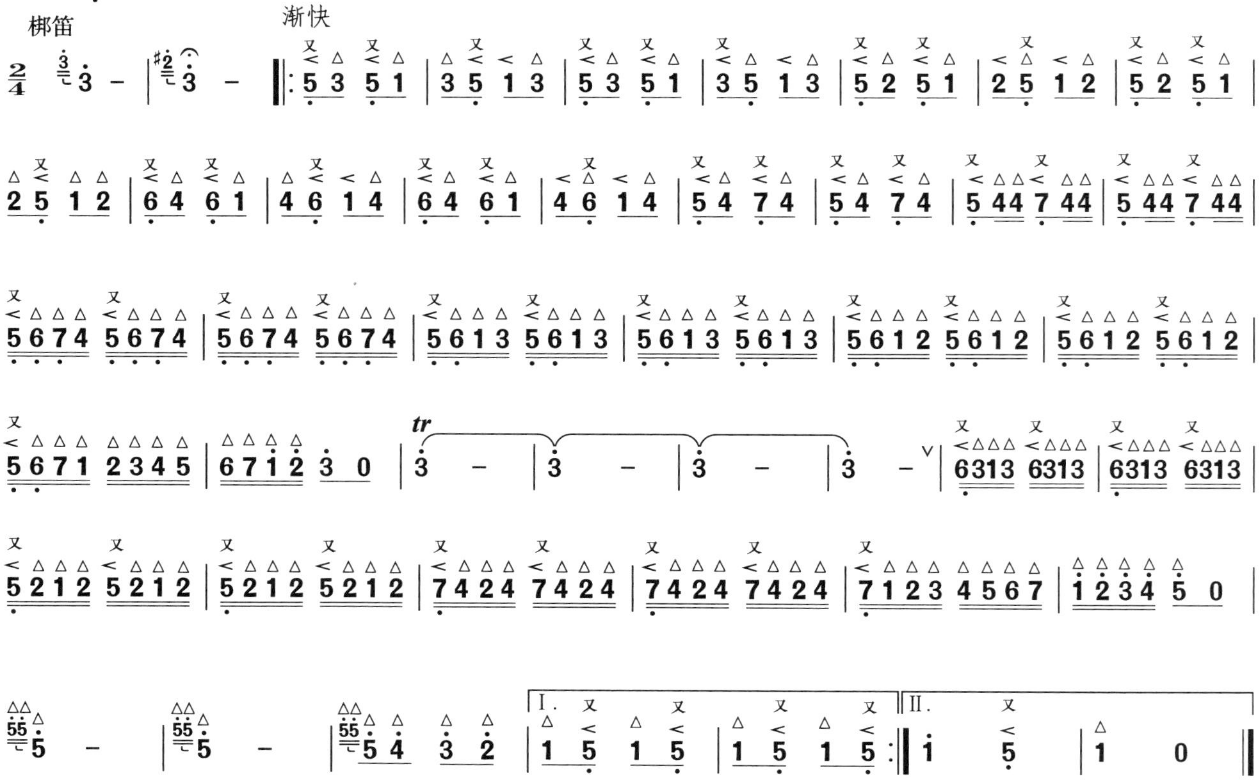

注："叉<"＝"<叉"。

"垛音"虽不常用，但它可以帮助训练力度，所以介绍几首垛音练习曲以供练习。

练 习 一

全按 2̣ 正宫调

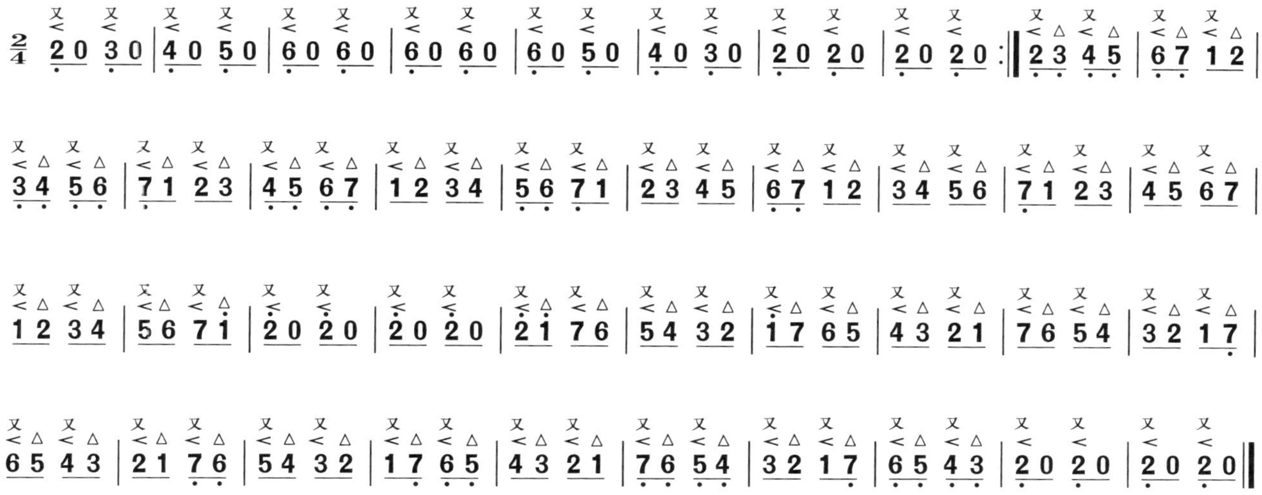

练 习 二

全按 2̣ 正宫调

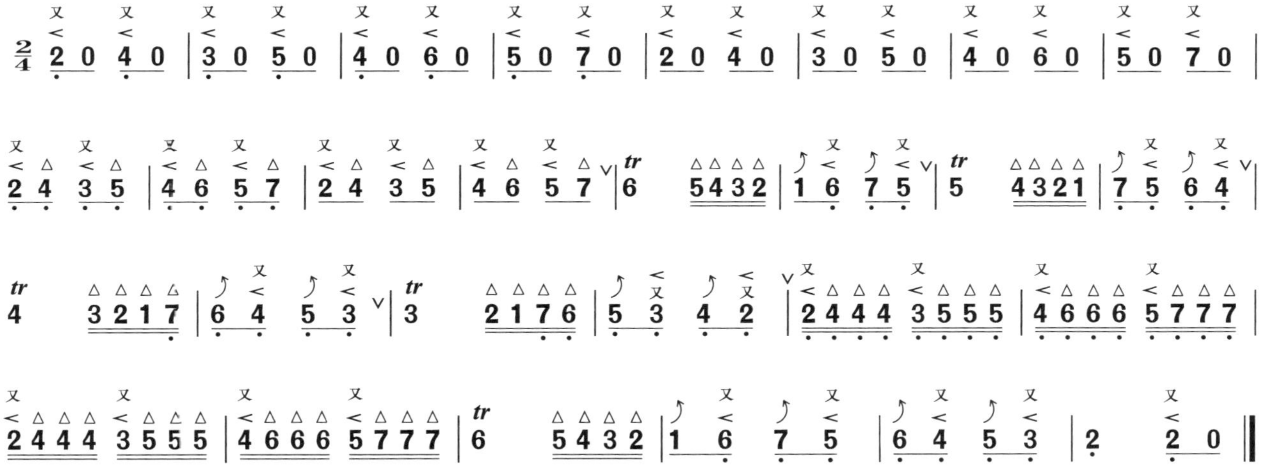

练 习 三

全按 2̣ 正宫调

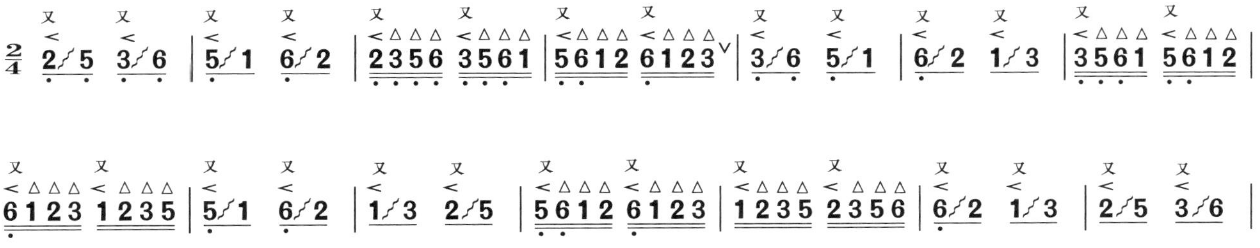

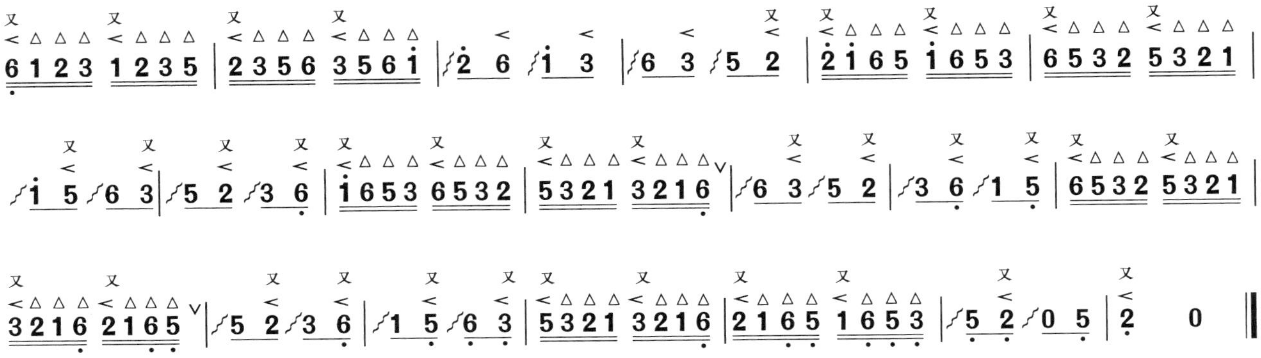

注：① 手指拍打从顶孔开始。

② 手指同时打下，不要有先后。

③ 气指紧密结合，产生拍音，又能听出音符。

④ “$^{2}1$” 的指法；拍打第四、五孔。

竹笛是一种音色嘹亮的乐器，因而在我国历史上，从汉朝到唐朝，竹笛都是主要的军乐器。唐诗“上将拥旄西出征，平明吹笛大军行”，即是很好的证明。在历代文献中，有很多如“笛声嘹亮穿云裂石”之类的描写，甚至夸张地说，有人能将笛子吹破。著名笛子演奏家冯子存老先生，要求初学吹笛的人能够将笛膜吹破，这就是从本质上来要求的。初学的人一定要先将笛子吹得结实响亮，找到最好的位置，按声学的术语找到激发频率最强的中心。这是竹笛的本色，是锻炼肺活量、训练力度、掌握正确的呼吸方法所首先需要解决的。在这个基础上再去训练音量变化的控制技巧，这才是正确的程序。但要注意，响亮并不等于拼命直吹，直吹最伤肺，且发音嘈杂，是吹笛的大忌；另一方面，说柔和、细腻不等于虚浮。虚浮谓之“猫儿叫”，也是吹笛大忌。强而不噪、弱而不虚，先求本色、后求变化，这才是比较科学和正确的训练方法。

北方风格的演奏强调力度，在技巧上以“吐”“滑”“垛”“花”等为常用，情绪往往越来越热烈、欢快、明朗、粗犷，对比明显，易为劳动群众所理解，因此在独奏曲中占有很大的比例。每个笛子演奏者都必须下一番功夫对它进行钻研。特别是南方风格的演奏者，学习一下北方风格的演奏，就会增长许多新的知识和技术，从而提高演奏的水平。

要求：

1. 熟练地演奏几首具有北方风格的作品。

2. 分析、理解乐曲的演奏风格及技巧。

3. 大量地视奏，并从中挑选自己喜爱的作品作为精练的曲目。

五梆子

1＝C

慢板

冯子存曲

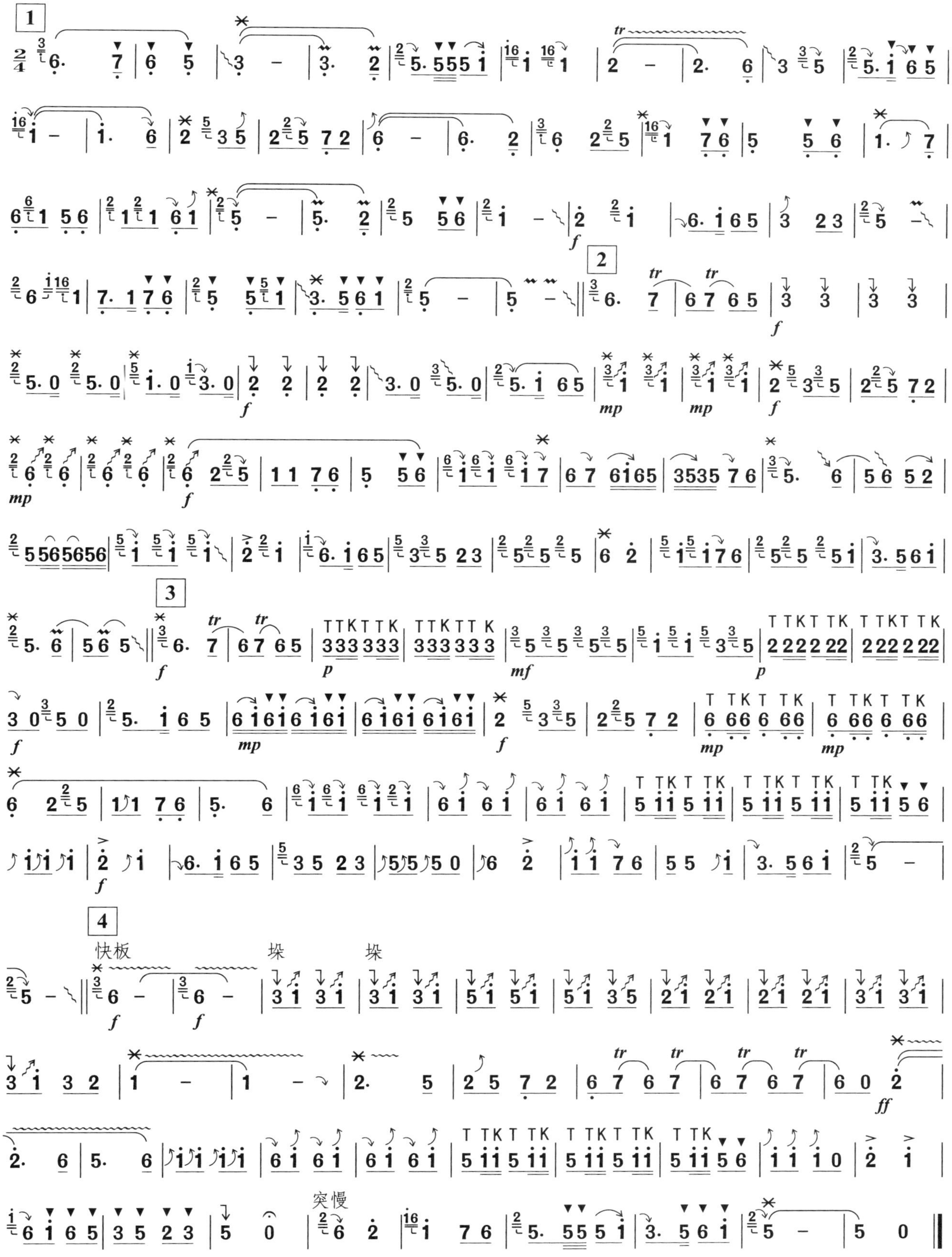

顶　　嘴

胡炳智传谱

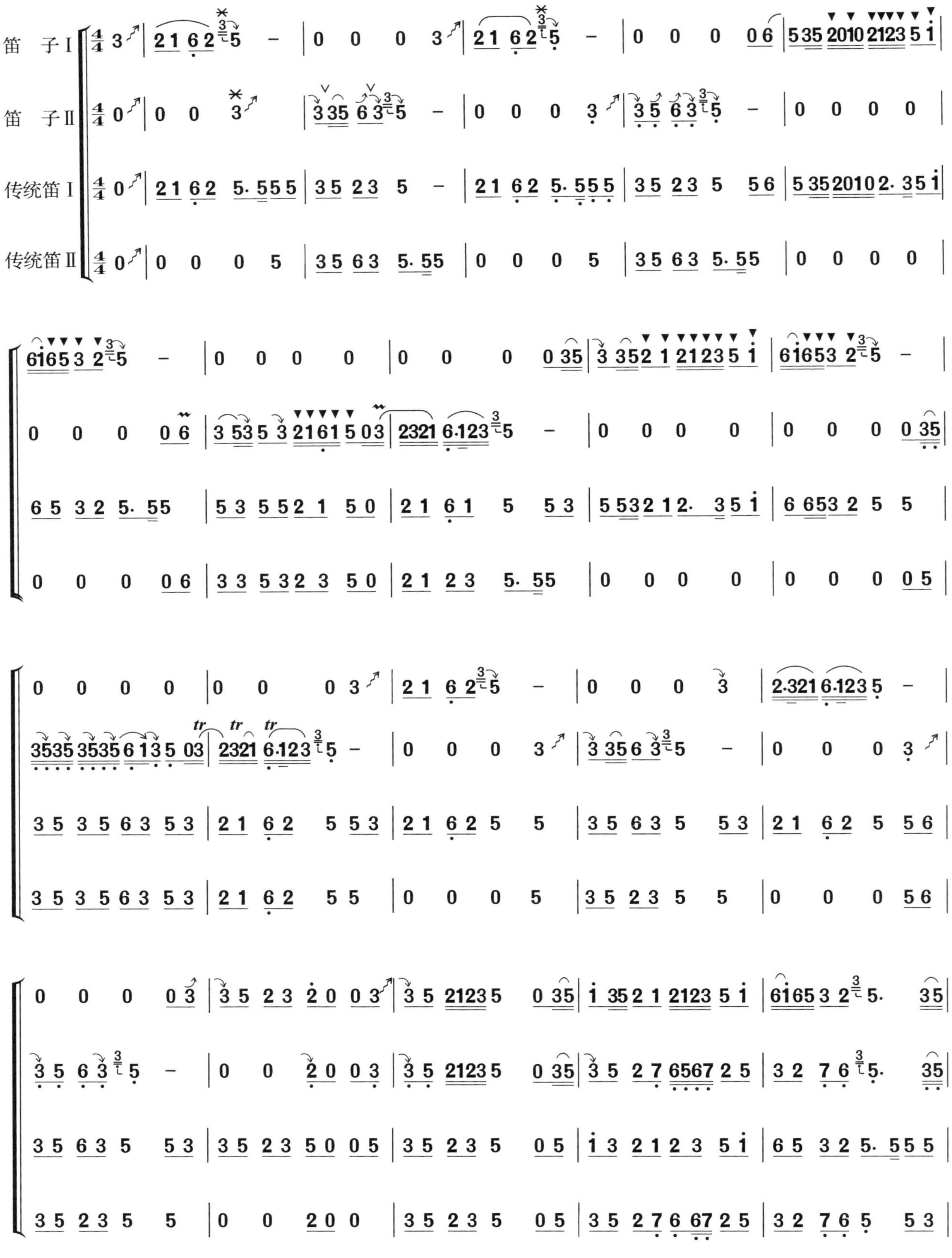

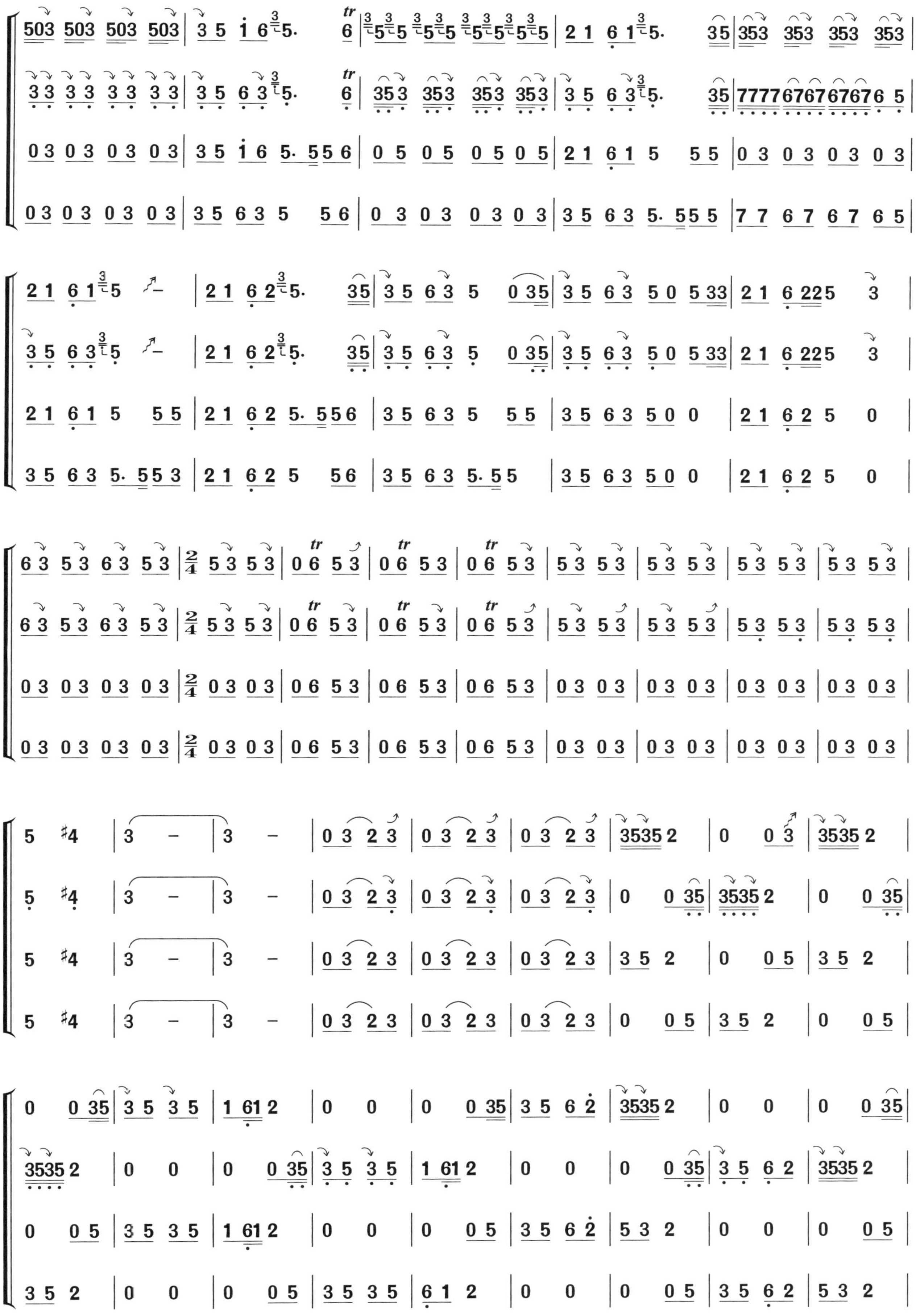

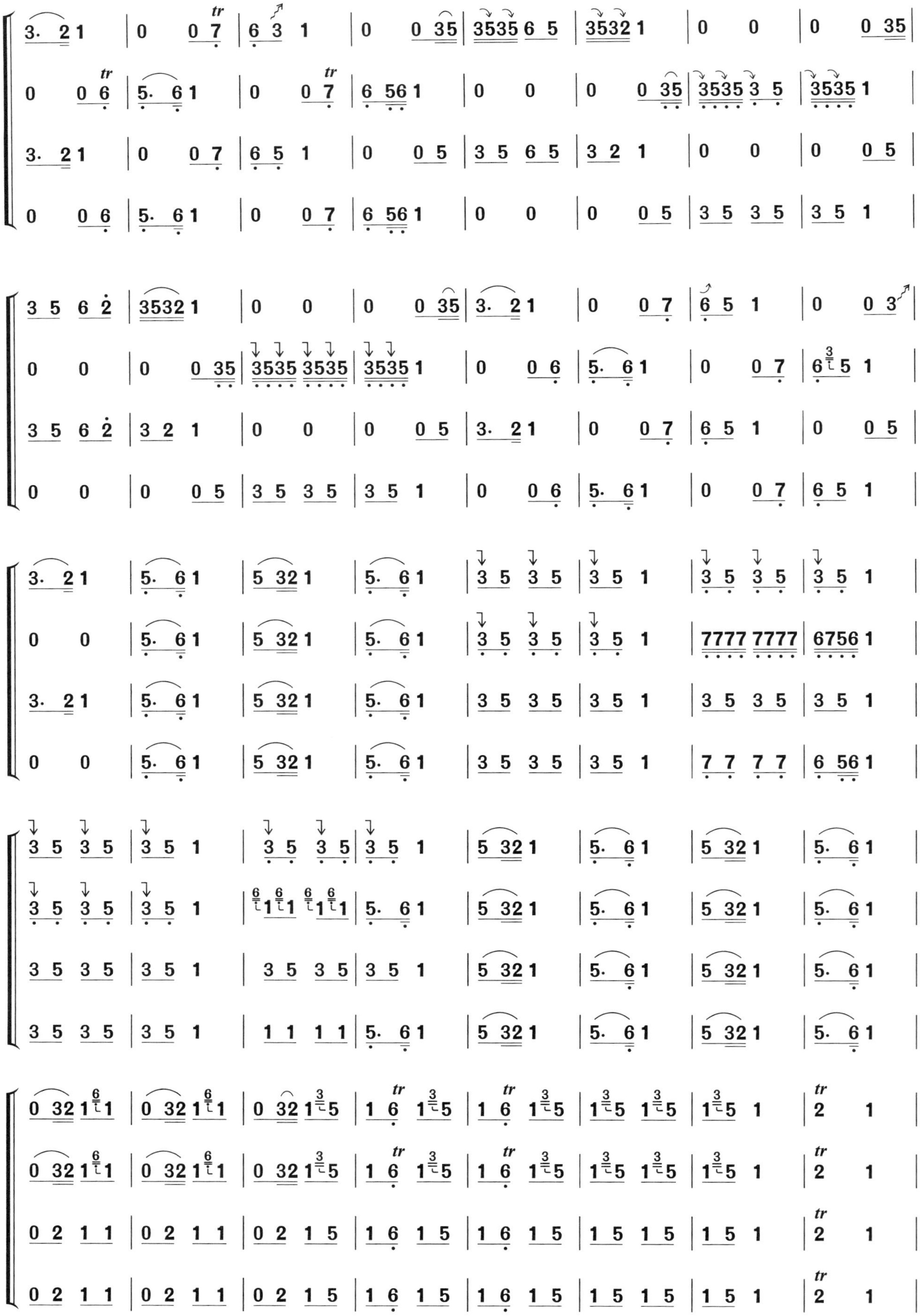

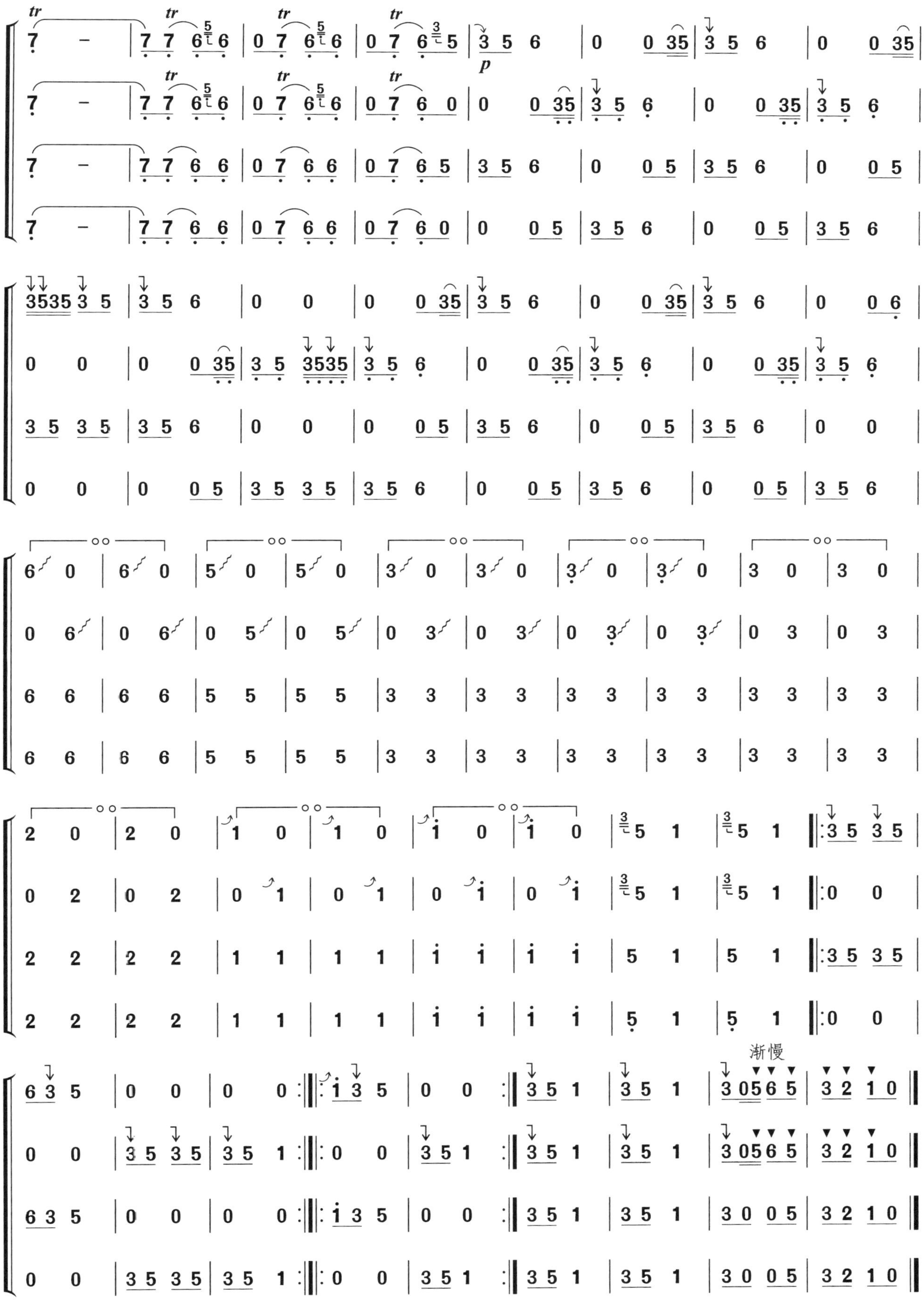

注：伴奏加梆子。

荫 中 鸟

A调

刘管乐曲

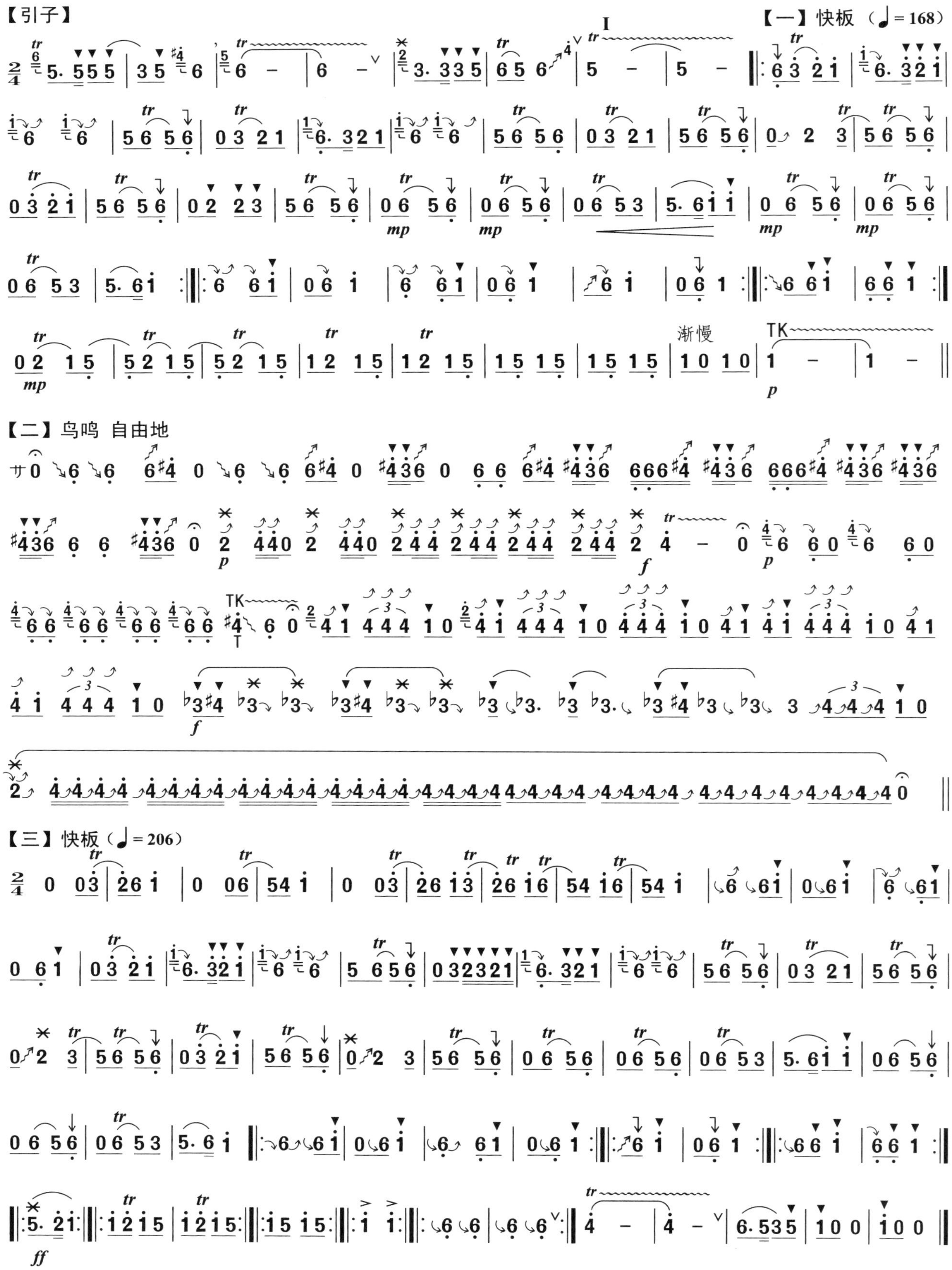

第七讲　转调、变化音阶

中国古代很早就有了完整的乐律理论，“五音十二律旋相为宫”就是其中之一。所谓“旋相为宫”，就是十二律的每一个音都可作为主音。比如说：黄钟宫就是以“黄钟”的高度作为宫音，宫、商、角、徵、羽组成一组音阶。太簇宫就是以“太簇”的高度作为宫音，然后产生商、角、徵、羽等音……假如黄钟的高度等于今天的C，那么黄钟宫就等于C调（黄钟的高度问题还没有结论），太簇宫等于D调……

一根笛子只有六个孔、七个音，怎么能做到“十二律旋相为宫”呢？据宋朝陈旸《乐书》记载：“……今太常笛，从下而上，一穴为太簇，半窍为大吕，次上一穴为姑洗（读“如铣”），半窍为夹钟……”可见，按半孔产生半音的技巧自古已有。这种技巧的术语应该称之为“叉”。

目前很多同行都把叉的含义解释为指法的变化。如：按住第四、五两孔吹“**4**”，称为“叉口”，而按住半孔的技巧，却没有妥当的术语。

按半孔的训练，要从第二孔开始，接着练第五孔，学会了这两个孔的叉口技巧，就能演奏全按作“**6̣**”的尺字调和全按作“**3̣**”的六字调。

全按作“**1**”的乙字调，不需要用叉口。全按作“**4**”的凡字调，在演奏五声音阶时也不要叉口，这两个调只需将第六孔全部开放就能演奏乙字调的“**7**”和凡字调的“**3**”。

这样算起来，一根六孔竹笛，能够比较灵活地演奏：1. 全按作“**5̣**”的小工调；2. 全按作“**6̣**”的尺字调；3. 全按作“**1**”的乙字调；4. 全按作“**2̣**”的正宫调；5. 全按作“**3̣**”的六字调。所谓比较灵活是指它能在准确地演奏五声音阶的基础上，充分地发挥中国竹笛的性能。从理论上来说，一组自然音阶中，只有五个半音，现在已解决了三个，只要再解决两手无名指的半音，就十二音齐备了。正因为在理论上说是可能的，因此有些同行进行了艰巨的艺术劳动，克服了两手无名指弹性差的障碍，取得了令人惊叹的成就。

按半孔后进行转调产生了升降记号，于是发生了一个问题：是用固定的唱名来进行训练呢，还是用首调的唱名来进行训练？是用比较先进的五线谱来记谱呢，还是用简谱甚至用工尺谱？关于这个问题，很多人在探讨，我的意见如下：

1. 从实际出发，六孔竹笛以首调唱名和简谱记谱比较合理。因为固定唱名不适合民间的传统，而竹笛恰是民间乐器。如果用五线谱又唱首调，那么反而更不科学了。因为第二信号系统丧失了。

2. 工尺谱也要懂，至少要能翻译成简谱。

3. 固定唱名和五线谱也要懂。假如能够灵活地演奏全部半音阶，那么就可以一开始就训练用线谱，固定唱名。同时，也要懂得首调和简谱。

现在，我就用首调和固定调相结合的方法来训练第二孔、第五孔及第六孔的变化音。

指法：

1. 第二孔的半音按住里半孔（◒），曲笛按在中指第二关节上，梆笛按在指尖上〔有的人单开第二孔吹半音，这种指法发音偏高，除非第二孔的发音本来就偏低；还有的人按住第二孔的上半孔（◑），这种按法灵活性差一些〕。

2. 第五孔的半音有两种指法：

（1）按住上半孔（◑）。

（2）低八度音按住第二、三、四及第六孔；高八度音按住第四孔及第六孔。

3. 第六孔的半音，也有两种指法：

（1）按住上半孔（◑）。

（2）低八度音按住第四、五两孔；高八度音按住第二、三、四、五等孔。

吹变化音要达到五个要求：

1. 发音准确。2. 音色纯净。3. 尽可能地响亮。4. 不产生圆滑音。5. 灵活而有把握。

先用首调的唱名（即我们习惯和熟悉的唱法）把下面这首曲子唱出来并准确地演奏。

采茶扑蝶

全按 6 尺字调

1=♭B或A

福建民间舞曲

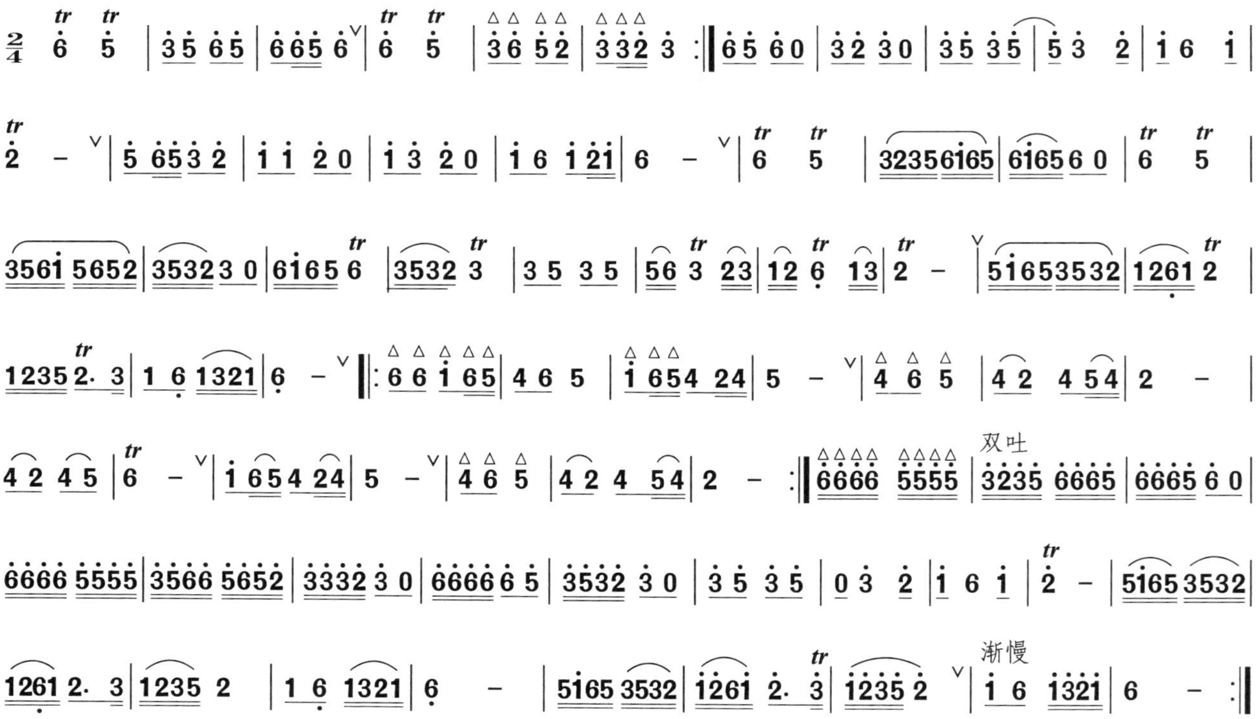

全按作“6”，第二孔作“1”，这是尺字调。当中一段实际上是六字调。首调的唱法，在上属调和下属调之间互相转调就不需要更换唱名，如：尺调“66 i 65 | 4 6 5 | i 65 4 24 | 5 －”实际上是六字调“33 5 32 | 1 3 2 | 5 32 1 61 | 2 －”这是中国民间常用的唱法。

把上面这首乐曲吹熟了，就能基本掌握第二孔、第五孔的半音吹奏方法。

为了懂得什么是固定唱法，以及看线谱演奏，可以把上面这首曲子翻成五线谱，练习固定的唱法，再以全按作“5”的指法把曲子吹出来。

原来谱子上写的是 ♭B 调，就是说有两个“♭”记号，遇到“7”、“3”这两个音都要降低半个音。

经过翻谱以后，它的唱法如下：

采茶扑蝶

固定唱名　全按5̣　　　　福建民间舞曲

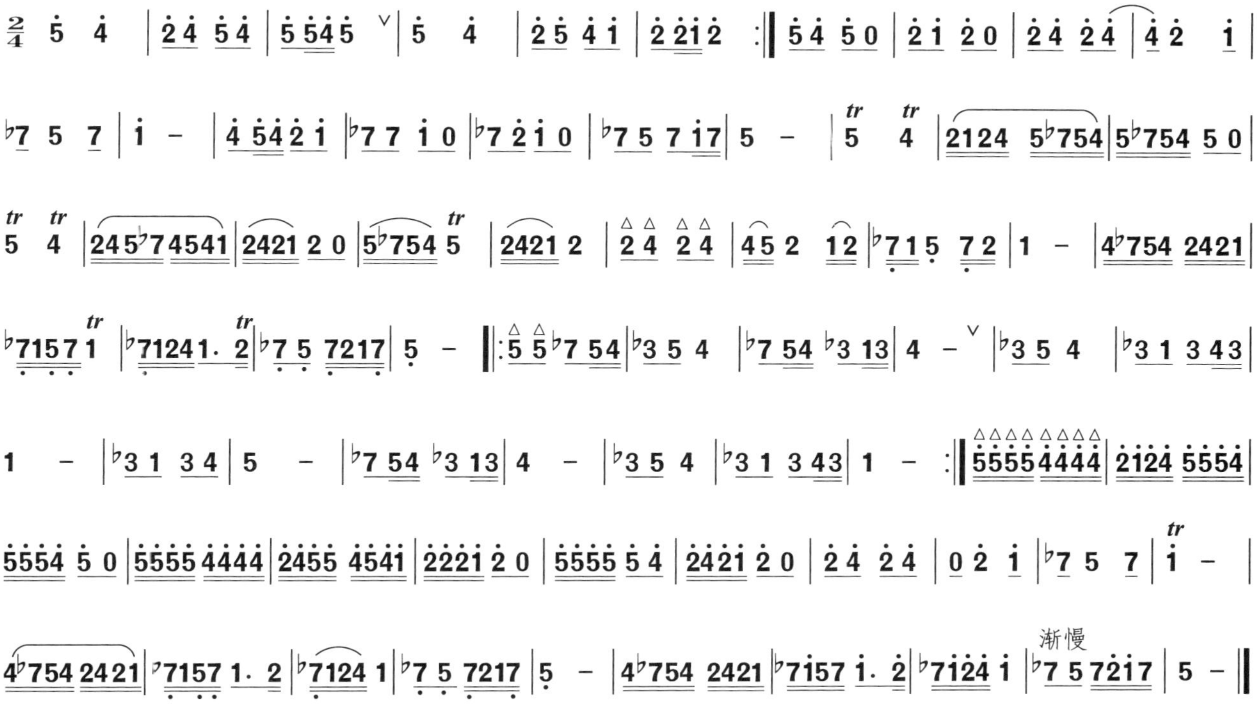

用固定调的唱法来演奏竹笛，目前来说真是极少数。不过，从发展的情况来看，中国竹笛将会逐渐提高转调的能力，需要认真进行训练。

在目前还没有系统的训练方法之前，要求先做到能在六孔的笛子上，较熟练地演奏四个到六个不同调号的民间乐曲或一般乐曲。具体地说，全按作“5”的小工调，全按作“2”的正宫调，这两个调已经为大家所熟悉；全按作“1”的乙字调，困难也不大；全按作“6”的尺字调，要学会第二孔的叉口技巧；全按作“3”的六字调，要学会第五孔的叉口技巧；全按作“4”的凡字调，问题也不大。所谓问题不大，是指演奏一般的五声音阶体系的较简单的乐曲。比如说《秧歌调》：

“5 6 5 6 | i 6 i ˇ| 5 i 6 5 | 3 2 3 ˇ| 3 6 5 3 | 2 1 2 ˇ| 2 5 3 23 | 5 6̣ 1 | ”

让我们准确地用六个不同调号来演奏。

通过练习，就可以发现这六个调只要解决三个半音（即第二、五、六孔），就能完美地演奏出来。

钢琴上一组音阶中有七个白键、五个黑键，也就是说六孔竹笛只要能增加五个半音阶，就能做到十二律旋相为宫。现在我们学会了三个，那么只要再增加两个半音就齐了。困难的是这两个半音要用两手的无名指来控制，而无名指的灵活性较差，按住半孔后的正确性也较差，所以能够熟练地演奏的人还不多，而且意见也不太统一。解决这个问题我们要一步一步地来。建议大家可以按以下的程序进行训练：

1. 先熟练地学会全按作“6”的指法，第二孔按住里半孔降低半音。学会后就可以演奏《三五七》《二凡》这样一类的曲子。

2. 接着熟练地学会全按作“3”的指法。第五孔降低半音的指法有几种：第一种是按第五孔的半孔；第二种是改变指法，开第一、五孔，演奏六字调的“i”，开第一、二、三、五孔，演奏六字调的“i”，学会后就可以演奏《幽兰逢春》《婺江风光》《江河水》等乐曲。

3. 对一些民间曲调或一般歌曲，用一根笛子尽可能地做各种调号的练习。

4. 做一些系统练习。

♭7 练 习（一）

全按 5 小工调

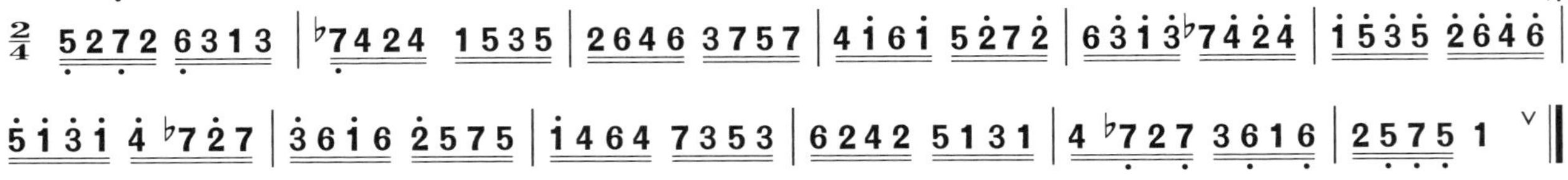

注：逐渐加快速度，做到灵活又有把握。

♭7 练 习（二）

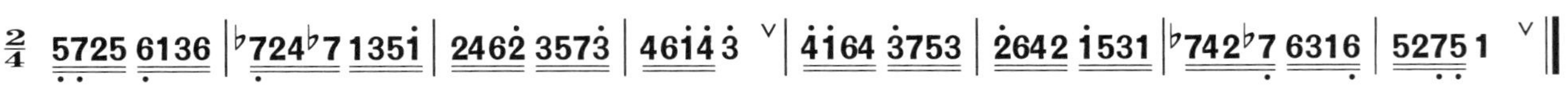

注：结合舌功做不同形式的练习。

♭7、♭3、♯4 结合练习

全按 5 小工调

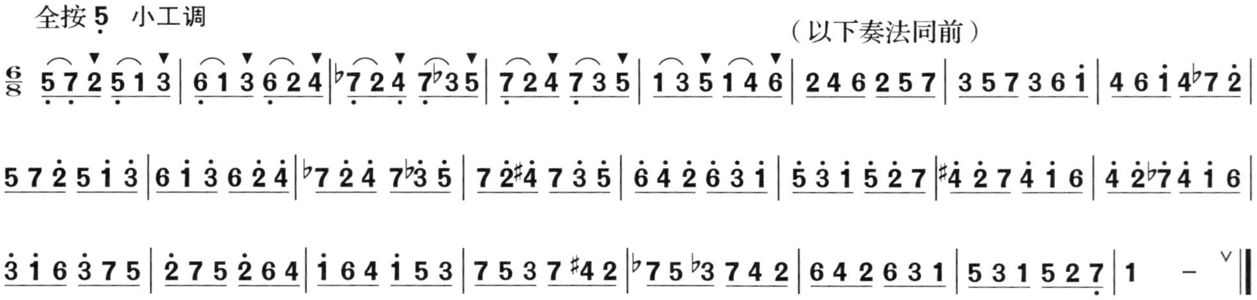

注：逐渐加快速度。

完成以上练习后，可以根据各自的情况进行更复杂的变化音阶练习。所谓“复杂的情况”之一就是产生变化音阶的手段是依靠按半孔还是增加音孔？西洋长笛依靠增加音孔以及键盘转置来达到这个目的，中国笛子可以利用十个手指在不加键的情况下，增加音孔数从七个到十个；还可以利用指关节增加到十一个音孔（新笛及四川流派就是这样的）；也可以不增加音孔，利用按半孔的技巧演奏出变化音；也有用增加音孔和按半孔相结合也能达到十二律旋相为宫的目的。这里面各有利弊，很难说哪一种好，哪一种不好。情况复杂之二是中国竹笛究竟应采用何种律制？平均律还是古代五度相生律？五声音阶体系是否落后？许多具有民族特色的（为广东音乐）律制是否应该保存？是否应以西洋长笛作为改革的方向？等等，类似问题会接踵而来。按照目前乐改专家会议讨论的结果，一致认为要多律并存，既不排斥平均律以谋求能与西洋乐队相结合，也不排斥民族的系统风格，使传统的音乐风格能继续保存和发扬。要记住这是一个有争议、而且是颇为尖锐和复杂的问题，不可轻率地加以褒贬。

按照“技巧是手段，手段总是越多越好”的观点，变化音阶的训练是颇为重要的一个课题，建议笛子演奏者能重视它。

精选以下练习曲，供大家练习，用何种方式不加限制。

霍拉舞曲

迪　尼　库曲
刘森移植并演奏

全按2

♩= 132

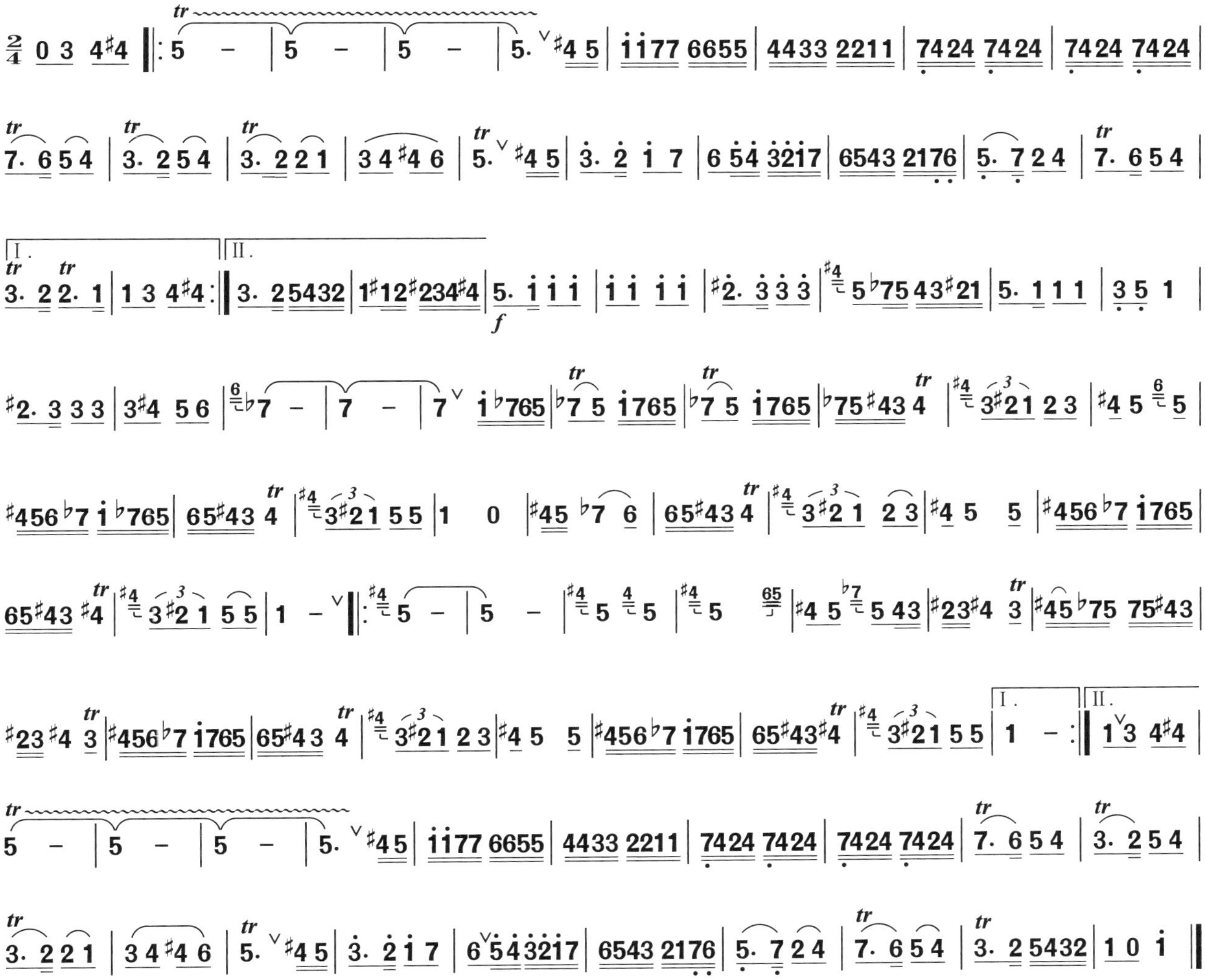

无　穷　动

（片段）

帕格尼尼曲

全按2

快板　活泼地

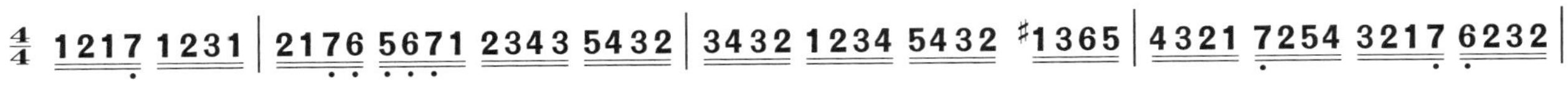

注：用双吐音换音技巧演奏。《无穷动》片段双吐循环换气的要领是：将原来“TKTK”的舌头动作改成“TPTK”。在做“P”的动作时，将气吸进去。建议先摸索一下再练。

第八讲　气息控制及循环换气

中国竹笛能够演奏高歌人云的强烈音调，又能演奏细如一线的纤巧乐章。它能抑能扬、能柔能刚，或激昂慷慨、舞幽壑之潜咬，或如泣如诉，泣孤舟之嫠妇。竹笛的这种性能，远比西洋长笛优越。我国历史上许多著名的诗人词客，在悠扬的笛声中，或仰天长啸，或潸然断肠，写下了许多不朽的诗篇。竹笛所以这样感人原因很多，在技巧上，气息控制是赋予竹笛以艺术魅力的重要一环。

气息控制在声学理论上属于激发频率的可控性。一定的管长，产生一定的固有频率，这是比较纯和稳定的；同时还有一种互相联系的频率叫“激发频率”，这种频率有一定的变化范围。吹奏时，气流成细束（术语称为“射流”）进入管内，这种成束的气流，本身具有一定范围的频率。频率的高低，与气流的速度成正比，而与细束的直径（为圆时）或宽度（为扁时）成反比。具体地说：如气粗而缓则激发频率低，因而适宜于吹低音；如要吹高音时，激发频率应相应地提高，吹气应细而急。吹气的粗细缓急由吹奏者改变口形、位置和用气的情况来调节，演奏的术语称之为“口劲”“口风”“风门”。对于固定的固有频率，通过口劲、口风、风门的变化，达到控制音高、音色、音量的目的，这种技巧就称之为“气息控制”。

气息控制要做到三个“能”：

第一，口劲能松能紧。

第二，口风能粗能细。

第三，风门能里能外。

口劲、口风、风门这三者与乐音的三特性（即音调、音品、音量）之间的关系是错综复杂的，要正确地认识它们的自然规律，然后把它们控制起来。它们的自然规律如下：

1. 口风细，音量弱，音要低，音色较优美。
2. 口风粗，音量强，音要高，音色易发噪。
3. 口劲足，音量强，音要高，音色结实。
4. 口劲松，音量弱，音要低，音色柔和。
5. 风门向里（即唇部与吹孔成锐角），音量弱，音要低，音色较纯。
6. 风门向外（即唇部与吹孔成钝角），音量强，音要高，音色易噪。

气息控制的技巧，就是要把以上六种自然规律有机地结合起来，达到三个要求：

1. 音量能强能弱，强到 ***ff***，弱到 ***pp***。
2. 音准上要做到强而不高，弱而不低。
3. 音色上要做到强而不噪，弱而不虚。

举例：

1. 口风细和口劲足结合在一起。
2. 口风粗和口劲松结合在一起。
3. 口风细、口劲松和风门向外结合在一起。
4. 口风粗、口劲足和风门向里结合在一起。

通过以上的结合就能做到上面说的三个要求。现在来试一下，用长音吹强、弱变化音：

长 音 练 习

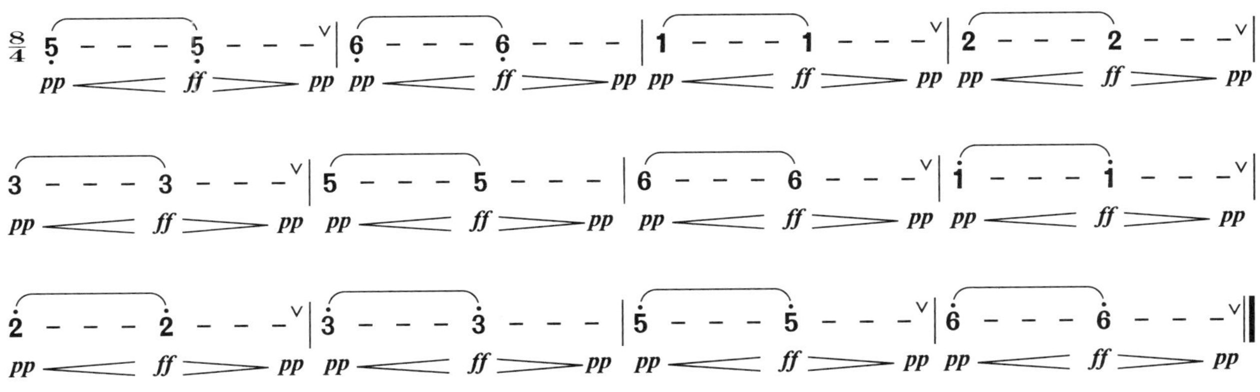

再倒回去，从高音到低音，把强、弱记号换过来练习。每天练习两遍。注意：关键在于耳朵的鉴别能力，要随时留心音准和音色的变化。

气息控制的训练是长期的，“三日不弹手生荆棘，三日不吹唇长绒毛”。越是细致的功夫，反映越强烈。通过实践，会有深刻的体会。

除了用长音练习控制外，可以结合指法的灵活性做下面的练习：

气息控制练习之一

（片段）

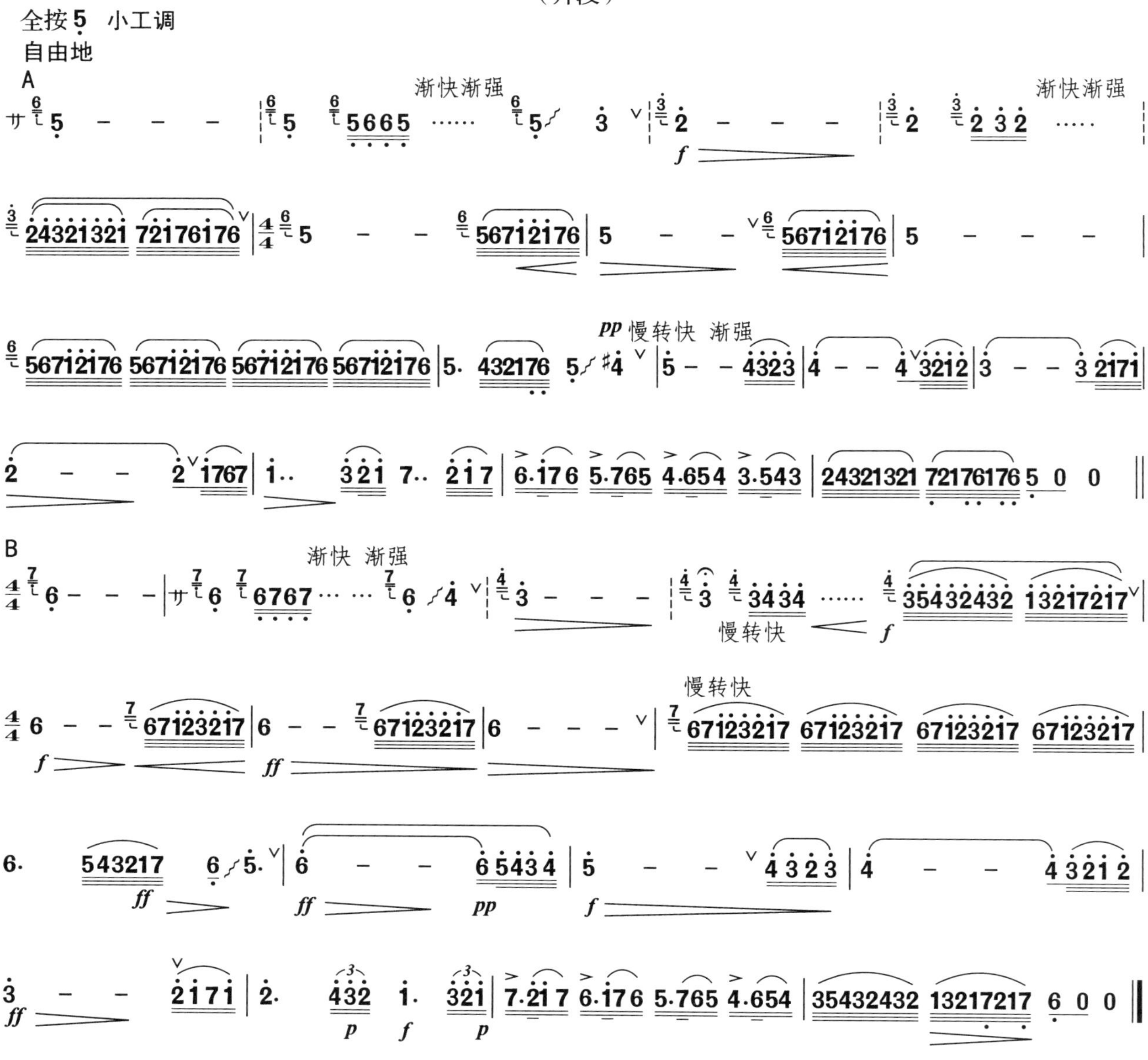

气息控制练习之二

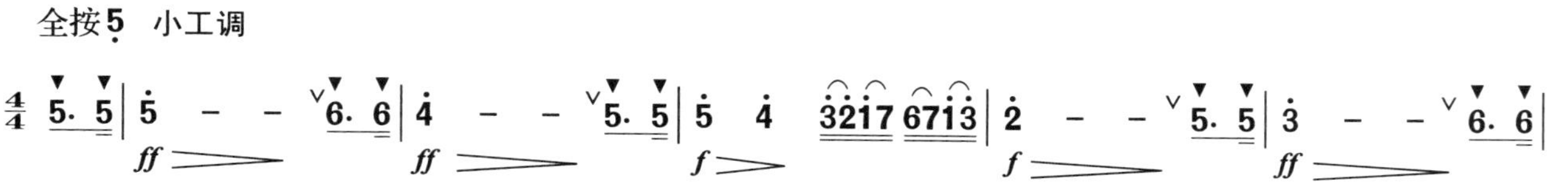

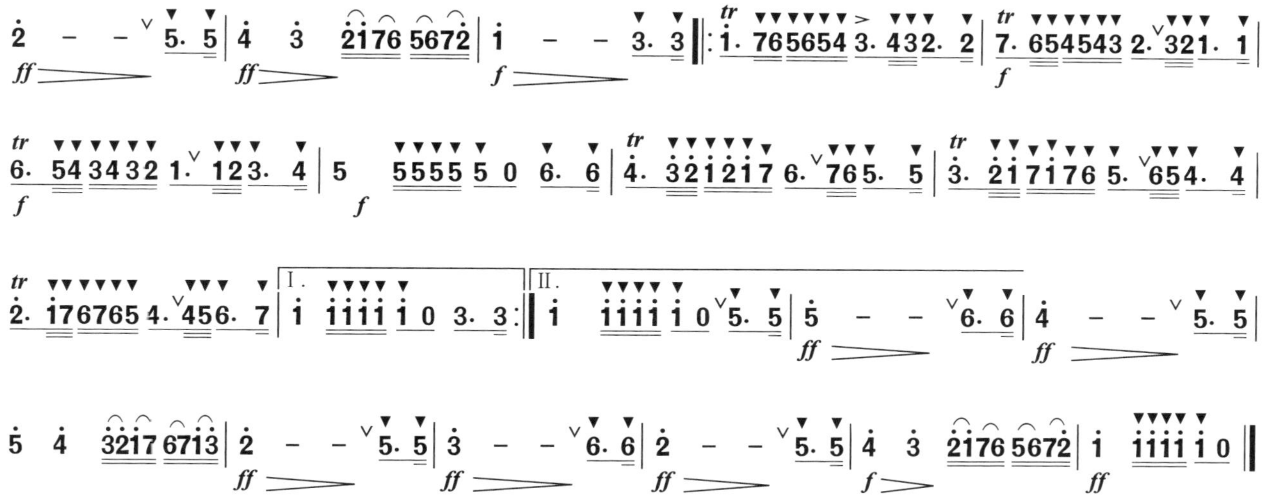

气息控制练习之三

全按5 小工调

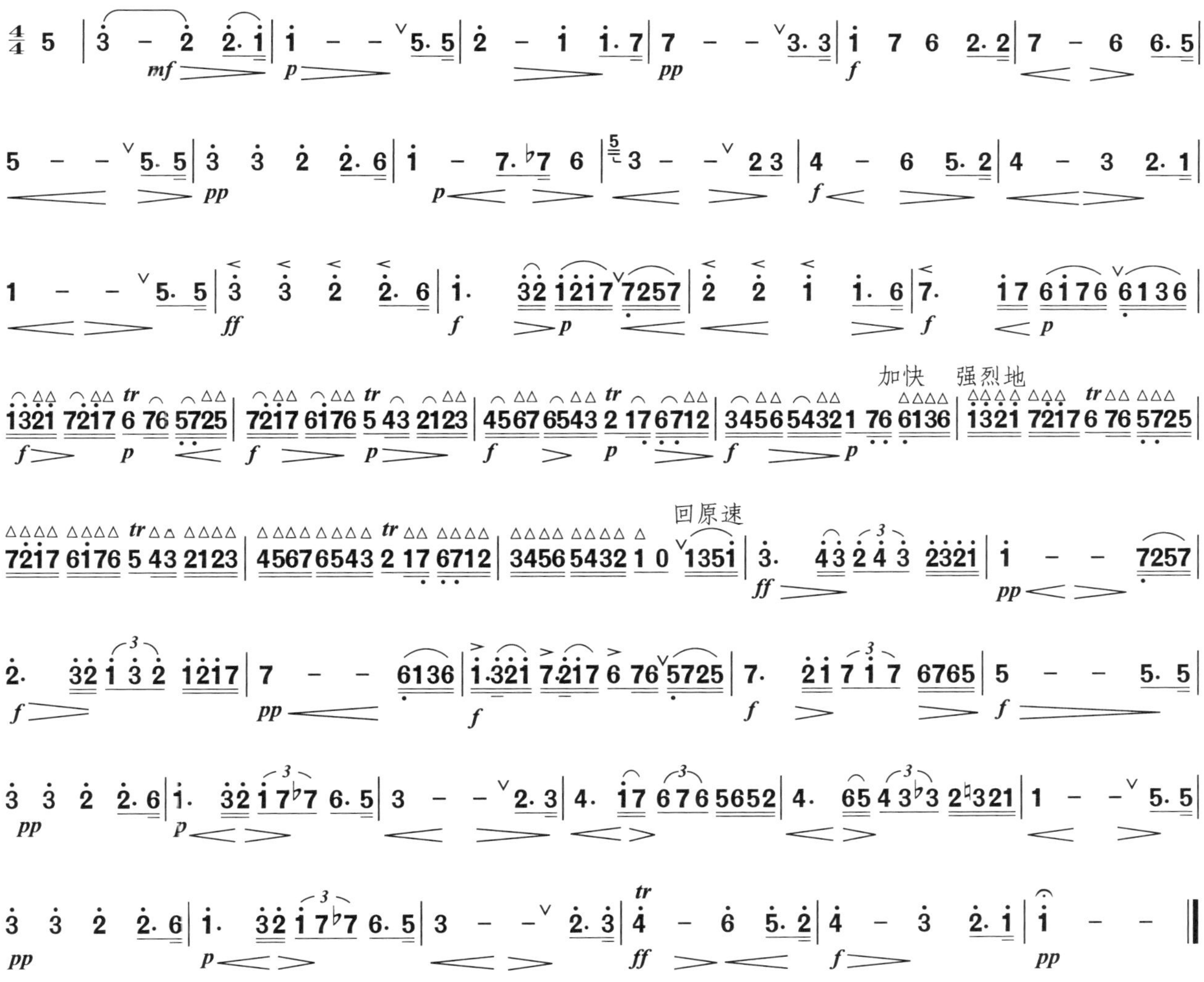

在做以上练习时，要注意把风门的位置放在最好的地方，也就是唇与吹孔成直角的地方。不要过多地移动风门以求得变化，而是要多练习口劲及口风的吹气角度。通过上下两唇的放松和缩紧，可以改变气流的方向。如要使音高一点，就向前方吹；要使音低一点，就向下方吹。但这只是在需要时才这样。正常的情况下，只有一个角度是最好的，这个角度很难用理论来说明，而是要从实践中去摸索出来，因为笛子不一样，吹孔的形状也不一样。

在正常情况下，风门的位置是唇与吹孔成直角，但在需要的时候，这个角度是允许有所变化的。比如说，要演奏强烈的音调，而且整个乐曲都强烈，那么就可以将风门向外一些，使唇与吹孔之间成为略大于直角的钝角，这样发音就更响亮、结实。演奏北方风格的许多乐曲或部队的进行曲等就可以用这一个位置。又比如说，要演奏细腻的乐章，不要求有强烈的音调出现，那么可以将风门向里一些，使唇与吹孔之间成为略小于直角的锐角，这样发音就比较纯净、柔和。南方风格的许多乐曲或小夜曲之类的抒情乐曲，则可以用这一个位置。但是这两个位置不能在同一根笛子吹奏的同一个曲子上出现，因为两者的发音高度不一样。如果既要能强，又要能弱，而又要求音高不变，那么就一定要采用正常的唇与吹孔成直角的位置。

掌握了气息控制的技巧，就能使演奏具有抑扬顿挫的美感，就能比较深刻地表达人的思想感情。掌握此项技巧后再来演奏前几讲所举的乐曲，就会有不同的艺术效果。当然，技巧是为内容服务的，气息控制也不例外，它必须用得恰当、自然，否则就会产生反作用。希望演奏者能通过大量的实践来提高气息控制的能力。

演奏时要随时注意下列几点：

1. 分析、理解气息控制的作用及应用方法。

2. 力求达到气息控制的三要求，即音量、音准和音色的要求。

3. 尝试用不同的抑扬顿挫处理方法来演奏所选乐曲，以求理解和应用。

在气息控制技巧已达到一定水平时，就可以开始练习循环换气技巧。

循环换气技巧能使气流源源不断，这是吹管乐器比唱歌优越的一种性能。所有的管乐器一般都可以使用这种技巧，如唢呐、双簧管等很早就已使用了这种技巧。在笛子上使用这种技巧则是50年代才有的事。因为吹笛子时双腮紧缩，口腔内没有较大的空间，而且笛子是以边棱振动而发声，有一半左右的气流吹出管外，因此如果有很细的口风及口劲的配合，就做不到气流源源不断地进入笛子。即使能在吸气时通过口劲肌肉的收缩挤出一点气流进入笛子，也会因为压力不够而发不出声音或达不到一定的音高，但通过努力是可达到要求的。练习的程序如下：

1. 从理解它的要领到逐步掌握它的要领。

循环换气的原理是在吸气的时候，将口腔内的空气通过口腔周围的各部分肌肉的压缩挤出少量空气使其发出声音，弥补了因为吸气而中断的气流。

2. 练习挤气。懂得什么是挤气，什么是吹气。吹气大家都懂，不吹气而要有气出来，就需要挤气。

3. 挤气时，口形要和吹笛时一个模样，特别是风门的形状不能变。

4. 将笛子放在嘴边，先吹响，然后停吹，开始挤气，试试看有没有声音然后再练，练到挤气时笛子能响。

5. 在挤气时，将气吸进去，然后再吹出来，之后挤气同时吸气。这个动作循环不断，于是就成了循环换气。

要熟练掌握需要一个不断练习的过程，方法对头的话，也许练习一两天就能掌握，也许需要一两个星期。根据我的经验，平均十来天就可基本掌握。但基本掌握不等于达到要求。

要求有三：

1. 呼气吸气没有杂音。

2. 看不出在进行循环换气，即和原来吹笛时一个模样。

3. 听不出在进行循环换气。

第三个要求最难。因为挤气时气流很小，很容易使频率产生波动。

熟能生巧，这是其一；努力提高气息控制的能力，这是其二。不断提高自己的艺术素质，才能懂得如何应用？是否该用？什么目的？有什么要求？等等。

接着，我们来学习一首难度较大的乐曲《鹧鸪飞》。

这首乐曲之所以较难，从技巧上来说，首先是因为它需要有较高的气息控制技巧（即气息控制三要求）。同时要求熟练的循环换气技巧，一口气以极快的指法，吹完五十二小节的四拍十六分音符连音。至于艺术的深度，内涵的表达等，都是牵涉很广泛的问题，每个演奏家，都会有自己的理解并随之而产生分析和处理的方法。

鹧 鸪 飞

民 间 乐 曲

赵松庭改编

1 = F或♭E（曲笛全按 2）

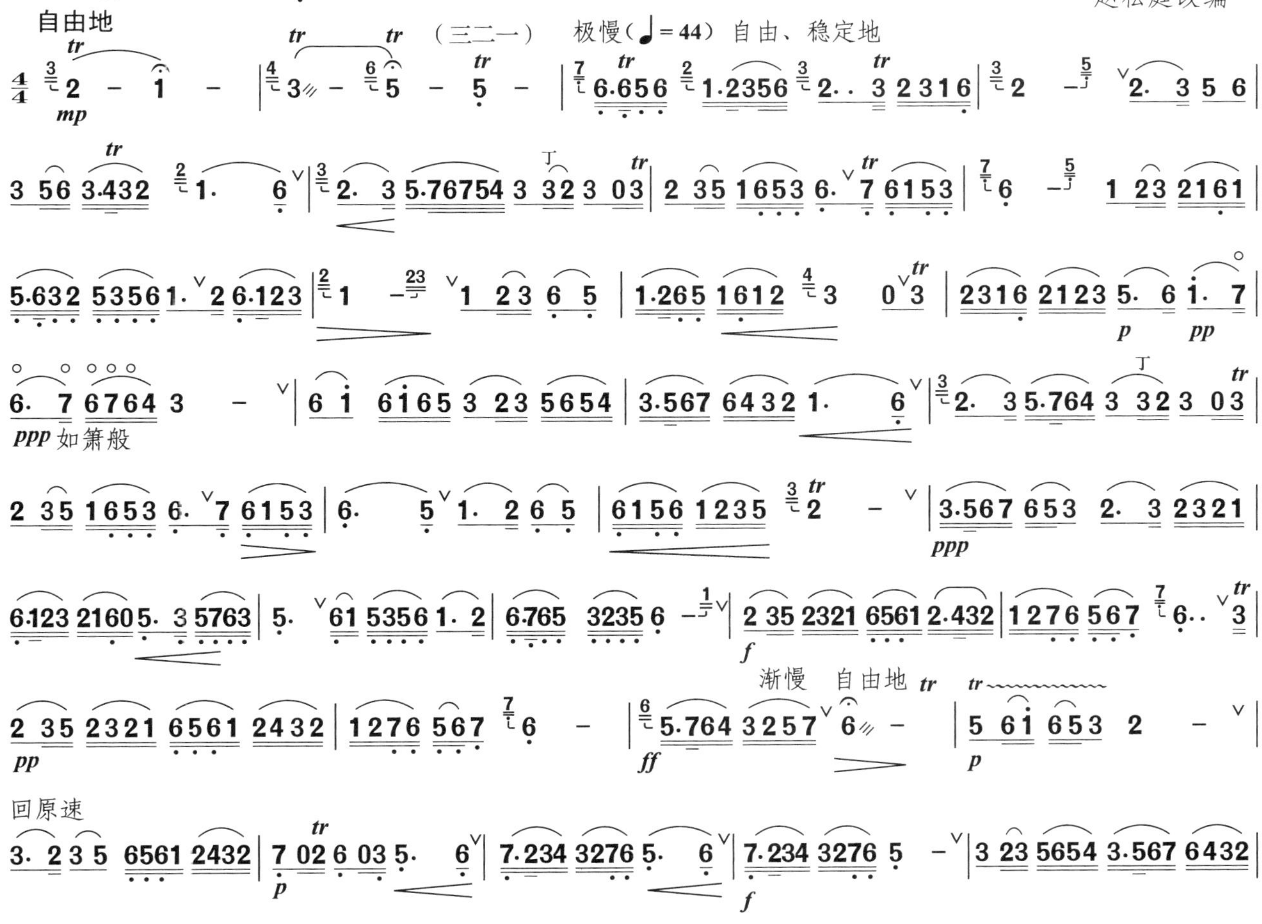

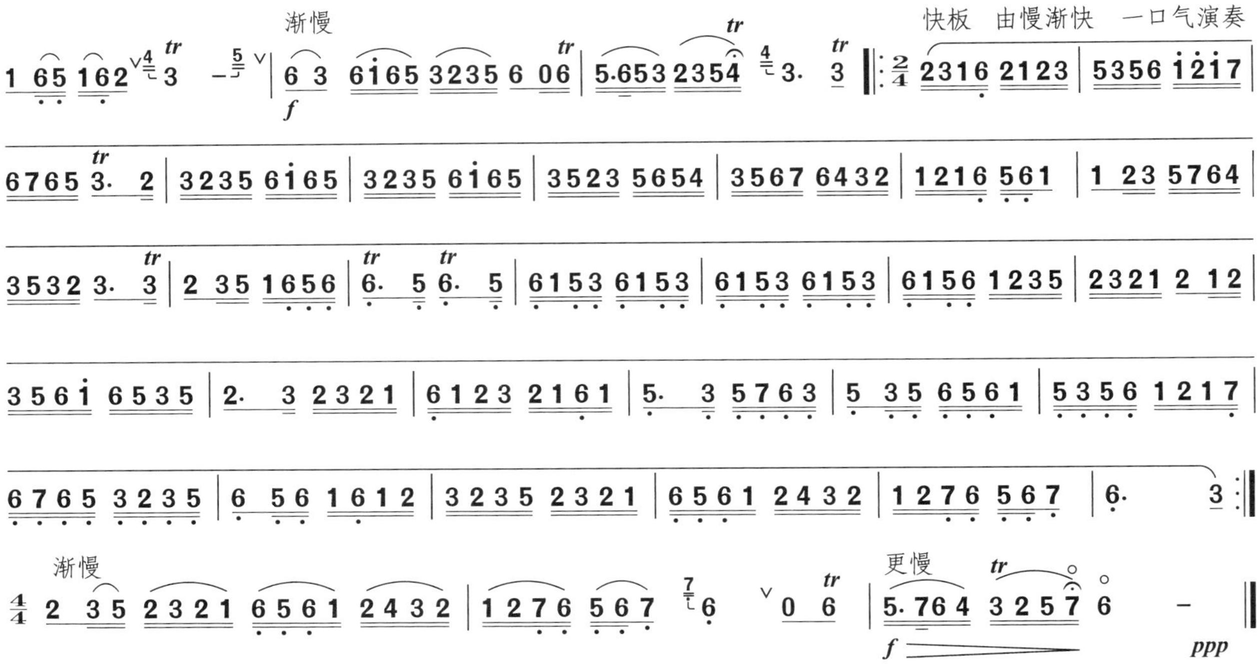

【乐曲说明】

原曲在快板前结束，快板一段为作者1957年时所加。本曲以唐朝大诗人李白“越王勾践破吴归，义士还家尽锦衣。宫女如花满春殿，只今惟有鹧鸪飞”为依据改编。乐曲的装饰演奏手法与江南丝竹相同，即灵活运用“颤”“叠”“赠”“打”，忌用“吐”“滑”“垛”“花”。快板一段用循环换气技巧演奏，指法要极富弹性，可以一口气连吹三遍，最快时要达到每分钟160拍。

第九讲　形形色色的笛子

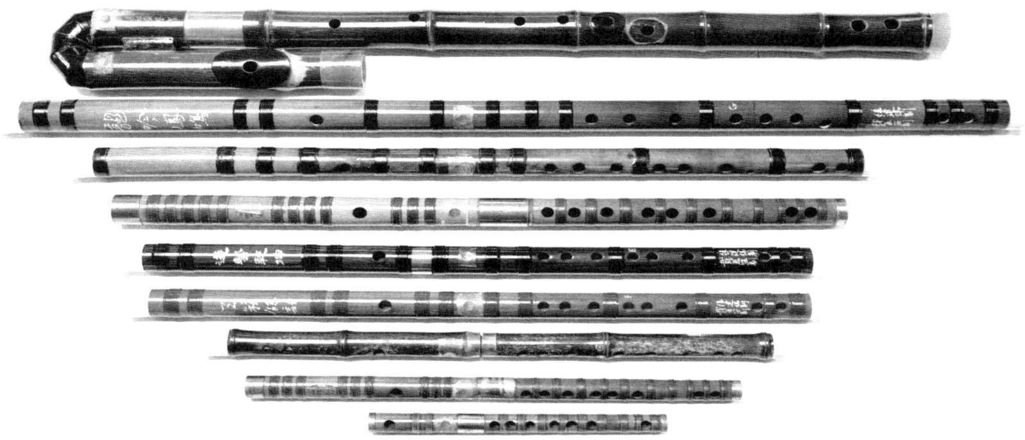

图7　形形色色的笛子

形形色色的笛子（见图7），像浩瀚的大海，限于篇幅，只能择一些比较重要的介绍如下：

1. 骨笛

最早的笛子应该是用骨头制成的，因为乐器是人类社会生活的产物。原始狩猎社会，人们以鸟兽为食，在吃肉吸髓的过程中，发现骨头的管子可以发出好听的声音，于是发明了骨笛（见图8左）。这一推理，可以从河姆渡及河南舞阳出土的骨笛中得到证明。

历史文献中，有很多有关骨笛的记载，猴臂笛、猪脚笛、鹤胫笛、鹰翅笛等都是骨笛的品种之一。80年代，我们仿河姆渡骨笛的形制，用鸡腿骨制成了河姆渡骨笛。用它采演奏钱兆喜作曲的《原始狩猎》，受到欢迎并流传到海外。

图8　骨笛（左）、口笛（右）

2. 口笛

口笛（见图8右）的形制与河姆渡骨笛非常相似，早在河姆渡骨笛未出土时就已由俞逊发等进行摸索研究，并已取得成功。用它来演奏《苗岭的早晨》，得到了海内外同仁的一致称赞。

苗岭的早晨

1=A　　　　　　　　　　　　　　　　　　口笛独奏曲

自由地　　　　　　　　　　　　　　　　　白 诚 仁曲

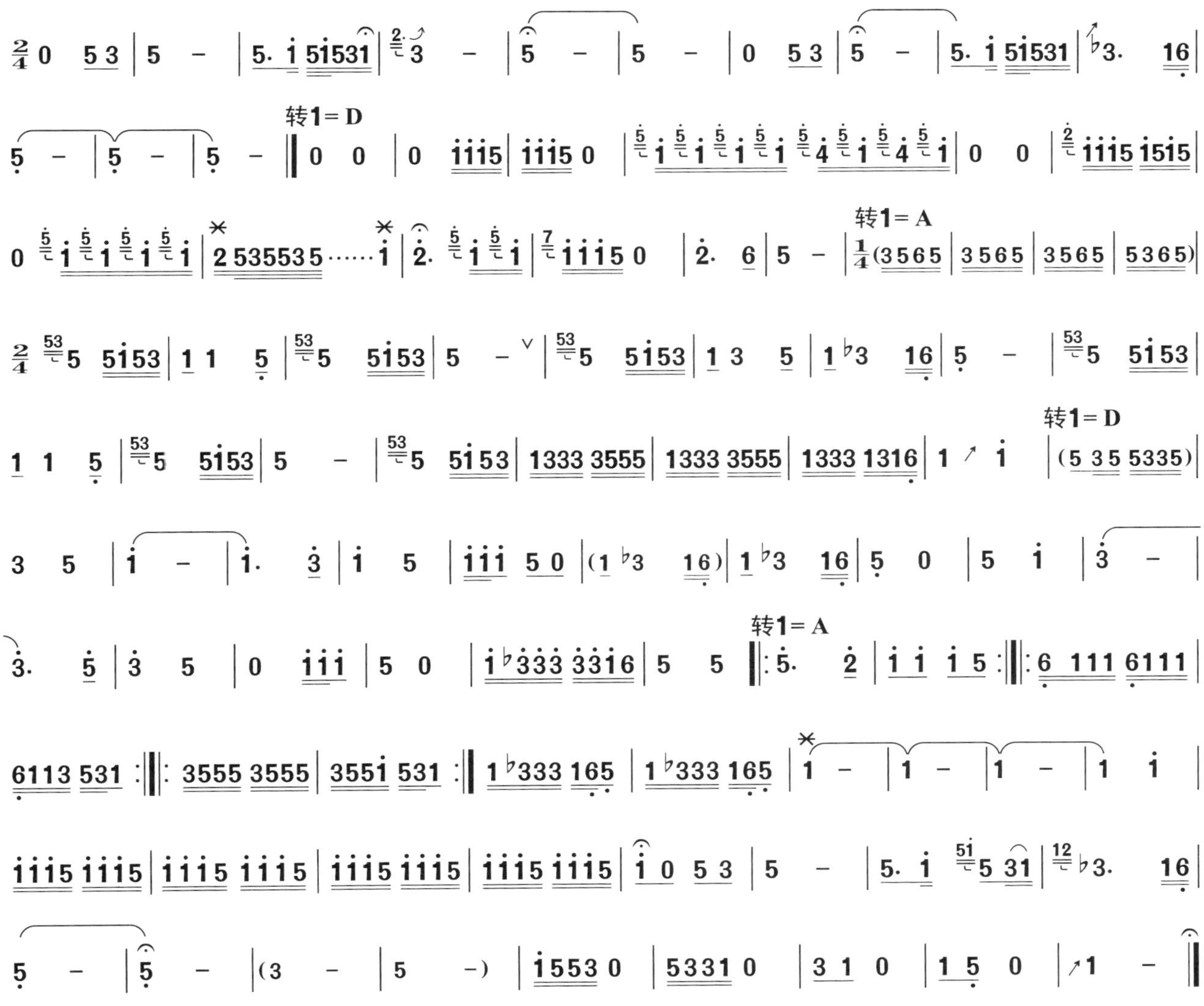

3. 篪

1973 年，曾侯乙墓出土了两根篪，使我们对古代篪的形制有了实际研究的文物。篪和笛并没有很大的区别，所不同的是古篪的音孔只有五个，尾部塞住，在演奏姿势上双手手背朝外。90 年代，笛子演奏家宁保生，利用尾部塞住的这一不同之处，研究制成了音域广度为三个八度再加一个低音的篪，受到了文化部的奖励。因此说，“篪”（见图 9）这种形制的笛子有它广阔的发展前景。

图 9　篪

图 10　大笛

4. 大笛

传统的中国笛子，音区都在高音谱表上，这对笛子的表情性能是不利的。近五十年来，很多同行在这个问题上进行了摸索。

70 年代，由俞逊发、詹永明等演奏了《秋湖月夜》《断桥相会》等乐曲后，大 G 笛开始流行。大 G 笛的音区为 G 梆笛的低八度，由于管径加长管径加粗，因而音色浑厚、音色柔和，善于表达抒情而含蓄、深沉的音乐思想感情。演奏大笛（见图 10）在用气上要粗而缓，这样才能达到音量、音色的最佳状态；在指法上要增加一个由小指启闭的第一孔，才能使手腕放松。下面我们来练习一首大笛独奏曲。

妆台秋思

（低音大笛与古筝）

古　曲
杜次文整理

1=G或F（筒音作 6）

【一】引子 塞外 自由地

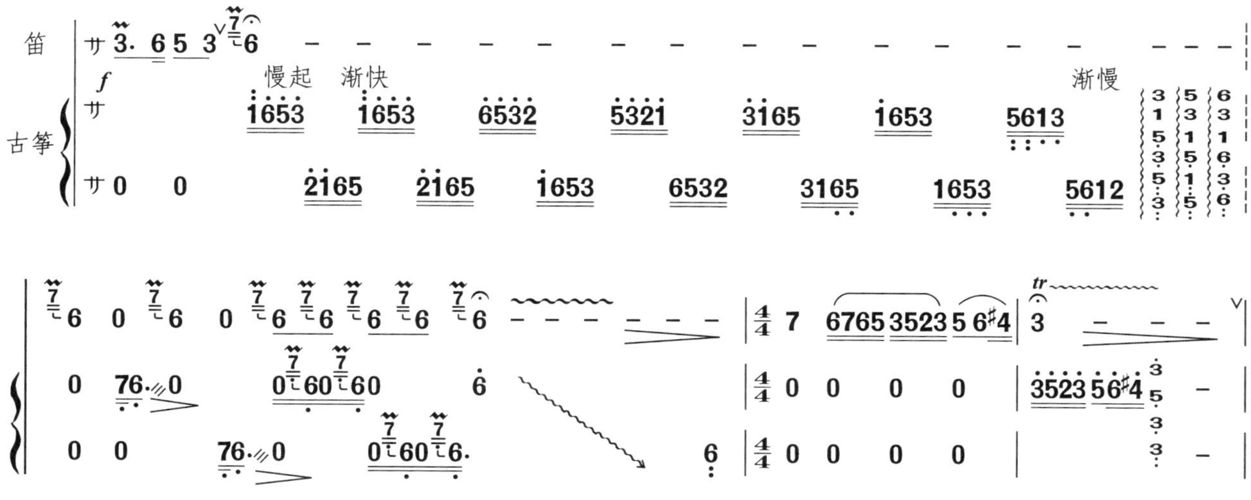

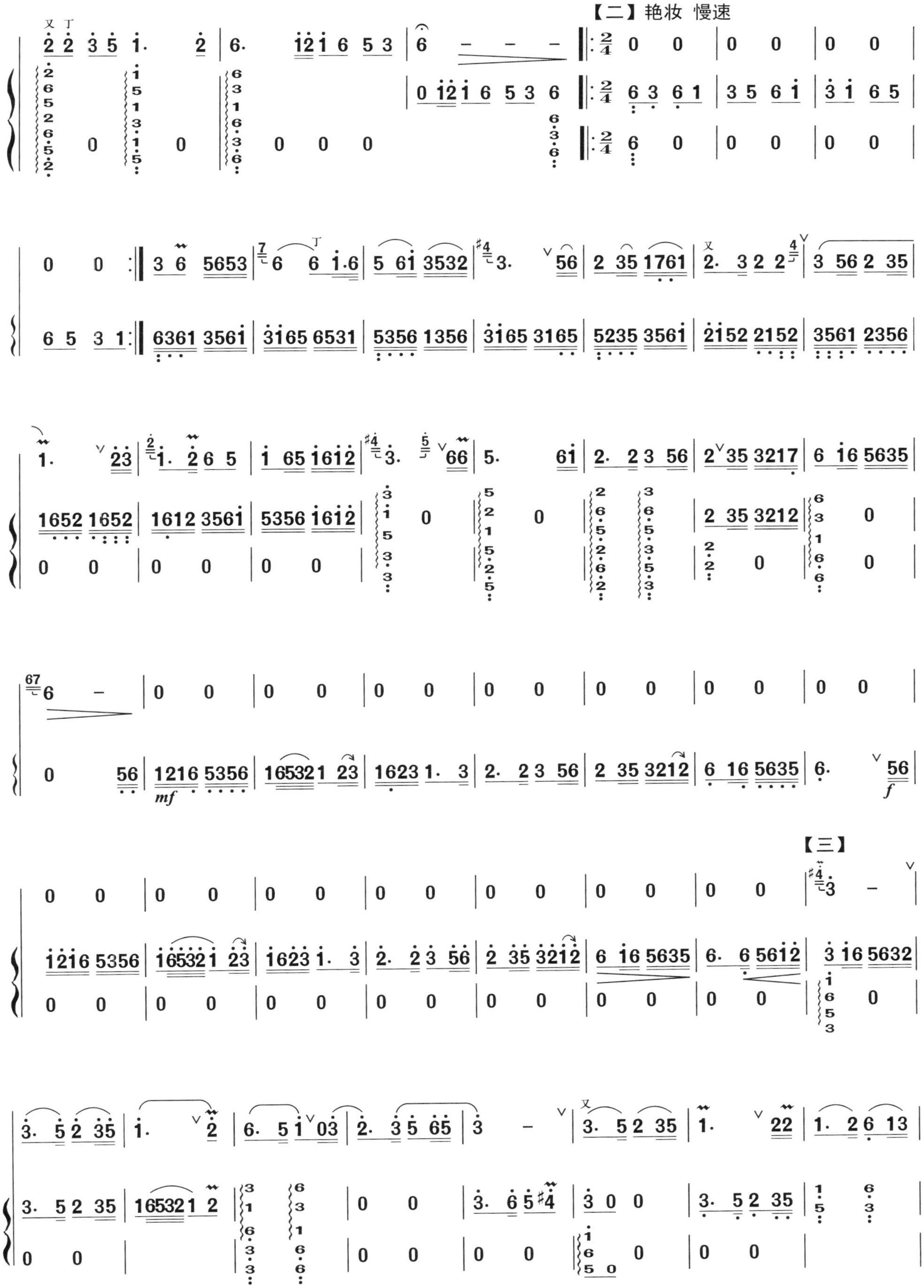
【二】艳妆 慢速
【三】

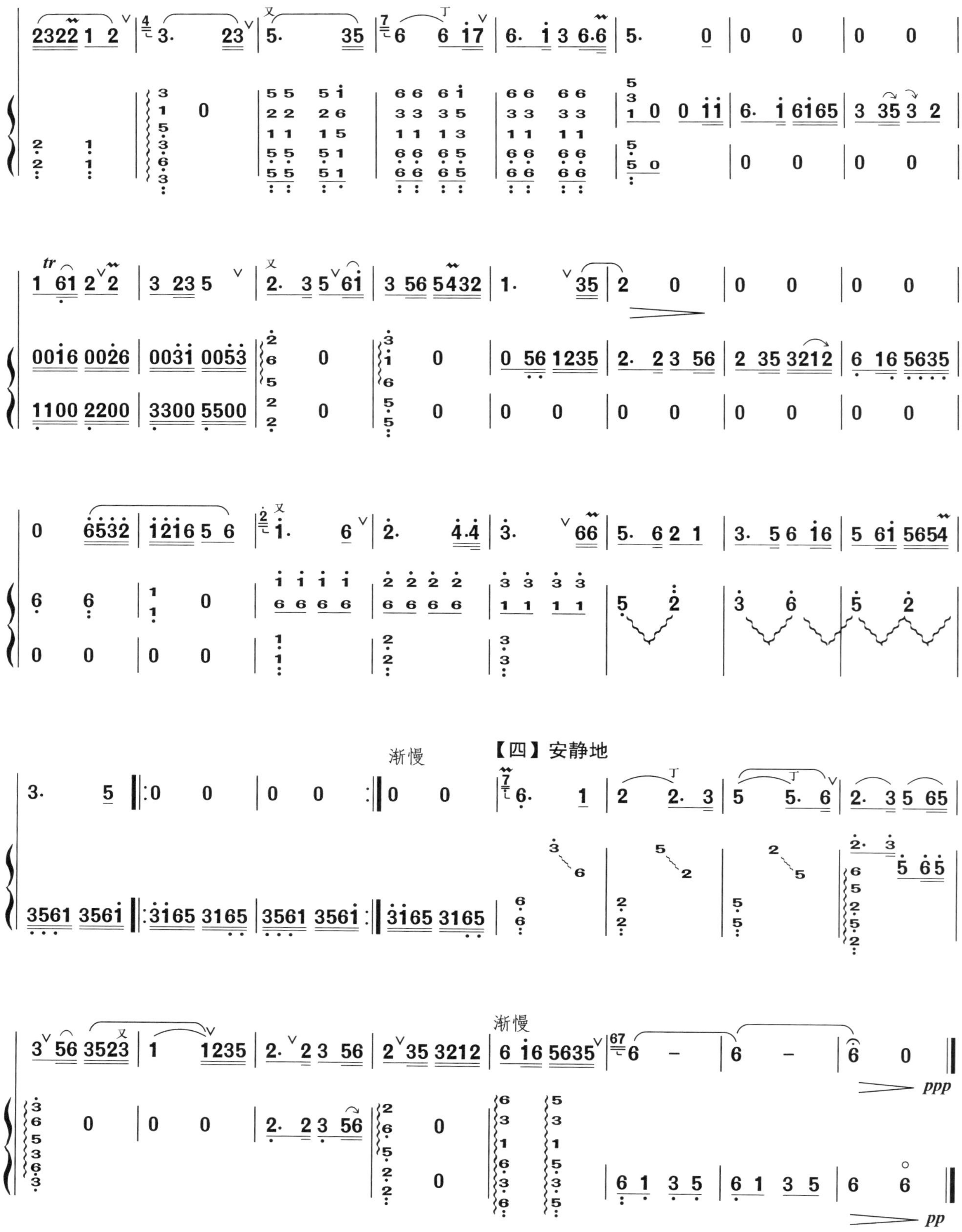

5. **低音笛**

图 11　低音笛(新笛)

到了80年代,笛子的音区扩展到了曲笛D或G的低八度,通过詹永明、蒋国基演奏的《灵隐钟声》及戴亚演奏的《篴》逐步为大家所熟悉。现在请欣赏一首大笛独奏曲:

篴

(片段)

戴　亚演奏

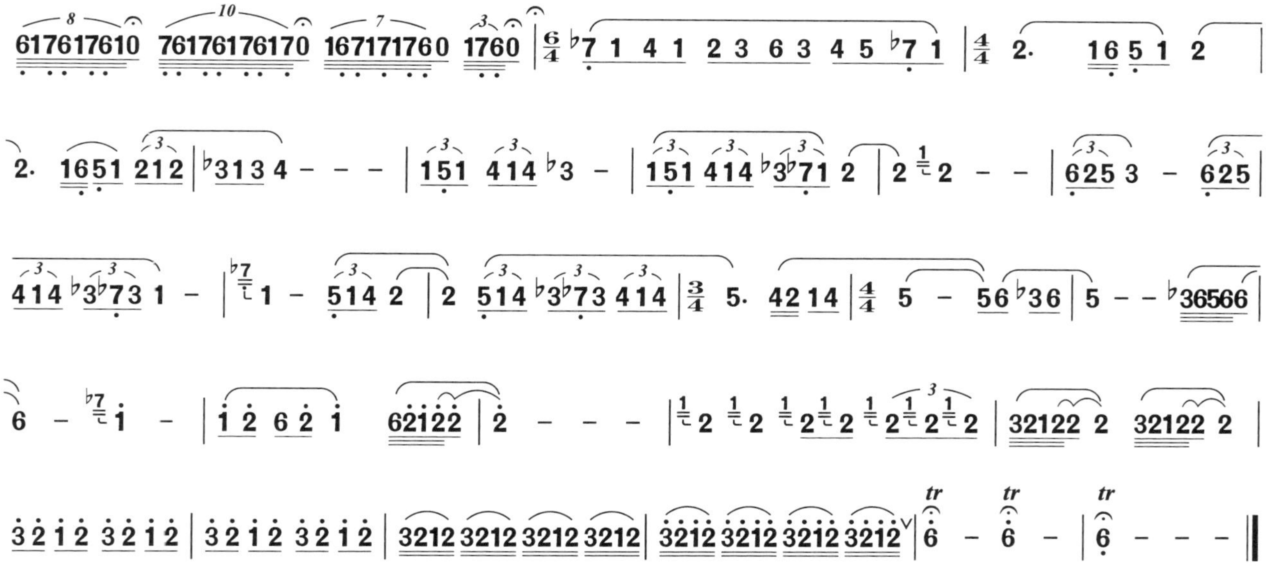

6. **倍低音L型大笛**

图12　倍低音L型大笛(弯管笛)

到了90年代,笛子的音区进一步扩展到大C大A的低八度(见图12),此种笛子目前尚未推广,因为还缺少合适的乐曲。但它的前程是不可限量的,因为它的音区、音色、音量等都有独到之处,更因为它的音区在中低音谱表上,因此能为解决民族乐队缺乏低音乐器的问题做出贡献。请欣赏由此种笛演奏的乐段:

关　山　月

古　曲

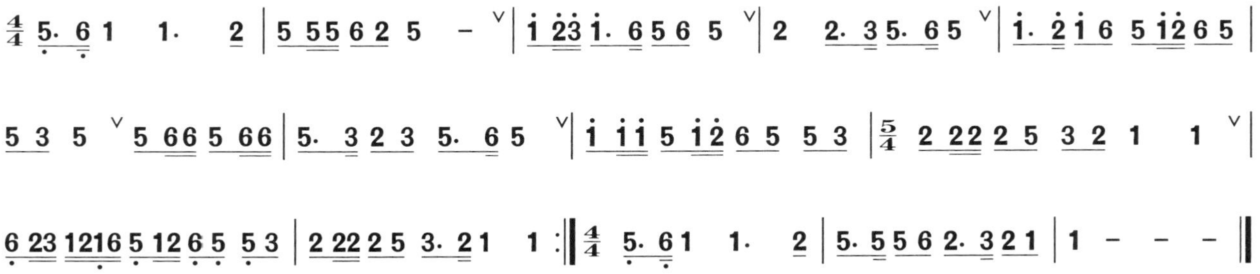

7. **排笛**

大大小小、长长短短的笛子，当我们上台伴奏时总要带上一箱子笛子；独奏换笛时，还要放一个架子，犹如编磬一般。为了解决这个问题，60 年代我就用了排笛。

所谓“排笛”（见图 13），就是将大小不同的笛子，根据演奏的需要绑扎在一起，最多可以扎到四根。这种办法有几个好处：

1. 笛子的音域扩展了，能吹出三个八度以上的音阶。音色丰富了，表现力也增强了。

2. 换笛迅速，转调方便，能解决许多单根笛子所不能解决的问题。

3. 学习简便，丝毫不改变原来的指法，今天学明天就可以用。如果不要，拿掉就是。失去的只是几根小笛子本来就无用的装饰部分，而得到的却是音域、音色、转调等多方面的增益。

4. 绑扎方便。绑扎方法如下：

①将需要的笛子两根、三根或四根配成套，除了最外面一根不动外，其他都要将笛塞以上的装饰部分截去。这部分除了装饰外，本来就毫无用处。

②将它们的吹孔尽量靠近，吹外面一根时，颊部感觉到里面一根的位置，但不要妨碍吹外面一根。

③两根笛子之间用“X”形垫片衬住，免得滑动。

④用活动的螺丝套把他们扎紧。

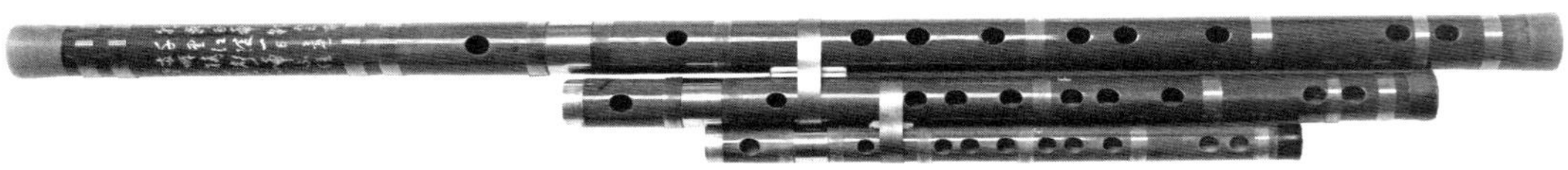

图 13　排笛

用排笛已经创作并演奏出好几首如《婺江风光》《采茶忙》《西皮花板》《水乡船歌》和《婺江欢歌》等曲子。请欣赏一首《火车向着韶山跑》，用三根笛子演奏。

火车向着韶山跑

1=F 排笛独奏曲

梆笛（筒音5）

赵松庭改编

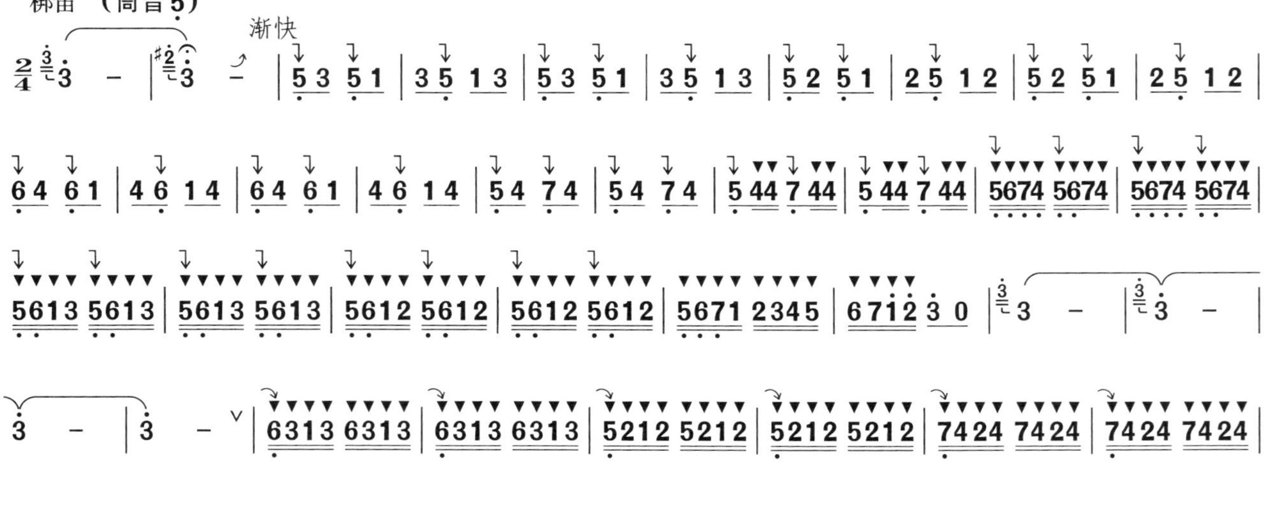

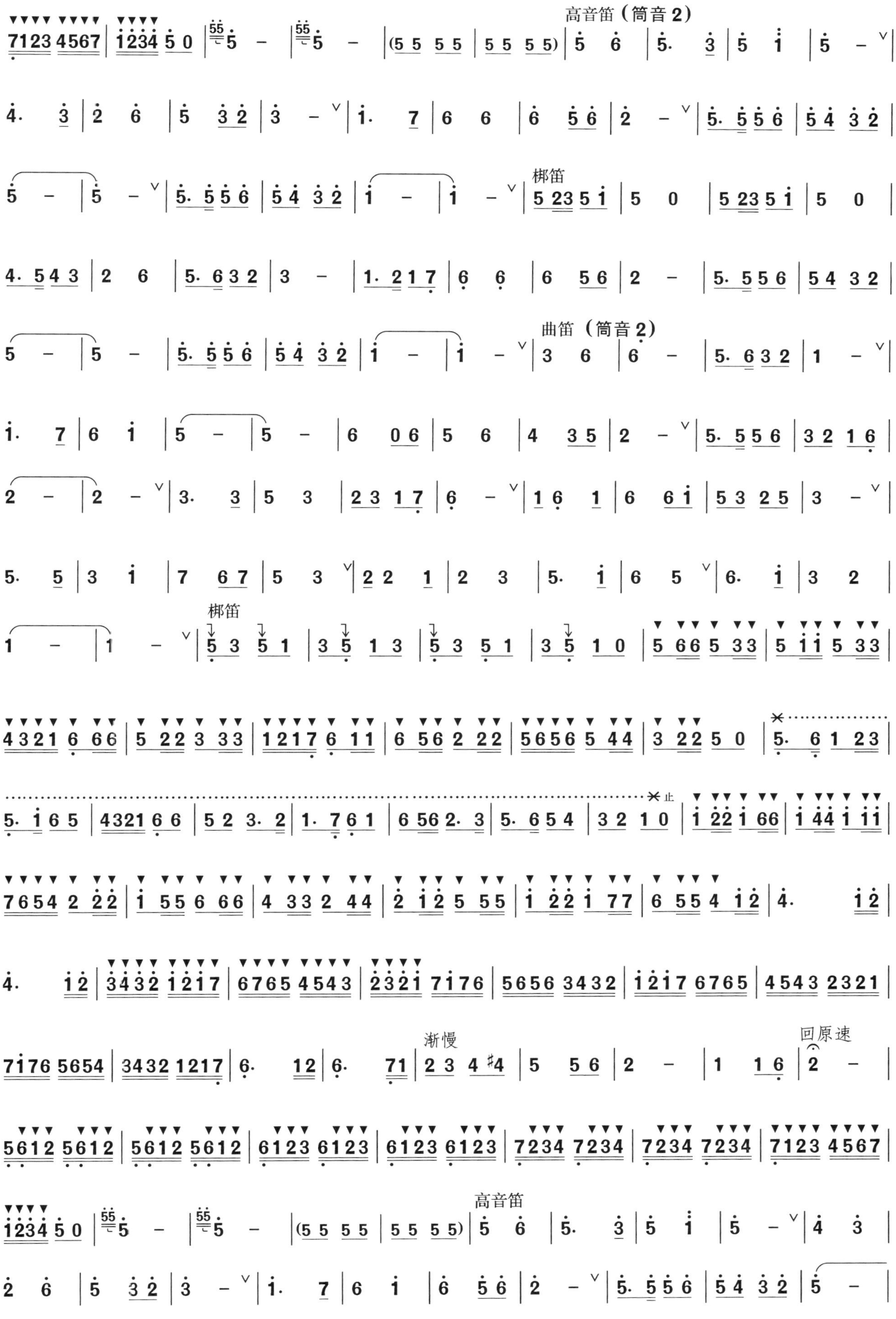
高音笛（筒音2）
梆笛
曲笛（筒音2）
梆笛
止
渐慢
回原速
高音笛

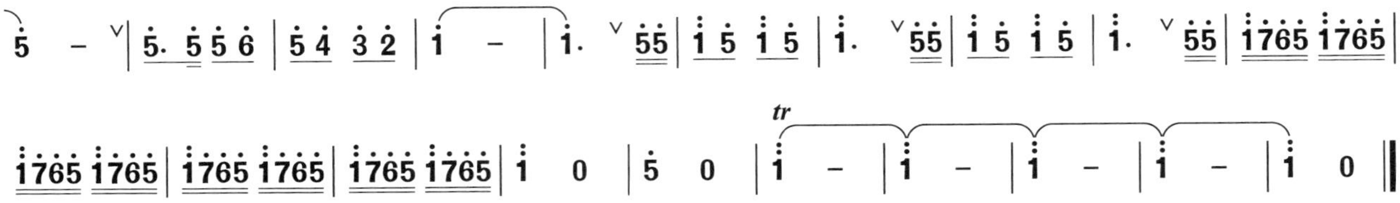

笛类的乐器的形制还有许多，从定义上来说，凡属边棱振动发声的乐器，都归属于笛类。埙可以归属为笛类，单簧管、双簧管等则应归属为簧管乐器。笛与箫声学性质相同，不必分类，但为了尊重习惯，建议今后凡横吹的称为“笛”，竖吹的称为“箫”。

第十讲　怎样演奏《早晨》

《早晨》创作于50年代，在今天我们来演奏它，可以了解笛子艺术在50年代的发展情况，同时通过对比，能明显地感受到时代前进的步伐。

怎样演奏《早晨》？

《早晨》的创作意图：

1. 立足于传统，但不受其局限。首先考虑的是要塑造一个朝气蓬勃的“早晨”的艺术形象。音乐的语言既要能为大众所熟悉，又要使人感到清新。

2. 技巧为内容服务，只要有助于内容，应尽可能地广泛吸收、创造各种表达的手段，并使二者完美地结合。演奏者应把这种创作意图体现出来。

下面分段逐渐讲解：

第一乐段，散板，但有一个大概的节奏轮廓，不要太自由，不要任意加上装饰。呼吸记号有严格规定，艺术形象属于描绘从恬静到万物复苏的自然风光。

第一乐句是主题，取材于昆曲的“点绛唇”，徵调式不断地出现徵商对答。

技巧上要特别注意以下几点：

1. 轻轻地吹出第一个音“ 6 ”，但音高必须达到标准，可用泛音“ 6 ”来对照高度。所谓一字定终身，第一个音的高度，决定了整个乐曲的音高标准。这一点要严格把关。

2. 第一乐句的长度与所描绘背景的广度有关，要尽可能地辽阔一些，要将气吸饱，节约用气。

3. 长音“ 2 ”逐渐增加强度，注意强而不高、平稳不摇晃，到快转换乐句时稍作气震，注意不要强得过火，因为它是开始。

4. 第二乐句，收尾的“ 5 ”稍为收缩一些，以便造成高潮前的伏笔。

5. 第三乐句从“0 65 1 3 | ^{5}2”……到长音“3”，是“引子”中最难吹的，要一气呵成，要把华彩的快速指法和循环换气技巧应用得没有缺陷。

6. “1̇ – | 7 – 76 565 | 3 ”……“7”指法是开第一、五两孔，吹得轻一些，这时“1̇”“7”之间音程关系要比平均律窄一些，90 音分左右，这是符合民族音律的。如果以正常指法来演奏，就会使

人感到太响亮而且不满足。

7. 第五乐句“0 6 5653 2321 615”及重句，要吹得非常流利。一强一弱，如山谷回声。间隔时间放长一些，这也是塑造广度的一种手段。

8. 第六乐句是结束句，注意“ 2 ”的颤音及历音结尾。历音要做到快而不乱，从“2”到“i”，所有的经过音都要吹出来。

第二乐段，主题变奏，节奏较复杂也较快，演奏要表现出鸟语花香、新鲜活泼的自然景象，在技巧上要强调“6”的垛音，每一乐句的最后一个音“ 2 ”“ 5 ”不要太强调，可用赠音来处理。

紧接着，节奏放慢一倍，出现了民歌对答体，不时加入鸟鸣之声，力求反映情与景的交融。要注意对答的层次，切忌没有变化，在强弱的转换过程中可带有一点夸张，但必须注意在乐音三要点（音调、音品、音量）的掌握上达到完美的程度。

快速的一段鸟鸣，注意节奏，吐、滑、垛、花的技巧要充分发挥。

转调后出现“♭7”，其指法是开第一、六孔。

“i tr –”的指法，开第一、六孔，颤第二孔。

“7 tr –”的指法，开第一、五孔，颤第二孔。

第三乐段，体现了一种南北演奏技巧相结合的风格，吐、滑、垛、花和颤、叠、赠、打相结合，要分析其使用的方法。

第四乐段，这是一段舞蹈性的音乐，旋律带有儿童的色彩，在技巧上没有什么难度，要注意清楚干净就可以了；几个长历音要作分解动作的练习，不可含糊不清。

花舌一段，一口气吹完，热闹流利；花舌也非一定要用，要避免噪音。

尾声，用轻吐清楚地演奏，要把音吹得很准。

最后的“6 – | 6 – | 5 – | 5 – |”两个音要吹得很轻。

“6 –”用泛音演奏，指法是全按，稍微打开第四孔，并作震音动作。

“5 – | 5 – |”的指法，打开第一、二、三孔外，再将第四孔稍微地打开一点，特别要做到在音准的前提下，音量减弱到 *ppp*。

早　晨

全按 2 正宫调

【一】慢板（♩= 54）　恬静、自由地

赵松庭曲

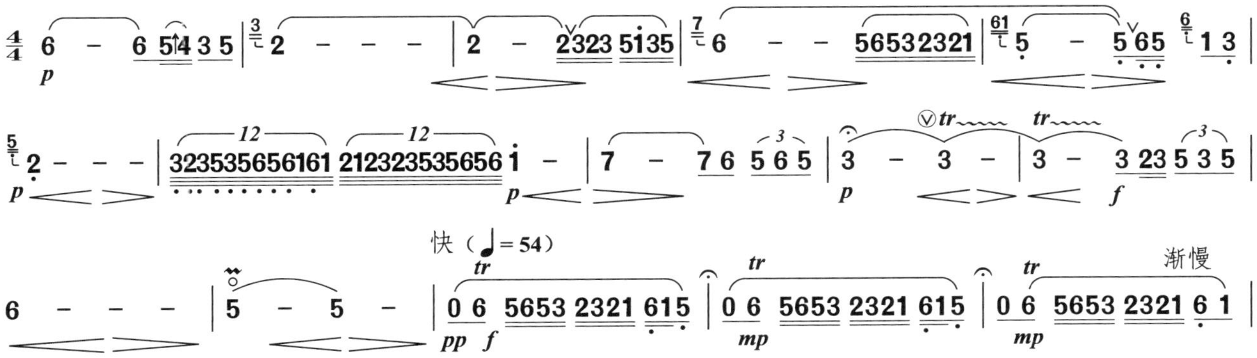

【二】快板（♩=208） 灵活地

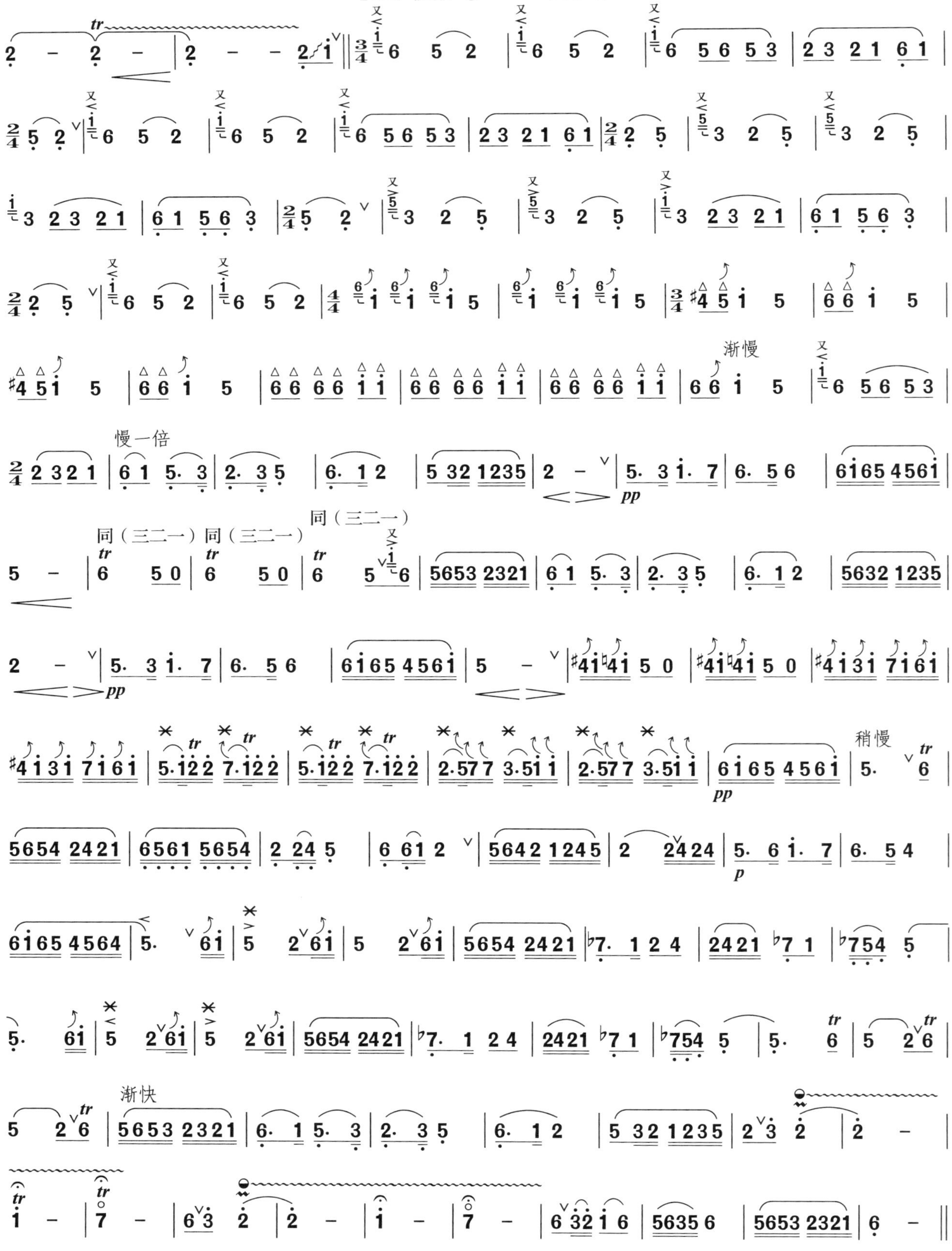

【三】♩=106 跳跃地

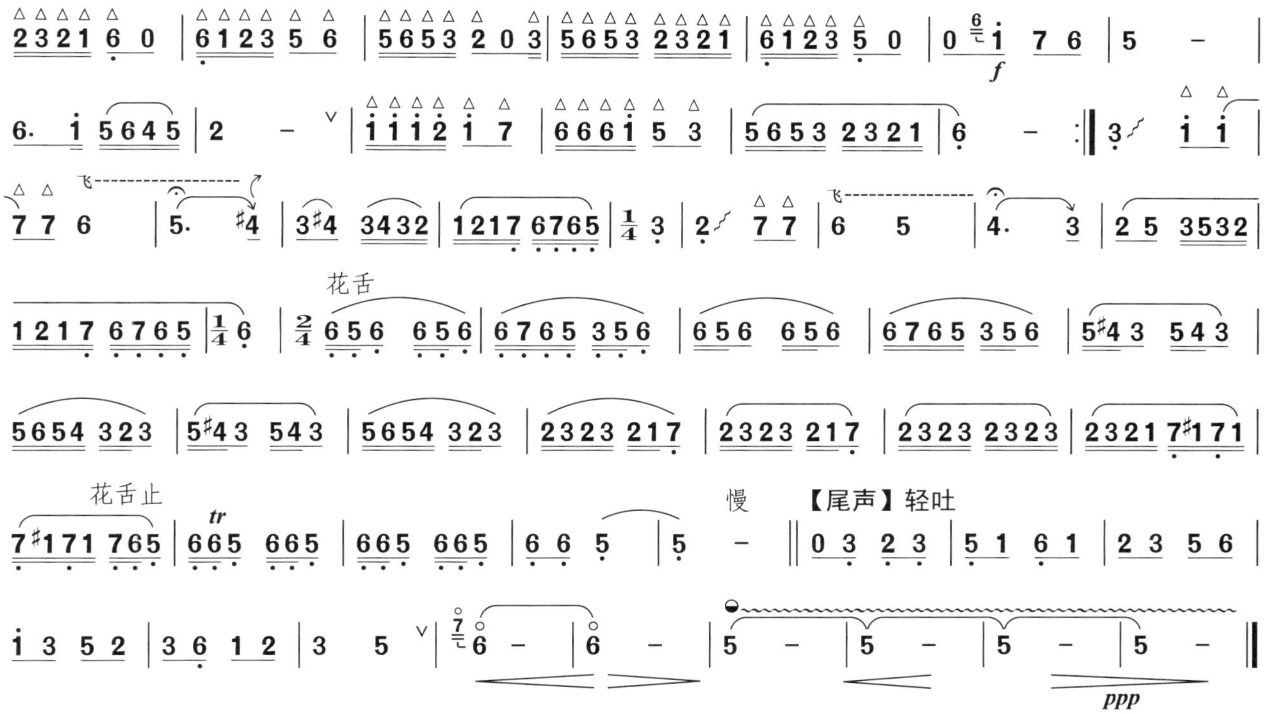

结束语

《笛子演奏技巧十讲》到此告一段落。这是一本兼顾业余笛子演奏者的低、中级教材，而且只是规范化教学的初步探索，它需要进一步完善，进一步深化。目前已有多种版本的笛子教材问世，都有其独到之处，都能使训练者受益。我们期望可能在集思广益及实践的基础上，编制出能为大家接受的、系统的笛子艺术教科书。

中国的笛子艺术，内涵深远广阔。演奏技巧作为一种手段，只是笛子艺术内涵中的一个组成部分，如何继承和发展中国笛子艺术，是一个在中国音乐史上分量颇重的学术课题。建议广大笛艺工作者、爱好者，在训练演奏技巧的同时，不断向深度和广度进军。艺术水平的高度应该是和深度及广度成正比的。

当你已经按照这本教材的内容进行了练习，但还不满足时，建议你采取以下步骤：

1. 对照专业团体的演奏乐曲，检验自己能否胜任？哪些地方欠缺？然后对症下药。

2. 继续练习一些难度较大的乐曲，选择一些高难度的练习曲进行系统训练。

3. 多欣赏一些名家的演奏，特别要关注新的作品、新的风格、新的技巧。

4. 不断提高自己的鉴赏能力，要坚持正确的审美观。

什么是正确的审美观？这个问题的答案决不会一致，我只能告诉你的答案是：

一个民族音乐工作者，必须根植于本民族泥土之中，广泛汲取营养，然后将枝叶伸向高山，伸向海洋，伸向太阳。我们是为了中华民族的音乐文化，不是削弱、而是更加灿烂地闪耀在世界民族艺术之林。

编著者：原文此后五首笛曲与本书上篇内容重复，故删减。

三、笛曲作品

1. 早　　晨

1＝F （筒音作 2̣）

赵松庭曲

【一】慢板（♩＝54） 恬静、自由地

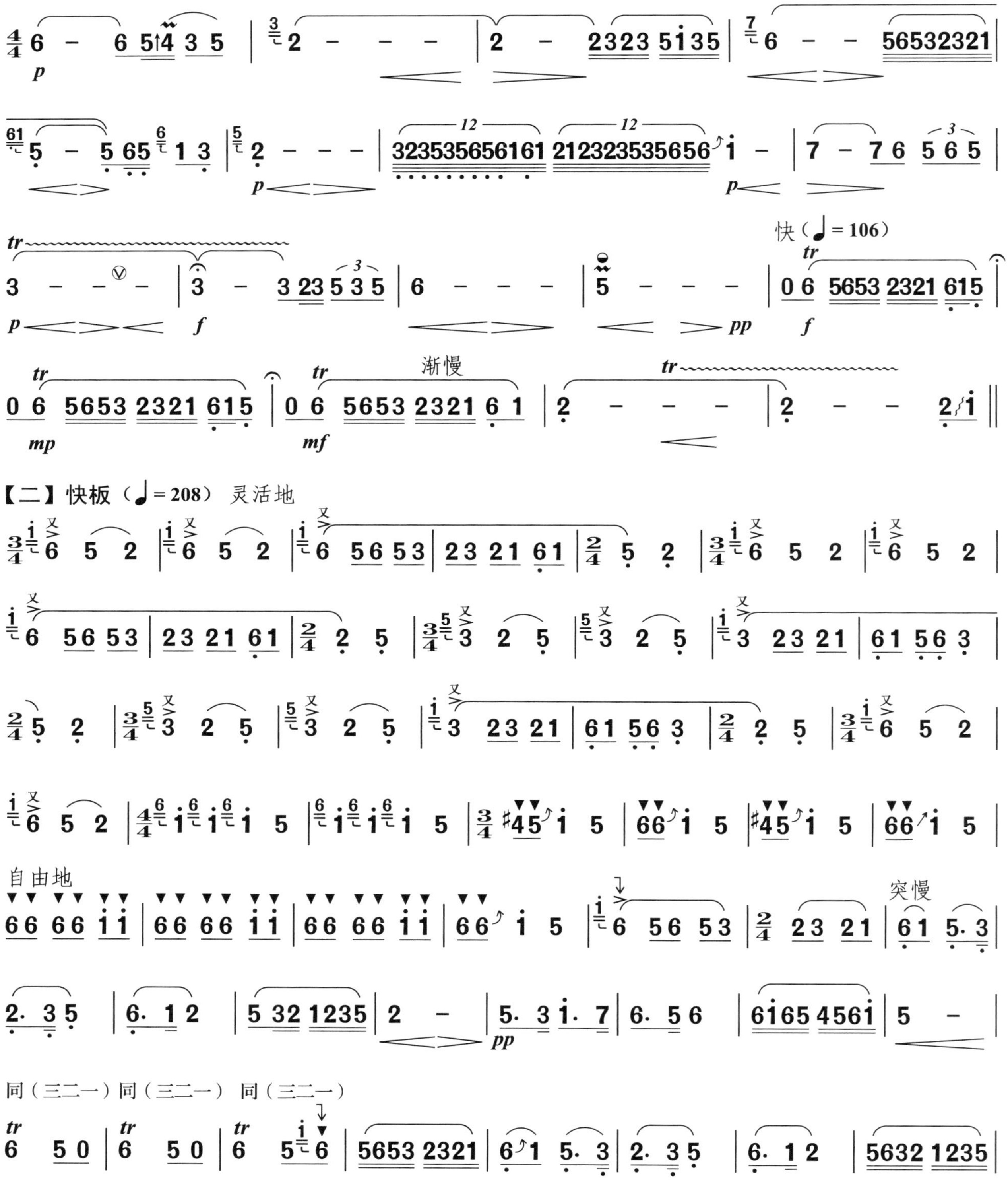

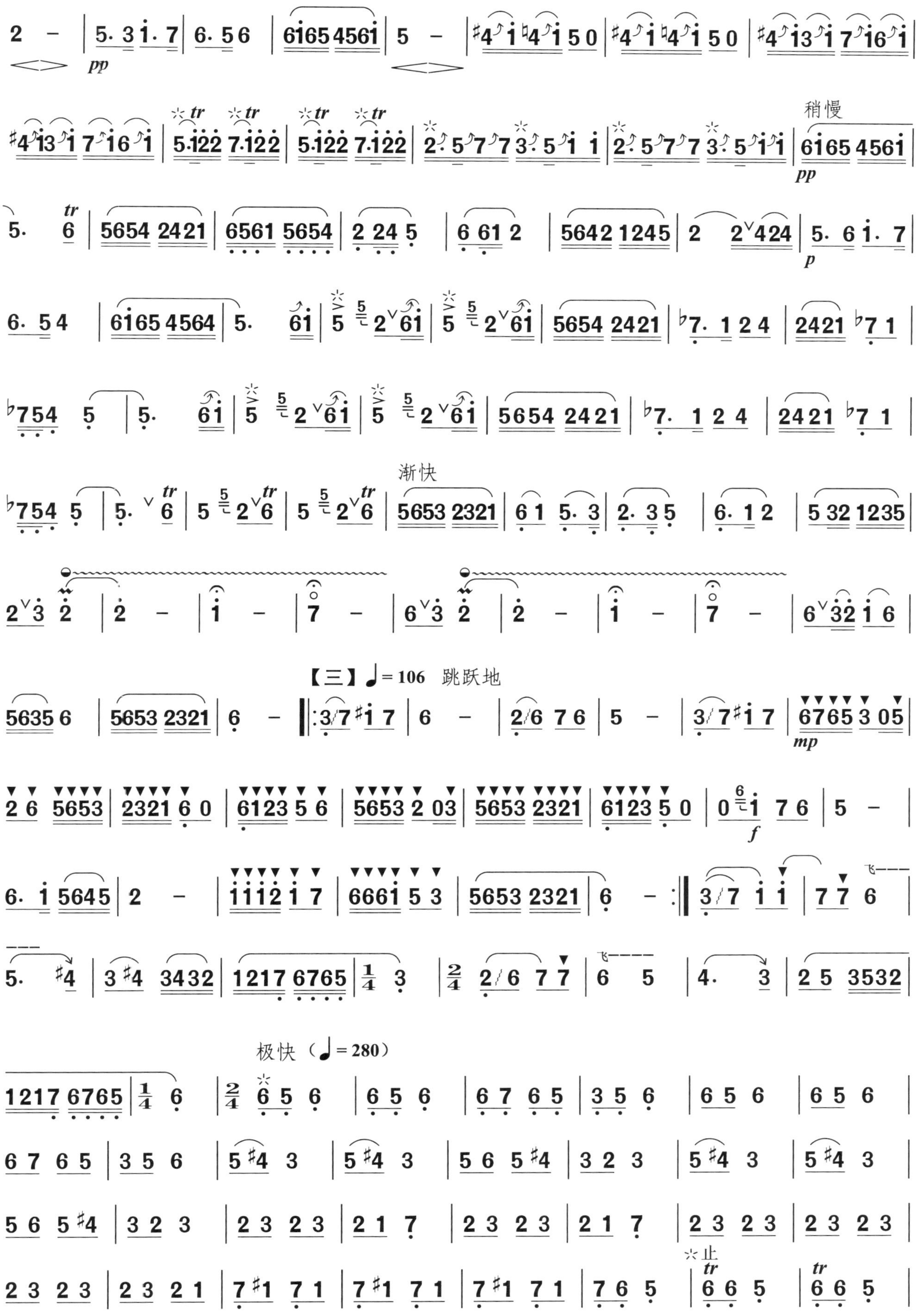
稍慢
渐快
【三】♩= 106 跳跃地
极快（♩= 280）
止

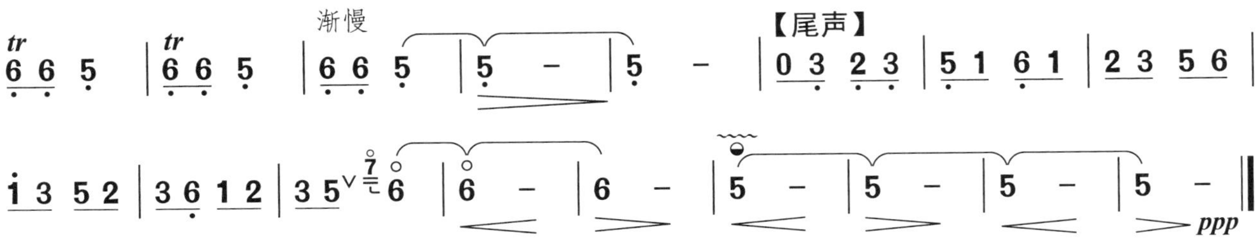

【乐曲说明】

该曲是曲笛的代表作之一。乐曲在创作中吸收了北派笛子历音、滑音、吐音、剁音、飞指、颤音等技巧，是中国南北笛子技巧相结合的第一曲，具有划时代的意义。另外又创造了笛子的循环换气法，运用$\frac{3}{4}$节拍及同主音五声调式转换，使乐曲颇具新意。笛音要漂亮，强弱幅度要大，而音高又要稳定，是本曲的最大难点，要做专门的气息控制训练。如果要奏得情浓意深，还需要有高深的艺术素养。

2. 三　五　七

1=♭B（筒音作 6̣）

浙江婺剧曲调

赵 松 庭改编

【导板】 ♩= 60 豪放地

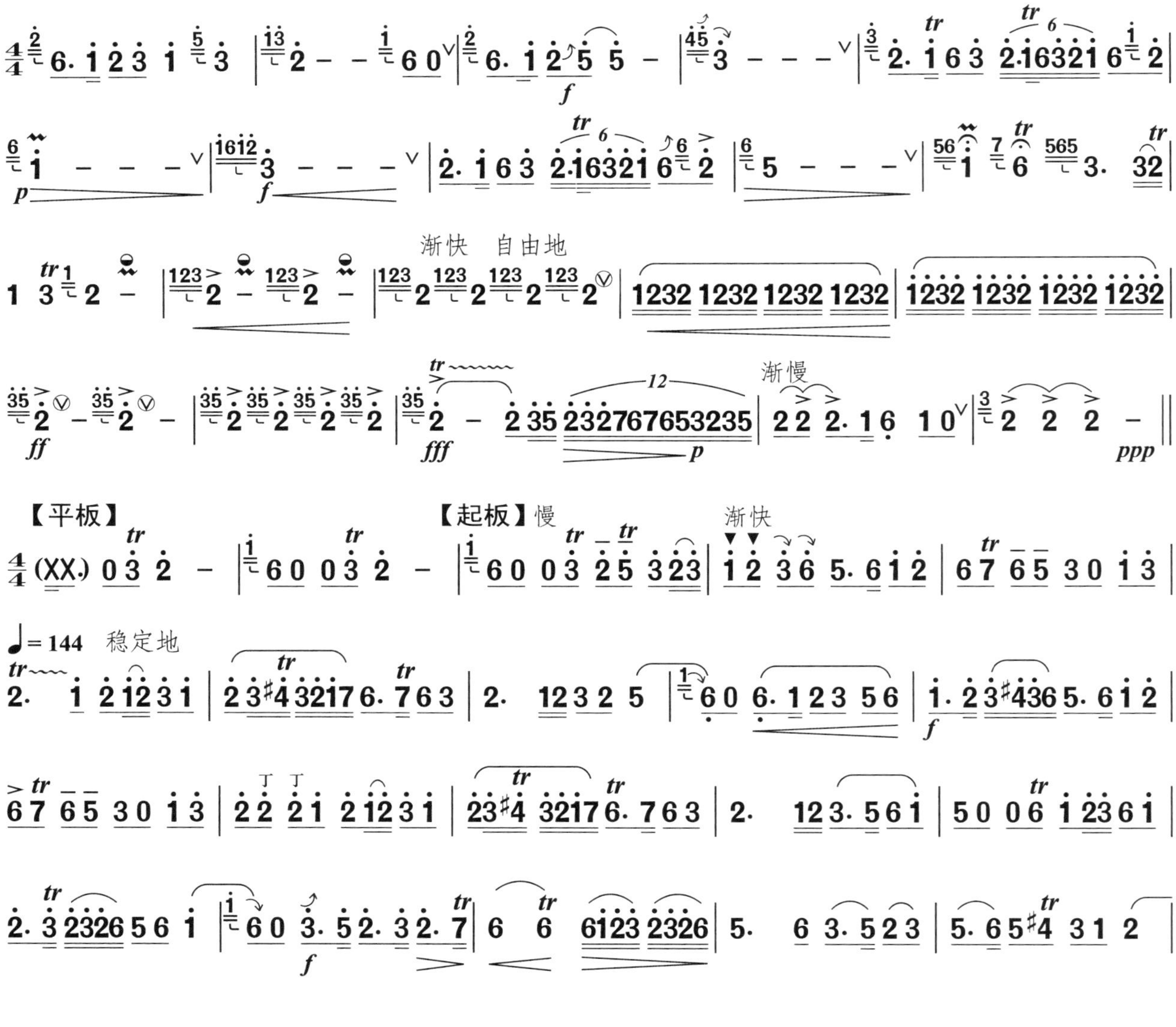

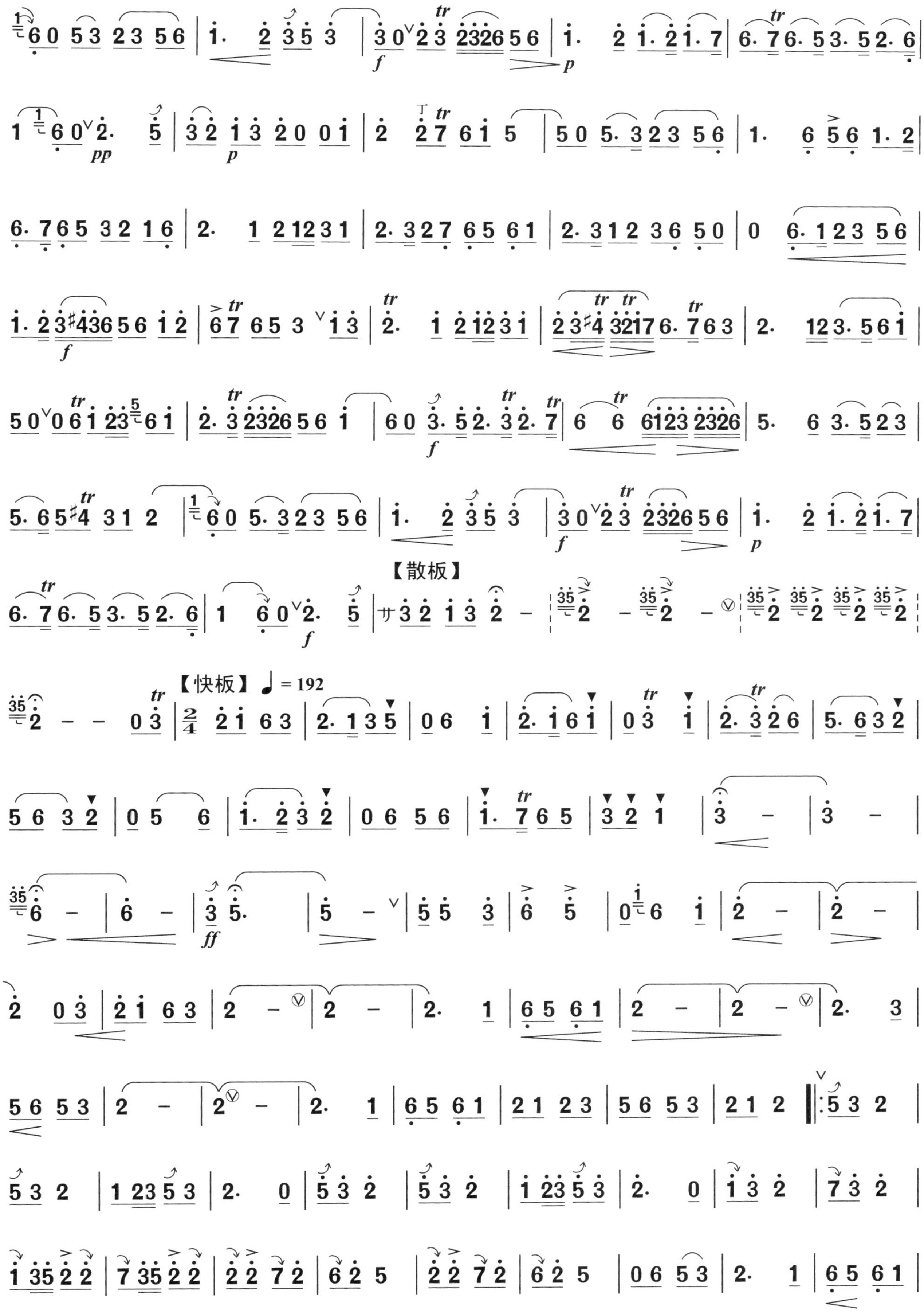
【散板】
【快板】♩= 192

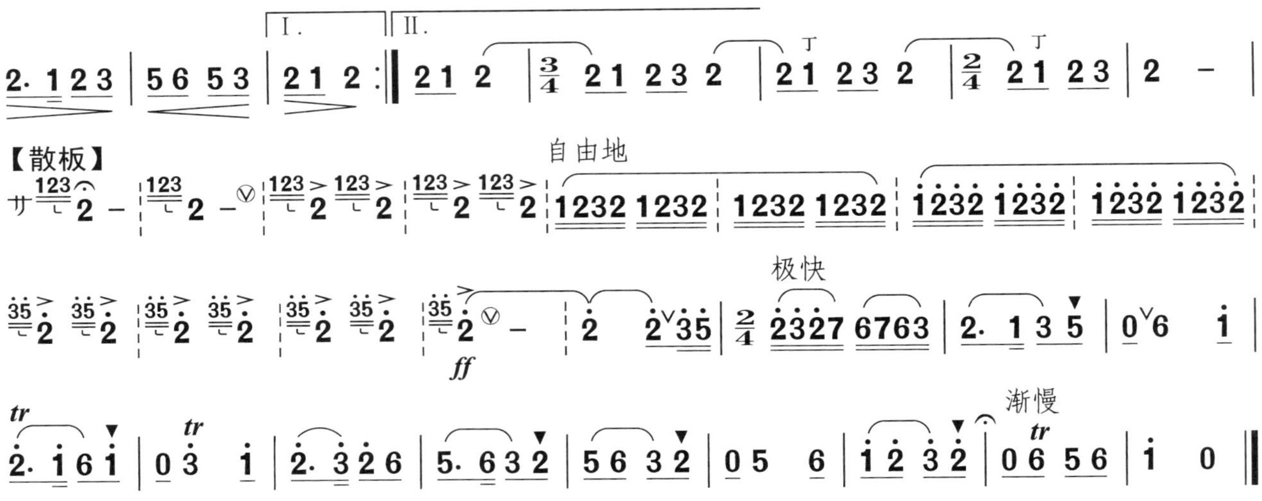

【乐曲说明】

《三五七》系戏曲“乱弹”曲牌，由三五七的词句组合而得名，于1957年改编。以浙江婺剧的《三五七》为依据，将〔倒板〕〔平板〕〔游板〕等组合在一起，加以发展、变化，并运用了循环换气技巧。曲调粗犷流畅，富有浙东的乡土气息。

3. 二　凡

1=♭B（筒音作6̣）

【导板】悲壮、激昂地

浙江婺剧曲调
赵　松　庭改编

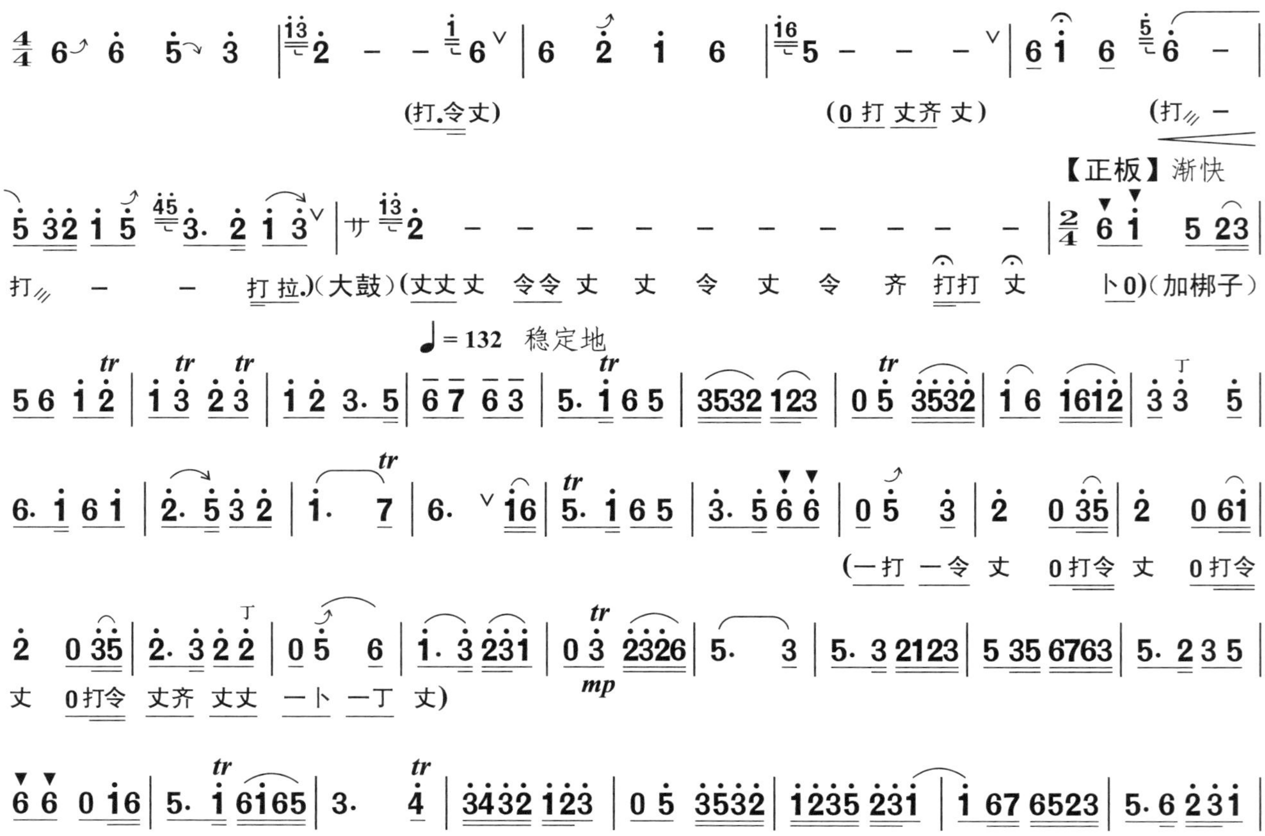

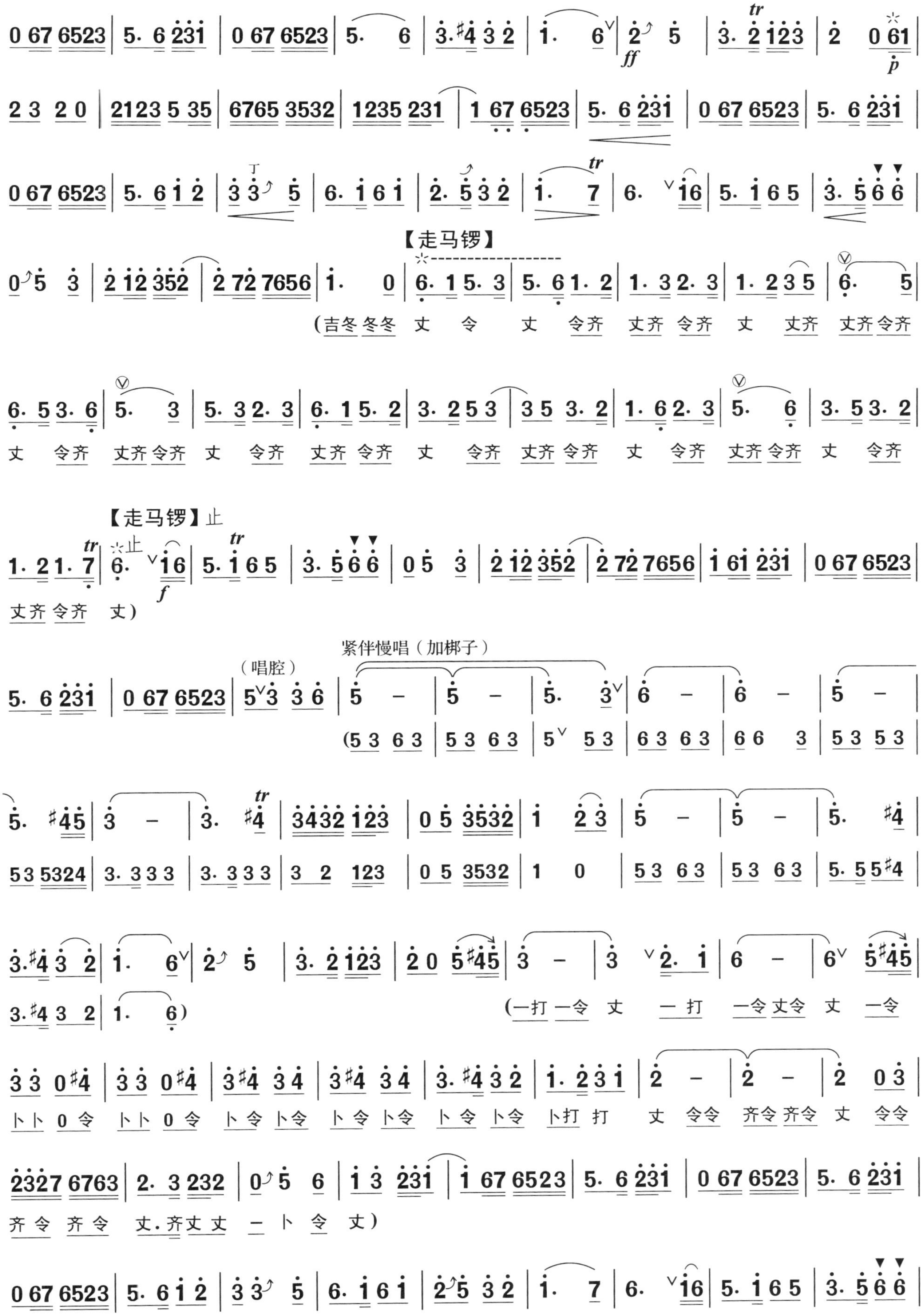
【走马锣】
(吉冬冬冬 丈 令 丈 令齐 丈齐 令齐 丈 丈齐 丈齐令齐
丈 令齐 丈齐令齐 丈 令齐 丈齐 令齐 丈 令齐 丈齐令齐 丈 令齐 丈齐令齐 丈 令齐
【走马锣】止
丈齐 令齐 丈)
紧伴慢唱（加梆子）
（唱腔）
(一打 一令 丈 一打 一令丈令 丈 一令
卜卜 0 令 卜卜 0 令 卜令卜令 卜令卜令 卜令卜令 卜打 打 丈 令令 齐令齐令 丈 令令
齐令 齐令 丈.齐丈丈 一卜 令 丈)

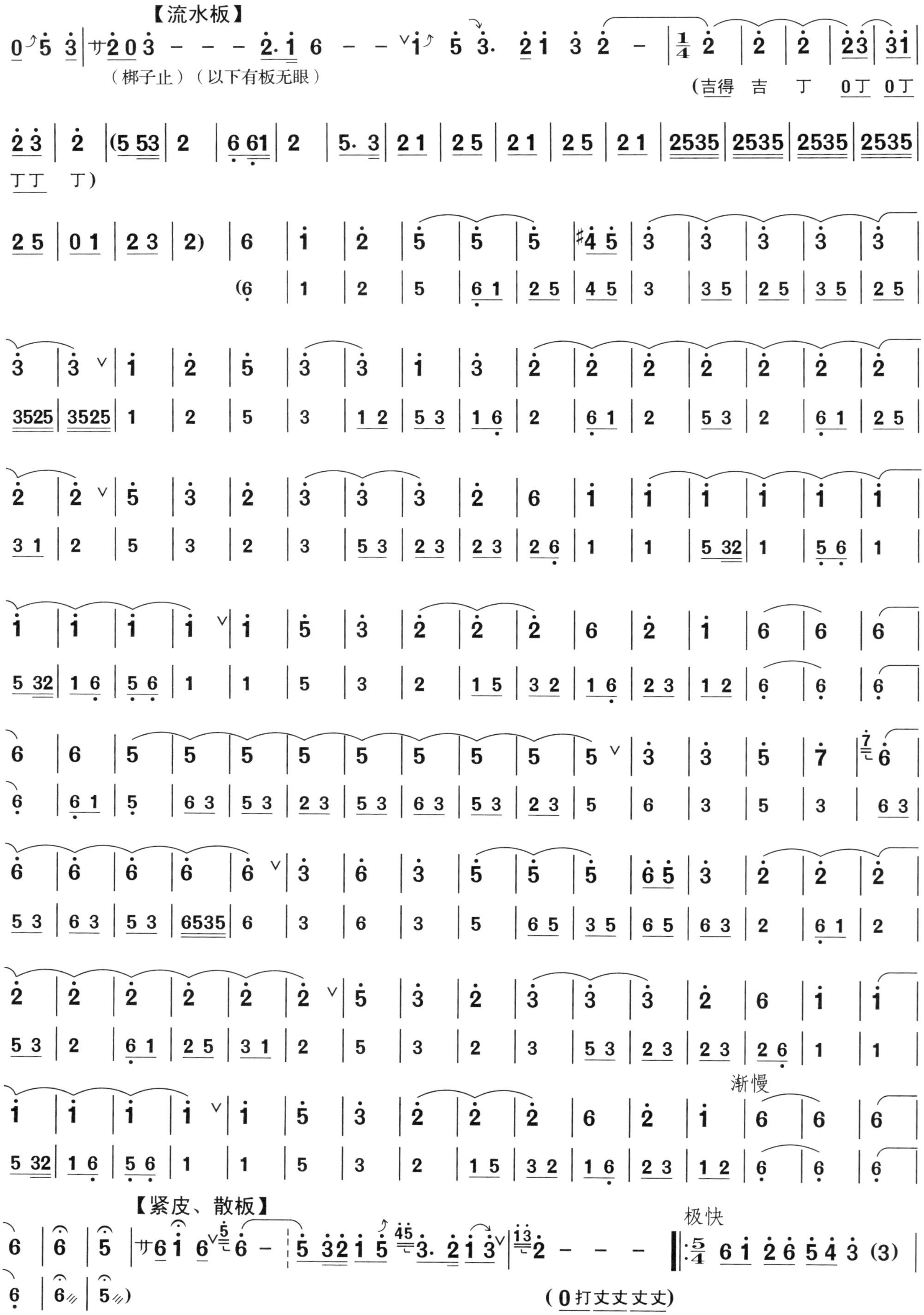
【流水板】
（梆子止）（以下有板无眼）
渐慢
【紧皮、散板】
极快

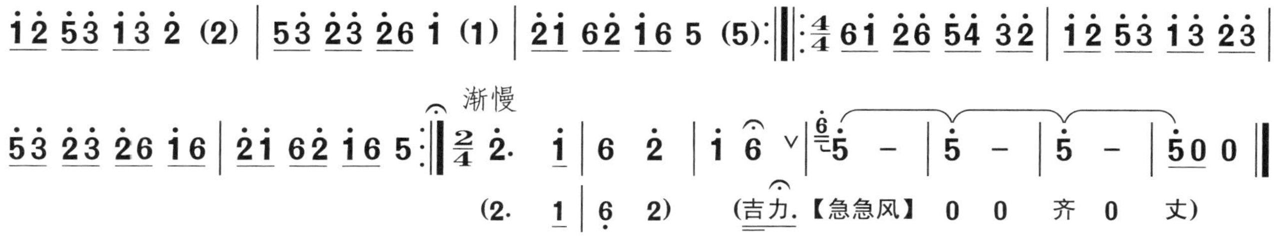

【乐曲说明】

此曲由婺剧乱弹《二凡》改编，情调悲壮激昂。演奏力求气息饱满，指法富有弹性。伴奏乐器：苏式锣鼓一套；南方板胡主伴，二胡、中胡、低胡、三弦、月琴适当配合。伴奏手法及锣鼓点子等与一般戏曲乐队基本相同。

4. 西 皮 花 板

1=♭B 曲笛 （筒音作6）

梆笛 （筒音作2）

赵松庭编曲

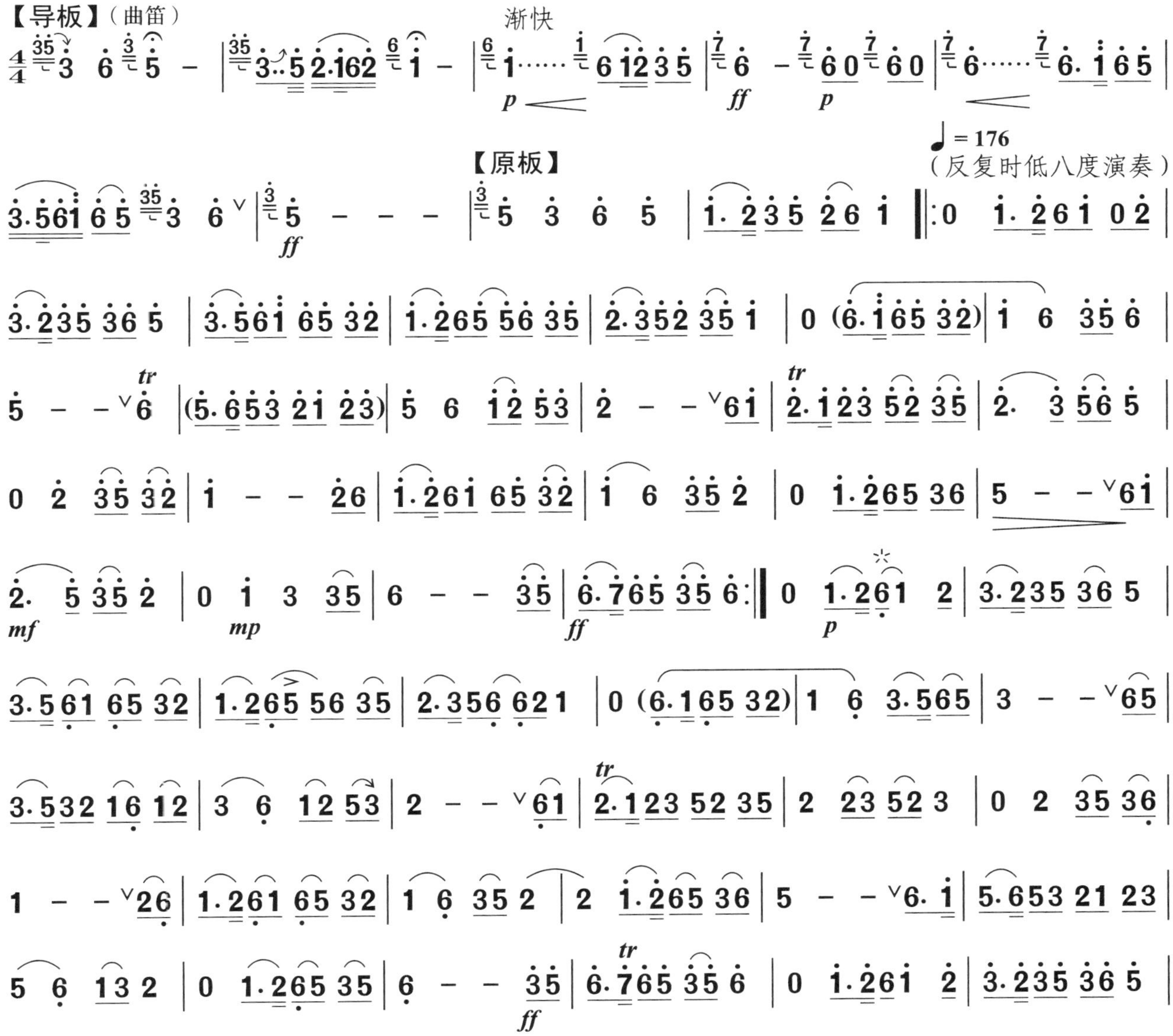

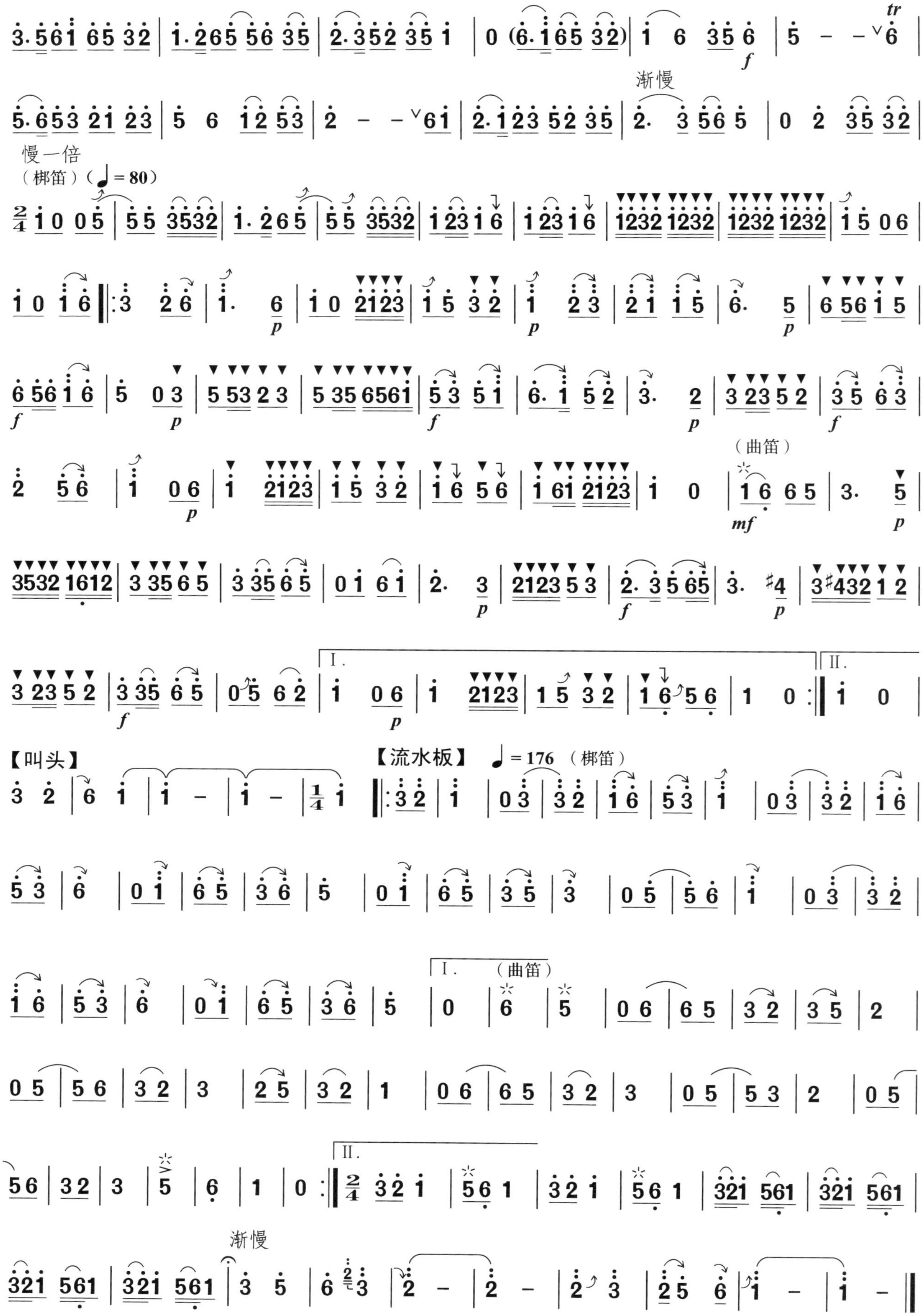
渐慢
慢一倍
（梆笛）（♩=80）
（曲笛）
【叫头】
【流水板】 ♩=176 （梆笛）
（曲笛）
渐慢

5. 婺江风光

1=♭B（筒音作6̣）

【引子】自由、辽阔、明朗地

赵松庭曲

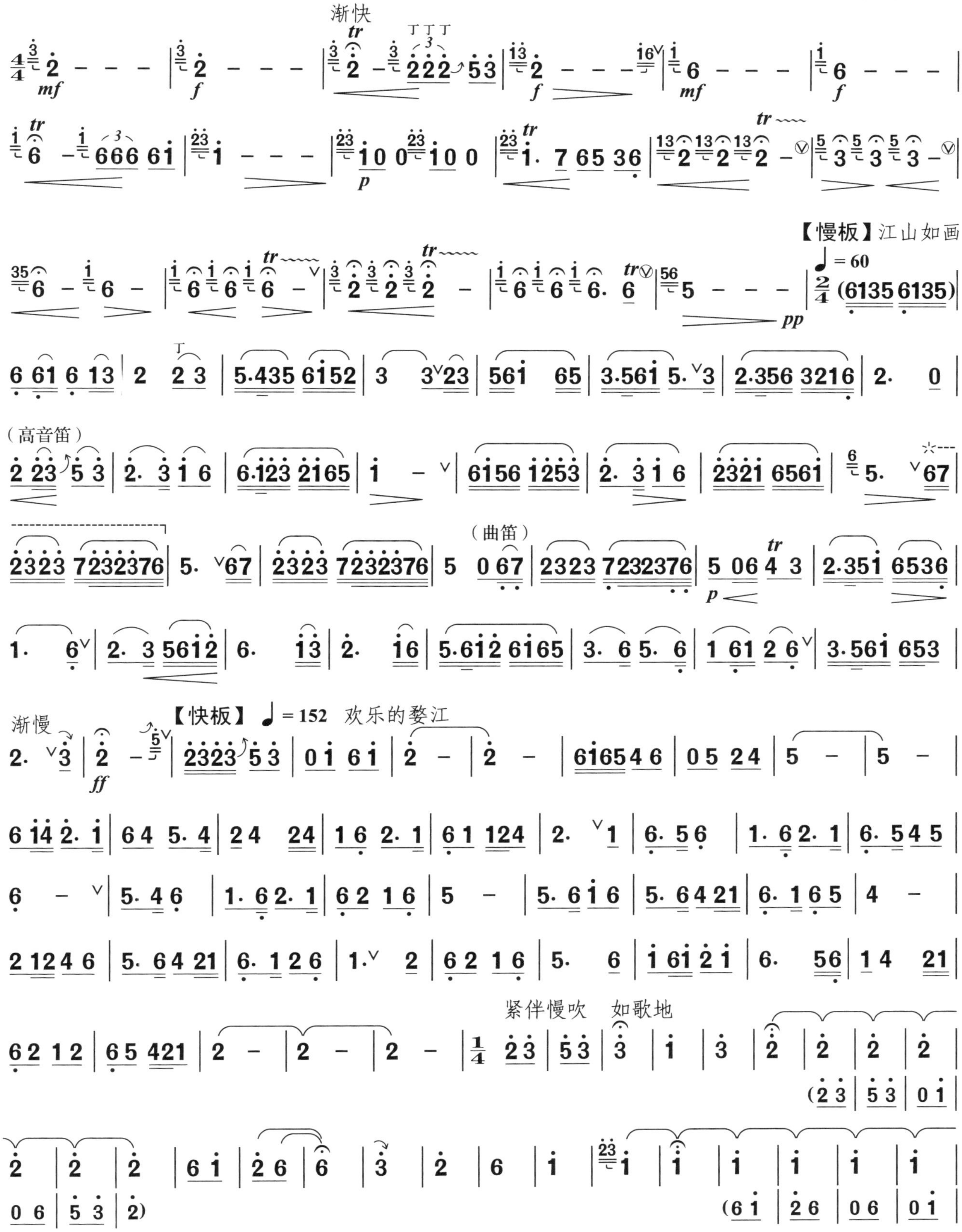

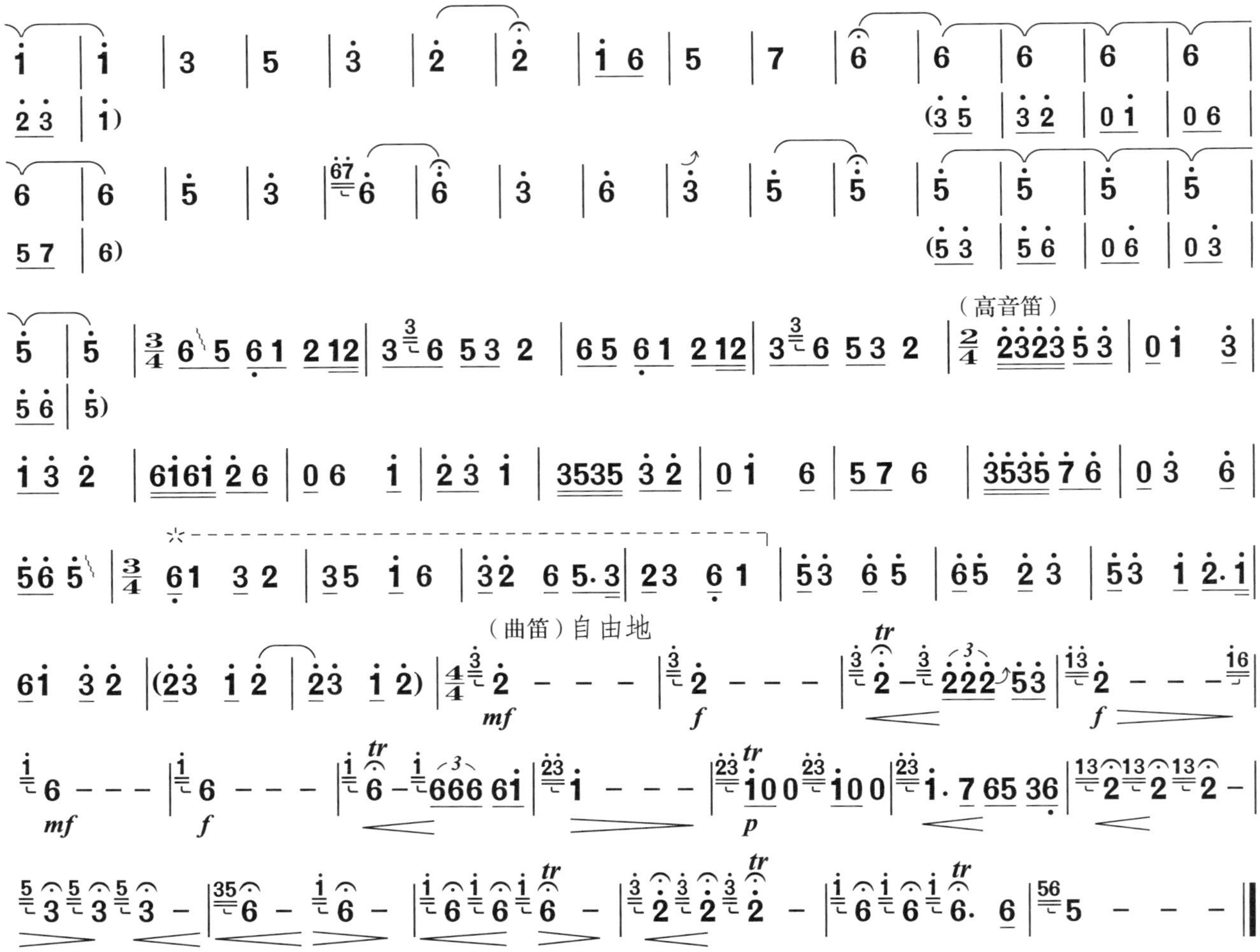

【乐曲说明】

此曲创作于20世纪60年代初期，以浙江金华地区民歌为素材，描写婺江两岸欣欣向荣的景象，抒发对祖国大好河山的热爱之情。可用两根笛子演奏，也可只用一根。

6. 采 茶 忙

1＝G或F（筒音作2）

赵松庭曲

田园风味　自由地

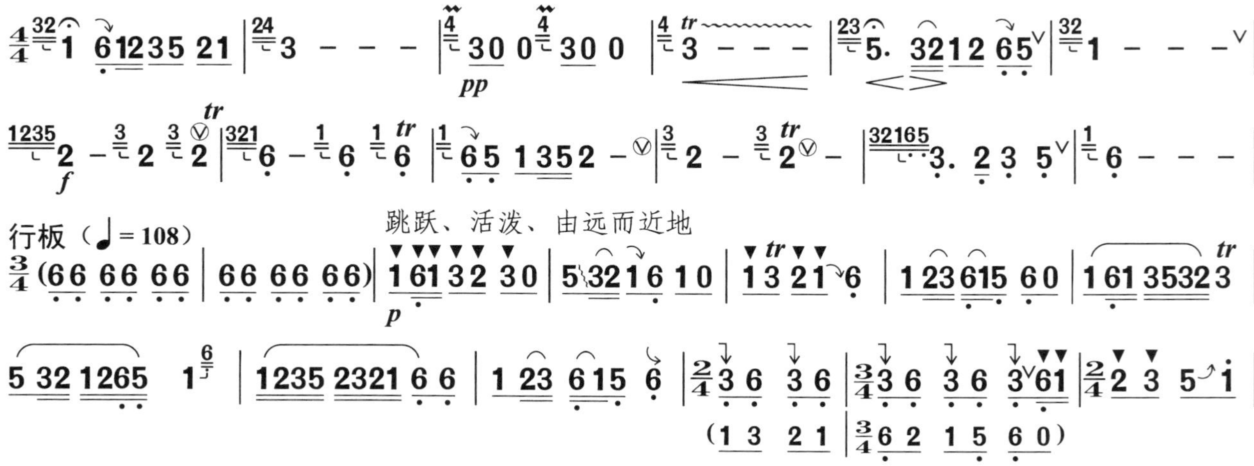

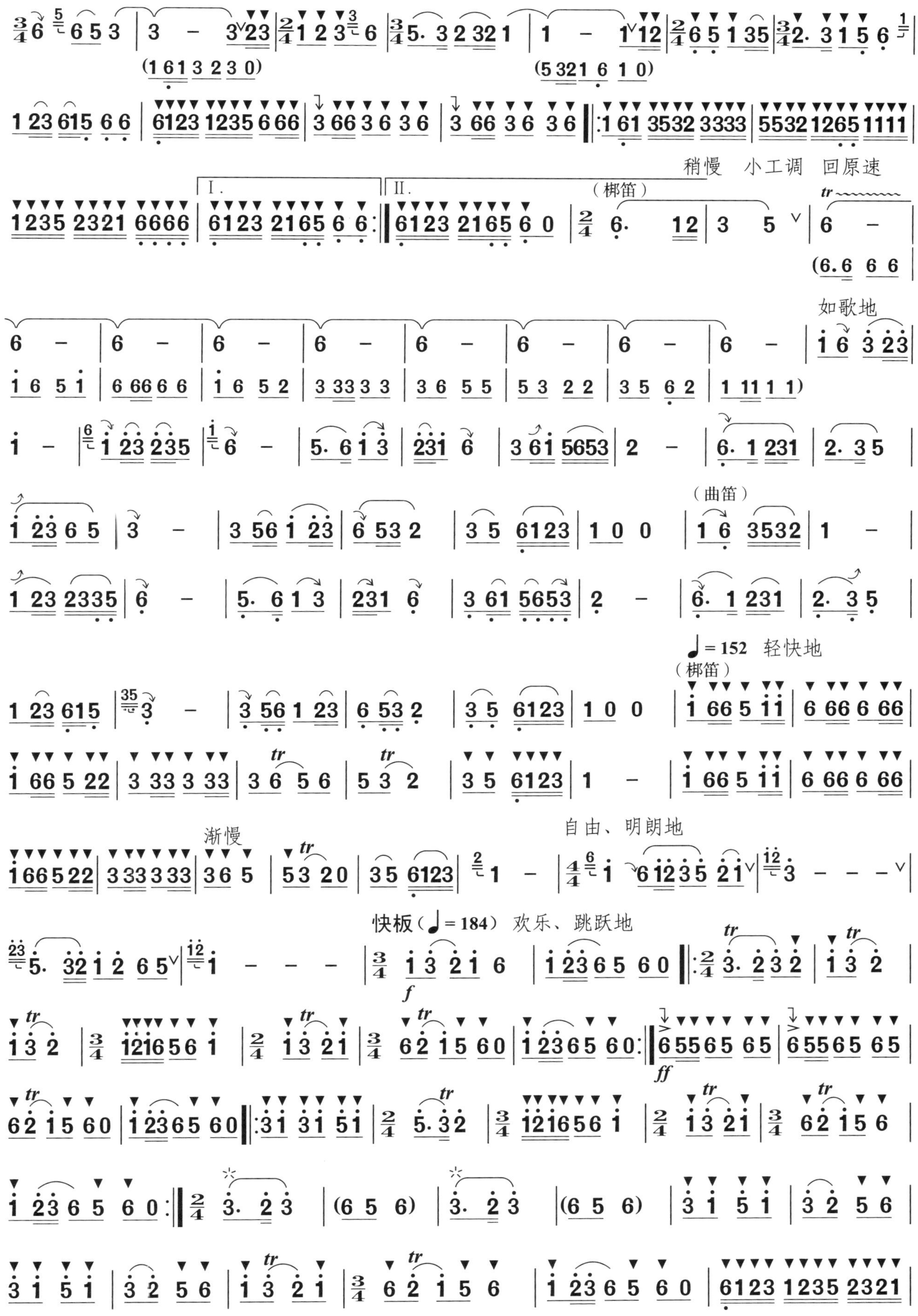
稍慢 小工调 回原速
（梆笛）
如歌地
（曲笛）
♩= 152 轻快地
（梆笛）
渐慢
自由、明朗地
快板（♩= 184） 欢乐、跳跃地

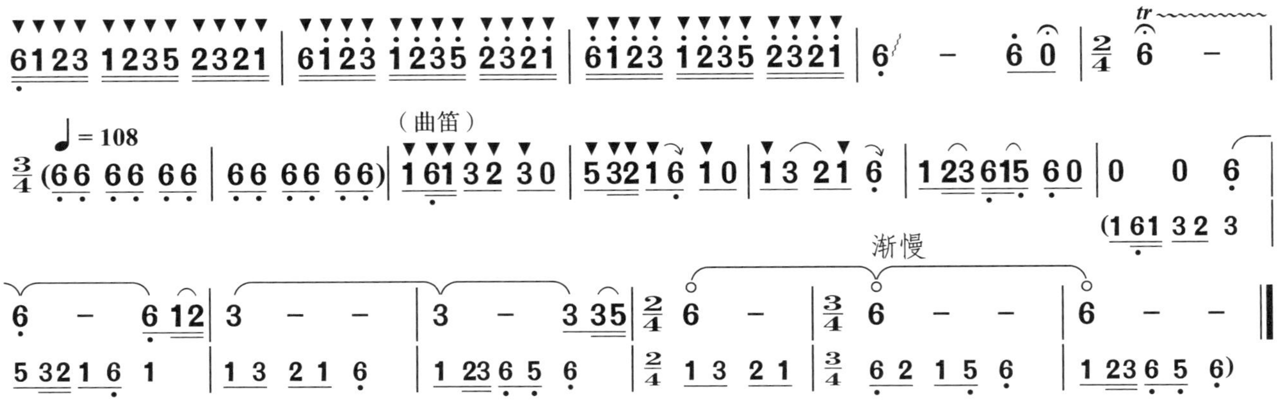

7. 鹧 鸪 飞

传统乐曲
赵松庭改编

1= F或♭E（曲笛全按2）
自由地

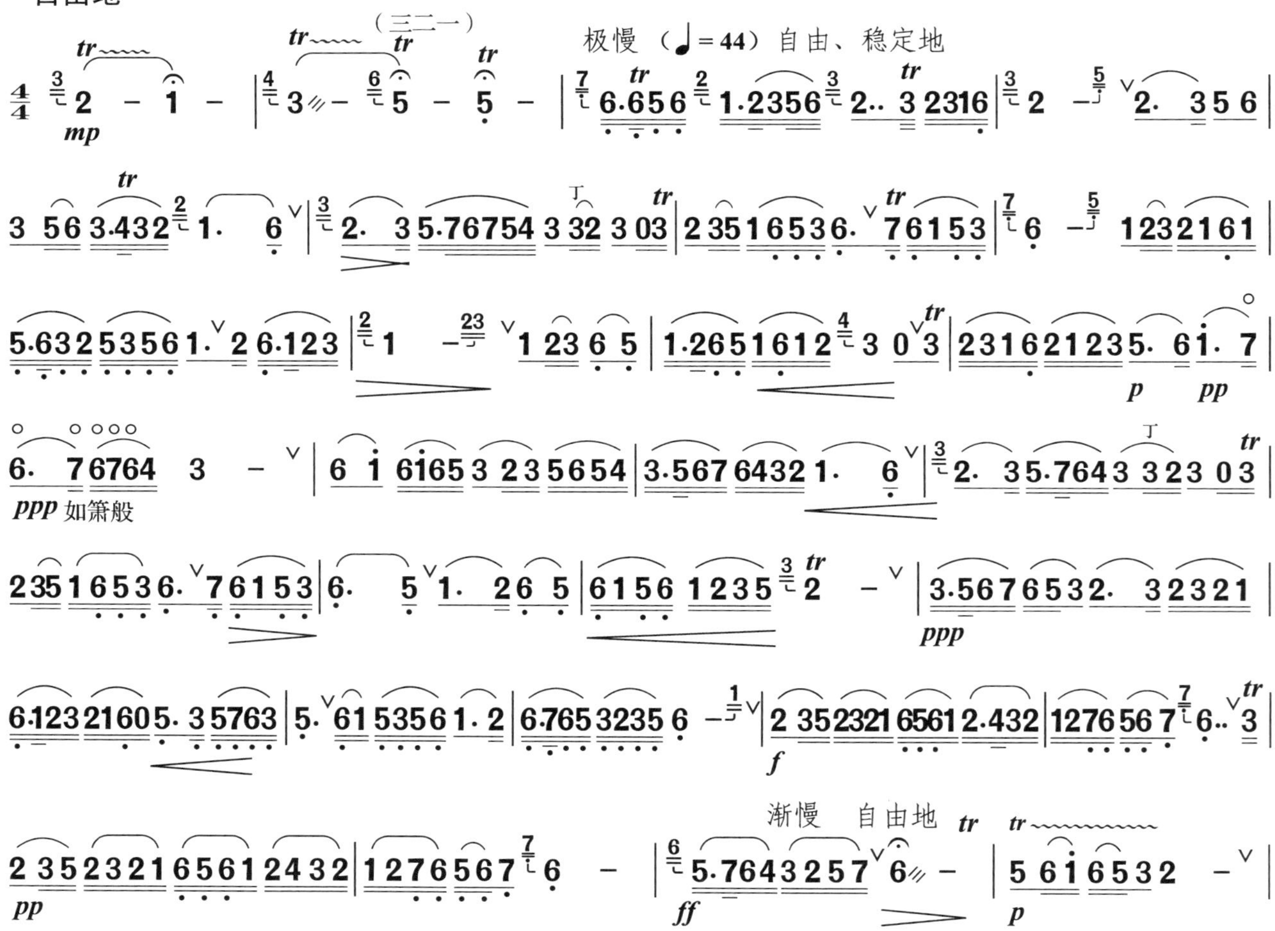

【乐曲说明】

《鹧鸪飞》为传统民间乐曲。原曲在快板前结束，快板一段为1957年时所加。本曲以唐代诗人李白诗“越王勾践破吴归，义士还家尽锦衣。宫女如花满春殿，只今惟有鹧鸪飞”为依据改编。乐曲的装饰演奏手法与江南丝竹相同，即灵活运用“颤”“叠”“赠”“打”，忌用“吐”“滑”“垜”“花”。快板一段用循环换气技巧演奏，指法应极富弹性，可以一口气连吹三遍，最快时要达到每分钟160拍。

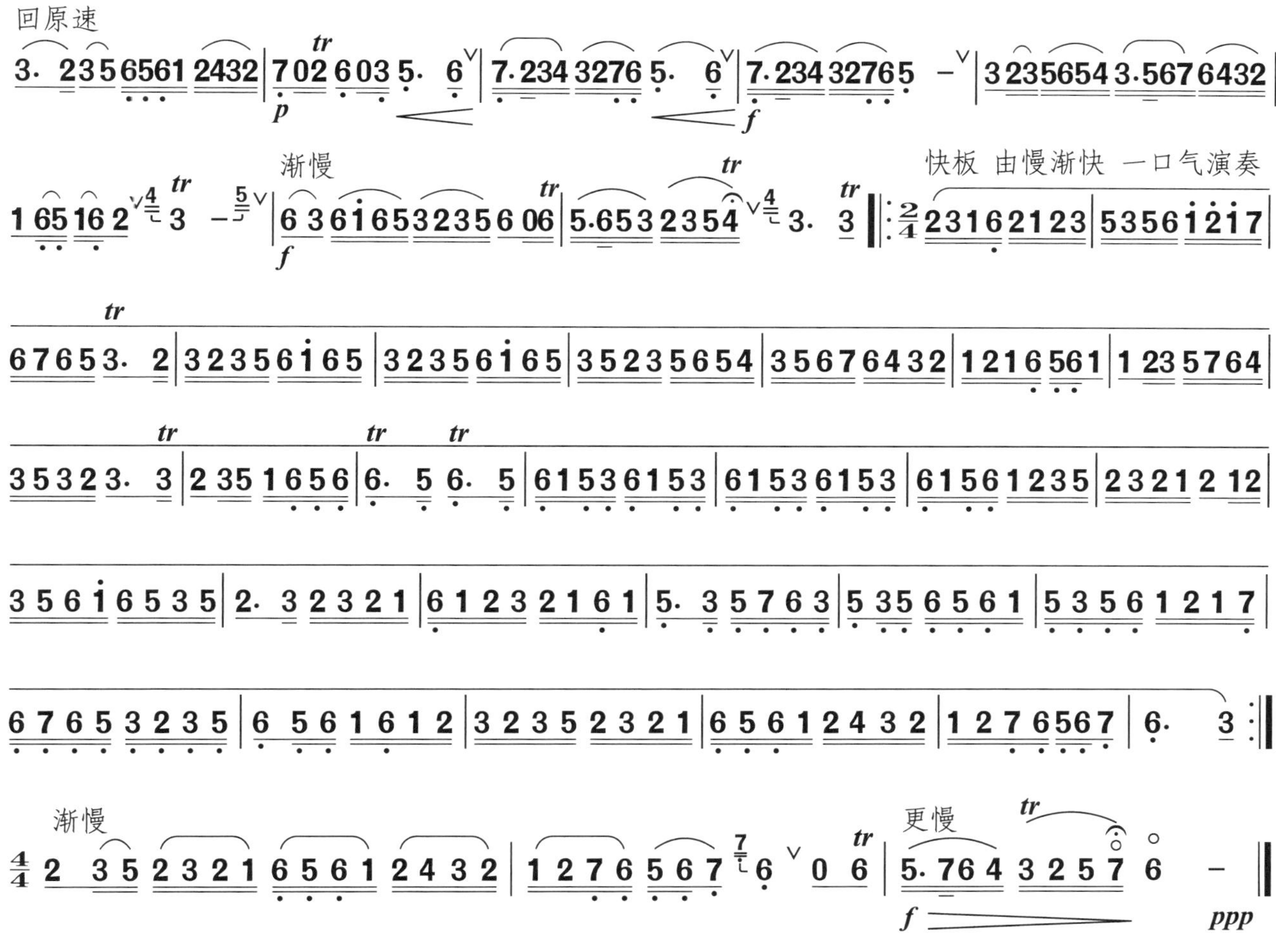

8. 绣 金 匾

1＝C（筒音作 5̣）

自由地

赵松庭、曹 星编曲

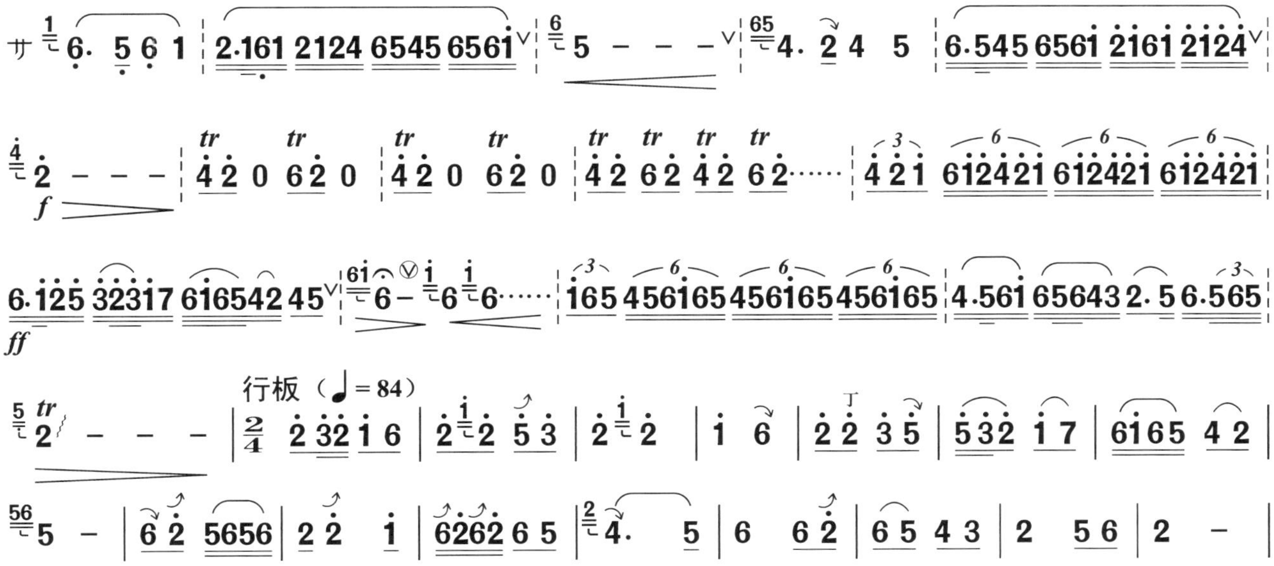

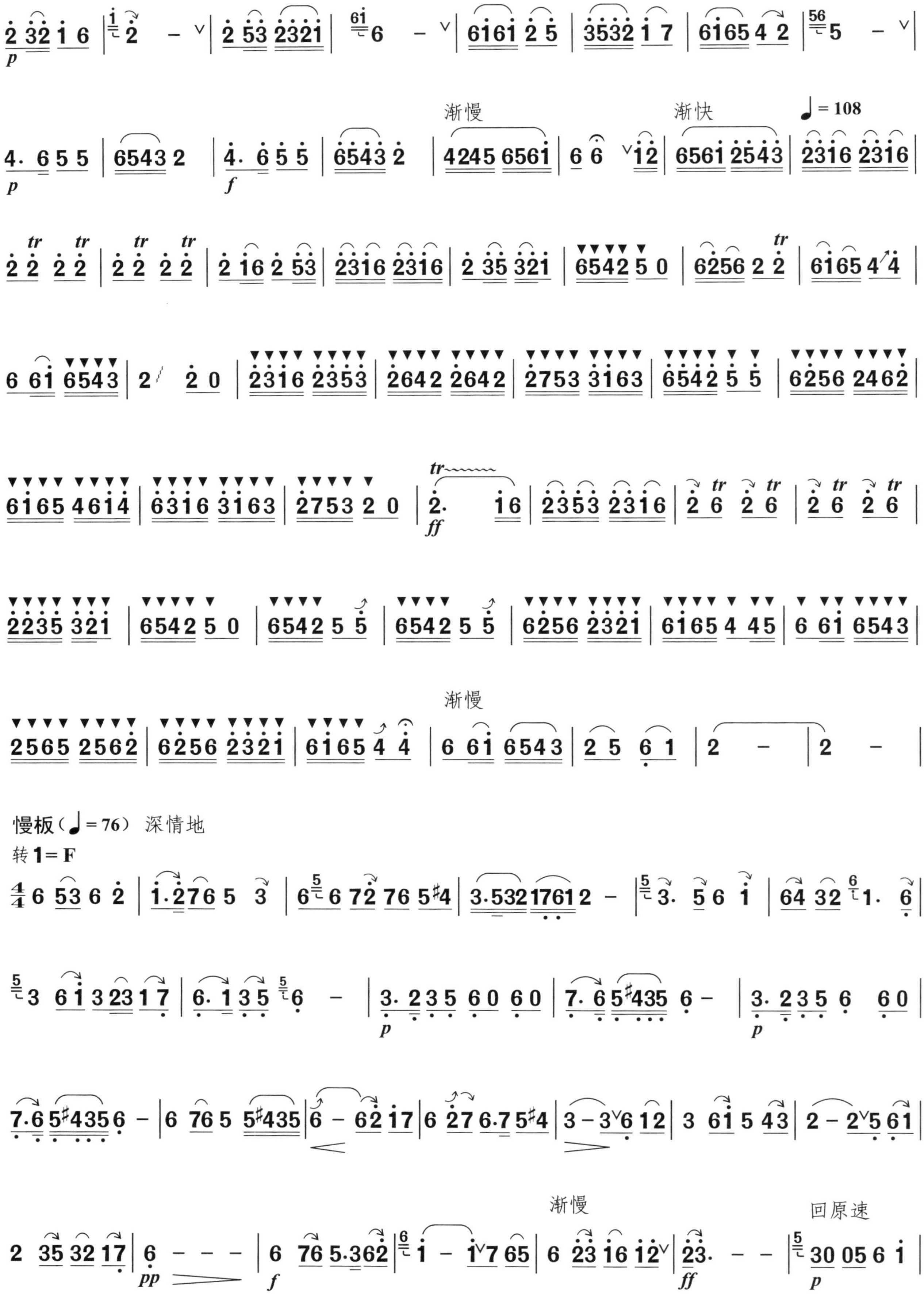
渐慢
渐快
♩ = 108
渐慢
慢板（♩ = 76） 深情地
转 1 = F
渐慢
回原速

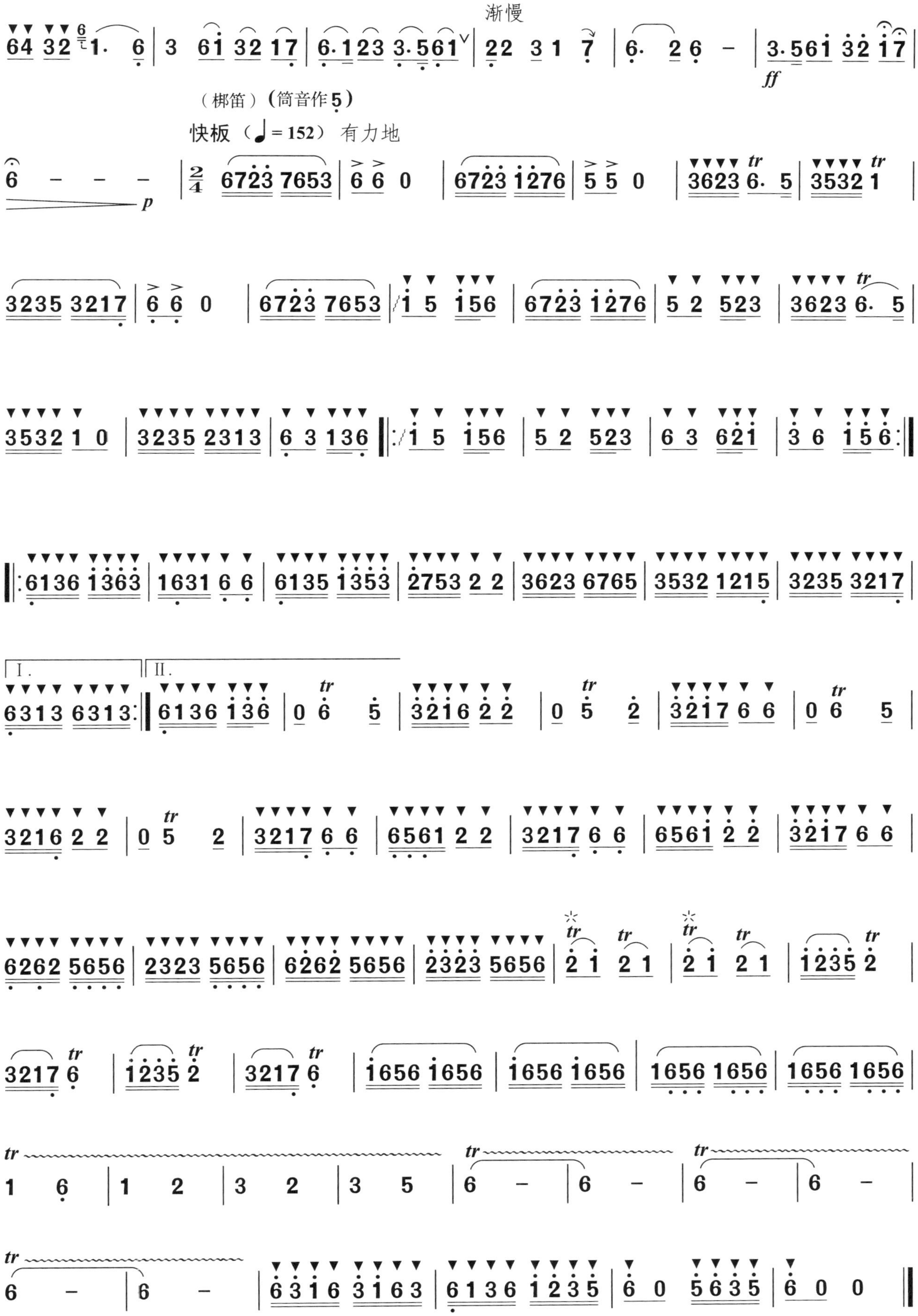
渐慢
（梆笛）（筒音作5）
快板（♩=152）有力地

9. 欢乐的牧童

1＝F 或 G 梆笛（筒音作 5）
曲笛（筒音作 2）

赵松庭曲

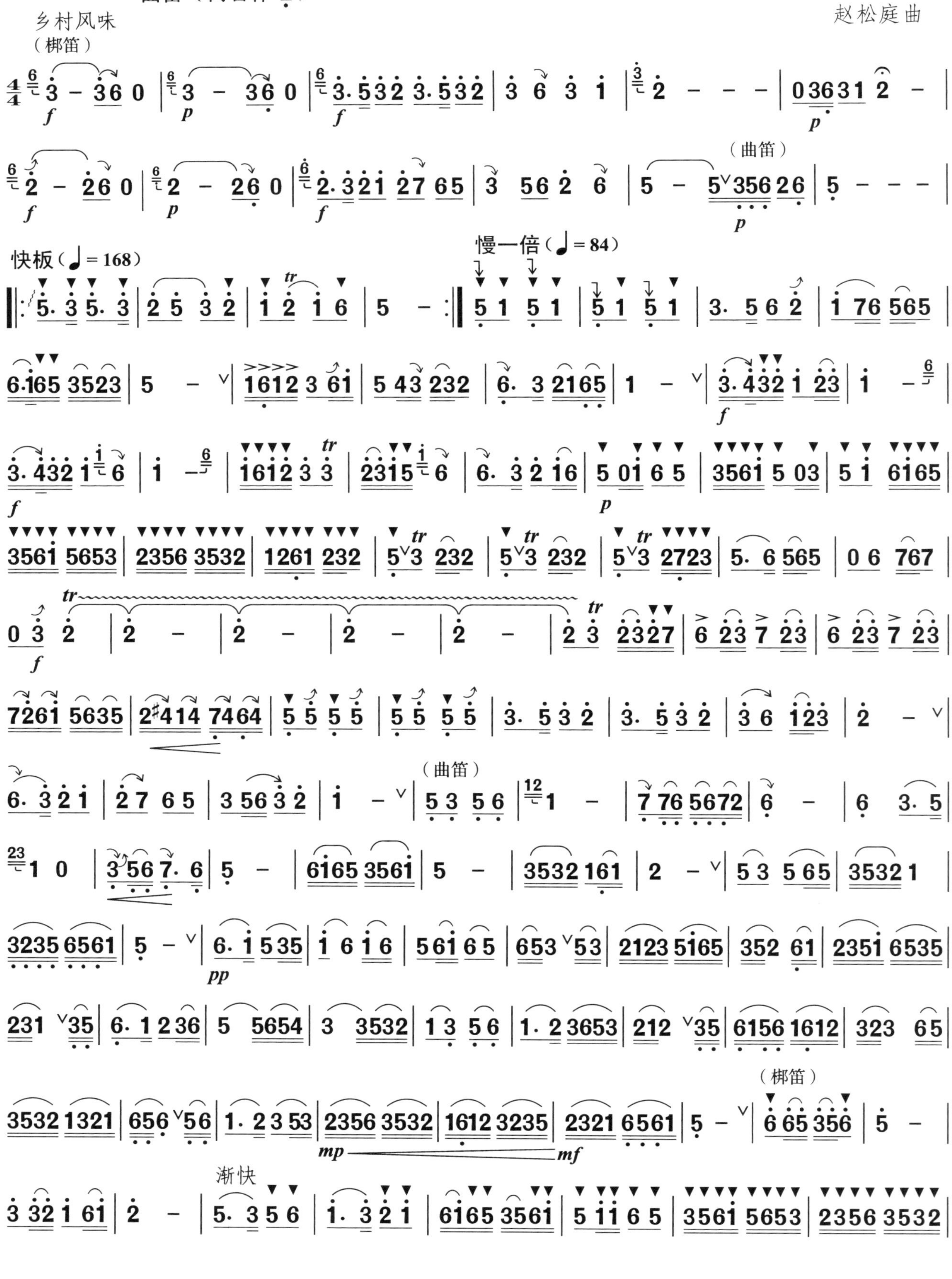

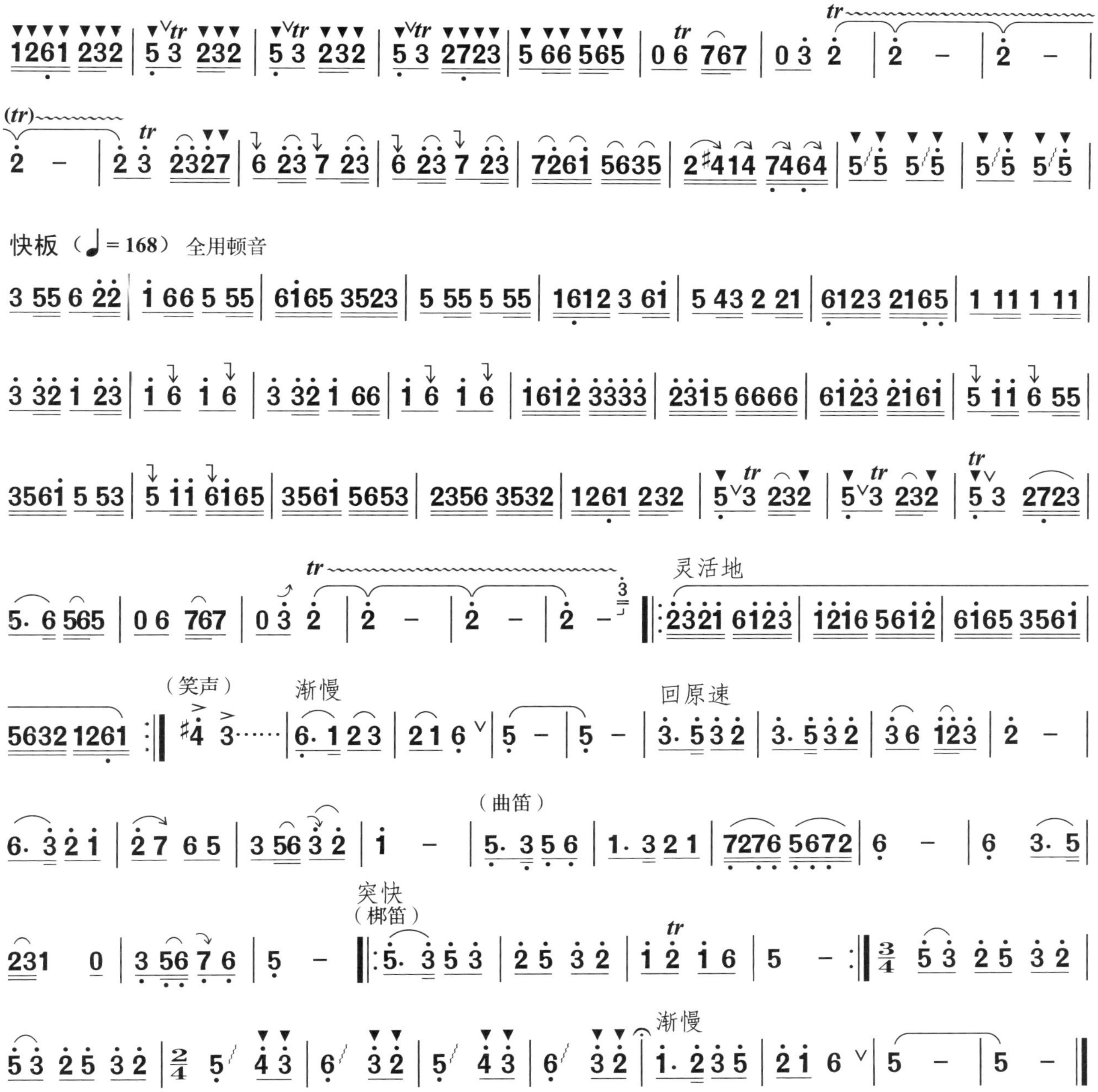

10. 和　平　鸽

刘　管　乐曲
赵松庭改编

1=D（筒音作 5）

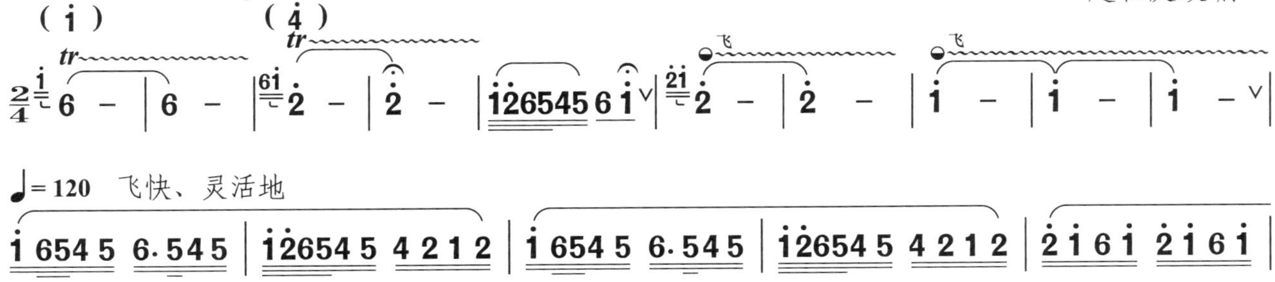

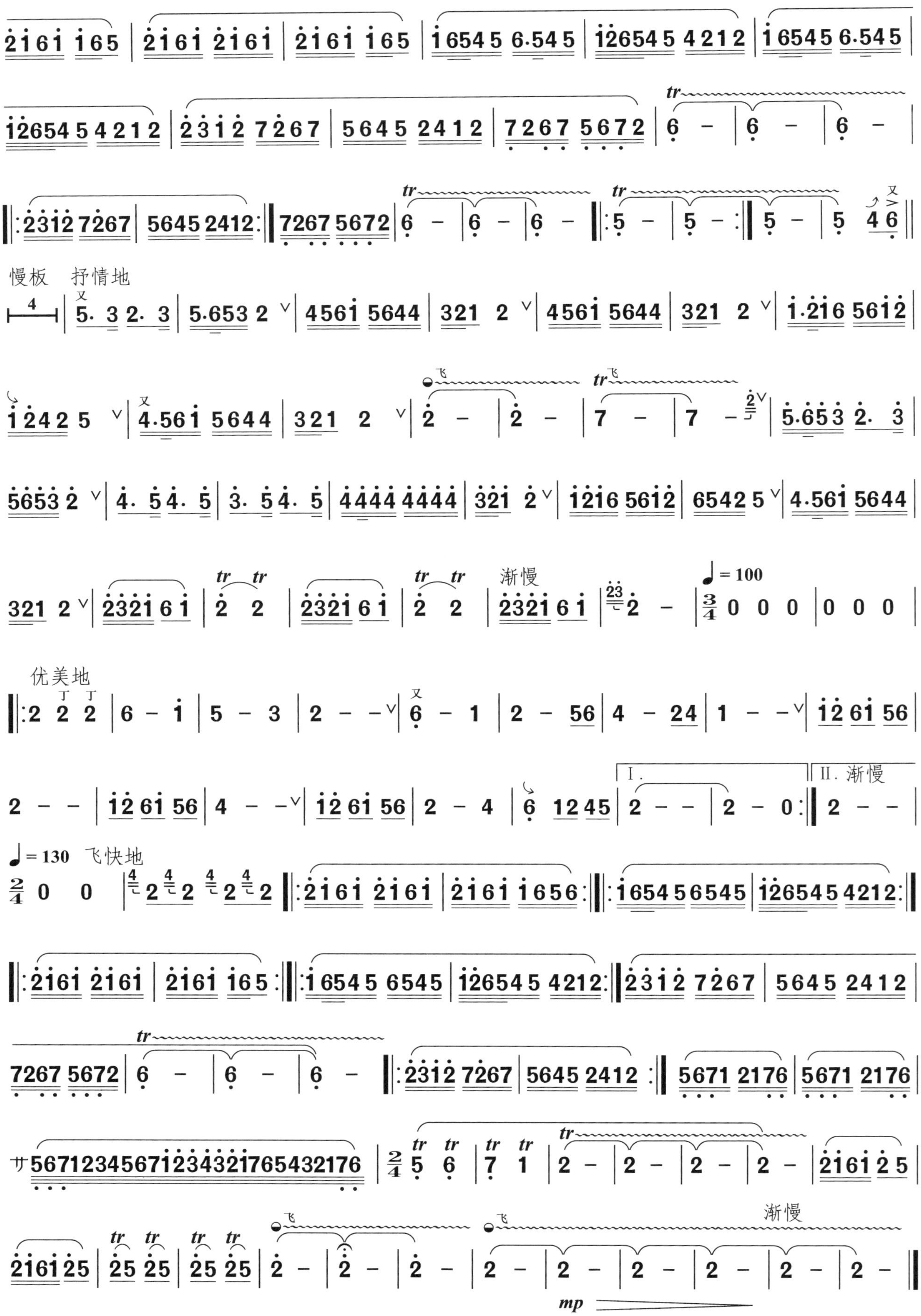
慢板　抒情地
渐慢
♩= 100
优美地
渐慢
♩= 130　飞快地
渐慢
mp

11. 火车向着韶山跑

（排笛独奏）

1＝F 梆笛（筒音作5）

薄兰谷、程金元曲
赵　松　庭改编

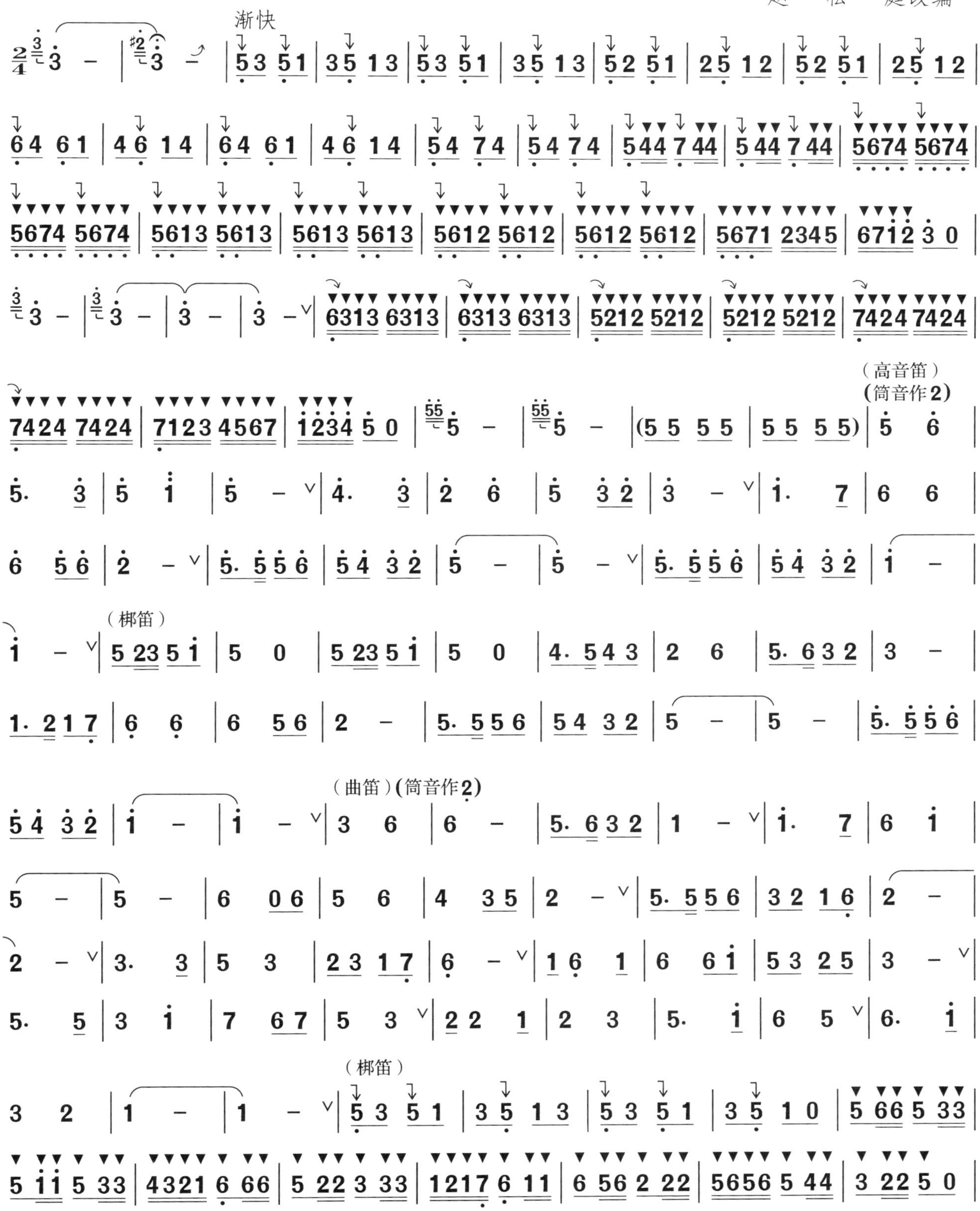

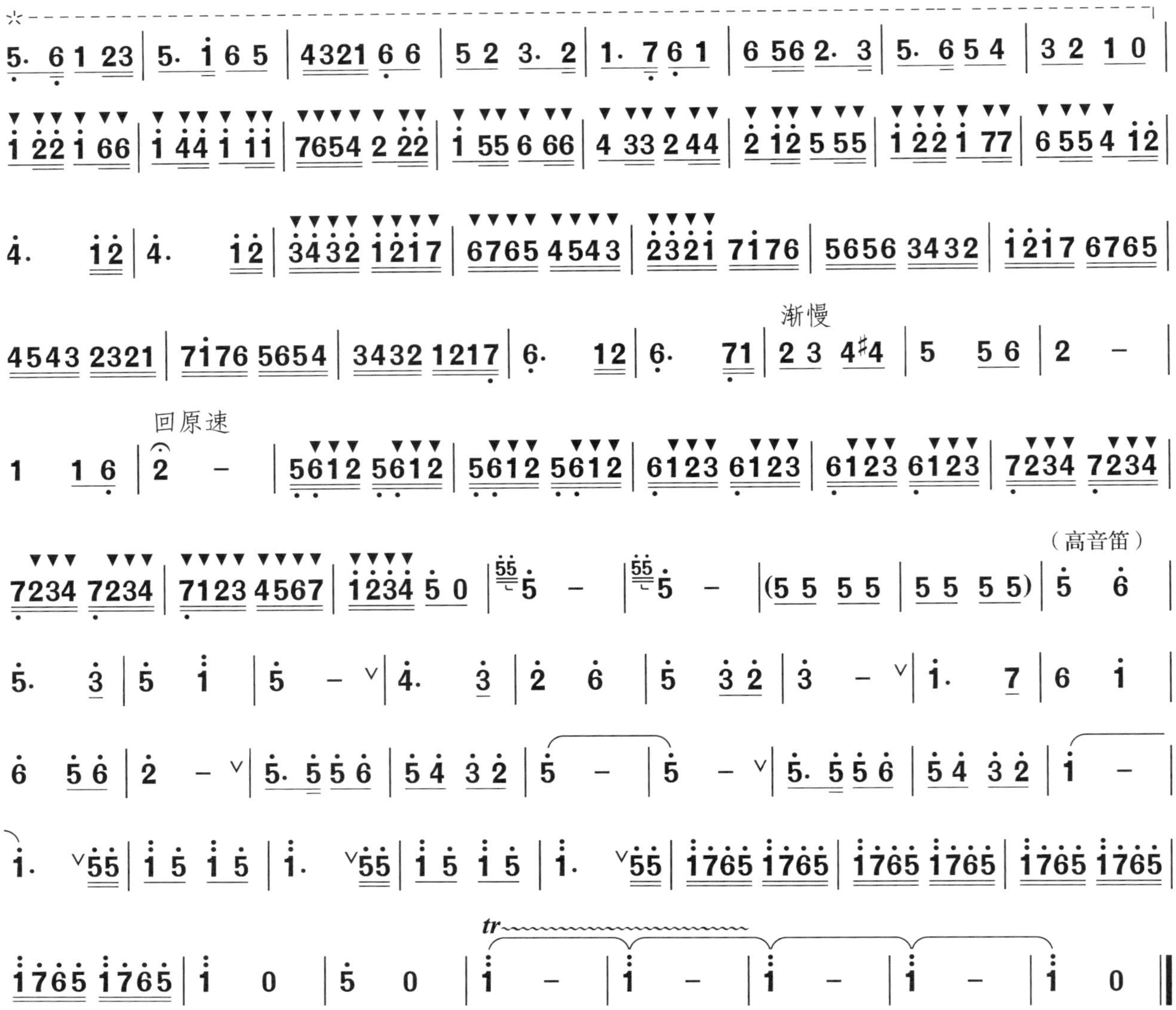

12. 幽 兰 逢 春

周总理说：“昆曲是朵兰花。”今天，兰花逢春，重放幽香。
缅怀总理，仿昆曲情趣，作此曲。

1=♭E（筒音作3）

【引子】散板　幽静而激情地

赵松庭、曹　星曲

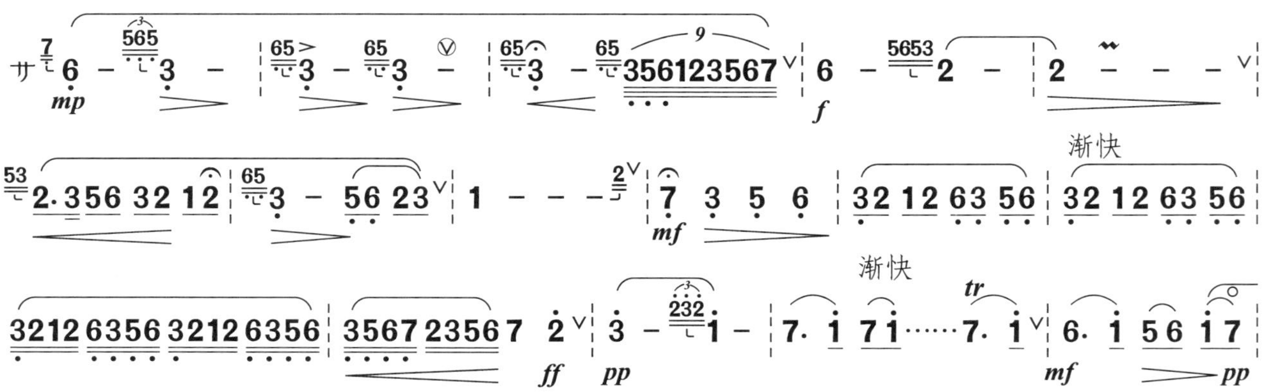

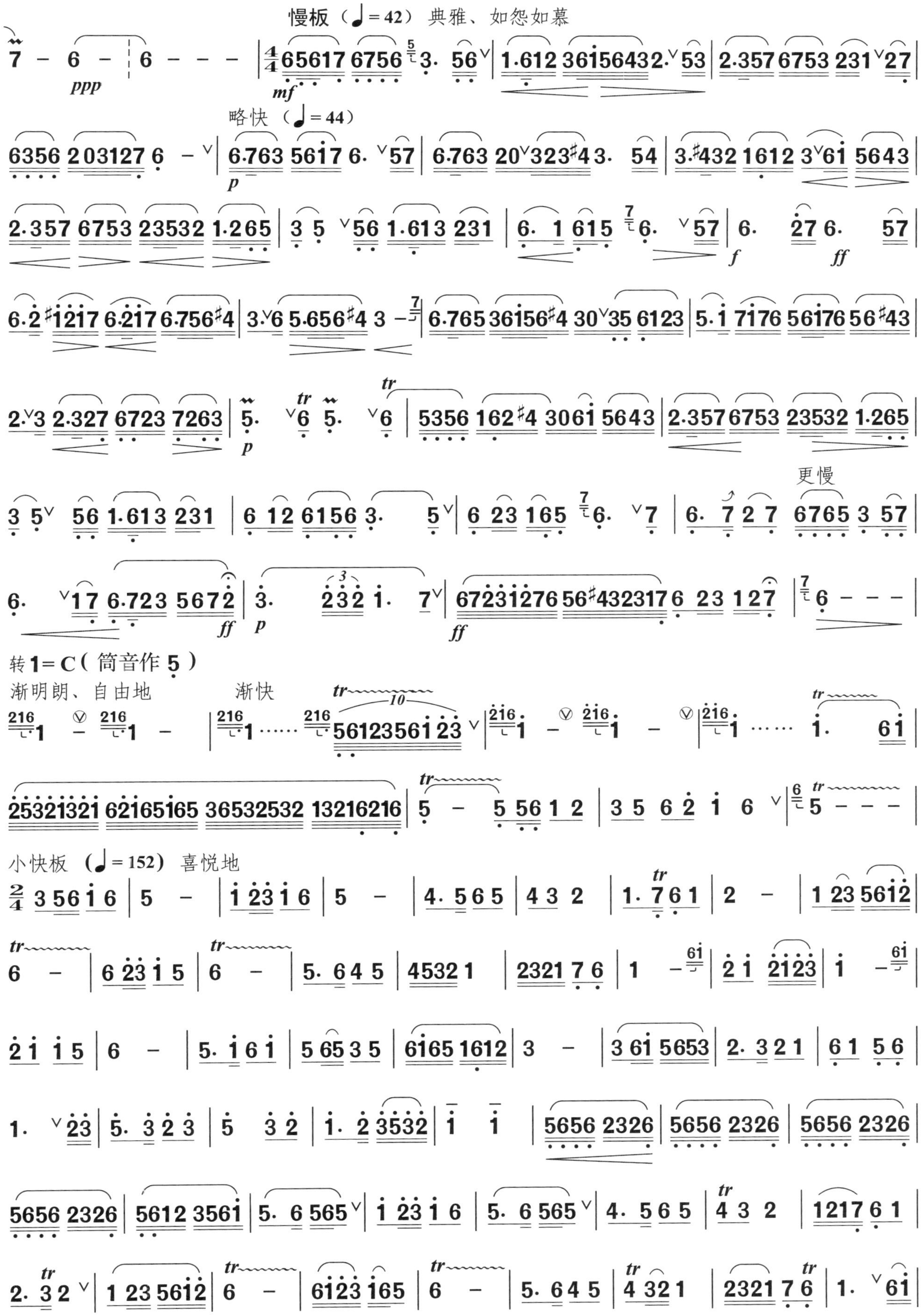
慢板（♩= 42）典雅、如怨如慕
略快（♩= 44）
更慢
转 1 = C（筒音作 5）
渐明朗、自由地
渐快
小快板（♩= 152）喜悦地

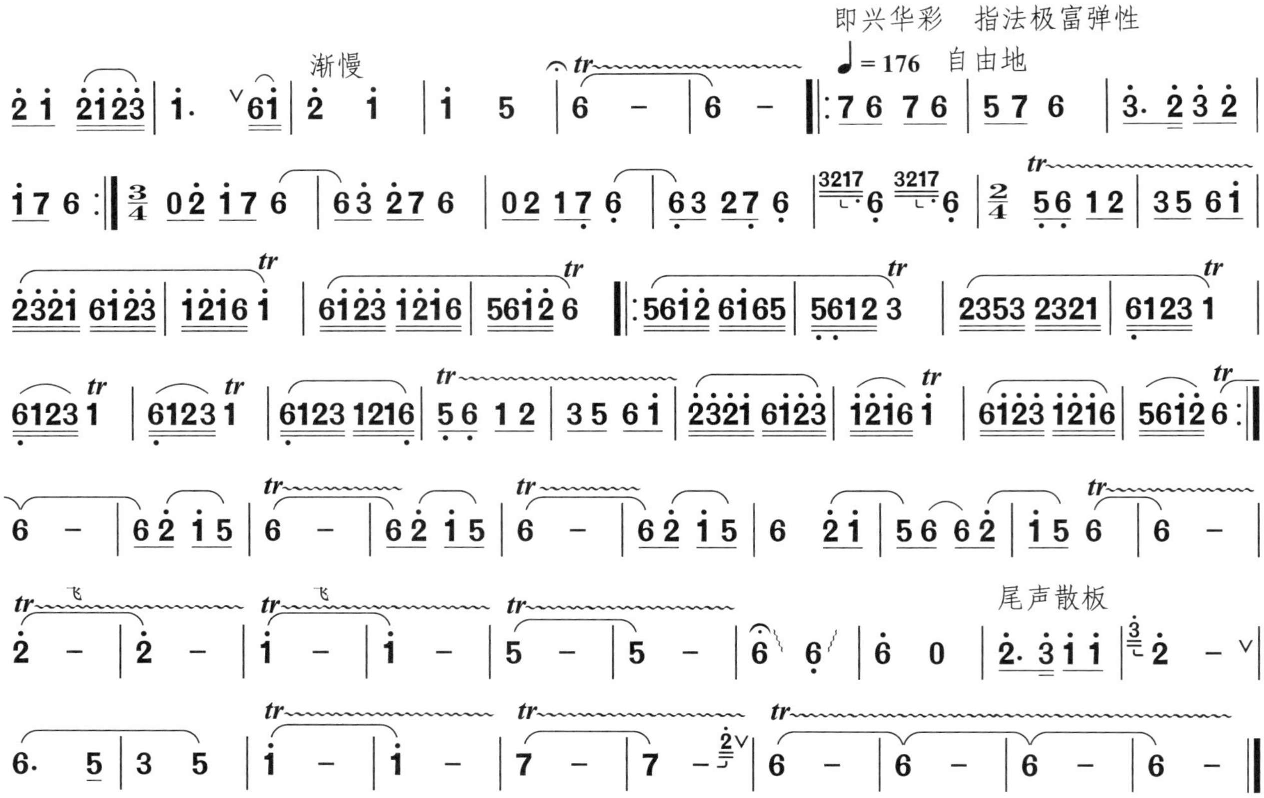

【乐曲说明】

此曲作于1979年，作者以写意的手法，倾诉自己的情怀。慢板主题取材于昆曲《二郎神》；快板取材于昆曲过场音乐。演奏讲究抑扬顿挫，以及灵活运用颤、叠、赠、打等技巧。

13. 渔 港 春 潮

1＝F或G 曲笛 （筒音作 2）

梆笛 （筒音作 5̣）

赵松庭曲

【一】海景　辽阔地

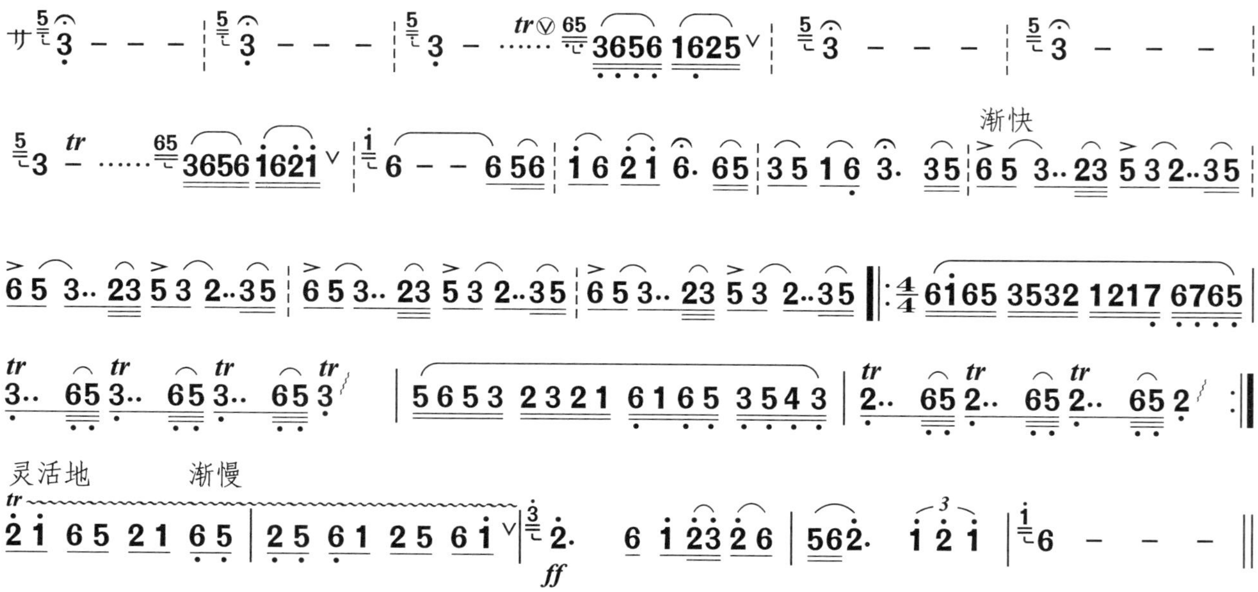

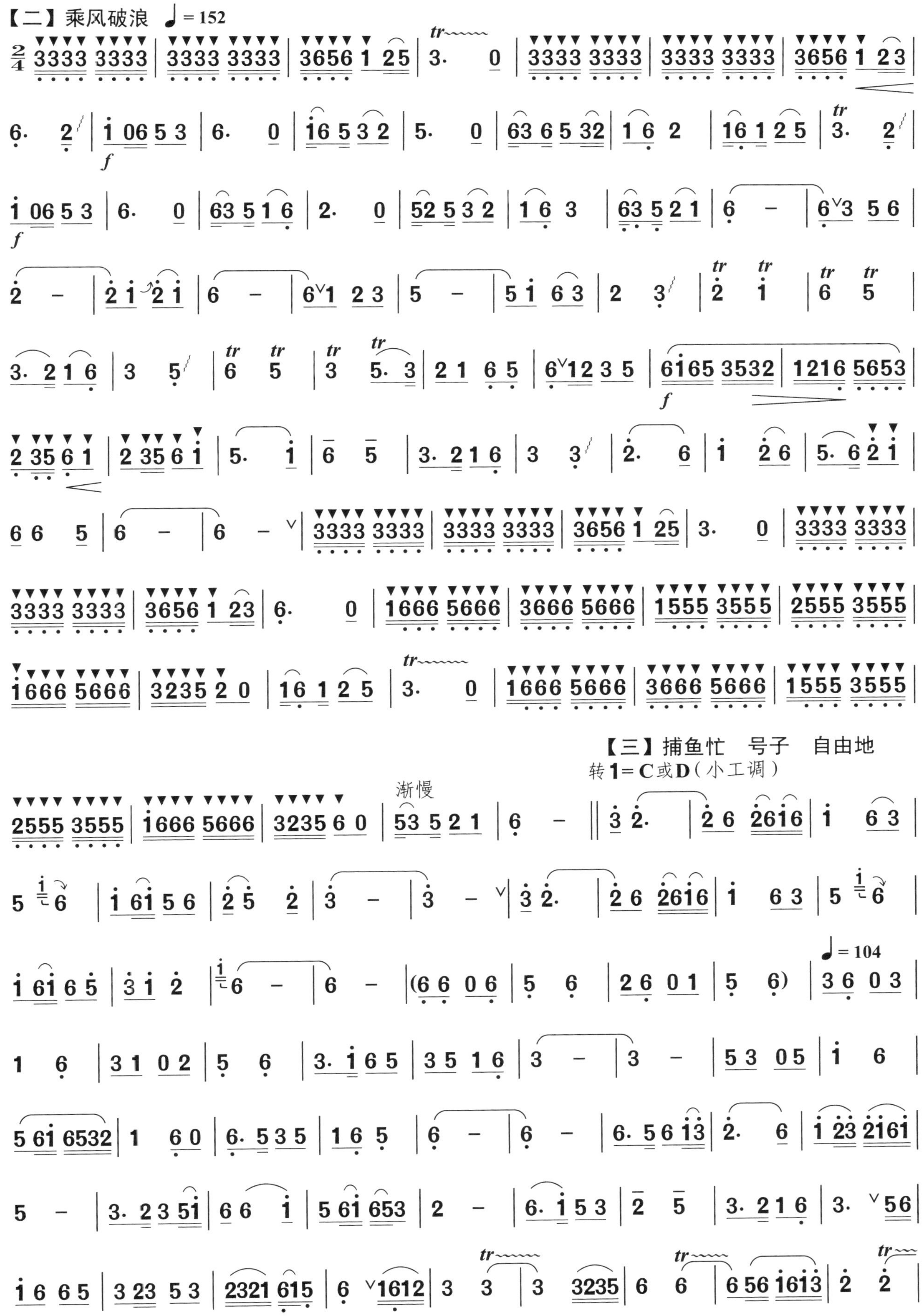
【二】乘风破浪 ♩=152
【三】捕鱼忙 号子 自由地
转1=C或D（小工调）
渐慢
♩=104

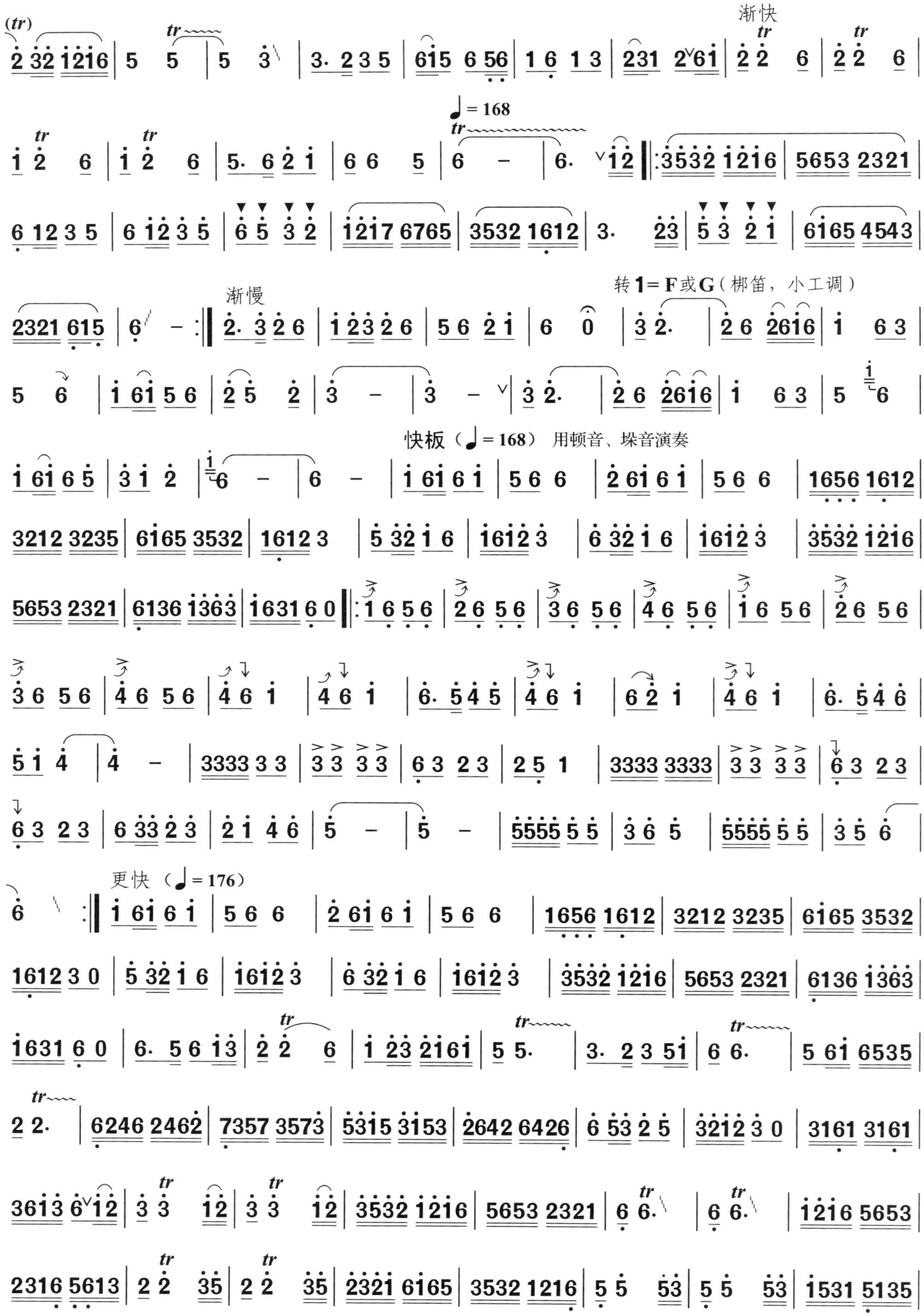
渐快
♩= 168
渐慢
转1= F或G（梆笛，小工调）
快板（♩= 168） 用顿音、垛音演奏
更快（♩= 176）

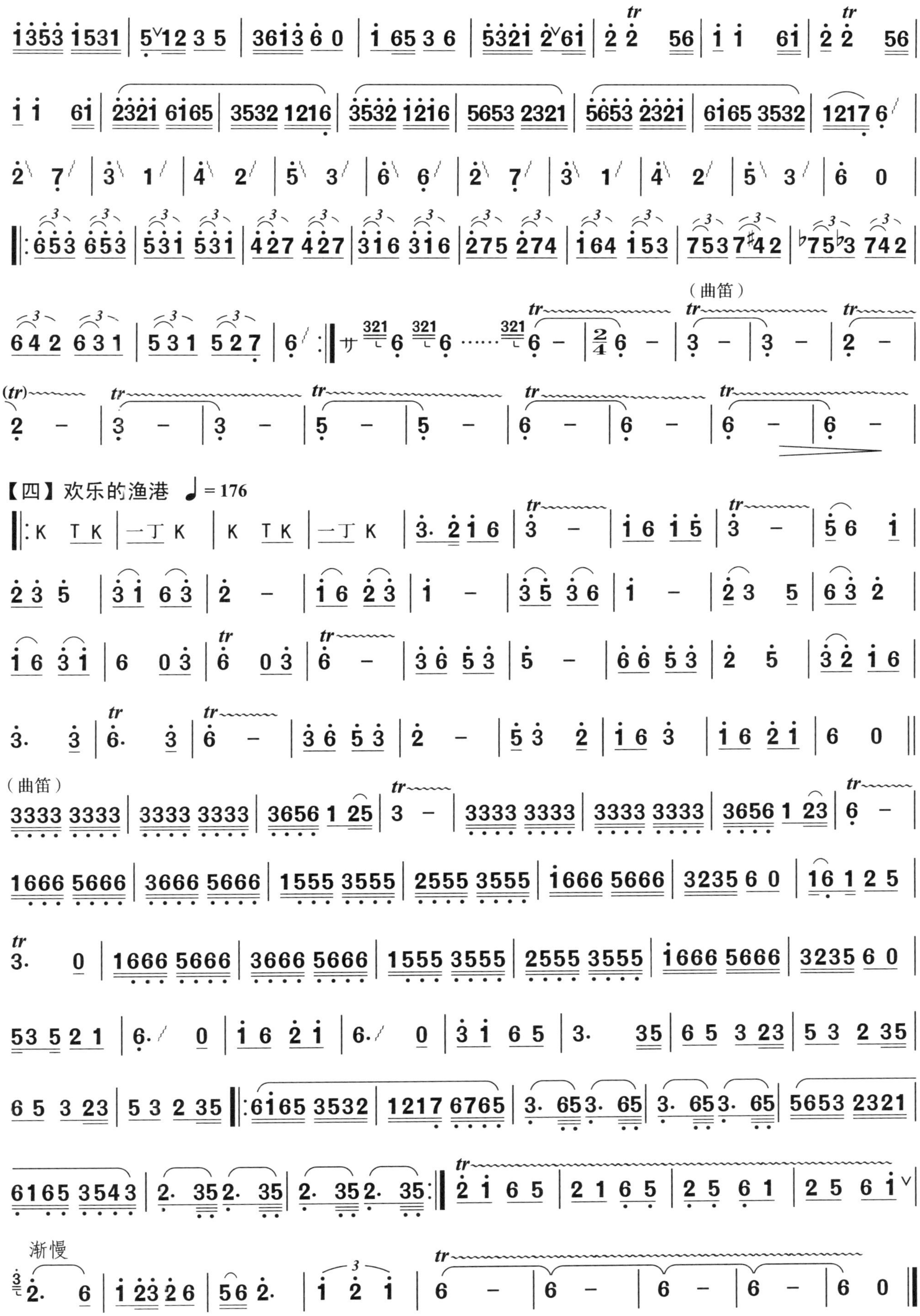
（曲笛）
【四】欢乐的渔港 ♩=176
（曲笛）
渐慢

四、博学多识

钻研《易经》手稿

赵松庭

1

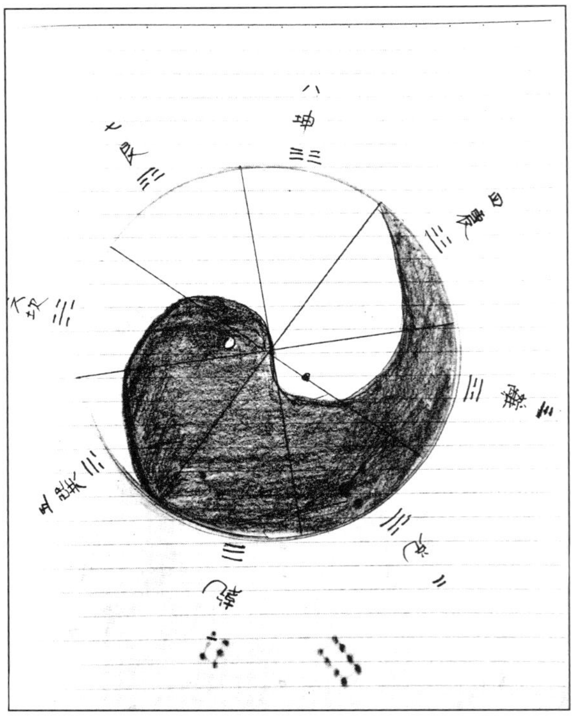

2

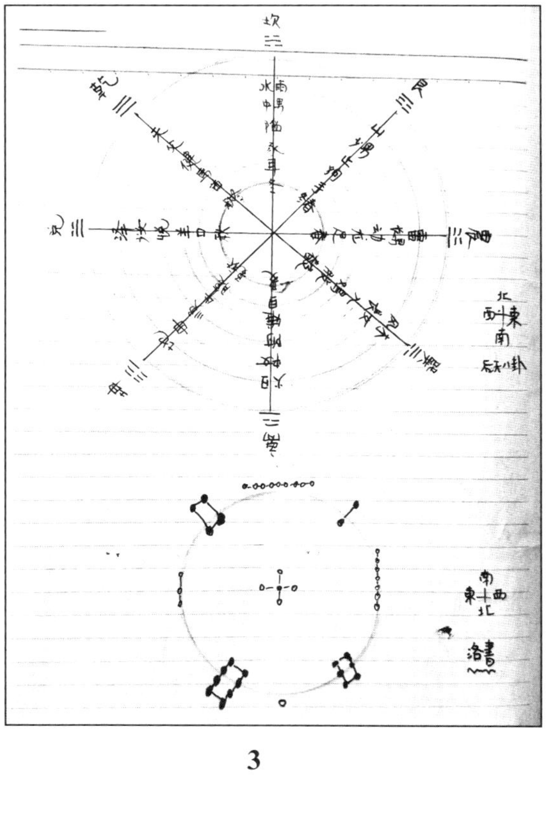

3

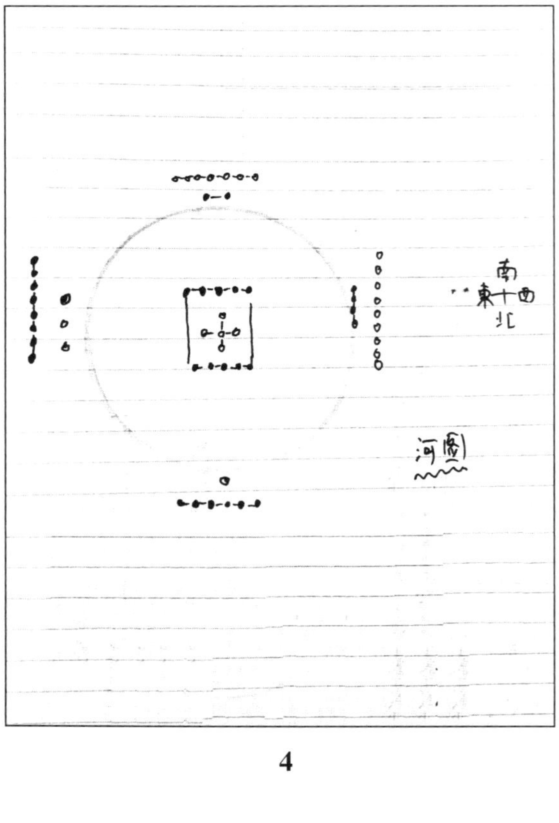

4

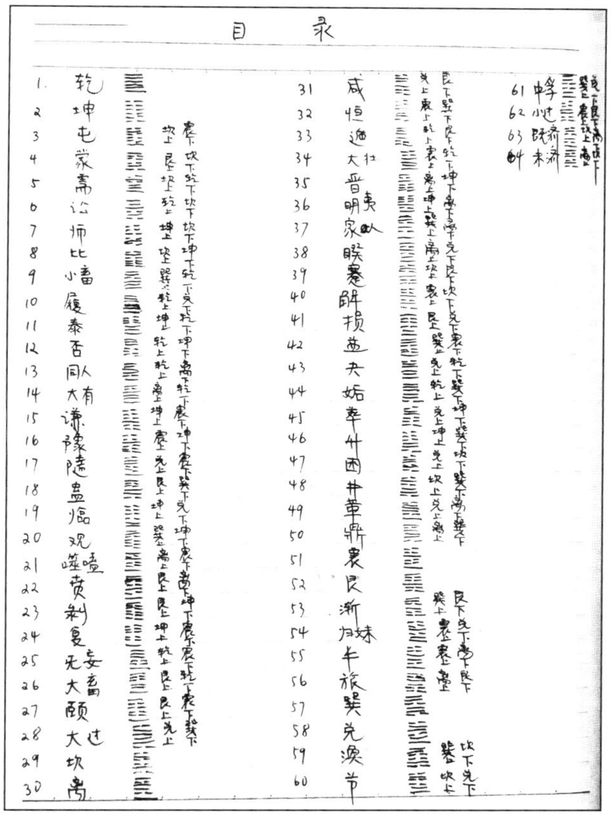

目录

1 乾 2 坤 3 屯 4 蒙 5 需 6 讼 7 师 8 比 9 小畜 10 履 11 泰 12 否 13 同人 14 大有 15 谦 16 豫 17 随 18 蛊 19 临 20 观 21 噬嗑 22 贲 23 剥 24 复 25 无妄 26 大畜 27 颐 28 大过 29 坎 30 离

31 咸 32 恒 33 遁 34 大壮 35 晋 36 明夷 37 家人 38 睽 39 蹇 40 解 41 损 42 益 43 夬 44 姤 45 萃 46 升 47 困 48 井 49 革 50 鼎 51 震 52 艮 53 渐 54 归妹 55 丰 56 旅 57 巽 58 兑 59 涣 60 节

61 中孚 62 小过 63 既济 64 未济

5

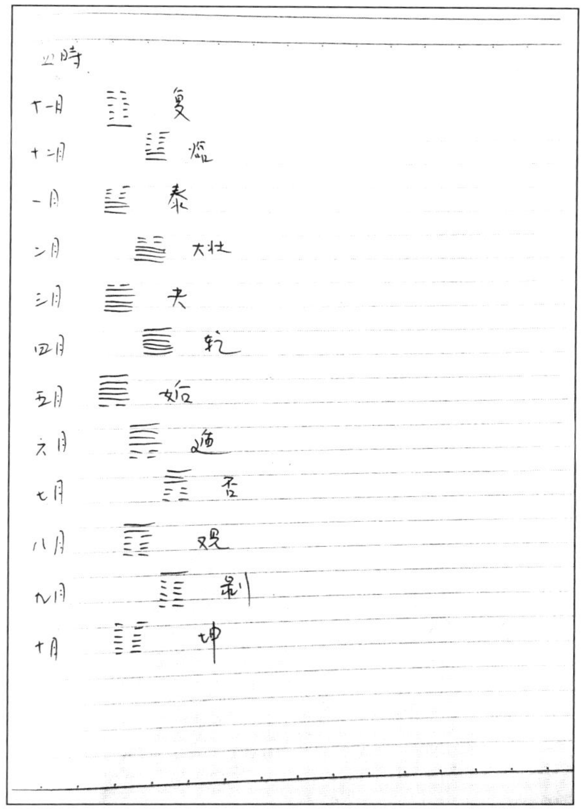

四時

十一月 复
十二月 临
一月 泰
二月 大壮
三月 夬
四月 乾
五月 姤
六月 遁
七月 否
八月 观
九月 剥
十月 坤

6

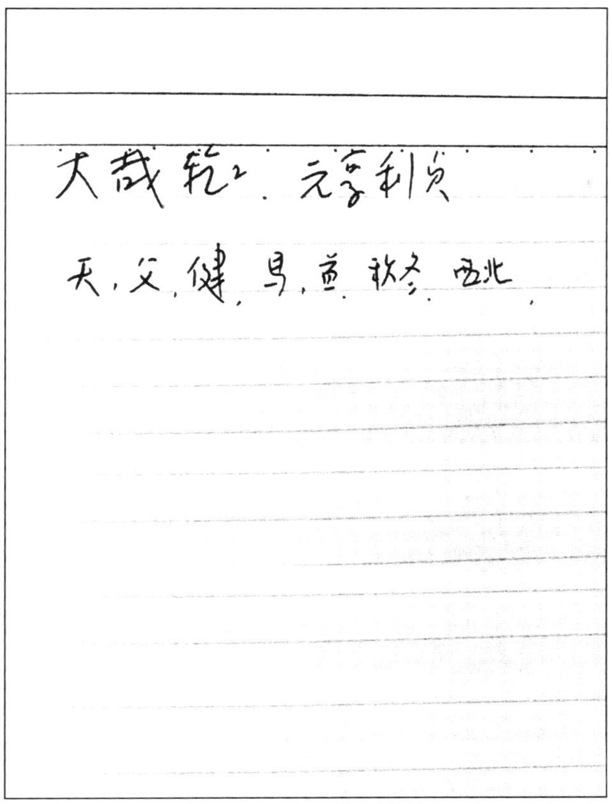

大哉乾元。元亨利贞

天，父，健，马，首，秋冬，西北

7

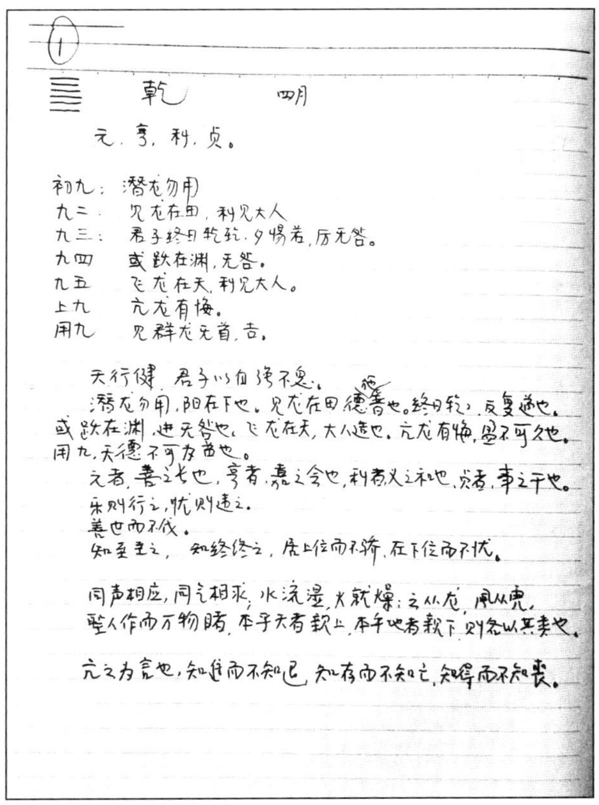

①

乾 四月

元，亨，利，贞。

初九： 潜龙勿用
九二： 见龙在田，利见大人
九三： 君子终日乾乾，夕惕若，厉无咎。
九四 或跃在渊，无咎。
九五 飞龙在天，利见大人。
上九 亢龙有悔。
用九 见群龙无首，吉。

天行健，君子以自强不息。
潜龙勿用，阳在下也。见龙在田，德施普也。终日乾乾，反复道也。或跃在渊，进无咎也。飞龙在天，大人造也。亢龙有悔，盈不可久也。用九，天德不可为首也。
元者，善之长也，亨者，嘉之会也，利者义之和也，贞者，事之干也。
乐则行之，忧则违之。
善世而不伐。
知至至之，知终终之，居上位而不骄，在下位而不忧。

同声相应，同气相求，水流湿，火就燥；云从龙，风从虎。
圣人作而万物睹，本乎天者亲上，本乎地者亲下，则各从其类也。

亢之为言也，知进而不知退，知存而不知亡，知得而不知丧。

8

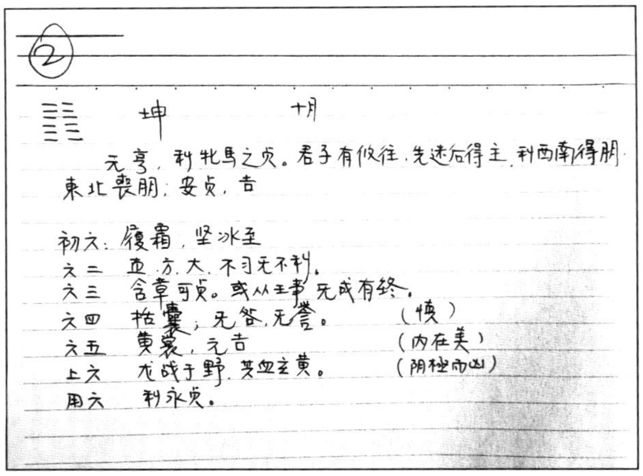
②

☷ 坤 十月

元亨，利牝马之贞。君子有攸往，先迷后得主，利西南得朋，东北丧朋，安贞，吉

初六：履霜，坚冰至

六二 直，方，大，不习无不利。

六三 含章可贞。或从王事，无成有终。

六四 括囊；无咎，无誉。 （慎）

六五 黄裳，元吉 （内在美）

上六 龙战于野，其血玄黄。 （阴极而凶）

用六 利永贞。

9

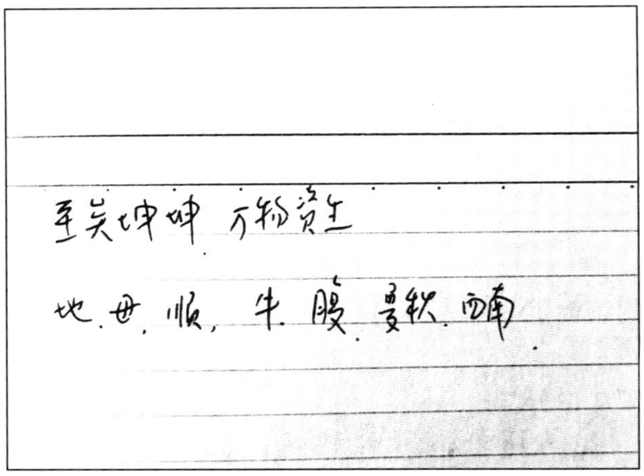
至哉坤元 万物资生

地．母．顺．牛．腹．吝啬．西南

10

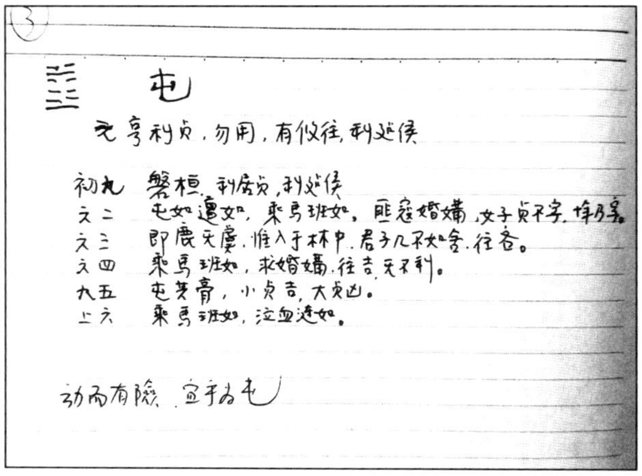
③

☳ 屯

元亨利贞，勿用，有攸往，利建侯

初九 磐桓，利居贞，利建侯

六二 屯如邅如，乘马班如。匪寇婚媾，女子贞不字，十年乃字。

六三 即鹿无虞，惟入于林中，君子几不如舍，往吝。

六四 乘马班如，求婚媾，往吉，无不利。

九五 屯其膏，小贞吉，大贞凶。

上六 乘马班如，泣血涟如。

动而有险，宜于为屯

11

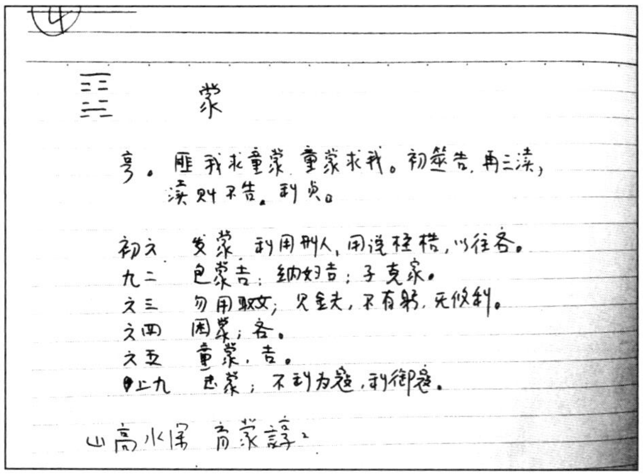
④

☶ 蒙

亨。匪我求童蒙，童蒙求我。初筮告，再三渎，渎则不告。利贞。

初六 发蒙，利用刑人，用说桎梏，以往吝。

九二 包蒙吉；纳妇吉；子克家。

六三 勿用取女；见金夫，不有躬，无攸利。

六四 困蒙；吝。

六五 童蒙，吉。

上九 击蒙；不利为寇，利御寇。

山高水深 育蒙谆谆

12

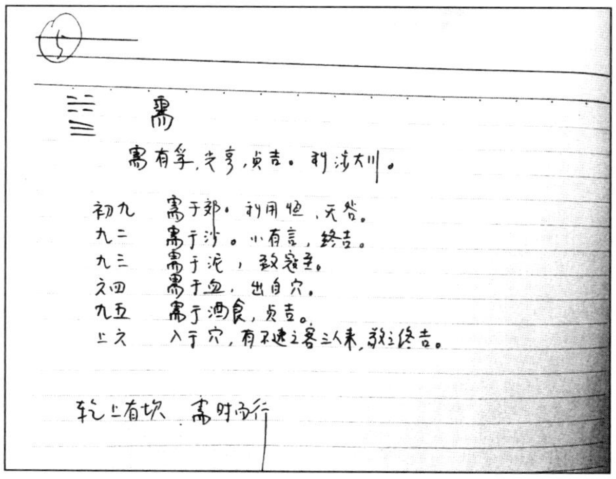
⑤

☵ 需

需有孚，光亨，贞吉。利涉大川。

初九 需于郊。利用恒，无咎。

九二 需于沙。小有言，终吉。

九三 需于泥，致寇至。

六四 需于血，出自穴。

九五 需于酒食，贞吉。

上六 入于穴，有不速之客三人来，敬之终吉。

乾上有坎 需时而行

13

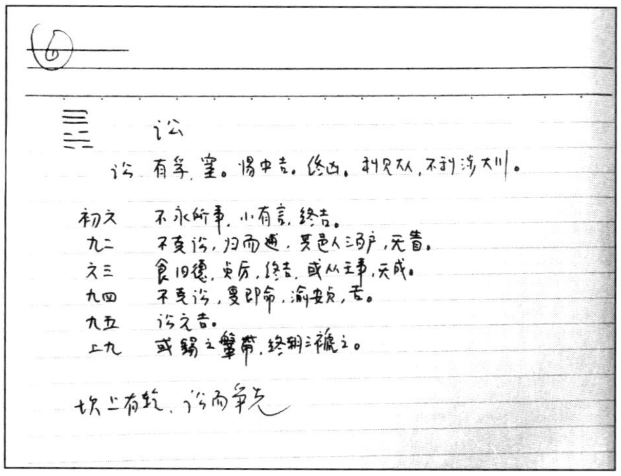
⑥

☰ 讼

讼 有孚，窒。惕中吉。终凶。利见大人，不利涉大川。

初六 不永所事，小有言，终吉。

九二 不克讼，归而逋，其邑人三百户，无眚。

六三 食旧德，贞厉，终吉，或从王事，无成。

九四 不克讼，复即命，渝安贞，吉。

九五 讼元吉。

上九 或锡之鞶带，终朝三褫之。

坎上有乾，讼而争先

14

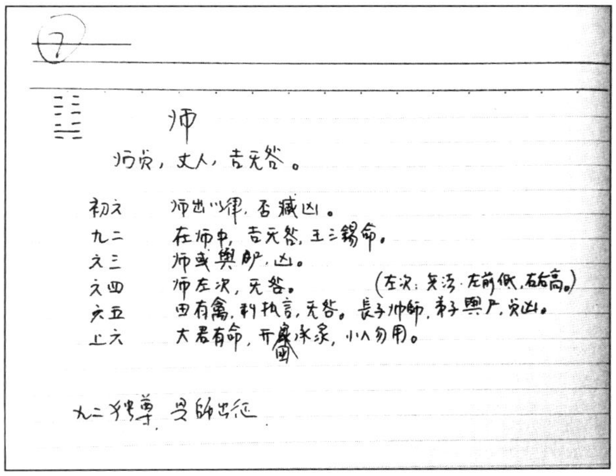

⑦

师

师贞，丈人，吉无咎。

初六　师出以律，否臧凶。
九二　在师中，吉无咎，王三锡命。
六三　师或舆尸，凶。
六四　师左次，无咎。（左次：失次。左前低，右后高。）
六五　田有禽，利执言，无咎。长子帅师，弟子舆尸，贞凶。
上六　大君有命，开国承家，小人勿用。

九二独尊，受命出征

15

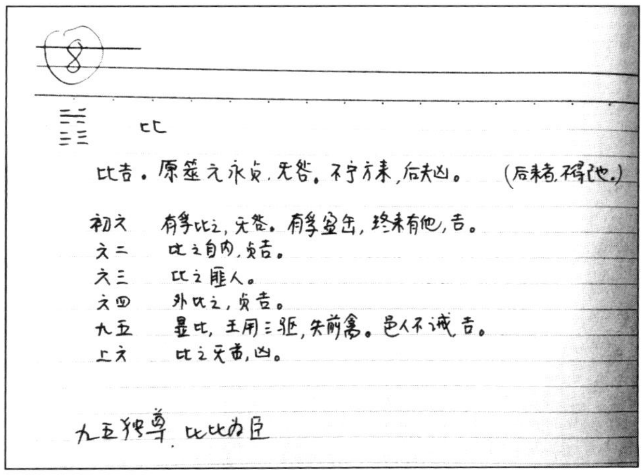

⑧

比

比吉。原筮元永贞，无咎。不宁方来，后夫凶。（后来者，不得亲也。）

初六　有孚比之，无咎。有孚盈缶，终来有他，吉。
六二　比之自内，贞吉。
六三　比之匪人。
六四　外比之，贞吉。
九五　显比，王用三驱，失前禽。邑人不诫，吉。
上六　比之无首，凶。

九五独尊，比比为臣

16

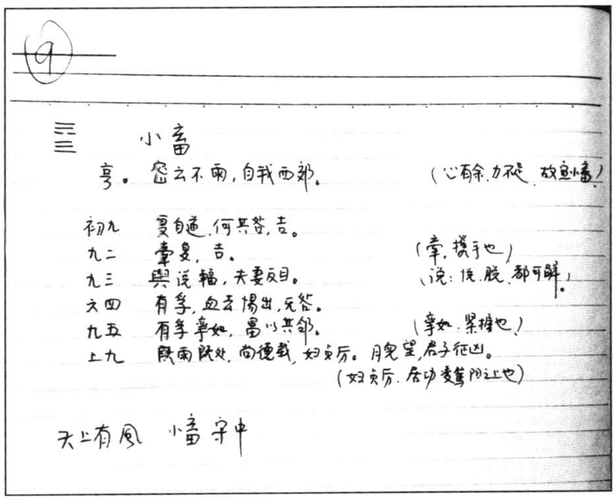

⑨

小畜

亨。密云不雨，自我西郊。（心有余，力不足，故曰小畜）

初九　复自道，何其咎，吉。
九二　牵复，吉。（牵，携手也）
九三　舆说辐，夫妻反目。（说：挩，脱，都可解）
六四　有孚，血去惕出，无咎。
九五　有孚挛如，富以其邻。（挛如，紧握也）
上九　既雨既处，尚德载，妇贞厉。月几望，君子征凶。
（妇贞厉，居功专篡阴止也）

天上有风　小畜守中

17

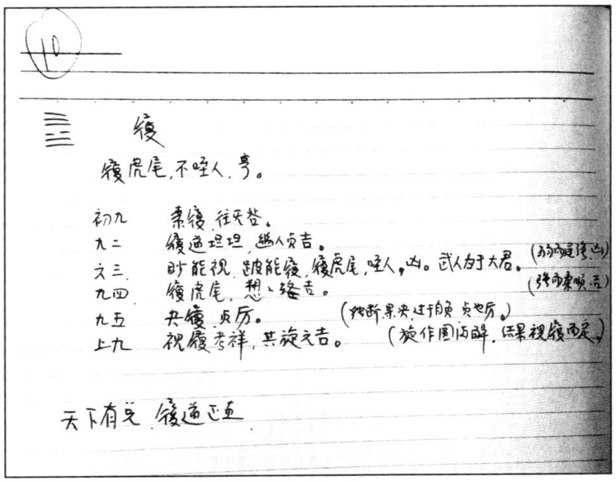

⑩

履

履虎尾，不咥人，亨。

初九　素履，往无咎。
九二　履道坦坦，幽人贞吉。
六三　眇能视，跛能履，履虎尾，咥人，凶。武人为于大君。（为而疑悖之凶）
九四　履虎尾，愬愬，终吉。（终而乘吉）
九五　夬履，贞厉。（独断果决，过于自负，贞也厉）
上九　视履考祥，其旋元吉。（旋作周而解，依果视履而定）

天下有泽，履道正直

18

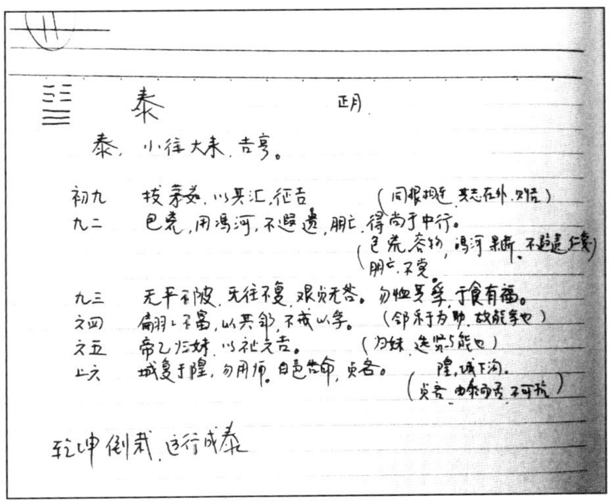

⑪

泰　正月

泰，小往大来，吉亨。

初九　拔茅茹，以其汇，征吉。（同根相连，志在外，利往）
九二　包荒，用冯河，不遐遗，朋亡，得尚于中行。
（包荒，含容；冯河，果断；不遐遗，仁慈；朋亡，不党）
九三　无平不陂，无往不复，艰贞无咎。勿恤其孚，于食有福。
六四　翩翩不富，以其邻，不戒以孚。（邻，利于帮助，故能孚也）
六五　帝乙归妹，以祉元吉。（归妹，选贤与能也）
上六　城复于隍，勿用师，自邑告命，贞吝。（隍，城下沟。贞吝，由泰而否，不可执）

乾坤倒置，运行成泰

19

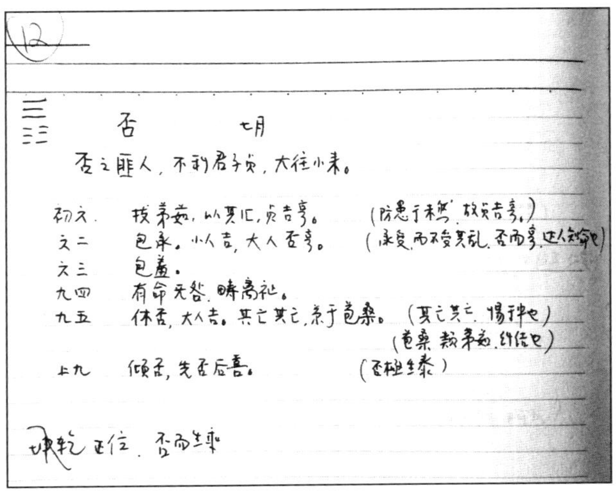

⑫

否　七月

否之匪人，不利君子贞，大往小来。

初六　拔茅茹，以其汇，贞吉亨。（防患于未然，故贞吉亨）
六二　包承，小人吉，大人否亨。（承受而不受其乱，否而亨，达人知命也）
六三　包羞。
九四　有命无咎，畴离祉。
九五　休否，大人吉。其亡其亡，系于苞桑。（其亡其亡，惕惧也）
（苞桑，柔而韧，伸缩也）
上九　倾否，先否后喜。（否极泰来）

坤乾正位，否而生变

20

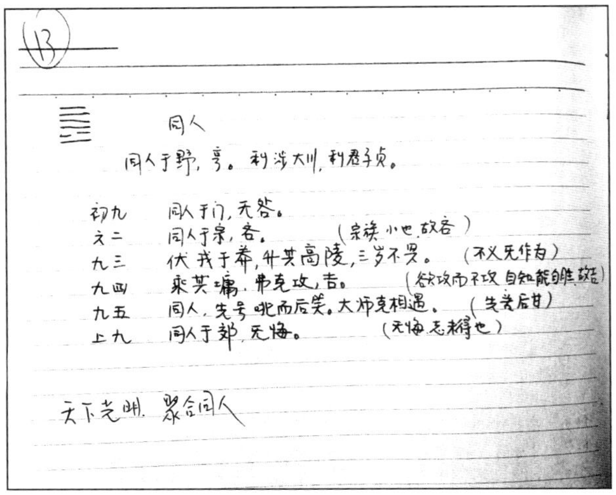

⑬

同人

同人于野，亨。利涉大川，利君子贞。

初九　同人于门，无咎。
六二　同人于宗，吝。（宗族小也，故吝）
九三　伏戎于莽，升其高陵，三岁不兴。（不义无作为）
九四　乘其墉，弗克攻，吉。（欲攻而不攻，自知能自胜，故吉）
九五　同人，先号咷而后笑。大师克相遇。（先苦后甘）
上九　同人于郊，无悔。（无悔，志未得也）

天下光明，众合同人

21

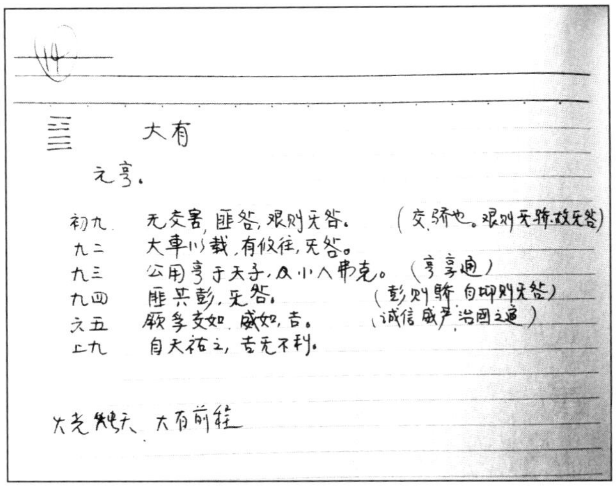

⑭

大有

元亨。

初九　无交害，匪咎，艰则无咎。（交，骄也。艰则无骄，故无咎）
九二　大车以载，有攸往，无咎。
九三　公用亨于天子，小人弗克。（亨，享通）
九四　匪其彭，无咎。（彭则骄，自抑则无咎）
六五　厥孚交如，威如，吉。（诚信威严，治国之道）
上九　自天祐之，吉无不利。

大光照天，大有前程

22

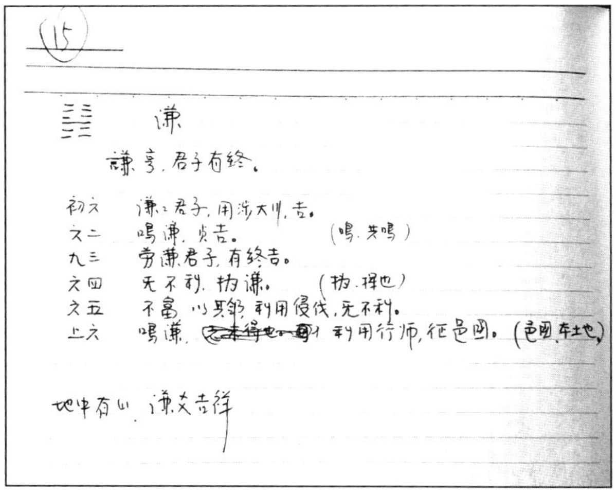

⑮

谦

谦亨，君子有终。

初六　谦谦君子，用涉大川，吉。
六二　鸣谦，贞吉。（鸣，共鸣）
九三　劳谦君子，有终吉。
六四　无不利，㧑谦。（㧑，挥也）
六五　不富以其邻，利用侵伐，无不利。
上六　鸣谦，~~志未得也~~，利用行师，征邑国。（邑国，本土也）

地中有山，谦文吉祥

23

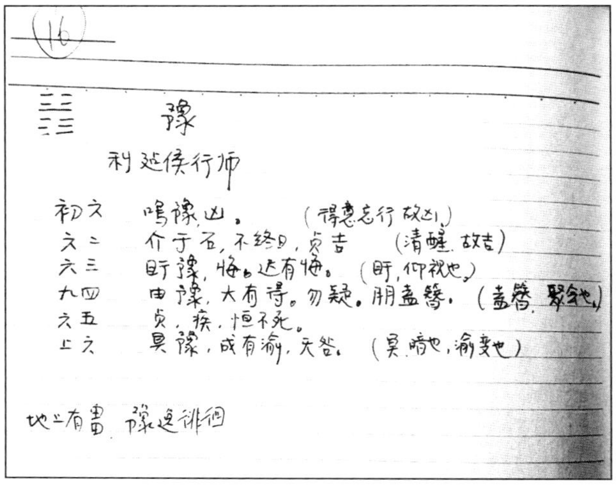

⑯

豫

利建侯行师

初六　鸣豫，凶。（得意忘行，故凶）
六二　介于石，不终日，贞吉（清醒，故吉）
六三　盱豫，悔。迟有悔。（盱，仰视也）
九四　由豫，大有得。勿疑。朋盍簪。（盍簪，聚合也）
六五　贞，疾，恒不死。
上六　冥豫，成有渝，无咎。（冥，暗也，渝，变也）

地上有雷，豫逸徘徊

24

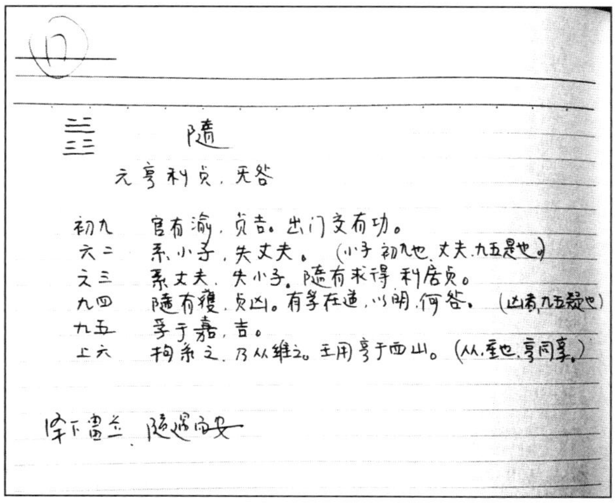

⑰

随

元亨利贞，无咎

初九　官有渝，贞吉。出门交有功。
六二　系小子，失丈夫。（小子，初九也，丈夫，九五是也）
六三　系丈夫，失小子。随有求得，利居贞。
九四　随有获，贞凶。有孚在道，以明，何咎。（凶者，九五疑也）
九五　孚于嘉，吉。
上六　拘系之，乃从维之。王用亨于西山。（从，坚也，亨同享）

泽下雷盆，随遇而安

25

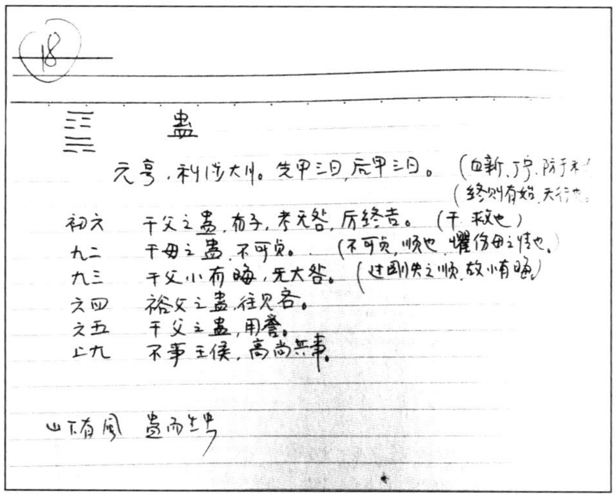

⑱

蛊

元亨，利涉大川。先甲三日，后甲三日。（自新，丁宁，防于未）
（终则有始，天行也。）

初六　干父之蛊，有子，考无咎，厉终吉。（干，救也）
九二　干母之蛊，不可贞。（不可贞，顺也，惧伤母之情也。）
九三　干父小有悔，无大咎。（过刚失之顺，故小有悔）
六四　裕父之蛊，往见吝。
六五　干父之蛊，用誉。
上九　不事王侯，高尚其事。

山下有风，蛊而生事

26

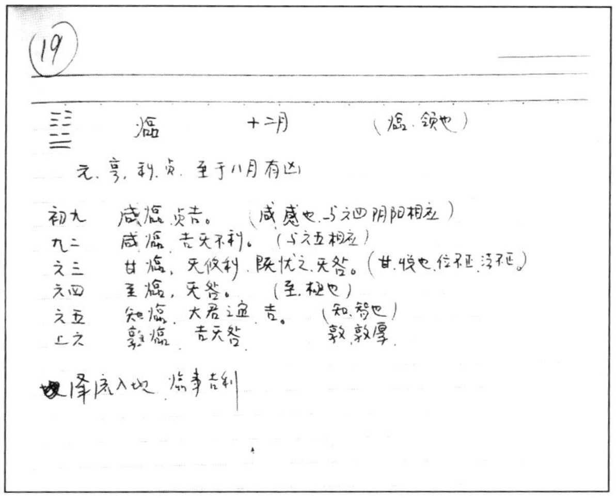

27

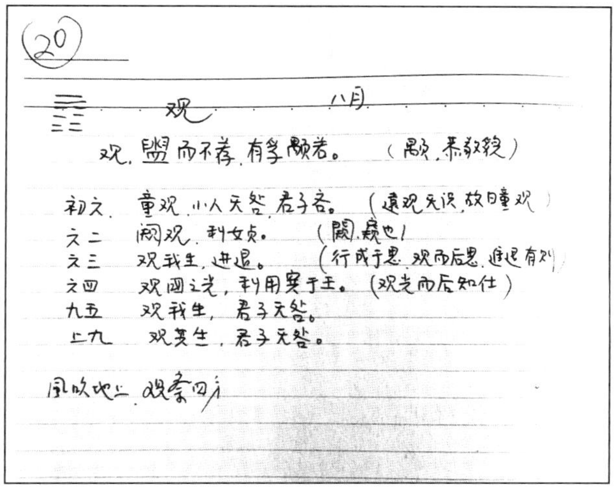

28

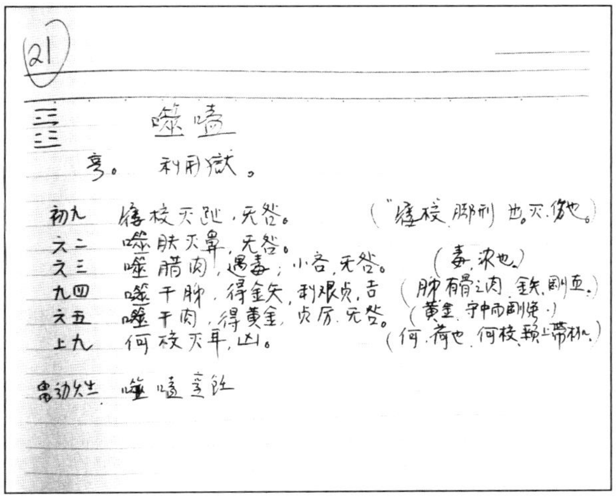

29

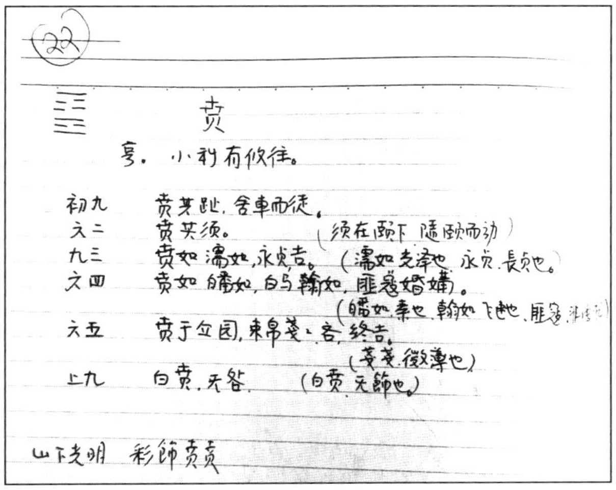

30

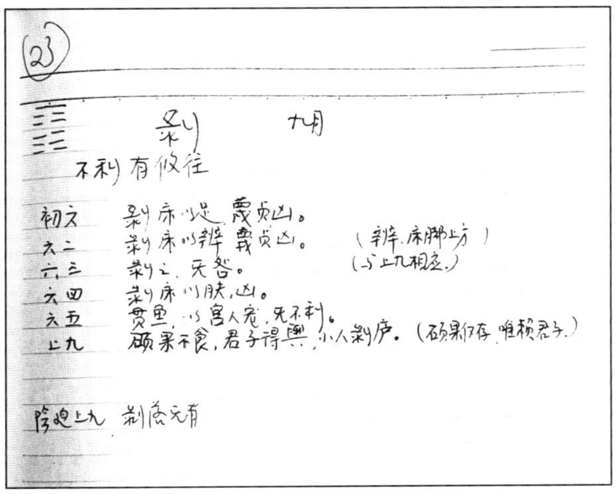

31

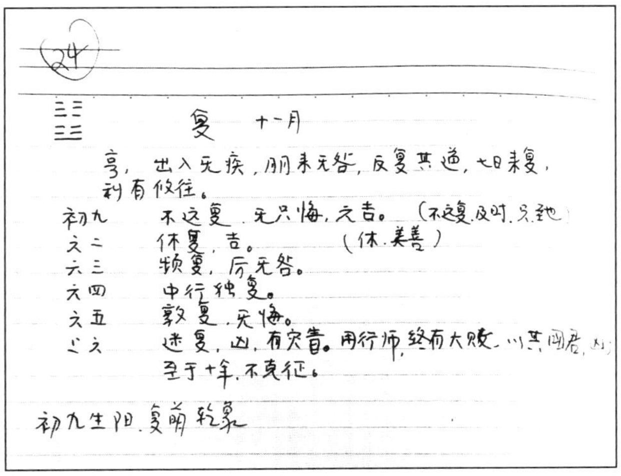

32

(25)

䷘ 无妄

元、亨、利、贞。其匪正有眚，不利有攸往。（匪，非也。）

初九 无妄，往吉。
六二 不耕获，不菑畬，则利有攸往。（菑（茬），田垦一岁。畬（余），田垦二岁）（无过望，即无妄）
六三 无妄之灾，或系之牛，行人之得，邑人之灾。
九四 可贞，无咎。
九五 无妄之疾，勿药有喜。
上九 无妄，行有眚，无攸利。

雷鸣天下，无妄而化

33

(26)

䷙ 大畜

利贞，不家食吉，利涉大川。

初九 有厉利已。（已则利，进则厉）
九二 舆说輹。（说，脱也，止也）
九三 良马逐，利艰贞。日闲舆卫，利有攸往。（九三性健必进，惟闲熟舆卫之术，方利）
六四 童牛之牿，元吉。（牿，角上横木，童牛指初九）
六五 豮豕之牙，吉。（去势之猪，指九二也）
上九 何天之衢，亨。（任其进，疏通之）

山内有天，大畜财铢

34

(27)

䷚ 颐

贞吉。观颐，自求口实。（观颐，观其所养也）

初九 舍尔灵龟，观我朵颐，凶。（朵，垂也）
六二 颠颐，拂经，于丘颐，征凶。（拂，违也。丘，高位指上九，上下不应故凶。）
六三 拂颐，贞凶，十年勿用，无攸利。（动而不中，养而不当，谓之拂颐。）
六四 颠颐吉，虎视眈眈，其欲逐逐，无咎。（颠颐，求下养也）
六五 拂经，居贞吉，不可涉大川。（居位而求于上九，故拂也）
上九 由颐，厉吉，利涉大川。（不在位而养下，故厉）

下动上静，颐养身心

35

(28)

䷛ 大过

栋桡，利有攸往，亨。（桡，曲也，不胜重任也）

初六 借用白茅，无咎。（柔顺恭敬，慎行其事，故无咎）
九二 枯杨生稊，老夫得其女妻，无不利。
九三 栋桡，凶。
九四 栋隆，吉；有它吝。（它吝，指初六之牵连）
九五 枯杨生华，老妇得士夫，无咎无誉。（老妇，上六也）
上六 过涉灭顶，凶，无咎。

两头生阴，大过将灵

36

(29)

䷜ 坎

习坎，有孚，维心亨，行有尚。

初六 习坎，入于坎窞，凶。（窞，陷中之陷。）
九二 坎有险，求小得。
六三 来之坎坎，险且枕，入于坎窞，勿用。（枕，深也）
六四 樽酒簋贰，用缶，纳约自牖，终无咎。（酒器，竹盘，瓦器，由窗户纳进）
九五 坎不盈，祗既平，无咎。祗，疑。
上六 系用徽纆，寘于丛棘，三岁不得，凶。（徽纆，绳也，寘，缚）

习坎重险，唯赖志坚

37

(30)

䷝ 离

利贞亨。畜牝牛，吉（牝牛，柔顺，依人，离者丽也）

初九 履错然，敬之无咎。（履错而敬，则辟咎。）
六二 黄离，元吉。（离于黄，中也）
九三 日昃之离，不鼓缶而歌，则大耋之嗟，凶。（不乐天命，嗟则凶。）
九四 突如其来如，焚如，死如，弃如。
六五 出涕沱若，戚嗟若，吉。
上九 王用出征，有嘉折首，获匪其丑，无咎。（折首，除首恶）

上离下离，柔顺攀依

38

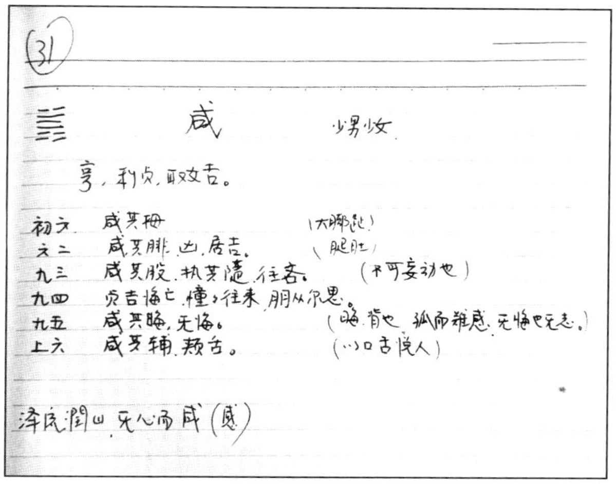

31

䷞ 咸　　少男少女

亨，利贞，取女吉。

初六　咸其拇　　（大脚趾）
六二　咸其腓，凶，居吉。　（腿肚）
九三　咸其股，执其随，往吝。　（不可妄动也）
九四　贞吉悔亡，憧憧往来，朋从尔思。
九五　咸其脢，无悔。　（脢，背也，孤而难感，无悔也无志。）
上六　咸其辅，颊舌。　（以口舌悦人）

泽底润山，无心而咸（感）

39

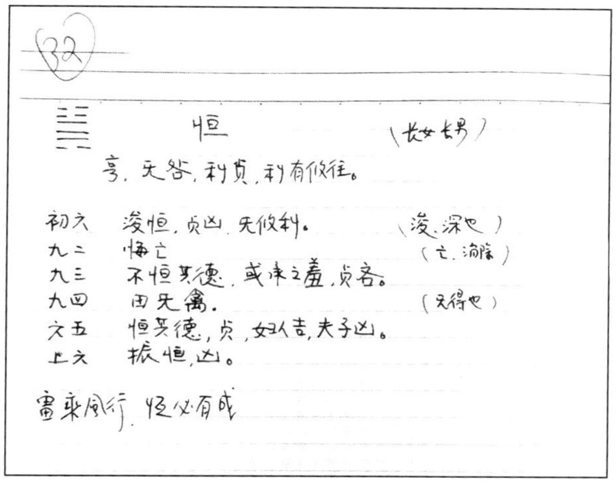

32

䷟ 恒　　（长女长男）

亨，无咎，利贞，利有攸往。

初六　浚恒，贞凶，无攸利。　（浚，深也）
九二　悔亡　　（亡，消除）
九三　不恒其德，或承之羞，贞吝。
九四　田无禽。　（无得也）
六五　恒其德，贞，妇人吉，夫子凶。
上六　振恒，凶。

雷来风行，恒必有成

40

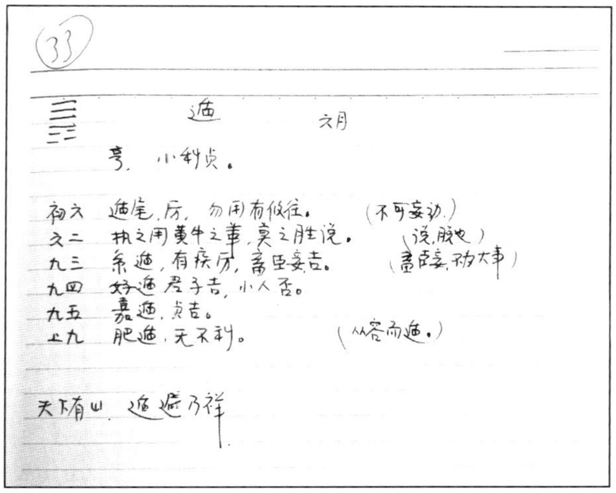

33

䷠ 遁　　六月

亨，小利贞。

初六　遁尾，厉，勿用有攸往。　（不可妄动。）
六二　执之用黄牛之革，莫之胜说。　（说，脱也）
九三　系遁，有疾厉，畜臣妾吉。　（畜臣妾，不办大事）
九四　好遁君子吉，小人否。
九五　嘉遁，贞吉。
上九　肥遁，无不利。　（从容而遁。）

天下有山，遁避乃祥

41

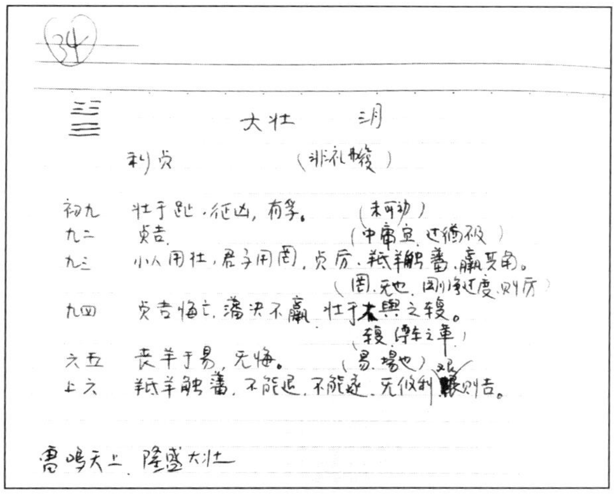

34

䷡ 大壮　　二月

利贞　　（非礼勿履）

初九　壮于趾，征凶，有孚。　（未可动）
九二　贞吉。　（中庸宜，过犹不及）
九三　小人用壮，君子用罔，贞厉。羝羊触藩，羸其角。
（罔，无也。刚强过度则厉）
九四　贞吉悔亡，藩决不羸，壮于大舆之輹。
（輹，撑车之车）
六五　丧羊于易，无悔。　（易，场也）
上六　羝羊触藩，不能退，不能遂，无攸利，艰则吉。

雷鸣天上，隆盛大壮

42

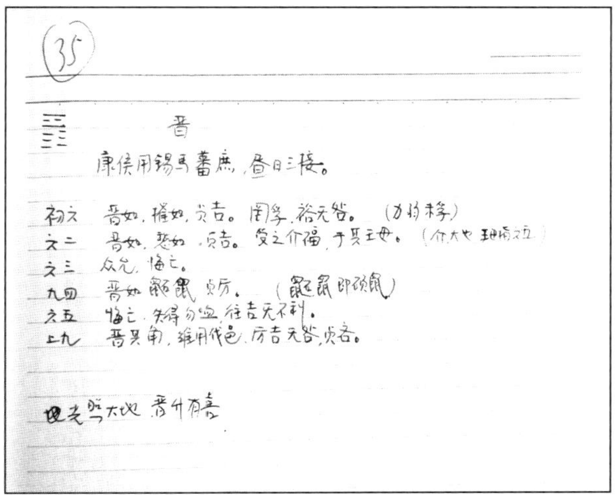

35

䷢ 晋

康侯用锡马蕃庶，昼日三接。

初六　晋如，摧如，贞吉。罔孚，裕无咎。　（力行[illegible]）
六二　晋如，愁如，贞吉。受兹介福，于其王母。　（介，大也 [illegible]）
六三　众允，悔亡。
九四　晋如鼫鼠，贞厉。　（鼫鼠即硕鼠）
六五　悔亡，失得勿恤，往吉无不利。
上九　晋其角，维用伐邑，厉吉无咎，贞吝。

旭光照大地，晋升有喜

43

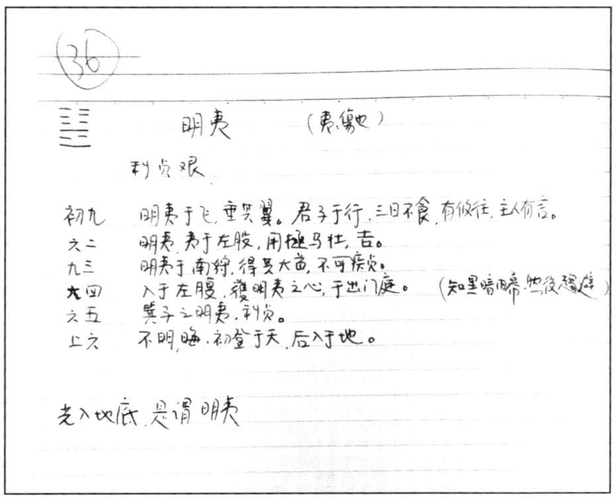

36

䷣ 明夷　　（夷，伤也）

利艰贞

初九　明夷于飞，垂其翼。君子于行，三日不食，有攸往，主人有言。
六二　明夷，夷于左股，用拯马壮，吉。
九三　明夷于南狩，得其大首，不可疾贞。
六四　入于左腹，获明夷之心，于出门庭。　（知黑暗内幕，然后离去）
六五　箕子之明夷，利贞。
上六　不明晦，初登于天，后入于地。

光入地底，是谓明夷

44

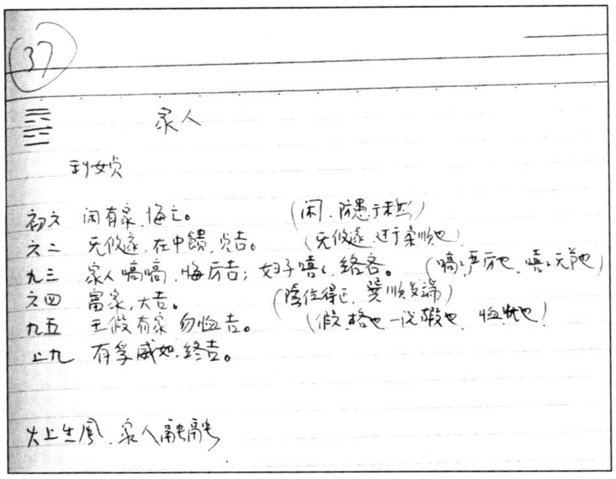
(37)
家人
利女贞
初六 闲有家，悔亡。（闲，防患于未然）
六二 无攸遂，在中馈，贞吉。（无攸遂，过于柔顺也）
九三 家人嗃嗃，悔厉吉；妇子嘻嘻，终吝。（嗃嗃，严厉也。嘻嘻，无节也）
六四 富家，大吉。（阴位得正，柔顺贞端）
九五 王假有家，勿恤吉。（假，格也，一说暇也。恤，忧也）
上九 有孚威如，终吉。
火上生风，家人[illegible]

45

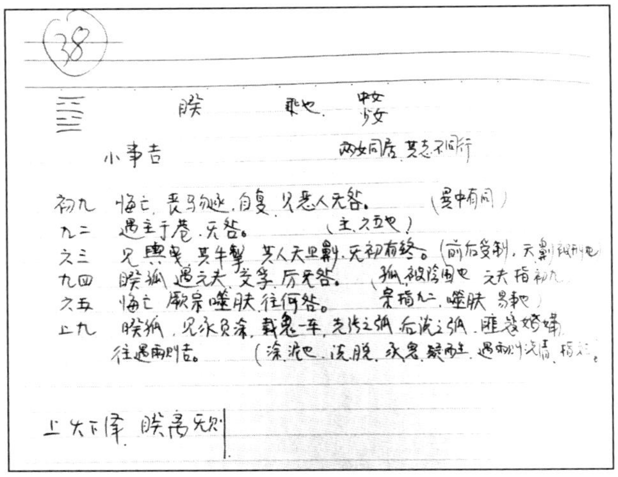
(38)
睽 乖也。中女 少女
小事吉 两女同居，其志不同行
初九 悔亡，丧马勿逐，自复；见恶人无咎。（异中有同）
九二 遇主于巷，无咎。（主，六五也）
六三 见舆曳，其牛掣，其人天且劓，无初有终。（前后受制，天劓[illegible]刑也）
九四 睽孤，遇元夫，交孚，厉无咎。（孤，被阴围也。元夫指初九）
六五 悔亡，厥宗噬肤，往何咎。（宗指九二，噬肤，易和也）
上九 睽孤，见豕负涂，载鬼一车，先张之弧，后说之弧，匪寇婚媾，往遇雨则吉。（涂，泥也。说，脱。豕鬼，疑而生，遇雨则[illegible]。指六三）
上火下泽，睽[illegible]

46

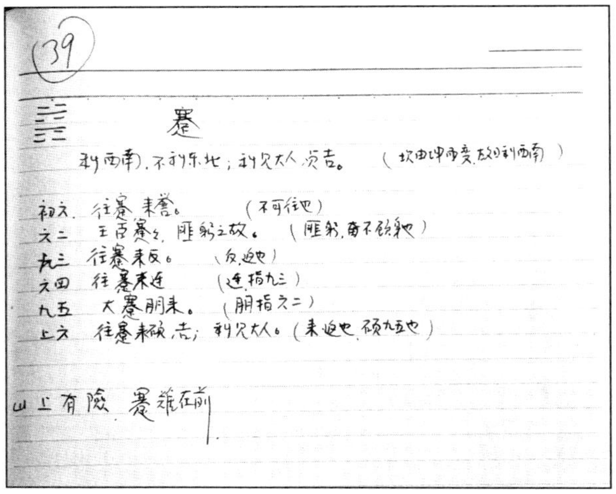
(39)
蹇
利西南，不利东北；利见大人，贞吉。（坎由坤而变，故利西南）
初六 往蹇，来誉。（不可往也）
六二 王臣蹇蹇，匪躬之故。（匪躬，为不顾身也）
九三 往蹇来反。（反，返也）
六四 往蹇来连（连，指九三）
九五 大蹇朋来。（朋指六二）
上六 往蹇来硕，吉；利见大人。（来，返也。硕，九五也）
山上有险，蹇难在前

47

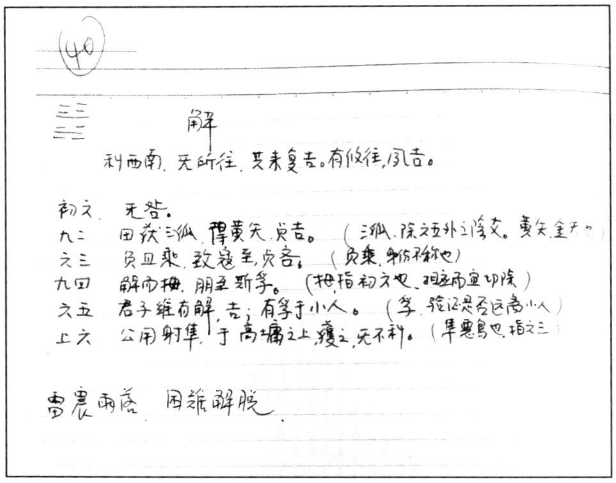
(40)
解
利西南，无所往，其来复吉。有攸往，夙吉。
初六 无咎。
九二 田获三狐，得黄矢，贞吉。（三狐，除六五外三阴爻。黄矢，金矢也）
六三 负且乘，致寇至，贞吝。（负乘，[illegible]也）
九四 解而拇，朋至斯孚。（拇，指初六也，[illegible]）
六五 君子维有解，吉；有孚于小人。（孚，[illegible]小人）
上六 公用射隼，于高墉之上，获之，无不利。（隼恶鸟也，指六三）
雷震雨落 困难解脱

48

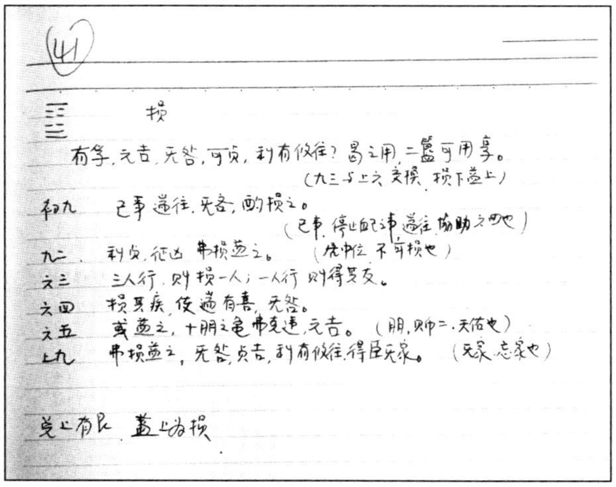
(41)
损
有孚，元吉，无咎，可贞，利有攸往？曷之用，二簋可用享。
（九三与上六交换，损下益上）
初九 已事遄往，无咎，酌损之。
（已事，停止自己之事，遄往协助六四也）
九二 利贞，征凶，弗损益之。（居中位，不可损也）
六三 三人行，则损一人；一人行，则得其友。
六四 损其疾，使遄有喜，无咎。
六五 或益之，十朋之龟弗克违，元吉。（朋，贝币。天佑也）
上九 弗损益之，无咎，贞吉，利有攸往，得臣无家。（无家，忘家也）
兑上有艮 益上为损

49

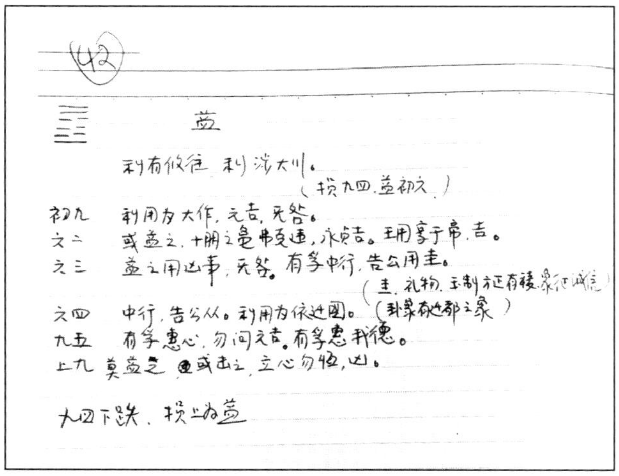
(42)
益
利有攸往，利涉大川。
（损九四，益初六）
初九 利用为大作，元吉，无咎。
六二 或益之，十朋之龟弗克违，永贞吉。王用享于帝，吉。
六三 益之用凶事，无咎。有孚中行，告公用圭。
（圭，礼物。[illegible]）
六四 中行，告公从。利用为依迁国。（卦象[illegible]之象）
九五 有孚惠心，勿问元吉。有孚惠我德。
上九 莫益之，或击之，立心勿恒，凶。
九四下跌，损上为益

50

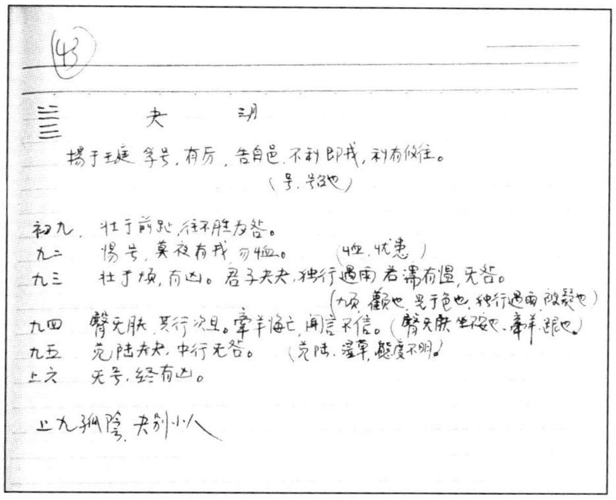

43

夬　䷪

扬于王庭，孚号，有厉，告自邑，不利即戎，利有攸往。（号，呼也）

初九　壮于前趾，往不胜为咎。
九二　惕号，莫夜有戎，勿恤。（恤，忧患）
九三　壮于頄，有凶。君子夬夬，独行遇雨，若濡有愠，无咎。（頄，颧也，见于色也，独行遇雨，救援也）
九四　臀无肤，其行次且。牵羊悔亡，闻言不信。（臀无肤，坐不安也。牵羊，强也）
九五　苋陆夬夬，中行无咎。（苋陆，蓬草，态度不明）
上六　无号，终有凶。

上九孤阴，夬别小人

51

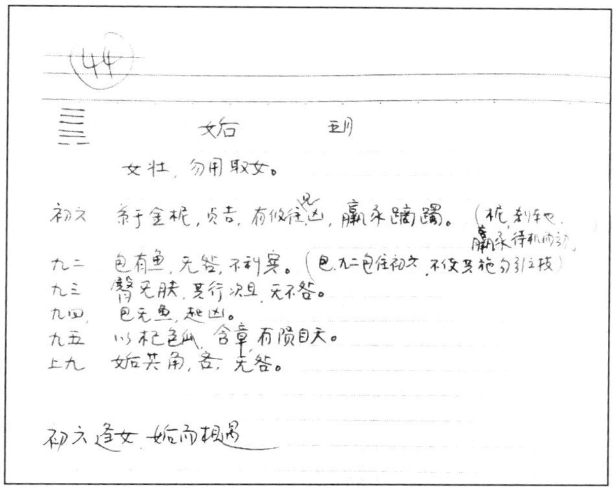

44

姤　䷫

女壮，勿用取女。

初六　系于金柅，贞吉，有攸往，见凶，羸豕孚蹢躅。（柅，刹车也。羸豕待机而动）
九二　包有鱼，无咎，不利宾。（包，九二包住初六，不使其他勿引之接）
九三　臀无肤，其行次且，厉，无大咎。
九四　包无鱼，起凶。
九五　以杞包瓜，含章，有陨自天。
上九　姤其角，吝，无咎。

初六遇女　姤而相遇

52

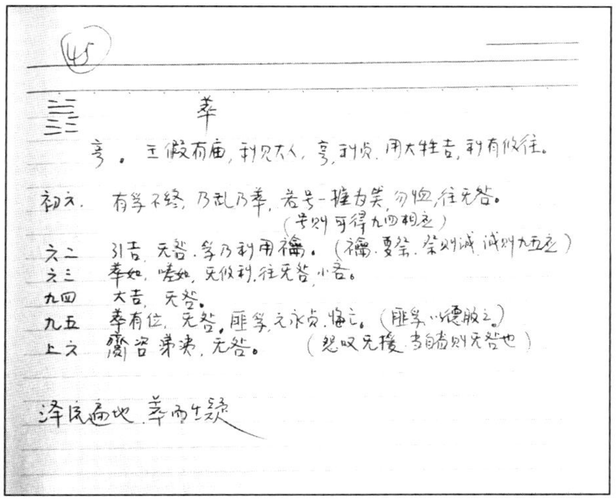

45

萃　䷬

亨。王假有庙，利见大人，亨，利贞，用大牲吉，利有攸往。

初六　有孚不终，乃乱乃萃，若号，一握为笑，勿恤，往无咎。（号则可得九四相应）
六二　引吉，无咎，孚乃利用禴。（禴，夏祭，祭则诚，诚则九五应）
六三　萃如，嗟如，无攸利，往无咎，小吝。
九四　大吉，无咎。
九五　萃有位，无咎，匪孚，元永贞，悔亡。（匪孚，以德服之。）
上六　赍咨涕洟，无咎。（悲叹无援，当自省则无咎也）

泽居地也，萃而上聚

53

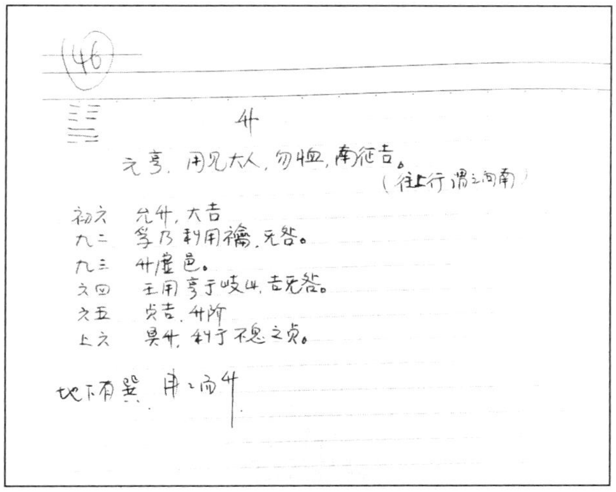

46

升　䷭

元亨，用见大人，勿恤，南征吉。（往上行，谓之向南）

初六　允升，大吉。
九二　孚乃利用禴，无咎。
九三　升虚邑。
六四　王用亨于岐山，吉无咎。
六五　贞吉，升阶。
上六　冥升，利于不息之贞。

地下有巽，用之而升

54

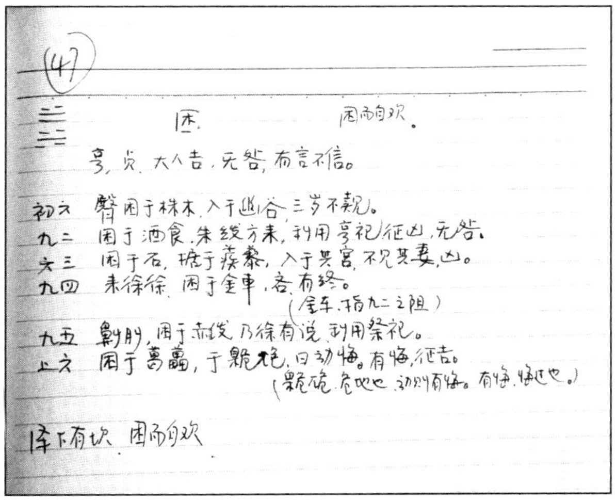

47

困　䷮　　困而自欢。

亨，贞，大人吉，无咎，有言不信。

初六　臀困于株木，入于幽谷，三岁不觌。
九二　困于酒食，朱绂方来，利用享祀，征凶，无咎。
六三　困于石，据于蒺藜，入于其宫，不见其妻，凶。
九四　来徐徐，困于金车，吝，有终。（金车，指九二之阻）
九五　劓刖，困于赤绂，乃徐有说，利用祭祀。
上六　困于葛藟，于臲卼，曰动悔。有悔，征吉。（臲卼，危地也，动则有悔。有悔，悔过也。）

泽下有坎，困而自欢

55

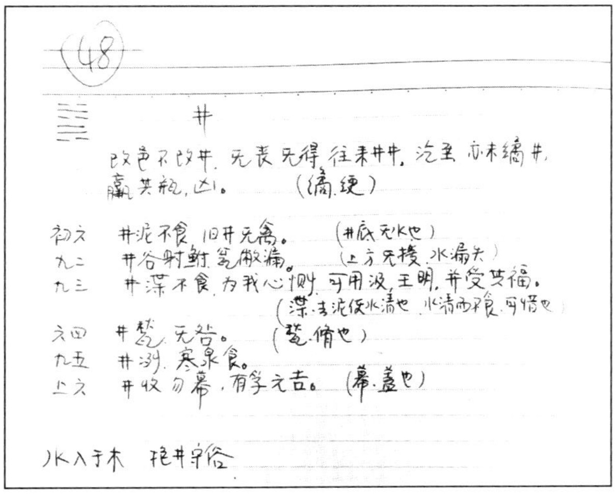

48

井　䷯

改邑不改井，无丧无得，往来井井，汔至，亦未繘井，羸其瓶，凶。（繘，绠）

初六　井泥不食，旧井无禽。（井底无水也）
九二　井谷射鲋，瓮敝漏。（上方无援，水漏失）
九三　井渫不食，为我心恻，可用汲，王明，并受其福。（渫，去泥使水清也，水清而不食，可惜也）
六四　井甃，无咎。（甃，修也）
九五　井冽，寒泉食。
上六　井收勿幕，有孚元吉。（幕，盖也）

水入于木　挹井求给

56

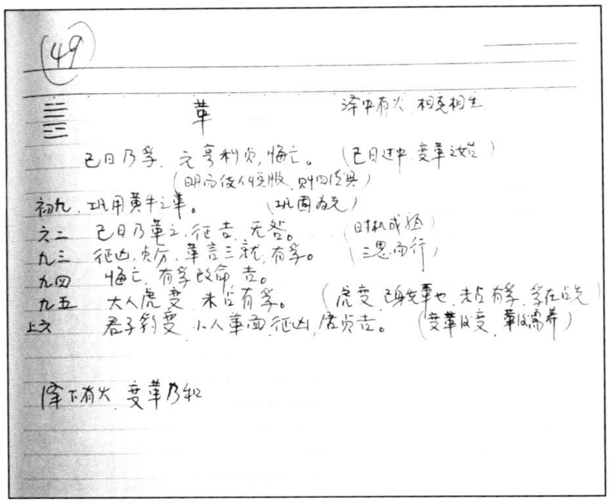

(49)

䷰ 革　泽中有火，相克相生

已日乃孚，元亨利贞，悔亡。（已日过中，变革之始）

初九　巩用黄牛之革。（巩，固也）

六二　已日乃革之，征吉，无咎。

九三　征凶，贞厉，革言三就，有孚。（三思而行）

九四　悔亡，有孚改命，吉。

九五　大人虎变，未占有孚。

上六　君子豹变，小人革面，征凶，居贞吉。

泽下有火，变革乃和

57

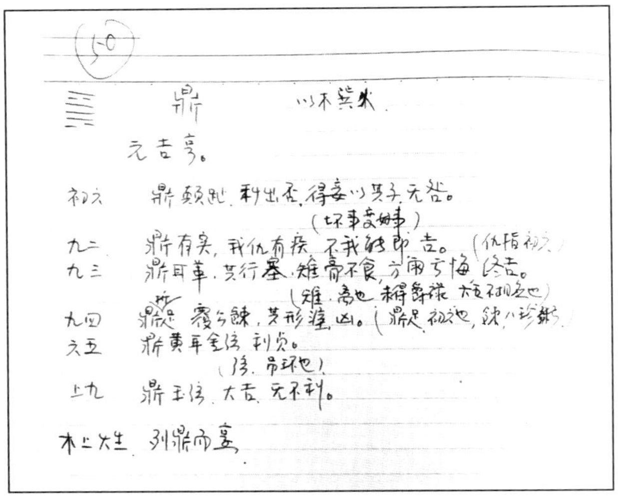

(50)

䷱ 鼎　以木巽火

元吉亨。

初六　鼎颠趾，利出否，得妾以其子，无咎。（坏事变好事）

九二　鼎有实，我仇有疾，不我能即，吉。（仇指初六）

九三　鼎耳革，其行塞，雉膏不食，方雨亏悔，终吉。

九四　鼎折足，覆公𫗧，其形渥，凶。

六五　鼎黄耳金铉，利贞。（铉，吊环也）

上九　鼎玉铉，大吉，无不利。

木上火生，列鼎而宴

58

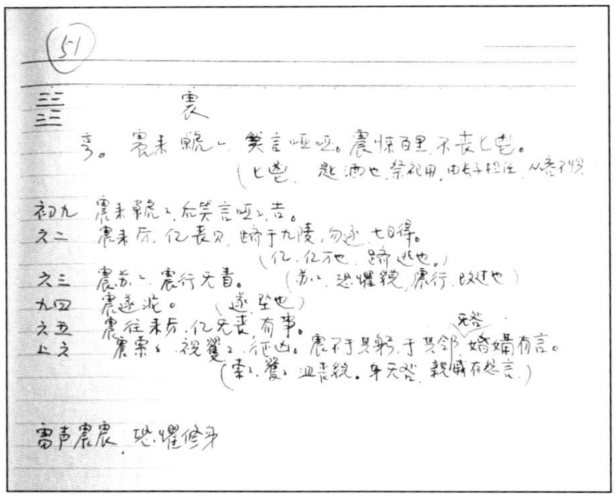

(51)

䷲ 震

亨。震来虩虩，笑言哑哑。震惊百里，不丧匕鬯。

初九　震来虩虩，后笑言哑哑，吉。

六二　震来厉，亿丧贝，跻于九陵，勿逐，七日得。（亿，亿万也。跻，进也。）

六三　震苏苏，震行无眚。

九四　震遂泥。（遂，坠也）

六五　震往来厉，亿无丧，有事。

上六　震索索，视矍矍，征凶。震不于其躬，于其邻，无咎，婚媾有言。

雷声震震，恐惧修身

59

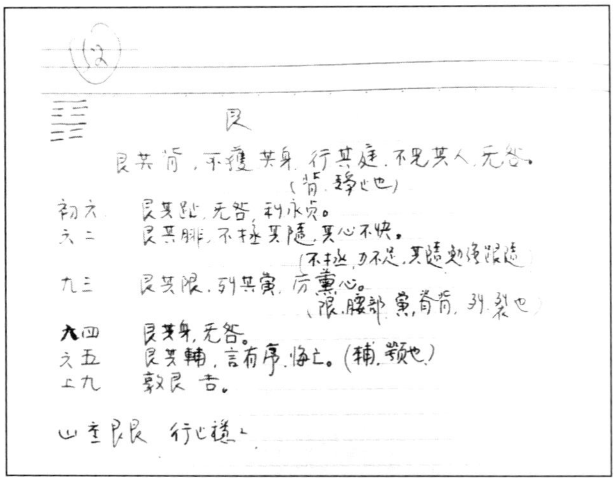

(52)

䷳ 艮

艮其背，不获其身，行其庭，不见其人，无咎。

初六　艮其趾，无咎，利永贞。

六二　艮其腓，不拯其随，其心不快。

九三　艮其限，列其夤，厉薰心。（限，腰部。夤，脊背。列，裂也）

六四　艮其身，无咎。

六五　艮其辅，言有序，悔亡。（辅，颊也）

上九　敦艮，吉。

山叠艮艮，行止稳稳

60

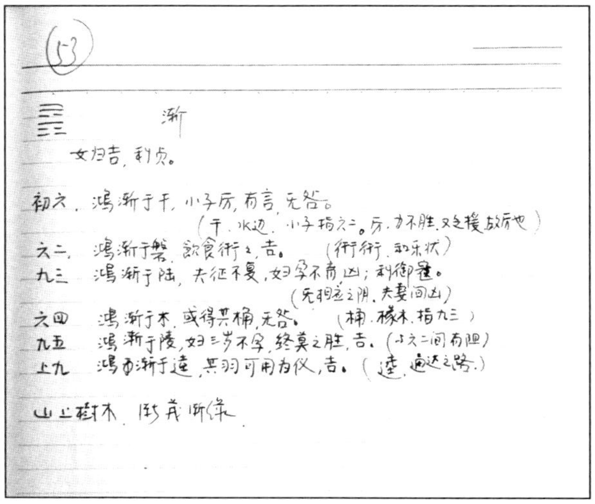

(53)

䷴ 渐

女归吉，利贞。

初六　鸿渐于干，小子厉，有言，无咎。

六二　鸿渐于磐，饮食衎衎，吉。（衎衎，和乐状）

九三　鸿渐于陆，夫征不复，妇孕不育，凶；利御寇。

六四　鸿渐于木，或得其桷，无咎。

九五　鸿渐于陵，妇三岁不孕，终莫之胜，吉。

上九　鸿渐于逵，其羽可用为仪，吉。

山上有木，渐成渐缘

61

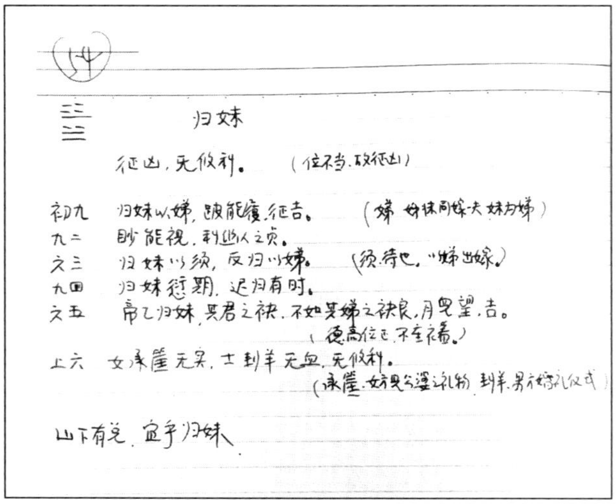

(54)

䷵ 归妹

征凶，无攸利。（位不当，故征凶）

初九　归妹以娣，跛能履，征吉。

九二　眇能视，利幽人之贞。

六三　归妹以须，反归以娣。（须，待也。）

九四　归妹愆期，迟归有时。

六五　帝乙归妹，其君之袂，不如其娣之袂良，月几望，吉。

上六　女承筐无实，士刲羊无血，无攸利。

山下有兑，宜乎归妹

62

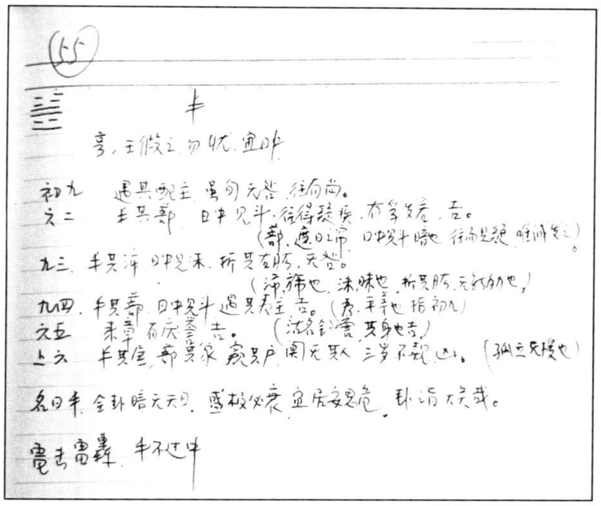

63

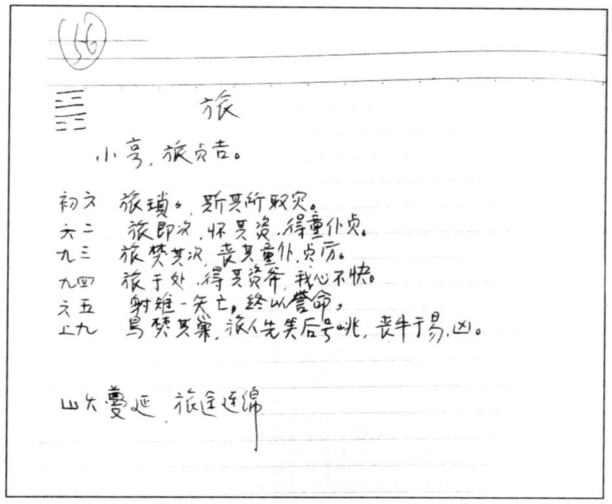

64

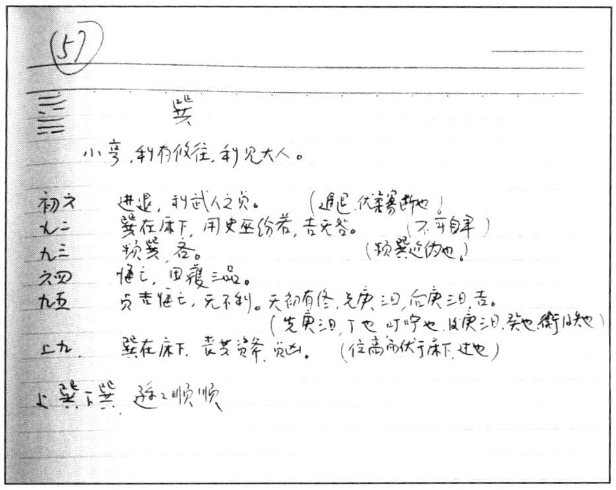

65

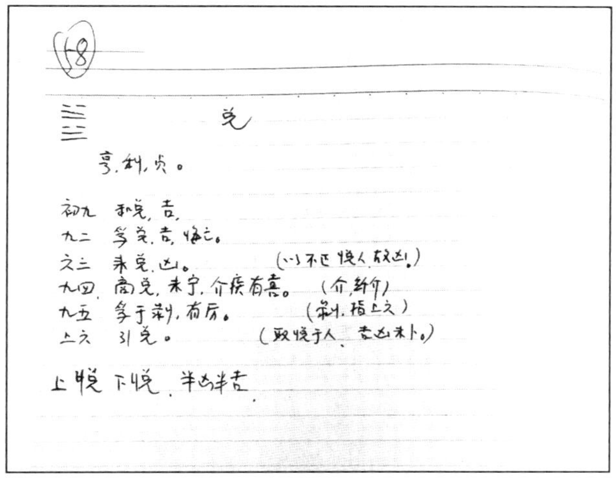

66

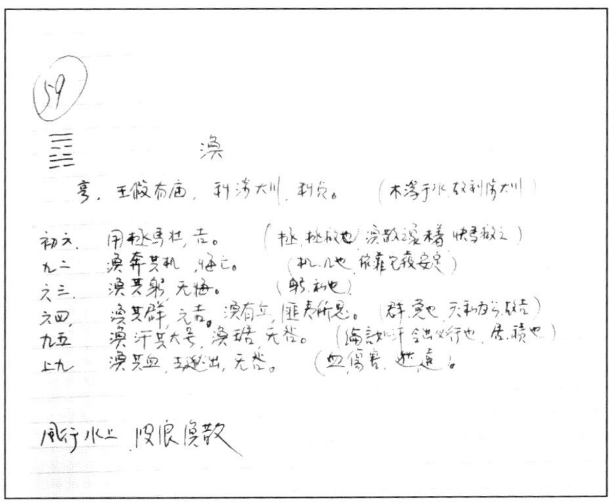

67

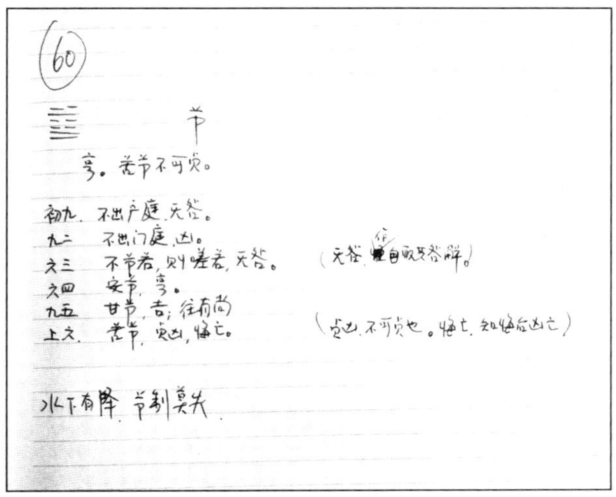

68

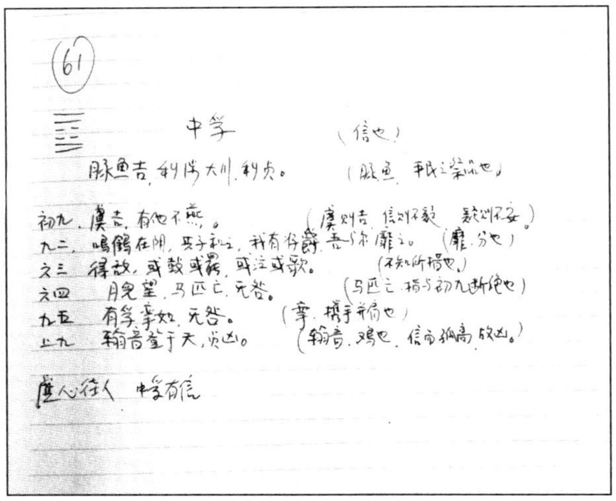

(61)

中孚 （信也）

豚鱼吉，利涉大川，利贞。（豚鱼，平民之祭品也）

初九，虞吉，有他不燕。（虞则吉，信则不疑，疑则不安。）
九二，鸣鹤在阴，其子和之，我有好爵，吾与尔靡之。（靡，分也）
六三，得敌，或鼓或罢，或泣或歌。（不知所措也。）
六四，月几望，马匹亡，无咎。（马匹亡，指与初九断绝也）
九五，有孚挛如，无咎。（挛，携手并肩也）
上九，翰音登于天，贞凶。（翰音，鸡也，信而孤高，故凶。）

虚心待人 中孚有信

69

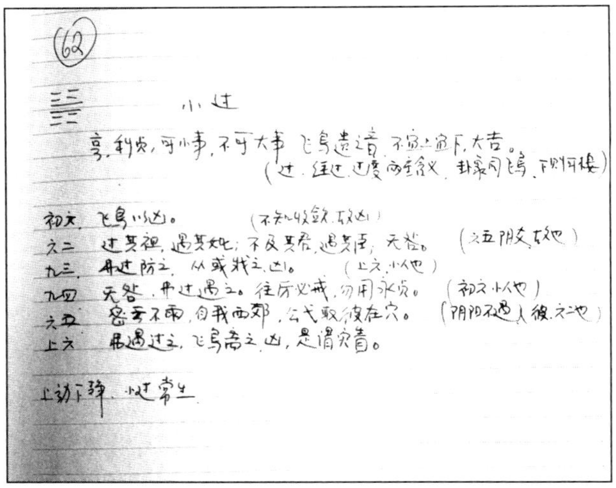

(62)

小过

亨，利贞，可小事，不可大事，飞鸟遗之音，不宜上宜下，大吉。
（过，经过、过度两重含义，卦象同飞鸟，下则可栖）

初六，飞鸟以凶。（不知收敛，故凶）
六二，过其祖，遇其妣；不及其君，遇其臣，无咎。（六五阴爻，妣也）
九三，弗过防之，从或戕之，凶。（上六，小人也）
九四，无咎，弗过遇之。往厉必戒，勿用永贞。（初六，小人也）
六五，密云不雨，自我西郊，公弋取彼在穴。（阴阳不遇，彼，六二也）
上六，弗遇过之，飞鸟离之，凶，是谓灾眚。

上动下静，小过常生

70

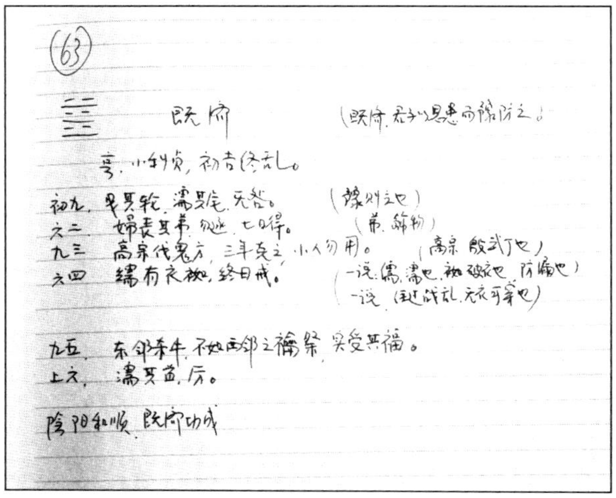

(63)

既济 （既济，君子以思患而预防之。）

亨，小利贞，初吉终乱。

初九，曳其轮，濡其尾，无咎。（豫则无也）
六二，妇丧其茀，勿逐，七日得。（茀，饰物）
九三，高宗伐鬼方，三年克之，小人勿用。（高宗，殷武丁也）
六四，繻有衣袽，终日戒。（一说：繻，濡也，袽，破衣也，防漏也）
（一说，经过战乱，无衣可穿也）

九五，东邻杀牛，不如西邻之禴祭，实受其福。
上六，濡其首，厉。

阴阳和顺，既济功成

71

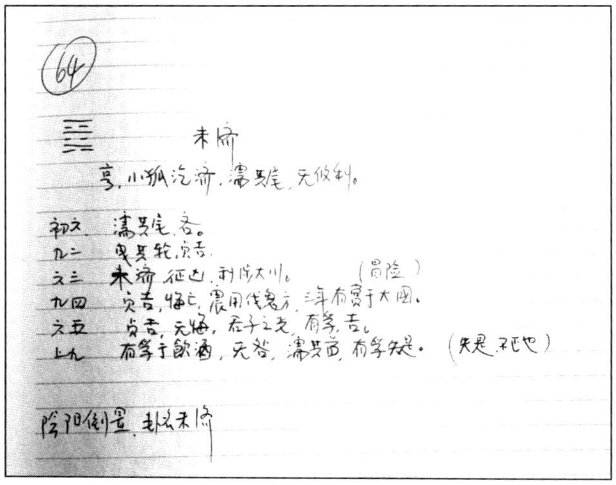

(64)

未济

亨，小狐汔济，濡其尾，无攸利。

初六，濡其尾，吝。
九二，曳其轮，贞吉。
六三，未济，征凶，利涉大川。（冒险）
九四，贞吉，悔亡，震用伐鬼方，三年有赏于大国。
六五，贞吉，无悔，君子之光，有孚，吉。
上九，有孚于饮酒，无咎，濡其首，有孚失是。（失是，不正也）

阴阳倒置，卦名未济

72

《易经》之于赵松庭

赵晶晶[①]

一个民族音乐工作者，必须根植于本民族泥土中，广泛汲取营养，然后将枝叶伸向高山，伸向海洋，伸向太阳。我们的目的是为了中华民族的音乐文化，不是削弱，而是更加灿烂地闪耀在世界民族艺术之林……[②]

为民族音乐的发扬光大而奋斗，是我为社会主义祖国应尽的义务，我是肝脑涂地九死不悔。[③]

众所周知，《周易》是群经之首，是中华文化中最为古老而又与时俱进的极具影响力的经典。《易经》之于赵松庭，以及笔者在这里探讨这个话题，绝无哗众觅新之意。实是因为《易经》在他的人生架构、知识架构乃至其从事的笛艺春秋和思维模式中位居重要而不可忽略。今撰此文，不过粗浅勾勒，主要想把笔者保留的赵松庭的一些相关原始资料呈现给大家，为后来者开辟研究疆土。

可以引起我们甚至可以让今天《易经》专业研究人员深思的是，赵松庭曾经精心依样画录了《易经》的全部卦象、卦名，所有的卦辞和三百八十六个爻辞。其手制的目录卦象甚至有精细如发丝处。实在令人感慨（请参见本书赵松庭《易经》相关手稿）。《易传》中的文字，他除了熟读成诵，也多有抄录。平日更是随时运用，融会贯通。他曾经说过：一个民族音乐工作者，必须根植于本民族泥土中，广泛汲取营养，那可绝非一句泛泛之谈。

一、从给戴亚的一封贺电说起

在赵松庭的遗物中，有一页草稿，是他当年为祝贺戴亚举办独奏音乐会所拟，全文如下：

见龙在田　任重道远

贺　戴亚独奏音乐会

李白诗云："笛奏龙吟水"，马融诗云："龙吟水中不见已，截竹吹之声相似"。神州大地，笛声响彻古今。长江黄河入海流，龙吟不舍昼夜。

龙，乾象也，天行健，君子自强不息。自强不息乃吾中华之传统精神（魂）。振奋民族精神，弘扬民族优秀文化，玄黄子孙，匹夫有责。

---

① 本文作者赵晶晶博士，长期在中、美大学从事跨文化传播教学和文艺理论研究工作。有《清空的浑厚》、《新声一段高楼月》、《传媒理论的亚洲视维》、《和实生物——当前国际论坛中的华夏传播理论》、《欧美传播与非欧美传播中心的建立》、《基督教文化氛围背景下对印度教的思考》（*Some Thoughts on Hinduism*）、《总体存在之终极奥秘与不可知论或可导向的全球政治》（*The Ultimate Mystery of Total Being and the Possible Global Politics of Agnosticism*）等中英文著作。现为美国《中国媒介研究》（*China Media Research*）和《中国媒介海外报告》（*China Media Report Overseas*）两个学术刊物的主编。

② 赵松庭，《笛子演奏技巧十讲》，文化艺术出版社，2001，北京。

③ 赵松庭，《笛艺春秋》，浙江人民出版社，1985，杭州。

戴亚君，年未“而立”，十载启蒙，十载屯聚。1988年，山城杯勇夺龙珠。全国同仁，倍加关注。刘管乐先辈为之呕心沥血，南北诸名家，皆愿为之引导。曾永清为之磨剑，中央音乐学院为之添翼，作曲名手为之写谱。国家领导人及音乐界泰斗为之题词。培育龙之传人四海合力，浇开民族之花，五湖同心。

愿戴亚君“终日乾乾，夕若惕”。不负老中青三代之厚望，“见龙在田”，任重道远。

龙在中国文化中具有帝王象征，是力量，是威严，是至尊。这段贺词首开即用李白和马融的诗句，先将笛子与龙吟①比拟联通，并将笛音贯穿神州大地悠久的文化历史，自然地汇入中华文化的奔腾前行之势，以为笛子正名正位，尊名尊位！笔法老辣，气势自不同凡响。这种手法，已经颇得《易》味了。

紧接着，便直接运中国文化顶端的《易经》首卦和《象传》入文：“龙，乾象也，天行健，君子自强不息。”此可谓横空出世，笔椽千钧。继而强调始于《易经》的自强不息乃“吾中华之传统精神”，而“振奋民族精神，弘扬民族优秀文化，玄黄子孙，匹夫有责。”——这样一来，就把弘扬民族音乐与《易经》的古老智慧和教诲气势磅礴、理直气壮、天衣无缝地衔接在一起了。

而后，推出正文，《易经》中的“君子”是指能够理解《易》理，顺应天道，做到知行合一的人。儒家思想进一步丰满了这一概念，将“君子”定义为有道德修养、懂得礼仪、能够做出正确决策的理想人格的拥有者。此处以“君”冠称戴亚，寓意甚深。

继而赵松庭强调了戴亚的年轻，对自己和戴亚的关系也用了《易》语，“十载启蒙，十载屯聚”，浓缩地说出了两人的师生情谊。“屯”为《易经》第三卦，其时“乾”“坤”已定，天地相交，万物始生。“屯”是个象形字，甲骨文，金文和篆字体的“屯”字像是幼芽破土，类比象是事物的初始状，人生事业的开端。“蒙”为《周易》第四卦，是具有启蒙和通达的卦象。

至此再浓笔渲染、推出主题：“见龙在田，任重道远。”“见龙在田”出自《易经·乾卦》之爻：“九二，见龙在田，利见大人。”原爻文从字面上看说的是龙现田间，有利于大德之人出现。但我们不妨发掘其后深层含义。周代以后，以农立国的思想逐渐得到巩固。因此，上至君王，下至平民百姓，“田”是构成天下和反映天下之板块，是人民与国家立命的重要基础，“龙”在时机不成熟的情况下，是隐而不显的，唯有在田稻丰登之时，才有显现的可能。故“见龙在田”强调的还有国家实施德政后所出现的国泰民安的太平盛世之象。文中此句前的铺叙就是对其时天时、地利、人和的盛赞。而正是在这样的环境之下，德才兼备的君子才能凝聚人心，千里马遇伯乐，发挥出最大甚至超出常规的潜力，具有驰骋腾飞的境界可能。

接下去贺文中的“终日乾乾，夕若惕”，也来自《易经》。《象传》云：“终日乾乾，反复道也。”或曰：“九三以阳居阳，然而位尚不得其中，居内卦之上，奉外卦而治下，任大而责重，成败之所由决也。因为九三所居之地，正当关键，其位仍卑，功名未显，惟‘终日乾乾’，时时谨慎努力，才可以免

① 相关的思想还可以参见赵松庭1992年10月所撰写的《中国笛子艺术的继承与发展》中关于“龙的形象所包含的哲学思维”节所述：“汉·马融诗云：“龙吟水中不见己，截竹吹之声相似。”唐·李白诗云：“笛奏龙吟水”“万壑皆龙吟”。宋·苏轼诗云：“羌儿吹笛作龙吟，中有太古之纯音。”元·萨都剌诗云：“江上何人吹竹笛，水浅沙寒龙夜泣。”笛子号称为龙，这是从汉朝开始一直流传下来的艺术形象。龙是中华民族的象征，笛子能得到这个称号，是特殊的光荣。为什么能得此殊荣呢？首先是由于它的悠久性、广泛性、群众性，从而缔结了深刻的民族性。七千年的历史，九百六十万平方公里的神州大地，从昆仑之巅到东海之滨，从黑龙江畔到海南天涯，笛声犹如长江、黄河之水，龙吟不舍昼夜。”请参见https://www.huain.com/article/dizi/2023/0302/1698.html。

咎。又曰："六爻之中，三爻配三才而为人位，此爻以乾德居六十四卦人道之首位，君子之象也。"之所以以"君"称戴亚，初之"潜"，二之"现"，四之"跃"，五之"飞"，皆有待于此爻也。所以修君德，勤君业，"终日乾乾"，如临危地，戒慎畏惧，而修之于身，施之于事，能通天下之志，能虑天下之变，则虽面临挑战，可达"厉无咎"——也就是说，此处意味等待着戴亚的前程中尚会有许多磨砺挑战，需要以勇于担当的精神、朝夕谨慎地往前行进，才能不辜负老中青三代人的厚望。最后，再次圆满呼应前文提出的弘扬民族音乐文化的大业，指出戴亚君之任重道远。

综上所述，短短数行贺文，有对大好河山的德治和万物复苏时令的称颂；有为提高笛子在民族音乐中的地位的竭力；有笛子艺术的典雅美丽和纵横时空跨度；有对振兴中华民族音乐的使命感和振臂高呼；有对师友同侪晚辈齐心协力的真诚赞美；有对学生成就的自豪喜悦、反复叮咛鼓励和嘱托祝福……如果忽略其深厚的《易》学和文化修养，就根本无法完全领略这里迂回层叠中的深远寓意——仅此短文，我们亦可管窥《易经》之于赵松庭的风貌一隅了。

二、《易经》的综合性系统思维模式

（一）《易经》的来龙去脉

"易道深矣，人更三圣，世历三古"[①]——《易经》成书，经历了远古、中古、近古的历史跨度，具伏羲、周文王和孔子三圣人之贡献。先是"古者庖犧氏之王天下也，仰则观象于天，俯则观法于地，观鸟兽之文与地之宜，近取诸身，远取诸物；于是始作易八卦，以垂宪象"。[②]——这里说的是《易》之八卦乃由六千四百多年前的伏羲首创。而后相传周文王被囚禁于羑里时，将伏羲八卦进行反复推演，才得到八八六十四卦。[③]孔子晚而习《易》，自叹迟暮，殚精竭虑，韦编三绝。其时距伏羲已数千年，即便文王，也已五百多年了。孔子景仰伏羲八卦之卦象及文王所系之卦辞，认为平生未见，意境高深，可惜文字古奥，艰涩难懂，故作"序《彖》《系》《象》《说卦》《文言》"[④]，以阐释《易》理，为后之学者导引。"十翼"一旦问世，《易》岂可再仅以阴阳卜筮之术视之！汉代后独尊儒术，《易学》之义理大门既开敞，《易经》一举而成为群经之首。历代更是有无数学者贤人在《易学》途中为之皓首穷经，著述等身。如今，《易经》的作者是否真为三圣依旧有争议，不过有一点可以确认无疑：《易经》是中国的一部最古老的、历时悠长、融汇了无数圣贤学人之集体智慧的著述。

（二）《易经》览要

那《易经》是本什么样的书？朱熹说过"易本卜筮之书"，但后来却正如《四库全书总目提要》所说："易道广大，无所不包，旁及天文、地理、乐律、兵法、韵学、算学、以逮方外之炉火、皆可援易以为说。"

从哲学角度看，首先，《易经》认为世界是一个整体，万物都相互联系和相互影响。相较于其他文化和哲学传统，《易经》综合整体的系统思维模式，在处理变化、象征解读和实用指导方面一直以来都具有其独特点和优势。

《易经》中的阴阳理论是其最基本的哲学观点之一。阴阳两个相反相成的力量构成了万事万物

---

① "易道深矣，人更三圣，世历三古"一句见东汉班固《汉书·艺文志》。

② 此句见许慎《说文解字·序》。南朝梁·刘勰《文心雕龙·原道》："庖犧画其始，仲尼翼其终。""庖犧"也作"伏羲"。

③ 刘恕《资治通鉴外纪》曰："纣囚昌于羑里，昌为《易》卦辞"。苏辙《古史》曰："文王方幽囚忧患，乃因古八卦为六十四，为之卦辞、爻辞，谓之《周易》。"

④ 司马迁《史记·孔子世家》："孔子晚而喜《易》，序《彖》《系》《象》《说卦》《文言》。读《易》，韦编三绝。曰：'假我数年，若是，我于《易》则彬彬矣。'"

的基础。这一原理不仅解释了自然界的现象，也适用于人的社会活动和心理变化，展现了一种跨越自然、社会、心理等多个层面的系统思维。

八卦及其演变的六十四卦是《易经》的核心符号系统，每个卦象通过不同的线条组合（阳线和阴线）来代表宇宙中的各种基本状态和变化过程。这象征系统不仅能够代表自然现象，还能象征人类社会的各种复杂情境和内心世界的变化，体现了《易经》在解释和处理问题时的多维度和综合性。

《易经》强调变化的普遍性、必然性以及事物之间的相互作用和相互依赖。这种对变化和互动的深刻理解促进了一种系统思维的形成，使人们在考虑问题时能够超越线性、静态的思维，而从整体和动态的角度去进行思考。

每个卦和每一爻的解释（卦辞和爻辞）都蕴含了丰富的哲学思想和生活智慧。这些寓意和指导原则不仅涵盖了对具体事件的指导，还包含了对人生态度、道德行为、社会关系等方面的综合性指导，展示了《易经》在处理人生和社会问题时的深度和广度。

象数思维：易经中的卦象都有具体的数目学基础，每个卦由六爻组成，爻由阴线和阳线构成，这些线的不同组合代表不同的自然和社会现象。《易经》通过象（符号）和数（结构）的结合，运用抽象的符号语言来揭示深层的意义和规律。

（三）《易经》之综合性系统思维模式

我们知道，“系统思维”（Systems Thinking），在现代的西方是一个强调在分析和解决问题时考虑整体、相互作用和依赖关系的思维模式。“系统思维”（Systems Thinking）的源起可以追溯到20世纪初，最初是在企业管理和技术系统的设计与分析中，作为一种对传统分析方法的补充而生的，有路德维希·冯·贝塔兰菲（Ludwig von Bertalanffy）的一般系统理论，和杰伊·W.福斯特（Jay W. Forrester）的系统动力学等为理论基础。这种思维方式后来推动了诸如系统动力学和复杂性科学的发展，到20世纪中叶开始得到广泛的认可。今天“系统思维”在西方依然非常活跃且在不断发展：彼得·圣吉（Peter Senge），唐纳拉·H.梅多斯（Donella H. Meadows）和拉塞尔·阿科夫（Russell Ackoff）等学者的有代表性的相关著述都被介绍到了中国。随着全球面临的问题日益复杂，例如气候变化、全球卫生、经济系统的不稳定性等，“系统思维”已经被视为一种关键的方法，可以用来帮助决策者和专家们更全面理解问题的多方面因素及相互作用。

对中国人来说，“系统思维”模式，从中文字面意思来看，“系”为关系、联系，“统”为统一。“系统”本是个中国文化中既有的词。惟其概念范畴与Systems Thinking的重合处颇多，故我们用“系统思维”译称西方后来的Systems Thinking。

用今天的眼光来看，《易经》首先拥有一个超越具体界限、融合多方面知识的综合性系统思维模式。其包容性和多义性，能在不同的情境下提供不同的解读和应用功能，这使得《易经》能够适应广泛的情况和需求。在中国历代智者能人的贡献丰富过程中，以太极、八卦、河图、洛书、阴阳、五行为基础，广及天文、地理、哲学、历法、中医、文学、艺术、军事、建筑、风水、养生等，形成了一个整合后代界定的自然观、伦理观、哲学、政治学、数学、心理学、社会学等众多领域的综合性系统思维模式。因其在中国文化史上群经之首的地位，这种模式更是影响深远，可以说已经成为一种万古常新的传统思维模式。又因其卦象和解释具有很高的包容性和多义性，所谓仁者见仁智者见智，不同的人在不同的情境下可能会有不同的解读和应用，故而《易经》能够适应广泛的情况和需求，为中国历代知识分子在面对复杂问题时，提供宝贵的思考途径和解决策略。

（四）《易经》系统思维模式的生命力和影响力

《易经》综合系统思维模式的厉害之处就是具有极强的兼容和融它力。《易经》的每一卦都可以进行多维度的解读，这种多义性和开放性使得《易经》的思维模式非常灵活，能够适应不同个体和社会的需求。《易经》认为世界是一个整体，万物都相互联系和相互影响。这种整体性和联系性的中国古代的系统思维模式鼓励人们以全局的视角来观察问题，认识到事物之间的内在联系。它与其时及稍后的诸子百家都具有对应处，可供各家在其基础上生发拓展，成为海纳百川和百川分流的取之不尽用之不竭的泉源。《易经》之"易"如此也就体现在了其自身的不断发展壮大上。《易经》年代久远，言简意赅，使其"空故纳万境"，容量极大，意蕴可层层生发无穷；另一方面又使其观念轮廓浑含、内涵不明确固定，故仁智各见，吞吐自如。归根结底，《易经》智慧在中国古代的长居巅峰当归功于其思维模式所具有的先进合理，与时俱进性。

17世纪德国哲学家、数学家和物理学家戈特弗里德·威廉·莱布尼茨（Gottfried Wilhelm Leibniz）曾经尝试用其二进制系统来解释《易经》中的概念。他认为八卦符号可以与二进制中的0和1相对应。从而将易经的理论转化为数学语言。二进制后来成为现代计算机中基础的数字编码方式。虽说莱布尼茨的二进制概念与《易经》的联系仅限于将其思想应用于解释《易经》，但这种尝试起码表明了《易经》中蕴涵了思维的可现代性，以及拥有着与现代思维的可相通和可比并性。《易经》在西方被称为"变"的科学。著名心理学家卡尔·荣格（Carl Gustav Jung）就曾认为《易经》作为预测未来和解析过去的方法，是极其有效的，只是不同于西方的理性及因果分析传统，是"另一种科学"。他以热诚的姿态引荐《易经》："当西方人正小心翼翼地过滤、计量、选择、分类、隔离时，中国人《易经》的卦象却能包容一切，直至最精致、最细微、超感觉的部分。因为所有这些因素都会汇聚一起，成为观察时的情境。"①

今天，西方仍不断地将中国古老的智慧纳入现代思维的新瓶罐中去，德国学者马丁·舍恩贝格博士（Dr.Martin Schönberger）提出过《易经》的六十四卦象与遗传密码的六十四种密码子之间存在一种对应关系②。美国医学院士陈建雄博士（Dr.Charles Chen）用量子力学，遗传学来解释《易经》③。即便现今的大数据和人工智能领域中，也有人在尝试着从《易经》中索取灵感的可能，如新兴的"六维度研究框架"，就是把资本理论与《易经》的六爻系统和阴阳概念结合起来做研究的。该论提出者认为"易经方法可以持续千年地发挥预测与解析能力，一方面是起着相当于基础模型与方法的功用，由众多能人智士在各方面发展出局部模型而广泛应用；另一方面是其六维（六爻）框架的威力"④等。所有这些，都在向我们表明《易经》系统思维模式自身所展示出来的超强的囊括和融入性，它至今尚

---

① 荣格：《〈易经〉与中国精神》。参见https://www.toutiao.com/article/6585650897156571651/。

② 德国学者马丁·舍恩贝格博士（Dr.Martin Schönberger）因将《易经》与西方占星术相结合而知名。他的著作主要探索这两种系统之间的相似性和联系方式，尤其是在他的1973年出版的书籍《易经与遗传密码：生命的隐藏钥匙》（*The I Ching & the Genetic Code: The Hidden Key to Life*）中，舍恩贝格博士提出了《易经》的六十四种密码子之间存在一种对应关系。他的工作引发了对《易经》卦象与遗传密码的作为一种象征系统和其在现代科学中潜在应用的新兴兴趣。尽管他的理论在主流科学界并没有被广泛接受，但他的书籍为《易经》的现代解释和应用提供了独特的视角，激发了《易经》和现代科学交叉点的讨论。相关内容可部分参见https://www.epoch times.com/gb/22/7/15/n 1378 1232.htm。该书英译本仍可在美国https://www.google.com/search?q=he+I+Ching+%26+the+Genetic+Code%EF%BC%9AThe+hidden+key+to+life&scaes v=324d2da6d69578购得，该书由美国曙光出版社于1992年出版（Aurora Press，1992）。

③《易经与现代科学：其对人类社会的应用》，《中国媒介研究》，第18卷第3期，2022年7月[I Ching (Yi Jing) and Modern Science: Its Application for the Benefit of Human Society，China Media Research，18(3)，July 2022]。

④ 刘永川（Alex Liu）《六爻体系（六维框架）的完备性》，请参见https://www.researchmethods.org/6yaosystem.html。

在生生不息。

我们必须明确，西方现代的系统理论在方法上更侧重于科学和分析，是使用数学模型、计算机模拟等技术手段来预测和分析系统行为的。不过《易经》的系统思维模式和现代系统理论虽然在表达方式和应用工具上有所不同，但它们都提供了一种理解和应对复杂世界的框架。《易经》的方法更多依赖于哲学、符号和卦象等用荣格的话来说“不同的科学”，然而，两者在处理事物的整体性、动态变化和复杂性上有着惊人的一致性，都认识到事物之间的内在联系，系统中的元素相互依存，都试图提供一种全局视角来解决具体问题。也就是说，西方系统理论在处理复杂问题时采用的多维度分析和综合性视角与《易经》的方法有着相类的逻辑和结构。古老的《易经》的思维模式在世界民族之林中也是叶茂枝秀，毫不逊色的。

综上，《易经》通过六十四卦象的复杂系统来解释宇宙，视世界为整体，万物都相互联系和相互影响。它所给予华夏后裔的智慧首先就是这个将理论与实践，抽象与具体，自然与人文紧密结合的综合性的系统思维模式。

本文之所以在这里特别指出也花笔墨章节，是因为赵松庭受《易经》泽惠最深的正是这个综合性的系统思维模式，随着本文的进一步展开，笔者将进一步从各方面来加以论证。

三、《易经》系统思维模式涵括的三大思维方法及其在赵松庭笛艺思想中的展现

在研究《易经》所给予赵松庭笛艺思想的影响的过程中，先从哲学视角观望一下组成《易经》思维模式的三个重要思维方法，对我们考察和明晰赵松庭的重要笛艺思想的来龙去脉是很有必要和帮助的。《易经》的思维模式是具有东方特色的系统思维模式，其所涵括的主要思维方法/途径，是在中国历代“易学者”和文人墨客的贡献中得到极大丰富并发展成熟起来的，现考察并摘其要如下，旨在探索这些思维方法在赵松庭笛艺思想中的展现。

（一）天人合“一”，求全与统“一”

混沌初开，当我们的先民在洞壁或兽骨上划下“一”，那就是他们眼见的地平线。太阳从这里升起，也从这里落入，星星布满天空，又消隐于天边。“一”是元，是始，是本，是根，是了，是终。

草木繁衍，人类壮大，种子的道理被发现，“一生二，二生三，三生万物”，“一”是多，是盈，“一”是一切，一切是“一”。

文明发展了，人的自我意识觉醒，欲望无尽但生命有限，不与天地合生命几乎就没有了意义，认识到这一点，“一”遂为一致，是通晓人生、社会、自然万物的真理。这个“一”，是万殊理一，它其实就是人的生命能源，可以“畅于四肢，发于事业”。如若一个人心性执中守“一”，便能参悟自然育化天地万物、万物回归自然的原理。“一”是天人合一，是视自己为自然大家庭中的一员，与自然万物一起相互感应、和谐融汇、大化流行的有机整体。

“一”是人的心灵自性，是宇宙灵源一本散入万殊的“一”。此“一”可以和基督教中的“自然法”和印度教中的“神我说”相较。这个小宇宙能通天彻地，知晓人生、社会、自然万物的真理。这个“一”，穷理尽性，穷神知化。东方的天人合一，是不同于西方理性主义而来所持的天人相对，人定胜天的。

唯其“一”是道，“一”是理，所以无处不在：大至天地穹庐、星河宇宙，小至一人一事一物，体现于一点想法，一种意志，一个决心……所以我们先人心目中的系统展现才会是把有联系的部分加以统“一”。

《易经》的阴阳五行、宇宙一体化理论既然把宇宙和万物看作是由阴阳和五行等诸种原素按一定结构形成的有机整体，自然就会要求对待一切事物都必须着眼于整体结构，进行整体把握认识。因此，重“一”、讲“统”、求“贯”的整体思想在尊《易经》为群经之首的古代思想家中是一致而根深蒂固的。后来的儒家说“吾道一以贯之”；道家说“圣人抱一以为式”；玄学家说“执一统众”；佛家说“一道出生死”。《易》学家们则说“合之斯一，衍之斯为万”①；“一阳初动处，万物未生时”②；“一阳复于下，乃天地自然之心也”③——各家“易学”讲“统”、重“一”、求“贯”之言论，更是不胜枚举。当然，他们所说的“一”，不是单一、寡一、一点、一面的“一”，而是一致、一律、一贯、统一的“一”。它是始源，是古老，是浑成，是不分，是完整，它是囊括一切的全“一”，又是不可分割的“一”统，它是“太极”——而“太极”即是“道”，是宇宙衍生的终极根源，是阴阳未分的本然状态。

所以中国往往注重作品在整体上产生的效果，从整体上去追求、把握、感受艺术美。比如中国绘画喜“以大观小”，居高临下，横观纵览，从多视角流转表现浑涵的整体，而不是像西方那样以定点透视、仅展现局部视野之真实为大美。中国建筑注意群体结构的组合安排，亭台楼阁，此起彼落；雕梁画壁，表里相渲；沉瓦飞檐，静动有致；曲径回廊，深浅互节。还注意建筑群落间树木花草的扶持点缀及周围环境山水的和谐映衬等，从总体上造成气势和韵味，不以单个建筑物出奇制胜。中国诗文往往将字句技巧和局部的精描细绘等划为较低的审美层次，不倦地追求反映总体美的气象神韵。中国文艺批评则擅以形象取胜，而形象思维往往和整体认识密切相关，一切形象的表现都带有整体的特征，在形象思维中又常渗透着直觉的体验感悟，而直觉也通常需以整体的直观把握为前提。中国古代音乐，更是主张在音乐的体制生成、音阶高低、音节相协、章节组合等种种音乐自身局部间的和谐基础上，再应和外在自然，追求所谓“大乐与天地同和”的和谐浑然一体境界……在这样深厚的重“一”、讲“统”、求“贯”的哲学思想和文化思维背景中，赵松庭也说：

> 一个对音乐缺乏起码知识的人，即使掌握了很多复杂的演奏技术，也不能很好地运用它来表达内容。一个缺乏多方面生活体验的人，也不能演奏各种不同风格、不同内容的作品。一个学习演奏技术的人，如果缺乏一定的艺术修养，缺乏审美能力和分析能力，就很难掌握正确的训练自己的方法，要真正提高技术就不可能。所以说，要演奏好一种乐器，绝不能单纯依靠技术训练，它是一个复杂的艺术创作过程。④

通过这段话可以看出他在笛坛艺术中求全统“一”思维的端倪。而所有要求把握全局、追求整体的艺术审美标准和方法，甚至包括赵松庭在内的中国人的形象思维和联想能力的优势，均与《易经》这块肥沃的土壤相关，均可追溯至《易经》的整体的观念哲学，和在此基础上形成的求全统“一”的思维途径。

天人合“一”，求全与统“一”是《易经》系统思维模式的主干。也是赵松庭笛艺系统思维模式的主干。纵观其一生，他竭尽己力在笛艺领域求全求统“一”的思维线路甚明，用心可谓良苦。他自诩“吹

---

① 邵雍《观物外篇·先天象数第二》，《皇极经世绪言》卷七。

② 朱熹《周易》注。

③ 程颐《周易折中·卷九·彖上传》。

④《笛艺生涯五十春》请参见https://www.huain.com/article/dizi/2023/0301/1692.html。

彻一根笛”，文化底蕴深厚而专注于笛枝独秀，这就是他的求全统“一”，他在这条道路上走得很远。

（二）“扣其两端”与折衷于“一”

身穿简陋的兽皮甲，手持锋利的石斧和长矛，先人们坐在驱散野兽的火堆旁，周边的黑暗弥漫着未知和恐惧——“中”，自然是最令人向往的佳位了。中庸、中道是发端于《易经》的古老思维方法。《易经》贵“中”，在五行里，“土”主生长繁育，乃稼穑之本、万物之源，而土居中。人事上的五行配列，则使君与中、土相配，以“中”为高贵之意已明，是“中”的观念展现。《易经》的变卦和对卦象的解释，常常提醒人们在各种变化中找到稳定和中道。

若说早期《易经》还着重在导引个人理解宇宙的变化规律及如何与自然和谐相处，后来的“《易》学者”更进一步导引中道到个人德行的培养和社会行为的规范，提倡在面对生活中不可避免的困难和挑战时，要保持一种平和与智慧的态度。而如众所知，后来的奉《易经》为群经之首的儒家是以“中”为立身之本的，而致“中”之法——“折衷”，是源自《易经》思维的一直为“《易》学者”沿循的基本方法：“中也者，天下之大本也”。

观折衷法，它既具有“适度”“中道”“不偏不倚”的属性，认为“过犹不及”，那么“叩其两端”，对研究体内包含的对立的端绪的充分了解、条分缕析、比较鉴别，便是运用此法的首要必备之步骤。其次，折衷法既要求“不偏不倚，无过不及”，因此必定对研究体内包含的对立的两头兼而顾之，而不作极端偏激之论。这样，宜于保持合度的成分，摒弃不合度的成分。取其所长、去其所短、使之合度者也。

当然，这样一来，折衷之“度”实际上也就成了关键，用现代的语言来说，即是要求把握好矛盾方面的度量界限，使之在充分发展中不突破质的规定性而滑向矛盾相反的方向去，而这个“度”的达到和掌握显然不是件容易的事。“度”，又会随着统治思想和文艺标准之发展而浮动，不是一成不变的。如是，这里就有了随机应变的要求，并予以了“折衷”灵动的特点。再从“折衷”法本身观，它也是在发展的。它本来就并非只能简单机械地使矛盾对立的双方势均力敌、各居其半，然后再加以统一，许多时候各占其半反倒并不等于就达到了“中”度，可见折衷也并非不可分轻重主次。

由于其本身所具有的折衷群言——兼采众家之长而避其短，使之适度的优势，“折衷”终于代代相传，成为中华长居统治地位的不易法则而融入民族文化之血液。唯其有具开放、兼容特性的“折衷”，中国的知识分子包括赵松庭才能有外国人十分羡慕而不可理解的便利，从来不对一种宗教迷狂，而却能同时吸收几种哲学观念而彼此安然相居不冲突。才能在逆境中心态平和、坦然自如。“中”的科学性和持久性，还在于以其“折衷”之途径不断给自己补充新鲜的血液。赵松庭的成就是与其善用折衷分不开的，他对折衷法的运用是自然而纯熟的。从大处说，唯其有折衷，他才能在笛子演奏技巧上既熟悉乱弹和高腔热闹、粗犷、活泼、华彩的表现手法，也掌握了昆曲典雅、秀丽、以声带情的伴奏风格；[①]唯其有折衷，方能吐故纳新，在继承的同时又不忘开创，兼得南北笛之神韵精气；唯其有折衷，其创作和演奏的乐曲风格上才能哀而不怨，激昂而不厉，华美而不艳；唯其有折衷，他的讲课才能恰到好处的精而不匮、博而不芜、辩而不浅、奥而不诡之度。甚至谈技巧，他也有“缓吸平吹、全身松弛、均匀吹气，如同流水，不颤不浮、不急不冲”和“气动如脱兔，刚而不躁，持而

①《笛艺生涯五十春》参见 https://www.huain.com/article/dizi/2023/0301/1692.html。

不虚”[①]的时候……

赵松庭除了实际行动中熟练地运用折衷方式，也有行诸文字的时候。比如在笛子的改革过程中针对律制体系争议时他说：

“争议的焦点不在技术问题，也不能轻率地认为是保守与进步之争，而在于中国的笛子究竟采用何种律制！在这问题上，我的观点接近于折中主义。”[②]

又说：

……要看到中国笛子的演奏技巧也有较大的局限性：发音不够稳定；音调的准确性上存在很大弱点；音阶不完整，音域也不够广，不易作较复杂的转调；高音易刺耳，音品不够纯，个性太强等。以上这些缺点，在波姆长笛中是比较少的。因此说，要学习别人的长处，切不可盲目自大，故步自封，以致使龙的形象成为“乾之上九”，亢龙有悔，或成为“剥”，剥落无有。[③]

《易经》认为变化是宇宙的本质，人们应当学会适应和把握变化，此乃折衷思想之源始，《易经》始终强调在变化中寻找平衡，做到不偏不倚。而赵松庭无论在个人人格塑造和专业道路上都深得折衷之精髓。赵松庭所以能集笛艺之大成，就与其沿寻叩其两端而折于衷之久通之道，以及广采博纳，善于借鉴分不开。像上述那样的在笛艺领域兼收并蓄、择优相向、细大不捐的例子还有很多。

（三）环周思维

仅仅从赵松庭手绘的八卦图还是众所常见的八卦图之形状就已经明确充分地反映出了《易经》的循环思维。《乾》到《未济》六十四卦，首尾相连排成环周状，象征着大自然运行之循环往返。

《易经》原名《周易》，此“周”颇有意味。不一定即是地名。东汉郑玄《易论》就认为“周易”中的周是“周普”的意思，即无所不备，周而复始。[④]文明的早期阶段，先祖们就逐渐观察感受到日月星辰的周行，春夏秋冬的代序，白昼黑夜的交替，阴晴晦朔的轮出，历史的兴衰，人事的分合，身体的死生，呼吸的吐纳，经络血液的环运——从自然界、社会、和人类生活许多事物周而复始的循环表现中，我们的先人得出了宇宙万物永恒地沿循着周而复始的环周而运动的认识结论。很自然的，环周思维也随之积淀成形，成为中国最古老、最主要的思维方法之一。《易经·系辞下》云：“日往则月来，月往则日来，日月相推而明生焉。寒往则暑来，暑往则寒来，寒暑相推而岁成焉。往者屈也，来则信也，屈信相感而利生焉。”又说“变动不居，周流六虚，上下无常，刚柔相易”，说明阴爻和阳爻在六个爻位上环转流行，终而复始地运动。《周易》用“阴阳二气”来解释卦爻象及吉凶之间的变化消长，认为“无平不陂，无往不复”[⑤]，“日中则昃，月盈则食。天地盈虚，与时消息”[⑥]，万事万物都是在平陂往复地循环。可以说这种循环周行的观念体现于其所有的六十四卦中。“否之匪人，不利君子

① 赵松庭，《中国笛子艺术的继承与发展》1992年。参见https://www.huain.com/article/dizi/2023/0302/1698.html。
② 同注①。
③ 同注①。
④ 郑玄《易论》：“周易者，言易道周普，无所不备也。”
⑤《易经》泰卦九三爻辞。
⑥《易经·彖传》。

贞，大往小来”（《周易·否》）。“泰，小往大来，吉亨”（《周易·泰》）。否极泰来，荣辱自古周而复始。“全则必缺，极则必反”[①]。“美恶相饰，命曰复周；物极则反，命曰环流。”[②]

“穷则变，变则通，通则久”[③]，这是《易传》对于事物变化的根本看法。“穷则变”是说事物发展到极端就会发生变化，如“日中则昃，月盈则食”[④]，事物向相反的方面转变，这是必然规律。“变则通”是说只有变化，才能使事物通达。“通“与“穷”意义正相反，而“往来不穷谓之通”[⑤]，事物不断向相反的方向转化，也就没有穷极之时，这就是“通”了。而“通则久”，事物只有通达，才能保持长久。比如春、夏、秋、冬四时变化，周而复始，没有终结，所以说“变通莫大乎四时”也！四时的循环通变是天道持久之象。

环周观既认为天地、日月、四时、昼夜、阴晴、呼吸、流通无不按部就班地做各自的循环运动，一切生物和人事唯有在循环中得以生化发展，走完自己的历程，积淀成为思维方法，也制约影响了中国人在性格和人生观上的含蓄内向、豁达变通、任机随运。影响制约及于文艺领域，普遍地追求含蓄内向、随意自然，以“浑圆”“圆成”“圆活”“圆美”为艺术之高境。中国人常有以圆来表现完整的东西的倾向。汉译佛教经典以“圆满”译完整无缺，以事物之完全为“圆融”，称佛教中最完全的说教为“圆教”。看中国古代建筑中用套合的回路以示无尽深远；绘画中以环旋回归的视点视线展现难现之广大；诗文中追求含蓄吞吐、环回圆活、多义生发来获取无穷无尽意味之效果，音乐中则以回环反复的旋律表现不尽之味——也就是说，对无穷无尽观念的表达和表现无需也不会是一个不可追踪目及的远点，而总是盘旋回环反归的。

中国的文艺人并非不醉心向往时空的无穷无尽，但无往不复的环周思维使他们不像西方艺术家那样对无穷无尽的时空作直线型的追寻，既然时空的无穷无尽就在于它们的循环，故就个体而言，无穷无尽即可落实为归返自我本性的环周——这一点非常重要，唯其如此，返璞归真，修身养性对象赵松庭这样的中国知识分子来说就具有和西方人追求上帝和永恒般的重要性了。关于此，因为其重要性，我们将留待下文修身养性专节中进一步展开探讨。

以上探讨的构成《易经》系统思维模式的这三个基本思维方法并不是各自孤立、互不相干的，它们之间有着必然深刻的内在联系。无论是中国的哲学家还是批评家，在建立思想或批评体系时，态度上总是预先作好追求整体意义、整体价值、整体真相为宗旨的准备，以面面俱到、至善尽美、放之四海皆准为高标。求全统“一”，才导致浑沦周环、含蓄旁通；折衷兼取、平衡统一；以屈求伸、保全守真。环周为统形整体不用说了，“折衷”思维虽则途径有正反之不同，但还是为了求得对立面的统“一”，莫不基于求全求“一”的宗旨。是故长期以来中国思想界儒道得以互补。环周思维是笼统周全循一；折衷思维是委曲求全得一；以环周为主要思维特色的“浑厚”是不明晰、不割裂细分的圆浑整体；以折衷为主要思维特色的“中和”是无过无不及的阴阳和合；故环周、折衷这两种思维方式，可以被视为是在求全与统“一”的系统思维主干上所形成的、经推导延伸后时或交叉的最重要的枝丫。

①《吕氏春秋·博志》。
②《鹖冠子·环流》。
③《周易·系辞下》。
④《易经·丰·彖传》。
⑤《周易·系辞上》。

《易经》所彰显的以求全统"一"为主干、环周和折衷为主要枝丫的系统思维模式，因其浑沦模糊、弹性十足的高容纳度和强变通性，圆满自如地应付了中国几千年的思想变迁。虽然思维模式中的内涵在不断补充更新，但模式本身却因其特性始终保持相对的稳定。当代学子哲人或自强不息、发现传统的整体思维模式与现代系统思维模式的相似一致之处，看到其光明无限的远景；或痛定沉思，指其以朦胧圆浑的思辨综合取代明晰的科学分析，以游移兼容的惰性阻碍概念界限的廓清。并将中国近代的封闭裹足、知性分析时代姗姗来迟归咎于这个模式的封闭和自以为足。或忧喜参半，看到其价值和弊端的互为因果，在反省的自我提示中同时又无法摆脱地延续着折衷的道路……

尽管有纷争如此，有一点是已经为历史证明了的：那就是经世世代代中国文化孕育，以求全统"一"为主干、环周、折衷思维一路守护的系统思维模式，因显示了儒道释三教合一的基本特征，而与中国封建社会中后期文艺理论的总架构之走向相符合。因为文化的传承，这样的思维模式及其主要思维方法，也渗透在赵松庭笛艺思想体系中的所有结构层次中。

综上所述，《易经》所给予赵松庭的泽被首推系统思维模式可见端倪了。

四、《易经》与赵松庭的修身养性及主要人格的建立

上文说了，《易经》的主要思维方法之一是"环周"。"环周"思维方法展示给中国知识分子的久通之道在于天道循环。天人既合一，故就个体而言，无穷无尽即可落实为归返自我本性的环周，所以修身养性乃大都中国知识分子追求通达洒脱的终身目标。

《易经》中的每一卦都有其独特的哲理和教导，各卦的爻辞也包含了丰富的哲学思想和生活智慧，修身养性的启示贯穿于整个《易经》之中，通过对卦象和卦辞的理解与实践，研习者可以逐步达到内心的平和与道德的提升。

如众所知，《易经》又可分《经》和《传》两部分。《易传·大象传》是解释《易经》六十四卦的，所采取的都是八卦的自然象征，即乾为天，坤为地，坎为水（云、泉、雨），离为火（电、明），震为雷，艮为山，巽为风（木），兑为泽。赵松庭从中获益最多、最值得指出的首先当然应该说是"天行健，君子以自强不息"了。

《周易·乾卦·象》曰："天行健，君子以自强不息"，此为赵松庭擅用并以之为座右铭的。《乾》是天，是创造，象征强大的创造力和积极向上的精神。强调了自然界的健行不息和与之相应的君子当不断自强的精神。

"天行健，君子自强不息"，鼓励"君子"不断追求学问和道德的提升，无论处于何种环境和条件下，都应保持不懈努力的态度，追求个人的完善与成长。

"天行健，君子自强不息"，也被理解为对自己的一种要求，即不仅要自我提升，还要担当起社会责任，努力为社会的和谐与进步作出贡献。因此，赵松庭将这一思想转化为强烈的社会责任感和历史使命感，尤其是对其终身为之努力的弘扬民族音乐。

面对困难和挑战时，"天行健，君子自强不息"激励人保持坚韧不拔的精神，即使在逆境中也永不放弃，不断寻求突破和发展；这不仅是指追求外在的成就建树，更有内在的道德修为和人格养成。通过不断自强，达到道德上的高尚和精神上的充实。

"天行健，君子自强不息"还强调了这是一种持续不息的进步，激发了赵松庭不满足于现状、持续追求创新和突破。

要之，此乃赵松庭重要的人生态度和价值追求，是他自我提升、承担社会责任、面对挑战坚持不解、道德修养及持续进步的重要精神动力和奋斗不息的精神源泉，也是他用来教育鼓励学生的不二信条。而它是源自于《易经》的。

再如《易经・坤卦・象》曰："地势坤，君子以厚德载物。""坤"乃广袤、深厚、柔顺、谦卑、包容和繁育的大地。由"二"序名的大地总是毫无怨言地承载着自然界的万事万物，总是那么大度、包容、温顺和切实可依。我们的先民足地顶天，在与自然和社会的沟通中经历了无数月的阴晴圆缺，人的悲欢离合。该卦讲述了顺应自然、谦卑包容的生活态度，鼓励人们在养性修身过程中保持耐心、细致和毅力。《坤卦・六二爻辞》的"直、方、大"，提倡正直、公正、广大的心胸，"坤"的概念被充分舒展于有关人类、人类社会、人与自然关系的意识形态的各个层面，体现着海纳百川的兼容精神和广阔胸怀。《坤》默默地为《易经》的经世致用，兼收并蓄，凝聚历代先哲自然人文认知打下了哲学基础。而《坤卦》所泽被于赵松庭的明显是包容与谦和，是责任与担当，是对民族音乐光大的"匹夫有责"；是在学问人品上追求的广博深厚，是反对浮夸虚伪、真诚的务实态度。比如他认为"没有点点滴滴也就没有浩浩荡荡，没有积累也就没有文化"；"越早认识到积累的重要性，就越能为人类创造真实的精神财富"。他引韩愈"佔小善者率以录，名一艺者无不庸"为治学之道，提出"王札丹砂，赤箭青芝，固然要珍惜，纵使是牛溲马勃，败鼓之皮，也应俱收并畜，待用无遗"[①]——此等言论，皆为"厚德载物"之象。

其实《易传》的《大象》遵循《易》之天人合一，沟通了自然世界与道德世界，尝试建立了一套"象"与"道德"统一的整体。我们知道《大象传》中共有六十四条告诫，结合卦象，展现出在各种情况下一个君子应该怎么做和会怎么做，是人性发扬到极致应表现出来的理想状态。对于这些"大象"，赵松庭是全部烂熟于心，"君子以经纶"（《周易・屯・象》）；"君子以果行育德"（《周易・蒙・象》）；"君子以裒多益寡，称物平施"（《周易・谦・象》）；"先王以作乐崇德，殷荐之上帝，以配祖考"（《周易・豫・象》）[②]；"君子以慎言语，节饮食（《周易・颐・象》）；"君子以独立不惧，遁世无闷(《周易・大过・象》)；"君子以常德行，习教事"。（《周易・坎・象》）；"君子以虚受人"（《周易・咸・象》）；"君子以立不易方"（《周易・恒・象》）；"君子以非礼弗履"（《周易・大壮・象》）；"君子以自昭明德"（《周易・晋・象》）；"君子以莅众用晦而明"（《周易・明夷・象》）；"君子以言有物而行有恒"（《周易・家人・象》）；"君子以同而异"（《周易・睽・象》）；"君子以反身修德"（《周易・蹇・象》）；"君子以见善则迁，有过则改"（《周易・益・象》）；"君子以顺德，积小以高大"（《周易・升・象》）；"君子以致命遂志"（《周易・困・象》）；"君子以朋友讲习"（《周易・兑・象》）；"君子以思患而预防之"（《周易・既济・象》）；"君子以慎辨物居方"（《周易・未济・象》……赵松庭天赋异禀，记忆力超强，皆熟读成诵，且并非只读不作。每每心有所得，或长篇大论，或惜字如金，融会贯通，身先力行，限于篇幅，此处恕无法一一俱列。但正是这些修养使其拥有了平衡人生的一些智慧。从战火纷飞的朝鲜战场上一介书生身上所体现出来的超乎寻常的勇敢；从明知说真话会带来麻烦的时候依旧的仗义执言；从"文革"中前途莫测、离妻别子时唇角坚毅的微笑；从用唯一的装出国服装的好皮箱用来装红薯时不忘的调侃；从拉大幕、扫地烧水时在脑海里依旧萦绕的笛子旋

① 赵松庭，《中国笛子艺术的继承和发展》，1992年。参见https://www.huain.com/article/dizi/2023/0302/1698.html。

② 音乐的鼓动作用，《礼记・乐记》说："发以声音而交以琴瑟，从以箫管，奋至德之光，动四气之和。"《大象传》在此《豫卦中引申出"先王作乐"之义，似表明古代统治者创造音乐的一方面重要目的：当"功成"颂"德"之时，以及献享"天帝""祖考"之际，用来渲染、鼓舞特定的"政治"气氛，以寻求人神共相欢乐的效果。由此可以推见古代"乐"礼之一斑。

律；从对学生和子女的反复以之鼓励和叮咛；从病魔缠身后依旧“肝脑涂地九死不悔”的对民族音乐的献身……自强不息、厚德载物的精神追求从来也没有离开过他。他的师友学生父母子女还知道他博学广闻，卷不释手。爱山乐水，宽容厚道。他解衣衣人，推食食人，乐善好施，豪爽诚信；心怀坦荡，豁朗达观，诙谐幽默……必须客观地说，赵松庭是个有人格魅力的人，而他的人格魅力和修养又何尝不是与《易经》这块肥沃的土壤相关的呢？

这里有必要提上一笔的是：赵松庭自小在倡导“修道以明志，学艺以养性”的家庭氛围中成长，其深厚的文化教养去其敏而好学外，也得之于耳濡目染。他的学识教养使其更多展现出传统知识分子的一面，比如既成的审美观使赵松庭本能地不喜噪音，不喜势如破竹，他的作品大都强而不厉，哀而不怨，前者如《二凡》《三五七》，后者如《幽兰逢春》《鹧鸪飞》。但赵松庭心中也有挣扎迷惘，比如他一方面竭力为笛正名，“龙吟凤鸣”的至尊地位，他不断地往笛艺中输入人文历史，深以笛子的不登大雅之堂而不然且不平；同时，他又认为笛子和琴有雅俗之别，笛子是劳动人民的乐器；他一方面数番引用“笛者涤也，所以荡涤邪秽纳之于雅正也”[①]，像传统知识分子那样认为它是涤荡心性，使之归返本源的，但同时，他又说过对“涤”不敢完全苟同的话……如此种种，充分体现了他在与社会时势合一的历程中所付出的比常人更加艰巨的努力。所以他对《渐》、《革》和《剥》等卦，时而习之，磋磨沉吟，是深知箇中不易。

五、《易经》之于赵松庭的教书育人

《易经》第四卦为《蒙卦》，这是一个与教育相关的卦，展示“蒙”的形势下各种变化的可能性：

蒙（䷃）

亨。匪我求童蒙，童蒙求我。初筮告，再三渎，渎则不告。利贞。

初六：发蒙，利用刑人，用说桎梏，以往吝。

九二：包蒙吉；纳妇吉；子克家。

六三：勿用取女；见金夫，不有躬，无攸利。

六四：困蒙，吝。

六五：童蒙，吉。

上九：击蒙；不利为寇，利御寇。

《蒙卦》异卦相叠，下卦为“坎”，上卦为“艮”。“艮”是山的形象，喻阻喻止；“坎”是水的形象，喻险喻难。卦形为山下有险，仍不停止前进，是为蒙昧，故称《蒙卦》。但若能知阻知险，把握时机，行动切合时宜，乃一具有启蒙和通达的卦象。

《蒙卦·象》曰：“山下出泉，蒙。君子以果行育德”。“象”总是大于思想，故得以仁智互见。卦象需要的往往是再三地揣摩斟酌，不同的情势即便对同一个人也会产生不同的启示作用，这也是荣

①《风俗通义·声音卷六·笛》：“笛篴同。谨按乐记：武帝时丘仲之所作也。笛者，涤也，所以荡涤邪秽，纳之于雅正也。长二尺四寸，七孔。其后又有羌笛。马融《笛赋》曰：近世双笛从羌起，羌人伐竹未及已，龙鸣水中不见己，截竹吹之音相似，剡其上孔通洞之，材以当挝使易持。京君明贤识音律，故本四孔加以一，君明所加孔后出，是谓商声五音毕。”

格当年所谈到的专业感受[①]。赵松庭在该卦及爻辞中曾经体会到的是“知变”与“应变”，即正确理解变化的规律并灵活应对。提醒自己和学生们在面对社会和政治上的变迁时，能够洞察时代趋势，灵活调整自己的策略和行为，从而在复杂的社会环境中保持自我，实现价值。他在该卦及爻辞中体会到的还有教育中应有的包容性，果断和一往无前；或许还有童蒙启智的“舍我其谁”式的使命感，以及教育途中坎坷之后的广阔前景。“文革”期间，赵松庭的演奏生涯被迫中断，并被打入“牛棚”。在艰苦的岁月里，在看着自己艺术生命受阻的时候的不同凡俗之处，就在于他表现出来的另觅蹊径，退居幕后，甘作春泥的心胸。他转向教学，开始专业化地培养笛乐人才。他说：“当已取得一定成就，但前有大山阻路时，则应努力培育新人作好长期奋斗的准备，是为‘蒙’（䷃）”。[②] 尤其值得注意的是他在《蒙卦》抄录手记中，还特意在卦和爻辞后写下了“山高水深，育蒙谆谆”的八字感触体会。（请参见本书中赵松庭《易经》手稿中的第四卦《蒙》）他的意思是很明晰的，在其时山高水深的受阻环境中，他立志要转向笛子的启蒙教学，要谆谆教诲，不厌其烦。“山下出泉”，泉水始流出山，初时流速迟缓凝涩，正如蒙稚渐启。又山下有险，蒙昧不明，其时启“蒙”为当务之急。“君子”抱持果决必行的信念，拓治“蒙”之道，则必使细泉渐汇成江河，终究呈磅礴之势，是为此卦象之虽凶险却终能“贞”“亨”“通”“达”者也。

赵松庭希望和更多的学笛人分享自己的教育启蒙心得，他在《笛艺生涯五十春》中说：

（笛子）的演奏技术经过历代无数演奏者的摸索，已积累了不少宝贵的经验。一个善于学习的人是会从多方面吸收前人的经验来丰富自己的。对于一个初学吹笛的人来说，最好先找一个老师，一个善于把自己的和别人的经验都传授给学生的老师。而这样的老师，也总是希望自己的学生能从多方面汲取营养的。因此，他不但会把自己的好经验毫无保留地教给学生，也一定会引导学生更好地吸收旁人的先进经验。因为只有这样，才能一代胜过一代，做到青出于蓝而胜于蓝。

赵松庭对《易经》的深入研究，使他能将《易经》的哲学思想与竹笛领域的教学育人结合起来，提出了不少真知灼见。在《中国笛子艺术的继承与发展》“龙的形象所包含的哲学思维”段落中，更是有一段他直接援引《易经》智慧说笛、笛艺和笛德的珍贵的文字：

笛子本身的形象，是一条小龙，是易卦中的‘初九’。初九潜龙，九二见龙在田，九五飞龙在天，上九亢龙有悔，龙的形象即古典哲学‘易经’阐明的乾卦之象。乾象曰：‘天行健，君子以自强不息。’自强不息乃中华民族的传统精神，也是笛子艺术的传统精神。龙性刚健进取，但决不盲动：潜龙勿用，当前程充满艰险时，则屯聚积蓄力量，不丧其志，是为‘屯’（䷂）；当已取得一定成就，但前有大山阻路时，则应努力培育新人作好长期奋斗的准备，是为‘蒙’（䷃）；当事业顺利，前程坦荡时，则必须‘终日乾乾，夕阳若是为乾之九三’；当事业大成，德高望重时，则必须防止骄傲自满，亢龙有

① 参见荣格，《易经与中国精神》：“卦爻与成卦时的情境相契合这种假设，蕴含了我所谓的同时性这个看上去非常奇怪的概念，这概念所主张的观点正与因果性所主张的观点相反，后者只是统计学上的真理，并不是绝对的，这是一种作用性的臆说，假设事件如何从那样演化到这样。然而同时性原理却认为事件在时空中的契合，并不只是几率的作用而已，它蕴含更多的意义，一言以蔽之，也就是客观的事件之间，以及它们与观察者主观的心理状态间，有一特殊的互相依存的关系。”参见 https://www.toutiao.com/article/6585650 89156571651/。

② 赵松庭，《中国笛子艺术的继承与发展》，1992 年。参见 https://www.huain.com/article/dizi/2023/0302/1698.html。

悔，是为乾之上九；龙性充满自信，不受消极因素的干扰，但力求自身的行动符合客观规律；当处在低位时，看到否极泰来，是为‘复’（䷗）；当处在中低位时，则勇于拼搏，是为‘师’（䷆）；当处在中高位时，则以‘谦’（䷎）为最大美德；“谦则无往而不利，它是中华民族最推崇的德性，其象征是身如山之崇高，却愿从平地之中；当周围动荡不安时，却能洁身自好，自得其乐，是为‘豫’（䷏）；当处在高位，德高望重时，能团结周围，平易待人，是为‘比’（䷇）；最要不得的是孤身处高位以权威自居，傲视一切，盛气凌人，刚愎自用是为‘剥’（䷖）。孔子曰：“虽有周公之才之美，使骄而且吝，其余不足观也已！

在这段话中，赵松庭非常清楚地表述了自己在《易经》中所习得的终身遵循的一些人格楷模和行事准则。并认为这种“龙的精神，所体现的易象（或哲学思维）”，是值得笛艺爱好者或专业者深思的。

赵松庭从不视《易经》仅可用于占卜，而是一个包含着深邃哲学思想的经久不变的智囊。他熟知《易经》中的“变化”原则，认为这是理解复杂世界的关键。他将《易经》的原则应用于音乐教学育人，提出了许多新理念。认为好的音乐工作者需要像《易经》展示那样能够理解和适应变化，从而更好地解决问题和抓住机遇。他还能用现代人的语言和观点解读《易经》，使这本古老的书籍中的观点更容易被现代学生理解。他的讲解运用深入浅出，能够将《易经》的深奥思想转化为生活中的实际智慧。他的努力使得《易经》这门古老的学问在现代音乐的研究领域中焕发出新的活力，无论对学生的个人发展还是整个笛子乐坛都可以有积极的启示和升华。

六、《易经》与音乐的灵魂碰撞

古老的《易经》智慧给予后代无尽的积淀发挥空间，因为赵松庭喜欢引《易》据典，以前笔者也曾在饭后茶余多次问询谈及《易经》的“易”，到底在什么具体层面上可以与其毕生从事的音乐本身相联系。

首先讨论的当然是《易经》与乐教之间有着深刻的联系。中国是世界上最早以乐为教育和教化的工具的国家。《尚书・舜典》中已经有“使夔典乐，教胄子”以乐为正式教育的记载了。《周礼》大司徒所掌的全国性教育，包括地方学校和民众教育，乐教已在其中，以乐善民心，移风易俗。赵松庭对乐教的认识和实践是水到渠成的。上面章节中已经有所论及。

乐教在中国始终与《易》携行。尽管《易经》本身主要是一部哲学和占卜的经典，并不直接涉及音乐教育，但其哲学思想和对宇宙万物规律的阐述，很大地影响了中国传统音乐教育的理论与实践。《易经》中的五行思想（金、木、水、火、土）与中国古代的五音（宫、商、角、徵、羽）相对应。这也影响了中国音乐的调性和音阶系统。简言之，赵松庭认为：《易经》的“易”，意味着自然的变化与转换，它在哲学、宇宙观、人生态度等多个层面上体现了事物的发展变化规律，《易经》作为古代的智慧，应该是渗透体现在各个领域的。音乐作为一种艺术形式，本身就包含并体现着丰富的变化和动态的流转，这也可视作《易》通过音乐元素的一种概念展现，是互为表里的，或者说这起码使得《易》的智慧或概念与音乐有了合理的可类比性。

1. 和谐的原则。“易”强调阴阳相合、动静相宜的和谐之道。体现在音乐中，那就是和声、节奏和旋律的平衡。在音乐创作和演奏中，通过不同音高、强度、节奏的组合与变化，达到和谐美感的效果，这与《易经》强调的自然法则与和谐原则相吻合。

2. 变化无常的美学。《易经》中的“变”意味着一切事物都在不断地变化中，这种变化无常的哲学思想可以与音乐的变化相联系。音乐通过旋律、和声、节奏等元素的变化，创造出动态的美感和情感的流动，而正是这种变化赋予了音乐生命力和魅力。

3. 对立统一。“易”中的阴阳思想认为对立统一是事物发展的基本规律。在音乐中，通过对比和冲突（如主题与对立主题、强音与弱音、快板与慢板）的设定，创造出丰富的音乐表现力和深度，这与《易经》对立统一的观点有着相似之处。

4. 预示与象征。《易经》通过六十四卦象的不同组合来预示和解释宇宙和人生的各种现象，这种象征和预示的方法在音乐中就是音乐中的主题发展和变奏。音乐通过主题材料的展开、变奏和复现，传达特定的情感和故事，这种象征性的表达与《易经》的象征和预示相呼应。

5. 流转与循环。“易”强调万物皆处于一个循环往复之中的流转状态，这在音乐里就是与音乐形式中的重复与循环（如奏鸣曲式、回旋曲式）相联系。通过音乐主题的重复与变化，体现生命的循环和时间流转的音乐美学观念……

以上诸点，不过零星随意间谈及，赵松庭置于首位的，笔者以为还是《易经》所独特的与音乐的语言和律动之间所包含着的深刻的内在联系，它们都体现了自然和人类生活中变化与和谐的普遍规律，音乐的旋律节奏——尤其是通过一根竹笛流动出来的音声，为他开辟了理解世界和表达情感的独特途径。这就是说，《易经》曾通过其深奥的哲学思想，为中国古代音乐提供了理论基础和创作灵感，它将音乐与宇宙万物紧密相连，认为音乐能够反映和调和天地间的秩序。这种思想不仅深化了人对音乐本质的认识，也使得音乐成为连接人与自然、人与宇宙，个人与社会的桥梁，体现了中国人对音乐艺术的独特理解和追求——这种理解和追求，在赵松庭的创作和演奏中，是无所不用其极的，它们浸润在《火车向着韶山跑》《采茶忙》这些具有浓郁时代特色的创作中，也流淌在《早晨》《婺江风光》《幽兰逢春》《鹧鸪飞》这些心灵历程的倾诉和自我激励、时空感慨中。在“牛棚”里，赵松庭将《延安座谈会上的讲话》反复研读至倒背如流，他在投入、融入时代上所作的努力是超于常人想象的。而每当登高望远，发思古之幽情，惜人生之短暂，叹宇宙之无穷之时，也总能自我平衡，义无反顾。他的曲子或古朴深沉，或流利悠远，或婉转幽咽，或委婉细腻，或激昂驰骋，或闲雅恬淡，或清俊温润，或粗犷豪放——人生滋味，千变万化不出一个“情”字。赵松庭吹笛，一直以吹情为本①。他衡量一个作品成功与否的标准是有情，且是“情动于中”的真情。这个“情”，用他自己的话来说是“涵括极其丰富”的。笛子吹出的乐音既然是他与自然、宇宙和社会的交流，情“真”意切也便是唯一的自然选择了。而且我们还应该特别留意到，“真”的哲学意味极其深厚，熟悉宋明理学的人都知道，“真”者，在中国的哲学中就意味着本性，而如前文所述，此“性”来自天地本源，天人合一。这也是和《易经》智慧千丝万缕联系之所在。

七、赵松庭笛艺系统思维模式的架构

先是，混沌初开，天地洪荒，生命诚惶诚恐，揣测祈祷运行变幻的自然的启示，以安身立命。《易》的卜筮是其时最高智慧的记载。至今，在自然面前，即便现代科技日新月异，人类依旧是沧海中之一粟。人与自然的关系既依旧，那《易经》在数理卜筮这一领域中的智慧就仍然与日月同行，历久弥新。赵松庭于《易经》数理这一块也颇有己见，时有妙语连珠，发人深省。因牵涉甚广，这里就

① 1964年，著名音乐家李凌在《文汇报》上曾撰文《吹情》评论赞许。

先略过不谈了。

纵观赵松庭一生及艺术生涯,《易经》系统思维模式对赵松庭笛艺系统思维模式的泽惠和影响显而易见。他研究笛子,绝不仅是着眼于笛子的一点一线一面,他用的就是一种多维度全方位的综合系统研究法:他是笛曲作家,笛子演奏家,笛子工匠艺人,笛子科技研究者,笛艺鉴赏者,笛艺评判员,笛子戏剧作家……他的研究目光所及,不仅有笛子在中国音乐史和文化史中的上下左右、前后里外,还有与国际器乐的古今比并、一较长短。从自然科学领域到意识形态范畴,从文化到科技,从殿堂到民间,从教到学,从乐曲到演奏,从制作到观赏,从发掘到革新,……自认不分南北,无论东西;名性制度,材料音色,事无巨细,择优相向。形而上抑或形而下,但凡与笛子相关,无有不及。如此,从笛子的形与神,声与色,风与骨,自有成笛在心;虚实相生,挥洒泼墨,牵立于天地之间,龙吟凤鸣,踌躇满志……

从赵松庭所著的《凤箫龙笛溯源》、《横笛的频率计算与应用》、《温度与乐器音准问题》、《一种古老而新颖的民族乐器——同管双笛》(上、下),《中国笛子艺术的继承和发展》等一应研究论文中,从《笛艺春秋——赵松庭笛曲·文论集》等自传文字中,从他创作的笛子乐曲中,对笛艺教学的系统化、规范化的探索中,我们看到他所有的研究和创作都是建立在其厚实的人文基础和扎实的数据调查演算等现代科学的方法之上的。

系统思维模式是一种格局。毫无疑问,是系统思维模式使赵松庭能够认识到事物之间的内在联系。使他具有了洞察事物本质的综合性系统思维能力。以全局的视角来观察问题,能跨越不同领域和学科,统一执万,尤其是他的热爱和无怨无悔,将中国笛乐推向了艺术化、典雅化、学术化、系统化的全面高峰。"笛乃小技,但这只是一个谦词或贬词。任何艺术都有它自己的汪洋大海,微观不过一滴,宏观则无尽"[①]。正如他自己说的那样:

演奏艺术是"声"与"情"的结合体,"声"是条件,"情"是根据,要使演奏成为艺术,必须做到声情并茂。"声"属于自然科学范畴,"情"属于意识形态范畴。也就是说,要掌握与艺术有关的自然科学,要从感性到理性不断深化、认识、渗透、理解、融化与艺术有关的社会科学。具体地说,演奏中的技能训练,一般属于自然科学范畴,如乐音三要素(音调、音品、音量)的掌握与训练,节奏训练、指法训练、呼吸训练、唇舌训练、视觉训练、听觉训练等与之有关的学科为"律学""声学""生理学""材料学"等,除此以外的必要修养,一般属于意识形态范畴,如风格的掌握与创新,艺术形象的塑造,更美、更强烈、更理想、更集中、更典型地反映生活等与之有关的学科为文学、史学、哲学、美学、心理学等。以上都属于演奏艺术应包括的内涵。如何将二者结合起来,科学地、规范地编制大纲、设计教材,拟订规划、落实措施则又是一门教育科学,是笛艺内涵中既独立又联系的一个方面。如何使乐器本身进一步提高它的表现力,则应是以声学为主但又不能忽略横向联系的学科,也是笛艺内涵中既独立又联系的一个方面。演奏艺术的内涵极为深远广阔,学海无涯,艺无止境,艺术水平的高度与掌握艺术内涵的深度、广度成正比。[②]

① 赵松庭,《中国笛子艺术的继承和发展》,1992年。参见https://www.huain.com/article/dizi/2023/0302/1698.html。

② 同注①。

另外，赵松庭与其他音乐人相较，极罕见地花大量时间钻研《易经》，就此一事本身，也可以看到思维模式对他的纵览博取而集于一笛的导引力——行文至此，再综合回顾前面讨论的种种，广汲博取、深受《易经》泽被的赵松庭笛艺系统思维模式，当可窥一斑而确实无误了。

赞曰：陋室薄酒，三杯两盏，师生相谈甚欢；卷不释手，曲不离口，无悔一笛春秋。烟笼茶冷，横纵棋盘，笑观人生易变；《二凡》激越，《幽兰》低婉，功过来者评谈！

2024年春于美国佐治亚州迪滕溪村居

《铁笛李謩传奇》（剧本）手稿

赵松庭

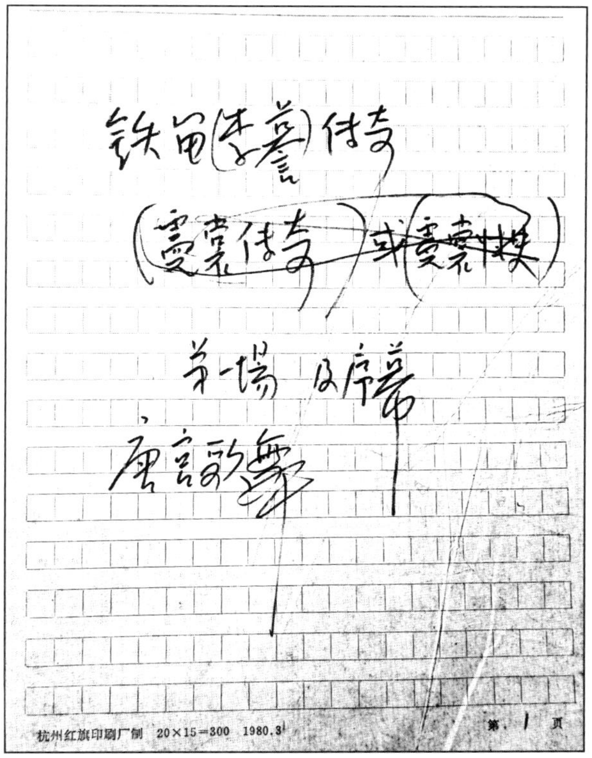

1

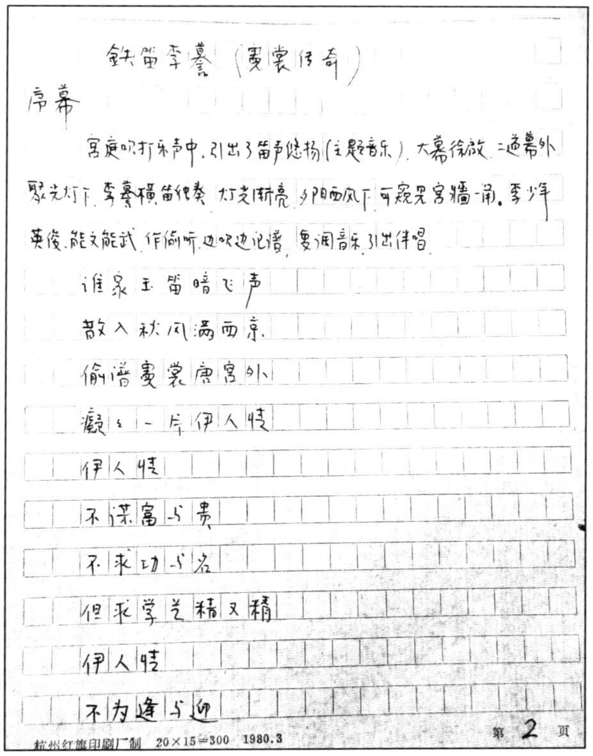

2

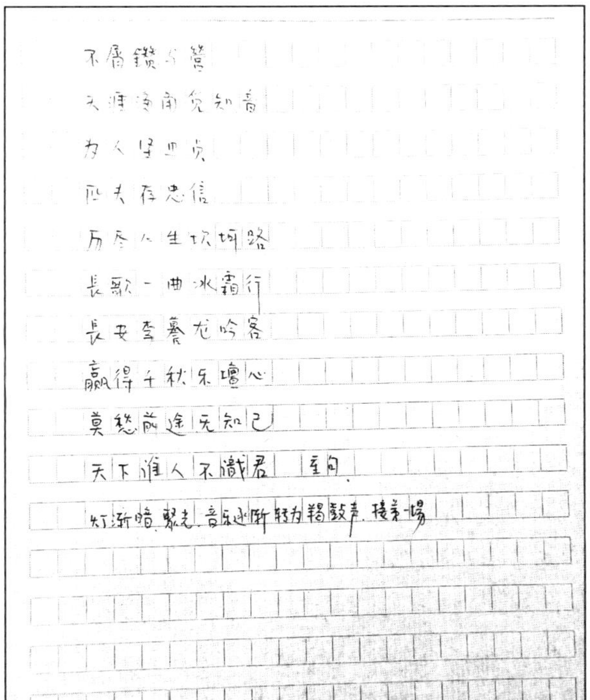

3

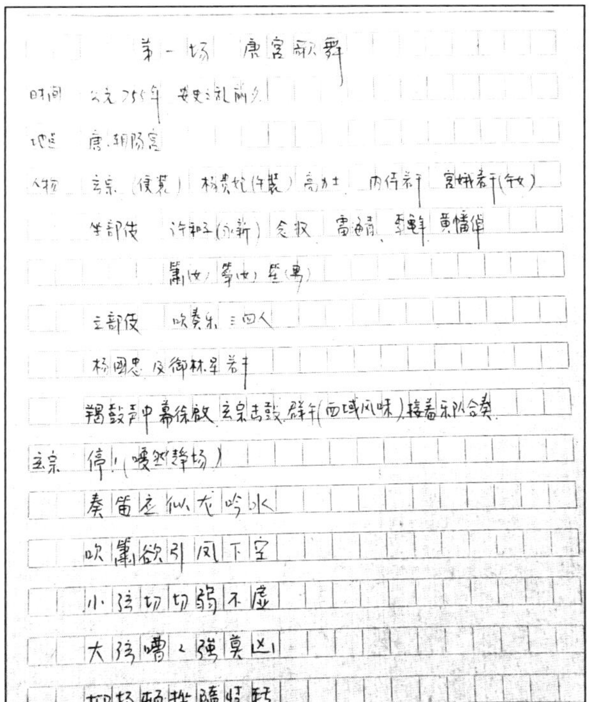

4

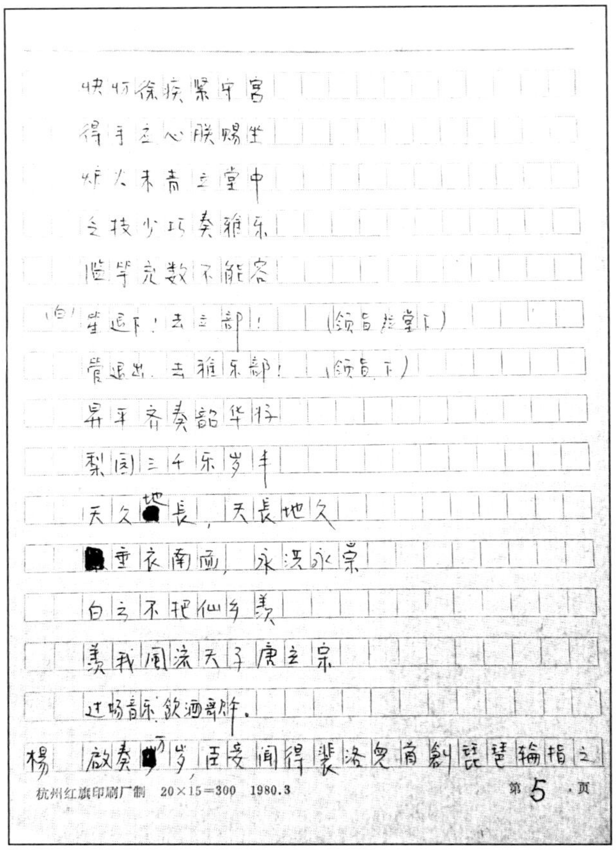

快竹徐疾紧宁宫
得手应心朕赐坐
炼火未青之堂中
之技少巧奏雅乐
临毕完数不能容
（白）坐退下！去立部！（领旨走堂下）
曾退出，去雅乐部！（领旨下）
升平齐奏韶华好
梨园三千乐岁丰
天久地长，天长地久
垂衣南面，永沃永宗
白云不把仙乡羡
羡我风流天子唐玄宗
过场音乐，饮酒欢舞。
杨　启奏万岁，臣妾闻得裴洛儿首创琵琶轮指之

杭州红旗印刷厂制　20×15=300　1980.3　第 5 页

5

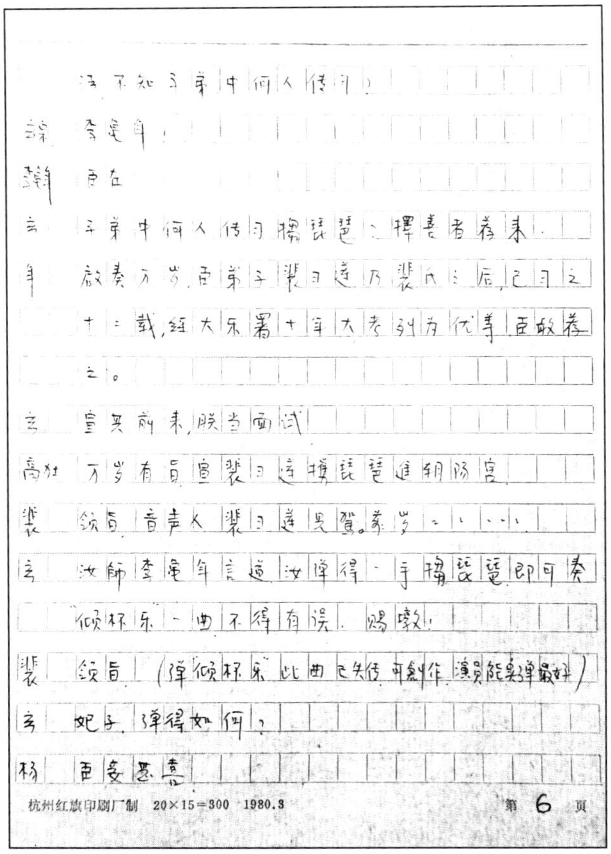

法，不知子弟中何人传习？
宣　李龟年！
龟年　臣在
玄　子弟中何人传习搊琵琶？择善者荐来。
年　启奏万岁，臣弟子裴日逵乃裴氏之后，已习之十二载，经大乐署十年大考列为优等，臣敢荐之。
玄　宣其前来，朕当面试
高力士　万岁有旨，宣裴日逵携琵琶进朝阳宫。
裴　领旨。音声人裴日逵见驾。万岁万万岁。
玄　汝师李龟年言道汝习得一手搊琵琶，即可奏《倾杯乐》一曲，不得有误。赐坐！
裴　领旨。（弹《倾杯乐》此曲已失传，可创作，演员能自弹最好）
玄　妃子，弹得如何？
杨　臣妾恭喜

杭州红旗印刷厂制　20×15=300　1980.3　第 6 页

6

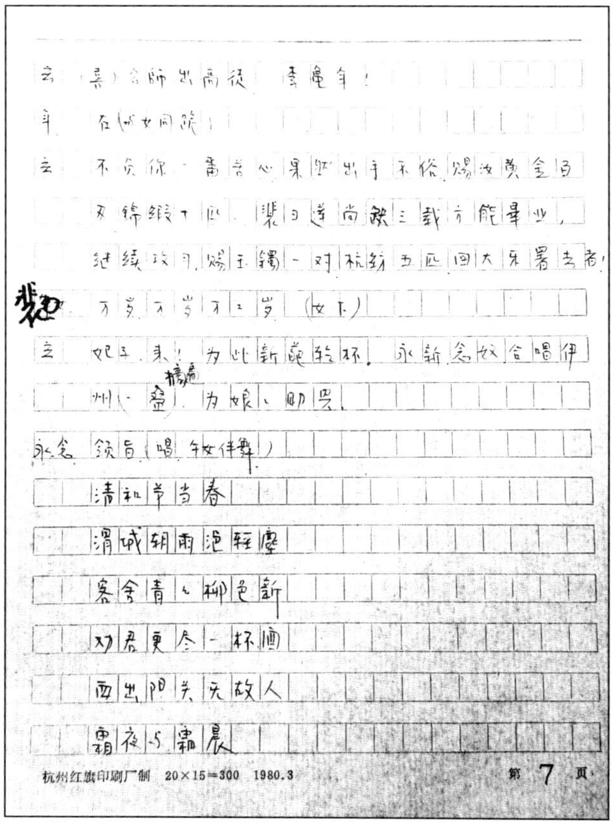

玄　（喜）名师出高徒，李龟年！
年　在（与女同跪）
玄　不负你一番苦心，果然出手不俗，赐汝黄金百两、锦缎十匹。裴日逵尚缺三载方能毕业，继续攻习，赐玉镯一对、杭纺五匹，回大乐署去者！
裴　万岁万岁万万岁（女下）
玄　妃子，来！为此新瓷干杯。永新念奴合唱伊州一叠（摘遍），为娘娘助兴。
永念　领旨（唱，女伴舞）
清和节当春
渭城朝雨浥轻尘
客舍青青柳色新
劝君更尽一杯酒
西出阳关无故人
霜夜与霜晨

杭州红旗印刷厂制　20×15=300　1980.3　第 7 页

7

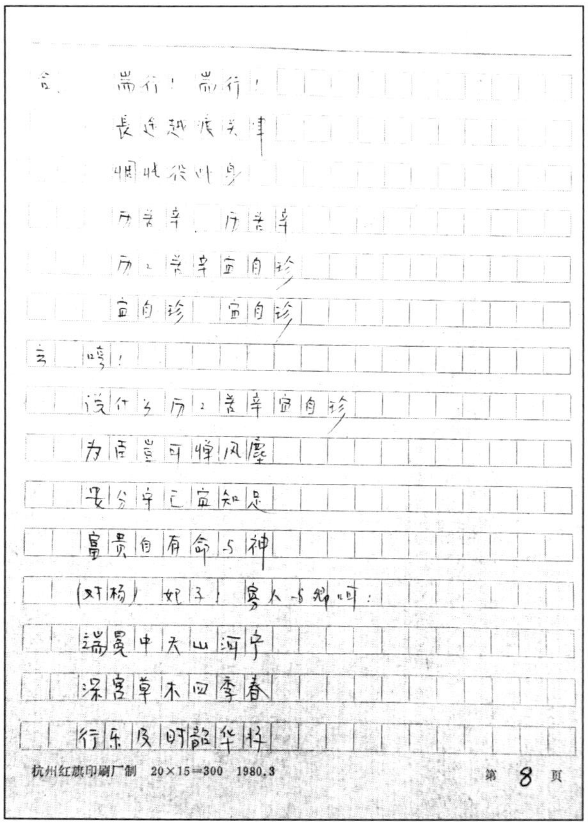

合　遄行！遄行！
长途越度关津
惆怅役此身
历苦辛，历苦辛
历历苦辛宜自珍
宜自珍，宜自珍
玄　哼！
说什么历历苦辛宜自珍
为臣岂可惮风尘
安分守己宜知足
富贵自有命与神
（对杨）妃子，寡人与卿呵：
端冕中天山河宁
深宫草木四季春
行乐及时韶华好

杭州红旗印刷厂制　20×15=300　1980.3　第 8 页

8

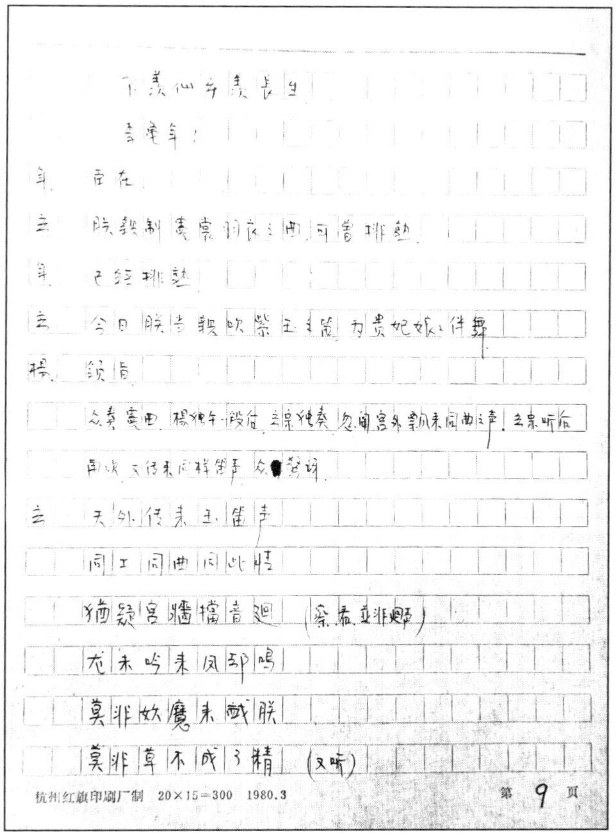

不羡仙乡寿长生
喜尧年！

年　臣在
主　朕新制霓裳羽衣之曲，可曾排熟
年　已经排熟
主　今日朕亲吹紫玉之笛，为贵妃娘娘伴舞
杨　领旨
众奏霓曲，杨妃舞一段后，主独奏，忽闻宫外飘来同曲之声，主停听后再吹，又传来同样笛声，众惊讶
主　天外传来玉笛声
同工同曲同此情
犹疑宫墙墙音廻（察看，并非回声）
龙未吟来凤却鸣
莫非妖魔来戏朕
莫非草木成了精（又听）

杭州红旗印刷厂制　20×15=300　1980.3　第 9 页

9

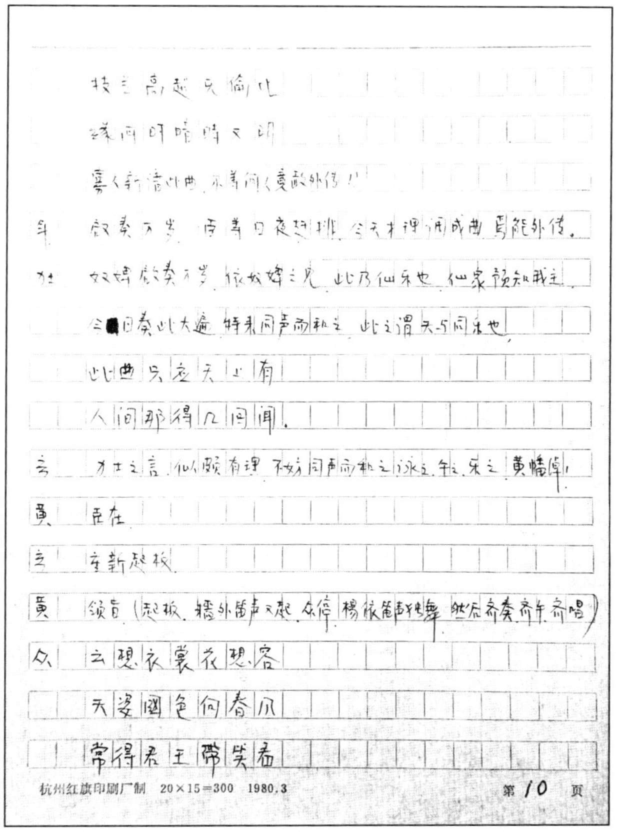

技之高超无伦比
[illegible]
寡人新谱此曲，不肖何人竟敢外传！
年　启奏万岁，奴才日夜练排，今天才理出成曲，岂能外传。
力士　奴婢启奏万岁，依奴婢之见，此乃仙乐也，仙家预知我主今日奏此大曲，特来同声而和之，此之谓天下同乐也，
此曲只应天上有
人间那得几回闻。
主　力士之言，似颇有理，不妨同声而和之，咏之，舞之，乐之，黄幡绰！
黄　臣在
主　重新起板
黄　领旨（起板，墙外笛声又起，众停，杨依笛声独舞，然后齐奏齐舞齐唱）
众　云想衣裳花想容
天姿国色向春风
常得君王带笑看

杭州红旗印刷厂制　20×15=300　1980.3　第 10 页

10

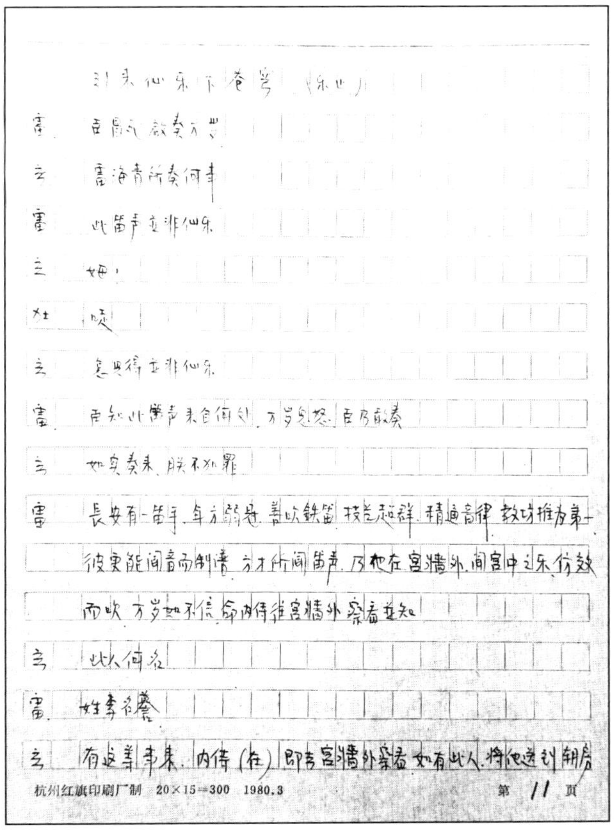

引来仙乐下苍穹（乐止）
雷　臣启启奏万岁
主　雷海青所奏何事
雷　此笛声并非仙乐
主　嗯！
力士　咦
主　怎见得并非仙乐
雷　臣知此笛声来自何处，万岁息怒，臣方敢奏
主　如实奏来，朕不怪罪
雷　長安有一笛手，年方弱冠，善吹铁笛，技艺超群，精通音律，教坊推为第一，彼更能闻音而制谱，方才所闻笛声，乃他在宫墙外，闻宫中之乐，仿效而吹，万岁如不信，命内侍往宫墙外察看並知
主　此人何名
雷　姓李名谟
主　有这等事来，内侍（在）即去宫墙外察看，如有此人，将他送到朝房

杭州红旗印刷厂制　20×15=300　1980.3　第 11 页

11

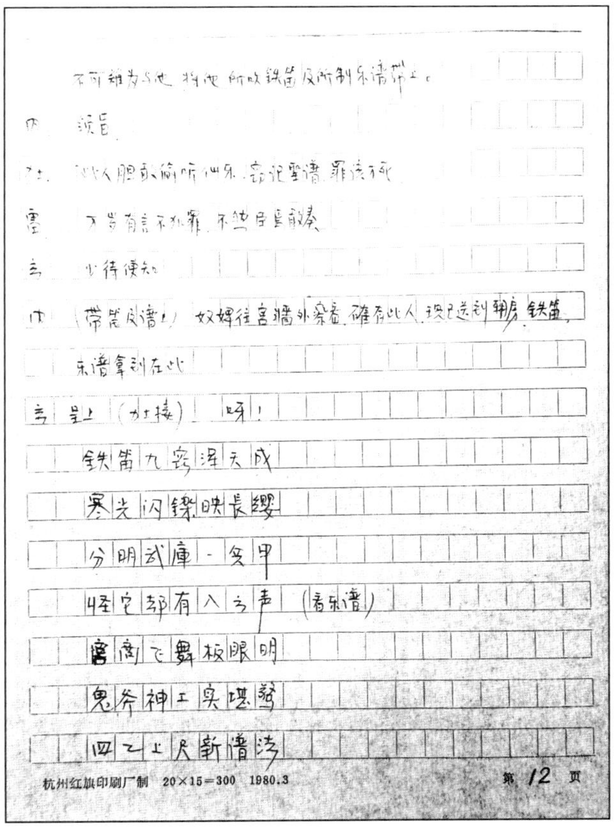

不可难为与他，将他所吹铁笛及所制乐谱带上。
内　领旨
力士　何人胆敢偷听仙乐，窃记圣谱，罪该万死
雷　万岁有言不怪罪，不然臣岂敢奏
主　少待便知
内　（带笛及谱上）奴婢往宫墙外察看，确有此人，现已送到朝房，铁笛、乐谱拿到在此
主　呈上（力士接）呀！
铁笛九窍浑天成
寒光闪铄映長缨
分明武库一[illegible]甲
怪它却有八音声（看乐谱）
宫商飞舞板眼明
鬼斧神工実堪惊
四乙上尺新谱[illegible]

杭州红旗印刷厂制　20×15=300　1980.3　第 12 页

12

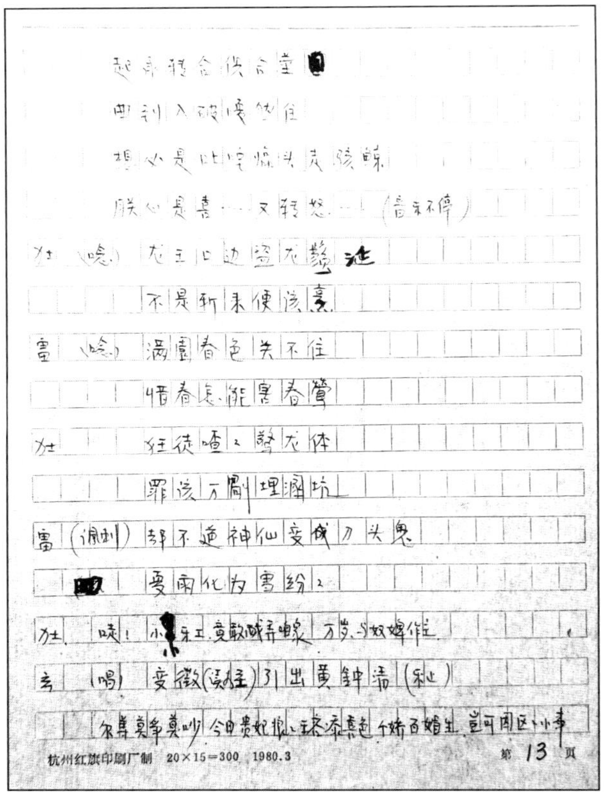

杭州红旗印刷厂制　20×15=300　1980.3　第 13 頁

13

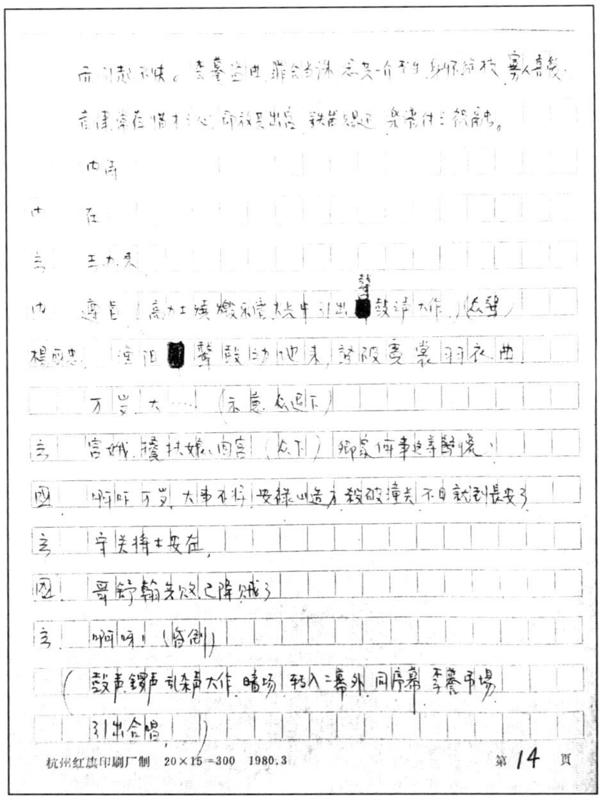

杭州红旗印刷厂制　20×15=300　1980.3　第 14 頁

14

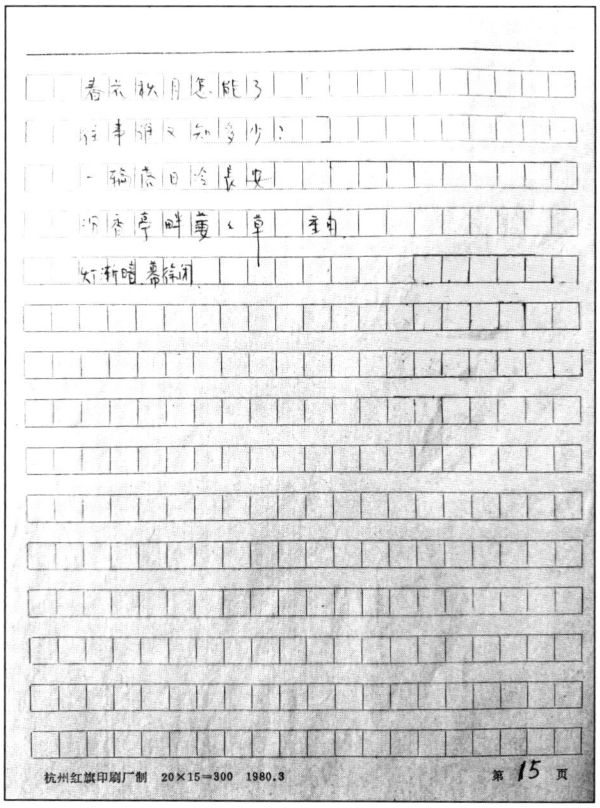

杭州红旗印刷厂制　20×15=300　1980.3　第 15 頁

15

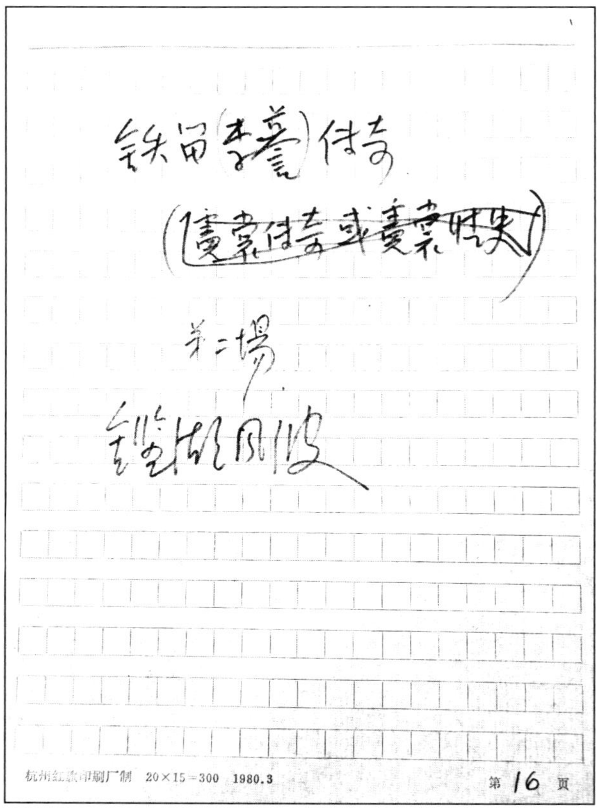

杭州红旗印刷厂制　20×15=300　1980.3　第 16 頁

16

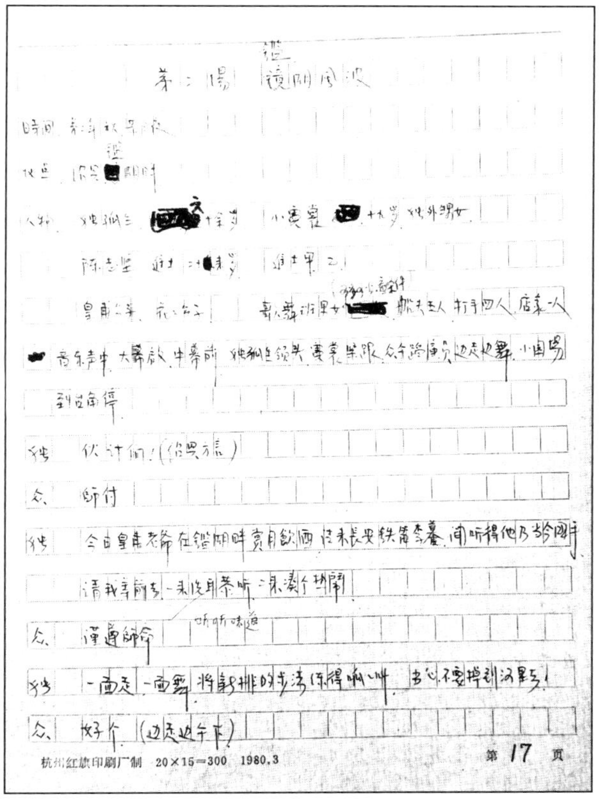

杭州红旗印刷厂制 20×15=300 1980.3 第17页

17

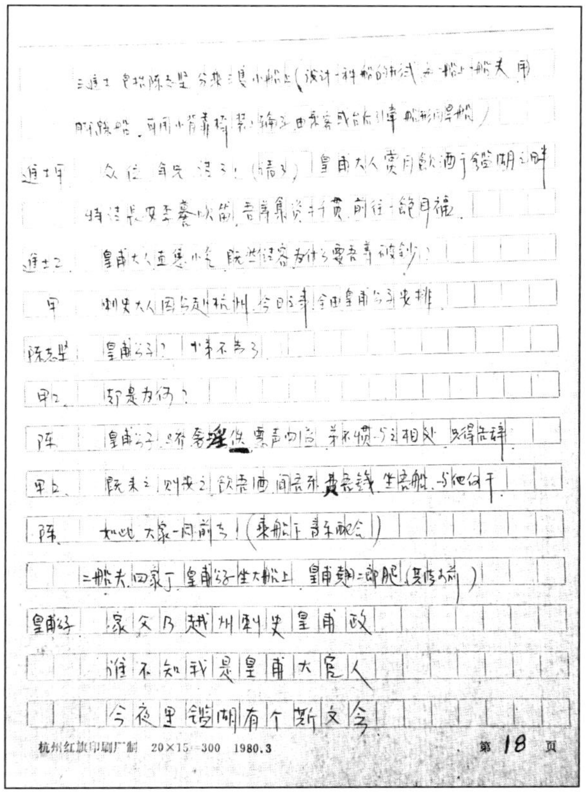

皇甫公子 家父乃越州刺史皇甫政

谁不知我是皇甫大官人

今夜里镜湖有个斷文会

杭州红旗印刷厂制 20×15=300 1980.3 第18页

18

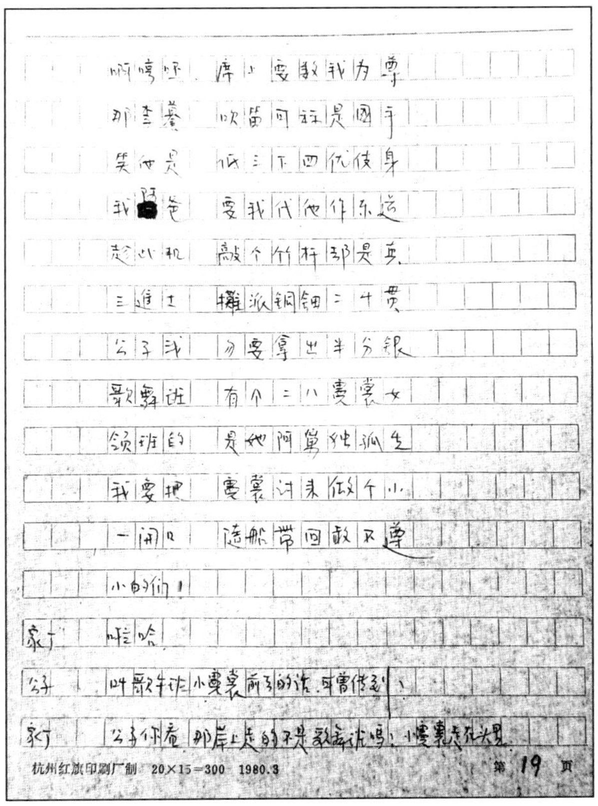

明朝呀 席上要敬我为尊

那李謩 吹笛同称是国手

笑他是 低三下四代役身

我爹爹 要我代他作东道

趁此机 敲个竹杠却是真

三进士 摊派铜钿二十贯

公子我 另要拿出半分银

歌舞班 有个二八霓裳女

领班的 是她阿爹独孤生

我要把 霓裳讨来做个小

一开口 随船带回做夫人

杭州红旗印刷厂制 20×15=300 1980.3 第19页

19

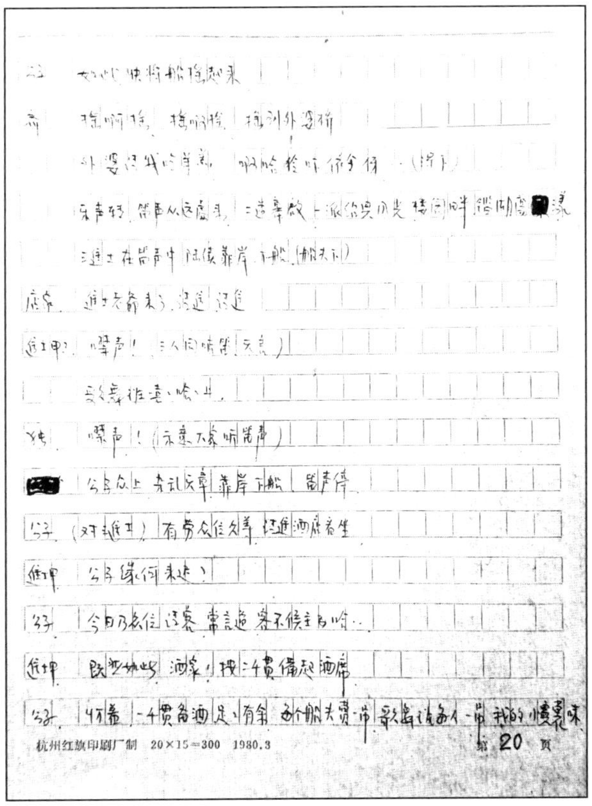

杭州红旗印刷厂制 20×15=300 1980.3 第20页

20

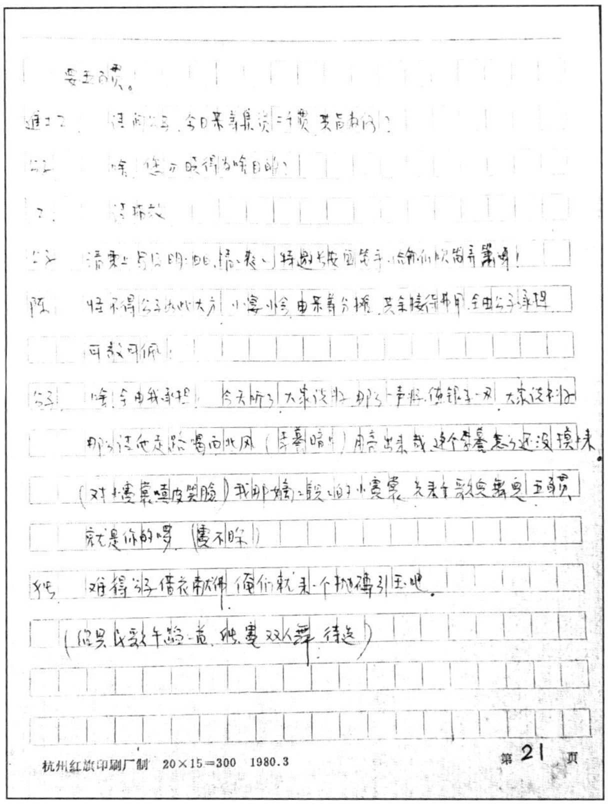

杭州红旗印刷厂制 20×15=300 1980.3 第21页

21

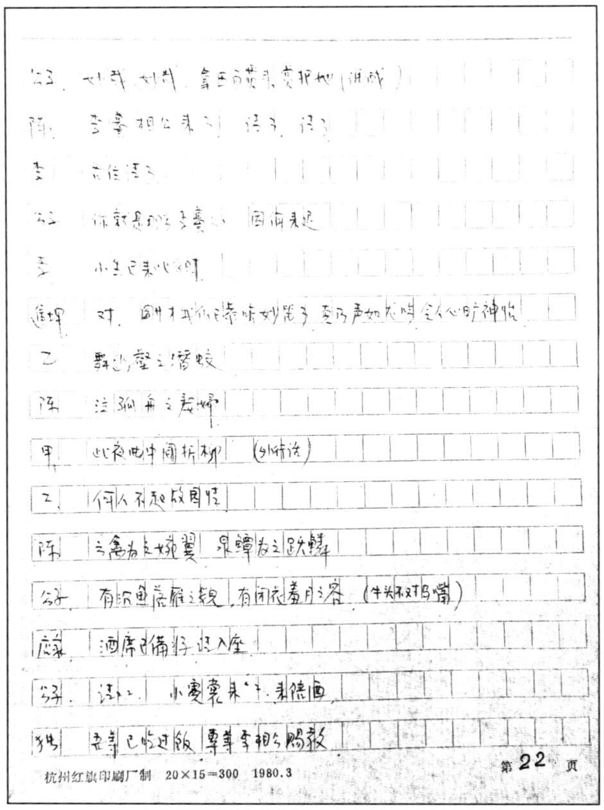

杭州红旗印刷厂制 20×15=300 1980.3 第22页

22

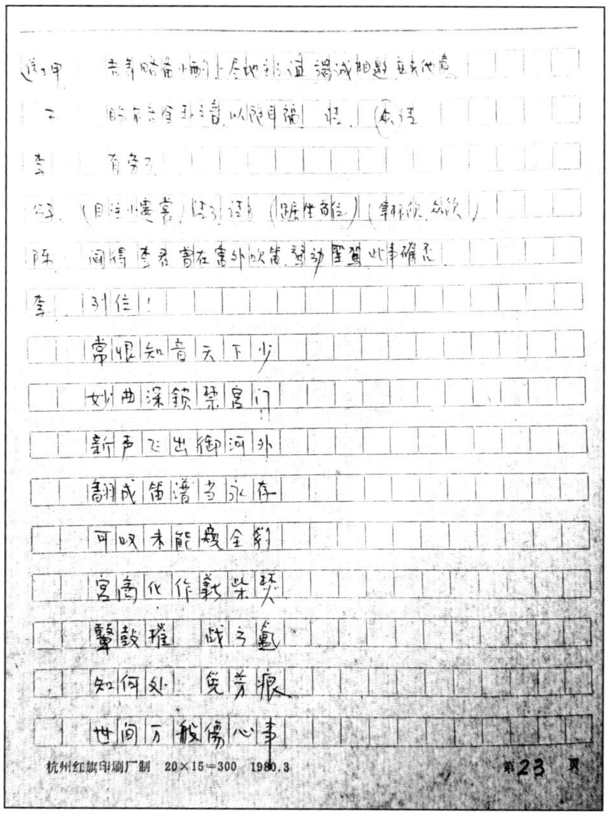

杭州红旗印刷厂制 20×15=300 1980.3 第23页

23

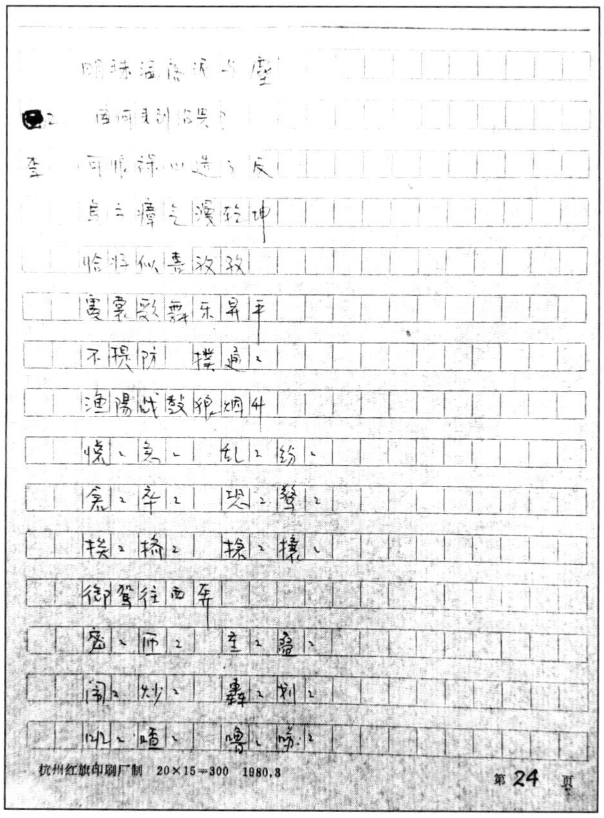

杭州红旗印刷厂制 20×15=300 1980.3 第24页

24

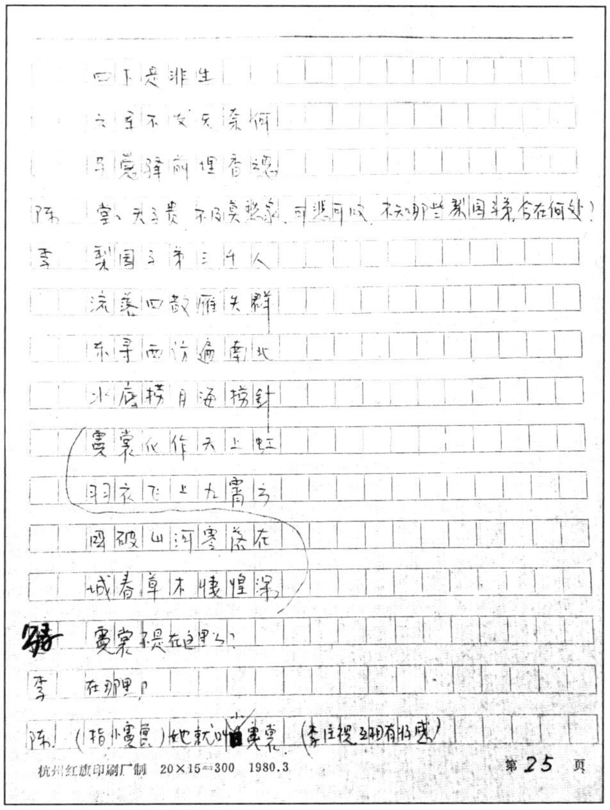
四下是非生
六军不发无奈何
马嵬驿前埋香魂
陈：宫人天子贵，不及美人(?)，可悲可叹，不知那些梨园子弟今在何处！
李：梨园子弟三千人
流落四散雁失群
东寻西访遍南北
水底捞月海捞针
霓裳化作天上虹
羽衣飞上九霄云
国破山河零落在
城春草木悽惶深
独：霓裳不是在这里么？
李：在哪里？
陈：（指怀恩）她就叫[■]霓裳。（李注视，互相有好感）
杭州红旗印刷厂制 20×15=300 1980.3 第25页

25

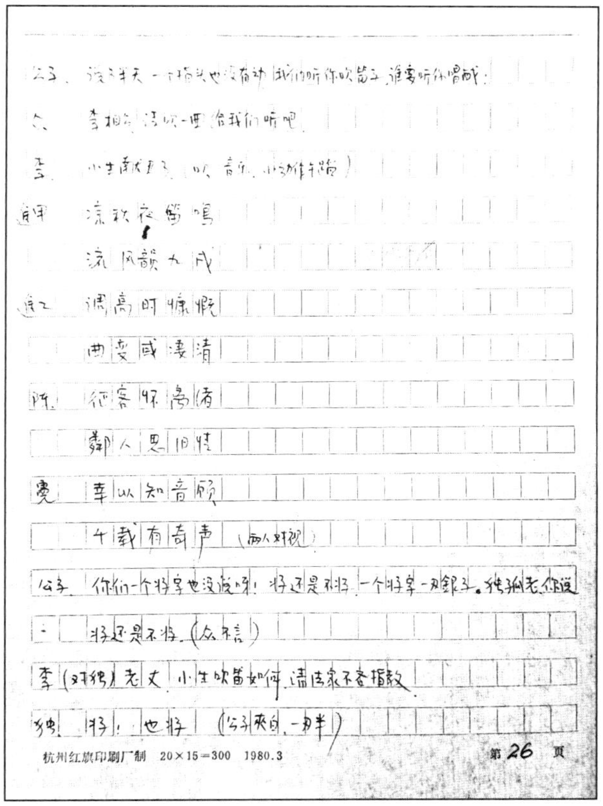
公子：说了半天，一个指头也没有动，我们听你吹笛子，谁要听你唱戏！
众：李相公，请吹一曲给我们听吧。
李：小生献丑了。（吹，音乐，小动作插）
独：凉秋夜笛鸣
流风韵九成
道之(?)：调高时慷慨
曲变或凄清
陈：征客怀离(?)情
邺人思旧情
霓：幸以知音顾
千载有奇声（两人对视）
公子：你们一个好字也没说呀！好还是不好，一个好字一两银子。独孤老，你说
好还是不好。（众不言）
李（对独）老丈，小生吹笛如何，请法家不吝指教。
独：好！也好（公子大白(?)，一身半(?)）
杭州红旗印刷厂制 20×15=300 1980.3 第26页

26

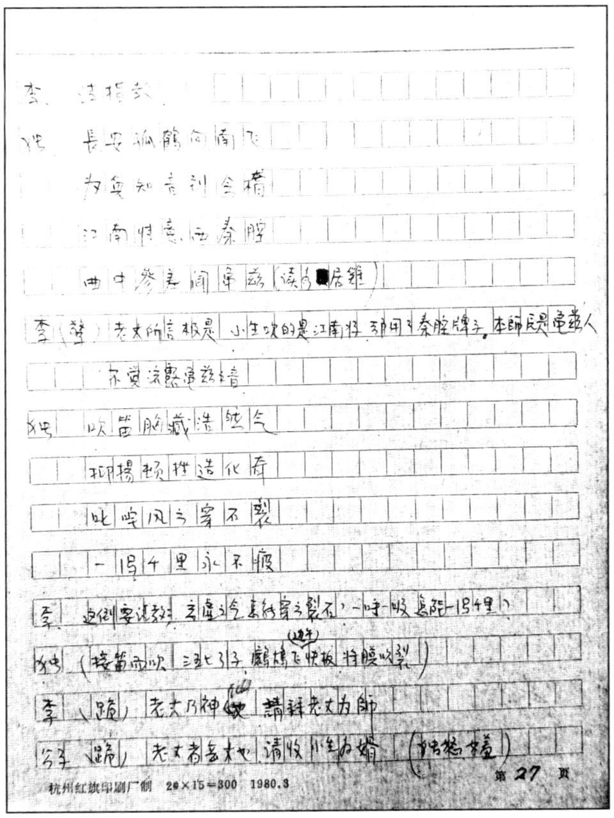
李：请指教。
独：长安孤鹤向南飞
为觅知音别会稽
江南情意西秦腔
曲中参差闻龟兹（读为[■]居雌）
李（惊）老丈所言极是，小生吹的是江南好，引用了秦腔牌子。本师乃是龟兹人
不觉流露龟兹杂音(?)
独：吹笛腔藏浩然气
抑扬顿挫造化奇
此笛风之穿不裂
一吹千里永不破(?)
李：这倒要请教，吉笛之今未能穿之裂否(?)，一呼一吸，追随一吹千里？
独：（接笛而吹，三五七弓子，鹧鸪飞快板，将笛吹裂）
李（跪）老丈乃神仙，请拜老丈为师。
公子（跪）老丈有玄术，请收小生为婿。（[illegible]）
杭州红旗印刷厂制 20×15=300 1980.3 第27页

27

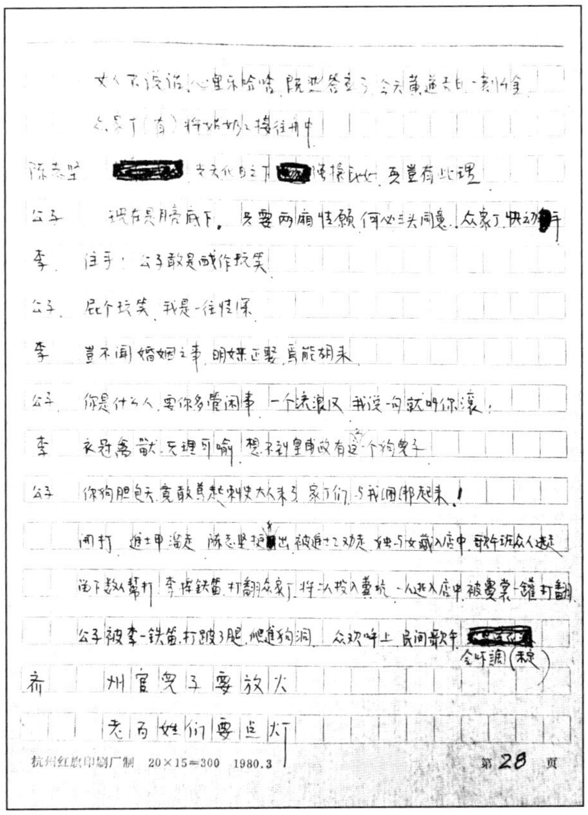
丈人不说话，心里乐哈哈，既然答应了，今天黄道吉日，一刻千金，
众家丁（有）将姑娘接往府中。
陈志坚：[■]光天化日之下[■]强抢民女，天岂有此理。
公子：现在是朕的天下，只要两厢情愿，何必三头同意。众家丁，快动手。
李：住手！公子敢是戏作玩笑。
公子：屁个玩笑，我是一往情深。
李：岂不闻婚姻之事，明媒正娶，焉能胡来。
公子：你是什么人，要你多管闲事，一个流浪汉，我说一句就叫你滚。
李：衣冠禽兽，无理可喻，想不到皇城故有这个狗男子。
公子：你狗胆包天，竟敢骂起刺史大人来了，家丁们，与我捆绑起来！
闹打，道士甲溜走，陈志坚被[■]出，被道士乙劝走，独与女藏入店中，歌舞伎众人逃走
留下数人帮打，李挥铁笛，打翻众家丁，将头按入粪坑，一人逃入店中，被霓裳一罐打翻，
公子被李一铁笛打跛了腿，爬进狗洞。众欢呼上，民间歌舞[■] 金竹调（未定）
齐：州官儿子要放火
老百姓们要点灯
杭州红旗印刷厂制 20×15=300 1980.3 第28页

28

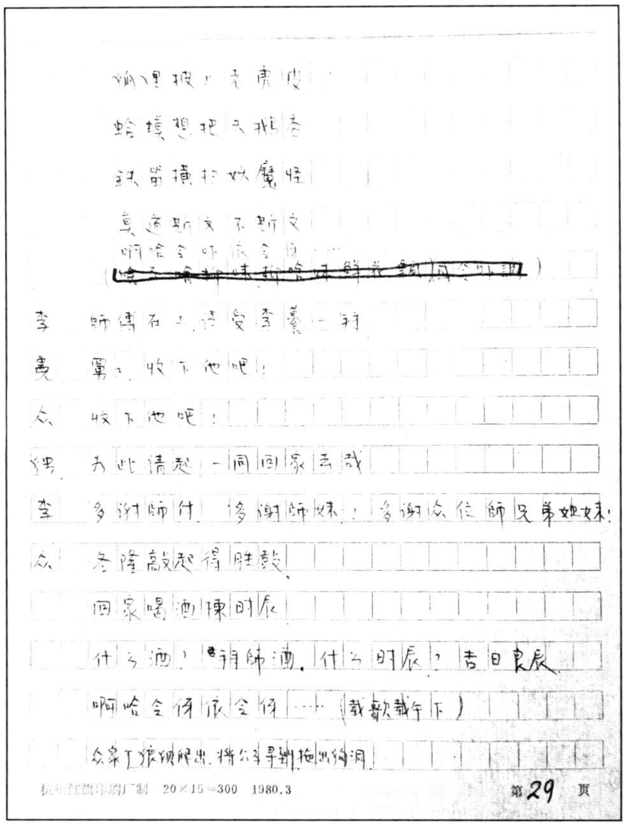
狐狸披上老虎皮
蛤蟆想把天鹅吞
铁笛横扫妖魔怪
真道斯文不斯文
啊哈今仔依今仔……
李　师傅在上，徒受李謩一拜
寰　罢了，收下他吧！
众　收下他吧！
独　为此请起，一同回家去哉
李　多谢师付，多谢师妹！多谢众位师兄弟姐妹！
众　冬隆敲起得胜鼓
回家喝酒拣时辰
什么酒？拜师酒。什么时辰？吉日良辰
啊哈今仔依今仔……（载歌载午下）
众家丁狼狈爬出，将公子寻到拖出狗洞
杭州红旗印刷厂制　20×15＝300　1980.3　第29页

29

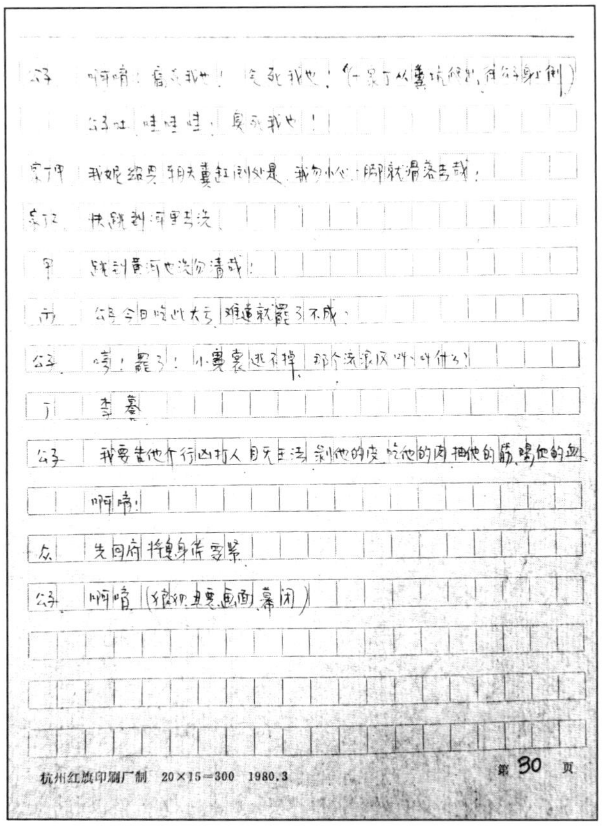
公子　啊唷！痛煞我也！气死我也！（一众家丁从粪坑爬出，将公子寻到）
公子吐，哇哇哇，臭煞我也！
家丁甲　我娘给我算命说我是，我勿小心一脚就滑落去哉！
家丁乙　快跳到河里去洗
甲　跳到黄河也洗勿清哉！
丙　公子今日吃此大亏，难道就罢了不成？
公子　哼！罢了！小寰裘逃不掉，那个流浪汉叫，叫什么？
丁　李謩
公子　我要告他个行凶打人目无王法，剥他的皮，吃他的肉，抽他的筋，喝他的血，啊唷！
众　先回府将息身体要紧
公子　啊唷（狼狈丑恶画面，幕闭）
杭州红旗印刷厂制　20×15＝300　1980.3　第30页

30

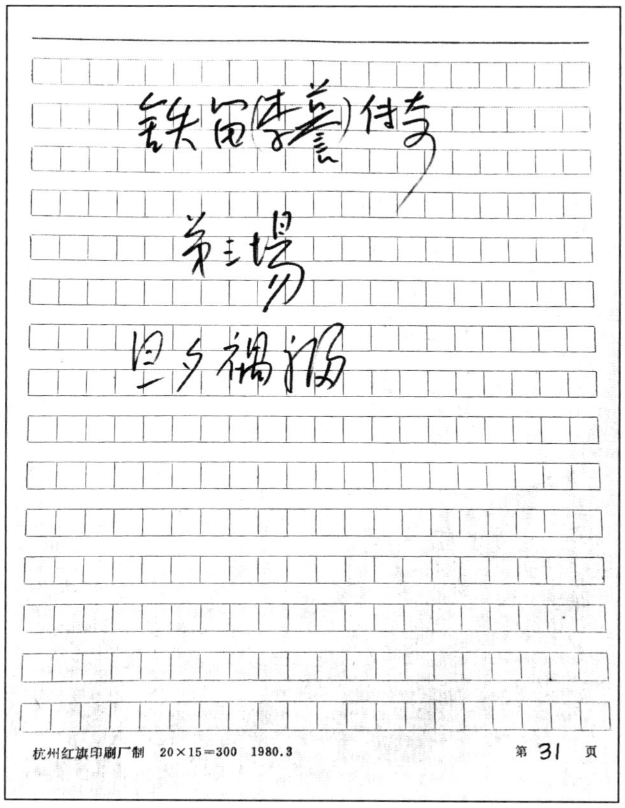
铁笛（李謩）传奇
第三场
旦夕祸福
杭州红旗印刷厂制　20×15＝300　1980.3　第31页

31

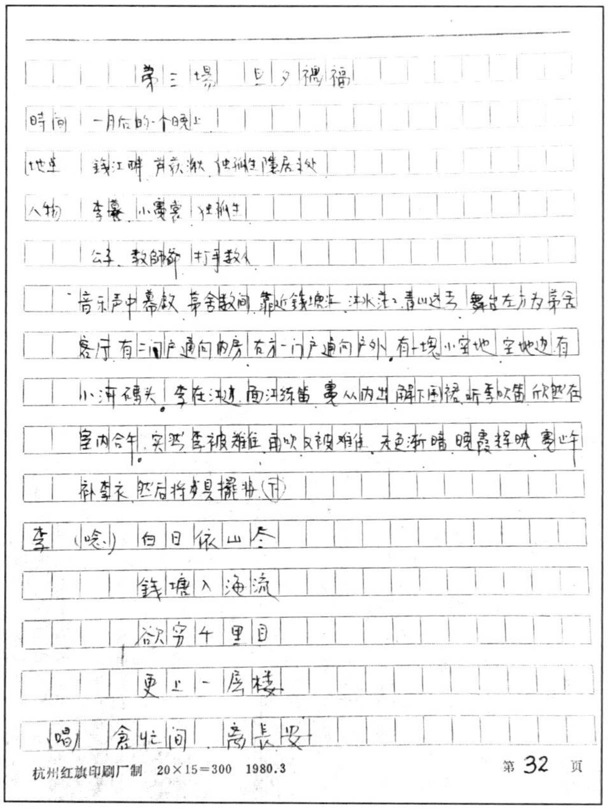
第三场　旦夕祸福
时间　一月后的一个晚上
地点　钱江畔芦荻滩，独孤生隐居之处
人物　李謩　小寰裘　独孤生
公子、教师爷、打手数人
音乐声中幕启，茅舍数间，靠近钱塘江，江水茫茫，青山迭翠。舞台左方为茅舍客厅，有二门户通向内房，右有一门户通向户外，有一块小空地，空地边有小河码头。李在江边面江练笛，寰从内出，解下围裙，听李吹笛，欣然在室内合午。突然李被难住，再吹又被难住，天色渐暗，晚霞辉映，寰上前补李衣，然后将步具撤去（下）
李（吟）白日依山尽
钱塘入海流
欲穷千里目
更上一层楼
（唱）急忙间　离长安
杭州红旗印刷厂制　20×15＝300　1980.3　第32页

32

漂泊天涯走
暮世里 遇名师
山阴道上留。
井底蛙 夜郎[illegible]
河伯望洋羞。
山外山 天外天
何处觅轻舟。
白驹飞 黄昏临
霞映竹梢头。
一月来 跟[illegible]练
技艺未参透。
堪笑俺 拙劣材
对此笨如牛
愧煞也 徒虚名
谬称国笛手

杭州红旗印刷厂制 20×15=300 1980.3 第 33 页

33

只沧海 难为水
立心当勤修
莺（内喊） 李蓉哥，天晚了，回家吃饭
李 噢！就来！
恨狂徒 逞强霸
难争是非口。
为避祸 离绍城
隐居芦荻洲。
茅舍旁 修竹茂
曲径可通幽。
河两边 五家
鸡犬争鸣啾。
独孤师 真国手
循循又善诱。
莺裳女 傲霜竹

杭州红旗印刷厂制 20×15=300 1980.3 第 34 页

34

侠骨浸温柔。
对良师 伴益友
同把宫商扣。
启我心 发我灵
明我神与眸。（莺在内又喊，饭菜要凉了）
恶欲嚣 黎民愁
国事殊堪忧。
俺师尊 出门去
探听休与咎。
情悠悠 恩悠悠
江天广无畴。
恩悠悠 义悠悠
金石铸心头。
怕只怕
见时容易别时难，

杭州红旗印刷厂制 20×15=300 1980.3 第 35 页

35

这恩山情海怎相酬（[illegible]）
莺 漫道恩义怎相酬
人生天地一沙鸥
但得知音长相聚
竹篱茅舍复何求。
日头西边走，月亮东面浮
阿哥城里去 饭菜不必留
莺家贫家女 不会文诌诌
让你吃饱饭 蔬菜萝卜头
咸鱼蒸姜片 喝杯绍兴酒
练笛费气力 多多加点油
冷暖自家要当心
莫害伤风与咳嗽。
将衣给李，独孤生摇船上，靠岸后将船吊好，将东西拿下船至门口
听女说话声，忽听后面有声音，[illegible]

杭州红旗印刷厂制 20×15=300 1980.3 第 36 页

36

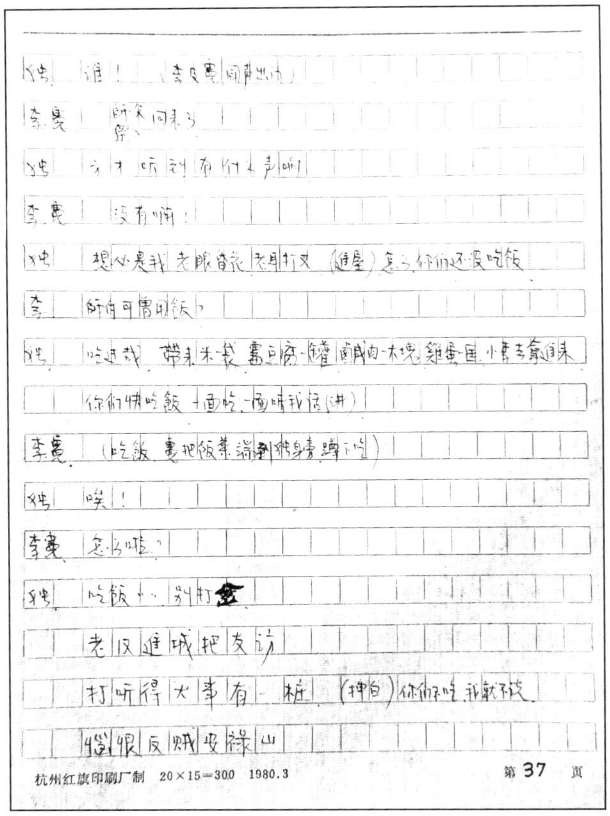

独：谁！（李良震闻声出门）

李震：师父何来了

独：方才听到有什么声响！

李震：没有啊！

独：想必是我老眼昏花，老耳打岔（进屋）怎么你们还没吃饭

李：师傅可曾用饭？

独：吃过哉。带来米一袋、霉豆腐一罐、咸肉一大块、鸡蛋一囤，小青去拿进来

你们快吃饭，一面吃一面听我说（讲）

李震：（吃饭，要把饭菜端到独身旁蹲下吃）

独：唉！

李震：怎么啦？

独：吃饭……别打岔

老汉进城把友访

打听得大事有一桩（押白）你们不吃，我就不说

恨恨反贼安禄山

杭州红旗印刷厂制 20×15=300 1980.3 第37页

37

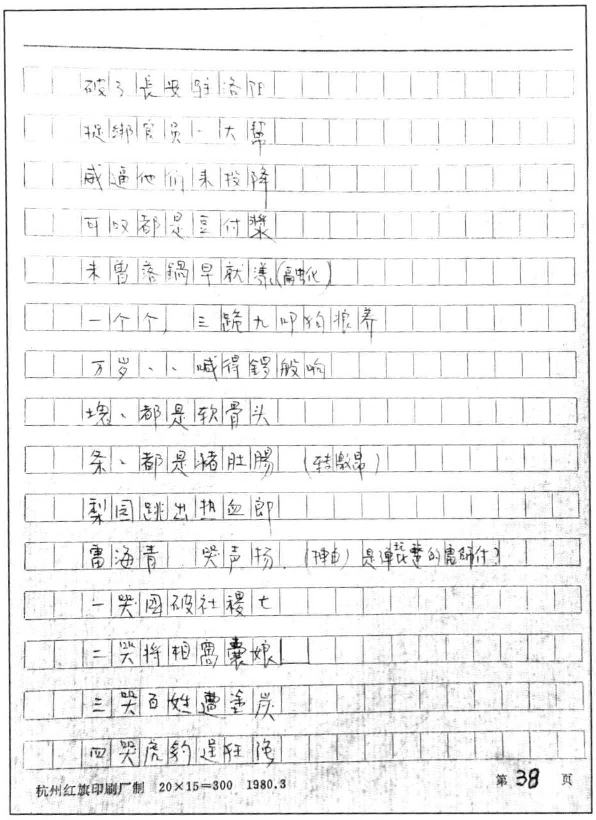

破了长安驻洛阳

捉绑官员一大帮

威逼他们来投降

可叹都是豆付浆

未曾落锅早就淌（融化）

一个个，三跪九叩狗狼奔

万岁、、喊得锣般响

块块都是软骨头

条条都是猪肚肠（转激昂）

梨园跳出热血郎

雷海青，哭声扬（押白）是谁玩弄的雷师付？

一哭国破社稷亡

二哭将相窝囊娘

三哭百姓遭涂炭

四哭虎豹逞狂猖

杭州红旗印刷厂制 20×15=300 1980.3 第38页

38

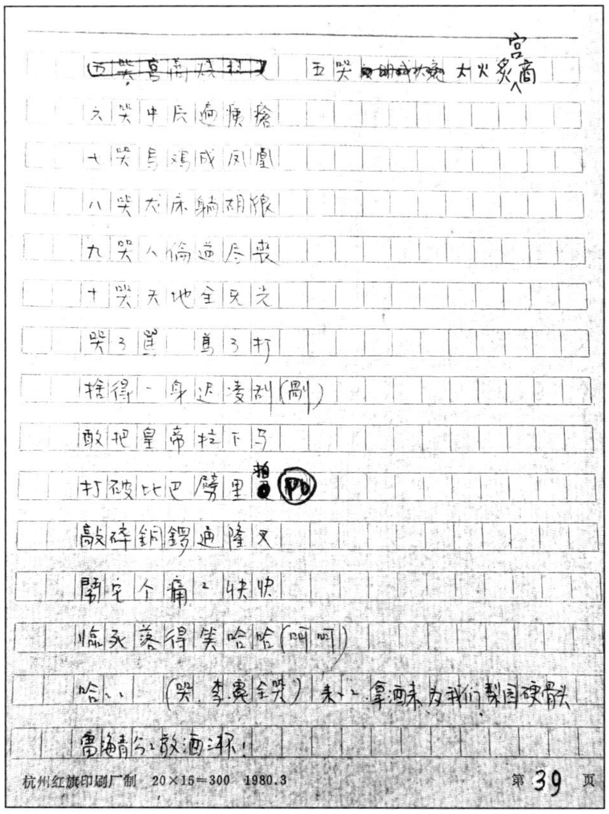

~~五哭……~~ 五哭~~……~~大火炙宫商

六哭中原遍悽惨

七哭乌鸡成凤凰

八哭犬床躺胡狼

九哭人伦道尽丧

十哭天地全无光

哭了骂 骂了打

拾得一身迟凌剐（剐）

敢把皇帝拉下马

打破比巴膀里摘

敲碎铜锣逼隆叉

闹它个痛痛快快

临死落得笑哈哈（呵呵）

哈哈（哭，李震全哭）来来，拿酒来，为我们梨园硬骨头

雷海青兮敬酒一杯！

杭州红旗印刷厂制 20×15=300 1980.3 第39页

39

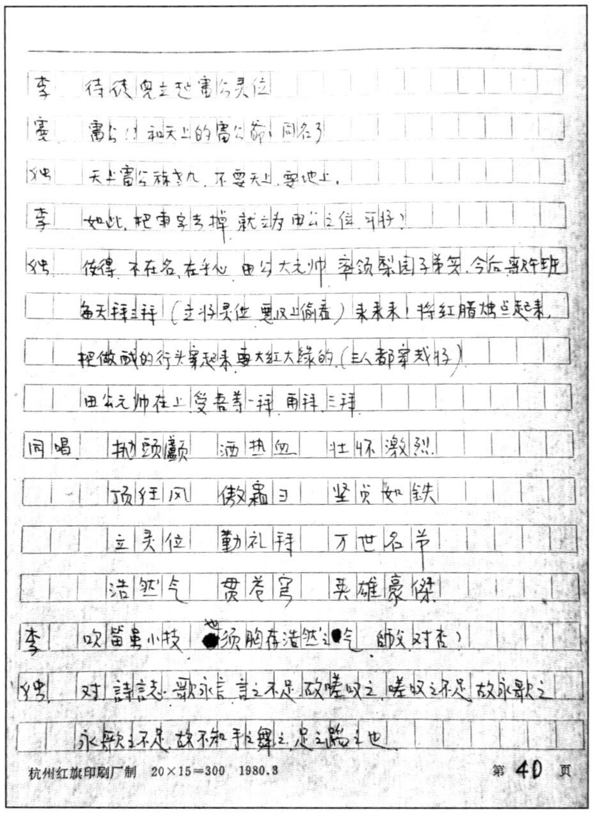

李：待徒儿立起雷公灵位

震：雷公公和天上的雷公爷爷同名了

独：天上雷公诛恶人，不要天上，要地上。

李：如此，把雷字去掉，就改为田公之位，可好？

独：使得，不在名，在乎心，田公大元帅，率领梨园子弟，今后献艺班

每天拜三拜（立好灵位，点上香烛）来来来！将红腊烛点起来，

把做戏的行头穿起来，要大红大绿的（三人都穿戴好）

田公元帅在上，受吾等一拜，再拜，三拜。

同唱：抛头颅，洒热血，壮怀激烈，

顶狂风，傲霜雪，坚贞如铁，

立灵位，勤礼拜，万世名节，

浩然气，贯苍穹，英雄豪杰。

李：吹笛是小技，必须胸存浩然之气（师父对否）

独：对，诗言志，歌永言，言之不足，故嗟叹之，嗟叹之不足，故永歌之，

永歌之不足，故不知手之舞之，足之蹈之也。

杭州红旗印刷厂制 20×15=300 1980.3 第40页

40

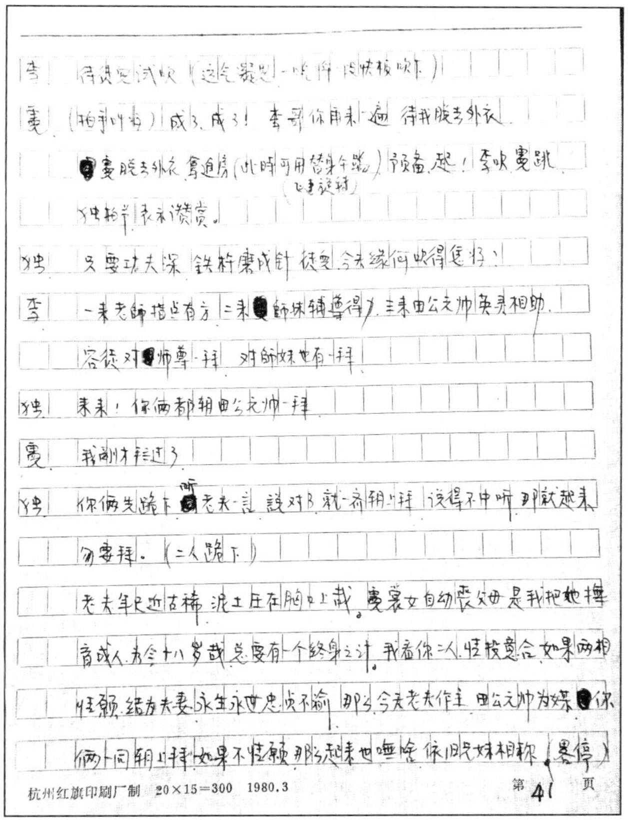
李　待我定试吹（这气凝思一吹，将门快板吹下）
霓　（拍手叫好）成了、成了！李哥你再来一遍，待我脱去外衣
霓脱去外衣拿道具（此时可用替身个跳）预备、起！李吹霓跳（飞身旋转）
独拍手表示赞赏。
独　只要功夫深，铁杵磨成针，徒儿，今夫缘何吹得这好！
李　一来老师指点有方，二来师妹辅导得力，三来田公元帅显灵相助，
容徒对师尊一拜，对师妹也有一拜
独　来来！你俩都朝田公元帅一拜
霓　我刚才拜过了
独　你俩先跪下，听老夫一言，说对了就一齐朝上拜，说得不中听，那就起来
勿要拜。（二人跪下）
老夫年已近古稀，泥土压在胸口上哉。霓裳女自幼丧母，是我把她抚
育成人，如今十八岁哉，总要有一个终身之计。我看你二人性投意合，如果两相
情愿，结为夫妻，永生永世忠贞不渝，那么今夫老夫作主，田公元帅为媒，你
俩一同朝上拜，如果不情愿，那么起来也无啥，依旧兄妹相称（略停）
杭州红旗印刷厂制　20×15=300　1980.3　第41页

41

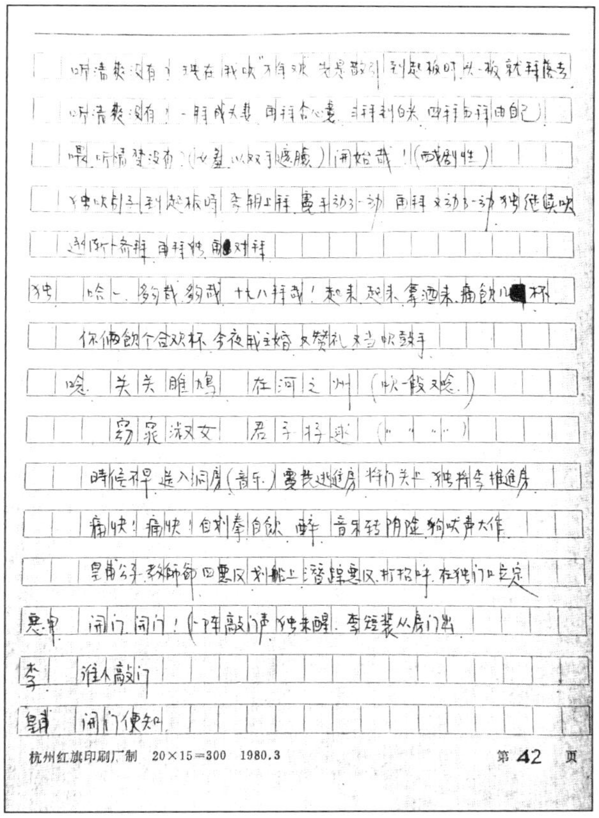
听清爽没有？我在我吹“将军令”头段引到起板时，头一板就拜落去，
听清爽没有？一拜成夫妻，再拜合心意，三拜到白头，四拜各拜由自己）
喂，听清楚没有？（女羞以双手遮脸）开始哉！（戏剧性）
独吹引子，到起板时，李朝上拜，霓手动了一动，再拜，又动了一动，独继续吹，
进行个齐拜，再拜独，再对拜
独　哈哈，够哉够哉，十八拜哉！起来起来，拿酒来，痛饮几杯，
你俩饮个合欢杯，今夜我主婚，又赞礼，又当吹鼓手
唸　关关雎鸠　在河之州（吹一段戏唸）
窈窕淑女　君子好逑（……）
时候不早，送入洞房（音乐）霓先进洞房，将门关上，独将李推进房
痛快！痛快！自斟自饮，醉。音乐转阴陡，狗吠声大作
皇甫公子、教师爷、四恶汉，划船上，登岸，恶汉打招呼，在独门口走定
恶汉　开门，开门！（一阵敲门声，独未醒，李整装从房门出
李　谁人敲门
皇甫　开门便知
杭州红旗印刷厂制　20×15=300　1980.3　第42页

42

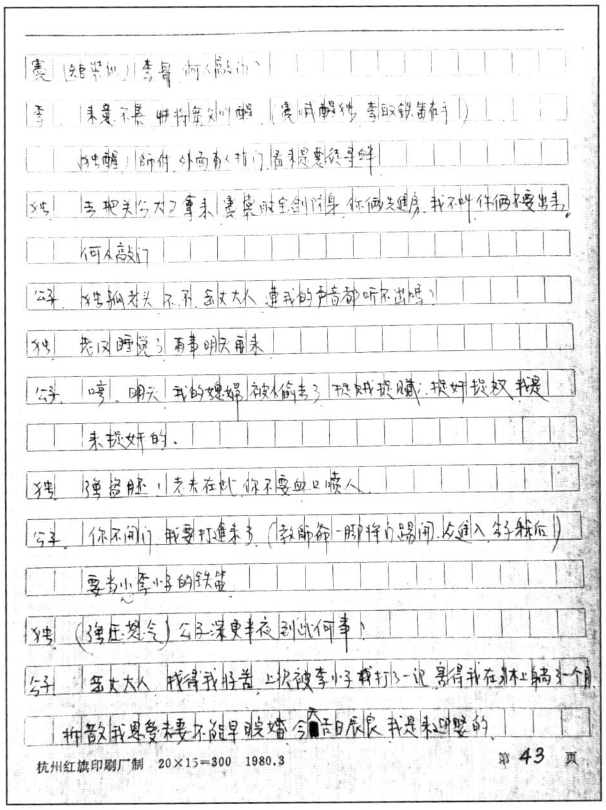
霓　（跟出来）李哥，何人敲门？
李　来意不善，快将师父叫醒（霓喊醒独，李取铁笛在手）
独醒）师父，外面有人打门，看来是要结手绊
独　去把夫公大刀拿来，霓裳取宝剑防身，你俩先进房，我不叫你俩，勿要出来。
何人敲门
公子　独脚老头，不，不，岳丈大人，连我的声音都听不出吗？
独　老汉睡觉了，有事明天再来
公子　哼，明天，我的媳妇被人偷去了，捉贼捉赃，捉奸捉双，我是
来捉奸的。
独　强盗胚！老夫在此，你不要血口喷人
公子　你不开门，我要打进来了（教师爷一脚将门踢开，众进入，公子发话）
要去小李小子的铁笛
独　（强压怒气）公子深更半夜到此何事？
公子　岳丈大人，找得我好苦，上次被李小子棒打了一记，害得我在床上躺了一个月，
拆散我恩爱夫妻，不能早晚婚，今天吉日良辰，我是来迎娶的。
杭州红旗印刷厂制　20×15=300　1980.3　第43页

43

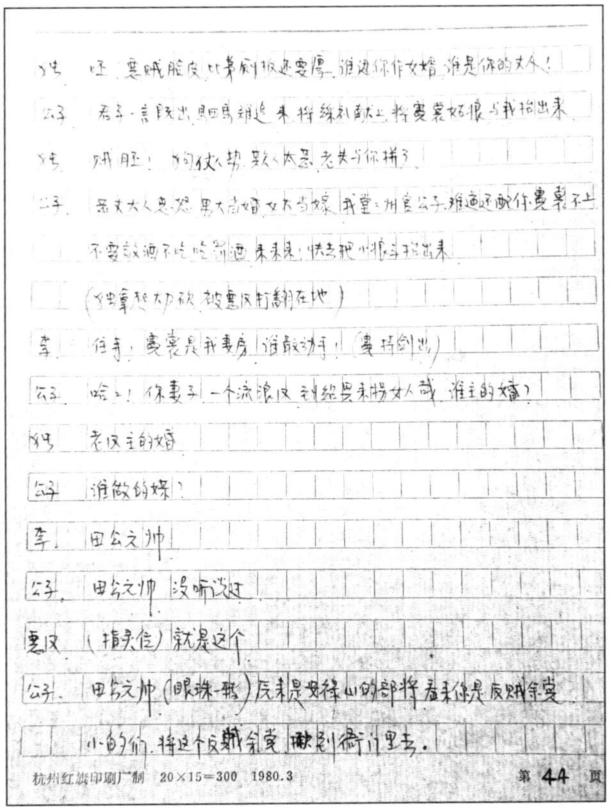
独　呸，恶贼脸皮比弟剑板还要厚，谁认你作女婿，谁是你的丈人！
公子　君子一言既出，驷马难追，来，将彩礼献上，将霓裳姑娘与我抬出来
独　贼胚！狗仗人势，欺人太甚，老夫与你拼了
公子　岳丈大人息怒，男大当婚，女大当嫁，我堂堂州官公子，难道还配你霓裳不上，
不要敬酒不吃吃罚酒，来来来，快去把小娘子抬出来
（独拿起大刀砍，被恶汉打翻在地）
李　住手，霓裳是我妻房，谁敢动手！（霓持剑出）
公子　哈哈！你妻子，一个流浪汉，到处来拐女人哉，谁主的婚？
独　老汉主的婚
公子　谁做的媒？
李　田公元帅
公子　田公元帅，没听说过
恶汉　（指灵位）就是这个
公子　田公元帅（眼珠一转）原来是安禄山的部将，看来你是反贼余党，
小的们，将这个反贼余党抓到衙门里去。
杭州红旗印刷厂制　20×15=300　1980.3　第44页

44

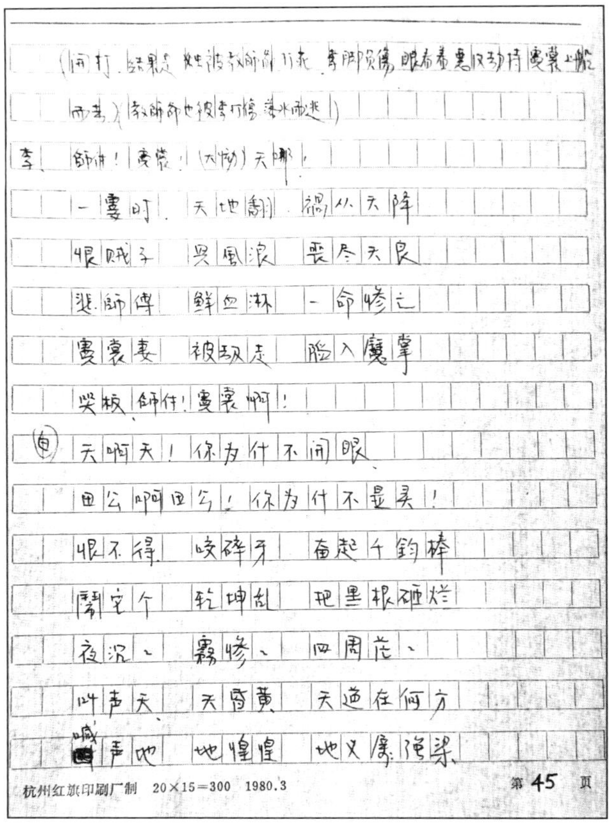

（同打，结果是姚被教师前打来，李脚负伤，眼看着恶奴劫持霞裳上船而去）（教师亦也被李打伤，落水而逃）

李：师叔！霞裳！（大恸）天哪！

一霎时　天地翻　祸从天降

恨贼子　兴风浪　丧尽天良

悲师傅　鲜血淋　一命惨亡

霞裳妻　被劫走　陷入魔掌

哭叔、师叔！霞裳啊！

（白）天啊天！你为什不开眼

田公啊田公！你为什不显灵！

恨不得　咬碎牙　奋起千钧棒

闹它个　乾坤乱　把黑根砸烂

夜沉沉　雾惨惨　四周茫茫

叫声天　天昏黄　天道在何方

喊声地　地惶惶　地又虞沧桑

杭州红旗印刷厂制　20×15=300　1980.3　第45页

45

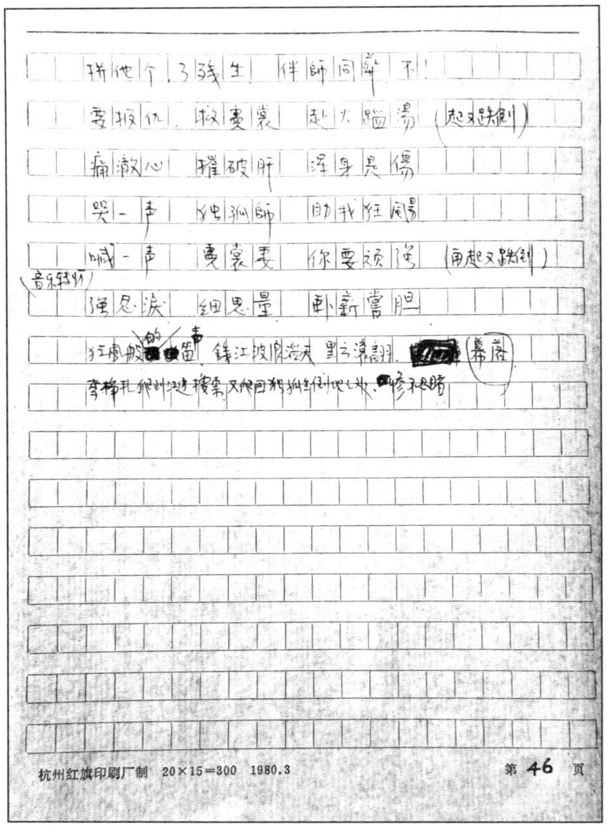

拼他个　了残生　伴师同亡　不！

要报仇　救霞裳　赴火蹈汤（起又跌倒）

痛彻心　摧破肝　浑身是伤

哭一声　姚孤师　助我狂飙

喊一声　霞裳妻　你要顽强（再起又跌倒）

（音乐转折）强忍泪　细思量　卧薪尝胆

狂风般的笛声　钱江波涛滚滚　卷起万丈浪翻。（幕落）

李挣扎爬到江边，搜索，又爬回，将师叔的尸体背起，悲惨不忍睹

杭州红旗印刷厂制　20×15=300　1980.3　第46页

46

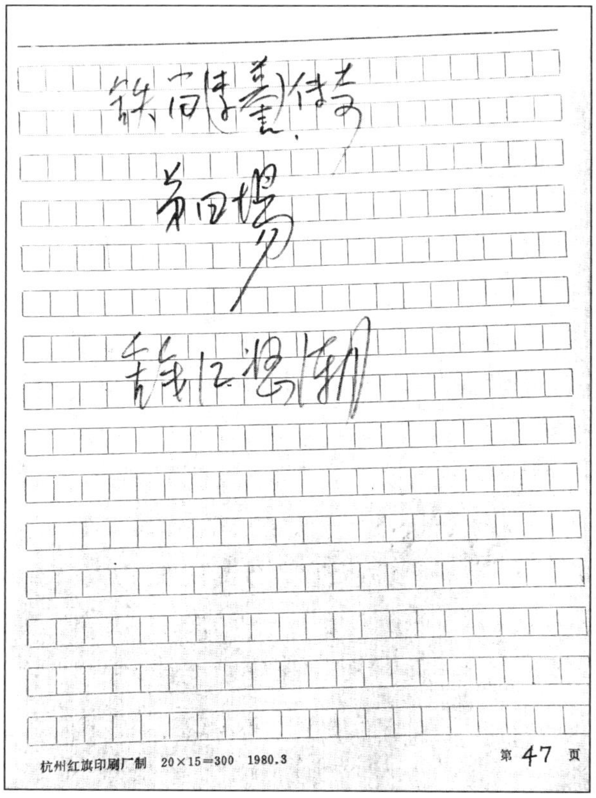

铁笛情缘传奇

第四场

钱江怒潮

杭州红旗印刷厂制　20×15=300　1980.3　第47页

47

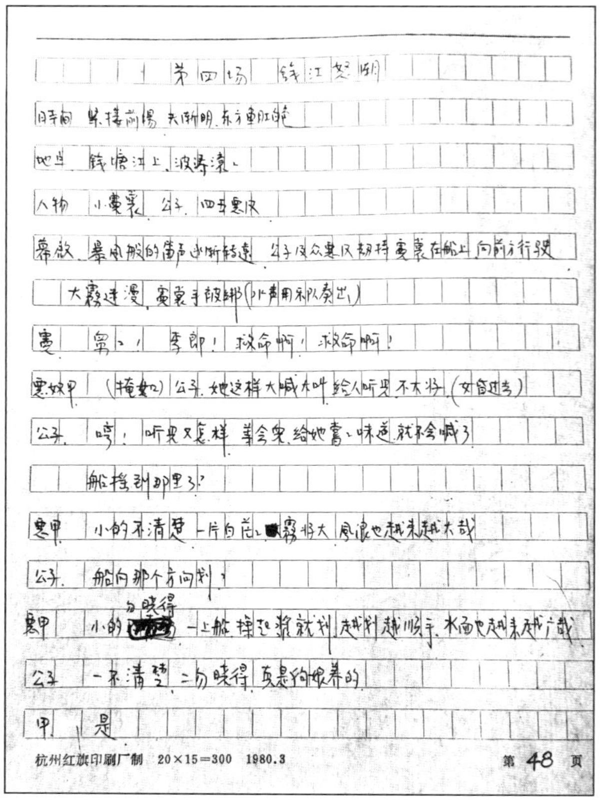

第四场　钱江怒潮

时间　紧接前场，天渐明，东方鱼肚白

地点　钱塘江上，波涛滚滚

人物　小霞裳，公子，四个恶仆

幕启　暴风般的笛声逐渐转远，公子及众恶仆劫持霞裳在船上向前方行驶，大雾迷漫，霞裳手被绑（小声用乐队奏出）

霞：穷！李郎！救命啊！救命啊！

恶奴甲：（掩如）公子，她这样大喊大叫，给人听见不太好。（如何过去）

公子：哼！听见又怎样，等会儿，给她尝尝味道，就不会喊了。船摇到哪里了？

恶甲：小的不清楚，一片白茫茫，雾将大，风浪也越来越大哉

公子：船向那个方向划？

恶甲：小的勿晓得，一上船，捧起桨就划，越划越顺手，水面也越来越广哉。

公子：一不清楚，二勿晓得，真是狗娘养的

甲：是

杭州红旗印刷厂制　20×15=300　1980.3　第48页

48

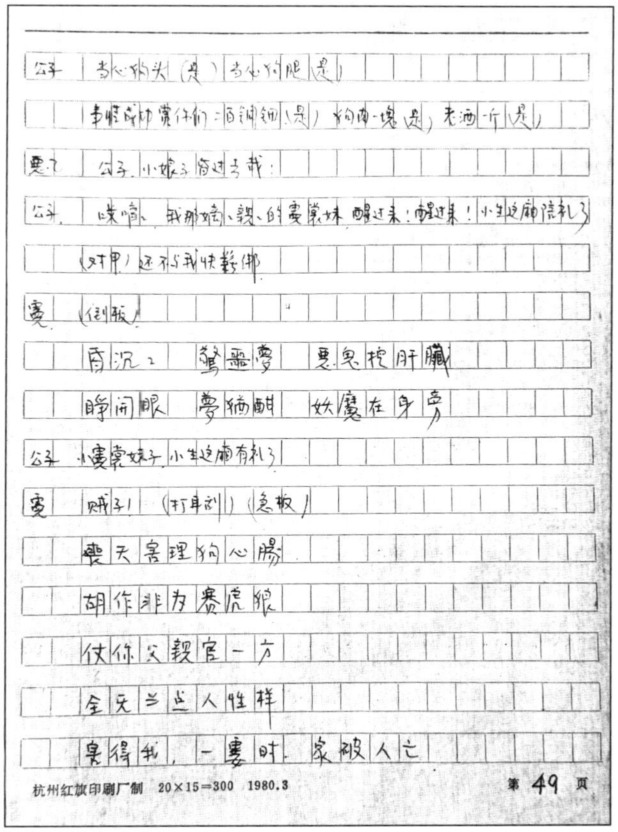

公子 当心狗头（是）当心狗腿（是）
事情成功赏你们二百铜钿（是）狗肉一块（是）老酒一斤（是）
恶丁 公子，小娘子醒过来哉！
公子 哎唷，我那嫡嫡亲亲的表嫂妹，醒过来！醒过来！小生这厢陪礼了
（对中）还不与我快松绑
霞 （倒板）
昏沉沉 惊噩梦 恶鬼挖肝脏
睁开眼 梦犹酣 妖魔在身旁
公子 小表嫂妹子，小生这厢有礼了
霞 贼子！（打耳刮）（急板）
丧天害理狗心肠
胡作非为赛虎狼
仗你父亲官一方
全无半点人性样
害得我，一霎时，家破人亡
杭州红旗印刷厂制 20×15=300 1980.3 第49页

49

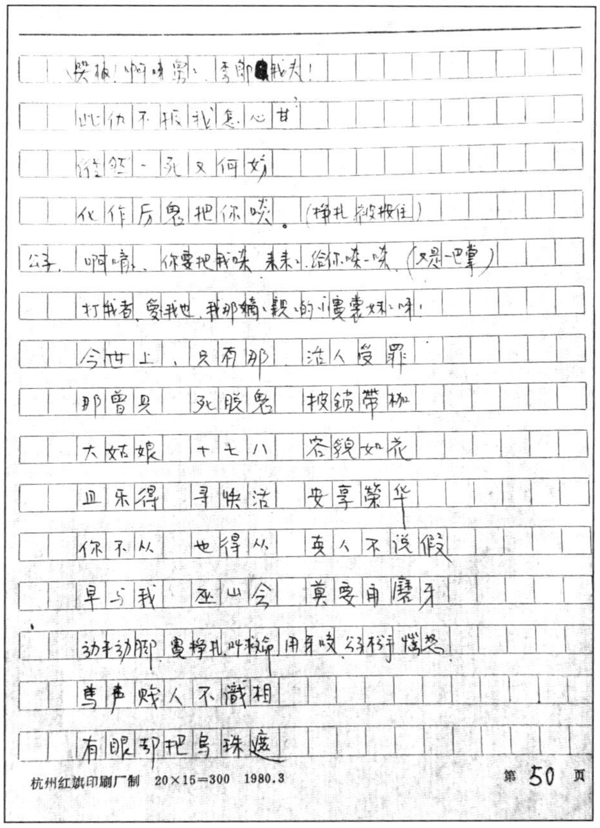

（哭板）啊呀郎郎，李郎我夫！
此仇不报我怎心甘
纵然一死又何妨
化作厉鬼把你咬。（挣扎被按住）
公子 啊唷，你要把我咬，来来，给你咬一咬。（又是一巴掌）
打我者，爱我也，我那嫡嫡亲亲的小表嫂妹妹呀！
今世上，只有那，活人受罪
那曾见，死脱鬼，披锁带枷
大姑娘 十七八 容貌如花
且乐得 寻快活 安享荣华
你不从 也得从 英人不说假
早与我 巫山会 莫要再磨牙
动手动脚，霞挣扎叫救命，用牙咬，公子松手恼怒
骂声贱人不识相
有眼却把鸟珠遮
杭州红旗印刷厂制 20×15=300 1980.3 第50页

50

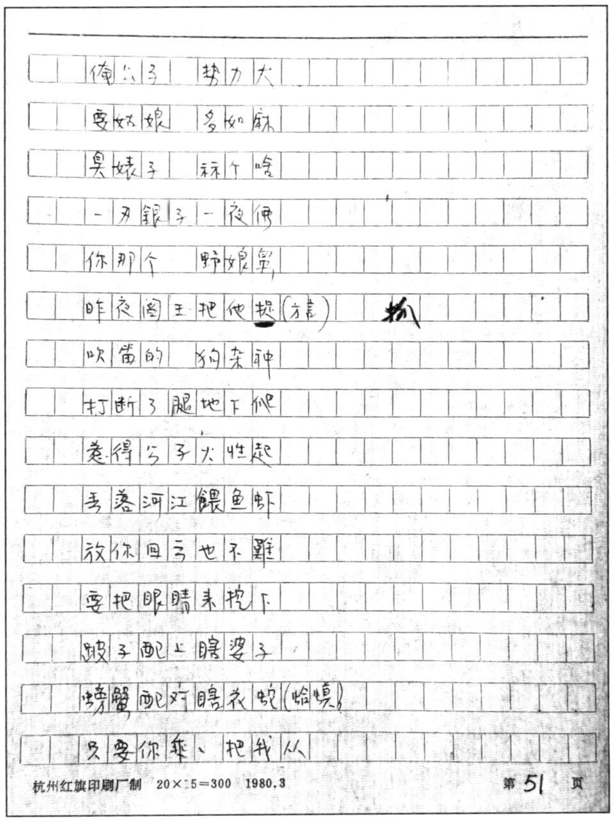

俺公子 势力大
要姑娘 多如麻
臭婊子 称个啥
一两银子一夜俩
你那个 野娘鬼
昨夜阎王把他提（方言） 拗
吹当的 狗杂种
打断了腿地下爬
惹得公子火性起
丢落河江喂鱼虾
放你回去也不难
要把眼睛来挖下
跛子配上瞎婆子
螃蟹配对瞎衣蛇（蛤蟆）
只要你乖乖把我从
杭州红旗印刷厂制 20×15=300 1980.3 第51页

51

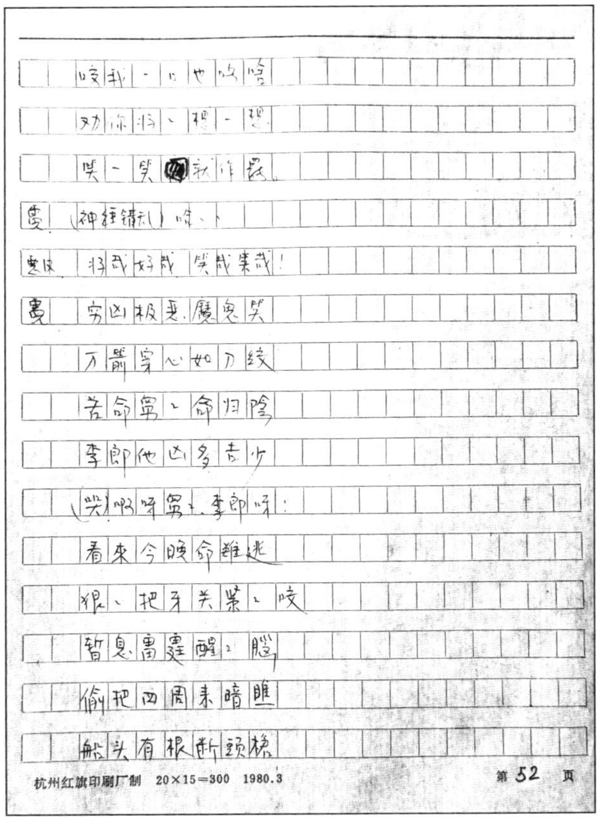

咬我一口也吃啥
劝你将将想一想
笑一笑就作罢
霞 （神经错乱）哈哈
恶仆 将哉好哉 笑哉来哉！
霞 穷凶极恶魔鬼笑
万箭穿心如刀绞
苦命郎郎命归阴
李郎他凶多吉少
（哭）啊呀郎郎，李郎呀！
看来今晚命难逃
狠狠把牙关紧紧咬
暂息雷霆醒醒脑
偷把四周来暗瞧
船头有根断头桡
杭州红旗印刷厂制 20×15=300 1980.3 第52页

52

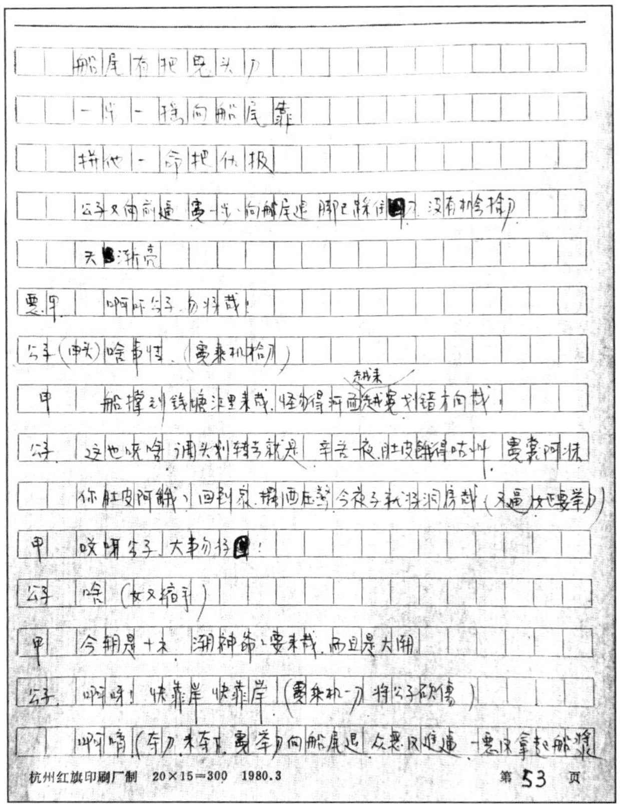

船尾有把劈头刀

一片一指向船底靠

拼也一命把仇报

杭州红旗印刷厂制 20×15=300 1980.3 第53页

53

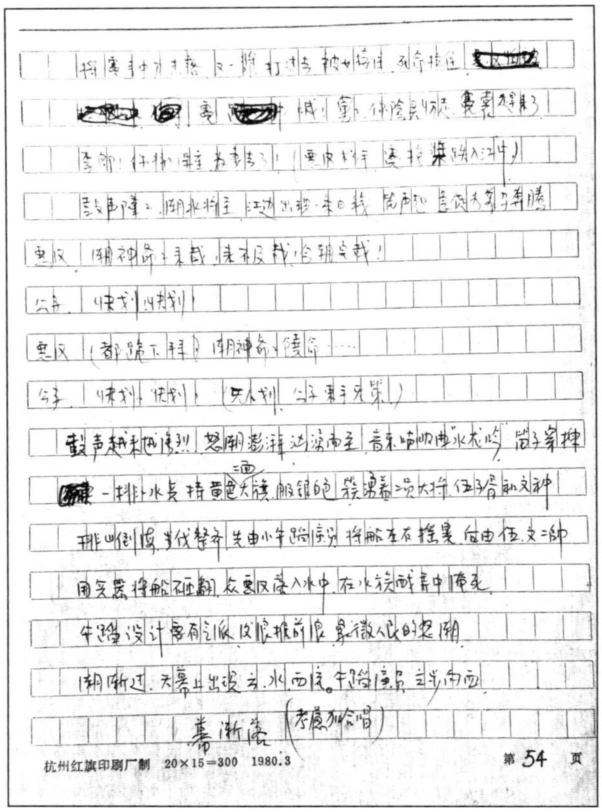

杭州红旗印刷厂制 20×15=300 1980.3 第54页

54

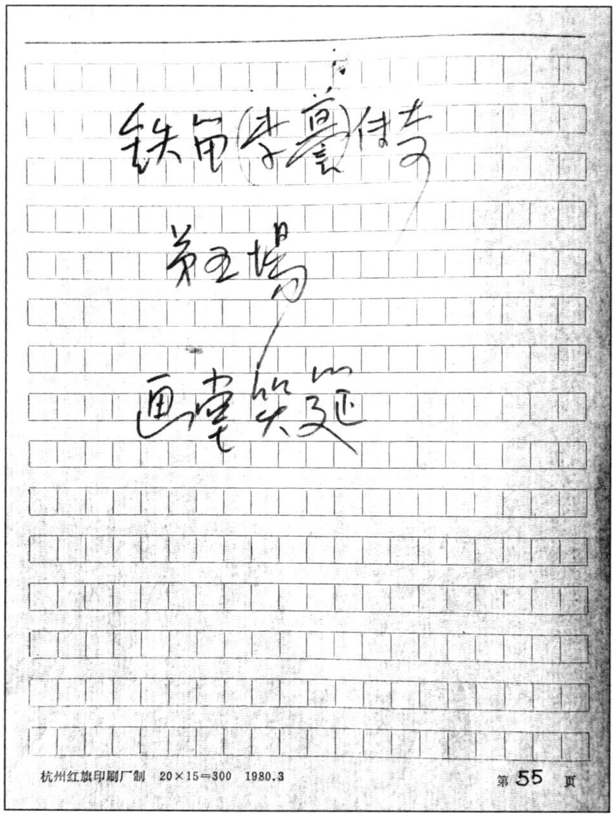

铁笛(李謩)传奇

第五场

画堂笑宴

杭州红旗印刷厂制 20×15=300 1980.3 第55页

55

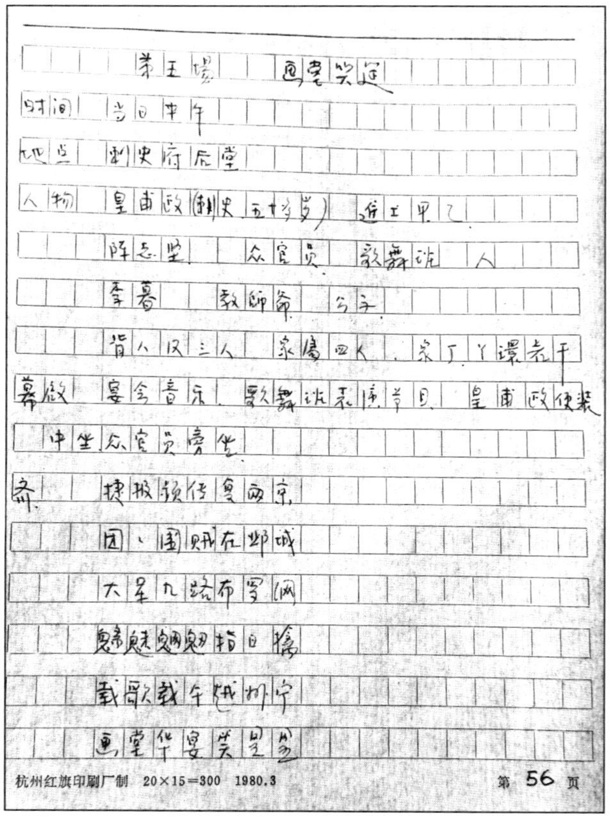

第五场 画堂笑宴

时间 当日中午

地点 刺史府后堂

人物 皇甫政（刺史 五十多岁） 婁甲乙

杭州红旗印刷厂制 20×15=300 1980.3 第56页

56

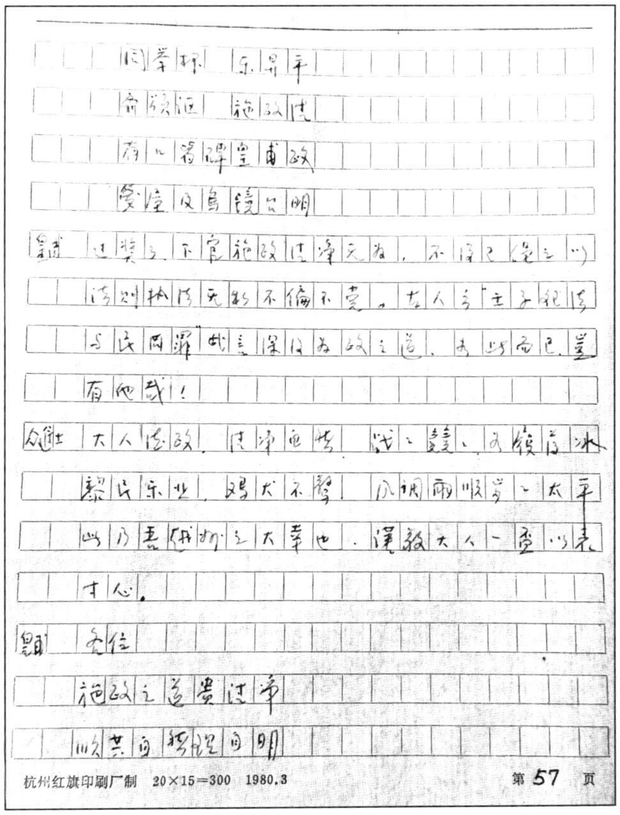

57

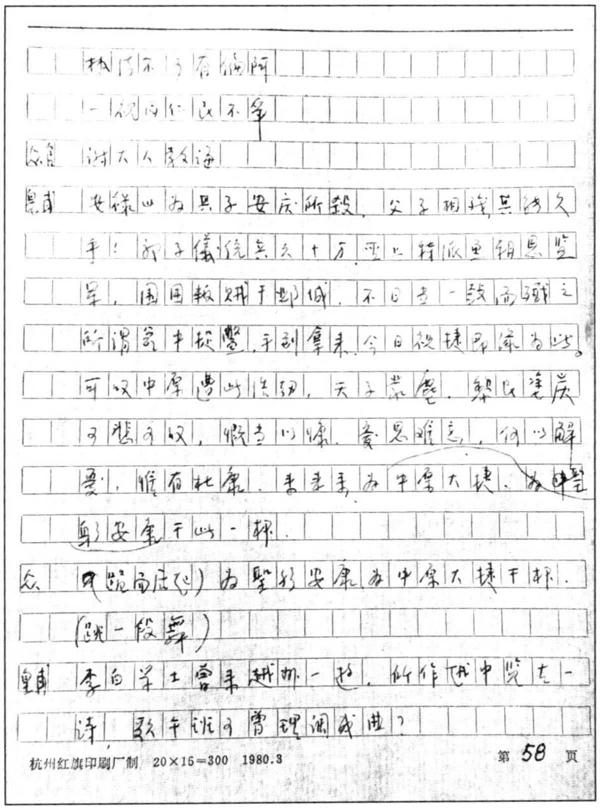

58

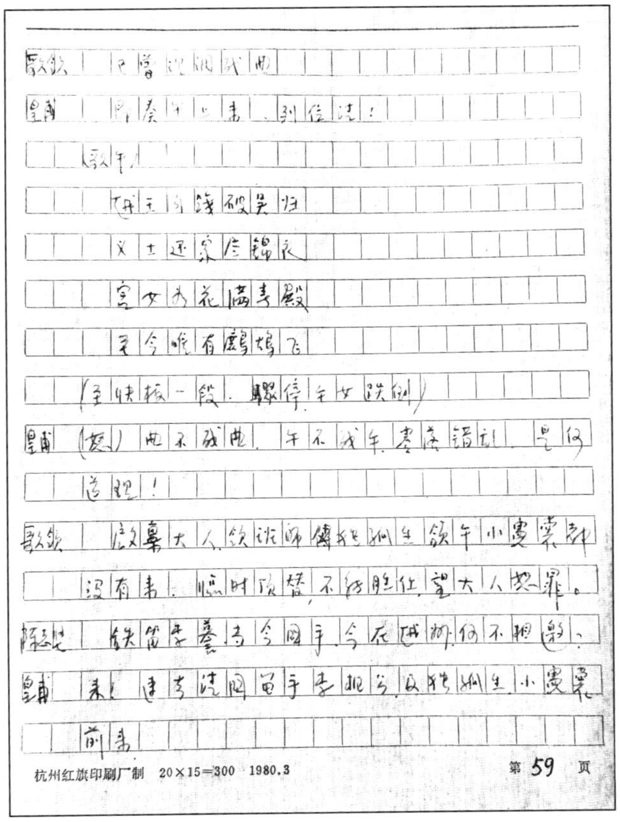

59

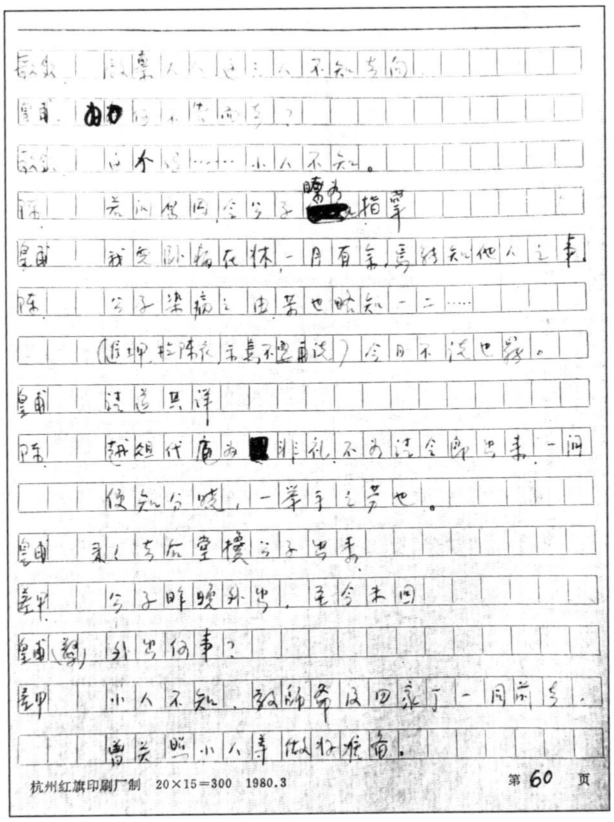

60

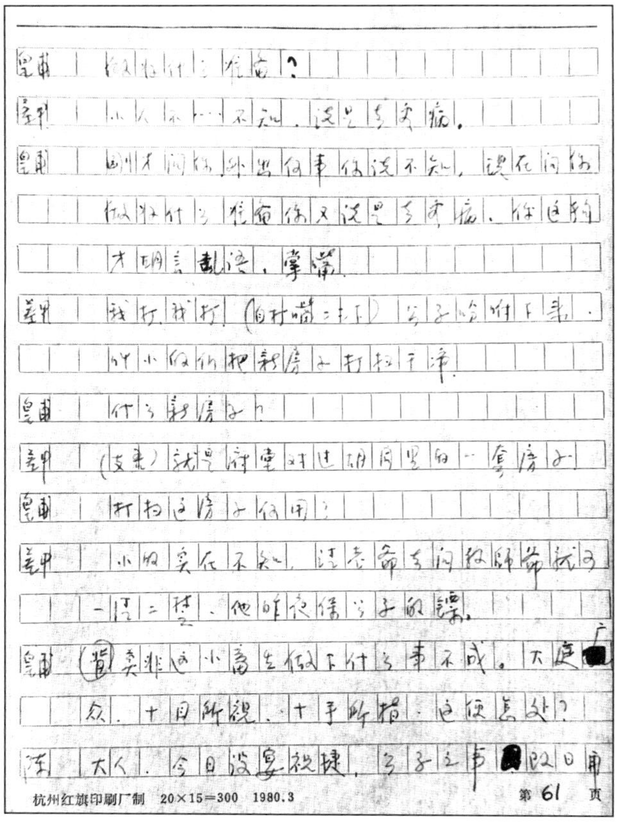
杭州红旗印刷厂制 20×15=300 1980.3 第 61 页

61

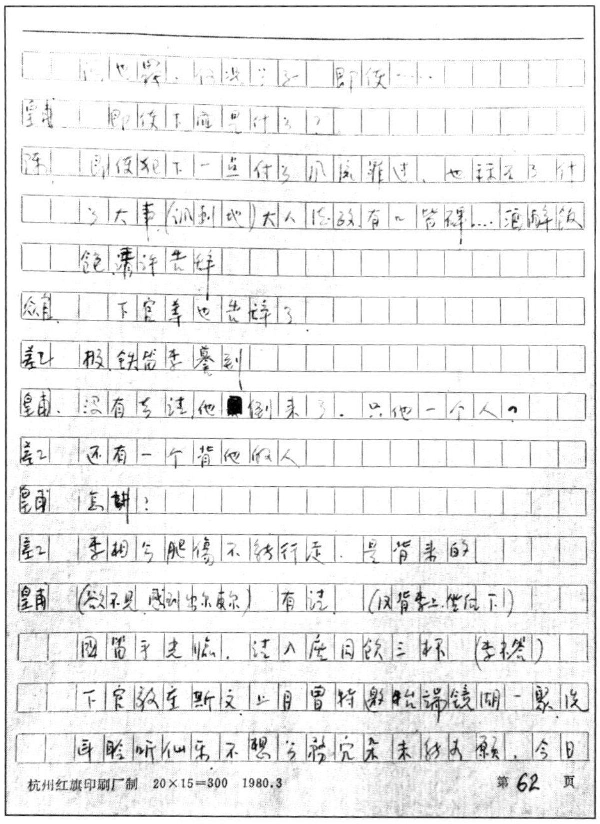
杭州红旗印刷厂制 20×15=300 1980.3 第 62 页

62

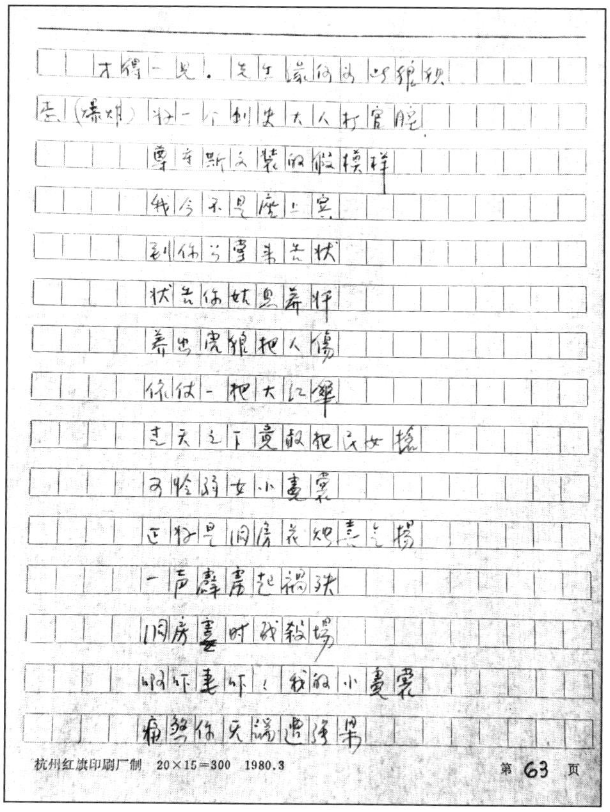
杭州红旗印刷厂制 20×15=300 1980.3 第 63 页

63

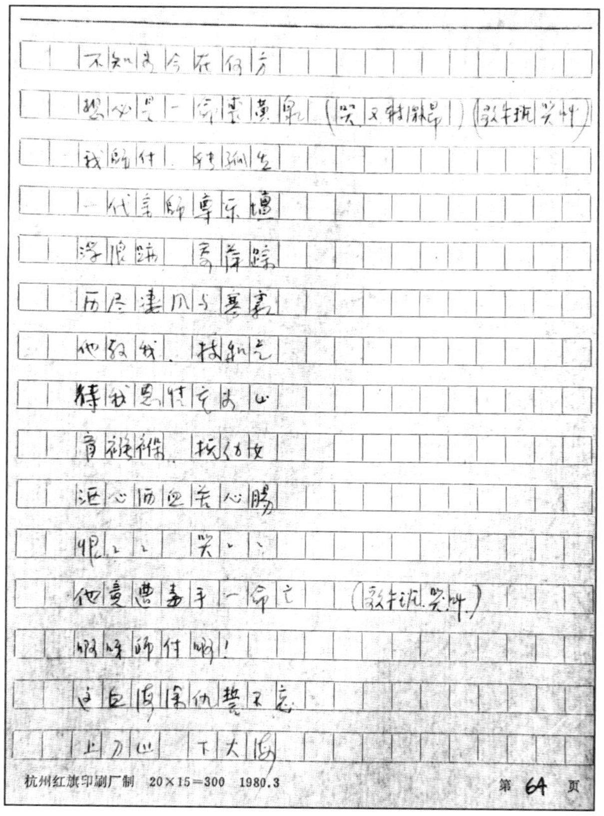
杭州红旗印刷厂制 20×15=300 1980.3 第 64 页

64

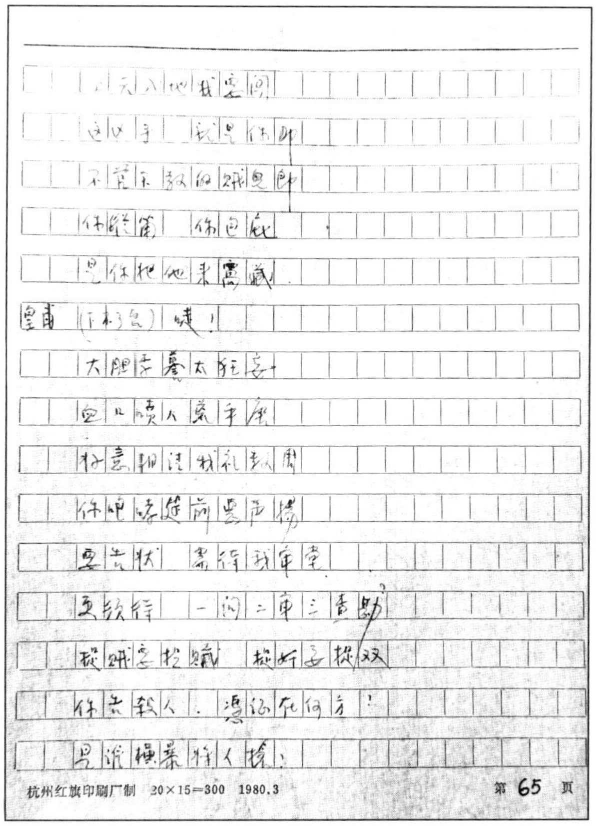
杭州红旗印刷厂制 20×15=300 1980.3 第 65 页

65

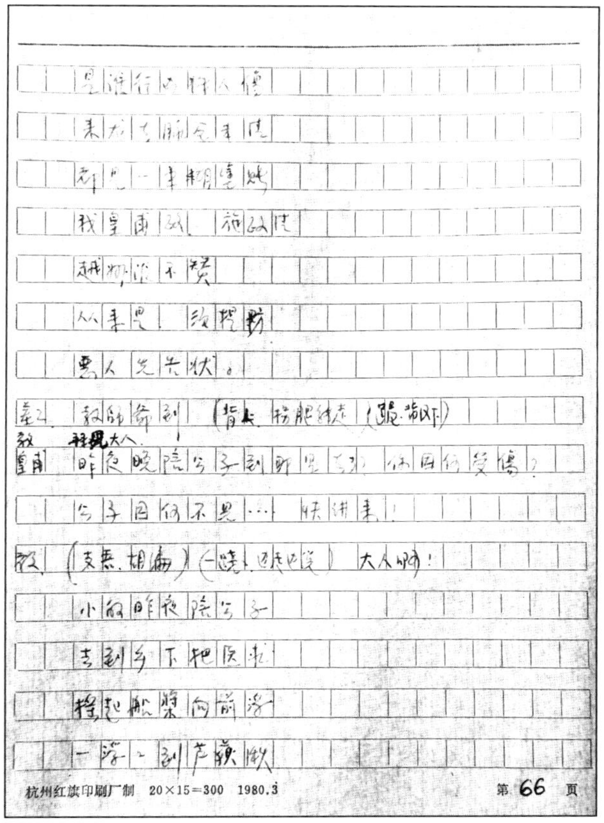
杭州红旗印刷厂制 20×15=300 1980.3 第 66 页

66

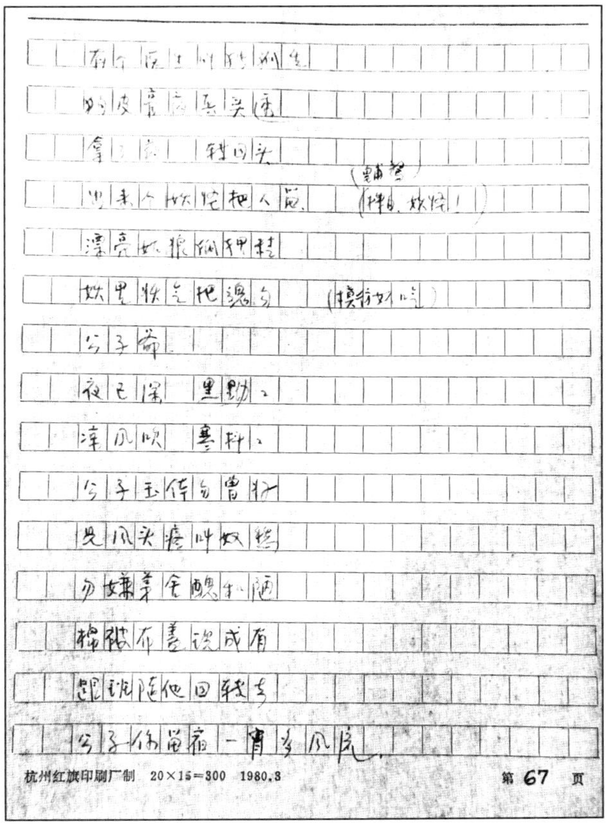
杭州红旗印刷厂制 20×15=300 1980.3 第 67 页

67

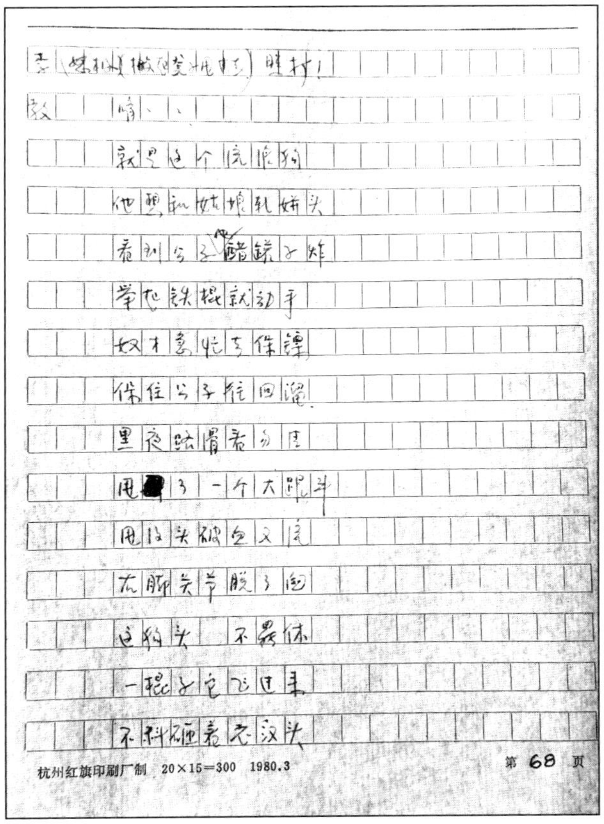
杭州红旗印刷厂制 20×15=300 1980.3 第 68 页

68

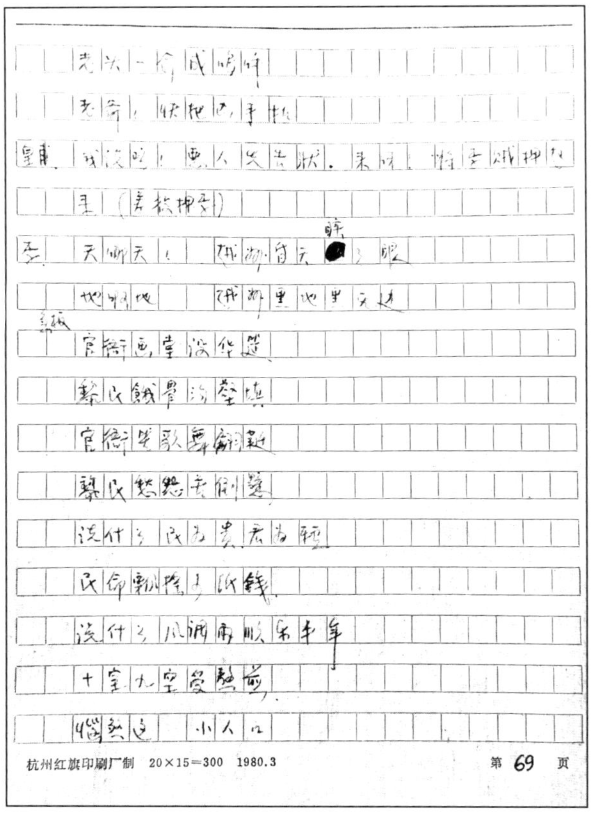
杭州红旗印刷厂制 20×15=300 1980.3
第 69 页

69

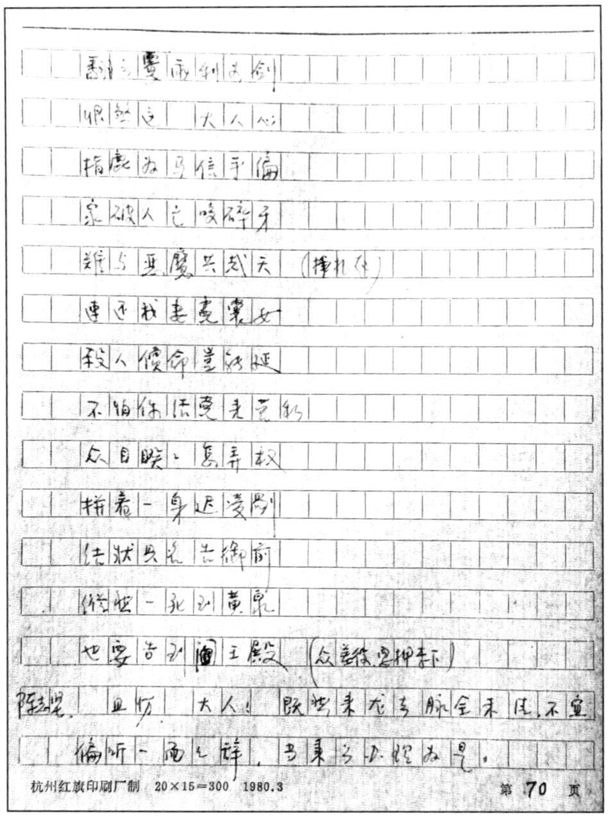
杭州红旗印刷厂制 20×15=300 1980.3
第 70 页

70

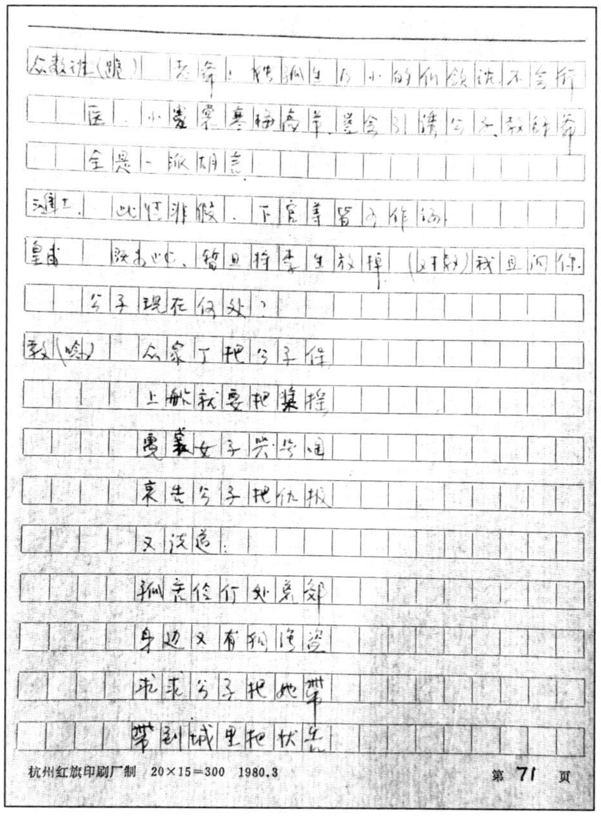
杭州红旗印刷厂制 20×15=300 1980.3
第 71 页

71

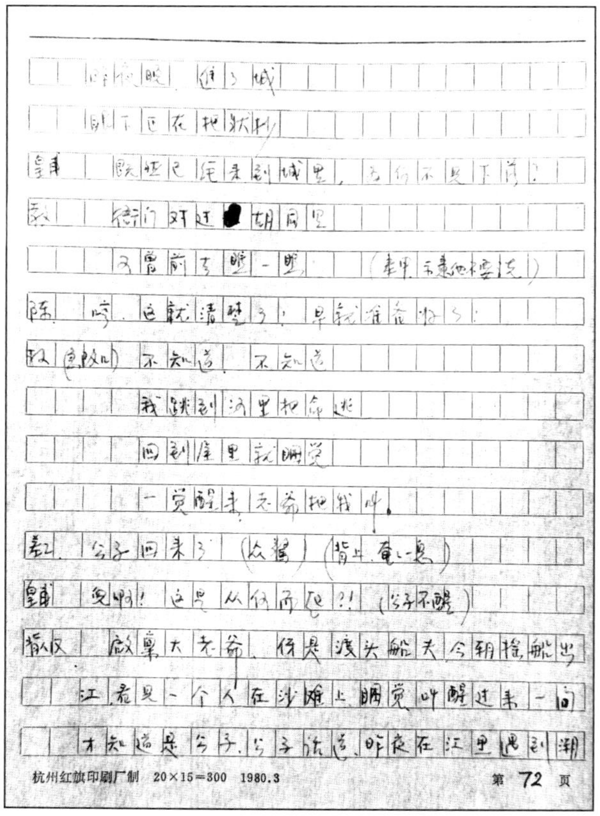
杭州红旗印刷厂制 20×15=300 1980.3
第 72 页

72

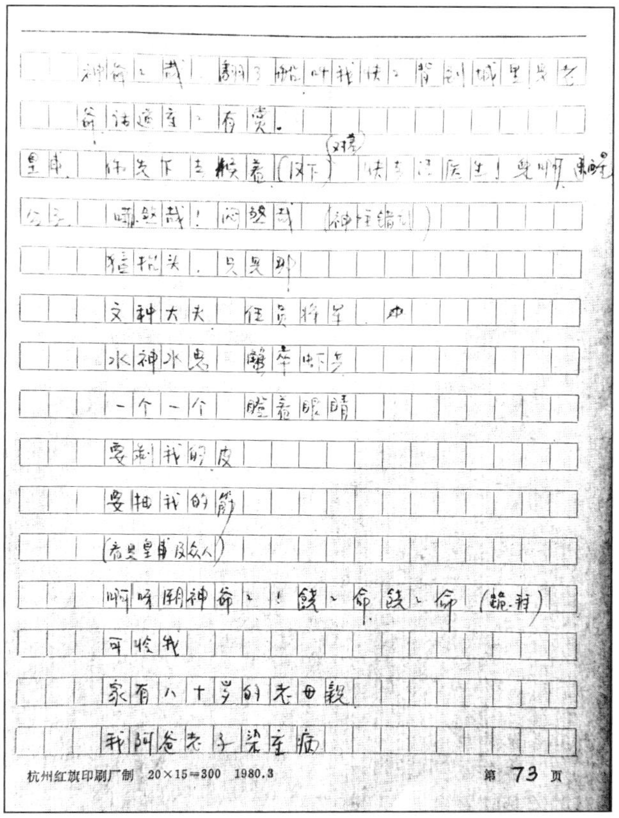

神爷〻哉，翻了船，叫我快〻背到城里吴老
爷住道安〻有赏。
皇甫 你先作去躲着（以下）（对陈）快去请医生！儿啊，（惊醒）
公子 哪些哉！阿些哉（神经错乱）
猪拖头，只晃脚
文神大夫 怪兵将军
水神水鬼 蟹将虾兵
一个一个 瞪着眼睛
要剥我的皮
要抽我的筋
（看见皇甫及众人）
啊呀潮神爷〻！饶〻命饶〻命（跪拜）
可怜我
家有八十岁的老母亲
我阿爸老子染重病

杭州红旗印刷厂制 20×15=300 1980.3 第 73 页

73

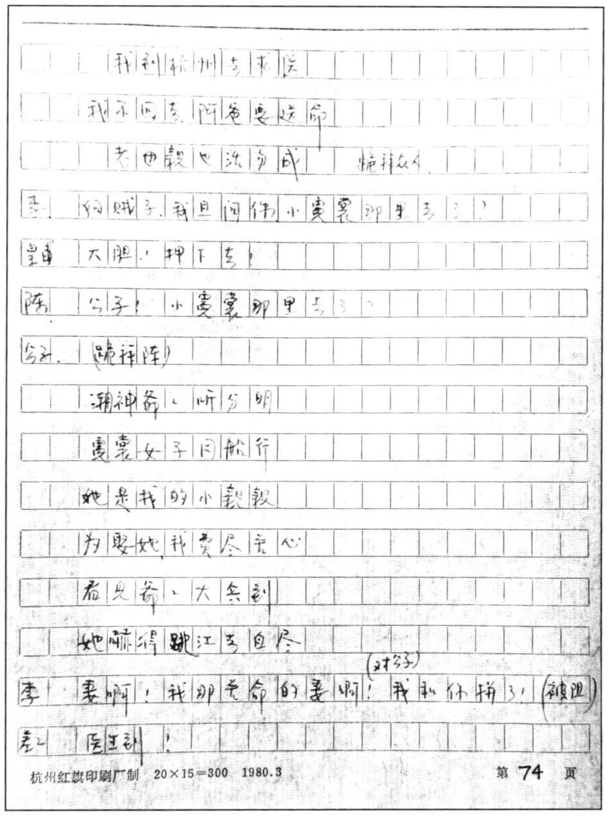

我到杭州去求医
我不回去阿爸要送命
老母亲也活勿成 （跪拜众人）
李 你贼子，我且问你，小赛霞那里去了？
皇甫 大胆！押下去！
陈 公子！小赛霞那里去了？
公子 （跪拜陈）
潮神爷〻听分明
赛霞女子同船行
她是我的小亲亲
为娶她，我费尽了心
看见爷〻大杀到
她吓得跳江去自尽
李 妻啊！我那苦命的妻啊！（对公子）我和你拼了！（被阻）
赵 医生到！

杭州红旗印刷厂制 20×15=300 1980.3 第 74 页

74

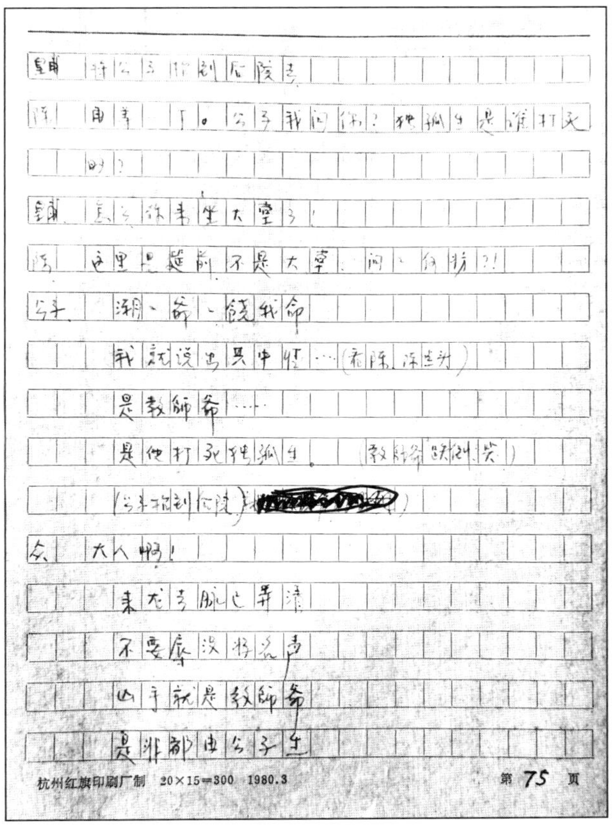

皇甫 将公子抬到后院去
陈 且慢！公子我问你？独孤生是谁打死的？
皇甫 怎么你来坐大堂了！
陈 这里是堤前不是大堂，问〻何妨？！
公子 潮〻爷〻饶我命
我就说出其中情……（看陈，深思状）
是教师爷……
是他打死独孤生。（教师爷欲制止）
（公子抬到后院）
众 大人啊！
来龙去脉已弄清
不要屈没好名声
凶手就是教师爷
是非都由公子生

杭州红旗印刷厂制 20×15=300 1980.3 第 75 页

75

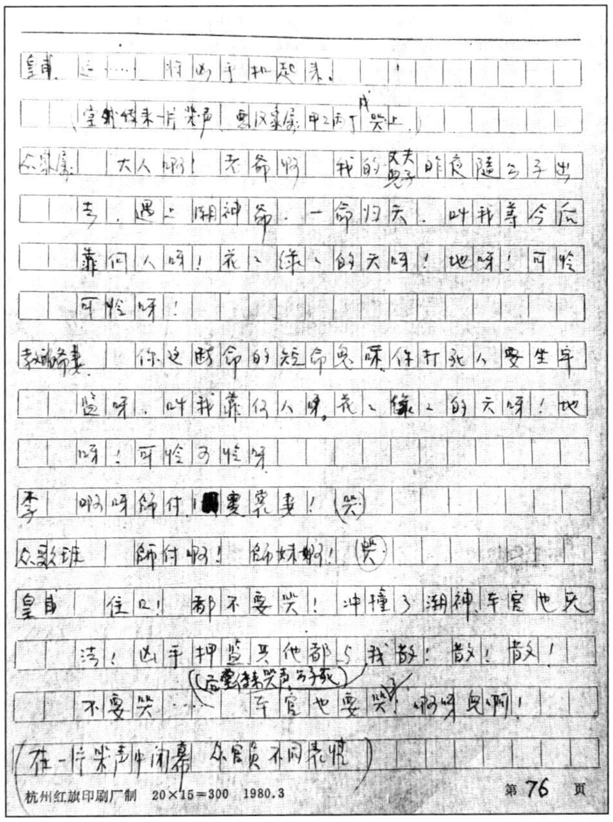

皇甫 这……将凶手抓起来！
（堂外传来一片哭声，众家属甲乙丙丁哭上）
众家属 大人啊！老爷呀，我的丈夫（儿子）昨夜随公子出去，遇上潮神爷，一命归天，叫我等今后靠何人呀！花〻绿〻的天呀！地呀！可怜可怜呀！
教师爷妻 你这断命的短命鬼呀，你打死人要坐牢监呀，叫我靠何人呀，花〻绿〻的天呀！地呀！可怜可怜呀
李 啊呀师付，■赛霞妻！（哭）
众歌班 师付啊！师妹啊！（哭）
皇甫 住口！都不要哭！冲撞了潮神本官也无法！凶手押监其他都与我散！散！散！
不要哭……（后堂传来哭声与公子哭）本官也要哭！啊呀儿啊！
（在一片哭声中闭幕，众官员不同表情）

杭州红旗印刷厂制 20×15=300 1980.3 第 76 页

76

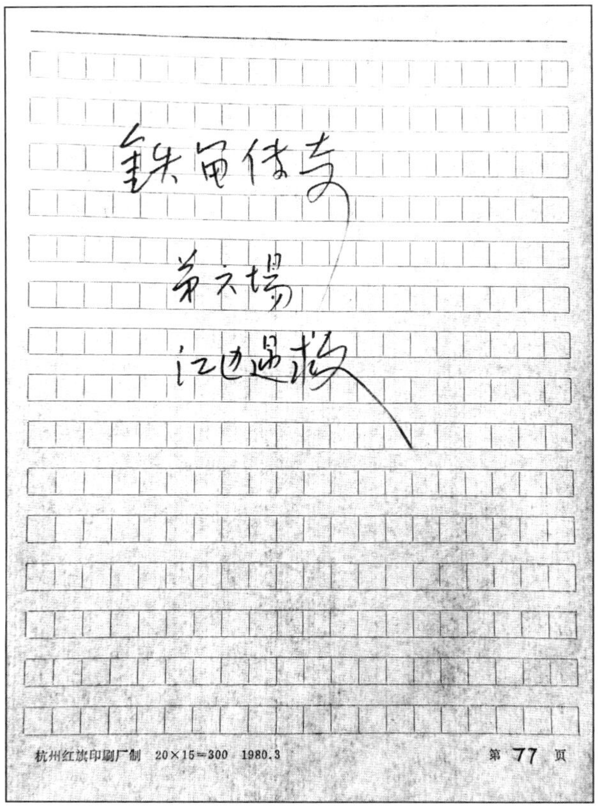

铁笛传奇

第六场

江边遇故

杭州红旗印刷厂制 20×15=300 1980.3 第 77 页

77

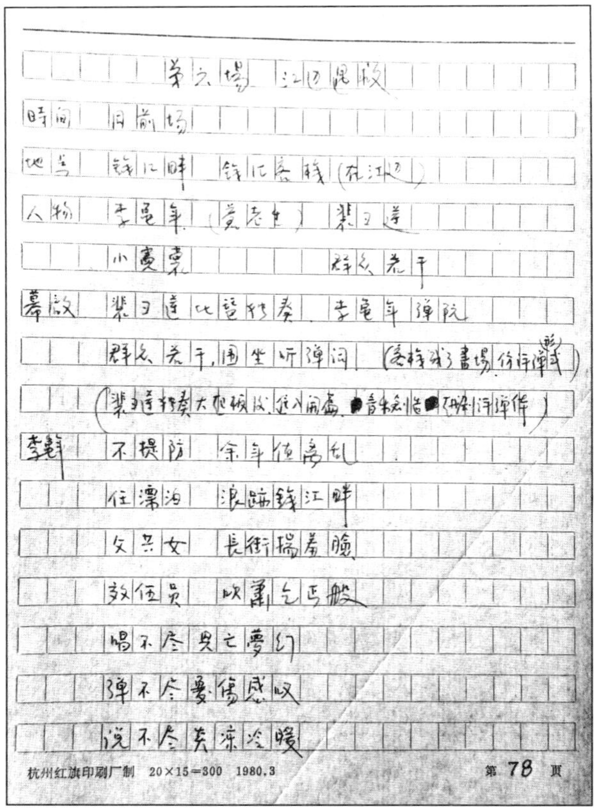

第六場 江边遇故

時间 同前场

地点 钱江畔 钱江客栈(在江边)

人物 李龟年(老老生) 裴[illegible]遂

小[illegible] 群众若干

幕启 裴[illegible]遂比笛斗奏,李龟年弹阮

群众若干,围坐听弹词(适转到书場,传弹彩戏)

(裴[illegible]遂转奏大板[illegible],进入闹[illegible],[illegible]音乐结[illegible]开始弹唱)

李謩 不提防 余年值离乱

任漂泊 浪踪钱江畔

父与女 长街[illegible]着脸

[illegible] 吹箫乞丐般

唱不尽 兴亡梦幻

弹不尽 忧伤感叹

说不尽 炎凉冷暖

杭州红旗印刷厂制 20×15=300 1980.3 第 78 页

78

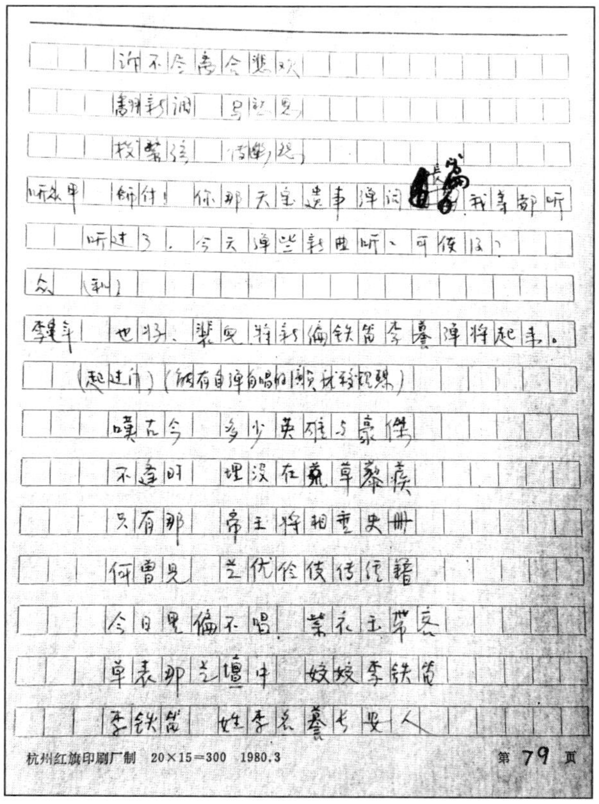

诉不尽 离合悲欢

翻新调 另谱曲

拨紧弦 传彩起

听众甲 师付!你那天宝遗事弹词[illegible]我们都听

听过了,今天弹些新曲听听,可使得?

众 (和)

李龟年 也好,裴兄将新编铁笛李謩弹将起来。

(起过门)(倘有自弹自唱的[illegible])

叹古今 多少英雄与豪杰

不逢时 埋没在荒草蓬蒿

只有那 帝王将相垂史册

何曾见 艺伎伶人传经籍

今日里偏不唱 紫衣玉带客

单表那艺坛中 娃娃李铁笛

李铁笛 姓李名謩长安人

杭州红旗印刷厂制 20×15=300 1980.3 第 79 页

79

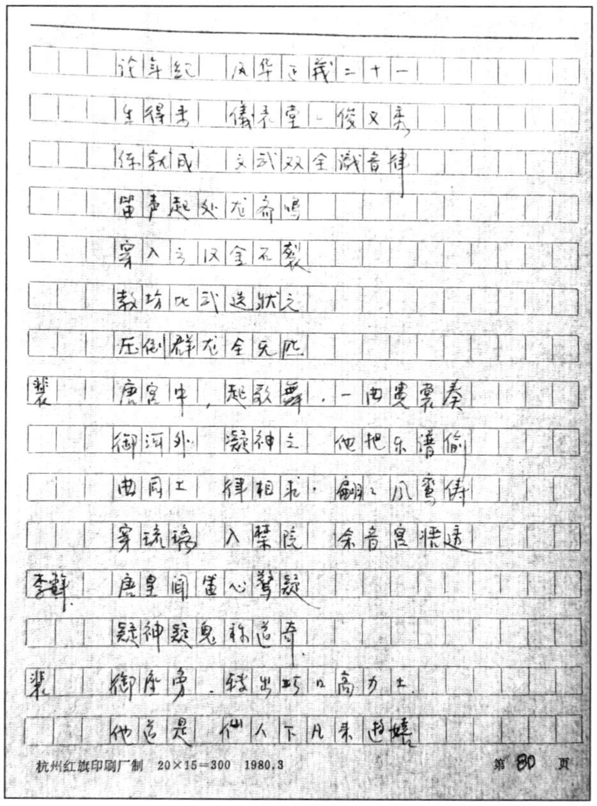

论年纪 风华正茂二十一

生得来 仪表堂堂俊又秀

练就成 文武双全识音律

留声起处龙吟鸣

穿入云汉金石裂

教坊比武选状元

压倒群龙全无匹

裴 唐宫中,起歌舞,一曲霓裳奏

御河外 凝神立 他把乐谱偷

曲同工 律相和,翩翩凤鸾俦

穿琉璃 入禁院 余音宫墙透

李謩 唐皇闻言心惊疑

疑神疑鬼称道奇

裴 御座旁,钻出奸臣高力士

他道是 仙人下凡来游嬉

杭州红旗印刷厂制 20×15=300 1980.3 第 80 页

80

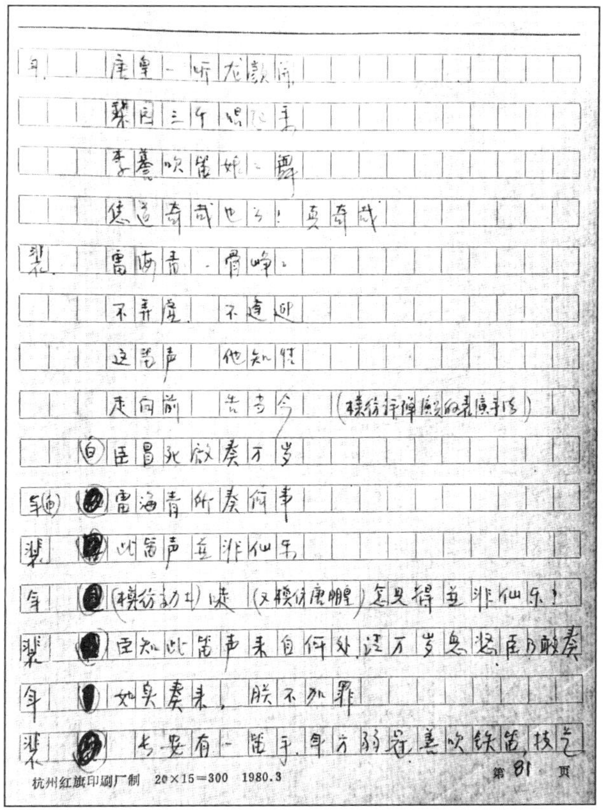
年 唐皇一听龙颜开
梨园三千惧心来
李謩吹笛妙妙舞
悠道奇哉也么！真奇哉
裴 雷海青，骨峥峥
不弄虚，不逢迎
这笛声 他知情
走向前 告当今（模仿评弹艺人的表演手法）
（白）臣冒死启奏万岁
年（白）（白）雷海青所奏何事
裴（白）此笛声并非仙乐
年（白）（模仿动作）唉（又模仿唐明皇）怎见得并非仙乐？
裴（白）臣知此笛声来自何处，望万岁息怒，臣乃敢奏
年（白）如实奏来，朕不加罪
裴（白）长安有一笛手，年方弱冠，善吹铁笛，技艺
杭州红旗印刷厂制 20×15=300 1980.3 第81页

81

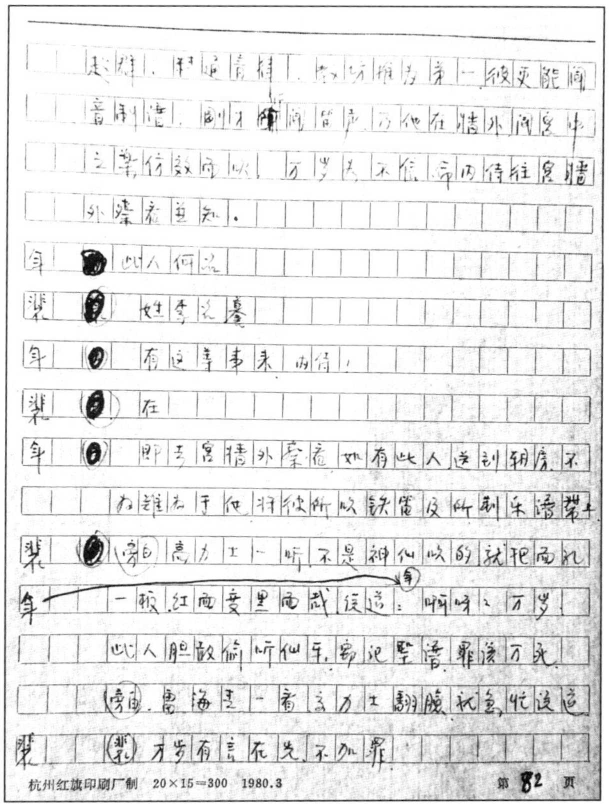
超群，时逢清明，教坊推为第一，彼更能闻音制谱。刚才所闻笛声，乃他在墙外闻宫中之乐仿效而吹，万岁若不信，命内侍往宫墙外搜索自知。
年（白）此人何名
裴（白）姓李名謩
年（白）有这等事来人呐！
裴（白）在
年（白）即去宫墙外搜查，如有此人速到朝房，不得难为于他，将彼所吹铁笛及所制乐谱带上。
裴（白）（旁白）高力士一听，不是神仙吹的，就把脸儿
年 一板，红脸变黑脸，（年）怒道：啊呀呀万岁！
此人胆敢偷听仙乐，窃记琴谱，罪该万死。
（旁白）雷海青一看高力士翻脸就急，忙说道
裴（裴）万岁有言在先，不加罪。
杭州红旗印刷厂制 20×15=300 1980.3 第82页

82

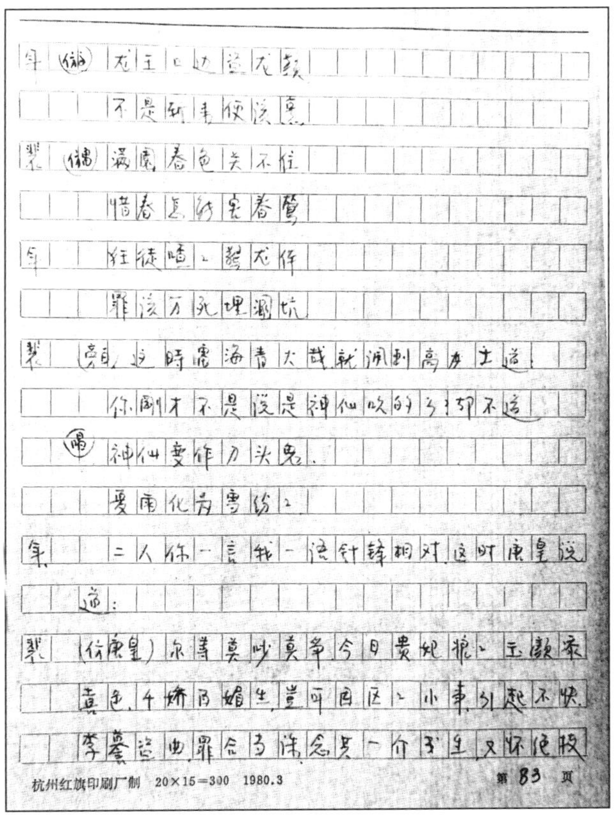
年（唱）龙王口边管龙[illegible]
不是新手便[illegible]
裴（唱）满园春色关不住
惜春总被惜春誉
年 狂徒嘻嘻藐龙威
罪该万死埋泥坑
裴（旁白）这时雷海青大哉就训到高力士道
你刚才不是说是神仙吹的么？却不道
（唱）神仙要作刀头鬼，
要雨化为雪纷纷。
年 二人你一言我一语针锋相对，这时唐皇说道：
裴（作唐皇）尔等莫吵莫争，今日贵妃娘娘玉颜开喜色，千娇百媚生，岂可因区区小事引起不快，李謩盗曲罪合当诛，念其一介书生又怀绝技
杭州红旗印刷厂制 20×15=300 1980.3 第83页

83

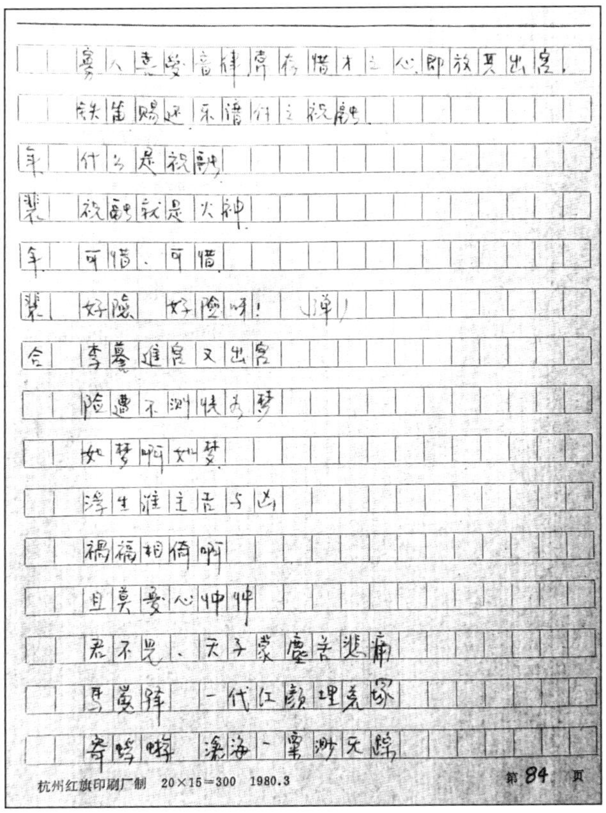
寡人素爱音律，有爱惜才之心，即放其出宫，铁笛赐还，乐谱付之祝融。
年 什么是祝融
裴 祝融就是火神。
年 可惜，可惜。
裴 好险，好险呐！（弹）
合 李謩进宫又出宫
险遭不测快如梦
如梦啊如梦
浮生难主吉与凶
祸福相倚啊
且莫忧心忡忡
君不见、天子荣庆尚悲痛
马嵬驿 一代红颜埋荒冢
奇峰崎 沧海一粟渺无踪
杭州红旗印刷厂制 20×15=300 1980.3 第84页

84

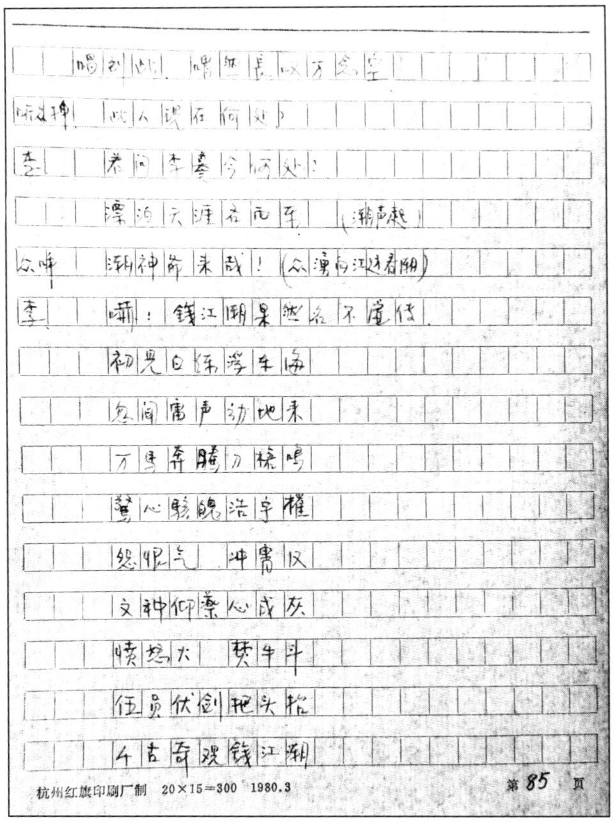

唱到此，唱然长叹万念空

听潮神：此人现在何处？

李：若问李秦今何处？

漂泊天涯古而东 （潮声起）

众呼：潮神爷来哉！（众涌向江边看潮）

李：嘛！钱江潮果然名不虚传，

初见白练浮东海

忽闻雷声动地来

万马奔腾刀棱鸣

惊心骇魄浩宇摧

怨恨气 冲霄汉

文种仰禀心成灰

愤怒火 焚牛斗

伍员伏剑把头拾

千古奇观钱江潮

杭州红旗印刷厂制 20×15=300 1980.3 第 85 页

85

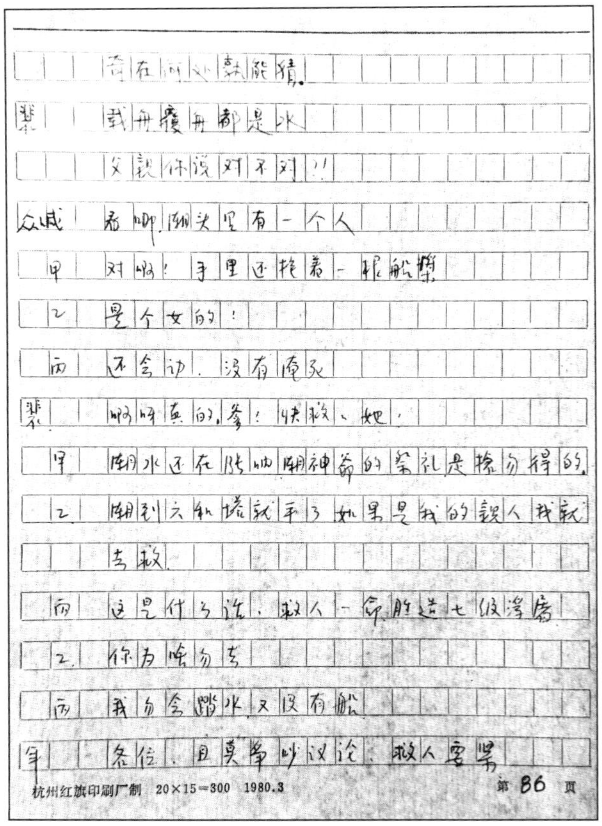

奇在何处孰能猜。

紫：载舟覆舟都是水

父亲你说对不对？！

众喊：看哪，潮头里有一个人

甲：对啊！手里还抱着一根船桨

乙：是个女的！

丙：还会动，没有淹死

紫：啊呀真的，爹！快救救她，

甲：潮水还在涨呢，潮神爷的祭礼是抢不得的，

乙：潮到岸边就平了，如果是我的亲人我就

去救。

丙：这是什么话，救人一命胜造七级浮屠

乙：你为啥勿去

丙：我勿会游水，又没有船

年：各位，且莫争吵议论，救人要紧

杭州红旗印刷厂制 20×15=300 1980.3 第 86 页

86

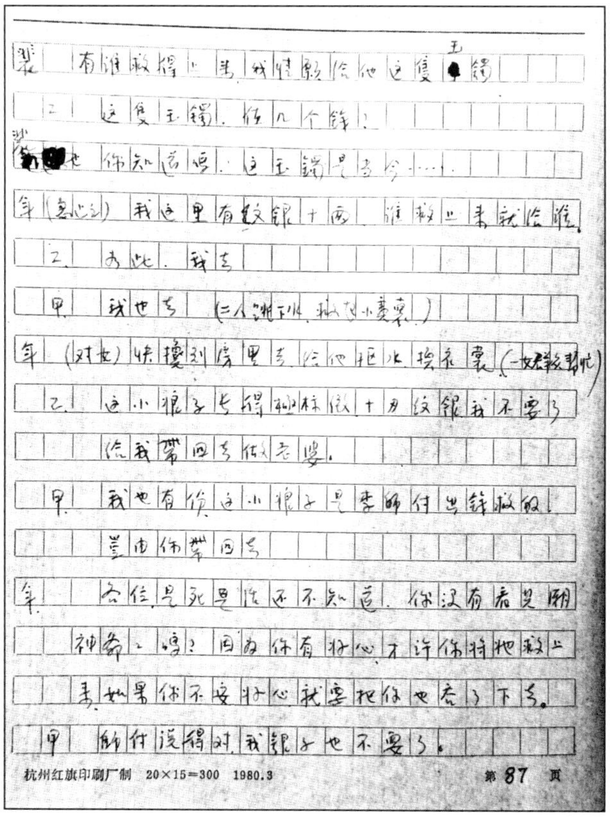

紫：有谁救得上来，我情愿给他这只玉镯

乙：这只玉镯，值几个钱！

紫：你知道吗，这玉镯是当今……

年（急忙地）：我这里有纹银十两，谁救上来就给谁。

乙：为此，我去

甲：我也去 （二人跳下水，救起小[illegible]）

年：（对女）快扶到房里去，给她拧水换衣裳（一女扶她[illegible]）

乙：这小娘子长得标标致致，十两纹银我不要了

给我带回去做老婆。

甲：我也有份，这小娘子是李师付出钱救的

岂由你带回去

年：今伊是死是活还不知道，你没有看见潮

神爷爷吗？因为你有好心，才许你将她救上

来，如果你不安好心，就要把你也卷了下去。

甲：师付说得对，我银子也不要了。

杭州红旗印刷厂制 20×15=300 1980.3 第 87 页

87

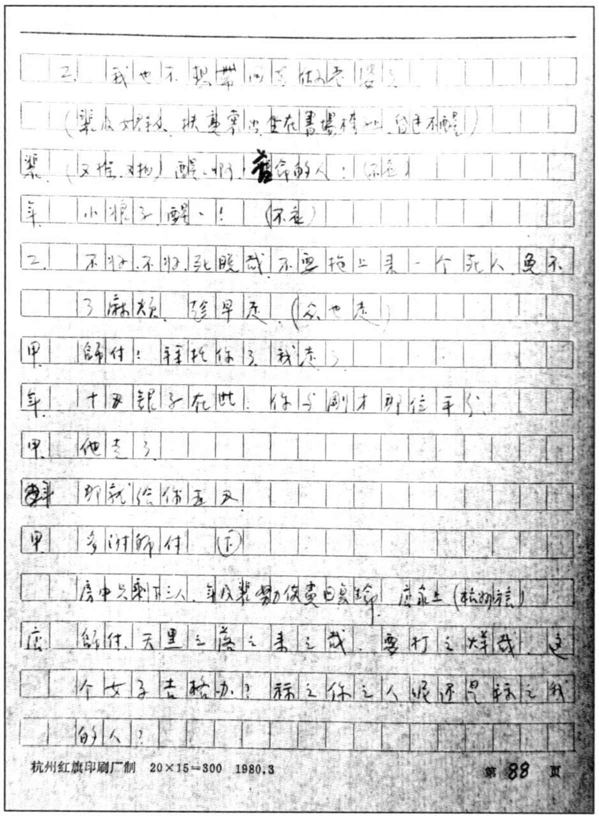

乙：我也不想带回去做老婆了

（紫扶女进入，扶其躺在书房椅上，[illegible]）

紫：（又惊又喜）醒了，醒了！好命的人！（下）

年：小娘子醒了！（不走）

乙：不好，不好，弄晦气，不要拉上来一个死人，免不

了麻烦，趁早走。（众也走）

甲：师付！拜托你了，我走了

年：十两银子在此，你与刚才那位平分，

甲：他走了

年：那就给你五两

甲：多谢师付（下）

房中只剩下三人，年及紫努力使女由昏迷中醒来，唐上（[illegible]）

唐：师付，天里之落之来之哉，要打之烊哉，这

个女子吉格办？弄之侬之人呢还是弄之我

的人？

杭州红旗印刷厂制 20×15=300 1980.3 第 88 页

88

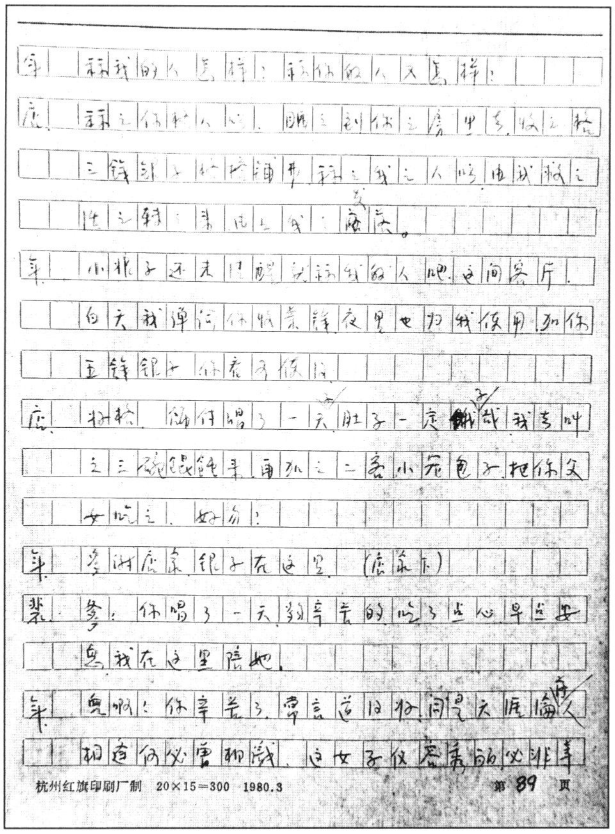
年：骂我的人怎样？骂你的人又怎样！
庶：骂骂你们的人哟。瞧瞧到你家里去，收收拾拾钱钱银子，拾拾铺盖，骂骂我我的人哟，由我收收拾拾来来，由由我我底底。
年：小桃子还未睡醒，就骂我的人吧。这间客厅，白天我弹词你做生意，夜里也归我作用。加你五钱银子，你看可使得。
庶：好好，你们唱了一天，肚子一定饿了，我去叫三三碗馄饨来，再加二二客小笼包子，把你父女吃吃，好不好？
年：多谢店家，银子在这里。（店家下）
紫：爹，你唱了一天，多辛苦的，吃了点心早点安息，我在这里陪她。
年：唉呀呀，你辛苦了。常言道，同是天涯沦落人，相逢何必曾相识。这女子仪容秀丽，必非寻
杭州红旗印刷厂制　20×15=300　1980.3　第89页

89

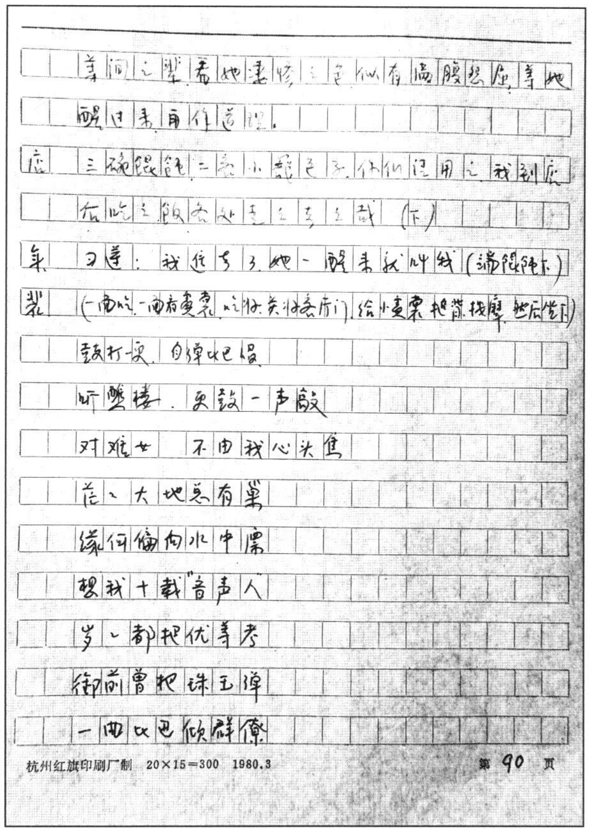
常人家之女，看她凄惨之状，似有满腔悲愤，等她醒过来再作道理。
庶：三碗馄饨二客小笼包子，你们请用吧，我到店后吃饭去处去去了哉（下）
年：贤侄：我先去了，她一醒来就叫我（端馄饨下）
紫：（一面吃一面看爹爹，吃好，关好房门，给小妹妹把背按摩，然后坐下）
鼓打一更，自弹琵琶
听谯楼，更鼓一声敲
对难女，不由我心头焦
茫茫大地总有巢
缘何偏向水中漂
想我十载"音声人"
岁岁都把优等考
御前曾把珠玉弹
一曲琵琶倾群僚
杭州红旗印刷厂制　20×15=300　1980.3　第90页

90

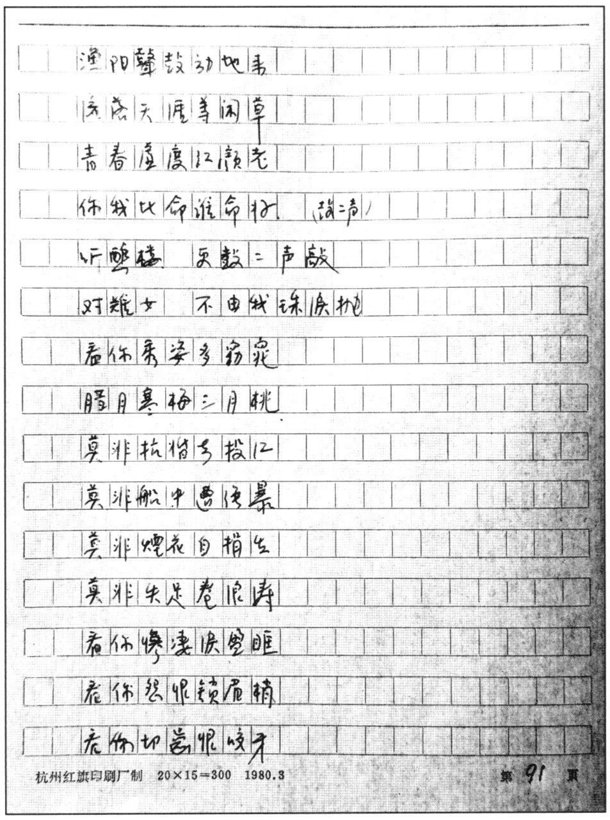
渔阳鼙鼓动地来
飘落天涯等闲草
青春虚度红颜老
你我比命谁命好（鼓二声）
听谯楼，更鼓二声敲
对难女，不由我珠泪抛
看你秀姿多窈窕
腊月寒梅三月桃
莫非抗婚去投江
莫非船中遇强暴
莫非烟花自悄逃
莫非失足卷浪涛
看你悽凄泪盈眶
看你怒眼锁眉梢
看你切齿恨咬牙
杭州红旗印刷厂制　20×15=300　1980.3　第91页

91

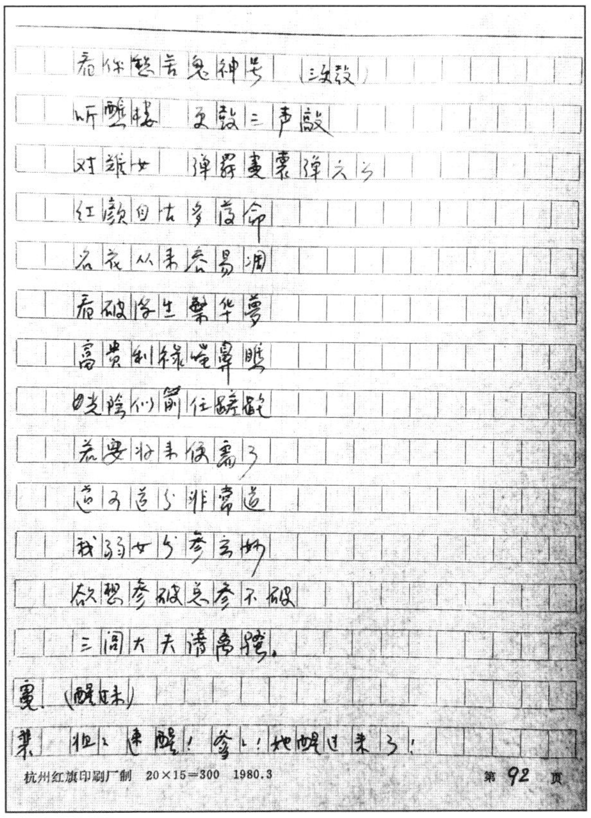
看你悠怨鬼神号（三更鼓）
听谯楼，更鼓三声敲
对难女，弹罢琵琶叹之乏
红颜自古多薄命
名花从来容易凋
看破浮生繁华梦
富贵利禄等鼻膻
光阴似箭任蹉跎
若要将来使离了
道可道兮非常道
我弱女兮参玄妙
欲想参破总参不破
三闾大夫错离骚。
冤：（醒转）
紫：姐姐快醒！爹爹！她醒过来了！
杭州红旗印刷厂制　20×15=300　1980.3　第92页

92

年 （出场）小侬子，醒来……

袁. （倒板）

梦悠悠 魂游游 耳旁有人叫

战兢兢 寒溲溲 莫非到阴曹

睁开眼 朦胧瞧 一老和一少

昏沉沉 强起身 天旋地动摇

（呕吐）（原板）

岂要贼 狗强盗

恶天害理逞强暴

杀我爹 害我夫

我一死相拼把江跳

恨弱女 气力小

阳世不能把仇报

要黄泉 恨难消

阎王殿上把状告 （神志不清）

杭州红旗印刷厂制 20×15=300 1980.3 第93页

93

我要告告告！我要申申申

告那越州刺史皇甫政

纵子行凶害良民

强抢民女我小袁裘

打死我爹钟孤生

我夫李夔被打伤

我跳大江命归阴

告告告！申申申！

黎民百姓也是人

有冤有苦总要伸

阳世贵贱不同阶

难道阴司也分等

为官不与民作主

作威作福同瘟神

拿把火来烧干净

杭州红旗印刷厂制 20×15=300 1980.3 第94页

94

送走瘟神民不争

力尽倒下，又昏迷

年. 听她说来，是钟孤生的甥女，是李夔的妻子，

如此说来是一家人了。

裴. 爹：你要尽力救她才是

年. 不妨不妨，她这是急火攻心，又饮着一腔水，

今晚就与你一同安睡，将将看护与她。待她

身体将息好了，我们一同去细思寻访李夔，

你意下如何？

裴. 她既与皇甫政父子结下怨仇，孩儿以为她去

似是不妥！

年. 说得也是，待为父明天先去打听消息，相机行

事

裴. 孩儿与她如何相称

年. 姐妹相称

杭州红旗印刷厂制 20×15=300 1980.3 第95页

95

裴. 如此，姐姐和妹妹一同进房安息吧

扶袁进房

年. 这这是

同是天涯沦落人

相逢何必曾相识

安得广厦千万间

底尽寒士良失折

幕落.

杭州红旗印刷厂制 20×15=300 1980.3 第96页

96

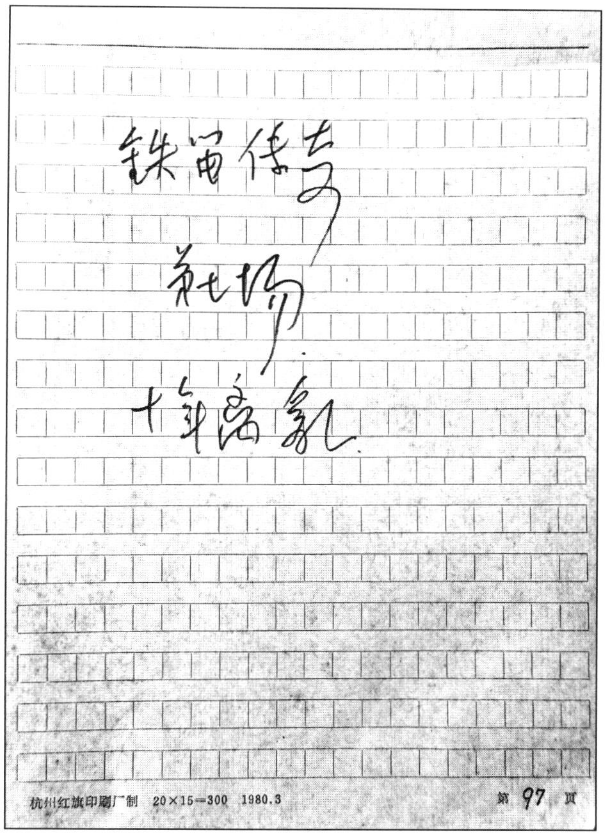

铁笛传奇

第七场

十年离乱

杭州红旗印刷厂制　20×15=300　1980.3　第 97 页

97

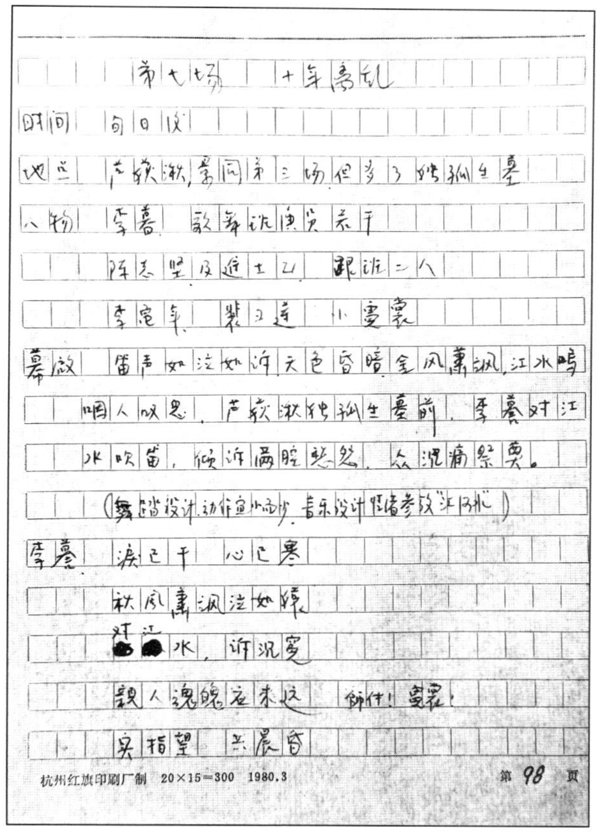

第七场　十年离乱

时间　旬日后

地点　芦荻湫，景同第三场但多了[illegible]孤生墓

人物　李謩　歌舞队演员若干

陈志坚及道士乙　跟随二人

李宅仆、裴[illegible]逵　小霓裳

幕启　笛声如泣如诉，天色昏暗，金风萧飒，江水呜咽人叹息。芦荻湫[illegible]孤生墓前，李謩对江水吹笛，倾诉满腔悲怨，众[illegible]痛祭奠。

（舞蹈设计动作宜少而妙，音乐设计但请参考《江河水》）

李謩　泪已干　心已寒

秋风萧飒泣如啼

对江水，诉沉冤

亲人魂魄在未还　师傅！霓裳！

只指望　共晨昏

杭州红旗印刷厂制　20×15=300　1980.3　第 98 页

98

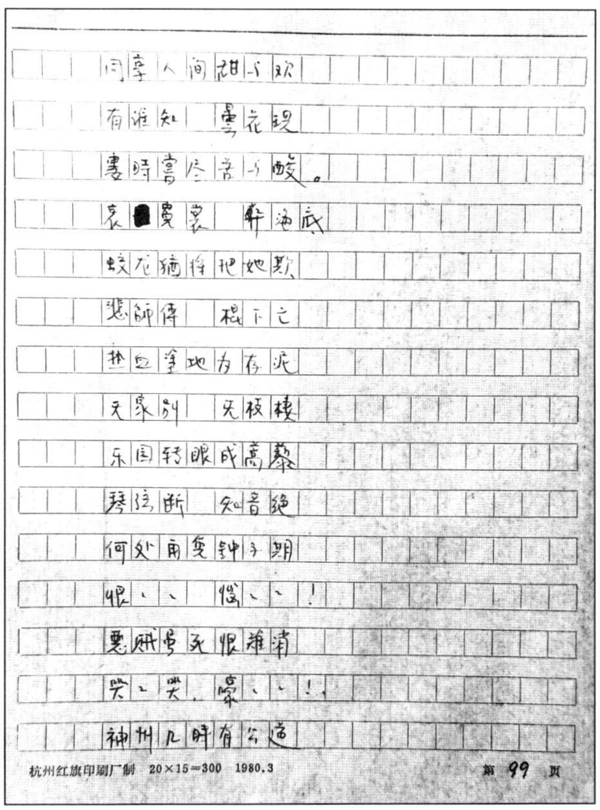

同享人间甜与欢

有谁知　昙花现

霎时尝尽苦与酸。

哀[illegible]霓裳　葬海底

蛟龙犹将把她欺

悲师傅　棍下亡

热血染地为春泥

无家别　无枝栖

乐园转眼成蒿藜

琴弦断　知音绝

何处再觅钟子期

恨恨　恼恼！

恶[illegible][illegible]死恨难消

哭哭　嚎嚎！

神州几时有公道

杭州红旗印刷厂制　20×15=300　1980.3　第 99 页

99

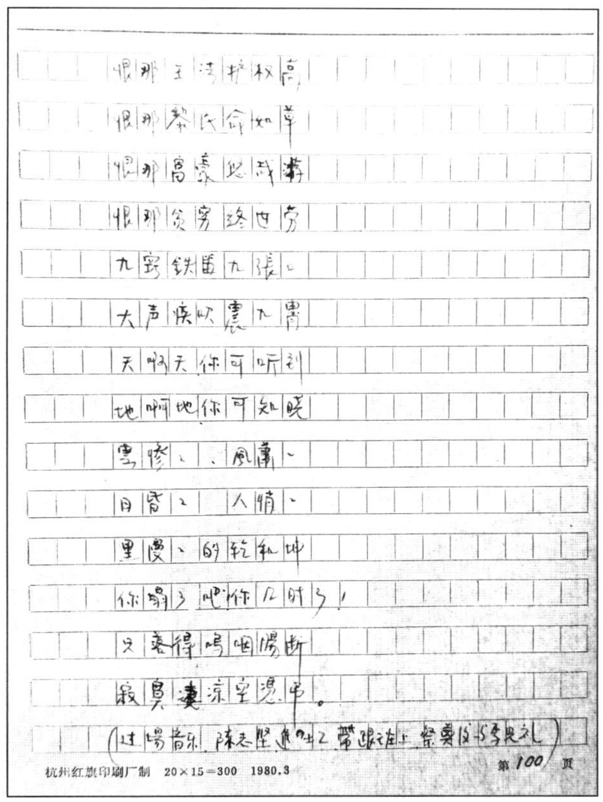

恨那王法护权贵

恨那黎民命如草

恨那富豪总残暴

恨那贫穷终世劳

九窍铁笛九张口

大声疾吹震九霄

天啊天你可听到

地啊地你可知晓

云惨惨、风萧萧

日昏昏　人悄悄

黑漫漫的乾坤

你瞎了吧你几时了！

只落得呜咽肠断

寂寞凄凉空悲吊。

（过场音乐，陈志坚、道士乙带跟随上，祭奠仪与李謩见礼）

杭州红旗印刷厂制　20×15=300　1980.3　第 100 页

100

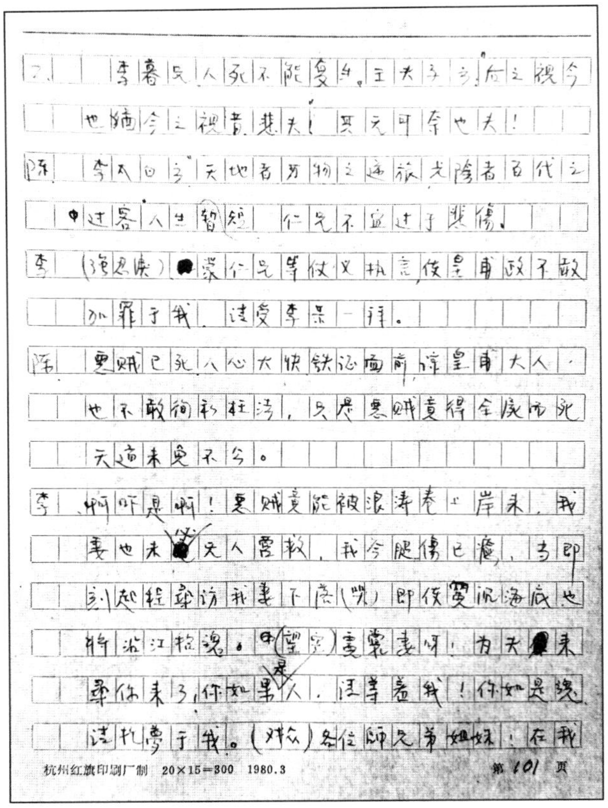

李謩兄人死不能复生。王夫子云：后之视今也犹今之视昔，悲夫！真无可奈何也夫！

陈　李太白云：天地者万物之逆旅，光阴者百代之过客，人生苦短，仁兄不宜过于悲伤！

李　（强忍悲）蒙仁兄等仗义执言，使皇甫政不敢加罪于我，请受李某一拜。

陈　恶贼已死，人心大快，铁证面前，谅皇甫大人也不敢徇私枉法，只是恶贼竟得全尸而死，天道未免不公。

李　啊呀是啊！恶贼竟能被浪涛卷上岸来，我妻也未天人营救，我今腿伤已愈，当即刻起程寻访我妻下落（哭）即使要沉海底也将沿江招魂。（望空）霓裳妻呀！为夫来寻你来了，你如是人，请等着我！你如是鬼，请托梦于我。（对众）各位师兄弟姐妹：在我

杭州红旗印刷厂制　20×15=300　1980.3　第101页

101

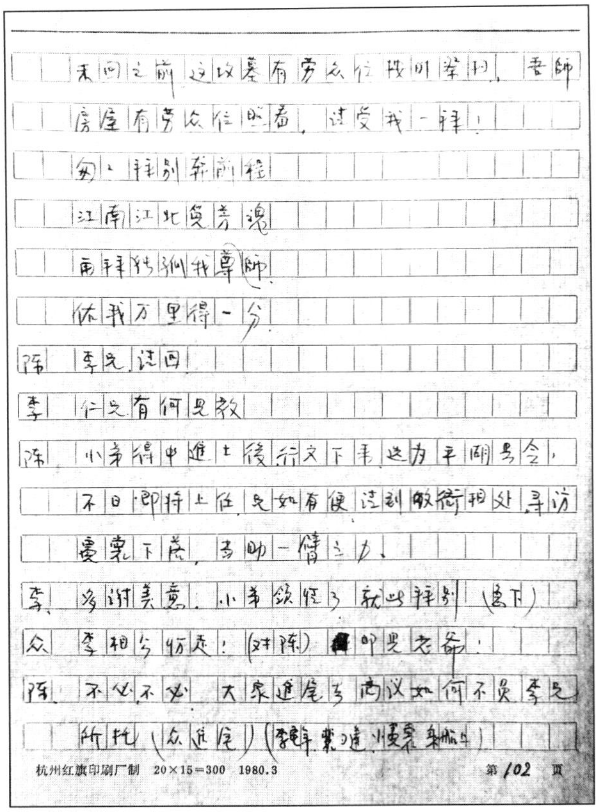

未回之前，这坟墓有劳众位代为料理，吾师房屋有劳众位照看，请受我一拜！

匆匆拜别奔前程

江南江北觅芳魂

再拜师傅我尊师

保我万里得一分

陈　李兄请回。

李　仁兄有何见教？

陈　小弟得中进士后，行文下来选为平湖县令，不日即将上任，兄如有便，请到敝衙相处，寻访霓裳下落，当助一臂之力。

李　多谢美意，小弟领情了，就此拜别（急下）

众　李相公好走！（对陈）叩见老爷。

陈　不必不必，大家进屋去商议如何不负李兄所托（众进屋）（李龟年、裴迪、霓裳乘船上）

杭州红旗印刷厂制　20×15=300　1980.3　第102页

102

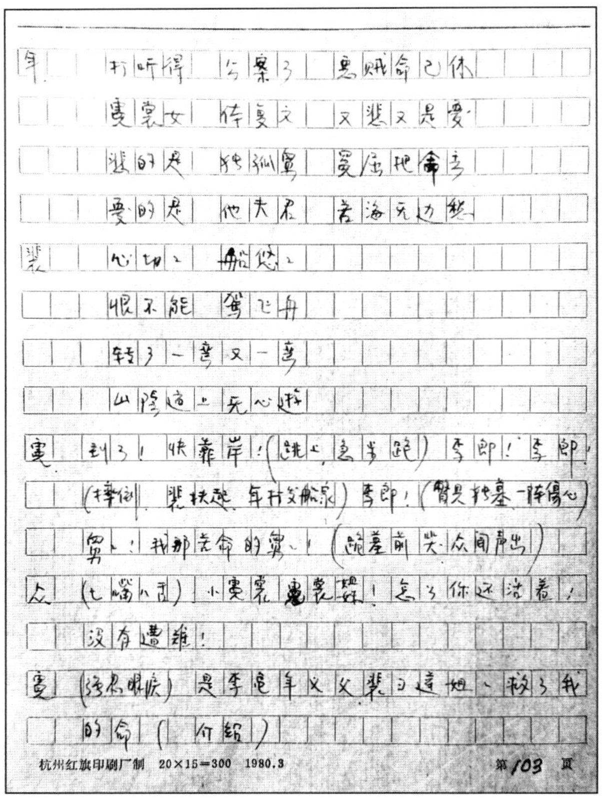

年　打听得　公案了　恶贼命已休

霓裳女　倚窗前　又悲又是喜

悲的是　独孤鸾　冤屈把命丧

喜的是　他夫君　苦海无边愁

裴　心切切　船悠悠

恨不能　驾飞舟

转了一弯又一弯

山阴道上无心游

霓　到了！快靠岸！（跳上，急步跑）李郎！李郎！（摔倒，裴扶起，年打发船家）李郎！（猛见坟墓一阵伤心）郎！我那苦命的郎！（跪墓前哭，众闻声出）

众　（七嘴八舌）小霓裳霓裳姐！怎么你还活着，没有遇难！

霓　（强忍眼泪）是李龟年义父、裴迪姐，救了我的命（介绍）

杭州红旗印刷厂制　20×15=300　1980.3　第103页

103

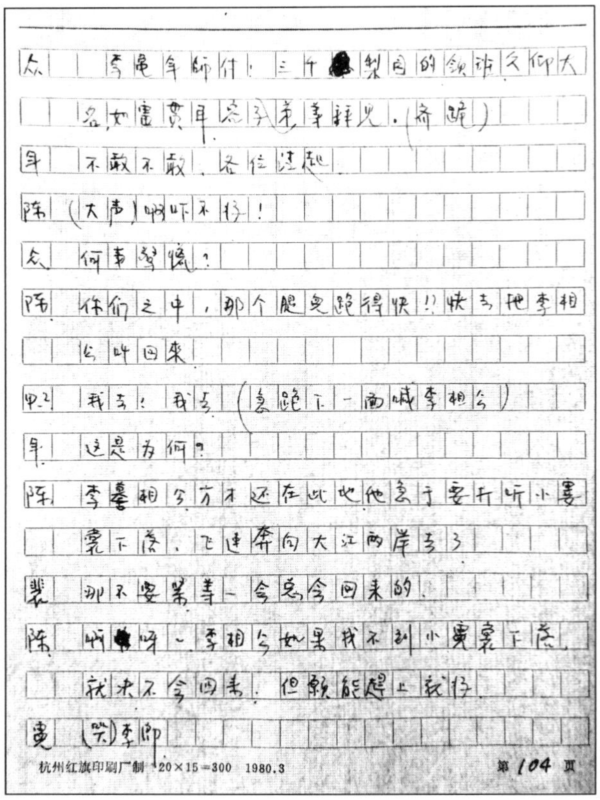

众　李龟年师傅！三个梨园的领袖，久仰大名，如雷贯耳，容弟子等拜见。（齐跪）

年　不敢不敢，各位请起。

陈　（大声）啊呀不好！

众　何事惊慌？

陈　你们之中，那个腿儿跑得快！！快去把李相公叫回来。

甲乙　我去！我去（急跑下，一面喊李相公）

年　这是为何？

陈　李謩相公方才还在此，他急于要打听小霓裳下落，飞速奔向大江两岸去了。

裴　那不要紧，等一会总会回来的。

陈　啊呀！李相公如果找不到小霓裳下落，就永不会回来，但愿能赶上就好。

霓　（哭）李郎

杭州红旗印刷厂制　20×15=300　1980.3　第104页

104

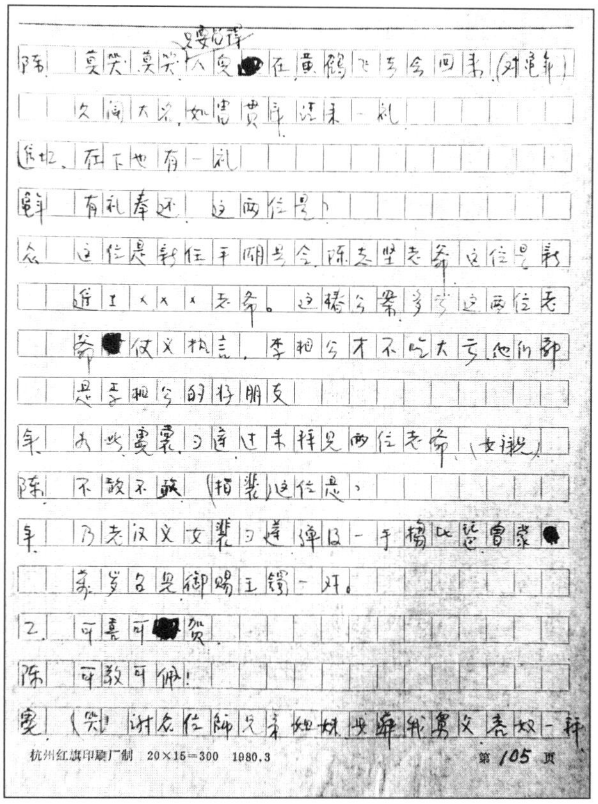

105

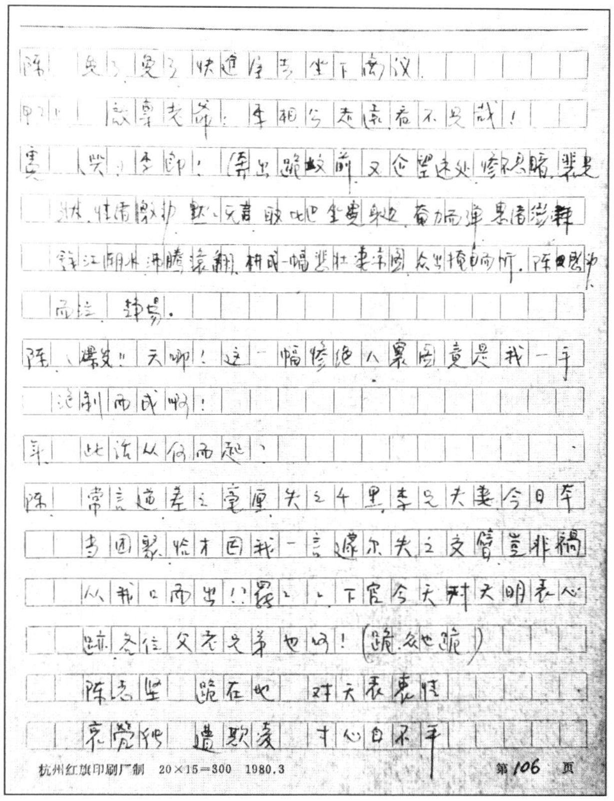

106

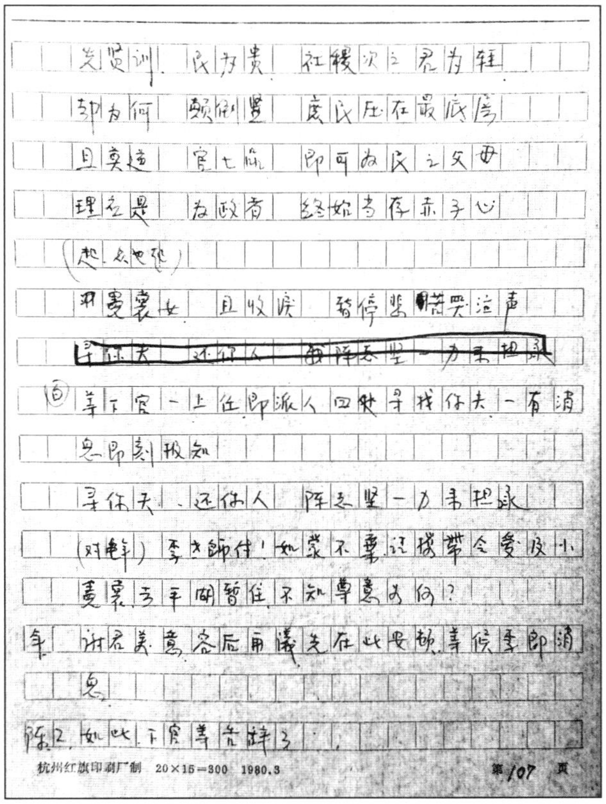

107

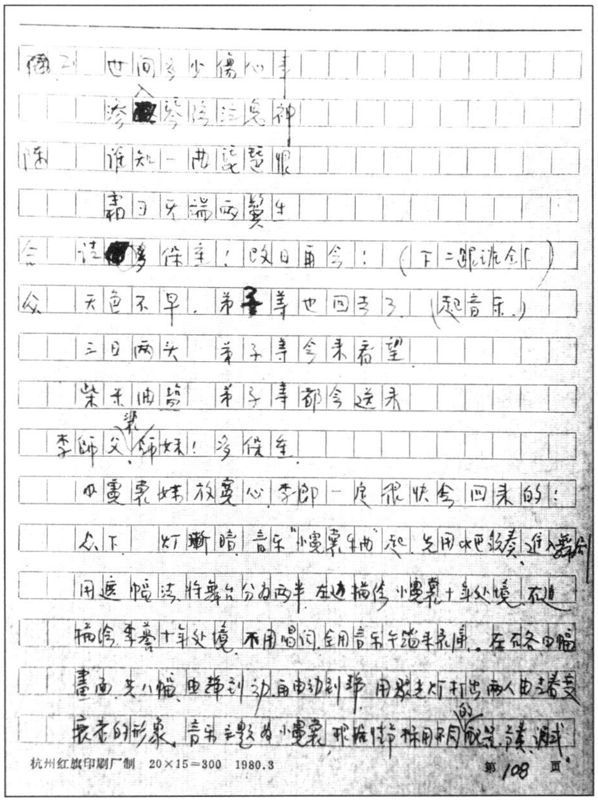

108

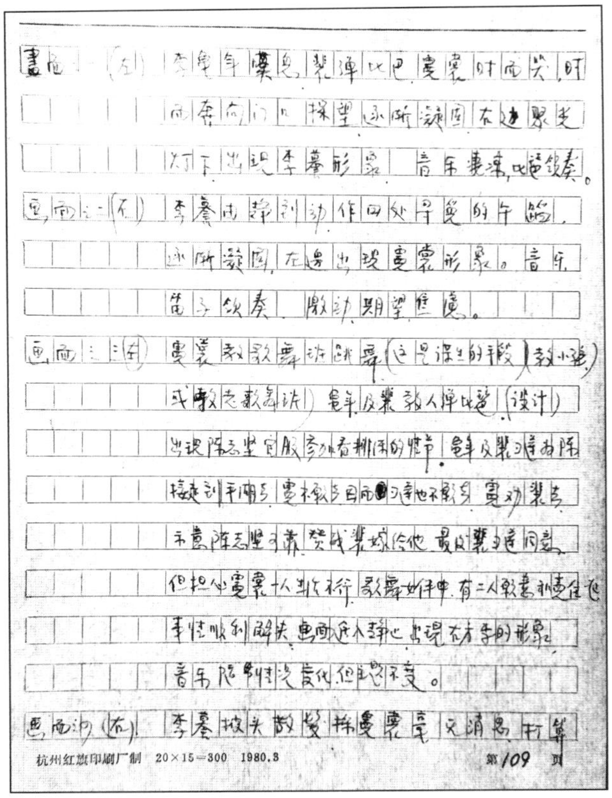

画面一（左）李龟年叹息，龚泽比巴，霞裳时而哭，时而奔向门口探望。远断疑圆，右边聚光灯下出现李蓁形象。音乐凄凉，笛子领奏。

画面之二（右）李蓁由静到动作四处寻觅的行踪，远断疑圆，左边出现霞裳形象。音乐笛子领奏，激动、期望、焦虑。

画面之三（右）霞裳教歌舞访跳舞（这是谋生的手段）（教小孩或教老教舞访）龟年及众教人弹琵琶（设计）出现陈志坚官服参加看排演的情节。龟年及众习得为陈接走到平湖与霞裳……霞劝众告示意陈志坚可杀。焚我欲嫁给他，最后众习进同意。但担心霞裳十人斯杯行，歌舞如伴中，有二人欲……手性顺利解决。画面逐入静止，出现右方李的形象。音乐随剧情变化但主题不变。

画面之四（左）李蓁披头散发拣霞裳衣……清思，打算

杭州红旗印刷厂制　20×15＝300　1980.3　第109页

109

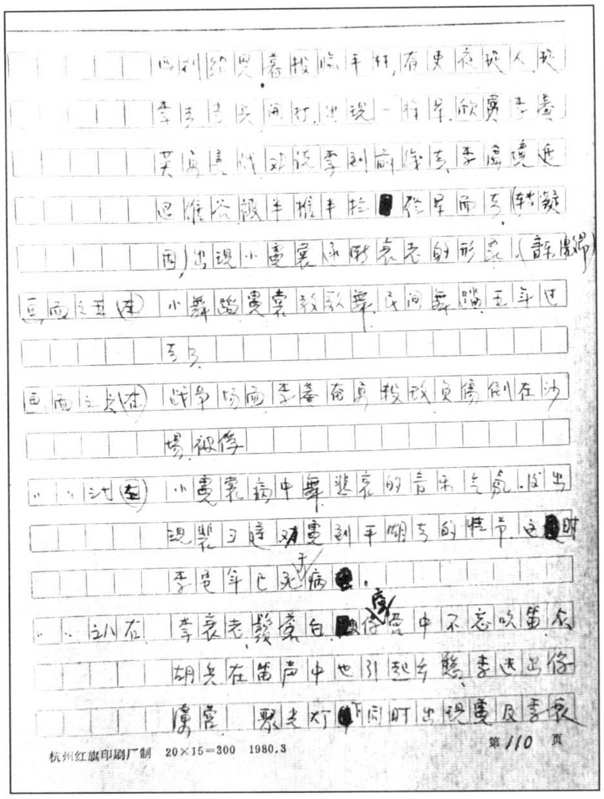

……李与志兵闹打，出现一将军欲……李蓁……

……出现小霞裳……的形象（音乐……）

画面之五（左）小舞蹈霞裳教歌舞，民间舞蹈……

画面之六（右）战争场面李蓁奋勇杀敌负伤倒在沙场被俘。

……（左）小霞裳病中舞悲哀的音乐气氛，出现……

李龟年已死病……

……（右）李蓁……中不忘吹笛，众胡兵在笛声中也引起乡愁。李述出回忆。聚光灯……同时出现霞及李蓁

杭州红旗印刷厂制　20×15＝300　1980.3　第110页

110

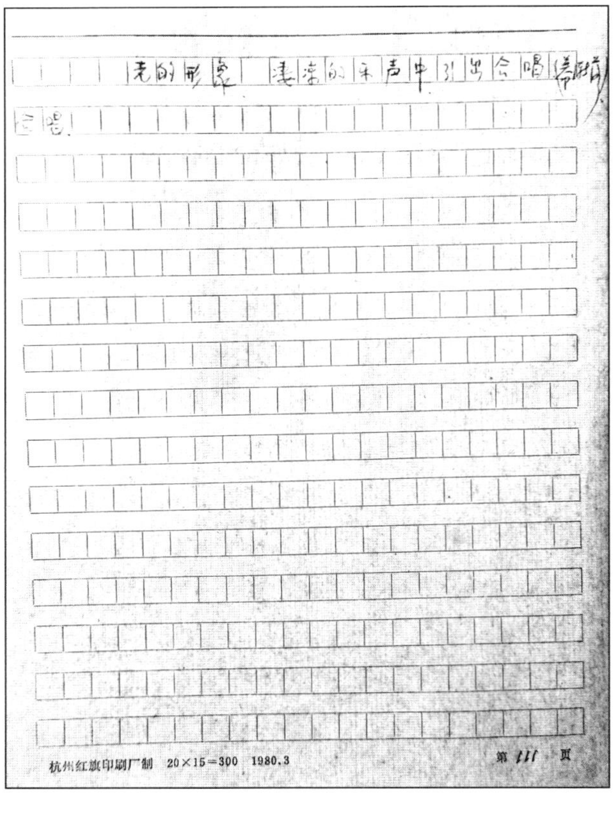

老的形象。凄凉的乐声中引出合唱（音乐）

……

杭州红旗印刷厂制　20×15＝300　1980.3　第111页

111

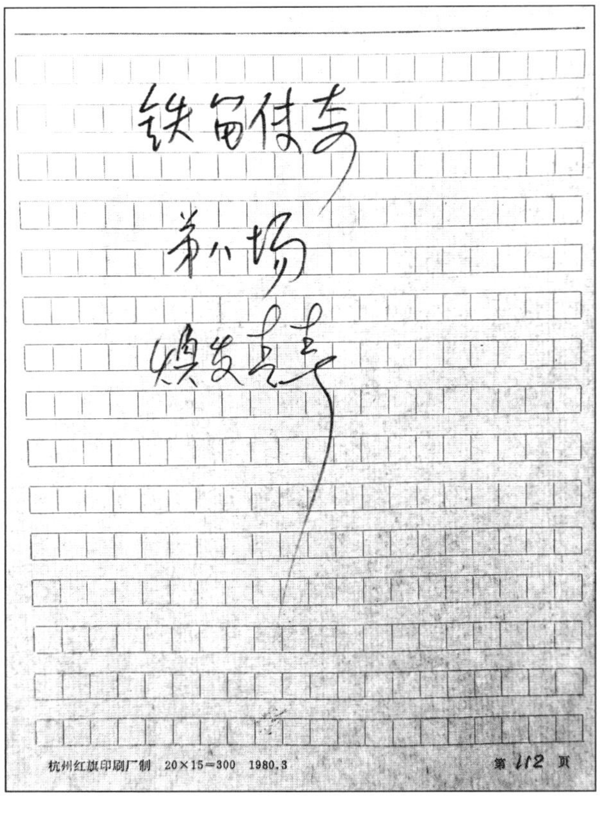

铁笛传奇

第八场

竣稿

杭州红旗印刷厂制　20×15＝300　1980.3　第112页

112

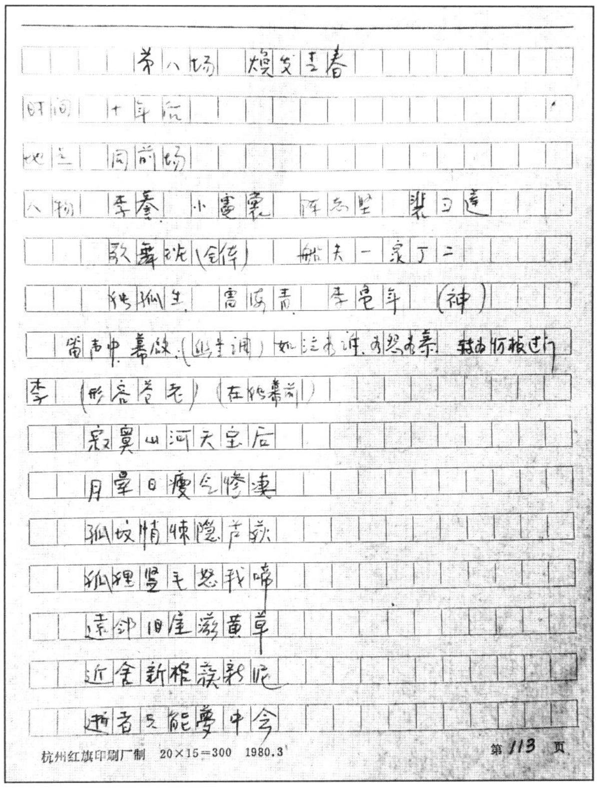
第八场　焕发青春

时间　十年后

地点　同前场

人物　李春　小霓裳　陈忽坚　裴习远

　　　歌舞队（合伴）　船夫一　家丁二

　　　绕狐生　雷鸣青　李易年　（神）

笛声中幕启（幽丝调）

李　（形容苍老）（在幕前）

　寂寞山河天空后

　月晕日瘦分惨凄

　孤坟情怀隐声叹

　狐狸竖毛怒我啼

　远邻旧居滋黄草

　近舍新棂亲邻泥

　遥看只能梦中会

杭州红旗印刷厂制　20×15=300　1980.3　第113页

113

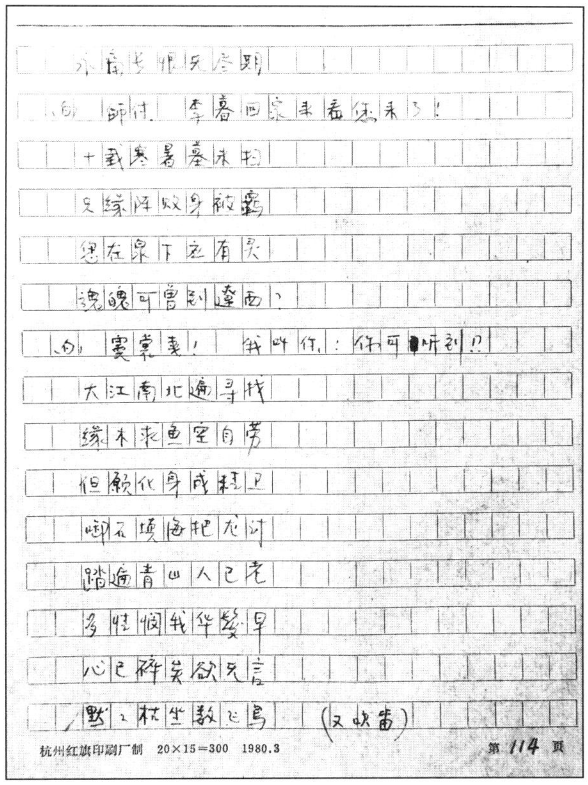
　不觉岁暮无尽期

（白）师傅，李春回家来看您来了！

　十载寒暑墓未扫

　只缘阵败身被羁

　想在泉下应有灵

　魂魄可曾到辽西？

（白）霓裳妻！我叫你：你可听到？！

　大江南北遍寻找

　缘木求鱼空自劳

　但愿化身成精卫

　衔石填海把尤讨

　踏遍青山人已老

　多情惆我华发早

　心已碎矣欲无言

　默默枯坐数飞鸟　（又吹笛）

杭州红旗印刷厂制　20×15=300　1980.3　第114页

114

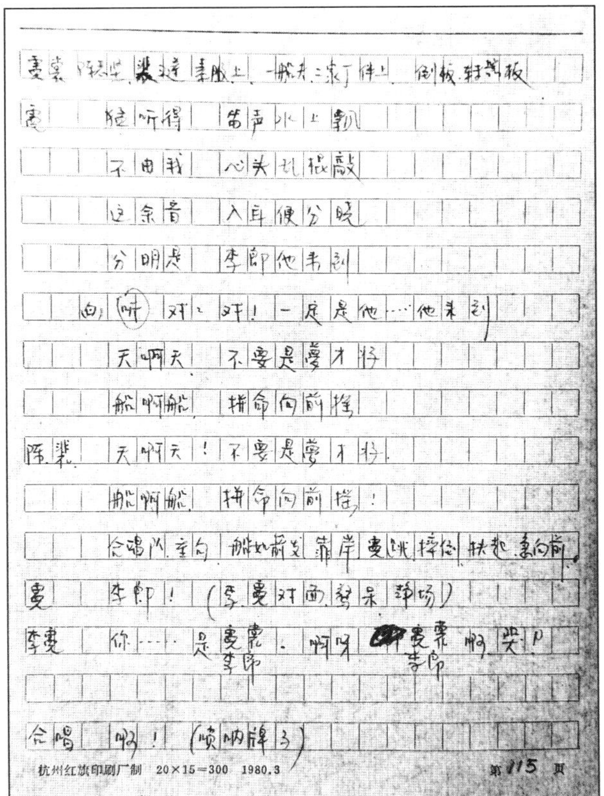
霓裳（陈忽坚、裴习远扮）上。一船夫、二家丁伴上。（划船、打船板）

霓　忽听得　笛声水上飘

　　不由我　心头乱狂敲

　　这余音　入耳便分晓

　　分明是　李郎他来到

（白）（听）对对对！一定是他……他来到

　　天啊天　不要是梦才好

　　船啊船　拼命向前摇

陈裴　天啊天！不要是梦才好

　　船啊船　拼命向前摇！

　　合唱队重复　船抵前岸，霓跳离船，快步向前。

霓　李郎！（李霓对面惊呆，静场）

李霓　你……是霓裳／李郎　啊呀　霓裳／李郎　啊　哭！

合唱　啊！（唢呐牌子）

杭州红旗印刷厂制　20×15=300　1980.3　第115页

115

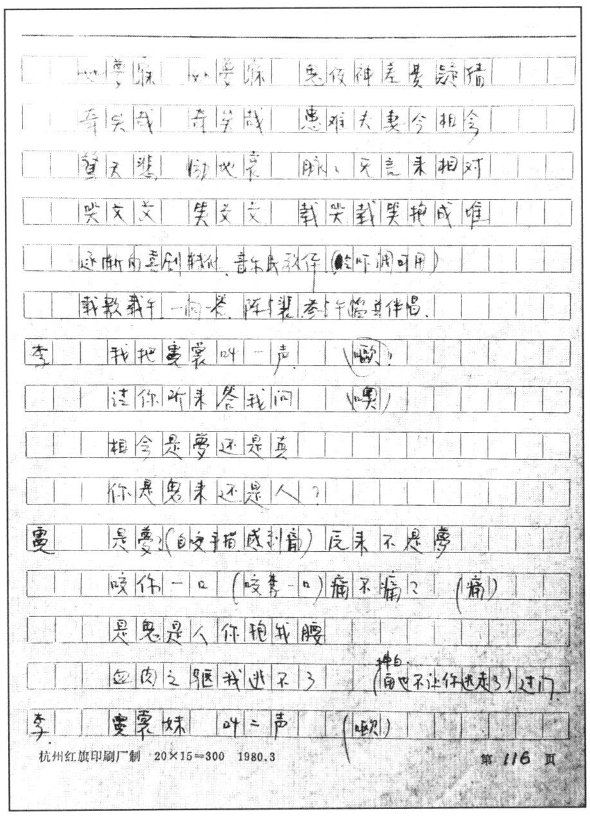
　似梦寐　似梦寐　鬼使神差是疑猜

　奇哉哉　奇哉哉　患难夫妻今相会

　望天悲　对地哀　脉脉无言来相对

　哭文文　笑文文　载哭载笑抱成堆

还断肠悲剧转变，音乐民歌伴（此时可用）

载歌载舞一阵喜，陈裴参加歌舞伴唱。

李　我把霓裳叫一声　（欧）

　　请你听来答我问　（噢）

　　相会是梦还是真

　　你是鬼来还是人？

霓　是梦（自咬手指感到痛）原来不是梦

　　咬你一口（咬李一口）痛不痛？（痛）

　　是鬼是人你抱我腰

　　血肉之躯我逃不了　（抽白：再也不让你逃走了）过门

李　霓裳妹　叫二声　（欧）

杭州红旗印刷厂制　20×15=300　1980.3　第116页

116

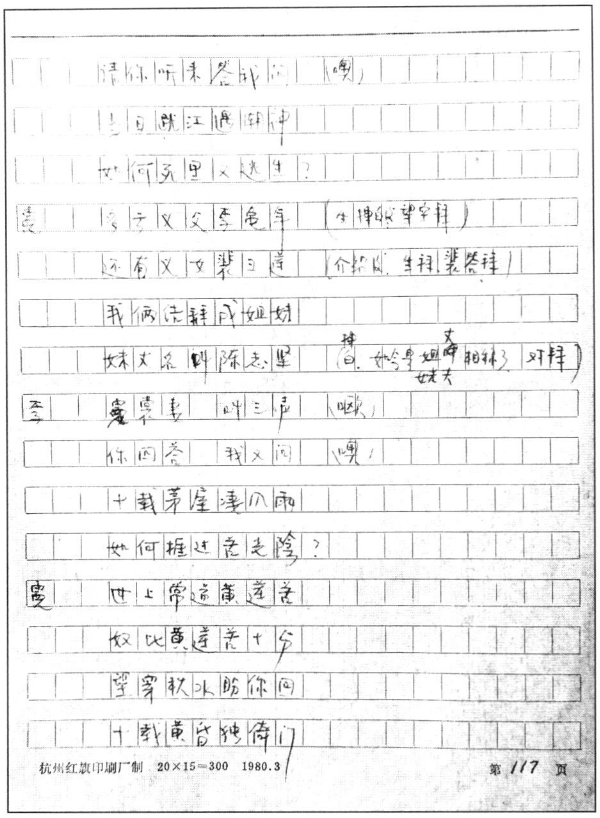
请你听来答我问（噢）
三日跳江遇渔神
如何死里又逃生？
（裴）多亏义父李龟年（生伸脖望李拜）
还有义女裴月莲（介绍后，生拜，裴答拜）
我俩结拜成姐妹
妹丈原叫陈志坚（白……[illegible]……对拜）
（李）裹裹妻 叫三声（啾）
你回答 我又问（噢）
十载茅屋凄风雨
如何捱过危急险？
（裴）世上常言讲道是
奴比黄连苦十分
望穿秋水盼你回
十载黄昏独倚门
杭州红旗印刷厂制 20×15=300 1980.3 第117页

117

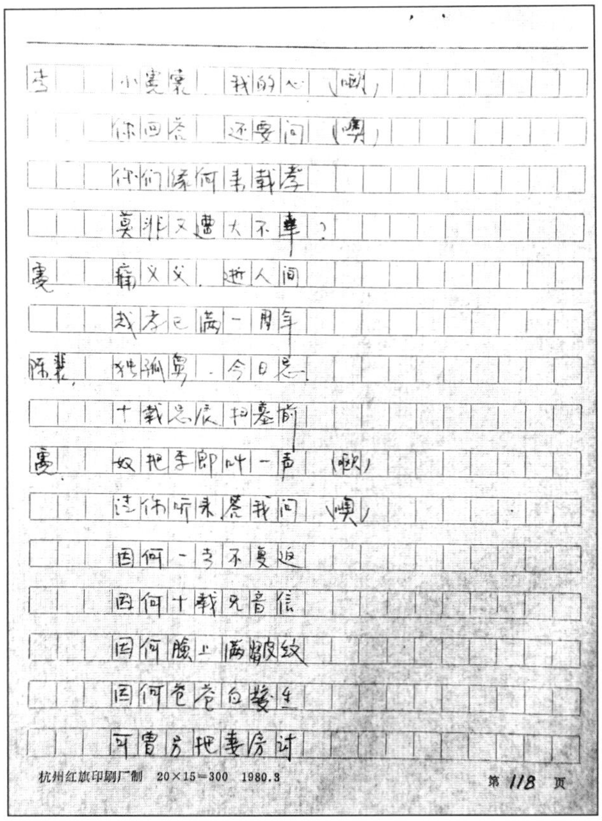
（李）小裹裹 我的心（啾）
你回答 还要问（噢）
你们缘何素戴孝
莫非又遭大不幸？
（裴）痛义父，逝人间
我孝已满一周年
（陈裴）独孤鸾，今日悲
十载思念扫墓前
（裴）奴把李郎叫一声（啾）
请你听来答我问（噢）
因何一去不复返
因何十载无音信
因何脸上满皱纹
因何苍苍白发生
可曾另把妻房讨
杭州红旗印刷厂制 20×15=300 1980.3 第118页

118

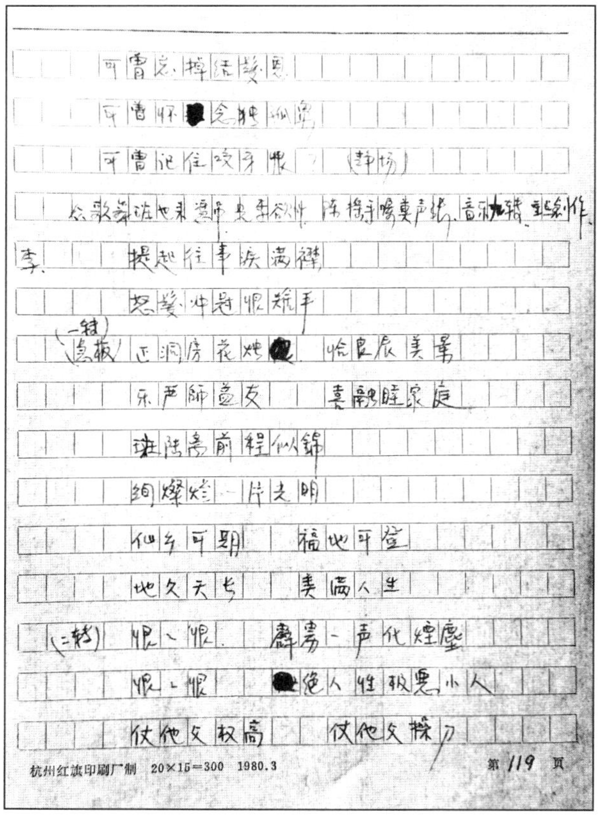
可曾忘掉结发恩
可曾怀■念独孤鸾
可曾记住咬牙恨？（静场）
（众歌舞站起来……[illegible]……音乐转，重念作）
（李）提起往事泪满襟
怒发冲冠恨难平
（一转）（急板）正洞房花烛■，恰良辰美景
乐声师益友 喜融融家庭
谁料前程似锦
绚灿烂一片光明
仙乡可期 福地可登
地久天长 美满人生
（二转）恨、恨，霹雳一声化烟尘
恨、恨 ■绝人性极恶小人
仗他父权高 仗他父操刀
杭州红旗印刷厂制 20×15=300 1980.3 第119页

119

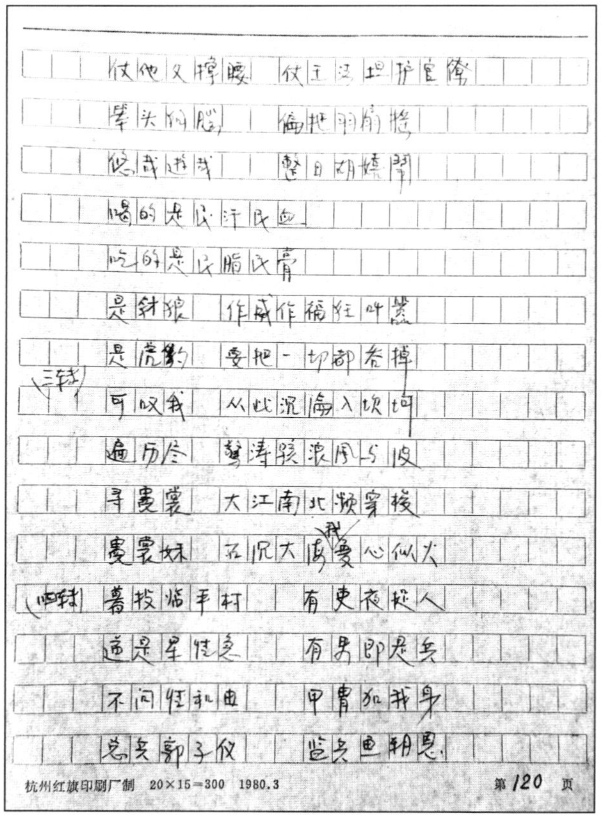
仗他父撑腰 仗王法袒护官僚
举头仰脑 偏把羽扇摇
悠哉游哉 整日胡搅闹
喝的是民汗民血
吃的是民脂民膏
是豺狼 作威作福狂叫嚣
是虎豹 要把一切都吞掉
（三转）可叹我 从此沉沦入坎坷
遍历尽 惊涛骇浪风与波
寻裹裹 大江南北频穿梭
裹裹妹 何况大海我爱心似火
（四转）暮投临平村 有吏夜捉人
道是军情急 有男即是兵
不问理和由 甲胄加我身
总兵郭子仪 监兵鱼朝恩
杭州红旗印刷厂制 20×15=300 1980.3 第120页

120

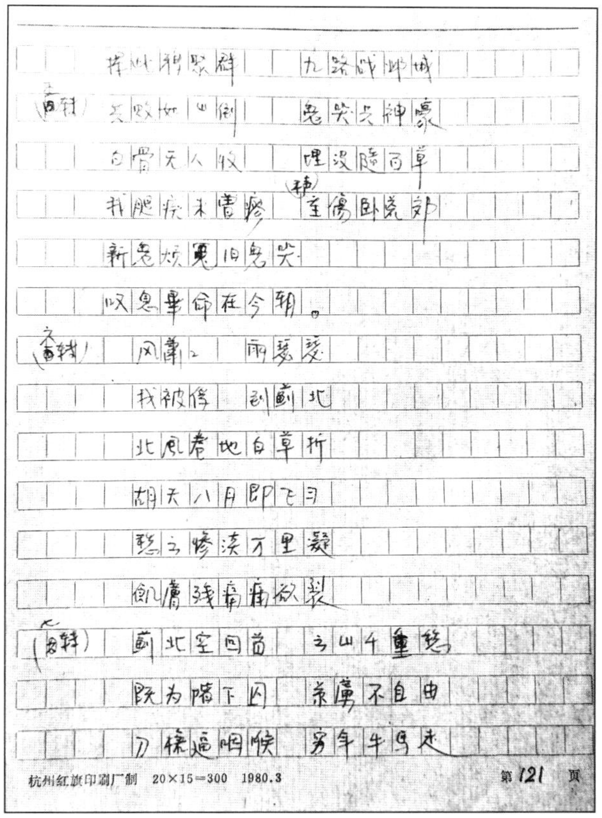

拚此躯殉群　九路战邯城
（白转）兵败如山倒　鬼哭共神嚎
白骨无人收　埋没随百草
我肥疾未曾瘳　（转）空房卧荒郊
新鬼烦冤旧鬼哭
叹息毕命在今朝。
（唱转）风萧萧　雨萋萋
我被俘　到蓟北
北风卷地白草折
胡天八月即飞雪
愁云惨淡万里凝
饥肠残痛痛欲裂
（唱转）蓟北空回首　云山千重绝
既为阶下囚　系虏不自由
刀棒逼咽喉　劳作牛马走

杭州红旗印刷厂制　20×15=300　1980.3　第121页

121

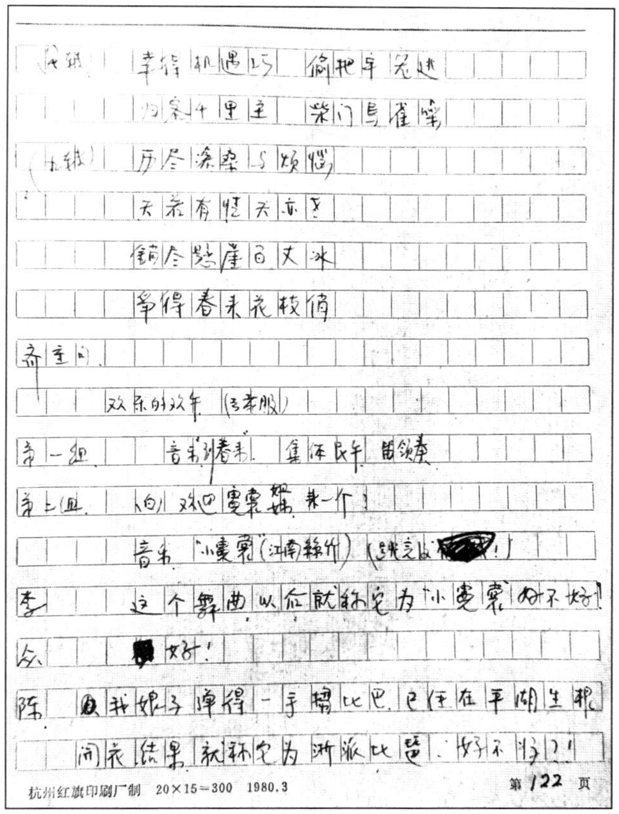

（转）幸得机遇巧　偷把牢笼逃
归家千里途　柴门鸟雀噪
（转）历尽凄惨与烦恼
天若有情天亦老
销尽悬崖百丈冰
争得春来花枝俏
齐主唱。
欢乐的欢年（古装服）
第一组　音乐到春来。集体民乐　笛领奏
第二组　（白）欢迎霓裳姐姐来一个！
音乐《小霓裳》（江南丝竹）（跳完后[illegible]！）
李　这个舞曲，以后就称它为《小霓裳》好不好！
众　好！
陈　我娘子弹得一手琵琶，已住在平湖生根、开花结果，就称它为浙派琵琶，好不好？！

杭州红旗印刷厂制　20×15=300　1980.3　第122页

122

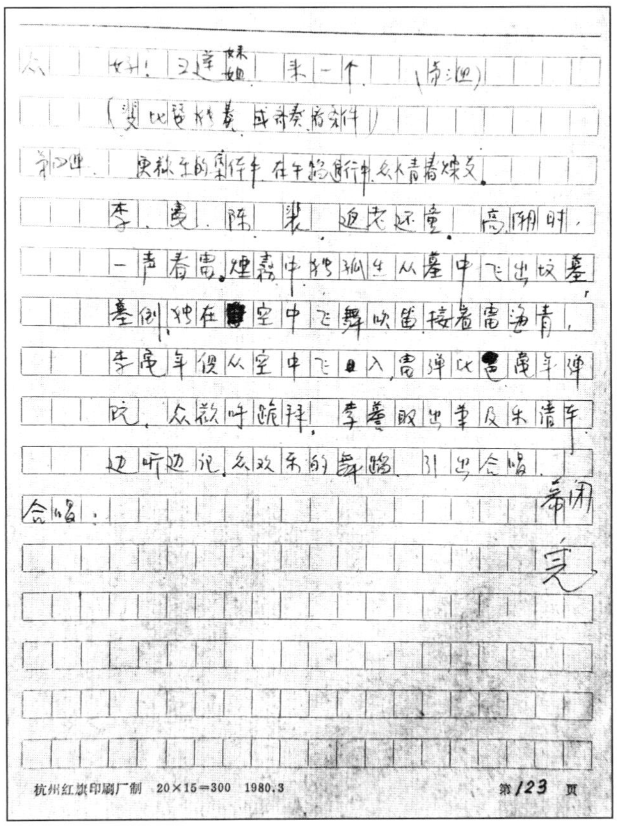

众　好！习连姐妹来一个。（第三组）
（琵琶独奏　或弹奏新作）
第四组　更欢乐的气氛中，在舞蹈进行中，众人青春焕发。
李、龟、陈、裴返老还童。高潮时，
一声春雷，烟雾中李孤生从墓中飞出坟墓，
墓侧独在空中飞舞吹笛，接着雷海青、
李龟年便从空中飞入，雷弹琵琶，龟年弹
阮，众欢呼跪拜，李謇取出笔及乐谱，
边听边记，众欢乐的舞蹈，引出合唱。
合唱。
完

杭州红旗印刷厂制　20×15=300　1980.3　第123页

123

关于首版赵松庭先生创作剧本《铁笛李謩传奇》手稿的一点说明

赵晓笛[①]

众所周知，赵松庭先生热爱中国传统戏剧，其诸多笛曲创作取材于传统戏剧音乐，然而多数人恐怕不知赵先生还亲自写有一戏曲剧本《铁笛李謩传奇》。该剧以“安史之乱”的历史和唐玄宗、杨贵妃悲剧故事为背景，叙述当时有“铁笛”盛名的乐师，剧中主角李謩及其他重要人物，宫廷乐师和民间艺人在经历大唐盛况，随即转入战乱年代颠沛流离、悲欢离合的故事。该剧本手稿一直由赵先生二女儿赵晶晶珍藏。由于赵先生未能对剧本作最后定稿，赵晶晶本想由自己来修改完善此剧，使之可以公演，可惜她多年自身事务责任繁重，故一直未能如愿，耽搁至今。此次借出版《一代宗师——赵松庭笛子艺术全集》之机，她提出在书中收入此手稿，供大家先行研究。赵晶晶博士毕业于复旦大学中文系，对诗词戏曲颇有研究。每逢假期二女儿回家，赵先生便喜欢与之说戏品曲、谈诗论文。通过《铁笛李謩传奇》手稿，可见赵先生对于诗词的修养，以及他的音乐观、人生观。

《铁笛李謩传奇》共分八场，前加序幕。剧情从大唐天宝十四年宫廷排练《霓裳羽衣》曲开始，展现大唐盛世、歌舞升平的景象，描写了唐玄宗、杨贵妃多才多艺，宽厚对待乐人的情形。对侍卫抓获的宫墙外“偷曲”少年李謩，唐玄宗没有采纳高力士严惩的提议，反而对李謩赞赏有加。这为之后几场战乱期间乐人怀念盛唐时光、惋惜李杨悲剧埋下伏笔。紧接着，渔阳鼙鼓动地来，“安史之乱”开始，主角李謩和宫廷乐工李龟年、裴雪莲、小霓裳及民间艺人孤独生等流落江南，颠沛流离，受尽艰辛，但依然不畏强权，不受利诱，坚守本心，追求音乐之道。经历十年悲欢离合，最后苦尽甘来，重获新生。

此剧的创作素材，受清初剧作家洪昇创作的《长生殿》一定的启发。赵先生从小喜欢戏剧，对昆曲经典曲目《长生殿》耳熟能详，对该剧展现出的大唐乐舞胜景、唐皇亲自作曲吹笛、少年李謩“偷曲”等场景，感受颇深。于是，他在创作剧本《铁笛李謩传奇》时采用了《长生殿》中的若干场景和素材，同时也借鉴了《长生殿》现实与梦境结合的剧情设计方法。赵先生还仔细考证了历史上有关盛唐宫廷歌舞、“安史之乱”、“铁笛”李謩及盛唐若干著名宫廷乐工的记载，在剧情叙述中加以演绎。例如，采用唐代诗人元稹长篇叙事诗《连昌宫词》的部分内容，并加以拓展；也借鉴了唐代卢肇的传记《李謩》中的叙事，该传记收录在宋代《太平广记》中，记载唐朝开元中吹笛第一人李謩，自教坊请假至越州，在镜湖吹笛会友，以及向游侠孤独生请教吹《凉州》曲的故事。赵先生在考证史实和人物传记的基础之上，对李謩及唐宫廷乐工李龟年等人的故事加以演绎，并虚构了部分乐人、人物社会关系和戏剧冲突。

① 本文作者赵晓笛：北京师范大学博士，曾留学美国康涅狄克州立大学、密歇根大学访问者，曾任中国国际商会秘书长、中国国际贸易促进委员会驻加拿大总代表、加拿大中国商会执行理事、世界商会联合会（WCF）理事。

关于赵先生创作此剧本的时间，大致与他创作笛曲《幽兰逢春》同期，同属于“文革”后的心境产生的艺术创作冲动。他从个人、同时代音乐人的曲折经历，联系和形象思维大唐乐人在社会动乱之际依然对艺术不懈追求，以及乐人之间惺惺相惜、“知音难求”的心声。剧本第七场“十年离乱”和第八场“焕发青春”，与《幽兰逢春》意境相合。“安史之乱”历时八年，而赵先生写剧中人物悲欢离合十年，符合作者当时的心境。

从《铁笛李謩传奇》手稿首页多次修改字迹即可见，赵先生对此剧尚未作最后定稿。选“铁笛传奇”好，还是“霓裳传奇”好，抑或“铁笛霓裳”好？赵先生踟蹰复踟蹰。他本意应该是忙完教学和其他各类事务，待稍有闲暇之时再与戏曲界专家仔细切磋，完善剧本，不料时不我待，留下遗憾。此次赵先生《铁笛李謩传奇》手稿首次面世，赵派弟子可研究此剧，也可改编、完善此剧，使之正式登上舞台。此剧涉及人物众多，剧情上唐玄宗、杨贵妃的爱情悲剧，主角与小霓裳的悲欢离合，宫廷乐队领班李龟年及其他乐人流落江南的故事交叉进行。如此设计，乃赵先生对戏剧创作的一种尝试。如何改编、完善剧本，使之符合当代戏剧或音乐剧的审美，达到公演程度，还需要赵派弟子共同研究和努力。毫无疑问，此剧手稿为改编者提供了丰富的想象空间。比如，唐宫排练《霓裳羽衣》曲，唐宫廷乐师、西域人裴洛儿的后辈裴雪莲（虚构）演奏琵琶《倾杯乐》，李謩吹笛《凉州》曲和孤独生吹《凉州》曲至“入破”，笛子破裂的场景，皆可为剧作家和音乐家重现大唐乐舞盛况和复制失传名曲，提供一定的启发和开阔的创作思路。

2024年5月于北京

钱塘渺渺鹧鸪飞

赵晶晶[1]

悄然间，岁月的长河已经流淌过一个世纪的风云变幻。如果父亲还在世，那他今年（2024年）就一百岁了。他的一生见证了社会的激荡与变迁。如今，那些曾经的风雨、彩虹、笑声、叹息，都在时光的笔触下显得清晰明朗了，也让我愈加看明白了父亲的故事不仅是家庭的记忆，更是一幅民族和民族音乐振兴的时代剪影。写怀念父亲的文章，笔端有话语万千，却不知从何处始。翻出父亲去世后有感而写的一组诗，便想到了不如借诗发端。先是因为父亲爱诗，我二十岁离家后并不经常有机会回去。每次到杭州，与父亲的聚谈多在一盏薄酒，几碟小菜的餐桌边。因为我的专业之故，父亲常常会和我谈诗论赋，引我为知己。唐诗三百首，他从头娴熟地背到尾。往往我说出一句诗词，就引发他朗朗不绝。时情时景，依然历历在目。我想在他毕生心血结集出版的夙愿实现的时候，他会喜欢我用诗来达意的。其次，我要说的感受太多，恐辞不逮意。人生百味，韵外之致，诗的容合量更大一点吧。再有就是父亲笛艺本身的建树成就，我知道会有他的学生朋友们精心撰写，我在这里无需赘言。且我对父亲，更多想说的是人性、人格、亲人兼及师友之情，而这些，用诗来起兴，似乎也更加妥帖。

其一

呕心一管人笑痴，无语婺江应有知。

滴雨檐伴母忧泪，积霜瓦映妻苦丝。

艾盈桂折颠翻界，李代桃僵混沌期。

最是令人凄绝处，雪飞除夕生别离。

父亲走向笛艺之路，也不知要顶住多大的阻力。老家浙江东阳，今有“教授县，博士乡”之称。那年在东阳开我父亲的纪念音乐会，市长请吃饭，席间谈到仅在美国的东阳籍博士，就有数千人，一方重学风气如此。我祖父求学时正值中国文化的新旧转折期，他考到北京，曾师从梁启超，学西方法律制度，是我们那边当时还罕见的律师，后来一直沉浮仕途。父亲的音乐文学才华，其实来自祖父，祖父喜文，多有好诗。闲来也吹箫弄笛，早期还点拨过父亲。然而，祖父视箫笛为文人士大夫之风雅兴趣，一旦父亲沉溺其中，要以之为业，就成为叛逆之举了。当年父亲承受的家庭、社会、环境和文化的压力延续了很久。直到后来我和祖父母生活在一起的时候还可以深切感受到。父亲的笛

---

[1] 赵晶晶博士，长期在中、美大学从事跨文化传播教学和文艺理论研究工作。有《清空的浑厚》、《新声一段高楼月》、《传媒理论的亚洲视维》、《和实生物——当前国际论坛中的华夏传播理论》、《欧美传播与非欧美传播中心的建立》、《基督教文化氛围背景下对印度教的思考》（*Some Thoughts on Hinduism*）、《总体存在之终极奥秘与不可知论或可导向的全球政治》（*The Ultimate Mystery of Total Being and the Possible Global Politics of Agnosticism*）等中英文著作。现为美国《中国媒介研究》（*China Media Research*）和《中国媒介海外报告》（*China Media Report Overseas*）两个学术刊物的主编。作者系赵松庭二女儿。本文原作于2010年。

艺生涯本身也非常坎坷。记得那年是罕见的大雪，我祖母穿上高筒套鞋，接连三天打着手电凌晨去汽车站排队买票，终得把母亲送去杭州见久别的父亲。但次日一脸憔悴的母亲就回来了，她在杭州住了一个晚上的旅馆，在监管人的眼皮底下只见了父亲十几分钟。父亲当时笑着告诉她，人有悲欢离合，要坚强些。那天是除夕，天上雪花依然在飘。从此我到除夕就怕下雪。其时祖母和母亲焦灼对话的神情，至今还不时会回到我的梦境。父亲艺术道路的艰辛和世态炎凉，使我们几个也稍有艺术才能的子女从未想过要真正地继承父业，说起来还真愧对父亲。

其二

大国希音古调危，西洋乐好肯低眉?!
循环气永连天宇，换算律精分发厘。
稚齿先尝“雨”中管，白头犹试雁飞篪。
笔端百感翁曾语：“一曲时时梦里吹”。

父亲是个倔强的人，他乳名鹤初，小时候就有“硬鹤”之称。唯其如此，在事业上也非常执着。他认准了的道路，会一直走下去，谁也拉不回他。倔强的人当然就会不服输，在西洋乐风靡中国，惟西为乐的大氛围中，他不顾家人的反对，社会的压力，一定要发掘出东方音乐的深厚内涵。他的民族自豪感是深深体现在他的人生道路的选择中的。然而，尽管父亲对于本民族的文化有着强烈的认同归属感，但又绝不是一个故步自封，抱残守缺的盲目者，他一生追求的就是创新和发展。他说过：人类生存和发展的前提有三——物质流，能量流与信息流。这三“流”要依靠不同渠道兼收并蓄。表现在他的艺术生涯中，他的成功即基于他所拥有的包容胸怀，能够调适不同，心态一直保持开放，永远富有弹性而不僵化。他随遇而安，接触各方人事，自我一直处在持续转变的过程中，活到老而学到老。父亲钻研古谱，成绩卓越，我研究宋词古乐时，就曾向他讨教过。但同时他也充分认识到西洋乐较国乐之长处，在打入“牛棚”的日子里，他为人打杂，还成了团里抄五线谱最快的人。我小时候一张很熟悉的照片就是帅气的父亲在拉大提琴的。后来在编写笛子基础练习的时候，他也采用过西洋长笛的音阶练习。尤其能说明问题的是在人生最不得意的时候，他还令许多周边人不可理解地非常勤奋地学习英语，虽则发音不是太标准，但词汇量大。我先生是纯粹的西方人，不会说中文，不过他有钢琴家的母亲，很好的西方音乐素养。当我们从美国过来探亲的时候，父亲还在我的帮助下，试着自己用英文与他深层次地交流对西方音乐的感受，相谈甚欢，并相约次年要到美国的音乐学院看看。事实上，父亲之所以能集笛艺之大成，就与其广采博纳，善于借鉴分不开。他深得叩其两端而折于衷之精髓，努力不倦，融南北之精华，不断发掘改革，通变常新。他广涉古籍，一部《周易》烂熟于心，四书五经、诗词曲赋，出口成章；他学戏曲、声学、数学、物理学、艺术、美学；他做匠人，守门人、炊事员、舞台美工、农民、教师；他的乐“理”，来自书卷，来自舞台，来自棋盘，来自书法毫端，来之教学相长，来自山川河流……他善汲众艺之所长，融会贯通于笛坛。叹只叹父亲事业中最好的年华未得悉心所用，时光之不予，年逾七旬，壮心不已，但气力已无，只能在梦中驰骋笛域了——每思及此，以心推心，总觉对一个把事业放在首位的人来说，人生最大的悲哀莫过于此了。

其三

让儿焉得不伤悲？一曲时时梦里吹。

精卫常存填海意，杜鹃不弃啼血诗。

青阳留蝶蔷薇土，白凤寻桐月亮枝。

心底无私天地广，缅怀迤逦有真碑。

确实，作为女儿，我在很长一段时间内，听不得父亲的柔婉中和、如说如诉的笛音。幽兰一声，哀思便起；往事如烟，不可断绝。这里面有空谷孤芳的不为人知的高雅情怀，有把美好东西打碎给你看的悲哀，更多的是面对生命永恒缺憾的无奈……

父亲在看着自己艺术生命受阻的时候的不同凡俗之处，就在于他表现出来的甘作春泥的精神。他对学生之呕心沥血，让身同为教书人的我自叹不如。“子女是血缘的延续，学生是事业的延续”——这是父亲常说的话。当然，父亲还是爱我们子女的，他为我们子女很自然地付出过很多。点点滴滴，天伦之乐，不思量，自难忘，此处不足与人细道。我们子女在各自的事业上也都学有所成，父亲很为我们骄傲。至于对学生取得的成就，人所周知，他更是津津乐述不疲，胜于自身。其实说到底，正如父亲经常说的，“吹好笛子，功夫在笛外”。“世界之大，道理只有一条：只有做个好人，才能做好一切事”！我觉得父亲言行一致，是个善良正直的人，他对人非常好。这最为难得。所以他的学生们不仅在事业上如此出色，他们也记得他，回之以真情。在父亲的追悼会、纪念音乐会和学术座谈会上，我看到过许多人性的真诚感人的流露。使我感觉到父亲的人格魅力和他为我难以企及的一面。

其四

天钟灵秀予吾翁，箫笛文章使不同。

借取苍松临壑魄，还乘丹鹤去云风。

热肠自古遭魑魅，清影从来忌射工。

莫叹幽兰天际客，满园桃李正茏葱。

父亲为人正直，对朋友很讲义气。如果他能观风使舵，落井下石，肯屈就说违心话，可能一生道路就会平坦得多，他之所以喜欢说汉应劭《风俗通·声音·笛》：“笛者，涤也。所以荡涤邪秽，纳之於雅正也”，实乃因其价值取向和生活情致与箫笛神通。细味父亲的一些曲子，便会感其深得“哀而不怨”之雅正精髓，体会到“莫因穷达衡功过，爱吾神州意自真”的拳拳之良苦用心。

你说他的乐曲来自民间——是有民间的清新，但又多出了些文人情怀；你说他的曲子有文人情怀——他是有文人的温婉含蓄、一唱三叹，只是又多出了些饱经沧桑的哲思和通脱。他的曲子或古朴深沉，或流利悠远，或婉转幽咽，或委婉细腻、或激昂驰骋，或闲雅恬淡，或清俊温润、或粗犷豪放——这里有集体无意识的积淀，有一己的呕心沥血之独到。横看可成岭，侧看可成峰。虽然，人生滋味万千，千变万化不出一个“情”字。父亲吹笛，一直以吹情为本。情真，才能走进人的心。当父亲走后，他送给我的录音带、CD 不时会在我美国的家中播放，前来聚会的各方教授学人往往屏息静听，若有所思。真情，是具有普世性的感染力的，不受疆域文化的限制。

父亲才华横溢，艺术天分加上献身精神，文化底蕴深厚却专注于笛枝独秀，胸怀宽广更兼有通达的人生境界，尤其是他所处年代的特殊，不平则鸣、穷而后工，使得他的艺术生涯独特而颇难以为继。虽说长江后浪推前浪，但他给笛坛留下的丰厚遗产，其意义将日益彰显，许多深层结构的东西，还有待进一步的整理发掘，我本人作为一个文化学人，就深感其中的分量。我坚信会有更多的后来者系统全面地去进行研究工作。

其五

一心十草早晨晖，笛域纵横路不归，
明月调成无旧寄，阳春曲度有新依。
霜融九苑争红姹，雨霁千枝竞翠微。
祭盏临风飘净地，钱塘渺渺鹧鸪飞。

人是文化的产物。中国传统文化对父亲这代人的影响是双重的。父亲年轻时有年轻人才会有的一种血性的叛逆精神。他不愿意走周围社会环境期望于他的、家庭也替他安排好的路。不过中国文化中的精华部分还是给予了父亲终身的正面影响。从“穷则独善其身，达则兼济天下”，“先天下之忧而忧”，到对事业的积极进取，对朋友的真诚，解衣衣人、诚实善良、乐善好施。他的民族自豪感，他对本民族文化精神的认同和推广上的不遗余力，更是本身就来自于这个文化的生生不息。而且在这里我想特别指出的是父亲身上同时存在、体现出来的那种先行的多元文化人的特质：能随时保持自我的无界限性，以显明开放的心态，等待与面对改变的降临。在对自己的文化充分认同的同时，内心又能跨越自己本土文化的局限，表现出对各种不同文化的包容——也就是说多重文化的认同。

父亲为中国文化的弘扬光大投注了毕生的精力。如今，中国经济的日益强盛，在世界上地位的日益提升，都为中国民族音乐的自信和跻身于世界音乐之林奠定了基础。今后，中国的民族音乐必然会更为世界所知，而父亲为之所作的毕生努力和贡献也将载入音乐史册。应该说父亲虽然一生命运多舛，但其奋斗过程中的主要的文化价值取向与世界整体的文化发展趋势是相吻合的——起码，在这一点上他是幸运的。

每次回中国，我都会去父亲的安息之处。虽然他已逝去，但我总觉得仍然不难与他交流。每次去都会有些许亲友学生也来看望过他的痕迹，一束花，几缕烟。墓前的桂树不觉已经亭亭如盖。远处钱江渺渺，悠悠笛音，似乎依然缭绕于耳。洒酒临风，思绪无尽，尽在其中了……

莫叹幽兰天际客　满园桃李正茏葱

赵晓笛[①]

赵松庭先生热爱音乐教育，对全国各地慕名而来的笛子爱好者来者不拒，有教无类，因此弟子众多。而他的许多弟子出师后留在国内知名高等音乐院校任教，或到音乐团体任笛子首席。他们陆续成长为博士生导师、硕士生导师、艺术家，并再传一代又一代弟子。观今日中国，赵派传人遍布笛子艺术界。有研究者言，中国的音乐院校、音乐团体从事笛子专业的人，大半出自赵派门下，此言不虚。同一师门，成长出一批笛子名家，其中有些已经是大师级艺术家，其集中度之高，在音乐界实属罕见，堪称奇迹。

"赵派笛子"作为我国音乐专业领域的一个流派，其形成的原因，首先自然是一派宗师赵松庭本人的艺术造诣之高，有培养学生之能。众多嫡传弟子因缘际会，拜入先生门下，先生指导有方，弟子苦修笛子艺术，提高文化修养，成其才俊。当然，现代新文化运动，我国民族音乐从旧到新的发展潮流，是我国民族音乐领域产生"赵派笛子"流派的时代原因。不过，研究"赵派笛子"的形成，是一个专门课题，这里只是提及，有兴趣的学者可以进行专题研究。

赵先生艺术造诣体现在他的笛曲创作与演奏、音乐教育、理论研究、乐器改革等方面。在此，笔者只想谈谈赵先生大起大落、丰富多彩艺术人生。其给人深刻的印象有三：一是甘为音乐而"弃法从艺"，二是历经艰辛而"痴心不改"，三是创作方法彰显文化底蕴。

先言其一，甘为音乐而"弃法从艺"。年轻时代赵松庭在人生职业道路的选择上，毅然决然"弃法从艺"，即放弃家族安排好的从事法律的职业道路，改为从事音乐。这与大文学家鲁迅先生年轻时代的"弃医从文"颇有相通之处。鲁迅先生早年在日本留学，本来学医，后感医学只能治疗国民的肉体，无法改变国民精神上的愚弱，而善于改变精神的要推文艺。于是他"弃医从文"，以笔提倡文艺运动，改造国民性。年轻时的赵松庭毕业于江南名校锦堂师范学校，后按家族意愿进入上海法学院学习法律，以继承他父亲的职业。然而，与鲁迅本性适合文艺一样，赵松庭本性爱好音乐，最终放弃法律学业，改为从事音乐，走上了一条非正统的职业道路。

毋庸讳言，中国传统的民族音乐和戏曲发展到近代，在社会上的地位越来越低下，艺人不是受人尊重的职业（这是中国传统文化式微的表现）。少年时代的赵松庭即表现出"叛逆"行为，喜欢与戏班子的人相处，并向乐师学习吹笛子，甚至上舞台演出。这让族中长辈颇为不喜。赵松庭出身浙中赵氏家族，源自魏王赵匡美一脉，随宋廷南迁至浙江。赵氏家族历来重视传统教育，鼓励子弟走学而优则仕的道路，祖上多出进士、举人。近代洋务运动后，新学兴起，赵氏家族则鼓励子弟进入新学学校和大学，学习"西学"或新学，认为这是正规的上进之路。然而，少年赵松庭偏偏对民族音乐、戏曲情有独钟，最后毅然决然"弃法从艺"。

① 本文作者赵晓笛：北京师范大学博士，曾留学美国康涅狄克州立大学、密歇根大学访问学者，曾任中国国际商会秘书长、中国国际贸易促进委员会驻加拿大总代表、加拿大中国商会执行理事、世界商会联合会（WCF）理事。

这一方面说明赵松庭天生喜欢音乐；另一方面也说明他认识到音乐的真正价值，愿意以此作为自己一生的追求。其实，中国的正统文化是非常重视音乐的，这在古代重要文献中多有记载。比如汉代典籍《礼记》中的《乐记》,《史记》中的《乐书》,《汉书》中的《礼乐志》等，都记录了先秦历代天子对礼与乐的并重。《乐记》言："大乐与天地同和，大礼与天地同节。和故百物不失，节故祀天祭地，明则有礼乐，幽则有鬼神。如此，则四海之内，合敬同爱矣。"《礼乐志》记载："先王以作乐崇德，殷荐之上帝，以配祖考。昔黄帝作《咸池》，颛顼作《六茎》，帝喾作《五英》，尧作《大章》，舜作《招》，禹作《夏》，汤作《濩》，武王作《武》，周公作《勺》……故乐者，圣人之所以感天地，通神明，安万民，成性类者也。""孔子适齐闻《招》，三月不知肉味，曰：不图为乐之至于斯！美之甚也。"这些经典皆可说明中国的正统文化，从源头开始就非常重视音乐的价值和作用，其音乐美学思想（如物动心感说、礼乐中和说），在世界音乐美学理论中占有一席之地。

次言其二，历经艰辛而"痴心不改"。从艺后，赵先生在艺术人生道路上大起大落，历经曲折，但他荣辱不惊，始终保持了对音乐的一颗"痴心"。

他早期的艺术人生之路颇为顺利，成果丰硕。1949年，赵松庭考入解放军文工团，从此走上了文艺专业道路。激情的军旅生活，特别是参加志愿军入朝的战火体验，打开了他文艺创作的灵感，笛曲《早晨》是他创作的第一部作品。当时他受伤转移到后方医院治疗。不见了战场硝烟的后方的早晨，太阳初升、鸟雀啼鸣，环境宁静而生机勃勃，令人感到和平生活的美好。此曲的创作，采用了昆曲曲牌〔点绛唇〕的音乐元素，以现代音乐理念和表现方法创造意境，结合中国竹笛南北两种风格表演技巧扩展笛子表现力，笛曲既有舒缓悠远的优美旋律，也有上下起伏的音阶灵动，一改旧笛曲的风格，为前人所未闻。《早晨》可以称之为我国现代意义上笛子独奏曲的第一曲。此后几年，是赵松庭笛艺活动最旺盛的时期，先后创作和改编了《三五七》《鹧鸪飞》《和平鸽》等笛曲，出版了唱片和专著，加入中国音乐家协会，并应邀到上海音乐学院兼课。最令他感动和难忘的是，周总理曾邀请他与几位文艺界人士到家里做客。这些年，是赵松庭艺术人生的高光时期。

然而，天有不测风云，1957年的政治运动，让他瞬间从山顶跌入低谷，他被发配到杭州良渚的山上劳动。不幸中的万幸，周总理的关怀让他得以恢复工作，重返舞台。此后几年，他的笛曲创作和舞台演出又迎来第二次丰收。1964年的"上海之春"音乐会上，他用排笛演奏了《婺江风光》《采茶忙》《荫中鸟》，广受媒体好评。音乐评论家李凌曾发表《吹情》一文，给予很高的评价。这是他艺术活动的第二次高峰。

但是，"文革"暴风骤雨又把他这个走"白专"道路的音乐家打下了艺术舞台。这是他个人艺术道路上第二次大起大落。然而，"文王拘而演周易，仲尼厄而作春秋"，古代圣人身处逆境而自强不息，成就大道。而赵先生一生喜好研究《易经》，对《易经》阐述的宇宙万物万事变易之道有所领悟。万事万物一阴一阳，有天就有地，有上就有下，有前就有后，都是相反相成。天地运行，四季轮换，寒暑交替，冬寒夏热，月盈则亏，日午则偏，物极必反。人生道路也是如此，有时通畅，有时曲折。赵先生在自述"文革"经历时，表明自己对大风暴即将来临已经有心理准备，以及"不以物喜、不以己悲"的淡然心态。同时，《易经》中所言"天行健，君子以自强不息"的思想也支持他在逆境中保持对民族音乐的痴心不改，依然无怨无悔，辛勤工作于音乐教育、声学研究及管乐器改革等领域。

"文革"期间，赵先生开始着意培养青年一代笛子演奏员。由于被取消登舞台表演的资格，赵松庭弘扬民族音乐的全部热情失去了倾注的出口，于是他把大部分精力转向了培养学生，以此寄托自己的心愿，延续自己的艺术生命。他秉承中国传统教育理念，因材施教，诲人不倦，博雅教育，学思并重，倾心指导，培养出一批笛艺新秀，今天他们皆已成为音乐家、教育家。

他还把一部分精力转向了声学研究。他的胞弟赵松龄是同济大学声学教授，曾任同济大学物理系主任。两兄弟合作研究管乐器的发声原理和实际制作。中国民族音乐的一个严重不足或说短板，在于乐器。相较于西方长笛，赵先生常常感慨中国竹笛在音准、音域、转调、材质（易裂）等方面存在缺点，尤其是音准，需要靠吹奏者气息控制和手指按孔矫正，完全靠经验，很不规范。为此他热心于乐器改革，发明了排笛、低音弯管笛、同管双笛（雁飞篪）等，拓宽笛子的音域、音阶。更重要的是，他与胞弟共同研究温度、闭管、开管、管径、管壁厚度、开孔的位置、孔直径长短等因素与频率的关系，前面各项因素发生变化及其互相影响，则频率也相应发生变化。这项管乐器的计算理论，在中国乃至世界都是最先进的管乐器科研成果。它从理论上解决了笛子、箫及各种吹管乐器的频率计算问题。其重要论文有《横笛的频率计算与应用》《温度与乐器音准问题》《一种古老而新颖的民族乐器——同管双笛》《同管双笛（雁飞篪）的性能及其实用设计》等。

“文革”结束，大地回春，赵先生的艺术生涯回复正常。他出任浙江省音乐家协会主席、浙江艺术学校名誉校长，又到上海音乐学院、中国音乐学院任教。1979年他创作并演奏了《幽兰逢春》，倾诉自己的衷肠。从《早晨》到《幽兰逢春》，历时三十载，从活泼欢快的旋律到低沉迂回的乐思，表明了赵先生艺术创作的成熟，也体现了一代笛艺宗师的心路历程。诗句“呕心一管人笑痴，无语婺江应有知”[①]很好地说明了赵先生对民族音乐、对笛子艺术的痴心不改。

再言其三，创作方法彰显文化底蕴。聆听赵先生的笛子乐曲，可以清楚感受到其中的中国传统文化、音乐文化、地方戏曲文化的浓厚元素。他青年时代的成名之作《早晨》就是运用了曲牌〔点绛唇〕的元素。他的《三五七》《二凡》则是直接采取了浙江金华地区流行的《婺剧》曲调。这些直接采用戏曲素材进行新曲创作的方法是显而易见的，评论者已多有论述。

需要深入研究的是，赵先生音乐创作方法深层次的文化内涵，本人以为可以从古代诗词入手来分析之。赵先生一生喜欢阅读古代诗词，特别是唐宋诗词。他在一本笔记本上，抄录了大量的唐诗宋词，并做了注解。他自己也喜欢创作律诗。据他的二女儿，复旦大学中国唐宋诗词专业毕业的赵晶晶博士回忆，每逢假期回杭，父亲都会与她深入讨论对诗词的体会。这说明他对古代诗词，既是本身的喜好，也是通过古代诗词来寻求音乐创作的灵感。《尚书·虞书·舜典》曰：“诗言志，歌永言，声依永，律和声。”所以，诗词可言志，音乐亦可言志，而且在古代传统中两者本为一体，难分彼此。你说，先秦《诗经》、汉《乐府》是诗词还是音乐？

赵先生的音乐创作，也是以乐言志，抒发情怀，并且常常借用古代诗词的思想来表达音乐创作的主题。例如，他的巅峰之作《幽兰逢春》，采用了周总理喜欢的昆曲音调，借此缅怀总理；同时也以兰花从冬寒幽境到春风化雨的境遇变化，来抒发个人的心路情怀。赵先生的诗词笔记，抄录了大量兰花诗词。古代文人大都喜爱兰花和兰花诗词，喜用兰花自比，如李白的“孤兰生幽园”，苏轼的“春兰如美人”，陶渊明的“幽兰生前庭”等诗句，都是借描写兰花的淡雅高洁来抒发个人情志。可见，赵先生的《幽兰逢春》即是以乐言志。

---

① 赵晓笛，《笛艺春秋——赵松庭笛曲·文论集》中赵晶晶“序”，2011年人民音乐出版社出版。

诗词创作讲究形象思维，直白地说，就是在创作时需要在头脑里先构思人和物的画面，并贯穿创作的整个过程。文学艺术的创作都是如此，音乐创作自然也不例外。赵先生的音乐创作注重选取古代诗词的意境来构思自己的作品，比如他改编的笛曲《鹧鸪飞》就是一个典型。赵先生是最早改编《鹧鸪飞》为笛曲的人，是1956年他根据李白“越王勾践破吴归，义士还家尽锦衣。宫女如花满春殿，只今惟有鹧鸪飞”之诗描写的意境改编而成的。对于此曲，笔者认为1924年严崮凡先生编集的《中国雅乐集》的标题已经说明了它属于“雅乐”。根据中国古代对《诗经》“风”“雅”“颂”的诗歌分类，它应该属于“雅”类中的“小雅”，为古代文人抒发个人情志的诗和乐。而古代雅乐一般都是与诗词一体的。但《鹧鸪飞》一曲却查找不到相应的诗格或词牌。原曲《鹧鸪飞》是否与唐宋兴起的七言古诗《山鹧鸪词》或词牌〔鹧鸪天〕相和？这有待考证。不过，原曲《鹧鸪飞》缓慢的节奏和思绪绵绵的情调，与七言古诗《山鹧鸪词》和词牌〔鹧鸪天〕的内容设定则完全相和。无论李白七言古诗《山鹧鸪词》的“苦竹岭头秋月辉，苦竹南枝鹧鸪飞”和“辛弃疾《鹧鸪天·送人》的“江头未是风波恶，别有人间行路难”，都是描写读书人为功名行走江湖朝堂的辛苦，友人送别之情，对故乡的思念等情怀。鹧鸪的鸣叫声隐含“归去来”。赵先生改编此曲，借用了古诗词的意境和内涵。

赵先生的音乐创作，完全没有门户之见，而是把前辈宝贵经验都继承下来，融合了笛子界的“南派”和“北派”的表现技术，熟练运用昆曲讲究声色的气功技术和乱弹灵活流利指法，也学习北方的叉口滑音技术。可以说，他是传统民间笛子艺人的虚心学习者。

赵先生熟读四书五经、唐诗宋词，对中国传统文化的儒道释思想，文人风骨情怀，民间艺人对于戏曲音乐的经验等，都有良好继承，这是他的音乐创作具有浓厚传统文化底蕴的原因。但是，他毕竟是五四新文化运动下成长起来的新青年，接受过良好的新学教育和时代潮流思潮的影响，学过西方音乐，早期还当过中学的音乐教师，属于学贯中西的现代音乐人。从技术层面看，他也欣赏西方现代音乐的理论、乐器和表现技术，在音乐创作中，充分运用现代音乐的表现技术，如《早晨》既有中国传统南北笛子表现技术，也有现代音乐表现技术，加上自己总结出来的表现技术，使得全曲音节上下飞快律动，声音强弱变化灵活。这在当时笛子界属于首创。他发明的把曲笛、梆笛、高音笛、滑动哨子绑在一起演奏的“排笛”，大大增强了笛子表现的音域和音阶灵活度，属于从西洋音乐表现能力得来的启发。他请浙江歌舞团学西洋音乐的同事帮助配器交响乐队伴奏，增加笛子的表现能力。他撰写的笛子教程《笛子演奏技巧十讲》，也借鉴了西洋音乐的表现技术，可谓结合了中西音乐表现技术的笛子教材。所以，他自称自己的笛子表现技术，结合了南北中西。

当然，无论是民族文化底蕴或元素，还是音乐理念和表现技术，音乐创作方法的核心问题还在于如何表现时代旋律、社会生活。脱离了时代旋律和生动的现实社会生活，音乐创作就成了空中楼阁、象牙之塔。赵先生的创作，与现实生活息息相关，他的《早晨》《采茶忙》《婺江风光》《幽兰逢春》都是如此。再有，《鹧鸪飞》的改编凸显出赵先生的音乐创作融入了时代气息。他在后面加入快节奏的、循环换气吹奏的一段旋律，使得乐曲平添生动感，避免了“雅”乐的小众设定。

“莫叹幽兰天际客，满园桃李正芜葱”[①]。今年（2024年）是赵先生诞辰100周年纪念，是赵先生弟子的重要日子。赵先生一生培养了众多优秀弟子，他的思想为人、教育理念、音乐创作方法，深深影

① 赵垅笛，《笛艺春秋——赵松庭笛曲·文论集》中赵晶晶“序”，2011年人民音乐出版社出版。

响了众弟子。他还精心指导了诸多嫡传弟子的第一次笛曲创作。如此言传身教，自然会让弟子的艺术道路和创作带有导师的某些风格。有研究者认为：音乐流派是一组具有共同传统或共同基本价值观的音乐风格。赵派笛子称得上拥有共同的风格。同时，赵先生本人注重创新，注重个性，鼓励自己的弟子青出于蓝而胜于蓝。他的弟子青出于蓝，同时也在胜于蓝的努力过程中，并在某些音乐专业领域，已有突出成就。对此，在天际的赵先生自然会感到欣慰。愿赵派弟子在继承和发扬民族文化、音乐文化方面，在传承赵派笛子艺术方面，桃李芜葱，代代相传。

赵松庭
笛子艺术全集

下编

· 赵松庭笛派嫡传弟子
· 赵松庭笛派第二代传人
· 追思怀念

一、赵松庭笛派嫡传弟子(简历·论文·笛曲作品)

(一)蒋国基

蒋国基，笛子演奏家。国家一级演奏员，文化部尖子演员，国务院政府特殊津贴享受者，浙江大学公共体育与艺术部聘任教授，浙江交响乐团艺术顾问，余杭区中泰街紫金村荣誉村民。曾任浙江歌舞剧院民乐团团长，现为中国音乐家协会竹笛协会副会长、浙江省民族管弦乐学会名誉会长，香港演艺学院兼职教授，被国内外报刊誉为“不可多得的神笛”，被中国民族管弦乐学会授予“民乐艺术终身贡献荣誉称号”。曾获世界青年联欢节金奖，浙江省音舞节一等奖和浙江省民乐大赛一等奖，全国“绝技绝活”特别奖等奖项。

20世纪70年代起师从赵松庭先生，修习演奏知识、技巧、艺德，以及创作，渐悟笛艺真谛，应用于工作实际，并进行创新发展。1976年以一曲《水乡船歌》在全国器乐比赛中崭露头角，在各种音乐比赛中多次获奖，声誉日隆。其演奏技巧立足江南，博采众长，形成自己独特的江南水乡风格。

创作和改编了诸多民族器乐曲，主要有笛曲《水乡船歌》《采桑曲》《忆江南》《雁荡秋色》《西子湖畔采茶忙》《悠悠乌篷船》《妙舞随风》等。其中，《水乡船歌》获电视“金鹰奖”及第十五届全国电视“星光奖”二等奖，《采桑曲》获创作一等奖等。与同人共同研制了巨笛，获国家科技成果三等奖、浙江省科技成果二等奖。此外，还研制了巨箫、双人笛等。成名曲《水乡船歌》自2012年起被纳入人教版小学教科书。出版专著《水乡船歌——笛子江南风格音乐会作品集》(人民音乐出版社)等，发表个人音像专辑《水乡梦　一支笛》等。

几十年来，多次跟随中国歌舞团、浙江省艺术家代表团和所在单位出访欧、亚、非、美六十多个国家和地区，为弘扬中华民族优秀传统文化、推动中外文化交流作出了重要贡献，多次受到中央领导和外国元首的接见。先后在日本及中国台湾、香港、杭州等国家和地区成功举办个人笛子独奏音乐会。多次被文旅部聘为“文华奖”民族器乐大赛评委和中央电视台民族器乐电视大赛评委。

赵松庭对骨笛、弯管笛、雁飞篪的传承和发展

蒋国基

赵松庭老师是我的恩师，相信大家都知道的，也很了解赵老师对我国笛坛的贡献。我今年虚岁72，也是赵老师门下的大师兄。当年我是在“牛棚”里拜师，赵老师很惊讶，为什么会在这样的时候拜他为师。那时候我16岁，也就是五十多年前。赵老师被下放到了“牛棚”，我告诉他，在那个敏感时期我来拜师于他，实在是因为我真的很喜欢笛子，也喜欢和尊敬赵老师。后来他听到了我的笛声，一听就告诉我，你的方法不对，要重新开始。但你的音色不错，一定要保持，这就是水乡风格。在之后和赵老师的学习中，我发现他并不是对每个学生的教法都一样，而是因人而异，他让我不要丢掉自己独有的音色。赵老师说过，“要成为好的演奏家就必须要有自己的作品”。所以，他先让我创作，并教会了我创作曲子的手法。在此期间，通过赵老师的指导，我开始了笛子独奏曲创作，也努力去学习赵老师的科研成果，对笛类乐器进行改革创新。

如果我们要讲赵老师对中国笛乐发展的贡献，可以归纳为以下几点：第一，将唢呐的循环换气法移植为竹笛演奏技法，并且创造了多指颤音等史无前例的演奏技法，拓展了竹笛的表现力。第二，发明了排笛、低音笛，U型低音大笛、玉石龙凤笛、弯管笛、同管双笛，丰富了竹笛的种类，拓宽了竹笛的音域。第三，创作了《早晨》《鹧鸪飞》《采茶忙》《婺江风光》《三五七》《二凡》《西皮花板》《欢乐的牧童》《幽兰逢春》等脍炙人口的笛乐作品。第四，首创了横笛频率计算的理论和方法。第五，撰写《中国竹笛源流》《横笛的频率计算与应用》《温度与乐器的音准问题》《笛艺问答》等多篇论文。第六，著有《赵松庭的笛子》《竹笛演奏技巧广播讲座》《笛艺春秋》等理论专著。第七，探索出一套严密、科学的教学体系，为中国笛乐的传承和发展培养出了数以千计的后备力量，桃李满天下，其中很多弟子是当前中国竹笛界的佼佼者。

一、骨笛

河南舞阳贾湖骨笛的影响很大，也是目前我们已知最早的中国吹管乐器。然而在贾湖骨笛出土之前，浙江余姚河姆渡出土的骨笛已经震惊了世界。在杭州一带，最近几年也出土了不少文物。萧山湘湖出土的骨笛与贾湖骨笛一样的岁数，良渚出土的骨笛也是，所以我们浙江这片土地对竹笛和音乐界的影响还是很大的。我们祖先的笛管乐器与赵先生的浙派，培养了我们一批音乐家，加上铜岭桥的竹笛制作，整个浙江省跟笛类乐器都有深厚渊源。

经过1973年和1977年两次科学发掘，余姚河姆渡出土了骨器、陶器、玉器、木器等各类质料的生产工具、生活用品、装饰工艺品及人工栽培稻遗物、干栏式建筑构件、动植物遗骸等文物近7000件。

骨哨均用一截禽类的骨管制成，一侧刻孔，有的骨管内还插有一根可以移动的肢骨，用以调节声调。除了骨哨以外，河姆渡遗址出土有大量的野生动物遗骨，其中鹿科动物居多，仅鹿角就有400

多件，可知当时人们狩猎的对象主要是鹿类。河姆渡氏族获鹿丰厚，与骨哨的使用关系甚大。猎人使用骨哨模拟动物，特别是鹿的鸣叫，以诱引异性鹿，从而伺机猎杀。这也证明了乐器最初的发源，还是来自生产劳动。

人类最初的乐器，造型比较简陋，以实用为主。新石器时代的人们，已能够非常能动地进行生产活动，在某些骨哨上，留有磨制的痕迹，特别是其中深色的一支，尤为明显。可见当时的人们已意识到在条件许可的情况下，尽量地将骨管打磨得光洁一些，这也是原始审美发源之一吧。

20世纪70年代初，已故竹笛演奏家俞逊发发明了口笛，演奏了《苗岭的早晨》《云雀》等曲，这与后来出土的河姆渡骨笛有着惊人的相似。可以说，这就是历史的巧合。古人与今人的智慧，在某一个时间节点上有着奇妙的契合。最近几年，唐俊乔的竹笛乐团启动了《笛韵天籁》巡演项目，邀请我扮演“长老”一角，演奏骨笛，我欣然应允。通过巡演，既可以让更多人认识这件古老的乐器，也能让学生们学会演奏它，以作传承。

二、弯管笛

赵松庭老师早在五十多年前就研究出了弯管笛。那时候有个帮手叫徐建萍，萧山人，跟我是同代人，比我小3岁。他17岁时跟赵老相识。那时我在海宁，他来海宁后与我相识。他刚做弯管笛时质量没那么好，跟现在的质量根本是两回事，这些年来我们做了很多改革。那个年代经济十分困难，徐建萍把弯管笛做出来后，赵老师也让我推销推销，卖到香港、台湾等地。当时弯管笛的声音也不太好，笛头容易裂。赵老师后来就把改良弯管笛的任务交给了我，我在改良乐器的同时，也创作了《雷峰塔遐想》《醉苍穹》等用弯管笛演奏的乐曲。徐建萍后来去当了兵，往后就是应明章在接着改良。前几年我得到消息，知道徐建萍退休前在萧山的绍剧团，2022年、2023年我去萧山考级时，我们又重聚了。我提到了这事，徐问我有什么想法，我就想，以前弯管笛的双笛膜就是我很早提出的，如今不知弯管笛的尺寸是否可以放大，把大降B调的内径做成C调。测试过之后，果然效果很好。

我们知道，低音笛的管身比普通竹笛要长，致使音区向下伸延，会使演奏者的手伸得过远，很不方便，影响使用效果。弯管低音笛是把吹孔和按音孔之间的一段管身制成U字形拐弯，缩短吹孔和按音孔之间的距离，以方便演奏。

弯管低音笛的管长约1.15米，直径3.5厘米，多用紫竹、斑竹制作。拐弯部分是用一段段的短竹管连接而成，作工严谨，缝合细致、精准。笛身拐弯后，比曲笛低八度，由于内径大，竹管长，演奏上有一定难度。弯管低音笛的音色，低音区浑厚，中音区柔和，高音区圆润。定调多为D调或C调，C调的音域为G—la，音域两个多八度。

虽然西洋长笛早有弯管，但在赵老师研发乐器的那个年代，国内与国外的通信并不畅通。所以，跟口笛一样，这也是一种历史与人类智慧的契合吧。

赵老师发明的弯管笛在那时候始终没有作品，他说一种新的乐器一定要有新的作品，因此他把这个任务交给了我，让我为弯管笛创作曲子。于是，我创作了《雷峰塔遐想》和《醉苍穹》。

以C调弯管笛（筒音作5̣）演奏的《雷峰塔遐想》，由青年作曲家谢鹏编配，全曲长13分钟，可以说是目前为弯管笛与乐队谱写的乐曲里面规模最大的。自幼成长于西子湖畔的我，对当地的一草一木、一事一物都怀有独特的情感，遂以天下闻名的雷峰塔为引，《白蛇传》的故事为主题，运用弯管笛低沉婉转的音色，谱写出这段动人的叙事诗。

乐曲分为引子、慢板、快板、华彩、尾声五个部分。开始时，乐队以壮阔的引子作为铺垫，然后弯管笛紧接而入，以“包吹法”模仿人声奏出两句对称乐句，犹如白蛇被镇压在雷峰塔下的悲鸣，先声夺人。慢板以la、do、sol、la的四音动机发展出优美的羽调式旋律，仿佛在诉说白蛇与许仙过往幸福快乐的日子。乐队间奏后的过渡段以十六分音符与六连音组成，为快板作情绪上的准备。

快板是慢板四音动机的变奏。这一段的特色是以多个后十六分节奏来营造白蛇与法海斗法，水漫金山的紧张气氛。在弯管笛上吹奏吐音难度甚大，演奏者需要气息沉稳，口风集中，才能奏得干净利落。快板中段筒音作 2，翻高了纯四度来演奏同一主题，让情绪更为热烈。快板的后半部分用口哨声的技巧来演奏，做出特别的音响效果，接着演奏者用右手中指敲打指孔，模仿木鱼的声音，并用“包吹法”不停念诵“阿弥陀佛”，就是法海弄术，欲把白蛇收压在雷峰塔下。然后乐队奏起宏大而悲壮的乐段，似是苍天也要为白蛇的遭遇而发出哀号。

华彩乐段筒音作 $\underset{\cdot}{2}$，用循环呼吸由慢至快演奏，乐段里的大跳音程与六连音需要演奏得非常连贯，华彩乐段结束后的四个仿钟声的乐音有如暮鼓晨钟，一切事过境迁，白蛇最后被救出，终于能一家团圆。演奏仿钟声时需要口腔打开，并加入气震音，才能形神俱似，尾声的la、mi、la三个音，则要气息稳定。

《雷峰塔遐想》是一首具有深刻思想的笛曲，把山水风物、传奇故事、宗教哲理、人生思想合而为一，是我数十年从艺生涯当中沉淀与累积的心血结晶。想要演奏好该作品，除了要熟练掌握弯管笛在气息与技巧上的要求外，对乐曲故事背景的了解，以及对人生的感悟也缺一不可。

三、雁飞篪

篪这种形制与目前常见的笛管乐器有所不同。它的吹孔在笛管中部，管中无阻隔。吹孔左右两侧皆有音孔，由两手手背朝外按指演奏。表现力极为丰富，发声柔美和雅，音色介于埙和箫之间。

宋史《乐志》记载，乐器中有“叉手笛”，此笛足以协十二旋相为之宫，亦可通八十四调，又名“拱辰管”。

朱载堉《律吕精义》中对此种形制也有较为详细的记载。历代文献中把这种乐器称为“稀世之宝”。

雁飞篪是赵松庭和赵松龄兄弟根据典籍与壁画记载，联手花费近十年时间研发的一种古老而新颖的民族乐器。学名为“同管双笛”，艺名“雁飞篪”。可惜赵老师早逝，未能亲眼看到这件乐器登台演出，留下遗憾。

作为一个民族音乐工作者，对中华文化遗产的传承和发扬责无旁贷，我要谱一曲篪调，登台亮相，让世人都来听听篪音，不忘中华文化。拂去千年尘埃，揭开历史封印。我一头扎进中国古代吹奏乐史的海洋中，踏上寻觅千年古篪的文化之旅。远溯8000年新石器时代的“鹰骨笛”，探寻4000年前的黄帝时代和3000年前春秋战国时代，我仿佛听到祖先们吹着骨笛穿梭在群山峻岭中；又似乎看到乐神伶伦砍伐昆仑山之竹，制作出中国第一支竹笛（有考古学家认为，它只是一支能吹响的竹管；虽然它简陋又原始，但依然是中国笛的雏形）。而篪就是在骨笛和原始笛的基础上，第一个登上中国古典音乐殿堂的吹管乐器。先秦时期建立起来的“风雅颂”音乐体系中，篪就站在历代皇帝登基、祭天奉祖等重大礼仪活动的最前面，指挥颂扬。

1978年湖北，在距今2000多年的战国曾侯乙墓中出土了上万件器乐，曾轰动世界。篪当时就和编钟同时出现在这个墓穴中。显而易见，篪在中国音乐史上具有独特且不可替代的地位。在中国璀璨的文化遗产中，唐三彩骆驼载乐和莫高窟乐舞壁画中，篪、埙更是中国古代吹管乐中灵魂般的存在……北魏史册《洛阳伽蓝记》中记载的一则“快马健儿，不如老妪吹篪”史料，更是将“篪乐”棒上了“神坛”。

历史记载的是公元396年，中原汉民族抵御来犯羌族的一场战争。连续数月的鏖战，双方伤亡惨重。战事进入胶着对峙的状态。中原河间王派使女朝云，捧篪吹乐，意在安抚军心，鼓舞士气。吹篪女、低颔首，长吹吟。声碎碎，音嘁嘁。犹见妻儿啼、爹娘泪，最是断肠景。篪音起处，悲恸震天地。且料，竟是双方将士皆掩面哭泣，纷纷放下武器，握手言和。羌人发誓决不再犯。从此西线无战事。

骤然间，激情在我心中燃烧，音符在灵感中跳跃、发酵、升腾。一曲化干戈为玉帛的篪曲一气呵成。青年作曲家谢鹏的编配，赋予古篪新的生命。历史遗迹鲜活呈现。遂命名为《吹篪怀古》。

篪，对大多数人来说是陌生而遥远的，但它始于民间，植根华夏，千百年锤炼，千百次沉淀，融合在天地间。这一曲《吹篪怀古》正是我将先辈们穿越时空，留给我们的文化遗产奉献给听众的活化了的古典音乐。

一曲终了。尘世间的浮华纷扰也在珠落玉盘中荡然消散。心，回归平静。吹篪怀古，古韵悠悠；余音绕梁，袅袅不绝。让人在平淡中体味至深感动。

希望大家喜欢我的音乐，共同感念赵松庭老师及先辈们为我们留下的宝贵的音乐遗产。

浙派笛乐纵横谈

蒋国基

浙派笛乐纵横谈，是我这些年一直在研究与探究的课题。要简述此，须先从人生履历入手。

拜赵松庭老师为师后，他让我先创作，并教会我创作曲子的手法，因此有了我的成名曲《水乡船歌》。在这首乐曲里，有很多恩师赵老师的心血。后来我才又学习了赵老师的乐曲。1975年，浙江举办独奏独唱选拔，到最后剩下两位吹笛子的，是我和詹永明，两个人要选一个出来去北京参加比赛。詹老师各方面都比我好，当时文化局的领导问赵老师，赵老师却推荐了我。他说因为詹老师还年轻，今后会有很多机会。所以我有这一天，是因为赵老师的信任，和我那么多师兄弟的照顾和支持。

以前有人称赵老师为“江南笛王”，他说：“我称不了王，也不称王。我是浙派，也是浙派的创始人。”他的一生一直在改革，哪怕在笛子上一点点的改动，都会有所创新。所以我们尊敬他，一直把他当作我们的楷模。

我们吹奏的是一件有六个孔的民间乐器——竹笛在今天能有如此繁荣的态势，离不开前辈们毕生之力的开拓与耕耘。冯子存、刘管乐、陆春龄、赵松庭，等等。

我们知道，梆笛就是为北方地区梆子腔剧种伴奏的乐器，而曲笛则是南方昆曲、婺剧、江南丝竹等艺术形式的伴奏乐器。北派笛乐重舌的技法特征及表现力受到赵老师的重视，所以在这之后，他开创了在艺术风格上结合南北、刚柔相济的笛乐流派，即“赵派”，也称“浙派”。

赵松庭先生出生在浙江东阳，从小在家乡民歌、婺剧音乐的熏陶下长大，曾做过剧团“正吹”，还演过婺剧中的花旦。后来又爱好昆曲、研究昆曲，“文革”后加入浙江曲艺队，为评弹做伴奏。那时候人家去听评弹，主要就是为了听赵老师的笛声。长期的戏曲、曲艺音乐实践培养了先生对民族音乐的浓厚兴趣，同时也潜移默化地为先生理解北方音乐培养了鉴赏力。先生的很多作品如《早晨》《三五七》《二凡》《婺江风光》《鹧鸪飞》《幽兰逢春》等直接取材于婺剧和昆曲。

《早晨》是赵老师最早创作的作品。这首作品的诞生有个缘起：赵老师1949年报考了部队文工团，成为一名文艺工作者，曾赴朝鲜战场慰问演出。这里有一个机缘，是赵派笛乐风格形成的关键导因，那就是在朝鲜，赵老师结识了北派笛乐大师刘管乐，并曾向刘管乐学习了两周的北派笛乐，学习演奏了刘管乐先生的《买菜》《荫中鸟》《和平鸽》，从此真正领教到了北派笛乐的精髓，后来在《早晨》的创作中融入北派独特表现技法而成就了这首成名作。当时赵老师还不到30岁。

《早晨》是融南北技法于一体的开山之作，也是赵派笛乐的开山之作。纵观赵先生毕生的笛乐创作，《早晨》正是一个开始。

回顾赵松庭先生的一生，他的生活阅历极其丰富，做过农民、炊事员、守门人、舞台美工、教师。“文革”期间，曾屡次被打成“右派”，送往“牛棚”改造。先生是经历过新旧社会洗涤的典型的历经沧桑的乐人，尝尽人间悲苦。先生将自己戏剧般的生命体验熔铸于笛乐作品的创作和演奏中，《幽兰逢春》正是赵松庭先生一生的真实写照。1979年，他创作了《幽兰逢春》。

赵老师的学生们除了继承赵先生的风格之外，都各自有表现自己音乐特色的代表作，这些作品在立足南派风格上都各有千秋，詹永明的《西湖春晓》，张维良的《花泣》，王次恒的《桑园春》《燕归来》，蒋国基的《水乡船歌》《悠悠乌篷船》，杜如松的《扁舟载月》，唐俊乔的《千山情》等。但我们都不是原样照搬，而是经过了一定的艺术处理，用笛子语言吹出情感，颇具新意。

我们师兄弟里，我的年纪最大，所以我是大师兄。但是我们那么多人都各领风骚。毫不掩饰地说，我的音色比较润泽，擅于表现江南意境；詹永明音色秀丽柔美，乐曲处理细腻精致，融南北之长；王次恒音色甜美，特别是演奏C调曲笛以下的笛子，声音集中，收放自如；戴亚原汁原味地传承赵老师的遗音，演奏“浙派”笛曲非常地道，还擅长演奏高难度的乐曲；张维良个性鲜明，声音豪放激越，对音乐有独特的探索和追求；杜如松则擅长运用他那极富弹性的手指，行云流水般地将快板一气呵成；唐俊乔兼融南北之长，功底深厚、技巧娴熟，音色圆润动听，极富音乐表现力。这些都是我们的恩师赵松庭带给我们并且教会我们的。所以我们也希望，有我们的下一代，代代相传。

赵老师的创作史上，《三五七》和《二凡》也是代表作。这两首作品非常相像，都融入了婺剧元素，是姐妹曲。

《鹧鸪飞》是赵老师根据唐代诗人李白“越王勾践破吴归，义士还家尽锦衣。宫女如花满春殿，至今唯有鹧鸪飞”的诗意创作的。诗中讲道：原来这个宫殿一派繁华，现在萧条的景象令人心疼，只有鹧鸪还在天上飞。最后一百多个小节的循环换气表达的是当时的繁华场景。最后几句又掉入了时间的轮回，回到了现在冷清的场景。

《婺江风光》创作于1961年，在第一届“上海之春”上演奏，音乐评论家李凌专门评论这首排笛作品，论文题目是《吹情》。这是排笛在世界上的首次亮相。

这里有一段故事。赵老师吹奏《婺江风光》，录音时是上海交响乐团伴奏的。我深深地记得指挥是曹鹏老师。录音的时候，赵老师已经到了晚年，耳朵不太好，也听不到乐队的声音。录音的时候，先生让我站在旁边，在他背上给他打拍子，他是按照节奏在吹。这份录音在我心中万分地珍贵。

如今新一代的年轻人条件优越，比当时我们的环境要幸福很多。在这么繁华的都市，每个人都有自己的康庄大道，我已经老了，衷心希望我们的民族音乐能够一代一代传承下去。

笛曲作品

水乡船歌

1=C（C调笛　筒音作5̣）

蒋国基曲

【一】引子　自由地

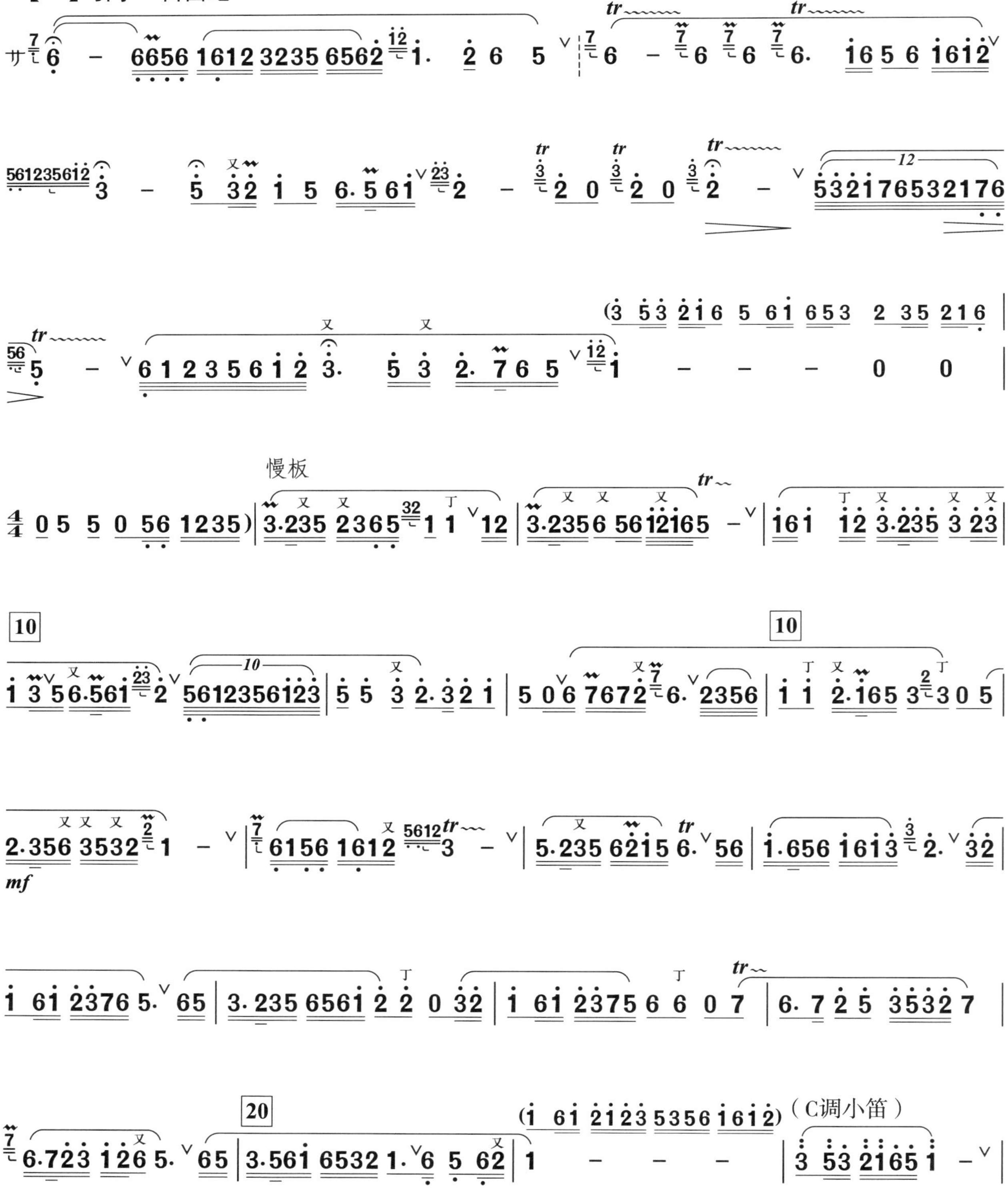

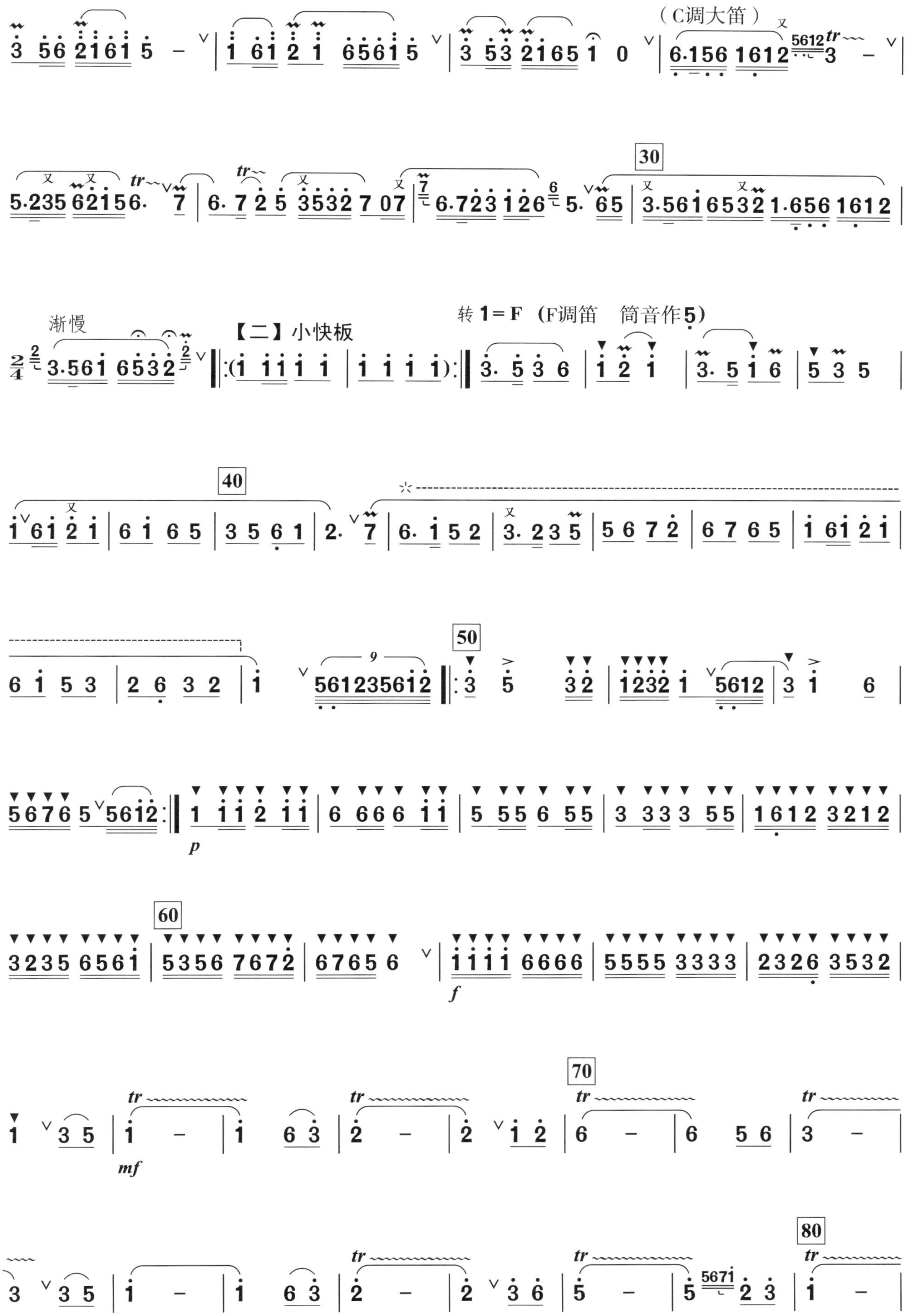
（C调大笛）
30
渐慢
【二】小快板
转 1＝F（F调笛　筒音作5）
40
50
60
70
80

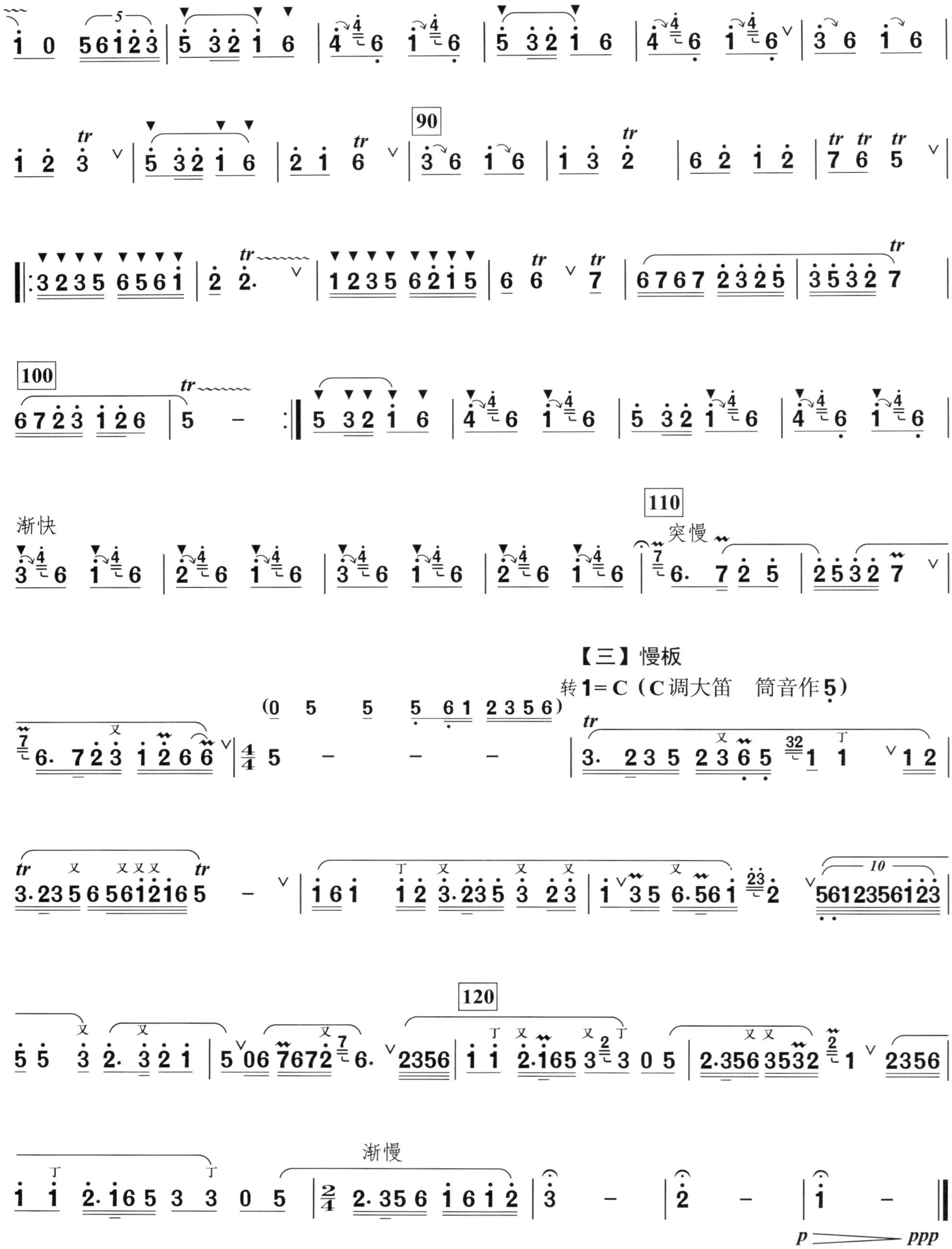

《水乡船歌》是蒋国基的成名作，也是中国民族音乐中广为流传的经典作品之一。水乡美啊，美如锦，风吹柳丝飘，舟在水中行，两岸稻香令人醉，船歌阵阵沁人心。乐曲旋律优美典雅，节奏舒缓流畅，充盈着浓郁的乡土气息。此曲采用排笛演奏。

醉苍穹

——为弯管笛而作

蒋国基曲

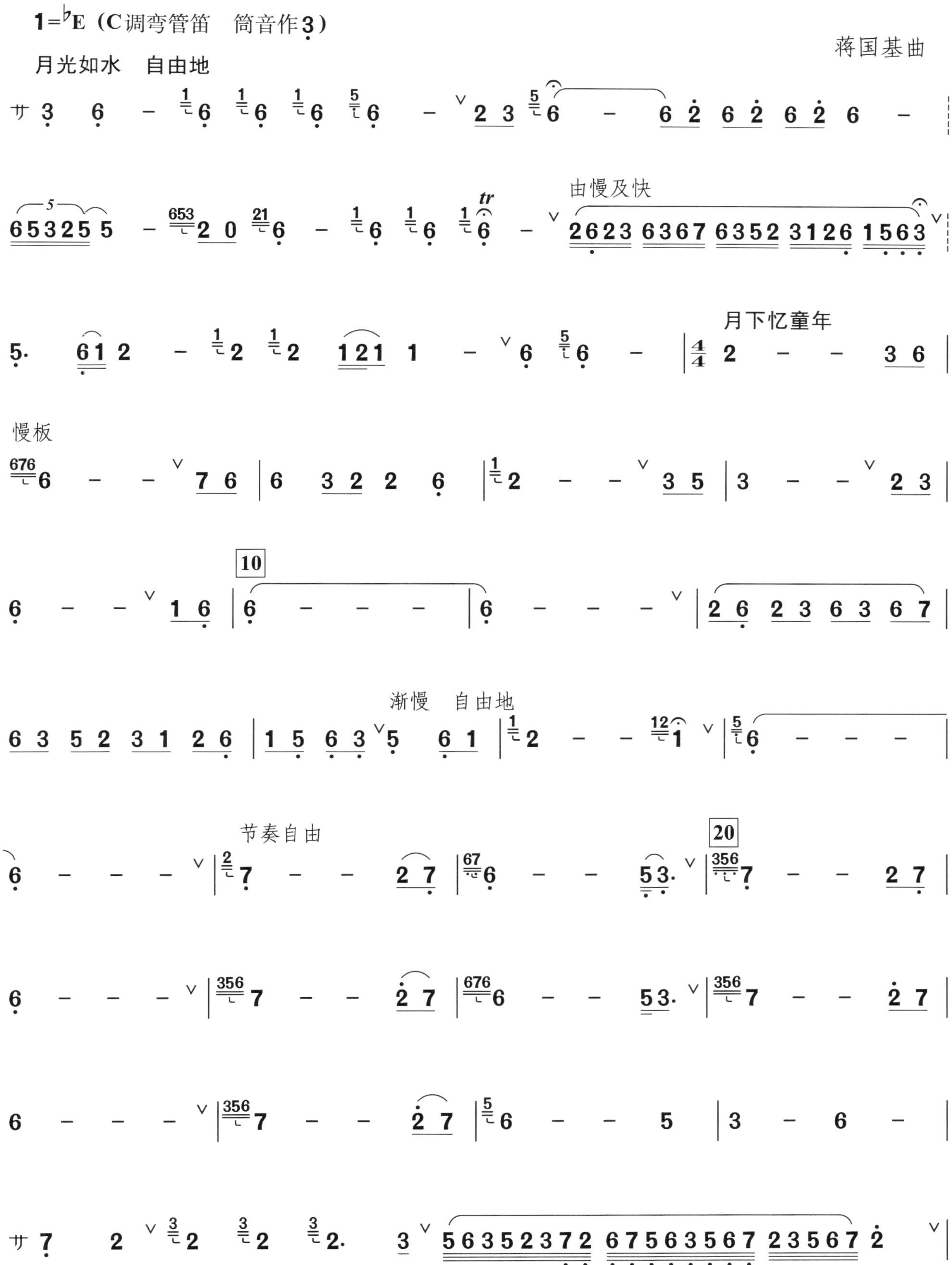

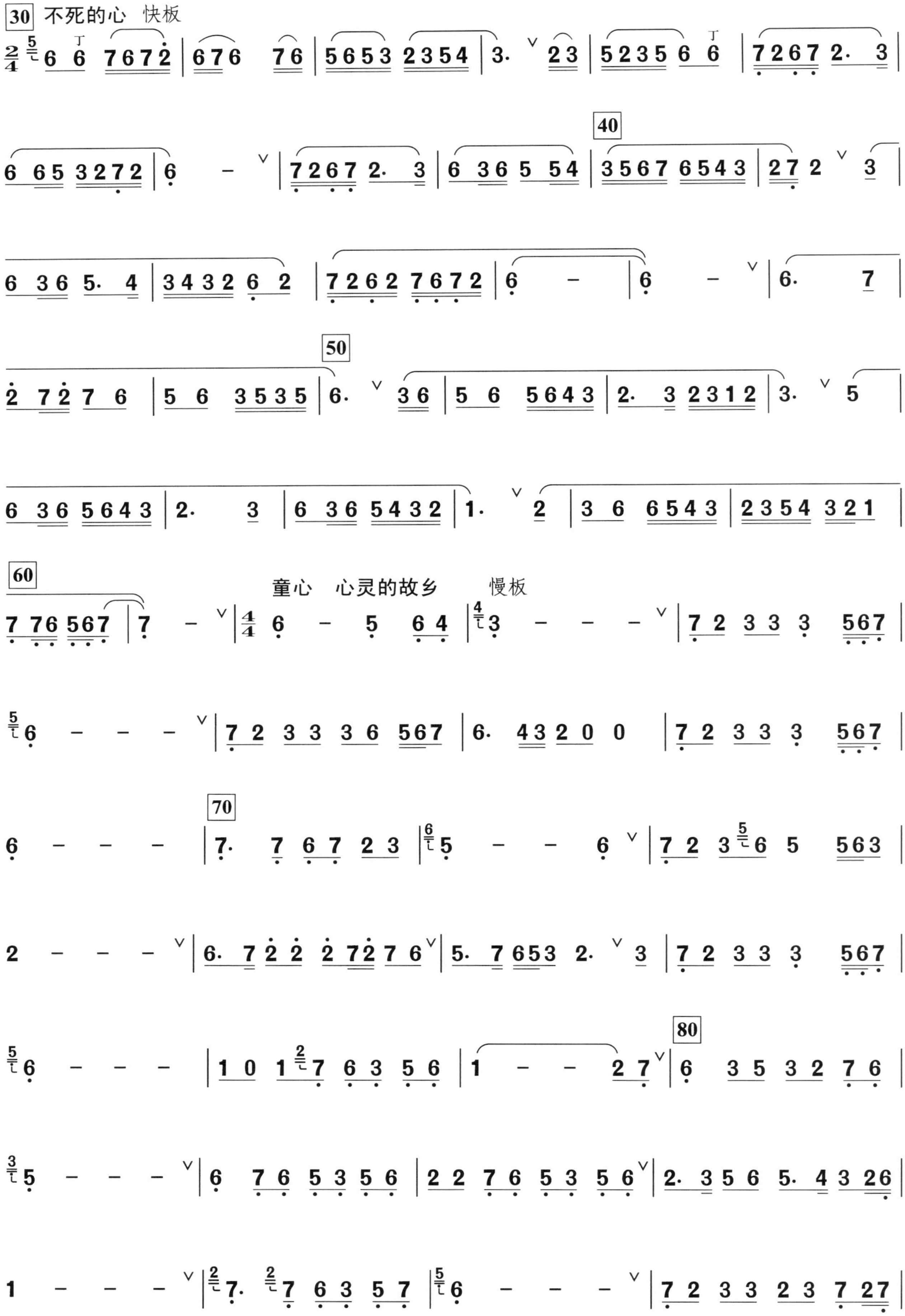
不死的心 快板
童心 心灵的故乡 慢板

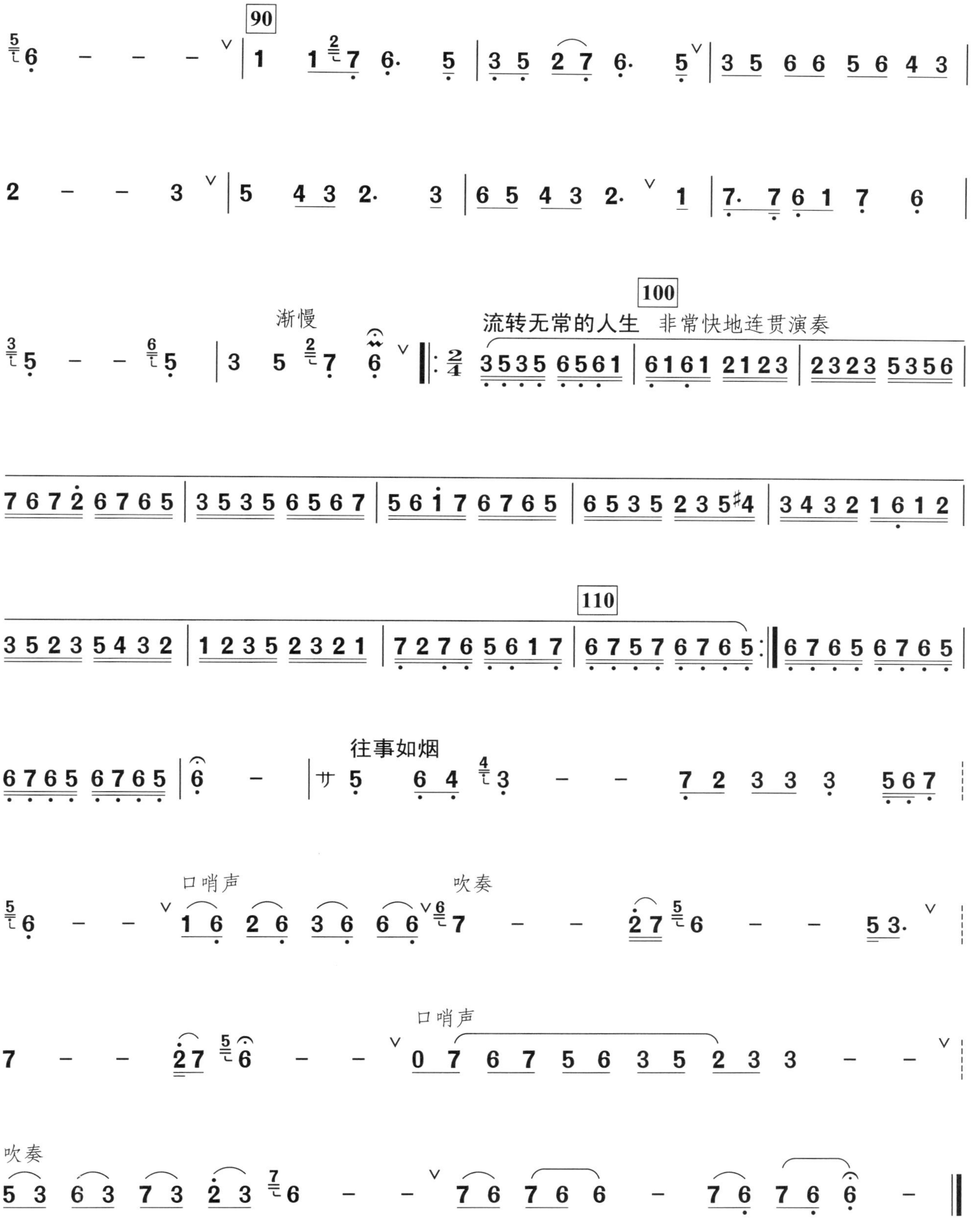

夜来人静，自酌独饮，三杯两盏淡酒入肚，微醺。尘封往事随酒涌上心头，化作音符，汇成一首酣醉的笛子独奏曲。深沉忧伤透着苍凉之感的述说，从弯管笛中缓缓飘来，如泣如诉，感慨叹息，漫漫长夜中尽是苦涩的记忆。旋即音乐又再度壮烈起来，跳跃起伏的旋律，饱满有力的音符吹响了人生进行曲，迸发出勃勃生机和满满热情。苦难被融化、发酵，酝酿出醇香甘甜的美酒。酒香随着音符飘荡、升腾，直上九霄。曼妙的笛音在无边无垠的星空久久回荡，使人沉醉……

（二）詹永明

詹永明，笛子演奏家、教育家。先后毕业于浙江艺术学校、中央音乐学院民乐系、中国艺术研究院研究生部，澳洲西悉尼大学，获音乐学研究生文凭及硕士学位。1988 年被首批定为中国国家一级演奏员；1991 年 7月被国务院授予“有突出贡献的中青年专家”称号并享受政府特殊津贴。现任上海音乐学院民乐系教授、博士生导师、管乐教研室主任，上海师范大学竹笛客席教授。中国音乐家协会竹笛学会副会长，上海音协民族管弦乐专业委员会顾问，浙江省松庭笛箫公益艺术中名誉理事长，赵松庭笛子艺术专业委员会顾问。新加坡华乐总会理事，新加坡笛子学会会长，新加坡艺术大学南洋艺术学院特聘教授、硕士研究生导师。曾任中央音乐学院、中央民族大学客座教授，中华全国总工会文工团副团长等职。1997 年移居新加坡（新加坡南洋艺术学院任教），2004 年回国（上海音乐学院任教）。

20世纪80年代初，詹永明在全国民族器乐独奏观摩演出中名列榜首（笛子组第一名）而蜚声乐坛，几十年来他在国际国内的音乐比赛中频频获奖，赴世界二十多个国家和地区演出及讲学，足迹遍及亚、非、欧，被人们誉为“神奇的魔笛”，更被《华盛顿邮报》称为“当今杰出的演奏家”。1991年作为首位大陆杰出人士民乐演奏家访问中国台湾，为推动两岸的笛子艺术演奏与教学作出了重要贡献，被誉为“穿透海峡的第一声笛音”。1995年詹永明笛子独奏音乐会《华夏新声》专辑获得第三届中国“金唱片”奖。

詹永明竹笛演奏师承赵松庭先生，并受陆春龄、刘管乐、王铁锤、陈重、霍伟、曾永清等各派名家的教诲。他的作曲导师是中央音乐学院徐源教授，研究生理论导师是中国艺术研究院伍国栋教授。他的演奏艺术立足南派，取北派之精华，博采众长，兼容并蓄，继承发展了南派的笛子艺术风格，形成了“南北相融、刚柔并济”“技艺交融、声情并茂”的艺术风格，开创了十几种笛子演奏新技法。

创作并改编了大量的笛曲，代表作品有《听泉》《西湖春晓》《婺江欢歌》《断桥会》《秋辞》《长恨绵绵》《春耕时节》《兰花花》等。文论著作发表有《陆春龄笛艺全集》《詹永明笛子基础教程》《笛子基础教程十课》《竹笛精品课新编三册》《竹笛五线谱视奏训练》《陆春龄笛子艺术经典作品集》《赵松庭笛派经典作品集》《南北笛曲风格及其演奏流派》等。录制出版大量个人音像专辑、教材《中国竹笛名曲欣赏与教学》、《长恨绵绵——詹永明与交响乐的世界》、《白蛇传——笛子与钢琴的对话》、《断桥会》（中国音乐家大系·器乐篇·吹管系列）、《春到湘江——詹永明竹笛独奏交响音乐会》等。

几十年来，詹永明为海内外培育和造就了一大批优秀笛子艺术人才，所教授的学生在海内外音乐大赛中频频获奖，并为海内外文化交流作出了很大的贡献。

论文

传统是一条河流

——谈笛子演奏与教学的传承发展

詹永明

任何一种艺术形式的诞生，都是其赖以生存的特定的自然环境和社会文化环境的产物，同时，每一种艺术形式也都会体现出其特定的文化内涵和社会形态。正如黄翔鹏先生所说的“传统是一条河流”。本文拟通过对中国竹笛艺术发展历程的描述，来探寻传统音乐文化对笛乐艺术的影响和传承发展的意义。纵观百年笛乐艺术的发展历程，可谓平坦与顺利，期间几度高峰。20世纪的笛子演奏艺术由冯子存先生一曲《喜相逢》开创了笛子独奏之先河，50年代出现了北方以冯子存、刘管乐，南方以陆春龄、赵松庭为代表的南北笛子演奏艺术，在他们各自的创作与演奏生涯中创立了曲笛与梆笛艺术。其笛子演奏风格及演奏技艺形成了鲜明的两大流派，即南北派笛子艺术，促发了以立足传统开辟新声创举为代表的刘森“新派”笛乐艺术和院团竹笛艺术的发展，包括“文革”期间的红色金曲，声腔化的《珠帘寨》《乱云飞》等。80年代以来，作曲家加盟笛曲创作，个人独奏音乐会个性技术的张扬及海内外文化交流出现的繁盛景象，都体现出竹笛演奏技术、技巧的突破与发展。六十多年来，南北派笛子艺术的优良传统引领与开创了我们今天笛乐的繁盛景象。其厚重常常让我们身居其中而不自知，社会的变迁发展使得我们在演奏教学与创作观念上也有对于优良传统的自觉承传意识淡化的现象存在。但当下优良传统也必须树立“返本开新”的新观念，尤其是要以更加开放的心胸，着重在价值层面去对优良传统予以自觉认同，对外来文化与姐妹艺术中的先进合理成分进行学习和借鉴，进而创新出适应时代要求的新传统。

今天的我们已经生活在一个全球化的发展时代，传统与现代的二元文化张力是我们无法回避的现实问题。这里需要我们去思考的一个重要问题是，在竹笛历史发展的长河中，南北笛子演奏艺术作为我们当今演奏与教学的根基，如何在继承南北派传统艺术中形成具有自己特色的新的传统？优良传统如何在实践中发扬光大？这在当下竹笛演奏与教学中必须成为自觉思考与实践的新课题。

传统的本质：

1.什么是传统？传统就是一个民族在长期的社会文化实践中所形成的相对稳定的价值取向和行为方式，它规范着一代又一代人从过去走向未来。人是一种文化的存在，人不堪忍受无根的生活，在生活实践中总要解决“安身生命”的问题，即总无法回避‘我从哪里来’的形而上学问题。这一问题在个体身上是不能得到充分的说明的，只有世代延续的人类才可能有效回答此问题。因此，笛乐的传承发展也是同样。而传统在客观上承担了这一功能：在传统的长河里，竹笛艺术的发展如生命一样，有限个体的生命得以延续，生活中的每个人在传统的滋养下，获得了走向未来的创新动力，并为人类的“文明”添加了新的元素。传统的本质首先是“传”，它应是动态的、富有生命力的东西，因此具有“传下去”的合理性与必然性。如由冯子存先生发掘原山西梆子曲牌改编的梆笛曲《黄莺亮翅》，表现出了美丽的黄莺及黄莺周围美好的事物，乐曲欢快流畅，优美辽阔。《挂红灯》《万年红》则通过二人台热情奔放的旋律，表现出农村中火热的节日欢腾场面。刘管乐先生以山西民歌为素材创作的《卖菜》，赵松庭先生以昆曲婺剧音乐素材创作的《幽兰逢春》《三五七》，陆春龄先生以江南民间音乐与江南丝竹为素材改编的《鹧鸪飞》《欢乐歌》等经典笛乐作品，其因素是他们在生活区域内长期受民间风俗习惯，语言（方言）影响而形成特有的思维方式、情感表达和艺术鉴赏力。同时，各个历史时期上层建筑对民间文化生活的影响及重大历史变迁对社会文化的分解和融合，生产和生产力的发展，生活环境条件的改善等，赋予他们以新的艺术追求和新的演奏风貌，从而推动了笛子演奏的流派和笛曲风格的变化和发展。

笛子是最富于艺术表现的民族乐器之一，除了以上的独奏形式外，在民间，它也被广泛应用于器乐各乐种中。在传统的“江南丝竹”“广东音乐”“福建南音”“十番鼓”“十番锣鼓”“潮州大锣鼓”“西安鼓乐”“河北吹歌”及其他北方各地的管乐中，笛是重要的旋律乐器。由于笛音色明亮独特，穿透力强及它灵活善变的适应能力，使其在民间乐队中担任多种角色：可以领奏，也可以陈述乐曲中的主旋律，还可以在乐器群中穿插运动、加花点缀、句段填空等。笛在其他民间歌舞、京剧和地方剧种、说唱音乐的伴奏中，也发挥着十分重要的艺术表现功能。传统是一条河流，由过去流向未来。我们这里强调传统的鲜活性，是因为在社会实践中，那种腐朽陈旧的东西，是不配称之为“传统”的，因为它没有未来。传统对于人之所以重要，是因为每一代人的文化创造活动不可能从空白处起步，人类所从事的每一项文化活动，所得出的任何有关世界的新知识都将受到既已存在的某种“文化方式”“理论框架”及“生活样法”的支持。如我们南北四大家的代表性作品虽已过去了几十年，过去的一切都可能构成传统，每一代人所受的教育，无非是在学习一种“规范”。没有这种传统规范，人类的一切文化行为都将是不可思议的。

传统是一个民族的精神家园。在传统的庇荫之下，一个民族的内部成员才获得了文化认同，并拥有了文化归属感。无论身居何处，精神家园都让我们魂牵梦萦、流连忘返。中华民族生生不息、团结奋进，不但创造了灿烂的文明，而且在长期的社会实践生活中，形成了共同精神维系的民族之魂，成为支撑中华民族生生不息的强大的、持久的精神力。如“贵和持中”“自强不息”的传统，它不仅培育了中华民族的性格，而且还涵养了中华民族的心灵，为人们提供了心灵慰藉、文化认同和终极关怀，极大地增强了民族凝聚力、向心力与亲和力。精心呵护民族的精神家园，承继传统血脉，是每个中华儿女义不容辞的责任。

2.传统的二重性：保护与束缚

传统对于每个人说来都具有二重性：保护和束缚。一方面，传统保护着我们。人是环境的产物，我们每个人人性的养成，都要依赖于一定的传统。通过后天学习教化，我们获得了各种传统，这些传统客观上构成了对我们的保护。不单单是传统需要我们来延续，我们更需要传统来维护自己。基于对民族传统的认同，我们才可能“安身”，才有了特定的“文化身份”，进而这种身份引导着我们正常地步入社会生活。在社会生活中，传统划定了我们人性的“圆周”，维系着基本的社会秩序；另一方面，传统又束缚着我们，尤其是在一个社会的大变革时代，常常呼唤着新思想、新观念的诞生，而这时既有的传统往往成为社会进步的阻碍力，甚至成为沉重负担，压得人喘不过气来。此时，如何冲破传统的束缚，就成为一件大事情。

竹笛艺术历史发展所形成的一系列优良传统如何与时俱进发扬光大，这无疑是我们这一代当下对于竹笛艺术如何发展的重要课题。竹笛演奏艺术的优良传统在近几十年来的“以经济建设为中心”“文艺体制的改革”浪潮的冲击下，也受到了影响。时至今日，在我们的演奏与教学中也普遍存在着“拔苗助长”，不抓基础教育，功利主义教学行为泛滥的问题。对于如何解读传统与经典、流派与传承等出现的严格偏差，是亟待解决的问题。

时代呼唤传统创新，唯有如此才有真正的未来，否则我们可能沦为艺术功利者。今天，我们在自觉守护文化传统的同时，还要加强文化创新机制的研究和思考。诚然，文化创新是一项异常艰巨的工作，在社会生活实践中，文化的变迁是最缓慢的。慎言文化创新也许是明智的，但是社会发展的紧迫性又要求我们必须面对这一问题。器乐艺术发展不仅仅是乐种的延续，更重要的是一种文化的持续创新，只有持续不断的文化创新，才能使艺术保持旺盛的生命力。

3. 在当代，竹笛艺术优良传统也需要“返本开新”，在继承中创新，尤其是要以更加开放的心胸，着重在价值层面去对民族优秀传统文化予以自觉认同，对外来文化先进合理成分进行学习和借鉴，进而创新出适应时代要求的新传统。具体来说，尤其要解决好以下几点个问题：

第一，确立自觉意识。自觉的主旨就是对传统与经典的乐曲进行系统规范的学习，找到源头和对新传统的建构，创新发展与传统的继承相辅相成，“从传统之中我们才能够获取创新的灵感与恒久动力”，自觉的立足点是自觉维护和创新优良传统。自觉是创新发展中需要不断重建的路标。从传统与创新的结合中去看待未来，自觉要求准确把握优良传统发展的历史和现实状态，从传统与现实的结合中去建构未来竹笛艺术发展之路。如建立科学化系统化规范的教学体系与教材，再如，创作出富有时代气息、具有人文精神与审美情趣讲中国故事的笛乐作品及系列音乐会。

第二，培育文化多样性与复合型人才。首先，文化多样性是人类社会的基本特征，也是人类文明进步的重要动力。它的意义有以下几点：其一，尊重多样性是发展本民族文化在内的要求。民族文化起着维系社会生活、维持社会稳定的重要作用，是本民族生存与发展的精神根基。尊重文化多样性，首先要尊重自己民族的文化，培育与发展好本民族文化。其二，尊重文化多样性是实现世界文化繁荣的必然要求。各民族的文化成就，都以其鲜明的民族特色丰富了世界文化，共同推动了人类文明的发展与繁荣。结合我们笛子化多样性的正确态度，既要认同笛子化中本区域内形成的艺术风格及流派，也要尊重其他区域内产生的风格流派及文化元素，相互借鉴、求同存异，尊重笛文化的多样性，促进笛乐艺术的繁荣进步。文化多样性是文化健康发展的前提，尤其是在全球经济一体化的情势下，如何使人类漫长历史发展所形成的文化的多样性与丰富性得以保存，这值得我们每个人去关注。所以要“和而不同”，努力发挥不同事物的各自特点。如果以牺牲文化的多样性来进行所谓的文化创新，换取文化的不均衡发展，是得不偿失的。在“现代化”渐成世界强势话语的今天，我们强调这一点尤其必要。其次，文化多样性、复合型人才的培养。我提出的笛子演奏法与教学法融合并存，适应社会需求的复合性人才的观点引起业内的反响，也渐渐培养出社会需求的人才，初见成效。

第三，自觉彰显人文精神。人文精神就是在热切关注社会历史情势的基础上，所具有的鲜明时代发展主题及体现当代国人的主体品格的价值理想。把自己的艺术观人生观建立在远大的理想和国际视野之上。做好中华笛文化系统工程研究与系列音乐会项目，拓展网络艺文空间以弘扬传承笛乐艺术。

总之，我们理解传统的目的不是昨天也不是明天，而是在当下鲜活的今天。在艺术多元复杂多变的社会环境中，要使自身的素质得到切实提升，真正成为先进文化的引领者，就必须海纳百川、兼容并蓄，在继承传统中不断去开辟新的传统。

赵派笛乐艺术演奏技法分析与运用

詹永明

一、笛曲《早晨》演奏技法分析与运用

笛曲《早晨》第一段描写了安静而美丽的早晨，太阳从东方慢慢升起，照耀着森林，鸟儿睁开了惺忪的睡眼，伸展着翅膀。技术上要掌握好气息控制技巧，特别是箫音演奏方法。乐谱第1小节的弱奏*pp*演奏上要注意弱而不低、细如一线的要求，表现出太阳从地平线上缓缓升起的意境。第2—3小节的渐强需要注意控制音准，在演奏上做到强而不高。第7小节十二连音的演奏，手指要求灵活而富有弹性，特别是气指配合长颤音与循环换气的运用，强弱对比鲜明，带给人一种晨曦四射的意境。第二段旋律性的鸟鸣，快板每分钟速度208拍，三拍子灵活轻快，笛声描绘出万物复苏、百鸟争鸣、你唱我和、你呼我应、有远有近、百花开放清新而欢快的早晨。在演奏上要灵活运用气指结合的垛音技巧，第19小节与第39小节是垛音与连线叠音技巧相结合（见谱例1）。

谱例1

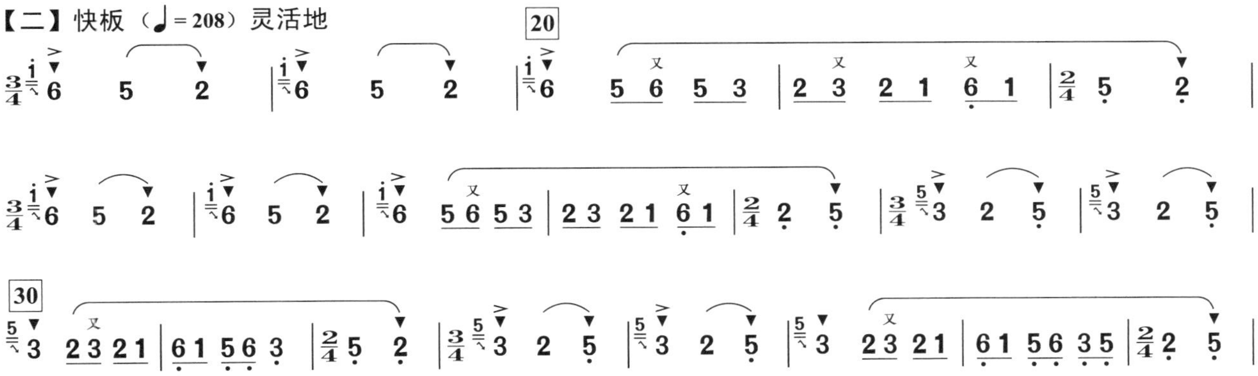

第40、41小节四拍子的三度滑音与第42—49小节吐音、滑音的结合运用，表现了主部的形象（见谱例2）。

谱例2

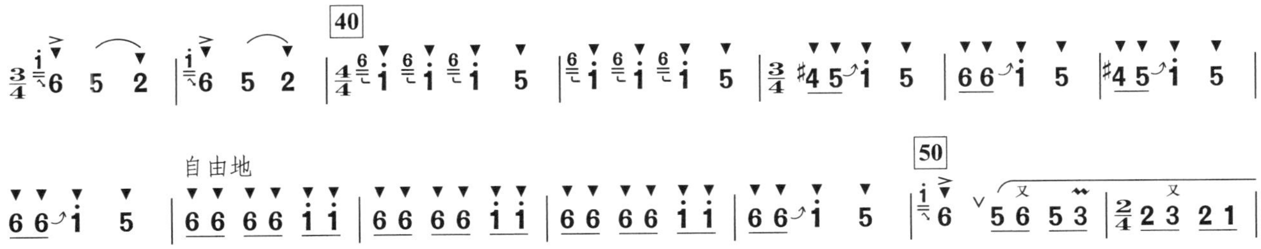

第50小节开始副部主题A乐段三拍子转二拍子，演奏上运用了曲笛传统技法叠音、赠音、打音、波音等技巧，旋律流畅具有浓郁的江南风味（见谱例3）。

谱例3

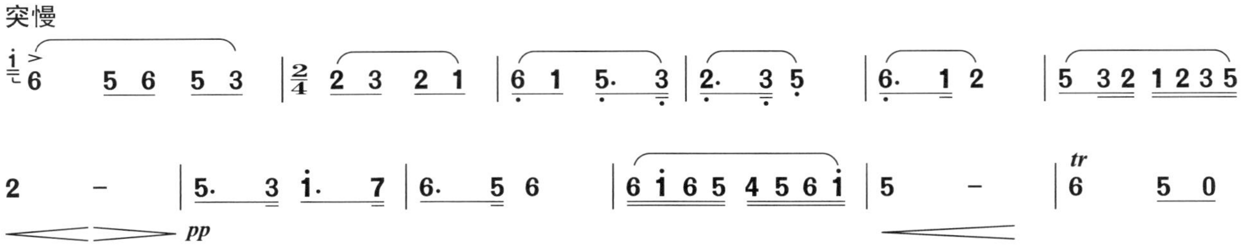

第61—73小节副部A^{1}乐段，前三小节运用多指颤音技巧来模拟鸟鸣，之后回到副部的主题旋律中（见谱例4）。

谱例4

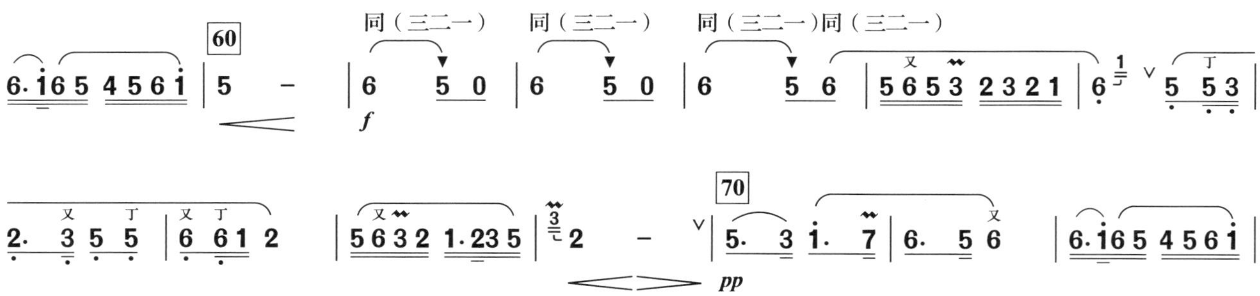

第74—93小节为副部A^{2}乐段，前八小节运用二度、三度和五度、六度滑音，以及花舌与历音滑音来模仿鸟鸣（见谱例5），之后回到副部主题。

谱例5

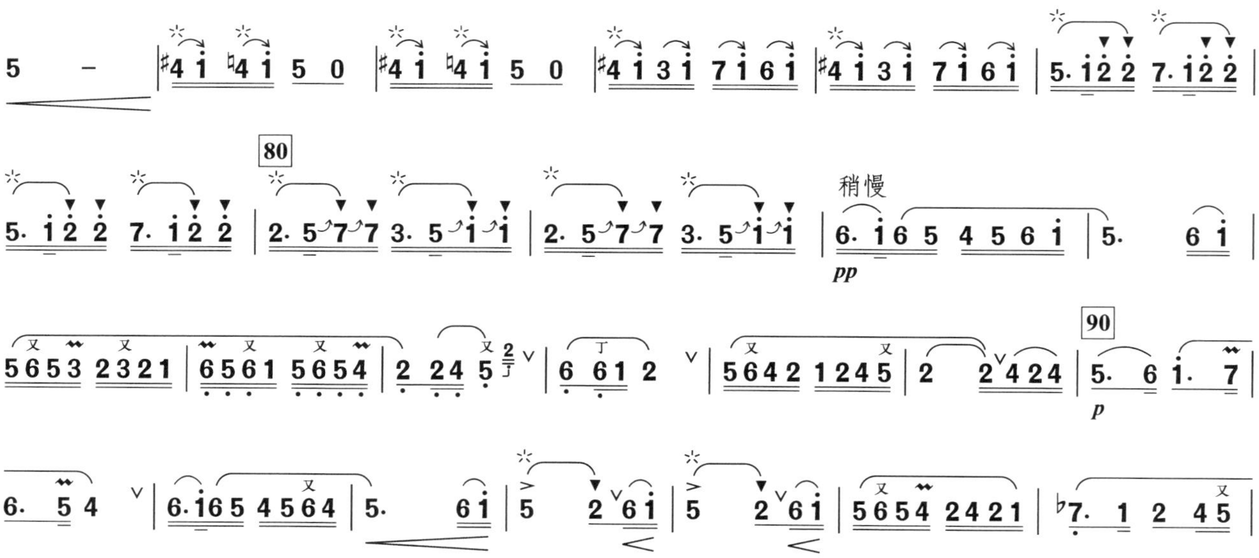

第94—109小节为A^{3}乐段，出现了调性的转换，C徵转C商（F调转下属♭B调）。演奏时半孔与叉孔的半音指法，强调音准与按孔气息变换角度的重要性（见谱例6）。

谱例6

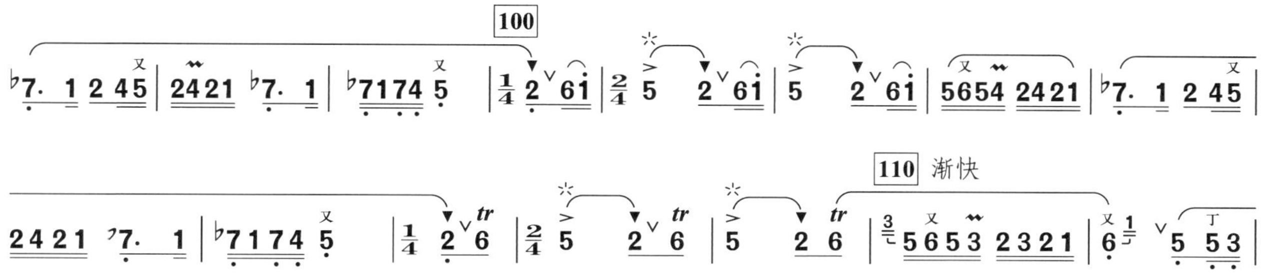

第108—126小节为副部的A^4乐段，该段要注意第115—118小节的颤指音指法的正确方法。

第三段描写孩子们在美丽的森林中跳舞，鸟儿为他们伴唱。从极快处开始，是欢舞的顶点，继而又逐渐安静下来。该段落演奏技法要注意历音与吐音的灵活运用，历音的快速音阶清晰、流畅、华丽，吐音线性的演奏轻快活泼，达到点线分明的效果。第147—158小节是飞指音与颤音的结合运用，要注意飞指的手指的灵活与弹性，加强旋律的连贯性。第158小节开始的极快段，花舌音与快速旋律，叠音、波音结合循环换气与弹性的颤音将全曲推向高潮，之后进入尾声，演奏上运用“气多于吐”的轻吐音与长线性的表现手法，旋律以弱到强、从慢到快再由强到弱、由快到慢的音乐处理方式表达出对春天早晨这一幕的美好回味与向往。最后结束的主音以指震长音与气息控制技巧相结合，奏出箫声般的弱音结束全曲。《早晨》这首作品是南北相融、刚柔并济的笛曲代表性作品，想演奏好这首作品必须要加强笛子基本功“气、指、舌、唇”四个方面的严格训练，全面提升艺术修养，才能完美地展现乐曲的内涵，并传达出触景生情的艺术魅力。

二、笛曲《二凡》演奏技术运用与分析

笛曲《二凡》是赵松庭先生根据浙江婺剧（俗称“金华戏”），包括昆曲、滩簧、高腔、乱弹、徽戏等六种声腔中的乱弹〔二凡〕曲牌进行编创的笛子独奏曲。全曲由导板、正板、走马、流水板、散板五个部分组成，情绪悲壮激昂，旋律华美豪放、流畅激情，极具竹笛演奏吹腔化、戏曲音乐器乐化的特点。乐曲采用曲笛演奏，指法全按作 6̣（尺字调）定调1=C或1= ♭B，选用D调或C调曲笛。在乐曲的演奏中，大量运用气、指所结合的南派传统演奏技法，如颤、叠、赠、打及运用气顿、循环换气等创新技法，刚柔相济，强弱对比鲜明，手指运用灵活而富有弹性，加花旋律节奏多变，导板、正板、走马、流水板、散板等速度变化丰富，以综合的表现手法传递出浓郁地方特色及粗犷豪放具有浙东乡土气息的风格韵味。演奏该乐曲时，气息要饱满，指法要娴熟灵活、富有弹性。想要掌握好笛曲《二凡》的演奏风格与技法的运用，可参考以下要点：

（一）气与指技巧的运用

1.气息上首先要做到平直音与气震音的系统训练与运用

①平直训练时，要求真正做到“平稳结实、响亮、无杂声”，把控好“风门”，真正懂得音域与气流速度的关系，掌握好呼吸并重的要领。②气震音训练时，音波由慢到快，要进行各种音波振动大小的系统化练习。

2.手指弹性、灵活性、独立性的练习与运用

①系统训练手指的长颤音，要求由“慢渐快”，真正达到手指的弹性与独立性。②灵活运用叠音“又”技巧。叠音分为二度叠音与三度叠音，“南曲叠音不过三”是赵松庭先生在自己的演奏风格性技巧运用中总结的术语，特别运用在下三孔的音型中。③灵活运用滑音技巧。乐曲的滑音主要以

三度上下滑音与上下结合圆滑音为主，但也有叉口滑音及四度滑音等技巧。④指震音的运用，在第二孔里半孔微微振动，产生类似揉弦的效果。

3. 口内技巧舌与“嘟、噜、啵”的巧妙运用

①花舌音（嘟噜）的运用。②气顿音与气吐音结合运用。

总之，气指配合灵活运用是演奏好乐曲的关键。

（二）气与指技巧的分析

1. 乐曲导板中的技巧运用

①第一乐句中第一音灵活运用下手的三度叠音与叉口八度滑音及气震音音波快速的方法（见谱例1）。

谱例1

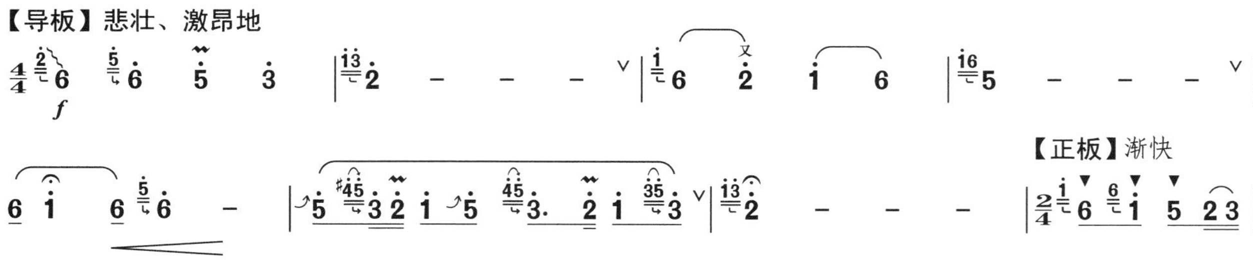

〔导板〕（第1—7小节）。赵松庭先生在乐曲的开篇即以一个八度大跳音程跳进，如第1、5小节，并且用力度饱满的腹部支撑的大幅度密集的气震音模仿出人的哭泣与悲壮之情，第6小节高音的六孔半音、圆滑音的运用使旋律强烈表现出悲愤激昂的情绪与音乐内涵。②导板第5小节的“ 6 1̇ ”弱奏指震音与滑音结合使悲壮的情绪转到内心深处，更富有音乐感染力。

2. 乐曲正板技巧运用

①第8—73小节节奏四二拍，第8—11小节慢起渐快，第12小节小快板节奏稳定，乐曲情绪热情而轻快，气指配合密切，灵活运用，旋律慢起渐快，三度叠音与波音、气顿音、颤音、滑音结合运用（见谱例2）。

谱例2

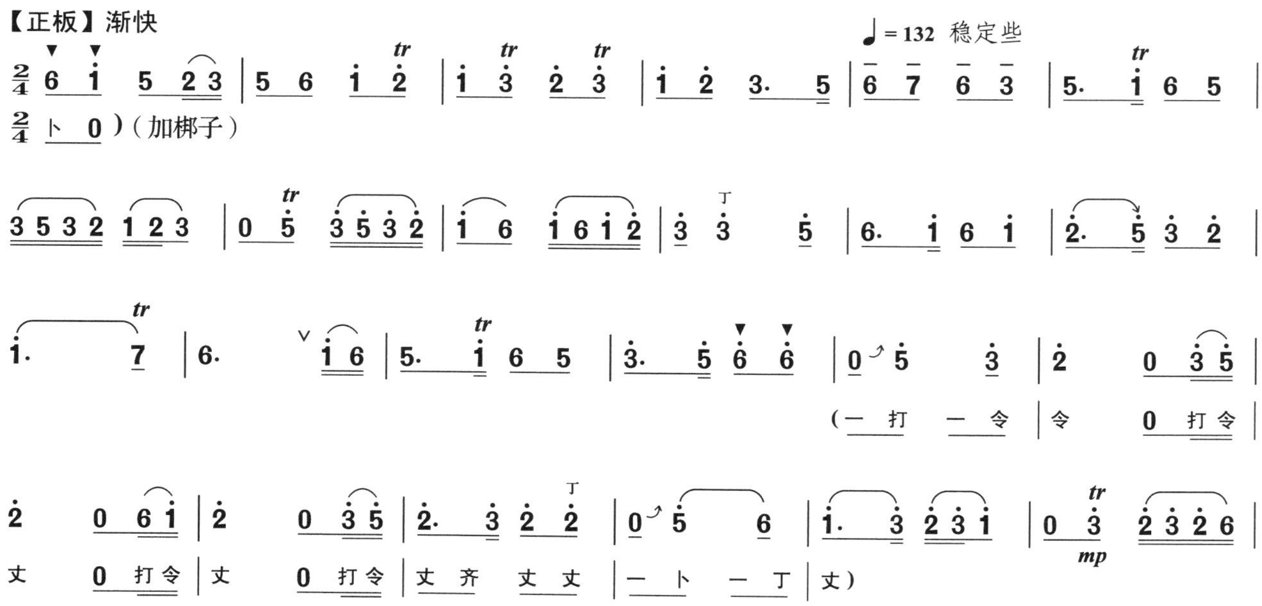

②气指配合主题旋律线及七度音型（第57—58小节），与模拟人声的长线条的声腔化的演奏及点线结合运用（见谱例3）。

谱例3

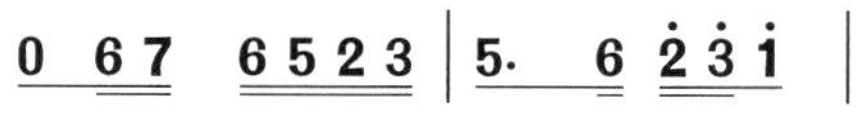

3.【走马段】技巧运用

①第74—89小节在走马锣的伴奏下，运用“花舌”口内技巧与循环换气技巧，旋律在中低音区与七度音程结合，产生出一种特殊的音响效果，仿佛让人感受到演员们在舞台上往返穿行的热烈场景。花舌技巧口内舌的“嘟噜”根据音域的高低要及时调整舌的位置。②该段的中低音区气息要饱满、音色要浑厚。需特别强调附点音符与每小节重音的准确性及七度音程的演奏要求。③该乐段起伏跌宕，将循环换气技巧与花舌技巧相结合，演奏中使用循环换气技巧时，花舌技巧应暂停使用，但旋律线需保持连贯、一气呵成。④第101小节开始进入长线条，吹腔手法以紧伴慢吹的方式奏出戏曲韵味，要具有器乐演奏歌唱化的特点。

4.【流水板】从第151小节开始的散板段，激情的旋律进入乐队过门（第159—172小节）后，独奏哭腔旋律分上下共四大句，在伴奏音乐的烘托下，自由而悲壮的拟人声富有激情的哭腔与上下对句的唱腔互相应和、一气呵成。在演奏技巧上注意以下几点：①第一上句起音下手的三度叠音与 **2**—**5** 的四度滑音及“**5̇**”的气震音的结合激情澎湃而富有魅力，下句三度圆滑音与气息相配合。②第二句的上下句圆滑音与装饰性技巧赠音、指震音与气震音相配合。③第三句是哭腔段落的高潮句，上句从第245小节起，高音超吹的“**7**”与筒音“**6̣**”的气震音或指震音的灵活运用将乐句推向高潮，要求气息控制的力度与乐曲情感的表现统一。

5.【紧皮与散板段】（第314—320小节）的散板部分第314小节整句旋律再现了【导板】的主题旋律，悲壮激愤之情与【导板】相呼应。第315—318小节五拍子反复两遍及第319—322小节四拍子反复三遍的演奏，是富有浙派风格韵味的华彩乐句，运用连续反复的旋律由慢到快，在演奏技法上气与指密切配合，突显手指的弹性、灵活与乐句的华丽，将全曲推向高潮。结尾第333小节起乐曲速度放慢，最后在连续五拍半的“**5̇**”上结束全曲。

三、《鹧鸪飞》赵版演奏技法与技巧运用分析

《鹧鸪飞》原为湖南民间乐曲，乐谱最早见于1926年严箇凡编写的《中国雅乐集》，之后以丝竹乐合奏、箫独奏等多种形式在江南一带流传。南派宗师陆春龄、赵松庭在20世纪50年代把《鹧鸪飞》分别改编成各自版本的笛子独奏曲，至今已成为全国各大音乐院校竹笛专业学生的必修曲目，并成为江南笛乐风格的代表曲目之一。该曲也用于箫独奏或丝竹乐合奏，后经两位宗师在演奏技法上吸收传统昆曲与江南丝竹的风格性技巧，创新运用曲笛传统演奏技法，以颤、叠、赠、打及气息控制箫音吹法、循环换气等气指结合的演奏技巧，使乐曲更加清丽动人，富有情景交融之感。陆春龄先生的版本通过对鹧鸪飞翔的形象描绘，表现了人们向往自由、追求光明的崇高愿望，在演奏上突显“流光溢彩、儒雅风流”之典范。赵松庭先生笛子与乐队版本（钱兆熹编配、詹永明首演并订谱）以唐代诗人李白《越中贤古》“越王勾践破吴归，义士还家尽锦衣。宫女如花满春殿，至今唯有鹧鸪飞”的诗意而改编。乐曲描写出唐代诗人李白亲临越王台，看见越王宫遗址上鹧鸪鸟飞向天际而触景生情的场景。由此联想到春秋时代，吴越两国争霸江南，双方势不两立。公元前494年，越王勾践被吴王夫差打败，勾践退到会稽。经过20年卧薪尝胆，终于在公元前473年出兵讨吴，一战成功。诗人用前面三句描写了越王勾践胜利归家的盛况，到第四句骤然一转："至今唯有鹧鸪飞。"暗示着大唐即将衰亡的伤感之情。由此诗意欲意倾诉：前面那一片热闹的繁华景象，如今已只是在想象之中，全已成了"古"。全曲分引子、慢板、快板、尾声四个部分。慢板部分是原民间乐曲的放慢加花，演奏家充分发挥曲笛浑厚抒情的特长，通过气息的控制、变化，运用音色、音量的收放变化，配合颤音、叠音、赠音、打音等技法，使音乐悠扬委婉，明澈、圆润。快板部分是前奏的变奏，三遍循环换气一气呵成，音乐线条活泼流畅。竹笛独奏与乐队复调的旋律，表现出作者内心的起伏，思绪万千犹如鹧鸪展翅翱翔，忽远忽近、忽高忽低。全曲有着"深沉含蓄，忧而不伤"深邃之意境。

赵版《鹧鸪飞》选用♭B大笛，筒音作**2**（正宫调）。

1.引子段，自由地。第1—3小节由五声音阶中re、do、mi、sol四个骨干音组成，三小节四个音符延长记号自由节拍的运用，着重表现出"飞"的音乐形象。演奏上灵活运用了长颤音，实指、虚指二度和三度颤音、指震音等技法结合运用，气息控制强弱音的变化，通过音符的八度特殊处理，向人们勾勒出一幅淡雅的鹧鸪飞翔图。随着那轻盈、飘忽的音符的起落，听众仿佛看到了一只只鹧鸪在眼前时远时近、时高时低地翱翔。乐曲简单中蕴含着神奇，生动表现出鹧鸪飞舞的形象。

2.慢板段，第一乐段第4—12小节。开始节奏由极慢速（打分拍）较自由地进入到稳定的上板，演奏上将传统昆曲与江南丝竹以气韵贯穿乐思、指韵连绵不断的特点表现出哀怨缠绵之情。气息上平直音、震音和控制的强弱音与指法上"颤、叠、赠、打"技法灵活运用，特别在大笛最佳音域的re、do、la、sol发音中做到音色松弛、明亮、通透，注重气流急缓与风门大小的变化。要学会上气通道畅通与口腔变化的科学发声方法。第二乐段第13—28小节，要掌握好气息控制技巧的"箫声吹法"，要求笛音如箫声般细如一线，控制好弱奏*ppp*，要弱而不低，吹奏中注意气流与风门角度的变化，演奏出空灵缥缈，梦境般的深邃意境与怀古之情（见谱例1）。

第二乐段第29—39小节，乐曲情绪达到最高潮。演奏时节奏自由，气息力度达到*ff*，与手指上下把位密切配合，采用多指颤音与旋律线大滑音的复合音响之效，奏出感人至深的情韵（见谱例2）。

第31小节回原速，弱奏平静思索，要求长线条的旋律气息控制平稳，手指的叠、打技巧小心慎用，奏出典雅而幽静的气氛，气断意不断以情动之声表达乐意。段落中第37—38小节平淡的音符，不平淡的处理，"文曲武吹"，让人感觉如同一座待喷发的火山，表面上是平静的，实则内部岩浆涌动。激动的情绪把乐曲推向"义士还家"的情景之中，同时转入快板段。

谱例1

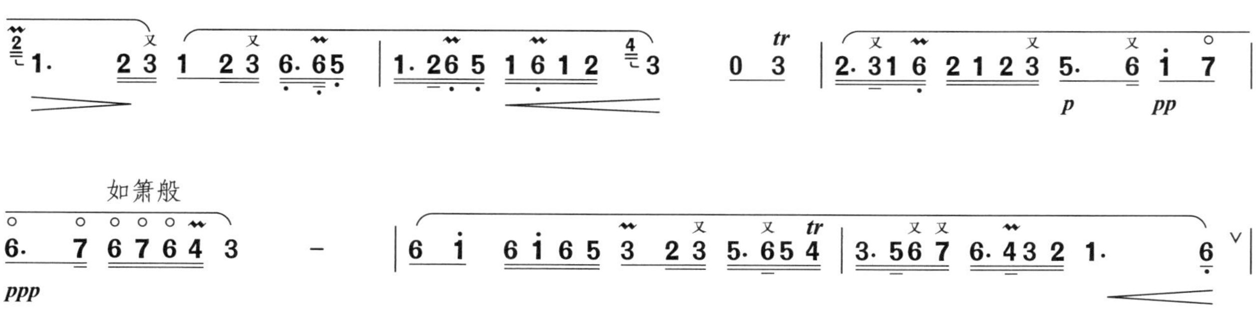

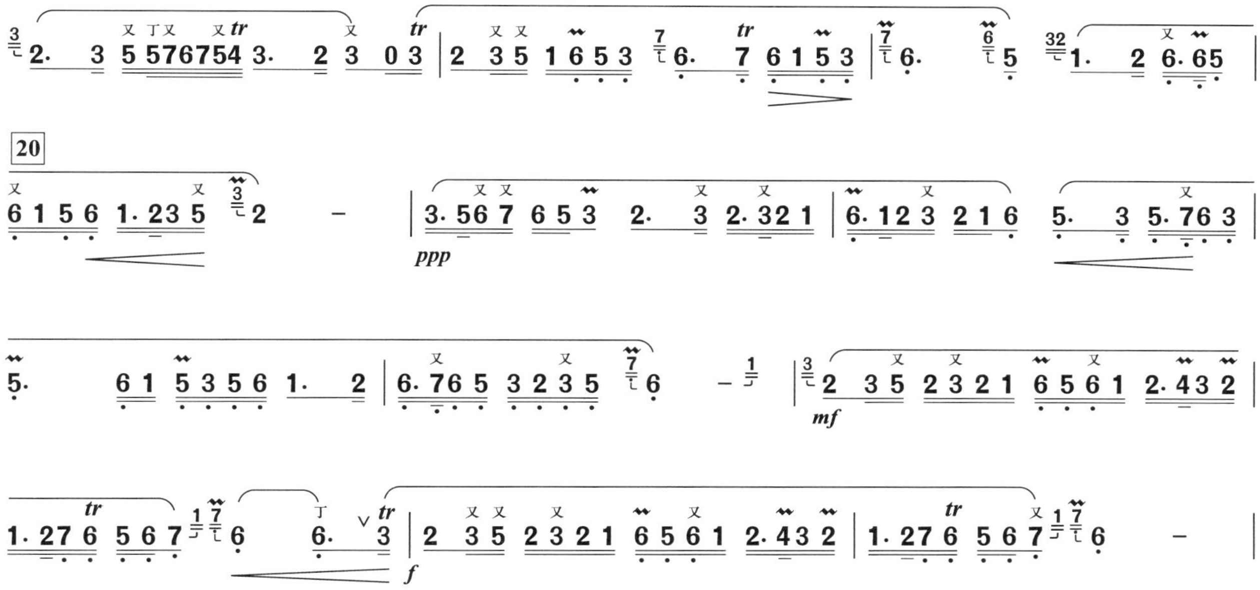

谱例2

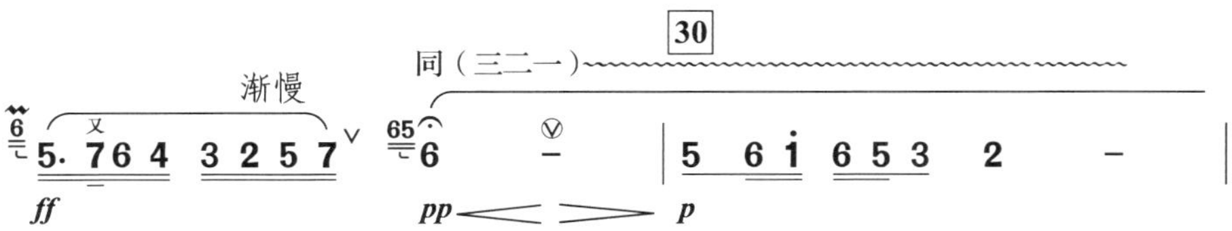

3.快板部分是前奏的变奏，三遍循环换气一气呵成，音乐线条活泼流畅，竹笛独奏与乐队复调旋律表现出作者激动的心情，思绪万千犹如鹧鸪展翅翱翔，忽远忽近、忽高忽低。第39小节由慢起转快反复三遍，气指结合与循环换气技术运用一气呵成，训练时必须放慢旋律音符，清楚气指结合的要点，旋律线的起伏要与气流、风门大小变化相结合，待熟练后逐渐加快。

4.尾声是引子的呼唤。运用了和引子相同的处理技法，与引子首尾呼应，仿佛那鹧鸪扶摇而去，渐渐消失在人们的视野里，表现出诗人"至今唯有鹧鸪飞"的意境。演奏上气息控制要求与复指颤音、飞指技巧和气变音颤音的弱奏技巧综合运用，需要仔细地练习，其要求同上所述。

四、笛曲《采茶忙》演奏技法及技巧运用

"吴声清婉，若长江广流，绵延徐逝，有国士之风。"唐代琴家赵耶利在论述古琴流派风格时对吴地琴风曾作此经典概括。无独有偶，明代戏曲作家、曲论家王骥德亦云："乐之筐格在曲，而色泽在唱。古四方之音不同，而为声亦异。"可见，无论于琴或于曲，早在唐代，就有"吴声清婉"的说法。秀丽动人的江南风光，赋予吴越民歌细腻柔美、婉约轻扬的风格。

笛子独奏曲《采茶忙》是赵松庭先生根据杭州建德民歌《顺采茶　倒采茶》为素材，于1964年创作而成的。

乐曲在演奏上创新运用排笛（D调曲笛筒音作 2 与G调梆笛筒音作 5̣）在首届"上海之春"音乐节上首演。这是一首带有引子的A、B、A三段曲式的笛子独奏曲。在演奏风格上将南派典雅秀美之韵与北派粗犷豪放之情相融合，立足南派笛子演奏技法取北派之长，富有浓郁的乡土气息，歌唱性极强。

1. 第一段引子部分，曲笛正宫调（筒音作2），乐谱第1—4小节。

谱例1

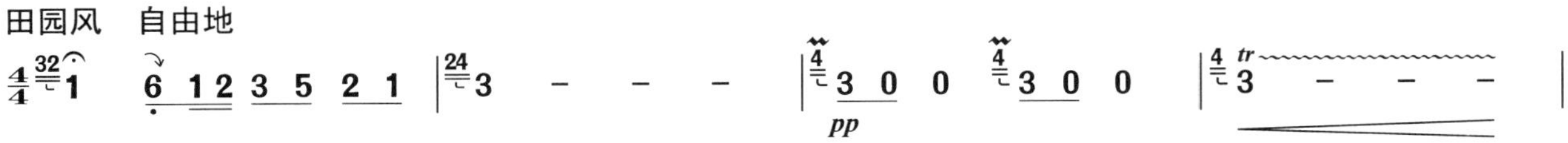

在演奏上首先要掌握好右手下把位气指配合的三度叠音技巧，以及圆滑音的运用。

谱例2

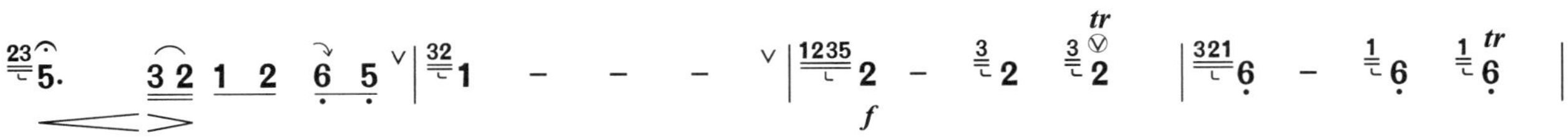

谱例3

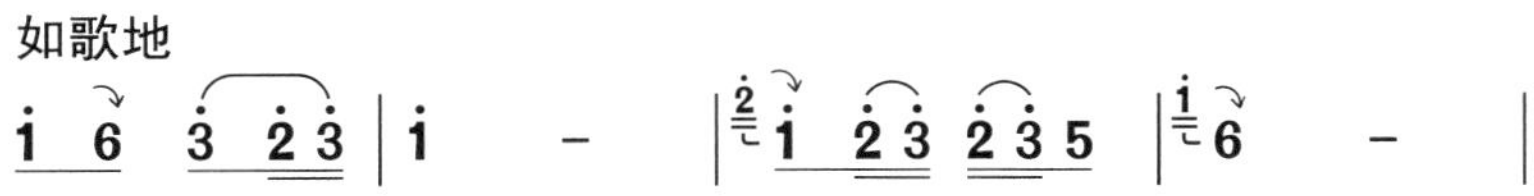

主音F宫的出现清新柔美，灵活运用的颤音技巧与气息的强弱对比，在优美的旋律中把人们带到了峰峦隽秀、轻雾缭绕的西湖龙井茶乡的美丽景色之中。

2. 第二段（A段）四小节主题曲笛演奏采用吐音与连线相结合的方式。

谱例4

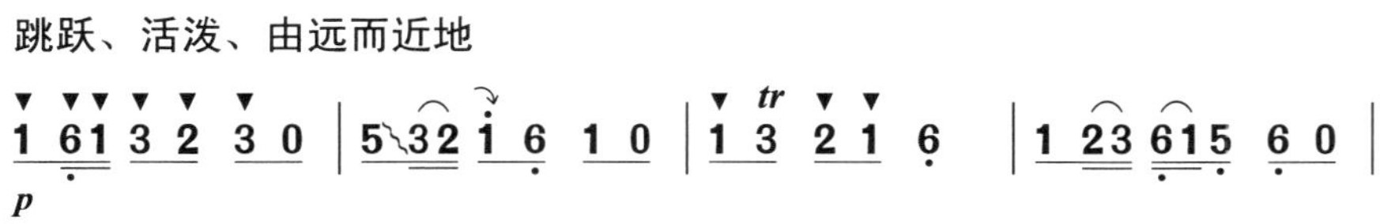

生动、朴实的旋律描绘了采茶姑娘从远而近、喜采春茶的情景。在演奏上气、指、舌技巧的配合要非常密切，“点线结合”气息连贯，特别是单吐和双吐的灵活运用与富有弹性的垛音共同表现出活泼轻松的情趣。

谱例5

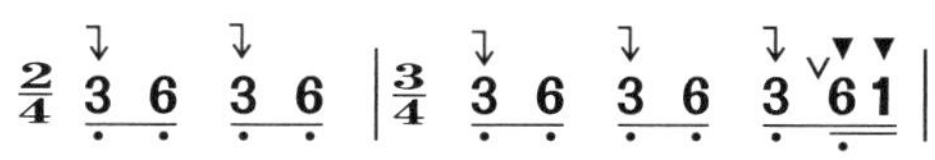

3. 第三段（B段）主题是A段主题变奏，采用梆笛与曲笛交替演奏。按理说，南方笛曲因考虑风格上的协调而不宜太多滑音，但本段曲笛、梆笛在轮流演奏时，为了使大小笛子的“对答”更富表现力，赵先生大胆运用了气指结合的圆滑音，加上排笛的演奏，使得乐曲形象生动活泼，形式别致而又协调。例如，b^1乐段梆笛演奏运用传统三度滑音技巧气指结合，滑音圆润音色明亮，旋律舒展而富有歌唱性。

谱例6

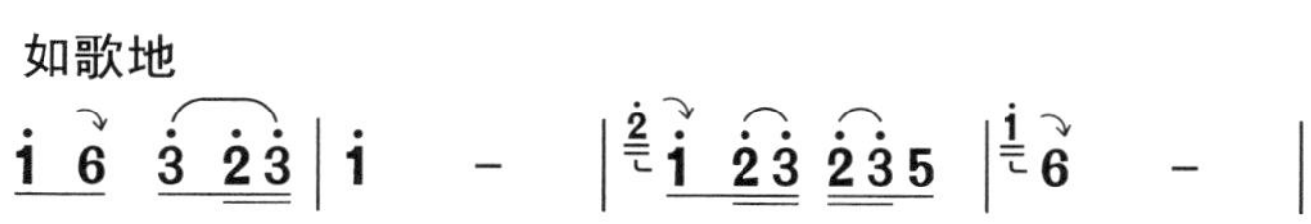

b^2乐段曲笛演奏气息舒缓柔美，三度滑音与低音区音色的对比表现出两段梆笛与曲笛演奏的不同情趣。体现了姑娘们采茶、对歌的生动场面。她们边采茶边唱道：“西湖三月好风光，绿茶浓浓飘四方。采茶姑娘上龙井，你追我赶喜洋洋。”抒发了采茶姑娘对新生活的由衷赞美和对美好未来的热烈憧憬。b^3乐段为华彩段，梆笛气震音的灵活运用，要求气息通透，音色高亢明亮，情绪激昂，表现出绿色茶山春意盎然的美丽景色。

谱例7

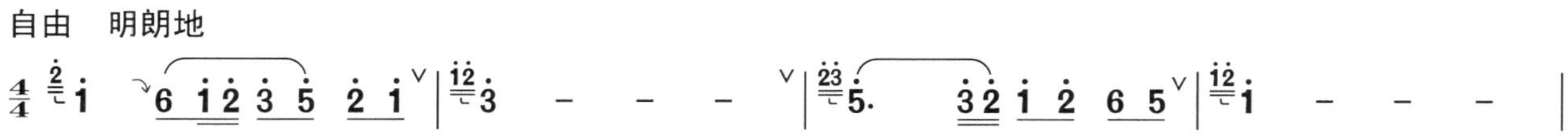

随后，梆笛的快板吐音演奏热情奔放，连续的快速双吐及历音技巧演奏将乐曲推向高潮。乐曲洋溢着采茶姑娘的喜悦与欢快之情。

谱例8

4.第四段是A段的简单再现，用曲笛正宫调（筒音作**2**）演奏。

谱例9

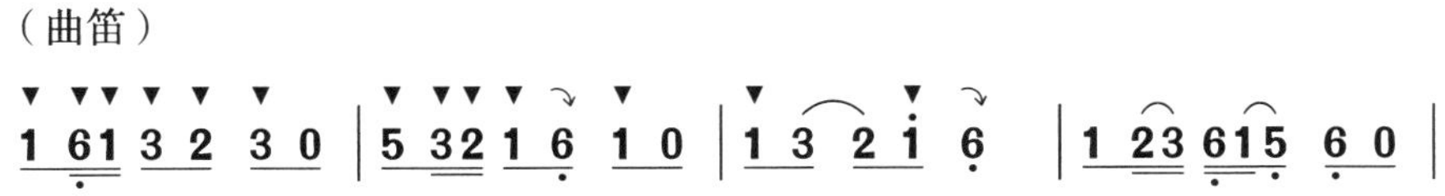

曲笛奏出主题音乐吐音与连音的结合，轻快活泼，音量由强转弱，笛子长线的复调乐句，气息控制弱而不虚的音色，仿佛奏出了姑娘们背着茶篓逐渐远去的身影。

谱例10

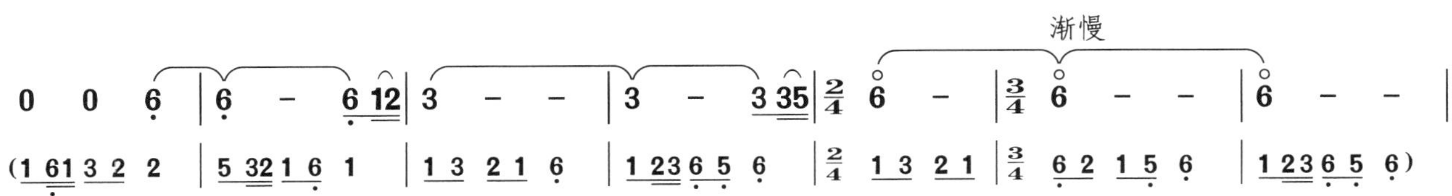

笛曲《采茶忙》是赵松庭先生源于生活的精品之作，既吸取了当地民歌曲调的神韵，又透出了独特的个性，具有活泼而新奇的意境之美。无论在艺术风格和演奏技巧上都有新的突破。验证了赵松庭先生指出的“在笛曲创作中，只要有助于乐曲内容而表现的技巧越多越好，技巧不应该分南北东西，不应该和风格混同起来，但要切合实际表达出音乐的内涵……”。

五、《婺江风光》演奏技法与技巧运用分析

《婺江风光》作为一首排笛作品，其演奏技巧如同赵松庭众多独奏笛曲一样，融合了南北笛派的主要技巧，以及移植自唢呐并成为浙派笛艺独特技术的循环换气等技法，现对其进行详细的分析。

（一）引子

作品的引子部分是一段介乎于$\frac{4}{4}$拍和散板之间的音乐，这是因为谱面上虽然标记为$\frac{4}{4}$拍，但在实际演奏时，演奏者要在节奏上作出一定的自由处理，使整段音乐产生强烈的全景式画面感，好似表现婺江的滔滔江水奔流不息，以及曲作者看到美好婺江风光后产生的那种心旷神怡、高远辽阔的内心活动。因此，这一段主要是一种意境的表达。为了准确地表达这种借物抒情的意境和悠远辽阔的心绪，在音色上显然选择曲笛更加合适（见谱例1）。

谱例1

从音乐结构上看，引子是一个上下句结构，徵调式。前四小节是引子第一句的第一乐节，第5—11小节是第二乐节，开始的音乐素材是第一乐节下方四度的模仿，并在♭B音上做了一点变化，使旋律得到扩展，最后至第11小节时，第一乐句落在C上，同时又作为下一句的起音继续使音乐毫不停顿地进入第二乐句。第二句落音为F，与第一句的C形成下方纯五度的关系，类似于西方音乐结构中乐句半终止和全终止的主属关系，说明中西方音乐虽然文化背景不同，但是人们对于音乐进行中由不稳定解决到稳定的心理期待是相通的。

就演奏而言，该段的核心技巧体现在通过气息的控制和变化来处理引子中丰富的力度变化，对演奏者的基本功要求较高。从谱面上看，明确标记的力度符号有“***mf***、***f***、***p***、***pp***、<、>”等共18处，口风、口劲、门风等各个环节都要相互配合，弱音不能虚，强音不能破，渐变要自然，不能突兀，核心音的音高要保持好。在控制好气息和强弱的基础上，还要结合好打音、颤音、循环换气等典型的南派笛子技巧。例如开头的两小节，仅从谱子上看，就是两个带短倚音的C，但是如果仅用一般吹长音的技术去演奏，必然会使音乐显得有些不够生动，因此实际演奏过程中应加入“虚指颤音”的技巧，并作一定幅度的渐强处理，从而营造出江水由远及近缓缓流淌而来的气氛，并自然地与第3小节的实颤音衔接，形成速度上由舒缓渐渐到紧凑的过程。第3小节是颤和打的结合运用，其中谱面的三连音部分是用南派笛子的“打”技巧来处理，与北派的“吐”技巧迥然不同，第4小节的“ **2** ”结束时以赠音收尾，而这个赠音的音调又是下一乐节开始的动机。前四小节事实上主要的核心音就是C，但是通过运用“震”“打”“颤”“叠”等技巧使这个单音乐句产生了丰富的变化，因此，仅从这一句上就充分体现出中国音乐在创作上，虽然主要是单声思维，不同于西方的立体思维，但是当单声思维在形式上的多样化达到极致时，反而更加有助于以音乐的方式把曲作者本人接收到现实世界的信息转化为心理活动，而不是单纯用音乐来模仿现实。

第二乐句在使用第一乐句全部技巧的基础上，又加入循环换气的技巧，具体出现在第11—12小节和第16小节，在气息的控制和运用上提出了比第一句更高的要求，不仅要掌握好呼吸的运用，还要注意通过气息的控制做好力度变化的处理，在乐音变化的过程中要做到严丝合缝的衔接，毫无呼吸换气的痕迹。

（二）慢板

慢板部分的音乐，总体上是叙述性和抒情性兼有的一个乐段（见谱例2），叙述性主要体现在节奏和乐句结构非常规整，内容上就如该段标题“江山如画”，具有很强的描绘性。抒情性则表现为该段的内容依旧是曲作者内心活动的展示。“江山如画”不仅仅是对山水的描绘，更多的还是表现赵松庭本人对家乡美景的眷恋和热爱之情及背后那淡淡的“悲情”。借用贝多芬解析其《第六“田园”交响曲》的话“绘情多于绘景”。

谱例2

从音乐结构上看，这一段采用的是“起承转合”四句体结构。前两句是方整性结构，均为8小节，第一句落音为C，旋律偏商羽调色彩，轻柔婉转、回肠荡气，对家乡的眷恋和思念之情跃然而出；第二句换小梆笛演奏，落音为F，与第一句落音形成类似主属的关系。后两句长度均为9小节，自身形成方整性结构，但与前两句同时形成非方整性结构。第三句中多次出现的A显然不能单纯解释为偏音，是调性转到了上方五度的属关系调的宫调式，音符时值更为密集，与前后乐句的风格对比强烈，转调后的动机在小梆笛上重复两次后以曲笛进行呼应，形成音色和力度的对比，然后又通过F作为中介音转回原调，为第四句的“合”作好铺垫。第四句的落音处理则意味深长，长音为C，但是通过上滑音到F，似乎是停在属音，却又通过滑音解决到主音，使乐段结束的同时又具有开放性和收拢性的特点。

技巧上，明确标注的技术仅为第三句中的花舌，用于慢板中以小梆笛吹奏的部分。按蒋国基在《赵松庭笛曲赏析》中的分析，这段小梆笛演奏的旋律“犹如从远处飘来的阵阵山歌，显得格外清新、悠扬”。笔者认为，这种“清新、悠扬”的感觉，正是因为小梆笛所代表之“北派”笛子高亢嘹亮的特点所造成的，加上“花舌”的技巧，为“清新、悠扬”的山歌元素增添了一份热闹和欢腾的气氛。除却这段谱子上明确标示的技术外，其他看似没有任何技术的部分在实际的演奏中，为了增强音乐的表现力，突出作品的情感表达，演奏者需要根据自己的经验和理解，对旋律进行一些装饰性的处理。笔者根据自己的演奏经验总结如下：

1.叠音的运用。如第1小节的首音G，第2小节强拍的C，第4小节的强拍D等；

2.长时值音符上气震音的运用。如该段第24小节的♭B、第26小节的G、第27小节的C，以及最后两小节的两个长音C。

3.吐、滑运用，用于小梆笛吹奏的部分。如第9小节中强位置上的C和F可用“吐”，第13小节第二拍的中的F到D可用滑。

当然，这些技巧本身对于具有扎实功底的演奏者来说是比较简单的，其目的主要是对旋律进行装饰，也是中国音乐的“带腔性”所要求的，但是如何装饰？装饰多少？却很考验演奏者的艺术修养。装饰过多，画蛇添足、矫揉造作；装饰不够，又缺少韵味。因此，必须控制在一个良好的“度”上，当然，首先是不能破坏原曲的风格。

总体而言，音乐评论家李凌在1964年所言之“吹情”恰恰是体现在慢板的这段叙事兼抒情的主题旋律上。在实际演奏中，需要演奏者对作品内涵、创作背景等方面进行深入挖掘和研究后，综合运用赵松庭所总结的南派笛子之“颤、叠、震、打”等技巧，将赵松庭对家乡的眷恋、思念及他当时所处的环境、心境的悲凉凄苦之情表现出来。这些乐谱中不能通过记谱来表现的“话外之音”，非常考验演奏者的整体艺术修养，因此，慢板事实上是“平凡中见功力”的部分。

（三）快板

快板部分的小标题为“欢乐的婺江”，其音乐性格和形象，以欢快、活跃为主，情感表达重在喜悦、兴奋。从创作手法的角度来说，这段音乐虽不似《二凡》《三五七》一样由婺剧曲牌改编而成，但是从乐音的风格、乐段的组织手法上看，还是能够捕捉到婺剧音乐的影子。例如，快板第9—40小节的转调乐段（下属方向），与《二凡》的部分音调似乎存在联系；第41—98小节的紧吹慢伴部分，更是典型的中国传统戏曲音乐的创作手法；整个快板部分，拍子呈现二四——四—三四—二四—三四的格局，也与婺剧乱弹板式变化的戏剧性特征联系密切。

演奏技巧上，前八小节乐句其喜悦、欢腾的情绪应鲜明地体现出来，在曲笛本身以“柔美”见长的情况下，要吹出清晰、透明的音色。因此，在气息上要把握“气归丹田”的总则，才能使曲笛表现出类似梆笛那种高亢嘹亮、富有弹性和力量的声音（见谱例3）。

谱例3

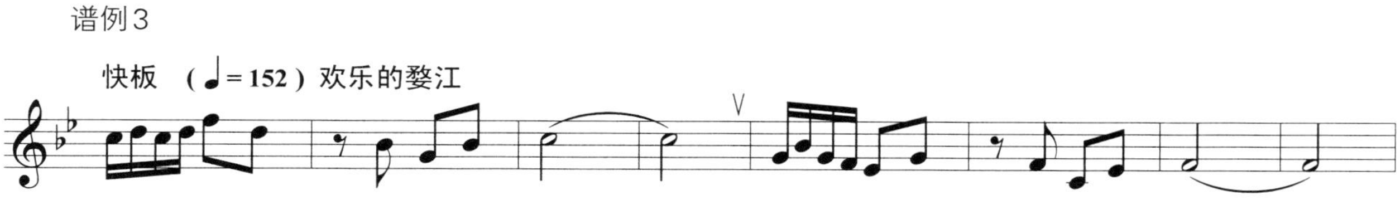

第9—40小节的转调部分速度快，大跳音程较多，旋律多在中音区，而此时的乐队伴奏锣鼓又

比较多，所以把控气息的“快而不乱”是吹好这部分的基本要求（见谱例4）。

谱例4

紧伴慢吹的部分，以长音吹奏为主，因此类似于引子，要注意强弱的变化，辅以丰富的装饰音，来表现这段歌唱性的乐段。如乐段开始的两小节，应先以柔和清晰的音色进入，到第3小节长音D时缓慢地由弱到强；第4、5两小节过渡后，到第6小节开始的持续长音C在之前的力度基础上加强，然后再渐弱，为后面的旋律进行铺垫。除了长音上作强弱变化，一些短时值的音，则要进行谱面上没有记录的装饰加花。比如第14小节的C和G，应实际演奏为G、D、♭B、G（见谱例5），用叠音、滑音方式处理；再如第30小节的高音D，可处理成带有叠音的F（见谱例6）。

谱例5

谱例6

紧伴慢吹之后，音乐又回到热烈、喜悦的情绪中，故技术上仍然要求气息“快而不乱”，尤其是加入了个别历音及花舌技巧，发音要准确，音质要清晰透亮。

快板结束后，乐曲将引子再现，与开头形成首尾呼应。

纵观全曲，整体的音乐结构与中国传统古曲的衍展体结构较为吻合，赵晓生在《钢琴演奏之道》一书中谈到中国风格钢琴作品的音乐结构时说：“中国的曲子构成更体现为一种衍展体……是从无序到有序，再到无序（散—慢—快—最快—散）。”《婺江风光》便是典型的这种结构。因此，这首作品从结构到素材是传统的，但是排笛的运用及南北派笛子风格的融合是创新的。

（本文选自上海音乐学院出版社《赵松庭笛派艺术经典作品集》）

笛曲作品

西 湖 春 晓

1=F（C调曲笛　筒音作2）

詹永明曲

【引子】自由地

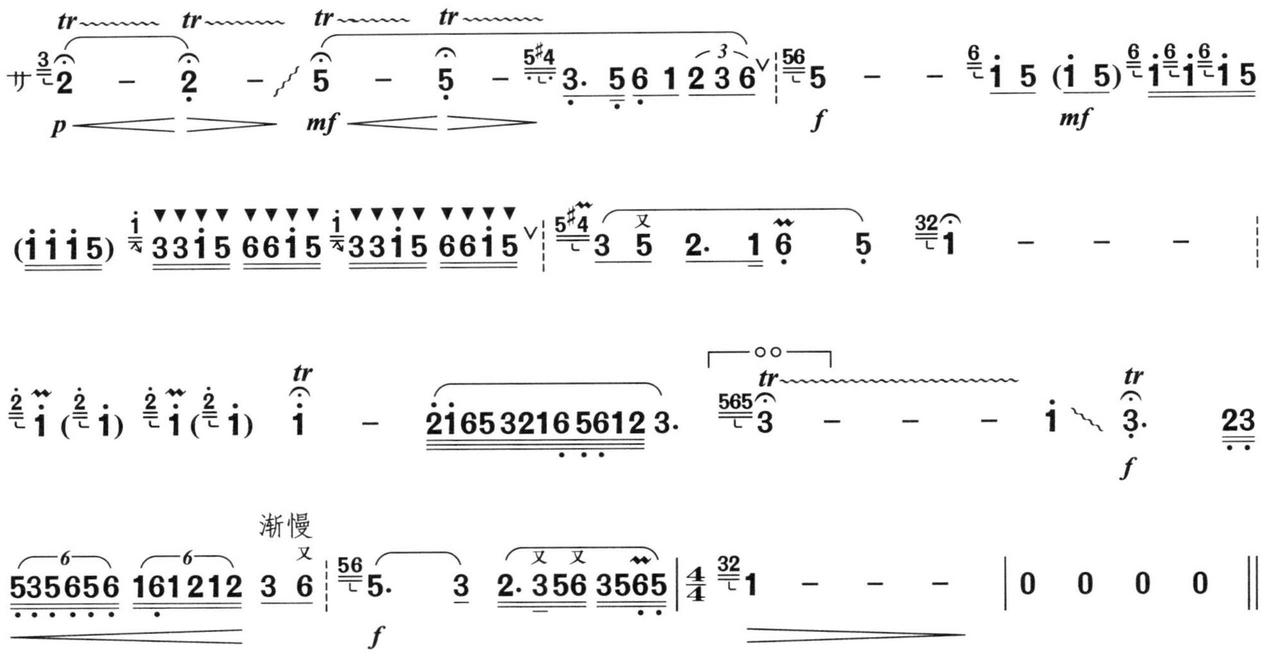

【一】慢板（♩=80）

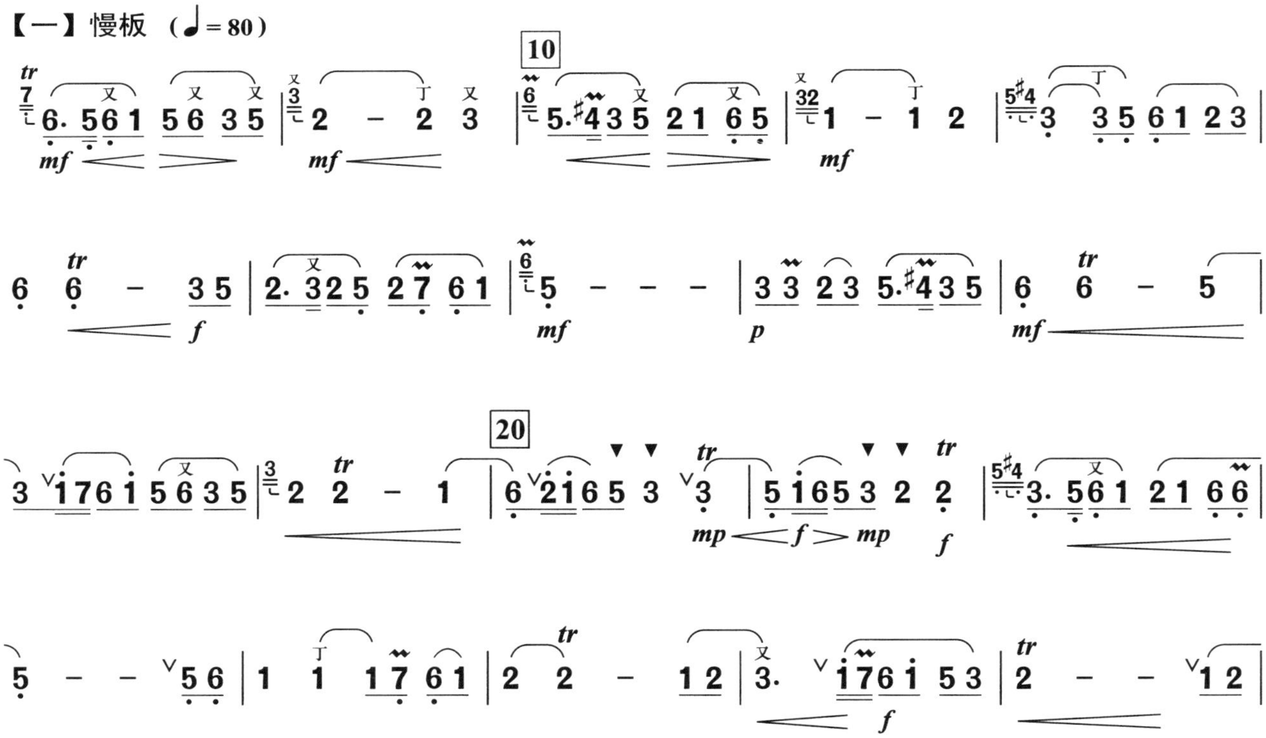

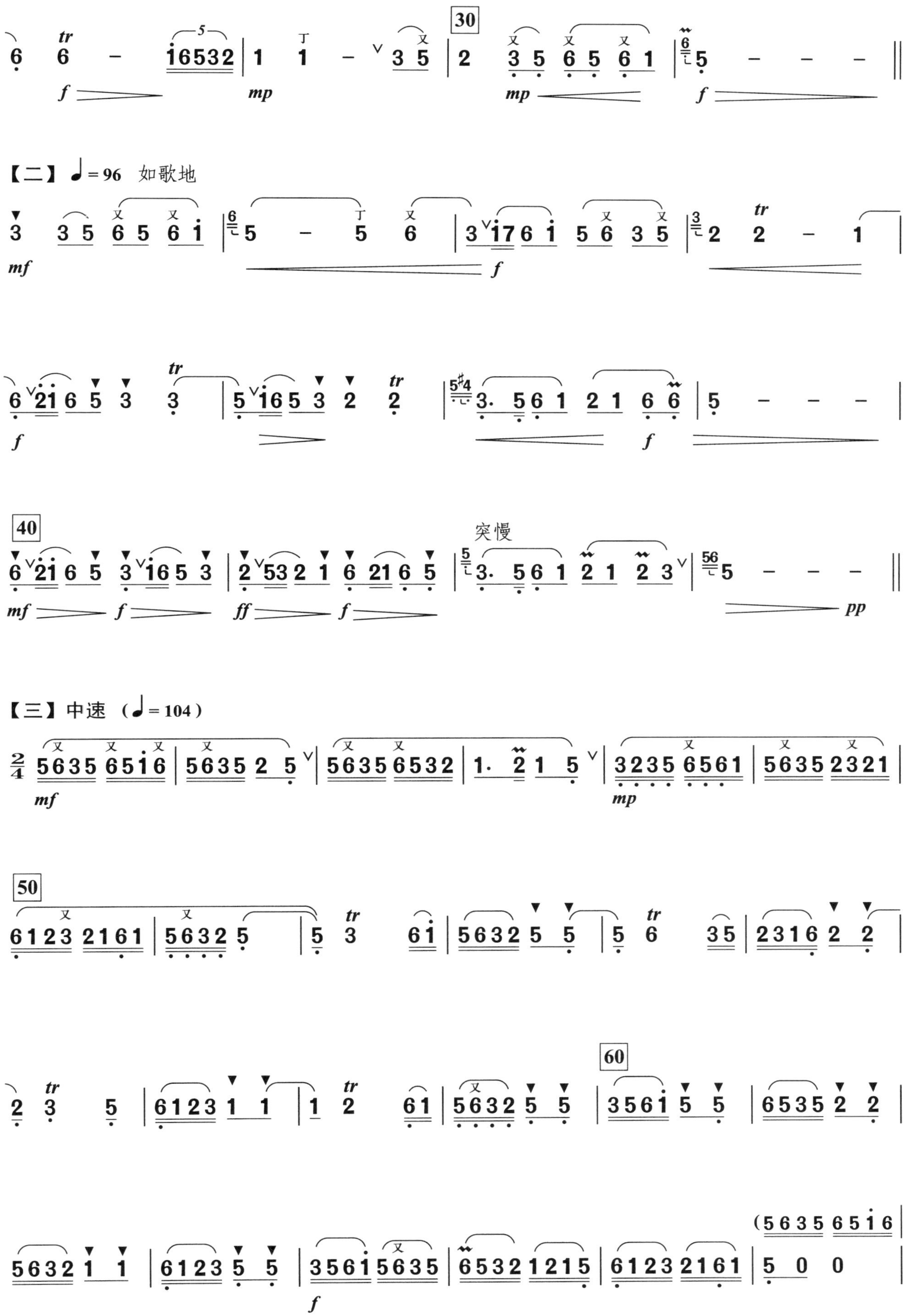
【二】♩=96 如歌地
突慢
【三】中速 （♩=104）

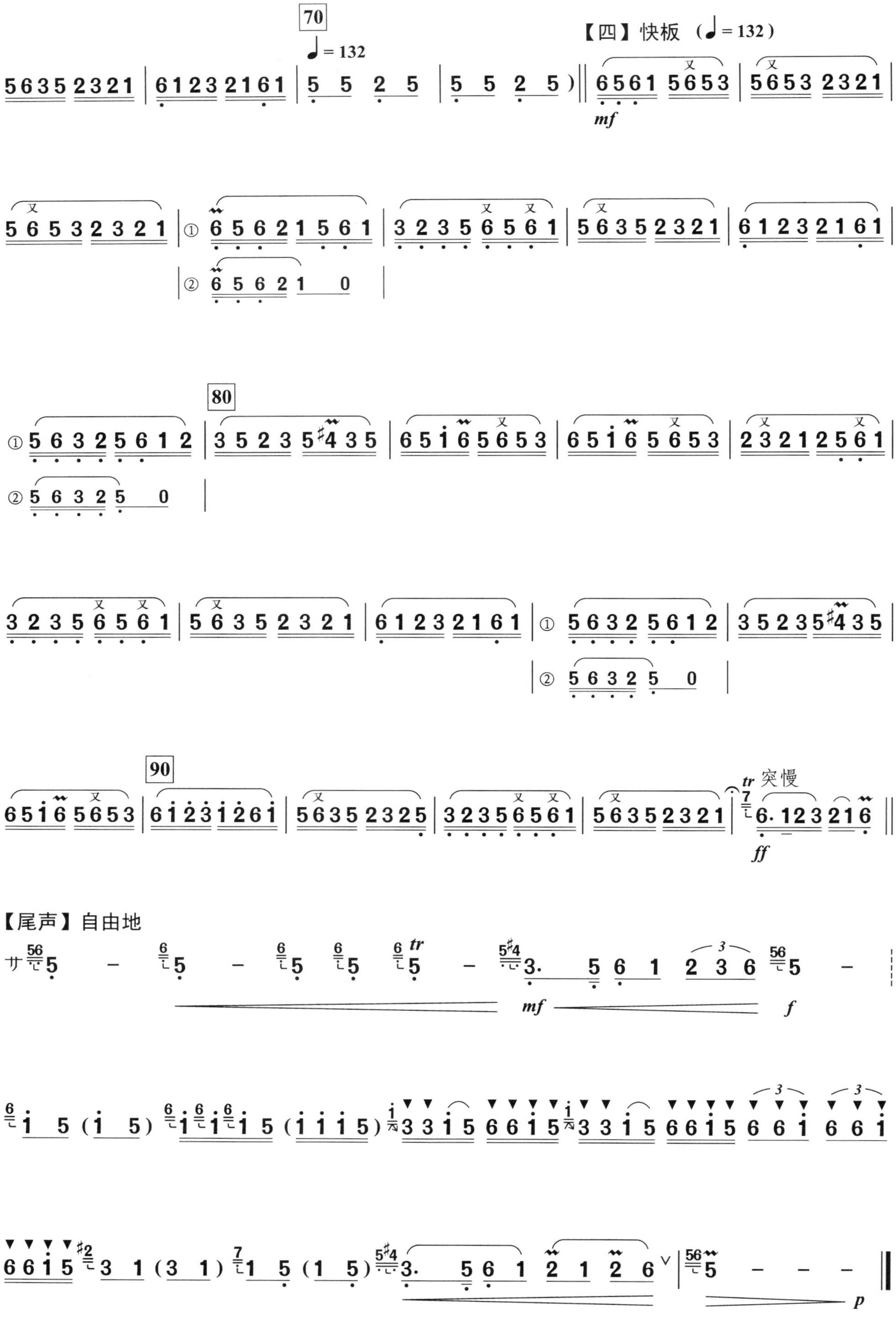
70
♩= 132
【四】快板 (♩= 132)
mf
80
90
突慢
ff
【尾声】自由地
mf
f
p

听　泉

1=C（G调大笛　筒音作2̣）

詹永明曲

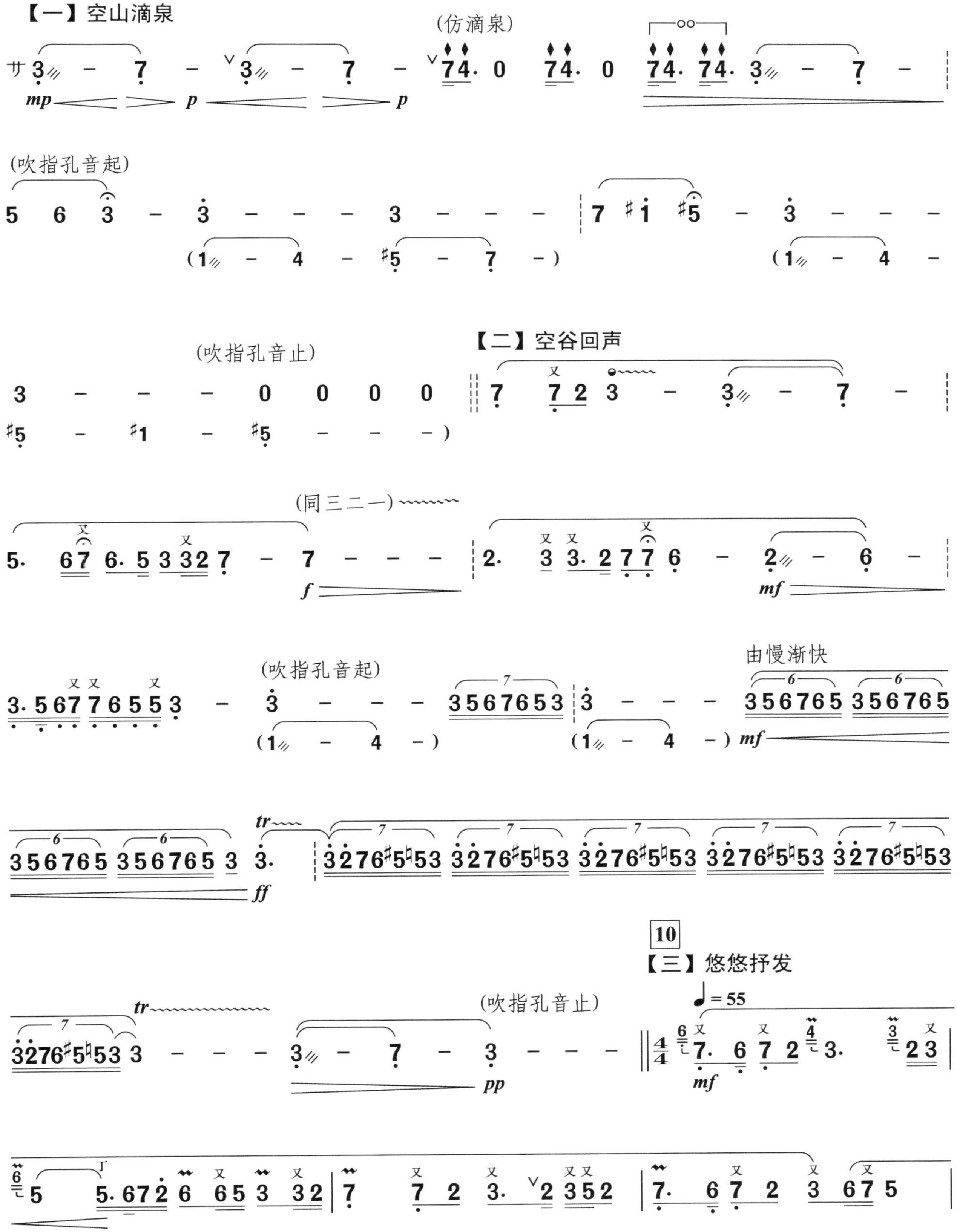

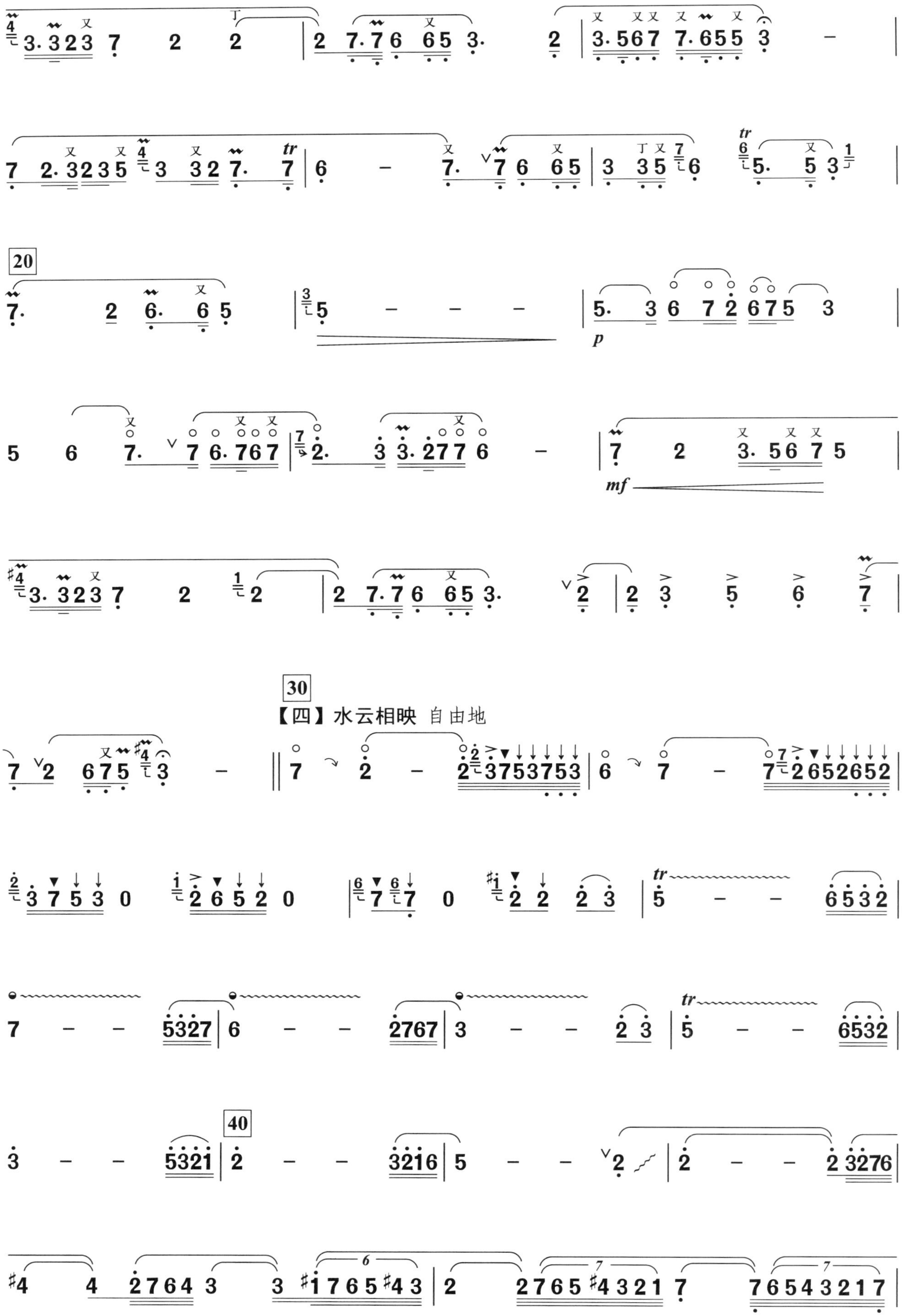
20
30
【四】水云相映 自由地
40

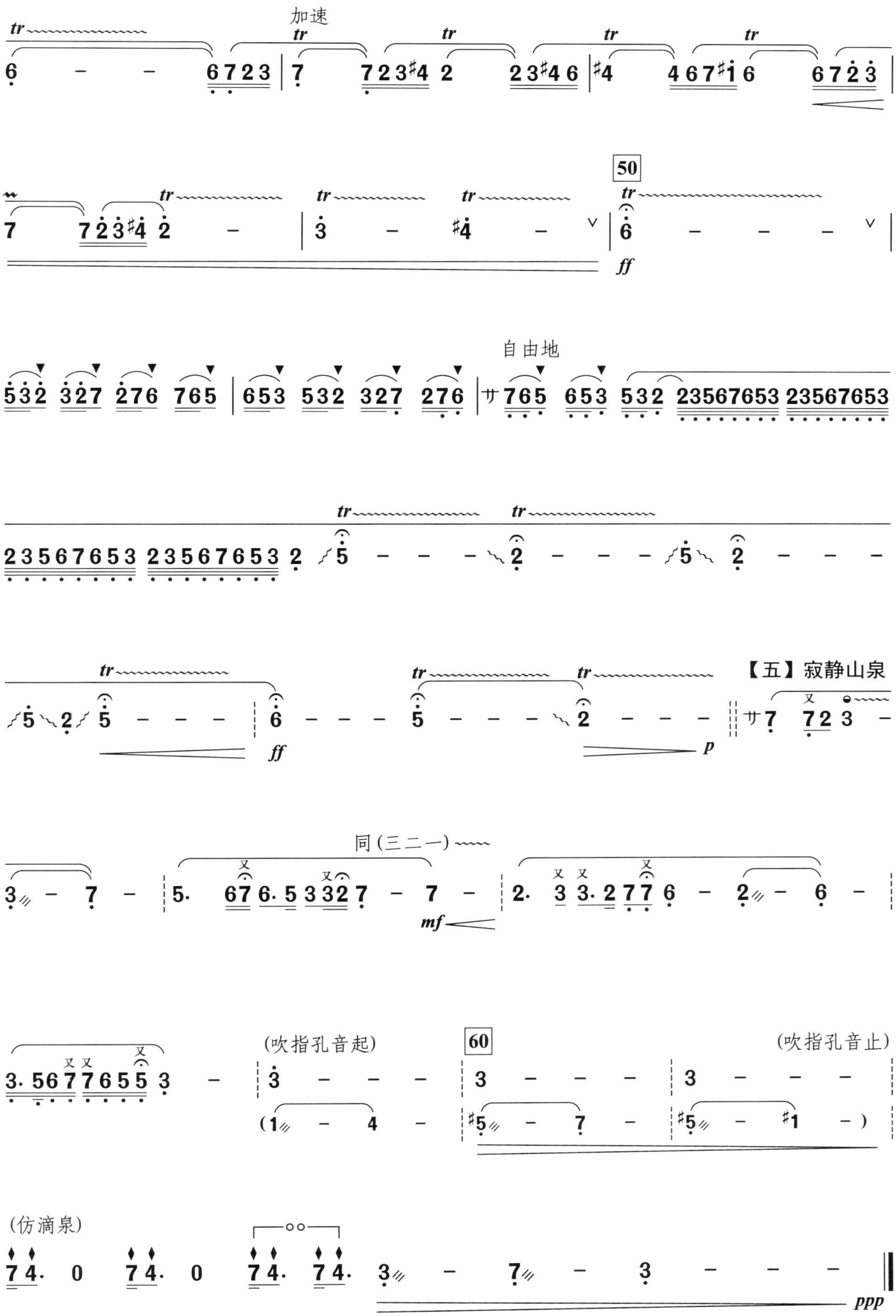
加速
自由地
【五】寂静山泉
同(三二一)
(吹指孔音起)
(吹指孔音止)
(仿滴泉)

（三）张维良

张维良，笛子演奏家、教育家。中国音乐学院教授、博士生导师，南京艺术学院特聘教授，法国世界笛协会会长。历任北京音乐家协会副主席、中国民族管弦乐学会竹笛专业委员会会长、文化部高级职称评委、中国音乐学院学术委员会委员副主任。

2011年荣获北京"教学名师"称号；2010年荣获教育部优秀"民族器乐教学团队"带头人称号；《花泣》2010年荣获文化部全国器乐作品创作比赛优秀奖；2003年创作的《竹梦》音乐获全国舞蹈大赛音乐创作一等奖；2002年古筝与电子音乐《沧浪秋吟》获中央电视台"新光奖"一等奖；2002年荣获北京市"德艺双馨"奖；2001年舞蹈《缘》获俄罗斯世界舞蹈比赛金奖（担任音乐创作）；2000年舞蹈《庭院深深》获中国电视舞蹈比赛一等奖（担任音乐创作）；《箫的世界》荣获"金唱片"奖；笛子独奏曲《南韵》获全国第六届器乐作品创作比赛三等奖；1987年参加海内外江南丝竹比赛获一等奖；1982年全国民族器乐比赛（笛子组）第一名；2008年担任29届奥运会开幕式音乐创作。

出版专著有《竹笛艺术研究》《竹笛教程——五声音阶训练》《竹笛教程——圆滑音训练》《笛子演奏》《箫演奏法》《箫曲集》《笛箫与筝曲谱20首》《二十世纪笛子名曲集》《笛子考级教材》。

发表论文有《中国笛乐文化发展的透视》《张维良谈中国音乐发展》《笛子呼吸理论及实践》《冯子存的笛子艺术及风格》《关于艺术院校改革的思考》等。

出版音像专辑有《箫的世界》《张维良的吹管艺术》《花泣》《殇》《别梦》《喜相逢》《问情》《天幻箫音》《问天》《醉笛》《茶雨》《红叶》《茶禅一味》《茶诗》《牧民新歌》《蝴蝶梦》《鹰之恋》《箫的叙说》《行云流水》《圆梦》《莽原》等三十余张，创作各类作品120余部。

论文

笛艺春秋

——写在赵松庭先生百年诞辰之际

张维良

在21世纪的今天，各种高新技术迅猛发展。在新兴媒体的助力之下，艺术的呈现手段千姿百态。时光匆匆五十载，我与恩师学艺习笛的经历依然历历在目。在那样艰苦的条件下，赵先生始终如一，认真且充满热情地给每位学生指导。赵先生不断强调规范竹笛技术训练的重要性，并指出，除习笛之外，还要有宽泛的知识面，广纳包括文、史、哲、数、理、化、律学和声学等方面的知识。当时的我并没有能彻底领悟老师的用意，后来在实践中方才逐步体会到其见解之高深。学习音乐必须对地域、风俗、人文等方面有一定的了解和体会。同时，赵先生一直重视培养学生的创新精神，鼓励我们自己创作笛子独奏曲。创新对笛箫音乐的发展是必须的且长期的任务，赵先生的教诲对我们之后的艺术成长起到了深远的影响。反观当下，学生对传统音乐的学习普遍缺乏热情，甚至老师也未受到扎实的传统音乐教育，这就导致传统与当今社会的疏离，中国的当代艺术尚在初步探索之中。在恩师赵松庭先生百年诞辰之际，与大家分享我与恩师相处的点滴，以此来缅怀和纪念。

一、拜师

赵松庭先生是中国笛坛的代表人物之一，浙派笛子艺术创始人，被誉为“江南笛王”。他提出横笛频率计算方法与理论，为竹笛制作提供了标准。他率先在竹笛上应用循环换气技法，极大地拓展了竹笛的表现力。他还发明了排笛、弯管笛等改良乐器，进一步拓宽了竹笛的音域。他创作改编了《早晨》《幽兰逢春》《三五七》《二凡》《采茶忙》《婺江风光》《西皮花板》《鹧鸪飞》等十余首笛子独奏曲，这些作品广泛流传，受到大家喜爱，成为中国音乐艺术宝库中的瑰宝。

童年时代，我在老家偶然见到笛子教材《赵松庭的笛子》，使我对赵先生产生了极深的仰慕之情，内心非常渴望能早日见到他。51年前一个炎热的夏天，那时候的我还是一个毛头小子，在弹词艺术家王柏荫先生的引荐下，我和赵先生相识了。在见到赵先生的一刹那，我惊呆了，为何赵先生在浙江歌舞团传达室工作呢？甚至还得兼任锅炉房的烧水任务？在我心目中，赵先生是一位神奇的笛子演奏家，他高超的技艺与博学深深打动了我。从那时起，我正式拜赵先生为师，向他学习笛子演奏技术。

那年，我在浙江杭州的枪杆巷172号赵先生家的阁楼上拜见了他。赵先生亲切、热情、耐心地接待我，还让我在他家住。因为他知道我要从苏州乘船十二个小时到杭州，觉得我很辛苦，十分体谅我。老师对学生的关怀是无微不至的，与赵先生的点滴交往我仍然记忆犹新。我在中国音乐学院从事教师行业至今已四十余年，目前已经完成国家课题《竹笛艺术研究》约四十万字的项目，我能有今天的成绩，与当年赵先生为我打下的基础是分不开的。我认为赵先生不仅是位国乐演奏家，还是继刘天华先生之后的国学家、国乐家、教育家、作曲家和演奏家，更是20世纪当之无愧的中国音乐发展的先驱。

赵松庭先生是集演奏、教学、创作、研究于一身的艺术家，在演奏方面尽他可能追求规范的方法，在教学中探寻科学的教育理念。他成就斐然，不仅创作出大量脍炙人口的笛子独奏曲，还为竹笛的制作与改良做出了重要贡献。在第一次接触赵先生之后，我就立志追寻着他的艺术足迹，为中国民族音乐的发展尽自己的一份力。

二、学艺

多年以来，在向赵先生学习笛子演奏的过程中，我们师徒间互相有了较深的了解与默契。赵先生对我在笛艺上的影响是最深的，在他的教导下，我的演奏技术、艺术修养都得到了进一步的提升。

赵先生为中国笛乐艺术的发展做出了巨大贡献，在演奏、教育、创作、研究等各方面都有着突出的成绩。“文革”期间他受到迫害，曾被关进“牛棚”，但热爱笛子艺术的他，从来没有放弃对笛乐教育的追求。他坚持编写了诸多规范、系统的竹笛教材，如《赵松庭的笛子》《笛艺春秋》《笛子演奏技巧十讲》《笛子演奏技巧广播讲座》等，为此他付出辛勤的汗水，总结出了科学的教学理念和方法。在竹笛制作方面，赵先生运用数学和律学方法进行数以万次的计算，得出了重要的理论数据。当时，计算每一个数据所消耗的纸张都得用箩筐来装，工作量之大令人无法想象。

20世纪70年代，我定期前往杭州向赵先生学习笛艺。上课时，赵先生给我布置大量的五声音阶、七声音阶、半音阶等练习曲进行训练，他会在手边放置一个校音器和节拍器，严格按照音准与节奏规范来训练我。在赵先生的系统训练和精心教导下，我的笛子演奏技术得到快速提升。这样的训练方法使我终生难忘并深受启发，如今在教学中，我仍部分沿用赵先生的一些教材，并搭配自己编写的其他各类教材。以此训练学生吹奏后，效果显著。赵先生在教授我笛子演奏技术的同时，也鼓励我在各种艺术门类上进行钻研。除了学习他创作的笛曲之外，他推荐我广泛地向其他艺术家进行学习，这使我在各类音乐风格掌握方面都有了一定的积累。1980年，我创作了排笛独奏曲《阳澄柳色》，赵先生后来建议改名为《太湖春》。1982年我参加全国文艺展演，获得笛子组第一名。我在中国音乐学院任教期间，多次专程请赵先生来院里授课，与此同时，我也仍然不断地向先生请教。我有今天的成绩得益于赵先生的悉心栽培，他的文化艺术修养无时无刻不在影响着我，他的言传身教为我在民族音乐的道路上顺利前行奠定了良好的基础。

赵先生是浙派笛乐的创始人，《早晨》是他于1954年创作的第一首笛乐作品。此曲音乐主题素材取材于昆曲的〔点绛唇〕，音乐以此主题为基础展开并发展，风格新颖、独特。乐曲描写了“一个春天的早晨，太阳刚从东方升起，小鸟在树上歌唱，孩子们在森林中欢乐地游戏的生活情景”。乐曲共分四个部分。第一部分是恬静、自由的慢板，描写了安静而美丽的早晨，太阳缓缓升起，照耀着森林，小鸟睁开了睡眼，伸展着翅膀；第二部分是灵活、轻巧的快板，描写了清新而欢快的早晨，森林活跃起来，百鸟欢唱，百花开放；第三部分是跳跃的小快板，描写了孩子们在美丽的森林中跳舞，鸟儿为他们伴唱；第四部分是尾声，与第一部分呼应，再次回味春天的早晨。乐曲的引子是$\frac{4}{4}$拍，对气息控制的要求极为严格，赵先生在教学中就提道：“强而不燥、弱而不虚。”引子中的强弱变化丰富，训练时尤其要注意弱收的控制，要求纯净、无杂音。快板转为$\frac{3}{4}$拍，音乐形象与引子相比更加活跃，更具有律动感；之后转为$\frac{2}{4}$拍，并且加入上滑音技巧和花舌音技巧，使快板乐段诙谐、幽默、生动；小快板是$\frac{2}{4}$拍，运用快速历音、吐音、飞指等技巧，表现出孩子们在森林中跳舞的欢快情景；

尾声运用轻吐技巧，使结尾清晰、灵动不失委婉、连贯。全曲创作富有灵感，从恬静的清晨，到活跃的早晨，到热闹的早晨，再到春天的早晨，以丰富的音乐语言体现早晨的不同景观，有着生动、新颖的艺术发展手法。20世纪50年代，赵先生的这首作品风靡全国，他演奏这首作品时，突破传统曲笛的演奏技法，增添北方梆笛的演奏技法，将南、北两派的笛乐风格同时体现在乐曲中，既有南派笛乐风格的细腻、委婉，又有北派笛乐风格的粗犷、豪放。此曲广泛采纳南、北两派的演奏技术、吸收南、北流派各自的优点来为音乐服务，打破了风格单一的传统模式，是南、北笛乐风格综合的典范之作。赵先生的代表作《早晨》是一首具有里程碑意义的乐曲，蕴含了浙派笛乐文化，使民族器乐竹笛的创作与演奏发展走向了一个崭新的阶段。赵先生擅于融南、北两派笛乐的精华，根据浙江婺剧音乐素材来创作笛曲，例如《三五七》《二凡》及采用浙江民间音乐创作的《采茶忙》和昆曲题材创作的《幽兰逢春》等优秀的笛子曲，皆成为笛坛传世佳作，形成了具有自己艺术特点的风格，即浙派风格。

三、传承

如今，我常回忆起与赵先生相处的日子，他是一位博学多才、见多识广的艺术家，他生活俭朴，治学严谨，极其敬业。在竹笛的演奏、教学、创作、研究方面都有很深的造诣。他一生严于律己、宽以待人，终身坚持学习。在他病重时，我到浙江第一人民医院去看望他。我带了一个信封里面有些钱，祝愿赵先生早日康复。当我在病房拉开他床头抽屉的一瞬间，我深受触动，一本不知翻阅多少次的《唐诗三百首》在里面，赵先生在生命的最后时光里还在不停地学习。这件事对我影响很大，我更加坚定了自己的目标，要为中国民族音乐的发展作贡献。我提醒自己要时刻努力不能松懈，坚持不断地学习。当时，赵先生的病情十分严重，已有很多天无法进食，但他还惦记着我，问道："卢竹音，你晚饭有没有安排好啦？你带维良吃饭去！"实在让人感动至极！

记得赵先生给我上课的时候，曾说过："学艺术的，文、史、哲、理等多种学科都要懂，要全面发展。"今天看来，赵先生真是高瞻远瞩，他对我们提出的这些要求是意义深远的。他的理念今天依然适用，只关注器乐专业本身对发展民族器乐是远远不够的，要深入发展规范的教学与研究，将多门学科与民族器乐专业联系起来，以跨学科的方式来构造全面、科学的民族器乐教学体系。赵先生一生从事竹笛的演奏、教育，钻研声学、律学、古文学、历史、哲学、数学等多门学科，在各个领域均有建树。所以，我要尊称赵先生为"国学家"。赵先生是竹笛艺术界伟大的教育家，也是一位中国器乐改革的先驱。他一生对竹笛艺术不懈的探索和深入研究，十分注重竹笛的改革与创新。赵先生发明的排笛影响深远，演奏时可以方便的转调和变换音色，大幅度地扩展了笛子的音域，添增了笛子的表现力，音响效果也得到了很大的丰富。至今，我在课堂中仍以《采茶忙》这首排笛独奏曲作为教学曲目，每当我吹奏这首乐曲总觉得非常亲切，仿佛回到了我向赵老师学艺的时光。回想赵先生的每一部作品，都是乡土气息浓厚，群众感情深厚，创作素材大多来自江浙一带的婺剧音乐文化。赵先生的创作来源是特殊的，有别于其他任何一个笛派。从创作方面来说，中国民族器乐多数音乐题材来源于地方民间戏曲，赵先生就是运用戏曲音乐创作器乐音乐的典范。而现今许多音乐缺乏时代感，缺少人文精神，抑或是将传统抛弃乃至过分抽象难懂，令人担忧。希望我们能从更深更广的角度，来对赵先生的学问与学术进行总结，让我们后人能好好地继承、好好地发扬光大。

赵先生离开我们了，我们如今要做的，是对他的教学理念和教育观念进行总结和归纳，而这仅仅依靠我们演奏者的力量是远远不够的，需要借助各学科专家的力量来共同努力。赵先生的著作《笛艺春秋》，看似篇幅不大，但浓缩了他的音乐思想脉络。我们已然可以从中看到他在治学方面的观念和经验。现今，竹笛学科缺乏教学的规范性，在理论基础方面也十分薄弱。在教材编写和教学体系建构上，我们应该多做实事，动用一切力量来发展科学规范的教学模式。笔者这些年在浙江多次举办了关于赵先生的笛艺不同主题的研讨会、论坛、展演等。这对研究赵先生的竹笛艺术具有非常重要的意义，我们需要这样的平台。同时，也需要有更多人集思广益，进行更具体的归纳，才能将赵先生的学术、演奏、教学总结出来。

赵先生生不逢时，“文革”时他大部分时间是被关在“牛棚”里，因此他创作的作品数量有限，演出机会也并不多。从历史的角度看来，赵先生虽然只留下十余部作品，但其艺术价值之高深，远远不是作品数量能够衡量的。他的作品引领了竹笛艺术前进的道路，也为后人在此基础上向前发展留下了广阔的空间。1976年之后，赵先生将更多的精力投入教学方面。当今活跃在舞台上，以及在音乐院校竹笛专业担任教师的大部分都是他的学生，这种情形与他科学、系统的教学方法是分不开的。相比之下，现在的教学环境与条件更为优越，可为什么难以看到人才辈出的情景？这很难用简单几句话来定论。要改善当前的状况，不能仅仅依靠笛子演奏领域的人，我们应该站在更高的角度，以更宽阔的视野，有效地、有序地、有阶段性地展开一系列活动，才能不断为竹笛艺术事业增添新鲜的血液，才能延续赵先生的学术思想与精神，为民族音乐的弘扬与发展作出贡献。

赵先生对20世纪竹笛艺术的发展有着卓越贡献和深远影响，在竹笛演奏、教育、乐曲创作、理论研究等方面取得了令人瞩目的成绩。赵先生的理论与思想引领着当今笛乐发展的方向与道路，他的学生将从他的手中接过旗帜，在笛乐发展浪潮中写下华丽的新篇章。赵先生的笛乐在传统中不乏现代意识，他从不同角度挖掘传统文化中的精华，将其作为竹笛艺术发展的基础，并在此基础上以创新的超前思维，来顺应现代文明的发展趋势，将现代音乐文化的精华融入中国民族器乐曲的创作当中，使传统的音乐变得更为精致和优雅。

我们这一代人的责任是继承和发展我们的民族音乐，发扬中国的传统音乐文化。当代社会，中国音乐与他国音乐并存于我们的生活之中。我们从事国乐行业的人必须立足于传统，先做到对传统的继承，再以开放包容的思维去探索，追求更美、更新颖、更具魅力的艺术风格。

笛曲作品

花泣

1=D（筒音作5̣）

由慢渐快再渐慢

张维良曲

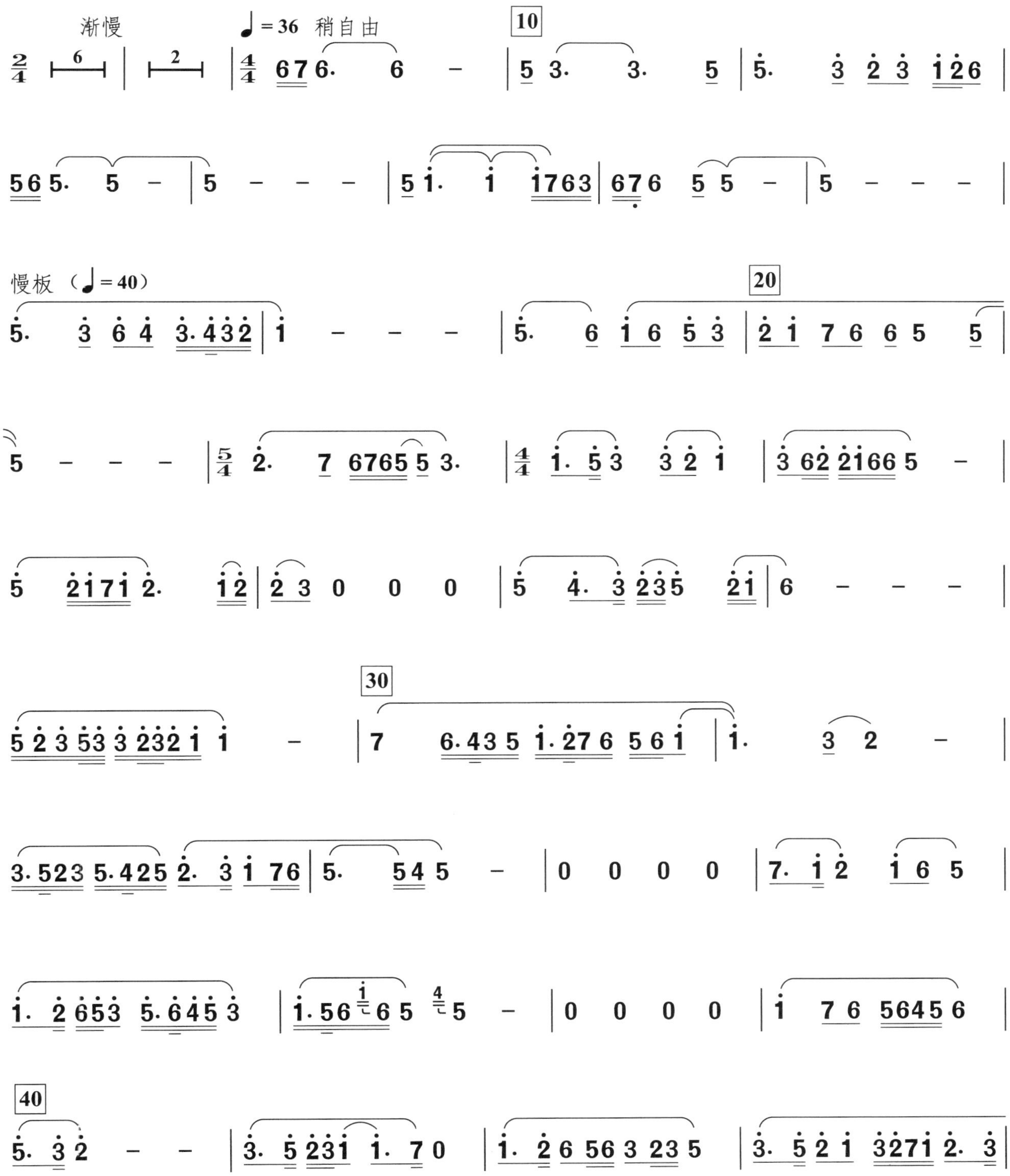

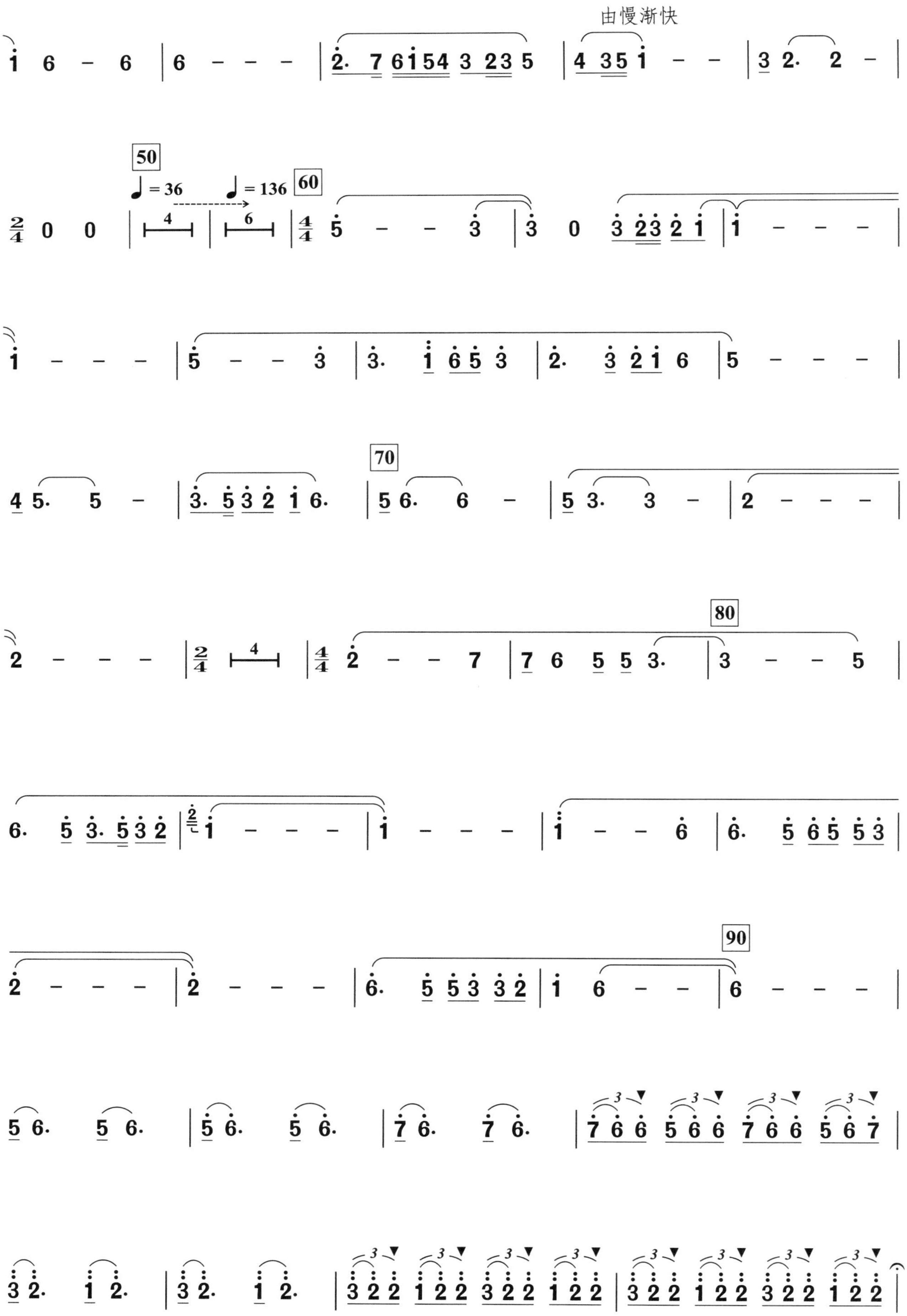
由慢渐快
♩ = 36
♩ = 136

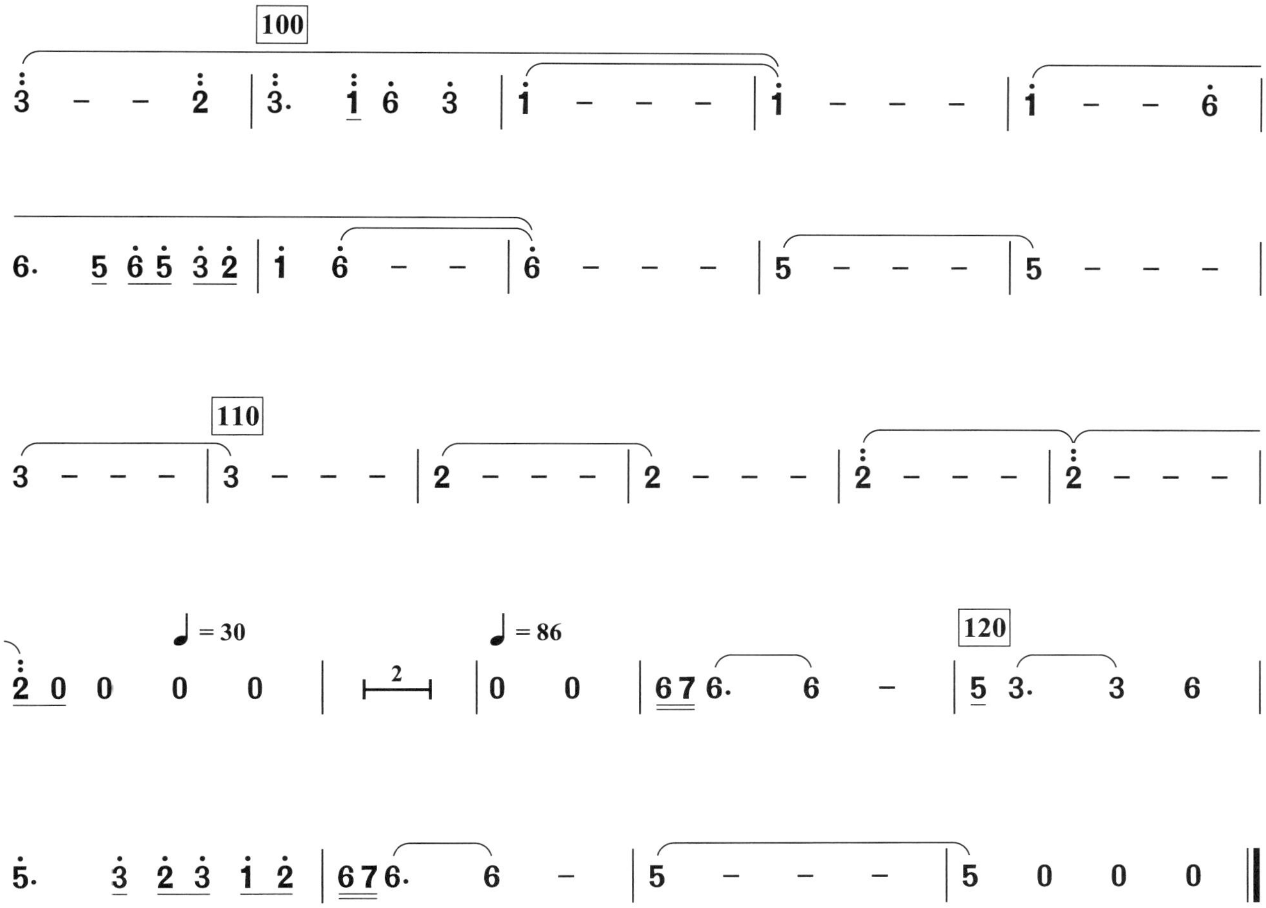
100
110
♩= 30
♩= 86
120

忆 故 乡

——献给孔建华先生85华诞

1＝C（筒音作5̣）

张维良曲

散板　自由地

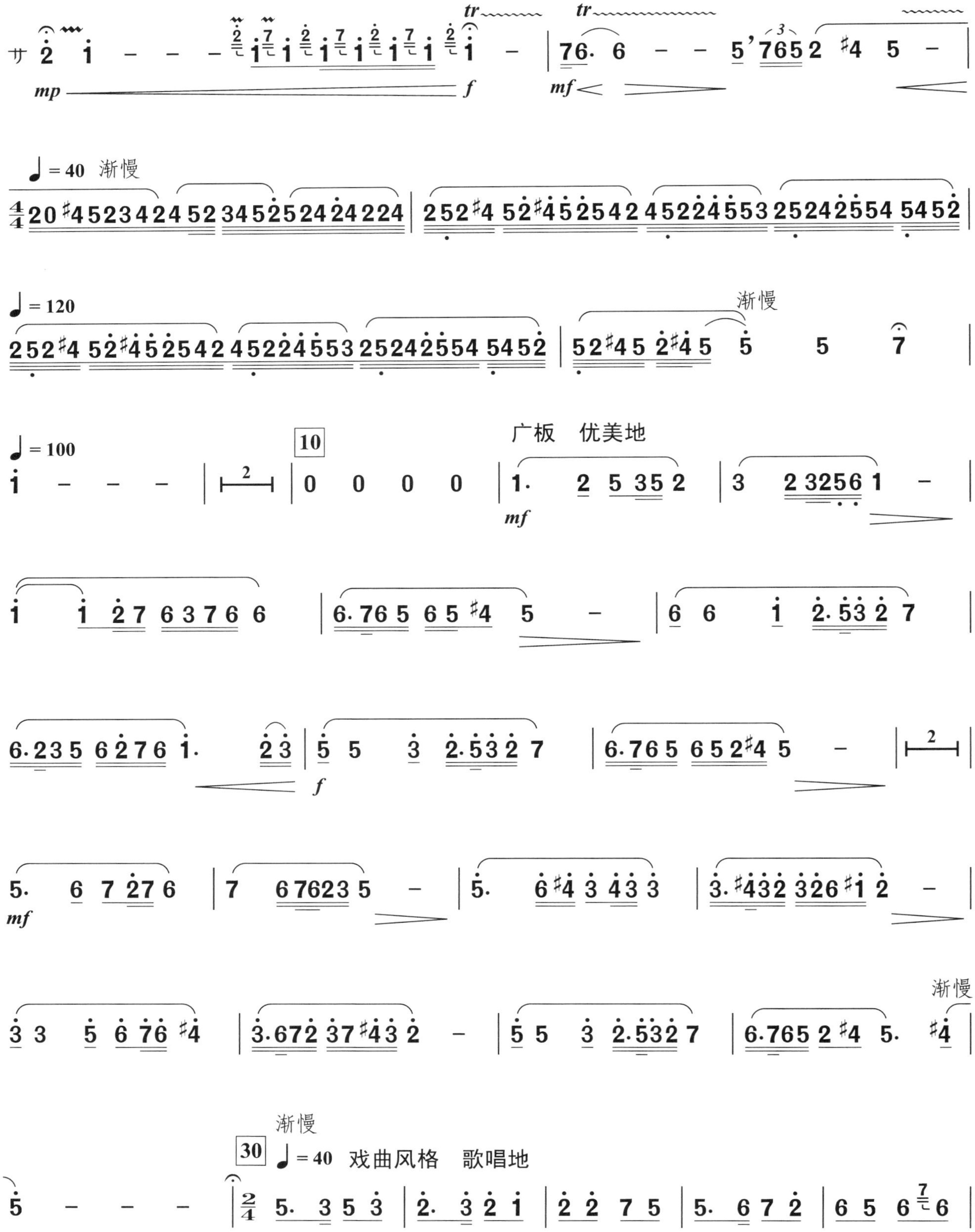

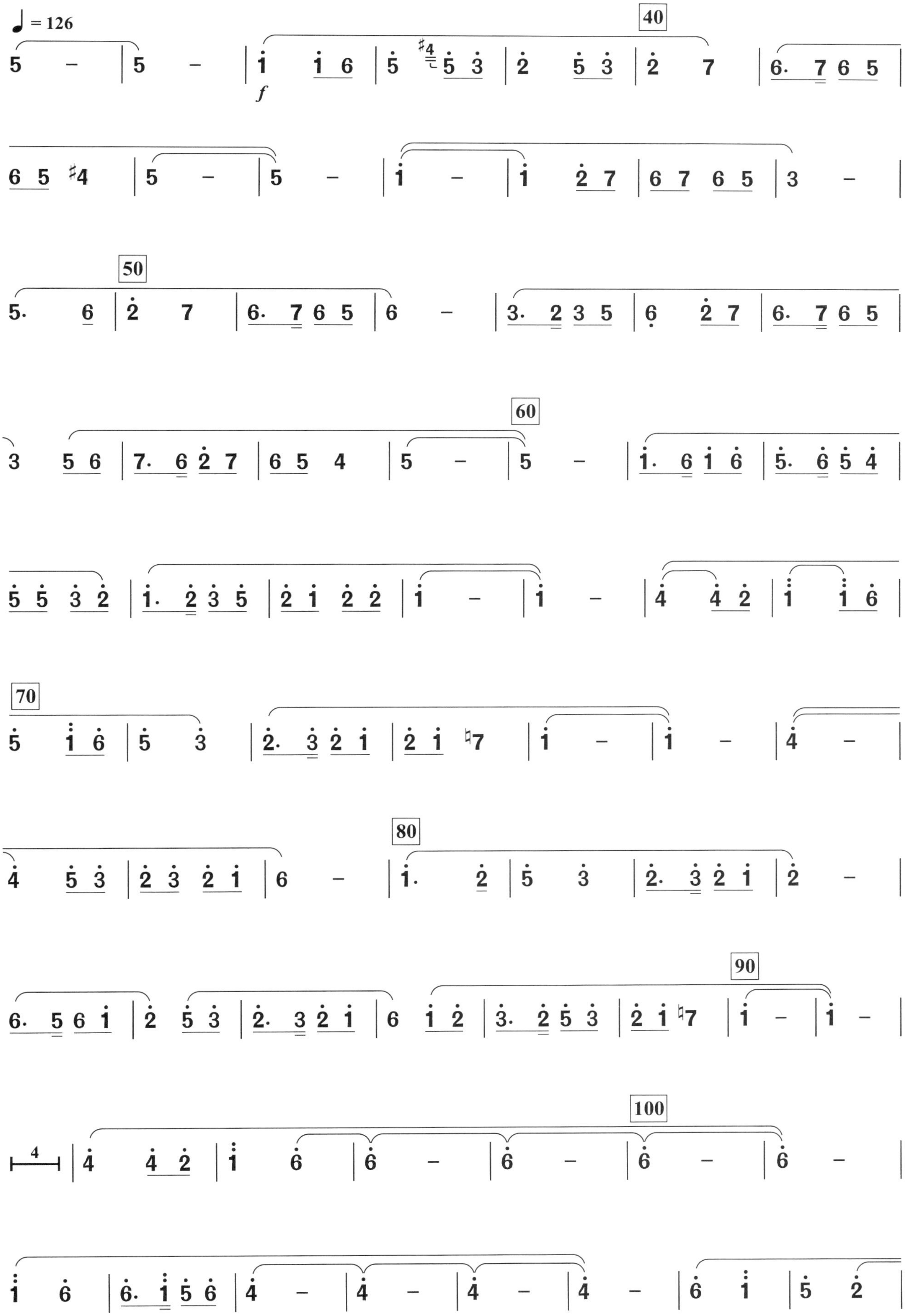

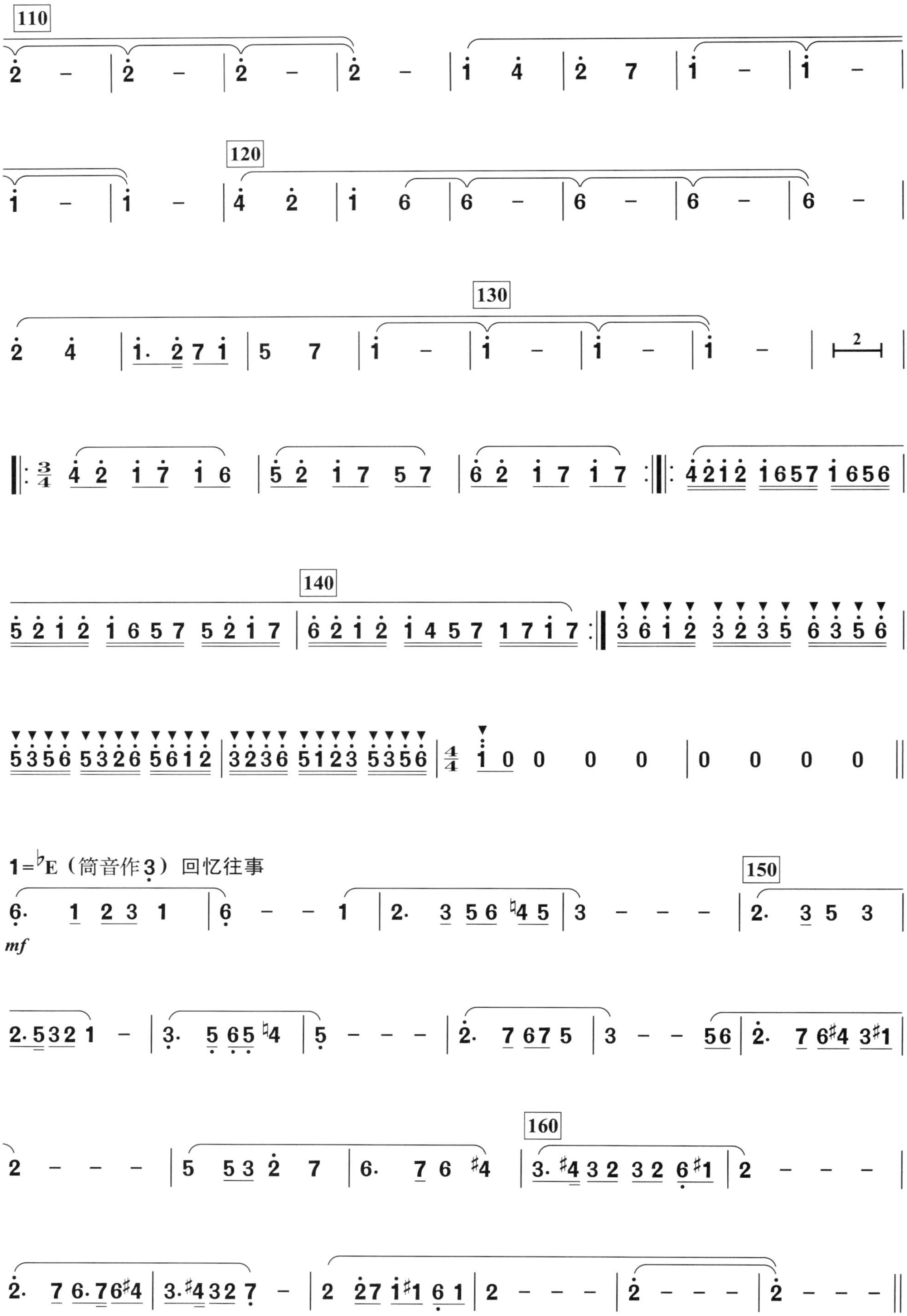
1=♭E（筒音作3）回忆往事
mf

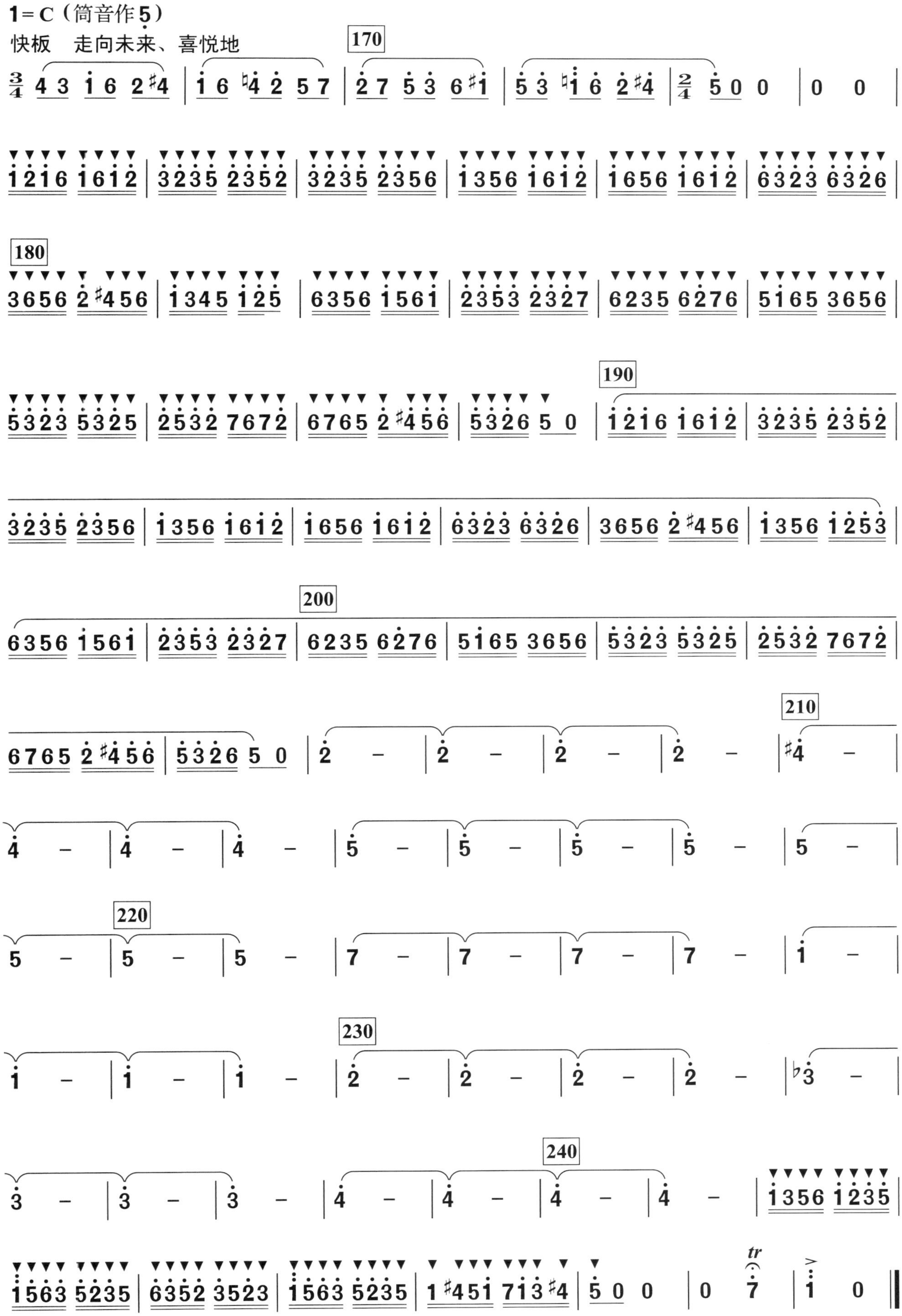
1=C（筒音作5）
快板　走向未来、喜悦地

（四）戴亚

戴亚，笛子演奏家、教育家。中央音乐学院教授、博士生导师。中国民族管弦乐学会竹笛专业委员会会长、中国音乐家协会竹笛学会常务副会长。1977年考入浙江省艺术学校。1981年在杭州“西湖之春”笛子比赛中获第一名。1982年分配至杭州歌舞团任独奏演员。1986年考入中央音乐学院，1990年毕业留校任教。1998年，被推荐至“文化部优秀演员”研究生班学习，2000年毕业。先后师从赵松庭、曾永清、刘管乐先生。

1989年获首届“山城杯”民族器乐电视大奖赛笛子第一名；1995年5月获“国际民族器乐独奏大赛”笛子第一名；1995年6月获台北“第三届民族器乐协奏大赛”笛子第一名。他是全国“民乐大赛”笛子三连冠获得者。2017年被授予“中国杰出民乐演奏家”称号。

多年来，与中外知名交响乐团、民族乐团合作举办笛子独奏、协奏音乐会，在国内外获得极高声誉。2009年在全国首次举办笛子协奏曲专场音乐会。2018年“‘龙之吟’笛埙乐团全国巡演”项目获国家艺术基金资助。他创作的笛子独奏曲《舞之恋》、笛子与乐队《满园春》和《山野情》已正式出版并陆续上演。他笛艺技术精湛，刚柔并蓄，北方的豪放与南派的秀丽在他的身上得到完美统一，其音乐极富感染力，有“京城笛王”之美誉。

1989年开始，他在演奏中大胆运用改良八孔笛，拓展了笛子音阶，使音阶更加完善，技巧更加丰富，为笛子更好地适应新时代独奏、协奏及作曲家的各种需要，开辟了新的领域。2008年完成课题《八孔笛——新改良竹笛应用教程》一书（国家211重点工程项目），站在理论的高度上思考八孔笛的发展前景，使八孔笛的训练和演奏形成完整的规范体系，为笛子的发展作出了贡献。

他致力于笛子协奏曲的研创，从1990年大学毕业起就与专业作曲家紧密合作，努力使中国笛子的演奏向高品位、高尖端的方向不断发展。2009年他首次在全国举办笛子协奏曲专场音乐会，标志着笛子协奏曲的规模已经形成，民族化旋律与现代创作技法有机结合走向成熟。他先后委约并首演《愁空山》《楚魂》《释迦之沉默》《陕北四章》《牧童的幻想》《陌上花开》《飘》《胡旋舞》《云》《雪意断桥》《空中花园》《牡丹亭梦》《玺徙喜》《归来》等14部大型笛子协奏曲，为笛子艺术走向未来迈出了坚实的步伐。

他在教学上成绩斐然、硕果累累，其学生袁非凡、蒋宁、侯长青、李乐、胡玉林、张莹莹、赵逊、胡帅、韦子东、徐艳、熊萧涵、张辉、陈钰琢、刘美琪、戴紫颐、张钦喜等在“文华艺术政府奖”、CCTV中国民族器乐电视大赛、政府最高奖“金钟奖”、台北民族器乐协奏大赛等国内外各类重大音乐比赛中多次夺冠（金奖或第一名）。

论文

竹笛与西洋管弦乐队合作的实践和思考

戴亚

20世纪以来，中国的传统音乐受到西方音乐文化的强烈冲击，这一冲击极大影响了中国音乐的发展道路，并由此引发了一场激烈的论争，争论的焦点便是中西音乐关系问题。这场论争持续了将近一个世纪，而且高潮迭起。随着世纪末怀旧情绪高涨，音乐界再起狂澜，展开了对于中国音乐发展道路的回顾和展望。有志于探索中国音乐出路的音乐家各抒己见，据理力争。归结起来，基本上有三种观点：一、国粹论。二、全盘西化论。三、中西融合论。围绕这三种观点，音乐理论界推出了大量的研究论文，其中涉及中国民族器乐发展道路的文章篇幅不少。作为一名民族音乐的演奏者，我将以自己多年来的实践为依据，审视、思考中国器乐的出路，尤其是民族乐器——竹笛的发展道路，这也是本文的主旨所在。

一、实践维度

（一）竹笛与西洋管弦乐队的合作

竹笛与西洋管弦乐队合作在20世纪50年代就已出现，当时是笛子演奏家陆春龄先生，与上海交响乐团合作演奏交响诗《黄鹤楼的故事》，由芬兰指挥家汉尼克宁、中国指挥家黄贻钧先后执棒，演出两场。1991年笛子演奏家俞逊发先生与上海交响乐团合作演出了朱践耳先生的《第四交响曲》（笛子协奏曲）。这是一首非传统作品，是用现代创作技法写成的笛子曲，有耳目一新之感。1992年笛子演奏家张维良先生在北京推出了一台笛、箫与西洋管弦乐队合作的音乐会，其中有高为杰先生创作的《别梦》，此曲更是标新立异，努力使竹笛发出一系列令人目眩的演奏效果，使传统六孔笛在音域、音阶、音色，尤其是在笛子表达理念上另辟蹊径，做了大胆的尝试。1995年笛子演奏家詹永明先生录制了笛子移植曲《嘎达梅林》，由当时的中央乐团协奏。另外还有港澳台地区，其中有台湾笛子演奏家、作曲家陈中申先生在台北与交响乐团合作的《梆笛协奏曲》……

从20世纪90年代起，我致力于竹笛与中西管弦乐队的合作，最具代表性的是作曲家郭文景先生创作的《愁空山》管弦乐队协奏版本。1995年我与瑞典国家交响乐团合作，在瑞典演出了数场。这是中国竹笛以正规笛子协奏曲形式与国外知名交响乐团合作，同时也是该交响乐团第一次与中国器乐合作演出。由于演出获得极大成功，以至于在后来瑞典国家交响乐团来华访问巡演时，选中《愁空山》作为访演的节目之一，该团于1999年先后在瑞典、中国北京和上海等地巡回演出。我想一个著名的欧洲交响乐团，在安排曲目时，放弃众多的古典交响乐作品，挑选这首笛子协奏曲作为该团来华演出的保留曲目，足见其独特的艺术价值和魅力。民族器乐打破国界，其审美特征能融入迥然不同的文化背景而又能产生轰动效应，其结果从某种意义上来讲，决不是欧洲人对中国乐器的猎奇行为，而是受到中国音乐冲击的、真实的心理震撼，是从心底里流淌出来的挚爱，是中西文化碰撞后所产生的能量与激情。正如杨荫浏先生所说的："中国民族器乐独到的价值，必须在与世界音乐公开比较之后，始能得到最后正确的估计。”在多年的实践中，我还与台湾指挥家陈秋盛先生执棒的中国交响乐团、俄罗斯指挥家列洛夫指挥的中央歌剧院交响乐团合作演出《愁空山》。与英国Addity弦乐四重奏团合作作曲家唐建平创作的竹笛与八把大提琴的《玄黄》，和作曲家叶小纲创作的《释迦之沉默》。诸如此类的作品，如此形式的合作，为笛子发展打开了全新的境界，在充满奇幻想像乐思的过程中，笛子这一古老乐器，焕发出新的生命。2000年以后，我又与中国交响乐团首演了作曲家李滨扬创作的竹笛协奏曲《空中花园》、与中央音乐学院交响乐团首演了作曲家郝维亚的《牡丹亭梦》、与丹麦皇家爱乐乐团首演了作曲家张帅的竹笛协奏曲《玺徙喜》。这些大型协奏曲的出现，为竹笛与西洋管弦乐队的合作提供了机会，为竹笛走向世界音乐舞台开辟了道路。

实践在不同的国度，实践在不同的观众层面，通过实践使古老的中国乐器被更多的观众所热爱。以上实例充分证实了这种实践是成功的。

（二）实践成功的关键——八孔笛

随着民族器乐不断走向世界的发展趋势，传统的六孔笛由于其自身的局限性，已很难适应世界音乐发展的需要。近些年来，竹笛的乐器改革也日渐频繁，出现了七孔笛、九孔笛、十孔笛、十一孔笛、加键笛等多种形制。但从其运用情况来看，都不甚理想。笛子的孔越多，手指的负担越重，手指的束缚较大，灵活性差。指序的变化，也会失去很多传统的表现力，加重演奏者的负担。因而，大多数改良笛子都未能被多数笛子演奏家所接受。

综上所述，笛子改良已进行多年，八仙过海各显神通，但总的来说是不够理想的，而我一直采用八孔笛与西洋管弦乐队合作。我个人认为，笛子的改良首先要从完善其音阶入手，这是最重要、最本质的。所谓完善的标志：①十二音齐备，以平均律作为契合点，又能适应传统律制，能古能今、能中能洋。演奏传统、现代作品完全可以用同一支笛子。②八孔笛是在六孔笛的基础上，保留了传统六孔笛所有的特性，不改变任何中国笛子固有的音阶指法排列顺序。③不加键，通过增开两个小孔，使不完整的音阶得以完善。使旋相为宫的中国传统转调法成为现实。以C宫七声音阶为例：

C宫→G宫→D宫→A宫→E宫→♯F宫→♯C宫→♯G宫→♯D宫→♯A宫→♯E宫→♯B宫（等于回到C宫）

八孔笛是能将继承与发展完美相结合，最简化易于普及的最佳形制。

二、理论维度

（一）关于西洋管弦乐队，缪天瑞先生将其定义为“集合各类乐器而成的综合体”。

在这个综合体中，弦乐器侧重于五度相生律，木管乐器侧重于十二平均律，铜管乐器侧重于纯律，但他们都可以适应平均律，并且整个乐队可以根据指挥的要求调整律制。从便利的角度讲，十二平均律无疑是最常用的律制。缪天瑞先生认为“为了适应今天音乐上移调、转调和变化音的需要，十二平均律是切实可行的最佳律制。”即使再复杂的转调，再繁复的变化音，十二平均律也能应付自如。因此，十二平均律，成为八孔笛与西洋管弦乐队合作的最佳契合律制。

另外，中国竹笛个性突出，音色独特，具有独到的风格魅力。西洋管弦乐队强调音色融合，各乐器组音色特点不要求突出，而要求整体的丰满和张力。二者合作起来，互不干扰，互不限制，既能体现出竹笛的中国特色，又不失西洋管弦乐队的交响性质，彼此相得益彰，展现了中国古典音乐美学中“和”的审美观念，正所谓“和实生物，同则不继”。（《国语·郑语》）

通过以上论述，我们认为笛子与西洋管弦乐队的合作是可行的，但并不意味着没有困难，我们必须看到笛子的许多弱点，其中比较突出的是音阶不完整、音准问题等。只有将其优点保存下来，对不科学的东西加以改进，民乐才能在世界音乐之林中立于不败之地。

（二）如何适应多种律制

1. 十二平均律。这是明代律学家、数学家、天文学家朱载堉发现的，就是将一个八度平均分为十二等份。所有的音分值是半音为100音分，全音为200音分。所以也叫等比律，实际运用时最为简便，它给各种转调提供了可能性。如能适应平均律，对中国民族器乐走向国际化非常有利。传统的竹笛是七声音阶，除了能演奏七声音阶以外，本来就能通过指的变化，顺利地演奏出三个升降音即♯Fa、♭Mi、♭Xi。也就是说，钢琴上的五个黑键，已解决了三个，另外两个黑键怎样来完善？八孔笛就是本着解决剩余两个黑键♯Do、♯Sol的问题，加开了两个小孔。这样，七个升降号就全部解决，十二个音就完全能自如地演奏了。

2. 五度相生律。十二平均律不能令人满意地反映出我们华夏乐系的风貌，从民族器乐发展的历史来看，多律互补仍有不可估量的价值。竹笛作为旋律乐器，运用五度相生律演奏具有横向性特征的旋律，最具特色。中国民族音乐的传统，包括国际上弦乐使用的律制都是五度相生律。

3. 中立音。中国民间音乐、戏曲音乐中的中立音问题，如首调旋律中的“**7**”音和“**4**”音，经常出现以下情况：它既不是十二平均律的音高关系，也不是五度相生律，也不是纯律，而是介于“♭**7**”和“♮**7**”之间，“**4**”和“♯**4**”之间的一种特殊音程关系，这种特殊的中国地方风格，应继续保留，并加以研究。

八孔笛可以适应以上律制，在敏感耳朵的指导下，通过口风、指法、角度的变化等手法使音产生高低变化，以此弥补律制的差异，以达到笛子既能演奏十二平均律，又能适应五度相生律，也能奏出中国民间的中立音，使中国竹笛的表现性能多样化，思想感情丰富化，最大限度地保持中国笛子的特色。我相信，演奏者的听音能力，能够借助平均律这一比较简单的音高坐标，找到各种律制的修正数，它是可能的，也是可行的。

（三）作曲家的协助

八孔笛的运用不但我自己使用了三十余年受益匪浅，而且由于笛子的音阶得以完善，也吸引了专业作曲家的兴趣和关注。他们积极地参与笛曲的创作，由于他们的介入，使笛曲创作更为专业化，内容更深刻，技法得以进一步扩展，为笛子走上世界音乐殿堂创造了一条可喜之路。欣喜的是，至今已有作曲家郭文景、叶小纲、唐建平、李滨扬、徐昌俊、杨青、郝维亚、张帅、刘长远先生都为八孔笛谱写了作品，给古老的竹笛赋予了新的生机。2008年《八孔笛——新改良竹笛应用教程》一书，由人民音乐出版社正式出版，标志着八孔笛的训练与教学及演奏已形成完整的规范体系，正在健康地向前发展。

从实践到理论，再从理论回到舞台艺术。科学证明，八孔笛代表的当今笛子发展方向是可行的。笛子演奏家、教育家赵松庭先生听完我的笛子独奏音乐会后，在1995年全国民族器乐改革学术会议上肯定地说：“今后笛子的发展，我看要以八孔笛为基础向前发展。因为在同样一支笛子上可以演奏传统乐曲，也可演奏复杂的现代创作乐曲，是一个既保留传统，又接近现代的、有现代生命力的好思路。”

（四）民族音乐发展道路展望

1. 中国民族器乐的发展走向，是在继承民族音乐传统的基础上，是在不断交流的过程中（民族器乐之间的交流、与其他乐种的交流、与少数民族音乐的交流、与西方音乐的交流）向着科学化、现代化的方向发展。近代民乐的发展，不是古代音乐的中断，而是它的接续。古代文化孕育着现代文化因素，现代文化包含着古代文化的“基因”。这种内在“基因”与大量外来新元素有效地交融之后，才进入近现代领域。我们只有努力超越传统，才能获得无限发展的可能性。

2.音乐作品与其他文学一样，须建筑于“民族性”之上，不能强以西乐代庖，也绝非枝枝节节从西洋音乐中搬点知识进来所能奏效。笛子演奏具有中国特色的作品是我们的目的，这是我们民族情感中不能舍弃的。一切乐器的改良、手法的更新都有一种神圣的民族使命感，都是为了更好地表达中国人的思想感情，具有鲜明的民族特点。

3.“天下至和”，和而不同，交融互补，多元并存，才是人类文化高度发展的标志。可以说，文化上的融合性、开放性，是中华民族的一个特征。民族乐器只有在不断克服自身不足的基础上自我完善，才能真正有能力、有实力与世界音乐接轨。中国民族器乐要向前发展，必须与时代精神合拍，不断吸收与时代同步的音乐内涵，在合作中融进新思维，增添新创意，最终达到与世界音乐相融并茂，这是不以人的主观意志为转移的历史必然趋势。

4.民乐的健康发展必然会吸引越来越多的中外专业作曲家的广泛关注，激发他们创作民乐作品的热情。因此，民乐的发展要以民族器乐自身为基础，借鉴西方乐器的优点，向着科学化、现代化的方向发展，使乐改—创作—演技革新三者同步，才能走上良性循环的道路。

已经逝去的20世纪为我们提供了广阔的实践空间、丰富的实践经验、多元化的理论依托。中国民族器乐经过20世纪的洗礼，日益成熟和完善，必将谱写21世纪璀璨的华章。

谈风格性技巧在赵松庭笛曲中的运用

戴亚

2015年我曾受邀来到浙江音乐学院音乐厅，参加“赵松庭竹笛国际艺术中心”成立活动。在学术研讨会上，我曾与大家交流有关赵松庭先生的艺术思想等主题，从宏观上论述了先生的艺术特色，并论及先生涵盖面甚广的艺术成就。赵松庭先生笛子领域的艺术成就在人文性、民族性、艺术性、前瞻性及创造性等方面均有体现。

时隔一年，我应邀参加了浙江音乐学院国乐艺术节暨竹笛高峰论坛。今天，我从演奏技术的层面来分析，如何演奏好赵松庭先生创作的作品，它有哪些更深层的解读密码。希望能与专家名师及同人进一步交流探讨。

在从事笛子演奏、教学及研究的数十年中，我发现一个值得深思的问题：为什么大家在演奏赵松庭先生创作的笛曲时，经常会出现这样一个现象——上手不难，但却难以接近原曲的高度？有时甚至会产生越学越难的感觉。

固然这与先生的文学修养、博学、生活经历、艺术造诣有直接关系，先生的曲子思想境界高、内涵深刻，兼具古典诗词的意境美与戏曲的韵律美，更有浙派笛子特有的风味，因而不太好琢磨，有时难以驾驭。先生留下来的笛子艺术财富，是我们取之不尽的宝藏，留待我们不断地探索与发现。我们只有不断努力突破迈向更高的艺术境界，方能不负先生对后辈青出于蓝的殷切期望。

我有幸自幼随先生学习笛子，打下了扎实的基本功，在技术层面堪称上乘。在那个时期，我认为自己的学习演奏处在“彻底模仿阶段”。为了“学得像”，我没少下功夫，也找到了一些方法。很快，这就不能满足我了。学习笛子的经历与妙处，于我犹如“移步换景”，在探索中，常常是“山重水复疑无路，柳暗花明又一村”。这是一个在前行中不断领略新风光、新境界的令人喜悦激赏的过程。我在学习各种风格乐曲的时候，开始关注和重视更多技巧的运用。现在的我，更多思考的是：在演奏乐曲时，如何能将各种技法更好地融入音乐内涵；怎样才能在演奏中做到技术与艺术相统一，并驾齐驱、相得益彰；在演奏中如何才能更准确、更生动地表现众多的音乐风格和艺术情趣，充分挖掘和发挥笛子的丰富表现力。这与先生所主张的“音乐技巧为表现内容服务”是完全一致的。

故而，我今天在这里提出一个新的命题：风格性技巧在赵松庭乐曲中的运用。其目的是抛砖引玉，期待笛子界专家和同行们的重视和共鸣，引发大家对这一课题的共同研究，使笛子演奏教学事业更进一步。

我们可将笛子演奏技巧分为两大类，这两类技巧之间有着密切联系。

第一类：基础性技巧。它是笛子演奏的基本功，就像家具的半成品或机器的零部件一样，只有按照需要、有机组合，才能造出完整的家具和机器。同理，笛子的各项基础性演奏技巧，亦要按照乐曲内涵与情感的不同需要，各安其位、相互结合，才能最终在演奏中成功表达叙事、抒情或悲伤、激昂等情绪，以展现明确的音乐形象，使人们从中获得启迪和愉悦。因此我认为，一定要重视基本功训练。唯有熟谙各项基础性技巧，才能为笛子艺术的大厦打下坚实的地基，让今后深刻而得心应手的演奏有所依托。

第二类：风格性技巧。其实在笛子演奏中，风格性技巧一直被广泛运用，只是缺乏在理论层面对其使用规律的研究与总结。风格性技巧大多运用在一些风格性较强的乐曲中。在演奏这类乐曲时，许多人在乐曲学习和技巧运用上往往不得要领，总觉得自己演奏得不够正宗、缺少味道，却又不知所以，心下茫然。因此只能借助于一遍遍听录音、看录像，不断模仿，以期达到演奏效果。这种纯粹凭主观感觉而去模仿的结果，常会使演奏的技法和技巧手段杂乱无章，其演奏效果必然不如人意。因此，这种事倍功半的学习方式和演奏现象并不可取。

诸如此类的问题，以及风格性技巧应用的规律，在过去的文章中也未见有针对性的综合论述。因此，我在这里尝试着以赵松庭先生的部分作品为例，针对表现不同风格的演奏技巧进行归纳并举例说明，旨在明确风格性技巧在教学和演奏中的重要性。同时，希望通过这种技巧的归纳、概括，丰富教学方式，提高教学效率。

将风格性技巧单独提出来论述，是基于它们的共性而言。因为在笛子演奏中，只要有乐曲的规定性提示，包括乐曲的题目内容，就有了乐曲的风格性技巧的存在。只不过具体的应用状态和控制的分寸，因风格的差异有所区别而已。

风格性技巧，是笛子演奏艺术中的重要组成部分，是演奏中不可或缺的技巧手段。在笛子演奏中，它属于应用技巧的艺术范畴，但又有别于一般的应用技巧。一般的应用技巧，是指在不同情绪的乐曲中，将基础性技巧运用到各种乐曲所需要的常规技巧。而风格性技巧，则上升到在表现不同音乐风格乐曲中所使用的非一般的技巧手段，对这些技巧必须要通过学习具体乐曲来掌握。

例如，赵松庭先生的名曲《三五七》《二凡》中，大腹震音频繁运用，有时“先平后震”，有时“出音就震”，还有“既震又渐强”，再有“强奏时配有大腹震音”等。这么多气息变化与乐曲的情绪有密切的关系，我们如何拿捏和润色？又比如，模仿戏曲的唱腔，运用了很多“滑音”“半圆滑音”“装饰性圆滑音”，在具体运用时如何掌握分寸？即在应用时“大或小”“圆滑的程度”“圆滑的速度”，以及与乐曲内涵的平衡关系。再有，南方曲笛兼容北方笛子高亢豪放的气息运用，如何做到气息贯通及戏曲音乐中特别要提到的“板眼感”，也就是西方乐理中的节奏感和律动等。我认为只有演奏者找到了这样的一种“底板”，或者靠近了此类乐曲的“角色”，加上风格性技巧的润色和各种乐曲惯有的风格形态，才能奏出乐曲的基本风采。“技术是手段，越多越好。一切技术都是为了音乐内容而服务的”。

下面我再以《早晨》《幽兰逢春》《鹧鸪飞》三首曲子为例，从“气、舌、指”三个方面，论述风格性技巧在乐曲中的运用。从其产生的艺术效果来说明风格性技巧应用的合理性与重要性。

首先，第一部分讲气息的变化。吹管乐器最重要的就是讲究气息。在演奏中，要将生命注入音符，使“气功”训练中的基本音质带有情趣的色彩，便有了音色的明暗、刚柔、虚实、浓淡、薄厚等变化。《早晨》中南北气息的贯通与运用，《幽兰逢春》中展现细腻变化的丰富的气息控制，《鹧鸪飞》中气息平直的无震音演奏法，都完美表达了乐曲的情绪内涵和艺术情趣，从而达到抑扬顿挫、悲而不伤、哀而不怨、天人合一的不同审美境界和艺术效果。赵派乐曲的气息控制是风格性技巧中最难掌握，也是乐曲表达中最高深的技法之一。

其次，这三首乐曲中，风格性技巧中的舌头技术应用，可分为“重吐音”“柔吐音”“后吐音”“舌点音”几种。虽然南派曲笛在舌头技巧上的应用少一些，但是口腔技术、对音的控制，也是十分丰富多彩的。

再次，风格性技巧中指法的运用，更是赵派笛子的一大特色。快而不乱，花而不飘，每个手指的独立性可供颤音的快、中、慢三类速度交替使用。“花指”在赵派的每首作品中均有展示，但都有所变化，极大地丰富了乐曲的华丽程度。可惜的是，当今真正掌握好赵派乐曲风格性花指技巧的习笛者，我认为越来越少了，赵派风格性花指技巧的运用，已经到了面临失传的境地。

最后，赵松庭先生创造的循环换气的技巧，在乐曲中运用十分普遍。如果能真正地理解这些高难度技巧，包括双吐循环换气技巧在每首乐曲中的使用，渗透情感、把握分寸、提升意境，就能深刻地体会到赵派笛艺中风格性技巧的应用。风格性技巧的准确应用，对生动体现特定的音乐风格帮助极大。如能熟练驾驭包括风格性技巧在内的多种演奏手段，深刻揭示音乐内涵，准确表现出不同音乐风格的生动艺术效果，演奏就自然而然达到了“有神韵”和“有品位”的境界，这才是活色生香的艺术，是一切完善的记谱法所不能替代的。

在我的体会中，风格性技巧可以说是基础性技巧的特殊应用和变化奏法。在演奏技术快速发展的今天，对于风格性演奏技巧的再学习和进一步地深入研究，是我们每个笛子艺术传承人义不容辞的责任。

当然，如果一个演奏者对于基础性技巧都掌握得不够全面、扎实，在演奏乐曲时，就不可能自如运用丰富多样的技巧变化，音乐表现往往就会力不从心，音乐感染力也会大打折扣。但同时，我们不能只注重技术而轻视技巧，尤其盲目轻视风格性技巧。在我看来，风格性技巧就是一首乐曲的风格和技巧的巧妙结合与运用。

笛子艺术是一个妙不可言的艺术瑰宝，我们不仅要代代相承、薪火相传，更有责任精进不止，开拓创新，使其在不同的时代都绽放光芒。我们经过了现代派、先锋派、新派等作品创作的时代，现在又处于艺术回归的历史时期。所谓“回归”，指的是在突出中国器乐擅长表达音乐线条美的前提下，利用当今音乐创作先进的手段，再向前发展。笛子艺术的发展必将立足于传统之根，并融入时代的元素与特色。我们要完美展现中国作品创作的旋律之美，器乐演奏的风格至上与灵动，更要凸显出风格性技巧的魅力与品位，以其独特的风格韵味带给人们真挚的情、浓烈的爱，在演奏中饱含热情、声情并茂地展现中国情怀。

从深层意义来讲，没有风格性演奏技巧就没有中国笛子艺术。笛子艺术要传承发展、走出国门，没有中国特色的演奏是毫无意义的，没有风格性技巧的演奏更是没有生命力的。愿中国笛子事业和演奏事业的发展拥有精气神，更有气度，更有韵味，更加出彩。

笛曲作品

满园春

笛子与乐队

1＝C（C调曲笛　筒音作5）

戴　亚曲

自由地

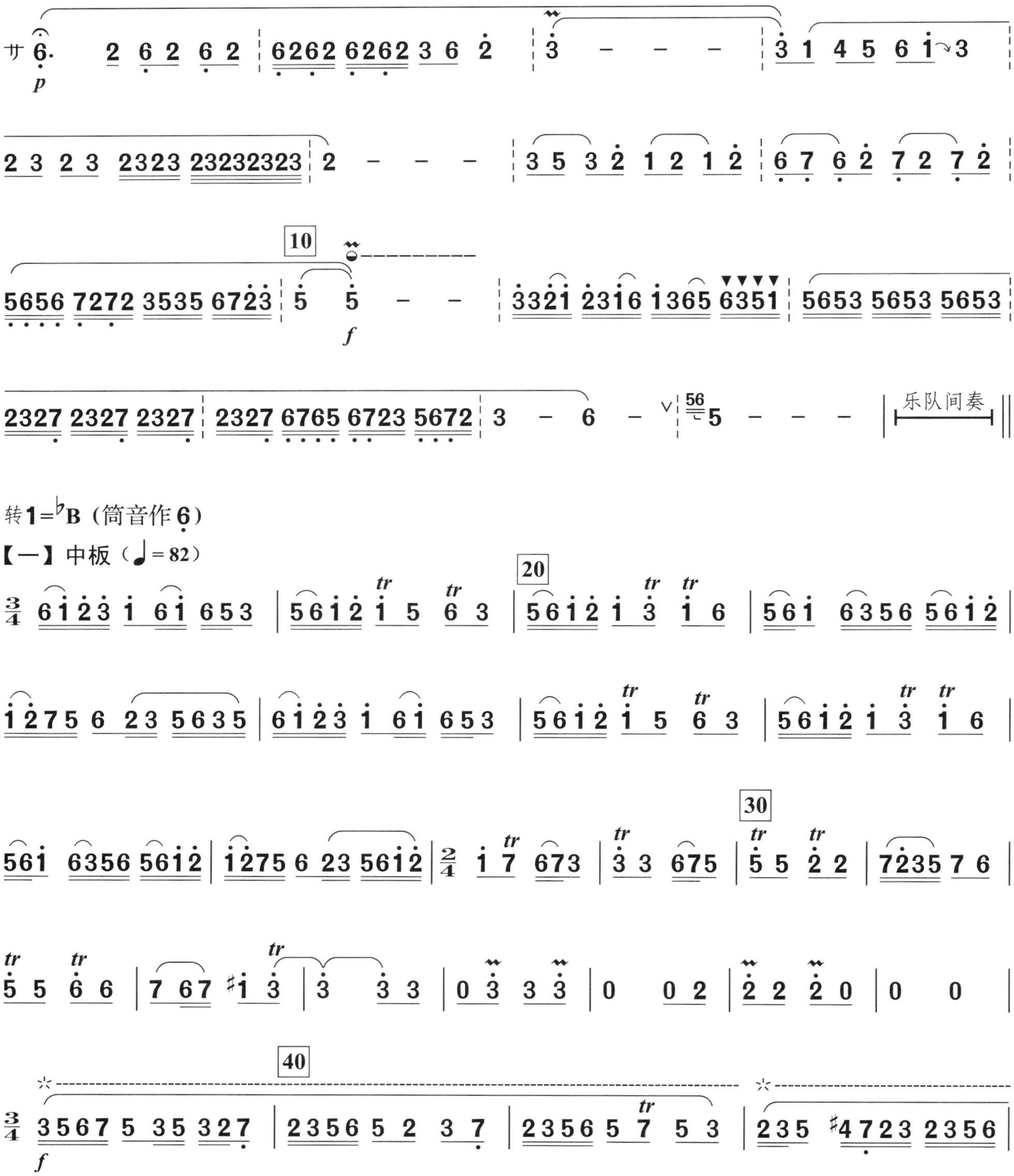

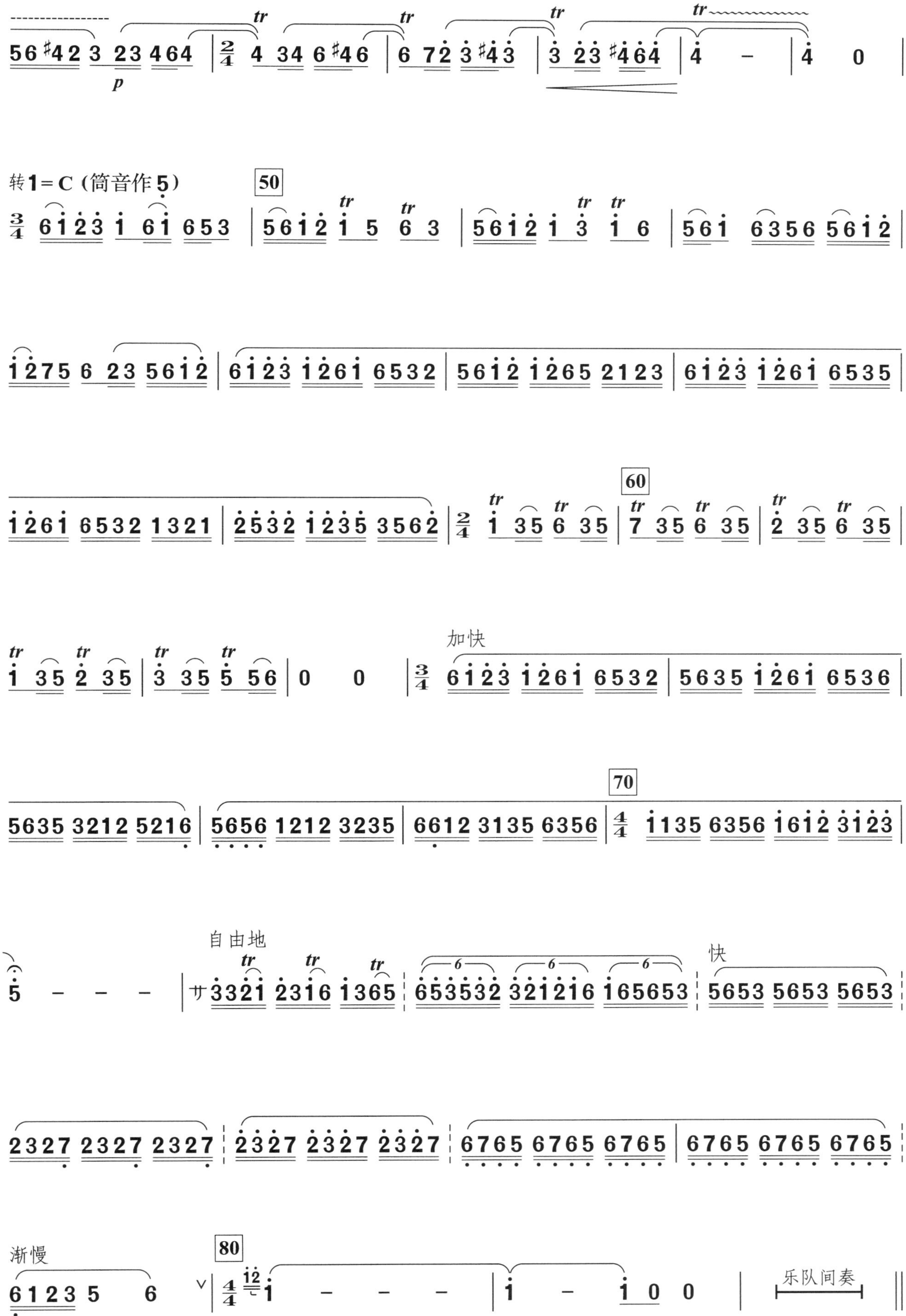
转1＝C（筒音作5）
加快
自由地
快
渐慢
乐队间奏

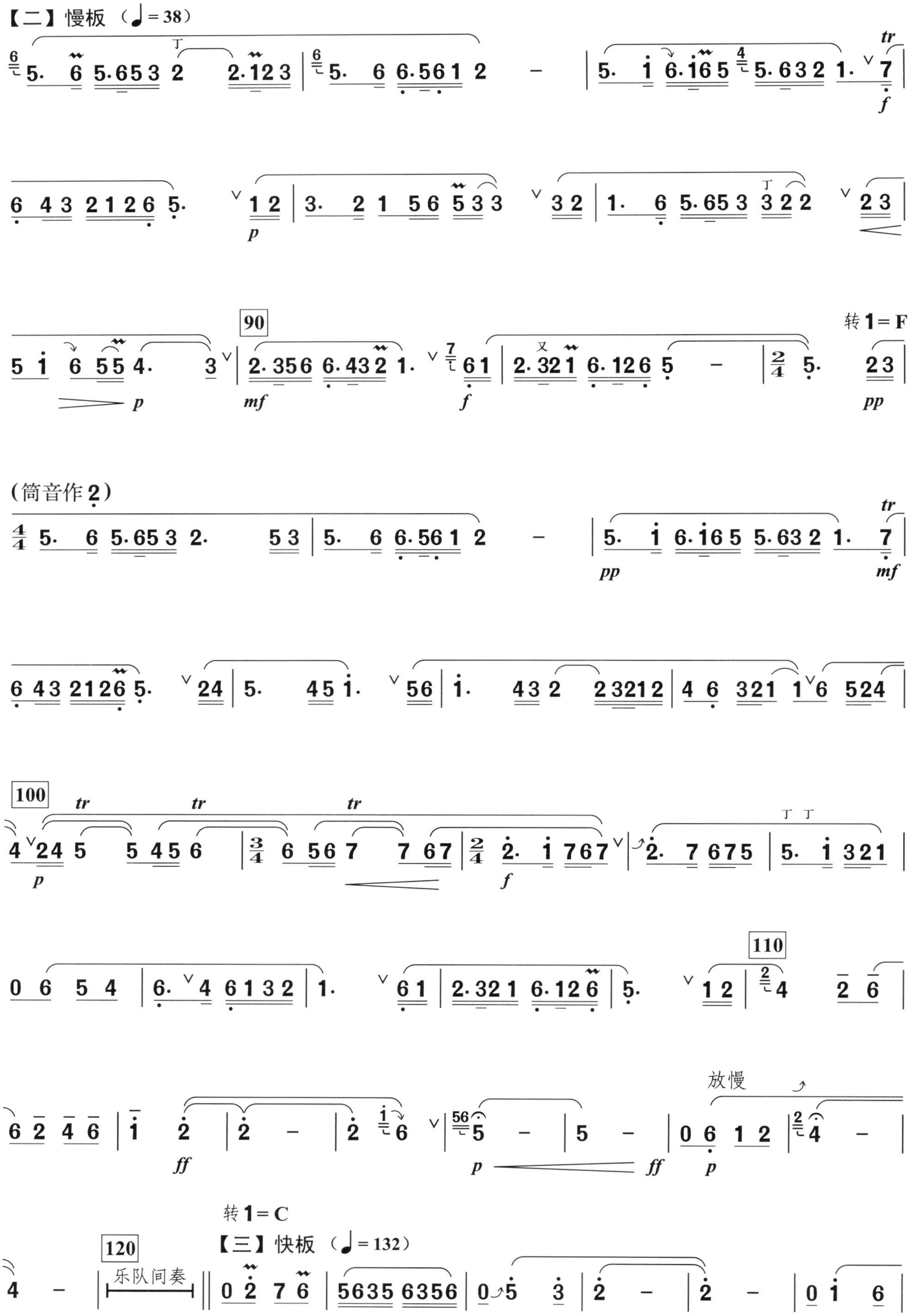
【二】慢板（♩=38）
转1=F
(筒音作2)
放慢
转1=C
【三】快板（♩=132）
乐队间奏

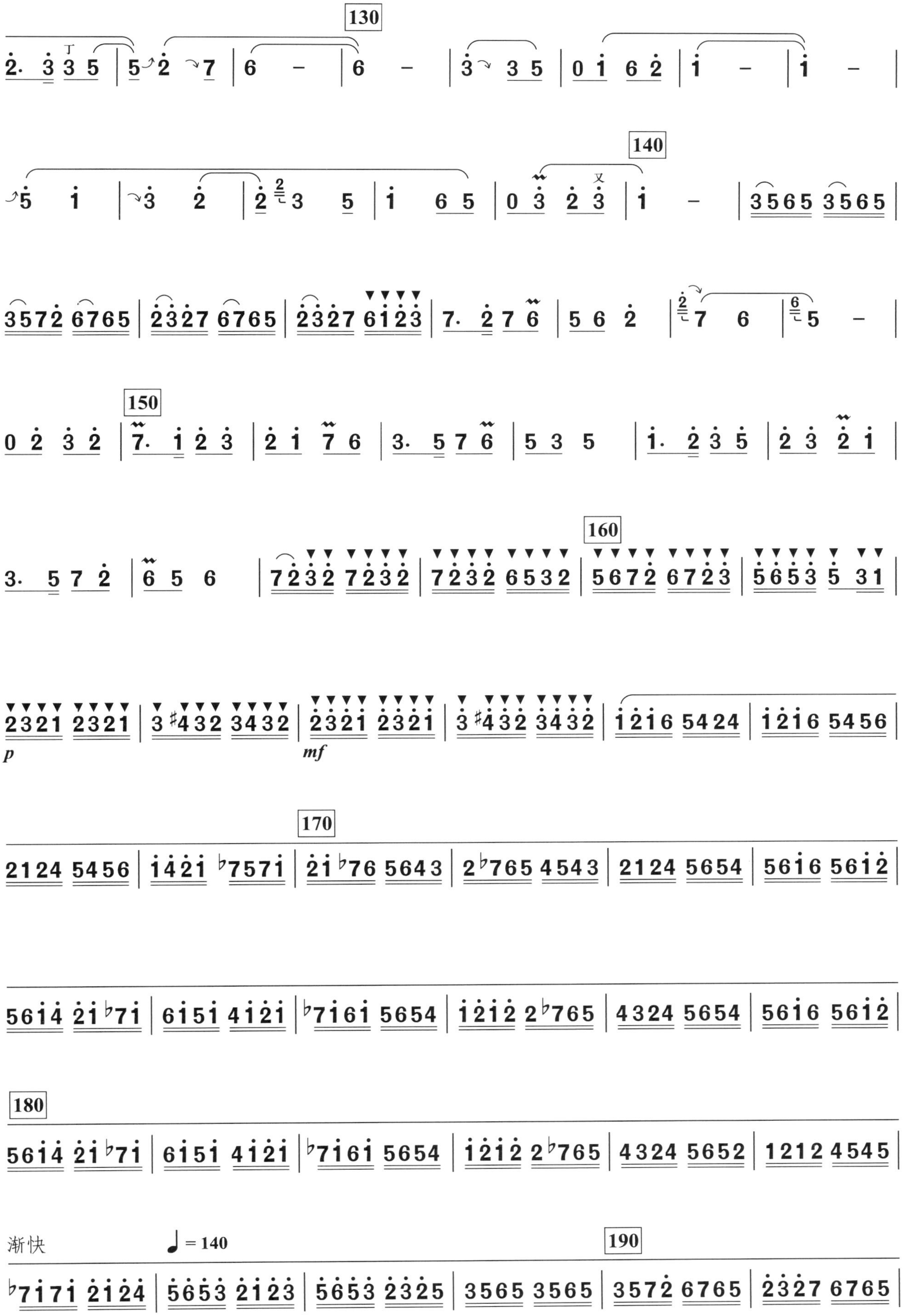
130
140
150
160
p
mf
170
180
渐快
♩ = 140
190

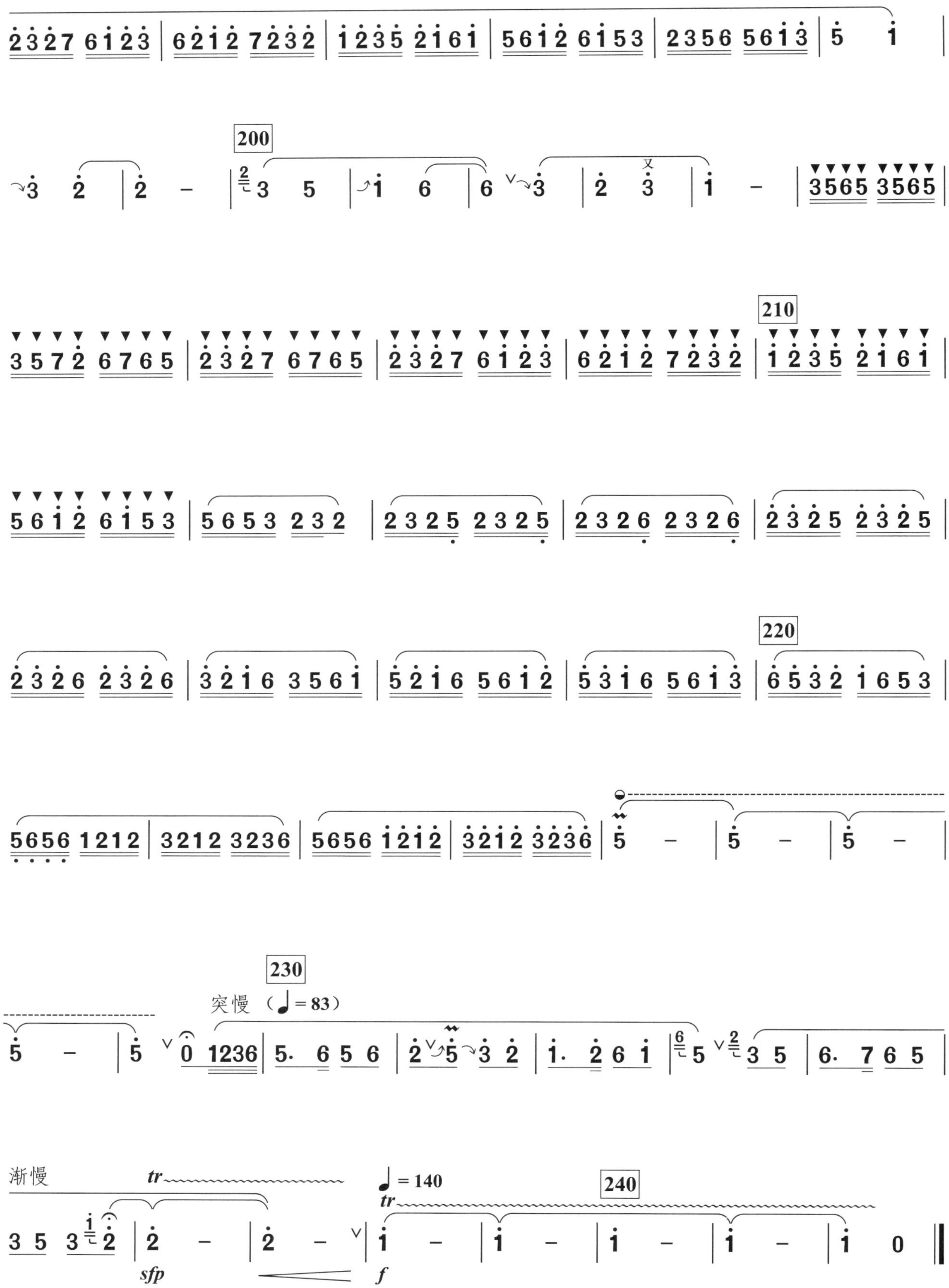

乐曲创作于2020年春，是作者的处女作，一首春天的赞歌。全曲分为三段：一、春回大地 鸟语花香；二、闲情雅致 春色怡人；三、万紫千红 春满人间。

山 野 情

笛子与乐队

1=C（G调梆笛 筒音作2̣）

自由地 散板

戴 亚曲

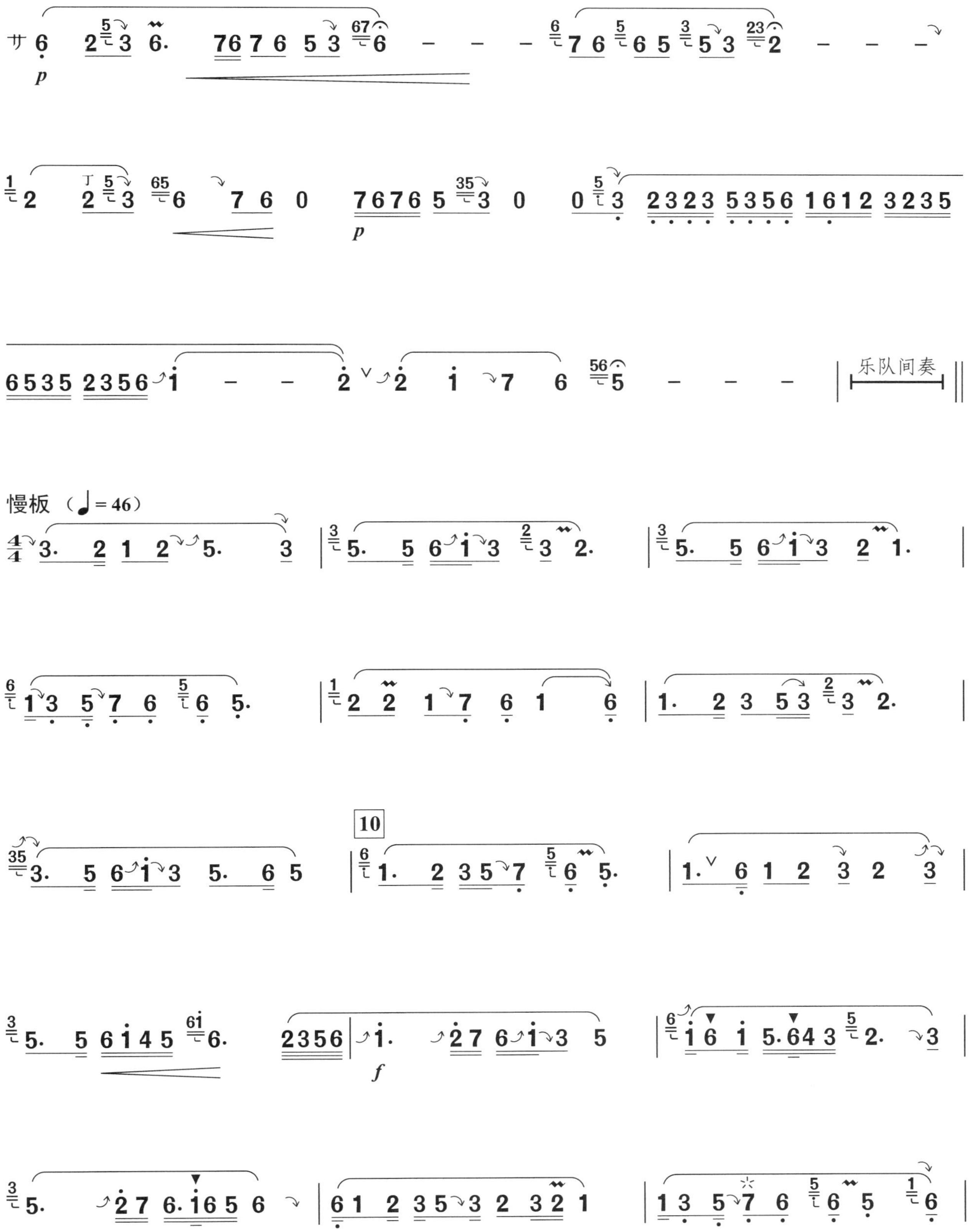

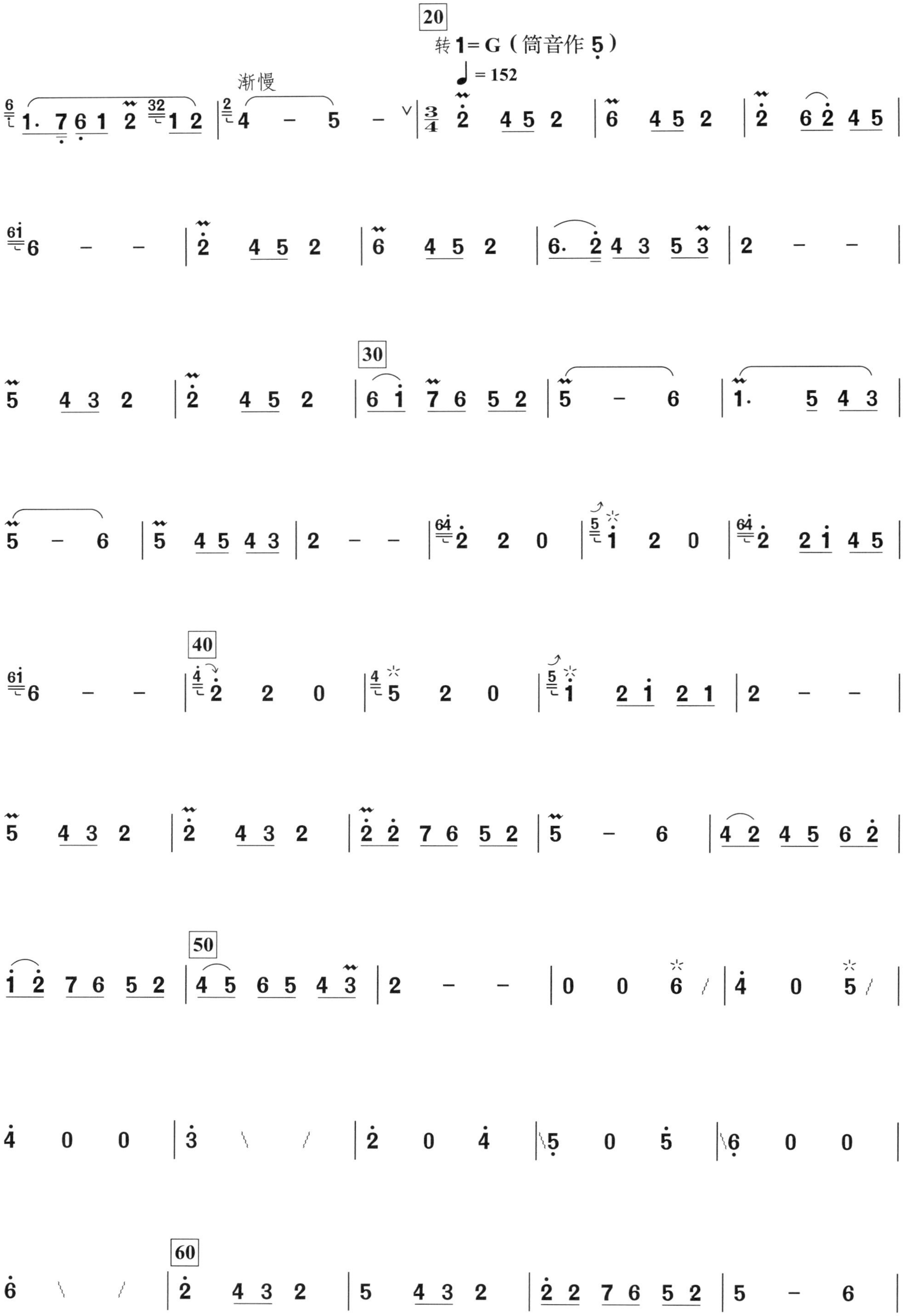
20
转1=G（筒音作5）
♩= 152
渐慢
30
40
50
60

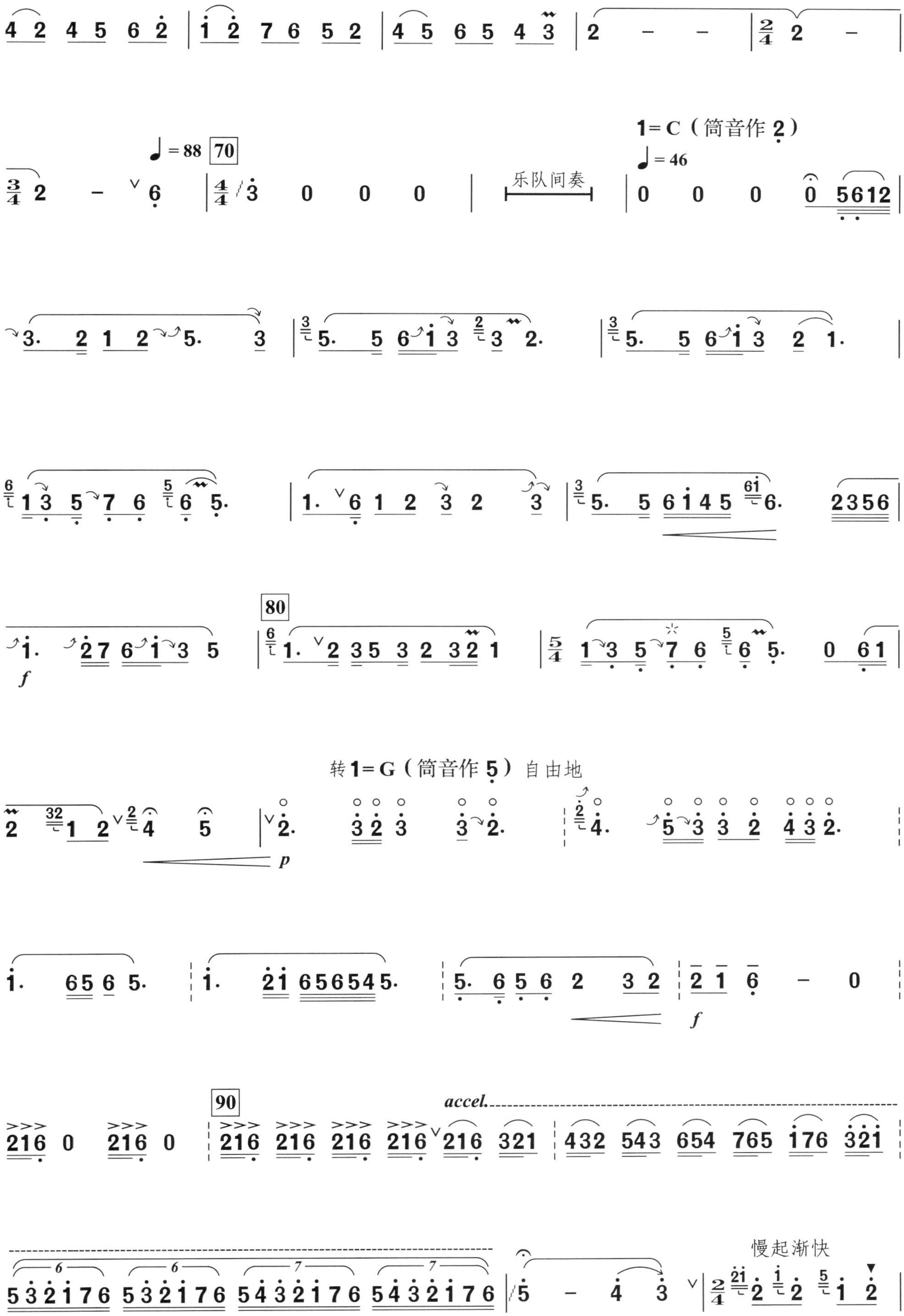
乐队间奏
1= C（筒音作 2）
转 1= G（筒音作 5）自由地
accel.
慢起渐快

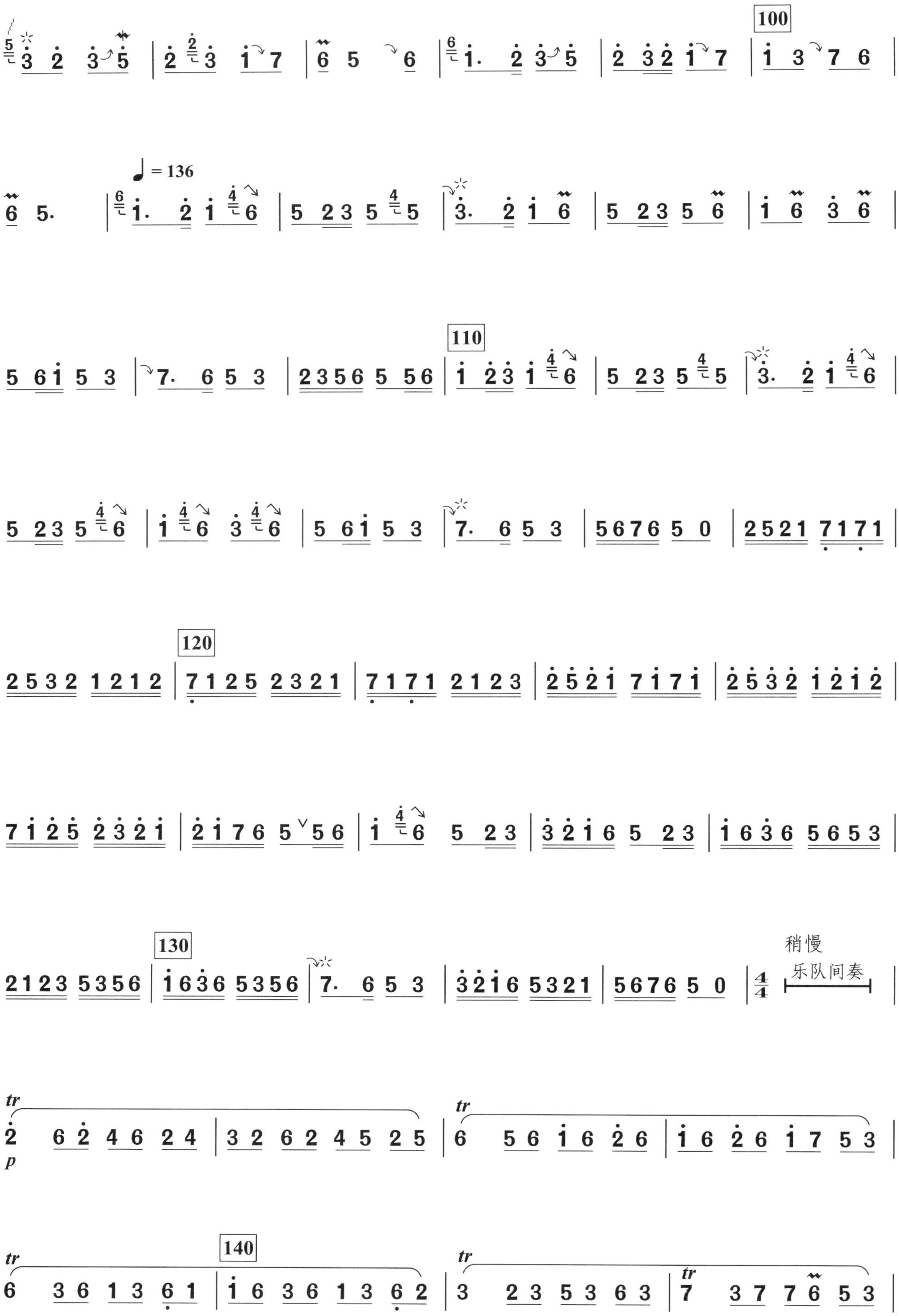
稍慢
乐队间奏

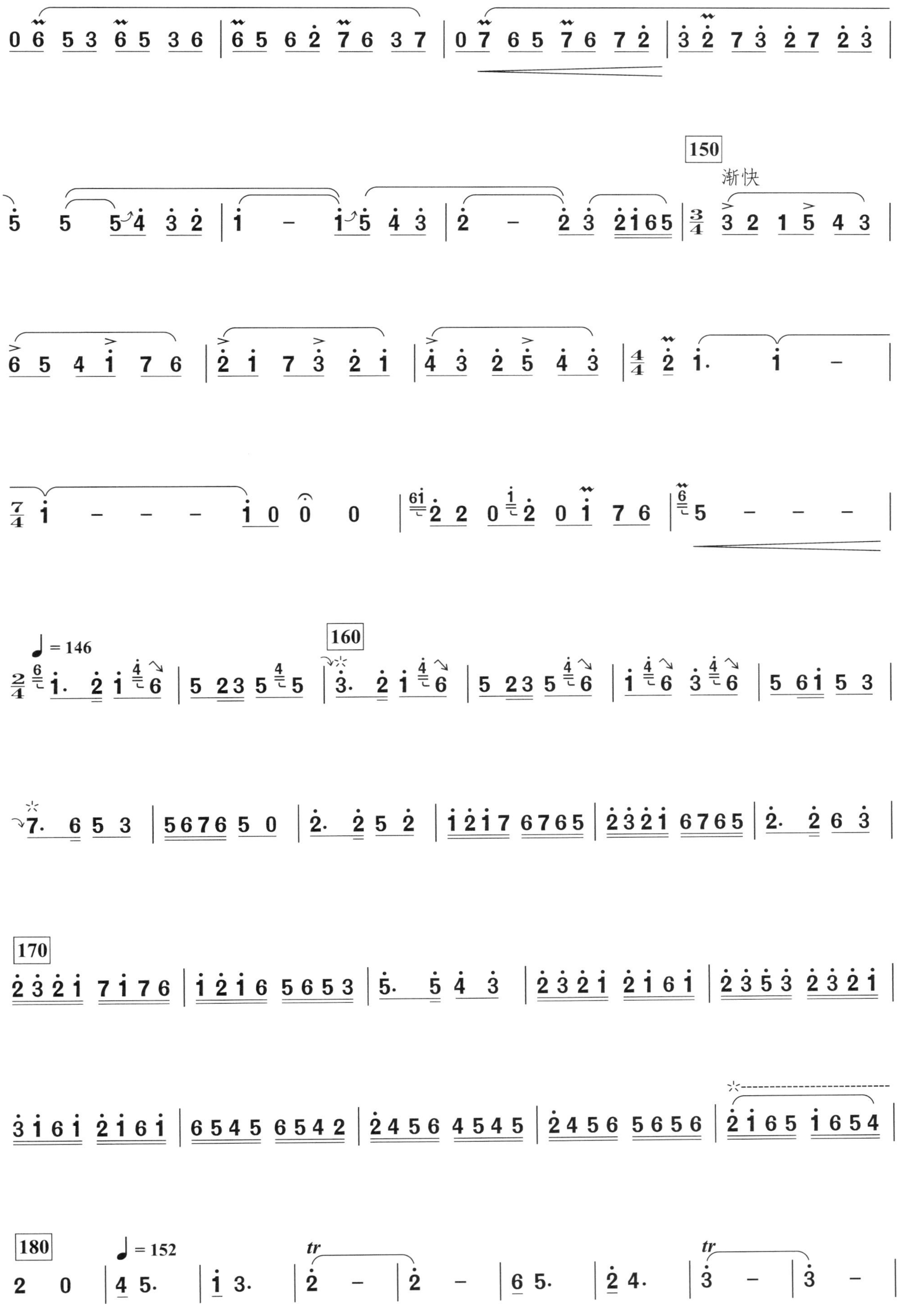
150
渐快
♩= 146
160
170
180
♩= 152
tr
tr

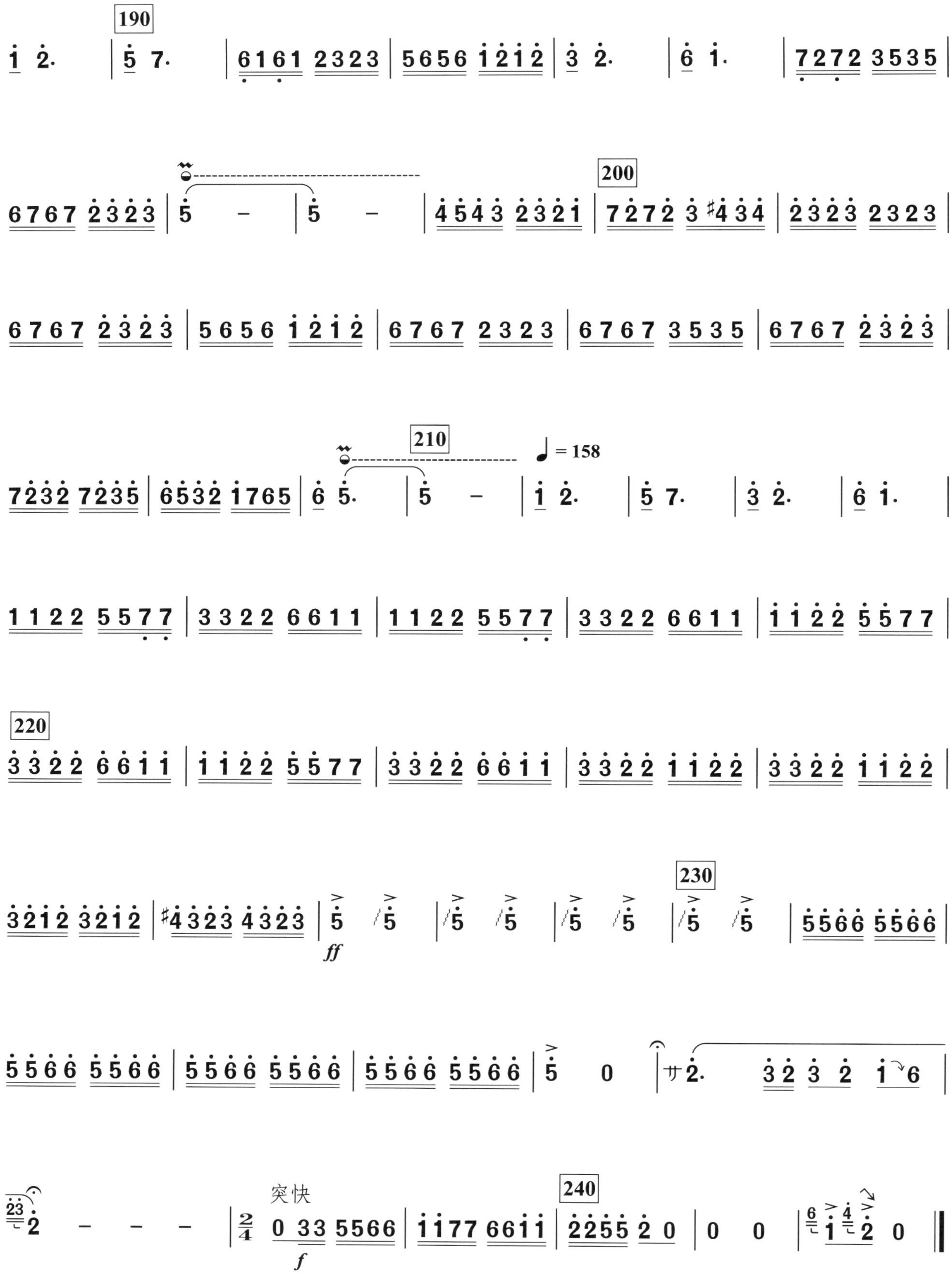

山歌、野趣、风情。一首具有浓郁北派笛子演奏风格的乐曲，质朴醇美、情感真挚、热情奔放，富有鲜明的个性，令人回味。

（五）王次恒

王次恒，笛箫演奏家。中央音乐学院特聘教授、硕士生导师。国家一级演奏员、文化部优秀专家、荣获国务院颁发“有突出贡献奖”，享受政府特殊津贴。1984年毕业于中央音乐学院，同年考入中央民族乐团，先后师从赵松庭、曾永清、蓝玉崧等。历任中央民族乐团副团长暨笛子首席、管乐声部长。中国音乐家协会理事、中国民族管弦乐协会常务理事、中国民族管弦乐学会箫埙专业委员会会长。文化部高级职称评审、国家职业技术专业委员会委员，文华艺术奖评委，全国社会艺术水平考级管理工作专家指导委员会委员，国家艺术基金评审专家，中央电视台民族器乐电视大赛评委，中国音乐金钟奖全国笛子比赛评委。

优秀而有深度内涵的笛箫演奏艺术使他在国内、国际音乐比赛中频频获奖。1987年获首届全国广东音乐邀请赛演奏一等奖；1989年获首届全国民族器乐电视大奖赛二等奖，同年在第十三届世界青年联欢节上获笛子独奏金奖及最高艺术家荣誉证书；1991年在文化部中直院团音乐比赛中荣获最高优秀演奏奖；1999年在文化部中直院团国庆五十周年评比展演中荣获最高优秀演奏奖；2010—2013年连续四年在国家艺术院团优秀剧目展演中获最高优秀演奏奖。

出版专著有《笛子演奏教程》《名家教竹笛》《笛子入门与提高》《青少年学竹笛》《箫演奏入门与提高实用教程》《箫演奏入门》等。

曾为国内外唱片公司录制了大量笛箫曲，其中个人独奏专辑有《王次恒吹管乐》《王次恒笛子作品》《中国南北笛》《钗头凤幻想》《王次恒箫专辑》《箫埙专辑》《咏春三章》《闲情一曲赋春风》《南山截竹恒北斗》《空山竹韵》等。他演奏的笛曲《幽兰逢春》入选新中国唱片70周年纪念专辑《乐颂中国》。

参与创作的笛箫作品主要有《桑园春》、《塞外随想》（与邵恩合作）、《钗头凤幻想》（与王直合作）、《空山望月》（与王时合作）、《傣寨情歌》、《乡愁》、《燕归来》、《梦家园》、《观海河》、《水风》、《南山竹韵》等。其中笛曲《梦家园》入选中国唱片新时代原创音乐精品集《人民就是江山》。

经常代表国家艺术团出访演出，进行文化学术交流及讲学活动，多次在国内外举办笛箫独奏音乐会。1990年在北京音乐厅举办个人笛子独奏音乐会，2006年在台北国家音乐厅举办“闲情一曲赋春风——王次恒独奏音乐会”，2010年在国家大剧院举办“南山截竹恒北斗——王次恒笛子独奏音乐会”，引起极大的反响。在国际著名的音乐厅举办的音乐会中担任笛子独奏，如美国的卡内基音乐厅、肯尼迪艺术中心、联合国会议大厅、林肯中心剧场、芝加哥交响乐厅，以及奥地利的维也纳金色大厅、希腊的希洛德古剧场、俄罗斯的玛林斯基剧院、荷兰的阿姆斯特丹音乐厅和日本的札幌音乐厅都曾留下他独奏的身影。

笛曲作品

桑　园　春

1＝G（筒音作2̣）

王次恒曲

【引子】优美、自由地

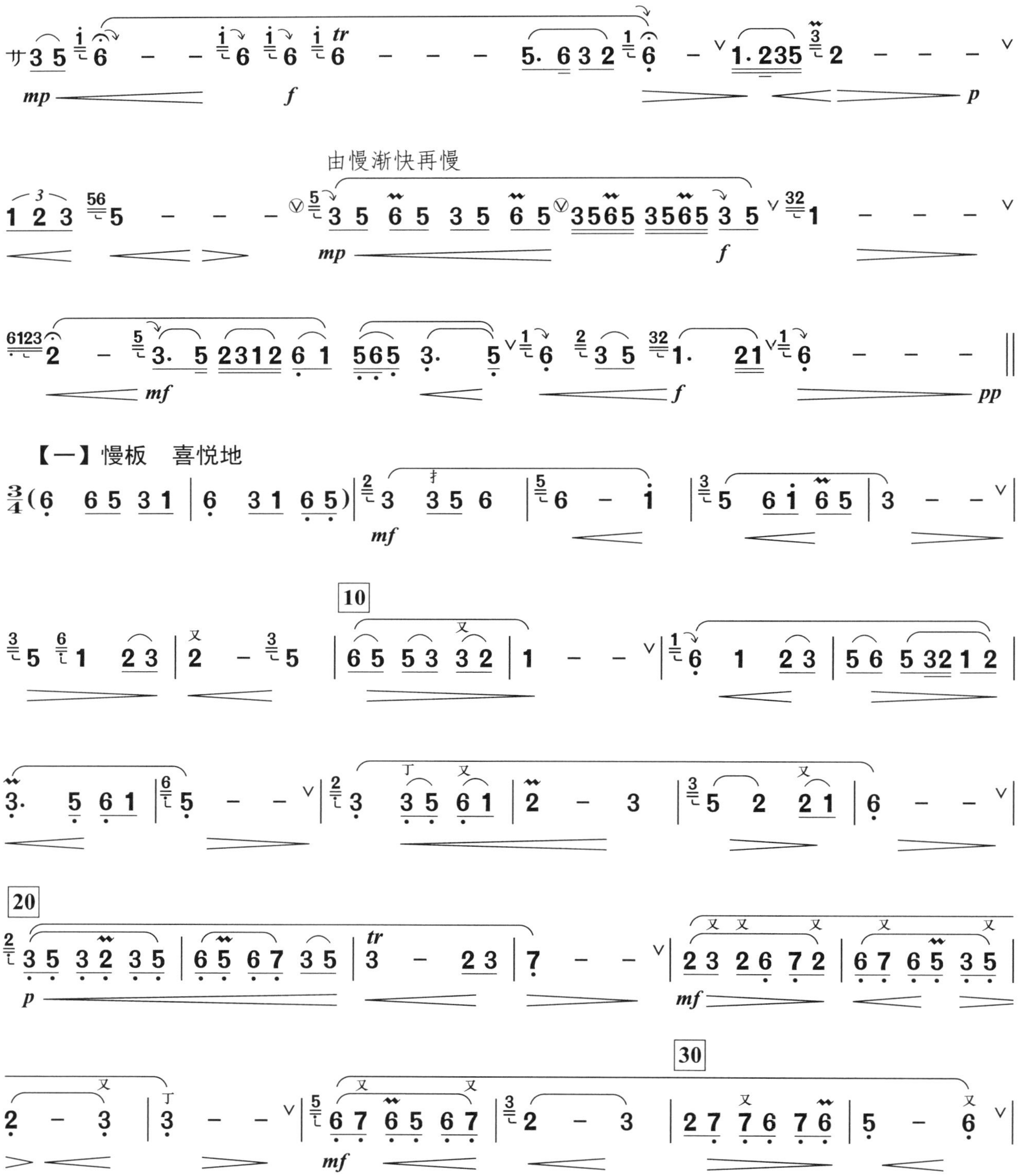

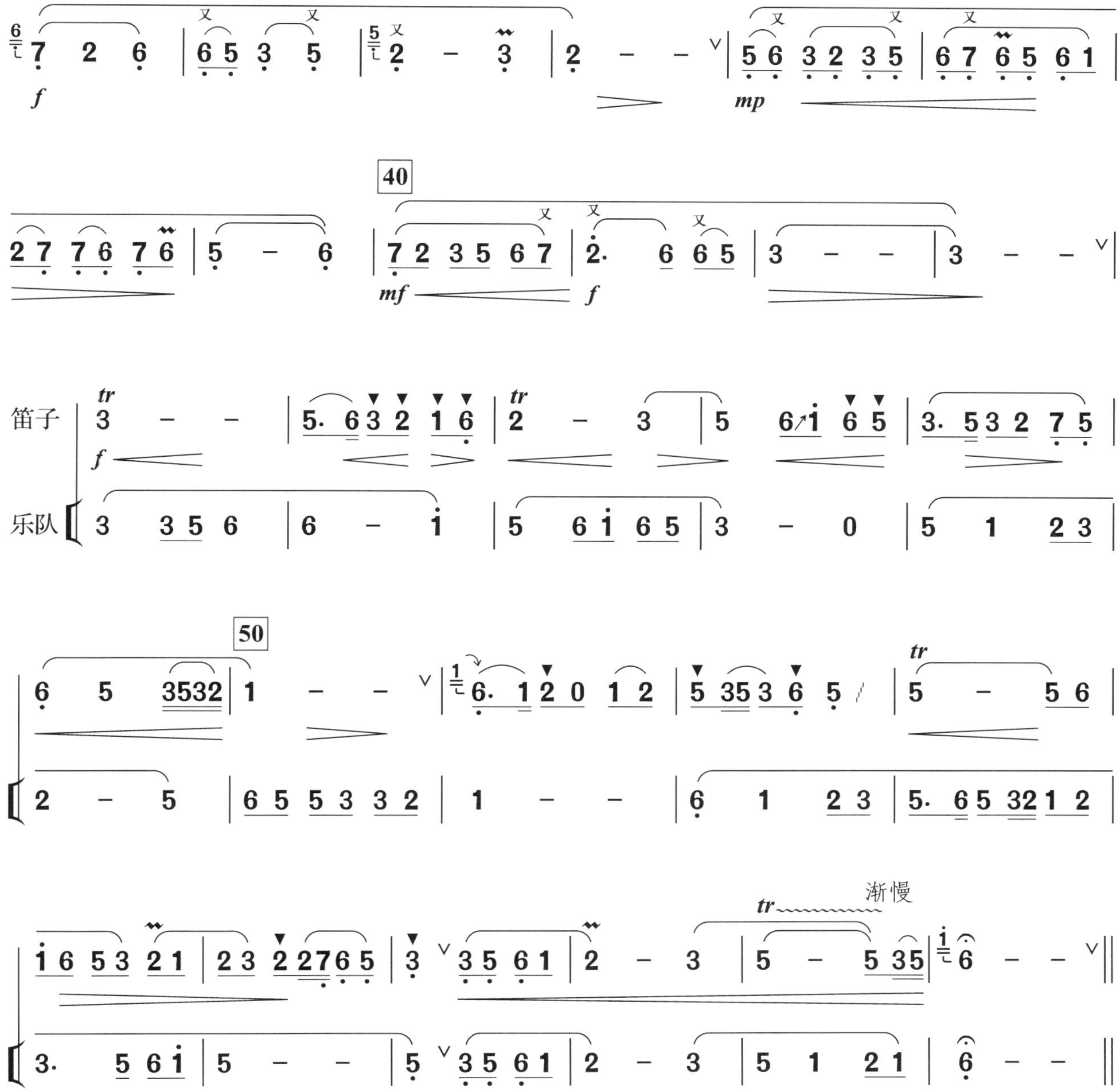

60

【二】小快板　跳跃、欢快地

转1=D（筒音作5）

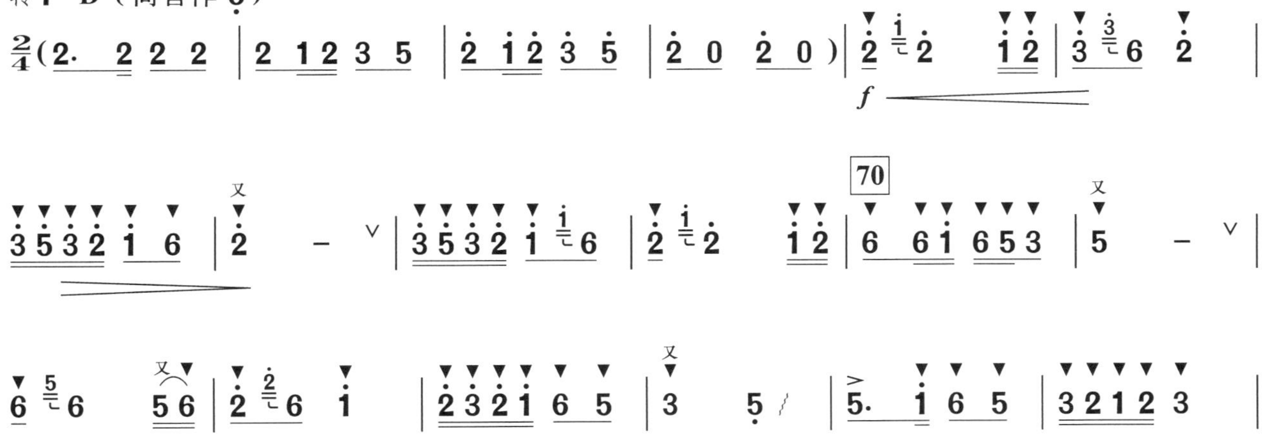

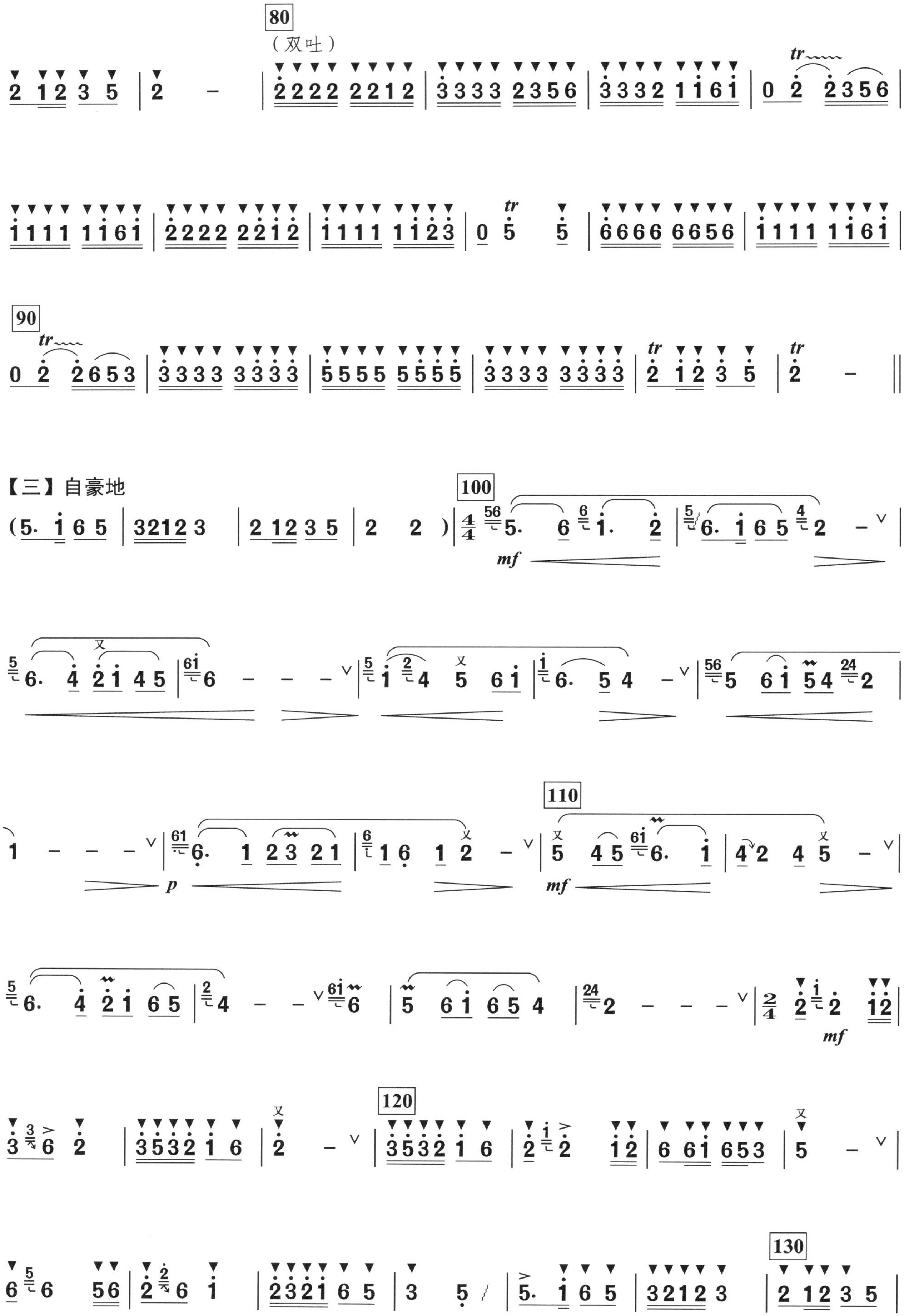
（双吐）
【三】自豪地

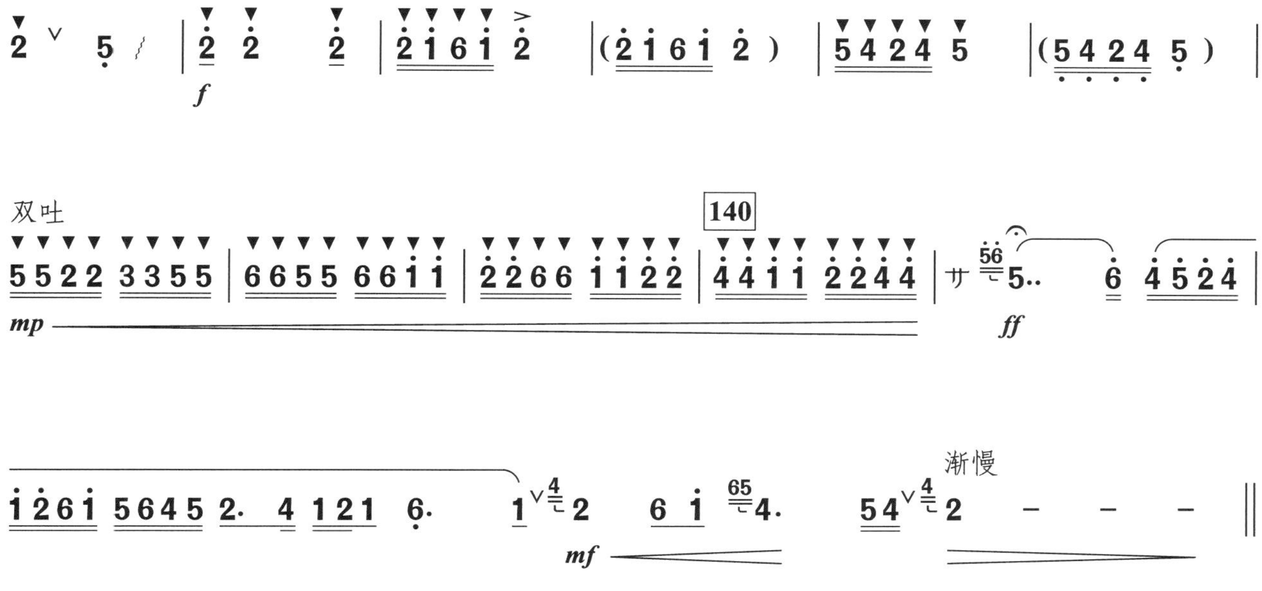

【四】慢板

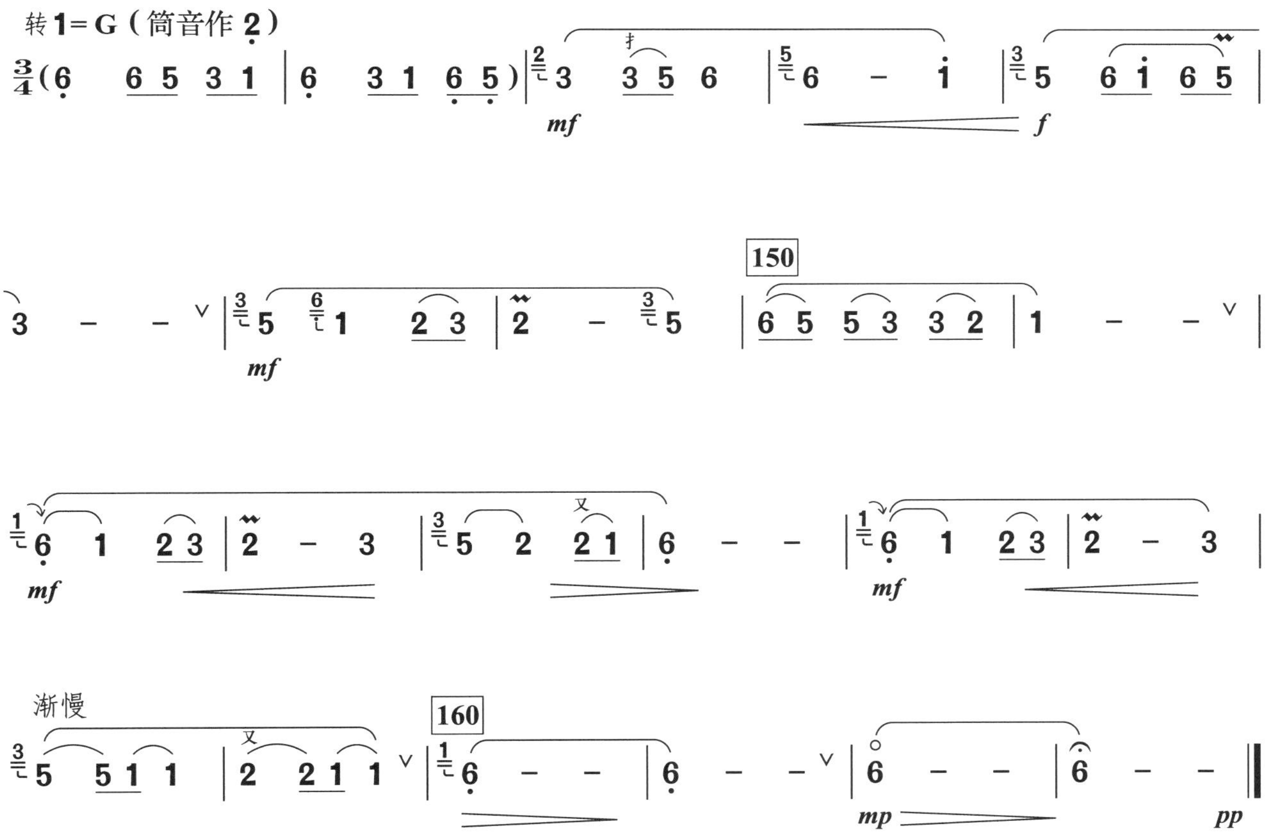

乐曲以江南桑园为背景，以嘉美田歌作为音乐素材，通过悠扬委婉的曲调表现江南水乡的春天美景。

此曲引子、慢板、散板部分的装饰手法与江南丝竹的演奏手法相同，即灵活运用"颤""叠""打"等手指技巧，滑音的加入使旋律更具江南风韵。气息运用须流畅自如，将歌唱性的感觉融入技法中。小快板旋律色调对比鲜明，以景衬情，音乐开阔舒展，明快活泼的吐音与豪放抒情的长音交替出现，增添了乐曲优美感人的韵味，描绘出一幅广阔的桑园景象。

燕 归 来

1=♭E（♭B调曲笛　筒音作2̣）

王次恒曲

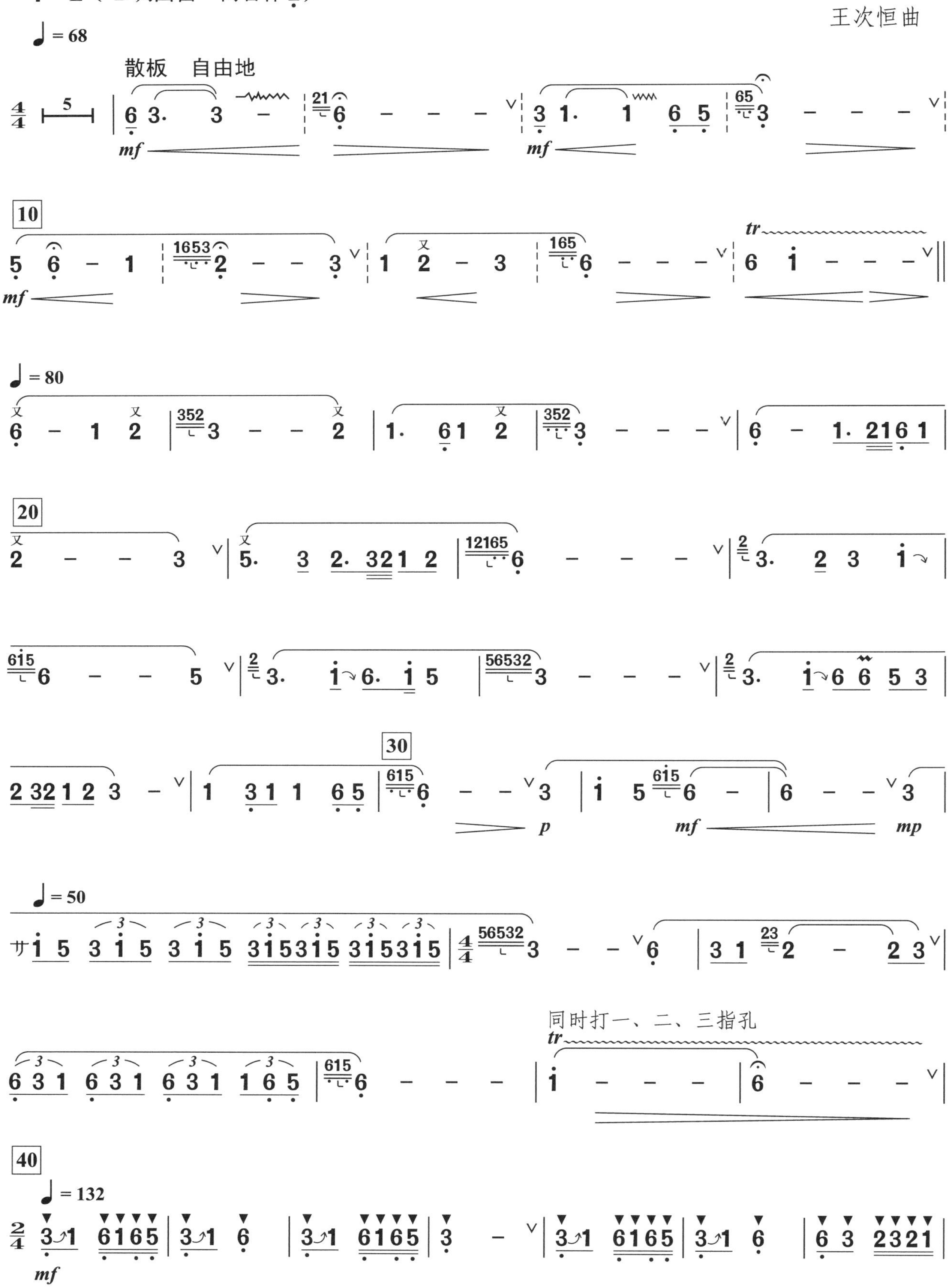

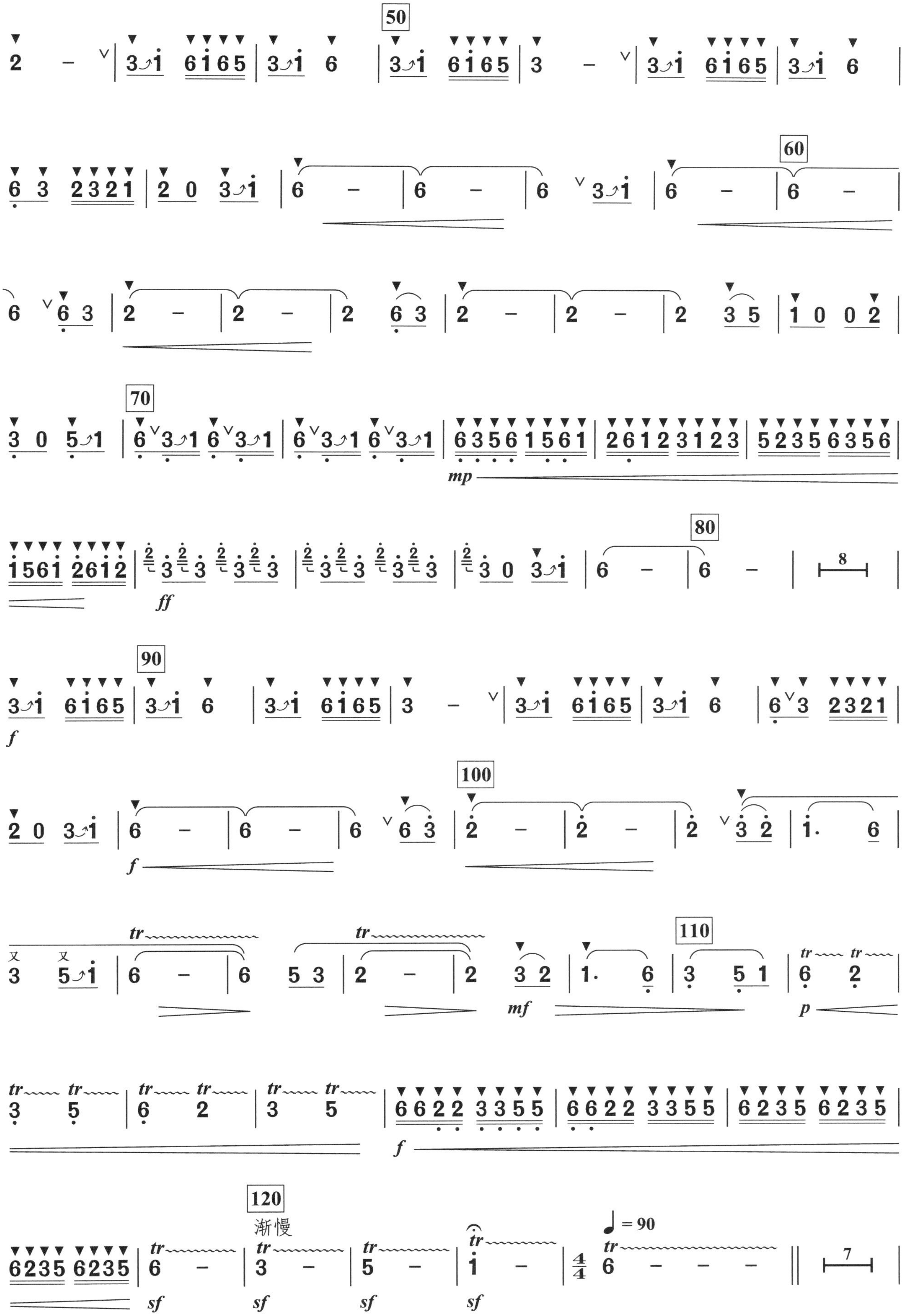
渐慢

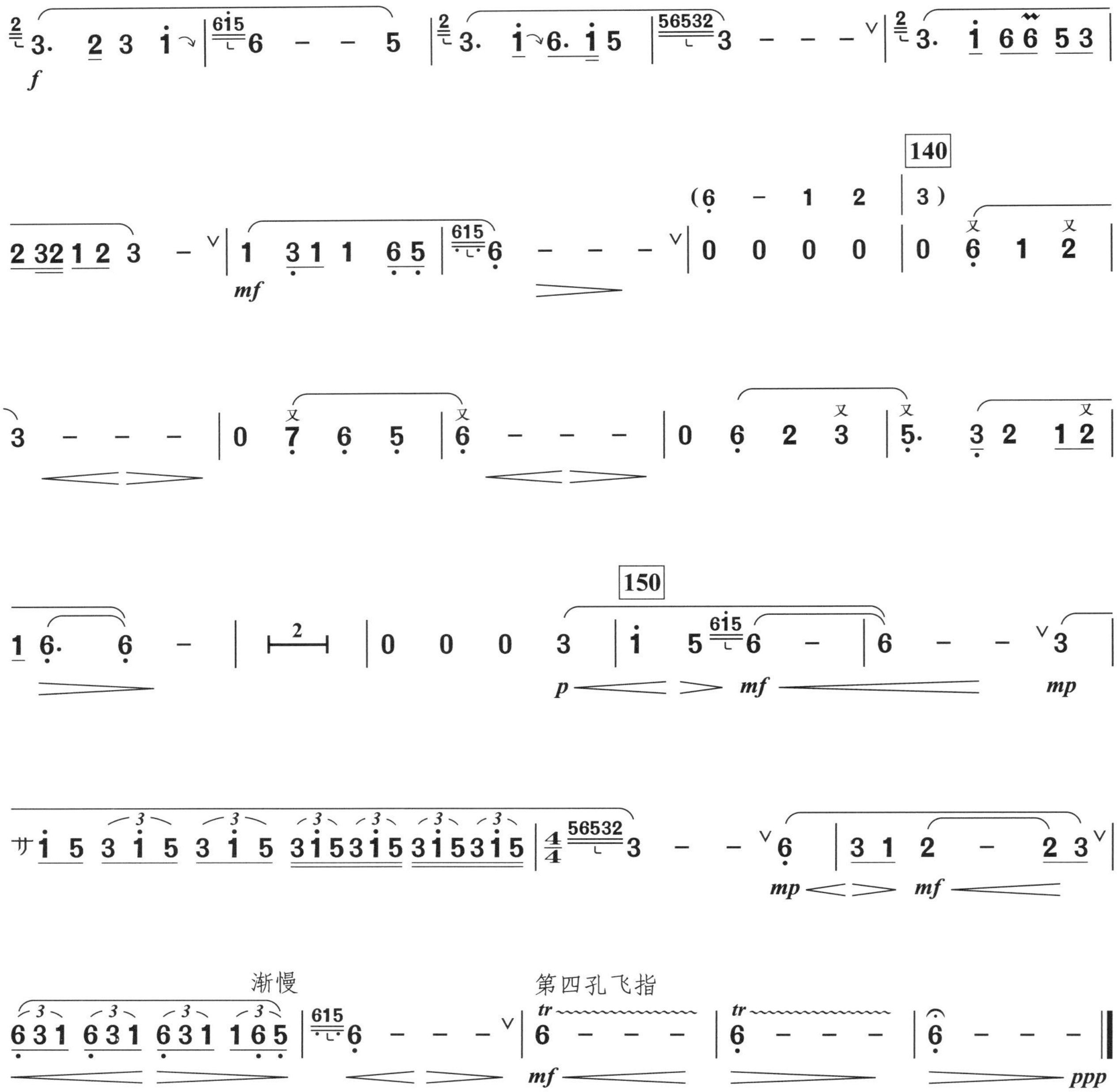

乐曲完成于2013年，同年9月在国家大剧院首演。本曲曲意源于北宋词人晏殊的《浣溪沙 · 一曲新词酒一杯》，有感于其中名句“无可奈何花落去，似曾相识燕归来”。词人面对繁花将落时的景象，既有对时间无情流逝花落去的无奈，又有对循环往复燕归来的希冀。

演奏此曲引子时，要求气息运用以推、拉为主，即渐强时气息以“推动”的方式吹奏，渐弱时气息以“拉住”的方式吹奏。要注重旋律线条的流动、色调的变化。气颤音需把握分寸感，切忌过量。如第 6 小节，先以推动渐强的方式到一定力度时，然后在强音连接第 7 小节以拉住气息的方式渐弱到一定的力度时再加入气颤音，切忌在长音上过度使用气颤音。演奏音程关系跨度为五度、六度的两个音时，要求气息位置保持不变，口形肌肉随着手指的滑动稍收缩，气息的控制和角度也作细微变化，上述所有的变化都离不开气速变化的支配。乐句中有多处强音收尾下一句弱音起，要根据乐句调整呼吸速度，掌握强音呼吸快、弱音呼吸慢的规律，方可做到转换自如。在演奏小快板的吐音、滑音、颤音时，吐音要有弹性，十六分音符的力度变化要有层次。

此曲力图展现细腻悠长的意境，用笛子抒发心境，营造典雅的音乐氛围。大笛独特的音韵感染力可以展现出作品的韵味，引起听者的情感共鸣，也凸显了作品的气质，诠释出中国古典诗词的魅力。

（六）刘宽忍

刘宽忍，笛埙演奏家、博士生导师、教授。中国第一位民族管乐器硕士学位获得者。

刘宽忍出身于书香门第，家学渊源深厚，祖父是远近闻名的老中医，20世纪50年代其父亲与叔父先后考入陕西师范大学中文专业和北京体育学院运动医学专业。从7岁起，开始跟随父亲学习二胡，自此便与中国传统民族乐器结下不解之缘。

1977年考入西安音乐学院附中笛子专业，1983年考入西安音乐学院民族器乐系笛子专业，同时随李仲唐学习古琴专业，1987年分配到陕西省广播电视民族乐团从事专业演奏，1989年在西安音乐学院攻读民族管乐硕士学位，先后师从元修和、梁欣、赵松庭先生，1991年研究生毕业并留校任教，从事笛子专业的教学工作。

刘宽忍的演奏功底深厚、技术全面，在气息运用上有独到之处，形成了“用南曲之运气北曲之表达”的艺术特点和富于歌唱性、以情为重、情韵并茂的个性风格。既能阐释粗犷、豪放、大气、激越之意境，又兼备深沉、朴实、内在、细腻之韵味。他将二胡揉弦技法及古琴演奏的从容淡定巧妙地融入演奏之中，塑造了自己独具特色的艺术品格。

刘宽忍长期致力于埙演奏技法、埙乐器改良、埙曲创作等研究，完成了大量的抢救性和开创性工作。他同制埙名师、笛埙演奏家张荣华先生共同研制的宽音域埙、双音陶笛获国家专利。曾在国家大剧院成功举办“土韵——刘宽忍埙乐专场音乐会”，成为中国音乐史上首次举办埙乐个人专场音乐会的人，在作品和演奏方面均达到了埙在专业学术领域的最高水准。

出版专著有《笛子演奏法》《埙演奏法》《风竹——刘宽忍演奏埙曲精选》。策划主编的《中国埙乐文化》系列丛书（五册）入选中宣部“中华民族音乐传承出版工程精品项目”。出版音像专辑有《刘宽忍笛子独奏专辑》《刘宽忍笛埙专辑》《废都——刘宽忍贾平凹埙乐专辑》《秦吟——刘宽忍笛子专辑》《知音——刘宽忍埙乐专辑》等，获第六届中国“金唱片”奖提名奖。创作并演奏的笛埙作品有《秦吟》《风竹》《子夜吴歌》《满庭芳》《坐望》等。他多次担任中央电视台民族器乐大赛和国家级专业赛事评委，与中国国家交响乐团、香港中乐团等合作演出。曾多次赴欧洲、日本各国及中国香港、台湾地区进行讲学和文化交流，被誉为“华夏吹埙第一人”。

多年来，刘宽忍潜心致力于传统音乐的学习、教学、研究、创作、推广和传承工作，是中华优秀传统文化的践行者和推动者。

论文

笛子独奏曲《三五七》之研究

刘宽忍

笛子独奏曲《三五七》是笛乐宗师赵松庭先生1956年以前创作的笛子曲，经过多次修改，1957年定稿并流传至今。此曲将他本人发明的气息控制和在笛子上的循环换气技巧灵活地运用其中，加之那豪放而又细腻的强烈对比，极富热情又不失典雅的气质，使其成为最优秀的笛子曲之一。同时此曲也是浙派笛子风格的典型代表作。随着国内外文化交流的日益频繁，今天的《三五七》已经不再局限于南方，而是成为全国乃至海外的笛曲典范，并且越来越多地成为海内外重大笛子比赛中的必选曲目。那么什么是《三五七》？它的特点有哪些？怎样来演奏？却少有人论及这些方面的问题。因此，本文就这些方面的相关问题进行探讨和研究。

〔三五七〕作为一种戏曲曲牌在南方诸多的地方戏曲中屡见不鲜，如浙江温州地区瓯剧里的〔三五七〕，绍兴乱弹的〔三五七〕，都是我国吟咏艺术中一种具有民族传统特色的奇数句式的排列方法，起着改变节奏和丰富情感的作用。而笛子独奏曲《三五七》是赵松庭先生根据浙江婺剧中的乱弹腔〔三五七〕的曲调改变移植而成。什么叫乱弹呢？婺剧中的乱弹有其特殊的概念，它既不是《广阳杂记》中所说的“秦优新声，有名乱弹者”，也不是《扬州画舫录》中所称的“雅部”（昆山腔）、“花部”（京腔、秦腔、弋阳腔、梆子腔、罗罗腔、二黄腔等腔中的乱弹），婺剧乱弹是指以〔三五七〕〔二凡〕为主要唱调的一种声腔。〔三五七〕的曲调素以优美、抒情著称，表达欢快、激昂、悲痛等多种情绪，也可以按其速度及旋律音高变化表现出来，其词格以三个、五个、七个，即上句八个字，下句七个字为标准，故名“三五七”。

“三五七”系统的板式特别丰富。它融合了非独立板腔哭板、游板、落山虎、顶头板、导板等，接连使用尺字导板、尺字流水、尺字二凡，变化无穷、极具魅力。

在笛子曲《三五七》中，作者吸收了传统〔三五七〕中的导板、平板、游板和快板，既不失原来的风格特点，又不拘泥于戏曲曲牌的框框，衔接非常自然，充分发挥了笛子的演奏技巧。

笛子独奏曲《三五七》分为三部分，它的总的形象是描写浙东劳动人民的生活情趣和劳动场面，全曲基调豪放。除了掌握笛子的常规技巧外，还必须掌握气息控制和循环换气的技巧，用$^{\flat}$B调曲笛（筒音作 6̣）来演奏。风格的运用上以粗犷为主，但粗中有细。粗犷时音一定要亮，要有穿透力；细腻时则非常讲究，粗犷与细腻形成强烈对比，时而华丽多彩，时而柔美细腻，抑扬顿挫，变化无穷。

第一部分是“引子”，运用戏曲中的导板，在演奏上用无伴奏来处理，每分钟60拍，在节奏处理上似散非散，但要奏得从容自若，每一句每个音都有足以使演奏者自己发挥各自功力的主观能动性，这是赵先生创作的笛曲特点之一，也正是鉴别演奏者水准高低之所在。

第一句“ {2̇}6. 1̇ 2̇ 3̇ 1̇ {5̇}3̇ | {1̇3̇}2̇ – – {1̇}6 0 | ”开门见山，将乐曲粗犷豪放的性格直截了当地表现出来，此句可谓全曲的亮相，非常关键，演奏时先将其吸足，音要透得开，但注意不要偏

高，做到强而不燥、强而不高。为了避免音偏高，在技巧上要注意以下两点：1.将打开的手指放低；2.口风方法的灵活运用。第一个装饰音不能吹成历音，也不是滑音或垛音，但还要将过渡音快速地吹奏出来。长音“ 2̇ ”开始时用*mf*来演奏，持续时可以根据自己的气量而定长短。在气快要用尽时，用*ff*来演奏，再将气冲四下。“ 6. 1̇ 2̇ 5̇ 5̇ – | 3̇ – – – | ”一句，运用了滑音，模仿婺剧唱腔，所以要奏得非常圆滑，像歌唱一样。“ 5̇ ”要顶上去，然后用气冲音，要求出音响亮。“ 2̇. 1̇ 6 3̇ 2̇.16̇3̇2̇1̇ 6 2̇ | 5 – – – | ”前面的“ 2̇. 1̇ 6 3̇ ”四个音要奏得弱而慢，目的在于与后面的快奏形成对比，即遇强必弱的手法。后面要求奏得强而快，富于弹性。“ 5 – – – | ”分三步来处理，即第二拍强，第三拍变弱，然后再加上指震，似揉弦的效果。装饰音“6”要清晰，不可奏成滑音，要用第二孔按半孔的指法。

引子的末句用循环换气来演奏，“ 1̇ 6 3. 3̇2̇ | 1 3 2 – | 2̇ – 2̇ – | 2 2 2 2 | 1232 1232 1232 1232 | 1̇2̇3̇2̇ 1̇2̇3̇2̇ 1̇2̇3̇2̇ 1̇2̇3̇2̇ | 2̇ – 2̇ – | 2̇ 2̇ 2̇ 2̇ | 2̇ – 2̇ 35 2327653235 | 2 2 2. 1 6 1 0 | 2 2 2 – | ”开始音“ 1̇ ”用指震音，要轻一些，指震音开始就加。换气在“3.”上就要做准备，“ 3”在附点处要用气冲一下，吹奏到“ 2 2 ”时尽量吸气，为后面越来越强的演奏做储备。力度在“ 2̇ – ”处达到顶峰，“ 2 2 2. 1 6 1 0 ”一句中的“ 2 ”音上用气冲两次，犹如泛舟湖面，轻快地荡漾，最后的“ 2 ”以平稳的弱收结束引子。

第二部分采用了戏曲《三五七》中的平板，节奏不可太快，用戏曲中称一板三眼的 $\frac{4}{4}$ 拍，每分钟144拍。此段节奏相对比较规则，关键在于掌握好手指的弹性装饰技巧及演奏者对乐曲多层次的起伏变化的理解。前五小节由慢至快，似戏曲中的叫板，“3̇”上颤音（~）较多，即“出手常用颤”。从第6小节开始节奏稳定，此后的大段处理，要模仿婺剧中笛子伴奏的手法，随着情感去发挥，不能受一般传统的南派笛子风格的约束，在长音上可用打音带着抹音的技巧去演奏。如“ 1̇ 3̇ | 2̇. 1̇ 2̇ 1̇2̇ 3̇ 1̇ | ”实奏成“ 1̇ 3̇ | 2̇ 2̇ 2̇ 2̇ 2̇ 2̇ 3̇ 1̇ | ”，进行这样的技巧处理，使得乐曲有了韵的律动，给人以轻松自如的感觉。乐曲的起伏变化的主要体现在两个方面：一是乐句间的强弱对比，包括乐句整体大段旋律的由强渐弱或者由弱渐强，单个小节甚至是一个音符的强弱渐变或突变；一是七度大跳的反复出现。如“ 6. 1 2 3 5 6 | 1̇. 2̇ 3̇♯4̇3̇6 5. 6 1̇ 2̇ | 6 7 6 5 3 0 1̇ 3̇ | 2̇ 2̇ 2̇ 1̇ 2̇ 1̇2̇ 3̇ 1̇ | 2̇ 3̇♯4̇ 3̇2̇1̇7 6. 7 6 3 | 2. 1 2 3. 5 6 1̇ | 5 0 ”这是大段旋律的强弱变化，再如“ 2. 7 | 6 6 6 1̇2̇3̇ 2̇3̇2̇6 | ”，一个小节之内就会有非常鲜明的强弱对比。“ 5 6 ”“ 6 5 ”七度大跳要奏得清楚不能含糊，要一步到位。需要特别加以注意的是，并非装饰音越多、手指越花越好。例如“ 5. 3 2 3 5 6 | 1. 6 5 6 1. 2 | 6. 7 6 5 3 2 1 6 | 2. 1 2 1 2 3 1 | 2. 3 2 7 6 5 6 1 | 2. 3 1 2 3 6 5 0 | ”这句，要用极弱的力度吹奏得朴实无华，这样才能突出七度大

跳，并为后面强力度的对比作铺垫。装饰音不是用来显示技巧的，而是为了表达乐曲的思想感情而用，要恰到好处，否则只会画蛇添足。一切技巧都是为音乐服务的。

第二部分的最后在节奏上运用了散板，技巧上用的是循环换气。这种散板的节奏为下一部分转为 $\frac{2}{4}$ 拍的快板做了自然的铺垫。

第三部分是快板，运用戏曲中的游板和快板，$\frac{2}{4}$ 拍以每分钟192拍的速度演奏，情绪越来越激昂。技巧上吸收了北方风格中常用的垛音、吐音等。其中长音“3̇ – | 3̇ – | ³⁵6̇ – | 6̇ – | 3̇ 5̇· | 5̇ – ∨ |”的演奏用的是循环换气，可以自由发挥，但要注意强弱的处理，不能只是简单地吹音符。后面的“0 ¹̇6 1̇ | 2̇ – | 2̇ – | 2̇ 0 3̇ | 2̇ 1̇ 6 3 | 2 – | 2 – | 2· 1 | 6 5 6 1 | 2 – | 2 – | 2· 3 | 5 6 5 3 | 2 – | 2 – | 2·”注意不要奏得拖沓，气息要平稳。下面的“5 3 2 | 5 3 2 |”的反复段用了垛音技巧，要奏得要干净利索，不可拖泥带水。第二遍较第一遍稍快，力度也强于上一段。最后的尾声部分仍采用散板形式，重复第一部分的主题，前后呼应，技巧的处理上与引子相同。在轻松的吐音之后，从容地结束全曲。

笛曲作品

秦　　吟

1＝F（C调曲笛　筒音作2̣）

刘宽忍曲

引子　空旷地

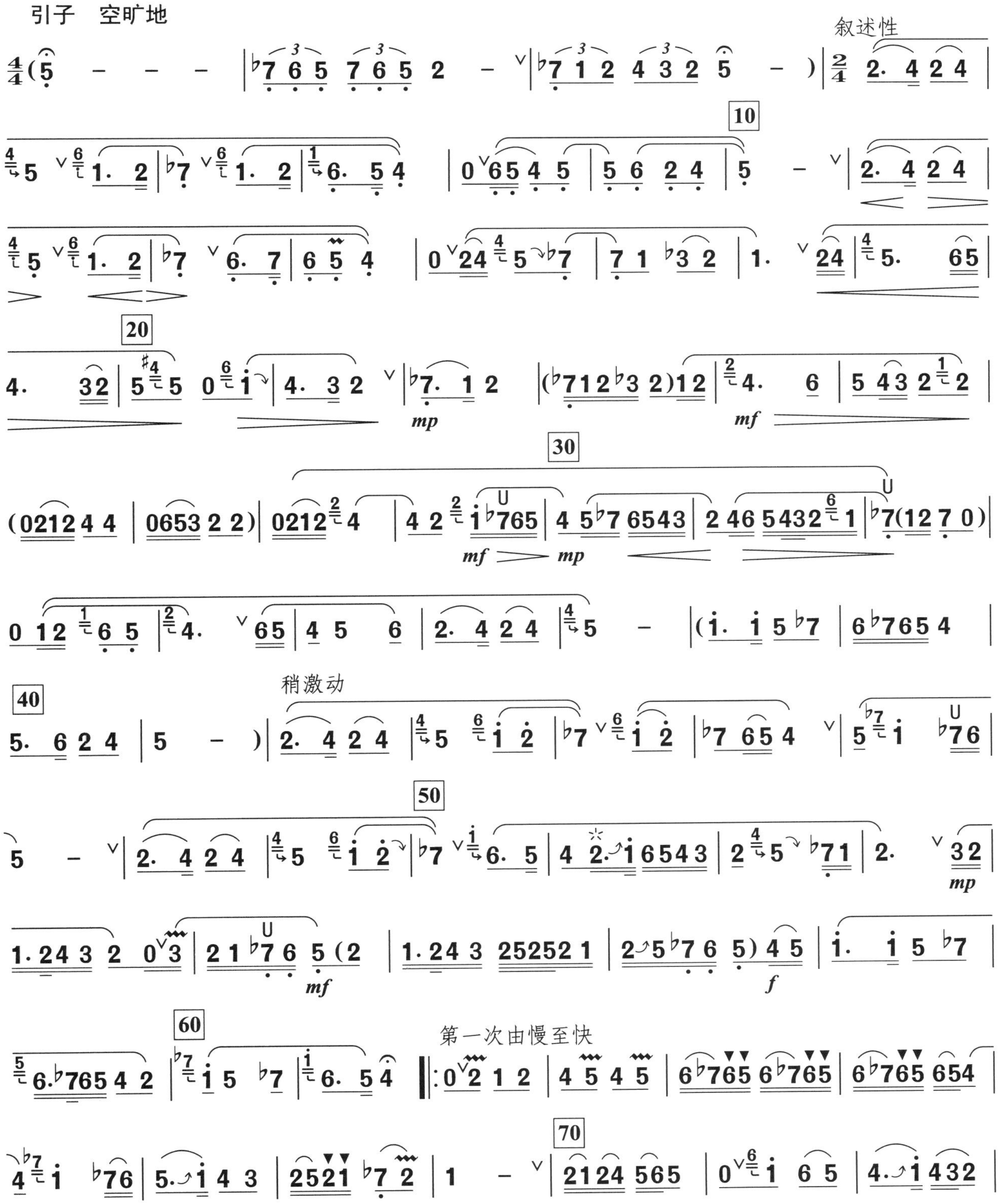

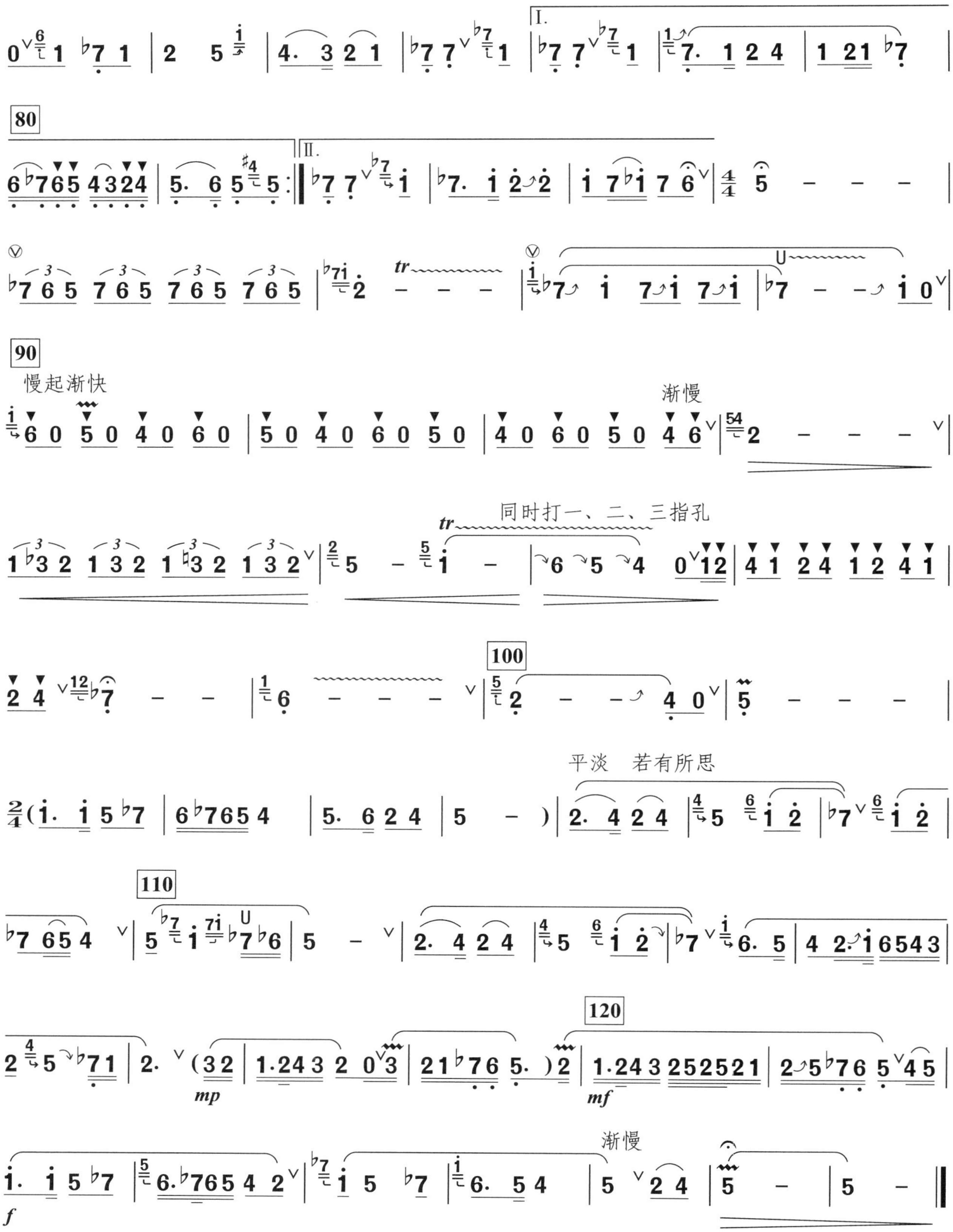

乐曲创作于1991年，以陕西秦腔音乐为素材，描述了秦人生活的艰辛，抒发秦人对美好生活的向往。

乐曲开头就把大家带到了载满黄土的那片热土上，秦汉的辉煌、隋唐的鼎盛，古城已盛景不再，乐曲含着无奈和悲凉的情感描述着秦地人们生活的苦闷。中段表现了秦人对美好生活的向往和遐想，最后乐曲再现主题，又回到了现实中来，回到了那个依然载满黄土的秦川大地上，耐人寻味。

风　竹

1=C（筒音作1）

张晓峰、刘宽忍曲

【引子】

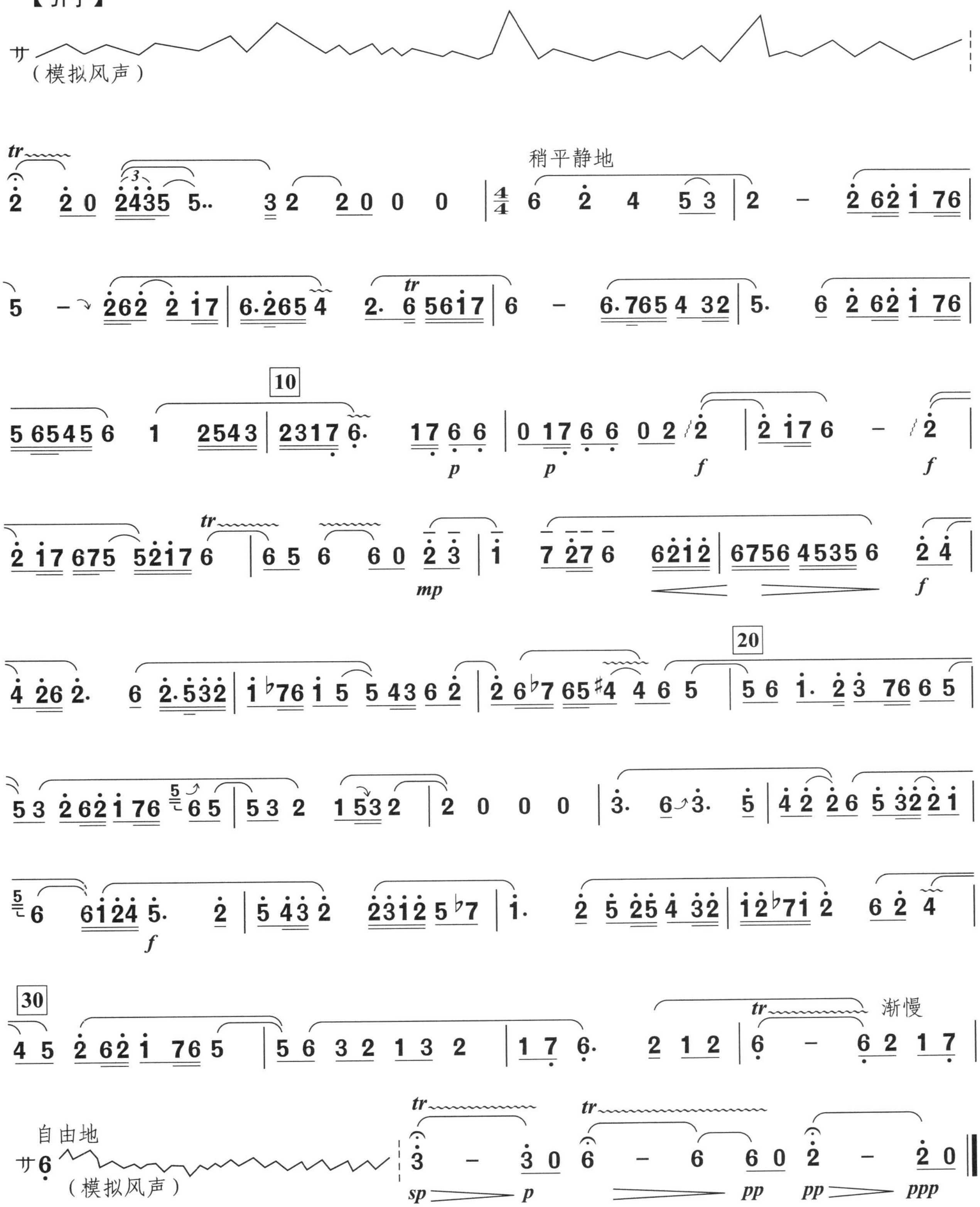

风过竹林，吹动亘古的思念；雁过长空，带走令人的惆怅。天地悠悠，溢着豪情满怀，难却柔情万种，尽散在风声、竹影、月色里……

（七）杜如松

杜如松，居钱塘。浙江音乐学院国乐系竹笛教授，中国音乐家协会竹笛学会副会长、中国民族管弦乐协会常务理事、浙江省音乐家协会副主席、浙江省非物质文化遗产保护协会副会长，2015年浙江省宣传文化系统"五个一批"人才。

演艺足迹遍布欧亚各国和美国、日本及中国港澳台地区。近十年来专于佛教文化艺术的推广与研究，曾参与首届世界佛教论坛开幕式，策划导演海峡两岸佛教音乐会，弘一大师纪念音乐会及中日佛教音乐会等。

主要创作作品有《扁舟载月》《雁南飞》《竺缘》等。出版著作有《浙江省竹笛考级教材》《杜如松笛箫曲集》《中国笛曲精选》《一溪松月——赵松庭竹笛国际艺术中心历程》等。出版专辑有《笛声吹向云水间》《莲台凝香》《渔笛清幽》等。专辑《笛声吹向云水间》及其作品入围台湾第19届金曲奖，并获"最佳传统音乐诠释奖""最佳专辑奖"。音画笛曲《渔笛清幽》入围2017年国家艺术基金，2019年主持课程项目《器乐演奏（竹笛）》获批浙江省教育厅省级一流课程，2023年主持课程项目《器乐演奏（竹笛）》获批国家一流本科课程项目。

2015年于浙江音乐学院成立赵松庭竹笛国际艺术中心，2019年中心在学院的支持下开展"竹笛工坊"项目，通过研究学习赵松庭先生归纳总结的制笛数据等科学方法进行实验性尝试，为青年教师、在校学生从学术理论至科研及实践操作等能力提供锻炼与提升的平台。2020年底，在学院支持下，完成校级科研项目《一溪松月——赵松庭竹笛国际艺术中心历程》（上海音乐出版社）。

论文

赵松庭竹笛国际艺术中心历程回顾

杜如松

一、“绝知此事要躬行”——平台初建

2015年11月11日晚，浙江音乐学院（筹）标准音乐厅，赵松庭竹笛国际艺术中心正式揭牌。这是国内首个以纪念赵松庭先生而专门成立的竹笛国际艺术中心，也是浙江音乐学院还处于筹建期阶段，在通过教育部专家投票后，学院所成立的第一个专业学科研究平台。

在中心的揭牌仪式上，浙江省文化厅党组书记、厅长、浙江音乐学院（筹）原党委书记褚子育先生致辞。他说：“赵松庭竹笛国际艺术中心的成立，是竹笛艺术界的一件喜事，也是浙江音乐学院（筹）的一件盛事，对学院传承和弘扬赵松庭先生竹笛艺术、发展国乐文化具有重要意义。”

赵松庭竹笛国际艺术中心以“传承大师笛艺，弘扬治学精神，发展国乐文化”为宗旨，围绕着赵松庭先生在笛乐演奏与教学方面所体现的治学理念、治学精神、学术造诣和演奏风格等多维度开展研究、挖掘和整理。中心通过开展人才培养培训、学术传播、艺术表演、对外合作交流等各种形式的活动，更加针对性、实质性地传承和发扬赵松庭先生的艺术风骨。

中心成立的活动期间，中国音乐家协会主席叶小纲先生发来贺词祝贺赵松庭竹笛国际艺术中心成立。浙江省政协原主席周国富，浙江省文化厅原厅长金兴盛，浙江省文联党组书记、副主席田宇原，文学硕士、经济学博士、原中国国际商会秘书长赵晓笛为“赵松庭竹笛国际艺术中心”揭牌。

如今国内舞台上许多笛演奏家都是赵松庭先生的弟子。赵松庭先生是中国竹笛艺术的领军人，浙江又是他的故土家园，赵松庭竹笛国际艺术中心的成立，将在总结研究赵松庭先生竹笛艺术的巨大贡献与成就基础之上，培养一批竹笛新秀，将化美妙中华声音集大成者的竹笛，立足浙江，走出国门，走向国际舞台。

中心成立之初，特别邀请了上海音乐学院博士生导师詹永明教授，中国音乐学院博士生导师张维良教授，中央音乐学院博士生导师戴亚教授等社会各界笛管艺术名家名师出席，也吸引了广大笛乐爱好者前来观摩交流。此次盛会是国内音乐专业学府在赵派笛艺文化传承之路上迈出的重要一步，也是笛管乐发展之路上作出尝试的关键一步。

伴随着河南舞阳贾湖骨笛的出土，神秘的乐音将国内笛管乐器的诞生提前至八九千年前，长江中下游的浙江杭州河姆渡，流传着骨哨之声。春秋战国《吕氏春秋 · 仲夏纪 · 古乐》记载：“昔黄帝令伶伦作为律。”战国末期辞赋家宋玉笔下的管乐之声“激叫入青云”。湖南马王堆出土的篪相较曾侯乙墓出土的篪，吹口与指孔位置已经发生了变化，乐器的出土为停留在文献记载《尔雅 · 释乐》中所提及的“大篪谓之沂”，找寻到了“篪”这一管乐器历史的原貌。西晋荀勖在匀孔笛基础上制成定调笛，并提出了管口矫正。东晋箫曲《梅花三弄》改为琴曲，在历史进程中推进了人文音乐与笛管乐作品之间的相互影响。宋人陈旸所撰的《乐书》中记载了唐代七星管，刘系为笛开膜孔，蒙膜助声，

开启了笛管音色的巨大变革，各类笛管乐器与作品在宫廷、民间及文人墨客等不同阶层广泛传播。

20世纪50年代冯子存先生独奏《喜相逢》，将竹笛以独奏形式搬上了历史舞台，同样也为笛管乐传承与创作开辟了一个重要方向，将民间小调及地方戏曲融入独奏作品，并增加了国乐民族文化的影响。学堂乐歌对西乐的学习与运用在冲击传统的同时，带来了新的形式与内容。笛乐南北四大家冯子存、刘管乐、赵松庭、陆春龄及几十位民间与院团演奏家与教育家一路走来，为笛管乐近现代传承与发展带来了无限可能。如今，从大剧院舞台上的民族管弦乐乐团到街头巷口的民间小调、江南丝竹，都是我们习笛者的根，是融入我们的血液与呼吸的历史脉络与文化自信。而赵松庭竹笛国际艺术中心的成立，为更好地学习及研究赵松庭先生笛艺与笛文化提供了优质平台，依托于浙江音乐学院，在教学师资、实践舞台及教科研学术研究等多个层面，为校内师生乃至国内诸多笛管乐研究人员及爱好者提供了更多优质资源。

赵松庭竹笛国际艺术中心自2015年11月成立以来举办了种类多样、内容丰富的活动，共计组织及参演18场音乐会及雅集、3场研讨会及座谈、1场竹笛高峰论坛，组织举办大师班及讲座约17场。

2017年，本人主持的科研项目独奏曲《渔笛清幽》入选国家艺术基金项目，2019年中心在学院的支持下开展“竹笛工坊”项目，通过研究学习赵松庭先生归纳总结的制笛数据等科学方法进行实验性尝试，为青年教师、在校学生从学术理论至科研及实践操作等能力提供锻炼与提升的平台。2019年成功申请浙江省教育厅省级一流课程《器乐演奏（竹笛）》项目。2020年底，在学院支持下，完成校级科研项目《一溪松月——赵松庭竹笛国际艺术中心历程》在上海音乐出版社出版。2021年完成省级一流课程项目，出版《一溪松月》浙音优秀竹笛学生音乐会专场音像制品。2023年主持的课程《器乐演奏（竹笛）》获批国家教育部国家一流课程。此外，中心师生每年组织采风祭奠赵松庭先生，并积极活跃在校内外不同的艺术实践平台上，参演国内业界多场音乐会，教师也参与组织策划如多届“松庭杯”“松庭龙吟”“听雨杯”“松庭流芳——纪念赵松庭先生”系列活动音乐会等竹笛活动中，拓展中心在校外的影响力。

在学院的大力支持下，中心师生在教学、科研、乐器工坊等各个方面举办活动，促进多项成果的推进，使得教学相长，实践与理论互助推进学科发展，从活动表象深挖赵派笛艺与笛文化的根脉、底蕴。

二、“问渠那得清如许”——教学与理论的研讨

赵松庭先生身前对竹笛教学有着多方面的探索，“赵松庭竹笛国际艺术中心”秉承“精笛艺，优教学”的精神，以“继承大师笛艺，弘扬国乐文化”为宗旨，注重从竹笛基础教学到本科及研究生的教学研究。在紧紧围绕中国传统竹笛背景、现状、发展趋势的基础上，结合传统竹笛教学的规范与科学性等问题，探索教学方法、教材编定与应用、全方位训练方法等，将诸多与竹笛教学相关的问题进行阐述与讨论，共同探讨中国传统竹笛领域的教学和实践、创新与创作，如何走出一条更为科学的发展之路。

中心曾于2017年举办以竹笛教学为主题的中国竹笛教学研讨会，该研讨会邀请了北京、上海、安徽、西安、广州等地多个国内专业音乐学府的竹笛演奏家、理论家、专业教师汇聚一堂。从乐器本身、乐人本身、实践及展望等多方面展开话题讨论，面对当今快节奏社会环境下产生的缺乏全面基础音乐素养的人才现状，针对专业音乐学府与综合性大学及师范类学院不同层次平台的实际情况，还有社会所带来的就业压力每年递增等现状，诸位专家老师们直面这一个个实际而又错综复杂的问题，深思竹笛教学在接下来传承与发展之路中肩负的任务，提出了各类引人深思的看法，呼吁新一代习笛者，在未来竹笛演奏与教学方面需要更多的主动性。

赵松庭先生是中国竹笛艺术的领军人物，浙江又是他的故土家园，赵松庭竹笛国际艺术中心的成立，将在未来总结研究赵松庭先生竹笛艺术的贡献与成就基础之上，培养一批竹笛新秀，将化美妙中华声音集大成者的竹笛，立足浙江，走出国门，走向国际舞台。中心成立以来，校内师生教学成果丰硕，曾指导学生连续入围文旅部第六、第七届全国青少年民族乐器教育教学成果展示活动。在2016年第三届"听雨杯"、2018年第四届"听雨杯"海内外中国竹笛邀请赛，2018年台北国际笛管艺术节首届"琴园杯"比赛，"乐音清扬　音乐之城"——2018海内外箫管演奏邀请赛，2019第四届铜岭竹音中国竹笛艺术展演暨首届"松庭龙吟"全国竹笛邀请赛，2021年第二届"松庭龙吟"全国竹笛线上邀请赛，首届"普乐奖"青少年民族器乐展演赛事，2022年第四届松庭杯全国笛箫邀请赛，2022"云冈杯"民族乐器展演，首届"国韵杯"民族器乐展演，国民音乐教育大会展演，"'这，就是我们的旋律'音乐之旅"展演活动，"白玉兰国际音乐节"国乐竞演大赛，"松庭龙吟"2023年第三届全国竹笛邀请赛，2023第五届松庭杯全国笛箫邀请赛，2023年"白玉兰国际音乐节"国乐竞演大赛，2023年第四届南洋国际音乐大赛等赛事中多次斩获金银铜奖。

三、"习笛当知行兼举"——继往开来

赵松庭竹笛国际艺术中心每年都会在清明前后前往赵松庭先生所在陵园踏青。我会向同学们讲述赵松庭先生生前的故事，赵琦老师会带领同学们缅怀赵松庭先生。往来钱塘几载，移步匆匆的寻根之路是每年这个季节的习惯，心怀感恩，一叶触情，每一次诵读赵先生的诗作"吹彻一根笛，读破百卷书"，都让我们回首过去的进步与不足。然而，艺术的追求并无终点，只有事必尽善，只有不断延续。而这些大大小小的十几项活动，旨在推动中国传统竹笛的演奏及理论发展，皆受到业界高度关注及好评，为浙江音乐学院学科建设，以及传统国乐平台的建设与发展积极贡献力量。

此外，2016年中心开始启用微信公众号，至今共发布80篇。中心师生通过网络、报刊等多种媒体，传播赵派笛艺笛文化，受到笛界广泛关注。也与当下多个媒体（如《音乐周刊》）、互联网媒体（如赵松庭竹笛国际艺术中心、笛友之家、玉笛飞声等公众号平台）的合作，为推动"赵松庭笛文化"的传承、传播、发展提供了坚实的基础。

笛在每个人的手中，尽展风华亦有纯粹，筱声已远，余音绕梁，随风音远水云间，站在舞台、讲台及多个平台上的中心师生，是将这几年中心成立以来的教学成果向学院、业界递交的一张答卷。或许这份答卷并非绝对完美，但是这份答卷却是我们习笛之路上重要的阶梯，代表着一直以来坚守的这份赵派传承，亦通向我们每一个人所向往的发展。在赵先生给我们留下的笛德笛艺中积极探索，引领着"赵派"笛艺传承，延续着传统竹笛文化新的发展。

笛曲作品

扁舟载月

1＝G（G调大笛　筒音作5）

杜如松曲

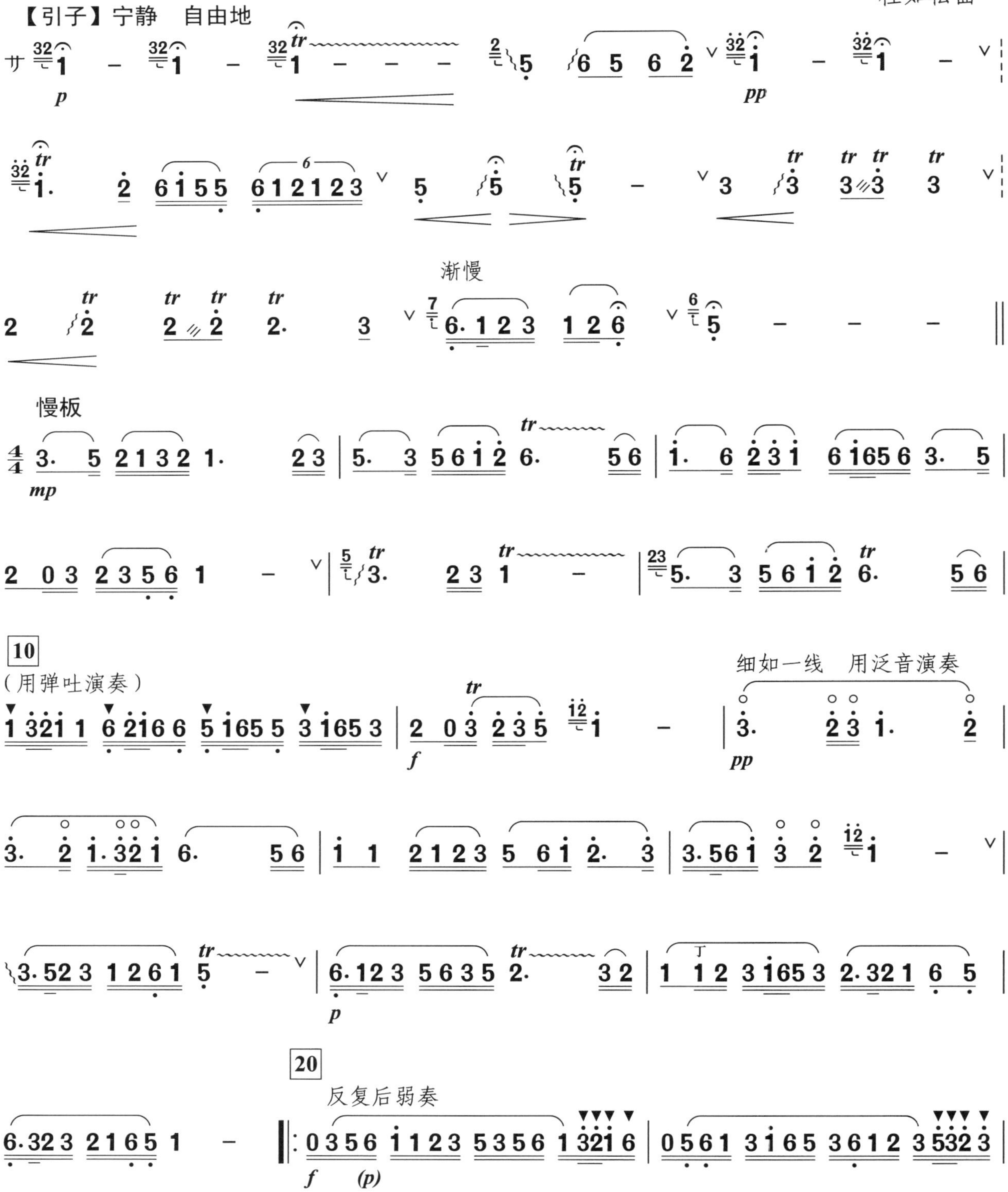

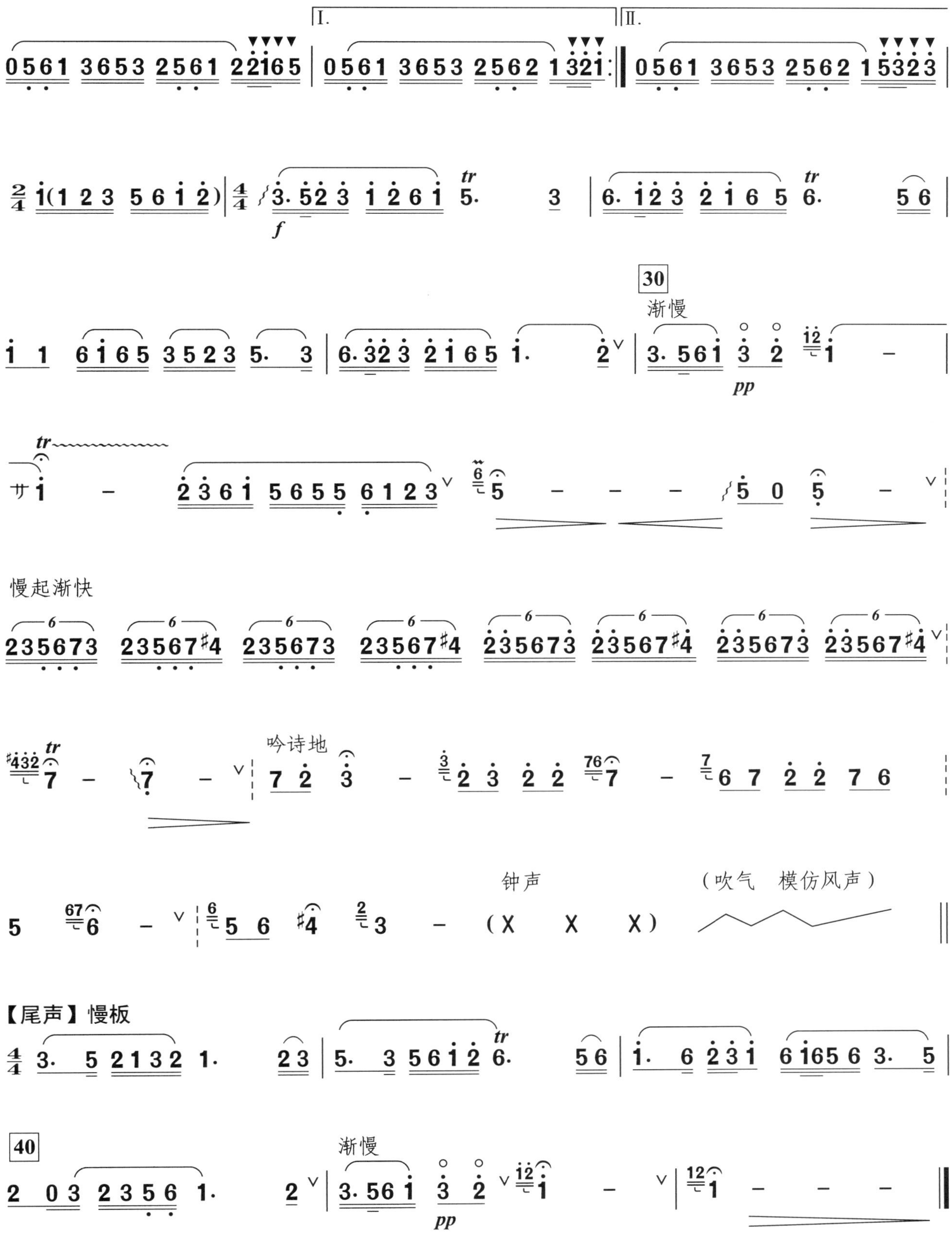

乐曲创作于1982年，为低音笛而写，是赵松庭先生布置给创作者的第一首毕业作品。此曲根据明代凌云翰《西湖渔者》："家住钱塘西子湖，钓竿几度拂珊瑚。扁舟载月归来晚，不觉全身入画图。"之意境而作。

雁 南 飞

雁飞篪独奏曲

杜如松曲

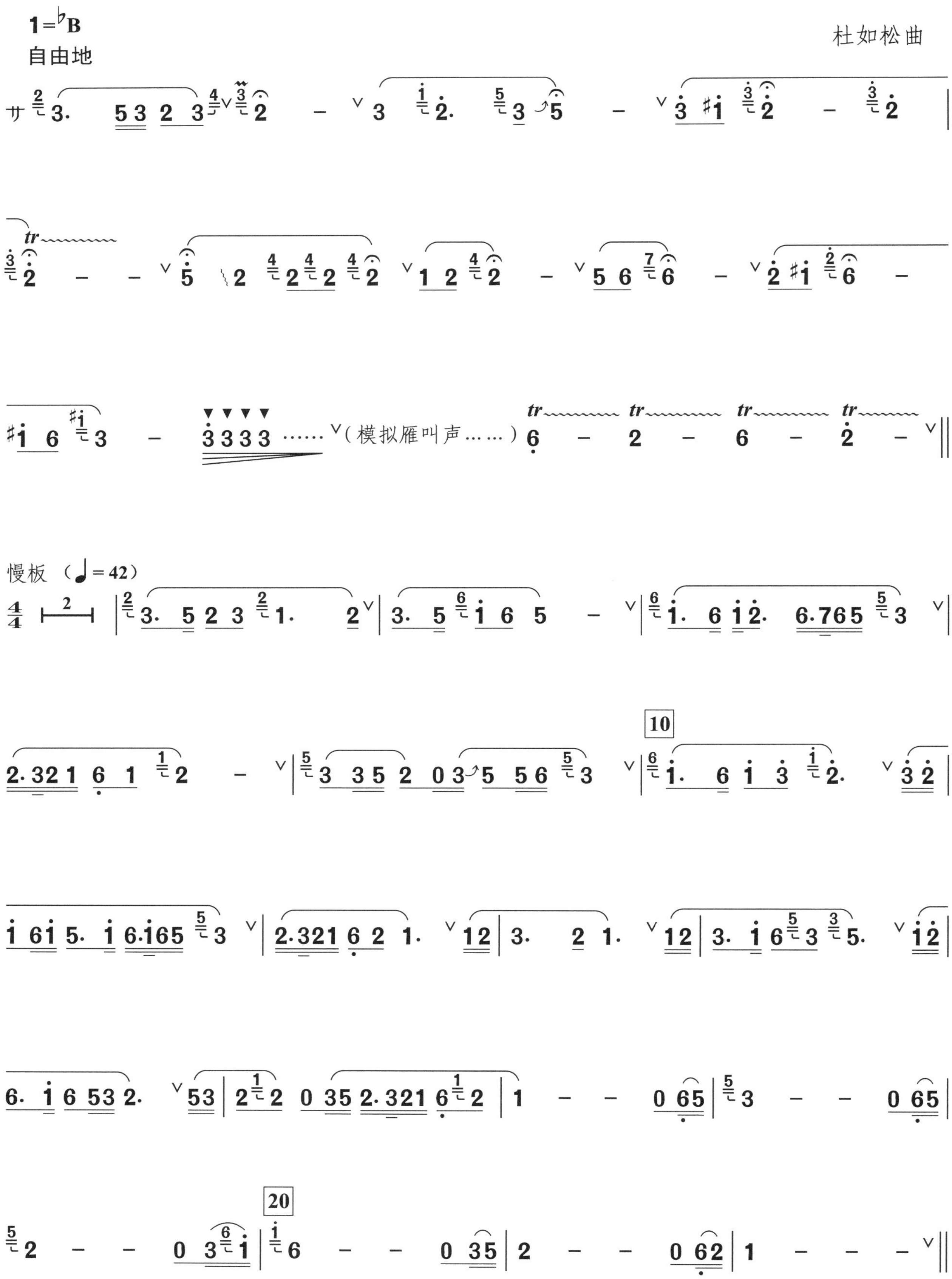

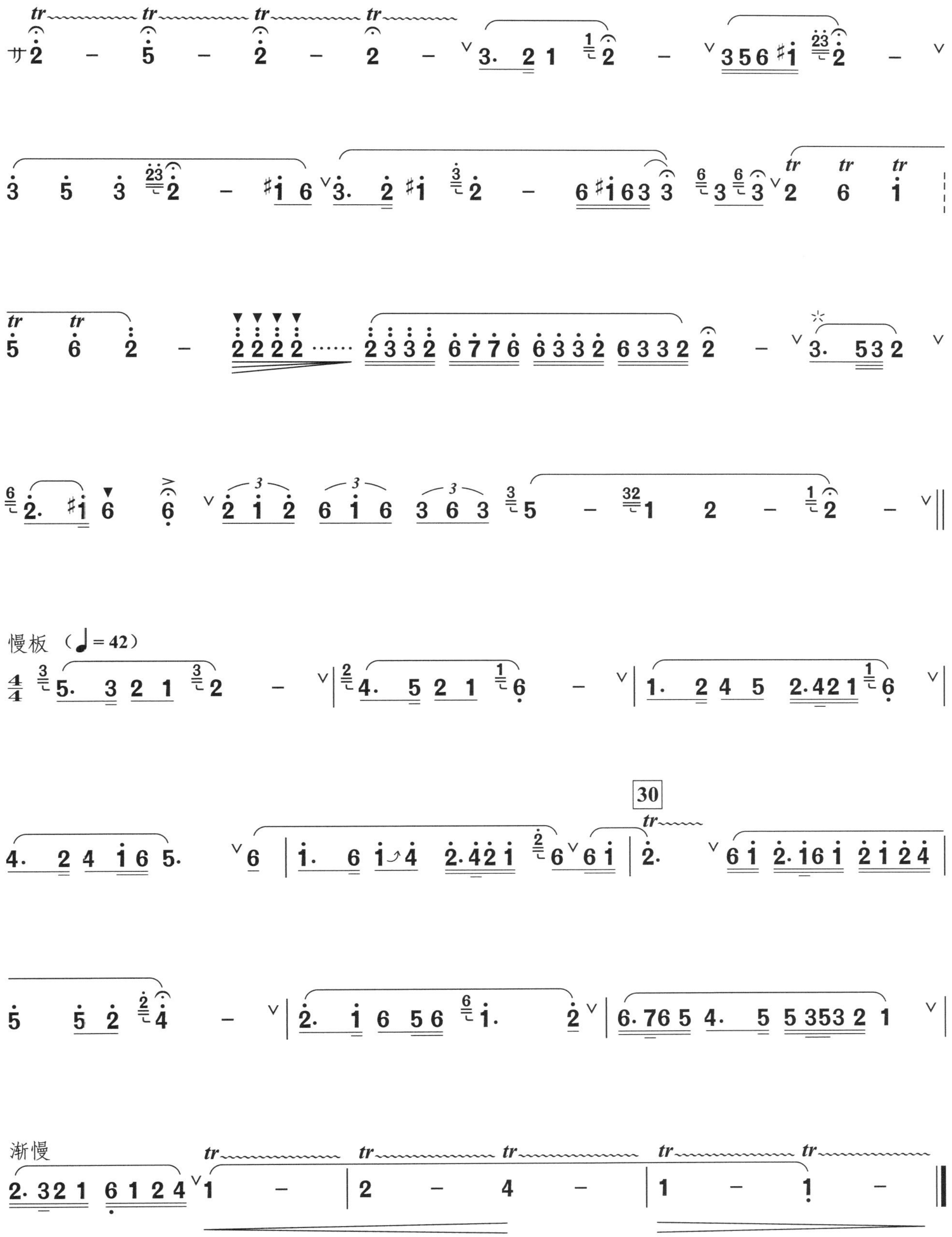

唐代诗人宋之问名篇《题大庾岭北驿》：“阳月南飞雁，传闻至此回。我行殊未已，何日复归来？江静潮初落，林昏瘴不开。明朝望乡处，应见陇头梅。”写的是贬谪岭南的伤感。诗旨在写“愁”，却未着“愁”字，情致凄婉，愁绪满怀，以情布景，以景托情，情真意切，柔婉动人。此曲即据此诗意而作。

（八）吴樟华

吴樟华，竹笛演奏家、教育家。国家一级演奏员，硕士研究生导师。浙江艺术职业学院音乐学院院长、党总支书记，中国竹笛专业委员会副会长，中国艺术职业教育学会音乐专业委员会副主任委员，国家职业技能鉴定高级考评员，浙江省民族管弦乐学会副会长兼秘书长，浙江省音乐家协会副秘书长，浙江省第九届青联委员，新加坡首都艺术学院音乐学院客座教授，杭州师范大学音乐学院特聘教授。首批浙江省文旅系统优秀专家，获教育部职业院校音乐表演（竹笛演奏）"技术技能大师""浙艺教学名师"等称号。

自幼学习竹笛、唢呐、三弦，1980年考取浙江艺术学校，1985年毕业留校任教，1988年就读中国音乐学院，后从上海音乐学院竹笛演奏硕士毕业，1992年担任深圳市歌舞团独奏青年演员，2002年担任绍兴艺术学校校长、绍兴文理学院音乐学院艺术总监，2008年调入浙江艺术职业学院，历任浙江艺术学校校长、音乐系党总支书记、科研处处长、创作中心主任，音乐学院院长、党总支书记。

主持策划创建赵松庭纪念馆暨赵松庭竹笛艺术教育研究中心、国家级非遗项目——江南丝竹传承人沈凤泉江南丝竹音乐陈列馆和研究中心，为学校全面推进综合改革，探索中国特色高等艺术职业教育之路打开新格局。作为"浙江本土音乐原创作品研究与推广团队"和"《浙曲流觞》本土民族音乐保护推广创新团队"负责人，致力于浙江本土民族音乐的保护推广创新及浙江本土音乐原创作品的研究与推广。出版专著《浙江本土音乐原创作品研究与推广》《松庭流芳·笛画江南》《沈凤泉江南丝竹音乐传谱》《中国竹笛名曲荟萃》《竹笛艺术考级教材》等；出版音像专辑《笛画江南——吴樟华竹笛独奏音乐会》。

指导学生获文旅部"第七届全国青少年民族器乐教育教学成果展示活动"展演（最高奖），全国职业技能大赛高职组器乐表演赛项一等奖，第四届"梨花杯"全国青少年戏曲教育教学成果展示（最高奖），领衔浙艺"江南丝竹音乐演奏团"三次入选文旅部全国民族器乐优秀乐种展演（最高奖）。组织并领衔出演大型民族管弦乐音画《听见江南》，舞台剧作品《赵松庭》等，为传播"诗画江南、活力浙江"省域品牌留下了经典作品。

先后主持国家艺术基金，浙江省文化艺术发展基金，浙江省教育厅和文旅厅科研、创作项目十余项。在《中国音乐》《音乐探索》《交响》等期刊上发表学术论文数十篇。立足于竹笛专业领域，潜心研究，深耕多年，成果丰硕，贡献卓越。

作为当代浙江民族音乐演奏与教学领域的领军人物之一，以音乐艺术为志业，长期活跃在艺术舞台上，对中国笛乐文化的研究、传承和创新发挥着积极作用，拥有广泛而深远的艺术影响力，为江南民乐乃至浙江文化艺术繁荣发展作出了贡献。

论文

赵松庭笛艺研究六十年

吴樟华、周立波

赵松庭作为中国笛子的南派代表人物之一，开创了“刚柔相济，南北交融”的浙派风格，创造性地运用了笛子的循环换气、特殊强弱控制等多种技法，发明了排笛、L型低音大笛、玉石龙凤笛、弯管笛、同管双笛，首创横笛频率计算的理论和方法，创作了《早晨》《三五七》《鹧鸪飞》等笛曲。1956年8月，赵松庭参加了第一届全国音乐周的一场音乐会，以自己演奏的一曲《早晨》开始崭露头角。《人民日报》于8月19日发表了署名沈鼎的《赵松庭和他的笛子》一文，从此拉开了研究赵松庭笛艺的序幕。此后，简其华通过对《早晨》的分析，充分肯定了赵松庭的创造才能，认为在作品中体现了赵松庭“对民间音乐作了刻苦的钻研，同时也学习了西洋音乐的优点（他学过长笛），加以融会贯通。因而才能在民族音乐的基础上，创作出表现人民新的生活气息的作品”。[①]

从简其华的这篇文章算起，迄今已近六十年。纵观这近六十年的赵松庭笛艺研究，大体上可以分为三个时期。第一个时期，自1956年至2001年，即从简其华的《赵松庭和他的笛子》一文起，至赵松庭辞世前。这一时期，主要侧重对赵松庭生平的研究和对其部分作品的分析。第二个时期，自2001年至2003年，即赵松庭辞世后三年内。这一时期的文章主要集中在通过对赵松庭的哀悼和对其在笛艺方面的贡献作全面的评价。第三个时期，自2003年至今。这一时期的研究从各个不同的角度对赵松庭笛艺作较为客观的阐述。从三个时期的研究成果来看，最值得关注的是第三个时期，这些研究主要从笛曲创作、演奏风格、笛艺教学、笛子制作等角度对赵松庭笛艺作了全面而深刻的探讨。

首先是对赵松庭笛曲创作的研究。有的是从赵松庭创作的个别作品入手，对作品的内涵进行探讨。在这方面除了上文提到的简其华的《谈笛子独奏曲〈早晨〉》外，还有鸿玮的《春天早晨的赞歌——赵松庭的笛曲〈早晨〉赏析》、张帆的《笛曲〈三五七〉的婺剧音乐渊源》、韦树长《浅谈竹笛曲〈三五七〉的艺术特色》、王利娟《〈幽兰逢春〉中的昆曲音乐元素初论》、王阿海的《鹧鸪展翅笛声萦绕——〈鹧鸪飞〉音乐及其演奏探析》、郝乃凤《赵松庭笛曲〈三五七〉风格特征探析》等。其中，鸿玮在文中联系赵松庭的成长经历具体分析《早晨》的三个段落加一个尾声，认为赵松庭在创作中“摸索了两种方法：一是开半孔发，一是用移调的指法演奏。由此，我们不难看到艺术家为创作、演奏好一首乐曲，所付出的心血了”。[②]张帆和王利娟都是从戏曲音乐元素的角度来分析赵松庭的作品，王利娟认为：“《幽兰逢春》将昆曲音乐中的〔二郎神〕的唱腔和过场音乐发展、改编成为戏曲韵味浓

① 简其华，《谈笛子独奏曲〈早晨〉》，《人民音乐》，1956年第10期。

② 鸿玮，《春天早晨的赞歌——赵松庭的笛曲〈早晨〉赏析》，《乐器》，1997年第3期。

郁、表现力丰富、具有强烈感染力和现场效果的笛子作品，各种技巧的表现力和特点是不同的。”[①]张帆在文中则从婺剧音乐元素角度来分析《三五七》。耿涛在《优秀传统笛曲〈鹧鸪飞〉》一文中，谈到赵松庭改编《鹧鸪飞》的独创性，认为：在曲式上，赵松庭“将原曲由一段体改为二段体，增加了快板段落，使乐曲前后两段在速度、情绪上产生了强烈的对比”。[②]此外，蒋国基于2002年在《乐器》杂志上发表了四篇《赵松庭笛曲赏析》短文，分别对《早晨》《鹧鸪飞》《三五七》《二凡》《婺江风光》《采茶忙》作了精要的分析。

还有的学者对赵松庭的全部创作作品以宏观的视角考察了其在笛乐创作上的成就。陈悦从婺剧音乐角度考察赵松庭笛乐创作，认为：“赵松庭先生的笛乐创作充分体现了其与民间戏曲音乐紧密相连的特点，其不仅对我们今后的笛子演奏和创作方面具有借鉴意义，更重要的是其创造性的思维和方式，给笛乐的发展带来了更加广阔的空间，为新生代的笛乐传承者在继承和发展民族文化方面，树立了榜样。”[③]此后，陈悦的硕士论文就是以《赵松庭的笛乐创作与婺剧音乐的渊源关系》为题，明确表示：赵松庭的“笛乐作品沿袭这种浓郁的浙江民间音乐风格，像《三五七》、《二凡》和《西皮花板》都是直接由婺剧乱弹音乐改编而成的笛子作品。当然，它们保留了非常浓郁的婺剧音乐的风格特点，热烈、粗犷、一气呵成”。[④]沈兴也以婺剧乱弹音乐的视角来考察赵松庭的笛曲创作，认为：“赵松庭先生所整理、改编的笛曲《三五七》《二凡》，即以婺剧乱弹声腔中的‘三五七’和‘二凡’声腔为依据。其旋律的进行与结构逻辑，体现了婺剧音乐所特有的板式结构特征。”[⑤]两位台湾学者同样将赵松庭的笛乐创作纳入自己的研究范畴，缪仪琳在其学位论文中辟专章从融合南北笛子演奏技法特点、浙江民间音乐风格特点的笛曲融合戏曲与改编地方音乐、体现中国文人审美情趣的笛曲三个方面研究了赵松庭的笛乐创作。[⑥]汤媛茹则通过对《早晨》《鹧鸪飞》《三五七》《二凡》《幽兰逢春》五个作品的具体分析，得出“在竹笛音乐的创作及演奏方面，除了借鉴北派的垛音、花舌与唢呐的循环换气演奏技巧，赵松庭也随音乐的需要，发明了多指颤音的手法，达成模拟鹧鸪飞去的姿态，由近至远展现不同层次的姿态，拓宽了音乐诠释的方式，丰富了音乐的音响效果。在创作的音乐内容上，注入了大量中国传统音乐的精髓，从赵松庭脚下的大片浙江土地上，长出了带有昆曲、婺剧特色的竹笛音乐，借着竹笛音乐的传递，不断地散播中国文化与思维”的结论。[⑦]陈岚同样对这五个作品展开分析，将五首笛曲从风格上“分为三类：南北结合类、婺剧曲牌类、文学意境类。《早晨》是第一首将南派和北派乐曲风格结合的笛曲，《二凡》《三五七》是以浙江婺剧为依据而改编创作的乐曲，《鹧鸪飞》《幽兰逢春》则流露出其深刻的音乐涵养、文学气息、深邃意境”，“纵观赵老师的笛曲创作，发现在他乐曲里有共同的技巧特点，表现在运用循环换气技巧、气息的强弱变化处理、华丽的手指技法。这些技巧的形成与使用，与其音乐风格有着密切的联系”。[⑧]

其次是对赵松庭笛曲演奏风格的研究。这主要体现在两个方面，一是对赵松庭竹笛演奏特点

① 王利娟，《〈幽兰逢春〉中的昆曲音乐元素初论》，《大舞台》，2008年第3期。
② 耿涛，《优秀传统笛曲〈鹧鸪飞〉》，《乐器》，1994年第4期。
③ 陈悦，《赵松庭笛曲编创特征管窥》，《音乐研究》，2003年第3期。
④ 陈悦，《赵松庭的笛乐创作与婺剧音乐的渊源关系》，中国音乐学院，2006。
⑤ 沈兴，《转型期的传统笛乐创作实践研究》，上海音乐学院，2012。
⑥ 缪仪琳，《赵松庭的笛乐艺术——笛乐的创作理论与教学》，台南艺术大学，2009。
⑦ 汤媛茹，《赵松庭作品诠释分析》，中国文化大学（台北），2011。
⑧ 陈岚，《论赵松庭五首笛曲的音乐特色及演奏体会》，中国音乐学院，2012。

的研究，一是对赵松庭笛艺流派风格的研究。

在研究赵松庭笛曲演奏特点方面，早在1994年，赵松庭便与赵松龄一起发表了《"同管双笛"本征频率的理论分析》一文，运用科学论证的方法，对"同管双笛"的本征频率进行数理分析，得出："1.同管双笛的基本结构可看成为右笛与左笛通过吹孔作声祸合的声学系统。决定本征频率的特征方程中，主要参量为右笛、左笛以及吹孔三者的等效长度。2.右笛或左笛的等效长度主要由第一个开启的音孔与吹孔间的笛管长度所决定，其他音孔的影响提供了一定的修正值。3.音孔的末端修正可根据无限大平面上相应小孔的末端修正得出。吹孔的末端修正则还应考虑吹孔旁口唇反射的附加影响。4.吹气温度的影响，使管内平均温度高于室温，这会使本征频率相应提高，应加以适当修正。"①此后，王彦对赵松庭的"吐音循环换气法"进行研究，从"原理""要领""吐气""吸气""口劲、口风及其他器官的配合"等五个方面进行阐述，认为赵松庭"将唢呐的循环换气方法运用到笛子上，解决了笛子吹特长音的困难，增强了笛子的表现力"。②此后，这方面的研究多从赵松庭的具体作品入手，对他的演奏特点做更为细腻的剖析。宋延雷以《早晨》为研究对象，认为赵松庭在作品中"大胆地吸收了北派的吐、滑、垛、花和飞指颤音等演奏技巧，以及唢呐的循环换气法，非常巧妙地把南北音乐风格完美地结合在一起，极大地丰富了乐曲的表现力和感染力"。③陈晓光则以《二凡》和《三五七》为分析对象，认为赵松庭在演奏《三五七》的"快板"（77小节—尾声）时，"充分利用了竹笛的表现性能，将乱弹唱腔粗犷豪放，热烈奔放、优美流畅的风格表现得淋漓尽致，表达了质朴、坚定、豪迈的性格"。④唐沛东通过对《三五七》的音乐分析，归纳出"戏曲的柔和韵味"的演奏特点。⑤张维良在谈到《三五七》的演奏时认为："笛曲《三五七》比婺剧音乐中唱调'三五七'中横风的旋律更加器乐化，更具独立性，更适合笛子独奏形式。"⑥王鲁光则从"循环换气技巧"和"南北技巧的融合"两方面总结赵松庭笛子演奏特点（王鲁光，《赵松庭竹笛艺术研究》，聊城大学，2014）。另外，刘宽忍在硕士论文《中国竹笛的南北风格与演奏技巧》，甄丽媛在论文《浅论笛曲〈鹧鸪飞〉演奏中技巧的运用》，梁忠祥在硕士论文《新中国竹笛演奏技术发展研究》，都曾经对赵松庭笛曲演奏特点进行研究。

在赵松庭笛艺流派风格的研究方面，早在20世纪90年代，詹永明就提出南北笛曲的不同风格和演奏流派的形成，认为"知识的渊博和深厚的戏曲、民间音乐功力"使得赵松庭"成为集理论、演奏、创作于一身的笛子演奏家，开创和丰富了南派笛子演奏风格与技巧，为形成'南北相融、刚柔相济'的艺术风格，奠定了坚实基础"。⑦此后，路亭、孙泽垚、铁梅、姚辉、王兰兰、刘宽忍、韩志友等都通过南北笛曲演奏风格的差异将竹笛分为南北两派。铁梅认为："赵松庭作为'浙派'的创始人和代表人物，他反对'南北各自守，昆乱不同流'的论调，主张在保存各自风格的基础上，进行技术上的交流。在此理论的基础之上，赵松庭创作了一系列南北相融、刚柔相济的竹笛独奏曲目。"⑧王兰兰

① 赵松龄、赵松庭，《"同管双笛"本征频率的理论分析》，《声学学报》，1994年第5期。
② 王彦，《笛子特殊气功技巧——吐音循环换气法的产生和运用》，《乐器》，1992年第1期。
③ 宋延雷，《笛曲〈早晨〉演奏之技巧》，《阜阳师范学院学报》（社会科学版），2008年第3期。
④ 陈晓光，《从"二凡"、"三五七"看赵松庭先生的演奏风格》，《北方音乐》，2011年第2期。
⑤ 唐沛东，《浅析笛曲〈三五七〉的风格演变及演奏特点》，《大众文艺》，2013年第16期。
⑥ 张维良，《竹笛艺术研究》，人民音乐出版社，2011年版，第192页。
⑦ 詹永明，《南北笛曲风格及其演奏流派》，《中国音乐》，1997年第3期。
⑧ 铁梅，《论中国竹笛艺术及其流派》，沈阳师范大学学报：社会科学版，2010年第6期。

则指出："赵松庭先生是南派的主要代表人物，他以江浙一带的民间音乐为基础，广采博纳，形成了他独特的演奏风格。他具有深厚的昆曲、浙江婺剧等戏曲音乐功底，并且善于借鉴北方梆笛及其他民族管乐器的演奏技法和西方音乐的创作技法特点。"①陈玥以《鹧鸪飞》为例，通过赵松庭与陆春龄的横向比较，认为二人虽同属南派风格，但各有特色，"陆曲和赵曲，一俗一雅，各有其趣。俗者轻快、爽朗、乐观、朴实，雅者端庄、含蓄、空灵、深邃"。②林克仁则从美学角度探寻赵松庭的风格特征，认为："赵松庭先生正是紧紧地抓住了'吹无定法'的精髓，他在笛艺实践中既有'法'，又无'法'。有'法'指的是他深深地置身于民族传统文化的源泉，紧紧地围绕着母体文化的内涵，其作品与演奏风格有'法'可依；无'法'则指的是他敢于发明创造，大胆突破，勇于取舍传统文化的利弊，不断改革，不断创新。"③萧舒文则认为："立足传统、技巧为内容服务，是赵松庭笛乐创作的美学观。立足传统但不受到局限，音乐语言既要能高大众所熟悉，又要使人感到清新。技巧为内容服务，只要有助于内容，应尽可能地广泛吸收、创造各种表达手段，并使二者完美结合。"④张维良则认为，赵松庭编创的《三五七》《二凡》等笛曲，"具有一种不落俗套的宏大气势以及震慑人心的艺术气质的乐曲。这样风格的乐曲在南派笛曲中是一种创新，也可以说在南派风格的基础上开拓出来的一个新派，即'浙派'（也称'赵派'）。'浙派'相容南北、刚柔并济、亦刚亦柔、融古纳今，被称为南派中的'北派'"。⑤台湾的两位学者也对赵松庭的风格特征持有自己的观点。林谷芳从文化美学观的角度来阐发自己的观点，认为："就意象塑造来说，他（指赵松庭）的《鹧鸪飞》情景交融，在空间意象上有独到发挥，让看似模拟扑翅的打指及翱翔天际的循环换气在结合后也能显现独特的情境，整曲意蕴深远，已超越一般旋律的叙述……"⑥汤媛筎则认为："20世纪的赵松庭，在演奏与创作上融合了南、北派的手法差异，在《早晨》与《幽兰逢春》两首曲子中，于中国音乐的基础上，借用西方音乐的模进、同音转调等作曲手法，除了在传统装饰音手法上的融合，也渐渐在乐曲创作手法上增添新的技巧。"⑦

再次是对赵松庭笛艺教学的研究。詹永明在《笛子教学与演奏技术》一文中结合赵松庭的《笛子演奏技巧十讲》谈了自己对笛子教学与演奏技术的见解。特别是对赵松庭提出的长音练习中发音平稳、结实、准确，强调胸腹呼吸与口鼻兼用的方法，詹永明提出了"呼吸并重"的全新概念与方法，认为："采用腹式呼吸，在练习长音中要求'鼻吸''慢吸'，真正做到'口呼鼻吸'的腹式呼吸方法。"⑧冯燕在《赵松庭竹笛教学思想与教学方法探究》一文中从"重视基本功的训练""强调系统性、科学性、趣味性相结合的训练方法""重视民间音乐风格技法的训练和掌握"等三方面对赵松庭的笛艺教学作全面研究。⑨缪仪琳在硕士论文《赵松庭的笛乐艺术——笛乐的创作理论与教学》中同样从这三个方面来研究赵松庭的教学理念与教学方法。汤媛筎则认为："在竹笛教学与理论上，使用有系统的训练方式，在'口传心授'的教学基础上，运用了更有系统的训练方式。同时在基本功与

① 王兰兰，《论竹笛的派别及艺术特色》，云南艺术学院，2013年。

② 陈玥，《陆春龄与赵松庭竹笛音乐风格之比较——以〈鹧鸪飞〉为例》，《贵州教育学院学报》（社会科学版），2009年第8期。

③ 林克仁，《赵松庭笛艺的有"法"与无"法"》，江苏省文史研究馆，重五集锦，江苏凤凰出版社，2008年版，第439页。

④ 萧舒文，《20世纪中国笛乐》，中国艺术研究院，2010年。

⑤ 张维良，《竹笛艺术研究》，人民音乐出版社，2011年版，第192页。

⑥ 林谷芳，《雅俗的得兼与开拓——文化美学观下的当代笛艺发展》，《人民音乐》，2005年第10期。

⑦ 汤媛筎，《赵松康庭作品诠释分析》，中国文化大学（台北），2011年。

⑧ 詹永明，《笛子教学与演奏技术》，《音乐周报》，2007年12月18日07版。

⑨ 冯燕，《赵松庭竹笛教学思想与教学方法探究》，《音乐教育与创作》，2009年第5期。

技巧手法做归纳整理，也发明趣味的口诀，总结笛子在风格技法上的差异，并将相关的训练要点具体的理论化，形成了一套具逻辑性的竹笛教学系统，奠定竹笛发展及理论化的基础。”[①]施王伟在谈到赵松庭的笛艺教学时指出：“赵松庭先生除重视基本功之外，平时讲得最多的是学生的艺德。他讲‘艺德’，常常以形象生动的比喻来描述，使学生没齿难忘。”[②]萧舒文以长音训练为着眼点，认为：“长音训练逐步完备，是赵松庭竹笛演奏技巧训练系统化的一个缩影，也是在竹笛教学系统日渐完善的例证。这套训练系统辅以科学教学方法，使赵松庭在教学上成效卓著。”[③]王鲁光则从专业教育和社会教育两方面研究赵松庭的笛艺教学，分析赵松庭的教学思想，从“技巧与内容的关系”“注重民族性”“追求音乐的本质”三方面入手，研究赵松庭的教学方法，则从“循序渐进式教学”“口诀教学法”“理论与实践结合教学”三方面探究，而对社会教育方面则将“不屈不挠的精神”“勇于创新的精神”“成立赵松庭笛子艺术研究会”三个角度进行剖析。[④]

除此之外，还有对赵松庭的笛子制作进行研究的论文。陈正生在《赵松庭制笛公式评析》一文中对赵松庭的制笛公式进行评析，认为：“松庭先生推求笛子制作公式，是想努力将声波理论同实验所测得的数据结合起来，力图从理论上增强公式的可信度，同时更希望公式应用起来简便而具有可操作性。可惜赵先生没能更深入地研究下去，以至于让公式停留在有待进一步完善的阶段。但是赵先生的研究思路，无疑是具有开拓性的。”[⑤]评价较为客观公正。黄涌国从测量、计算、音孔定位、校音四个方面，谈应用频率计算制作笛子的问题，是对赵松庭的《横笛的频率计算与应用》一文的进一步诠释，认为：“在用频率计算制作笛子时，必须读懂赵松庭先生的《横笛的频率计算与应用》一文，充分理解其计算原理和温度对管乐器频率的影响之内涵，才能使计算和应用更加完善。”[⑥]路文汗和路文明则针对赵松庭的《一种古老而新颖的民族乐器——“同管双笛”》《同管双笛（雁飞箎）的性能及其实用设计》，以及赵松龄和赵松庭的《同管双笛本征频率的理论分析》，提出了笛的研制正是在此理论的基础上进行的。[⑦]

赵松庭笛艺研究已经历了近六十年的历程，在许多方面已取得丰硕的成果，尤其的笛曲创作、演奏风格、笛艺教学、笛子制作等方面，成绩突出。但尚有不足。首先，在对其作品分析上，理论水平上尚不够深入。对其诸多作品内涵联系，挖掘不够，往往流于表面。其次，对“浙派”笛艺研究涉猎较少，缺少对其历史渊源的研究。第三，对赵松庭的笛艺教学研究缺少系统化探讨。这些方面有待在今后的方家学者做更为深刻、更为科学的研究和探讨。

---

① 汤媛筎，《赵松庭作品诠释分析》，中国文化大学（台北），2011年。
② 施王伟，《赵松庭对中国笛子的贡献》，金华职业技术学院，2011年第1期。
③ 萧舒文，《20世纪中国笛乐》，中国艺术研究院，2010年。
④ 王鲁光，《赵松庭竹笛艺术研究》，聊城大学，2014年。
⑤ 陈正生，《赵松庭制笛公式评析》，《南京艺术学院学报》（音乐与表演版），2005年第1期。
⑥ 黄涌国，《应用频率计算制作笛子的几个问题——纪念赵松庭先生〈横笛的频率计算与应用〉发表四十周年》，《乐器》，2013年第7期。
⑦ 路文汗、路文明，《丁笛的研制是“同管双笛”理论与实践的延续和发展》，《乐器》，2013年第8期。

《婺江风光》演奏技巧与艺术风格分析

吴樟华

关于赵松庭笛曲创作的研究成果很丰富，目前所能见到的最早一篇关于这一命题的文章是简其华在1956年于《人民音乐》上发表的《谈笛子独奏曲〈早晨〉》，开了赵松庭笛曲研究创作研究之先河。在这篇文章中，简其华对赵松庭的笛曲《早晨》从音乐内涵、意境、形象刻画到笛子技术、技巧的表现做了较为全面的分析。从目前笔者掌握的资料来看，对赵松庭笛曲创作的研究文献可以分为两大类，一类是对个别作品的研究，如鸿伟的《春天早晨的赞歌——赵松庭的笛曲〈早晨〉赏析》、张帆的《笛曲〈三五七〉的婺剧音乐渊源》、王利娟的《〈幽兰逢春〉中的昆曲音乐元素初探》等；另一类是从宏观视角考察赵松庭的多个乃至全部作品，探讨其创作特点，风格特征等方面，如陈悦的硕士论文《赵松庭的笛乐创作》、缪仪琳的《赵松庭的笛乐艺术——笛乐的创作理论与教学》、汤媛茹的《赵松庭作品诠释分析》等。通过观察，上述论文及本文未提及的同类研究对赵松庭的笛曲研究集中于《早晨》《三五七》《二凡》《鹧鸪飞》《幽兰逢春》这几个作品，对于用排笛演奏的《婺江风光》一曲的研究则很少涉及。笔者进行了赵松庭笛乐艺术研究文献收集整理工作后发现，关于《婺江风光》一曲的资料，仅有1964年音乐评论家李凌以《吹情》为题于上海《文汇报》发表的评论文章对赵松庭在“上海春光”音乐会上表演的《婺江风光》给予高度评价，以及蒋国基于2002年在《乐器》杂志上发表的四篇《赵松庭笛曲赏析》中，对《婺江风光》做的简要介绍和分析，另外在赵松庭先生主编的《笛艺春秋——赵松庭笛曲文论集》中，能够零散地见到关于《婺江风光》的记载，除此以外未见到有专门对《婺江风光》一曲进行研究的文献。因此，笔者大胆地认为，关于《婺江风光》一曲的研究在我国竹笛研究领域中，目前属于一块学术空地。

笔者曾长期跟随赵松庭先生学习笛艺。2011年10月15日，在北京音乐厅，由中央音乐学院、陕西省文化厅主办的纪念赵松庭逝世十周年纪念音乐会上，本人以赵松庭弟子的身份登台演绎了《婺江风光》这首作品，作为一首伴随着笔者笛艺生涯的作品，对此曲有着特殊的情感，因此籍本文对《婺江风光》一曲进行研究，通过研究更加深入地认识先生的艺术成就，以表达对恩师赵松庭先生的缅怀之情，同时期望通过本文，加强南派竹笛艺术领域的学术研究，为填补关于《婺江风光》研究的学术空白，贡献微薄之力。

一、赵松庭的艺术生涯

赵松庭（1924—2001），生于东阳赵氏，属南宋赵王室一脉（见《笛艺春秋——赵松庭笛曲文论集》第五页），是典型的封建旧式文人家族。这样的家庭出身对赵松庭的艺术生涯同时具有积极和消极两面的因素。积极的因素是，由于家族环境对教育极为重视，加之赵松庭天资聪颖，使得他自幼对中国传统经典文化十分熟悉，他的笛曲《鹧鸪飞》《幽兰逢春》都不同程度地从中国古典文学中汲取营养。他擅长用富有中国古典诗歌韵味的“顺口溜”来总结笛子演奏技巧，都与他自幼拥有深厚的中国传统文化根基是分不开的。

赵松庭八九岁时，已表现出对乐器的兴趣，据他在自传文《笛艺生涯五十春》中所载，那时正值小学念书，课余时常去学校的文娱室摆弄各样乐器，后在一位邢老师的引导下，对笛子产生了浓厚的兴趣。但是，赵松庭笛艺生涯真正的启蒙老师是他的父亲，授予他正确的持笛和发音方法，为他后来艺术生涯打下了良好的基础。学艺至十三四岁时，赵先生已能够吹奏不少浙东地方戏曲的曲牌，如《三五七》《二凡》《小桃红》《拨子》《芦花》等，可见赵先生创作的笛子独奏曲中，有相当多的素材都来源于少年时代的积累。

到初中毕业时，赵先生的音乐才能已在当地的同龄人中脱颖而出，担任了学校业余乐队的"正吹"。所谓"正吹"，相当于乐队首席的角色，而且要一专多能，既要会吹笛子，还要会演奏唢呐、长号、板胡、徽胡等乐器。当赵松庭决定以民族器乐作为自己一生的事业时，传统文人家庭的消极因素便表现出来，由于在旧社会认为从事音乐表演属于社会底层人物，故而家族内部的巨大阻力随之而来，使他的笛艺生涯中遭遇第一次重大挫折，连相当于赵先生启蒙恩师角色的父亲也明确提出如"……'巫乐之流'，不能如书香门第""笛子、二胡不能登大雅之堂"等告诫。这反映了在当时中国社会的知识阶层在西方文化入侵的影响下，对西洋乐器的接纳程度要高于中国传统民族乐器。面对巨大的阻力，他又是如何应对的？赵松庭在《笛艺生涯五十春》一文中仅以一句"但一般来说，他们并不过分阻拦我在业余时间从事音乐活动"轻轻带过，体味其中含义，笔者认为赵松庭也许不是一个"斗士"式的人物，不会去跟家族长辈正面抗争，但至少也是"君子"式的人物，所谓"威武不能屈"，凭着坚定的意志和对民乐表演的热爱，在狭小的空间中继续进行着自己的事业。

十七岁时，赵松庭开始拜师学习昆曲艺术，在"台下班"度过了自己青年时期的大部分业余时间，正是通过这种方式，赵先生积累了大量的昆曲折子戏，为他今后创作《早晨》及《幽兰逢春》等作品埋下了伏笔，这两首作品分别取材于昆曲中的《点绛唇》和《二郎神》。后在锦堂师范求学过程中，袁一洪老师为赵松庭教授音乐基础知识，还传授了笛子的制作方法，为他今后在笛子制作和笛子声学研究领域取得丰硕的成果奠定了基础。

1947年，赵松庭遭遇了笛艺生涯中的第二次重大挫折。他报考了当时的国立中央音乐学院，然而据《笛艺生涯五十春》一文中记载，当时的音乐学院的教学核心是西洋乐器，而且从观念上对中国民族乐器是藐视的，导致赵松庭中途弃考。这一次，个人的意志败给了当时社会的主流价值观，迫使赵松庭只好改学法律。

1949年，赵松庭以榜首考入了部队文工团，迎来了事业的转机，在随部队赴朝鲜战场期间，有幸碰到了北派笛子大师刘管乐老师，通过两个星期的学习和交流，掌握了北派笛子的演奏方法，这也是赵先生笛艺中的"南北融合"特征的源头。由此可见，一门表演艺术的提高、发展离不开相互交流，取长补短，才能使其更加完善，加以积累而后厚积薄发，最终产生创新。

1956年正值赵松庭的艺术生涯黄金时期，一系列的政治风波和运动，却使他的艺术生涯迎来第三次重大挫折。应当说直到1976年，"文革"结束，赵松庭才算结束了这段艺术生涯的低谷期。这一次，赵松庭再次展现了他身上那种"威武不能屈"的文人气概，坚持自己的事业不放，采用另辟蹊径甚至转战地下等方式，反而在笛曲创作、笛子制作、乐器声学研究，以及教育教学等领域多面开花。

1979年，赵松庭以一曲《幽兰逢春》宣告自己的艺术生涯再次重见光明，这首作品也标志着他的笛曲创作在风格和内容表现的深度上，更上一层楼。

八九十年代以后，赵松庭将事业的重心，更多地投入笛子的教育和科研领域当中，他在笛子领域所取得的成就也越来越被世人肯定和重视，最终成为当之无愧的南派笛艺代表人物之一，浙派笛艺风格的创始人，名副其实地成为“江南笛王”。

纵观赵先生的艺术生涯，充满了挫折和坎坷，然而他对自己所热爱的民族器乐事业的执着和孜孜不倦，在过去、现在和未来都将使后辈笛艺人才受益终生。

二、《婺江风光》分析

（一）创作背景及特征

关于《婺江风光》一曲的创作背景，目前所见的资料非常稀少，在《笛艺春秋——赵松庭笛曲文论集》中收录的乐谱最后，有一段乐曲说明：“此曲创作于20世纪60年代初期，以浙江金华地区民歌为素材，描写婺江两岸欣欣向荣的景象，抒发对祖国大好河山的热爱之情。可用两根笛子演奏，也可只用一根。”这段说明虽然短小，但还是透露了关于乐曲不少信息，包括创作时间、素材来源、作品的表现内容以及演奏上的基本特色。

另外，在赵先生撰文的《笛艺生涯五十春》一文中，也明确谈到“《婺江风光》取材于金华地区民歌”。从文中我们还得知，这首作品是赵先生在被错划为“右派”的背景下创作的。据赵先生的夫人回忆，赵先生在创作这首作品期间，是在平山农场“劳动改造”，每天要从事12小时的重体力劳动，当时和家人见面很困难，师母带着儿子赵晓笛，背着出生不久的小女儿赵昕昕，徒步走山路去看望赵先生。由于长期缺少盐的摄入，赵先生的健康状况也不是很好，总之当时的生活是很困难的。但即使是在这种条件下，赵先生仍旧每天坚持练习笛子，可以想象，在赵先生“改造”期间，由于与家人聚少离多，笛子是他唯一的“知音”，怀着对家乡的思念和热爱之情，创作了《婺江风光》。因此，在作品中，我们能够感受到，表面明快、悠扬的旋律中，隐隐透着一丝悲情，尤其是乐曲的慢板部分，不细细地体味，是难以察觉的。音乐学家王同，就曾经评价赵松庭，说他是一位一生充满悲情色彩的传奇人物。但就这首作品而言，更多地还是表现“欢乐之情”，可见现实生活的挫折和艰难，并不能影响赵松庭在艺术创作中对“真善美”的追求，说明他当时的精神世界还是乐观的。

谈到这首作品的艺术特征，最为鲜明的或者说旗帜性的，是使用排笛演奏，这是赵松庭第一首使用排笛来吹奏的乐曲，因此对于赵松庭排笛这一风格的意义是不言而喻的。所谓排笛，是由曲笛和梆笛各一支捆扎而成，把两种笛子的音色融合起来，用以作品不同意境和情绪的表现，同时在笛子的演奏技巧上，也把南北派的风格融为一体。排笛虽然从形制上来说，只是对竹笛进行了略微的改造，但是从演奏的角度来说，却为独奏笛曲的艺术表现力提供了很大的空间，因此可以说得上是对竹笛艺术的一项革新，而且赵先生通过多年的积累，创作了一定数量的排笛作品，逐渐使排笛演奏成为体系，甚至“流派”。

（二）《婺江风光》演奏兼创作分析

《婺江风光》作为一首排笛作品，其演奏技巧如同赵松庭众多独奏笛曲一样，融合了南北笛派的主要技巧。此曲移植自唢呐，运用了浙派笛艺独特技术的循环换气等技法。现对其进行详细的分析。

1.引子

作品的引子部分是一段介乎于$\frac{4}{4}$拍和散板之间的音乐，这是因为谱面上虽然标记为$\frac{4}{4}$拍，但在实际演奏时，演奏者要在节奏上作出自由处理，使整段音乐产生强烈的全景式画面感，表现出婺江的滔滔江水奔流不息，和曲作者本人看到美好婺江风光后产生的那种令人心旷神怡、高远辽阔的内心活动，因此这一段主要是一种意境的表达。为了准确地表达这种借物抒情的意境，音色上显然曲笛更加适合表现这种悠远、辽阔的情绪（见谱例1）。

谱例1

从音乐结构上看，引子是一个上下句结构，徵调式。前四小节是引子第一句的第一乐节，第5至11小节是第二乐节，开始的音乐素材是第一乐节下方四度的模仿，并在“♭B”音上做了一点变化使旋律得到扩展，最后至第11小节时，第一乐句落在“C”上，同时又作为下一句的起音继续使音乐毫不停顿地进入第二乐句。第二句落音为“F”，与第一句的“C”形成了下方纯五度的关系，类似于西方音乐结构中乐句半终止和全终止的主属关系，说明中西方音乐虽然文化背景不同，但是人们对于音乐进行中由不稳定解决到稳定的心理期待是相通的。

就演奏技巧而言，该段的核心技巧体现在通过气息的控制和变化来处理引子中丰富的力度变化，对演奏者的基本功要求较高。从谱面上看，明确标记的力度符号有“***mf***、***f***、***p***、***pp***、<、>”等共18处，口风、口劲、门风等各个环节都要相互配合，弱音不能虚，强音不能破，渐变要自然，不能突兀，核心音的音高要保持好。在控制好气息和强弱的基础上，结合好打音、颤音、循环换气等典型的南派笛子技巧。例如，开头的两小节，仅从谱子上看，就是两个带短倚音的“C”，但是如果仅用一般吹长音的技术去演奏，必然会使音乐显得有些不够生动，因此实际演奏过程中应加入“虚指颤音”的技巧，并做有一定幅度渐强处理，从而营造出江水由远及近缓缓流淌而来的效果，并自然地与第3小节的实颤音衔接，造成一种速度上由舒缓渐渐到紧凑的过程；第3小节是颤和打的结合运用，其中谱面的三连音部分是用南派笛子的“打”技巧来处理，与北派的“吐”技巧迥然不同，第4小节的“C”结束时以“赠”音收尾，而这个“赠”音的音调又是下一乐节开始的动机。前四小节事实上主要的核心音就是“C”，但是通过运用“震、打、颤、叠”等技巧使这个主要由一个单音的乐句产生了丰富的变化，因此仅从这一句上就充分体现了中国音乐在创作上，虽然主要是单声思维，不同于西方的立体思维，但是当单声思维在形式上多样化到极致时，反而更加有助于用以音乐的方式把曲作者本人接收到现实世界的信息后转化为心理活动的过程，而不是单纯用音乐来模仿现实。

第二乐句在使用第一乐句全部技巧的基础上，又加入了循环换气的技巧，具体出现在第11、12及第16小节，在气息的控制和运用上提出了比第一句更高的要求，不仅要掌握好呼吸的运用，还要注意通过气息的控制做好力度变化的处理，在乐音变化的过程中要做到严丝合缝的衔接，毫无呼吸换气的痕迹。

2. 慢板

慢板部分的音乐，总体上是叙述性和抒情性兼有的一个乐段（见谱例2）。叙述性主要体现在节奏和乐句结构非常规整，内容上就如该段标题“江山如画”，具有很强的描绘性。抒情性则表现为该段的内容更为深层的依旧是曲作者内心活动的展示，“江山如画”不仅仅是对山水的描绘，更多的还是表现为赵松庭本人对家乡美景的眷恋和热爱之情及背后那淡淡的“悲情”，借用贝多芬解析其第六“田园”交响曲的话——绘情多于绘景。

谱例2

从音乐结构上看，这一段采用的是“起承转合”四句体结构。前两句是方整性结构，均为八小节，第一句落音为“C”，旋律偏“商羽”调色彩，轻柔婉转、回肠荡气，那种对家乡的眷恋和思念之情跃然而出；第二句换小梆笛演奏，落音为“F”，依旧与第一句落音形成类似主属的关系。后两句长度均为9小节，自身形成方整性结构，但与前两句又形成了非方整性的结构。第三句中多次出现的“A”显然不能单纯解释为“偏音”，因此是调性到了上方五度的属关系调的宫调式，音符时值更为密集，与前后乐句的风格相比产生了较大的对比，转调后的动机在小梆笛上重复两次后以曲笛进行呼应，进行音色和力度的对比，然后又通过“F”作为中介音将调性转回原调，为第四句的“合”做好铺垫。第四句的落音处理则意味深长，长音为“C”，但是通过上滑音到“F”，似乎是停在属音，却又通过滑音解决到主音，使这一乐段的结束，同时具有了开放性和收拢性的特点。

技巧上，明确标注的技术仅为第三句中的“花舌”，用于慢板中以小梆笛吹奏的部分，按蒋国基在《赵松庭笛曲赏析》的分析，这段小梆笛演奏的旋律“犹如从远处飘来的阵阵山歌，显得格外清新、悠扬”。笔者认为，这种“清新、悠扬”的感觉，正是因为小梆笛所代表之“北派”笛子高亢嘹亮的特点所造成的，加上“花舌”的技巧，为“清新、悠扬”的山歌元素中，又增添了一份热闹和欢腾的气氛。除却这段谱子上明确标示的技术外，其他看似没有任何技术的部分在实际的演奏中，为了增强音乐的表现力，突出作品的情感表达，演奏者需要根据自己的经验和理解，对旋律进行一些装饰性的处理。笔者根据自己演奏的经验总结如下：

1. 叠音的运用，如第1小节的首音“G”，第2小节强拍的“C”，第4小节的强拍“D”等。

2. 长时值音符上气震音的运用，如该段24小节的“♭B”、26小节的“G”、27小节的“C”及最后两小节的两个长音“C”。

3. 吐、滑运用，用于小梆笛吹奏的部分，如第9小节中强位置上“C”和“F”可用“吐”，第13小节第二拍的中的“F”到“D”可用滑。

当然，这些技巧本身对于具有扎实功底的演奏者来说，是比较简单的，其目的主要是对旋律进行装饰，也是中国音乐的“带腔性”所要求的，但是如何装饰？装饰多少？却很考验演奏者的艺术修养。装饰过多，画蛇添足，矫揉造作；装饰不够，又缺少韵味。因此，必须控制好“度”，当然首先是不能破坏原曲的风格。

总体而言，音乐评论家李凌在1964年所言之“吹情”恰恰是体现在慢板的这段叙事兼抒情的主题旋律上。在实际的演奏中，需要演奏者对作品内涵、创作背景等方面进行深入挖掘和研究，综合运用赵松庭所总结的南派笛子之“颤、叠、震、打”等技巧，把音乐中对家乡的眷恋、思念及赵松庭当时所处环境、心境的悲凉、凄苦之情表现出来，这些乐谱中不能通过记谱来表现的“话外之音”，非常考验演奏者的整体艺术修养，因此慢板事实上是“平凡中见功力”的部分。

3. 快板

快板部分的标题为“欢乐的婺江”，其音乐形象以欢快、活跃为主，情感表达则重在喜悦、兴奋。从创作手法的角度来说，这段音乐虽不似《二凡》《三五七》一样以婺剧曲牌改编而成，但是从音乐的风格、乐段的组织手法上看，还是能够捕捉到婺剧音乐的影子，例如快板第9小节到40小节的转调乐段（下属方向），与《二凡》的部分音调似乎存在联系；第41到第98小节的紧吹慢伴部分，更是典型的中国传统戏曲音乐的创作手法；整个快板部分，拍子呈现$\frac{2}{4}$ — $\frac{1}{4}$ — $\frac{3}{4}$ — $\frac{2}{4}$ —$\frac{3}{4}$ 的格局，也与婺剧乱弹作为板式变化体戏剧的特征联系密切。

演奏技巧上，前八小节的乐句其喜悦、欢腾的情绪应鲜明的地体现出来，在曲笛本身音色以柔美见长的情况下，要吹出清晰、透明的音色，因此在气息上要把握“气归丹田”的总则，才能使曲笛表现出类似梆笛那种高亢嘹亮、富有弹性和力量的声音（见谱例3）。

谱例3

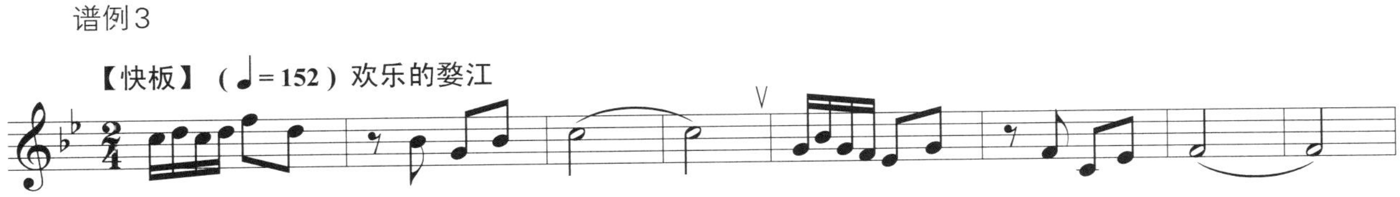

第9至第40小节的转调部分速度快，大跳音程较多，音区多在中音区，而此时的乐队伴奏锣鼓又比较多，所以把控气息的“快而不乱”是吹好这一部分的基本要求（见谱例4）。

谱例4

紧伴慢吹的部分，以长音吹奏为主，因此类似于引子部分，要注意强弱的变化，辅以装饰音的丰富，来表现这段歌唱性的乐段。如乐段开始的两小节，应先以柔和清晰的音色进入，到第3小节长音“D”时缓慢的由弱到强；第4、5两小节过渡后，到第6小节开始的持续长音“C”在之前的力度基础上加强，然后再渐弱，为后面的旋律进行铺垫。除了长音上做强弱变化，一些短时值的音，则要进行谱面上没有记录的装饰加花。比如第14小节的“C G”，应实际演奏为“G D ♭B G”（谱例5），以叠音、滑音方式处理；再如第30小节的高音“D”，可处理成带有叠音的“F”（谱例6）。

谱例5

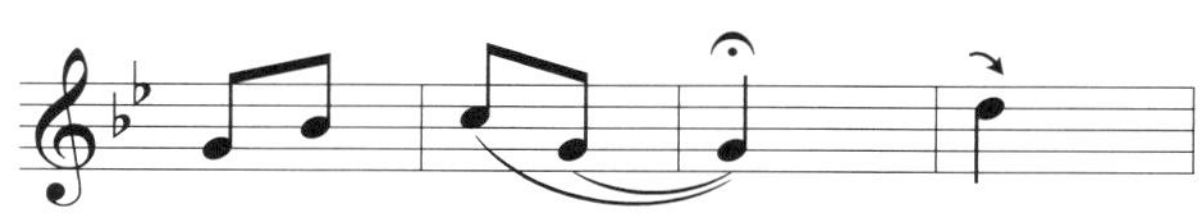

谱例6

紧伴慢吹之后部分，音乐又回到热烈、喜悦的情绪中，故技术上仍然要求气息上“快而不乱”，尤其是加入了个别历音以及花舌技巧，发音要准确，音质要清晰透亮。

快板结束后，乐曲将引子再现，与开头形成首尾呼应。

纵观全曲，整体的音乐结构与中国传统古曲的衍展体结构较为吻合，赵晓生在《钢琴演奏之道》一书中谈到中国风格钢琴作品的音乐结构时说道：“中国的曲子构成更体现为一种衍展体……是从无序到有序，再到无序（散—慢—快—最快—散）。”《婺江风光》便是典型的这种结构。因此，这首作品从结构到素材是传统的，但是排笛的运用以及南北派笛子风格的融合是创新的。

三、赵松庭的音乐贡献

在众多对赵先生笛艺研究的文献中，关于他中国竹笛艺术所做贡献的内容均有不同程度的涉及，其中较为宏观、全面论述赵先生对中国竹笛艺术之贡献的文献主要有，中国民族管弦乐协会撰文的《吹彻一根笛——悼笛艺大师赵松庭》、乔建中的《开一代宗师 领笛乐风骚》、卢竹音的《赵松庭先生对祖国民乐事业的卓越贡献》、施王伟的《赵松庭对中国笛子的贡献》等。它们都用不同的方法和视角对赵先生的艺术成就和对中国笛艺事业发展所做的贡献进行了梳理和总结。认真阅读上述文献，结合笔者自身对中国竹笛艺术的了解和思考，认为从中国竹笛艺术这个宏观的视角来看，赵先生的贡献主要有以下四点。

（一）竹笛创作、表演。"开创了'刚柔相济、南北交融'的浙派风格，创造性地运用了循环换气、特殊强弱控制等多种技法"（《赵松庭笛艺研究六十年》，吴樟华、周立波，《浙江艺术职业学院学报》第12卷第4期）。在创作上，编创了《早晨》《鹧鸪飞》《二凡》《三五七》《幽兰逢春》等竹笛经典名曲。为竹笛作为独奏乐器的艺术表现力和地位的提升做出了贡献。

（二）教育教学。桃李满天下，培养了一代代享誉海内外的竹笛演奏名家。如元修和、曾永清、蒋国基、詹永明、张维良、戴亚、王次恒、刘宽忍、杜如松等，在竹笛技巧教学上形成独具特色的训练方法和教学体系，对建立科学的竹笛教学体系功不可没。

（三）理论研究。撰写了《竹笛源流》《横笛的频率计算与应用》等论文，为《中国大百科全书・音乐舞蹈卷》撰写"笛"词条，在香港"国乐思想研讨会"上发表《中国笛子艺术的继承和发展》，成为研究竹笛历史源流、艺术规律、美学特征及文化内涵的重要参考文献，颇具学术价值，对中国竹笛学术体系的形成和发展具有重要的作用。

（四）乐器改革。"发明了排笛、L型低音大笛、玉石龙凤笛、弯管笛、同管双笛，首创横笛频率计算的理论和方法"（《赵松庭笛艺研究六十年》）。为竹笛制作提供了重要的科学依据和参考价值，促进了中国竹笛制作工艺的标准化进程，创制的多种新型笛子，也为中国笛乐艺术未来的艺术发展空间奠定了基础。

正是由于赵松庭对竹笛艺术的卓越贡献，因此他是当之无愧的"江南笛王"，他为竹笛在20世纪50年代后，逐渐从戏曲伴奏逐步上升为独奏表演艺术具有重要的作用；为科学化、系统化、专业化的竹笛教学体系形成奠定了基础；为竹笛史学、表演美学、乐器声学等学科的建设开了先河。

《婺江风光》在创作上体现了赵松庭的基本创作观念："尽量保持和发挥浙东的乡土气息和我们的民族风格"，因此在音乐元素上采用了家乡民歌的素材，并与婺剧音乐保持着潜在的联系；以"散—慢—快—散"的整体布局，以及内部上下句、"起承转合"四句结构以及板式变化体的戏曲音乐结构等方式组织音乐结构，使作品富有层次感。在表演技巧上，突出了"排笛"的独特艺术特色，在音色和技巧上同时融合了南北两大派的风格，充分将各种技巧与作品内容的表达紧密结合，是竹笛独奏曲表现借物抒情、描写内心情感活动的典范之作。

参考文献：

［1］赵松庭，《笛艺春秋——赵松庭笛曲文论集》，人民音乐出版社，2011年。

［2］陈达、李民忠，《笛艺大师赵松庭》（《东阳文史资料集第十八辑》），政协东阳委员会文史资料委员会，2011年。

[3]蒋国基,《赵松庭笛曲赏析》,《乐器》,2002年。
[4]詹永明,《南北笛曲风格及其演奏流派》,《中国音乐》,1997年第3期。
[5]陈悦,《赵松庭笛曲编创特征管窥》,《音乐研究》,2003年第3期。
[6]陈悦,《赵松庭的笛乐创作与婺剧音乐的渊源关系》,中国音乐学院,2006年。
[7]汤媛如,《赵松庭作品诠释分析》,中国文化大学(台北),2011年。
[8]赵晓生,《赵晓生学术著作系列——钢琴演奏之道新版》,上海音乐出版社,2011年。
[9]吴樟华、周立波,《赵松庭笛艺研究六十年》,《浙江艺术职业学院学报》,2014年第4期。

笛曲作品

貂　蝉

1＝G（G调梆笛　筒音作5̣）

♩＝152

吴樟华、陈加斌曲

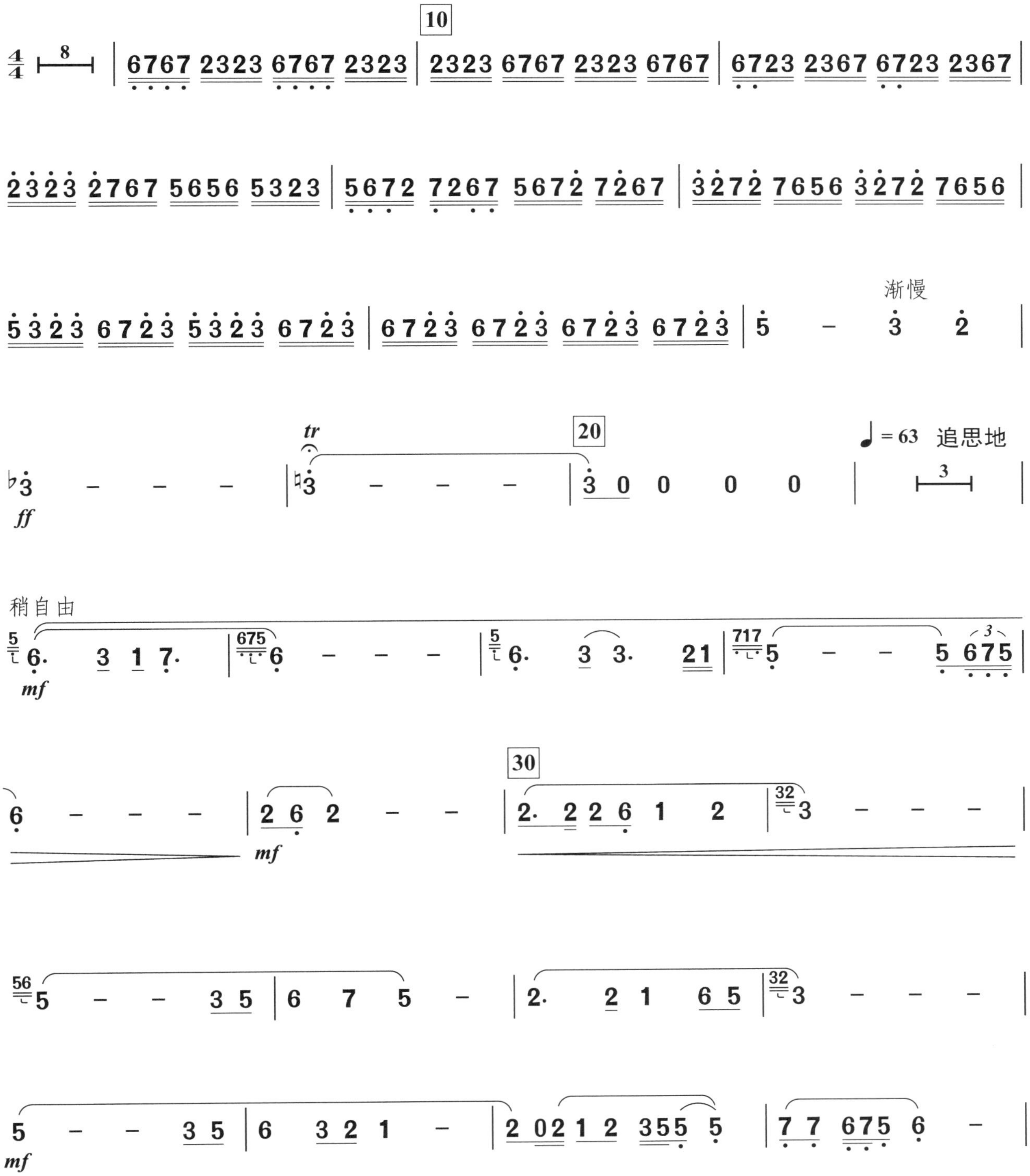

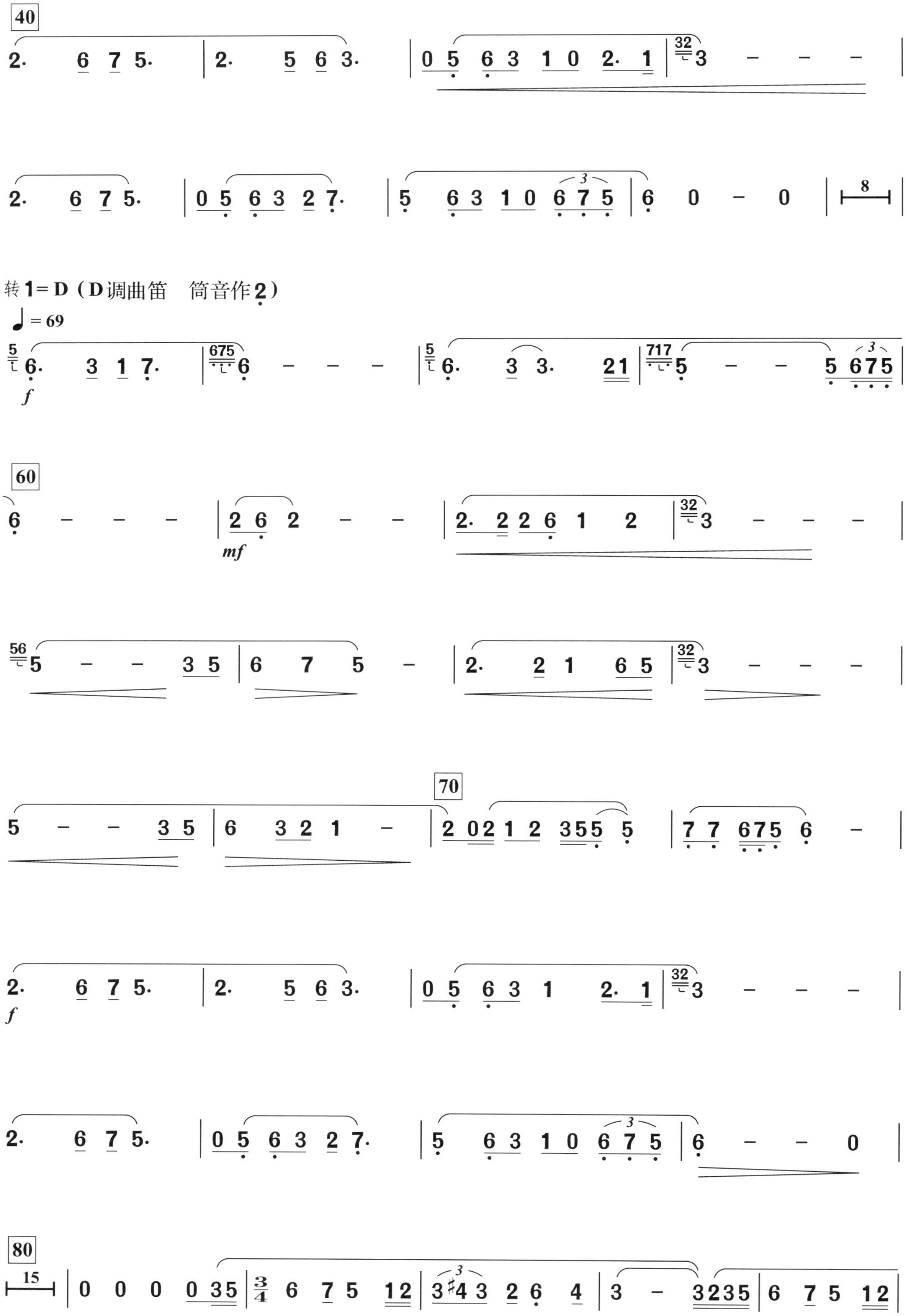
转1=D（D调曲笛　筒音作2）
♩=69

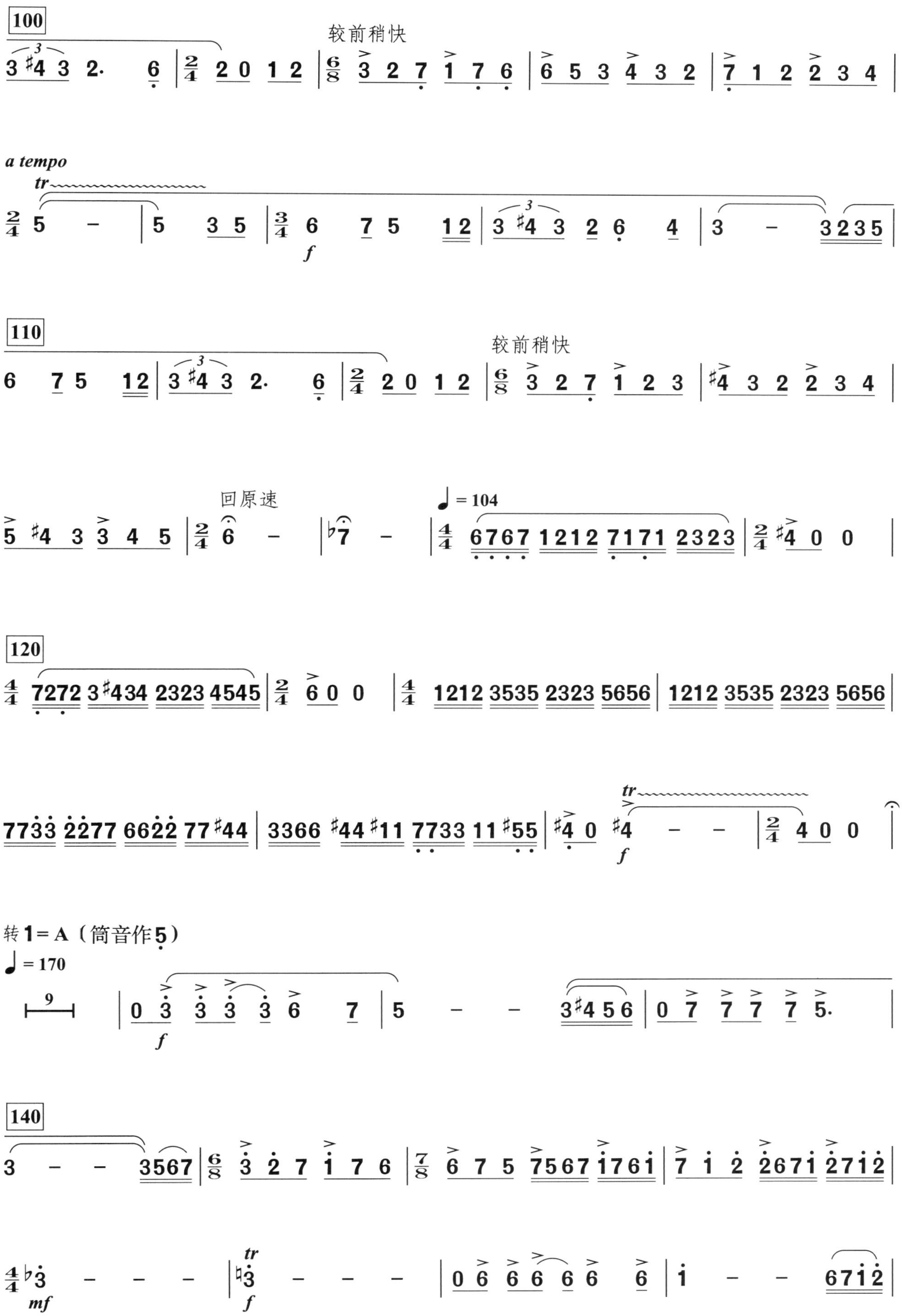
100
较前稍快
a tempo
110
较前稍快
回原速
♩= 104
120
转1= A（筒音作5）
♩= 170
140

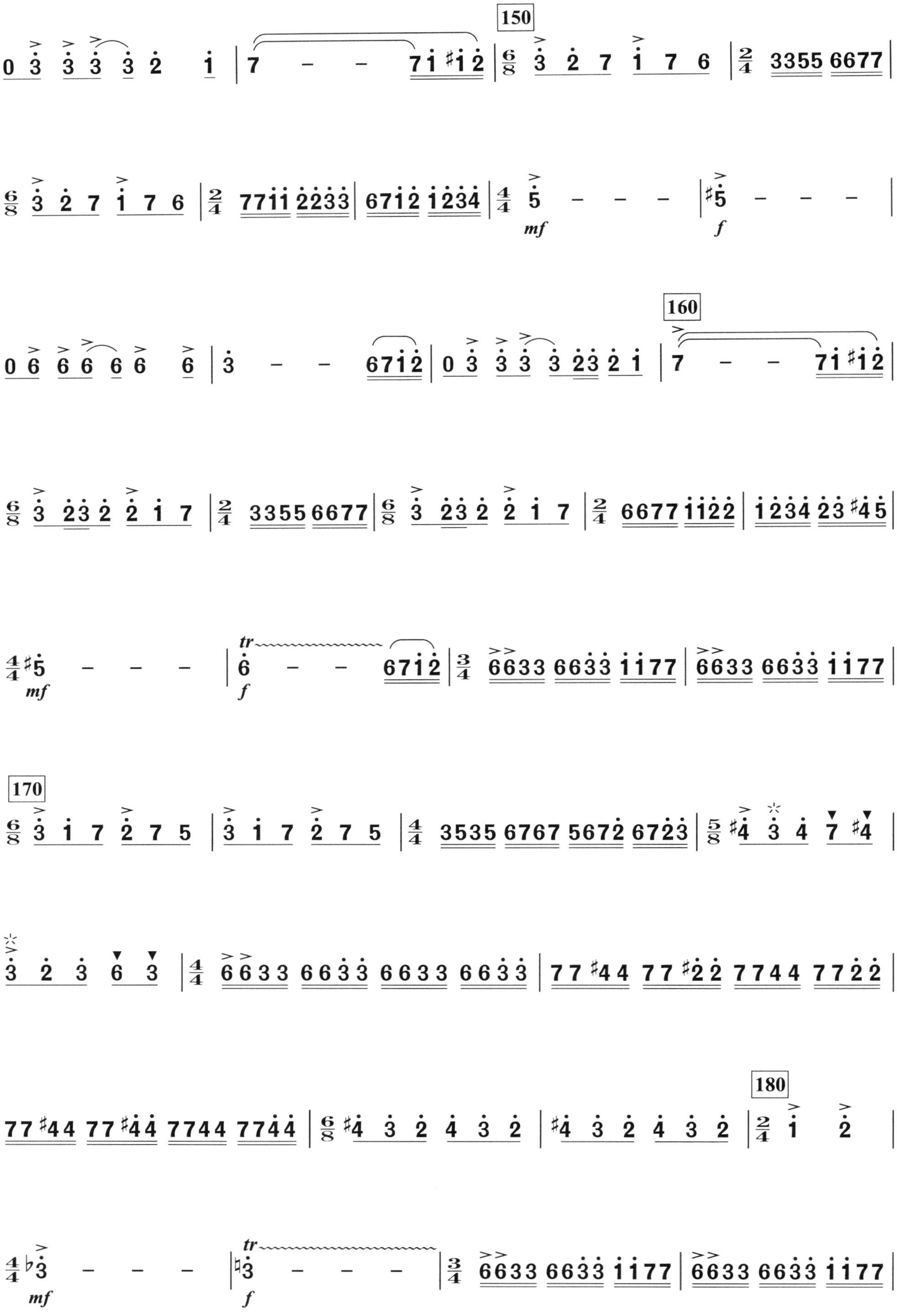

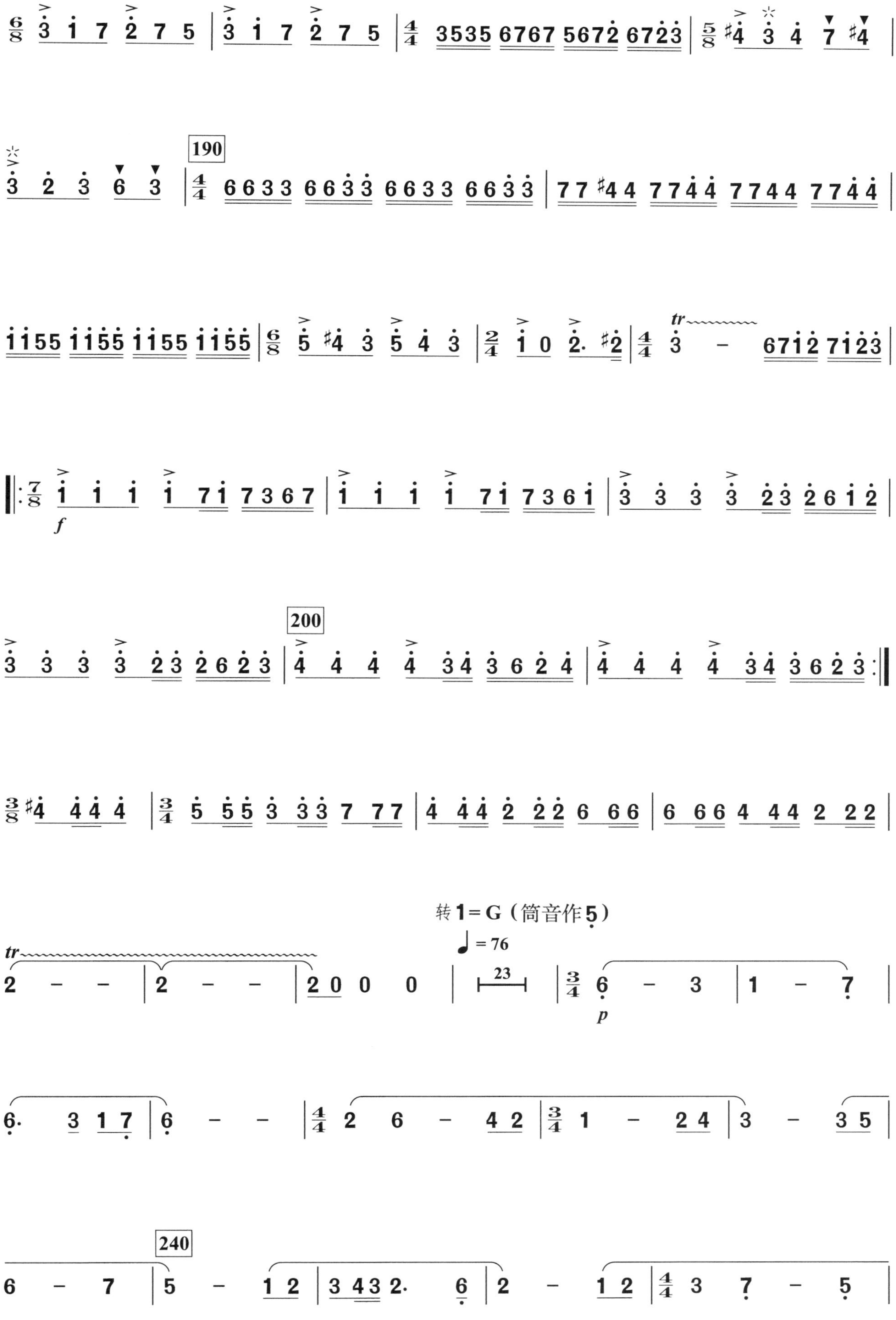
190
200
转1=G（筒音作5）
♩=76
240

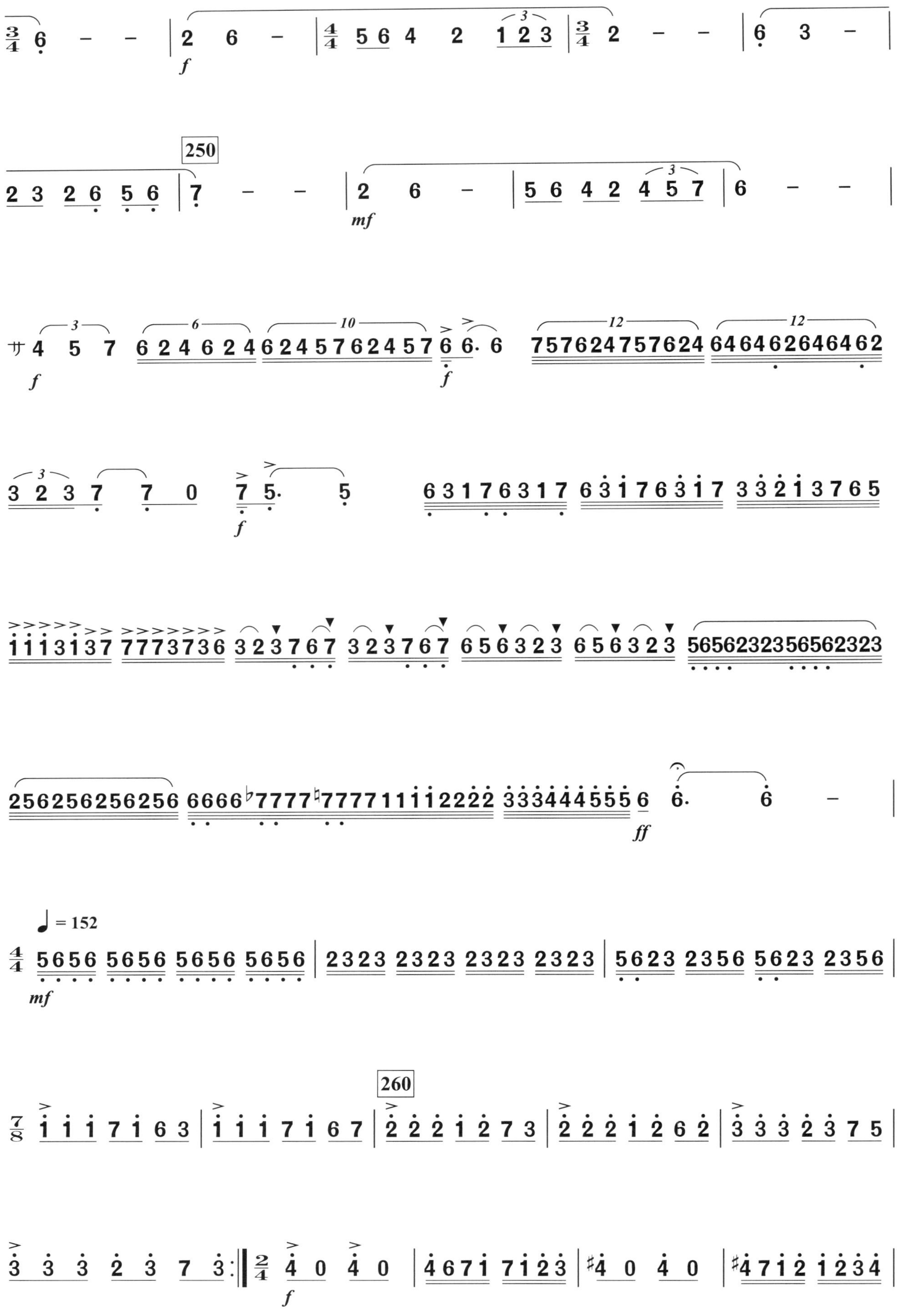
250
260
= 152

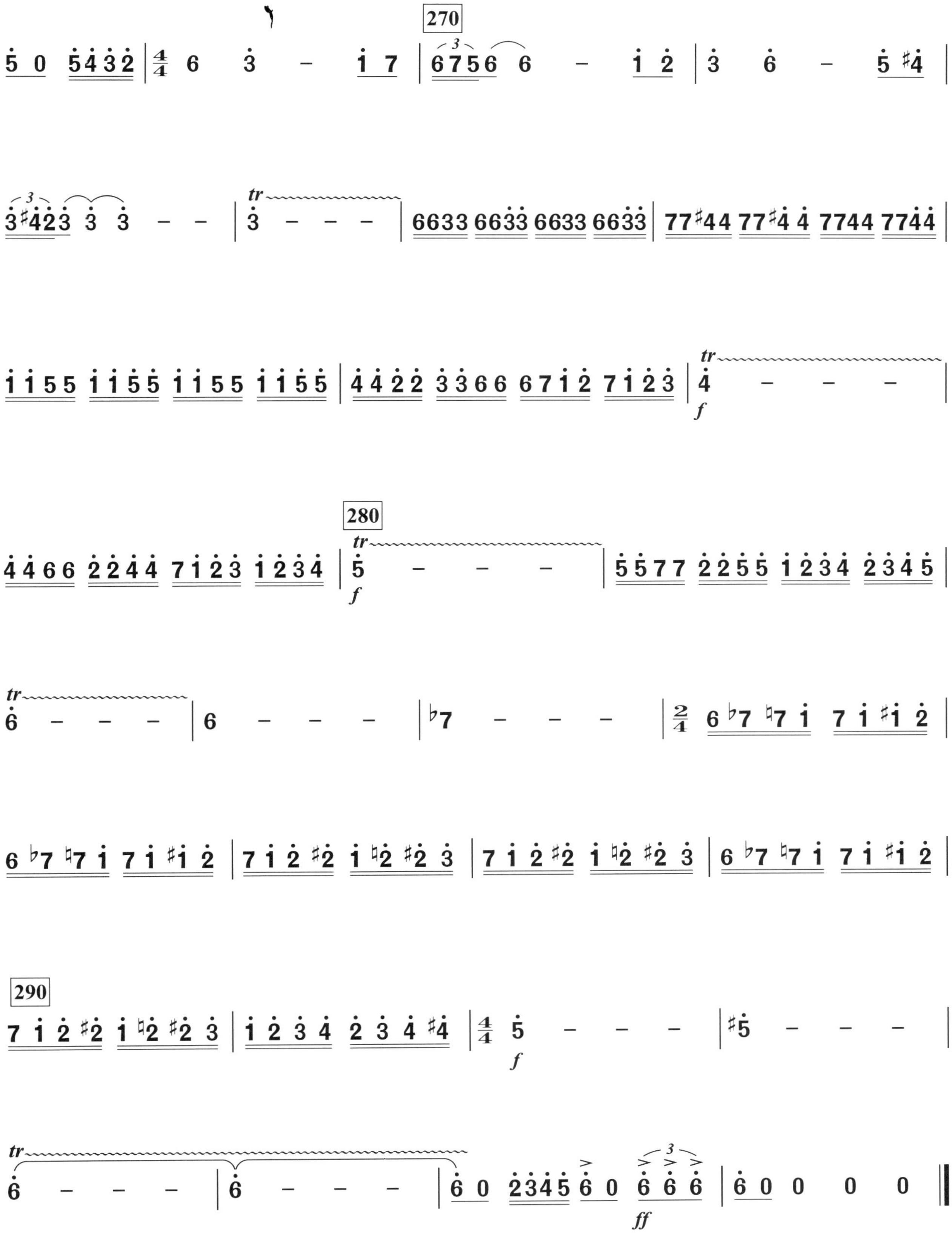

乐曲根据明代诗人杨慎的咏史词《临江仙·滚滚长江东逝水》为创作背景，作品打破了西方传统协奏曲的曲式结构而采用单乐章的形式，将20世纪现代音乐的创作理念融入其中，在乐器的搭配与织体布局上兼顾西洋管弦与民族管弦乐队的特征，并加以不同的节拍变换，刻画了貂蝉聪颖、坚毅的传奇人物形象。曲作者借叙历史兴亡，抒发人生感慨，豪迈中有含蓄，高亢中含深沉。

王 昭 君

1＝G（筒音作5̣）

陈加斌、吴樟华曲

【引子】自由地

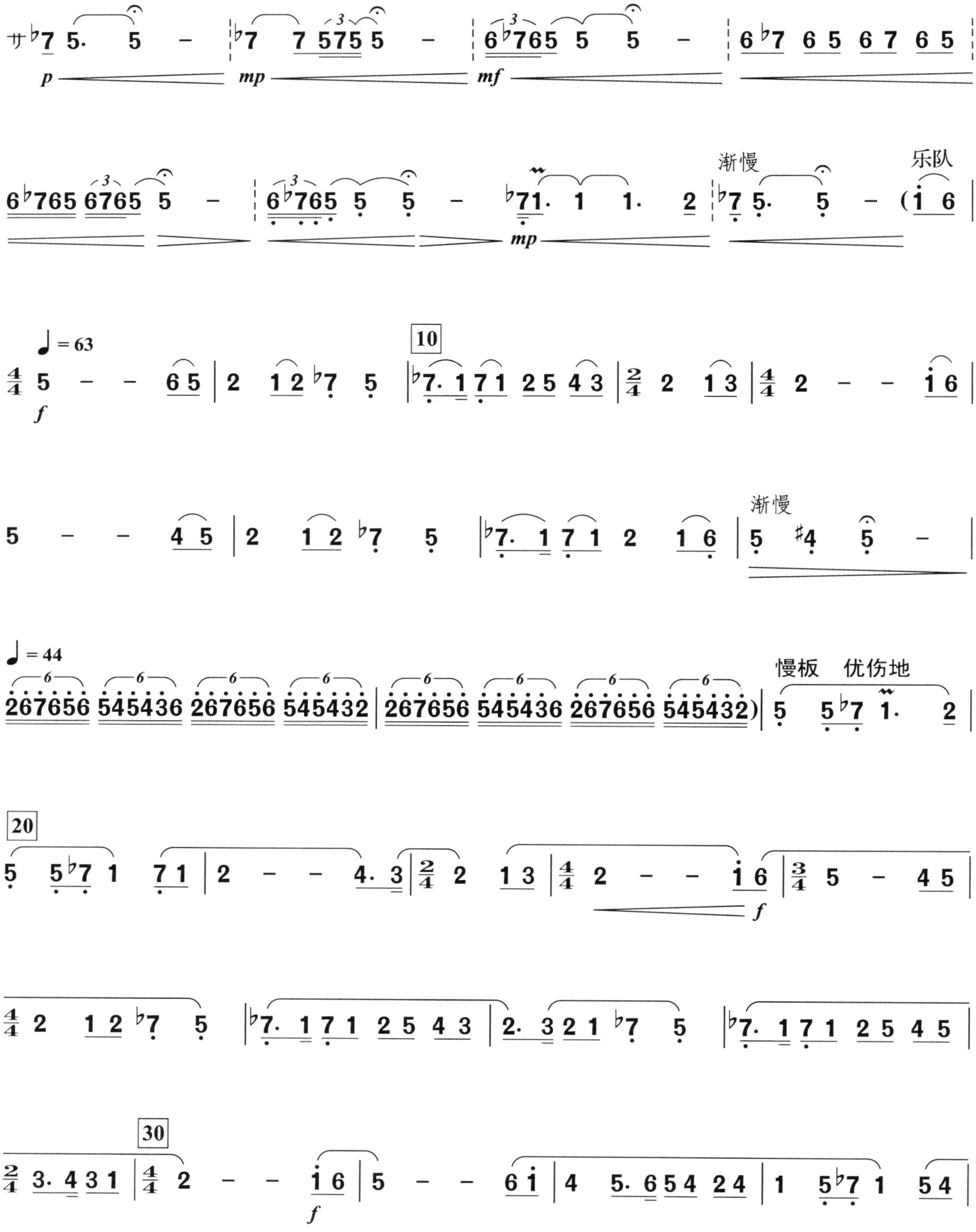

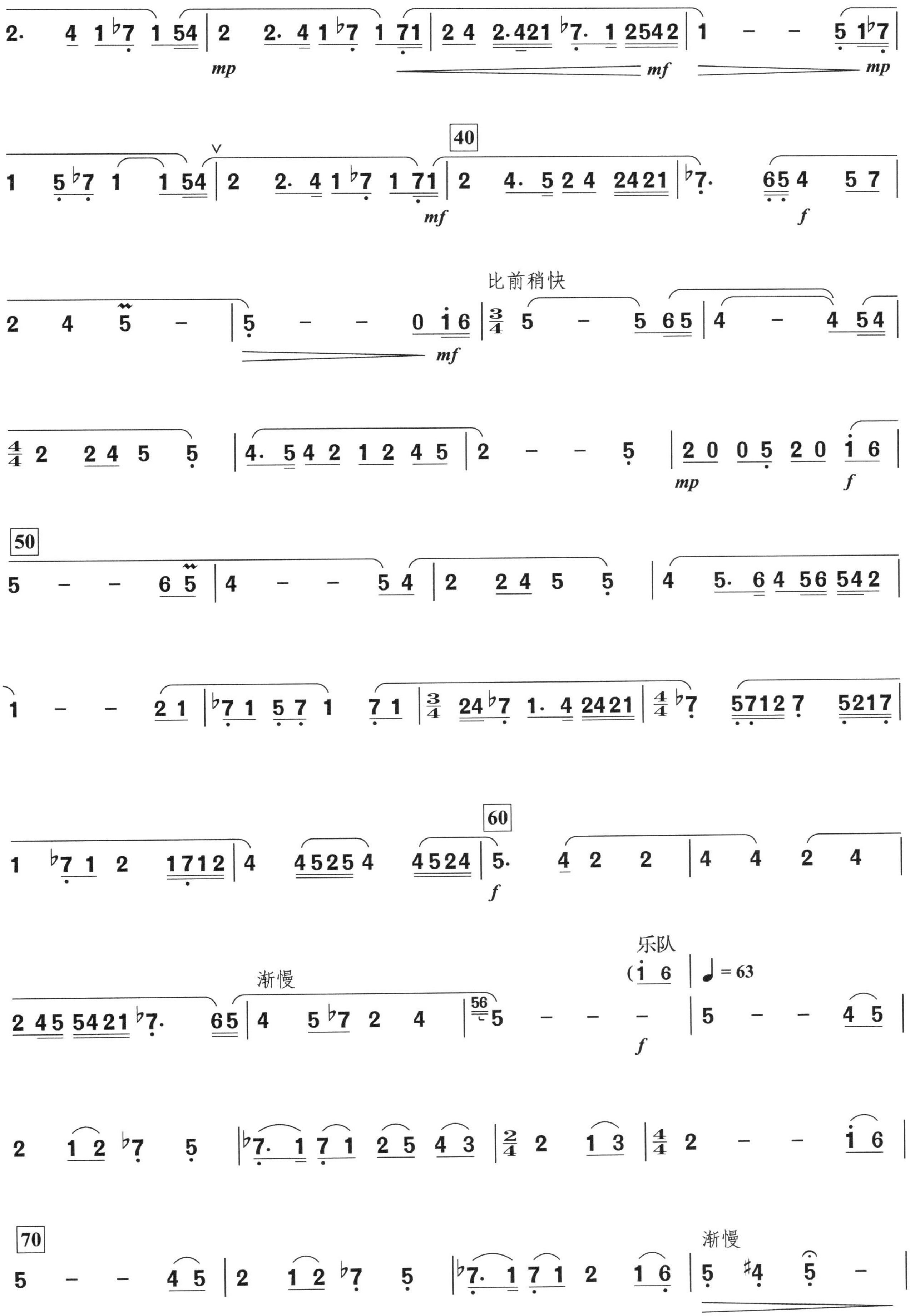
比前稍快
渐慢
乐队
渐慢

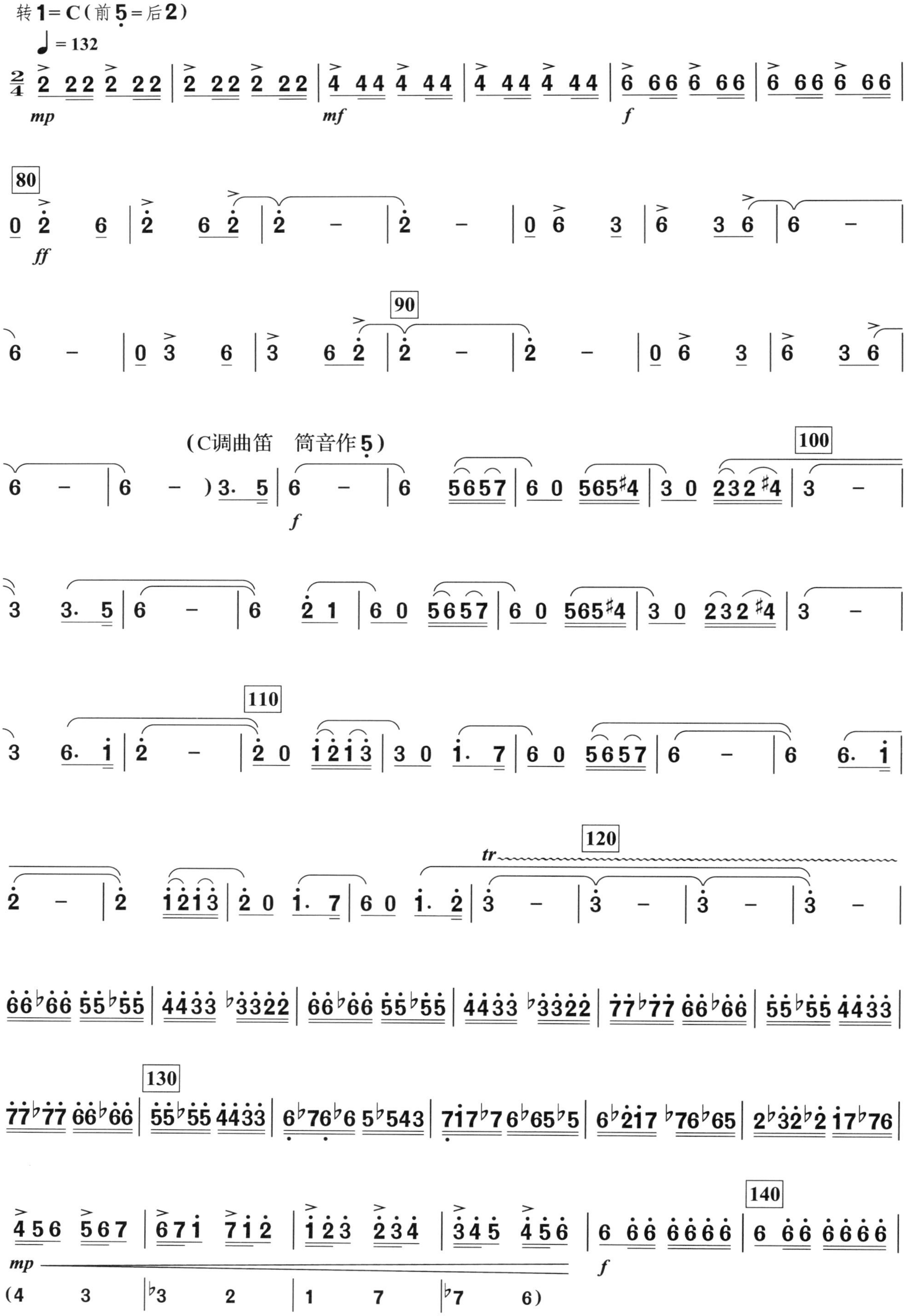
转1=C（前5=后2）
♩=132
（C调曲笛　筒音作5）
tr

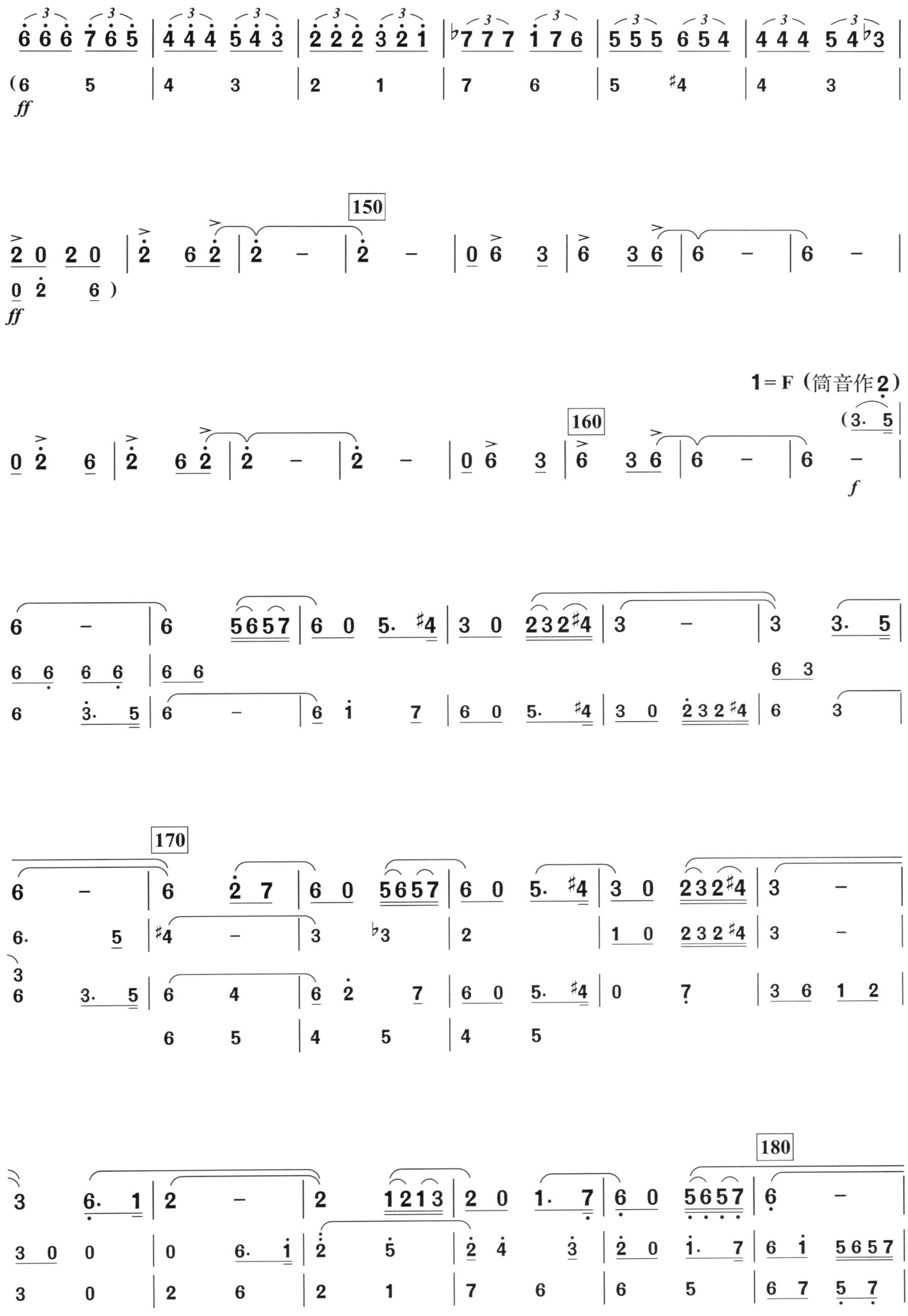
1＝F（筒音作2）

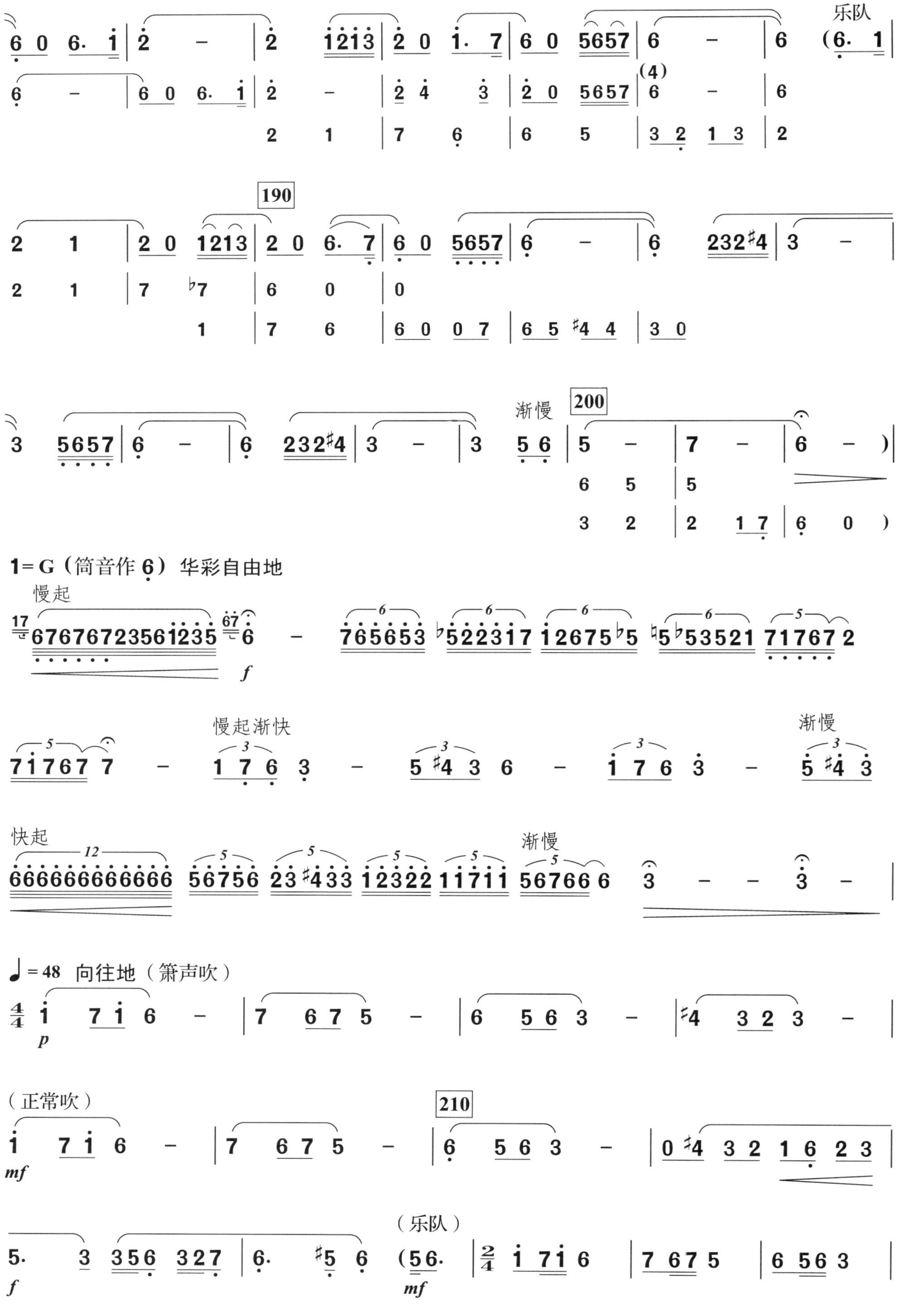
乐队
190
渐慢
200
1=G（筒音作6）华彩自由地
慢起
慢起渐快
渐慢
快起
渐慢
♩=48 向往地（箫声吹）
（正常吹）
210
（乐队）

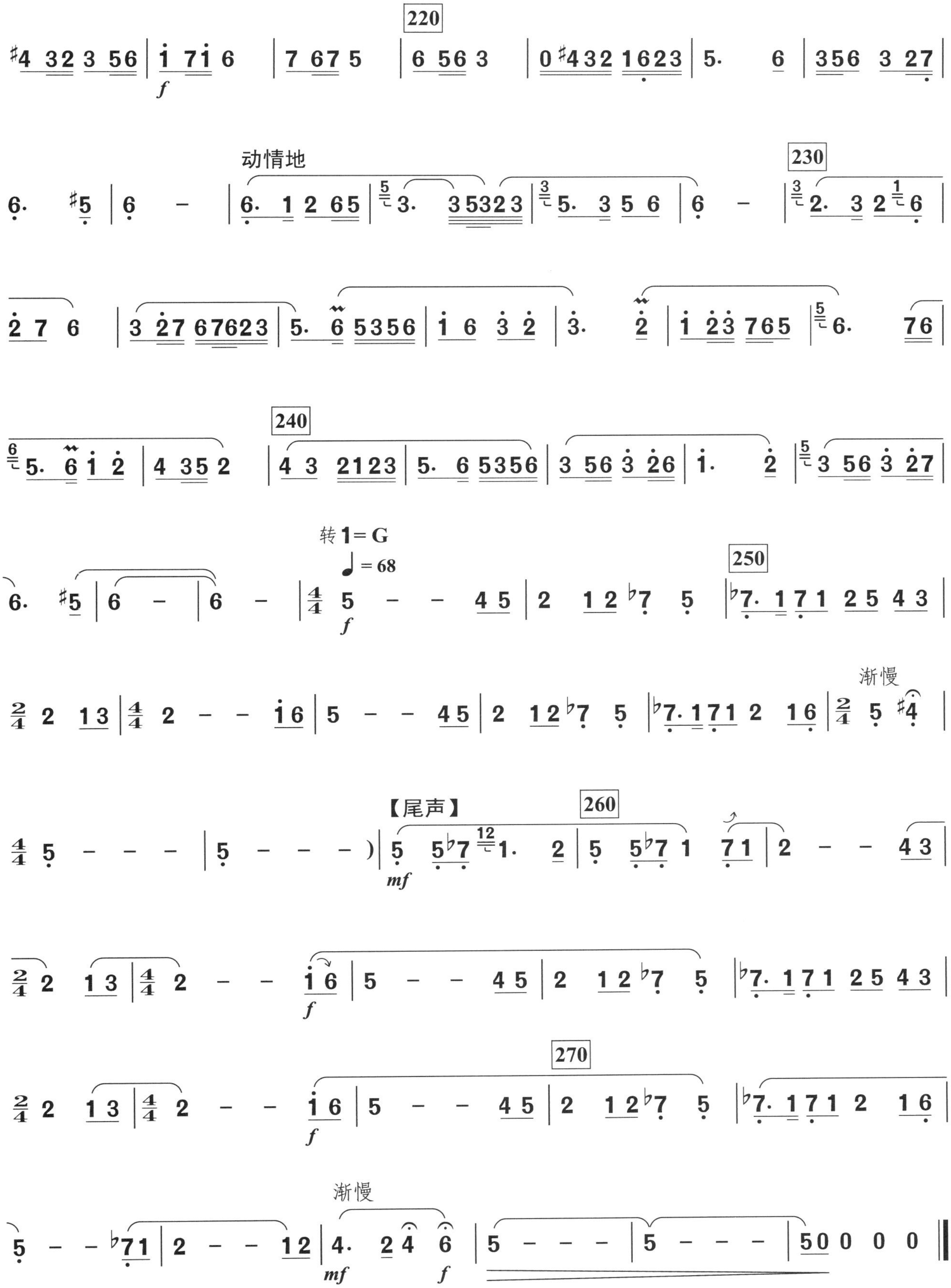

“千载琵琶作胡语，分明怨恨曲中论”竹笛协奏曲《王昭君》以广东音乐《昭君怨》为创作素材，描述了王昭君和亲塞外、幽怨凄清的人生命运，以及对故国充满憧憬和思念的强烈情感。

（九）陈悦

陈悦，笛箫演奏家。中国音乐学院教授，博士生导师、硕士生导师。中国第一位女竹笛硕士。中国民族管弦乐学会箫埙专业委员会副会长、中国音乐家协会排箫学会副会长、赵松庭笛子艺术研究会常务理事等。

6岁开始学习笛子演奏，成为赵松庭的关门弟子，后拜师蒋国基先生，考入中国音乐学院，师从张维良教授。

获“2010最具魅力笛子演奏家”“2012年CCTV十大青年竹笛演奏家”等称号，获文化部颁发的“园丁奖”“教学成就奖”，2019年获中华国乐文化创新杰出贡献奖等多项殊荣。

国家艺术基金2023年度艺术人才培训资助项目《笛箫演奏人才培训》项目负责人，2018年北京市高创计划优秀人才培养项目资助获得者，2014年北京市高校“青年拔尖人才”项目资助获得者，2015年国家艺术基金青年艺术创作人才项目资助获得者，2015年国家“一带一路”中国西部民族民间音乐采风创作和推广建设项目资助获得者。参加2023年第三届“一带一路”国际合作高峰论坛文艺演出，2019年受邀参加北京世园会开幕式文艺演出，2017年受邀参加美国总统特朗普先生访华国事文艺演出，参加中宣部“同圆中国梦”大型交响音乐会，“第二届中国—中东欧国家（16+1）首都市长论坛”及“北京日”的演出活动，第八十六届国际刑警组织全体大会文艺演出活动等。曾出访美国、英国、德国、法国、俄罗斯、澳大利亚、爱尔兰等数十个国家和地区，获《纽约时报》《华盛顿邮报》等一致好评。为中国民乐走向世界的推广与发展做出了重要贡献。

出版专著《跟陈悦学箫》《笛子演奏初级教程》等。在国家级核心刊物上发表论文《赵松庭的笛乐创作特征管窥》《当代昆曲伴奏中曲笛演奏特征分析》《笛海无涯 艺无止境——赵松庭艺术精神管窥》《赵松庭先生笛艺生涯中的儒家思想初探》等。

在国内外录制出版了15张笛箫专辑，如《箫音悦》《远行》《乱红》《精神·东西方的碰撞》《对话——箫与竖笛现代作品十首》《新·忆》及唱片《听见那拉提》《看见青山绿水》《溪林山风》《*Chinese roots*》等。《对话——箫与竖笛现代作品十首》获格莱美欧洲古典音乐提名。在国家大剧院等国内外知名音乐舞台成功举办百余场音乐会，如“新忆——箫专场音乐会”“笛子与室内乐专场音乐会”“东西方的对话音乐会”等，受到业内外好评。在教学方面，多名学生在国内外专业比赛中荣获金奖。

论文

赵松庭笛曲编创特征管窥

陈悦

20世纪50年代伊始，随着一大批堪称经典的优秀作品，如《姑苏行》《鹧鸪飞》《幽兰逢春》《早晨》《三五七》《牧民新歌》《扬鞭催马运粮忙》《枣园春色》等的出现，翻开了笛子文化艺术从伴奏到独奏、从幕后到台前的全新篇章，曾形成了以赵松庭、陆春龄代表的"南派"和以冯子存、刘管乐代表的"北派"等不同的笛乐流派。当进一步追溯各位艺术家代表曲目的渊源时，会发现其都有各自的地方民间音乐背景：冯子存笛乐作品多出自二人台，如《放风筝》《喜相逢》等；刘管乐作品则脱胎于河北吹歌，如《卖菜》《荫中鸟》；陆春龄作品多来自江南丝竹，如《欢乐歌》《中花六板》等。赵松庭虽常被视为南派代表人物，但其《三五七》《二凡》等作品风格粗犷，与婉约的江南曲迥异而具浓郁的婺剧风格。

笔者在听赏、学习、演奏上述大师的经典曲目时，不禁思索：这些优秀笛曲与地方戏曲文化有着怎样的渊源关系？应该如何继承与发展传统民间艺术？为什么现在的很多演奏者其演奏技巧高超却缺乏民族韵味？笛子艺术究竟应该朝什么方向发展？如何看待老一辈笛乐艺术家们扎根传统音乐的精神？如何将传统与现代高度融合，使之符合当代人们的审美情趣，将数千年的传统文化继承和发展？本文对赵松庭先生编创笛曲特征进行探讨与总结，抛砖引玉，期望引起学界对老一辈表演艺术家创作经验的重视。

赵松庭先生没有受过现代专业音乐院校的系统教育，却集笛子的演奏、教育、创作、研制于一身，为笛子艺术的全面发展做出了重要的贡献。赵松庭先生在笛曲创作领域开辟了新的天地，为后人留下了宝贵的笛曲作品。他扎根传统，大部分作品以婺剧音乐的曲调素材为基础，吸收新的作曲技法，融进独特的演奏技巧，把传统婺剧声腔曲牌改编成新颖明快的笛子独奏曲，使原先的戏曲声腔曲牌完全器乐化，令人耳目一新。从《早晨》(1954)到《幽兰逢春》(1979)，赵松庭一共创编了十余首笛子独奏作品。其中《早晨》《采茶忙》《婺江风光》等是融合南、北笛子演奏技法的笛曲；《三五七》《二凡》《西皮花板》是根据浙江婺剧音乐改编，具有浓郁的浙江民间音乐风格特点；而《鹧鸪飞》《幽兰逢春》等则是取材古曲或昆曲，充满了中国传统文人对自然、人生的感怀。

一、立足传统，全面继承

赵松庭先生出生于婺剧盛行的浙江东阳，从小就在当地浓郁的民间音乐氛围的熏陶下长大，受其父影响，9岁始习笛子吹奏，先后向昆曲艺人及小学老师学习昆笛和婺剧吹奏，13岁就学会吹奏婺剧的许多曲目，随后开始担任婺剧团的"正吹"，并经常跟随"台下班"到处去演出。通过大量实践演出，他不仅很快熟练地掌握了笛子的各种基本演奏技巧，还使得他进一步熟悉了婺剧音乐粗犷、活泼的表现手法，积累了许多实际演奏经验。不仅为他今后的发展打下了坚实的音乐基础，更重要的是激发了他对民间音乐的浓厚兴趣。

笛曲《三五七》由赵先生1957年取材婺剧中乱弹的同名曲牌〔三五七〕改编而成。〔三五七〕由安徽"石碑腔"演变而来，用笛主奏，曲调华丽、流畅、舒展，唱调字少腔多，后发展为字多腔少的"叠板"。[①]笛曲《三五七》热烈而粗犷，将婺剧乱弹〔三五七〕的各种板腔灵活运用，自由组合，变化极其丰富，曲调具有浓郁婺剧韵味。笛曲《三五七》的伴奏乐器以南方板胡和板鼓为主，二胡、中胡、低胡、三弦、月琴适当配合，它的伴奏手法，如"紧伴慢唱""眼起板落"等和婺剧音乐中〔三五七〕唱调的伴奏手法基本相同。笛曲《三五七》中加入大量的板眼节奏，同时对各种音乐形式进行了广泛的借鉴，使作品既具有浓郁的江南笛曲韵味，又充满着北方粗犷、刚毅的笛曲风格。另外《三五七》定调为1=C或1=$^\flat$B，用D调或C调的曲笛演奏，指法是筒音作la。在传统笛曲中使用筒音la指法的乐曲并不多见，《三五七》采用这一指法并加入婺剧音乐中一个非常特殊而又极具典型性的七度进行，使乐曲的风格性更加鲜明。《三五七》各种板腔和演奏技法的灵活运用，体现出赵松庭先生对浙江婺剧音乐有着十分透彻的掌握，这种对传统熟知的能力，恰是今天很多创作者、演奏者们缺乏的。

笛曲《二凡》是赵先生根据婺剧乱弹中的同名曲牌〔二凡〕改编而成。〔二凡〕是浙江绍剧主要唱腔之一，属于板腔体。"二凡"是秦腔传到南方后演变而成的声腔，在婺剧中又发展为尺字、小工、正工、凡字四种不同属性的曲调，又各有导板、原板、流水、紧皮、垛板等不同板式，分别具有激昂、高亢、悲壮、沉郁等情感特点。伴奏基本用弦乐，主奏乐器为板胡，发音嘹亮清脆，另有弹拨乐器斗子及碗胡、高胡、二胡、三弦等。[②]笛曲《二凡》相对原婺剧乱弹〔二凡〕的整体结构做了较大的调整，对引子、正板、走马等各部分进行了相应的缩减或延长。同时赵先生将快板、散板、导板、流水板等各种板式进行自由组合，使得整首曲子的变化丰富多彩。笛曲《二凡》伴奏乐器以南方板胡为主，二胡、低胡、中胡、三弦等，再加上苏式锣鼓相配合，同样采用了"紧打散唱""散打散唱"等伴奏手法，这种伴奏形式和伴奏手法与婺剧〔二凡〕的乐队基本保持一致，使得笛曲《二凡》带有浓郁的浙东民间音乐风格。在演奏技巧与伴奏的配合方面，尤其在音高和强弱变化的段落中，其节奏铿锵有力，旋律与伴奏形成鲜明对比，乐曲生动活泼。它既具有浓厚的浙江地方戏曲音乐特点，又不完全拘泥于地方戏曲音乐独特的个性之中。因此笛曲《二凡》与原曲牌〔二凡〕有相同之处，又存在较大差别，其风格、特点和笛曲《三五七》一样，也同样大量运用了滑音、颤音和打音等装饰，使得旋律更加优美动听。而且，笛曲《二凡》与《三五七》相比，显得更有气势，情调更加激昂悲壮。

赵松庭先生改编的笛曲紧紧抓住了婺剧特有的音乐个性，粗犷、朴素、自然，渗透出浙东民间浓郁的乡土气息。不但保留了原唱调中地方戏曲的韵味，同时通过融入更多演奏技巧，赋予了乐曲更多的艺术表现力。赵先生数十年的笛艺生涯中，注重继承和发展竹笛乐器所蕴含的中国传统音乐文化精髓，注重融合民间各种风格的音乐素材进行音乐创作，是他取得成功的重要因素之一。

二、因需制宜，自由展衍

从婺剧的人声演唱改编成笛子独奏，必然因为其艺术表现的形式不同而在表达的技巧上会有较大的差异，人声的优势在于演唱的情感表达要比乐器更为细腻而准确，而笛子的演奏技法相对人声的演唱技巧来说却要丰富得多。在改编为笛子独奏曲的过程中，赵先生根据竹笛的性能特点、所表达的情绪，将笛子丰富的演奏技能技法加以灵活运用，点缀加花。例如各种装饰音，历音、滑

---

①《中国戏曲曲艺词典》，上海辞书出版社1985年版。

② 同注①。

音、垛音、颤音、打音、叠音、震音等技巧的运用，以及旋律乐句的重复变化等，使乐曲情感更加丰富多彩。如《三五七》的第二部分正板，以婺剧乱弹〔三五七〕唱调中"横风"（即笛子）为素材，做了反复、加花和变奏，使整段旋律自然流畅，并且融入了大量的颤音和打音，跟随旋律的进行，刚柔相济，使笛曲充满了戏曲张力，将婺剧特有的风韵原汁原味地展现出来。再如《二凡》第二部分正板，作者根据婺剧乱弹〔二凡〕唱调中"横风"的旋律素材为基础，进行改编。赵先生根据素材的旋律做了相应调整，并且加入了大量颤音、滑音和打音等装饰，使旋律更流畅、自然，音乐更加丰富，更加器乐化，具有抑扬顿挫的变化，更适合以笛子的音乐语言来表达。

赵松庭先生改编的作品在保持原曲的民族风味的基础上，丰富地使用各种装饰音，常用主调结合衬托的支声部进行，以及各种板腔的灵活运用，从而避免了乐曲在往复循环中的枯燥感，使其成为一部丰富多彩、有血有肉、情感饱满的器乐作品。

三、大胆借鉴，勇于创新

赵松庭先生敢于尝试技法革新，为笛子演奏拓展了空间。最为典型的就是他在演奏上对唢呐"循环呼吸"法的大胆借鉴。所谓"循环呼吸"，在传统唢呐吹奏技法中称为"鼓腮换气"，是指使气息不间断地进行吹奏。赵松庭先生1954年创作的《早晨》则是第一次把唢呐"鼻吸、口吐"同时进行的技巧，移植到吹奏笛子的作品上。《早晨》音乐主题素材取自昆曲曲牌〔点绛唇〕，全曲共分为四个部分：由三个段落（引子、慢板、小快板）和一个尾声构成。第一段"引子"主要是气息控制的运用，节奏缓慢而自由，其中十二连音的运用、采用"循环呼吸"吹奏的长颤音、以气息控制的两个渐强至渐弱的全音符，使得曲调悠长，呈现出太阳冉冉升起、万物初醒的早晨的景象。笛曲《早晨》中"循环呼吸"技法的使用，获得了业内外人士的一致好评，并在赵松庭先生之后的笛乐创作中被广泛运用。在《早晨》创作两年以后，赵先生取意李白诗句"越王勾践破吴归，义士还家尽锦衣。宫女如花满春殿，至今唯有鹧鸪飞"，对湖南民间乐曲进行了改编，使之成为笛子名曲《鹧鸪飞》。笛曲《鹧鸪飞》用曲笛（筒音作re）演奏。全曲由引子、慢板、快板及尾声四个部分组成。其中快板部分的旋律由慢渐快，要求一口气连吹28个小节，其中最快时的速度要求达到每分钟160拍，此处将"循环换气"技巧充分运用。这在当时创作的笛曲中是绝无仅有的。笔者随赵先生学习时，赵先生曾提及，作品创作完成时他自己还不能将乐曲完全吹下来，还在练习"循环呼吸"。该乐曲并非要表达鹧鸪自由飞翔的具体形象，而是表达作者一种怀古的心境，体现出赵先生创作中的文人情怀。

再如笛曲《三五七》快板部分，作者加入一部分"紧拉慢唱"，笛子旋律自由延长，该处同样运用了"循环呼吸"技巧，使旋律连绵不绝，将音乐情绪推向高潮。《三五七》第四部分"尾声"，$\frac{3}{4}$转$\frac{2}{4}$拍，再次回到散板，落在旋律主干音"re"上，与第一部分首尾呼应，同样要求使用循环呼吸，使乐曲尾部的散板乐音与引子一样绵延而层层推进。笛曲《二凡》"走马"部分，全段16个小节，要求一气呵成，必然需要使用循环换气技巧。此外，赵松庭先生还运用了戏曲中〔走马锣〕的循环反复，令此段与前段产生较强对比，具有独特的戏曲韵味。循环呼吸技法的运用避免了演奏者在处理音乐分句、分段、大连线和华彩长句时，经常出现缝隙间隔和不应有的休止，造成分割乐句，从而影响整体音乐形象，达不到理想艺术效果的情况。

赵先生的另一种创新在于"思想解放，观念革新"。传统笛乐虽有南、北流派，但是赵先生不囿于此，强调相互学习交流，大胆融入了一些新的音乐元素。赵松庭先生向著名"北派"刘管乐先生学习梆笛，并在以后的创作和演奏中，大量融入北方梆笛"花、垛、吐、滑"等演奏技法，融合南、北两派演奏技法，刚柔并济，使得笛曲吹奏技巧变得丰富多彩。这在以往的南派笛乐当中是不曾出现过的，改变了“南北各自守，昆乱不同流”的风气。早在1954年创作的《早晨》中，赵先生就开始注重“南北融合”，其中在《早晨》的小快板主题部分，就大量融合了北派梆笛的演奏技巧，在36个小节的小快板主题中，垛音就使用了多达15次，该小快板主题的后部也同样大量使用北派梆笛滑音、吐音的演奏技巧。笛曲《二凡》“引子”部分，乐曲一开始就用了一个八度的上滑音，将音乐瞬间带入悲壮、激昂的情绪之中，结束落音在商音上并在拖腔中运用锣鼓点。《二凡》的引子虽然短小，赵先生用笛子代替演唱，融入了有北派特色的慢滑音来模仿人声有力的喊腔，表现出一种极度悲愤的情绪，极富戏曲唱腔韵味。《二凡》“走马”部分，演奏要求以循环呼吸配合“北派”的花舌；第五部分从“无板无眼”的散板入板，进板后速度稳定在每分钟190拍左右；其中流水板段落中，使用了“南北混滑”的技巧（即南派通过气息控制及位置的变化而发出的滑音效果，与北派用手指在按音孔上渐按或渐开而发出的滑音效果相结合），这种“混合滑音”的运用，则是南、北笛乐技法融合的最佳例证之一。

上述这些革新技法的运用，使得改编后的乐曲既具有传统戏曲音乐韵味而为大众所接受，又赋予了作品时代感，颇具新意，对此后的笛乐演奏及创作产生了深远影响。

赵松庭先生以一个“传人”的身份，立足于传统与现代之间，一方面深入传统，挖掘传统，保留传统，把它作为当代竹笛艺术发展的根基；另一方面，以“转型”“发展”的思维模式对待现代文化的流变趋势，使中国古老的传统音乐文化融入现代审美，为现代听众所接受，这是20世纪中国音乐发展不可改变的大方向。半个世纪以来，所有成功的民族器乐作品，都是顺应了这个大方向，将传统与现代完美融合，从而产生出一个新的整体。[①]赵松庭先生的笛乐创作充分体现了其与民间戏曲音乐紧密相连的特点，其不仅对我们今后的笛子演奏、创作方面具有借鉴意义，更重要的是其创造性的思维和方式，给笛乐的发展带来了更加广阔的空间，为新生代的笛乐传承者在继承和发展民族文化方面，树立了榜样。

（原文发表于《音乐研究》2013年5月第3期）

① 乔建中，《开一代师宗　领笛乐风骚——为纪念赵松庭80诞辰专题音乐会而作》，《人民音乐》2003年第11期。

赵松庭先生笛艺生涯中的儒家思想初探

陈悦

儒家哲学思想在我国传统文化中有着极其重要的地位，儒家思想和精神塑造了中华民族的性格、心理和素质，对中国社会政治、经济、文化等方方面面的发展都产生了极其深远的影响。赵松庭先生对中国笛子艺术的发展做出了巨大的贡献，是自20世纪50年代以来笛子艺术的杰出代表之一。纵观赵松庭先生的笛艺生涯，儒家的哲学思想的精髓体现无处不在，赵晓笛在其著作《笛艺春秋——赵松庭笛曲・文论集》的开篇中写道：

“我父亲生于中国传统宗法社会的一个大家族……，家族长辈管教子弟甚严，重视教育，原设私塾授四书五经，诸子百家……，对读过的四书五经、唐诗宋词等诸多篇章，可倒背如流。”[①]

可见赵松庭先生最初的传统哲学思想主要来源于他的家庭教育背景，以致纵观赵松庭先生笛艺生涯的方方面面都体现出儒家文化的精神内涵，也就是情理之中的事情了。赵松庭先生汲取各哲学流派精髓融于一身，其思想是辩证的，综合的。笔者在本文中主要针对赵松庭先生的修身、治学、育人三个方面体现出来的儒家思想管窥一二，以达“习其精神，承其遗志”的目的，并作为对我们继承和发扬笛子艺术的一种思考与启示，与同仁们共勉之。

一、修身之道：“穷则独善其身，达则兼济天下”

“穷则独善其身，达则兼济天下”出自《孟子》的卷十三《尽心》（上），这句话的核心思想主要体现儒家思想中入世与处世的人生态度。

（一）穷则独善其身

“穷则独善其身”对于我们现实社会的人生来说具有十分积极的指导意义，因为并不是每个人的一生都是心想事成、万事如意的，可以说大多数人的一生都会经历各种困难和挫折。在人生不得意，不能“出人头地”的时候，就应完善自身之不足，不断提升文化素养，提高自身道德修养。赵晓笛曾对父亲如此描述：

父亲是豁达之人，既领会儒家“穷则独善其身，达则兼济天下”的人生哲学，也喜好道家逍遥游，远离世俗的无为论，每次事业遇到挫折时他都会从上述两种哲学中寻找解脱的依据。[②]

据此可见赵松庭先生在人生不如意，事业遭受重大挫折的时候，除了运用道家哲学的无为论让自己逍遥于世俗之外，便是采取儒家“独善其身”的哲学思想不断修养好自身，以待时机“兼济天下”。在他一生历经的三个重大挫折时期里，这样的儒家思想可谓表现得淋漓尽致，赵松庭先生在其文论中对他自己的生活遭遇是这样讲述的：

---

① 赵晓笛，《文化的沉重——忆父亲一些往事》（出自《笛艺春秋——赵松庭笛曲・文论集》），人民音乐出版社，2011年版第5页。
② 赵晓笛，《文化的沉重——忆父亲一些往事》（出自《笛艺春秋——赵松庭笛曲・文论集》），人民音乐出版社，2011年版第6页。

在1957年夏天，他刚从莫斯科参加世界青年联欢节回来就被送到农村去劳动了，每天长达十二小时的劳动，即使在这样艰苦的条件下，他仍然坚持笛子的基础训练，并且尝试着自己创作笛曲，例如《欢乐的山谷》《婺江风光》等大家耳熟能详的曲子都是这期间写出来的。到了1966年的时候，他连上舞台表演的权利都被剥夺了，这对一个如此热爱笛子的人来说，是一件多么残酷的事情。但赵松庭先生并没有放弃他的笛子事业，不允许他演，但他还可以制作笛子，还可以做笛制作的相关理论的研究。于是在"文革"期间，他在笛子制作方面取得了丰硕的成果，不仅制作了两千多根笛子，同时在笛子制作的理论上也取得了重大突破——解决了横笛频率的计算问题。随后，终于在1973年调回歌舞团，并参加了广州交易会，在他以为自己的命运终于峰回路转，翻开人生崭新的一页时，谁知随后又被打成了"右倾翻案分子"，并安排他做一些生活的杂务工作，因为这些工作并不那么繁重，于是他利用空余的时间静下心来开始培养学生，并将声学理论研究进一步完善与深化。①

从上面其文论中描写的人生经历可以看得出，赵松庭先生深深地领悟了"穷则独善其身"的儒家思想之真谛，并淋漓尽致地作为自己在逆境中不屈不挠，积极进取的修身之道。

（二）达则兼济天下

"达则兼济天下"指的是当一个人得志的时候，不能只图一己之私利，应该踏踏实实尽其力造福一方。

根据赵松庭先生的文论记载，1980年，1981年他开始先后在上海音乐学院、中国音乐学院任教，并开始频繁地在全国各地进行讲学，虽然很辛苦，但为笛子艺术的传承与发扬，但他将这种艰辛的教学工作看作是自己应尽的责任和义务。②

上面赵松庭先生文论中的短短数语，表达了其时时刻刻心怀报效祖国，誓言传承与发扬民族音乐的崇高抱负。其实赵松庭先生除了在内地讲学以外，足迹更是遍及中国港、澳、台地区及东南亚等地。也正是这种"兼济天下"的崇高治学理念，使得赵松庭先生真正做到了"桃李满天下"，"赵派"笛学也得以广博传播，为推动整个中国笛子艺术的传承与发展做出了巨大的贡献。

二、治学之道的儒家思想

（一）中庸之道

"中庸"是中国儒家的核心思想，也是中国传统文化的重要组成部分，是儒家在为人处事时讲究的基本道德标准。宋代理学家朱熹解释说："中庸者，不偏不倚，无过不及，而平常之理，乃天命所当然，精微之极致也。"据此论之，其"中"含义是一种凡事都追求不偏不倚，无过不及的最恰当状态等。赵松庭先生笛艺生涯六十余载，其治学理念也深受儒家哲学的"中庸"思想理念的影响。在其论述笛子演奏的装饰技巧运用时认为：

在江南风格曲子演奏的装饰技巧方面应该："出手常用'颤'，叠音不过三，见间隙馈'赠'，同音'打'来分，灵活相交叉，仙女来散花，恰到便是好，莫成老油条。"③

上述文论中"叠音不过三"与"恰到便是好"，正是体现出了儒家的"中庸"哲学的"不偏不倚，无过不及"的核心思想。在笔者跟随赵松庭先生学习笛子的时候，他曾多次对我说关于练习曲加花的

---

① 赵松庭，《笛艺生涯五十春》（出自赵晓笛主编的《笛艺春秋——赵松庭笛曲·文论集》），人民音乐出版社，2011年版第231—232页。

② 同上，第232页。

③ 赵松庭，《笛艺问答》（出自赵晓笛主编的《笛艺春秋——赵松庭笛曲·文论集》），人民音乐出版社，2011年版第335页。

问题，他也曾举例说："很多人乐曲要好听要加很多花，其实加花是不能太多的，要恰如其分。就如同人的衣着一样，仪态、仪表要大方得体。就像一个非常好看、十分美丽的女子，如果红衣绿裤满头戴花，就算她人再漂亮，她的品位也有限。要怎么才好看呢？就应该穿一身白衣服，然后戴一朵兰花，这样看起来既高雅又典雅，音乐也应该追求这样的感觉"。其"雅"为中国传统美学"雅者，正也"的审美意识，可见赵松庭先生是以一种中国传统文人审美情趣来对待音乐，对待所有美的事物。

细细品味赵松庭先生创作及演奏的曲子，例如《幽兰逢春》《鹧鸪飞》等，也可感受其深悟"哀而不怨"之雅正神髓。

（二）四毋

"四毋"是孔子一生以此为戒的行为道德标准，即："毋意，毋必，毋固，毋我。"也是值得当代人学习与借鉴的重要法则。我国语言学家杨伯峻对这句话的含义解读为："孔子一点也没有四种毛病——不悬空推测，不绝对肯定，不拘泥固执，不唯我独是。"

"毋意"——不悬空猜测。也就是不盲目地下结论，而要有根有据。

在赵松庭先生所著的《竹笛源流》《凤箫龙笛溯源》《温度与乐器音准问题》等众多文论中可以看出，无论是从对笛子、箫等乐器的历史起源的研究，雁飞篪、笛子等乐器的制作，温度与乐器音准问题等的理论研究，还是对教育系统化、规范化的探索等，赵松庭先生都是通过探究大量的历史文献资料，通过理论与具体实践反复验证，甚至亲自对相关文物出土进行考察研究，凡事做到有理有据，做到"有史可考，有据可查"。

"毋必"——不绝对肯定。也就是要辩证看待事物。赵松庭先生对于中国传统哲学思想的研究，一直是秉持辩证的研究方法，主张批判地传承中华传统的哲学文化。对于儒家"中庸"的思想也不例外，例如其赞同笛子演奏要因需制宜地使用装饰技巧，但在其谈到中国古代的音乐美学思想，对比墨家、道家、法家与儒家对音乐的态度时则又认为：

对比起来，儒家的观点还是比较进步、比较现实的，但"和"的美学观点，否定了音乐艺术的表情特性。……因此，笛艺的传统审美观中，有自相矛盾的一面，既要表达真情，又把真情戴上了道义的枷锁，……如何批判地继承笛艺的传统审美观，寄希望于美学专家们，投入笛艺研究的行列中来。[①]

可见其对儒家主张的"和"对音乐情感的否定是持有不同的看法。赵松庭先生一生中取得了无数的研究成果，但无论是历史探寻，还是自己反复验证所得的研究成果从未持有绝对正确的态度，始终抱着虚怀若谷的学习态度，与大家来一起共同商讨和分享。

"毋固"——不拘泥固执。这一点在学习中与"三人行，必有我师焉。择其善者而从之，其不善者而改之"的理念殊途同归。赵松庭先生在这一点上，深得此儒家思想的精髓。

在演奏的技术层面，赵松庭先生主张大胆创新，要勇于突破地域、行业的限制，接受任何技术都不应分什么南北中西，甚至不分中外，应该扩大视野，既要把前辈们世世代代累积起来的知识和经验继承下来，同时也主张学习国外一些演奏的技术和经验，然后取其精华，去其糟粕，这样才能将笛

① 赵松庭，《中国笛子艺术的继承与发展》（出自赵晓笛主编的《笛艺春秋——赵松庭笛曲·文论集》），人民音乐出版社，2011年版第309页。

子的演奏技术不断完善起来，才能不断取得进步和提高。[①]

另外在演奏艺术的层面，他则认为，演奏艺术是“声”与“情”的结合体，“声”是条件，“情”是根据，要使演奏成为艺术，必须做到声情并茂。他认为演奏艺术不只是演奏技巧的艺术，要想做到声情并茂，除了要具备扎实的笛子演奏基本功以外，还必须具备良好的文化素养、文学素养等。[②]

他认为进一步提升乐器的表现力，演奏的艺术不仅仅是演奏水平的高度，更应该包括上述的内涵，艺术水平的高度与掌握艺术内涵的深度、广度成正比。赵松庭先生一生取得了诸多重要成就，其中有两个方面的贡献对笛子艺术的发展有着极其重要的影响：一方面就是赵松庭先生大胆打破“南北各自守，昆乱不同流”的风气，向“北派”刘管乐先生学习梆笛的演奏技巧，另一方面大胆借鉴唢呐中的“循环换气技巧”应用在笛子演奏中，并将这两大“创举”应用在其1954年创作的《早晨》中而大获成功。

赵松庭先生认为对于器乐的演奏技术，不应该故步自封，应该打破各种限制，广纳博采，不断地学习和交流，才能让技术进一步得以提高。他自己也曾经对北方的或西洋横笛的吹奏方法以及其他自己不熟悉的吹奏方法抱着一种偏见，认为“学得好不过是一种杂技；学得不好连本钱都要赔掉”。它在一定时期内成为我提高演奏水平的绊脚石。我所以会产生这种思想，主要是由于自己艺术修养太差，缺乏分析批判能力，对技术和风格的关系、技术和艺术的关系等等缺乏起码的认识。另外也由于见识不广，坐井观天，犯了保守主义和宗派主义的毛病。[③]

赵松庭先生也对自己过去曾经有宗派主义和保守主义的偏见进行自我反省，并将这种宝贵的经验谆谆告诫年轻一辈。

“毋我”——不唯我独是。也就是要谦卑、谦逊，不妄自尊大。

赵松庭先生的谦卑、谦逊的高尚品格是众人皆知的，不仅有“待人以宽，律己以严”儒家思想的高尚人品修为，更有一颗虚怀若谷的感恩之心。他在对悼念刘管乐先生的文论中写道：

管乐老师，虽然把我看成是他的平辈，一再叫我不要称呼他为老师，但我怎能忘记他对我的启迪……三十七年过去，弹指一挥间，如果说我的笛艺能够有今天的成就，那么这两星期的熏陶，是具有决定性因素的……但正如孟子所说的“不揣其本，而齐其末，则方寸之木，可使高于岑楼”。[④]

虽然他只是跟随刘管乐先生短短两个星期的学习，但他始终尊称刘管乐先生为老师，这种发自内心的感恩之情，正是赵松庭先生谦卑、谦逊的最佳体现。

另外，从其学生、朋友等追思与怀念他的文论中分享的真实经历，也可以很清楚地证明赵松庭先生谦逊的高尚人格魅力。例如张洪玮《和赵先生的二三事》、屠式璠《走进赵松庭》、卢竹音《赵松庭先生对祖国民乐事业的卓越贡献》、蒋国基《追忆恩师赵松庭先生》[⑤]等例证比比皆是，我本人在跟恩师赵松庭先生学习的过程中也亲身体会到。赵松庭先生被业界公认为是民族音乐文化界的泰斗，对中国传统音乐文化做出了卓越的贡献，其本人无论在为人处事、求知治学，都始终保持谦卑、谦逊

---

① 赵松庭，《笛艺生涯五十春》（出自赵晓笛主编的《笛艺春秋——赵松庭笛曲·文论集》），人民音乐出版社，2011年版第232—233页。

② 赵松庭，《中国笛子艺术的继承与发展》（出自赵晓笛主编的《笛艺春秋——赵松庭笛曲·文论集》），人民音乐出版社，2011年版第308页。

③ 同①。

④ 赵松庭，《痛悼刘管乐老师》（出自赵晓笛主编的《笛艺春秋——赵松庭笛曲·文论集》），人民音乐出版社，2011年版第338页。

⑤ 这几篇文论分别收录在赵晓笛主编的《笛艺春秋——赵松庭笛曲·文论集》中，人民音乐出版社，2011年版第344、348、354、362页。

的态度，始终对长辈尊敬、对同辈尊重、对后辈爱护，也正是这种谦卑、谦逊态度和精神，为新一代民族音乐工作者树立了光辉的榜样。

（三）因材施教

这也是孔子在教育思想方面的一种十分重要的教育理念，也就是根据学生的特点采用不同的教育方法。在《论语・先进第十一》中记载，子路和冉有同样向孔子问“闻斯行诸？”，而孔子就根据两人不同的性格却作了截然不同的回答，这件事形象地反映出孔子因材施教的教育方法。而孔子培育出了一大批卓有成就的弟子，也印证了这种教学理念的合理性。

赵松庭先生有很多学生，有专业的，也有业余的。因为这两种学生其发展方向和目的都不同，所以他就采用了两种不同的教学方法，专业的学生就按照正规的笛子教学方法，十分注重基本功的训练，并严格按照笛子演奏的训练计划，循序渐进地进行教学。这样的教学结果，大多数学生都富有成效地进了专业文艺团体，普遍的演奏较广，视奏能力强，工作顺利愉快，得到了观众的好评。而那些业余的学生大多数只是兴趣爱好，所以则要求不高，主要是针对其不足之处进行纠正，或者根据他们的爱好教他们一些新的演奏技巧。[①]

另外，在一次访谈中谈到如何学习掌握关于循环换气这个技巧时，他也谈到了因材施教这一教学理念：

要看实际情况，因每一位学生的起点都不一样，学习过程以及吸收能力也有所不同，要因材施教，不能只是千篇一律地教。老师就好像是医生，第一要会看病，第二要会安排。一个学生来了，首先就是要望、闻、问、切，了解他基本功的情形如何？目前达到怎么样的水平？要从气功、指法、舌头及耳朵这几方面观察他的各项的优缺点，再针对问题点去教他。[②]

可见赵松庭先生是十分重视“因材施教”的教学方法，其实“因材施教”的教学理念，在现代的教学理论中依然被广泛地运用，包括笔者本人任教至今十余年，也是同样受到赵松庭先生“因材施教”的教学理念影响，在教学中根据每个学生的不同特点，制定学生各自的学习目标、学习内容和方法，并根据教学进展实际情况，不断调整教学内容和方法。

三、传承之道的“学而不厌，诲人不倦”

《论语・述而》：子曰：“默而识（zhì）之，学而不厌，诲人不倦，何有于我哉？”这句话体现了教育工作者“学海无涯”的求知精神和“鞠躬尽瘁”的育人精神，数千年来都一直被人所推崇。

赵先生开创了“赵派”笛子演奏风格，编创了《早晨》《鹧鸪飞》《三五七》《幽兰逢春》等经典笛曲；撰写了《中国竹笛源流》《温度与乐器音准问题》等论文。可谓笛子艺术研究硕果累累，而“学而不厌”正是赵松庭先生之所以能集笛艺之大成于一身的重要原因之一。

他广涉古籍，一部《周易》烂熟于心，四书五经、诗词曲赋出口成章。他学戏曲、声学、数学、物理学、艺术、美学；……他善汲众艺之所长，融会贯通于笛坛。[③]

可见其一生博览群书，广纳博采，不断发掘革新。即便是赵松庭先生的晚年时期，依然在乐器

① 赵松庭，《中国竹笛教学方法探讨》（出自赵晓笛主编的《笛艺春秋——赵松庭笛曲・文论集》），人民音乐出版社，2011年版第320—321页。

② 林谷珍，《民族音乐大陆行——访当代中国竹笛大师赵松庭先生》（出自赵晓笛主编的《笛艺春秋——赵松庭笛曲・文论集》），人民音乐出版社，2011年版第384—385页。

③ 赵晶晶，《序》（出自赵晓笛主编的《笛艺春秋——赵松庭笛曲・文论集》），人民音乐出版社，2011年版第2页。

改革方面做贡献，例如：复制“雁飞篪”，改良“弯管笛”等，就算年逾七旬，依然壮心不已。笔者在跟随赵松庭先生学习笛子的过程中，他的“活到老，学到老”，“书山有路勤为径，学海无涯苦作舟”之谆谆教导，现在依然时时在耳畔响起。

“桃李满天下”则是赵松庭先生笛艺生涯取得的辉煌成果之一。赵松庭先生从年轻之时就立志于将民族音乐的发扬光大而奋斗。但在当时笛乐演奏技艺“被人冠以小技，认为难登大雅之堂”这样的社会背景下，可谓是举步维艰。卢竹音在其关于赵松庭先生的文论中叙述了赵松庭先生对如何发扬中国的民族艺术的看法，赵松庭先生认为，就算他自己穷尽一生之力，学再多的知识，研究出再多的成果，取得再多的成就，也不可能将祖国的民族艺术得以完全的传承与发扬，因为毕竟一个人的时间和精力都十分有限，要想实现这个目标就只有不断壮大民族艺术的人才队伍，这样高度的觉悟和深刻的认识，成为他数十年如一日的全身心投入到了培养学生的动力。①

另外在一次访谈中，当谈到如何振兴民族音乐的问题时，赵松庭先生如是说：

如何来振兴呢？这是一个很大的课题，这必须依靠大家，也不是一个人、两个人就可以做到的，不能光是单打一，单打一是打不好的，同时基础面一定要宽才行。②

据此可见赵松庭先生心里十分清楚，要想完成民族音乐文化复兴的大业，并不是一个人，甚至一代人就能够完成的，所以他将自己视为了一个民族音乐文化“传人”，除了自己专心致志对笛子艺术进行研究的同时，也更加注重对后辈的培育。其笛艺生涯六十余载，足迹遍及祖国大江南北，穷尽一生之力培养出了袁修和、曾永清、谭渭裕、俞逊发、蒋国基、张维良、詹永明、王次恒、杜如松、戴亚等一大批名扬海内外的笛子演奏家，当然也包括笔者本人同样深受赵先生大恩，真正可谓“桃李满天下”了。

一天，父亲到菜场买菜，忽听清亮歌声传来，寻声望去，见一女孩边卖菜边唱歌，很生动。他把女孩带回剧团，推荐她入团，后来她成为受观众喜爱的歌手。父亲当年还推荐张平生等其他新人入团，说明他培养后辈，不仅仅是吹笛子的弟子。③

由此可见，赵先生心怀的不仅仅是笛子艺术的传承与发展，而是整个民族音乐文化的复兴。

笔者以为，赵松庭先生无论是“穷与达”修身之道，“学而不厌”的学习态度，还是“诲人不倦”无私奉献的育人精神，以及心胸宽广豁达、有情有义的处世之道，无一不是体现出儒家思想的精髓所在，这种精神可谓是一个时代的担当，也正是我们民族文化伟大复兴的当下所不可或缺的。而赵先生也将作为一个榜样，激励我们作为一个民族音乐文化的“传人”，继承其志，前仆后继，全力以赴为中国民族音乐文化事业的发展而奋斗不息。

〔原文发表于《乐府新声》（沈阳音乐学院学报）2018年第3期〕

① 卢竹音，《赵松庭先生对祖国民乐事业的卓越贡献》（出自赵晓笛主编的《笛艺春秋——赵松庭笛曲·文论集》），人民音乐出版社2011年版第357页。

② 林谷珍，《民族音乐大陆行——访当代中国竹笛大师赵松庭先生》（出自赵晓笛主编的《笛艺春秋——赵松庭笛曲·文论集》），人民音乐出版社2011年版第393页。

③ 赵晓笛，《文化的沉重——忆父亲一些往事》（出自赵晓笛主编的《笛艺春秋——赵松庭笛曲·文论集》），人民音乐出版社，2011年版第5页。

笛曲作品

穹 庐

1=♭B（G调箫 筒音作$\underset{\cdot}{3}$）

陈 悦曲

【一】散板 自由地

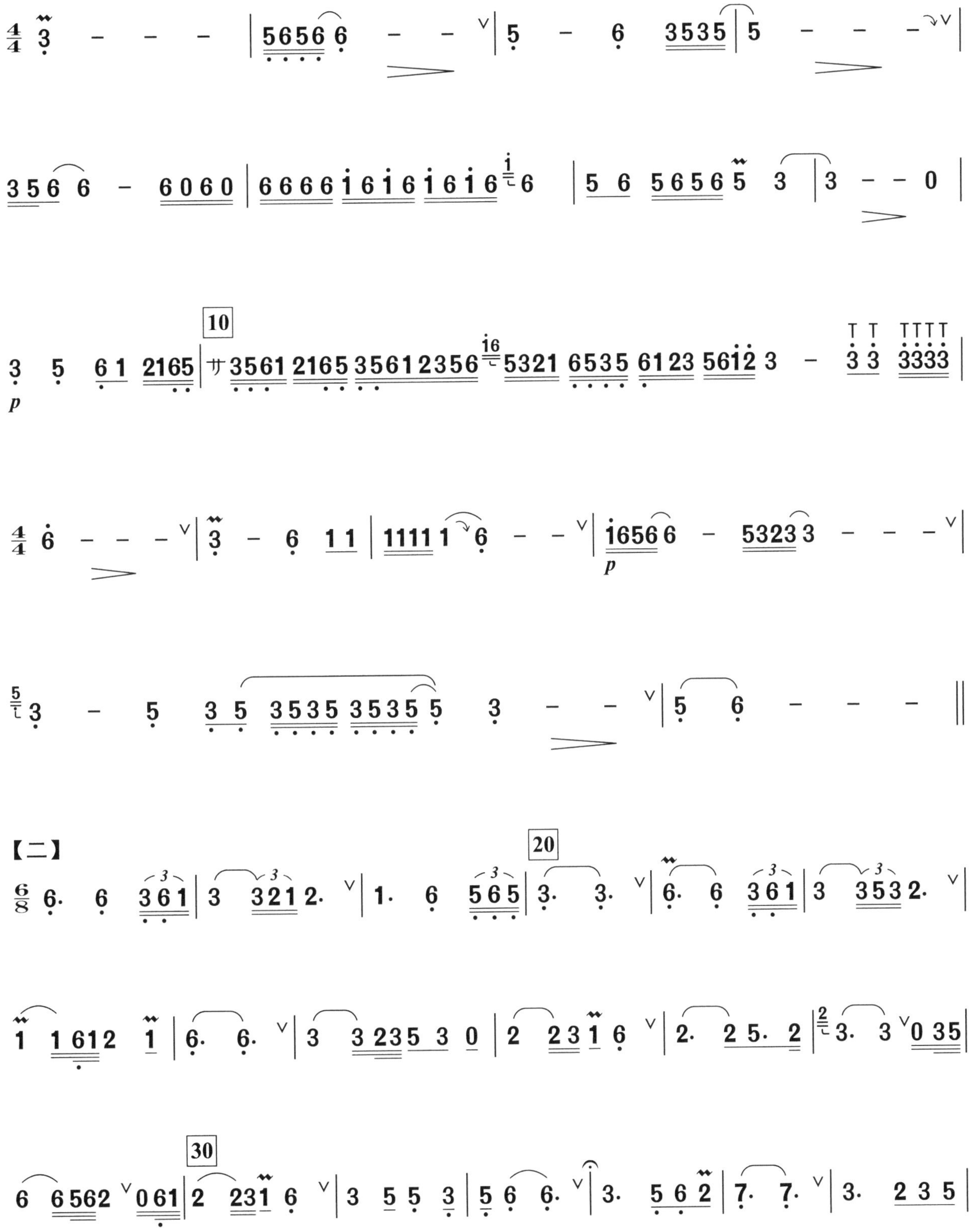

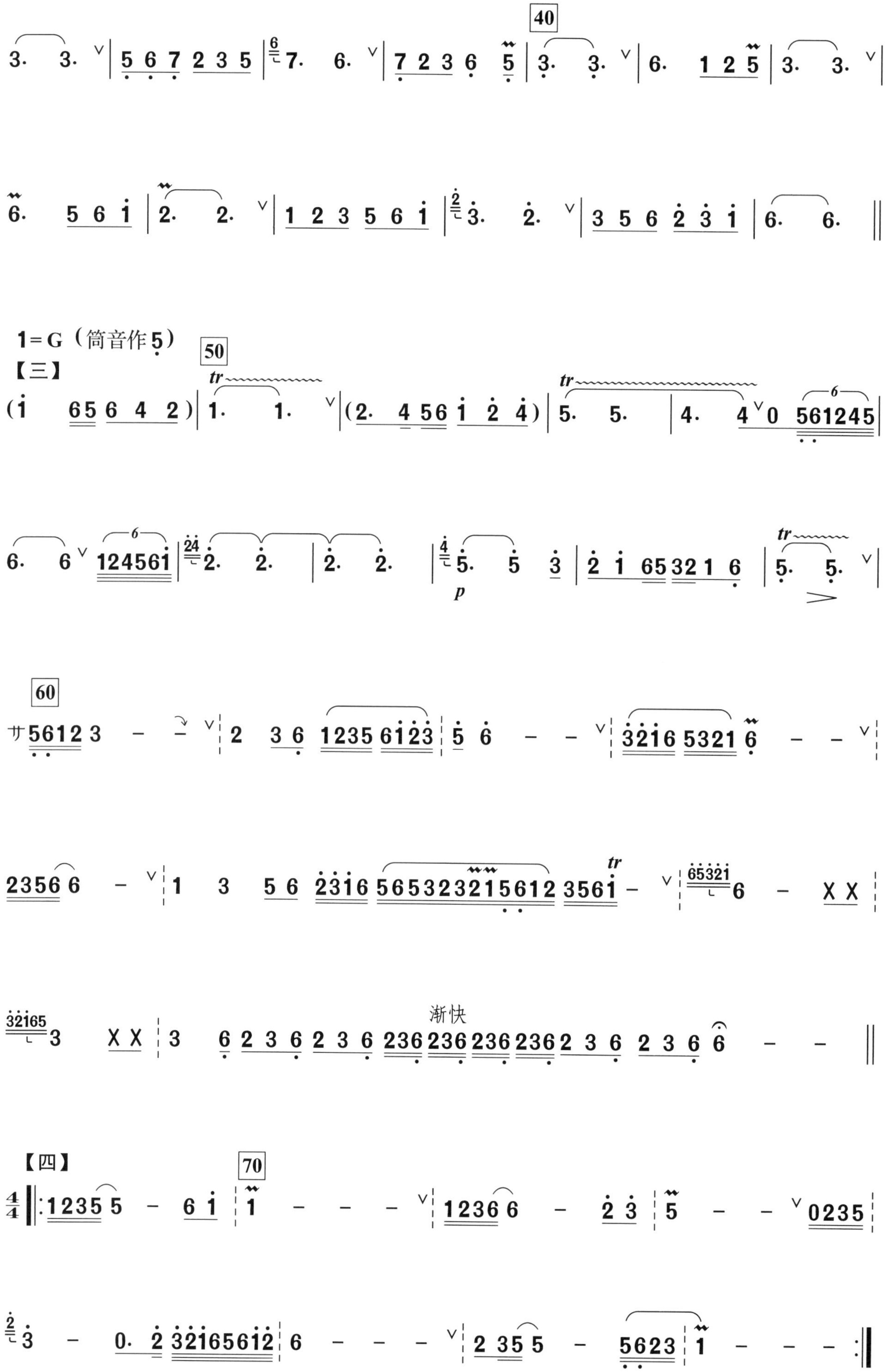
1=G（筒音作5）
【三】
渐快
【四】

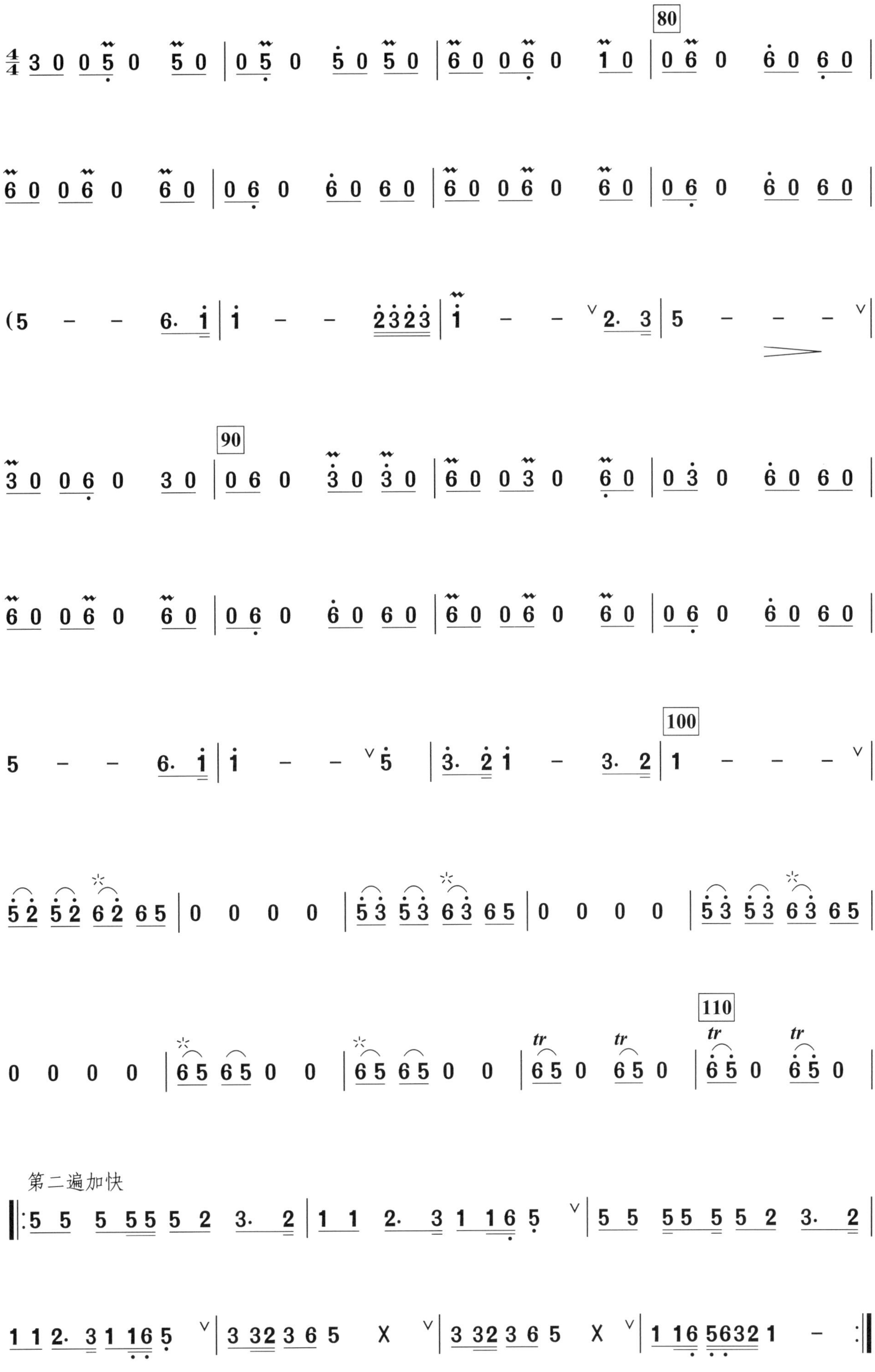
第二遍加快

1=♭B（G调箫　筒音作3）

【五】突慢

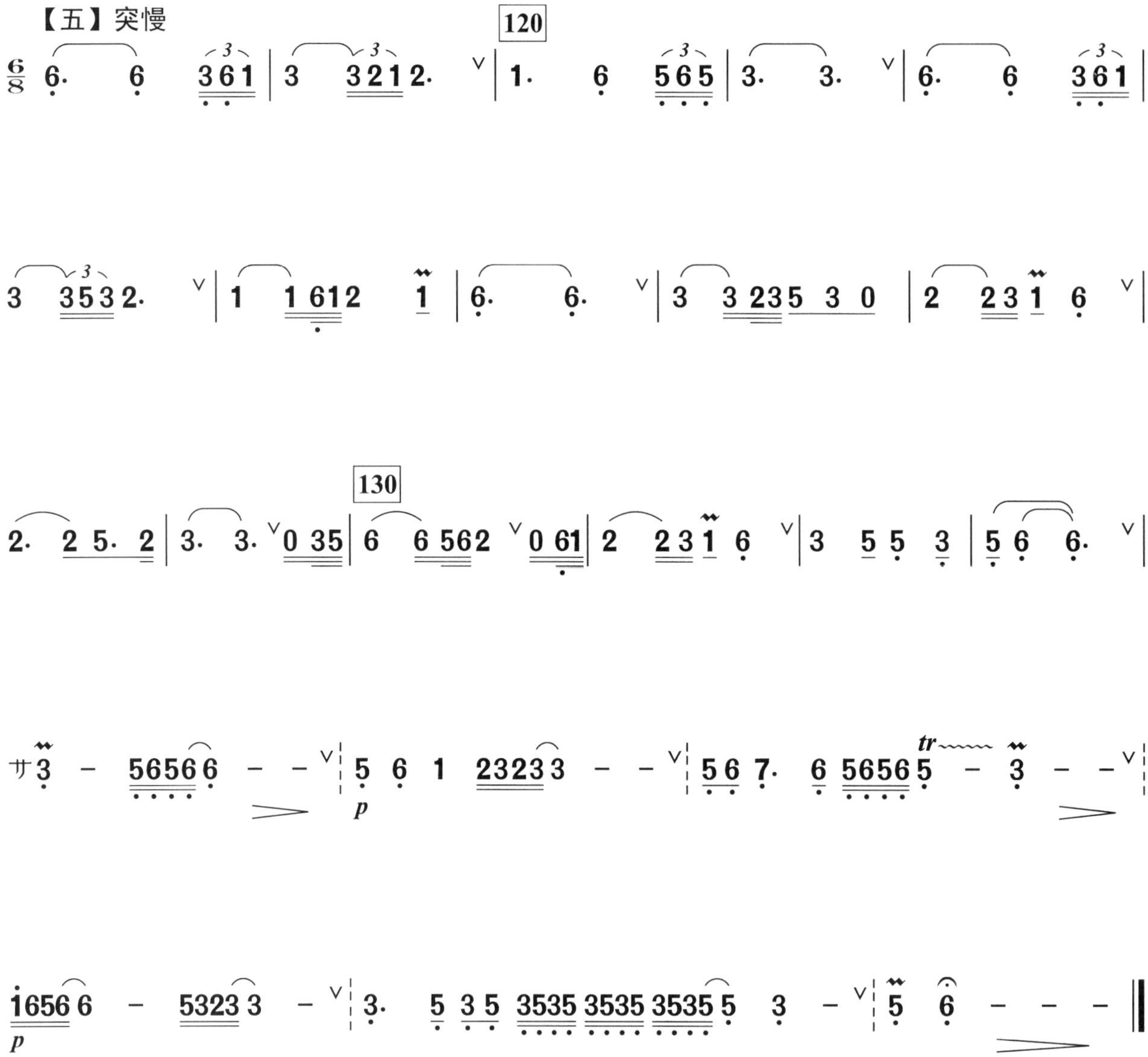

山 无 棱

1=F（G调箫　筒音作$\underset{\cdot}{6}$）

♩=60

陈　悦曲

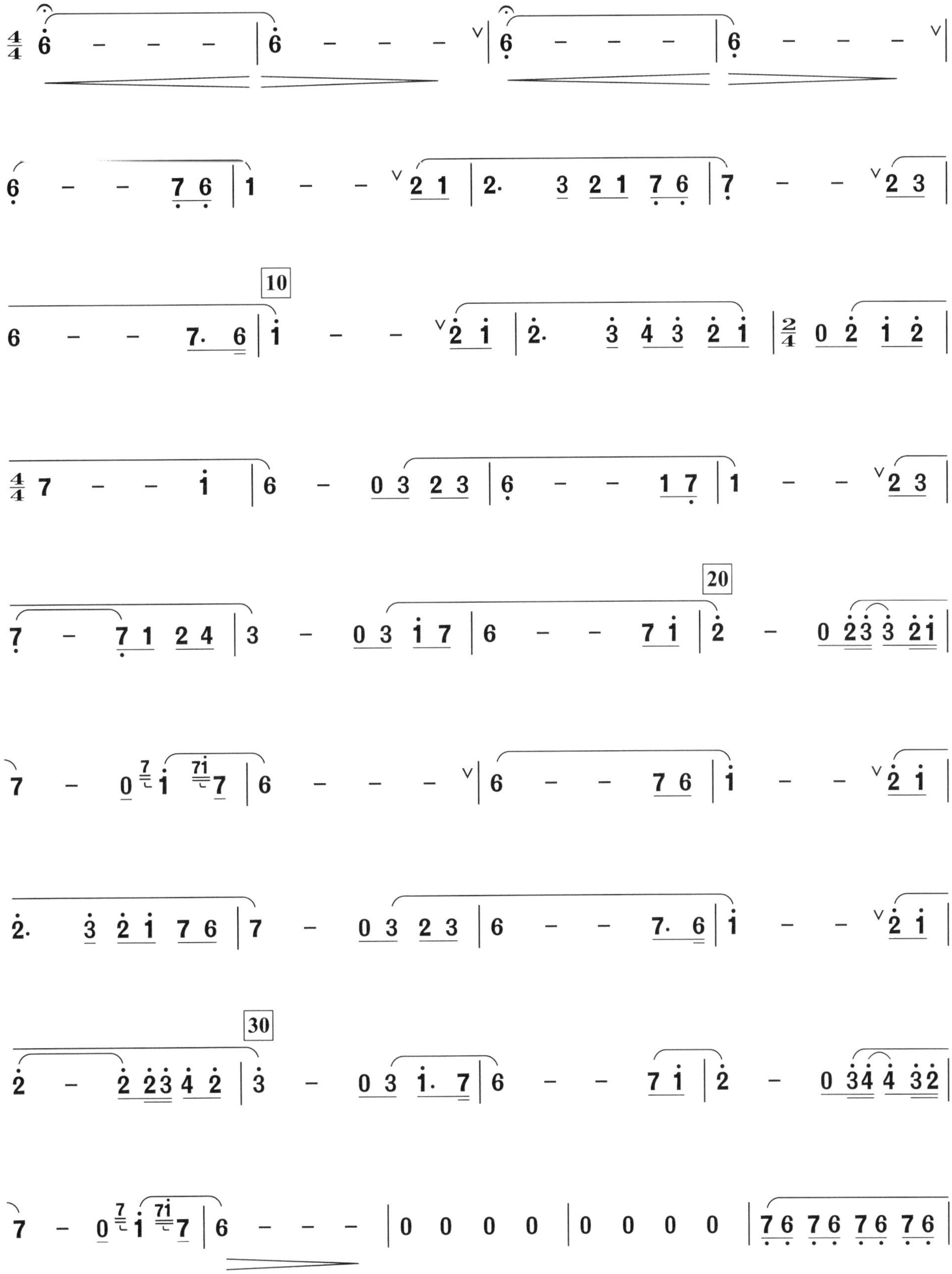

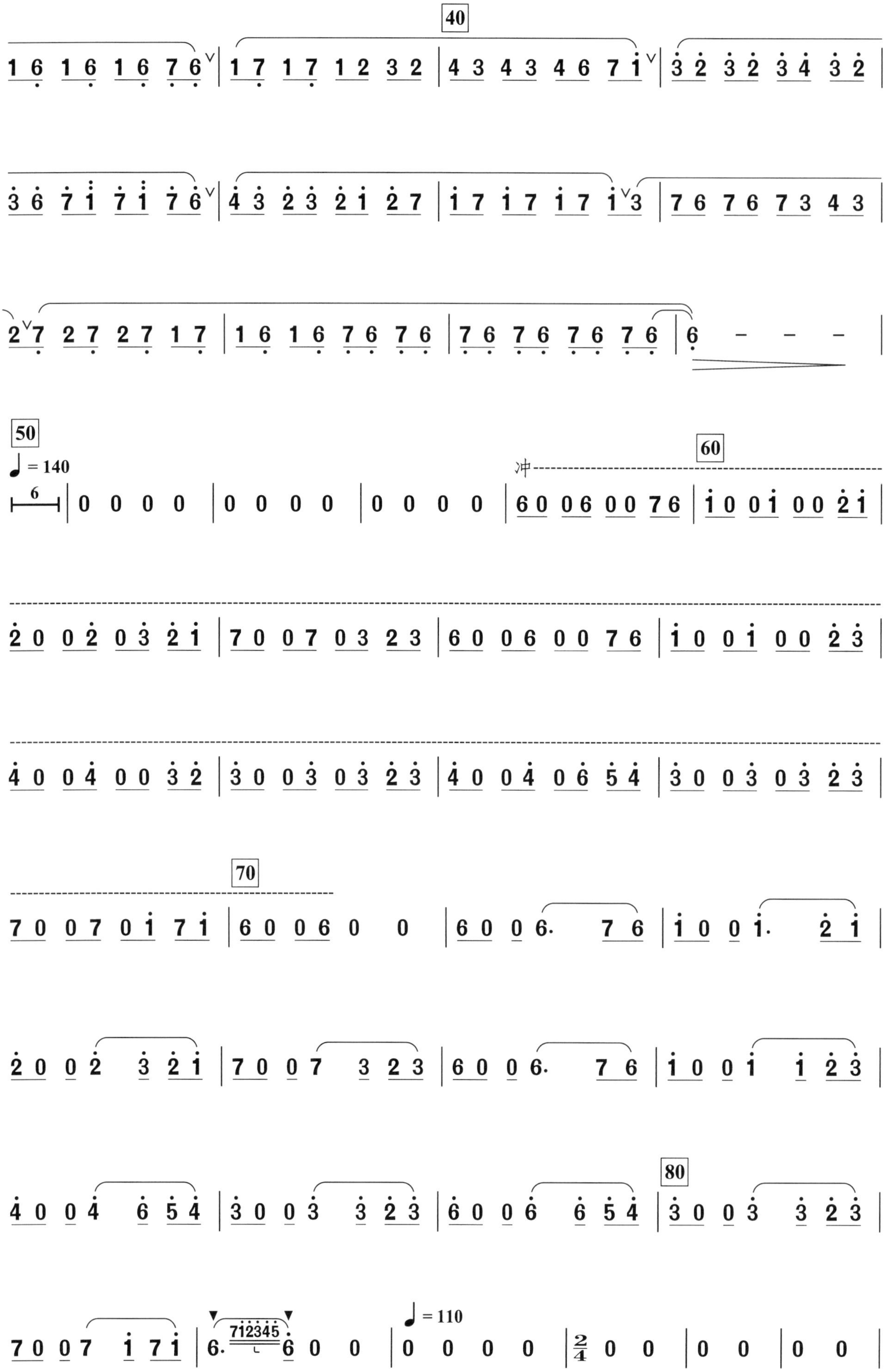
40
50
♩= 140
冲
60
70
80
♩= 110

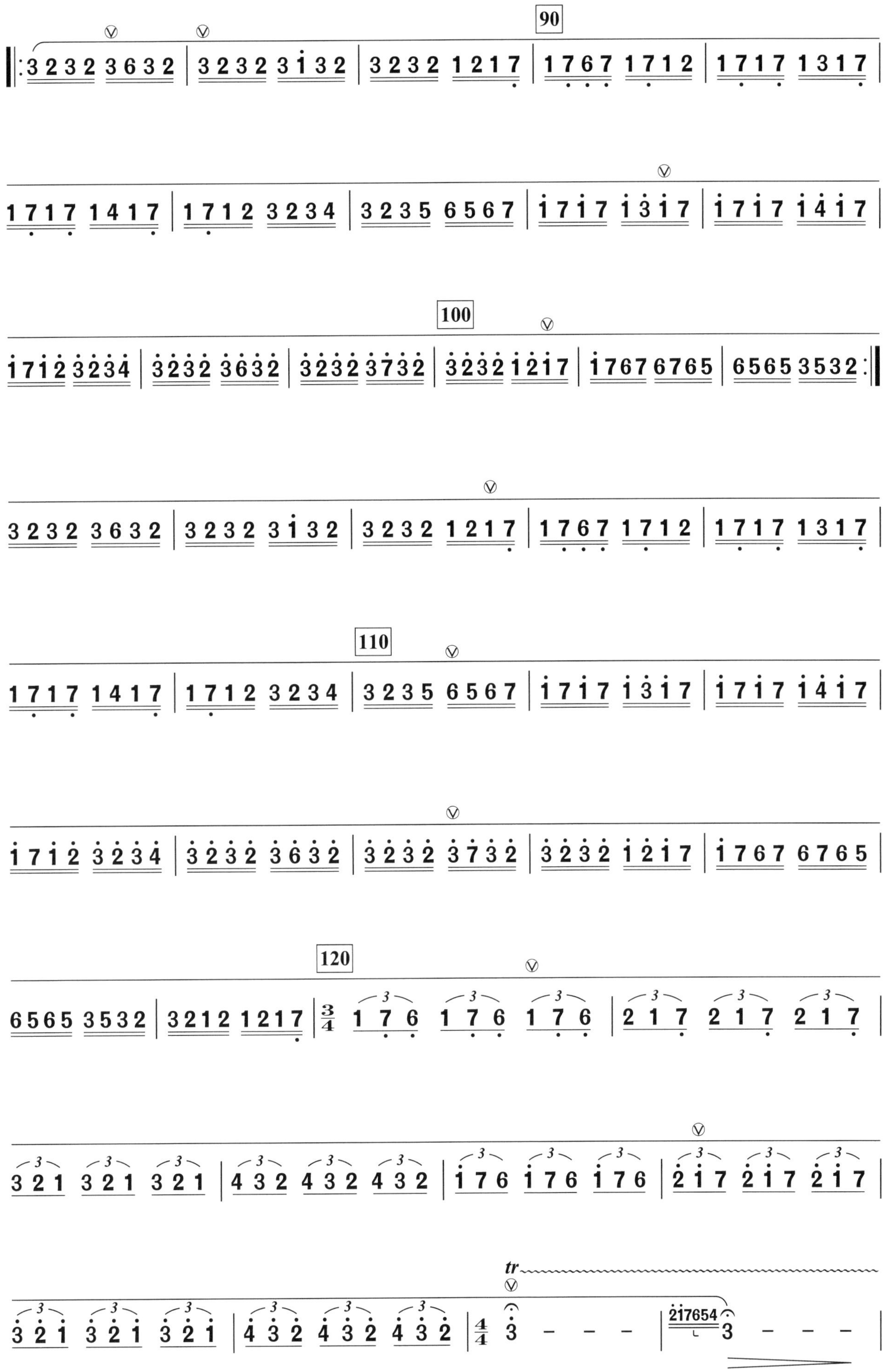
90
100
110
120
tr

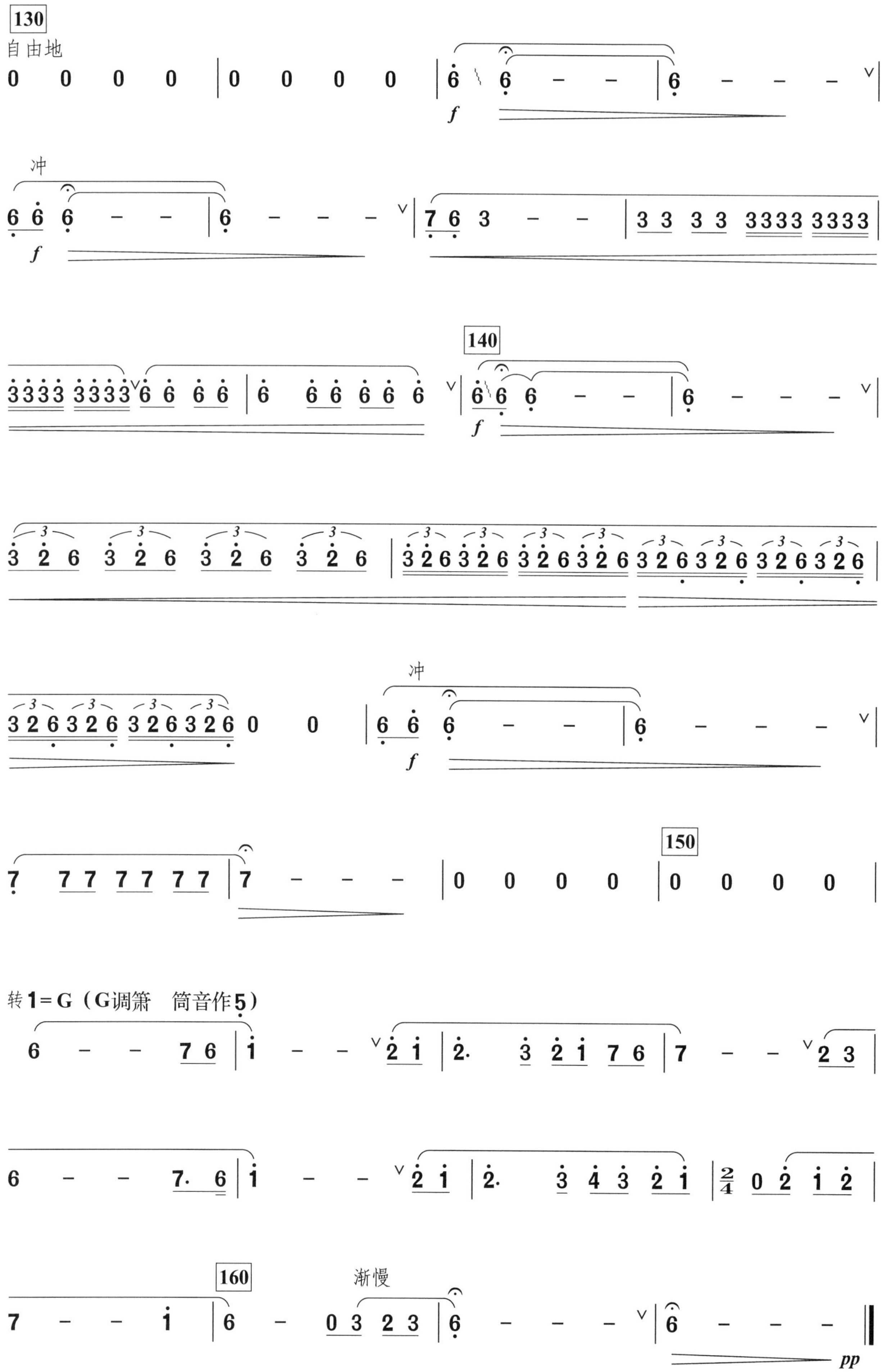
130
自由地
冲
140
冲
150
转1=G（G调箫　筒音作5）
160
渐慢

（十）蔡拯

蔡拯，笛子演奏家，国家一级演奏员。自幼师从外祖父赵松庭先生学习笛艺，后师从涂传耀、俞逊发、陆政华先生学习笛子艺术。曾任江西文演演出院线有限责任公司总经理、江西省京剧团有限责任公司执行董事、总经理。现任江西豫章师范学院教授、硕士生导师，江西省竹笛专业委员会副会长、江西省演出行业协会副会长、南昌市音乐家协会副主席、江西省宣传思想文化系统"四个一批"人才。

创排歌剧《回家》、器乐剧《瓷韵东方》、京剧《碧血慈云》。创作代表作有笛子独奏《清乐鄱阳》，笛子协奏曲《龙》，人生三部曲《灵》《空》《烟·雨》，笛子独奏《鄱阳渔歌》（新版），自然音乐《天空与人心》《自然与空气》《人与鸟的对话》，低音笛协奏曲《绿色随想》（台湾首演），民乐合奏《傩趣》、《江南三月》（江西省器乐合奏比赛创作奖）、《茶山乐》（江西音乐舞蹈节创作三等奖），竹笛交响诗《海昏寻梦》，笛子二重奏《快乐的小陀螺》（全国第十三届"群星奖"评比江西省选拔赛江西赛区一等奖），笛子与小提琴的对话《春之韵》（江西音乐舞蹈节创作二等奖），男中音独唱《七律·登庐山》，女高音独唱《红土地》，新国乐组合篇《花海赣词》。京剧《望红关》荣获中宣部"五个一工程"优秀作品奖、文旅部"文华奖"优秀作品奖等重大奖项。曾多次应邀出访美、法、英、德、俄、意、日、韩，以及中国台湾、香港、澳门等50多个国家和地区，均获得世界各国及地区友人的高度好评及赞扬，被誉为"红土地的文化使者"。

论文著作有《中国竹笛艺术在江西地方戏曲中的发展》《浅谈江西戏曲文化的现代传承和发展》《江西戏曲文化的艺术呈现对现代社会精神文化建设的影响》《传统文化·助力赣鄱乡村振兴研究》。

论文

中国竹笛艺术在江西地方戏曲中的发展

蔡拯

一、竹笛艺术和戏曲音乐表现之间的关系

（一）竹笛艺术是戏曲音乐表现的重要组成部分

戏曲音乐在戏曲艺术构成中有重要的作用，戏曲音乐能够极大推动整体戏曲作品的情节发展，丰富人物的塑造。通过音乐，观众能够更好地形成与作品之间的共鸣。随着戏曲音乐的不断发展，大众的审美需求不断提升，对于戏曲艺术中的乐曲运用要求更高。戏曲音乐分为唱腔和伴奏两个部分，竹笛艺术在各个环节和部分中都能够发挥极大的作用。其音色厚实圆润，曲调悠扬婉转，尤其在伴奏中能够呈现较好的艺术效果，不仅如此，在独奏中其效果更为突出，竹笛艺术是戏曲音乐中不可或缺的构成。

（二）戏曲音乐为竹笛演绎创造了丰富的空间

戏曲音乐派别众多，受到戏曲艺术的影响，竹笛演奏也在不断地发展和变化，呈现着新的艺术演绎。在南北方戏曲艺术中其表现非常广泛，在南方戏曲中，竹笛能够表现出悠扬、缠绵、柔和之感，例如《姑苏行》《牡丹亭写意》中优美婉转的演绎。在北方的戏曲艺术中，竹笛又能够表现出浑厚、浓烈、奔放、热情的戏曲节奏感，例如《喜相逢》《五梆子》等。竹笛演奏衬托出整体剧情的节奏，将人物的命运和情绪都充分地展现出来。在南方戏曲演绎中，竹笛技法表现为颤、叠、倚、打等，气息控制要求较为严格，在音乐的运用调整上也随戏曲作品发生变化。北方竹笛演奏中常用的技巧为历音、吐音和花舌等，常见剧种有二人台和秦腔。通过融入揉弦技法，让竹笛声音上表现出高昂的情绪、悲凉的感觉等。戏曲音乐的发展让竹笛艺术也在不断进行调整，为了适应不同地区戏曲艺术的音乐风格，竹笛演奏也在推陈出新，寻求旋律和技法、节奏和情感基调的创新。由此可见，戏曲音乐为竹笛演绎的发展起到了极大的推动作用。

二、竹笛艺术在江西地方戏曲艺术中的运用

（一）竹笛艺术在江西地方戏曲艺术中的伴奏要领

竹笛艺术在江西地方戏曲中伴奏要领主要体现为“引、承、托、帮”，通过技巧性的展示，能够让江西地方戏曲音乐表现更加丰富，让音乐内容情感得以充分表达。引，主要是指在乐曲演奏中的开端部分，就是戏曲演奏的第一段。在江西地方戏曲中，竹笛引导伴奏运用较为突出，例如在《傍妆台》中，竹笛的伴奏将整体的意境都表现了出来。承，是引之后的承接和过渡。托，主要是托着唱腔，让整体的戏曲演唱能够更有表现力，加深人物情感的表达。帮，就是帮腔，通过竹笛音色的配合让整体的戏曲表现更加顺畅，从而烘托人物情感的变化，推动戏曲故事情节的发展。“引、承、托、帮”是竹笛演奏的规律性技巧呈现，运用较为普遍，掌握不同环节的竹笛演奏呈现能够将整体的戏曲音乐表达带入具体的情境中，让观众更好地融入其中，有较强的带入感。

（二）竹笛艺术在江西地方戏曲中的呈现

赣剧是江西地方戏曲中的重要剧种，随着大众对赣剧重视程度的提升，很多经典的曲目演奏也进行了创新演绎。在江西地方戏曲艺术中，《傍妆台》是大家所熟知的曲目，在伴奏音乐的演奏中多表现迎送宾客、朝拜、升堂等情景。在第一乐章中，竹笛演奏是伴随着古筝、琵琶音而带入的，通过曲牌的主导，实现主体曲调的调转。竹笛演奏以加花的形式进行演奏，将整个曲调的主题音调进行演绎，在此之后，戏曲内容才进入全奏。第二章是竹笛配合高胡旋律进行演奏，将音乐的情绪推向高潮，实现整体的衔接。在第三章中，竹笛和二胡配合共同演奏出变奏的〔傍妆台〕曲牌旋律，竹笛声穿插在长音之中，营造出整体的氛围。第四乐章所要表现的是和谐团圆的氛围，通过竹笛和高胡、二胡的演奏将曲牌前两个乐句进行表达，将长笛和竹笛的散板乐句演奏带入幽深的旋律中，最终引入全曲的尾声。

三、结论

综上所述，竹笛艺术和戏曲艺术之间是相互作用、相互促进的关系。江西戏曲艺术的传承和发展需要从戏曲文化本身内容和形式出发，重视对多种乐器演奏方式的整体性配合，结合现代人的审美需求和文化追求进行时代性的演绎。竹笛艺术的演奏具有多样性，同样，江西戏曲艺术的发展也具有极大的创作空间。在二者的相互配合和作用下，必然能创作出更多优秀的作品。通过竹笛艺术演奏的技巧和创作方式的创新和融入，江西地方戏曲艺术的发展也会得到极大的促进，以戏曲艺术的现代传承和发展能够更好地为大众精神文化生活服务，满足社会精神文化建设的发展需求。

参考文献：

[1]常筝，《浅谈竹笛在戏曲音乐中的运用》，《乐器》，2012年第10期。

[2]赵逊，《竹笛与戏曲音乐间的千丝万缕》，《音乐时空》，2015年第5期。

[3]吴丽蓉，《竹笛在戏曲音乐中的运用》，《北方音乐》，2016年第4期。

二、赵松庭笛派第二代传人（简历·论文·笛曲作品）

（一）袁非凡

袁非凡，中央音乐学院教授，笛子演奏家、博士生导师。中国民族管弦乐学会第七届理事会理事，中国民族管弦乐学会竹笛专业委员会副会长，教育部学位中心评审专家，湖南省演艺集团特聘专家。

武汉音乐学院附中期间师从向思义先生、张红阳先生。曾受王次恒、简广易、李镇先生的指点。1994年考入于中央音乐学院本科，师从笛子演奏家、教育家戴亚教授。2009年考取硕士研究生，2011年获硕士学位，师从戴亚教授。后又得到曾永清先生的悉心指导。

1998年毕业进入中国歌剧舞剧院民族乐团，任独奏演员。2001年调入中央音乐学院任教。曾获“第六届台湾民族器乐（笛子）协奏曲大赛”第一名。

创作有笛子独奏曲《水·落花》《青梅竹马》《韵》《缤纷》《玲珑》《婵娟》《孤鸿影》《醉逍遥》《秋水伊人》《炫》《月舞翩跹》《崖畔花》《探戈·1573》，笛子协奏曲《山歌水调长》，笛子室内乐作品NO.1《阡·陌》等作品。

编著有《从零起步学笛子》、《中国音乐轻松学·笛子》（中英文版）；“非凡笛语”系列之一《非凡笛语——音乐会小品30首》（华韵师范）、“非凡笛语”系列之二《袁非凡笛子原创作品曲集》、“非凡笛语”系列之三《袁非凡笛子原创高级练习曲20首》、“非凡笛语”系列之四《袁非凡笛子原创作品与移植作品专辑》等。

论文有《技术与艺术的关系——论音乐表演中技术才能与艺术修养的相互作用》《论音乐表演中的内心听觉问题——以笛子表演艺术为例》等。

出版有CD专辑《笛韵·非凡》《苍》及大型民族管弦乐合辑《火祭》；音乐会DVD专辑《笛韵·非凡》《笛乐华章》《非同凡响——袁非凡的笛语世界》等。

论文

技术与艺术的关系

——论音乐表演中技术才能与艺术修养的相互作用

袁非凡

引言

在科学技术高度发展的当今社会，世界文化的不断融合与发展变革已是大势所趋，经济的大发展必将带来文化的大繁荣，现代科学技术革命在中国特色社会主义的伟大历史时期风起云涌，推动着各行各业朝着开放、创新、高效的正确道路上迈进。历史已经进入21世纪，人类文明正处于大融合、大发展的新时期。艺术文化作为社会文化建设的重要组成部分，同样需要改革、发展与创新。

音乐艺术作为艺术文化的一个特殊门类，在文化发展繁荣的当今社会应当怎样不断地适应时代，不断满足人民群众日益增长的审美需求，不断开创现代艺术科学的新局面，在不断的交流过程中向着艺术的科学化、现代化的方向发展，是摆在专业领域的现实课题。任何行业的发展总是离不开理论与实践相结合这一基本原理。民族音乐表演艺术也只有在发扬优良传统的基础上，不断发展，自我完善，才能真正融入世界，以特有的“东方神韵”之魅力立足于世界音乐之林。因此，在音乐表演领域，不断拓展理论源泉，总结实践经验，是必不可少的重要环节。同时，我们也必须通过技术与艺术的手段来实现作品的创作和价值的体现，这是不可违背的客观规律。

艺术本身就是一门技术，而技术是指人类在利用自然，改造自然及促进社会发展过程中所掌握的各种方法和手段的总和，是人类实现精神表达的需要而创造的一种文化现象。长期以来，在专业领域内普遍存在着“技术至上、艺术从属”的偏激观点。对于力求发展的音乐表演艺术来说是危险的。

从这一角度出发，本论文将对音乐表演中技术与艺术的关系及技术才能与艺术修养的相互作用进行一定的探讨。

本论文是以实践经验为立足点，并结合一定的专业理论知识，从学术性和实用性的角度对音乐表演中所涵盖的这些相关理论做了深入的分析，提出了一些个人的见解。分别阐述了演奏家的技术才能展现其艺术素养，表演中的技术才能是我们艺术自信的保障，技术服务于艺术、艺术反作用于技术的基本原理，技术与艺术之间相辅相成的特性，即技术的艺术化与艺术的技术化，以及以一些个别的事例为佐证等。通过这些实践经验和理论上的分析与论证，希望可以进一步拓展我们的表演思维，提高我们的理论认识。同时，也期望将来对于这一领域的相关专著学说起到抛砖引玉的作用。

一、技术才能展现艺术素养

在音乐专业表演领域，人们谈论得最多、最频繁的恐怕就是乐感和技术问题。如何提高表演技术和音乐感觉的话题，始终是各个专业音乐表演群体最为关注、最费思量的课题。

有一点可以肯定，如果一个人具有扎实、深厚的演奏技术基础，那他就有可能取得事业上的较大成功，就能够尽可能地展现出自身的才华。在竞争日趋激烈的当今社会，一个人想要获得较大的成功，除了其所具备的艺术素养之外，技术因素也显得更加重要了。任何一个怀有非凡艺术素养的表演者都乐于在其表演生涯中去展示自身的才华。同时，他们也认同一点：超强的技术手段是必不可少的。而艺术素养越好的音乐演奏家想要达到自我实现的目的，对技术的要求就越高。曾有艺术大师如此说道：尽管我们不能孤立地看待艺术作品中的技术推敲和润色，但正是由于这种技术的推敲和润色，才能使艺术具有实用价值。

通常，我们谈论一个演奏家的才华主要是指两个方面：即技术才能与艺术素养。一个人的技术才能是决定其高水准表演能力的基础。确切地说：技术才能，就是一种清晰的、准确的演奏修养。对于职业音乐演奏家而言，技术才能是绝对重要的，它清楚地表明了艺术家在其自身的表现情景中想要表达一切的能力。技术才能主要是指各项机能的快速、准确、灵活、持久。而一个人的艺术素养是指自我感染与感染他人。怀有超强艺术素养的人具备自我陶醉并能时刻感染身边人的能力，有着极强的心理磁力特质。

艺术素养实际上是个由多种成分组成的概念。换言之，艺术素养是指包括各种不同的，相互之间又是完全独立的才能。要判断某个人是否具备某种艺术素养，通常是以“感觉”（即乐感）这个音乐术语来定论的。“感觉”的核心含义是指：能够感受和体味音乐及其内容的才能，能够感受到音乐要表现的全部，能够生动地再现这个全部的才能。

技术才能与艺术素养之间有着密切的关系却又体现为两个不同的领域，我们不可将它们混为一谈。技术才能通常属于客观的概念，它能使欣赏群体的每一个人产生较为深刻的印象。譬如，在一些音乐比赛中，高超的演奏技术是参赛者必备的基本条件，同时也是诸多评委所注重的焦点。而艺术素养在一般情况下却不能立刻被发现和认同，可能需要时间或条件的考验才能真正地体现出来。而更重要的是人们总是以主观的心理去看待艺术素养。因此对于某个人的艺术素养来说，有的就会被赏识而有的则会被认为不以为然。在这一观点上，人们不可能达成某种共识，这是因人们的主观态度而决定的。

一个人可以成为天才的教育家、理论家或者具备高度敏锐的艺术思维、丰富的艺术想象力，但要成为一流的演奏家，必须具备出色的技术才能。因为，技术才能是考察一个演奏家是否具有特殊的、与众不同的形成复杂表演能力的重要依据。

技术才能与艺术素养具有一定的先天性，但后者更为明显。有的人天性敏锐、情感丰富、对音乐有着独特的见解，能够轻而易举地体现出与众不同的艺术才能，这就是艺术素养先天性的表现。而有的人则先天具有高度发达的肌腱运动能力、敏捷的神经系统、协调统一的大脑指挥，是具有先天性技术才能的表现。

音乐演奏是一项复杂的、综合性的行为，一流的演奏家也不会因为自己具备了某种高超的技术就不为演奏过程中出现的“不够理想、差强人意……”而感到苦恼。因此，音乐演奏总是一门相对遗憾的艺术。我们很难给技术才能与艺术素养的标准下一个确切的定义，技术是手段，艺术是目的，它们又好比是人的两条腿，哪一条腿不健康都会影响人的行动。在专业表演领域，高超的演奏技能与艺术素质的培养是困扰当今，乃至未来音乐教育领域的凝重课题。

二、技术才能是艺术自信的保障

作为音乐演奏家，相信自己的能力和实力是至关重要的。一个演奏家在舞台上踌躇不决、畏惧首尾是绝不可能获得成功的，就连平时辛辛苦苦练就的演奏技术和表演才能也可能得不到自如的发挥。

人与人的个性品质和心理素质的差距普遍存在，有的人天性自信、坚定、果敢、顽强，他们能够把生活比作舞台，把舞台当作生活，且自身的性格特点都能如实地反映出来。通常，在日常生活中，人们的这些独特的个性有时不太易于显现，但这类人只要登上表演舞台，观众就有可能注意到此种个性的优越性。综观音乐表演史，但凡杰出的演奏家，他们都具备一个共同的特点，就是其高超的表演结果都离不开其超强的技术才能。

所以说"重技轻艺、重艺轻技"都是一种偏见，技术与艺术不是对立面，而是一体两面，相辅相成，"合二而一"的概念。

我们认为，一个人的自信是其意志的本质属性的表现，而人的意志又反过来滋养并支持着人的自信感。对于那些有意从事表演的人们而言，就不能不重视这一品质的重要性。有宗教哲学家坦言："过于机械的、犹豫不决的人不能成为行为积极的人，因为他们的身心充满了使他们自己变得软弱的自相矛盾的性格，他们对可以带来积极作用的、积极创造力的力量毫无信心。"[①] 我们反过来理解这句话，它恰好表明了：自信可以为人们开辟一条通往成功的路。或许，对自己的表现从不怀疑的信念是世界上许多真正的艺术大师共同的性格品质。

艺术家的个性品质具有特殊性，是由他们所从事的职业性质决定的。大多数杰出的歌唱家、演奏家、指挥家等艺术家的实践经验表明，他们在舞台上所需要的心理状态，可以通过有意识地把精力集中在声音的质量、乐句的处理、音色—力度—节奏变化等方法来获得。这样，一切都会自然顺畅了，表演过程自然进入正常轨道。因此，对于一个全部身心都投入某种具体行为上的人来说，他的周围已经变得一无所有。那些容易分散精力的各种犹豫不决、恐惧和怀疑等，全都被抛到了九霄云外。曾有人提出这样的建议：作为一个演员，他必须十分准确地想到他在舞台上应该做什么；尽可能明晰地看到自己的创作目标、创作任务，全部精力只集中在完成任务和实现目标上，这是首要的。如果演员在登台之前已经清楚地知道，自己的技术才能到了何种驾驭程度，在舞台上应该做什么（这里应该这样演奏，那里应该那样演奏），他就可以明显摆脱过于紧张的情绪，从而进入他所需要的表演状态……如果一个演员在上台之前首先想到的是：这次演出对他来说多么多么重要，一心只想着爆满的音乐厅、灯光辉煌的舞台，还想着台下有什么样的人物等着听自己的演奏等。那么，这个演员的演出状态是不可取的。对于一个音乐家来说，在音乐会之前，重要的是考虑具体的演奏问题，而非其他。最好是把精力集中在如何发挥好自己的演奏上。上台后，要通过意志的力量，迫使自己全面地再现作品的内容。

三、技术服务于艺术，艺术反作用于技术

技术与艺术的又一层关系就是：技术服务于艺术，艺术又反作用于技术。我们可以通俗地解读为：扎实的技术可以更好地提升为你的音乐服务的水准，而良好的音乐感觉又能对你的技术起到强烈的反哺和推动作用。

---

① 此句出自《演奏者与技术》，〔俄〕根纳季·齐平著，董茉莉、焦东建译，中央音乐学院出版社2005年2月第1版，第173页。

演奏者的技术基础通常是在其少年时期形成的。一般来说，学习初期应该投入的精力要比日后投入的精力更多，有没有天赋，专业技术的发展前景是在一个人的学习初期就可以预测出来的。也就是说，一个人是否具备某一方面的发展潜质，是否具备某一行业所需的生理心理条件等，是可以准确判断的。因此，建议尽可能正确地选择适合自己的职业，似乎是人生重要的事情。

1998年5月，我作为北京地区唯一的选手赴台湾参加第六届台北笛子协奏曲大赛（总共有10位选手进入决赛）。其中，决赛曲目《苍》是一首艺术与技术挑战并存的笛子协奏曲，由杨青先生作曲。作品用♭B调曲笛演奏，音域几近三个八度，采用一种泛调性的手法，变化音频繁出现，音程关系跨度大，这在当时是非常具有挑战性的一首笛子协奏作品。我遇到的首要挑战就是如何将变化半音吹奏准确、反应快速并确保音质的问题。在导师戴亚先生的帮助下，经过一段时间的反复验证，我决定用八孔笛（加开两手小拇指）来演奏。八孔笛的优越性是：可以在不改变传统笛子风格特色的情况下实现快速的半音阶吹奏，既能适应频繁的转调，也能够确保发音质量等，使这一问题得到了很好的解决。在当时所有的选手中，我是唯一运用这种笛子参赛的选手。至于超音域的问题，我试验出各种非常规的组合指法，通过反复练习，最终将它们确定下来，形成了多个超吹指法，圆满地解决了这个问题。通过《苍》这首作品的演奏艺术成果，令我实实在在地感觉到自己的技术有了前所未有的提升，驾驭作品的能力也大大增强了。终于，我获得了本届比赛的第一名。

实践经验表明，在我们的训练过程中，一些技术可以很快并轻松地达到要求，但有些技术的获得就可能显得比较缓慢或困难，因为有的演奏技术似乎能够自我增长，而个别一些的技术则是特殊性质的，需要我们做专门的训练。熟练的演奏技术要经历一系列不同的发展阶段，然后逐渐形成演奏家所需要的技巧。正如杰出的演奏家总是会不断地从作品当中的难点上来获得艺术的提高或技术的积累。当演奏方面的技能在长期的训练过程中积累到相当数量时，我们就可以自信地为作品服务。

四、技术与艺术二者关系的双重性

技术与艺术二者关系的双重性，即技术的艺术化与艺术的技术化。概括地说，技术的艺术化就是指应将我们的技术以艺术化的思维加以理解和运用；艺术的技术化则说明了我们应将艺术以技术化的手段加以体现和升华。它们之间有着密切的、相辅相成的双重关系。技术的最高境界本身就是艺术，反之，艺术的最高境界则表明了强烈的技术性。

众所周知，技术训练是一个长期且艰辛的过程，因此大多数人都有这样的体会：某些专门的、必要的练习的确单调和枯燥，但又不得不去面对。其实这不足为奇，恰恰说明了我们的思维还不够开阔，缺乏训练的创造性。比如，曾有演奏家为了练习手指的灵活度就发明创造了一套自己的训练方法：即用橡皮筋作牵引，将皮筋绑在需要练习的手指的前端，另一头则固定在稳定的物体上，始终让手指保持一定的阻力。这样训练的结果是事半功倍的。当然，还有诸如训练肺活量、循环呼吸等，其实都可以探索出一些行之有效的方法来达到我们的训练目的。因此，要掌握理智的、有效的、有创造性的训练方法，将技术训练转换成一种引人入胜的学习氛围。也就是说，我们应当将技术训练尽可能地艺术化。用艺术的思维和手段来取代机械的训练模式将会获得事半功倍的效果。任何一项基础训练，如音阶、琶音、和弦分解、练习曲等都可以赋予它们艺术的感情，按照类似于乐曲表达的情感去体味和练习就一点儿也不显得枯燥。换句话说，就是要时刻去求变、用开拓性的思维去练习。比如，杰出的演奏家总是喜欢重复练习"若干重要的片段"，并体会随之产生的各种感觉，这种从创造性地对待事物的角度出发的训练会比演奏某部音乐作品更有意义。

通常，音乐作品一般都会包含散板（或引子）、快板、慢板或者华彩等板式和段落结构。若以“技术化”的思维来深入研究，我们就可以清晰而准确地把握它们。怎么讲呢？散板，是自由的段落，它必定要求我们要有很好的协调旋律或组织旋律的能力。旋律都是由动机发展而来的，哪怕是微小的动机，都会有它内在的规律，就好比散文的文体一样，“形散而神不散”。那么，吹奏散板时，我们也要做到这一点。慢板，往往是乐曲最为核心的部分，因为它是让你可以大量抒情的段落。尤其是一些旋律、技法简单的慢板，奏好了能够彰显出个人的能力和音乐的分量。快板，是情绪欢快的段落，要求我们有很好的驾驭旋律律动的能力，认真去分析它的律动构成，是奏好快板的前提。华彩，是乐曲必有的结构，尤其在协奏曲式中更为普遍和重要，华彩段落有大有小。华彩部分实际上是需要我们充分炫技的段落，具有很强的炫技性。

通过这些技术化的分析，我们就可以得出以下结论：即“散板重布局，慢板重抒情，快板重律动，华彩重炫技”。这恰好说明了一点，将艺术以技术化的手段加以体现具有现实意义。

总而言之，演奏技术本身就有一种特殊的美感，高超的技术美具备了一种打动人心的力量，但我们也必须认识到：技术只有上升到艺术层面，才能把音乐艺术的文化属性体现出来。确切地讲，就是一种对人生的理解和对自然界的感悟。分析并理解技术与艺术关系的这些多重性质，对于我们的表演行为是具有推助作用的。

结语

技术与艺术广泛存在于人类社会的各个行业之中，具有高度的科学性和专门性，它们既属于两个不同的概念又互为一体，是构成行业特征的核心理论因素。

世界上没有不需要练习的艺术，也没有缺乏艺术性的练习。一切艺术都有需要练习的本质特性，而一切技术都有可以遵循的艺术规律。

从事音乐表演，对于技术与艺术的关系是我们始终要去探索和研究的课题之一。因为，只有这样，才能令我们更加准确、清晰地追求艺术之美，展现我们的技术之美，更好地为我们的表演职业服务。

作为职业表演艺术家，掌握并理解技术与艺术的这些相互关系，是完善我们自身艺术修养的重要环节。我们不认同“技术至上”的观点，技术与艺术的高度结合才是艺术科学化发展的必由之路。

逝去的20世纪为我们提供了广阔的实践空间，丰富的实践经验和多元化的理论依托，在21世纪必将日益成熟和完善。我们只有在领域内不断地去丰富和发展，才能长盛不衰，永远立于不败之地。

（二）侯长青

侯长青，笛子演奏家，国家一级演奏员，中央音乐学院笛子硕士。中国广播民族乐团管乐声部长，中国广播民族乐团笛子首席。现任中国民族管弦乐学会竹笛专业委员会副会长。全国社会艺术水平考级高级考官。第十八届2022年度十大发烧唱片奖获得者，获中央电视台"'光荣绽放'十大青年笛子演奏家"称号。

先后师从李镇、蒋志超、曾永清、戴亚教授。

2002年获文化部政府奖——中国第一届民族乐器独奏比赛竹笛青年专业组金奖。

曾出访亚洲、欧洲、美洲等多个国家及中国港澳台地区进行演出和文化交流活动。近年来以独奏家身份与中国广播民族乐团、澳门中乐团、中国国家交响乐团、中国广播电影交响乐团、北京交响乐团、北京新爱乐乐团、中国台湾扬琴乐团、韩国晋州市立乐团、韩国釜山市立国乐团、斯洛文尼亚交响乐团等国内外众多乐团及指挥家成功合作。多次应邀赴韩国参加韩国管乐节、釜山音乐节、釜山国际音乐节等音乐盛会。近年来多次应邀在外交部新闻发布厅及国内各大城市举办专场音乐会及讲座。近年来多次担任国家级赛事评委，长期担任中央音乐学院笛子专业研究生毕业评委会评委。

出版音像专辑《笛韵》《竹弦清弹》《马足龙沙》等。

创作作品有笛子与琵琶二重奏《赛汗塔拉》《纳木错的传说》，以及系列专辑《红尘缘》《笑傲沧海》，禅曲《观音妙韵》《秋水悠悠》《空山寂寂》《天禅》系列，《茶界》系列等。

浅谈“八孔”竹笛在民族管弦乐队中的作用

侯长青

笛，这一中国古老的乐器，在历经数千年的流传和发展后，逐渐演变成我们今天所熟知的竹笛。而如今，它更是根植于民间，深受大众的喜爱。从传统六孔笛到老一辈笛子演奏家研制出的九孔笛、十孔笛、十一孔笛等，再到戴亚教授于20世纪90年代初研制出的改良八孔笛，竹笛在演奏中的表现力日趋完善。而20世纪50年代初第一支民族管弦乐队的诞生更是拓展了竹笛的表现力，使其在中国民族器乐中担当了重要角色，成为极具代表性的乐器。

在本文中，笔者将分三个章节就中国竹笛的起源和发展，六孔笛的特点、局限性，八孔笛的优势、在民族管弦乐队中的重要作用等内容展开分析和研究，力求结合自身演奏经验，浅谈“八孔”竹笛在民族管弦乐队中的作用。

一、中国竹笛的起源和各时期的发展

（一）中国竹笛的起源

说起笛子的起源，我们可以追溯到距今8000至9000年前的河南舞阳贾湖，20世纪80年代在那里出土的骨笛不仅是迄今为止发现的最早的笛子，更是我国已知发现最早的吹奏乐器。在原始狩猎社会，人们以鸟兽为食，在吃肉吸髓的过程中发现骨头不但可以吹响，还可以用于驱赶野兽，更可以发出悦耳的有变化的乐音。于是，作为人类社会生活产物的骨笛——这一最初的乐器出现了（见图1）。

图1　骨笛

从秦汉隋唐到宋元明清，在历史长河的演变过程中，竹笛这一具有数千年历史的古老乐器，已逐步发展成为中国乐器中重要的组成部分；从原始社会的吹笛狩猎到古代宫廷燕乐，再到民间艺术的流传，笛子在经历了一系列变迁之后发展出我们今天所熟知的形制和演奏形式。从20世纪50年代初以来，笛子更是以独奏的形式登上当代音乐艺术舞台，并将这种形式加以丰富至今。其发展的步伐在数千年的乐器史上是空前的。50年来，随着中国笛子乐器的改良，演奏技法的不断创新，表现形式的多样化，音乐风格的丰富及专业化教学的规范，最后落实到实际工作当中，尤其是在民族管弦乐队中所起的作用颇为明显。它的演奏技巧丰富多彩，复杂纷繁，从吐、滑、垛、花，到颤、叠、顿、打等，都是表现音乐作品情感的重要手段。随着国门的日益开放，中国文化在全球掀起的热潮更使得竹笛作为中国古典器乐文化的代表性器种，在世界音乐舞台上闪耀着神秘而又夺目的光芒。

（二）中国传统竹笛在不同时期乐队中的作用与发展

我们从小学习竹笛通常用的都是六孔笛。老一辈笛子演奏家创作的曲目，基本上都是用六孔笛演奏的。由于竹笛具有丰富的表现力，有许多独特的演奏技巧，且雅俗共赏，其乐器本身又较为轻巧易于携带。因而，在长期广泛的流传中，竹笛逐渐成为广大人民群众所喜爱的乐器，用以表达自己的思想情感和反映社会生活。人们喜爱竹笛，把它的形象描绘成"玉龙喷霜"，把它的声音比喻成"凤鸣""龙吟"，它成了人们生活中不可缺少的亲密伙伴。

我们追根溯源地推近到唐朝末年这一段近古音乐发展史。那时戏曲盛行，竹笛成为戏曲伴奏的主要乐器，但是在表现力和演奏技巧上，相对缺乏进取和独立性，所吹奏的都是以五声音阶为基础的简单调式且多以合奏为主。到了清朝时期，竹笛成为昆曲的主要伴奏乐器活跃在戏曲舞台上。由于昆曲典雅脱俗，很快便成为梨园界的一颗璀璨明珠，颇受皇室达官及才子佳人的青睐。直到新中国成立以后，笛子艺术得到充分的发展，无论在创作、演奏、理论、作曲和改革教学等多方面都取得了卓越的成就，尤其是20世纪50年代初第一支民族管弦乐队的诞生，更是填补了民族器乐无交响化和笛子在大型乐队中担当重任这一历史空白。

自20世纪以来，中国传统音乐不断受到西方音乐文化的强烈冲击，极大地影响了中国民族音乐的发展道路，其中涉及中国民族器乐改革发展道路的呼声也越来越高。作为一名民族音乐竹笛艺术的演奏家和教育家，戴亚教授以自己多年来的实践为依据，审视、思考中国乐器的出路，尤其是民族乐器——竹笛的发展道路。而作为已经在中国广播民族乐团有着十余年乐队工作经验的我，在乐团工作中不断接触各式各样的乐队作品，小到独奏、室内乐作品，大到交响乐队传统、现代及西方移植作品，加之结合自身的工作性质，有机会走出国门与西方音乐进行交流，更加深切地感受到随着民族器乐不断走向世界的发展趋势，传统的六孔笛由于其自身的局限性，尤其在大型民族交响乐队中，已无法适应发展的需要。这时，寻找出更加科学高效、使用简便的改良竹笛来弥补传统竹笛在演奏上的缺陷就显得尤为重要了。

早在20世纪20年代，老一辈国乐艺术家就大胆探索，初涉乐器改革这一重大领域，旨在寻求方便有效的改良器乐。其中，大同乐会的罗松泉成功研制出了可伸缩的两节笛，并且沿用至今。因六孔笛具有转调的局限性，所以又涌现出许多改良竹笛，如天津刘管乐研制的九孔笛；四川沈文毅、天津杨立忠研制的十孔笛；中国广播民族乐团前辈研制的十一孔笛（又名新笛）等。但过多的笛子孔数，在实际演奏中又给演奏者带来手指负担，灵活性差，阻碍了传统手法的表现力等一系列问题，因而大多数改良笛子都未能得到普及应用。

自20世纪90年代初以来，戴亚教授结合自己演奏心得经过潜心研究，在六孔笛的基础上成功改良的八孔笛问世后，因其有效地弥补了六孔笛在演奏上的不足而受到音乐学院和专业乐团等笛子演奏者的青睐。而他本人更是将八孔笛的优势发挥运用到了极致，先后与作曲家郭文景、李滨扬等合作，创作及演奏了包括《愁空山》《楚魂》等在内的许多难度极高、挑战笛子技巧极限的现代大型笛子协奏曲，并多次与国内民族管弦乐队及国外西洋管弦乐队成功合作。在本文第三章中，笔者将结合自身演奏经验详细阐述改良后的八孔笛如何在乐队中发挥其作用。

二、六孔笛的特点和在乐队中的局限性

在第(一)(二)(三)三个部分中,我们将结合谱例就传统六孔笛在乐队演奏中的局限性和改良后的八孔笛在演奏中凸显出的优势,及其在乐队中的重要作用展开论述。

(一)六孔笛的形制与演奏特点

1.传统六孔笛的形制

笛子各部分的名称(大小笛子都一样)

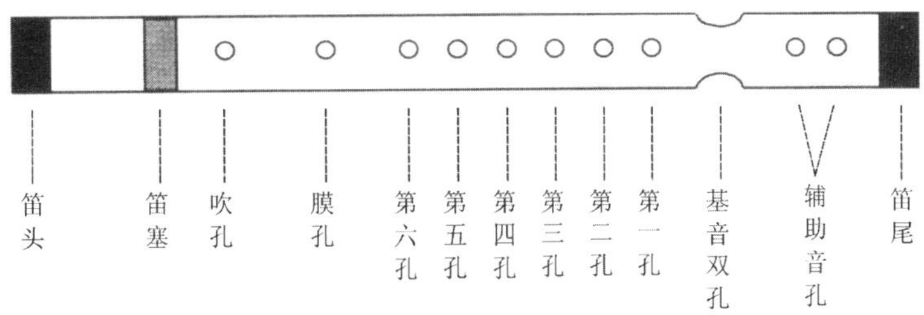

图2 六孔笛

在民族管弦乐队当中,笛子支撑着整个乐队的主线条,因此是非常重要的声部。一般情况下,笛子声部分为三个部分:梆笛(高音区)、曲笛(中音区)、新笛(又称无膜笛,低音区),六孔笛是最基础,也是最常用的。

2.六孔笛的演奏特点

在我国民族管弦乐队建立之初,作曲家们创作出的大部分乐曲都取材于传统民间音乐或是在古曲的基础上改编而成。其中脍炙人口的有中国广播民族乐团的经典保留曲目如《步步高》《花好月圆》《瑶族舞曲》《阿细跳月》《丰收锣鼓》《月儿高》《春江花月夜》等。这些曲目都是由传统的五声和七声音阶构成,故用六孔笛来演奏比较合适。其演奏特点是最大程度地保留了传统民间和地方音乐的特点,民族色彩强烈,表现方式自然,富有生活气息。

以中国广播民族乐团彭修文和蔡惠泉创作的曲目《丰收锣鼓》为例。

谱例1

《丰收锣鼓》(片段)

从这段乐曲中不难看出,因其旋律取材于民间,多以传统的五声调式为主,其中变化音程不多,故此曲在演奏当中用G调六孔笛筒音作"**2**"的指法来演奏即可完成。

此外,用传统六孔笛来演奏戏曲中的唱腔,也是别具特色的。

谱例2

《乱云飞》(片段)

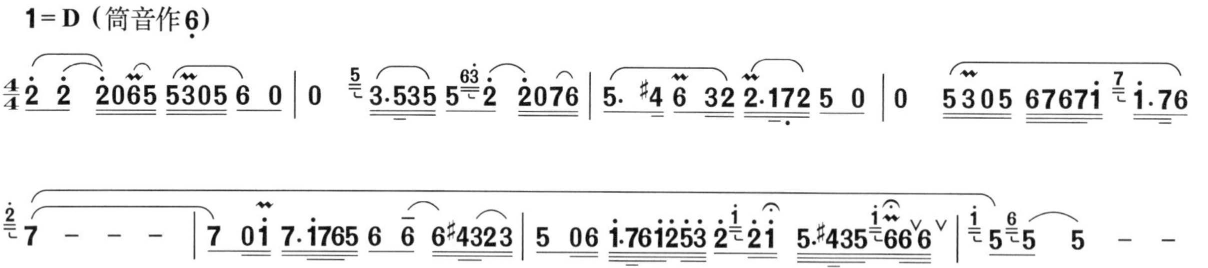

以上这段旋律是摘自彭修文根据现代京剧样板戏《乱云飞》改编而成的民族管弦乐队作品，因此曲是D调，用E调六孔曲笛演奏，筒音作“6̣”的指法，运用滑音技巧来模仿唱腔，演奏出来别有韵味。

(二)六孔笛在乐队中的局限性

一些传统的乐曲和一般的创作调式上不是很复杂的作品，六孔笛可以驾驭并流畅演奏。但触及近些年来涌现出的许多优秀大型民族器乐作品和国外移植作品时，六孔笛就明显跟不上音程变化的需要，显得力不从心了。我们以下面这首国外移植作品为例。以彭修文移植的法国作曲家比才创作的《卡门组曲》之前奏曲为例(见谱例3)。

谱例3

《卡门组曲》(片段)

这类乐曲中经常频繁出现各种变化音程和多次转调，用一根六孔笛是无法完成演奏的，在旋律进行中需换多根笛子方能完成。这一间断性弊端的存在，大大阻碍了演奏者对乐曲的诠释，影响了旋律的流畅性和完整性，因此无法满足演奏者的需求。这时，六孔笛在乐队中的局限性就显而易见了。

三、八孔笛的优势和在民族管弦乐队中的作用

(一)八孔笛的形制及其优点

1.八孔笛的形制

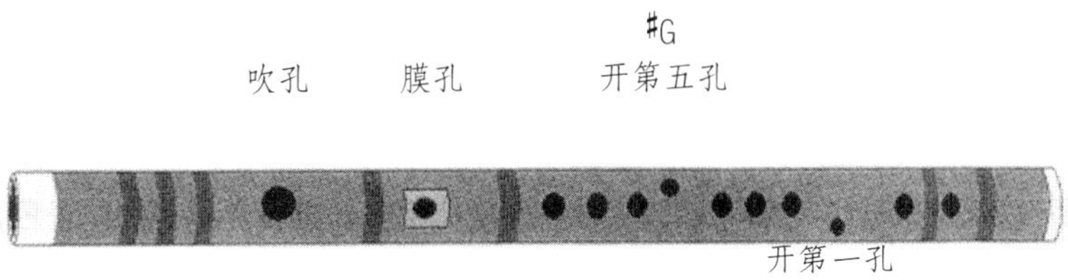

图3 八孔笛

八孔笛是"(1)在基音孔与第一孔之间,靠近第一孔侧下开一小孔,比基音高半音、用右手小指按住。(2)在三孔与四孔之间,靠近第四孔侧下开一小孔,比三孔音高半音,用左手小指按住。如右边持笛、则反之。"①

2.八孔笛的优点

经过改良后的八孔笛在演奏中具有以下优点:

"(1)演奏传统作品、现代作品可用同一笛子。如果你不想用八孔,就将两个小孔用透明胶带封上即可。

(2)简单方便不改变中国笛子固有的音阶指法排列顺序。

(3)便于专业作曲家创作笛子作品,减少作曲家对竹笛的模糊认识,扩展作曲家对笛子音色、音高位置在乐曲中的自由运用。

(4)增加了笛子的表演技巧,可以演奏规范的小二度颤音、大二度颤音。

(5)高音气息控制落音时,可用小指来帮助调节音高。弱而不低、弱而不虚。

(6)在远关系调性上也能做出叠音、颤音、滑音、垛音等笛子传统装饰手法。

如C调演奏(见谱例4):

谱例4

(7)不加键,通过增开两个小孔,使不完整的音阶得以完善。使旋相为宫的中国传统转调法成为现实。

以C宫七声音阶为例:

C宫→G宫→D宫→A宫→E宫→#F宫→#G宫→#D宫→#A宫→#E宫→#B宫(等于回到C宫)

① 戴亚,《八孔笛——新改良竹笛应用教程》,人民音乐出版社,2009年版第2页。

（8）能方便地演奏不同律制的作品，并在不同的调性上进行。”①

（二）八孔笛在乐队中的重要作用

在上文中我们已经提到改良后的八孔笛不但保留了传统六孔笛在演奏上的特色，更弥补了其在演奏有变化音程和多次转调的难度较大的乐队作品当中的不足。其中最为突出的，是由作曲家艾立群移植的捷克民族乐派作曲家斯梅塔那创作的交响诗套曲《我的祖国》之组曲《沃尔塔瓦河》。

谱例5

《沃尔塔瓦河》（片段）

用G调八孔笛演奏此曲，解决了“♯D”和“♯G”的半音关系。G调笛演奏时此指法为筒音作“**2**”。

这首作品内容丰富，栩栩如生地表现了沃尔塔瓦河两岸人民热情奔放的民族情感和当地的自然及人文文化，表达出作者借景抒情对养育他的母亲河及伟大祖国的怀念。由于本作品以一条母亲河为基础，表现的是东欧的美丽山川、风土人情，在以斯拉夫音乐为主线贯穿全曲的音程旋律中，我国传统的六孔笛无论从音程结构还是音色处理上都无法顺利完成旋律的演奏和诠释原曲的意境。因此，在乐队排练当中，笔者潜心揣摩如何充分地对八孔笛进行运用，使“笛”音色“统一”、转调“自如”，此时的八孔笛以它特有的十二平均律音程转调优势得以轻松驾驭乐曲中一系列由升降变化音构成的困难片段，起到了充分表现和替代西洋长笛在原曲中的重要作用，从而达到最佳效果。

在西方移植作品中，最具代表性的是已成为中国广播民族乐团保留曲目的、由罗马尼亚作曲家埃乃斯库创作、后经彭修文成功移植改编的《罗马尼亚狂想曲》：

① 戴亚，《八孔笛——新改良竹笛应用教程》，人民音乐出版社，2009年版第2—3页。

谱例6

《罗马尼亚狂想曲》(片段)

笛子声部在乐曲当中占据了相当大的比重,全曲中有多次转调和临时离调,这就出现了和上面乐曲一样的情况。当然这些对于西洋长笛来说演奏起来是非常轻松的,西洋长笛的音阶排列是十二平均律,而中国六孔竹笛擅长演奏自然音程,碰到升降号很难控制好音准和音色,八孔竹笛优势的运用又解决了这一难点,使得在《罗马尼亚狂想曲》全曲演奏中,用一支G调八孔竹笛就能完成各种临时升降号及转调。

由于戴亚教授近几年对八孔笛的不断推广和运用,不但让笔者在自己的演奏和工作当中受益匪浅,更由于笛子的音阶得以完善,表现力更加丰富,也吸引了专业作曲家的兴趣和关注,他们积极地参与到笛曲的创作当中来。由于他们的介入使笛曲创作更加专业化,内容更深刻,技法得以更大地扩展,为笛子走上世界音乐殿堂奠定了坚实的基础,随之而来的大型民族音乐作品也不断地呈现出来。

在现代派大型协奏曲作品中,由作曲家李滨扬教授创作的笛子协奏曲《楚魂》可谓是成功运用八孔笛演奏技巧的代表作品之一。此曲运用现代创作手法,在音程、音域、旋律和乐曲结构上丰富地展现了八孔笛多方位的演奏技巧。

谱例7

《楚魂》(片段)

谱例中的旋律是《楚魂》中的一处困难片段，整段用吐音技法演奏。此段旋律中多次出现不和谐音程关系的半音模进，音程跳度极大，八孔笛在这里起到了无法替代的作用。它两个半八度的宽广音域和轻松演奏升降变化音的优势很大程度上缓解了笔者在吹奏中的阻碍，使笔者能够尽量准确而又清晰地演奏出每一个音符，得以尽自己最大所能表达出作曲家的意图。

20世纪80年代以来，作曲家们越来越着眼于大型民族管弦乐队作品的创作。作曲家何训田创作的现代派印象主义作品《达勃河随想曲》堪称是这一时期的典范作品。

此曲创作于20世纪80年代初期，作曲家大胆地运用现代写作手法，无调性和声色彩的变化，彻底打破了传统写法的曲式结构，这一系列颠覆了古典主义写作手法的运用，在当时可谓是极超前的。

谱例8

《达勃河随想曲》（片段）

此段为乐曲中抒情的慢板，是全曲的主旋律，在整个乐曲中穿插出现。由一支G调八孔笛演奏出富有诗意的旋律，表现出一种深沉、安静，充满幻想力的飘逸的美。

谱例9

《达勃河随想曲》（片段）

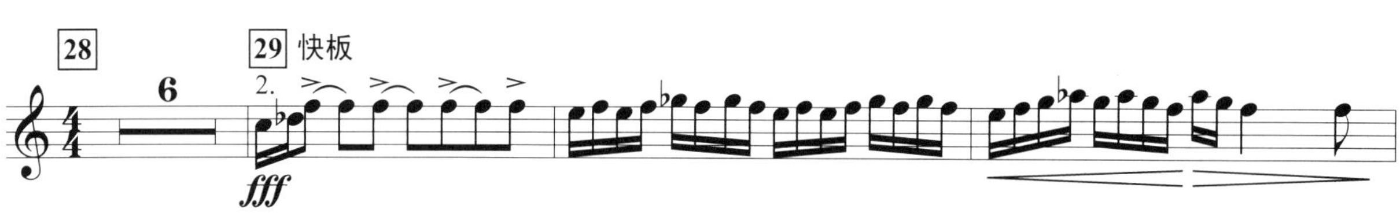

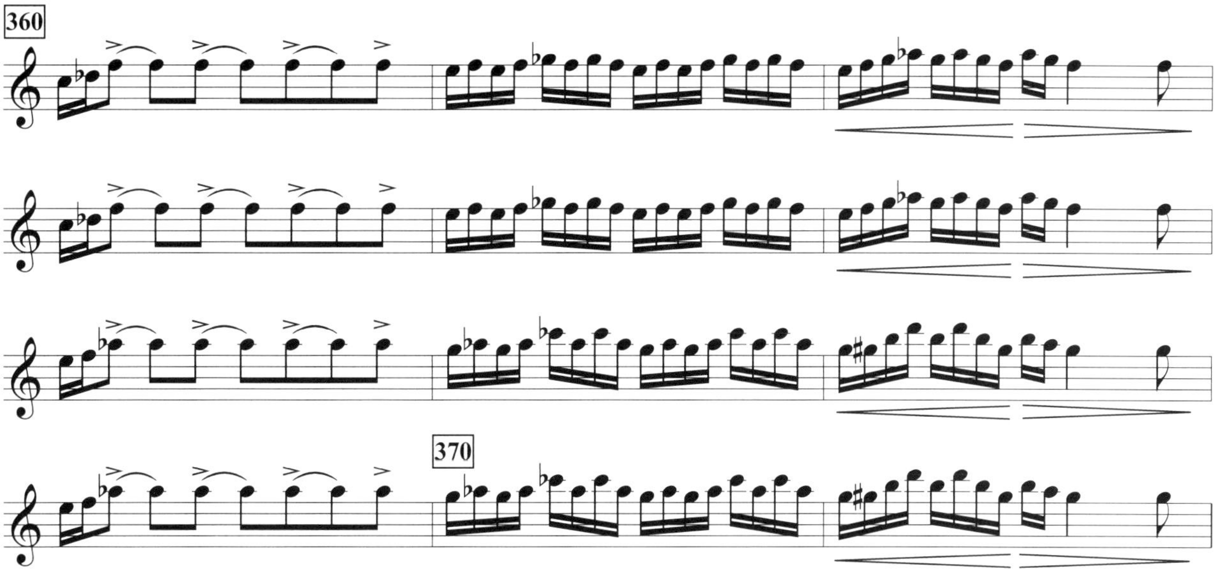

此处为乐曲的高潮部分，以节奏律动加快调式的模进，笛子部分高、中、低三个声部的旋律都用八孔笛来完成。

在民族管弦乐作品中让我感触最深的，也是近几年来大型民族管弦乐作品中不可多得的优秀作品，是由刘长远先生创作的大型民族交响乐《抒情变奏曲》。在这首作品中，笛子声部的分量特别重，它不断以乐队solo这一重要的表现形式贯穿于三个乐章之中，尤其在第三乐章的变奏8—9中，八孔笛的优势又一次得到充分展现。

谱例10

《抒情变奏曲》第三乐章（片段）

在第三乐章中，变奏8、9充分地发挥出八孔笛的作用，解决固定调的“♯G”和“♯D”的音准和亮度。

实践证明，八孔笛代表当今笛子的发展方向是切实可行的。自跟随戴亚教授学习竹笛和八孔笛以来，在实际工作方面解决了很多的问题，八孔笛的运用充分显露出它的魅力，在演奏上可以和西洋长笛媲美，并在某种程度上音色比西洋长笛更富有表现力，更具优势。在同样一支八孔笛上既可以演奏传统乐曲，又可以演奏复杂的现代作品，使得中国竹笛既保留了民间传统的特点，又在民族管弦乐队当中运用自如，方便了各种转调，解决了各种临时升降号的变化，因此，在乐队演奏中，八孔笛起到了不可替代的作用。

综上所述，正如戴亚教授在关于民族音乐发展道路展望中提到的："乐器表演离不开听众，中国民族乐器在完善自我的同时，也需要创造出更多样的演奏形式，从而扩大观众的层面。观众面的扩大，艺术鉴赏水平的提高，反过来也为中国民族音乐与国际音乐的接轨提供了更广阔的平台，这便是民族音乐走向世界舞台的必由之路。同时，民族音乐的健康发展必然会吸引越来越多的中外专业作曲家的广泛关注，激发他们创作民族音乐作品的热情。"① 让他们为民族音乐创作出更多更好的作品，使改良后的中国民族乐器的优势得到充分利用和发挥，进而更好、更准确地诠释出作曲家的创作意图，真正使作曲家、演奏家与台下听众产生共鸣，使高雅音乐不再曲高和寡。因此，民族音乐的发展要以民族器乐自身为基础，借鉴西方乐器的优点，与时俱进，向着更加科学化、现代化的方向发展。

随着竹笛改良八孔笛的良性发展与日臻完善，中国笛子艺术必将成为民族器乐乃至世界音乐宝库中的一朵奇葩。

① 戴亚，《八孔笛——新改良竹笛应用教程》，人民音乐出版社，2009年版第7页。

（三）张帆

张帆，笛子演奏家，星海音乐学院教授、硕士生导师。现任星海音乐学院附中副校长、中国民族管弦乐学会竹笛委员会副会长、广东民族管弦乐协会副会长、广东省竹笛学会副会长，中国艺术教育促进会常务理事、广东省音乐家协会理事，教育部全国青年骨干教师中央音乐学院访问学者。曾获广东省“优秀音乐家”“南粤优秀教育工作者”称号。

2000年毕业于中央音乐学院，师从中央音乐学院博士生导师戴亚教授，同时得到赵松庭、曾永清先生的精心指导。在竹笛演奏艺术上，以全面而娴熟的演奏技巧、纯正华美的音色、丰富的艺术思维，形成了对不同内容、格调的曲目有多姿多彩的表现。教学中勤奋钻研、悉心求索，不断挖掘竹笛的内在潜力，用以提升本专业的文化内涵，使竹笛教学逐步科学化、规范化。教学中注重植根于实践，因而几年来的教学已有了十分显著的成果，在全国具有一定的影响力。近年来多次举办音乐会，与国内外各大乐团合作，出访美国、德国、西班牙、瑞士、比利时，以及中国香港、澳门等国家和地区进行文化交流演出。

撰写《笛曲三五七的婺剧渊源》《笛子改良研究综述》《笛子改革历史综述》《〈“楚辞”后奏曲〉的艺术内涵与特色探析》等论文。

主持国家级、省级项目有“竹笛专业研究生表演艺术实践与理论教学模式改革研究”“构建广东音乐‘五架头’专业实践教学体系的研究和实践”“敦煌音乐（舞蹈）的创作与表演实践”。参与国家社科基金艺术学重大项目“中国器乐表演艺术研究”。

出版发行《笛韵》《色空流幻》《秋思》等数张笛箫专辑。

笛曲《三五七》的婺剧音乐渊源

张帆

已故一代竹笛大师赵松庭先生毕生致力于竹笛的演奏、教学、乐器改革和笛曲创作。通过大量的研究和实践，他将南北笛曲的风格融于一体，其演奏既体现出南派笛曲的典雅、华丽，又体现出北派笛曲的刚劲和明亮，使之刚柔并济、相得益彰，而且，自小研习地方的戏曲，又使他的演奏风格中具有鲜明的地方戏曲的表现特色。他在尾曲的处理上，形成独特的演奏风格和强烈的艺术感染力。这一特点不仅仅体现在演奏方面，在赵先生创作的竹笛独奏曲中有相当一部分取材于戏曲音乐，如取材于昆曲曲牌的《点唇》而创作的《早晨》，取材于婺剧音乐改编创作的《三五七》《二凡》《西皮》等，都充分展示赵先生创作中广泛吸收吸取戏曲音乐素材和表现手段的同时，极大地丰富了笛曲的演奏曲目和表现力。赵先生这一笛曲创作特点是积极且有意面为的，用他自己的话来说就是要"尽量保持和发挥浙东的乡土气息和我们的民族风格"。

《三五七》是赵先生1957年根据浙江婺剧乱弹唱腔改编而成的同名笛子独奏曲，《三五七》曲名出自曲牌〔忆江南〕的词格，即白居易的《忆江南》："江南好，风景旧曾谙。日出江花红胜火，春来江山绿如蓝。能不忆江南！"很明显，《忆江南》前几句的词格是三五七个字。世代相传的《三五七》早在婺地农村广为流行。无论是雨天家闲，或夏夜乘凉，农民们只要兴趣一来，信手就是开窗弄笛，天籁飞扬，悠悠笛声，四处可闻。正有"邻笛风瓢月中起，横笛送晚延月明"之意象。改编后慢板流畅、抒情，快板热烈、粗犷，加之运用了循环换气的引子和其他散板部分，使乐曲极具张力和戏剧性，成为竹笛独奏的经典曲目。

一、《三五七》的曲式结构

《三五七》全曲分为引子、慢板、快板和尾声四个部分。

引子分为三个部分，第1—4小节为第一部分，上下句结构；第5—9小节为第二部分，也是上下句结构。前九小节较为规整和稳定，从第10小节起进入第三部分，速度渐快、节奏自由，直至20小节结束。整个引子简洁明快地展示出整首乐曲的喜悦、爽朗的基调和鲜明、浓郁的浙东戏曲特色。

慢板由两个小节的导入部分引出《三五七》的主题。慢板的主题基本上可以分为两个部分，第一部分为不带再现的单二部性结构。第24—29小节为主题的呈示（a），第30—34小节为显示主题的加花变奏（a'），a和a'构成了单二部结构的A部分，第35—41小节出现新材料，可作为主题呈示之后的发展部分（b），第42—47小节再次出现新的材料，推进旋律的进一步展开（c），b和c构成单二部结构B部分，以开放的性质作为结尾，动力性较强，可以更顺畅地连接其后的部分；第二部分是第一部分略带变化的重复，也是不带再现的单二部性结构，第47—49小节第一拍为连接，之后第49小节以第一部分的C材料的头开始，然后转入a主题材料的低八度变化重复，使乐曲极具张力和戏剧性，成为竹笛独奏的经典曲目。慢板结尾处经开放形态拉散，以引子的散板材料作为连接部分，导引出快板段落。

快板分为三个部分，第77—89小节为快板主题的呈现，欢快、跳跃；第90—117小节的第二部分，模仿戏曲中的紧打慢唱，即旋律声部以悠美、自由的气息和节拍演奏，而伴奏声部以明确的、动力性较强的有板无眼的节奏烘托激越、热烈的气氛；第118—139小节为第三部分，旋律风格类似戏曲中的过场音乐，接在紧打慢唱之后，形成戏剧场景，加强了音乐形象的鲜活程度和生命质感，曲牌段反复之后的第二句形成一个小小的连接，引出尾声部分。尾声部分以引子段的散板材料开始，又以快板部分的主题旋律结束，引子、快板材料结合为尾声，将全曲形象精练地概括出来，干净利落、余音不绝，给听者留下充分回味与遐想的空间。

二、《三五七》的婺剧音乐元素

婺剧，俗称金华戏。是一种包括高腔、昆曲、乱弹、徽戏、滩簧、时调六种声腔的古老戏曲，盛行于婺江流域一带，流行旧属金华、衢州、严州、处州、合州、温州等府，远及江西东北部，福建东北部，安徽南部等地区。婺剧包括四种独立的班社：浦江班、三合班、两合半班、金华班。其中浦江班又称浦江乱弹班，浦江乱弹以“三五七”为主要声腔，旧属金华、衢州、严州、处州等乱弹流行地的群众又称“三五七”为“罗罗调”。因此，乱弹班也称“罗罗班”。三合、两合半班社所唱之乱弹皆以浦江乱弹为宗，而金华班是以唱徽戏为主。

笛曲《三五七》即根据浦江乱弹中的“三五七”改编、创作而成。“三五七”又名“原板”，是浦江乱弹唱腔中最常用、最具代表性的曲调，素以优美、抒情著称。它的调格以三、五、七字即上句八个字，下句七个字的上下句结构为标准，故名之曰“三五七”。“三五七”是曲牌体音乐过渡到板腔体音乐的典型形式，它保留了曲牌的特色、节拍、行腔和过门严谨的规定。主要伴奏乐器是笛子和板胡，唱腔与伴奏构成丰富的对比性与声复调，它可以和其他各种板腔连接，自由而多变，无论悲、喜、哀、乐的情绪，“三五七”都可以通过速度、旋律的变化得以表现。根据速度、音属差异可分为中板三五七，慢三五七、快三五七和高调三五七。

笛曲《三五七》的慢板部分是中板三五七，其旋律便是中板三五七唱腔中笛子伴奏声部的旋律。中板三五七也称“三指板”，即一板三眼（$\frac{4}{4}$），是三五七中各种不同速度板腔的基础，一般从带弱拍的不完全小节开始，结束在完全小节上。曲中的A、B两部分正是“三五七”的上、下句，其中上句有两个分句，第一句在戏曲唱腔中唱三个字，前边半小节过门，三个字后一小节半过门，正好相当于a部分，第二分句唱五个字，之后是一小节半过门，相当于a^1部分。下句也有两个分句，第一分句唱四个字，跟一小节半过门，第二分句唱三个字结束，A、B两部分形成三、五（上句）、七（下句）的调格形式，完全符合唱腔规范。

笛曲《三五七》的引子部分为例板，例板又称导板，它本身不是一种独立的板腔形式，自身只有上句，下句则需由其他板腔来补充，常常用于出场院及戏剧冲突较强烈之时。在笛曲中，它则以“出场亮相”的姿态呈现，变化发展成为性格鲜明的引子段落。

笛曲的快板部分较为复杂，将平板、游板、流水等各种板腔融合、剪接、变化而成。快板开始的13小节为平板系统中的快中板男宫平板旋律，“平板”俗称“芦花”，在浦江乱弹中与“三五七”一样自成系统，其节奏明快，曲调积极、活跃，具有丰富的表现功能，根据速度的差异分为中、慢、快三种板式，平板有女宫平板和男宫平板之分，女宫平板轻快、活跃，男宫平板朴实、稳重，性格特点较为鲜明，往往由女宫平板转入的男宫平板（快中板）则性格有所变化，倾向于活泼、欢快的性格，笛曲三五七中的快板主题即是由女宫平板转入后的男宫平板的旋律和性格特色。快板的第二部分紧打慢唱段前五小节为游板，游板是三五七系统中经常与三五七连用的一种非独立板腔形式，必须转向成结束在其他板腔上，常用于情感转换之处，善于刻画复杂的内心情感和激越的情绪。之后的10小节为女宫平板的上句，转为热烈、抒情。其后12小节是流水的材料，流水常常在表现激昂情绪、紧张气氛等情况下使用，主要以板胡伴奏，根据伴奏形式的不同分为夹板流水和滚板流水两种，夹板流水俗称“流水”，主要用于紧打慢唱，以$\frac{1}{4}$拍为主，用夹板击拍。滚板俗称“紧板”，用鼓箕滚打。

三、《三五七》中的婺剧音乐表现手法

至于这陈年旧曲，赵先生是如何佳酿新醅的？管窥之下，析以为他采取了以下几种手法：

（一）有机结合：虽则《三五七》声调悦耳，然它在结构上仅仅是上下名的回环往复，细听难免有单调之感，欲求成为一个完整丰满的器乐作品，他将与《三五七》主调常用、结伴的辅助性唱调有机组合，使之有血有肉、体态丰盈。《三五七》前头，冠之以传统的《三五七》，它以散板作引，像虹彩般的纽带导引出主旋律，引入新技巧——循环换气，经过多次反复，在上下名间先后又组合进自由的游板、花样翻新的叠板等，构成多姿多彩、耳目一新的艺术精品。

（二）扩展延伸：无论是《三五七》头上的导板，还是乐曲中间的游板，赵先生多处运用扩展延伸的手法，使其乐曲节外生枝发扬尽善。即充分发挥循环换气的高难度技巧，一延数息，颇似一波未平、一波作的大江流水，充满艺术美感。特别是游板后的延续，气息之悠长，乐名之舒展，与前面的繁间促世形成强烈对比，那一张一弛、错落有致的结构之妙，不禁令人拍案叫绝。

（三）点缀加花：作为人声演唱的腔调，间奏可以适当加花，唱调比较简朴，而一旦改编为笛子独奏曲，要尽可能按照竹笛的性能特点，乐曲的思想感情，将种种演奏技巧加以点缀加花，使乐曲更加华彩。对照传统，点缀加花的如各种形式的装饰音，音符多少不等的快速连音（即历音），多处用了“#4”变化音，以及上下滑音、颤音、打音等。

赵先生改编演奏的《三五七》，虽然动过一番“新手术”，用了一些新技巧，但总的风格依然不变，始终保持原来欢快流畅、粗犷纯朴的乡土特色。其缘由：1.他紧紧抓住主旋律这一根本，即在主旋律基本不变的前提下加以变化；2.即使创新，也能够按照艺术的规律来创新，如延长某些乐句、音符，但其特有的音型、乐汇基本不变，小三度和纯四度、纯五度等音程的进行规律基本不变；3.主调与辅助性的乐句组合基本不变；4.上下句式回环往复的活动也基本不变，等等。因此，乐曲的风格特点，依然保存着原汁原味。

综上所述，可以看出赵松庭先生将婺剧音乐中的三五七、导板、平板、流水等板腔变化、组合、发展而成为戏曲韵味浓郁、表现力丰富，具有感染力和现场效果的笛子独奏曲《三五七》，既体现出赵先生对浙江婺剧音乐深入地了解和对各种板腔的灵活运用，又体现出赵先生在笛曲创作中对各种艺术形式的广泛借鉴和吸收，他为笛乐艺术付出了毕生的心血，作出了杰出贡献。

（四）王华

王华，字修渊。笛箫演奏家。现任中国音乐学院附中国乐学科副主任，中国民族管弦乐学会竹笛专业委员会秘书长。曾任中国歌剧舞剧院笛子独奏演员、中国歌剧舞剧院民族乐团副团长。紫禁城室内乐团成员创始人之一。"央视"十大青年竹笛演奏家之一。曾担任2012、2019"CCTV民族器乐大赛"笛子组评委。

10岁开始学习笛子，师从路立志先生。1991年考入武汉音乐学院附中，师从向思义、张红阳先生。1997年考入中央音乐学院，师从戴亚、曾永清先生。2001年进入中国歌剧舞剧院，2014年调入中国音乐学院附中至今，工作期间得到林文增、李镇等先生的悉心指导。

2001年获第九届"台北民族器乐协奏曲大赛（笛子）"第二名。

作为一个创新型的演奏家，曾多次与中国爱乐乐团、中国交响乐团、中国乐派交响乐团、台湾NSO交响乐团、亚洲乐团、香港中乐团等乐团合作。其中最具代表性的是与中国爱乐乐团合作世界首演潘德列斯基的《第八交响曲》。

首演多部协奏曲，如《竹影婆娑》《风吻云》《远方的家园》《关山月随想》《四忆大同》《江晖》《长生殿·写意》《咏春狂想曲》等。

为多部影视作品配乐，如《一个人的战争》《刀剑笑》《家》《李大钊》《闯关东》《柳如是》《洛玉川》《楚汉传奇》《大唐玄奘》《铁道飞虎》《妖猫传》《影》《鹤唳华亭》《人生之路》《封神榜》等。其中《影》获得2018年度"金马奖"之"最佳原创电影音乐"奖。

教学成果显著，多位学生在CCTV民族器乐大赛、文华奖、上海之春、全国职业技能大赛等重要比赛中荣获大奖。其中，郭宇扬获2019年中央广播电视总台"中国器乐电视大赛"职业少年吹管乐组银奖（笛子第一名）；王一诺获2021年第七届"文华奖"少年组金奖，"上海之春"竹笛邀请赛少年专业组金奖，2020、2022两届"云冈杯"高额奖金组第一名；文益菲蝉联2022、2023年"白玉兰杯"国际音乐节专业少年组一等奖，并获得2023年"白玉兰杯"国际音乐节专业少年A组第一名。2023年第四届南洋国际音乐大赛竹笛职业少年组第一名；由郭宇扬、李雨桐、王一诺、文益菲、刘思语组合的"竹笛五重奏"获2023年全国职业院校技能大赛中职组第一名。

出版《竹笛、竖笛、巴乌》教学DVD，个人专辑《流光浮影》（2013"发烧天碟榜"最佳艺术奖），紫禁城室内乐团专辑《梅边四梦》《风声》《天运》。与新音乐艺术家龚琳娜合作发行《静夜思》《中国民歌》《忐忑》《自由鸟》。音乐会足迹遍及欧、亚、中北美洲的三十多个国家和地区。

(五)屠靖南

屠靖南，笛子演奏家，国家一级演奏员，师承笛子演奏家杜如松先生。国家艺术基金评委专家库成员，浙江省文化和旅游厅优秀专家，浙江省戏曲音乐委员会副会长，宁波市音乐家协会副会长、党支部书记，曾任宁波市小百花越剧团团长，现任宁波市演艺集团有限公司党委副书记、副总经理。第九届宁波市"十大杰出青年"，宁波市宣传文化系统"六个一批"人才。

在三十多年的专业笛子演奏生涯中，潜心钻研，博采众长，既师承传统，又勇于创新，演奏了一系列思想内涵丰富、艺术审美价值高，极具民族魅力、时代特色的器乐作品，如篪独奏曲《雁南飞》、浙江省音乐家协会主席、作曲家翁持更的笛子协奏曲《梦游天姥》、浙江民族管弦乐学会会长、作曲家刘建宽的笛子协奏曲《天一阁印象》等。获浙江省第六届、第七届、第八届音乐舞蹈节演奏一等奖等荣誉，得到省内外专家的赞誉和观众的喜爱。2009年分别在宁波逸夫剧院和浙江省音乐厅成功举办个人专场音乐会《玉笛飞声》。2010年中央电视台11频道录播了个人专题片。多次随团赴欧、美及中国台湾、香港等国家和地区进行文化交流。2015年，受邀与诺贝尔奖获奖者屠呦呦教授参加诺贝尔奖的系列活动，在中西对话演出中，获得各界广泛好评。

（六）蒋宁

蒋宁，笛子演奏家，中央音乐学院首位竹笛表演艺术博士。现任天津音乐学院民乐系竹笛专业教师。中国竹笛学会常务理事，中国音乐家协会竹笛学会常务理事，天津竹笛学会副会长，中国葫芦丝巴乌学会副会长。

8岁开始学习笛子，1991年随周波教授学习期间获辽宁省首届“扶苗杯”民族器乐大赛第一名。1992年考入中国音乐学院附中；1998年考入中央音乐学院民乐系。先后师从马宝山、蒋志超、戴亚教授，2001年获第九届“台北民族器乐协奏曲大赛”（笛子）第一名。

2004年至2012年担任“澳门中乐团”笛子声部首席，兼任澳门演艺学院竹笛教师，澳门大学中乐团笛子指导教师。2009年考取中央音乐学院硕士研究生，2019年考取中央音乐学院第一位竹笛表演艺术博士研究生，一直跟随戴亚教授学习，并于2023年取得博士学位。

出版专著《竹笛入门十二课》《葫芦丝入门十二课》《埙入门十二课》（2015年应中央音乐学院出版社委约编著）。发表论文《张千一竹笛协奏曲〈梆腔梆韵〉之竹笛演奏技巧初探》《气——在中国竹笛传统作品及现代作品中的应用》。出版发行音像专辑《笛韵清风》《蒋宁笛子独奏协奏曲》。

曾受邀与中国国家交响乐团、中国爱乐乐团、中国广播电影交响乐团、澳门乐团、中国广播民族乐团、中央民族乐团、天津民族乐团、广东民族乐团、河南民族乐团、浙江民族乐团、香港“无极”乐团等合作演出。曾在维也纳金色大厅“中国新春音乐会”上与萨尔斯堡莫扎特交响乐团合作演出。受邀参加澳门回归五周年、十周年大型文艺演出，与墨西哥自治大学交响乐团协奏演出。参加2024国务院团拜会演出，以及2024文旅部“文艺中国”等重要演出。先后出访俄罗斯、加拿大、奥地利、澳大利亚、新西兰、葡萄牙、法国、英国、挪威、美国、墨西哥等国家及中国港、澳、台地区演出，均获好评。

张千一竹笛协奏曲《梆腔梆韵》之竹笛演奏技巧初探

蒋宁

2018年，作曲家张千一应河北民族乐团国家艺术基金项目委约，创作了七乐章民族管弦交响曲《大河之北》。作品以燕赵大地上的历史、文化、地域、民俗为叙述题材，以民族器乐为表现主体进行演绎，突出音乐抽象的叙事功能，从“燕赵悲歌”到“避暑山庄”，从“坝上抒怀”到“梆腔梆韵”，从“回娘家小调”到“大平原风情”，构架起宏大乐章，为听众呈现了一幅以河北历史与文化为主线、全景式展现燕赵千年多姿风韵的交响画卷。

作品自首演至今，受到了听众高度好评。同时，也吸引了学界学者对作品的关注，在艺术特色、文化内涵、作曲技法等方面，已有多位学者进行了深入的分析与解读。笔者于2018年9月1日在河北大剧院与河北民族乐团首演了第五乐章《梆腔梆韵》，此后又参与了河北新年音乐会及山西等地的巡演。2023年5月8日，在笔者的博士毕业音乐会上，将《梆腔梆韵》作为第一首作品演奏。身为演奏者，从排练到演出，从整部作品到第五乐章，笔者在作品中对竹笛演奏方面有诸多感触和心得。故而，笔者尝试从演奏者的视角，结合创作与演奏的双重角度，对这部取材于河北梆子的竹笛协奏曲进行初步分析，以抛砖引玉，与学界诸位学者及演奏家共同交流、探讨。

一、创作构思对演奏的启发

自2016年起，作曲家张千一连续创作多部大型作品，并且每部作品都是史诗级的宏大题材。其中所展现的不只是作曲家在音乐创作方面的技术，作品整体的创作构思更体现了作曲家在历史学、文学等多学科交叉的综合思维。在这种综合思维的构思下，作曲家的作品总是以“简谱面”的方式呈现出“重表达”的完美效果。在《梆腔梆韵》的演奏过程中，作为演奏员不能只关注乐谱中所看到的内容，整部作品的布局、结构等方面都对演奏都有着重要的影响和启发。

1.整体布局的“对比与统一”思维

近年来，“对比与统一”思维的变化运用是作曲家多乐章大型作品创作的特点之一。“对比”使作品中每个乐章都可独立成曲；“统一”又使每个乐章具有密切联系。在《大河之北》的整体布局上，作曲家将“对比与统一”思维运用在题材、音色、技法等方面。如图表1所示，在题材方面，以第四乐章为轴心，第一、七乐章是历史与当代的对话；第二、六乐章以建筑命名，用音乐表达；第三、五乐章致敬民间传统文化。在编制及音色方面，第一、四、六、七乐章为民族管弦乐队；第五乐章以二胡协奏曲与竹笛协奏曲对应；第三乐章用吹打乐形成整部作品中最大的音色对比。在技法运用方面，第一、七乐章融合现代作曲技法，如音块、多调性、不协和音程等，形成的不协和音响与第二、三、四、五、六乐章中对民间音乐素材运用的协和音响形成对比。

图表1：

乐章	第一乐章	第二乐章	第三乐章	第四乐章	第五乐章	第六乐章	第七乐章
名称	《士——燕赵悲歌》	《赵州桥随想》	《回娘家》	《大平原》	《梆腔梆韵》	《避暑山庄——普陀宗乘》	《关里关外塞外》
编制	乐队	二胡与乐队	吹打乐	乐队	梆笛与乐队	乐队	乐队

在研究了整部作品在不同方面的"对比与统一"后，对笛子演奏会有更深入的理解。如作为独立的竹笛协奏曲，《梆腔梆韵》可在作曲家细致的演奏标记基础上，在笛子演奏技巧、独奏音色特质，甚至在整体速度方面，演奏者可以更大胆地融入二次创作。如作为第五乐章，演奏者也要充分思考整部作品的布局构思。在风格上，要与第三乐章的民间音乐风格形成对比，突出河北梆子的音乐特点；在位置上，第五乐章处于中后位置，此时从音乐和演奏方面都要尤其出挑，以吸引和调动听众的感知，避免审美疲劳；在音色上，第五乐章是六、七乐章的乐队音色前最后一个有独奏乐器协奏的乐章，演奏者要掌握好笛子独奏音色的跳出和独奏音色与乐队音色的融入。

2. 内部结构的"对比与统一"思维

整体布局之下，作曲家对第五乐章《梆腔梆韵》的内部结构同样深思熟虑。在题材与技法运用方面与第三乐章呼应；在局部结构方面，也体现出"对比与统一"。第三乐章运用了中国民族音乐由慢到快的"散—慢—中—快—急"的速度发展构架，而第五乐章则运用了典型的梆子腔戏曲结构"散板—大慢板—小慢板—二六板—流水板—锁板"（见图表2）。两个乐章在结构上形成了更加具体的联系。内部结构的"对比与统一"还体现在戏曲音乐结构与西方音乐曲式结构的结合。其中，大慢板由多段体组成；小慢板和二六板分别由两个平行乐段组成；流水板则是具有再现原则的三部五部结构。段落之间或并列对比，或再现呼应的逻辑思维，更加丰富了戏曲音乐结构的发展，同时也增强了音乐的张力。

图表2：

小节	结构	速度	调号
1—2	流水板	——	♯（G宫调系统）
3—23	散板，节奏自由地	40与132交替	
24—67	大慢板	40	
68—77	间奏	——	
78—108	小慢板	65	
109—141	二六板	100	♭（F宫调系统）
142—361	流水板（"摇板"）	120—140	
362—375	锁板	40	

这种"散慢中快散"的叙述逻辑，突出了戏曲音乐的结构特点，使戏剧冲突赖以在其中酝酿、解决。在演奏的过程中，每个段落不同的音乐情绪变化是演奏者要注意的重点。其中速度也助推着音乐情绪的铺陈、积累、爆发。如在结尾处，流水板到锁板速度的突慢，此处就需要演奏者通过笛子独奏能够快速地将音乐情绪转换和控制。这样的处理方式，将"唱腔"音乐素材演绎得一波三折、跌宕起伏，尽得梆子腔音乐的神韵。

二、素材运用对演奏的影响

《梆腔梆韵》在结构上运用了戏曲音乐的结构，在音高素材方面却没有像其他乐章一样融入具体的民间音乐素材，但从听觉上又能让人感受到浓郁的河北梆子韵味。作曲家没有截取运用某个河北梆子唱段，而是提取其中极具特点的大跳音程创作全新主题，这赋予作品中河北梆子韵味以时尚的活力。

1.六度与四度音程的运用

纯四度音程是多数民间音乐旋律中常用的素材，小六度音程则是河北梆子音乐中一个具有特色韵味的素材。在开始的散板中，作曲家就运用了纯四度与小六度连续大跳构成主题旋律，凸显河北梆子音乐的高亢激昂，再结合六度音程的转位三度音程形成主题线条的起伏（见谱例1）。大慢板中，延用散板主题的小六度与小三度素材，主题旋律结合级进与跳进，将纯四度音程以主干音的方式隐藏其中（见谱例2）。

谱例1：第16—23小节，梆笛独奏

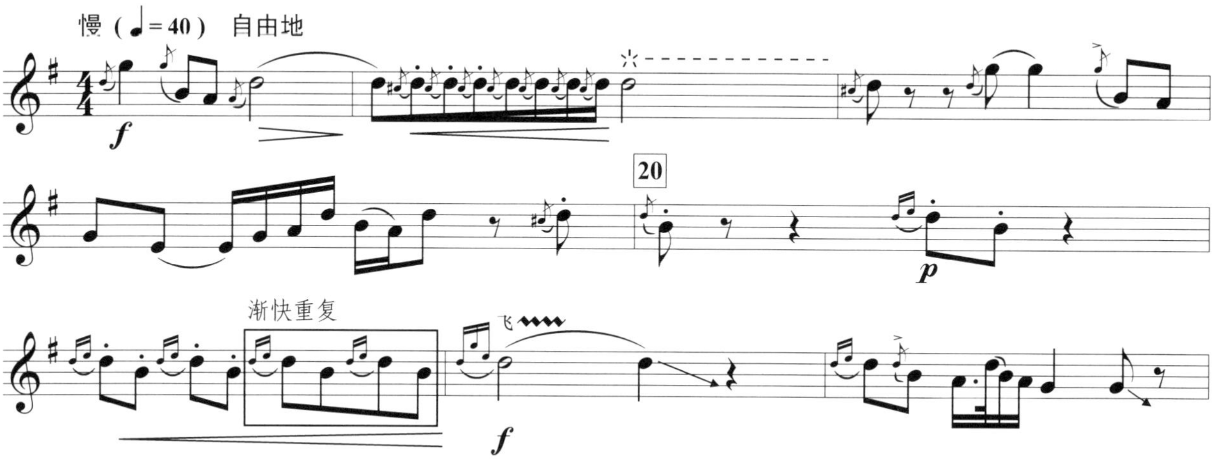

谱例2：第24—32小节，高音唢呐

两部分音乐主题中，除运用具有特点的音程外，作曲家在演奏法的写作方面也细致地展现出梆子腔音乐的韵味。其中，小六度音程的跳进在多处是以装饰音的形式演奏，以及大二度、小二度、小三度辅助音式的装饰音，这些看似不占音值、对主干旋律音的修饰，都展现了作曲家通过对“唱腔”音乐素材的器乐化写作来突出地方音乐特色。在演奏的过程中，更要注重对不同音程关系的装饰音的演奏技巧。

2.七度与二度音程的运用

在民间音乐中，大小二度的装饰音也是常见的素材之一。小慢板中，将散板与大慢板中的二度装饰音素材充分发展。如第84小节，通过对八度跳进的装饰，同时形成了中间的七度跳进，并将七度跳进作为重要发展素材。再如第94小节（见谱例中加框部分），对乐句尾音的小二度装饰，模仿了“唱腔”音乐中声段气连的效果（见谱例3）。

谱例3：第84—106小节，梆笛独奏

谱例4是二六板主题，通过级进形成七度框架的下行旋律线条，主题融合小六度、小七度、纯四度跳进，旋律起伏较大。但二六板中的跳进并没有运用装饰音的演奏形式来呈现，而是直接形成跳进的旋律，与散板、大慢板形成对比。这就要求演奏者在演奏过程中，运用滑音、连音、跳音等演奏技巧形成不同段落之间的对比。

谱例4：第108—124小节，梆笛独奏

流水板运用了戏曲音乐中常用的“紧打慢唱”手法，主题旋律将二六板的开始旋律作为主干音，并将音值扩大拉长（见谱例5）。流水板是全曲情绪宣泄最突出的一段，也是演奏最过瘾的一段，更是作曲家对独奏与乐队音色结合深入挖掘与实践的一段。作品中虽然没有呈现梆笛单独的华彩乐段，但流水板中梆笛演奏技巧胜过华彩乐段的独奏与乐队之间严丝合缝的竞奏，是全曲的一大亮点，对演奏者来说也具有更大的挑战。在这样快的速度下，演奏的气息运用要非常注重“气与指”的配合，通过气速、强弱的千变万化，产生跌宕起伏的感染力。

谱例5：第150—183小节，梆笛独奏

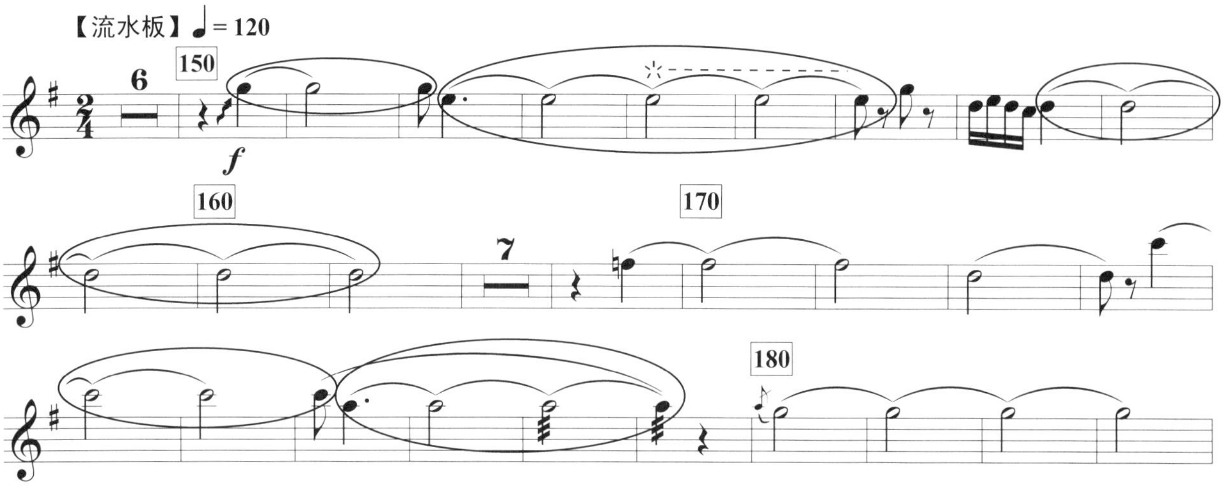

三、"器乐声腔化"实践中技术与气息的运用

纵观《大河之北》中的器乐写作可以发现，作曲家尽可能地将独奏乐器的既有演奏手法逐一呈现，并力图使之呈现出更为精湛的艺术效果。《梆腔梆韵》中，笛子被赋予了重要角色和功能：既要体现河北梆子音乐的高亢意象及相关的技法处理，又要准确把握笛子在协奏曲中的位置。作品中"器乐声腔化"的实践，主要体现在作曲家对梆笛的角色设置及演奏者技巧与气息处理等两个方面。

1.对梆笛角色的设置

《梆腔梆韵》这个乐章表现的是传统戏曲的内容，但是没有演唱者。作曲家在音乐创作中为梆笛巧妙地设置了"戏曲演员"的角色与身份，演奏者完成器乐演奏的过程，同样也是戏曲演唱者音乐形象塑造的过程。在戏曲音乐中，乐队的主要功能便是"拖腔保调"，为演员演唱保驾护航。民族器乐的"声乐演唱"和各类乐器的演奏常常符合同样的内在旋律逻辑，演唱和演奏具有同质性，"演奏即演唱，演唱亦演奏"，某种程度上可以互相替换。这一点与西方"旋律和伴奏"二分的主调织体原理差别很大。作曲家在梆笛与乐队的互动上，具有巧妙的设计，体现了戏曲音乐中"拖腔保调"的特征，使笛子能够很好地再现河北梆子唱腔的韵味。

笔者在刚拿到曲谱时，听了很多河北梆子的唱段，从中感受其韵腔的特点以及唱词的咬字，并把这种感悟实践于笛子的演奏中。探寻演唱者的"润腔"是演奏者一定要研究的重要环节，"润腔"中则体现了演唱者的技术技巧、情感修养。聆听演唱者的"唱词咬字"也非常重要，演唱者的口腔与舌头位置的变化会对演唱的音色产生影响，一位出色的河北梆子演员对"润腔"和"唱词"的考究程度如何，则是他们艺术智慧的体现。

如乐章开始，在乐队的两小节简单调性铺底后，主角梆笛直接以嘹亮的高音"叫板"，高调出场。这样的形式便是典型的戏曲武场的开场方式。笛子在乐曲开场时的高调亮相，一方面，尽显笛子抒情性的风采；另一方面，也让观众经由笛子感受到了别具一格的河北梆子唱腔音乐之美。

2.演奏者的技巧与气息处理

从笔者的演奏角度看，把"声腔化"做得更好，就需要演奏者达到技术与气息的高度配合。借鉴河北梆子的演唱，在笛子的演奏中，手上技巧的"滑音"与气息技巧的"气颤音"需要巧妙地结合，才能达到"声腔化"的效果。"滑音"技巧的手指慢滑、快滑，"气颤音"技巧的大气颤、小气颤、慢气颤、快气颤等，再加上唱词咬字“舌头”在口腔里的前、后、平、卷位置对笛子音色的影响，以及在旋律中音乐语气的抑、扬、顿、挫艺术化处理等，都是对演奏者的极大考验。

在乐章开始的散板部分（第3—23小节），演奏手法的运用多以北方梆笛的常用技巧“滑音”“历音”“花舌”“飞指”等来丰富润色旋律。在演奏中，气息的运用则是完全依托于乐曲力度、情绪变化的需要随心而动、强弱分明。刚柔并进、虚实结合的音色运用，目的是不去简单地用“强与弱”这种平面方式来表达音乐的对比，而是要用“虚与实”来营造出声场上“远与近”这种更加立体的表现方式，来达到时而扑面而来、时而寻寻远去的艺术效果。

承上启下的“小慢板”亦是如此，梆笛的旋律气口明显缩短，在乐曲中起到了段落衔接的作用。这段在笛子演奏技巧上，除了运用北方梆笛的“吐音”“滑音”技巧，又增加了北方梆笛最具代表性的技巧“垛音”。这种硬朗、刚亮音色的“垛音”，为情绪的一步步推进，展现了华丽的声响色彩，表现出鲜明的唱腔韵味。

“气随情动，声随情出”，先动情，再出声。在笛子的演奏中，气随情动，不同的情感，不同的语气，气息的流速是不同的，所以声音的意向色彩也是不同的。声随情出的变化，语气抑扬顿挫的逻辑，声音高与低，旋律快与慢，音量强与弱，音色虚与实等，音乐灵动性的准确表达都是随着气息丰富的运动来表现的。如第33小节独奏笛子起“唱”的主题旋律是一段具有河北梆子唱腔风格的抒情性旋律，是由作曲家通过“河北梆子”的音乐特色与声腔特点发展创作而来，最能体现河北梆子的艺术特征。旋律断句始终清晰而有逻辑，6个小节被分为2+1+1+1+1（见谱例6第33—38小节），从分句中可以明显看出，抑扬顿挫的语气通过气息变化来准确表达。谱例6第41—49小节从旋律中可以明显地感受到“自问自答”的逻辑状态，这正是通过气息模仿语言问答句的方式转化成音乐表达，是笛子在作品中声腔化实践的具体表现。

谱例6：第32—49小节，梆笛独奏

综上所述,《梆腔梆韵》是作曲家张千一创作的第一部竹笛与民族管弦乐队的协奏曲。作品以河北代表性戏曲剧种——河北梆子为核心音乐素材进行提炼升华,以梆子腔的慷慨激昂、民族管弦乐队的丰富多彩及笛子的高亢明亮,从“小笛子”的角度为“大河北”的文化风貌和精神内涵增添了一个气韵生动的注脚。作曲家在作品中充分挖掘竹笛多种不同的演奏技巧,深入探寻民族管弦乐队的音色特点与竹笛独奏音色之间的关系。作品体现了作曲家对大型器乐作品的综合把控力,对传统音乐元素的现代转化这一时代命题的创新精神和探索精神,对中华优秀传统文化的认同与自信。

通过实践,笔者深刻地意识到,作为演奏者不能只关注演奏技巧,要将作品的局部置身于整体结构中,从而深入地剖析作品中主题素材的关联,进而更好地做到对演奏技巧二度创作的创新性与突破性。《梆腔梆韵》是实践并推进中国民族器乐声腔化的一部重要作品。笔者也期盼作曲者与演奏者通过创作与演奏,共同呈现出更多优秀的音乐作品,一起为竹笛及中国民族乐器的发展与创新而努力。

（七）陈冬

陈冬，笛箫演奏家，国家一级演奏员。现任广东民族乐团业务部、培训部主任，兼任管乐声部长、笛子声部首席。广东省民族管弦乐学会副会长。广东省民族管弦乐学会竹笛专业委员会副主任。广东青少年民族乐团负责人。

2004年毕业于西安音乐学院民乐系，在校期间先后师从孙永志、刘宽忍、马迪教授。同年以优异成绩考入广东民族乐团。在团期间，随团出访过亚洲、美洲、欧洲、非洲等二十多个国家和地区，参加各类音乐会千余场。2005年获广东省第九届艺术节表演二等奖。在2013年文化部主办的全国民族民间器乐组合展演中获金奖。2014年获广东省第十二届艺术节“优秀演奏家”称号。

2016年举办“山水国乐”独奏音乐会。同年出版首张演奏专辑《梦之园》。2017年随团赴德国演出“中国春节民族音乐会”，并把中国竹笛独奏第一次带入柏林爱乐音乐大厅。在2016年和2017年分别获广东省音乐家协会颁发的“年度优秀音乐家奖”的殊荣。

设计并研发的乐器“隽笛”于2021年通过国家专利并得到广州市教育局的认可，列入广州市中小学生器乐比赛课堂乐器组中。2020年获第十四届广东省艺术节“十佳舞台新秀”称号。2021年《梦之园》专辑被评为年度畅销唱片，并出版发行同名黑胶唱片。

《中国民乐》杂志评价“其演奏风格南北兼备、技术全面、技法醇熟，音色甜美厚实而透亮，舞台形象大气稳健，是一位实力派的青年笛箫演奏家”。

提高竹笛演奏审美意识的策略探索

陈冬

竹笛是我国最古老的传统乐器，被大众熟悉与喜爱。历经数千年沉淀，竹笛演奏艺术承载着厚重的历史文化和美学价值，依然在蓬勃发展。因此，竹笛演奏艺术不仅是表演艺术，更是美的艺术。美的艺术想要发展，离不开演奏者的审美意识，可以说，竹笛演奏者审美意识的高低，直接影响了竹笛演奏的美感与艺术水平。对此，培养竹笛演奏者的审美意识，能够有效提高演奏者的艺术水准，提高我国民族音乐的影响力。

（一）审美意识的简单概述

审美意识，主要是指在审美活动中，人对审美对象的能动反映。广义上，审美意识指代美观，包含有感知美、趣味美、标准美、理想美、感受美等多个方面。通常，人们常通过艺术研究并培养审美活动。如通过竹笛演奏，培养审美意识。实际上，人的审美意识来源于人与自然的相互作用，大自然的色彩与形象特征使人得到美的感受，进而提高人的审美意识；来源于人与现实的相互作用，现实生活的各种情感特征、文化艺术等，能够有效激发人的审美意识。对此，在竹笛演奏中，为提高其的审美意识，演奏者应积极参与现实生活，深入了解大自然，不断提高自身的文化素养，以此提高审美意识，推动竹笛演奏水平的升华。

（二）审美意识在竹笛演奏中的重要意义

竹笛是我国广为流传的一种吹奏乐器，具有丰富的民族性与艺术性，多年来，竹笛因其美妙的声音、独有的历史文化内涵而广受群众喜爱。在竹笛演奏中，其本质是：表现出音乐的艺术，为听众带来强烈的审美感受。因此，在竹笛演奏中，演奏者的审美意识成为演奏水平高低的关键，因为，竹笛演奏的艺术美，主要通过演奏者展现，只有演奏者具有较高的审美水平，才能将内容美与形式美有机融合，使竹笛演奏的艺术美具有客观性与主观性，并真正展现竹笛演奏的情感美、音色美、神韵美、技巧美、意境美等。如在古曲《梅花三弄》的演奏中，演奏者的审美意识高低，决定着演奏者是否能够利用竹笛，为群众展现出梅的清雅高洁、不畏风霜的神韵之美，使群众真正理解古曲的内涵，可见审美意识的重要性。

在竹笛演奏中，审美意识不仅影响着演奏者的艺术水平，对演奏者本身的气质性格、文化修养也有直接影响。其一，影响了演奏者的气质与性格。竹笛演奏中的审美意识，直接反映在自身心理活动及动态气质上。人的潜在气质包含有：胆汁质、抑郁质、多血质、黏液质，每种气质都具有较强的可塑性。随着审美意识的提升，其潜在气质也随之发展，同时潜移默化地提升演奏者的演奏水平。同时，演奏者的性格也会随着审美意识发生变动，尤其是不断深入体会个中音乐，演奏不同风格的乐谱，演奏者的心理活动也会不同。而在这一过程中，演奏者所演奏的内容情感越发丰富，展现了竹笛演奏的艺术美。其二，影响了演奏者的文化修养。演奏者的审美意识，能够使其更好的理解乐曲中的思想内涵，了解乐谱原创者的人生经历，乐谱的历史文化等。在竹笛演奏中，审美意识能让演奏者文化修养得到提升，并能够在演奏中展现出各种情感。并且，演奏者的审美意识较强，才能更深入地理解我国的民族文化、音乐风格等，从而进一步实现情感的探索。由此可见，对于演奏者的竹笛演奏能力发展而言，审美意识非常关键。

（三）提高竹笛演奏审美意识的策略

对于竹笛演奏者，审美意识的培养直接关系着其竹笛演奏水平与未来发展，积极利用多种方式，提高竹笛演奏者的审美意识，以此提高竹笛演奏水准，推动我国民族乐团可持续发展。

1.聆听音乐，提高演奏者的审美体验与感知

在竹笛演奏与学习中，静心聆听音乐是培养审美意识的第一步。通过聆听他人的竹笛演奏与自己的竹笛演奏，获得直观审美体验，激发演奏者对竹笛的兴趣。在对演奏者开展竹笛教学中，开始就应将聆听音乐作为主线，鼓励学生聆听经典乐曲，通过精听与泛听结合，培养学生的审美感知。当学生所聆听的音乐积累到一定程度，在竹笛演奏中，人们才能更快地感知音准与节奏的变化，避免跟不上节奏或难以把握音准等现象，影响整个乐团演奏水准。在学生接受新曲谱前，教师应积极为学生讲述其创作背景、曲谱整体结构等，使学生对乐曲有一个基本的了解，之后，可通过播放样本或亲自示范的方式，引导学生聆听乐曲并感受节奏、旋律、地域风格等的变化，培养学生的审美体验，增强学生对乐曲的判断能力。

在聆听乐曲时，除了聆听他人的演奏外，还应聆听自己的演奏，以此培养演奏者自我审美的感知能力，使演奏者真正了解自己的不足并通过不断练习，提高自己的演奏水平。在竹笛练习中，演奏者可进行录音，通过回放录音来了解自身演奏在旋律、节奏把握、感情把握等方面的不足，在不断自我聆听、纠正不足过程中，提高演奏者的竹笛练习效率。同时，在音乐聆听过程中，演奏者的自我意识发生改变，当演奏者用心参与其中时，不仅能更加深入地理解乐曲的内涵，更有可能在不期然间达到人与竹笛合一的状态，演奏出直击听众灵魂的旋律。

2.舞台演奏，提高演奏者的审美标准与眼界

在竹笛演奏过程中，舞台演奏与私下演奏截然不同，前者对演奏者的心境、审美意境要求更高。须知，在演奏过程中，只有在乐曲中融入情感，才能真正感染观众，使舞台演奏获得成功。对此，想要提高演奏者的审美意识，应为演奏者提供舞台演奏的机会，引导竹笛演奏者走出狭小练习房间，走向广阔舞台，在广场上、学校内、音乐厅等进行社会实践，提高演奏者的积极性，为学生演奏水平提升奠定基础。同时，在舞台演奏中，为获得观众认可，演奏者往往更加投入，不仅有对作品的再创作，更有演奏者审美意识的直观体现，融合了演奏者对竹笛乐曲的审美倾向，演奏技巧的熟练度，舞台演奏经验，心理素质等，都在竹笛演奏中完美展现，提高了竹笛演奏的审美标准与眼界。在舞台演奏中，本身融合了着装、灯光、队形、道具以及其他乐器等要素，如何将一切与竹笛演奏完美融合、浑然天成，需要演奏者不断实践，积累经验，打牢基础，内化于心，不断提高自身的审美眼界，才能真正实现。对此，在竹笛演奏者学习过程中，应积极参加各种实践活动，避免闭门造车，这样才能开拓视野、提高审美标准，增强演奏者审美意识。

3.加强文化素养培养，提高审美意识

有人认为，吹笛子只需要看懂乐谱，手指、口、思维三者合一，不需要掌握很多文化知识。但实际上，若一个会吹笛子的人仅会吹笛子而缺乏文化素养，那他只能是一个演奏者而永远无法成为演奏家，其音乐只能让人们觉得悦耳而不能真正感染人。因为，竹笛是我国千年传承的古乐器，承载

着厚重的历史文化，若无文化知识与艺术修养，将很难深刻领会并诠释作品内涵，审美意识难以提高。对此，积极培养演奏者的文化素养，将竹笛与我国文明史结合，通过文、史、声、律、哲等多门学科知识的培养，提高演奏者的文化素质，强化竹笛演奏者的审美意识。如李斯特曾在他的《旅行者曲集》中提到，因为走过很多国家，拜访了很多历史文化场所，感受了大自然的多姿多彩，才积聚了更多的创作灵感、创作动力。这在竹笛演奏中也同样适用。想要提高演奏者的审美意识，教师必须带领演奏者感受多种文化内涵、感受壮丽的大自然，不断激发竹笛演奏者的创作灵感，使演奏者更加深入地理解音乐内涵，潜移默化地提高竹笛演奏的审美意识。须知，诸多竹笛曲目的创作灵感都来源于大自然，来源于生活，如《秋湖月夜》，如演奏者从未感受过大自然的壮阔，则很可能将竹笛乐曲演奏得面目全非。

总而言之，在竹笛演奏中，为提高竹笛演奏水平，增强笛曲的感染力，审美意识的培养至关重要。对此，教师应重视审美意识的培养，在对竹笛演奏者开展的培训中，积极带领演奏者聆听音乐，提高竹笛演奏者的审美体验，并且为演奏者提供表演舞台，提高竹笛演奏者的审美标准与眼界，加强文化素质培养，积极带领演奏者深入生活、深入社会，以此提高演奏者对竹笛曲目的理解，培养演奏者的审美意识。如此，潜移默化地影响演奏者的思维，提升演奏者的演奏水平，为演奏者的竹笛演奏之路提供广阔的发展前景。

参考文献：

[1]姜玲，《提高学生竹笛演奏审美意识的三个有效途径》，《艺海》，2017年第4期。

[2]胡晓，《声乐艺术中学生审美意识强化的策略探索》，《音乐大观》，2014年第8期。

[3]何大钧，《关于器乐演奏中审美意识的培养思考》，《戏剧之家》，2014年第17期。

[4]何家伟，《结合竹笛艺术审美探究竹笛演奏中情趣与韵律的融合实践》，《音乐时空》，2015年第22期。

（原文发表于《科技尚品》2019年第1期）

（八）张健

张健，笛箫演奏家，中国音乐学院副教授。现任中国民族管弦乐学会中国竹笛专业委员会副秘书长，中国竹笛乐团团长。集创作、演奏、音乐制作、跨界融合与一身。

张健自幼习乐，先后师从昆曲传承人顾再欣先生、笛箫演奏家张维良先生及笛乐大师赵松庭先生。1992年考入中国音乐学院附中，1998年考入中国音乐学院国乐系，2002年毕业留校任教。拥有精湛的传统演奏技巧及音乐表现力。身为竹笛专业教师，曾多次获文旅部、“上海之春”国际音乐节、中国民族管弦乐学会等机构颁发的优秀教师奖及园丁奖，几十位由他教授的学生获国家级比赛大奖。其研究发表多篇学术论文收录于《人民音乐》《黄河之声》等学术期刊中。

2012年受邀出访法国参加“世界一百位笛家大会”并在巴黎音乐学院举办专场音乐会，2014年率队中国竹笛乐团在英国伊丽莎白音乐厅成功举办专场音乐会。此后至今，中国竹笛乐团多次受邀赴欧洲参加各类重大艺术节，如萨拉热窝之冬艺术节、扎达尔艺术节、帕格艺术节、奥赫里德夏季艺术节等几十场演出。

在教学之外，积极创作，2008年担任奥林匹克运动会开幕式音乐主创，创作太极主题音乐《自然》；2010年创作第29届世界音乐教育大会开幕式音乐；2014年创作《荣誉的管理》电影音乐，此部影片获2014年第67届戛纳电影节最佳短片提名。作为德国Best Service中国民族音乐音色库Yellow river sound系列制作人，出品了多个中国民族器乐音色库。2015年由中国唱片总公司出版《吴音粤韵》个人演奏专辑，2016年担任跨界融合舞台剧《远古的呼唤》项目执行人，2019年担任《英雄少年》音乐剧作曲。创作的世界音乐风格CD专辑《笛箫五彩展玉屏》《大雅国风》均获音乐界高度赞扬。

雅竹香韵　诗乐话境

——顾冠仁《岁寒三友——松、竹、梅》聆想

张健

几十数载，恍然如梭。不觉间，迎来了顾冠仁先生80华诞。作为一个从小就拜聆着先生《三六》《京调》等乐声开蒙的乡邻和同道晚辈，我衷心祝福先生，并借此把晚辈对先生民族管弦乐《岁寒三友——松、竹、梅》作品的聆想点滴作为寿辰礼物奉上，以表对先生的敬意和祝贺。

《岁寒三友——松、竹、梅》是顾先生于2008年创作的一部中国民族管弦乐作品。该作选取了中国传统文化中隐喻着生命感悟及人格品件的松、竹、梅三种植物作为创作题材，意欲借物言志，力求展现中国传统审美之神韵和抒发纯洁高尚的人文情怀。笔者试图从“音”“画”相融的“形下”说、“乐”“心”相通的人文感怀两方面展开论述。

谙熟中国古典文学的人都晓得，“岁寒三友”之意实则源于宋代诗人苏轼的一句名言：“风泉两部乐，松竹三益友。”当时的东坡居士被贬至今日湖北的黄冈，但其乐观地将自己亲手培植的松、竹、梅当作知己，借物言豁达之情，因此，“岁寒”中的“松、竹、梅”流传至今。而相反的是，顾冠仁先生创作的《岁寒三友——松、竹、梅》之寓意却非同于苏氏那般的逆境，而是暗示了其于近古稀之年的自我感悟、人生境界及创作上的欲渐精纯。

“音”“画”相融的“形下”说

《岁寒三友——松、竹、梅》是2008年上海民族乐团委约顾冠仁先生创作的民族管弦乐作品。结构运思该作，是他“考虑已久的创作题材之一，用民族管弦乐来表达这一题材有它一定的优势”，因为它能“较为贴切地体现出这一题材所包含的神韵、气度，同时，中国民族乐器特有魅力在这一题材里也能较为充分地展现”。可见，蕴含着中国文化之“气”“韵”的“松、竹、梅”象征着中国人的高贵品格与精神气度，而中国民族乐器作为“母语”属性的音响世界正是这一题材最好的注解，因此，以“乐”入“画”，以“画”成“诗”，“乐、画、诗”一体，“松、竹、梅”栩栩如生的形象在顾冠仁先生的思绪挥洒与笔触流动之间步步“生花”。

《岁寒三友——松、竹、梅》共由三个乐章或三幅画像所构成，即“劲松”“翠竹”“腊梅”，它们形态相异、各具特色，因此，在乐章与乐章之间铺垫的对立统一中，神态各异尽显其鲜明个性。然而，顾冠仁先生又是怎样挥毫于其用意的？从“松”声泛起为序（见谱例1）。这是一段以12小节音符律动构成的线性主题，他以独特的构思在音色频谱上拉出了一条横向长句，八度序进与移位模进，拟宽广宏大或层峦叠嶂之态，意图刻画一幅顾冠仁心性所求的“松林音画”。此“松”不为意大利“罗马之松”，也不是象征祖灵、虔信的古柏，而是苍劲坚定、正直朴素，对高尚道德的崇敬与追求的顾冠仁式的想像或表意。音乐旋法如是说，而对乐器音色的调配，尤其是对中国民族器乐共鸣的音响把控，则是顾先生的又一亮彩。如，其善用笙吹出深邃悠远之声，喜听曲笛、梆笛吐出清亮剔透如清风过松梢之鸣。更有独到之处，即颇爱能增强音响力度、扩容文武场面张力的锣鼓钹之“噪

声”。其旋律的延绵，竹韵的点翠，锣鼓钹的轻重，让乐队“倾巢出动”构成强烈而鲜明的音响对比，使其“松景”画卷慢慢铺开，凸显“苍苍青松，落落绮皓”的画面，劲松内含的遒劲与古朴之神韵，于“丝”“竹”音色、音响的对话中，以及错落有致的节奏碰撞中应运而生，使得乐章整体的乐意在变化、展开及再现中烘托出一种“冰霜正惨凄，终岁常端正”的生动景观。

谱例1[①]

品“竹”一阙，是顾先生创写此曲的又一动情处。显然，其创作手法不外乎对美的描摹与复写。而此处的美，其手法上更多地倾斜于对乐器音色组合常态的“破格”分解，意图很明显，想通过音色重组编配来勾勒“竹”之品性。如“竹”声初来时，先生以弹拨乐牵引铺设，先是琴竹缓击扬琴如水珠落玉盘般清脆的表意；进而择取唯美清澈的箜篌弹揉出疑似一汪叮咚山泉由山间流淌而下的蚕丝缎面；低音乐器、大阮、中阮的托底，在层层递进中，把具有弹性、脆亮的三角铁音色孵化释放于岩壁之上或晴空之间。在 $\frac{6}{8}$ 拍的引领下，引子部分瞬间让人置身于溪水旁的韧性洒脱、挺立亮节的竹林画卷之中。在弹拨乐以飘逸起伏、灵动多彩的伴奏音型迎合中，梆笛以高亢且明快的音色吹出舒缓且富有生机的第一主题（见谱例2）。此处，无论从制作材料还是音响色彩而言，梆笛的选用既符合了“竹”之意蕴，亦彰显了顾先生在“配器”上的精心设计及对中国器乐混音上的精准拿捏。该主题以节奏逐渐紧缩、三连音上行、顿音下行的组合构思为特点，其“松”“紧”有序的节奏模式，映衬出主题形象轻快动感的情绪与气息。随后，顾先生又通过该旋律的高低移位，利用不同音质的乐器转换再现其主题，进而形成较明显的音色对比，试图制造出不同色彩的乐像景观，以刻画翠竹的坚韧与飘逸，配器手法可谓经典。

谱例2[②]

① 顾冠仁，《音诗〈岁寒三友——松、竹、梅〉》，人民音乐出版社，2017年版第276页。

② 顾冠仁，《〈岁寒三友——松、竹、梅〉的创作及感言》，《乐谭——“新绎杯”中国民族管弦乐获奖作品评析》，人民音乐出版社，2013年版第278页。

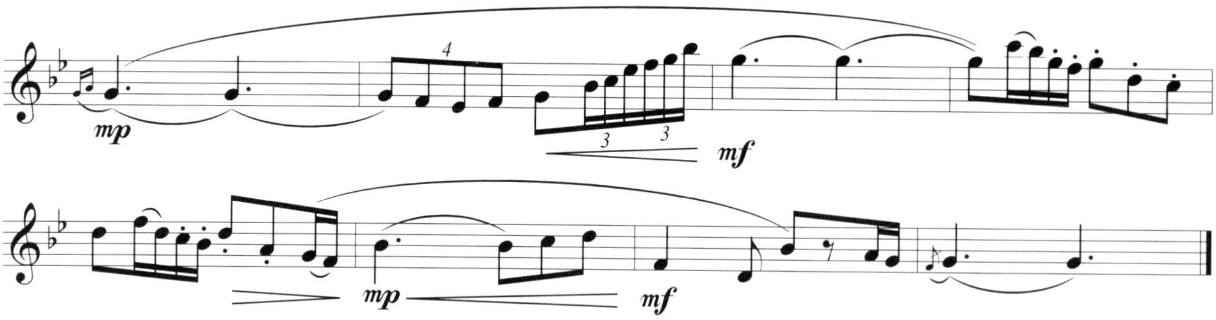

此段的第二主题是在G宫调式上展开的。由弹拨乐器琵琶、扬琴、柳琴奏出的连续且快速的三连音，配以八度大跳定格于谱面，三角铁、木鱼、铃鼓等打击乐以律动的拍点应和，显得明快且充满流动性。尤其是顾先生在此段中借鉴了戏曲元素中“摇板”“紧拉慢唱”的仿真手法，以弹拨乐奏出固定音型，以笛子加花即兴自由插入，高胡的滑音加持，似还暖回春的群鸟驻足竹林而发出的阵阵鸟鸣。整个乐章描绘了翠竹坚挺不拔且积极向上的四季画卷。

赏“梅”一段，运思有道。在此，顾先生并未纵容自己乐思如泉涌的写作惯性，却选用了古琴曲《梅花三弄》作为该乐章创作的主题素材，这均显示出顾先生既对中国传统音乐文化有着深厚积累或对中国民族器乐文献的熟谙涵养，同时还彰明了其对“自设乐象”形塑的显豁精神与解义功力。他把“古曲”有意向地浸入自制的“调色板”上，借助分层有序的乐队音响进行铺叙，如用低音乐器奏出琴曲《梅花三弄》独有的“五度”特性音调，并通过“倒影”技法用高音乐器复述“梅花”形象（见谱例3），营造出冰霜弥漫、梅林雾隐之初冬画境。

谱例3[①]

“梅花一弄”——“弄清风”。为形塑“清风”之意象，顾先生以琵琶和笙为主旋律担当，旋律优雅抒情，“拉弦”与“低音乐器”轻吟附和，胡琴与吹管乐配以多声性铺垫，弹拨乐以流动、跳进的节奏作动力性支撑。在低音乐器的依托下，顾先生通过精密的配器设计，将主题反复转换而移至高声

① 顾冠仁，《〈岁寒三友——松、竹、梅〉的创作及感言》，（出自《乐谭——“新绎杯”中国民族管弦乐获奖作品评析》），人民音乐出版社，2013年版第280页。

部，并以此为基点，充分利用乐队音色多元、调性多变的特点，逐步呈现出一个慢板主题画面，绘出一幅“半点含羞遮绿叶”却迎寒而立之画卷。“梅花二弄”——“弄飞雪”，此“弄”是顾先生在乐器音色的调配上颇为上心之一“弄”。为固定乐思的展延，第一个音乐材料由琵琶和柳琴主掌陈述，一段色彩性的快速节奏过后，主角换位于曲笛与新笛，之后，慢板主题在弦乐、弹拨乐、吹管乐等三条横线的纵向对话中变奏延伸，这种层层递进又错落有致的配器手法，可谓点睛之笔；第二个音乐材料以琴曲《梅花三弄》的部分音型为“底色”，辅以上下半音行进的紧凑布局和打击乐意外的衬托与“烘焙”，显然，此种音色的混响，既增添了一种全新的聆听效果，又能闻到其梅花香型的异味苦涩；第三个音乐材料围绕“引子”铺开，高音管乐的倒影模仿与低音乐器遥相呼应，弹拨乐以节奏“控场”，此“弄”以展开、变化、反复的方式铺呈了一幅梅花凌寒傲放、遗世独立的画卷。“梅花三弄”——“弄光影”，该“弄”是整个乐章的高潮部分，也是最能在听乐中领悟顾先生学品、学性养成的一个隙角。因为，“三弄”中，本就包含着顾先生对传统文化的护爱，或对外来文化技能知识的熟读，更有把中西乐融于挥掌之间，弄潮于乐队齐鸣之上的绽放，而绽放之光束呼唤出的主题，却象征着一幅“雾绕云蒸百鸟喧，蝶飞蜂舞腾异彩”的冬去春来景观。

“乐”“心”相通的人文感怀

赏析一部经典乐作，其“醉翁之意”实则在乎以渐进的“懂你”方式进入作曲家的乐话心声，采撷其心尖儿上的一抹思绪。由此看出，顾先生以“母语”音乐文化为“根系”对其《岁寒三友——松、竹、梅》的音乐风格进行“把脉”，充分地吸收西方音乐的操作技艺、叙述框架，领悟出鲜活的人文意蕴、自我感悟以及人性哲理。

1.“主”之心

在其《岁寒三友——松、竹、梅》的音性诠释中，不仅可以窥得先生的“乐语”逻辑，更以此折射出其“主体性”音乐文化之心迹，即“作曲家对民族乐器的性能、特色及乐器之间的共鸣要有深入的了解……每件民族乐器都有其独特的性格与音乐语言……即使只有一把二胡、一支笛子也可以把情感表达得很充分”[①]，因此“民乐创作应该了解各种乐器特长，更需要了解我们民族的传统”[②]。此番陈述，是以民族乐器作为一个“窗口”来洞见中国传统音乐文化的整体性延续与发展的内蕴。中国民族管弦乐创作无论于民间大众还是于创作群体，都需要从中国传统音乐文化的本土资源与思想格局获得启示，因为它能够在激发个体血脉基因从心底深处散发出的文化认同的同时，也是本土音乐文化得以生生不息与中国传统文化精神得以传续的根基性动力。如《岁寒三友——松、竹、梅》中，“劲竹”乐章对于戏曲音乐中传统手法的引用与处理，象征着一种韧性、亮节与洒脱的品性；“腊梅”乐章通过琴曲《梅花三弄》的编创，传达一种迎难而立、坚强韧性精神。因此，不难理解，顾先生对于“传统”的热爱始于其童趣，对于“乐器”的探索出于其阅历，对于“母语”记忆的执念源于其生命。

2.“和”之道

任何一位中国民族管弦乐作曲家都希冀依托中国传统音乐文化，提出“符合国乐发展特征、均衡利弊、推动文化融合的主张”，妥善地处理“中西音乐冲突中倾斜的话语纠纷”[③]。可见，植根于“主

① 陈俊珺，《探寻民族音乐的时代表达》，《解放日报》，2020年11月27日第24版，第2页。

② 曲文静，《民族音乐暨顾冠仁作品理论研讨会》，《人民音乐》，2008年第10期，第37—38页。

③ 余峰，《近代中国音乐思想史论》，中国青年出版社，2009年版第133页。

体性”音乐文化，以达到中西音乐实践技术层面及思维逻辑层面的碰撞与抵牾的“能量守恒”，是当代中国民族管弦乐创作所追求的文化语境。当然，这份“能量守恒”不仅体现在顾先生的《岁寒三友——松、竹、梅》中，而且，凭此曲足以观察到先生对于这一“文化语境”的解义。尽管中西方的文化底蕴存在差异，“旋律是体现民族乐器特色的重要手段”，“但西方音乐也重视旋律美，两者有相通之处。西方音乐的和声发展得比我们早，这一点值得民乐学习”。[①]此番温润的表述，凸显了先生对于中西音乐文化作冷静且平和分析的超越视角。“旋律”之美，中国音乐自古有之，西方音乐亦不逊色，这一“共性”为中西音乐文化融合、促成中国民族管弦乐的成型提供了“契机”。历史生成的脉络证明了一个事实，即中国民族管弦乐的创作必然会有“西体”的参与，然则，顾先生也始终在试图消解“西体”格局中的“中心性”特征：“我的立足点还是民族的、传统的基础，同时借鉴西洋音乐的长处。”由此，一条“和”之道，在顾先生的创作心绪中明晰起来：中国民族管弦乐创作中的中西之“和”理应以汲取中国传统音乐文化的“器物”与“精神”为起点，借西乐的“宏大叙事”框架为我所用，谱写出“线”“块”兼备、“直觉”与“数理”兼容的“乐作经典”。《岁寒三友——松、竹、梅》一曲，正是以民族乐器传递的旋律“线性”美，配以西乐纵向点缀，生动地描绘出松、竹、梅诗意形象及东方神韵的创写尝试。

3.“人”之性

郭乃安先生曾言道：“音乐学，请把目光投向人。”它指明了“人”是音乐学研究领域不可忽视的重要命题，换而言之，它将“人”作为音乐研究的逻辑起点和终极目标。顺着音乐的目光望过去，透过中西音乐文化关系的思辨抵达人心，明人心而见人性。然，顾先生的《岁寒三友——松、竹、梅》，即是通过乐队编配、乐曲内容及乐器色彩的乐象构思与意蕴叙事，探寻与思索古往今来人文之理及人心之境，以劲松、翠竹、腊梅隐喻和象征当代中国人所追求的人性品格：面对困境时，坚守不屈不挠、自强不息、涅槃重生的韧性精神，或为践行中华民族伟大复兴理想，“为天地立心、为生民立命，为往圣继绝学、为万世开太平”的“道统观”。管弦乐中的“松、竹、梅”写意，正是顾先生“心性”中保持、恪守中国传统文化自觉与自信，求取中国音乐文化精神根基上返本开新的真实写照。

总而言之，《岁寒三友——松、竹、梅》是一部“顾冠仁式”的中国民族管弦乐创作思想与实践范式的“缩影”，其音语心境回顾了一位青丝纵横的作曲家的学路与心路，体现了其对于深邃的人文精神之探求，渗透至复杂的人性至理的维度。更重要的是，他用“民乐”传递了“人性”与“母语”相勾连的中国音乐文化永续发展的重要命题。

（原文发表于《人民音乐》2022年第1期）

① 陈俊珺，《探寻民族音乐的时代表达》，《解放日报》，2020年11月27日第24版，第2页。

（九）赵琦

赵琦，笛子演奏家，浙江音乐学院副教授、硕士生导师，艺术实践教研室主任。先后师从蒋国基、邓世晖、俞逊发、张煜、詹永明等笛子演奏家、教育家。现任中国音乐家协会竹笛学会理事、排箫艺术研究会副秘书长，浙江民族管弦乐学会理事，赵松庭笛子艺术研究会常务副会长兼秘书长、杭州排箫艺术研究会副会长。2004—2015年曾就职于上海民族乐团任曲笛首席。

获文化部举办的首届中国民族器乐独奏大赛（首届“文华奖”）竹笛青年专业组银奖；首届国际中国民族乐器邀请赛竹笛青年专业组一等奖；第二届“松庭杯”中国竹笛邀请赛职业青年组金奖；文化部举办的全国民族器乐民间乐种组合展演职业组优秀演奏奖（最高奖）；2017海内外江南丝竹邀请赛职业组一等奖；创作作品《秋暝》（与孔德杰合作）获2019浙江省民族器乐（独奏类）创作作品大赛入围奖、优秀演奏奖等奖项。获浙江省文旅厅G20“先进工作者”、浙江省盟务工作“先进个人”称号。

国家一流课程、省级一流课程主要成员，主持、参与国家级和省部厅级项目十多项，其中主持《祁连音画—舞沙》入选2019国家艺术基金（小型项目），并完成七场全国巡演，实况专辑由上海音乐出版社出版。发表《“琅琊神韵”演奏技术难点解析与训练要点》《汨罗江颂》等多篇论文及作品。举办笛子专场音乐会及讲座二十多场。与法国、美国、澳大利亚音乐家合作出版专辑《上海天使》《天下》《新上海》等。先后出访欧、亚、非二十多个国家。

中国竹笛演奏呼吸方法论析

赵琦

对于演奏、演唱呼吸方法的研究，国际上一直以胸式、腹式、胸腹式联合呼吸三种方式加于区别分析。从实践训练与教学中可以证实，公认的胸腹式联合呼吸法是最为科学并被人推崇的。与声乐演唱相比较，竹笛的运气更偏重下腹部的运用，常被定义为"下腹部胸腹式联合呼吸法"。

在实际教学以及训练中，"气"的运用却难以言传，控制与处理不易找到感觉，主要原因在于很多学习者虽知晓胸腹式联合呼吸法的正确性与重要性，但却不太明白训练时具体如何去分解并控制"呼"与"吸"的动作要领。另外，呼吸本就是自然性、本能性的功能动作，而演奏时将改变平时呼吸的规律和习惯，改变习惯本就是难点。

下面将具体剖析"吸气""呼气""口唇的辅助运用"等方面，力求展现"下腹部胸腹式联合呼吸法"的全貌。

一、吸气的要领

"吸气"技术是气息运用的基础及关键，吸气的多少、进气时的位置感、口与鼻的吸气方法的训练，是演奏顺畅的重要因素之一。胸式呼吸法之所以在管乐演奏中不被采纳，就是因为采用单纯的扩张与挤压胸腔与肺部来进行呼吸，打破了平时呼吸的状态，形成肺部气量的超量存储，并在未及时进行有氧交换之前就强行出气，长期下来，易造成头晕缺氧的现象，并增加肺部劳损等疾病的概率。

1.吸气量的确立

南派竹笛宗师赵松庭先生曾对气息训练要求进行过这样的总结："双肩不可上下动，胸腹同时来扩张。缓吸平吹全身轻，腹肌不可空自忙。急吸超吹劲往下，丹田鼓气力度强。口鼻兼用看需要，切忌呼吸有声响。莫到无气才吸气，始终要有余气藏。强而不噪弱不虚，均匀呼气流水长。"①

其中"缓吸平吹全身轻"就说到呼吸要求自然，需慢吸，缓吸。"莫到无气才吸气，始终要有余气藏。"讲到了不管是吸气和呼气都需要留有余地。如果从演奏的感觉来讲，以吸气到无法再吸入时的饱胀感为100%量的话，平时训练吸入量应在80%—90%之间。因为，吸入80%—90%的气量既能保证乐曲演奏时的运用量，又能保证胸腔、咽喉、肩颈等位置的松弛，不产生憋气感，并有助于腰腹部肌肉的扩张。

以潜水作为实例，同样以100%的吸气量和吸入80%—90%量作比较，吸入100%量会造成胸腔及肺部的紧张感，潜入水中后不仅不能使气息保持更长时间，水里压力会使人产生憋胀感迫使加快换气的节奏，而吸入80%—90%量时往往人身心舒缓，更便于掌控气息。因此，吸气不宜越多越好，而是适当自然才行，否则，反而更无法控制气息的保持与运用。

---

① 赵松庭，《笛子演奏技巧十讲》，文化艺术出版社，2001年版第13页。

在实际教学与训练时，越是上半身松弛的演奏者，相对的气息吸入量就越多，反之，则要减少一些，以免造成更多的紧张感。训练中主要以吸入的松弛及无憋气感为基准，应反复从徒手训练、长音及气震音等基础训练中进行体会。

2.气息位置的把握

我们平时的呼吸主要是由膈肌、肋间肌为主的呼吸肌进行作用力的，但由于在无意识的状态下进行，很难实际去体会与掌控。要想更好地控制气息，就需要我们进行有意识的控制膈肌与腹部、腰部肌肉群的伸张与收缩的方法。

在实际的运用中，我们还是需要着重体会膈肌、腹直肌（俗称腹部的八块肌肉）的控制。在民间常有一种说法："气沉丹田"，实际就是通过寻找到"丹田"位置，使气息感觉下沉到此处，以达到吸气较深的目的。虽然，气是吸不到"丹田"位置的，但是如果掌握了"丹田"，也就是腹直肌群的运用，就能够在吸气时容易找到上半身放松的感觉，掌控横膈膜下沉到位，气息出入通畅。

而"丹田"就是力点中心，通常在肚脐正下方的三指的位置，在腹直肌收缩用力时较容易感觉到，收紧时感觉是一处凝结的硬点，这就犹如字面的意思，"丹"就是丹药，"田"就是"天地"，是"源泉"，像丹药大小的一处天地，就是腰腹部肌肉群的主导位置。吸气时，就是丹田向外推动，带动腹部隆起及腰围的明显扩张，横膈膜下沉，气息自然吸入。这样，在吸气完成时，感觉腰腹部有一定的饱胀感，而胸腔虽因气吸入到肺部形成胸廓的自然扩张，但主观感受上应有"空无感"，尤其肩部应下沉，在呼吸中没有上下起伏的动作，胸腔上半部没有明显扩张动作，这样就说明没有吸入过多的气量，使上半身保持较放松的状态。这就是赵松庭先生所讲的"双肩不可上下动，胸腹同时来扩张"。

值得一提的是，除了要了解"丹田"及腰腹部的感觉以外，我们也必须多注重横膈膜的下沉。吸气时腰腹部的扩张外推，就是为横膈膜的下沉提供空间。一般情况下，只要求有一种自然向下的感觉即可，因为吸气时膈肌的收缩是自主功能性的，但对于一些吸气较浅的演奏者来说，建议在吸气完成时增加横膈膜向下的力量，也有助于呼气时保证膈肌与腰腹肌之间的协调力量。

3.训练吸气的方法

有了上述吸气量的确立及气息位置的把握为依据，我们在具体演奏运用时还需注意以下几点。

（1）鼻吸与口鼻并用的选择

鼻子吸气的优点是符合人吸气的本能要求，并利于气息的下沉，找到"气沉丹田"的感觉，但缺点是吸气量小，换气较慢，在演奏进行中不利于快速的换气及抢气。因此，纯粹的鼻吸技术在作品中的运用比较有限，常使用在乐曲开始或者较大停顿的位置上，但它作为训练基本功及方法时的技术要领，却尤其重要。要求鼻吸训练时，要以缓吸、慢吸为主，吸气时保持鼻腔、喉头等位置的放松。日常在徒手训练、长音训练、气震音训练中可以通过鼻吸技术达到稳固呼吸的目的。

口鼻并用是在鼻吸技术的基础上，弥补了鼻吸技术换气较慢、吸气量小的缺点，更重要的一点是解决了鼻吸、口吸时吸气声响较大的问题，是乐曲进行时最为科学的吸气方法，但这一技术的运用有赖于长期的鼻吸技术的稳定训练，因此两者是相辅相成的。吸气要求除了保证鼻腔、喉头等位置的放松外，还需要口腔打开呈"欧""啊"的形状，以便于气息快速通畅地通过。

从实际运用上来看，最为自然的吸气并不是鼻子或口腔在起作用，而是腹部的肌肉运作，"丹田"在吸气。打个比方："就像注射器吸收药水，口鼻如同针头，腹部就是推杆，当针头（口鼻）吸收药水（吸气）时，真正起作用的位置是推杆（腹部）。”

（2）吸气的节奏运用

鼻吸在基训中的训练，要有节奏性，一是能更好地培养演奏者的心理节奏感，二是使吸气形成固定的节奏和模式。在初步训练方法时，徒手练习及长音、气震音的练习，都以每分钟60拍的速度为标准吸气（见谱例1）。

谱例1

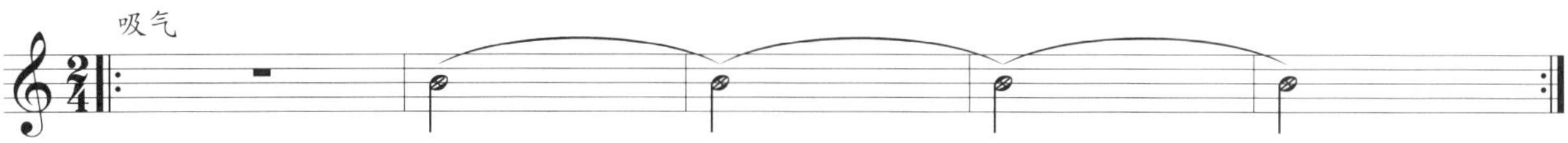

乐曲演奏中的吸气运用需要训练气口。一般的气口都是以一个乐句的结束为界的，因此，在练习乐曲时也以乐句为单位进行分句训练，这样就可以很好地控制吸气的节奏，并更好融入乐曲的律动中。以作品《大漠》中的慢板为例，可以清晰地在谱例2中看到气口的标注，在每句的句尾的四拍长音演奏中，实际时长往往是保持三拍半，最后半拍用于吸气。这种常规的气口运用，是必须进行训练并养成习惯的（见谱例2）。

谱例2

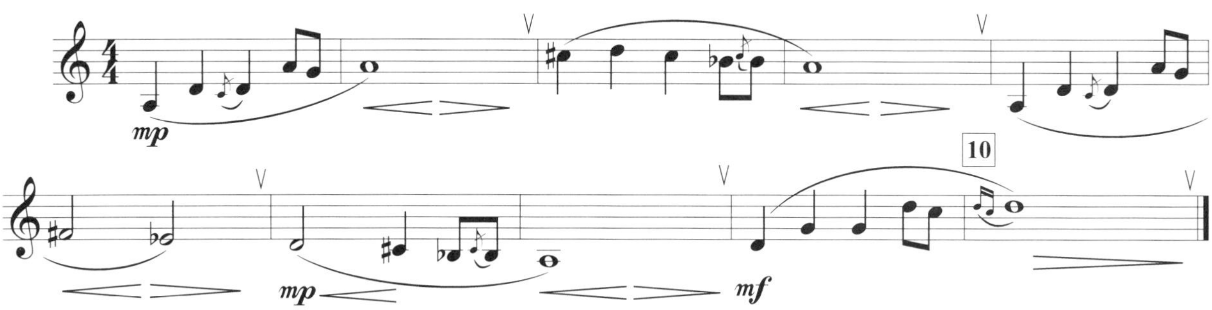

抢气的技术，虽也是在乐曲演奏中的吸气运用，但因为吸气时值过短，不能真正地进行换气，所以是一种特殊补充气息的方式。这种“偷气”方法，一般用于呼吸时值等于小于一个十六分音符时使用，通过口腔打开瞬间进行含气，并在接下来的演奏中直接将气吐出，循环往复，以达到长句法的气息要求。下面《喜相逢》片段中标记逗号的地方就是“偷气”气口（见谱例3）。

谱例3

又如下面《幽兰逢春》快板中的“偷气”气口运用（逗号标记），不仅是气息运用的补充保证，也是乐曲语气表达及昆曲韵味在节奏律动中的体现（见谱例4）。

谱例4

（3）特殊技巧运用中的吸气

除了上述前两种吸气的规则外，有两种技巧——循环换气及双吐循环，在吸气上有非常特殊的运用。虽然对现在专业院校的竹笛专业学生来说，这些有一定难度的技巧已成为必须掌握的必备技术，但不管是从演奏技巧本身的动作运用，还是呼吸的协调转换，都是其最难控制的因素。而吸气技术的成功掌控，是循环换气及双吐循环技巧在作品中长篇幅演奏的基础及保证。

众所周知，这两种技巧的运用，都是要改变人的生理习惯的。因为常规演奏时，吸气和呼气是分离开来的两组动作，而在进行循环换气及双吐循环演奏时，要求不间断地保持气息的供给，也就是呼与吸需要同步进行。具体来说就是演奏中，在腹部气息保持的情况下，借用口腔的收缩，挤压腔体内所储存的空气作为吹响竹笛的力量源，同时利用短暂空闲的气管作为吸气的通道，用鼻将空气快速吸入体内，然后马上接通气管再将体内的空气从口腔中吹出使气息延续，从而让笛声连绵不绝。

为了达到循环演奏时吸气的自然放松，且能有一定的时长，就需要口腔挤压所产生的声音在气压的保持上达到与平时演奏基本一致，并能在保证音色的同时使挤压过程达到一定时值。要达到这一前提，需要软腭下压、舌头后缩使鼻咽与口腔形成阻隔，而挤压的气体要尽可能地靠近口腔前端，出气时口形要集中。

在口腔挤压出音过程时，气管连接鼻子进行吸气，在保证鼻腔、咽喉等部位松弛的情况下，演奏者不必要求每次吸气要达到多大的气量，而是多注重气息吸入的位置及吸气动作的协调。初学者往往因口腔挤压动作的不稳定，从而影响吸气的状态，因此往往只能把气吸到肺部甚至吸不进太多气。因此，在练习中必须有意识地提高挤压技术与吸气速度，保证气息摄入的通畅性，这样才能将气吸到丹田，真正提高吸气量。

具体运用时，循环换气在换气的时值保证上要长于双吐循环。因此，在教学与训练中，往往演奏者都是先学习循环换气，如果在口腔挤压环节上训练得当，往往同步吸气就能获得1—2秒的时间。因此，在作品演奏时换气的间隔也可较长些，吸气量也会大些。《鹧鸪飞》快板中换气运用基本都是两拍以上的间隔，并在弱拍上使用较多（见谱例5）。

谱例5

双吐循环都是连续十六分音符的进行，速度较快。一般乐曲中，速度在每分钟120—180拍之间，相当于每秒钟达到2—3拍，换气都在一拍中的第二或第四个十六分音符上进行，通常要在$\frac{1}{8}$甚至$\frac{1}{12}$秒内的瞬间完成，如果速度更快，间隙就会更短。因此，需要每次挤压都能保证声音的稳定，吸气量要小，但吸气频率要加快，间隔时间要短很多。《绿洲》快板中的大段双吐循环中的换气能较好地说明这个问题（见谱例6）。

谱例6

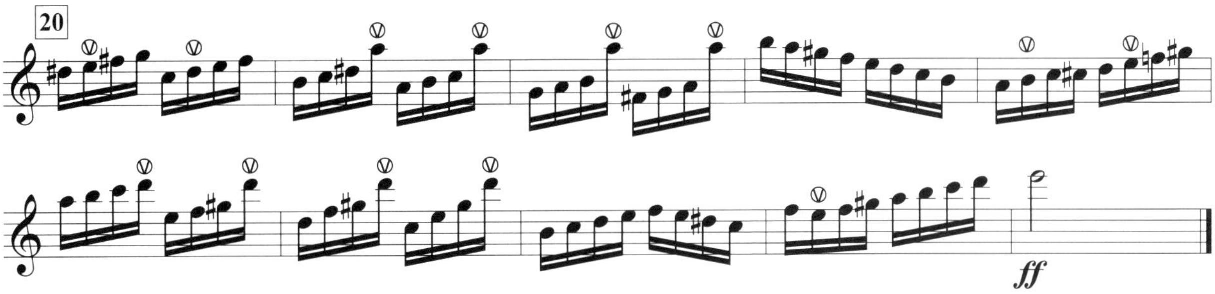

二、呼气的技术方法

“呼气”即是“运气”，与“吸气”这个预备动作不同，运气的运用呈现多种可能，方法不同，也呈现出音色的多元性。笛子演奏家、教育家詹永明先生曾在教学中提出，腹部支点运用是有外顶或者内收的区别的，不同的方法产生不同的声响效果。因此，在本文中，笔者通过学习及多年研究，将常用呼气技术暂分为被动式运气、主动式运气及结合式运气三种。

1.被动式运气

不管用何种方法，在运气时，主要是腰肌、腹肌、膈肌、肋肌之间的互相作用。所谓“被动式”，指的就是气息呼出主要依赖于“丹田”及下腹部的下沉用力，呈现出来的支撑力点为下腹部向外隆起，“丹田”外顶。在保证下腹部外撑的同时，胸腔自然放松，肋肌、膈肌作向下保持的力量，上腹部被动匀称地收缩，两者之间形成力量的对抗，使横膈膜匀速上推出气。

这种方法的优势在于气息运用时的音色比较结实、力度感强，但气息流动性相对较差，在弱音控制上较难把控，音色的细腻度会有所损失，训练不得当时容易造成演奏时上半身紧张。

被动式运气法易于表现粗犷的曲风，擅长表现力度强、情绪激昂的作品，如《三五七》《二凡》等作品。

2.主动式运气

“主动式”指的就是运气时丹田及下腹部肌肉进行向内性收缩用力，在保证上半身放松的前提下，上下腹部整体的内收发力。膈肌、肋肌自然保持力量，使横膈膜匀速上推出气。

“主动式”的运气方式相对于“被动式”，其优势在于气息的推动感较好，声音的流动性强，音色的细腻度容易表现，弱音控制较容易把控。由于缺少更多向下的支撑感，训练不到位时容易气息上浮，隔膜控制力稍差，造成运气量较短，音色的厚度和力度不够。

主动式运气法适用于歌唱性较强、音乐张力不大，但流畅性较好的作品，如《牧笛》《牧民新歌》《乡歌》等。

3.结合式运气

“内外结合、上下贯通”，就是指丹田的内收与膈肌的向下用力产生对抗性，并获得相对稳定的压力。这种方式具体运用时，在小腹丹田的内收的方式上，可以选择渐收式的推动，也可以直接收拢守住丹田，与膈肌互相保持力量。前者能更好感受到通过腹肌控制气息推动的实际运感，后者能较好地感受到小腹收拢形成的丹田实体的存在感。

结合式运气方式，优势在于融合了前两种方法的优点，音色松弛且有张力，气息通畅，控制力俱佳，声音具有较好的稳定性。缺点就是较难找到腹部与膈肌之间着力的平衡点，常见的问题如：丹田没有收紧守住，声音容易发虚，腹部力量运用随即转变为上半身用劲；腹部过分内收，导致膈肌无法保持下沉，隔膜快速上提，造成气短、上半身紧张。

结合式运气法对多种风格的作品都能适用，但在具体运用时需要区分把握膈肌与腹部肌肉之间的力量对抗，演奏较抒情流畅的乐段时腹部内收为主、膈肌下沉保持为辅；演奏激情澎湃、富有力度感的乐段时要增加膈肌向下的力量。

三、口唇的辅助运用

笛子演奏家、教育家俞逊发先生曾有过这样的叙述："把腹部的运用比作自来水厂，胸腔、咽喉比作水管，那口唇就是自来水龙头。"这个比喻是颇为形象与深刻的。腹肌、膈肌等肌肉的运用控制提供了气息的动能，保证演奏时气息的稳定与长度，这就好像自来水厂稳固的水压供给；上半身气路通道的畅通就如水管内部的通顺；风门的控制就和水龙头水流大小的把控的原理一致。这三者是相互依存、辩证统一的关系，也是整个演奏的核心问题。

口唇的运用在此篇论文中将不作全面的分析，但呼气技术的运用在具体演奏中优质音色的呈现，音量大小的自由转换，是有赖于好的口唇技术的支撑，所以现代竹笛演奏教学中将口唇技术从气息控制的基本功系统中剥离出来，作为独立的技术运用进行训练不无道理。那么，音色、音量的变化及音准的把控即是口形、风门、口劲的变化关系。

"风门的大小变化是现象，而流量的多少才是实质（对音的强弱起主要作用）。

口劲的松紧变化也是现象，而气的流速缓急变化才是实质（对音的高低起主要作用）。

口形的变化也是现象，而气流的角度的大小变化才是实质。"①

当然，从早期训练中，我们应多注重正确口形的培养，以保证风门的"圆度"，配合好气息，自然、松弛地出气，保持好达到结实、平稳、响亮的音色所需要的气息流速与流量。从演奏时用力程度的比重上来看，主要的着力点还是应用在腹部丹田上，剩下就是口唇与手指、手腕、手臂上松弛的适度用力。

"气、指、舌、唇"是竹笛演奏的四大基本功，气息训练的好坏直接反映了演奏音色的质地，"唇"的细致运用则能更好地表现出音色的变化，再配合纯熟的手指与舌头技术，这样才能使我们的演奏行云流水、得心应手。

最后，引用赵松庭先生在1990年为詹永明的《笛子基础教程十四课》所写的序言："成就有大小，比之三间茅房能避风雨，此成就之小者；摩天大厦，巍巍工程，此成就之大者。这两种成就的本质区别，首先在于基础。基础的坚度与建筑物高度厚度成正比，这是常识。"② 气息运用是我们演奏的根本，只有掌握了先进科学的呼吸方法，才能更好地发挥出演奏技巧技术，并最终表达出丰沛细腻的情感。

参考文献：

[1]赵松庭，《笛子演奏技巧十讲》，文化艺术出版社，2001年1月。

[2]俞逊发、胡锡敏，《中国竹笛》，台湾摇篮唱片公司，1986年第1版，第68页。

[3]詹永明，《笛子基础教程十四课》，人民音乐出版社，2009年1月。

[4]王晓俊，《中国竹笛音色综论》，《音乐与表演》（南京艺术学院学报），2003年05月。

① 俞逊发、胡锡敏，《中国竹笛》，台湾摇篮唱片公司1986年版（68），第67页。

② 詹永明，《笛子基础教程十四课》之《序言》，人民音乐出版社2009版。

[5]耿涛,《竹笛吹奏中的气息控制研究》,《星海音乐学院学报》,2007年第1期。

[6]毛云岗,《探究笛子"点、线"音色的技巧风格及掌控要领》,《乐府新声》(沈阳音乐学院学报),2010年第4期。

[7]王彦,《笛子双吐循环换气吹奏技法及其教学应用》,《浙江职业艺术学院学报》,2018年第3期。

(原文发表于《乐府新声》2021年第2期)

（十）张科威

张科威，笛子演奏家。沈阳音乐学院民族器乐系主任，副教授、硕士生导师，中央音乐学院艺术硕士。中国音乐家协会竹笛学会理事。中国艺术类统一考试评委专家库专家，CCTV器乐大赛评委。

1991年拜师于孟展麟先生进行严格系统的竹笛基础训练，1994年考入中央音乐学院学院附小，自此师从戴亚教授。2005年本科毕业后赴沈阳音乐学院任教，2008年回京攻读艺术硕士，成功举办两场个人独奏音乐会。

演出足迹遍布全国各地，作为官方艺术家代表长期致力于日本、韩国、俄罗斯的艺术交流，参演了国内外重要音乐会近百场次。如“中俄大学生艺术节专场音乐会”“中俄友谊交响音乐会”“青蓝辉映新生代笛子演奏家独奏音乐会”“韩国仰光梅花节”“中韩友好联合音乐会”“中日友好缔约40周年音乐会”“日本艺术之光”“CCTV青春与微笑‘青春波尔卡’”等。

2010、2021年获辽宁省高等艺术院校民族器乐展演金奖，2012年获文化部“文华艺术院校奖”小型民族器乐组合金奖，2013年获中国音乐家协会“金钟奖”组合类比赛铜奖，2014年获文化部“文华艺术院校奖”小型民族器乐组合银奖，2021年获“松庭龙吟”竹笛邀请赛成年组金奖，获2022年辽宁省教育厅教学成果奖。

所教授学生在全国和省市专业赛事中屡获佳绩。如辽宁省民族器乐大赛青年A组金奖，“松庭龙吟”全国竹笛邀请赛青年A组金奖，文旅部“第七届全国青少年民族器乐教育教学成果展示活动”最高奖等。

民族室内乐中的竹笛演奏

张科威

中国民族室内乐演奏方面的研究和实践在最近几年已经越来越多地得到各个艺术院校和演出团体的重视。中国的传统室内乐大多是齐奏的形式，乐曲写法和音乐处理上也较单一，现在有了专业作曲家的介入，这种现状有了很大的改变。这种变化又以两种不同的组合形式为载体：一类是以同类乐器为主，如弹拨乐室内乐组合、弦乐室内乐组合等。这种组合形式的优点是，近似的音色产生族群效果，在音乐张力与幅度上便于形成合力，演奏法容易统一。另一种是运用了各种不同发音方式的乐器，声部之间音色差异明显，性格突出，从各方面都较难平衡，但是却有着丰富的音响效果。沈阳音乐学院的“八音组合”就属于第二种组合类型，在近些年的组合类赛事中，我们不断展现出自己的特点和竞争力，并取得了值得肯定的成绩，作为组合成员之一，笔者积累了些许的合奏心得，本文就以第二种组合方式为基础，论述竹笛在民族室内乐中的运用。

一、演奏能力

中国的民族乐器个性突出，而管乐的特点更为鲜明。竹笛音色清脆明亮，音量大，属于高频乐器，很容易从整体音响中展现出穿透性而破坏声部间的平衡，所以如何使竹笛在室内乐合奏中既突出共性又保留个性，恰到好处、相得益彰地作为整体的一部分运转是对演奏者把握演奏尺度的考验。处理好室内乐中声部间独立又配合的关系，要以个人的演奏能力作为保障。

演奏能力的基础是音色、音量和音准控制。“八音”是多种类乐器的组合类型，各声部根据乐曲表达的意图表现为合作、陪衬、铺垫、点缀与冲突的关系，而随着乐曲的进行，这些关系随时在改变，那么竹笛也需要运用各种适合的音色来扮演好所担负的角色。而音量平衡方面，民族管乐由于音量控制上有先天性的难度，有作曲家为了保证整体的效果而舍弃管乐的运用。实践证明，通过音量控制训练能使管乐演奏趋于细腻，并使竹笛完全能够胜任精细的室内乐演奏。关于合奏中各声部间音准的统一则从中国民族乐器律制的角度进行论述。

1.音色变化的能力建立在对音色作用的认识上，根据调节气息与口风寻找各种服务于音乐的音色是合奏的一种手段。竹笛除了明亮且具有穿透力的音色外，在需要运用竹笛作为铺垫和衬托的部分就要运用尽量温润的音色。所以在演奏中用舒缓的气息配合口风角度的细微变化来控制笛膜振动的幅度无疑是一个很有效的方式。反之，需要高频音响突出时，又可调整运气力度和改变口风角度以加强笛膜的振动，从而突出竹笛音色的先天优势让旋律更加清晰。想要掌握好竹笛音色的穿透力，即改变穿透性，首先应树立对音色作用的认识，练习对音色变化的敏感度，有针对性地培养控制音色的能力，然后再说竹笛的音量控制。在室内乐合奏中，大多时候既需要我们配合整体又要控制个性，具体要求为：需要竹笛铺垫时，要保留声部清晰度，需要加强竹笛音量而又不能独立于群体之上，这对口风的控制能力提出了挑战。细腻入微的音量控制能力是室内乐要求的内在品质，而管乐在音量控制方面的训练应向弦乐和弹拨乐靠拢，以追求更为细致的演奏效果。经过实践，竹笛演奏者在接受高强度的专业训练后可以完成表情记号中极弱至极强的幅度变化。音色变化的认识和音量控制能力的加强无疑使竹笛在室内乐中的应用前景更为广阔。

2.民族乐器中不同种类乐器的室内乐组合在音准上表现出一定的复杂性和冲突。如钢琴与西洋管弦乐在律制上的冲突，编钟与民族管弦乐在律制上的差别等，这些问题都反映在民族乐器室内乐中。从乐器律制上说，“八音”组合中的弹拨乐及管乐中的笙采用的是十二平均律，居于组合正中的扬琴则也采用十二平均律定弦，不能根据乐曲需要而随意调整律制。弦乐在律制上可以变化较大，根据乐曲的需要可采用十二平均律、五度相生律及纯律。竹笛在制作过程的具体音律上一直比较模糊，好在边棱乐器可以根据气流角度改变音高，以上为民族乐器在律制差异上的现实状况。作为一个整体，我们在音律方面采用相互靠近的方法。如弦乐器在演奏旋律的时候由于听觉需求半音倾向较明显，而转调过程中又多采用十二平均律制进行。弹拨乐中的琵琶和中阮运用拉弦的技术对音高进行细微的调整。那么竹笛在演奏旋律或者和声声部中也应该注意分辨音乐在行进各阶段以何种律制作为主导，随时调整口风与气息角度。如扬琴与竹笛演奏旋律时，竹笛需要运用十二平均律以保证音准和谐；竹笛与弦乐演奏旋律时，亦要采用五度相生律的歌唱性音律特点以符合审美要求。从此可看出，竹笛在室内乐合奏中音准上的要求与独奏相比，要复杂得多。

二、配合意识

竹笛声部作为整体的一部分，要做到融入团队、整齐划一，以音色的衔接、音量的衔接、呼吸气口的统一为重点。音色衔接以音色的多变能力为基础，音量的衔接以音量的控制能力为前提，而呼吸气口具体表现在提示性肢体语言的动作上。

1.音色的衔接和音量的衔接有着不可分割的关联，两者的细节处理关系着音乐的流畅程度。不同乐器音色的差异性是客观存在的，尤其“八音”组合包含了管乐、弦乐、弹拨和打击乐，多种类的乐器配置使得演奏成员必须面临共性与个性相互平衡的问题。相同的音乐情感至少可以塑造相近的音色质感，而对于竹笛来说，与其他乐器在音色和音量的相互衔接细节上的重点除了相同的情感外，要点还是在对音头的处理上。弦乐器的音头相对舒缓，而弹拨乐器的音头则相对直接。在延续弦乐旋律上，竹笛应采用较为柔和的音头处理方法，具体方法是不采用常用的“吐”音，而是采用“呼”音作为衔接的开头，使得在与弦乐的配合上音乐衔接更为流畅；而与弹拨乐的合作则可采用较明显的音头处理方式。如此不论是音乐上的持续还是音量上的延续，都能体现出对共性与个性平衡的追求。

2.演奏气口的特殊练习。竹笛与其他乐器相比最大的不同是气息的运用，虽然拉弦乐和弹拨乐在乐句划分上也注重气息的调整，但竹笛的呼吸技巧是采用逆生理的方法，要求气息丹田，这就会产生气口动作的差异，在一定程度上导致竹笛演奏者气口动作上表现为相对滞后。此方面的问题在独奏时影响甚微，而在室内乐合奏中则必须引起重视。由于竹笛音量上的优势和音色上的穿透力等特点，很多时候竹笛担负引领速度和明确节奏的任务，那么气口动作的运用就显得非常重要。演奏中我们以嘴唇、左右手为支点，以笛尾为表现气口的中心，此时笛身犹如指挥棒的作用，采用吸气方向向下而气口动作向上的原则可与其他乐器在准备动作上保持一致。完成此动作需要在乐句结尾上把握一定的提前量，多少会造成演奏者的不适应，但就是这个在独奏中被认为别扭和不必要的细节在合奏中却成为相互配合的保证，可使组合在听觉和视觉上保持一致。

三、演奏习惯

中国乐器的个性某方面是因为独有的演奏习惯造成的。单从竹笛来说，竹笛在宋代得到大量的运用是源于说唱和戏曲音乐的繁荣。而民间音乐的随意性也反映在竹笛演奏时对音符的处理习惯上。为了配合唱腔的地域特点，竹笛总结出一套自己的演奏法，如南派的颤、叠、赠、打，北派的吐、花、垛、滑等技巧，这些技巧按部就班地运用到相符合的各种地域音乐中显然都是适用的。而民族器乐室内乐合奏作为传承了严谨、细致的室内乐品质的事物就要剔除演奏上的随意性。如竹笛演奏长音以“波音”开头的习惯，如左手中指与右手中指对经过音下意识运用“叠音”修饰的演奏习惯等，也许在演奏独奏曲时能起到润色的作用，而在室内乐合奏中则要有一定的自律性，即装饰音的运用不可盲目。团队的协作首先要有一致的艺术导向，任何随意的步调都会造成局部的混乱。

另一值得注意的是竹笛气颤音的技巧运用。弦乐的柔弦、弹拨乐的拉弦与柔弦及竹笛的气颤对音准的改变都较明显，根据音乐的需求及作曲者对乐曲处理的要求，我们时常会运用到以上这些表达情感的技巧。而竹笛的气颤音技术可以改变将近100音分的音高幅度，独奏时竹笛的气颤音运用幅度频率可大可小，表现为较随意的振幅进行上下运动，而合奏时则应严格注意尺度，否则会在音准上造成不协和的现象。由此看出，演奏习惯的一些细节决定了演奏质量。

“八音”组合因为有着多样的器乐配置，所以音响效果表现得立体而丰富，但也正是这种配置特点存在着各方面调和的难度。如何去发挥多乐种组合的优势，进行乐种间共性与个性的尝试以经得起推敲是我们继续摸索的方向。本文从音色、音量的控制，律制要素的分析、配合意识及演奏习惯为切入点论述了竹笛在室内乐合奏中的要点，但在实际演奏中，亦有诸多的细节还亟待我们去解决。也许在不久的将来，伴随着更多的专业作曲家对民族乐器的了解和乐器自身改革的深化，民族器乐的室内乐合奏形式必将迎来蓬勃发展的契机。

（十一）王溪

王溪，笛箫演奏家。中央民族大学音乐学院副院长、副教授、硕士生导师，北方民族大学音乐学院外聘硕士生导师。中国音乐家协会第九届全国代表。现任中国民族管弦乐学会竹笛专业委员会常务理事，北京乐器学会笛箫专业委员会常务副会长，北京竹笛文化发展协会副会长，中华传统乐会理事，昌平区青联委员，昌平区民族管弦乐学会副会长。

获CCTV全国“十大青年竹笛演奏家”称号，2017年获北京市校外教育先进个人。被誉为“笛坛无影手、笛箫王子”。2005年获文化部全国器乐大赛“文华奖”竹笛青年专业组金奖，2009年获“上海之春”全国竹笛邀请赛青年专业A组金奖，2009年获CCTV全国民族器乐大赛竹笛青年专业组金奖。

出版专著有《竹笛基础训练教程》《竹笛重奏——中央民族大学“高参小”系列教材》《竹笛入门教程——中央民族大学“高参小”系列教材》。

曾多次出访亚、欧、非、美洲几十个国家和中国港、澳、台地区。

2005年录制中国民族管弦乐学会《全国竹笛考级教程》，2009年同张维良先生共同录制出版专辑《牧民新歌》及笛子协奏曲专辑《蝴蝶梦》，2012年出版首张个人专辑《王溪竹笛独奏音乐会精选》。

倍低音笛及其对民族管弦乐队发展的意义

王溪

一、时代的呼唤

世界上的乐器千万种，各式各样的乐器反射出的是不同人群对声音的不同追求，与此同时，也反射出人与自然的和谐关系。但是，有一件乐器，从中我们似乎可以看到人类在乐器创造上，或者说在音乐追求上所体现出的共性特征，这就是笛子。走到世界各地，人们都能发现当地所独有的笛子，类型不同，材料不同，长短不同，但都是一支空洞的棍状体，上面有几个音孔，通过吹奏而发音。而且，根据考古发现，笛子是目前所发现的人类最早的乐器。在中国，贾湖骨笛也有近九千年的历史。历史文献中的"大横吹""小横吹"，出土文物曾侯乙墓中的"篪"，马王堆墓中的"篴"，都为笛子在中国的发展提供了凿实的证据。要说中国笛子与其他国家和地区的笛子有什么不同的话，经过比较分析，我们可以发现，除了竹制管体外，从唐代开始所使用的笛膜成为中国竹笛的一大特色。北宋音乐理论家陈旸所著的《乐书》中记载："唐之七星管，古之长笛也。其状如篪而长，其数盈导而七窍，横吹，旁有一孔系粘竹膜者，籍共鸣而助声，刘系所作也……"这是对通过笛膜来提升竹笛音色的最早的文献记载。竹笛演奏家、理论家、教育家赵松庭先生在其著作《笛艺春秋》中也论及笛膜在唐代以后的广泛应用[①]，这标志着竹笛发展的一个崭新阶段，也体现了中国历代人们对笛子音色的审美追求。

在我国数千年的文明历程中，竹笛因具有形制简洁、演奏技巧独特及表现力丰富的特征，已经成为人民群众精神生活的重要组成部分，在表达思想感情和反映社会生活的艺术实践中发挥着不可或缺的作用。然而，在近一百年的发展中，竹笛遇到了问题。弓弦乐器的发展不仅替代了以往竹笛作为中国地方戏曲的主要伴奏乐器之功能，在地方器乐合奏乐种中，以竹笛为主奏的乐队编制逐渐让位于管子和唢呐。而新兴民族管弦乐队的兴起也迫使竹笛进行改革。面对新的社会语境，以及大众的审美需求，竹笛依然在努力适应新的时代和新的要求，低音竹笛应运而生。

传统梆笛和曲笛属于流传于不同地区，在不同音乐品种中运用的同类乐器。尽管北方梆子腔系统的戏曲剧种的主奏乐器后来被板胡所替代，但在二人台等地方戏曲中，梆笛依然占据主奏乐器的位置，由此也有了《五梆子》等北方梆笛的代表曲目。西方音乐的引入对中国音乐的变革意义不仅体现在其渗透在中国人的音乐生活之中，还体现在其所引发的中国人音乐思维的变化。当音乐思维发生变化后，中国人便有意或无意地开始运用这种思维来改造中国固有的传统音乐，使其向西方音乐靠拢。体现在竹笛上我们可以发现三个鲜明的特征：一是音孔由均孔排列变成了以平均律为依据的音孔排列。二是将"两种类型"的梆笛和曲笛作为两种不同"音高系列"的同类型乐器，显

① 赵晓笛，《笛艺春秋——赵松庭笛曲·文论集》，人民音乐出版社，2011年版第236页。该文为《新中国器乐乐种传承发展研究》（项目号：19ZD16）的阶段性成果。

现出在音高覆盖范围上的不足。特别是低音音区，具有较大的拓展空间，因为即便是最低的曲笛，其长度和直径与手指可演奏的范围依然有较大的延伸空间，即把竹笛加长、加粗的可能性非常大，由此可以产生一到两个八度低音区的“改革竹笛”。这不仅可以增强竹笛音乐的艺术表现力，而且对于新型的民族管弦乐队来说恰好满足了乐队对低音区的需求。为此，低音竹笛应运而生。三是低音竹笛不再使用“笛膜”这一中国竹笛特有的“装置”。对于低音区而言，音色的圆润与厚度是非常重要的。笛膜可以增强亮度和膜振动的声音色彩，但对于低音区而言，缺乏的是声音的厚度和圆润度，而这两方面是“西方音乐思维”所追求的审美目标，由此，中国竹笛的音色也开始发生变化。

深入思考竹笛上三种变化背后的思维内涵，可以发现，竹笛由原来的梆子腔和昆腔的伴奏乐器，逐渐转向了独奏或乐队合奏中的乐器。竹笛在戏曲伴奏上的功能越来越减退，在民族管弦乐队中的作用越来越大，竹笛演奏家们的“乐队化”思维也越来越强，对低音竹笛的需求十分迫切。

二、低音和倍低音竹笛

低音笛是相对梆笛和曲笛而言的。常用的梆笛包括F调、G调和a调；曲笛包括C调和D调。两种竹笛在音区上集中在五线谱的高音谱表上。按照西方交响乐队长笛声部来说，短笛、长笛、中音长笛、低音长笛之间构成的是立体的声部关系，中国的各调梆笛和曲笛加在一起，缺乏的是低音声部，这在很大程度上制约了竹笛的性能，不能适应现代“器乐化”发展，特别是民族管弦乐队的需求。

（一）低音和倍低音笛的类型

低音笛的研发始于20世纪70年代。“文革”结束以后，浙派笛艺宗师赵松庭先生开始进行竹笛音域向低音区延伸的理论和实践探索，并于70年代末首先研制出比传统G调梆笛的音域低一个八度的大G调低音笛，也被民族管弦乐界称为“新笛”[①]。翻看近年来创作的民族管弦乐作品，新笛已经是规定的乐队编制中的常规乐器（见谱例1中“Dizi”，即新笛声部的独奏乐句）。与此同时，作为独奏乐器，在80年代初，《秋湖月夜》和《断桥会》这两首大G调低音笛独奏曲的成功演绎，使低音笛的艺术价值得到了实践层面的验证。

① “新笛”指无膜孔的低音竹笛，以大G调、大F调低音笛在乐队中的运用最为广泛。

谱例1

空中花园

（片段）

李滨扬曲

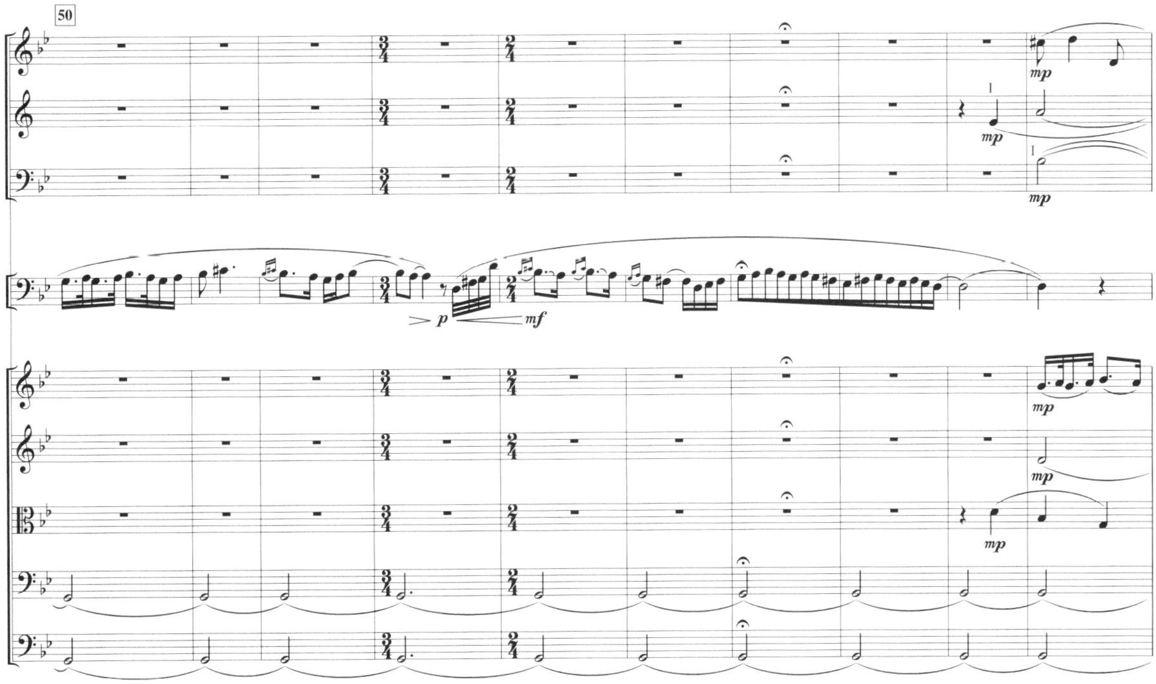

赵松庭先生并未满足新笛可演奏的音区，在此基础上又进一步拓展了竹笛的低音音域范围，分别于80年代和90年代成功研制了倍低音笛，含D调、C调、♭B 调、A调和G调，其中除了D调可以直管之外（比低音笛更长、更粗），其他各调均为弯管（见图1）。

图1　弯管低音笛

从上面弯管低音笛的样式中或多或少可以体现出与西方低音长笛的某些相似性。

图2 西方低音长笛

目前，新笛中的大G调、大F调已经广泛运用于独奏、协奏及民族管弦乐队等各种形式的竹笛演奏中，而倍低音笛（含D调直管和各调弯管）的独奏作品还不多见，在民族管弦乐队中的应用更是有限。但是，超越了“戏曲伴奏”乐器限定的概念之后，作为新的“乐队”概念，其中包含的既有今之所称的“民族管弦乐队”，也包含某类乐器集合而形成的组合乐队，如目前大量存在的弹拨乐团、弓弦乐团、吹打乐团、竹笛乐团，等等。由中国音乐学院教授、博士生导师张维良先生创建的中国竹笛乐团是最具代表性的竹笛乐团之一。既然是“乐团”，那么最基本的条件就是“声部齐全”。所以，低音笛、倍低音笛在竹笛乐团中得以广泛使用。张维良先生早在20世纪八九十年代就运用大G调低音笛演奏了《行云流水》《南韵》等经典低音笛独奏曲，而在其所创办的中国竹笛乐团所举办的名为“上善若水”的民族室内音乐会等专场音乐会中，将倍低音笛成功地呈现给广大观众。

（二）低音笛的音乐性能

从声学理论上说，竹笛发声的原理是通过演奏者的口风控制，使人体的气流以一定角度吹入吹孔，从而产生边棱振动，并在管腔内形成驻波，发出与管长对应的频率。（此为赵松庭先生《竹笛演奏技巧十讲》中的观点，非原文引用）这个声学上的原理，意味着一支竹笛的音域就是其能够发出的频率的范围。横笛频率的理论计算与实验始于1961年，由赵松庭先生与原同济大学物理系主任、声学研究所所长赵松龄先生（赵松庭先生胞弟）首先进行的合作研究。赵松庭先生于1973年发表的《横笛的频率计算与应用》一文，比较全面地总结了关于竹笛频率的问题。根据赵松庭先生的研究成果，如果我们采用国际上通用的平均律作为竹笛的律制（即a^1为440Hz），只要我们计算出十二平均律中一组音的频率，根据开管乐器音孔频率按倍数升降的原理，就很容易计算出低音笛任意一个音孔可以发出的频率值和整个笛子的频率范围。

我们以大G调低音笛为例，分析一下低音笛音域和频率范围的计算方法，其余各调的低音笛可以按同样的方法来计算。按照平均律和a^1 = 440Hz的标准，以A为主音，可以求得一组十二音频率为：440，466，494，523，554，587，622，659，698，740，784，830.5，880（此处省略频率标准单位）[①]。我们知道，中国传统竹笛习惯以“小工调”，即第三孔的音高定调，因此G调梆笛第三孔的频率g^2为

① 赵松庭，《横笛的频率计算与应用》，《乐器科技简讯》，1973年第2期，第28—42页。

784Hz，还可以吹出低一个八度的g^1为392Hz；大G调笛的音区为G调梆笛的低八度，由于下把位增开了小指孔，因此定调音孔为第四孔，易知其能够发出的频率分别为g^1 = 392Hz和g = 196Hz。

G调梆笛的筒音音高为D，按竹笛频率倍数变化的特征，其频率应为293.5Hz（587/2）；最高音可达g^3，频率应为1568Hz（659/2）。将G调梆笛的音高降低一个八度，便可得到大G调低音笛的基本音域范围为147Hz–659Hz。另外，大G调笛还具有易于超吹的演奏性能，因此其最高音还有拓展的空间，通过特殊指法的超吹，其最高音还可以达到g^2 = 784Hz乃至a^2 = 880Hz。

下表中给出了小G调梆笛、C调曲笛、大G调低音笛、倍D调低音笛、倍C调低音笛及倍♭B调弯管低音笛的音域范围。

梆笛、曲笛、低音笛和倍低音笛的音域（频率）范围　　（单位：Hz）

笛子种类	最低音	最高音
小G调梆笛	293.5Hz（d^1）	1568Hz（g^3）
C调曲笛	196Hz（g）	1046Hz（c^3）
大G调低音笛	147Hz（d）	784Hz（g^2）
倍D调低音笛	110Hz（A）	587Hz（d^2）
倍C调低音笛	98（G）	523Hz（c^2）
倍♭B调弯管低音笛	87.25Hz（F）	466Hz（♭B^1）

从上表中的数据可知，大G调低音笛基本可以覆盖整个小字组的音区，而倍低音笛可以将竹笛的低音音域延伸至大字组。此外，从上面讨论大G调低音笛音域计算方法时，我们提及了G调梆笛最高音可以达到g^3（1568Hz）。如果考虑目前已经广泛运用的小C调、小D调梆笛，则最高音还可达到a^3（1760Hz）和b^3（1976Hz）。这样，从梆笛到倍低音笛，就基本覆盖了大字组到小字三组的整个范围。用五线谱直观的方式比较西方交响乐队中的短笛、长笛、中音长笛、低音长笛和中国的各调梆笛、曲笛、低音笛和倍低音笛的音域范围，可得如下谱表：

短笛、长笛、中音长笛、低音长笛和各调梆笛、曲笛、低音笛和倍低音笛的音域范围比较（见谱例2）。

谱例2

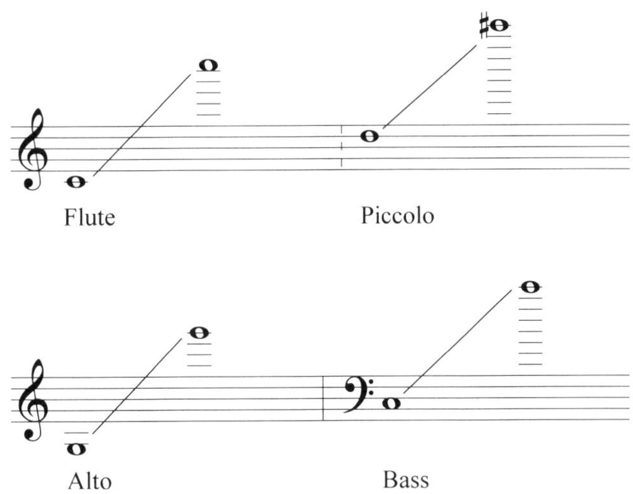

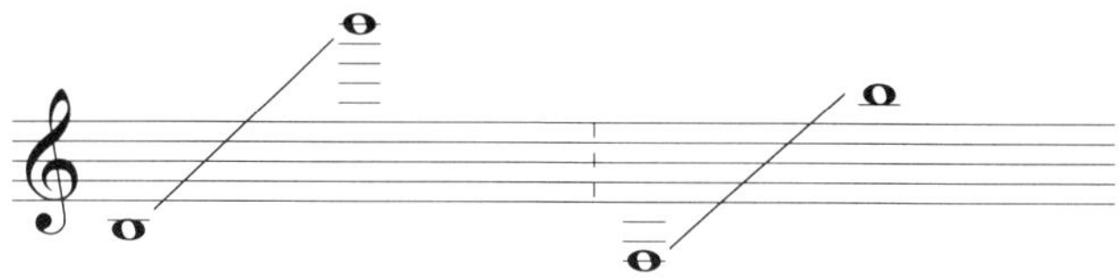

梆笛E—高音梆笛D总音域　曲笛♭B调—D调总音域

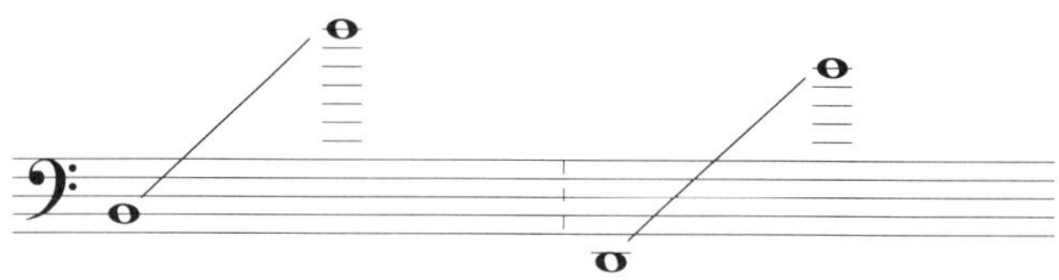

低音E调—A调总音域　倍低音G—D调总音域

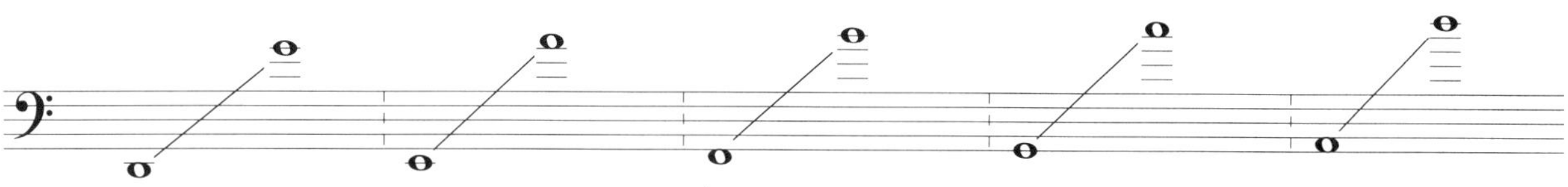

倍低音：G调　A调　♭B调　C调　D调

可见，目前中国竹笛的高声部音域还没有达到短笛的音域范围，但低声部已远远超出低音长笛的音域。对于竹笛乐团来说，低音、倍低音竹笛自然非常重要，如果能够将其用于民族管弦乐队之中，使之与传统的梆笛、曲笛有机结合，则会大大提升竹笛声部的立体感、层次感，增强整个乐队的音乐表现力。

目前，民族管弦乐队竹笛声部的配置中所包含的新笛（无膜笛），尽管主要承担竹笛声部低音的演奏任务（见谱例1），但从本质上说，新笛与其他竹笛的差异主要在于闭合膜孔而形成的特有音色。为了使音色达到统一，即使是传统的梆笛、曲笛，如果需要，也可在制作时不开膜孔。加膜的意义在于为戏曲伴奏时让其音色和音域范围与人声的音色和音域范围更为接近，而倍低音笛的目标是作为独奏或民族管弦乐队中的成员，能够达到更低的音域，增强管弦乐作品的厚重感。因此将倍低音笛引入民族管弦乐队的竹笛声部，以拓宽竹笛声部的音域范围为目标，同时以新笛来丰富竹笛声部的音色，是对竹笛声部整体配置得更合理的调整。

（三）由演奏所引发的对低音笛音区的制约

相对于传统竹笛，倍低音笛最显著的形制特征就是管长更长，管径更粗，这会对演奏造成两方面的影响。一是竹笛发音的基本声学原理是通过气息在管内形成的驻波，发出与管长对应的频率，因此，倍低音笛管长与管径的变化造成吹奏过程中气息控制上的变化；二是由于倍低音笛管长的加长和孔距的加大，演奏时手指承受的张力也必定更大，这会在一定程度上影响指法动作，因此，倍低音笛一般会在传统六孔笛的基础上加开指孔，以便于指法操作和转调。大G调、大F调低音笛通常要在下把位加开一个小指孔，制成七孔笛，而倍低音笛还需增加上把位的小指孔甚至拇指孔。

另外，倍低音笛到C调时，管长已经基本达到手臂的极限了，如果再降低，则会给演奏者的操作带来困难。因此，对于在C调以下的倍低音笛，需要将笛子的吹孔向内侧（演奏者一侧）弯转，制成“L”形的弯管笛，以缩短指孔到吹孔的距离，便于执握和演奏。这便是弯管笛形成的原因，其中包含了对西方低音长笛弯管形制的借鉴。从以上的实际情况可知，对低音笛的追求也是有极限的。在现有的演奏方式下，目前似乎已经达到了这种极限，再低的可能性已经很小了。但就目前的音域情况，各调梆笛、各调曲笛、大G调低音笛、各调倍低音笛（含弯管低音笛）已经构成了竹笛声部的立体声部覆盖，不仅增强了竹笛音乐自身的表现力，满足了竹笛乐团的声域需求，与此同时，也可满足中国民族管弦乐队的立体声部需求。

三、低音笛与民族管弦乐队的关系

(一)"四声部音区覆盖"作为民族管弦乐队所用乐器的标准

民族管弦乐队，是我国民族音乐特别是民族器乐演奏与西方思想文化和西方交响乐队融合的产物。20世纪20年代，随着北大音乐研究会(后改为北大音乐传习所)、北京女子高等师范学校音乐科、北京艺术专门学校音乐科，以及随后的上海国立音乐专科相继成立，在传统的民族器乐领域里，借鉴西洋近代作曲技巧进行创作的尝试也应运而生，如吴伯超的《蜻蜓点水》和谭小麟的《子夜吟》(吴、谭都曾在上海国立音专任教)等作品，均是在此领域的最早探索[①]。至20世纪三四十年代，上海、南京、无锡、苏州及后来的福州、重庆等城市，都陆续建立起基于丝竹乐队编制的新式国乐队。1935年成立的前中央广播电台音乐组国乐队，到1942年鼎盛时的编制已经包括了高胡、二胡、中胡、大胡、低胡、秦琴、钢丝筝、琵琶、阮、扬琴、大三弦、喉管、笙、新笛、曲笛、筚篥、唢呐、打击乐等在内的丰富的乐器种类，并创作和演奏了如国乐合奏曲《飞花点翠》、《丰湖忆别》(黄锦培曲)、《华夏英雄》(黄锦培曲)、《新中国序曲》(王沛纶曲)等当时广为流传的优秀管弦乐作品。(出处同本页脚注①，总结概括，非原文引用)当然，当时这些国乐队的编制很不固定，基本是依据各时各地流传的乐器品种和各个组织成员的多寡而安排和调整的，其丝竹乐队的特征仍是非常清晰的。但它们毕竟都在不同程度上，采纳了西洋管弦乐队的构成模式，对新中国成立以后民族管弦乐队的发展，具有很重要的借鉴意义。而在这个可以借鉴的意义之中，低音乐器的配备是最重要的方面之一，比如，低音胡琴几乎是所有乐队配置中的必备乐器。

今天的民族管弦乐队结构体制，是新中国成立以后，中央广播乐团在彭修文的带领下探索而定型的"包括各种民族乐器类型的综合乐队"。1953年5月，中央广播民族管弦乐团在北京成立，该乐团对大量的民族乐器进行了研究、选择和改革，改革内容包括统一采用平均律、规定定弦方式、扩大音量、纯化音色、装饰外形等一系列工作。至1954年，已完成了喉管、扬琴、秦琴、阮、低音拉弦乐器等多种乐器的改革。乐队由吹管乐组、打击乐组、拨弦乐组和弓弦乐组构成。无论是弓弦乐组，还是弹弦乐组，均配置了高、中、低声部，如弓弦乐器组采用了中胡、革胡；弹拨乐器采用了中阮、大阮等；吹管乐器组主要在笙类乐器上作文章，逐渐出现了中音笙、低音笙、键盘笙、抱笙等；唢呐虽然采用了低音唢呐，但在音质层面的厚重感不能令人满意，与西方交响乐队铜管声部中低音乐器的效果相差甚远；而竹笛的低音声部近乎空白，新笛的应用虽改善了这一不足，但音域范围有限。尽管如此，此类乐队编制还是留下了许多脍炙人口的乐曲，诸如《陕北组曲》《春节序曲》《瑶族舞曲》，以及后来相继创作出的各种风格的民族管弦乐合奏曲。

此后，上海乐团民族乐队、中国人民解放军济南部队前卫歌舞团民族乐队等乐团，还尝试了对笛、笙、唢呐、云锣、编钟、大鼓等吹打类乐器的改革和创新，演奏了如《祝福组曲》《闹秧歌》《旭日东升》《不朽的战士》《解放军进行曲》等令人耳目一新的优秀作品，把民族管弦乐队的建设又向前推进了一步。

至今，以弓弦乐声部、弹拨乐声部、吹管乐声部，以及打击乐的具有完整声部体系的民族管弦

---

① 萧梅、靳学东、李玫等，《中国音乐年鉴》(2002年度)，山东文艺出版社，2005版第350页。

乐队已经形成，成为与西方交响乐队并行的、具有中华音乐文化符号意义的“民族管弦乐队”屹立在世界的舞台，不仅为中国的作曲家提供了新的创作平台，也逐渐被世界各国作曲家所接受，成为世界各国作曲家可利用的乐队形式。而这种成熟的标志之一便是每类乐器自身的音区扩展，形成高、中、低、倍低的四重关系，由此而构成类似西方交响乐队的、整个乐队间的立体声部关系。不能自身形成这种音域关系的乐器，诸如古筝、扬琴等，则逐渐成为“色彩性”乐器（乐队中采用两架扬琴、两张古筝，除了视觉效果外，在音响上无任何意义）。由此可知，对于乐队中所采用的乐器而言，不同音域的覆盖性能是最重要的特性，是判断该乐器是否能够成为乐队中常用乐器的标准。这样来审视低音笛便可看出其价值所在。

（二）民族管弦乐队依然存在的不足

中国是世界上最早产生“乐队”概念的国家，而且包含有不同编制和不同功能的乐队形式。曾侯乙墓中出土的乐器为我们展现了两千多年前的乐队形制，其中，既有百人以上的大型的钟鼓乐队，也有室内乐形制的“房中乐”。汉代的鼓吹乐队，隋唐的宫廷雅乐、燕乐，均为我们提供了中国古代音乐辉煌的历史想象。可惜的是，这些大型多样的乐队形式并没有传承下来，流传至今的多为一些地域化的小型乐队组合：鼓吹乐、丝竹乐、吹打乐等，色彩纷呈、内容丰富，但与追求工业化的现代中国理念之下所形成的审美意识产生了很大的距离。在今天的人们看来，中国传统音乐形式没有完整的多声部与和声体系，缺乏低音乐器，特别是与西方乐器相比，缺乏低音和倍低音的音区问题是中国大型民族管弦乐队发展过程中的桎梏。尽管以彭修文先生为代表的一些优秀的指挥家、作曲家，以其超凡的艺术智慧，在现有的民族乐器下，通过高超的配器方式，也使民族管弦乐队成功地演绎了一大批优秀的作品，但依旧没能从根本上解决由于缺乏低音和倍低音音区，而使民族音乐作品的创作与演绎及民族管弦乐队整体表现力受制约的问题。也就是在这一认识之下，才逐渐创造出了低音拉阮、抱笙等乐器，而在打击乐声部上无可避免地还需要采用西方的定音鼓。

由此可见，我国的民族管弦乐队是民族器乐演奏与西方审美观念和西方交响乐队融合的产物。从这个意义上讲，民族管弦乐队发展的目标，应当是通过借鉴西洋乐器和西方交响乐队的优势和长处，来更好地演绎、表达具有我们民族特色和民族风格的音乐作品。中国音乐界也可能会有这样的观点，认为我们民族音乐的风格，本身对低音音域的需求就不多，从而质疑是否有必要去大力发展低音乐器和低音声部。但笔者认为，包括低音声部在内的各个声部，不是风格问题，而是乐队的演奏和表现能力问题，有了低音声部，不意味着在演绎任何作品时都必须有低音声部的参与，而如果一曲优秀的民族管弦乐作品需要低音声部的衬托，乐队却没有这样的表现能力，则不能不说是一种莫大的遗憾。这便是“乐队概念”。那么这个乐队是“新型的”民族管弦乐队，是在西方交响乐队的引领下形成的，其审美标准之一便是声部的立体性，但乐器的“声音”与西方交响乐中的乐器声音是不同的。也就是说，中国民族管弦乐队借鉴了西方交响乐队的“立体性”，保持了中国乐器声音的“民族性”。不借鉴西方交响乐队“立体性”的声部关系就不会有中国民族管弦乐队的存在；不保持中国乐器固有的“声音”，也就不会是“中国的”民族管弦乐队。抛弃传统是需要谨慎的，抛弃已经形成的“新传统”也是需要谨慎的。最佳的选择是“传统”“新传统”和“未来的传统”并存。因此，努力发展和完善低音声部是民族管弦乐队吸收借鉴交响乐队优势的重要做法，更是提升民族管弦乐队整体表现力，拓展民族音乐作品创作空间的必然要求。

根据以上的思考方式来审视今天的民族管弦乐队的标准编制，可以发现，中国民族管弦乐队存在很多不能令人满意的地方，低音乐器问题只是其中的问题之一。比如，在弓弦乐器组，二胡、中胡、大提琴、拉阮（或贝司）构成的立体声部满足了上面所提及的“四声部”的结构，但大提琴必须引用西方的乐器，二胡声部高音音区的亮度不够；弹拨组在柳琴、扬琴、琵琶、中阮、大阮之间虽然也能构成四重声部的立体关系，但音域宽度不够，且弹拨乐器在演奏上颗粒性太强，音值持续时间短，和声上的支撑性不够；由竹笛、笙和唢呐构成吹管组随着笙的改革和高、中、低唢呐的应用，在声部音域上的立体化越来越完善，但唢呐声音的“亮度”有余，“厚度”不足，比起西方交响乐队的铜管声部，在“力度”上差距很大；另外，由于大堂鼓不能定音，且音色与乐队难以融合，中国民族管弦乐队中不得不直接采用定音鼓。纵观中国民族管弦乐队的现状，决定了其必须沿着两条道路前行：一是继续借鉴西方交响乐队的思维，在乐器改革上做文章，填补和改善民族乐器在乐队观念的审视下所存在的某些“不足”；二是脱离西方音乐思维，从中国传统音乐中挖掘可利用的因素，在音乐创作上走出一片新天地。应该说，两条道路都很难，不是一朝一夕之事，需要几代人的探索和努力前行，打造中华民族独具特色的音乐之路。

（三）倍低音笛对民族管弦乐队表现力的丰富和提升

倍低音笛的出现实际上是在上述第一条路上探索中国民族音乐发展之路的又一成果。民族管弦乐队中吹管声部以笛子、唢呐和笙这三种乐器为核心，在几十年的发展中，唢呐和笙都已具备了高、中、低、倍低声部的配置，其低音已能够低至钢琴键盘大字组中的部分乐音。在绝大多数的民族管弦乐队中，竹笛声部的配置目前还保持着梆笛、曲笛、新笛的结构，低音，尤其是倍低音笛的运用十分少见。

对于竹笛声部这样的配置，首先应当注意的是其在形式上与唢呐和笙的差异。唢呐与笙的高、中、低音都是从音高（频率）的角度进行划分和配置的，而竹笛中的梆笛、曲笛和新低音笛，尽管也存在音高的区别，但本质上说，这样的划分更主要的是在音色和风格上的区分，特别是低音笛，虽然采用无膜笛构造，音域也降低了，但事实上并没有满足音域上的需求，即使在低音笛中最常使用的G调笛，其音域范围也只能覆盖到小字组的音，大字组的音是无法演奏的。尽管西方低音长笛的音域也在小字组之内（见谱例3中的比较），但是，由于西方交响乐队中木管组还有单簧管、巴松等乐器，加之铜管组的小号、圆号、长号、大号等，“立体性”自然很强；而中国民族管弦乐队中，管乐器主要有笛、笙、唢呐，类型较少，音域延伸不够。我们容易理解，如果一个大型乐队中所有乐器叠合之后音域范围较窄，那么这个乐队的表现力将会受到极大的限制。而从目前的情况来看，中国民族管弦乐队的音域范围依然不够宽阔，这也凸现出倍低音笛的作用。

竹笛声部配置问题对民族管弦乐队表现力的限制在很多作品中都有体现，我们以二胡协奏曲《长城随想》为例做一具体分析①。这首作品在民族音乐元素的基础上，广泛借鉴西洋音乐作品的技法，是二胡乃至整个民族音乐领域的极具创新性的经典作品。然而，在认可这首作品成功和经典的前提下，如果仔细推敲，还是可以发现乐队整体表现力受竹笛音乐性能的制约而存在些许遗憾。以下是《长城随想》第三乐章《忠魂祭》第28—32小节及第61—70小节吹管声部的乐谱（新笛采用了高八度记谱）：

①《长城随想》是作曲家刘文金先生于20世纪80年代创作的二胡协奏曲，1982年由二胡演奏家闵慧芬与上海民族乐团合作首演。

谱例2

《忠魂祭》第28—32小节

谱例3

《忠魂祭》第61—70小节

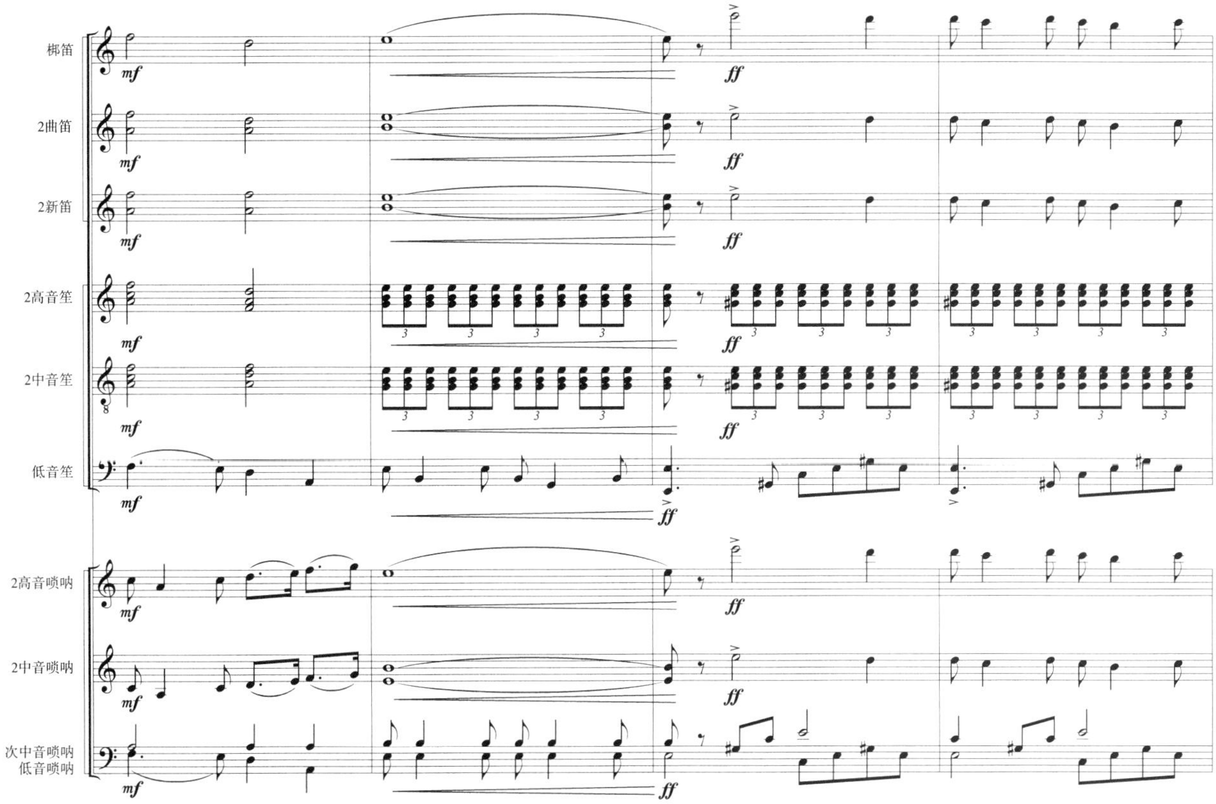

以上两个乐句，由笛子、唢呐和笙的所有声部同时演奏，通过声部间的配合产生声音的立体感来渲染气氛。我们可以清楚地看到，低音笙和低音唢呐均已覆盖到了低音谱表上的音，而梆笛和曲

笛声部均在高音谱表的范围里，新笛（谱面上采用了高八度记谱）在大字组范围之内。如果采用倍低音笛，还可以再低一个八度，这将大大改善低音区只有低音笙和低音唢呐的局面，特别是对于某些音乐段落，不宜采用低音唢呐过强的音量和音色的时候，倍低音笛便是很好的替代者。

从前面我们对低音笛和倍低音笛音乐性能的介绍来看，倍低音笛的音域基本可以覆盖整个大字组的乐音，具有与唢呐和笙至少完全一样的低音性能。此外，低音笛和倍低音笛相比同等音域范围的低音笙和低音唢呐来说，还具有便于演奏快速音阶、强弱对比鲜明，音色可以通过增减膜孔方式灵活调整的显著优势。因此，如果可以在民族管弦乐队中推广倍低音笛的运用，将竹笛声部的配置结构调整为梆笛、曲笛、新笛与低音笛四声部配置，则能够很大程度地从根本上解决民族管弦乐队低音音区缺失的问题，从整体上扩展民族管弦乐队能够演奏的音域范围，提升乐队的演奏能力，进而丰富并增强乐队的表现力。

四、倍低音笛在民族管弦乐队中运用的现存问题和建议

从上文关于倍低音笛对民族管弦乐队表现力的重要意义的论述中，我们认识到，将倍低音笛纳入乐队的编制中，是民族管弦乐队进一步发展的必然要求。目前，作曲家们对倍低音笛的认识还不充分，在创作中对其的使用还不多见，这也正是笔者呼吁的问题，希望能够引起作曲家们的重视。除此之外，推广倍低音笛在乐队中的运用，还存在一些其他方面的问题和困难，比如由于缺乏对于倍低音笛演奏的系统性教学和训练，演奏技术上的可行性范围还不明确；乐器制作经验匮乏，质量参差不齐；缺少必要数量的低音笛教材和独奏、重奏、室内乐作品等。笔者认为，在目前的状况之下，站在演奏者的角度，我们首先应该做的是加强倍低音笛演奏的教学和系统训练，形成一套独具艺术表现力的演奏技术，从而使倍低音笛具有自己独特的表现力，以确定其艺术价值，这就需要在音乐学院的竹笛教学中把其纳入课程内容之中。

在传统竹笛中，北方的梆笛和南方的曲笛在演奏上有很大差异，这一方面由于作品风格不同，对音色和演奏技法有不同要求；另一方面则是由于竹笛形制不同，因而气、指、唇、舌这四个要素在演奏时的运用方法上也有所不同。同样的道理，倍低音笛由于形制上和演奏方式上与传统的曲笛和梆笛都有很大差异，传统竹笛的演奏方法也无法完全直接运用于倍低音笛的演奏。具体而言，演奏倍低音笛时，由于其管径更粗、管长更长，因而气息流量要更大，口风要更粗；而由于指孔孔距的延长，也要求手指必须有更高的弹性和灵活性。此外，由于倍低音笛以表现更加深沉更加细腻的情感见长，因此演奏时音色必须饱满浑厚，这就要求气息的根基更深更稳。这些演奏要求说起了并不复杂，但想要在演奏时做得到做得好则必须认真地下一番功夫，绝不能认为传统的曲笛、梆笛演奏好了，就自然吹得好低音笛。

首先，为了更好地培养低音笛演奏人才，更好地完善竹笛的音乐表现力和服务于民族管弦乐队发展的需要，应当在竹笛专业学员在校接受专业教育时，就以科学系统的训练方法，加强倍低音笛的教学，有针对性地培养能够熟练掌握倍低音笛演奏的学员，使其毕业参加工作后，可以马上适应乐队中低音笛演奏的要求。

其次，应继续完善倍低音笛乐器制作的工艺。工欲善其事，必先利其器，好的乐器是保证演奏质量的必要条件，但目前倍低音笛的制作经验，相对于传统竹笛而言还较为匮乏。中国竹笛的制作材料是自然生长的竹子，每一支的管径、内壁、密度等都有或多或少的差异，要制作一支质量过关的笛子，不仅需要精准的数据，还必须依靠制笛者丰富的经验。倍低音笛在材料上需要更粗更长的竹材，材质的管径、密度等也非常重要，这不仅给制作带来一定的困难，而且常常造成笛子之间的音色不统一。演奏者和制作者要密切合作，才能进一步提高低音笛的质量。

最后，应积极推动倍低音笛乐曲的创作。乐器演奏技法和艺术表现力的提高离不开作曲家在创作中的大胆革新和艺术想象力，在演奏家们每一次成功地完成作品的演奏后，看似奇妙的演奏方式都会对乐器的性能和演奏家的演奏能力产生影响。音乐的发展便在创作、表演和社会反响的相互影响中得以提高。

倍低音笛从20世纪80年代诞生走到今天，已经发展了40余年，但其作品数量，特别是优秀作品的数量还十分有限，这在很大程度上制约了演奏员对于倍低音笛演奏经验和演奏技法的积累，也限制了对倍低音笛思想感情表达的深入体会。因此，倍低音笛的发展和推广，离不开专业的作曲家们的支持。只有创作更多优秀的倍低音笛独奏和重奏音乐作品，并广泛地用于各类民族管弦乐队的实践之中，倍低音笛才能最终成为中国民族管弦乐队中不可或缺的乐器之一，并为中国民族管弦乐队的改进与发展发挥应有的作用。

参考文献：

[1]赵琦，《竹笛演奏在民族管弦乐队中的运用》，《浙江艺术职业学院学报》，2019年第2期，第64—68页转第81页。

[2]侯长青，《浅谈“八孔”竹笛在民族管弦乐队中的作用》，《乐器》，2018年第12期，第46—50页。

[3]郭忠合，《当代民族管弦乐队中竹笛演奏的实践与思考》，《中外企业家》2018年第14期，第227页。

[4]张东旭，《竹笛在民族管弦乐队中的作用研究》，《戏剧之家》，2016年第1期，第65—66页。

[5]戴亚，《竹笛与西洋管弦乐队合作的实践和思考》，《人民音乐》，2003年第4期，第19—23页转第63页。

[6]赵松庭，《竹笛源流》，《中国音乐》，1983年第1期，第73—75页。

[7]赵松庭，《横笛的频率计算与应用》，《乐器科技简讯》，1973年第2期，第28—42页。

[8]赵晓笛，《笛艺春秋——赵松庭笛曲·文论集》，人民音乐出版社，2011年10月版。

[9]萧梅、靳学东、李玫等，《中国音乐年鉴》(2002年度)，山东文艺出版社，2005年版。

（十二）李晨

李晨，笛子演奏家。北京戏曲艺术职业学院竹笛专业副教授。中央音乐学院竹笛硕士，中央音乐学院考级委员会竹笛考官，师承竹笛演奏家、教育家戴亚教授。

1996年考入中央音乐学院附小，1997年、2003年升入中央音乐学院附中、大学学习。2010年升入中央音乐学院研究生部。

2005年获第二届“文华艺术院校奖”竹笛青年专业组铜奖及小型民族乐器组合银奖。2010年获台北市民族器乐大赛第三名。2012年获第四届全国少数民族文艺会演最佳新人奖。

2011年、2013年分别成功举办“黄土魂”“胡旋舞”个人独奏音乐会，并出版发行同名专辑。2021年获北京市职业院校技能大赛教学能力比赛一等奖；2023年在全国文化艺术职业院校“学习二十大，铸魂育新人”课程思政展示活动中被评选为“优秀案例”。

教学上秉承以人为本，因材施教的理念。所教授的学生分别荣获第六、七届全国青少年民族乐器教育教学成果展“文华奖”，并在“国韵杯”、北京国际民族器乐大赛、“铜音杯”全国邀请赛等一系列重要赛事中荣获大奖。

李晨的演奏细腻、内敛、个性鲜明、张弛有度，对乐曲的内涵有较完美的诠释和独到的艺术见解，刚柔并济，极具音乐感染力。作为一名青年演奏家和优秀教师，其教学成就和演奏造诣均获得业界一致认可与好评。

竹笛重奏在教学中的应用及意义

李晨

自20世纪80年代开始，我国民族器乐教学工作有了突飞猛进的发展，在取得成绩的同时我们应冷静看到，很多艺术院校在民族器乐专业教学中只侧重于学生独奏能力的训练，使得学生的综合素质的培养出现缺失。

随着我国竹笛教育的发展，崭新的教学理念、教学模式取得了很好的效果和成绩。越来越多的竹笛教育工作者对原先单一枯燥的教学方法进行反思，很多音乐音乐院校已开启诸如“竹笛重奏教学模式”。如中央音乐学院笛埙乐团、中国音乐学院中国竹笛乐团、上海音乐学院唐俊乔竹笛乐团等。这种模式在竹笛器乐教学中对学生的个性塑造、潜力挖掘和创造力发挥起到了积极的作用。

这种发展趋势显然对音乐教育有着重要意义。正是因为器乐重奏在音乐教育中存在着很好的推动作用，所以在我国音乐教育中才引起了关注，并逐步推广起来。

一、对竹笛重奏的基本要求

（一）对乐器的要求

在竹笛重奏中，通常使用三种类型的竹笛。分别为梆笛、曲笛、大笛（也称新笛）。三类竹笛都有自己独特的音色，并在重奏中有着不可替代的地位。梆笛，笛身短而细，发音明亮、清脆。梆笛主要突出乐曲中的旋律声部，在重奏中充当旋律主导的角色。曲笛，其笛身长而粗，音色圆润、优美、悠扬、婉转。曲笛在重奏中角色变化较多，有时在重奏中完成和声依托的作用；有时又与梆笛的旋律相呼应，在重奏中起到丰富旋律的作用。大笛，其笛身比曲笛还要粗长，音域比曲笛低一个纯五度。不同于梆笛、曲笛，其音色低沉浑厚，类似箫声。大笛作为低音声部，可以视为竹笛重奏的根基，无论是在和声的走向还是节奏的变换方面，大笛都有着不可忽视的作用。

（二）对演奏人员的要求

在竹笛重奏中，每个声部都是相互依存同样重要的，缺少哪个声部都是不行的。对于每个声部的演奏人员来说，都需要具有相对全面的演奏技巧和同等的演奏能力，没有谁更重要或谁的演奏水平更高一筹的说法。很多学生对竹笛重奏都有一个误区，认为梆笛最重要，因此在排练中对梆笛的要求很严格，而对其他两个声部则只强化乐曲中有独奏或出现旋律的片段训练，这很容易导致整个组合的能力失调，也会阻碍重奏进一步的发展。

一个好的重奏组合是要求演奏人员具有相等演奏能力，并且要具有一定的音准鉴别能力，在实际演奏和排练过程中要十分清楚自己演奏的音准和音色是否完全贴合其他声部。除此之外，对于节奏的准确掌握也是非常重要的，要有良好的整体意识。重奏讲究整体的配合，大到乐句的强弱、节奏的快慢，小到乐句的呼气，这都需要长时间的排练磨合。故，科学有效的排练方法对于竹笛重奏尤为重要。

二、竹笛重奏的训练要点

(一)排练前的准备

这一阶段的主要任务为视奏对谱,应采用分声部训练的方式。分声部训练是重奏排练的重要组成部分。一个好的重奏组合,是由一个个良好声部结合而成的。因此,分声部排练是重奏排练中的一个重要环节。在分部练习时,要注意解决本声部各种演奏技术方面的难点,其中包括音准、节奏、演奏技巧、音型组合等各方面的问题。通过分声部训练,达到各自声部演奏熟练的极致化要求。

(二)音准

在竹笛演奏中,音准是重要的影响因素。从某种角度来说,音准是竹笛重奏音乐表现力的基本前提和重要保证。所以说,音准是竹笛演奏者不可忽视的重要问题。从笔者多年的演奏经验来看,演奏中音不准的现象常常发生,且原因各异,较难解决。要想解决演奏中的音准问题,我们就必须了解影响音准的因素,进而找到具体的解决办法,以保证竹笛演奏的质量。

1.竹笛演奏中影响音准的主要因素

(1)客观条件对音准的影响

这里所说的客观条件主要是指温度,即演奏场所的温度对音准的影响。竹笛是由竹子制作而成的,它对外界气温的变化非常敏感,使得它的音准会随冷热的不同变化而随之变化,如气温较高,音准会变高;气温较低,音准也会变低。同一支竹笛,在不同的温度中音准也会出现变化,甚至能够达到几十音分的差别。因此,演奏者要特别注意演出场所的气温,提前做准备。

(2)演奏者自身技术对音准的影响

①口形和气息角度方向。对于竹笛这种吹奏乐器,口形调整是控制音准的关键。演奏者可以通过调整口形,掌握不同的气息方向,进而来调节音准。如同一个音,如口风收紧,音会高;口风放松,音会低;气息方向抬高,音会变高;气息方向压低,音会变低。竹笛的音乐表现力比较丰富,演奏者可以很容易地控制音量变化,通过口风的调整和气息角度方向的改变有效地控制音准。

②呼吸方法和用气的准确性。呼吸方法和用气的准确性也是影响音准的重要因素。呼吸方法有胸式呼吸、腹式呼吸、胸腹式呼吸三种,但是最常用的是胸腹式呼吸。这种呼吸方法吸气量大,反应较快,能够有充足的气息保证发音,有利于控制音准。此外,演奏者还要注意用气的准确性。用气不足,发出来的音比较虚,音偏低;用气太猛,发出来的音燥而炸,音偏高,只有恰到好处地用气,才能保证吹出平稳、自然的音,也才能控制音准,保证吹奏质量。

③手指。手指对音准有一定的微调作用,手指抬高,音偏高;手指降低,音偏低。手指向笛头方向移动,音比较高;手指向笛尾方向移动,音比较低。手指按下时,盖住的多,音低;盖住的少,音高。

2.树立音准观念,进行正确练习

(1)树立音准观念是提高音准的前提和基础。不管是练习还是演奏时,我们都要树立正确的音准观念,这是基础和前提。

首先,我们要掌握竹笛的发声原理。笛子的发声是靠吹奏者呼出的气流与吹孔的边棱相碰撞而发出声音的。演奏者要对影响竹笛发声的因素了然于胸,并在练习中正确控制气息,进行不断探索,让理论在实践中不断深化。

其次,要重视音准。在吹奏之前,演奏者要在自己的心中有一个准确的音准概念,知道自己要发出什么样的音质、音品。我们一定要把音准放在首位，树立良好的音准观念，才能保证吹奏的质量。

（2）加强听觉训练，提高听辨能力。

赵松庭先生曾说过：“中国的竹笛，没有一支音是准的；中国的竹笛，没有一支音是不准的。关键是听力，听力准，不准的竹笛可以吹准；听力不准，准的竹笛也会吹不准。”由此可见，听辨能力对于竹笛演奏是多么重要。在重奏训练中，每位演奏员都要在保证自己声部横向旋律音准的同时兼顾在整体声部中纵向和声的音准。潜移默化中，演奏员逐渐会在旋律中通过其他声部的音准来及时调整自己的音高，同时相互之间音准的校正也为日后学生独自排练打下良好的基础。

（三）节奏

节奏是乐曲的骨架，是支撑旋律行进发展的必要条件，重奏作品中每个声部的节奏型不尽相同，但无论节奏有多复杂，只要采用有效的训练方法都可以让排练效果事半功倍。

民族管弦乐团有指挥，演奏时一旦有节奏上的偏差，演奏人员可以通过看指挥及时调整。但在重奏演奏中却没有指挥，演奏人员必须保持内心基本节奏一致，节拍器的使用必不可少。在日常重奏训练中，笔者经常会进行这样的节奏训练：节拍器调至80—100之间，$\frac{4}{4}$拍，首先由大笛开始演奏四分音符，节奏稳定之后加入八分音符的曲笛，两件乐器节奏稳定之后关闭节拍器，梆笛仔细聆听而后加入十六分音符，所有乐器节奏都稳定之后，可随机去掉任何一个或两个声部，或几个声部互换节奏型，逐渐让学生养成通过聆听其他声部的节奏来确定自己声部的节奏。

常见均匀的基本节奏型在排练之后，就要进行附点、切分、后半拍节奏型的训练。对于前附点节奏的演奏，易出现往前赶节奏的现象，这是因为附点前的音符时值不够饱满，两个音符衔接过紧造成的。在训练时，刻意让学生将两个音符演奏的断开一些，从一个声部的独奏训练逐渐扩展到所有声部的齐奏训练，以适应前附点节奏型的各种演奏情况。

接后半拍也是在实际演奏中学生最为头疼的节奏型，该节奏型常出现在曲风较为轻快、节奏较快的作品中，由于节奏快、正拍休止后半拍演奏，学生演奏时容易出现挤入正拍演奏的情况。这是由于正常情况下旋律都从正拍开始，反拍进入本身就不容易掌握，再加上演奏时需要耳朵去听正拍之后再奏后半拍，诸多问题造成演奏时易抢入正拍。在训练时，笔者会让学生先进行敲击训练：一只手拍手打正拍，另一只手拍腿接反拍，通过不同的敲击音色帮助学生判断正反拍，由慢至快让学生逐渐熟练，之后将敲击训练改为吹奏训练，由慢到快逐渐适应。

（四）声部相互平衡关系

重奏是一种集体创作和表现的合纵体，演奏中要力求达到声部间的平衡，这就要协调好各声部之间的主次关系。关于声部平衡要做到以下几点。

1.懂得并善于聆听其他声部

在刚开始重奏训练时，大部分同学经常出现演奏时不管旋律、和声、音量及节奏等，只专注于自己声部而不顾其他声部，甚至是大家一起争先音量表现而彰显个性，使得各声部间失去平衡，乐曲听起来浑浊一片。这时，就要让学生首先学会认真去倾听。除了听自己，还要听到别的声部。这一点在重奏声部训练中非常重要。

2.分析总谱，找到旋律主干线

教师要通过给学生分析总谱，找到乐曲的旋律主干线，并讲明乐曲每个声部的主次关系及表达的内容。只有了解了其他声部，并准确知道自己所在声部的主次，才能使各声部平衡，从而完美地表现音乐。

注意，下面谱例中，“——”线标记出来的旋律就是旋律主干线。

竹笛重奏《喜歌·对花》片段

3.默契的配合

在竹笛重奏里，演奏者除了要具备必要的技术、音准、控制能力外，还要强调声部之间的默契配合。无论哪个声部起拍，气口、速度都要准确无误。音乐是一种听觉艺术，如果每个演奏者都死数拍子进行演奏，那样就会使音乐显得呆板，没有活力。在实际演奏中，一个眼神、一个气息、一个动作都能准确地传达演奏者的意图。而且肢体语言也能带动气息，起到推波助澜的作用，这有利于音乐内容的表达，能使听众同时获得听觉和视觉上的音乐享受。默契的配合需要重奏成员经过长期而艰苦的训练，需要练习大量的音乐作品，掌握多样的演奏手法和艺术风格。

三、重奏对竹笛专业教育的意义

上文我们简要介绍了竹笛重奏的基本要求和训练要点。下面我们简要分析竹笛重奏对竹笛专业教育的重要意义。

(一)器乐重奏丰富了音乐教育的形式

我国教育的发展目标在国家“十二五”教育发展规划上已经明确提出，就是发展高质量、综合性的人才，用实用型人才教育模式培养人才。在音乐教育改革的发展中，我们应该培养社会需要的创新型、综合型音乐人才，结合国家教育部提出的发展方向，以此为发展音乐教育的目标。

在以往的高校器乐专业教学中，往往是采取一对一小课的教学模式。这种教学方式过于单一，导致学生一方面只注重个人技巧方面的训练，造成了实践适应能力不足；而另一方面导致学生合奏能力不够，造成学生对重奏的不重视，对合作概念陌生。从长远来看，学生的知识面不能得到更好的扩展，缺乏和声意识，缺少对音乐的洞察能力。而重奏本身就是一种具有无穷魅力的艺术门类，是一种具有独特个性的音乐实践形式。重奏以其多声部的旋律特征，无论是丰富的和声效果、协和的复调因素还是不同形态的旋律线条，都能随时刺激学生们的听觉器官、视觉器官及逻辑思维能力。从而为学生提供一种更好的追求音乐魅力、提高自身对音乐敏感度的方式与机会，通过重奏训练，更能促进学生智力的发展与思维能力的培养。它让同学们摆脱以往传统的器乐教学模式，激发学生们的思维创造性，让器乐专业教学不再单一化，丰富了音乐教育的形式。

（二）器乐重奏有利于提升音乐学生的综合能力

在民族器乐教学中，学生的和声和视唱练耳课程往往受单一教学模式的限制，只能采用西方的音乐作品，学生不了解我国传统的优秀作品，而重奏训练就能很好地解决这一问题，不仅能使学生对音乐的音准、节奏等基本要素掌握得更加准确和具体，而且能够培养学生欣赏和演奏传统音乐的能力，从而把器乐的独奏水平提高到更高的高度。

另一个难以训练的问题就是音准辨别能力，因为传统的教学只是单一的独奏，单单是一种音准，学生可以辨别，但是多种音乐混合的时候，往往很难训练这种能力。而重奏可以很好地解决这个问题，学生不仅要能准确地演奏自己的声部，还要能清晰地听到另外的声部，而且要保持自己声部与其他声部的和谐，这就对学生的音准控制能力和辨别能力提出了更高的要求。所以这种训练模式可以大大提升学生的音准辨别能力。

不仅如此，在节奏方面，器乐重奏也是一种很好的提升模式，通过器乐重奏教学训练可以更好地提高学生的节奏掌握能力，能较好地解决这个问题。在声部配合方面，学生可以更好地完成不同节奏之间的配合，从而提高音乐的综合能力。

综上所述，竹笛重奏教学是一项综合而全面的课程。视觉、听觉、感官、气息相互协调，音色、音准、节奏、力度相互平衡，人与人之间、人与音乐之间相互呼应，这都是在独奏演奏中无法体验到的乐趣。

竹笛重奏教学上秉承以人为本，因材施教的理念，坚持每周排练，尝试不同形式的重奏室内乐作品。通过重奏的排练，使学生体会到独奏之外的乐趣，增强团队合作的能力。在长期训练的同时，也要积极参与实践活动。通过演出实践，在丰富舞台演出经验的同时，也能大幅度提高学生的积极性，形成良好教学与实践的循环。通过专业授课、重奏排练、实践演出的模式，让学生从课堂上走出去，亲身感受舞台的魅力。这种方式能有效提高学生对于演奏的正确认识，很好地辅助专业教学的效果。

重奏教学从技术层面及音乐层面弥补了独奏教学的单一性和重复性，各种风格不同的重奏乐曲丰富了专业教学的进程。独奏一对一的教学模式，虽可以精细而准确地对于学生的问题进行详细讲解，且根据学生本身的素质制定适合的教学计划，在最大程度上实现因材施教的理念，但对于学生综合素质的提高始终有限。通过重奏教学恰恰可以补充独奏教学的不足，重奏训练的综合性和多样性使学生可以接触风格多样的作品，积累舞台演奏经验，充分认识到自身的不足，并且找到解决方法，完成自我提升。在提倡全面发展的当下，学生综合素质、职业发展尤为重要，多种方式教学势在必行，而重奏教学是重中之重。

参考文献：

[1]杨宏业,《重奏在管弦乐器演奏专业教学中的作用与地位》,《艺术教育》, 1997年第2期。

[2]陈建华,《管乐手册》,上海音乐出版社, 2001年。

[3]孙鹏,《对室内乐教学的一些思考》,《交响》(西安音乐学院学报), 2009年。

[4]陈劲峰,《多元文化视野下的高师中国民族器乐课程重构》,湖南师范大学, 2006年。

[5]陈东,《竹笛吹奏中音准的影响因素分析》,《文艺生活》, 2013年第6期。

（十三）胡玉林

胡玉林，笛箫演奏家。中央音乐学院副教授。现任全国竹笛教育发展联盟主席。本科与研究生期间师从戴亚教授。2010年任教于首都师范大学音乐学院，2020年在中央音乐学院民乐系竹笛专业教学，2023年3月正式调入中央音乐学院。曾获“文华艺术院校奖”“文华艺术院校奖”组合类奖。曾入选国家艺术基金项目，连续四年入选北京市青年拔尖人才项目。代表作品《天雨》《竹语》《传说》《叹》《玄鸟》《远古的呼唤》。出版专著《胡玉林笛子作品集》。出版音像专辑《胡玉林笛子独奏》。多部作品被CCTV音乐频道收录展播。

新发明乐器有“管笛”“变音笛”“双吹孔笛”“十二音笛”“多功能和声笛”。

新发明竹笛演奏技法有“一指孔演奏技法”“和音演奏技法”“十二半音颤音演奏技法”“竹笛对角斜吹演奏技法”“气射音演奏技法”“两声部快速吐音演奏技法”“第一前出音孔演奏技法”“和声笛多功能演奏技法”等。此外，还有新发明的“竹笛篪吹奏技法”。

近年来，先后在全国各地举办数十场个人专场音乐会和学术讲座。

少年时期创作的《抗洪曲》获第二届江西省委宣传部举办的器乐大赛专业组创作、演奏双项一等奖。本科期间创作的笛子独奏作品《天雨》获演奏“文华奖”。研究生期间创作的《竹语》在业界赢得了一定的声誉。

浅析中国民族吹管乐的创新与突破
——以竹笛与管笛为例

胡玉林

一、竹笛演奏技法的创新

在中国传统民族吹管乐中，伴随着人们对中国传统音乐美的追求，竹笛以其丰富的演奏技巧与独特且多样化的音响效果，无不令世人为之惊叹。为了更好地诠释艺术作品，为了能够聆听到更加独特的音响效果，为了能更好地展现笛乐艺术的底蕴，笔者开始对竹笛新技法展开了创新与研究工作。

(一)"泛双音""一指孔"在《天雨》中的运用

《天雨》是笔者创作的一部作品，曾在2008年"文华奖大赛"和"CCTV民族器乐电视大奖赛"中以创作者和参赛者的身份演奏了这首乐曲。

1.引子部分的"泛双音"新技巧

"泛双音"是由笛子所发出根音与中音、泛音结合在一起而产生的独特音响，演奏时需要注意口风角度及气息控制的配合，使低音及泛音通过颤指同时发出。如何通过改变指法、运气、口风、角度，可以同时吹出两个甚至两个以上的音？这是笔者上大学以来就一直在思考的一个问题，也是困扰笔者多年的一个问题。众所周知，因为竹笛原本就是一件单旋律乐器，要想让其发出复音，想法本身就极具挑战性。在经过不断地深入研究与尝试之后，那种具有"天地间朦胧、氤氲之感"的艺术意境最终在《天雨》的引子中得以呈现。

2.慢板部分的"一指孔演奏"新技巧

"一指孔演奏"，顾名思义就是用第一手指按孔作吹孔来吹奏，其他几孔依旧按指发音。例如，一根大G调七孔膜笛与一根大A调膜笛，它们的一指孔分别是小指孔与无名指孔。笔者发现用竹笛的第一指孔来吹奏，可以吹出一个八度加小三度的音域，音高比用吹孔吹出来的音要高一个八度，而且音色更加明亮，形成强烈的音色对比，更妙的是还可以让熟悉竹笛音色的人听不出是在用竹笛演奏，甚至不知情的人会以为换了一件乐器。《天雨》慢板部分"一指孔演奏"新技巧的运用，展示了在同一段旋律中运用两种不同方法演奏的音乐片段，这两个音乐片段的音色在短时间内形成强烈对比，更好地表现了人在雨中的内心独白，极大地增强了音乐的感染力，让音乐更富推动性。除此之外，在舞台上用两种不同的吹法来吹奏同一支笛子，其观赏性更强，能够引起观众强烈的好奇感和观赏兴趣。

(二)"合音演奏"在乐曲《传说》中的运用

新技巧"合音"是在"泛双音"基础上的进一步拓展，通过改变指法及口风使竹笛的低、中、高、泛音同时发出四个音。《传说》引子第一次出现的"合音"，用较松弛的口风吹奏及打开第一、二、五孔，同时奏出四个音。其音响效果让人似乎回到了远古时代，原始的厚重感扑面而来，苍凉中充满了神秘；又像是来自远古的呼唤，摄人心魄，让人神往。新技法“合音”经笔者研发并整理出20多组指法。

（三）“两声部快速吐音”“气射音”在乐曲《叹》中的运用

“两声部快速吐音”技巧是在传统喉音技巧基础上发展而来的。它有两个声部：第一个声部是竹笛的快速双吐演奏声部，第二个声部是双吐时气息冲击喉咙发出的嗓音与笛音相结合，通过两个声部的配合，形成一种新的色彩效果。《叹》在华彩乐段使用了“两声部快速吐音”，这一段音乐炫技性更强、音量更大，推动效果更明显、更具观赏性，会让听众有一种意料之外却在情理之中的感觉，体验到了一种全新的听觉感受。

乐曲快板的开始部分采用了新技巧“气射音”演奏，该技巧是用笛头搁在肩膀上，离开吹孔约20厘米用丹田发力冲击吹孔，再配合手指的按闭指孔，演奏出打击乐的音响效果。这个技法从音域、音色上都与乐曲前面及后面的音乐形成强烈的对比，给听众带来强烈的听觉冲击，极大地拓展了竹笛的艺术表现力，同时展示了竹笛艺术在当代音乐中全新的活力。

在笔者研究竹笛新技法的这段时间里，通过大量的艺术实践，不断整理出若干复音吹奏的新技法。它们是：①同时吹出二到五个音；②同时进行两声部快速的单、双、三吐音演奏；③同时演奏三声部；④用指按孔演奏旋律；⑤同时吹出两种不同的乐音音色；⑥低音七孔膜笛音域超过三个八度的新指法。

当然，在通过大量实践总结出来新技法的同时，笔者对竹笛管身长短粗细与指按孔之间距离的理论，也有了进一步的认识与理解。因此，无论是在泛音的数量上，还是在和弦音色的追求上，也都找到了一定的理论依据，得到了相应的印证。

二、管笛新乐器的发明与突破

2016年，笔者与笛箫制作专家董雪华共同发明的新型乐器“管笛”问世。管笛是一种竹管类乐器，它包含了所有竹类乐器的音色，是一种全新的、极富特色的、传统与现代相结合的乐器。它由八个指按孔和一个吹孔组成，外形类似乐器箫，如下图所示，目前已经研发出九个调的管笛（一个调一支）。

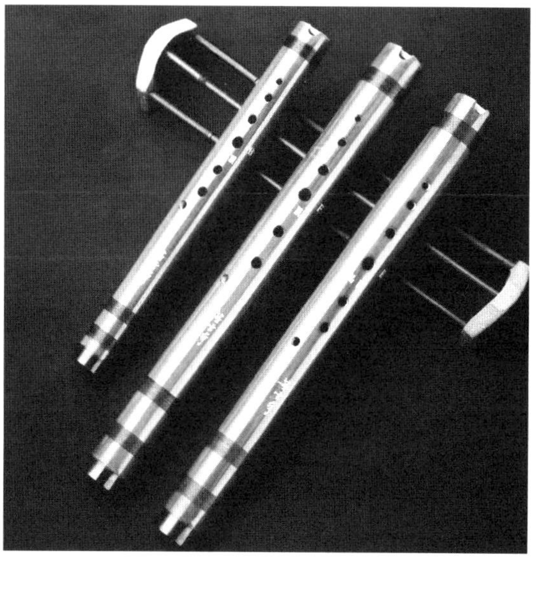

管笛音域宽广，表现力丰富，声音张力大，音色动听，能演奏各种音乐风格的乐曲。

从管笛的制作理论依据来看，不难发现，管笛的外形像箫，吹孔源于箫，但箫是开孔乐器，而管笛是半开半闭孔乐器（第一指按孔下方为封闭端盖），正因为如此，诞生了一件超过三个八度以上的吹管乐器——管笛。其主要特点是在演奏的指法排列上突破了传统的自然音阶排列方法，采用五声音阶的指法排列；将传统民族吹管乐器（笛、箫、埙、管子、陶笛等乐器）的常规演奏技法在管笛上集中体现。具体如下：

第一，管笛的音域十分宽广。它的音域可以达到比三个八度还高一个小六度，打破了我国现有的民族管乐器的音域记录，在音响上给人以强烈的震撼感。

第二，管笛的音色极为丰富、独特而神秘。它的声音包含了各种竹管类乐器的音色，包括笛、箫、管子、尺八、埙及陶笛等，这种音色上的多样化、立体感为其他乐器所不能及。

第三，管笛融进了所有管乐乐器的演奏技法，是一种多功能演奏乐器。管笛可成功地演奏多种管乐器的常规演奏技法，同时也拥有自己独特的演奏技法，如大幅度的滑音、极多而动听的泛音、奇特的音阶变化、口风角度变化、大二小二度音阶等。丰富的音色与多变的演奏技法使管笛表现力十足，感染力超强。

此外，管笛不仅能够独奏，还能与钢琴、交响乐、民族管弦乐团进行合奏、协奏；管笛简单易学的特点，使其能作为普及乐器进行推广和传播，为中国传统音乐文化的传播奠定了一定的基础。

管笛在让笔者欣喜的同时，也为其创作了处女作《管韵》。

《管韵》表达的是一种历史悠久的远古声音，力求展现古朴的音乐特色。在这首曲子中，管笛可以充分发挥其低、中、高音的音色魅力，烘托出充满古典美的音乐意境。

下图给出了《管韵》的曲谱与对应的管笛指法表。

选　项
筒音作$\underset{\cdot}{6}$
$\underset{\cdot}{6}$（全按）
$\underset{\cdot}{7}$（开第八孔半孔）
1（开第八孔）
2（开第六孔）
3（开第一孔）
4（开第二孔）
5（开第一、二孔）
6（开第一、二、三孔）
7（开第一、二、三、四孔）
$\dot{1}$（开第一、四孔）
$\dot{2}$（开第一、二、三、四、五孔）
$\dot{3}$（开第一、二、三、四、五、六孔）
$\dot{4}$（开第一、二、三、四、五、六、七孔）
$\dot{5}$（开第五、六、七孔）
$\dot{6}$（开第五、六、七、八孔）

（续表）

选　项
$\dot{7}$（开第一、二、三、七、八孔）
$\ddot{1}$（开第一、二、三、四、六、七、八孔）
$\ddot{2}$（全按超吹）
$\ddot{3}$（开第一、二、五孔）
$\ddot{4}$（开第一、二、四、五、六孔）
$\sharp\ddot{5}$（全按）
$\ddot{6}$（开第一、二、三、六孔）

《管韵》的第一部分旋律比较低沉，选用管笛的低音来演奏，这种低沉的音色会给人一种遥远、空灵的感觉，将听众瞬间带入深远的意境。管笛的演奏更是为乐曲增添了几分神秘，其独特的音色既立体又悠长，常常让人产生幻觉，以为是多个乐器的合奏，妙不可言。

曲子中段的激昂部分，有冲击力很大的高音区片段，在两个小节之内，要实现从最低音穿越三个八度到高音，这需要乐器具有强大的张力和极高的灵敏度。管笛正是这种强烈表现力的最佳载体，它可以轻松实现两小节之内三个八度的跨越，并数次重复。相比之下的其他乐器，不仅对这种音域上超高难度的跨越只能望其项背，若重复演奏此类跌宕起伏的曲子，更是会对乐器本身产生难以修复的破坏。

在《管韵》的演出中，笔者还曾与作曲家黄巧合作，由她为《管韵》进行交响乐配器，取得了极佳的音乐效果。

前不久，新版《射雕英雄传》一经播出，其管笛的配乐便受到行业众多爱好者的青睐。"央视"也曾多次播出管笛的节目及专题介绍。在行业内学术性演出中，管笛演奏也多次登场亮相，广受好评。

当然，管笛的发明是有其必然性的。首先，当代民族吹管乐器飞速发展，各种乐器都以自己独特的音色和表现力、丰富的技巧在当代深受演奏家及广大人民群众的喜爱，于是一种新的、能够融合各种吹管乐器技法和表现力的乐器的问世成为必然。其次，民族吹管乐器演奏家水平的不断提高也为管笛发明提供了先决条件：当代演奏家们不仅能够演奏多种吹管乐器，如笛、箫、尺八、葫芦丝、巴乌等，而且他们的演奏技术都达到了非常高的水平，能够胜任复杂且高难度的演奏技术，于是管笛的发明正好为他们提供了这样一种可能。

正如笛子演奏家戴亚所说："管笛的发明实现了将众多音乐元素融为一体的目的，可以说是对中国传统吹管乐器的一种升华，更是开创了乐器演奏的新篇章。"

（十四）赵逊

赵逊，笛子演奏家，教育学在读博士。西安音乐学院竹笛副教授，硕士研究生导师，民乐系吹打教研室主任。现任中国音乐家协会竹笛学会理事，陕西音乐家协会笛箫专业委员会副会长，西安市民族管弦乐学会副会长。“西安市百名优秀青年文艺人才”之一，陕西省“三秦学者”创新团队成员，中央电视台“十大青年竹笛演奏家”之一。

先后毕业于中央音乐学院民乐系、西安音乐学院研究生部，师从戴亚、王次恒、刘宽忍教授。

曾在香港获得国际首届民族器乐大赛金奖，第七届中国音乐“金钟奖”优秀奖，第三届陕西省民族器乐大赛笛子组一等奖，第二届陕西省民族器乐大赛“园丁奖”。

发起组建并指导的竹笛组合“风骨长安”获文化部颁发的第六届全国青少年民族乐器教育教学成果展示活动最高奖、陕西省人民政府颁发的教学成果奖、敦煌市委宣传部颁发的第八届敦煌民族器乐舞蹈艺术周展演金奖。

多年来勤于教学，兢兢业业，所教授的学生屡次在各类大赛中获奖。

基于赏析视角的高校民族音乐教育教学研究

赵逊

随着音乐改革的深入开展，教学活动对于教师和学生的能力要求不断提升，对课程设计和内容安排的合理性、科学性要求也随之提高。因此，结合民族音乐的特点及高校音乐教学目标，在高校民族音乐教学活动中培养和提升学生的民族音乐赏析能力是未来教学改革的重点和难点，所以教师应针对性地引导和培育学生对于民族音乐的认知，体会民族音乐的美感和内涵。

一、民族音乐赏析的特点

民族音乐是我国优秀传统文化的重要组成部分，而高校是民族音乐教育的重要基地，不仅能培养大批高素质的民族音乐传承人，还能增强学生的民族自豪感，推动社会对民族音乐的认知和了解。从赏析的角度看，民族音乐主要具有以下几个特点。

1.文化性

首先，民族音乐赏析的文化性集中表现在音乐产品的产生地。民族音乐根植于本土文化，蕴含着大量的文化因素，并且音乐本身就是情感和文化的产物，可以说民族音乐是民族文化的集中体现。各民族的文化心理及表达形式都集中展现在民族音乐作品中，要想从真正意义上理解和解读民族音乐，必须懂得民族特色及文化背景。其次，赏析音乐的开放性和包容性，要用开放的心态去对待民族文化。我国是多民族融合的国家，民族音乐就是在民族融合和发展过程中而产生并发展的，是一个不断融入和学习的过程。这就要求学生在赏析过程中了解这种文化精神，以开放的心态去理解音乐，了解文化。

2.民族性和地方性

民族音乐具有很强的地方性，我们可以通过民族音乐全面了解不同民族的文化特点及基本状况。例如，我国的民族居住特点是大杂居、小聚居，民族分布的地域性较为明显，不同地方的音乐类型也存在很大差别，每个民族都有自己独特的风格。

3.艺术性

赏析是艺术学习的基础，学生只有从民族音乐作品中挖掘美感，并从不同角度去感受，才能了解民族音乐，了解民族文化。具体来说，可以分层次赏析民族音乐的艺术性：第一层次，基本曲调赏析。曲调是音乐的基础，其长短高低的配合构成了基本旋律，这是音乐表现的最主要手段。第二层次，通过音乐旋律体现民族音乐情感。民族音乐的赏析也体现在歌词上，其语言精练，节奏明快，带有韵律性。高校进行民族音乐赏析教学时，要充分阐释作品的歌词，帮助学生理解，从而达到赏析的目的。对于具有深厚文化底蕴的传统民族音乐作品来说，教师更应该将民族内涵和文化融入作品赏析，在文化交织中引导学生体会民族文化和音乐。

二、高校民族音乐赏析现状分析

大学生应具有一定的音乐赏析能力。从相关调查数据可以得知，虽然大学生对于音乐赏析的需求较大，但其对高校所开设的相关课程的满意度并不高，集中体现在以下几个方面。

1.高校开设民族音乐课程不合理

现代音乐教育主要受到西方音乐教育的影响，其基本过程是20世纪初学习日本，新中国成立之后学习苏联，改革开放以后主要学习欧美国家，导致我国音乐教育长期沿用西方的教育体制，学生所接受的教育模式、教学内容都植根于西方。在这种氛围下减少了大众接受民族音乐的渠道，学生所听的音乐大多来源于西方音乐，致使传统民族音乐处于课程体系的边缘。例如，北京大学在音乐欣赏课的设置上仅有一门中国音乐课，且相关统计数据显示，选择中国音乐的学生并不多。

2.学生的学习兴趣较低

多数大学生没有接受过民族音乐的系统教育，且由于目前的社会经济环境影响，大多数民族音乐缺少适宜的社会生存环境，和学生的日常生活及思想脱节，学生很难对中国传统民族音乐产生兴趣。其原因笔者认为主要有以下两个方面：一是课外实践较少。高校音乐欣赏课一般都是选修课，课时较少，教学方式以课堂教学为主，学生能够到课外学习、感受的机会较少。音乐欣赏离不开相应的文化环境，否则学生难以从内而外地了解民族音乐，更不能赏析音乐的美。二是传统民族音乐缺乏与时俱进的传播方式。民族音乐作为传统文化的重要组成部分，在传播过程中一直没有找到很好的切入点，简单说，就是民族音乐在传播过程中与时代脱节，致使学生的学习兴趣降低。

3.教学内容与实际需求不符

大学生是个非常庞大的群体，他们有着不同的成长环境和教育环境，所以学生的音乐欣赏能力存在较大差别，教师在设计教学内容时应充分考虑学生的实际需求。但是从目前的赏析课程内容设置上看，教学内容相对单一，教学方式较为传统，与实际需求不相适应。

4.专业教师队伍薄弱

当前高校民族音乐教师队伍较为匮乏，除了一些艺术类院校有部分专业音乐教师外，全日制普通高校的音乐教师极其匮乏。一方面，教师教授民族音乐的热情不高，教授学生音乐赏析的动力不强；另一方面，民族音乐赏析对师生的专业素养要求极高。教师对民族音乐的题材选取、风格的把握等方面都直接影响课程的教学效果。所以，从整体来看，民族音乐赏析是音乐教育教学中较为薄弱的一环。

三、提高学生民族音乐赏析能力的途径

1.高校层面——改善课程设置，营造校园环境

一是改善课程设置。通过赏析民族音乐，提升学生对于传统文化的认知和了解，塑造学生正确的“三观”。二是营造校园环境。赏析是潜移默化的教育活动，高校要为学生的民族音乐赏析提供良好的环境，改变学生对于传统民族音乐的认识，提升他们的民族音乐赏析能力。

2.教师层面——创新教学模式，丰富教学内容

一是创新教学模式。首先，加强民族音乐的文化引导。要想实现对民族音乐的深入赏析，必须充分了解其文化内涵及文化背景。例如，小提琴演奏家俞丽拿演奏的小提琴协奏曲《梁祝》，虽然使用了外国乐器，但是在旋律上使用了中国戏曲中的散板、摇板等手法。在演奏技法上将二胡与小提琴相结合，利用西洋乐器演绎中国古代爱情故事。学生只有对“梁山伯与祝英台”的故事有充分了

解，且具备一定的戏曲知识，才能完全理解小提琴协奏曲《梁祝》的音乐内涵。在教学过程中，教师可以通过介绍民族音乐文化，加深学生对民族音乐的理解。其次，注重培育学生的审美能力。赏析一首民族音乐作品不仅要了解其中的文化性、民族性，更要通过现代音乐理论知识对其进行技术分析，从感性认识上升到理性认识，使学生不仅能听出民族音乐的美，更能分析出民族音乐美在哪里。例如，赏析《二泉映月》时，教师在授课之前先通过视频向学生展示该作品创作地惠山泉"天下第二泉"的场景，引领学生体会"泉水虽甜，人世却苦"的创作意境。

二是丰富教学内容。这首先是我国多元化民族特色的要求。在民族音乐赏析上不能拘泥于课本里的赏析曲目，要鼓励学生自主挖掘，充分理解民族音乐作品。其次，拓展赏析角度。教师在引导学生进行民族音乐赏析时，要进一步拓宽音乐赏析的视野，把音乐赏析和文化传承结合在一起，提升音乐赏析的教学效果。实现学生从赏析音乐美的本身，转变为通过赏析音乐学会参透人生哲理。

3.学生层面——改变刻板观念，提高赏析兴趣

许多学生认为学习音乐是专业艺术生的任务，并未从根本上重视音乐的学习。所以，学生应改变刻板观念，以正确的态度学习音乐。同时，要激发学生的赏析兴趣。学生要根据自身的兴趣爱好，主动学会赏析音乐。

音乐赏析是普及音乐的重要途径，随着民族音乐发展势头的渐升，学校应在教学体系中加强民族音乐教学，以利于陶冶学生情操，健全学生人格。同时，也有利于普及音乐知识，保护我国民族音乐健康发展，传承中华民族优秀传统文化。

参考文献：

[1]刘也愚，《高校音乐教学与民族音乐文化传承》，《黄河之声》，2015年第18期。

[2]黄宇，《高校民族音乐赏析思考》，《长江大学学报》（社会科学版），2012年第8期。

（十五）卢耀波

卢耀波，笛子演奏家，国家二级演奏员，上海音乐学院竹笛博士，西安文理学院音乐学院客座副教授。现任中国音乐家协会竹笛学会理事，陕西省音乐家协会笛箫专业委员会副会长，丝绸之路国际艺术节“风华长安”艺术总监，陕西省京剧院项目创研部部长，文旅部“百年百项”创作计划、国家艺术基金、陕西省艺术创作资助项目获得者，陕西省文旅厅专家库专家成员，陕西省青年艺术创作人才。

竹笛启蒙于刘怀琪，本科师从马迪并得到张延武的悉心教导。2004年起随詹永明教授2015级上海音乐学院硕士研究生、2023级博士研究生在读。

原创作品《祁连音画》《塬上诉》《锦瑟》《云韶》等由CCTV音乐频道展播并被多家出版社及唱片公司收录出版。

曾获香港国际竹笛邀请赛金奖，“敦煌奖”中国民族室内乐新作品展评活动金奖，陕西省民族器乐新作品征集评选活动一等奖等多项荣誉。多次与“央视”合作并出演CCTV15“江山如画”交响音乐会，2017年成功举办“长安笛韵梦江南”卢耀波个人笛子独奏音乐会并出版发行同名专辑，2019年国家艺术基金《祁连音画》竹笛原创作品音乐会全国巡演获成功，2022年在西安音乐厅成功举办个人原创作品音乐会。

专著有《祁连音画——卢耀波笛箫作品集》（上海音乐学院出版社）。

张延武竹笛艺术探微

卢耀波

中国民族音乐现在正处于飞速发展的阶段，“长安乐派”[①]作为西北音乐风格的重要代表之一，其各类民族器乐作品层出不穷，为中国民族音乐的发展做出了贡献。“长安乐派”中的笛乐作品基于本土戏曲、民歌、唐代宫廷音乐等元素创作而成，一直以来都受到广大演奏家们和民族音乐爱好者的青睐，作为“长安乐派”中笛乐的代表人物之一，张延武集演奏和作曲于一身，创作并演奏了大量的优秀作品，其演奏立足本土，南北兼容，张弛有度，高亢明亮而不失细腻委婉，其作品取材丰富，技法多样，调式调性多变，曲式结构新颖，富有歌唱性和旋律性，形成了独树一帜的音乐风格。

一、古城墙根下走出的竹笛演奏家

（一）儿时的回忆

张延武出生在古城西安，家住南城墙根下，从少儿时代便对文艺有着浓厚的兴趣。小的时候，张延武经常跟着父母参加单位举办的舞会，由于其中会有精彩的乐队演奏，所以每次到场，他都会仔细聆听乐队演奏的乐曲，观察各种各样的乐器，当美妙的音乐从各种造型奇特、不同音色的乐器中演奏出来时，他便被深深吸引。少儿时期的好奇心和对艺术的特殊情感为他今后走上艺术道路悄悄撒下了种子。

小学时期，为加强素质教育，学校开设了各种兴趣爱好学习班，出于对器乐演奏的浓厚兴趣，张延武果断参加了器乐学习班，并选择了竹笛这一拥有悠久历史的中国民族乐器，从此播撒在他艺术道路上的竹笛种子悄然成长起来。

（二）童年的启蒙

随着“文革”的到来，张延武离开了那个艺术启蒙的小学，回到了城墙根下温暖如初的小家。每当夜幕降临，夜空中便会传来悠扬动听的笛声，一阵阵美妙的音乐吸引着他，他便抑制不住内心的激动，去寻找那美妙笛声的来源，从此结识了他人生中的第一位老师刘万忠先生。在刘老师的指导和帮助下，张延武凭着自身极好的音乐记忆力和敏锐性，很快熟练掌握了数首广为流行的笛曲。当年条件有限，只能露天练习。宋代的城墙，清代的门洞，便是最佳习笛场所。冬练三九，夏练三伏，厚重的古城墙上留下了一串串音乐的脚步。之后经由刘老师介绍，张延武登门拜见了竹笛演奏家、教育家、作曲家梁欣先生[②]并跟随其学习，梁先生的艺德艺风对张延武艺术的影响一直延续至今，在其艺术成长之路上起到了至关重要的作用。

---

① 转引自罗艺峰《历史呼唤长安乐派》一文。“长安乐派”特指出现在陕西，以生活在本地的音乐家为主体，其作品反映出以长安地方为代表的西部文化特征和精神面貌，形成陕西音乐文化特有的音乐风格内涵，有着自己深厚音乐传统和明确学术谱系的现代中国音乐流派。

② 梁欣，西安音乐学院民乐系副教授，代表作品有竹笛独奏《乡歌》、竹笛二重奏《啊，青春》、唢呐独奏《关中情》等。

（三）青年的成长

青少年时代的张延武在当时的西安文艺界已是小有名气，上高一时便被抽调到西安市莲湖区劳武巷学校，在此期间经朋友介绍认识了仰慕已久的笛子演奏家高明先生[①]，先后学习并演奏了其优秀代表作品。高明先生当时对他的评价是这样的："张延武是学我学得最像的学生，他的乐感音色特好，模仿力极强。"[②]跟随高先生的学习，也使张延武对竹笛的演奏有了更深的体会和感悟，推动了他对职业演奏员身份的向往和渴望。1972年底，张延武终于如愿以偿，顺利进入陕西省广播文工团从事专业竹笛演奏工作，由于专业能力过硬，再加上自身的严格要求和刻苦练习，参加工作的第一台晚会团领导便安排他担任独奏（直到1989年离开广播文工团）。

1974年陕西省广播文工团派张延武赴延安跟随牛宏模老师[③]进行为期一个月的学习。由于牛老师年轻时曾跟随北派大师冯子存先生和王铁锤先生学习，所以极善于演奏二人台风格的乐曲，通过一个月的系统训练，他对北派二人台风格的音乐作品和演奏方法有了较为系统的了解。1975年，他与梁欣先生合作演奏竹笛二重奏《下乡第一课》代表陕西省参加了全国调演。

1981年，陕西省广播文工团派张延武赴北京中国广播艺术团，跟随红极一时的《牧民新歌》作者简广易老师[④]学习，简老师上课特别强调基本功的重要性，对待艺术非常严谨，演奏一丝不苟，这也为张延武之后的演奏与审美打下了良好的基础。在京期间，除了在有限的时间内学习知识和汲取营养，观摩各种大小型的晚会、音乐会，他还通过当年一位挚友陈斌拜见了北派宗师冯子存先生，竹笛演奏家俞逊发先生，刘森先生，总政歌舞团曾永清先生和战友歌舞团张森清先生。北京的学习生活是极为充实和丰富的，通过跟随简广易老师的学习，对各大演奏家的拜访与请教，各类文艺活动的参与观摩，使张延武的艺术视野更加开阔，艺术修养更加成熟，并真正认识和理解了刘森音乐风格演奏的真谛。

1982年张延武创作并演奏了竹笛独奏《秦川叙事曲》，同年与恩师梁欣先生合创并演奏了竹笛独奏曲《乡歌》，参加陕西省全省会演获三等奖，并代表陕西省参加文化部在武汉举办的全国民族器乐独奏观摩演出获表演奖。在此次全国民乐盛会中，张延武结识了李镇、曲祥、曲广义、詹永明、戴亚等来自全国各地的竹笛演奏家，还有幸拜见了南派竹笛宗师赵松庭先生并得到了其简短指导，此次民乐大盛会让全国各地的演奏家欢聚一堂、交流学习，为之后中国民族器乐的发展起到了推波助澜的积极作用。

为了获得更加丰富的理论知识，提高自己的音乐素养，张延武于1983年考入西安音乐学院民乐系，跟随元修和[⑤]老师继续深造，由于元老师在五十年代跟随南派宗师赵松庭先生习笛，所以跟随元老师的学习弥补了南派风格演奏的不足，更加完善了张延武演奏风格的全面性与系统化。在校期间，除了掌握竹笛专业知识外，还努力学习作曲理论知识，进一步充实自己，为自己的多元发展道路打下了坚实的基础。

---

① 高明，笛子演奏家、作曲家，代表作品有《陕北好》《枣园春色》等。

② 笔者于2018年2月在陕西西安对张延武老师的采访记录。

③ 牛宏模，陕西歌舞剧院笛子演奏家，代表作品有《边区运输队》《秋收》《三十里铺》等。

④ 简广易，笛子演奏家，原中国广播艺术团民乐团独奏演员，代表作品有《牧民新歌》《山村迎亲人》等。

⑤ 元修和，西安音乐学院副教授，赵松庭的第一位正式学生，培养出了马迪、张延武、孙永志、程天健等一批优秀演奏家。

（四）成年的翱翔

1989年，张延武离开了陪伴他一起成长奋斗十七年的陕西省广播文工团，进入陕西省最大的文艺团体——陕西省歌舞剧院，在十三朝古都的历史背景下，陕西省歌舞剧院承担了为外国友人宣传中华民族优秀文化的重任，张延武所在的歌舞团为外国友人演出各种唐代音乐、舞蹈、诗歌等文化节目，在陕西省歌舞剧院歌舞团的十年是充实而又积极向上的十年，也是硕果累累的十年。在此期间，张延武创作了大量的舞蹈和器乐作品，并获得陕西省会演独奏一等奖与音乐创作奖若干。除此之外，他还兼职西安市青少年宫民族乐团指挥，六年乐团指挥的经验使得他的指挥和排练水平得到了很大提高，为以后的指挥之路打下了坚实的基础。

2000年底，张延武任职西旅集团西安唐乐宫音乐总监，也正是在2000年，他与来自宝岛台湾的林谷珍先生相识。从两个人的交流谈话中，他发现了这位台湾同胞的不寻常，林先生对中国竹笛各方面的见解和阐述给他留下了深刻的印象，当时由于身兼数职并忙于事务工作，他对笛子的演奏已经有所疏远，据张延武老师口述，之后林先生经常来电鼓励督促："张延武啊，虽然你现在做指挥当音乐总监，但是笛子演奏一定不要丢掉啊！一定要坚持练琴！要写出新的笛子作品！因为刘森、简广易老师曲风的演奏者当今屈指可数，我们一致认为你是当今刘森演奏风格的代表之一。"[①] 林先生的肺腑之言激励并鼓舞了他，心中那团对笛子的热情之火又迸发出光芒。之后经林先生邀约，他与好友马迪先生先后两次赴台上演"中国竹笛名家荟萃系列音乐会"之"长安笛韵"及"秦川风情"。来自古城长安的两位演奏家悠扬动听的乐曲风靡海峡两岸，响彻大江南北。林先生慧眼识人，给予了张延武第二次竹笛演奏的春天。

二、张延武作品与演奏浅析

（一）浅析《秦川叙事曲》的创作与演奏

《秦川叙事曲》是张延武于1982年创作的第一首竹笛作品。作为土生土长的陕西人，张延武对陕西地方戏曲音乐的感情非常深厚，秦腔、眉户、碗碗腔等特色关中戏曲音乐都为他创作这首乐曲提供了大量的素材。乐曲快板热情、欢快，慢板深沉、激昂，再现部热烈激动，全曲采用f调小梆笛筒音作 5̣ 演奏，音乐叙述了"八百里秦川"多年来的沧桑变迁及秦川人民对美好生活的憧憬。据作者口述，此曲也是其跟随笛子演奏家简广易先生习笛三个月后，模仿其经典之作《牧民新歌》的演奏技法及创作手法而成，该曲曾获第三届全国民族器乐展播优秀作品奖。

乐曲第一段的快板部分充分发挥了f调小梆笛高亢明亮的声音特性，并加入具有特色的轻吐音，《秦川叙事曲》快板第一句中结合气震音的歌唱性处理方式，与快速行进的旋律结合，使乐曲明亮而富有歌唱性，声腔化的处理，滑音抹音及竹笛叉口音和第六孔半孔音的灵活运用都为此曲第一快板的演奏倍添情趣（见谱例1）。传统北方技巧花舌、吐音的加入使得旋律高亢激昂，质朴豪放，具有浓郁的陕西地方特色，表现了秦川人民的美好生活场景（见谱例2）。

谱例1

① 笔者于2018年2月在陕西西安对张延武老师的采访记录。

谱例2

第二段的慢板利用主题穿插变化（见谱例3），采用了大量的轻吐音、气震音和滑音，利用竹笛音色最佳的中音区结合优美动人的旋律娓娓道来，重点突出了刘森风格演奏中舌与气的默契配合，再加上乐曲的强弱和速度的变化，干净利落的吐奏与长线条旋律的对比，使得深情的慢板更具有歌唱性和感染力（见谱例4），演绎出“八百里秦川”的沧桑变化、历史的厚重及作者对这片沃土的深情厚谊。

谱例3

谱例4

第三段属于主题变奏形式的再现快板，用第一段主题变奏并慢起减快，加入竹笛旋律与伴奏对奏的形式，运用大量快速双吐，$\frac{2}{4}$ 拍与 $\frac{3}{4}$ 拍的交替变化，以及“2̇”音、“5̇”音与“6”音垛音的快速交替变化，使得再现部分更加热烈激动（见谱例5），全曲在高亢激昂的快速旋律中结束。

谱例5

（二）浅析《踏歌》的创作与演奏

“踏歌”是来源于民间，兴起在汉代，风靡于盛唐的一种舞蹈形式，描绘了春意盎然，丽人携手而行，踏青春游的场面，表现了盛世太平，国泰民安的美好生活。此曲原为张延武在陕西省歌舞剧院工作期间，以西安鼓乐的音乐素材，为当时的仿唐乐舞创作而成的同名大型舞蹈音乐，后由林谷珍先生邀请赴台参加“秦川风情”竹笛专场音乐会而改编创作为竹笛独奏曲，此曲取材于传统西安鼓乐，加入舞蹈音乐的动感节奏，结合调式调性的交替转换，运用竹笛复杂多变的指法和技巧，展现出盛唐时期歌舞升平，国泰民安的幸福场景。全曲采用D调曲笛演奏，分为自由的引子、快板、舒缓的慢板和激动的快板四个部分。

第一段引子部分运用筒音作 5̣ 的指法，以长线条单音上行和三连音下行的方式过渡到“6̣”音的交击演奏①，引子后半部分加入了大段循环换气和音符快速变调向上模进，把引子部分推向高潮。表现了大唐盛世，丽人踏青，人潮涌动的场面（见谱例6）。

谱例6

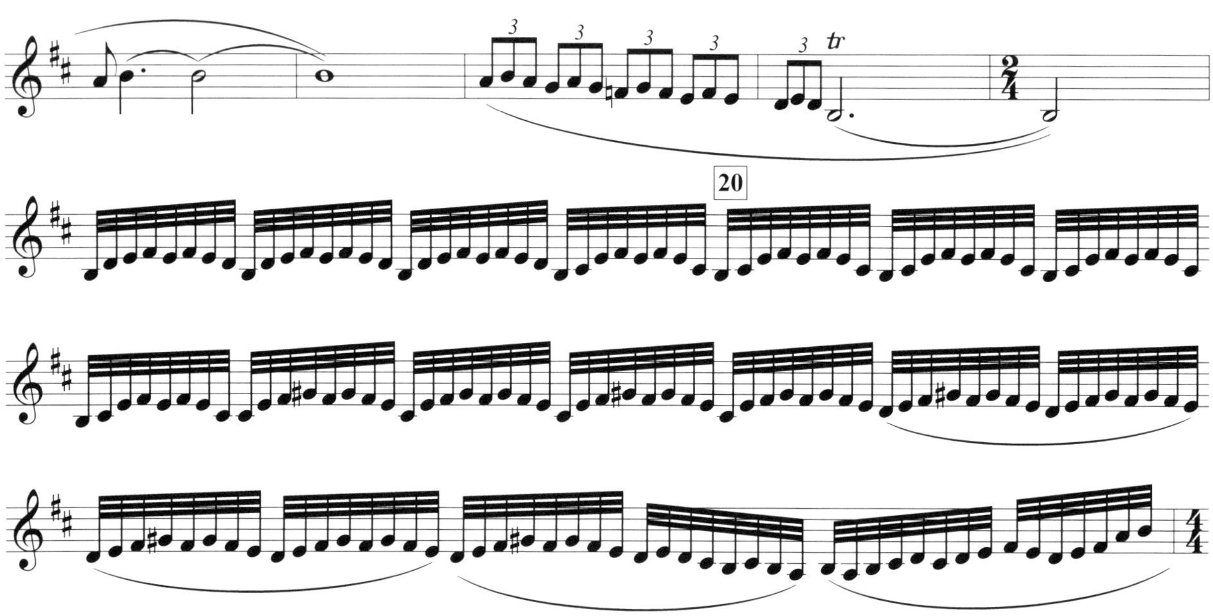

① 竹笛二三孔手指快速交替按孔吹奏。

第二段的快板运用筒音作 **2** 的指法，前半段采用了大线条旋律结合乐舞节奏和丰富的乐队配器，中国大鼓强有力的鼓点（见谱例7），轻巧有趣的吐音与下滑音结合演奏，长线条气震音的运用，推出了音乐主题，描绘出整齐划一，万人齐舞的宏大场面以及观舞者嬉笑言语，交谈甚欢的有趣场景（见谱例8）。

谱例7

谱例8

后半段采用相同主题离调呈现，使得音乐更加高亢明亮，后又回归原调，巧妙的处理方式使得舞蹈音乐更为活泼生动（见谱例9）。

谱例9

第三段的慢板开始为主题音乐变奏，缓慢优美的变奏主题配合歌唱性的演奏方法，呈现出一位绝代佳人在众人注目下翩翩起舞、婀娜多姿的场景，后转为筒音作 **1** 演奏以转调引出下一部分（见谱例10）。

谱例10

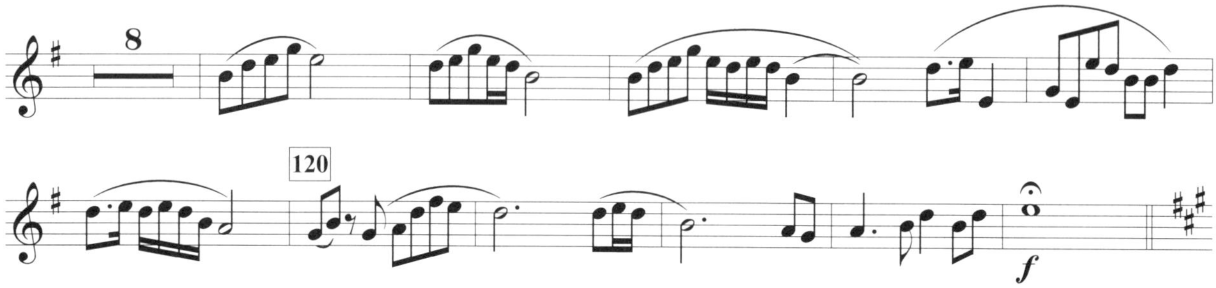

唐代盛产诗词歌赋，有音乐舞蹈必有吟诗作对，慢板中部分两条旋律进行，由乐队演奏主题音乐，竹笛在伴奏上方进行较自由的演奏，上下两条旋律交织进行，下方是固定的柔美慢速节奏，上方是较自由并富有歌唱性的悠扬旋律，有一种才子吟诗、佳人起舞的浪漫意境（见谱例11）。慢板后段将两条旋律合并，以深情的慢线条旋律进行诉说，娓娓道来，中间运用了富有特色的下滑音与气震音的结合，展示了歌舞和鸣的意境，最后旋律减慢以上行的方式进入快板（见谱例12）。

谱例11

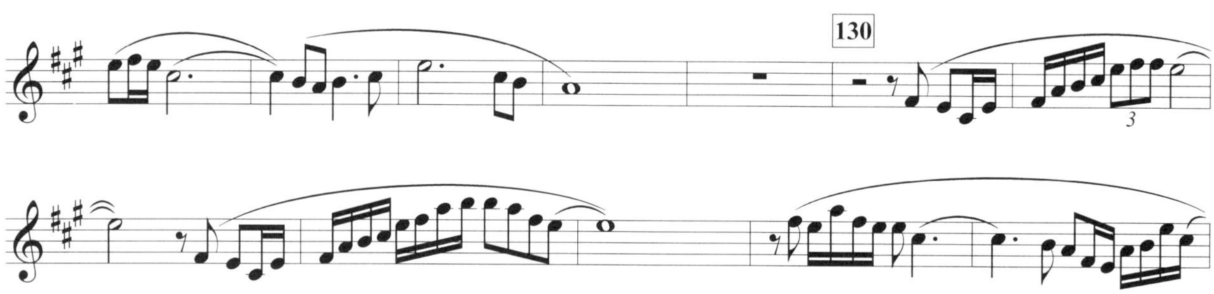

谱例12

第四段快板前段采用筒音作 **2** 的指法演奏，利用主题变奏的形式，使用快节奏的 $\frac{2}{4}$ 拍结合八分

音符进行，此处采用大量轻吐音与气震音，展示出踏歌起舞、万人欢腾的场面（见谱例13）。中间部分突转筒音作 **3** 降低大二度演奏，使声响效果由明转暗，后又转回筒音作 **2** 演奏，由一个八拍的颤音将音乐引入吐奏与长线条旋律对比的段落（见谱例14）。此段落采用 $\frac{3}{4}$ 拍和 $\frac{2}{4}$ 拍节奏交替进行，$\frac{3}{4}$ 拍的复合节奏结合鼓点式的吐音，用中低音区演奏，表现出一种紧张有力的气氛，$\frac{2}{4}$ 拍的长线条旋律采用三拍和四拍的长音，用中高音区演奏，表现出飘逸而又不失激情的氛围。两种不同节奏、不同音区、不同技巧、不同效果的旋律交替对比，使得此段非常富有张力（见谱例15）。最后便是全曲最高潮的部分，作曲家将主题音乐进行放大变奏并反复强调，分解和弦式的 $\frac{3}{4}$ 拍快速吐奏和倍高音超吹的加入，使乐曲在高亢激昂的豪迈气势中结束（见谱例16）。

谱例13

谱例14

谱例15

谱例16

《踏歌》这首乐曲是陕西笛曲中少有的取材于西安鼓乐元素创作而成的乐曲。竹笛悠扬动听，富有张力的演奏加上大气磅礴的乐队，仿佛使人梦回大唐，感受那气象万千的古都长安。

三、才华横溢的民族音乐家

（一）杰出的演奏家

张延武遍访名师、潜心学习，演奏风格集众家之长，既有大西北的豪迈奔放，又有江南水乡的优雅细腻。在演奏方面，他把刘森风格的歌唱性融入陕西风格的竹笛作品，着力追求气息的变化与掌控，声音的通透与统一，娴熟的演奏技巧和丰富的感染力形成了他独树一帜的演奏风格。多年来，他活跃在国内国外的各大舞台，把古都长安的笛声带往各地，让大家更多地接触了解陕西竹笛艺术，加强了对陕西笛乐文化的宣传。

表格3-1 张延武参与重大演出一览

时间	演出项目	参演曲目与所获奖项
1975	代表陕西省参加全国调演	《野营路上》
1975	代表陕西省参加全国调演	竹笛二重奏《下乡第一课》
1982	代表陕西省参加文化部在武汉举办的全国民族器乐独奏观摩演出	《秦川叙事曲》《山村小景》荣获表演奖
1996	陕西省音乐舞蹈大赛	《丝绸之路幻想组曲》荣获一等奖
1997	陕西省歌舞剧院赴日本巡演赵季平作品音乐会	《丝绸之路幻想组曲》
2001	台北国家音乐厅《长安笛韵》	《秦川叙事曲》《乡歌》《跑旱船》等
2003	台北国家音乐厅《秦川风情》	《踏歌》《白祝》等
2004	台北市政府国立乐团管乐艺术节	《牧笛》
2005	西安音乐学院东方民族乐团赴维也纳金色大厅《华乐新韵》民族交响音乐会	担任竹笛首席

时间	演出项目	参演曲目与所获奖项
2006	香港“竹韵小集”两岸三地联合演出	担任指挥并独奏《秦川叙事曲》
2009	香港竹韵小集“秦风”专场音乐会	担任独奏及指挥
2010	台湾竹堑国乐节	《交城的山水》
2013	代表陕西省赴国家大剧院参加《秦风秦韵》专场音乐会	《乡歌》
2014	笛友之家创建十周年系列活动之“水韵笛音”竹笛名家名曲音乐会	《乡歌》《踏歌》
2015	星海音乐厅与广东民族乐团合作演出“民乐狂想–名师名曲汇”音乐会	《牧童的幻想》
2016	代表文化部赴欧洲巡演	《交城的山水》
2016	陕西省竹笛艺术节	《花儿情》
2016	受邀赴武汉音乐学院演出	《踏歌》
2016		
2017	代表文化部欧洲七国巡演	担任指挥及独奏
2017	“铜岭竹音”名家名曲系列音乐会	《打秋千》
2017	琴园国乐团“李蓉传奇”	《秦川叙事曲》
2017	赴厦门海娃民族乐团合作演出	《踏歌》

（二）优秀的作曲家

张延武的创作取材丰富，技法新颖，曲式结构多样。从参加工作至今，创作和改编了大量的各类民族器乐作品。

表格3–2 张延武创作竹笛曲目一览

时间	曲目名称	曲目说明
1978	《秦川叙事曲》	
1979	《乡歌》梁欣、延武 曲	此曲收录于《中国竹笛名曲荟萃》，1994年由上海音乐出版社出版
1985	《打秋千》	
1988	《牧童的幻想》张晓峰、张延武 曲	
1999	《古道吟》	
2001	《跑旱船》马迪、延武 曲	台北《长安笛韵》音乐会首演
2003	《踏歌》	台北《秦川风情》音乐会首演
2003	《白纻》	台北《秦川风情》音乐会首演
2010	《交城的山水》	台湾竹堑国乐节首演
2016	《傩曲》张延武、赵逊 曲	“秦吟”赵逊竹笛专场音乐会首演
2017	《曲江春游图》	陕西省竹笛艺术节首演
2017	《花儿情》	陕西省竹笛艺术节首演

表格3–3 张延武创作唐代乐舞音乐一览

时间	曲目名称	曲目说明
1997	《大踏歌》	为同名大型组舞而创作
1998	《白纻》	
1998	《霓裳羽衣舞》	
2000	《万岁乐》	
2000	《秦王破阵乐》	
2007	《禅》器乐与人声	
2008	《木屐舞》	
2016	《大唐女皇》	为同名大型舞剧而创作

表格3–4 张延武创作民族管弦乐合奏曲目一览

时间	曲目名称	曲目说明
1995	《新编紫竹调》	
1996	《拜年调》	
1997	《喜悦》	
1997	《青少年进行曲》	
1998	《信天游》	
2001	《苏珊娜》	
2001	《铃儿响叮当》	
2006	《叫板》	获2006陕西省民族器乐作品创作演奏大赛作品一等奖、指挥一等奖、演奏一等奖
2014	《盛世升平》	获2014国家艺术基金
2014	《胡旋舞》	获2014国家艺术基金

（三）严谨的教育家

张延武现任西安音乐学院竹笛专业教授，十几年来，他严谨教学，授业解惑，一直坚持在民族音乐教育一线，从基本功的训练到乐曲的熟练掌握，从南北传统乐曲、地方风格性乐曲到现代作品，从谱面的基本掌握到音乐的深度理解，他把自己多年的宝贵经验和代表作品传授给学生，培养了一批又一批的优秀竹笛演奏人才，如邱峰（陕西省广播电视民族乐团竹笛首席）、卢耀波（上海音乐学院竹笛硕士）、刘芮冰（陕西省广播电视民族乐团竹笛演奏员）、张丹（陕西省广播电视民族乐团竹笛演奏员）、顾雨（陕西省广播电视民族乐团竹笛演奏员）、阴梦菲（西安音乐学院竹笛专业优秀学生）、司梦（西安音乐学院竹笛硕士）、张维本（入选2017中央音乐学院尖子人才培养项目）、马荣（陕西师范大学音乐学院竹笛硕士）、张哲普（西安音乐学院竹笛硕士）、成文（西安音乐学院作曲硕士）等。除此之外，他还在海内外积极开学术交流及讲座，如2006台北琴园国乐团讲学；2010年台南艺术大学专题讲座；2010台北协奏曲大赛评委；2016年青海张延武笛乐专题讲座；2016年武汉音乐学院《乡歌》专题讲座；2017厦门海娃国乐团专题讲座；2017年古城西安"师承"张延武竹笛研修班讲学等，传承并发扬了陕西笛乐艺术。

（四）成功的指挥家

张延武曾任西安市青少年宫民族乐队指挥，西安唐乐宫艺术总监兼乐队指挥，陕西省室内民族乐团常任指挥，现任陕西省广播电视民族乐团常任指挥，西安交通大学民族乐团常任指挥，西安音乐学院民乐系秦筝乐团艺术指导，台北琴园国乐团客座指挥等职。从刚开始的西安市青少年宫，到现在走向职业化高水准的陕西省广播电视民族乐团，张延武为它们创编并排练了大量的优秀民族音乐作品，并带领乐团赴国内外参与各种重大演出活动及比赛，培养出了一大批高水准的青年演奏家，为陕西民族管弦乐合奏的茁壮发展作出了贡献。

综上，在这个历史悠久，文化底蕴深厚的古都长安，培养和孕育出了一代又一代杰出的民族音乐家，张延武集演奏、创作、指挥、教学于一身，为西安的民族音乐文化添上了重重的一笔，丰富多彩的艺术成长之路，富有特色的演奏风格和演奏方式，以陕西各地音乐素材创作而成的大量作品，形成了他独特的音乐风格，乐团几十年如一日的排练和在音乐学院一丝不苟的严谨教学又表明了他努力传承发扬陕西民族音乐的信念。笔者有幸在大学社会实践期间参与张延武老师的乐队排练，大学毕业后又与延武老师在西安唐乐宫共事五年有余。在此期间，笔者深切体会到他对竹笛事业矢志不移的热爱和坚持不懈的追求并为之深深感动和激励，作为新一代陕西民族音乐的继承者和传播者，更要把这种精神和信念发扬光大，不断提高艺术修养，多方位全面发展，为陕西民族音乐文化作出贡献。

参考文献：

［1］陕西省民族管弦乐学会，《"长安乐派"研究文集》，《陕西民乐》，2009年。

［2］华韵，《历史呼唤长安乐派》，《音乐研究》，2005年。

［3］詹永明，《中华笛文化系统工程研究》，台北观念文化事业有限公司，2013年。

［4］林谷珍，《长安笛韵——马迪、张延武笛子演奏曲谱集》，琴园文化艺术股份有限公司（台湾），2002年。

［5］萧舒文，《20世纪中国笛乐》，文化艺术出版社，2013年。

［6］明阳，《刘森笛子艺术研究》，上海音乐学院，2013年。

［7］高纯华，《"长安笛派"之探微》，《音乐时空》，2013年。

［8］林谷珍，《长安笛韵——马迪、张延武笛艺联展VCD》，琴园国乐团（台湾），2001年。

［9］林谷珍，《秦川风情——马迪、张延武笛艺联展DVD》，琴园国乐团（台湾），2003年。

（十六）李乐

李乐，青年笛子演奏家，中央音乐学院竹笛表演博士（在读）。天津音乐学院竹笛副教授，天津音乐学院民乐系吹打教研室主任，中央音乐学院外聘竹笛教师。中国民族管弦乐学会箫埙专业委员会副秘书长，中国音乐家协会竹笛委员会理事。2007年CCTV民族器乐电视大赛竹笛第一名。2009年“金钟奖”竹笛金奖得主。

六岁随父亲李晓苏学习竹笛。十岁时跟随笛子演奏家张永发学习。在此期间多次获得省、市器乐比赛竹笛演奏第一名。2000年考入中国音乐学院附中，先后师从笛子演奏家刘舍有、詹永明、王次恒等教授。2006年考入中央音乐学院，师从笛子演奏家、教育家戴亚教授。2010年被中央音乐学院保送研究生，是中央音乐学院历史上第一个竹笛专业保送研究生。2012年以竹笛专业最高分成绩毕业，并获“北京市优秀毕业生”称号。2012年被天津音乐学院选为“优秀青年教师计划”中的一员。2014年获批“天津市宣传文化五个一批人才”。2015年获批“天津市青年拔尖人才支持计划”。

2018年跟随刘管乐亲传弟子辛正奎先生学习。近年来，曾应邀与美国底特律交响乐团、英国皇家交响乐团、俄罗斯国家民族室内乐团、德国广播爱乐乐团、中国青年民族乐团、中国青年交响乐团、中央民族乐团、中国广播乐团、中国交响乐团、北京爱乐乐团、国家大剧院交响乐团等国内外知名乐团合作上百场演出，担任竹笛独奏，并多次录制CCTV音乐频道“风华国乐”等节目。参与的“大川国乐”“青年紫禁城室内乐团”“雅心琴歌”“凡音”等组合在国内外有多次大型的演出活动，曾受邀在维也纳金色大厅、俄罗斯国家音乐厅、纽约林肯中心音乐厅等地进行演出。

2014年出版发行首张个人独奏DVD，2015年出版发行《邶风——击鼓》李乐独奏CD，2016年在天津大剧院成功举办“李乐个人独奏音乐会”，并出版发行DVD。

2018—2019年参加国家艺术基金项目“中央音乐学院龙之吟笛埙乐团专场音乐会”全国巡演活动，2019年参加CCTV新年音乐会，与中国爱乐乐团合作演出笛子协奏曲《空中花园》。2019—2020年参加“流动的时光——龚琳娜二十四节气古诗词音乐会”全国巡演活动，2022年参加广东卫视“国乐大典”第四季，被称为“青年笛子演奏家的天花板”，2023年参加北京电视台春节联欢晚会，2024年参加中共中央国务院春节团拜会文艺演出，等等。

赵松庭的乐器改革实践及其意义

李乐

众所周知，中国的笛文化历史悠久、底蕴深厚。新中国成立以来，笛子艺术更是有了长足发展，呈现出前所未有的繁荣局面。其中一批杰出的笛子演奏家，正是这繁荣局面的重要标志和内生力量。赵松庭先生便是其中一位对笛子艺术发展作出重要贡献的演奏家。同时，他也集作曲家、教育家、理论家、改革家的身份于一身，对半个世纪以来中国笛乐的发展产生了深远影响。他曾经在《笛艺春秋》中自谦地对自己在笛乐方面所做过的工作进行了总结，大致分为七个方面：探讨笛史、演奏技巧的归纳与总结、竹笛的声学问题、竹笛的律学问题、美学问题、教学方法及乐器改革问题。[①]而从目前已有文献来看，学界对赵松庭先生的研究，大多涉及笛乐历史、技法、声学、律学、美学及教学等诸多方面，但对于其在乐器改革上的实践，则少有关注。本文则主要探讨赵松庭在这方面的贡献及其意义。

一、赵松庭乐器改革实践

自20世纪20年代“大同乐会”的旧乐器仿制，到新中国成立以后1954年的“民族乐器改良座谈会”及之后的多次座谈会的举行[②]，都体现了中国民乐人在乐器改革上的探索和实践。期间“笛乐”的改革成果丰硕，正如萧舒文所言：“整个20世纪，笛类乐器改良成果数以百计，加孔、加管、加键等各种改良探索，响应者、改革者心中怀揣的奇思与梦想，都倾注于这件形制简单得不能再简单的单管乐器之上。”[③]从历史发展的角度看，在笛子乐器上的“革新”，有的改变了笛子的形制，如加键，这属于改良的层面；有的并没有改变笛子的形制。尽管结果并不一样，但是这两种“革新”均属于改革的范畴，赵松庭正是乐器改革者中的重要一员。他的笛乐改革主要体现在以下方面。

（一）仿制古乐器

赵松庭先生的乐器改革实践，首先体现在对古代乐器的仿制、复原上。1973年，赵先生与吕骥等考古专家在深入余姚河姆渡对出土骨笛进行考察之后，经过测试、测音，试吹得知此骨笛已具备音阶结构，其律制是属于中国传统的三分损益律，与中国古代的七声音旧音阶，两者是一脉相承的，它的历史可以上溯到七千年前。他根据出土文物仿制了一根F调骨笛。此骨笛用鸡腿骨制成，左一孔右两孔，吹孔在中间。音乐家钱兆喜利用赵先生制作的骨笛和古代骨笛的意境，创作了民族交响乐作品《原始狩猎图》，大获成功。

吹响河姆渡骨笛后，赵先生又把目光投向了敦煌壁画中的古代乐器——篪。这种器乐在唐宋时期非常流行，但已失传千年。数十年来，国内外有不少人试图让其复活，但均未成功。赵松庭和

① 赵晓笛，《笛艺春秋——赵松庭笛曲文论集》，人民音乐出版社，2011年版第235页。

② 韩国鐄，《民族乐器的改良1946—1976》；刘静之，《中国新音乐史论集（1946—1976）》，香港大学亚洲中心，1990年。

③ 萧舒文，《20世纪中国笛乐》，文化艺术出版社，2013年版第116页。

弟弟赵松龄根据唐宋典籍记载及壁画上的形象，经十年研究探索，终于仿制成功，他们将其命名为"雁飞篪"，学名"同管双笛"。这件乐器吹孔在中部，把笛管一分为二，管中无阻隔，左右两侧笛管相互联系而又可以分别加以控制。"雁飞篪"可以吹奏出比传统横笛丰富得多的纯音，吹奏的音域范围也比传统横笛宽广，又因为左右两只"同音调"的笛子同步进行协奏，可使听众感受到空间立体声的效果，这一独特的优点是传统横笛及其他乐器所不具备的。演奏者在表演时面对听众手臂平举乐器，似托似拱，展现出一派谦恭而又端庄的舞台艺术形象。赵松庭先生于1999年携弟子戴亚、杜如松到台湾交流演出，首次公开亮相了"雁飞篪"，并且杜如松成功首演了专属作品《雁南飞》，获得了广泛关注。

赵松庭先生将"雁飞篪"的实用设计、工作程序分为六步：1.选定制作管材；2.选定吹孔及音孔的大小；3.选定基准音的频率及正常使用时的室温；4.选定基准音的指法，确定左笛与右笛的长度；5.选定若干控制音，确定相应音孔的位置及相应的指法；6.选择适当的指法，在高音段和低音段吹出协和的纯音。除此之外，还研究出了不同调"雁飞篪"的基本设计参数、设计频率和指法。

此外，他还依据大量与"玉"相关的古诗词中得到灵感，研制出玉笛，并且投入演出实践当中。

（二）笛子改革

笛子作为伴奏乐器时，可以允许在音域不够时"低吹高唱"或"高吹低唱"。在乐队合奏时由几支不同调子的笛子共同完成一个任务，也能补救音域较窄的缺憾。但在笛子走上独奏舞台后，扩展乐器音域就成了当务之急。这是舞台表演的发展对乐器性能提出的必然要求。很多人竞相在一支笛子上冲击高音的极限，但最为简单、效果最佳的还是赵先生的排笛方案。他先后成功制作出排笛和低音笛等新型笛类乐器，为笛子家族乐器的音域、音色的拓展做出了重要贡献。

1.排笛

赵松庭先生正是在乐曲伴奏的过程中，不断思考如何解决笛子换调问题而发明了排笛。排笛通常由二至四根笛子组成，除最外面的一根外，其余几根需将吹端笛塞以上的装饰部分截去，并配上可活动的螺丝套、凹镜形的竹制或其他材料制的垫片组成。在1964年的"上海之春"上，赵先生开始使用排笛。他还亲自创作了排笛曲目，如《婺江风光》和《采茶忙》等。在这两首曲子中，为了扩充音域和追求音色上的变化，穿插使用了两支音高不同的大小笛子，音高和色彩上强烈的对比大大增强了音乐的表现力，以巧妙的手段取得了巨大的突破。本人也是受到赵老师的排笛启发，委约作曲家李博根据《诗经》的《月出》为排笛创作了同名作品，并获上海音乐学院2012高等音乐艺术院校民乐（吹管）作品比赛三等奖。

2.低音笛

为了拓宽竹笛音色的演奏领域，赵松庭先生根据科学的数据，成功研制出弯管低音笛和L型低音大笛，并且自己创作了低音笛曲《海滨》。只是当时没有产生太大影响，赵先生也没有机会去进一步写作更多的曲子。但是笛子演奏家俞逊发创作并演奏的《秋湖月夜》便是受到赵松庭先生的启发，当时演奏的乐器也是由赵先生改革制作的。近20年来，越来越多的G调、A调大笛的作品大放光彩，如《陌上花开》《空中花园》《愁空山》《箛》等，足见有非常多的作曲家也看中了这件乐器，并加入低音笛的作品创作中来。未来将会有更多的低音笛作品出现，这也从一个侧面反映了这件乐器改革的成功。近年来，赵先生又试制了低音的弯管大笛，使竹笛的最低音可以达到大字组的G音。不可否认，赵先生是现代中国低音笛子的探索者和改革者，他为中国民族乐队解决低音乐器缺乏的问题作出了重要贡献。

二、赵松庭乐器改革文论

1957年，赵松庭先生被剥夺上台演出的权利后，开始潜心研究乐器制作。通过几十年的演出和实践，他认为乐器演奏和乐器制作必须同步发展，虽然演奏员的水平在不断提高，但乐器制作水平却进步甚微，极大地束缚了演奏员艺术的展现，也使民族乐器的发展处于失衡状态。在他的乐器改革中始终贯穿着他对上述问题的思考，并通过论文的形式呈现出来。

他陆续发表了《横笛的频率计算与应用》[①]《温度与乐器音准问题》[②]《排笛——介绍将几根笛子扎在一起演奏的方法》[③]《一种古老而新颖的民族乐器——"同管双笛"》[④]《雁飞篪的性能及其实用设计》[⑤]《凤箫龙笛溯源》[⑥]《排笛简介》等文章，内容涉及从历史的借鉴到发展的角度，从乐器的特点到乐器的设计工序，从指法的研究到几万个乐器律制的计算表等，内容丰富、观点明确。赵先生作为一位表演者，在乐器改革方面也提出了诸多重要的理论和观点，为当代笛乐艺术的发展做出了重要贡献。

《排笛简介》是详细介绍排笛改良的专题性文章。为了解决在演出或伴奏中来不及更换乐器的问题，他发明了排笛。最初是将两根笛子扎在一起，而后是三根、四根，最后他能同时用五根笛子演奏，并为他的独奏曲创作开创了一条新路。他不仅将排笛的演奏方法传授给学生，并积累了相当多的排笛独奏曲。在文章中，他介绍了排笛的四个优点：1.音域可扩大到三个八度以上；2.音色有更多的选择自由，表现力也更丰富；3.机动灵活，可以根据乐曲需要更换笛子；4.简便易行，不需要改变原竹笛的演奏指法及其构造。

《温度与乐器音准问题》是另一篇具有前瞻性的理论文章，文中提出温度是一个极不稳定的因素，会影响发音的频率，在很大程度上妨碍了乐器的稳定性，如不适当处理，将会使乐器发音不准，音质变差。在实际运用中，他主张根据不同温度制作不同规格的笛子，例如气温20℃与气温30℃条件下的笛子，就不能混用。他建议在5℃、15℃、25℃、35℃这四个温度段制作笛子，以便在不同温度条件下使用。赵先生在这篇论文中阐明了管乐器的频率随温度变化的原因和两者之间的对应关系，为制作出在不同温度下使用的、音准合格的笛子提供了理论与实践的依据。

《横笛的频率计算与应用》一文主要讨论了孔径、孔位、内径等问题及频率与管长的对应关系，里面含有非常具体的竹笛制作律制及庞大的音频计算表。赵先生深知中国传统竹笛存在较为严重的音准问题，其原因有三：其一，每根竹子的粗细、密度、厚度均存在差异，较难把握；其二，制作工艺存在高低，制作师的音乐素质参差不齐，制作无统一规格，品种繁杂；其三，制作均采取手工操作，数据不太标准，误差较大。面对这种情况，赵先生计算出各种不同管径竹材、不同调的笛子的《常用数据表》[⑦]。共有表格20余份，每份表格有数据600多个，包括了各个孔的位置及各种校正值，总数据量在1万个左右，他还得出了"双基音孔校正值"计算公式。这一公式确立了横笛的开管距

① 赵松庭，《横笛的频率计算与应用》，《乐器科技简讯》1973年第2期。

② 赵松庭，《温度与乐器音准问题》，《乐器科技》1978年1期。

③ 赵松庭，《排笛——介绍将几根笛子扎在一起演奏的方法》，《乐器科技》1979年2期。

④ 赵松庭，《一种古老而新颖的民族乐器——同管双笛》，《乐器》1992年第4期。

⑤ 赵晓笛主编，《笛艺春秋——赵松庭笛曲·文论集》，人民音乐出版社，2011年版第244—259页。

⑥ 赵晓笛主编，《笛艺春秋——赵松庭笛曲·文论集》，人民音乐出版社，2011年版第260—263页。

⑦ 赵晓笛主编，《笛艺春秋——赵松庭笛曲·文论集》，人民音乐出版社，2011年版第285—301页。

离，确定了频率标准与温度标准，求出了各音的有效管长，解决了笛塞的问题，使竹笛的制作更加合理化和科学化。

1995年在香港大学亚洲研究中心与香港民族音乐学会联合举办的“二十世纪国乐思想研讨会”上，赵先生发表了引起笛界轰动的文章《中国笛子艺术的继承与发展》。文中详细地概括了乐器、乐曲、演奏的继承与发展，并分析总结了风格、流派、时代风格三个不同的概念，他认为：“风格是艺术的个性，杰出的演奏家都会有，而且应该有自己的独特风格。”“所谓流派，就是有一批风格相接近、审美观基本相同的演奏者组成一个群体，其中有代表性人物或典型化的艺术形式得到群体的拥戴，并为社会所承认。”这些观点，对于后人更加深入地了解和学习笛子，起到了重要的作用。当时在场的学生感叹：“从来不知道中国有着这样富有内涵的乐器，对这样有着高尚的品格和修养的老艺术家真是无比的崇敬。”[①]

三、赵松庭乐器改革的意义

（一）对笛子音响结构的重塑

毋庸置疑，20世纪以来的中国乐器改革实践，一定程度上与受到近现代西方文明体系影响而产生的“国粹主义”“全盘西化”和“中西融合”等国乐思想有关[②]，目的是使中国民族乐器能够在音域、音色、律调、性能等诸多方面适用于民族管弦乐队的建设要求，或者说，是希望中国的乐器能够吸收西洋诸乐器的科学性，有更为丰富的表现力等，笛子的改革也基本如此。作为笛子演奏家，赵松庭同样希望笛乐艺术有一个更好的发展前景，尤其是在音域、音色及音响层次方面有着更好的面貌呈现。

他复制骨笛、篪，制作玉笛、各种低音笛等，这些改革实践，不仅丰富了笛子的形制体系，而且也让原本音色较为单一的音响得以丰富，让观众从听觉上得到了多样性的审美感受：骨笛的音色嘹亮、尖锐，具有强烈的原始画面感，雁飞篪的音域宽广、音调丰富、音色纯净，玉笛的音色温润、典雅。而低音笛子的音色则表现为浑厚、低沉、平静，同时也让笛子有了低音声部。而排笛的优点则更为突出：不用频繁更换笛子，就能够完成转调、扩展音域等。这些实践无疑是对笛子音响结构的重塑，让笛子艺术变得绚烂多姿。

（二）对乐器改革者的影响

笛子改革已进行多年，八仙过海，各显神通，但总的来说是不够理想的。赵松庭先生在不同材料笛子的形制上，提出三点继承与发展要求：1.多孔笛包括加键笛，能较简便地解决转调，能迅速地演奏变化音阶，有它的长处，因而在百花园地中，有其生存发展的权利；2.笛子的魅力或艺术性，即使在将来也不一定要依靠复杂的变化音阶才能达到更高的境界；3.实践是检验真理的唯一标准，从实际需要出发而不是从定义出发，新的品种必须从演奏、作品、技巧、理论、效果等各方面，表现出真正的艺术价值，才会得到社会认可。中央音乐学院戴亚教授的八孔笛就是秉承赵先生的遗志改良完成的，他认为：“笛子的改良首先要从完善其音阶入手，这是最重要、最本质的。所谓完善的标志：①十二音齐备，以平均律作为契合点，又能适应传统律制，能土能洋。②尽可能地保持原有的指法、技法，以及风格与特色。③学习方便，容易为广大演奏员所接受。其次是音色问题。笛子由于

① 参见http://bbs.tjstart.com/thread-29437-1-1.html

② 沈洽，《20世纪国乐思想的“U”字之路》，《音乐研究》1994年第2期。

有膜孔，音色清脆明亮。……八孔笛可以适应十二平均律、五度相生律、中立音律制，在敏感耳朵的指导下，通过口风、指法、角度的变化等手法使音产生高低变化，以此弥补律制的差异，从而使笛子既能演奏十二平均律，又能适应五度相生律，也能奏出中国民间的中立音程，使中国竹笛的表现性能多样化，思想感情丰富化，最大限度地保持中国笛子的特色。”[①]如今八孔笛无论在演奏上还是乐曲上，日趋完善，并在世界的舞台上闪耀着光芒。

此外，笛子制作家周林生在赵松庭先生的指引下潜心研究竹笛制作，并成为制笛大师。他还回忆：“我当时一心想干专业演奏，赵先生勉励我：好好制笛，同样可以为笛子事业做贡献。并吩咐我，有时间去杭州找他，他要教我笛子计算的方法。”[②]而赵先生的《横笛的频率计算与应用》《常用竹笛计算数据》等论文在周林生的竹笛制作过程中，则起到了重要的指导作用。

综上所述，纵观赵松庭先生的笛乐改革实践，我们发现，他虽然学贯中西，不排斥西方音乐理论在中国乐器及其改革上的运用和实践，但是他的骨子里，还是具有鲜明的文化自信，对于中国音乐历史、乐器历史及其音乐特性有着高度的认同。因此，他的改革实践，并未一味地“寻求与‘西方/先进’的一致性”[③]，而是更多地将目光聚焦于中国音乐文化的“传统”上，聚焦于“那些令我们产生熟悉感、自豪感的特点”[④]上，并将其发扬光大。故而，先生在笛乐艺术传承和改革中的贡献和精神，是值得我们后辈铭记并继承发扬的。唯此，才能为中国笛乐艺术的繁荣发展，添砖加瓦，作出青年一代笛乐演奏者应有的贡献。

---

① 戴亚，《竹笛与西洋管弦乐队合作的实践和思考》，《人民音乐》2003年第4期。

② 周林生，《忆赵松庭先生二三事》，在2003年10月25—26日由中国音乐学院主办的“纪念赵松庭先生诞辰80周年竹笛艺术研讨会”上的发言。

③ 萧舒文，《20世纪中国笛乐》，文化艺术出版社，2013年版第129页。

④ 同注③。

（十七）张莹莹

张莹莹，笛子演奏家，武汉音乐学院中国器乐系副教授（优秀人才引进），硕士生导师。全国首位获“文华奖”（中国政府最高奖）竹笛青年专业组金奖的女演奏家，CCTV民族器乐电视大赛笛子中青组银奖，中央音乐学院首位民族管乐保送女硕士。现任中国民族管弦乐学会竹笛专业委员会理事，湖北省民族管弦乐学会理事，湖北省笛子专业委员会常务理事。

九岁随父学习笛子，就读于沈阳音乐学院附中，师从周波教授。2006年成功举办个人独奏专场音乐会。2007年以全国专业第一名的成绩考入中央音乐学院，师从戴亚教授。在校期间连续三年荣获中央音乐学院专业优秀奖学金、优秀学生奖学金和国家奖学金；荣获中央音乐学院三好学生称号；分别于2011年（本科）、2014年（硕士）两次荣获北京市高等学校优秀毕业生称号。她曾先后得到杨立中、曾永清、王次恒、李增光、李镇和荣政先生的悉心教导。

曾应邀与美国费城交响乐团、德国莱比锡交响乐团、中国爱乐交响乐团、中国国家交响乐团、中央芭蕾舞团交响乐团、国家大剧院交响乐团、中国广播民族乐团、中央民族乐团等国内外知名乐团合作演出，担任竹笛独奏；多次参加中央电视台“春晚”（音乐）、中央电视台音乐频道CCTV《音乐厅》《风华国乐》等节目的录制工作；多次与新音乐艺术家龚琳娜合作演出，2018年由北京环球音像出版社发行笛子独奏专辑《竹舞》。发表论文有《竹笛艺术音乐表现力的创新与实践探索》《新时期竹笛教学改革的研究》《竹笛演奏中出现的问题及解决对策》等。近年来，在全国各地多次举办个人独奏专场音乐会，先后出访美国、德国、埃及、波兰、捷克、斯洛伐克、匈牙利、保加利亚、新加坡等国家及中国香港、台湾、澳门等地区进行学术交流和演出活动。

竹笛艺术音乐表现力的创新与实践探索

张莹莹

一、竹笛演奏形式回顾

竹笛是中国历史最为悠久、流传最为广泛的民族乐器之一。自远古时期的骨笛到宫廷奏乐中的吹奏乐器，竹笛在各个朝代深受音乐文化的影响而不断发展，经历了历史的洗礼。20世纪中叶，竹笛几千年来一直作为伴奏乐器的命运被彻底改变，北派笛子大师冯子存先生将笛子以独奏的形式搬上舞台，让笛子从依附性的合奏乐器演变为独奏乐器，随之涌现出了一大批演奏家和优秀作品，如北派笛子大师冯子存、刘管乐和南派笛子宗师赵松庭、陆春龄等，他们通过对《喜相逢》《五梆子》《荫中鸟》《卖菜》《三五七》《早晨》《小放牛》《鹧鸪飞》等名曲的演奏，引领竹笛音乐艺术进入了空前繁荣的阶段。70年代后，又有魏显忠、简广易、宁保生、俞逊发等笛子演奏家接过竹笛音乐传承的大旗，《扬鞭催马运粮忙》《牧民新歌》《春到湘江》《秋湖月夜》等竹笛独奏曲更是吹遍大江南北。

在独奏的基础上，很多新的演奏形式也陆续出现：（1）轮奏。轮奏是指两支或两支以上的竹笛按照不同的节奏演奏同一首曲目，这种节拍上的差异让旋律产生了前后呼应的音响效果；（2）重奏。重奏是指两个或两个以上的演奏者分别演奏不同的声部，通过在音色、音量、情感表现等方面的配合，共同塑造出和谐优美的音乐形象（简广易和曲祥创作的《采莲》、郭文景创作的《竹枝词》等，都是当代竹笛重奏的典范之作）；（3）民乐合奏。在江南丝竹、福建南曲、广东音乐的演奏中，竹笛都是不可或缺的重要组成部分（竹笛声部的旋律在《欢乐歌》《早天雷》《梅花操》《雨打芭蕉》等传统曲目中，均起到了画龙点睛的作用）。

通过以上简要的回顾我们可以看出，在几代创作者和演奏者的推动下，竹笛演奏已然取得了重大突破，无论是独奏、重奏还是与其他乐器的合奏，竹笛的艺术表现力都得到了充分的体现。对于当代竹笛乐曲的创作者和演奏者来说，需要继续沿着前辈们的足迹在这条创新的道路上奋力前行。

二、竹笛演奏形式的创新表现

（一）竹笛与声乐演唱

长期以来，竹笛都是作为伴奏乐器出现的，但其伴奏对象多以器乐曲为主，很少与声乐演唱结合，而现在，竹笛与声乐演唱合作，并获得了出色的音乐舞台效果。以俞逊发先生创作的《琅琊神韵》为例，该曲创作于1983年秋，是俞先生在安徽滁州琅琊山采风时，品北宋大文豪欧阳修的散文《醉翁亭记》，并结合自己在琅琊山的经历而创作的笛曲。全曲用$^\flat$B调笛（筒音作$\underset{\cdot}{5}$）演奏，作品在技巧和结构的设计上都让人耳目一新，展示出演奏者的气韵和心境。《醉翁亭记》体现出中国文化底蕴的精髓，“醉翁之意不在酒，在乎山水之间也。山水之乐，得之心而寓之酒也。”无疑是点睛之笔。而《琅琊神韵》这首作品意境唯美深远，其中悠然自得的独白让人豁然开朗，这也许是俞逊发先生真正读懂了欧阳修，用笛声表达出《醉翁亭记》中的情感和内涵。

竹笛独奏《琅琊神韵》根据散文《醉翁亭记》的内容划分为“日出林霏开”“苍翠拨天”“酿泉淳淳”“太守醉也”“众宾欢也”“夕阳在山人影散乱”“云归岩穴暝”七个部分。在完成初稿后，俞逊发先生在很长一段时间里并未为该曲配伴奏，直到一年后才请吴华先生配乐。吴华先生与俞逊发先生在多次聆听《琅琊神韵》后认为，笛曲中透露着一种静谧和意境。而民乐伴奏乐器众多，多种音响效果混合后很容易打破这种气氛，所以该曲不能使用民乐伴奏。那这伴奏既要有，又不能多，还要恰到好处，就好像传统中国画中的留白，要给人丰富的想象空间。在苦思冥想后，吴华先生最终选择了女声伴唱，这是笛子独奏曲不用乐器伴奏而用女声伴唱的第一次尝试。女声本身就带有温润、飘逸和安静的气质，可以表现琅琊山的美景，也可以刻画作者内心深处的情思，与全曲的审美趋向是一致的。所以在该曲的“日出林霏开”“酿泉潺潺”“云归岩穴暝”三个部分中，均使用了女声伴唱，其余四个部分都是独奏。这恰到好处的点缀与衬托，成为全曲的亮点（见谱例1）。

谱例1 《琅琊神韵》第1—48小节

（二）竹笛与西洋管弦乐

20世纪80年代前后，竹笛在创作和演奏上出现了一系列繁荣的景象，也得到了专业作曲家的关注和青睐，很多优秀的作曲家都将创作目光投向了竹笛。无论是从学习背景还是审美追求来说，他们的视角和理念都更加开放和多元，而竹笛与西洋交响乐的融合，正是作曲家们探索的重要成果。竹笛和西洋管弦乐器分属中西两种乐器体系，从形制、律制、审美上都有本质差异，但作曲家以精湛的创作技法和深厚的文化底蕴，让两者在音乐中实现了完美的融合。这里以金湘的《冥——笛子与交响乐队》为例来作说明。

金湘是一位素以探索和创新著称的作曲家，尤其善于将中西两种音乐文化融合在一起，其创作的民族歌剧《原野》便是中国第一部真正在国际舞台上大放异彩的佳作。《冥——笛子与交响乐队》创作于1994年，竹笛为独奏乐器。乐曲以一个强有力的小二度开场，然后以主题动机的形式贯穿全曲，让音乐在冲突中不断发展。随后，长笛和单簧管等西方管乐器的演奏比重明显加大，音乐也逐渐加强，并出现了$\frac{7}{8}$、$\frac{9}{8}$节奏，而竹笛以花舌技巧、由慢到快的爆破音技法予以回应。在音乐推向高潮时，竹笛奏出一个悠长的乐句，小提琴则在极高音区上予以衬托，和谐与冲突的交织，都在这个段落中体现得淋漓尽致。在冲突结束之后，竹笛和管弦乐队从对抗走向了对话。竹笛不时以指关节敲击笛身，打击乐也予以适时的回应。长笛在低音区减五度的重奏、竖琴和小提琴的反向拨奏也慢慢加入进来。到了尾声部分，低音提琴和大提琴分别演奏一个声部，由单簧管奏出一段带有伤感色彩的旋律，此时竹笛在高音区与单簧管形成反向小二度，在唯美空灵的意境中结束全曲。

可以看出，这部作品并非中西两种乐器盲目的堆砌，而是将中西方音乐文化相互融合后的一种碰撞，是一种发自内心的诉说。竹笛从某种意义上来说就是作曲家本人，而西方乐器则是客观世界和人的思绪外化，其追求的并不是外在的、功利性的“和”，而是内在的、心灵上的“和”。所以这部作品无论是在形式还是内容上，都对日后竹笛与交响乐作品的创作提供了宝贵的启示和借鉴。

（三）竹笛与民族器乐剧

器乐剧是集音乐和戏剧于一身，以一种乐器作为演奏主体，用音乐的表现方式来讲述完整戏剧故事的剧种。与歌剧、舞剧相比，器乐剧在叙事、形象塑造等方面受到诸多限制，所以一直没有普及开来。

2017年中央民族乐团推出首部大型民族器乐剧《玄奘西行》，该剧讲述了大唐高僧玄奘不远万里，历经无数艰难险阻后求得真经的故事。竹笛、二胡、琵琶、笙、唢呐等民族乐器是该剧的“主角”，通过器乐与对白、动作、舞美的融合，充分调动起观众的听觉和视觉，让观众可听可看，首演后获得一致好评。竹笛是该剧的重要乐器之一，也是主人公玄奘的代表性乐器。作曲兼导演姜莹女士表示，之所以用竹笛表达主人公形象，其原因有三：第一是竹笛形制短小，便于携带，与万里取经的人物和事件相吻合；第二是竹笛的类型丰富，包含小竖笛、曲笛、梆笛等，便于用不同的音色去展示不同时间和境遇下的人物心情；第三是竹笛是中国历史最为悠久的乐器，更加符合主人公的气质和文化背景。

在确定竹笛作为主人公的代表乐器后，它在器乐剧中的运用便十分灵活和到位。比如在描写青年玄奘与师傅之间的对话《佛门》中（见谱例2），玄奘在师傅的笛声中产生了对佛法的兴趣，并坚定了求取真经的决心。玄奘问师傅：“您的笛声中透露着平和与宁静，什么时候我也可以跟您一样，吹奏出如此悠扬的笛声？”师傅答：“笛声即是心境，当你拿起它时，只需吹一声。如果心中有任何杂念，你就把它放下，直到你能够听到自己内心的笛声。”这段音乐描写的是师傅对玄奘的教化，先是师傅的箫独奏，然后是玄奘的小竖笛独奏。质朴的箫声表现出师傅的沉稳，而清亮的笛声则展示出玄奘的活力。箫与笛代表着两人之间的一问一答，在两人的合奏中将音乐发展推向高潮。也正是在这次对话后，玄奘便踏上了西行的道路。

谱例2 《佛门》第26—95小节

在《玄奘西行》的第五曲《一念》中（见谱例3），玄奘遇到了取经路上的一个重要人物——石磐陀。他的形象具有两面性：其本性是善良的，也向往佛法，但又担心因为帮助玄奘而受到牵连而遭到处罚。这时候玄奘又一次吹响了竹笛，这婉转清丽的音色，奏出了玄奘内心的友善、淡然与平和。而石磐陀演奏的是二胡，他的琴声时而急促，时而平静，时而挣扎，最后在玄奘的劝说下皈依佛门，一心向佛。尾声部分，在钟吕齐鸣中，玄奘吹响了南箫，音色沉稳而超然，其舍身求法、普度苍生的理想已然实现。在该剧中，竹笛作为主奏乐器，与其他乐器形成良好的配合与互动，展示了多种类型的演奏风格和演奏形式，充分体现出竹笛艺术的表现力和包容性，更是当代作曲家和演奏家不断探索出的创新成果。

谱例3 《一念》第60—103小节

（四）竹笛与电子音乐

进入21世纪以来，数码技术不断发展，电子音乐成为当今世界最主流的音乐形式之一。民族音乐与电子音乐的融合，也成为诸多作曲家关注和尝试的新方向。由作曲家陈启云为竹笛、十三弦筝和电子音乐而作的《骊山吟》，正是其中的代表作之一。

该曲是作者在读到杜甫的《自京赴奉先县咏怀五百字》时有感而发之作，旨在用一种全新的乐器组合形式表现出“朱门酒肉臭，路有冻死骨”这一当时的社会现实，具有突出的现实主义色彩。整首作品分为三部分。

谱例4 《骊山吟》第10—21小节

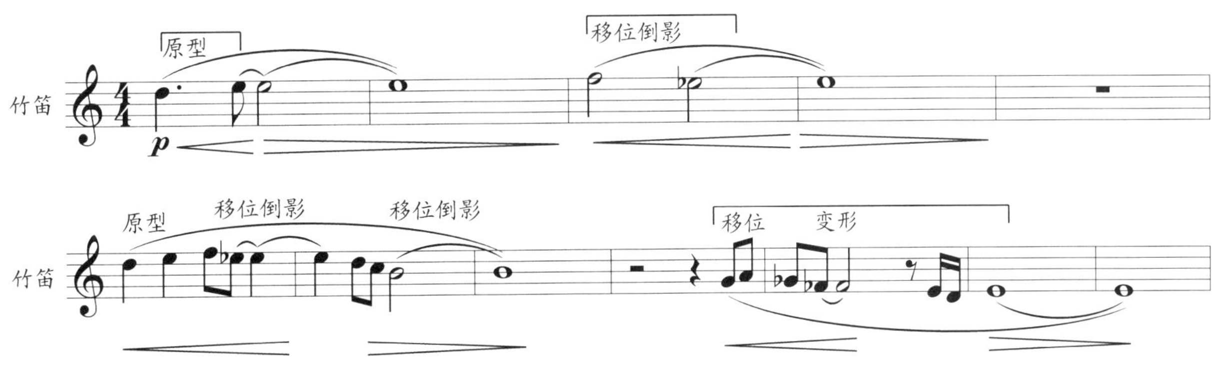

第一部分引子，由电子音乐模仿微弱的风声，营造出萧瑟的氛围。引子结束后竹笛登场，演奏力度时大时小，贴切地表现出阵阵寒风的景象。十三弦筝奏出一个长达八拍的长音，为竹笛演奏做好铺垫。竹笛奏出的主题动机由两个音构成，经过发展变化后成为一个大的乐段。主题陈述完毕后，由十三弦筝作为连接并对主题进行重复演绎。最后由竹笛采用“吹指孔”的演奏方法奏出喉音和垛音，模仿出主人公杜甫无奈和悲愤的心情。从整体来看，第一部分是无调性的，这样的调式特点极大地突出了音乐的不稳定感，象征着作者忐忑不安的心情，同时也获得了新奇的音响效果（见谱例4）。

谱例5 《骊山吟》第58—61小节

第二部分（见谱例5）由两个乐段构成：第一个乐段的素材主要来自龟兹音乐。龟兹是中国古代西域的音乐圣地，有着丰富而独特的音乐文化。该乐段中，先是由竹笛奏出一个七声调式的主题，利用♯G–A形成增二度的音乐特点，充分展示出龟兹音乐的异域风格特色。竹笛在演奏这段如歌的旋律时具有稳定的调性，而十三弦筝的演奏没有具体调性的固定音型，这样使两者之间形成了鲜明的对比，也让音乐的层次感更加丰富。第二个乐段是全曲的高潮部分。先是由竹笛和十三弦筝进行连续上行八度的演奏，电子音乐部分则以长音作为呼应，最后由电子音乐进行收尾。那紧张、尖锐的音色，将杜甫内心的呐喊与挣扎淋漓尽致地展示出来。第三个乐段是再现部分，它对第一部分的主题进行了再现，表现的是杜甫无能为力的失落感。最后乐曲在竹笛的长音气声中结束，给人怅然若失之感。

通过以上简要的分析可以看出，《骊山吟》与以往的独奏和重奏曲在演奏上有着明显的区别。电子音乐的加入，为竹笛和古筝增添了全新的音乐色彩变化。这种与电子音乐的融合，也是竹笛等各类民族器乐走上世界舞台的必由之路。

三、当代竹笛演奏形式的创新思考

近年来，竹笛在演奏形式上的多种创新，让竹笛的艺术潜力得到了充分的挖掘，这对于竹笛本身及民族音乐文化的发展都是大有裨益的。但是在充分肯定创新的同时，也要深刻认识到，任何形式的创新都是以把握竹笛审美规律为前提的，创新也是无止境的。只有处理好以下这两个问题，才能沿着正确的方向继续发展。

1.深刻把握竹笛的审美特征

竹笛作为最具代表性的民族器乐艺术，在长达几千年的传承和发展中，已经形成了一套独特而丰富的审美体系。对其审美特征的尊重和把握，正是它表演形式创新的前提所在。当代竹笛艺术主要具有音色、风格和内涵三项最为显著的审美特征。首先是音色之美。竹笛独有的形制决定了其音色是与众不同的。所谓"谁家玉笛暗飞声，散入春风满洛城"，正是对清丽的、富含穿透力音色的最佳描绘。新中国成立后，在多位竹笛演奏家的努力下，多种调性、孔数的新型竹笛诞生，让竹笛的表现力更加丰富，形成当之无愧的"荡涤之声"。其次是风格之美。我国地域辽阔，民族众多，竹笛也分为南北两派，诸多竹笛名曲正是南北地区地域、民族和人文风情的真实写照。进入当代，又有很多创作者将目光投向了现实生活，竹笛独奏《扬鞭催马运粮忙》《牧民新歌》等都是对时代发展的记录和见证，竹笛作品也由此具有了鲜明的时代风格。此外，还有民族风格、个性风格等，都带给了当代观众以多元化的审美体验。再次是内涵之美。竹笛艺术之所以几千年后仍有着旺盛的生命力，除了形式上的多样和创新外，更重要的在于其有着独特的文化内涵。“意境”，这是中国美学特有的，《乡歌》《秋湖月夜》《山村小景》《枣园春色》等多首竹笛独奏，都通过对景色的生动描绘营造出了一个虚实相生、情景交融的境界，给人以身临其境和天人合一之感。“神韵”，在中国传统文化中是一种独特韵味和高尚品格的表现。比如在《梅花三弄》中，作品通过大量泛音的运用，形象地描摹出大雪纷飞中唯有梅花傲雪挺立的景象，将梅花高洁、雅致的特点予以充分展示。以上几种审美特征，既是竹笛所特有的，也是我们需要把握和尊重的。

2.继续挖掘竹笛的创新潜力

诸多成功的创新实践证明，在把握竹笛审美特征的基础上，努力挖掘竹笛的创新潜力，就能开辟出新的艺术天地，如竹笛与舞蹈的融合、竹笛与诗朗诵的互相映衬、竹笛与美术创作的相互渲染等，都还处于初步探索阶段，值得我们继续挖掘。在演奏形式创新的同时，对于演奏者来说，也需要做好充分的技术准备，能够根据演奏的实际需要对技术技巧进行灵活的、有针对性的调整和运用，继而使创新的价值和魅力得到最大化的体现和展示。

综上所述，创新是艺术发展的源动力。竹笛艺术历经几千年的传承仍然保持着旺盛的生命力，这与其始终走在艺术创新的道路上是密不可分的。竹笛先后与声乐、管弦乐、电子音乐、大型民族器乐剧等多种音乐形式实现了有机融合与互动，这正是竹笛艺术在音乐表现力中创新与实践的表现。这些创新离不开作曲家和演奏家在竹笛艺术领域的不断思考和艰辛探索，他们让竹笛艺术的表现空间和表达深度都得到扩展，更为其传承和发展注入了源源不断的活力。相信在今后，通过大家的共同努力，一定会有更多新的演奏形式呈现在观众面前，让竹笛艺术永葆青春，迎来更辉煌的明天。

参考文献：

[1]赵松庭，《笛子演奏技巧十讲》，文化艺术出版社2001年版。

[2]荣政，《中国笛子新作品集》，人民音乐出版社2005年版。

[3]张维良，《竹笛艺术研究》，人民音乐出版社2011年版。

（十八）胡帅

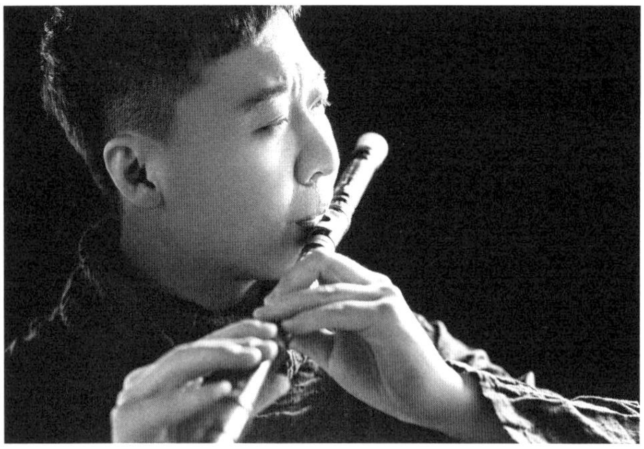

胡帅，笛子演奏家，创作音乐人。2009年起就读于中央音乐学院，师从笛子演奏家、教育家戴亚教授。现任北京师范大学艺术与传媒学院笛子表演和作曲双方向硕士研究生导师、中国音乐传播与音乐教育中心执行主任。获国家广电总局“全国广播电视与网络视听行业青年创新人才”、北京市委和组织部“北京市优秀青年人才”称号。

曾担任国家重大文艺活动的作曲或音乐总监。如“庆祝中华人民共和国成立70周年”天安门广场大联欢、“2022北京冬奥会”、“2024年中共中央团拜会”、“庆祝中国共产党成立102周年”音乐会、第十三届中国艺术节、第十五届海峡论坛、第三十二、三十三届“中国电影金鸡奖”盛典等。任新时代国家重点创作项目“长江大合唱”核心主创。

获政府最高奖“文华奖”、“中国梦”优秀作品奖、“中华人民共和国成立70周年”文艺活动“突出贡献个人”称号等。创作作品《LUNANA》获第九十四届“奥斯卡”最佳国际电影提名、《等儿的湿地》获2022法国尼斯国际电影节最佳原创音乐提名。指导学生获“IMAGA墨尔本国际青年音乐大赛”“北京国际民族器乐大赛”优秀指导教师奖等国内外重要奖项。

创作有笛子独奏、重奏作品《上》《故乡》等，以及《如梦之梦》《曾经如是》《美美与共》《记住乡愁》等数十部舞台、影视音乐作品。

出版著作《当代中国笛子演奏理论与实践》等及发表论文《向世界展示中国形象》等数十篇。

新时代的中国音乐文化观

胡帅

在历史的长河中，中国音乐是经久不衰的。中华民族肥沃的土地上哺育着一代代的人和音乐，生生不息的中国文化在这里不断地传承与再创造。中国音乐独特的表达与气质，使其成为世界的珍宝，以及人类宝贵的非物质文化财富。新时代下，中国文化自信和文化繁荣上升到了关系中华民族伟大复兴的历史高度。新时代中国音乐文化观点的分析与明确，对其未来发展具有重要意义。

一、中国音乐文化不同于西方音乐文化的自然观

中国音乐文化自古有着与其他民族音乐文化不同的自然观。与西方音乐比较，从律学上来看，中国音乐和西方音乐完全不同。众所周知，西方音乐的律制概念是“十二平均律”，亦称“十二等程律”。世界上通用的是把一组音（八度）分成十二个半音音程的律制，各相邻两律之间的振动数之比完全相等。十二平均律是将八度的音程（一倍频程）按频率等比例地分成十二等份，每一等份称为一个半音即小二度，一个大二度则是两等份；而中国音乐的基础律制是五度相生律，即三分损益法，三分损益法是中国计算这种律制的办法。通过比较五度相生律和五音十二律这两种与中国音乐律制相关的图（见图1、图2）发现，它们的本质原理是一样的，五音十二律图则将中国古代文化的五行与卦象结合。这也就很直接地告诉人们，中国的律制不是凭空而来的，也不只是生活劳动的结晶。由此可见，中国音乐文化是中国文化的深度发展，根植于中国文化的自然观之中。

在三分损益法中，古人为何将计算法的单位定义到三？这与中国文化中对天、地、人的观点有直接关系。五度相生律的计算内容与中国文化中天、地、人、道、自然的关系有着联系。笔者在一次有趣的实验中，将中国音乐文化中比较特殊的乐器笙（传统十七簧笙）进行校音实验——之所以说笙特殊，是因为笙是最具有和声性的中国乐器。在这次实验的两次校音中，笔者分别使用十二平均律校音表调律和按照五度相生法调律（指以D调笙为例，D生A，A生E等），结果完全不同。使用十二平均律校音后，再将每个音按照四、五度（传统笙吹法）合音演奏，遇到了听觉不准的情况，但使用五度相生法校音的十七簧笙则听觉和谐。这个实验从一个方面说明了中国音乐观的高度自然观是“和”，中国音乐追求舒适的听感。中国音乐文化受中国文化的影响，注重彼此间产生的意义，强调与之关联性，因此传统中国音乐的旋律化特征突出，因为任何一个音在其经历的相生中都有着无比的和谐度。而西方音乐将八度内的音等分为十二份，这样每个音都是独立的首调，而每个音所构成的调都是同样的音分状态，人们在听到小二度或者增减音程时会感到非常刺耳，这就拥有了典型的不和谐特征。因此，西方十二平均律下的音乐与传统律制的中国音乐追求的音乐方向完全不同，这体现出中国与西方音乐文化不同的自然观。

二、中国音乐文化与西方音乐文化不同的时空观

中国音乐文化与西方音乐一样有时空观，但角度完全不同。当下我国通用的五线谱体现着西方音乐文化的时空观：第一就是强调时间，通常在五线谱的左上角会明确地标注速度，这个速度的

计算单位是每分钟，这是精确的时间概念，一分钟里有多少拍能够准确地传达给演奏者。第二是具化，总谱上同样的位置会有几种不同的音符，即同样的时间不同的乐器一起发出乐音，以构成和声。每一种以分钟为单位的演奏速度都有着属于这个速度的律动。由于时间的永恒性，西方音乐像追求时间永恒般的律动始终进行着。这种时间观是西方音乐的核心，包括受西方音乐影响而发展出的现代音乐，可能还在不断的发展中，乐音与噪音或者其他声音已经不再被现代音乐的发展所限制，但时间所产生的律动，一直是西方音乐的主题。

从中国音乐文化在传承与发展过程中产生的音乐作品中，看不到西方音乐中刻意的对固定时间内速度的定义，但中国音乐的速度从另一个角度诠释了过程。古琴谱，又名减字谱，就体现了这样的过程文化。减字谱一般为四部分，上方记录左手指法，下方记录右手指法；左上为左手按弦用指，右上为所按徽位；下方外部为右手指法，内部为弦序、按弦。除此之外，减字谱还有续部、注释，一般用来标示音的细微变化。减字谱对乐曲时长没有要求，可能有人认为这是其没有西方记谱法先进的表现，“仁者见仁，智者见智”，但这恰恰是中国音乐时空观的表现。由特定的动作、指法产生的演奏过程，决定了演奏效果。演奏过程就是时间概念，演奏效果就是空间概念。在对乐器初学者的教学中，这一点最容易体现。当初学者第一次按照教师所提示的音响效果演奏时，往往难以达到教师的预期；但当教师把产生这种音响的过程进行充分的描述之后，理解以后的学生就能演奏出与教师期待接近的音响效果。自古以来，中国音乐文化强调过程对结果的产生有最直接的意义，在这一点上，中国音乐文化与中国武术文化有接近的时空观。在夸张的武侠影视中观众经常能看到，一个人在时间充分的过程中运气发功，远在几米外的敌方也能受到打击。这虽是夸张的艺术手法，但从一个角度说明了中国文化的一种观点，即过程所产生的结果是可以想象的，甚至是可以打击精神的。

福建南音是我国历史悠久的古音乐，当地的乐师在师傅的口传心授中学习演奏技艺，也在工尺谱的续持中传承音乐。有人认为，福建南音是中原音乐，在历史发展进程中，中原人口大迁移将中原文化带到了泉州等福建各地。泉州南音的音响与西方音乐完全不同，从律制到演奏都尽显文化差异。南音的工尺谱没有速度标记，演奏过程中乐师们演奏出来的和谐与整齐，与西方音乐文化所建立的审美角度、标准完全不同。如果以西方音乐的纵向和声、横向速度为标准，泉州南音的任何演奏都不在这个标准尺度的范围内，但从听觉感受而论，纵向的这种中国音乐文化音律下的和声和谐优美，与横向的弦追箫、箫与琶和三弦的点线关系等形成了完美的时空感。由此可见，这里虽没有西方音乐理论中时间速度要求的空间音响，但是这种历史悠久的音乐，却强烈地体现出中国音乐文化的时空观。

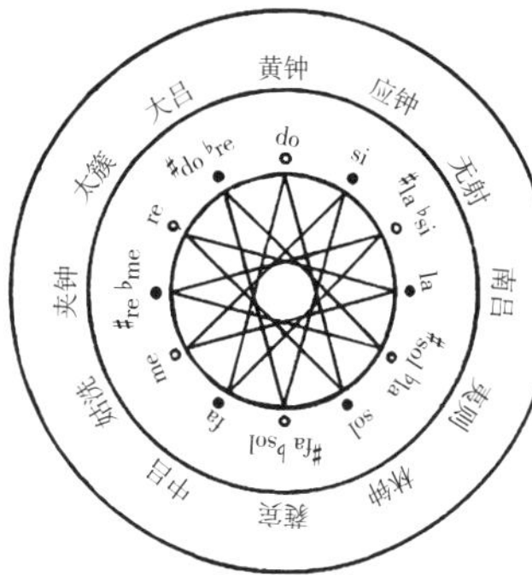

图1　五度相生律图解

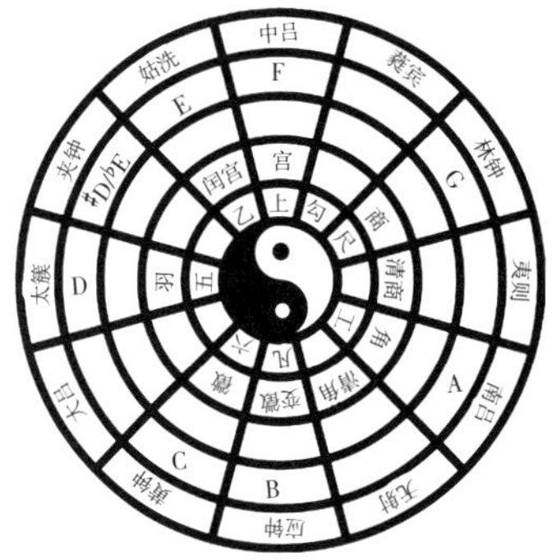

图2　五音十二律64卦图

三、中国音乐文化的传承观

中国音乐文化是在不断的发展中传承的。如果将学科分为较感性与较理性的话，比起其他学科，音乐是较感性的学科。那么，中国音乐文化就是更加感性的世界音乐文化中的一部分。在音乐传承的过程中，各个民族有着各种各样的继承前人音乐的方法，西方音乐极为理性并且带有自己的文化观点，以乐谱传承为主，与中国音乐文化传承区别很大。

中国音乐的传承，除了谱面对过程与情景等的记载外，更多的是口传心授。时至今日，即便是在以西方音乐教学体系为基础的国内音乐学院，在中国音乐的教学中，仍然难以离开传统的口传心授。这一方面说明中国音乐文化在传授过程中的内容是复杂的，另一方面则体现出中国音乐文化千百年来的传承观。这种传承也绝不是一成不变的。口传心授的特点在于点对点，被授教者对传授内容的理解就是接下来口传心授的起点，所以，对传授内容的消化，影响了再次传授的内容。

中国音乐文化的传承还是一种音乐精神的传承。有人说，这种精神来自上古精神；也有人说，中国音乐文化的精神不是特指某种精神，而是在整个华夏文明的传承过程中所养成的属于中华民族的精神。对于从事中国音乐工作的人来说，还是可以明显地感受到中国音乐文化的传承精神。中国音乐文化的传承讲师承，受到德、行、艺等中国传统文化思想的影响，在千百年的传承过程中形成了以中国文化为基础的中国音乐文化传承精神。也正是这种精神，使中国拥有着不同于其他国家的音乐文化传承观。

在很长的一个时期内，中国不断地向西方文化学习，却忽略了对本国文化的深刻思考。根据有关出土音乐文物判断，中国音乐文化的历史至少在8000年以上。因此，中国音乐文化的历史是厚重的，是极具生命力的，在8000余年的传承中养成了中华民族特有的传承观。

四、中国音乐文化的时代发展观

中国音乐文化，在任何时候都有着与时代同步的发展观。它从来都不是少数人的娱乐方式，而是中华民族在时代发展中的必然存在。它们存在于宫廷中，也存在于平民百姓的生产生活中。

新中国成立初期，我国的音乐文化领域涌现了一大批创作型和演奏型人才，充满了时代感的作品在民间传播，丰富着人们的生产、生活。那个时代公开传播的中国音乐作品大多都有极好的传播效果。像现在年轻人听流行歌、追星一样，那时的中国音乐家是人们关注和崇拜的对象。由此可见，中国音乐文化始终有与时代同步的发展观。

从某种角度上来说，中国音乐文化的发展现状不比其他历史时期要好，很大程度上是因为人们对中国音乐文化的时代发展观没有充分的研究和深度认识。

中国音乐文化观是观点的集成，是中华民族文化智慧的结晶。没有高度的文化自信，没有文化的繁荣兴盛，就没有中华民族伟大复兴。纵观新时代，中国音乐文化已站在了历史的新高度。音乐文化这种超越语言的艺术形式，是人与人之间近距离的传播形式。新时代中国音乐文化观是建立中国文化自信的研究方向之一。充分地研究中国文化观，总结新时代中国音乐文化的自然观、时空观、传承观、时代发展观，以及不断地追寻千百年来的中国音乐文化观，是音乐工作者的重要使命。

（原文发表于《艺术教育》2017年）

（十九）马云鹤

马云鹤，笛子演奏家。自幼受父亲启蒙热爱竹笛音乐，后拜师王次恒教授，期间曾受戴亚教授的悉心指导。2008年以优异的成绩考入上海音乐学院，师从詹永明教授，完成本科与硕士学位及研究生学历。后随林文增先生学习排箫演奏。现为中国歌剧舞剧院演奏员，任中国音乐家协会竹笛学会排箫艺术研究会副秘书长。曾获第十七届台北民族器乐大赛笛子协奏曲大赛金奖、第七届中国音乐"金钟奖"银奖、2017首届全国排箫展演金奖，三次获文华艺术院校奖。首演竹笛作品《飘雪》获"庆祝中国共产党成立100周年舞台艺术精品创作工程"重点扶持。

2014年在北京音乐厅举办"笛韵江南"音乐会并发行专辑；2018年在人民大会堂新年音乐会上进行独奏演出，同年在上海东方艺术中心举办竹笛与排箫专场音乐会。作为独奏演员多次出访亚、非、美、欧等国家和地区，参加中埃建交60年、中柬建交60年、乌兹别克国际艺术节等重要外事活动。参与由文旅部主办复排的中国第一部歌剧《白毛女》、第一部喜歌剧《小二黑结婚》等排演任务，在民族舞剧《孔子》《李白》音乐中担任箫笛独奏。2023年录制河南卫视元宵晚会"天地之河"。演奏代表曲目包括《飘雪》、《貂蝉》、《中国随想》No.1东方印象、《溯回》、《楚河汉界》及排箫独奏《山鹰》《云雀》《南山南》等。

谈钟耀光现代笛乐作品《胡旋舞》的创作及演绎

马云鹤

一、关于《胡旋舞》创作者与作品内涵的介绍

（一）创作背景

《胡旋舞》的作者钟耀光先生1956年生于香港，生长在一个并不富裕的家庭中，自小挚爱音乐，但并没有得到父母的支持。在没有条件学习音乐的环境下，钟耀光凭借自己的执着和天赋，一路不断创造学习音乐的机会，直至1977年决定到美国费城演艺学院及纽约市立大学读书，主修打击乐，师从尼古拉斯·阿米克（Nicholas D'Amico）及莫裡斯·朗（Morris Lang），并跟随史帝文斯（Leigh Howard Stevens）和安倍圭子（Keiko Abe）学习木琴，拿到了纽约市立大学的打击乐硕士文凭。1980年回港担任香港管弦乐团打击乐副首席。钟耀光从小自学作曲，直到1986年以写给木琴与七个打击乐手的《兵车行》一曲（此曲已成为打击乐的经典曲目并被50多个世界知名打击乐团演奏）荣获美国打击乐协会作曲比赛冠军后顺利考进纽约市立大学研究所，攻读打击乐演奏与作曲博士课程，作曲师从罗伯特·斯塔勒（Robert Starer）与大卫·欧蓝（David Olan）。1987年荣获美国路易维尔交响乐团50周年纪念奖。并于1991年获打击乐演奏博士学位，博士论文《亨策〈冰国五景〉之理论与演奏分析》获纽约市立大学巴瑞普年度最佳论文奖。1995年获作曲博士学位。

钟耀光1991年定居台湾，主要从事行政工作，曾担任台湾中正文化中心两厅院企划组组长，在不断创造优异工作业绩的同时深感身心疲惫，于是辞掉了这份工作，在台湾艺术大学音乐学系担任专职教授。直到2007年接任台北市立国乐团团长一职。钟耀光到了台湾之后便积极投身于创作事业之中，是台湾最活跃、最有影响力和知名度的作曲家。

钟耀光在创作的道路上从不自我设限，在攻读作曲博士课程期间，便大量翻阅各类总谱书籍，敞开胸怀吸纳世界各民族的音乐，它的创作完全打破了中西方音乐之间的界限，这使得它的创作领域极为宽阔，所涉及的作品种类繁多。他热衷于各类跨界、多元的音乐创作，在对于台北市立国乐团的管理方面也是积极地走年轻活泼化的发展路线，吸引了大量的乐迷。

钟耀光留学美国学习作曲，积累了深厚的写作功底，但作为一个东方音乐家，他的创作也充满着中国哲学思想的浓厚色彩。钟耀光着重运用西方的写作技法及中国的民族音乐素材进行创作，试图表达他对自己国家音乐文化的独特理解。在香港和台湾的生活中，始终都能感受着当地音乐文化的魅力，也正是在各地学习生活的经历，给予了他大量不同音乐文化的熏陶和感染，所以在他的作品里可以感受到作曲家丰富的内心情感和对不同音乐语言的包容。作品涵盖前卫大型交响乐、管乐团合奏、国乐、传统戏曲、音乐剧、新世代（New Age）风格的小品及各种跨界创作。他的作品在国际重要艺术节如布达佩斯之春、布拉格之春、国际现代音乐节、上海艺术节、亚洲作曲家联盟大会与国际管乐节中都有演出。

曾为国际著名打击乐家伊夫林·格兰妮（Evelyn Glennie），长号名家克里斯汀·林德伯格

(Christian Lindberg),萨克斯风名家克劳德·迪朗哥(Claude Delangle),大提琴家米沙·麦斯基(Mischa Maisky)与安希·卡通纳(Anssi Karttunen),美国克诺斯弦乐四重奏(Kronos Quartet)创作协奏曲,2010年为世界博览会台湾馆4D电影《自然城市》创作配乐,2012年由英国打击乐名家伊夫林·格兰妮(Evelyn Glennie)录制的打击乐协奏曲由瑞典BIS唱片公司录音并全球发行,并获台湾金曲奖最佳作曲人奖。2000年,国乐团大型作品《永恒之城》在香港夺得香港中乐团21世纪国际作曲比赛原创组冠军。两首极具创意、充满活力的小品《大地之舞》与《草蜢弄鸡公》由马友友担任大提琴独奏,收录在台湾索尼唱片公司发行的《超魅力马友友》专辑中。

从钟耀光的作品里可以看到,他除了多产各种以打击乐为主的作品体裁以外,还是比较青睐于为管乐创作的,例如,管乐作品《节庆》被录在1995、1997年世界管乐节纪念CD中,与维也纳音乐出版社约翰·克莱门特签约出版,如今此曲已成为管乐团的代表曲目,2007年被改编为国乐版。2008年和2009年,瑞典长笛名家莎朗·贝札莉(Sharon Bezaly)在台北市分别世界首演了《胡旋舞》和《长笛协奏曲》,并由国际唱片公司瑞典BIS录制发行。

此外还有为长号与国乐团创作的《蒙古幻想曲》,为萨克斯风与国乐团创作的《第一号萨克斯风协奏曲》与《第二萨克斯风协奏曲》,为管子独奏与编钟及拉弦乐器创作的《寻》,为唢呐与小型国乐团创作的《天罡北斗阵》,为萨克管、二胡、古筝、打击乐而作的《听泉》,等等。

钟耀光先生是一位同时拥有打击乐演奏家和作曲家双重身份的国际性音乐家。他的创作理念新颖、见解独特,在对不同民族器乐的音响组合上有很多新的开拓。他大量现代作品的创作给不同乐器带来了技术上的挑战和突破,并推动了民族音乐多元跨界的发展。

笔者曾经在拜访钟耀光先生时了解到,之所以会有《胡旋舞》这个作品的产生,主要源起于2007年和一位非常出色的长笛演奏家莎朗·贝札莉(Sharon Bezaly)的合作。莎朗·贝札莉是享誉国际乐坛的长笛演奏家,而她自身最出彩的地方是她那完美极致的循环换气演奏法,这使得她能够突破长笛这一乐器的局限,大幅度地拓展了乐器本身的表现张力,从而达到了长笛演绎的新高峰。

笔者在采访作曲家时,作曲家这样讲道:“通常民乐团和一个外国独奏家的合作,碰到的第一个问题一定就是曲目的问题。在这之前基本上没有一个曲目是写给民乐团和一些西洋乐器的,就算有,也几乎都是移植的,也就是把原本的西洋作品改为民乐队伴奏。所以写给长笛的话,在曲目选择的问题上可以选择昆曲元素创作或是西域的,最后便定向为西域风格,曲调灵感来自古代西域的胡旋舞。在确定了曲子风格后,便开始选取合适的、可以完整表现整个故事的旋律,经过这样的过程,最终谱出了《胡旋舞》的曲谱。当时为了演出,我一口气写了两首作品给莎朗·贝札莉,一首是为她那享誉盛名的循环换气演奏法量身定做的极其炫技的《胡旋舞》,另一首是规模较庞大的《长笛协奏曲》。演出过后,莎朗·贝札莉非常喜欢这两首作品,并推荐牵线台北市立国乐团在国际知名唱片公司BIS录制发行了这两首作品,这也是台北市立国乐团与BIS合作的第一张唱片,由此加速了本团日后在国际乐坛里的成功。”[①]

《胡旋舞》延续了“西乐中奏”的音乐理念,改为“中乐西奏”,它的整个创作过程其本身就是一种中西方音乐的完美结合。无论是高超的吹奏技巧,还是现代的创作理念,当与西域民族特色那缠绵的旋律线条搭配之后,又形成了一种独特的古今交融之情。

---

① 钟耀光老师采访录,于台北,2014/8/28,10点33分。

（二）乐曲介绍

胡旋舞是唐代最盛行的舞蹈之一，从西域康居传来，以急速旋转的特点和热情奔放的舞姿而闻名。钟耀光先生在创作《胡旋舞》时抓住了胡旋舞欢快回旋、千匝万转不停歇的特点，采用大量西域音乐元素，运用十二平均律来创作，形成了一首内容丰富多样的协奏曲。全曲由慢到快、层次分明，逐渐发展出流畅明亮、热烈欢快、跌宕动听的音乐，每段逐渐加速发展至乐曲尾部的高潮，并在三拍子律动的铺垫下，加入了模仿西域民间舞蹈中舞者拍手动作的声效，生动形象地描绘出热情奔放的胡旋女那轻盈的舞姿。乐曲节奏欢快，风格鲜明，音乐刚劲而又轻盈，热情又连绵不绝，乐句悠长、一气呵成，对循环换气技法的应用淋漓尽致，使听众仿佛回到了大唐王朝，欣赏动情的"胡旋舞蹈"。

唐代盛行的胡旋舞为健舞之一种，原为中亚一带的民间舞。唐有"胡旋女，出康居（今中亚撒马尔罕一带）"之说。隋唐《九部乐》《十部乐》中均有"康国乐"部，其中《旧唐书》及唐《通典》中均记载有："……舞急转如风，俗谓之胡旋"，而白居易《胡旋女》诗中也记述："天宝季年时欲变，臣妾人人学圈转。"另外，敦煌220窟唐代壁画伎乐天急转如风的舞姿图，以及宁夏盐池唐墓出土的石刻舞人，都在一定程度上反映了唐代胡旋舞的风姿。胡旋舞的舞蹈伴奏以鼓为主，舞蹈特点是快速连续的多圈旋转。唐代诗人白居易及元稹《胡旋女》诗歌中，就描写了该舞旋转美姿如回雪飘飘，似蓬草飞转，像羊角旋风，若奔车轮盘；纵横腾踏应弦鼓，千匝万转不停歇。旋转舞动之急速，致使观众难分背与面。

唐朝是一个空前开放的时代，音乐文化也是吸收了外来各国的精华，在当时的音乐创作中普遍采用的是受中西音乐结合的燕乐音阶，即在传统五声调式音阶的基础上加入清角（Fa）和闰（$^{\flat}$Si）音。燕乐受龟兹乐的影响最为明显，也正是龟兹乐给中国带来了印度和西域的音乐音阶，导致唐曲听起来有浓厚的西域风情。而这正是创作《胡旋舞》所选定音乐风格和音阶的依据。全曲的创作是以五声调式为主，结合七声音阶、半音阶和阿拉伯音调，其中运用了同宫系统转调、异宫系统转调和离调等组织技法。

长笛版本的《胡旋舞》在台北首演之后便引起了一阵轰动，连民乐竹笛的演奏者们听了都非常喜欢，当时有很多人迫切希望能够早日把这首曲子改编为中国竹笛来演奏。所以台湾的竹笛演奏家陈中申便将作品原封不动地移植到了竹笛上，在原有调性不更改的基础上选用低音笛子$^{\flat}$B调来完成演奏，由于长笛音域要比竹笛宽，所以对于一些达不到的音选择做了细微的调整。后来2009年台北市立国乐团在北京国家大剧院演出时邀请笛子演奏家戴亚与他们合作这个版本的《胡旋舞》，戴亚拿到谱子研究一番，建议把作品的整个调移高纯五度，换作更短巧的F调梆笛来演奏，会更适合表达中国竹笛的滑音、吐音、跺音的特色表情，而这些技巧也恰巧符合丝绸之路的音乐韵味，尤其是滑音技法，在长笛里面是很难做出来的。①

长笛在演奏这首乐曲时，乐器本身那圆润、温暖、细腻、柔美的音色在作品的开头部分表现得非常突出，浓厚圆润的音色特点配之以中速三拍子的手鼓由远及近敲响而来，仿佛一下子把听众带到了古时贯穿希腊、印度和中国三大主要文明的桥梁——丝绸之路，甚至这时听长笛的音色颇有几分印度笛的神秘感。但是在之后的乐曲中，长笛的音色易融于乐队，尤其在音乐层叠发展逐渐推向高潮时，则更显黯淡被压制。故戴亚老师改编为F调梆笛演奏此曲是再适合不过了，既突出了中国竹

① 钟耀光老师采访录整理，于台北，2014/8/28。

笛中梆笛那穿透力强的特点，使得独奏者站在舞台上演奏时能够轻松完成与整个乐团在音色和声响比例上的融合协调，又方便演奏者能够尽情地把竹笛技法运用进来，借由这首热情动听的乐曲表达内心丰富的情感。也正是在这样的探究和判断中，戴亚进行了《胡旋舞》在国家大剧院的竹笛版首演。

所以目前竹笛有这两个《胡旋舞》的版本，而戴亚改编的版本被指定为2010年第十七届台北民族器乐大赛中的决赛规定曲目。此赛事为最具权威性的国际性民族器乐比赛之一，又称“笛子协奏曲大赛”。无论初赛、复赛还是决赛，统统由比赛组委会设置固定的一套比赛指定曲目，故所有参赛者必须先后登台演奏同样的指定曲目，体现了比赛的严格和公正性，并在决赛环节专为比赛委约协奏曲作品，获奖者会在最后的获奖音乐会上与台北市立国乐团合作演出这首规定的协奏曲。而由钟耀光创作、戴亚改编的取材于西域音乐元素、拥有着一气呵成的旋律线、超高难度的演奏技法、复杂多变的节奏组合及丰富音乐表现力的《胡旋舞》，正是由此比赛后而流行开来的。

二、《胡旋舞》高难度技法的综合运用与演绎

（一）重点乐句举例

本曲中对于笛子演奏中的“吐音”“大跳”“循环换气”三种技法的运用，已达到了前所未有的难度高峰。下面举例乐曲中的一个长乐句，并通过剖析这个乐句的演奏处理来探讨《胡旋舞》对上述竹笛演奏中三类技法的挑战性运用。

谱例 1

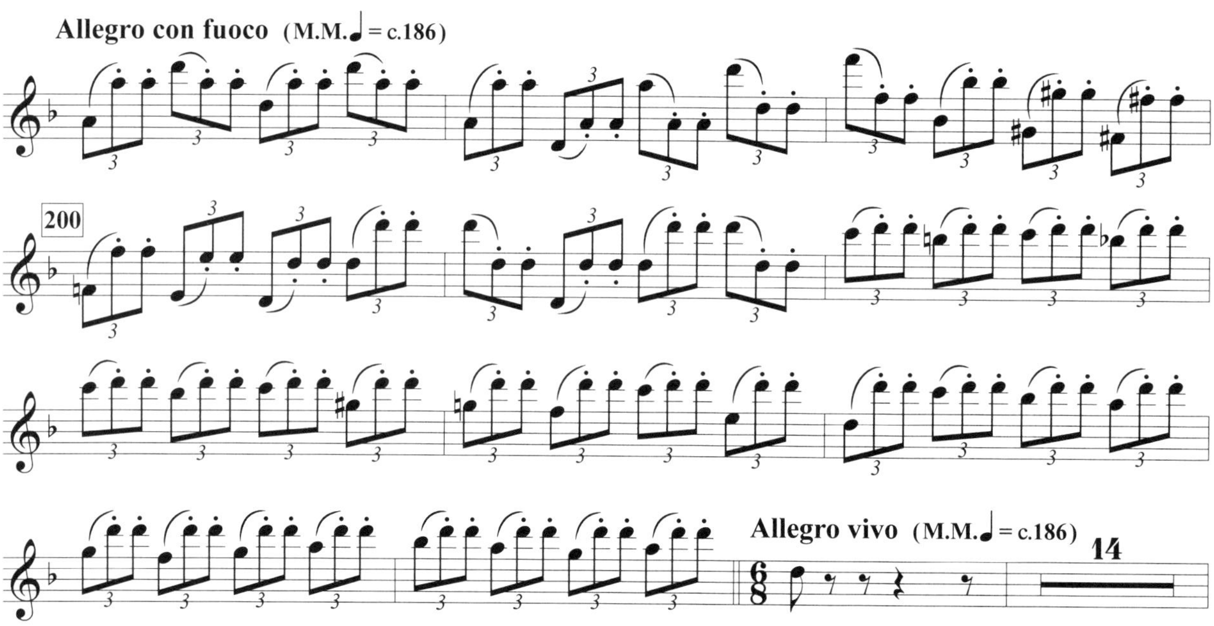

谱例1是截取《胡旋舞》每分钟186速度、$\frac{4}{4}$拍的“如火般热烈的快板”段中的一个乐句。从中可以看到，整个乐句是在186的速度中持续11个小节，运用44组三连音，44组连吐音，44个同音重复，37组上行跳音、7组下行跳音，17组八度大跳，其中包括5组下行模进的八度跳音连吐（199小节的第三拍开始），24组高音保持、低音做主旋律的双声部演奏（202小节开始）。对此乐句难点的把握，需要从以下几个方面延伸性地做一些具体分析。

在我们掌握的传统单双吐运用分配方法中，往往单吐音是一个更独立的音，并在舌头发出“吐”动作之后紧接一个快速的吸气动作，以达到另“单吐音”短促有力、颗粒性强、不拖泥带水的效果，两者合起来才算完成一个标准的“单吐音”，笔者暂称它为“标准单吐动作”。而按照这样的“标准单吐动作”演奏的话，由于不用担心会没有足够的气息，所以理论上讲可以连续不间断地吹奏无数个“单吐音”，但这只是在特定速度范围内，一般情况下很难超越160的速度（每拍内演奏两个“单吐音”），例如《陌上花开》中的快半段（见谱例2）。

谱例2

如果再加速的话，则很难有机会完成“标准单吐动作”内的第二个吸气动作，如果在较短的乐句内既要保证每个音的力度和爆发力，同时也要达到快速吹奏的效果，那就要选择放弃吸气动作，这样的吐音方法会因气息不足而没法在较长时间内连续吹奏“单吐音”，而速度也是有所限制的，在正常的舌头机理的运作下，一般很难超越220的速度（每拍内做两个“单吐”）。例如《秦川情》中的引子句（见谱例3）：

谱例3

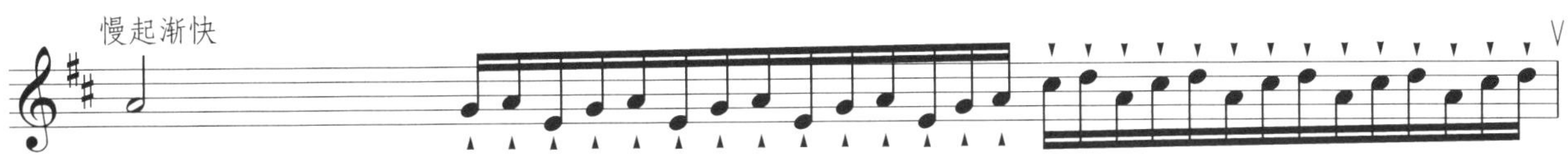

经反复听辨计算，戴亚演奏此句的最快速度达到了最急板（Prestissimo），即每分钟210—220拍，如果乐曲需要更快速度、更长篇幅的吐音时，那么就要混合“双吐”来演奏了。

在谱例1中，对于整句的这类三连音节奏型，吹奏时自然而然会选择运用“吐、呼、吐”的舌头搭配，因为这样既可以保证每组三连音中正拍位置的“吐”音清晰并有颗粒性，又可以轻松地把三连音中后两个同音重复的音靠舌头划分开来，但在这种看似完美的连吐分配演奏中，其实存在两个难以逾越的吹奏障碍。

1.吐音

每一拍的三连音中第三个音与下一拍中第一个音同为“吐”音，也就是两个“单吐音”的连接。在这两个“单吐音”的连接中，相隔缝隙的时值是可以计算出来的。这段乐曲速度为每分钟186拍，那么186×3÷2=279，也就是说，每一拍中的第三个“吐”音和下一拍中第一个“吐”音的连接速度等于在每分钟279拍的速度中吹奏“单吐音”（每拍内演奏两个“单吐音”）。这种情况远远超出了上述谱例3中阐述的舌头运作时的正常承受能力，所以这种吐音分配方式在理论上讲是不可行的。

2.循环换气

上述问题中每个相邻的两拍会有两个“单吐音”连接，而“单吐”并没有贯穿每个音，这种情况下仍可以选用“吐、呼、吐”的吹奏方式，但“单吐音”在这个乐段内的速度肯定无法完成“标准单吐动作”中的吸气动作了，如果不吸气的话，则又无法完整吹奏出11个小节的乐句，只能使用循环换气技法，而且只有在三连音中第二个音上有使用循环换气的可能。循环换气使用在此处是完全合理的，但是否可行又要进行实践和分析。在这个乐句中，所有三连音中的前两个音都形成了一个大跳，而上行的大跳占多数，也就是第二个音处于跳音的上方音，循环换气用在此处难免会有强烈的痕迹，甚至导致大跳的失败，第二个音会出现吹不响、吹低八度、音准偏低等情况，严重影响演奏的效果和准确性。

所以，为了追求高质量的乐曲演奏标准，在上行和下行大跳穿插进行的第1、2、5小节中，应运用“吐、呼、吐”模式演奏，而在其余连续的上行大跳过程中，吐音分配上最合理的选择应是“呼、吐、库”。注意，“库”音的力度分配一定要和“吐”音平均。并灵活地在适当的“呼”音上选择运用循环换气。这样的选择具有以下三点可行性：

1.“呼”音做循环换气处理，可以达到完整演奏整句的理想效果，使乐句表达的音乐不会被气息短缺的困扰而中断。

2.“吐”音安排在上行大跳的上方音中，可以极其轻松地完成大幅度的跳音，一步到位，并使上方音的音头具有爆发力、音色饱满。

3.“吐、库”的连接吹奏，可以直接把三连音中后两个相同的音用舌头动作隔开，不粘连，做到清晰准确的演奏。

与此同时，也要注意口形和角度随着大幅度跳进音程做极其快速的调整，气息对大跳音的力度分配也要在相当快速的演奏中变化自如。只有这样才能做到更准确地演奏作品，以期更完美地诠释一首笛乐作品。

综上所述，在演奏复杂的长篇幅快速段落时，演奏者需要发挥主观能动性，选择性地运用各种合理的技法，旨在尽可能地根据作曲家的创作本意来演奏，不去打断音乐和随意安插气口进行呼吸。在驾驭乐曲难点的问题上，不妨在练习笛子之余放下笛子深入剖析，找到演奏的突破口才是关键。

（二）《胡旋舞》演绎中二度创作的重要性

对这样一首选材于西域音乐风格、热情欢快的作品，用F调梆笛演奏自然最合适不过了。首先，梆笛的音色穿透力强，对气息的感应灵敏度高，可以做出大幅度的音乐张力和表现力。其次，梆笛演奏半音指法时，同样的准确度，声响较曲笛听起来更显干净和清晰。第三，梆笛的技巧极为丰富，尤其是吐音的运用，可以生动形象地展示出北方音乐热情奔放、欢快跳跃的特点，也符合《胡旋舞》这首作品“舞蹈性”的音乐需求。另外，在此曲中可安插大量梆笛独特的滑音技法作为润饰，通过歌唱性的、声腔化的滑音能够更好地勾画西域音乐形象中的神秘色彩。

了解到唐代西域舞蹈的表演形态特点为：舞蹈动作旋转多、速度急，女子体态轻盈、旋转生风，男子刚健有力、步伐多变，整个舞蹈的步伐以“圆”为轴变幻多彩。

故“繁复多变、刚柔并济”，成为笔者演奏《胡旋舞》时风格特征和音乐表现的主导把握。在乐曲演奏的具体处理中，特别将一气呵成的大篇幅乐段划分为若干长线条的乐句，并在每个长乐句线条内再划分出小单位的长短语汇，这样一来，通过对短小语汇中点与线的细致处理，能够更好地完成大线条乐句中的音色、气息和音乐性的连贯统一。

1.“点线结合”的演绎

下面举一个“点线结合”的乐句的例子进行处理分析（见谱例4）。

谱例4

谱例4选自《胡旋舞》引子之后的小快板段，在121小节至138小节，每分钟144拍的整整18个小节的三连音构成了一个长乐句，看谱面在123和127小节处可以安插两个气口，其余一口气演奏。

谱例4的前三小节为A角调式的小乐句，运用有规律的三连音八度跳音连吐形式演奏，作为接下来整个乐句节奏、吹奏法、八度音程跳进等音乐元素发展的铺垫，故演奏时需要把每拍正拍位置的主音作为重点音，演奏清晰并稍加强调，以描绘乐句的调性。

三小节之后转为D羽调式，紧接三组分解和弦音程的连吐音上下行交织演奏，生动准确地再现了舞者转圈和单膝跪地的动作：和弦音程内的第一拍上行跳奏为舞者的第一个旋转，第二拍开头最高音为膝盖跪地的舞蹈动作，以此为连接下一拍第二个旋转动作。在三组和弦音不断上行模进吹奏时，要用越来越大力量的气息支持才能跟得上音乐的走向，使音乐层叠发展，直至即将拉向高潮时突然休止，并紧接最低音的筒音作为下一个小乐句的开始。但这个音的开始是在一拍内的最后三分之一处，所以要弱起演奏，连续两个小节的上行音阶使音域横跨十八度，像舞者站立快速旋转不停的动作。运用长线条的气息分配均匀吹奏，由缓到急的气息支撑带来了整个长乐句内的第一个高潮，但这个高潮并没有持续，在第129小节马上向下跳进两个八度，持续三个小节的过渡乐句。132小节的八度上行跳进音程的模进演奏将整个长乐句推向了最高潮，高潮音落在133小节第三拍处，对此高音进行重复持续的吐音吹奏及围绕此音进行简短的半音阶变化，然后再回归高潮音的重复持续吹奏，向我们展示了胡旋舞者如陀螺般旋转如风的英姿。注意高潮音的吐音力量和爆发力，这些都扩展了整个乐句高潮部分的张力，但需着重安排此处气息的运用分配，以免因气息不足导致无法持续演奏高潮部分。

上述对乐曲中一个“点线结合”的长乐句演奏处理进行了描述，只有根据乐句中“点”与“线”的布局及音乐的动力和发展来合理分配不同的气息演奏，才能最好的拉伸音乐的张力和表现力，对乐曲所期望描绘出的舞蹈形象进行准确的把握。

2.“长线条”的演绎

下面举一个“长线条”为主的乐句的例子进行处理分析（见谱例5）。

谱例5

谱例5选自《胡旋舞》的178—192小节，共15小节。看谱面是一句旋律性为主的乐句，全句都在高音区演奏，178—185小节为A角调式，186—192小节为D羽调式。在谱面没有任何多余技巧标示的基础上，如何才能做出感人的音乐，这就要结合乐曲的内涵和风格来理解。

在已有的对西域舞蹈的认知和想象里，笔者认为这个乐句体现在音乐形象中，就好比刻画了一旁的观众在欣赏急速旋转腾踏的西域舞蹈时，内心情不自禁被这种舞蹈的热烈和激情所牵动不已而为之动情歌唱的画面。这个乐句选择在梆笛的高音区持续演奏，要特别运用到丹田气息作为强有力的支撑，加之高频率、大幅度的腹震音来突出高亢嘹亮、饱满穿透的音色。乐句小节被划分为4+4+8结构的三个小乐句，每个乐句的开头音笔者都会选择运用梆笛的特色技法“上滑音”来润饰乐句。在前两个小乐句的尾音，笔者会选择运用西域音乐的特色技法“逆波音”来加深音乐形象。在演绎这个“长线条”的乐句时，梆笛的气息运用及竹笛在展现西域民族音乐风格时的特色技法使用尤为重要。

技术、技巧与音乐的融合是音乐表演艺术中的重要环节。出色的表演技巧与完美的艺术表现在音乐表演中是相辅相成、互不可少的两个方面。没有表演技巧根本谈不到艺术表现；脱离了艺术表现，表演技巧也将失去它自身存在的价值。二者的完美统一，是音乐表演的又一重要美学原则。① 在音乐表演中，作为演奏者的二度创作尤其重要，它是赋予音乐作品以生命创造性的行为，他不仅是忠实的再现原作，而且还有可能通过表演者的再创造，对原作予以丰富和补充，甚至超出作曲家的预想，为音乐作品增添新的光彩。这正是笔者诠释《胡旋舞》音乐表现二度创作的意义所在。

综上所述，作曲家钟耀光的《胡旋舞》被成功移植为竹笛曲后，经过众多的笛子演奏家的二度创

① 张前，《音乐美学教程》，上海音乐出版社，2002年版第164页。

作，已成为一部经典的现代笛子作品。在硕士毕业音乐会上，笔者演奏了这首作品。乐曲音乐风格的选择基于中国的西域地方音乐，乐曲的创作运用了丰富的现代音乐元素，整个乐曲热情奔放、旋转流畅，是一首可听性极强的现代笛乐作品。在此基础上，《胡旋舞》也是一首值得演奏者对其音乐内涵及二度创作演奏进行深入挖掘的优秀笛乐新作。

在2010年夏笔者初次拿到这首作品时非常吃惊，也很激动，在一番自我练习和琢磨之后，又经过了老师的启发和指导，使笔者对这个曲子的音乐内涵把握有了新的认知。笔者尝试最大幅度地把竹笛版《胡旋舞》和长笛版《胡旋舞》区分开来，尽可能展现中国竹笛的独特韵味，并最终以此曲赢得2010年台北民族器乐大赛的第一名。

在对这首作品学习和实践的过程中，深深体会到中国文化的博大精深。中国地大物博、资源丰厚，是众多种族的集合、多元文化的交融，中国的民族音乐文化更是历史悠久，深邃浓厚。西域音乐文化是其中的重要组成部分，给中国民族音乐的绚烂多彩画上了重要的一笔，也是最早中国民族音乐和境外西方音乐对话的呈现。这些都助我在驾驭《胡旋舞》的过程中能够更好地表达个人的情怀。

笔者认为，对于我们年轻一代的莘莘学子，在21世纪的新时代里，要懂得中国传统文化是根基，要掌握多元的知识，把自身打造为全面发展的音乐人才。“中学为体，西学为用”，在传统的基础上，融合西方音乐知识，大胆探索创新笛乐的演奏形式、曲目、技法等，明确自己的发展方向，有所突破，才能取得成功。

参考文献：

一、乐谱

［1］钟耀光，《胡旋舞》，台北市立国乐团，2010年12月。

［2］钟耀光，《胡旋舞》为长笛与国乐团（钢琴伴奏版），台北市立国乐团，2007年12月。

二、文献

［1］萧舒文，《20世纪中国笛乐》，文化艺术出版社，2011年版。

［2］张前，《音乐美学教程》，上海音乐出版社，2002年版。

［3］杨旻玮，《唐代音乐文化之研究》，台北文史哲出版社，1993年版。

［4］宋博年，《丝绸之路：音乐研究》，新疆人民出版社，2010年版。

［5］李昂，《论陕北民歌题材竹笛作品中的“器乐演奏声腔化”显现及演奏法》，《中华笛文化系统工程研究》，台北观念文化事业有限公司，2013年。

［6］唐俊乔，《试论郭文景的竹笛与乐队协奏曲〈愁空山〉对竹笛演奏技术的拓展》，《音乐艺术》，2011年第4期。

三、影音

［1］莎朗·贝札莉，《胡旋舞》（*Whirling Dance*），瑞典BIS唱片公司，2009年。

［2］台北市立国乐团，《胡旋舞决赛》（DVD），《2010年民族器乐大赛－决赛》，台北市立国乐团，2010年。

四、网络

钟耀光介绍网站：http：//www.cykusic.com/Cbiography.htm

（二十）韩慧慧

韩慧慧，笛子演奏家，浙江音乐学院附属音乐学校教师。赵松庭竹笛国际艺术中心成员。6岁习笛，2010年起师从杜如松教授，笛管技艺曾受蒋国基、徐健、韩建林、王彦、林文增等名师指点。

2017年获文化部“文华奖”；2022年获“松庭杯”职业青年组金奖；2020年获“新松计划”民族吹奏乐专业组一等奖；蝉联2016第三届、2018第四届“听雨杯”专业青年组金奖，在首届“普乐奖”、台北首届“琴园杯”、第十一届音乐舞蹈节、第五届北京竹笛邀请赛、首届北京箫邀请赛、乐清海内外箫管邀请赛等赛事中收获金奖、银奖。演艺足迹遍布奥地利、美国、捷克等国家和中国港澳台等地区，曾获G20杭州峰会“先进个人”称号。首演或参演多部当代作品：国家艺术基金2020年跨界融合作品《越地长歌》、剧场版《远舟》，国家艺术基金2018年度大型舞台剧和作品项目《钱塘江音画》，民族管弦乐专场《云水境》，笙与笛民族管弦乐协奏曲《好花红》，国家艺术基金《祁连音画》（第三场《世界有条汨罗江》）等。硕士毕业音乐会入选“全国艺术硕士研究生优秀毕业成果”，获“全国艺术硕士培养院校教学成果云展演活动”表彰。

从教以来，指导学生在“松庭龙吟”“松庭杯”“普乐奖”“国韵杯”等赛事中多次斩获金奖等荣誉，个人多次获“优秀指导教师”称号，在学校支持下组织“竹栽朗声”系列竹笛学生习奏会。《浙江音乐学院社会艺术水平考级系列丛书——竹笛》书籍编委会成员，参与2019年浙江省级一流课程《器乐演奏——竹笛》项目，参与2023年《器乐演奏（竹笛）》国家级一流本科课程项目等。

跨越八百年时空的对话

——杜如松笛乐音画《渔笛清幽》的创作与意境解析

韩慧慧

笛属于吹管乐器，最早或始于八千多年前的骨笛，在我国数千年的历史长河中，被广泛运用于宫廷音乐、军乐、民间音乐，在中国民乐史上占有重要地位。笛也是历代文人抒发情怀的主要乐器之一。在春秋战国、魏晋及隋唐等人文思想鼎盛时期，笛箫作为“竹”类衍生乐器，为文人隐士所推崇，成为表达情感经常使用的乐器之一。

杜如松创作的笛乐音画作品《渔笛清幽》就是根据宋代画家夏圭的《山水十二景》中的一景“渔笛清幽”，用笛乐的形式创作而成的代表作品之一。从笛乐中贯穿的演奏风格，到笛乐所展现的情感、气质、性格与修养，再现了画作的精神内涵。音乐作为一种形而上的思想精神产物，作为一种负载几千年民族文化的艺术语言，与中华文明一样从未中断，它在伴随时间而消逝的同时，其透露的文化与人文情怀却得以积淀下来。当从音频、视频、现场中去聆听、感受，从演奏中探究这“渔笛”何以妙“清幽”，在反复揣摩的过程中，竟豁然开朗，领悟到乐曲的意境背后所蕴含的人文精神，源自音与画在不同时空下对宋朝文人“隐”文化的内心共鸣。

一、笛曲《渔笛清幽》的创作过程

2012年12月，杜如松[①]与林海钟[②]两位教授因一次书画展活动赴美国堪萨斯州交流，在纳尔逊·艾京斯美术博物馆见到了南宋画家夏圭[③]的《山水十二景》残卷，在李慧漱[④]教授提议下，杜如松、林海钟两位教授约定，以此为题进行创作，一人作曲，一人作画，从而诞生了这首低音笛曲《渔笛清幽》。

据《江村销夏录》记载，“宋夏禹玉山水卷，绢本，高七寸七分，长一丈六尺三寸。末尾着细楷书‘臣夏珪画’四字，共十二景，每景题字皆理宗御笔。有双龙小玺、内府大玺，前后钤缝，宋印三方，元印五方。”可以推测该画属宋代进呈内廷的作品。公元1127年，南宋定都临安（现杭州），画中之景即为南宋钱塘山水与西湖秀丽美景。文物原属故宫旧藏，后流落海外。该画作以长卷形式描绘了“江皋玩游、汀洲静钓、晴市炊烟、清江写望、茂林佳趣、梯空烟寺、灵岩对奔、奇峰孕秀、遥山书雁、烟村归渡、渔笛清幽、烟堤晚泊”十二种不同的自然景色，每景都是以“半边”或“一角”的方式进行构图。各景标注了标题，既可以将其当作一幅长卷全景图来看，也可以在每个标题处单独成画。此画全卷未得以完整留存，仅余最后连续的四景即“遥山书雁”“烟村归渡”“渔笛清幽”“烟堤

---

① 杜如松，浙江音乐学院国乐系教授、硕士生导师，中国音乐家协会竹笛学会副会长，中国民族管弦协会理事。

② 林海钟，中国美术学院国画系教授，博士生导师。

③ 夏圭，又作夏珪，钱塘（今杭州）人，字禹玉，生卒年无考。于南宋宁宗朝（1194—1224）期间任画院待诏。早年专工人物画，后以山水著称，与李唐、刘松年、马远合称为南宋画院“四家”。

④ 李慧漱，艺术史学者、美国加州大学洛杉矶校区艺术史系教授。

晚泊”。其画中之景、之境、之情让两位教授颇为动容，感慨于古画诗情画意中所蕴含的人文精神。

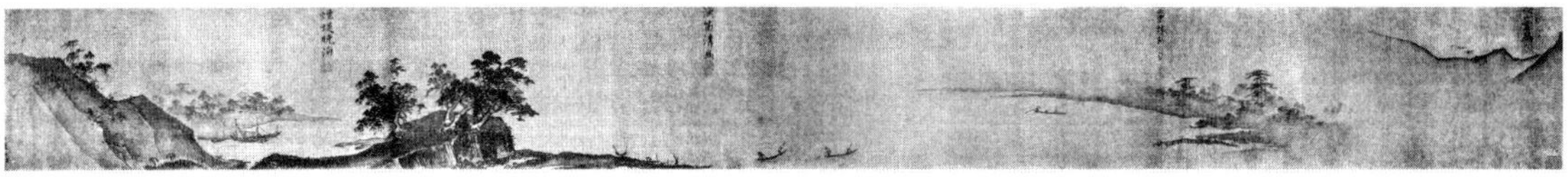

宋·夏圭《山水十二景》残卷

笛曲《渔笛清幽》的创作时间为2012年12月至2013年11月，历时约一年。在创作的第一个阶段，作者于2013年的春季完成了对乐曲慢板“烟村归渡”及中段“渔笛清幽”中板部分的创作，其中音乐旋律的创作材料来自昆曲《牡丹亭·惊梦》(《皂罗袍》)。之所以选择这段昆曲曲牌，有两个原因。其一，在代表江南音乐风格之中，昆曲堪称之最。南宋时期兴盛的民间音乐与地方戏曲、宋杂剧、诸宫调等成为元杂剧的发展源头。元朝末期在民间兴盛的南戏(又称南曲)，伴随该戏种的发展，极大地影响了明代“四大声腔”昆山腔的萌芽，并为后来昆曲的发展奠定了重要基础。因而，作者将目光投向了昆曲，虽然难以复原当年的南戏唱腔，但采用代表着江南风韵文人雅趣的昆曲唱腔来勾勒宋代古画意境，却是非常合适的。其二，《牡丹亭》自明代汤显祖笔下问世以来，一直是昆曲乃至各类传统戏曲的重要代表作，其传承与发展在当下有着极其重要的影响。此外，剧目中从曲词对人物形象的刻画到剧本与演绎形式的发展成熟，丰富了其诗化的精神和流传的文化，属我国国学文化中的经典之作。《牡丹亭》所蕴含的艺术美学，与笛曲《渔笛清幽》背后所蕴含的人文背景，有着异曲同工之妙。其一为“梦境”与“现实”的写照。以剧中“游园”与“惊梦”主题下预示的“梦境”与“现实”，对照借喻了笛乐与宋画之间，“乐在画中行”的梦境及“乐在画外听”的现实。其二是“自由”与“约束”的对比。剧目在封建礼教约束的大背景之下，歌颂人性与自由，呼应了宋画中以“渔笛”的意象，表露其对人性自由的渴望与追求，其中的“自由”与“约束”通过笛曲创作中的意象刻画来实现，也是以今人之思想尝试对古代人文情怀的一种解读。音乐主题旋律中运用《皂罗袍》曲牌，更令听者感受到唱词中：“原来姹紫嫣红”的那番美好景致，使得笛曲铺设的画面内容呼之欲出。

2013年春夏为创作的第二个阶段，作者在创作引子“遥山书雁”与中段“渔笛清幽”散板部分的过程中，几度遭遇瓶颈，在搁置了较长时间后，偶然从《仙翁操》[①]这首琴曲中找到了创作灵感，用以表现“渔笛清幽”江上笛者的这一意象。该琴曲自明代即有流传，虽篇幅短小精悍，但其注重协调不同指法带来的音色，其“仙翁”之名也源自曲中“同弦异音”的音程效果，创作中对该曲的引用，不仅意指塑造意象，更使质朴的旋律在丰富精致的昆曲背景中脱颖而出，形成了音乐旋律风格上的对比。2013年11月，作品完成初稿。然而，这只是完成该作品的第一步，在随后的演奏实践中，作者对作品的再三调整，使得其逐步完善。作者将这首笛乐作品创作的立足点，置于对音乐表现对象即“音乐意象”的呈现，在对该作品定调(使用何种调性的笛子和演奏指法)时，也都以音乐表现与画作内容，契合了观众的聆听感受。

① 《仙翁操》，曲成于清代康熙十余年左右，又名《调弦入弄》。收录于查阜西先生的《琴曲集成》中之《文会堂琴谱》。

《渔笛清幽》以A调低音笛为旋律主线，内容结合宋时的钱塘之景，与杜如松创作的第一首G调低音笛曲《扁舟载月》异曲同工，且两首作品灵感同源，皆为钱塘山水。《扁舟载月》是以明代诗词为创作来源，《渔笛清幽》是以宋代画作为创作来源，同一景色在不同的历史阶段传递着几乎相似的文人情怀。时隔三十年，得同一位笛者解读，却是不一样的情感内涵与音乐画面。

从夏圭的《溪山清远图》《山水十二景图》残卷及《西湖柳艇图》等留世作品来看，取材多呈一派江南山灵水秀之景象，寄情于山水，尤其偏爱西湖、钱塘之景。"钱塘山水"这一主题同样是杜如松创作中极为重要的灵感源头之一，更是其寻找艺术与人文共通之处的切入点，夏圭长卷中的"钱塘山水"与"渔笛"，正是开启这次音画对话的契机。

笛曲《渔笛清幽》虽然是美国交流活动中的额外收获，但杜如松与书画等传统艺术的结缘，却早已融入其笛艺之中了。杜如松自幼跟随赵松庭先生习笛，很早就开始接触戏曲诗词等传统文化，青年时期就与林谷芳[①]、林谷珍[②]等台湾文化人士交流，与林海钟教授等同道至交探讨艺术人文，这些阅历丰富了他从传统文化中对人文情怀的感悟。

杜如松的笛曲创作始于1982年。在赵松庭先生的指导下，他完成了其毕业作品《扁舟载月》。此曲是根据明代文人凌云翰[③]的诗作《西湖渔者》而写："家住钱唐西子湖，钓竿几度拂珊瑚。扁舟载月归来晚，不觉全身入画图。"自这首作品起，他借笛箫管乐，进行了一次又一次中国传统审美思想与人文世界的对话，立足于钱塘西湖、山水秀景，体现"一方水土养一方人"的艺术气息。"不觉全身入画图"这一画图可以是一幅意境幽远的山水画，也可以是一种"一笛清风万事休"的人文情怀，"江上渔者"暗喻隐士，将诗词与音乐的意境结合，呈现为一种"隐文化"的标识，以及表达文人、隐士灵魂深处所追求的精神境界。

《渔笛清幽》作为《杜如松笛箫曲集》中的重要代表作之一，也是其第一次以宋代文人画作为创作灵感来源的作品，这一尝试不仅丰富了笛乐创作取材的途径与方法，更是一次超越时空的古今对话。

从杜如松的创作脉络来看，大部分作品皆为他本人创作及改编的，少部分是其演奏记谱，演奏乐器涉猎传统笛箫及尺八等。林谷芳先生曾谈及杜如松的创作风格，兼从"道""艺"等方面来看，作品富于情思却起落中转，颇有弦外之音，又常流转于形式。除却前文谈及的《扁舟载月》《渔笛清幽》外，他于1999年为"同管双笛——雁飞篪"[④]创作了第一首作品《雁南飞》，是依据唐人宋之问的《题大庾岭北驿》一诗而作。笛曲《梦游天姥》是由登浙东天姥山，有感于唐人李白的《梦游天姥吟留别》，与友人翁持更[⑤]共同创作。箫曲《莲台凝香》是为案台香之景所触动，其中的音乐以佛教音乐《戒定真香》为蓝本，又将旋律铺展如烟缕异形多变。

---

① 林谷芳，禅者，音乐家，文化评论人，佛光大学艺术学研究所所长，台北书院山长。

② 林谷珍，音乐文化人，琴园国乐团团长，笛箫制作家。

③ 凌云翰（约1372年前后在世），字彦翀，号柘轩，钱塘人，元末明初诗人。

④ 赵松庭与赵松龄根据唐宋典籍记载及壁画上的形象仿制竹制吹管乐器，乐器艺名为"雁飞篪"，学名叫"同管双笛"。

⑤ 翁持更，作曲家，浙江省音乐家协会主席。

表一《杜如松笛箫曲集》作品主题来源

主题来源	作　品	数量
诗词	《扁舟载月》《雁南飞》《闺中怨》《梦游天姥》	4
宗教	《竺缘》《莲台凝香》《鱼山遗韵》《华严字母》《五方佛》《云来集》	6
民歌	《阿昌情歌》《余乡喜讯》	2
书画	《渔笛清幽》	1
戏曲	《小桃红》	1

其诸多作品之中，早期创作多以诗词为灵感来源，后逐渐转向有感于自然生灵、人文与宗教等。《渔笛清幽》为继诗词歌赋、宗教香道之后，延伸书画领域的首次尝试。

在笛箫曲的创作中，杜如松注重对音乐意象[①]的塑造与刻画，音乐主题虽然涉及多类，但创作材料多取源于昆曲、婺剧等风格鲜明的地方性戏曲、古琴及宗教音乐等。笛曲《渔笛清幽》的音乐旋律结合了昆曲和琴曲的元素，较好地呼应了夏圭的画风——“意尚苍古而简淡”[②]。无伴奏轻吹的演奏形式，能够呈现笛箫最为本质、自然的音色，加以精妙的气息控制，使得“竹”本身的音色清亮悠远，直抒作品内涵，烘托音乐意境。注重自然惬意的表达，尊重艺术还原和贴近生活的创作原则，使得笛曲的意境能够与原画作的风格更加贴合。

而《渔笛清幽》就是一首以《山水十二景》为主题的标题音乐[③]器乐作品，借用了四幅残卷标题构成全曲的四个部分，分别是“遥山书雁”“烟村归渡”“渔笛清幽”和“烟堤晚泊”。作者在创作时，借助跨时空艺术对话的形式，呈现出一段美妙的古画今乐。尝试用音乐来表达视觉与精神上的感受，通常以画作名称为乐段的标题，以音乐结构比拟画面的构图，用音乐的调性来表达画作基础色彩，借音乐主题旋律或拟声手法呈现画作的意象，浓淡之中显强弱，光影之下触动音色的变化，同时采取一些演奏手法与技能来烘托画作的内涵，使得画中之笔法与点线转换成音乐之旋律与节奏，用旋律诠释画中意境，以节奏演绎山水情感。

二、演绎形式及其特点

2013年末，笛曲《渔笛清幽》创作接近尾声，杜如松与林海钟两位教授再次应邀赴美国堪萨斯州参加子亚洲艺术论坛。一人取笛现场演奏《渔笛清幽》，一人执笔现场临摹残卷，作品在双重艺术形式的结合下，凭借其完美音效和独特意境，让当地多位学者第一次感受到中国传统音画带来的震撼。李慧漱教授为笛乐《渔笛清幽》附文称：“《渔笛清幽》一景，写江天远山辽阔，二三渔人水上撒网捕鱼；唯江渚岸边一渔父，兀自悠扬横弄一管，一派逍遥葛天氏之民。”此后，音画结合即成为笛曲《渔笛清幽》的主要演绎形式。近几年，中国美术学院范历教授通过多媒体设计将林海钟教授临摹的画卷内容以动画形式制作成视频，以杜如松教授演奏的《渔笛清幽》作为视频背景音乐，呈现了现场音画在多媒体层面的结合。

音画结合之举在近代寥若晨星，但21世纪以来这类综合艺术表现形式却犹如雨后春笋，虽同有

① 音乐意象：客观物理现象经过创作主体（人类精神思想）发生的独特情感活动而创造出来的一种艺术形象，又称为“艺术通象”。

② 指写字作画用笔的方法，即中国画特有的用线方法。

③ “标题音乐”是浪漫主义时期产生的一种音乐作品类别，作曲家将音乐同文学、绘画、戏剧等其他相关的艺术形式相结合，从而产生的一种具备综合性的音乐形式，也可以代表一种用文字来表明作曲家创作意图及作品所蕴含思想内容的作品。

“音画”之称，但形式各异。其中的“音”可以指现场演奏，也可以是音频、电子音乐等，“画”多指动画等多媒体形式。音画《渔笛清幽》中的现场书画源自即兴之举，却再次启明了音画作品的演绎形式及发展方向。

音乐在演奏过程中受演奏者的主观因素影响，产生了一定的即兴性。当下能够通过影音技术来保留音频或视频，但在面对即兴性、不断变化的节奏和韵律时，录音录像的方式只能做到某一时空下艺术呈现的留存，归结至不同人、思维及意识之中，重新组合出的意象及意境依旧大相径庭。节奏、韵律、强弱之间的动态变化是音乐美的重要组成部分，而音画《渔笛清幽》在每一次演绎过程中，都会带给聆听者不同的感受。

书画是空间、平面的视觉艺术，其艺术形式的呈现依赖于材料载体，因此，它也是静止的艺术形式，内容中表现的色彩浓淡、层次结构等勾勒出现实生活在意识认知后的重塑。对书画过程的呈现也是本音画作品的一大特点。通常情况下，我们所见乃是书画完成后的形态，而书画过程实与音乐创作、演绎相通。因此，《渔笛清幽》现场与乐相携，谱画抒意，为当代音画演绎发展指明了方向。以其中的书画，为当代的音画演绎形式指明了一个崭新方向。

同一时空下，笛乐演绎与书画进行是两个可相互独立又可结合一体的艺术形式，人对"形而上”艺术产生的通感，源自观众在聆听、观看的场景之中产生对艺术的联觉。“耳中见色，眼里闻声”，艺术通感造就的视听合一就是如此。虽然音乐与书画在构成材料及表达方式上完全不同：音乐是乐音与节奏的组合，通过人听觉感受作用于大脑乃至心智思想，从而引发审美体验；而书画是色彩与点线的结合，通过人视觉感受实现的审美体验。夏圭的《临流抚琴图》绘一高士临流而坐，人像并未细细刻画，却见抚琴动姿，意境深远，令人联想到琴声阵阵；元末诗人、书画家杨维桢[①]作图《跛君山吹笛图》以纪念与黄公望的友情，其作画之时，想必心中也流淌着回忆中的笛声；勋伯格在管弦乐作品16号《五首小曲》中寻找色彩来创作和声，康定斯基[②]以画作《音乐会印象》反馈了他从音乐中寻找到的色彩，此类音画通感的例子不胜枚举。“气韵生动”是南朝画家谢赫[③]在其所著的《古画品录》中对书画提出的“六法”之一，气韵本是音乐中的要素，但在我国书画发展的历史中就有所借鉴，可见音乐与书画的艺术通感早在千年前就已产生并相互作用。

音乐中的意境，源自其音乐本身生根之土——传统文化，也就是文诗书画等人文艺术内在的本质与文化精神。音造就的画面感，乐引发的情绪，音乐作为一种形而上的事物，作为一种负载千年民族文化的艺术言语，在过去的每一秒或消逝或留存着。

笛曲《渔笛清幽》通过音乐、书画及多媒体的相互结合，营造多重艺术形式下的通感，丰富了音乐爱好者的现场视听感，是传统音乐在这个时代的一种创新方式，其带来的艺术化生活，或是生活艺术化的理念，正是为传承传统艺术形式指明了一个新方向。而在这种形式中摩擦出的艺术理念、美学思想，也将为这个时代带来一批新的艺术作品。本曲所表现的音乐内涵，及其与书画形式碰触下孕育的人文美学，将会重启文化修养中人对“美”的诉求，这类艺术灵感碰撞而形成的艺术形式，将在快节奏的现代生活中不可或缺，其体现的尊重历史、传承与创新精神也为社会所广泛关注与支持。

---

① 杨维桢（1296—1370），元末明初诗人、文学家、书画家和戏曲家。

② 瓦西里·康定斯基（格里历1866年12月4日—1944年12月13日），俄罗斯画家、美术理论家。

③ 谢赫（479—502），南朝画家、绘画理论家，著有《古画品录》。

何谓传统？如若唯有技术的美，那将只是对事物外象的追求。音乐美学中所渗透的“境界说”，阐述了音乐与灵魂艺术上的呼应与回归。只有通过领悟传统音乐、诗词书画，认识中华文化的根基，感受历史沧桑下传统人文中的哲学，将优秀传统文化从附有时代印记的传承中解放出来，让焦虑的心灵得以平复，才能归根传统。

三、音画意象与人文情怀

音画《渔笛清幽》其音乐中流露着作者的情感，成功地借用笛乐中流露的“意象”来阐述传统笛乐下的意境与人文之美。春秋时期之《周易》“贵”（六十四卦之一）卦文曰：“文明以止，人文也。”“人文”为人类精神文明的核心部分，体现在精神意识、道德规范等方面，其随时代与三观而变化，是一种美学范畴的文化现象，为广大社会群体所约定俗成。《隶释·汉张平子碑》文曰：“音乐书画之艺，方技博弈之巧。”传统音乐与书画属于文化范畴，自古就融为一体。同时又属于精神范畴，随时会碰出火花。同样作为精神产物的两者，其结合形成了一种交互艺术，即原本相互独立的两种艺术形式，在同一时空下有了关联与对话。两者的关联性，即体现于艺术所表述的“意象”。

“意象”最早见于《周易·系辞》：“观物取象”与“立象以尽意”之说。“象”既具备客体的物质因素，同样又具备主体的意识因素，笛者在演奏《渔笛清幽》时随现场氛围的即兴处理，随其精神感受而发生的音乐基本要素的变化（如音乐速度、力度、音量变化等），使得音乐每一次的演绎都有所区别，书画者受音乐起伏而构思落笔，书画的灵感、线条、浓淡等皆源于内心与音乐的共鸣。笛者以音乐作为语言所传达的事物景象，在书画者感知后，以另一种艺术形式进行呈现，这个过程既有即兴性，又相互影响，如同对话一般，“起承转合”“皴擦点染”，相辅相成。

笛乐《渔笛清幽》与画作“渔笛清幽”中隐含着“渔隐”这一意象的传承，向来是历代文人青睐的对象。宋代赵以夫《桂枝香·青霄望极》中有“不如归去，扁舟五湖，钓竿渔笛”；宋代邓肃在《一剪梅》中感叹“梦回风定斗寒，渔笛一声天地秋”，《临江仙·百尺危楼初过雨》里叹“一声渔笛在云端”，元代刘秉忠《小重山·一片残阳树上明》言“归舟远，渔笛两三声”，明代汤显祖笔下《送客归岳州》乡愁几许，“还怜洞庭水，渔笛与歌声”。元代吴镇《秋江独钓图》、明代朱端《寒江独钓图》等画作，探其深意，所展露的也是此意象。“渔笛”作为《山水十二景》残卷中的意象之一，与历代书画中的“扁舟”和“独钓”相仿，实为“渔隐”之意象。何谓“渔隐”？自宋代文人雅士入世，士大夫阶层发展至鼎盛，南宋文人墨客隐于江南，借诗词书画直抒己怀。直至元代后期士人阶层逐渐没落，面对皇权制度下用人之道的变化，怀才不遇、报国无门，“士人”阶层隐于民间，寄情于山水，倚水而居、垂钓而思，怀揣着希冀日复一日地离岸而去，随一叶扁舟漂泊至一处便随遇而安，如是一渔者士人亦称之为“渔隐”，这一意象才被广泛隐喻后延伸至哲学与美学意蕴。

作品中所蕴含的此类抒怀与意向，与诗文书画相通。如苏轼的《木石图》中“木”与“石”所表露的意向，如若揣摩图中所要“必达”及“难隐”的那份思绪，对于以“枯木不枯”来喻己的这种情怀，应是苏氏对世态人生的一种态度，抑或是隐喻“仁者”与“隐者”之别，却是有从入世转而避世的一份相似之处，寄情于山水之中而隐于市林，就如“枯肠得酒芒角出，肝肺搓生竹石”此处意象所表露的“竹石”这般，以“竹”“石”“枯木”来隐喻自己，不再是对自己的嘲讽，而是摒除外相的一份本真。又如笛曲《鹧鸪飞》，赵松庭先生在根据李白之诗《越中览古》的寓意进行改编时，描绘了“越王勾践破吴归，义士还家尽锦衣。宫女如花满春殿，至今唯有鹧鸪飞”的意境，其使用的意象即为“鸪”。意象虽隐含悲壮雄浑，但乐曲忧而不伤，表面的宁静淡雅蕴含着丰富的波澜，呈“身未动，心已远”，之境。音画《渔笛清幽》中诉说着一份“隐以修人，乐以修思”的隐士心境。“隐”文化皆以人文积淀而生，在历史文化发展与碰撞中形成，其因“隐”文化于江南尚有息存，伴随时代变迁，时隐时现，在一代人的溯源仿古中得以重拾，复而加以所属这个时代的新思潮。

意象画作《渔笛清幽》中的“渔隐”文化披露了历史中一个阶层的没落，暗示了“隐”文化的兴起。笛曲《渔笛清幽》中“江上笛者”的形象，传达了一份怡情于自然，安然独吹的禅境。音画《渔笛清幽》之恰逢是一次机缘，今人以笛乐传递古画之内涵，复以书画“临摹”笛乐中的那份情怀，添补出一段相隔八百年的对话，再击南宋夏圭当年的情怀。

参考文献：

[1]重光，《画筌》，四川人民出版社，1982年版。杜如松，《杜如松笛箫曲集》，上海音乐出版社，2015年版。

[2]钱茸，《论中国传统文化的积沉：戏曲音乐的程序化》，《中央音乐学院学报》1991年第1期。

[3]王耀华、杜亚雄，《中国传统音乐概论》，福建教育出版社，1999年版第165—168页。

[4]庄肃，《画继：画继补遗》，人民美术出版社，2004年版。

[5]谢嘉幸，《音乐的语境——一种音乐解释学视域》，《中国音乐》，2005年第1期。

[6]陈野，《南宋绘画史》，上海古籍出版社，2008年版。

[7]林克仁，《中国箫笛史》，上海交通大学出版社，2009年版。

[8]赵晓笛，《笛艺春秋赵松庭笛曲·文论集》，人民音乐出版社，2011年版。

[9]郑祖襄，《中国古代音乐史》，高等教育出版社，2011年版。

[10]王晓俊，《中国竹笛吹奏艺术的历史与美学研究》，南京艺术学院，2011年。

[11]袁剑侠，《艺苑英·名家名作：马远·夏圭》，河南美术出版社，2013年版。

[12]齐柏平，《唐诗乐器管窥》，中央音乐学院出版社，2013年版。

[13]郭建平、顾明栋，《中国传统艺术的图文间性一——以诗文书画的“渔隐”主题为例》，《厦门大学学报》（哲学社会科学版），2014年版第1期。

[14]林谷芳，《宛然如真——中国乐器的生命性》，北京大学出版社，2016年版。

[15]林谷芳，《春深子规啼》，漓江出版社，2017年版。

笛曲作品

水·落花

♭B调曲笛

袁非凡曲

【引子】♩= 52 自由地

40
渐缓
rit.
♩=60
悠远地
50
♩=88
急切地
60

小快板 (♩=100) 唯美地
mf
70
f
80
90
3
mp
f
100
mp
f
1.

110
2.
稍加快
♩= 106
mf
f
120
ff
130
rit.
6
mp
华彩 自由地
3

140
突慢 自由地
rit.
慢板 遐想地
150
160
170
rit.

赛汗塔拉

侯长青曲

30
2.
人工泛音
【那达慕盛会】
快板（♩= 155）欢快地
C调笛演奏
打击乐 solo
40
tr

50
p
p
f
60
tr

70
80

ff
【尾声】
♩= 56 悠远地
D调笛
90
3
3
100
V
mf
mp
p

城　南　忆

春柳依依，相思挂在城南肆。水山山水，何日锦书寄。

大雁南飞，遥看行成队。君须记，盼尔互对，杯举须同醉。

《点绛唇·城南忆》

屠靖南、汪　锋曲

30
40
rit.
a piacito
mf
pp
accel.
fp
ff
mf
C Allegretto (♩ = 126)（全按6）
50
60

70
f
80
90
100
110
120

130
accel.
♩= 132
mf
mp
140
mf
mp
rit.
a tempo
sf
a piacito
fp
mf
D Adagio (♩= 62)（全按2）
150
160
rit.
pp

玉　篁　秋

——为一支C调八孔竹笛而作

蒋　宁曲

40
50
60

由慢渐快
C
♩= 80
mp
70
80
f
ff
♩= 160
mf

90
tr
f
mp
100
mf
110
f
ff

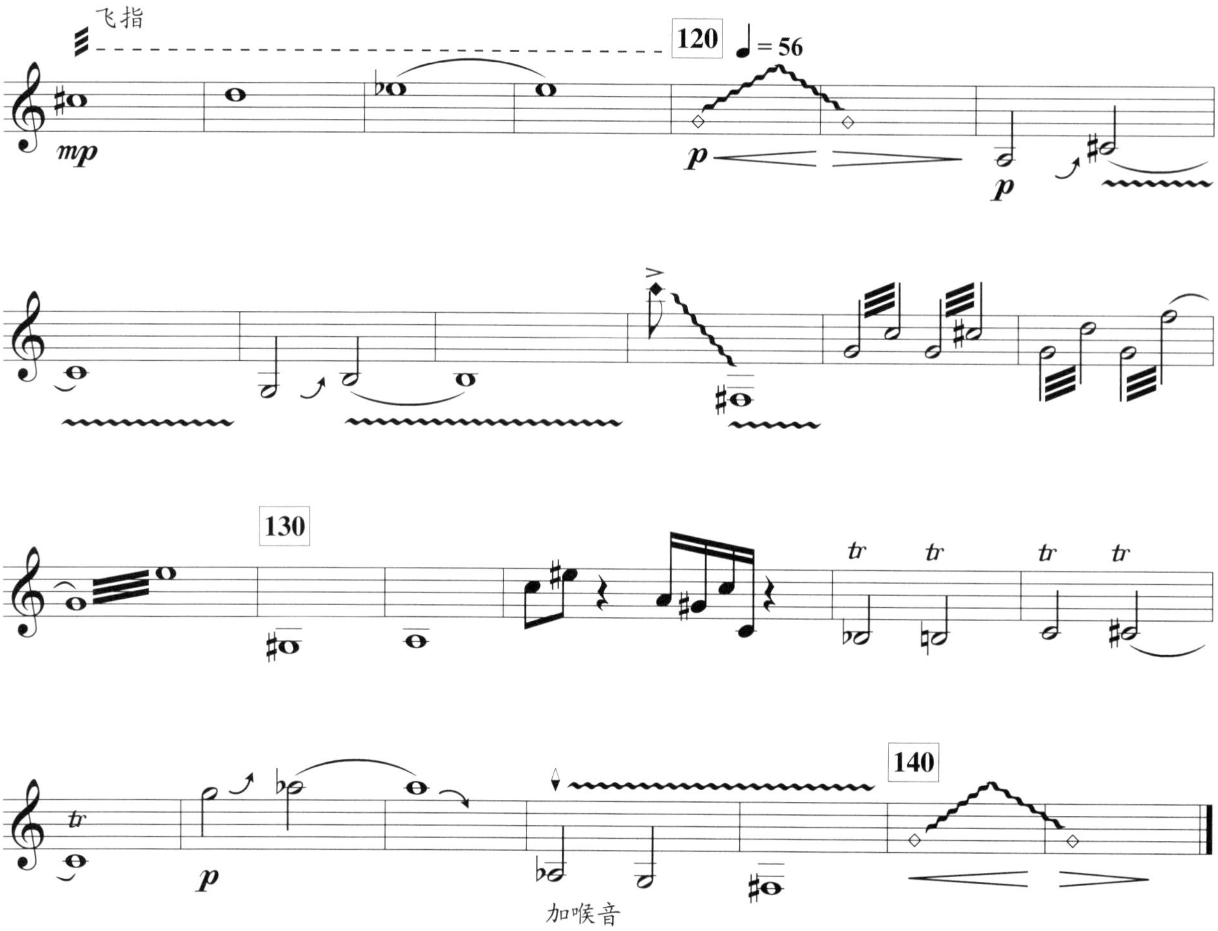

一剪梅·红藕香残玉簟秋

李清照

红藕香残玉簟秋，轻解罗裳，独上兰舟。
云中谁寄锦书来？雁字回时，月满西楼。
花自飘零水自流，一种相思，两处闲愁。
此情无计可消除，才下眉头，却上心头。

演奏说明：

气音与笛音共鸣，模仿风声。

吹孔向内转半孔形成气变音。

三　　秋

张　健曲

10
B
p
B

p
p
20

molto accel.
rit.
p
f
molto accel.
rit.
C ♩= 60
pp
C ♩= 60
pp

30
mf

pp
mf

gliss.
sf
D
f
D

40

50

E
♩= 60
60
mf
p

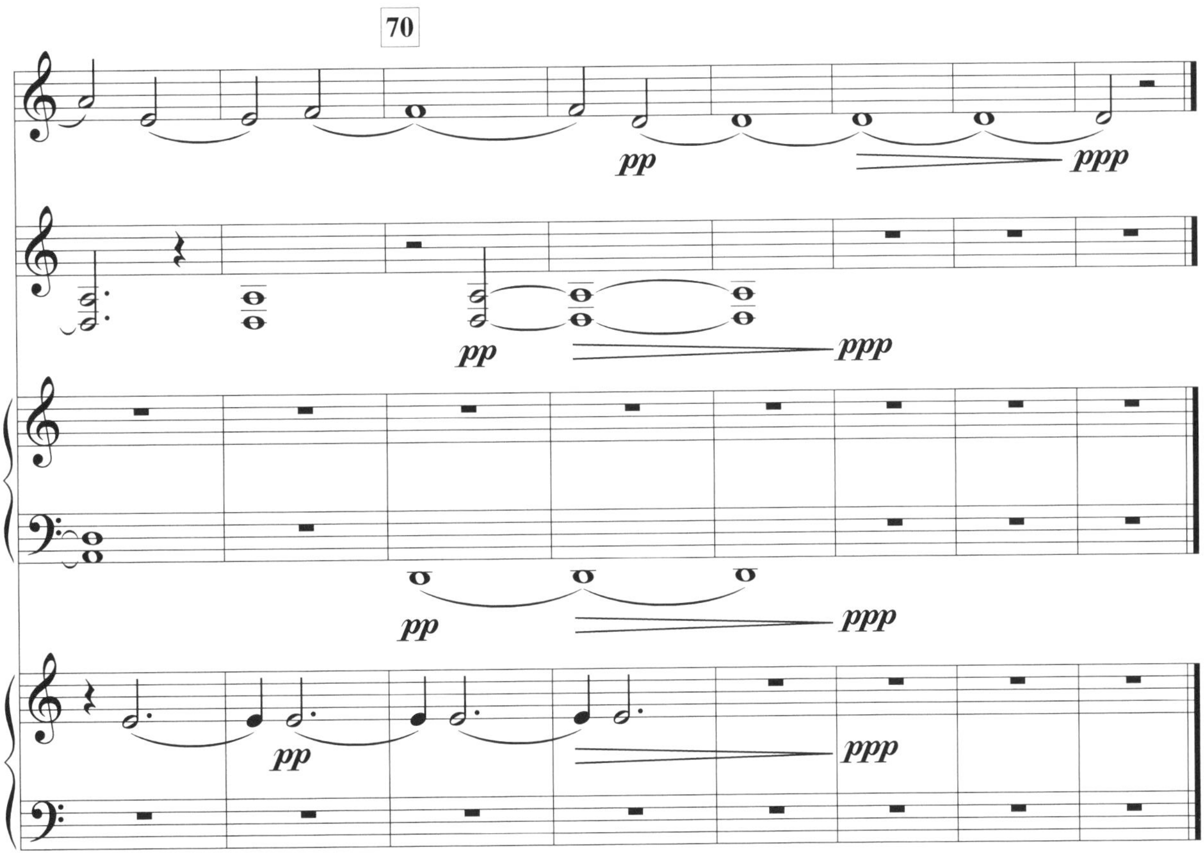

“一日不见，如隔三秋”，乐曲意为描写时间及思念的三个阶段，从具象到联想再到印象，时间冲淡了一切，时间仿佛未变，但斯人已去。

秋　　暝

【风絮】 自由地

孔德杰、赵　琦曲

40
50
【萧瑟】
60
气声

70
【残月】
♩= 152
80
90
100

110
120
130
140
f
mf
ff

rit.
【归宁】
150
rit.
160
170
rit.
180
气刹音

广 陵 梦

王　溪曲

C调曲笛

散板

tr
40
50
G调梆笛
小快板 (♩=160)
f
60
70
1.

80
2.
C调曲笛
90
第二遍 rit.
1.
2.
= 70 抒情地
f
100
110
rit.

天　　雨

胡玉林曲

稍快　激动地
50
60
1.
70
80
2
90

100
2.
110
tr
120
a tempo 深情地
mf
130
rit.

傩　　曲

——笛子与钢琴、打击乐

延　武、赵　逊曲

大G调笛　筒音作2

【引子】稍自由　神秘地

20

气声
♩=68 庄重、深邃地
♩=68 庄重、深邃地

30
(8)
8
rit.
a tempo
p
mf
rit.
p
mf
a tempo
40
(8)

50

60
rit.
♩= 75
tr
p
mf
f
70

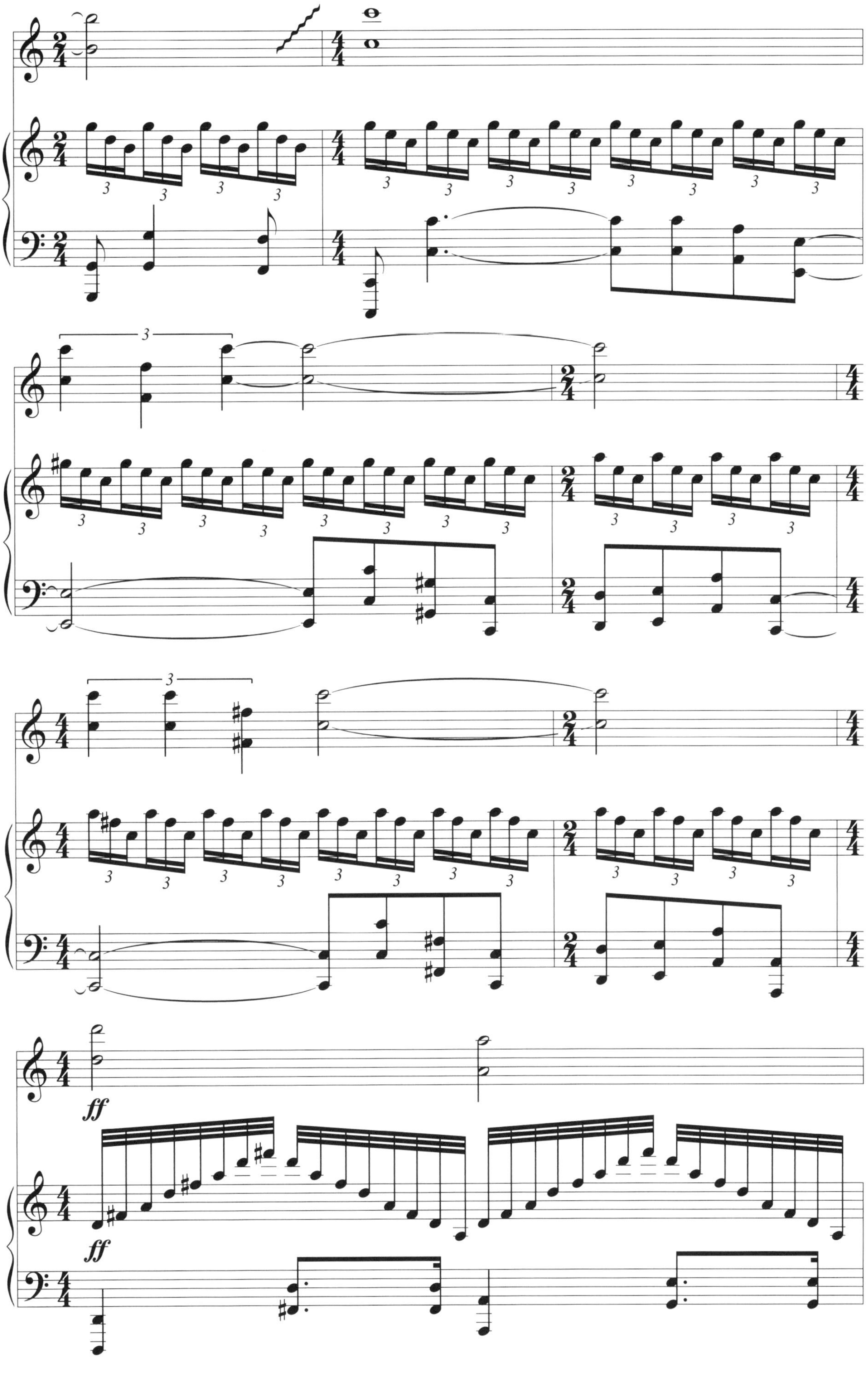
ff
ff

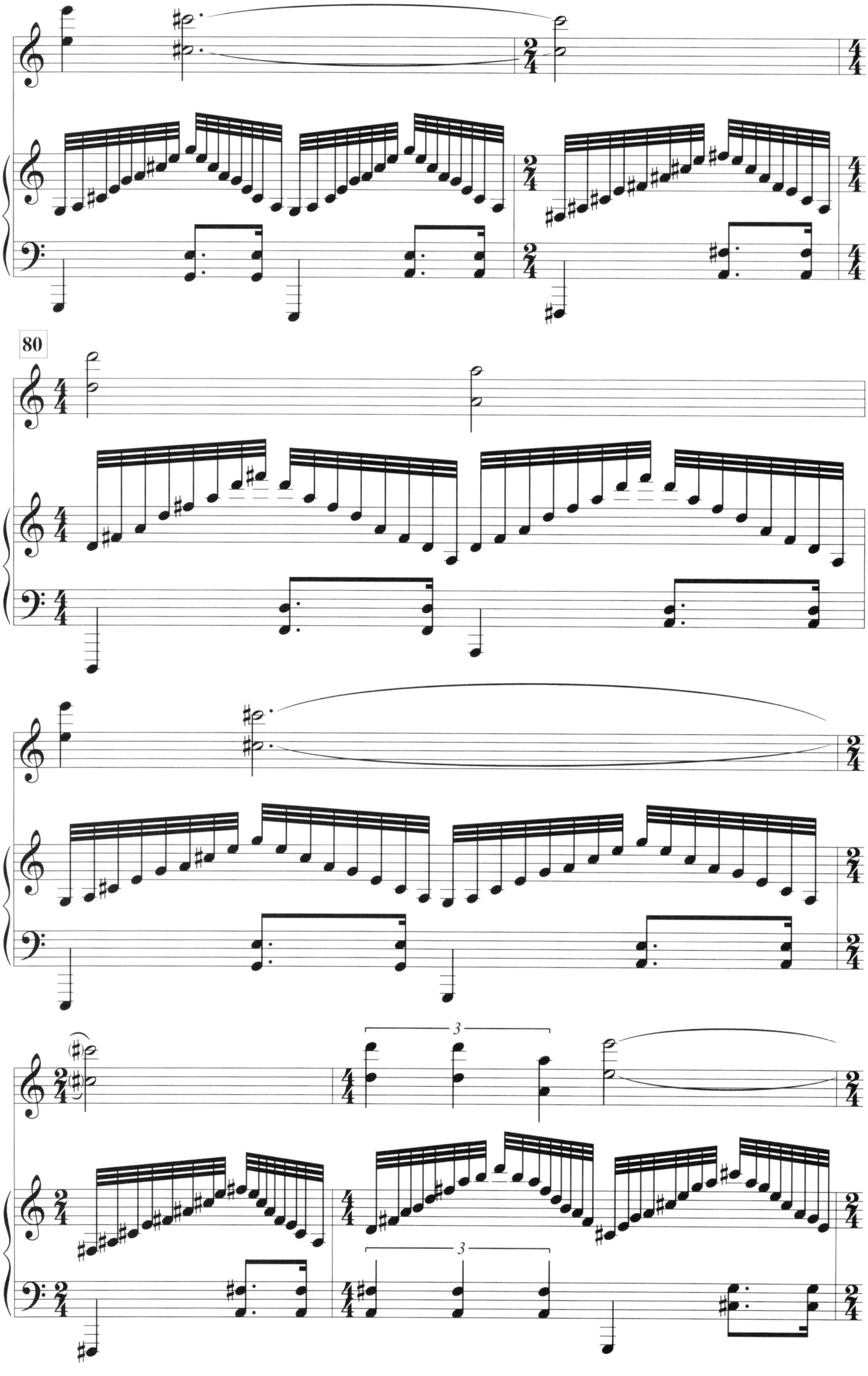
80
3
3

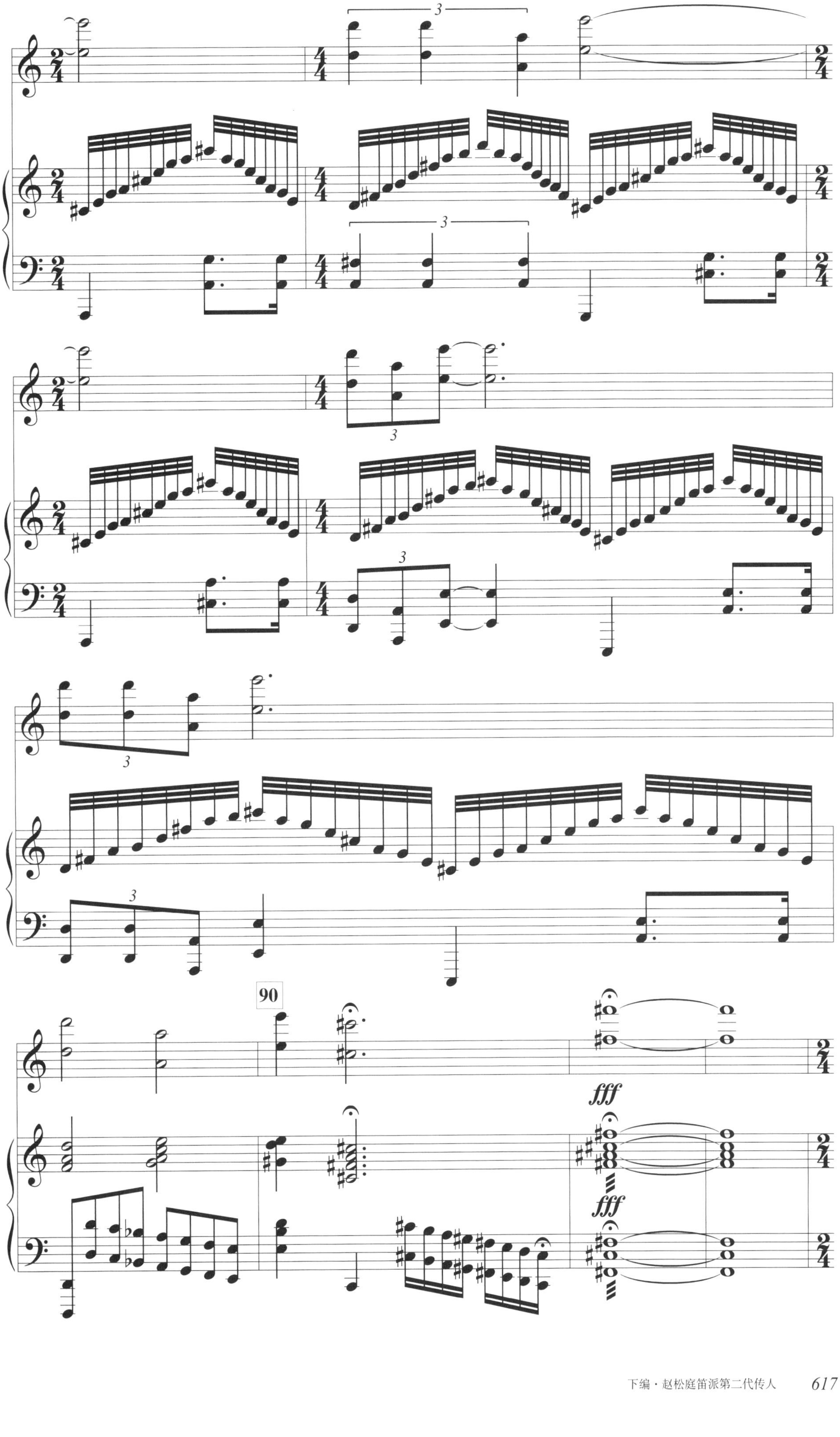
90
fff
fff

Allegretto 灵动、怪诞地
Allegretto 灵动、怪诞地
100
小G调梆笛
110

120
130

140
150

160
170
180

190
200

210
220

230
240

250
260

270
280
tr
ff

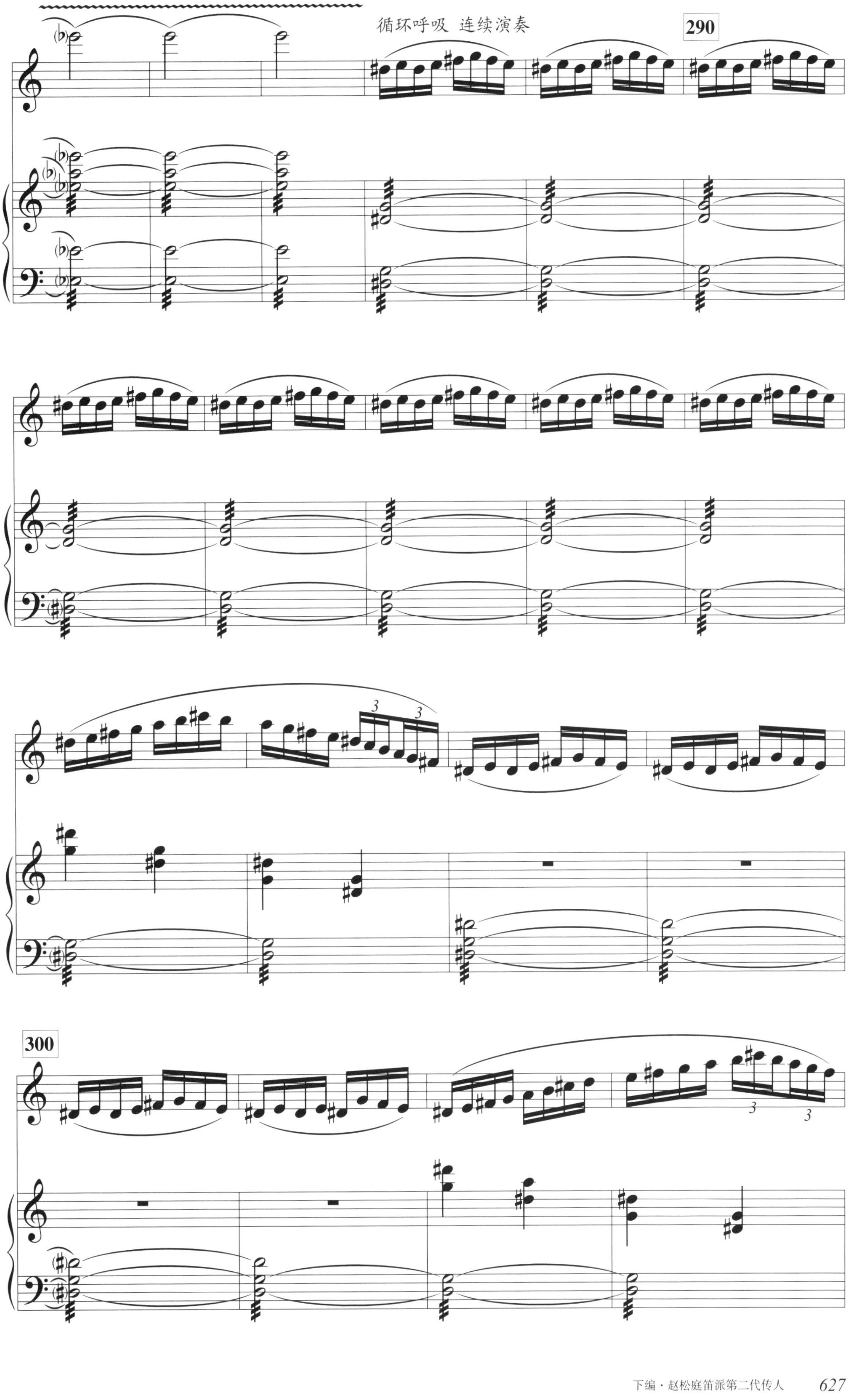

循环呼吸 连续演奏
290
300

310

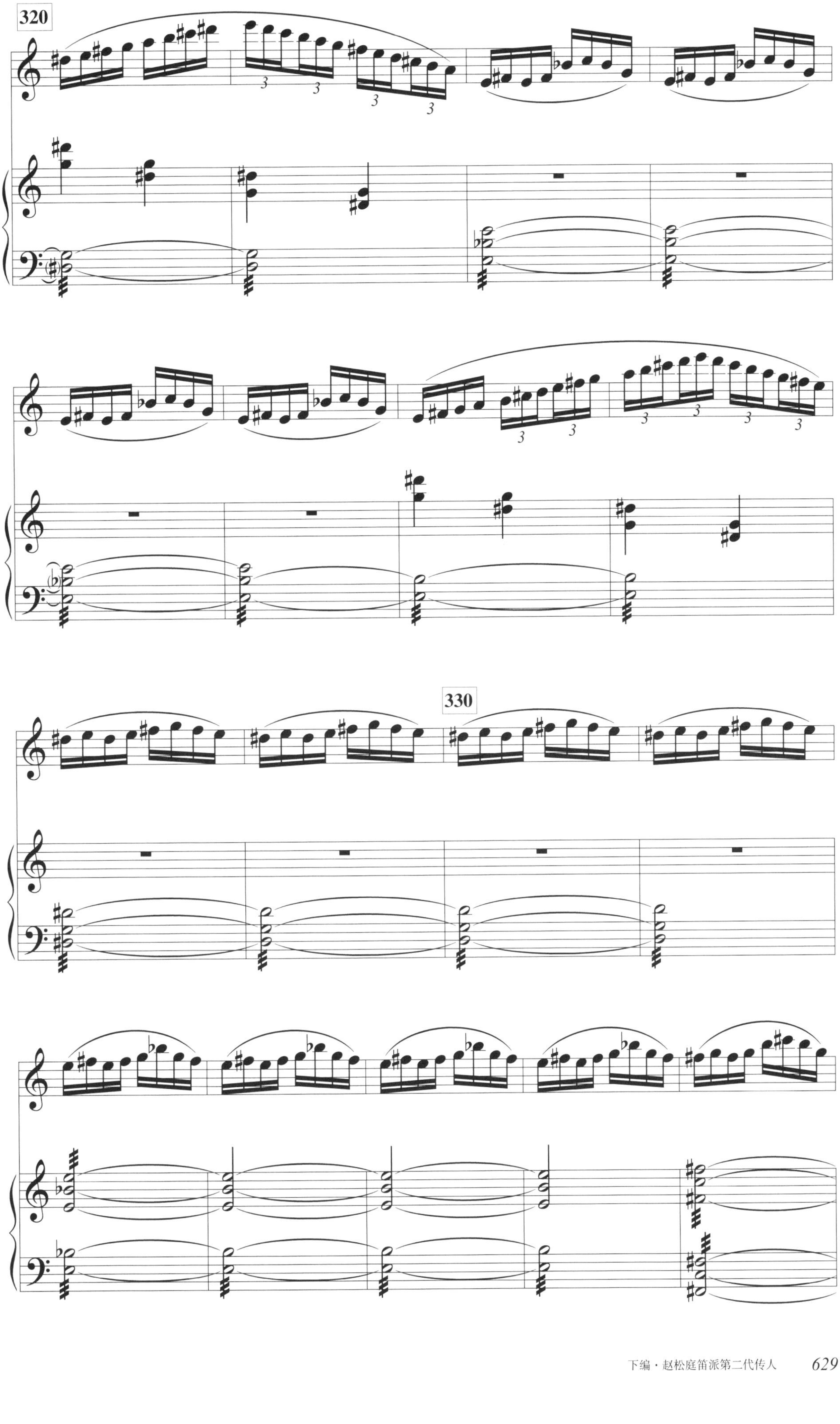
320
330

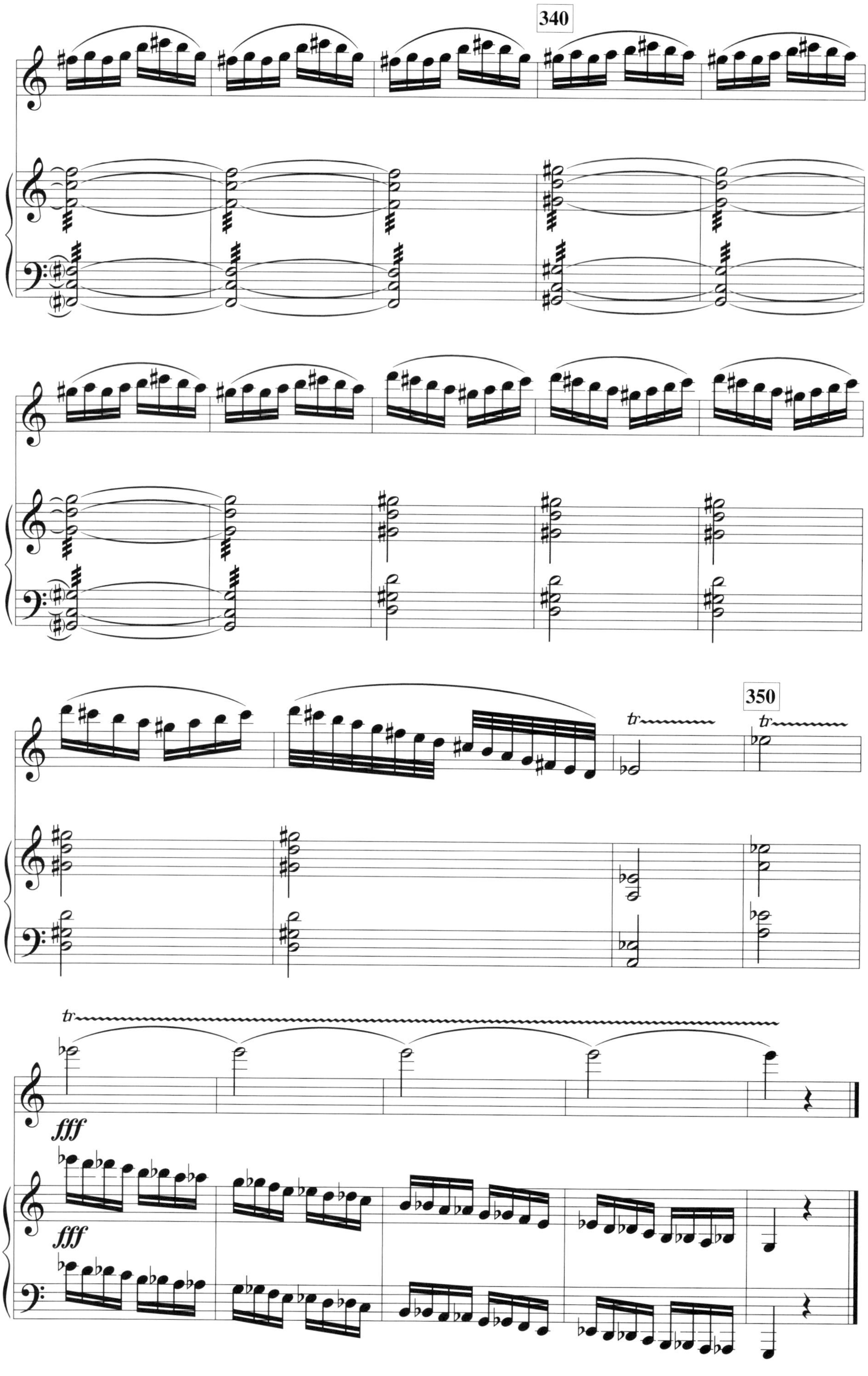
340
350
tr
fff
fff

祁连音画——舞沙

卢耀波曲

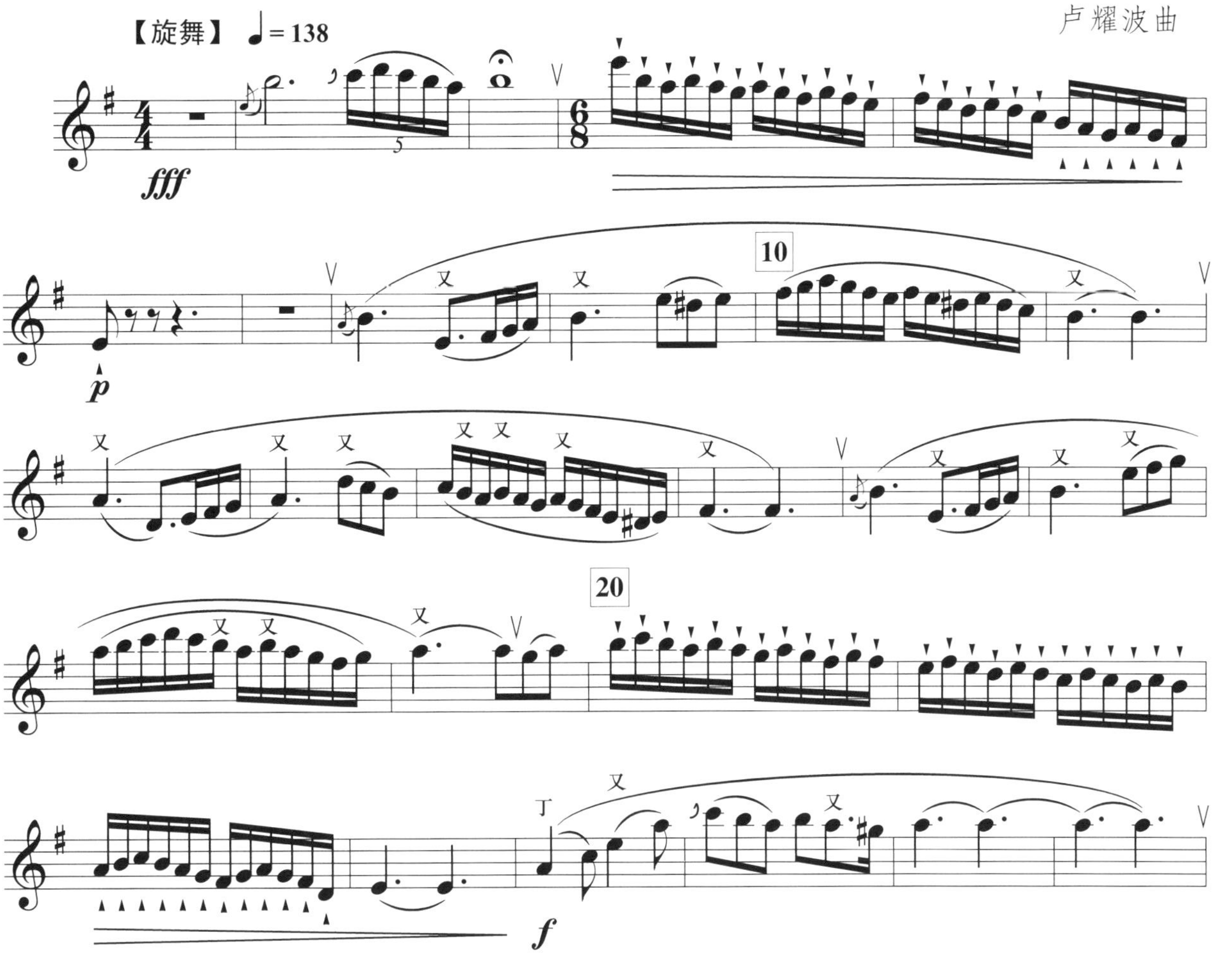

50
60
tr
70
rit.
♩= 56
80
【缠绵】
♩= 56
ff
p
90
♩= 60
100

110
【眷恋】 ♩= 60
120
130
煞气
【炫舞】 ♩= 160
140
150

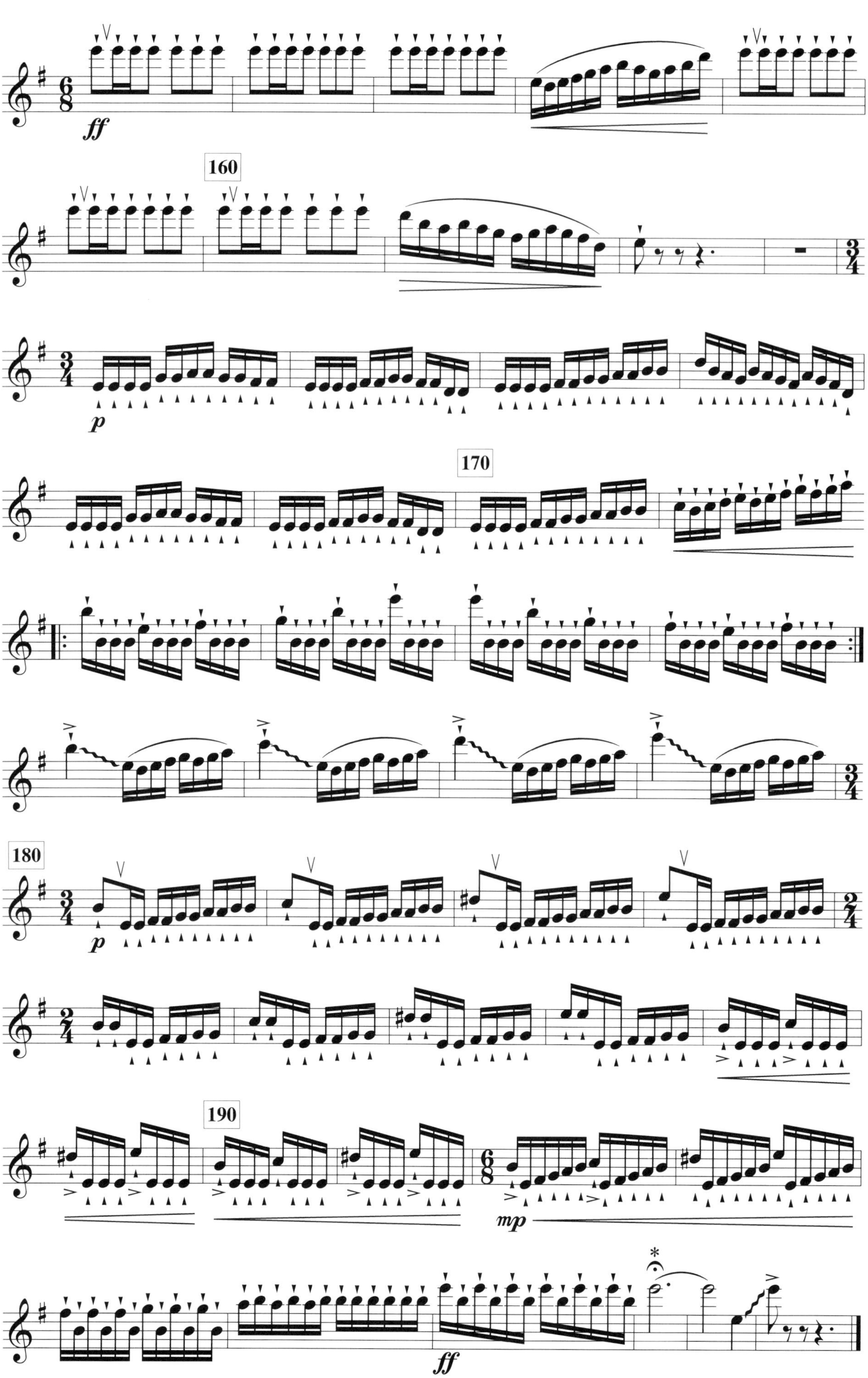
ff
160
p
170
180
p
190
mp
ff

淮左·竹西

大G调笛　筒音作2

【引子】

♩=56 徐缓的风声

李　乐曲

B
40
C
50
rit.
【快板】
D
♩= 156
70

E
80
（历音）
F
90
G
100
（历音）
110
H
120
（历音）

130
rit.
♩= 75
（碎吐）
I【华彩】
140
（右滚三指）
150
风声
160
快到慢
快到慢
【尾声】
J
♩= 42
♩= 62
Rubato
170
突收
（右三指）
（飞指）

竹　舞

张莹莹曲

Allegro moderato (♩. = 78)

60
70
D.C.
80
Meno mosso
accel.
90
♩= 46 深渊
100
più mosso
110

120
130
140
cadenza

150
160
170

上

C调笛

胡　帅曲

Lento

50
60
70
♩ = 120
Improvisation

80
♩= 140
90
100
♩=♩
110
120

130
140
150
160
♩= 70
170
rit.
180

三、追思怀念

吹彻一根笛

——悼笛艺大师赵松庭

中国民族管弦乐学会

著名笛子艺术大师、中国民族管弦乐学会副会长、浙江省民族管弦乐学会会长、浙江省音乐家协会原主席、浙江艺术学校原名誉校长赵松庭先生因病于2001年3月9日6时30分在杭州浙医一院逝世,享年七十八岁。

赵松庭先生1924年9月30日出生于浙江省东阳市。九岁开始学吹笛子,十五岁拜昆曲艺人叶小苟为师,其大部分业余时间都在民间锣鼓班中度过,非常熟悉流行于浙江地区的婺剧、昆曲。40年代初,就读于浙江慈溪锦堂师范,这期间和锦堂师范的袁老师学习音乐基础知识,并学习自制竹笛,毕业后即任东阳中学、缙云师范音乐老师。后又进上海法学院,攻读法律三年。1949年春东阳解放,报考了部队文工团后,即去朝鲜参加抗美援朝战争,成为一名新的文艺工作者。在朝期间,向著名笛子大师刘管乐学习北派笛艺,收获颇丰。50年代起任浙江歌舞团独奏演员并兼任上海音乐学院专业教师。70年代至80年代任浙江艺术学校艺术指导和中国音乐学院专业教师,浙江省音乐家协会主席,1987年评为国家一级演奏员。逝世前为中国民族管弦乐学会副会长、浙江省民族管弦乐学会会长、中国文化部科技司专家组成员并享受国务院特殊津贴殊荣。

赵松庭先生从事笛子艺术六十年,被公认为南派代表人物之一,是他开创了"刚柔并济,南北交融"的浙派风格。

——创造了笛子的循环换气技法及特殊强弱控制等多种技法;

——发明了排笛、L型低音大笛、玉石龙凤笛、弯管笛、同管双笛;

——首创了横笛频率计算的理论和方法;

——创作了《早晨》《三五七》《二凡》《婺江风光》《采茶忙》《鹧鸪飞》《西皮花板》《欢乐的牧童》《渔港春潮》《金匾放光辉》《幽兰逢春》等十余首笛曲。;

——撰写《中国竹笛流源》《横笛的频率计算与应用》《温度与乐器的音准问题》《笛艺答问》等多篇论文;

——著有《赵松庭的笛子》《竹笛演奏技巧广播讲座》《笛艺春秋》等理论专著;

——亲任演奏并出版了CD唱片《赵松庭笛曲精选》,与学生合作出版了《笛子教程音像带十讲》等;

——教授弟子遍布全国及海外,其中很多学生均是我国竹笛演奏的佼佼者;

——50年代以独奏员身份参加世界青年联欢节,80年代多次出访日本以及中国港、台地区并兼任全国二十多所大学及艺术院校教授,使中国笛艺流布遐荒。

可以这样说:在竹笛艺术的演奏、创作、教学、著述、科研等诸多方面,赵先生都取得了卓越的成就,为我国民族音乐事业的普及、提高和发展做出了杰出的贡献。

赵先生一生谦虚谨慎，团结同志，严谨治学，在人品、艺德各方面都为我们作出了榜样，是中国民族管弦乐学会全体同人的楷模。

赵先生的逝世是我国音乐界的重大损失。赵先生为弘扬我国民族音乐艺术而甘于奉献、艰苦奋斗的精神，将永远激励我会三千余名会员，为中国民族管弦乐艺术在新世纪的辉煌而努力工作。

赵松庭先生永垂不朽！

开一代师宗　领笛乐风骚

——纪念赵松庭先生八十诞辰

乔建中

20世纪后半叶，是中国笛乐艺术的一个高峰。

这个高峰的出现不是偶然的。此前，作为中国竹类乐器的代表，笛在其两千余年的伴奏、合奏实践中，“穷妙极巧，旷以日月，然后成器”，建立起一个蕴含丰富、类别多样的乐器家族。而自50年代始，受到社会环境剧变和姊妹器乐艺术等因素的强烈影响，这件乐器又借助自己的“天姿”和千年积累，自立门户、脱颖而出，成为最具代表性的中国器乐独奏艺术门类之一。

这个高峰有它一系列鲜明的标志，首先是《喜相逢》《五梆子》《荫中鸟》《早晨》《鹧鸪飞》《三五七》等一批堪称典范的独奏乐曲的相继问世；其次是由这些优秀曲目所运用、总结出的颇为规范的演奏技艺；最后则是在这些曲目背后丰腴无比的文化传统基础上形成的南北两大艺术流派。

当然，这个高峰形成最根本的因素是创造这些乐曲、技艺和派别的演奏家，即站在这一艺术峰巅上几位开宗立派的大师：北派创始人冯子存、刘管乐和南派创始人赵松庭、陆春龄。半个世纪以前，面对新时代，面对新听众，他们分别从南北两方的民间音乐中汲取养分，调动自己的智能才艺，数年之间，便开掘出一个笛子演奏艺术从未有过的新天地。从而使笛乐与琴、筝、琵琶、二胡等比肩而立，跻身于当代中国乐坛。

四位笛乐巨擘，或长于演奏、编创，或以传人身份从事教学，由此保证了50年代以来中国笛乐的全局性进步。而其中唯一兼顾演奏、编创、教育、理论研究四大领域，并做到门门精到，样样皆优者，便是我们至今深深怀念的赵松庭先生。

赵先生在笛子艺术方面的历史贡献是人所共知的。

在他众多的编创作品中，《早晨》《鹧鸪飞》《二凡》《三五七》《幽兰逢春》被誉为“五大名曲”。像所有的经典之作一样，它们都具有自己不可重复的独一无二的音乐个性。而这种个性又集中体现了赵先生所倾注于其中的唯独那个时代、那一地域才有的深厚传统和人文精神。正由于此，每有新作首演，都如“横空出世”，不同凡响，让人产生大气磅礴、振聋发聩的感慨。古人云：“诗外有诗，方是好诗；词外有词，方是好词；古人意有所寓，发之于诗词，非徒吟赏风月以自蔽惑也。”（清・陈廷焯《白雨斋词话》）听《早晨》等曲，见景，见物，见花，见鸟，固无不可，但更重要的是“寓”于其中的“景外之景”“物外之物”，或者说“乐外之乐”。须知，在每件经典作品音乐的后面，都有某种特定的精神、文化以及特定的“人”支撑着它。否则，它们也就不会有永恒的艺术感染力。

赵松庭先生在演奏技艺上的创造，同样有口皆碑。仅“循环换气”这一技巧的“引入”和广泛应用，对于笛乐表现力和生命力的扩展延伸而言，就起到“技艺革命”的作用。

作为民族器乐教育家，赵先生终其一生都未停止笛艺的传承教授。从1950年到他辞世，他的足迹遍及大陆众多音乐院校和港台各地，而他的受业弟子的分布范围则早已扩大到海外。从第一代的袁修和、曾永清、谭渭裕、俞逊发、蒋国基到第二代的张维良、詹永明、王次恒、杜如松、戴亚以及第三和第四代笛界高手，均出其门下。他虽然未长期在专业院校任职，但他教学质量之高，受业者技艺之精，早已获得民族器乐界的一致赞誉。我深信，他的教学理念、方法、经验，同样是中国笛乐艺术的一笔宝贵遗产。

更为可贵的是赵松庭先生对笛乐理论的孜孜以求。细读他在《中国音乐》上发表的《中国竹笛源流》(1982)、为《中国大百科全书・音乐舞蹈卷》写的“笛”条(1988)，以及在香港“国乐思想研讨会”上发表的《中国笛子艺术的继承和发展》(1994)诸文，就可以知道他在梳理笛乐的发展脉络、剖析其艺术规律、探索其美学特征以及寻求乐作为一种器乐文化的内涵等理论问题方面，是下了真功的。这些著述不仅在民族器乐界，就是在整个音乐学界，也都是颇具学术价值的重要文献。

赵松庭先生生前，我曾与他有过几次交往。印象最深的是他辞世前半年左右在他女儿家里的一次长时间的专访。访谈内容是预先约定的，相当于“赵松庭与中国笛乐”这样一个广泛的题目。当晚，赵先生谈锋甚健，时而激昂，时而平和地叙述了自己与笛子之间近六十年的“乐”缘。第一次“近”距离地直面而谈，他的很多话语让我对笛子、笛乐，对他本人和他的音乐有了一系列全新的感悟。概而言之，有以下几点：

首先，中国的笛子，从形制来看，是最“简易”的了。诚如《史记》载：“黄帝令伶伦伐竹于昆溪，斩而作笛，吹之作凤鸣。”或如马融《长笛赋》云：“唯笛因其天姿，不变其材，伐而吹之，其声如此。”一句话，截竹、挖孔，浑然成器。然而，偏偏这么“简易”的乐器，我们的祖先从未想要舍弃它，而是在基本形制不变的情况下，让它在中国人的音乐生活中发挥越来越大的作用，直到20世纪变为一门更具丰富艺术表现力的独奏艺术。人们常说，文化是一种选择，这种选择与民族审美习性、民族智能有直接的关系。千百年来，在中华民族的音乐生活中，在对外文化交流中，数以百计的乐器被使用而又被淘汰了，而笛子却一传千年。依常理，应该是“繁”胜“简”汰，而笛子却成了“简”胜“繁”汰的特例。为什么呢？或许正像是庄子所说的：“其作始也简，其将毕也必巨。”(《庄子・人间世》)笛子以简而纳繁，制简而取博，最终酿成内涵宏阔的“大道妙艺”。内中所包含的“文化选择”理念、审美习惯、辩证思维以及中国人的智能，不是很值得我们深思吗?

再者，自《早晨》等获得成功之后，赵先生就强烈地意识到，笛乐对他而言，将是“终生之旅”，自己的根本使命是让古老的传统“融”入现代。为此，就要以一个“传人”的身份，立于传统与现代之间。一方面深入传统，守护传统，挖掘传统，以它作为发展当代笛乐的根基；另一方面，则应该随时随地以“转型”“变迁”的放达心态对待现代文化的流变趋势。这是20世纪中国音乐不可改变的大方向。半个世纪以来，所有有作为的音乐家，所有成功的民族器乐作品，都是因为顺应了这个大方向，通过自己的创作、表演、传承，努力让传统融于现代，并顺畅地将二者“打通”，使它们变成一个新的整体。否则，成功，发展，将无从谈起。五十年间，无论是顺利，还是遭辱，赵松庭先生都遵循着这条理念。他清醒地看到，千百年来，传统之所以能成为一个生生不息的文化宝库并支撑着我们的民族精神，就是因为它无时不在吸收、融合、变化。不同的是，20 世纪以前的“变”带有更多的“自然”成分；20 世纪之后的“变”，则因为有人的参与而更加主动和明确。但不论如何，传统的变化，传统融入现代，是人类文化发展的基本规律，正如江河最终要流入大海一样。

最后，我还想就笛乐的流派谈一点感受。以往，我们习惯上将 50 年代以来的笛乐演奏和作品分作南北两派。赵先生很自然地被指认为南派的代表。对此，不应该有异议。但如果我们反复听赵先生的代表作之后，又会觉得这种划分有些太浮泛。事实上，凡喜爱他作品的听众，似乎首先不是因为“见”到了“烟波淡荡摇空碧，楼殿参差倚夕阳”或“日出江花红胜火，春来江水绿如蓝”的江南景色，而是被作品“与生俱来”如钱塘江潮般的一种大气势、大格局所震慑。这种感觉，在《三五七》《二凡》中尤为明显。它与“吴侬软语”“旖旎轻缦”，即一般意义上的江南韵味可谓大异其趣。所以，他的作品是在南派的土壤上开拓出的一个新派。这一派兼容南北、刚柔相济、以刚抑柔、贯通古（传统）今（现代），是南派中的“北派”，更明确一点说，就是赵松庭派。

赵先生生前最爱引用的一句话是：“笛，涤，涤然也，所以涤邪秽纳雅正也。”（汉 · 应劭《风俗通义》）这是前人对笛及其文化品格的一种理想化的阐释。我想，也恰恰是赵先生数十年来从事这项“贤人之业”的内在追求。当然，我更愿意说，这还是他和他为代表的 20 世纪中国笛界同人“笛德”的真实写照。

和赵先生的二三事

——写在赵松庭先生逝世十周年前

张洪玮

倏然间，赵松庭先生离去已经十年了。这十年中，浙江省民族管弦乐学会、浙江职业艺术学院、东阳市宣传部、中国民族管弦乐学会竹笛专业委员会等曾多次举行赵先生笛子作品音乐会和座谈会，赵先生的弟子蒋国基、詹永明、张维良、戴亚、杜如松、王次恒，登台演奏着《三五七》《二凡》《西皮花板》《早晨》《幽兰逢春》等恩师的作品，用笛声和恩师对话，是无穷的思念，是深情的怀念，是内心的感恩……中国民族管弦乐学会会长朴东生在《松庭流芳——笛子大师赵松庭弟子音乐会》上曾讲道：“他那慈祥、和蔼、可亲可敬的音容笑貌始终伴随着我们。他那不平凡的艺术人生和所做出的贡献，宛如一座伟岸的丰碑永远矗立在我们心中。”——我赞赏这一评价。

1994 年，我在《音乐周报》担当记者、编辑工作，经杭州陈杭明先生的引见，得识了杭州的卢竹音、蒋国基、骆介礼、姜水林、韦红雨等许多朋友，当然还有我最想见到的赵松庭先生，这是我三十七年来最想见到的一个人，一个我心中最了不起的人。

大概是 1957 年吧，我在北京读高中并参加了学校的民族乐队，吹笛子。一天我去音乐教室，正赶上音乐老师在放唱片，我被深深地吸引住了。那恬静、自由的旋律，似安静而美丽的早晨——太阳慢慢升起，照耀着森林，鸟儿睁开了睡眼，伸展着翅膀……简直太美了，我立即问老师：这是什么乐曲，是谁写的，谁吹的？老师笑了，说你怎么这么多问题呀，告诉你，这是赵松庭先生作曲并演奏的

《早晨》。啊,《早晨》,世界上竟有这么好听的曲子,我要学吹,我也牢牢地记住了赵松庭这位令我向往的人。适逢市面上正好有卖《赵松庭的笛子》这本书,那上面就有《早晨》这首乐曲,我可以学吹这首乐曲了。当然那时学得很艰难,气息运用不好,也不会循环换气,但我还是拼命地练习。事隔了三十七年前后的1994年11月25日,我终于见到了我心中最崇拜的人——高高的身材,慈祥的面容,和蔼可亲的一位学者风范的、中国竹笛发展史上的里程碑式的人、浙派笛子的创始人、南派笛子艺术大师,我心中那高兴劲儿,简直是无以言表。一直处于一种喜悦之中的我,与赵先生交谈着,似多年不见的老朋友之间的交谈。就在当天,赵先生代表浙江民族管弦乐学会向我赠送了一把龙泉宝剑,并赠送了我六支先生亲手制作的上好竹笛,我这个喜欢啊。这宝剑、六支竹笛至今我一直深藏着,不时取出看看、吹吹,也就是以此来寄托我对先生的追思之情吧!

还有件事我记得非常清楚。1995年的2月3日,我去中国音乐学院招待所看望从杭州到北京辅导戴亚研究生的赵先生,之后我邀请先生到我家坐一会儿,赵先生欣然同意,由戴亚陪同来到我家,那是我最高兴的一天了!一位是我最崇敬的人,一位是我最喜爱的最有演奏实力、潜质非常的人。我们谈笛子,谈先生对各位学生的培养、教育,谈了很多,很久。当谈到了赵先生喜欢下象棋时,我说咱们下几盘吧,赵先生说好啊,于是我们在棋盘上“大战”起来。赵先生棋力深厚,我这个象棋“二把刀”没有多少回合就败下阵来,后来我才知道,赵先生是浙江文化界象棋的高手。那天我们喝着小酒,我特意为先生做了几个菜,喝着,吃着,聊着,过得真是舒心啊!我们聊到赵先生根据婺剧乱弹《二凡》改编的笛曲《二凡》时,我说非常喜欢这首乐曲,那演奏气息饱满、指法富有弹性给我留下至深印象时,赵先生说,这首乐曲演奏难度很大,非下苦功不能演奏好。我说怪不得演奏这首乐曲的人相对较少时,赵先生笑着说:“蒋国基、戴亚也是这样看法,但我相信他们一定会演奏好这首乐曲。”

赵松庭先生从事笛子艺术七十年,被公认为南派代表人物。是他开创了“刚柔并济,南北交融”的浙派风格;是他创造了笛子的循环换气技法及特殊强弱控制等多种技法;是他发明了排笛、L型低音大笛、玉石龙凤笛、弯管笛、同管双笛;是他首创了横笛频率计算的理论和方法;是他创作了《早晨》《三五七》《二凡》《婺江风光》《采茶忙》《鹧鸪飞》《西皮花板》《幽兰逢春》等十余首笛曲;是他撰写了《中国竹笛流派》《横笛的频率计算与应用》《温度与乐器音准问题》《笛艺问答》等多篇论文;是他著有《赵松庭的笛子》《竹笛演奏技巧广播讲座》《笛艺春秋》等理论专著;是他亲任演奏并出版了CD唱片《赵松庭笛曲精选》,与学生合作出版了《笛子演奏技巧十讲》;是他教授的弟子遍布全国及海外,其中很多学生均是我国竹笛演奏的佼佼者;是他以独奏演员身份参加世界青年联欢节,80年代多次出访日本以及中国香港、台湾地区并兼任全国二十多所大学及艺术学院教授,使中国笛艺流布遐荒。因此可以这样说,在竹笛艺术的演奏、创作、教学、著述、科研等诸多方面,赵松庭先生都取得了卓越的成就,为我国的民族音乐事业的普及、提高和发展,做出了杰出的贡献,成为一代“笛艺大师”,也在世界乐坛留下了华彩篇章。

“历尽崎岖路,求来坦荡心;苍松万千树,无语却知音。”这两句诗是赵先生1982年9月登泰山玉皇顶后所作,算作这篇小文的结尾。这“坦荡心”的品格和“求知音”的探索,正是我国笛界、民乐界人士力求做到的吧!

辛卯年二月

赵老师留下的

曾永清

日月如梭，转眼赵老师走了十个年头了。他坎坷、坚强、豁达、创造的一生，会有人与之评述。作为他的弟子，我只想说笛子的事。

1965年底，我二十一岁。面临音乐学院大学毕业。有幸去了杭州和赵老师学习笛子。那几个月，赵老师教了《早晨》《三五七》《采茶忙》《婺江风光》《二凡》五首独奏曲。虽然时间不长，但我受益匪浅，对我影响深远。

当时，我已有十年的笛子功底。受刘管乐、冯子存等名家亲授，掌握了多种北派风格。赵老师虽属南派，但不同于“丝竹”类。而是从浙江婺剧和昆曲为基础，兼容了北方技巧，确立了自己特点鲜明、独树一帜的赵派风格。这里特别要说的是《早晨》一曲的成功和《三五七》一曲的赵派风格。

《早晨》创作于20世纪50年代中早期。那时赵老师不到三十岁，正青春年华，意气昂扬之时。而新中国刚刚成立，百废待兴。全国人民正在艰苦奋斗的年月。在这样的时代背景下，《早晨》的诞生不言而喻，它的动机是再清楚不过了。

该曲是以昆曲为基础，吸收了大量北方技巧创作的。开始的散板引子，昆曲的基调已改变得明亮而富有朝气，展现了新中国正如初升的太阳冉冉升起，屹立在世界的东方。这一段中的循环呼吸，原本是唢呐的特殊技巧。赵老师移植到了笛子上来运用，不仅为笛子增添了新技术，更使笛子的表现力大大丰富。致使后来的笛子作品广泛应用，赵老师功不可没。接下来一段八三拍子跳跃的旋律，融入了鸟鸣，巧妙地渲染了大自然与人类的和谐，特别是结合了垛音这个北派常用、冯子存多用的技巧。赵老师兼容的巧妙精准，也是南北结合的典范。

接下来的中板是全曲的中心旋律。它那优美流畅的旋律，不时穿插的鸟鸣，把人带入一个山清水秀、鸟语花香的江南美景之中。中间还有一个临时移调，经过五次变奏陈述，回味无穷，流连忘返。接下来进入快板乐段。它表现人的向上奋发精神最为强烈，也是发展北派技巧最多的。先是历音，北派刘管乐常用，但在一个八度之内，属一轮历音。而赵老师则创造性地开发出两个八度，成为双轮历音。再有双吐，南派少见的技巧，赵老师根据需要而大量地运用进来。再有花舌也是同样打破常规的大胆使用。这都是创举，南北结合的经典。最后以一句轻吐上行的旋律结尾，寄予了作者的无限希望而结束全曲。

《早晨》是一首结构严谨，构思巧妙，技巧丰富，艺术性高的完美作品。它是笛子发展史的一个重要里程碑。

赵老师的《早晨》作于青年时代。但他艺术底蕴的来源，还是生养抚育他的家乡戏——浙江婺剧音乐，那是他熟悉、热爱的乡音。这一风格的作品有《三五七》《婺江风光》《二凡》《西皮流水》等。其中《三五七》最具代表性。

婺剧是浙江三大剧种之一。流传于本省，唱腔高亢、华丽、委婉而优雅。伴奏乐器主要是笛子和

板胡。因此，用笛子展示婺剧音乐那是再恰当不过了。《三五七》出自婺剧乱弹，赵老师把它改编成笛子独奏曲，形成了赵派的基本风格。《三五七》由引子散板和平板快板两大部分组成。它的第一句"6. i 2 3 i 3 | 2 － － 6 0"就是这种风格的基本音调。这段散板自由奔放，高亢恢弘。循环换气的运用更是气势磅礴，是很吃功力的一段独白。接下来进入平板。围绕着 D 商和 C 宫的调式交替。旋律华丽，上下翻飞，大七度跳跃，构成了婺剧音乐的主流音调，完全不同于其他地方戏曲音乐而别具一格。同类作品的《二凡》则大量使用了原唱腔，使器乐曲和戏曲化有机结合，大大加强了独奏曲的戏剧性。在《婺江风光》一曲中，赵老师创造性地把三个不同调的笛子捆绑在一起，组成了排笛。这一创举不仅拓展了笛子的音域，重要的是一个人可以表演两三个人物的性格区别。从技术上说，它要在一个气口的最短时间里换笛，也是有很大难度的。这个创举也是前所未有的。虽然赵老师的婺剧音乐风格基础相同，但每首作品又有它的个性和创造。感受最深的是器乐曲的戏曲化有机结合和器乐曲的戏剧性表现，赵老师已作出了榜样。

赵老师的另一首重要作品《鹧鸪飞》，是一部难度极大的作品。开始由两小节自由的四个长音引出了大段的慢板。这段慢板很慢，要有平稳、自然的气功支撑，更要奏出韵味。它已不再是音符的范畴，而是在检验演奏者有多深的文化底蕴。进入快板后，更要有过硬的循环气功底和手指加花的灵活度。三遍反复，一遍更快一遍。它也成了笛子曲中最难奏好的一段经典。《鹧鸪飞》一曲被评为教科书的最高级曲目，大赛的最难度曲目。

在 20 世纪五六十年代。南北方普遍常用的笛子是 D、E、F、G、A 几种调。赵老师经过对音律计算的研究，向高音区开发制作成功小 D 调笛，它比普通 D 调笛高了一个八度。向低音区开发制作成功大 C、大♭B、大 A、大 G、大 F、大 D 等笛子。继而又成功试制弯管笛，为后来迅速发展的现代曲开辟了新路。到了 21 世纪，从高音的小 A 到低音的大 G 已被普遍使用。特别是大 G 调笛，与西洋长笛音区相同，也已被民族乐队编制为新笛。赵老师在乐器改革上的成功，实在令人钦佩。

笛子在民族乐器中占有重要地位。它特别讲究的是"味道"二字。通常，我们把笛子定调，要选择筒音作某音。如 G 调笛子，如果筒音作"**5**"，那么三孔是"**1**"，奏出音阶便是本调 G 调；如果筒音作"**2**"，那么三孔便是"**5**"，奏出的便是 C 调；如果筒音作"**6**"，那么三孔是"**2**"，奏出的便是 F 调；如果筒音作"**3**"，那么三孔是"**6**"，奏出的便是♭B 调。因此，谱面标示的调，并不一定用这个调的笛子，而要根据音域和风格，选择筒音作"**5**"或"**2**"、"**6**"、"**3**"……20 世纪五六十年代，以筒音作"**5**"和"**2**"的曲子最多。冯子存、刘管乐均是如此。然而我发现赵老师的曲子用"**6**"和"**3**"的较多，可能是和婺剧音乐的调性有关吧。我在 70 年代有两年研究过京剧，也是必须用筒音作"**6**"和"**3**"才能演绎。所以我也尝试了筒音"**6**""**3**"的创作。《沂蒙山歌》《秦川情》均用的筒音作"**6**"。这也是和赵老师学习的重大收获。

写到这里，我不禁想起了 50 年前。杭州的寒冬腊月，赵老师坐在炭火盆前给我讲《二凡》。他操着浓重的浙江口音，唱着：

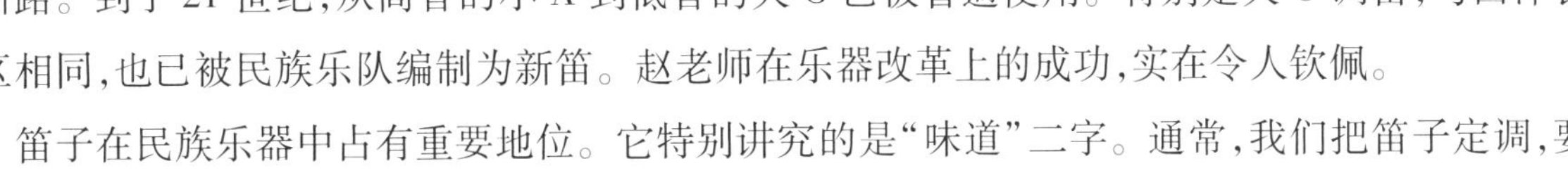

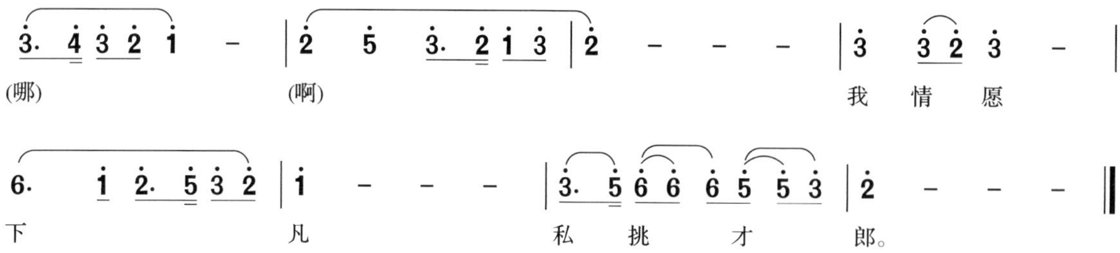

赵老师说："这就是《二凡》的唱腔。唱会了也就吹好了。"

赵老师一生勤奋刻苦，博学多才，文化底蕴深厚，铸就了他胸襟坦荡、宽广豁达的品德。弟子们尊敬地视他为德高望重的笛子大师，一代名副其实的笛子泰斗。这里我只想说一句："让我们记住赵老师留下的，发扬赵老师希望的……"。

2011 年 3 月 31 日

走近赵松庭

屠式璠

2001 年 3 月 9 日 6 点 30 分，赵松庭先生因患胰腺癌医治无效，走完了他为笛、箫事业而奋斗的一生，溘然长逝了。

我真是不敢相信这个噩耗。先生虽然已是耄耋高龄，但去年 5 月还在台湾举行了名为《笛艺春秋》的音乐会。春节后我刚刚看过这场音乐会的 VCD，先生带了戴亚、杜如松两个学生，全部演奏先生自己的作品，台湾笛子教育家林谷珍先生做现场介绍。先生自己还能吹笛，讲话口齿清楚、思路敏捷，怎么会一发病就是晚期呢。

赵松庭先生是一朵火焰，一朵为中国笛子事业而燃烧的火焰。在这朵火焰里闪烁着的全都是组成笛子文化的重要元素，现在这朵火焰熄灭了，谁能填补得了这巨大的空白呢？

近半个世纪以来我国的笛、箫文化有了长足的发展，在笛子的演奏、作曲、教学、科研、乐器改革等多方面都有了很大成就。有贡献的演奏家、作曲家、教育家、理论家、改革家不胜枚举，但是如赵先生那样在多方面都做出巨大贡献的"全能选手"却绝对找不出第二人。

1987 年台湾的林谷珍先生来采访赵先生时，问到年轻演员应具备哪些素质，赵先生谈到了七个方面，其中不但包括了演奏、教学等直接与表演有关的内容，还谈到了乐器学、声学等与乐器制作有关的内容，并且非常强调在历史、文学、哲学等方面的修养。

要全面学习笛、箫文化，也是赵先生对自己的要求。赵先生的一生也就是在这样一个浩瀚的领域内不断学习、进取的一生。

社会认识赵松庭先生是从一首笛子独奏曲《早晨》开始的。

清晨降临，你当然应该感受到鸟语花香。

模仿人喊马嘶等自然界的声音本来就是民间器乐的特长，在笛子音乐中刘管乐的《荫中鸟》、尹明山的《百鸟引》等曲子都以形象地刻画鸟鸣声见长。赵松庭先生不止一次宣布自己最崇拜刘管乐先生，《荫中鸟》对自己有很大启发。1954 年赵先生创作的笛子独奏曲《早晨》诞生了。

《早晨》中的鸟鸣，并不刻意于对自然界声音的再现，它使人想到了早晨、想到了春天，正是"鸟鸣山更幽"你不会感到一丝聒噪。身处山林、心胸开阔、空气清新、朝阳喷薄欲出……乐曲给你的就是这样一种意境。这音乐还让你感到特别亲切，因为《早晨》使用的是纯正的民族音乐素材，民间曲牌《点绛唇》融化在其中，这常用于人物出场、"起霸"的音乐，在这里让人感到开阔、沉稳、笃定、活泼，但却并不呆板，没有戏曲的程式化。

《早晨》是一首把民间素材和自然音响升华了的空前佳作。

作为一位出身于浙江的笛子演奏家，赵松庭不囿于地方的传统技术的内容。虽然古来就有"南无吐"的说法，但赵松庭却在《早晨》中大量使用吐音，还大胆使用了当时只有在北方地区才使用的历音、垛音、飞指颤音等技巧。为了使声音悠长而不间断，他甚至借鉴了唢呐的循环换气方法，在半个世纪之前循环换气绝对是一项尖端技术。

《早晨》是根据音乐的需要，不拘一格地广泛吸取有用技术的典范。

《早晨》当然应该脱颖而出，甚至连先生那顶"污脏的右派头巾"也无损《早晨》的光辉。

赵先生很少向人介绍他的劳改生活。80 年代初期他来中国音乐学院教课时我常去看望他。有一次不知怎么说起了蚊帐，于是他读了一首自己编的打油诗："纸糊帐子不透风，牛鬼蛇神在其中。十年一觉杭州梦，破烂一堆空对空。"他说劳改时钱不够用，帐子破了就用浆糊去补，补丁多了不但蚊子进不去，人也喘不上气来，其热就可想而知了。可是这时先生却还有心情调侃自己，自称"牛鬼蛇神"，自己数十年的成就不过是"破烂一堆"。第三句"十年一觉杭州梦"套用了唐代大诗人杜牧《遣怀》诗中的"十年一觉扬州梦"句，杜牧的这句诗抒发了前世恍然如梦不堪回首的情绪。赵先生此时也完全是这样的心情。这"十年"没有确指是从哪年到哪年，也不一定刚好就是十年，但这确实是一段漫长的、不堪回首的生活。第四句中的最后三个字"空对空"是当时批判知识分子的术语，是说知识分子的理论全是空洞的，解决不了实际问题。"文革"谬论固不值一驳，但在当时也足以模糊人的认识。我清楚地知道就是在这场"杭州梦"中，先生也从来没有困惑、没有彷徨，一直在坚定地、有时是迂回地朝一个明确的目标走着。你允许我吹笛子，我就精雕细刻拿出好曲子；你不让我吹笛子，我就潜心研究有关理论。

笛子曲的正式出版始于 1956 年，几次全国会演活动收集到的笛曲经过整理后陆续印了出来。冯子存的《喜相逢》出了总谱本。刘管乐的《荫中鸟》《卖菜》《和平鸽》等都收在他个人的《笛子独奏曲选》中。赵仁玉演奏、根生记谱的《喜新婚》，梁培印的《抬花轿》，梁培印、杨立中、刘立仁等人的笛二重奏《蝶双飞》，赵松庭的《早晨》都收在中央群众艺术馆编的《民间器乐曲选》中，编者说明这些曲子都是新涌现出来的、受到群众热烈欢迎的好作品，希望各地群众艺术馆推荐。这本《民间器乐曲选》共收了八首乐曲，笛子曲就占了四首，足以说明笛子音乐的发展盛况（赵松庭的二胡重奏曲《花锣鼓》也在此集中）。

著名的《三五七》《二凡》都作于 1957 年，《鹧鸪飞》的版本也是在这一年确定的，不过大家竞相演奏这个版本，则是 20 世纪 80 年代以后的事。在 1957 年的 3 月还出版了一本 16 开本的书——《赵松庭的笛子》，其中讲了他自己学艺的历程，创作、演奏的体会，诠释了创编的乐曲。《赵松庭的笛子》是最早的一本自我总结的专集，在这一年里赵松庭被赐以右派桂冠，这本专集也就成了他的“罪证”。

和我国大多数优秀的知识分子一样，赵先生也是痴心不改，一方面被斗争批判，一方面坚持创作，争取演出和录音的机会。1961 年拿出了《婺江风光》，1964 年拿出了《采茶忙》《西皮花板》《欢乐的牧童》等几曲。1979 年为了缅怀周总理，又以昆曲为素材创作了《幽兰逢春》。因为周恩来曾经说昆曲是一朵兰花，所以他以《幽兰逢春》来形容昆曲的复苏。当然此中也不无对自己身世的感叹。

赵先生的创作素材多是取自婺剧、昆曲、京剧等方面，反映了他在民族、民间音乐上的深厚底蕴。

在技巧和乐器的使用上赵先生也是一位积极的开拓者。

1964 年我首次听到《婺江风光》和《采茶忙》，在两首曲子中为了扩充音域和追求音色上的变化，穿插使用了两支音高不同的大小笛子。能及时换用乐器似乎不是什么了不起的大事，但是因此造成的音高和色彩上强烈的对比却大大增强了音乐的表现力。以轻而易举的手段取得巨大的突破，这无疑是最聪明的做法。后来为了能快速换用乐器，就又把两支笛子固定在一起，形成了新的改革乐器——排笛。排笛的使用是与作曲上的要求紧密连接的，音乐发展到这里，需要这个效果时就采用这个手段。

笛子作为伴奏乐器时，可以允许在音域不够时“低吹高唱”或“高吹低唱”，在乐队合奏时由几支不同调子的笛子共同完成一个任务，也能补救音域较窄的缺憾。但在笛子走上独奏舞台后，扩展乐器音域就成了当务之急。这是表演形势发展了之后对乐器性能提出的必然要求。很多人竞相去在一支笛子上冲击高音的极限，但最为简单、效果最佳的还是赵先生的排笛方案。

从实际出发不好高骛远是乐器改革的最高境界。

赵先生在《幽兰逢春》中使用了全按为 mi 的六字调指法，在《三五七》《二凡》《婺江风光》《西皮花板》中使用了全按为 la 的尺字调指法，这样做有效地强化了乐曲的风格。这两种指法对当时的专业演员也具一定难度，练习这两首曲子还可以促使练习者多掌握两种调子的指法。1962 年出版的陈大可作曲的《小八路勇闯封锁线》是一首羽调式的曲子，用简谱记谱时以尺字调指法的概念读谱最能反映乐曲的调式感觉，但为了照顾大多数学习者的水平，记谱时改写成全按作 re 的正宫调指法。这样做指法上可能容易一些，但唱起来就非常别扭。这件事证明了当时大多数专业笛子演员还把使用六字调、尺字调指法视为畏途。今天在中小学生中也有一些人能熟练掌握这两个调子的指法了，赵先生的曲子推动了这项练习。另外在《婺江风光》的一大段旋律中，赵先生还用了南方人绝不使用的花舌技巧。这在当时来讲都是很大的突破。

赵先生演奏的曲子都是他自己创作或改编的。这些曲子大都是中国笛曲中的瑰宝，成为笛子历史的一部分。这些曲子大都进入了几辈演奏家们的保留曲目，活跃在笛子独奏的舞台上。这些曲子大都是音乐院校竹笛专业必选的教材。不管你愿不愿意，你都不能不正视它们的存在。1978 年由中国音乐学院、中央音乐学院共同编选的《民族乐器传统独奏曲选集·笛子专辑》中只选了二十一首曲子。如此惜墨如金反映了编选者们心有余悸的情况。他们不敢让赵松庭的名字出现在专辑上，但也还是不肯割爱，大胆选用了《三五七》，只不过注上了此系“浙江民间乐曲”的字样以掩人耳目。由此也可以看出赵先生的几首笛曲在历史上的地位。

演奏笛子独奏曲，大多使用从 C 调曲笛到 a 调梆笛之间的笛子。1981 年 7 月，俞逊发、彭正元的

《秋湖月夜》问世，1982 年姜学尚、顾生安、詹永明的《断桥会》问世，这两首 G 调大笛子独奏曲开拓出一片新的活动空间，引起了人们的很大兴趣，随后才又出现了一些 G 调大笛子吹奏的乐曲。但是很少有人知道演奏这两首曲子所用的 G 调大笛都是赵先生试制的。其实早在 20 世纪 50 年代，赵先生就用 A 调大笛吹奏了一首他自己创作的曲子——《海滨》。只不过当时没有产生太大影响，赵先生也没有机会去进一步写作更多的曲子，所以等了二十多年以后，G 调、A 调大笛才重放光彩。近年来赵先生又试制了低音的弯管大笛。应该说赵先生是现代中国低音笛子的探索者。[这里需要说明的是 G 调大笛虽然比 D 调曲笛低五度，但还比西洋管弦乐队中的长笛(Flute)高大二度，没有达到低音声部，所以我只称其为大笛。]

1973 年第 2 期《乐器科技简讯》杂志上刊登了赵松庭先生的论文——《横笛的频率计算与应用》。这篇文章主要讲的是频率与管长的对应关系(当然也涉及孔径、孔位、内径等问题)。应该说这些基本内容属于声学理论的已知范围，王湘先生在他的《管乐器声学基础》(手稿)中也有同样的叙述，不同的是王先生是理论家，而赵先生是演奏家。研究起来后者有更大困难，但也具有更多的实际体会，容易写出更加实用的文章。赵先生在他的弟弟、同济大学的声学教授赵松龄的帮助下掌握了这些基础知识。

仅仅有了这些基础知识还不能进一步认识竹笛制作中具体的理论问题，比如管口校正问题。很早以前声学理论的研究成果就初步解决了管口校正值的计算问题。实验证明一段管子内的空气柱振动时，空气柱的长度略长于管子的长度。这是管内空气柱振动时带动了管口外的少量空气振动的结果。空气柱的长度叫做“有效管长”，管子的长度叫做“实际管长”，两者之差就是“管口校正”的数值。

前人研究的只是一个最单纯的、管口平整的情况。而竹笛是在尾部开了两个叫做“基音孔”的侧孔，是以基音孔的位置来确定基音管管长的。竹笛基音管的下端并不是平整的管口，所以计算竹笛的“尾端校正值”不能套用一般的管口校正值的计算方法，而需要研究出一种新的“双基音孔校正值”的计算方法。

打开竹笛上的指孔就缩短了管内的空气柱，这是用一根管子可以吹出很多不同频率的声音的原因。每个指孔的校正值都受到它下端各个开孔的影响。这就需要研究出一种以前没有的，计算“指孔校正值”的方法。

吹孔是激发管内空气柱振动的孔，与基音孔、指孔一样也是管内空气柱与大气的一个连接点，同样产生校正值，所以也需要研究出一种以前没有的，计算“吹孔校正值”的方法。在各个影响吹孔校正值的因素中，赵先生把靠近吹孔的、立体的人的面孔，简化为一个直立的平面来考虑，并且经过反复的实验验证，得出了一个切实可行的计算公式。“吹孔校正值”的确定是赵先生的特殊贡献，是前人从来没有研究过的。

一段管子的有效管长，是实际管长与吹气端校正值、出气端校正值的总和。

如果你认为以上的课题可以由物理学家去独自完成，那就大错而特错了。在每一个孔位的计算公式中都有一个特定的系数。在吹孔校正值的计算中，这个系数是 2；在指孔校正值的计算中，这个系数是 1.7；在双基音孔校正值的计算中这个系数是 2.3。所有的这些系数都是实验数据，是在制作大量笛子的基础上总结出来的。单纯的物理学家没有这样的实践，制笛工人没有这样的文化和理论基础，完成这个课题的任务，历史地降临到赵先生的头上。如果政治环境允许他一直停留在舞台上，他或许会失去完成这个课题的机会。

为了制笛工人能直接使用运算的结果，赵先生计算出各种不同口径竹材、不同调子的笛子的《常用数据表》。共有表格二十余份，每份表格有数据六百多个，包括了各个孔的位置及各种校正值，总的数据量在一万个左右。1981 年我曾全部抄录了这些表格，每晚抄三个小时，共抄了三十三个晚上才抄完。当初设计和计算这些表格的工作量就可想而知了。更何况赵先生是在有人监视而没有计算器的情况下，以地面为草稿纸来计算的呢。

在理想状态下得出的数据，在制作实践中，有时需要作适当调整。赵先生并没有忽略这些实际问题，常把变通的方法注在表格的旁边。举例如下："第二孔、第三孔距离太近会影响手指的灵活性。可用第二孔放大、下移，第三孔缩小、上移的办法，来增大两孔之间的距离。"并且注明了孔径缩放的尺寸与移动距离之间的关系。

赵先生还有一篇论文《温度与乐器音准问题》，文章阐明了管乐器的频率随温度变化的原因和两者之间的对应关系，为制作出在不同温度下使用的、音准合格的笛子提供了理论与实践的保证。

定量地揭示基音孔、指孔、吹孔的位置、孔径与频率之间关系的规律、温度与乐器音高的对应规律，反映赵松庭先生在竹笛制作理论上的成果。

赵先生是一位成绩卓著的教育家，早在 50 年代他就在演奏之余进行教学，今年已六十五岁的西安音乐学院的退休笛子老师元修和就是他的早期学生。1970 年以后赵先生开始把教学作为主要的工作，培养了蒋国基、詹永明、张维良、戴亚、杜如松等演奏家。很多久已著名的笛子演奏家如俞逊发等也都是他的学生。中青年演奏家都以能得到他的指点为荣。

赵先生的教学严格、细致。他既重视民族风格的培养，又注意避免以独奏曲代替教材的偏向。他认真梳理笛子演奏的全部技术，编出了系统的教材，先是他的学生郑济民在福建艺术学校印出了油印本，后来浙江艺校和中国音乐学院也先后出了油印本。1983 年 6 月又由广播出版社以《笛子演奏技巧广播讲座》为名出版教材并播放讲座。戴亚、杜如松就是这份教材的受益者，也是广播讲座的录音者。今天中国大陆及港台地区、新加坡等地的许多笛子教师都采用这本教材。1995 年中央音乐学院环球音像出版社以删补、修订的《笛子演奏技巧广播讲座》为蓝本制作了录像教材。文稿以《笛子演奏技巧十讲》为名在 2001 年 1 月由文化艺术出版社出版。

这些版本一脉相承，从内容的增减，一些提法的微小改编，可以看出松庭先生教学思想的脉络。

"海纳百川，有容乃大。"赵松庭先生在笛子文化领域内能够取得全面的成就，首先是因为他善于学习。他向民间艺人学习戏曲、向刘管乐先生学习北方笛曲的技巧、向弟弟学习声学知识……创造了科研的基础条件。另外也是因为他从善如流，听得进逆耳之言，所以他能不断充实自己、完善自己的理论。赵先生是笛子界的泰山北斗，大多数人对他是高山仰止，看不到他与别人讨论问题的情况。这方面我只能介绍一点亲身的经历。

这里需要先介绍一下我个人在学术讨论时的态度和语言特点，我在给竹笛制作家周林生的信中曾谈道，"我在讨论学术问题时一直是直截了当，很少考虑闻者的感受，一些好朋友能够理解，讨论就深入下去了，这样的朋友如赵松庭先生，我虽几次唐突，赵先生均不以为意，无法接受拂袖而去者也有之，如……"。我的这种态度由来已久，1984 年因讨论笛子历史而对某一位竹笛界前辈的批评，1997 年对画家陈逸飞《浔阳遗韵》的批评都曾在社会上引起轩然大波。其实批评的对象都是我所敬爱的人，他们接受不了我指出的严酷事实，才导致不愉快的结果。在私下的学术讨论中，我就更没有顾虑。回忆我与赵先生三十余年的交往过程中口无遮拦的情况比比皆是，现仅举数例如下：

一、《中国大百科全书》中,“笛”条目是赵先生写的,原稿在提到当代演奏家时,举出了很长一个名单。看到之后我马上表示反对,说:“两千年来有多少吹笛子的青史留名?你不要因为自己上了榜就放松标准。”在定稿中这个名单缩减到只剩下四个人。

二、1985年论文集《笛艺春秋》出版,我在读过赠书后给先生的回信中说:“如果此书是在您百年之后,由您的学生整理出版的,那么他应受到表扬。而由您自己把不同历史时期的作品一字不改地集成一册,就显得草率和芜杂。知识更新了,有的文章可以重新写过,原来分散发表的文章放在一本书里时应该考虑全书的结构。”“为什么没有收入那篇《赵松庭的笛子》?不能‘十年怕井绳’,如果每个演奏家都能说明自己的特点,中国竹笛的特点也就清楚了,可怜的是绝大多数的演奏家都不能像您一样,他们都很难说清自己是怎么回事。”

赵先生没有就此回信。我应该理解他,二十年的禁锢,一旦有了出书的机会,他想的自然就是“只争朝夕”,我为什么如此苛求呢。但是我能感觉到先生采纳了我的意见。《笛子演奏技巧广播讲座》从油印到铅印,到修订重印,到出录音,出录像,不管是从内容还是从载体的质量上都体现了精益求精的精神。

三、1991年6月24日先生在给我的信中说:“有一个学术专题不知你有兴趣否?我国古代有一种吹孔在中间的笛子(不是两头笛),这种理论研究在国际上也属尖端……这种型制我们已定名为‘雁飞笛’,现在我们已着手研究……愿我们能在这个学术研究上合作,把‘雁飞笛’发扬光大。”

我在回信中提供了朱载堉《律吕精义·内篇卷之八》中的黄钟篪和 *Woodwind Instruments* P185—187中的吹口在中间的笛子等两份资料。表示了暂时没有条件参与合作研究。也谈了对研究内容的设想,对雁飞笛的名称我提了非常尖锐的意见:“窃以为您不要着急给它起名字,本质问题没弄清之前,引进新名词徒乱耳目。”

赵先生的研究文章在1992年第4期《乐器》杂志上发表时,采纳了我的意见没有使用雁飞笛的名字,文章题目改为“同管双笛”,我又马上写信给赵先生谈我的看法:“您研究的‘同管双笛’排除了像双音笛那样,在管子中间有笛塞隔开的乐器。仅研究一根管子上的、两端相通的吹口在中间的乐器。那么在吹口左侧的某个音孔开放时,振动的空气柱就不仅仅是从这个音孔到吹孔之间的一段(距离),而包括了吹孔右侧(到笛塞之间)的一段(距离)。不管指法如何变换,都只有一个气柱在振动。这里是否有‘双笛’存在呢?……您研究竹笛孔位计算时也是把吹口到笛塞之间的距离考虑在内的。……‘吹口在一端’与‘吹口在中间’没有一个定量的区分点……姑妄言之,若有参考价值,我就非常高兴了。”

写到这里我自己都要脸红,实在是太无理了,尽管出发点是善意的,尽管两人的关系亲密无间,也绝不能对长者一再唐突。但赵先生给我的复信中却大度地说:“北京相聚令人愉快。……拟名不等于定名,究竟取什么名字要等引起普遍关注后,才来讨论。”

我们之间的学术交流顺利进行,1992年8月20日先生来信说:“又要向你讨教了。最近我在写一篇‘中国笛子艺术的继承与发展’,准备明年初在香港一个学术会上宣读。……要谈继承问题,必须要有重要的第一手材料……你是否掌握‘筹’的型制?其他值得一提的,你有什么建议?请你考虑参谋。你估计我可能会遗漏的重要历史遗产,盼给予提醒,如果我没有掌握,就立刻请你提供资料。……九月份杭州桂子飘香,菊花散金,欢迎你来寒舍做客,以便对我的文章提出意见。”那时我还没有退休,错过了去杭州的机会,仅为先生提供了几篇有关“筹”的资料。

先生待人不但谦虚大度，而且坚持原则、是非分明，对后学也是呵护备至。1997年先生看到我写的《瑕瑜互见》时，一方面肯定我指出陈逸飞《浔阳遗韵》失实之处的必要性，一方面又引用韩愈的话提醒我要“待人也轻以约”、“责己也重以周”。1982年我写了一篇名为《当代我国笛类乐器改革述评》的文章，快意臧否各种改革方案。请先生过目时遭到无情的申斥，先生批评的不是文章的观点，而是我说话的态度。后来这篇文章发表在1995年《中国音乐年鉴》上，与原稿比较，修改稿语气平和、评价客观，这都是先生教诲的结果。我尽管不是先生的入室弟子，却经常受到先生的夸奖、提携、从先生处学到有关笛子文化的许多东西。

高山仰止，景行行止。我虽身入宝山却也没有能力描写先生之万一，只能以此寄托我的哀思。

2001年4月松庭先生逝世一月后完成于甘家口寓所
2011年6月为出版松庭先生纪念文集作局部修改

赵松庭先生对祖国民乐事业的卓越贡献

卢竹音

赵松庭先生是一本书，是一本关于民族音乐的书，关于民乐人的书。这本书，是他笑看人生的足迹，也是他艺术人生的记录，充满艺术理念和人生哲理；这本书，内容丰富、章节分明、道理明晰，既有理念思考体会，又有实践操作指南。而我们每搞一次纪念赵松庭先生的活动，就像是一次读书会，大家来交流读书心得，并且用心声同阅读、同演奏、同歌唱。每次读书会都会给我们带来新的体会和收获，从而进一步读懂赵松庭，更有效地学习赵松庭，促进民乐事业的发展。在学习过程中，我们结合自己的体会，称呼赵松庭先生为笛子演奏家、教育家、作曲家、笛学研究家、乐器制作家以及民乐活动家等许多“家”。这些家之称谓，都是有依据和有出处的，都是恰如其分的，但是冠以太多的名称往往有所不便，因此，我们就一言简之，称他为“笛子艺术大师”。作为大师，他有许多值得我们好好研读的品格和成就，由于他的高尚品格，促成了他的成就；而从他的巨大成就中，可以追溯他的品格，我们就从他对祖国民乐事业的卓越贡献谈起。

一、关于赵松庭先生的主要贡献及其作用、意义

凡是提起赵松庭先生，人们就会想到他的笛子声音，人称为“江南笛王”。但是从他对中国民乐的贡献来衡量他的作用和促进国乐发展的意义，仅此称号还很不够。我们可以从以下方面进行探讨。

一是他创作了较多数量的笛子乐曲。一个人能创作那么多的笛子乐曲，而且大部分被较为广泛、较为长期地流传，这是中国笛子艺术历史上的一个奇迹。历史经验证明，一首音乐作品好不好，有许多评论的方法与途径，其中能否被长时间地、广泛地流传，就是一块试金石和一个硬标准。半个多世纪的历史已经证明了，赵先生的笛子作品就是经得起时间考验和听众考验的优秀作品，而正是这些优秀作品，送给了人民群众作为优秀的精神食粮和文化思想武器，同时，为祖国增光添彩。我们平时说“拿作品说话”，赵松庭先生平时话语不多，但是在拿作品说话方面，他是最棒的一个。这就是他的产品、他的成果、他的为人民和祖国贡献的“杂交水稻”“原子弹”“神六”。

二是他概括、总结，并且创造了许多笛子技艺。赵先生之前，中国的笛子有南派北派明显界线，大凡演奏的曲子，一听就知道属于什么派系。然而，赵先生虽然出生在江南浙江东阳的土地上，自小从学习南方民间音乐（浙江中西部地区）和戏曲音乐（南昆、婺剧等）着手，身上渗透着南派的基础养料。但是，他在早期就敏锐地觉察到，北派有许多活跃的、高亢明亮的、富有活力的、气魄宏大的，饱含北方人生活气息和人文精神的演奏技巧，他也认识到这些技巧的可贵性和实践应用价值，如果囿于派别而放着不用、不敢用，这是迂腐的、不科学的，甚至是愚蠢的。于是他就是要打破这个"非南即北"的桎梏，试着将北派的技巧逐一练到手，并且逐步应用到自己的演奏和笛曲的创作中来。其中，最集中、最突出表现他这种理念的，就是他的成名作《早晨》，由此也可以宣告建立起了南北结合的"赵派"或"浙派"。

三是他培养人才的成果。他的笛子学生，布撒在祖国东西南北中，还在东南亚地区以及部分西方国家，几乎遍及了全球有中国笛子艺术的地域，而且，这些学生大都才艺出众，成绩冠世。在赵老师笛子生涯的后半叶，教学的区域扩大了、层次提高了、影响增大了。虽然经过他手把手教授笛子的学生数量有限（至多不过几十人而已），听过他面对面上课讲座的学生也就数以百计而已，可是听过他在电台、电视台讲课的，尤其是他的音像制品中讲座的，那就是数以万计、十万计甚至更多的了。如果把他学生的学生，学生之学生的学生这样几代教与学的人数计算起来，那简直可以是一个天文数字！大家在这里展出的其中一块展板上也看到了他带领一批小朋友在金华舞台上演奏的照片，这是他传业授道的真实写照，不过这仅仅是豹身上的一斑而已。以上这些，就是赵松庭先生培养人才指导思想的成果体现，这就是他发展祖国民乐事业理想的一种实现的进行时。

四是他的笛类乐器的研究和制作成果。古人说得好，"工欲善其事，必先利其器"。对此道理，赵先生非常明确，所以他花了很多的精力来研制笛子。他制作的，或者在他设计和指导下制作的笛子，就是好吹、好听、好保管。当然，赵先生也说过一句令人感到有点吃惊的话：世界上没有一支真正音准的笛子。猛一听来，不可理解，难道在吹奏的，在音像资料中演奏的笛子都不准吗？但仔细一想，这是一句很有哲理性的话。这是因为笛子制作，取材于自然界生长的竹子，其制笛子用的竹子段，两头内径比例、竹壁厚薄、竹质的密度等物质结构有许多不确定因素，不像木管、铜管乐器那样可以让材料和技术决定制作基础；同时，更是因为笛子吹出来音的高低和口形唇位、气量大小、粗细缓急，以及吹孔方位、入气角度和指法安排运用等吹奏法有很大关系，就像世界上没有一个人骑自行车一直在一条线上行进一样，笛子的音准是通过吹奏者的控制获得的，其本身不可能自始至终一成不变。正由于这个道理，各种便于控制的笛类乐器制作与演奏，赵先生都能运筹帷幄、信手拈来，他可以将各种影响音准的因素进行"调兵遣将"和"随心所欲"，将它们制作好和控制、应用好，所以他演奏的乐曲，是让笛子的音准尽量准确的榜样。我曾经说过这样的话：你要懂赵松庭吗，那就去反反复复听他演奏的笛曲吧！

五是他的笛子演奏、制作和乐曲创作方面的理论成果。在赵先生同辈的笛子演奏家中，可能他是少数的文化程度最高者之一。正因为他有深厚的文化底蕴作基础，有缜密的理论作指导，有科学知识作武器，所以他能将在实践中得来的经验和教训加以梳理、分析、研究，又能反复地琢磨、加深理解，再把这些被实践证明了的东西上升到理论高度。因此，他就能将有关笛子的一些理论问题说得透彻明了，让人听之学之恍然大悟，豁然开朗。比如为什么笛子音高的变化与热胀冷缩的物理道理相反，温度高了，笛子尺寸增长了，音却反而高起来了呢？为什么笛子开始吹奏时候的关系音与吹过一会之后的关系音会有所变化呢？以及笛子内外径与音孔距离关系等研究，他都是有独到的见解和出类拔萃的成果，确实令人折服，谁不服还不行。

六是发起和创建民乐组织，积极带领开展民乐活动。赵先生非常想把吹笛子的人员组织起来，成立一个团体，人多力量大，大家一起来吹，造成一股“笛音动力”。于是，二十多年前，他曾经叫我们一起起草了章程、条例等文稿，筹备起了《黄龙笛社》。而且找准了一个民乐活动的一个机会，十七八个人一起在杭州剧院的舞台上演奏他的名作《三五七》，由他自己亲自担任前面散板部分的独奏，获得了雷鸣般的掌声，久久不息…… 那场面，真是令人没齿难忘啊！就是这样，后来在政府的关怀下，是他带领我们成立起了浙江省民族管弦乐学会。记得一开始，学会要到民政部门登记，当时我们没有筹备到按照规定要求的这样一笔登记经费，就是他叫我们从他自己的账户上去取出来先放到我们的账号上做资质证明。过了一段时间，他觉得学会没有办公地点，他就在会长办公会上说，由他垫出十万元，先去买一套房子，作为学会办公和活动的场所。（但是，会后我们几个人商量，觉得这样让赵先生自己拿出一笔较大数量的钞票，我们于心不忍，就没有实施。）他为学会的建设，出过很多好主意，办过许多实事。比如他带领我们承办过浙江省文化厅主办的第一、二、三届全省民乐大赛和“迎新春民族音乐会”、“桃李芬芳音乐会”等很多演出活动。这些，都是他发挥了自己的智慧和才能，使得我们浙江省民族器乐活动搞得有声有色，每年都有新气象、新起色。

赵先生的贡献多得很，有的还没有了解到，有的还没有体会到，主要的先说以上几点。

二、关于赵松庭先生的理想动力和可贵品质的主要体现

赵松庭先生的这些巨大成就和重大贡献，不是偶尔产生的，它并不是机遇巧合，也不是无源之水、无本之木，就像农夫辛勤耕耘总有好收成、园丁辛勤浇灌总有好花草那样，这是他在中华几千年文明史的熏陶下，在祖国党政领导的关怀培养下，胸怀壮志、长期修炼、不懈努力的结果。这和他的胸怀理想动力强大、具有许多优秀品质有着密切关系。

一是虚心好学。他之所以很早就取得成功，这除了他天资聪颖之外，主要原因是在于他虚心好学。由于他虚心，所以他的胸怀是广阔的，能“虚怀若谷”，能装得进他人的东西；由于他好学，学习就如“海绵吸水”，所以他的知识和本领得到不断的丰富，就像富人的资本积累。他把民间艺人、部队文人、专业能人、农民工人，还有书本、音乐、棋盘、工厂，都当成老师和课堂；凡是有机会，这些都是他学习的时刻和场所，从书中学、现场学，学习后琢磨，就有了结果，就得到收获。随着年龄的增长和阅历的丰富，他的这种学习的自觉程度越加提高，成就越来越大，他是我们“活到老，学到老”的榜样。笔者曾经先后二十几次到赵老师家中拜望，仅仅偶有几次见到他在与人下棋或聊天，除此之外基本都在看书、练笛，或拿着镂刀摆弄笛子音孔，或者在谱架前看着乐谱、拿着笛子琢磨。有一次在一旁听他练刘管乐老师的《和平鸽》，是那么的专心致志、一丝不苟，一点也不像一个古稀老人，而是底气十足，思路活跃，具有很强的生命力。

二是勤奋实践。赵先生的笛子技术，大多是在历代艺人成果和他人经验的基础上，自己通过成百上千遍的练习琢磨出来的。由此也可以说，赵先生创作的笛子曲，都是从实践当中得来的，是勤奋实践的成果。题材是从自己多年参加演出或生活中体会得来的；旋律是从传统、民间音乐中记录或移植过来，自己生发开来或衍生出来的；演奏手法是自己不断吹奏试验出来的。所以他的作品，就是言之有物、有血有肉，色彩鲜明、活灵活现，就是人民大众的生活和思想，而且能让人产生无数联想和遐想。这就像凡是色、香、味俱全的好吃的食谱，不是凭空编造出来，而是从实际的操作中一遍一遍摸索得来的一样。他为了满足表达自己乐思的需要，可以说一辈子始终在笛子范畴的"灶头上操作烹饪，无论选料拼盘、刀功火功，还是煮煎炒焖、炸焯焗炖"，十八般武艺，样样齐全。他是那样的起早贪黑、夜以继日；吃苦耐劳，刻苦钻研，勤奋实践，终成正果。

三是演创结合。俗话说，"艺精则创"。赵先生的创造精神，是与他的好学和实践同时增长的。也可以说，他好学，把创造精神也学到了；他好创造，在实践中就创造了。他的作品和演奏技巧、理论，可以说都充满了创造精神。我开始对他研练《和平鸽》不大理解，后来才知道，他要使得和平鸽飞得更加生动活泼，更有力量，他的练习，是同时在改编乐曲。他的这种创造不是凭空的"闯造"，而是在中华优秀文化的背景中，在民族民间音乐的基础上，在辩证法的指导下，是有根据的，有把握的，有科学依据的，所以可以叫做"科学创新"，所以他的创造成功率很高，成就很大。

四是研制结合。赵先生的笛学研究成果不仅是论文，而且是看得见、摸得着的实物。比如他研究笛律、研究笛子的制作规格和技术，他就能拿出制作好了的笛子和用这种笛子吹奏的乐曲，以及排笛、低音弯管笛、仿古的"双飞雁"——篪等，这些是制作的成果，也都是研究的成果。另外，往往与此同时，他的理论著作也就陆续问世，这些就是理论和实际相结合的优秀产品。他对笛子性能的研究，可以说已经到了了如指掌，可以"盲目对弈"的程度。有一次，他送给我一支七孔D、G大笛子，乘他在做其他事情的时候，我在一旁试吹，正在我觉得第六孔的中音发音不顺而且略有偏高而百思不得其解之时，只听到赵先生那边传过来声音："你把二孔的手指放掉就可以了。"结果，果真灵验！发声顺了，音也不偏高了。

五是文声结合。对于一位有成就的演奏家来说，光有演出或录音的笛子声和创作的乐谱还是不够的，还应该有文字的东西相结合，那就是理论文章。笔者在20世纪60年代初手捧他的《赵松庭的笛子》一书，浮想联翩，甚至充满神秘感。觉得这本书有多么神圣啊，他怎么懂那么多的知识和技能啊！简直不能相信这是出自一位三十几岁青年演奏家之手。而今后在学读他的《笛艺春秋》《笛子演奏技巧广播讲座》等著作和鉴赏他的音像资料中，就能够比较理解来龙去脉了，因为那里有他更多的文字资料。这就是赵先生的特别宝贵之处！他不仅仅是在演奏方面，更是在笛子艺术的理论、著述、演奏心理学等方面都有研究成果的专家。他把他在笛子艺术领域中游弋云水、发挥自如的各种心得体会化成了文字，传授给学习者，使他们更易受益。这种文声结合，是他心血的结晶，也是他传业布道的重要途径和方法。

六是传扬结合。赵先生似乎早就想到"万紫千红才是春"的道理，所以他要做"一花引来万花开"的各种努力。他心中很明白，热爱祖国民族艺术，要为祖国做贡献，不是仅仅靠一个人、一代人能做好的，他曾经说起：自己"活到老，学到老"，本事再大，成绩再多，其力量和时间总是有限的，要使祖国的艺术得到繁荣、传承、发展，培养人才是带有根本性的措施……因此，他把许多精力和物力、财力，花到了培养学生的事业上。他在对学生的教学中，不断摸索出有效的教学法，倾注了大量的心血，把教学的内容和体会总结起来，就成了一本经典的教材。在培养人才的这个全方位教学过程中，他对学生倾注了大量的爱心、无限的投入，以致到后来，在他的学生中，你一段，我一件地传诵着许多关于他谆谆教导、启发诱导、科学教学和爱生如子、倾囊相助的许多事迹都成了故事。现在，"凡有中国笛子演奏家的圈子里面，总是有赵松庭的学生"这样的传颂，就是对他培养学生成果的真切赞誉。赵先生非常慷慨，有一次在他家，我听他吹的笛子音质真好，就和他开玩笑说，赵先生你的这支笛子有这么好听的音色，对制作材料作过什么特殊处理吗？他说，没有啊！你觉得好，这支就送给你好了，不过就是音孔大一点，你要有个适应过程。于是他就把自己吹的这支笛子送给我了。至今我还常常用这支笛子吹奏，音色确实好。同时，“睹物思人”，一吹起那支笛子，就像赵先生在身旁，分外亲切。我虽然没有正式拜他为师，但是从半个世纪之前起，他就是我心目中的老师了，见面之后，我一直以他为师，并自觉学习，努力当好他的学生。

三、关于纪念赵松庭先生

古人说，有的人死了，但是他还活着；有的人活着，但是他已经死了。除了神仙之外，世上没有永生的人，即使是传说中的彭祖，也不过活了几百岁。但是，唯有崇高的精神和光辉的业绩是永恒的、不朽的。所以，人生在世，是否有价值，不在于时间长短，而在于对社会、对事业贡献大小。中国两位“人民音乐家”聂耳只活了二十三岁，冼星海只活了四十岁，但是他们的音乐，不但对中国的革命和建设做出了巨大贡献，而且流芳百世，播扬全球。赵先生虽然早在十年前离我们而去，但是他的卓越贡献永远留给了社会，留在我们的心里。我们要当好一代民乐新人，要促进民乐事业的发展，就要以实际行动纪念赵松庭先生。

纪念大师、老师，最好的形式和内容，就是要付诸发扬他的精神、继承他的事业的实际行动。这种行动不是执行军事、行政命令式的行动，也不是制订工作计划规范的那种带有工作纪律约束性的行动，而是我们自觉的一种孜孜追求，使之成为自己的理想目标，从而去勤奋实践，一以贯之，百折不挠。这种追求和实践要求有多迫切，热情有多高，行动有多自觉，重要的先决条件之一，就要看我们对赵老师的业绩贡献和思想境界了解有多大、理解和体会有多深、发散和联想范畴有多广，而其中起决定性作用的是要读懂他的贡献。

纪念赵松庭先生，就要像他那样，胸怀祖国，忠于事业。他从小立志爱国报国，用自己的实际行动来实践“民乐报国”的志向。他酷爱民族音乐艺术，由喜欢到热爱，由热爱到热衷，再到痴迷，甚至到违背乃父之命，放弃法律专业学业，报名参加部队文工团。随后他又到朝鲜战场参加抗美援朝、保家卫国战斗，回国疗养中，每天早晨到山坡上练习笛子，在爱国的热情激发下，写(奏)出了他的成名作《早晨》。可以说，《早晨》就是他当时心灵的写照，也是他一辈子爱国情怀的映照。这是他的一种文化艺术自觉，是忠于事业的有力体现。

纪念赵松庭先生，就要像他那样，不畏艰难，献身事业。给我印象最深的是，赵先生腹部不适多年，自己经常忍着病痛给学生讲课。有一次，快要到外地去教学，但是他身体不好住院，我到他家中看望，问他身体是怎么回事，他说，就是消化系统有点毛病，不想吃，也吃不下，吃点稀饭还不消化。我就劝他把外出讲课教学的计划取消，等身体好了再去，他说再看看吧。但是没几天，他又带病出去到北方去教学了。他的心中只有教学和学生，自己年纪这么大了，也没有想到身体会出什么毛病。他实在是太爱笛子、太爱学生了！

纪念赵松庭先生，就要像他那样，胸怀事业，具有乐观主义精神。赵先生一生兴趣广泛，有许多爱好。在音乐艺术范畴，他是剧团正吹，笛子、唢呐、胡琴、鼓板以及导演什么的行当他都会，除此之外，他就爱好读书、写字、下棋、走路。他是一个乐观主义者，还经常有点小幽默。他在遇到人生挫折磨难时，就制作笛子，研究周易和制笛理论，撰写文稿。在最后一次住院期间，我看这家医院比较小，而且还在装修房子，就劝他换一个医院，但他却不介意，还给我念了刘禹锡的文句：“山不在高，有仙则名；水不在深，有龙则灵……这里的医生护士我都熟悉了，就不要转院了，过几天出院了我要到美国去看女儿。”同样，在获得人生丰收时，他也没有得意忘形“喜欲狂”，很少听到赵先生因为获得什么奖励、荣誉、头衔有什么张扬之举。这就是他荣辱不惊的气质。

我们纪念赵松庭先生，就应该像他那样，立足中华，矢志改革；虔诚继承，科学创新；脚踏实地，大胆实践；维护团结，聚精事业。要有中国文人的品格，努力提高人文素质，讲求团结和谐的精神；要有中国人的志气，有“吹彻一根笛”“乐不惊人誓不休”“不到长城非好汉”的气概，在本职岗位上做出卓越的成绩来！

我们相信，时代会造就更多的音乐家，但是再也造不出一个赵松庭来，这就像中国再也没可能出现李叔同、刘天华、瞎子阿炳那样的人物。但是赵松庭先生对中国民乐事业，特别是对中国笛子发展的贡献将永垂史册，炳照后人；他的精神将激励和指导后人学习、奋斗，这也是他对中国民乐事业发展，乃至整个音乐事业、文化事业的建设发展起到促进和推动的作用。中国民乐的发展，就是需要像赵松庭先生这样把感性和理性密切结合，并取得实际成果的民乐家、实干家！赵松庭先生的贡献是卓越的，这种贡献，是民乐的，也是中国音乐的；是中国的，也是世界的；是时代性的，也是历史性的。其作用将永久存在着，带有普遍意义，这就是我们纪念他的内涵之所在。他所设计和制作的有形的笛类乐器，他所创作和录制的有声的笛子乐曲，以及他给我们留下的无形无声的宝贵精神，这都将是我们提高自身民乐素质，促进祖国民乐事业发展的工具、抓手和导引，也是武器、力量和瑰宝。我们要接过赵先生的“笛子接力棒”，让中国优秀民族音乐文化代代相传，越传越优秀，越传越兴旺，让中国音乐的队伍不断壮大，地位不断提高，作用不断增大，市场不断扩大。让我们为祖国的民乐事业发展，为祖国的繁荣富强奋斗终生！

愿赵松庭先生的卓越贡献永留人间，百世流芳！

愿民乐人紧密团结在中华的旗帜下，永向前方！

2011 年 1 月 5 日草成于杭州，
2 月 28 日修改，3 月 6 日再改

永远的笛韵

李天琼

因主编赵晓笛先生之邀，让写一篇纪念赵松庭老师的文章，于是，去找寻那本十三年前的采访本。翻找中，突然意识到这册厚厚的笔记本，竟是我唯一的一册只记录某个内容的笔记本。这册关于“笛子艺术”的笔记本，记录着对三十八位全国各地，包括中国香港、台湾地区和新加坡的笛子演奏家、作曲家及研究学者的采访内容。而记载赵松庭老师的谈话内容，竟占到了整册笔记本的三分之二以上。

作为电视编导，因为创作拍摄电视专题片《笛韵春秋》（叙述中国笛子艺术发展史）的缘故，在 1998 年 6 月 3 日，首次登门拜访了赵松庭老师。记得那次见面，我向他诉说了自己数次到图书馆、书店找寻相关中国笛子发展历史内容的书籍却无果的苦恼，老人听罢，目光转向一侧远眺着，似陷入深思状喃喃道：“应该做，让笛子艺术的历史有个完整记录是大事啊。”转而回过神说，“今天我们先谈浙派笛子艺术的发展吧。”于是，从原始河姆渡出土的那根骨笛开始，战国时期的篪、埙，直至后来的

箫、曲笛、梆笛……对各笛类乐器所产生的时代背景进行了一一介绍;对代表曲目《早晨》《二凡》《婺江风光》《鹧鸪飞》等以及代表人物也一一详解,如数家珍。他岂止对“浙派”笛子艺术了如指掌,对中国其他笛类乐器,乃至世界其他国家笛类乐器的特点、代表作品也很有研究。随着赵松庭老师的娓娓道来,我的那册笔记本在不住地记录着,而原本对于我紧闭着的笛子艺术宝库的那扇神秘大门,也徐徐敞开了,让我豁然开朗。之后,《笛韵春秋》的创作进展非常顺利。

与赵松庭老师交往越深越会发现,他不仅仅是位艺术家,更是一位完全意义上的学者型艺术家。他学富五车,饱读四书五经,并有很强的理论思考能力。在几乎是一意孤行的笛子艺术实践中,他用大胆创新的思维,微观中洞见宏观的研究方式,将笛子这门微观艺术进行了细细解构,将笛子与史、哲、文、美、理、数、声、率、教这九门学科进行衔接,大大丰富了笛子艺术的人文内涵,进而将这门民间艺术推向大雅之堂。

令人难忘的是,每每谈起“笛”这个话题,赵松庭老师就会两眼烁烁闪光,浑身充满着无以言表的激情,仿佛生命的一切与中国笛子艺术是浑然一体的。

赵松庭老师身上所具有的对艺术的执着精神深深地打动了我,我决定在继《笛韵春秋》专题片、笛子系列 MTV 专辑之后,再做一个关于赵松庭的人物电视片,这个想法得到了领导的大力支持。在1998 年至 2001 年近三年期间,陆陆续续拍摄了不少关于赵老师的工作、生活和演奏的画面,因为他是个很有“戏”的人物,原本想用摄像机多记录一些他的活动内容,谁料,在 2001 年 3 月 9 日,他却匆匆地离开了我们……《笛艺人生》这个专题电视片是在赵松庭老师过世后编辑制作的。

笛子的外形是所有民族乐器中最为简单的,似乎只在一根竹管上打了几个洞而已,然而,这件构造状似简单的乐器,在赵松庭老师的心里却有着“龙”般的神圣。他认为,中国笛子艺术与中华民族文明史有着非常紧密的联系。

有一次,采访了浙江歌舞团另一位著名音乐家、作曲家钱兆熹先生(现已过世),钱兆熹先生在20 世纪 90 年代,大胆地将西方音乐结构方式与中国民族音乐元素相结合,创作了多部享誉中国乐坛的交响乐作品,如《原始狩猎图》用的是骨笛;《伯仲吟》用的是篪和埙;《和》《梅花引》《貂蝉》等,这些分别描绘了原始社会、战国、晋、南北朝、唐朝等不同社会文化景象的交响乐作品,都是用笛类乐器担当的主角。交流中,钱兆熹先生坦诚地告诉说,当他心中萌生了要将中国民族音乐推向国际交响乐舞台的念头时,正是既精通笛子艺术又熟知中国历史沿革,且深谙中国音乐人文精髓的赵松庭老师给了他极大的鼓励和支持,不仅为他仔细解析各种笛子乐器的音乐属性,还为作品提供了很多创作灵感。他之所以这般努力,就想告诉人们,笛子艺术的发展是中国民族音乐发展的缩影,笛子艺术所走过的路,体现了中国民族音乐所经历的历程。

“笛子方便,”他说,“一根在口,总的目的是让‘声’与‘情’达成和谐。”在更多的交往过程中发现,他的内心是非常晴朗的,令人丝毫感受不到他曾遭遇过极不公正待遇的烙印。三年陆陆续续的交往中,我们每每谈及的话题都是关于笛子艺术,关于中国文化,关于中国音乐,从没有在他那里听到过一句怨愤和牢骚。我曾疑虑老人是否有着超强的掩饰内心真实世界的本事,渐渐地这样的疑虑打消了。满腹经纶、善于思考的赵松庭老师因为极具洞悉事物发展规律、参悟生命本质意义的能力,练就了自己超凡脱俗的内在精神和达观积极的人生态度。他把人生不济、身处逆境看成是磨砺自己意志的器皿,还常常说,要感恩磨难,没有磨难也许自己在艺术上还走不到今天这样的地步。

他犹如一根横吹的笛子,还原成了坚韧挺拔的竹子,在不事张扬的个性之外,悄悄伸展它那深藏土中的竹鞭。赵松庭老师一直试图通过笛子艺术,在自己与自己、自己与他人、自己与自然之间,形成一条互相理解、互相协调、互相容忍的渠道。“笛子,涤也。可涤荡污浊。吹笛子就是要把邪气、浊气都吹走。”这是他常说的一句话,正好写照了他在不断追寻笛子艺术高峰的同时,也将此作为自己修行成道、完善自我的最佳途径。他一直努力着让所有过往的恩怨,都随着那悠扬美妙的声声笛韵,飘散而尽,在内心不留一丝岁月的痕迹。天道酬勤,他的生命境界也因此得到了升华。

仿佛命运早已注定,凡是与笛子艺术相关的一切领域,都值得赵松庭老师为之付出心血!

赵松庭老师学子无数,桃李满天下。那时,学生上门求教,好几次我也在场,他那一副认真、耐心、慈祥的音容笑貌至今清晰地留在我的脑海里。活跃在今天中国内地、香港、台湾地区和新加坡笛子乐坛的艺术家们,绝大多数都是他的学生。赵松庭老师虽然已经走了,但是他的艺术生命并没有随之中断,而是转换成了另外的一种形式,在他的学生身上得以再现,得以延续……

世界上的不少艺术种类之所以能够在众多艺术品种当中脱颖而出,就是得益于在那门艺术门类中有一位里程碑式的人物。赵松庭老师对于中国笛子艺术、中国民族音乐,正是这样一位里程碑式的人物!

恩师仙逝　笛韵长存

——回忆我的导师赵松庭先生

刘宽忍

与赵松庭先生学习笛艺是二十年前的事,那时正值我在西安音乐学院攻读研究生期间。

我在西安音乐学院附中、大学已经跟随元修和与梁欣两位老师学习了十年笛子专业,也曾得到过刘管乐、陆春龄等前辈的指点,大学毕业后分到陕西省广播电视民族乐团,从事专业演奏,应该说具备了扎实的基本功和一定的舞台经验。1989年考上研究生后,渴望能在笛子艺术方面再上一个台阶。也就在这个时候,学校批准了我可以外出求学的机会。在元修和老师的推荐下,第二年的冬天,我直赴杭州,求教于赵松庭先生。

赵先生威名远播,初见先生时,免不了心里有点忐忑不安。然而他儒雅的气质与风趣的谈吐却让我如沐春风,很快消除了我的紧张情绪,给我留下了难忘的记忆。

赵先生的家就是我的课堂。我在先生家附近的校园内租了一间房子,开始了如饥似渴地学习与训练。这一期间先生给我系统地传授了笛子的理论知识和演奏。在这里顺利地完成了我的毕业论文《中国笛子的南北风格及演奏技巧》。先生给我的谆谆教导和逐句逐字地为我修改论文的情景,至今依然历历在目。在演奏方面,先生为我倾注了大量的心血,悉心传授了《三五七》《婺江风光》《鹧鸪飞》《幽兰逢春》等曲目。我至今还清晰地记得,先生一个音一个音地讲给我,手把手地教,并示范给我颤音怎样颤、颤几下,装饰音是由上而下还是自下而上,一口气应该用多大的力度来完成……详细而又耐心地讲解为什么这样处理,为什么不那样处理。我专心听,细心记,潜心领悟,不落下任何一个细节。我这才第一次真正领略了笛子演奏的南派风格的细腻优雅、柔美与华丽。先生教我笛子演奏应刚柔兼济，南北相融，海纳百川。

课上，先生认真严格，课下随和开朗。常常问起我是不是习惯这里的吃住，上完课就在他家里吃饭是常有的事。他还经常问起我家乡的人和事，让我倍感亲切。而我自然十分珍惜这次难得的学习机会，每天除了吃饭睡觉，全部的时间都用于练琴，以至于地板天天都像是洒了水一样，其实那是从笛子里流出来的。我每天要去开水房打好几壶水来喝以补充水分。烧水房的师傅对我还有了意见，误以为我在浪费水。也许是因为我有从小练拳的底子，不然我那样的练法一般人应该是吃不消的。赵先生也知道我这个北方来的小伙儿练琴不要命，在学习即将结束时，他感慨地说："你这几十天，把别人几年的课都学了……"临走时，先生把他亲自做的骨笛送给了我，这支骨笛是先生根据余姚河姆渡出土的骨笛原型仿制的，是先生留给我最为珍贵的纪念。

后来，先生为了我专门来西安两次，一次是我的论文答辩，一次是为我的毕业音乐会。我没有辜负恩师的期望，在我毕业专场音乐会上，除了演奏笛子、埙、巴乌等多种民族管乐器之外，还用先生赠我的骨笛演奏了《原始狩猎图》，那是一个专门为骨笛而作的协奏曲，难度很大，但我现场的演奏非常成功，先生对我十分的肯定与赞赏。也正是那一次，陕西电视台在我的专题片中留下了我与先生在一起的珍贵的影像资料。

我跟赵松庭先生学习时间虽然不长，但是他严谨的治学态度和科学的教学方法，使我终生受益。我能在笛子演奏方面有所进步，离不开先生的教导与期望。而先生的众多弟子也都在全国各个音乐院校和专业团体中担任着重要的角色。桃李不言，下自成蹊，愿先生终其一生奉献的笛坛事业繁荣、昌明。

2011 年 5 月 7 日于西安

追忆恩师赵松庭先生

蒋国基

许多年后的今天，笛曲《幽兰逢春》的旋律仍时常萦绕耳畔，它既如进军号角，催人奋发向上；又如偈语颂咏，促人净心安神。实际上，它已成了灌溉一代又一代笛艺学子成长的琼浆。然而，顾盼中那天地间一抹从容如仙、挺拔如山般令人仰止的身影却已然不在，痛思中，只慰兰心犹存，日久弥香……古语有云："幽兰香风远，蕙草留芳根。"一如先生的乐思和他的文人气质、江南情结……我的恩师——赵松庭先生，就是这样一位如兰花般散溢幽香、傲立尘世的贤人。

时至今日，每每想起先生，都不禁泪涌心田，情怀绵绵，我们与先生虽已天地两隔，但我一直坚信，这样一个伟大的人，从他出现开始，便一直未曾离开我们……

我在十六岁的时候开始喜欢上笛子，当时老一辈的艺术家们都难免保守，我徘徊在艺术的门沿上四处寻找。终于，赵老师把我领进了音乐之门。我所经历的半个多世纪人生之路，命运给我安排了许多坎坷，但也有许多幸运，其中最为幸运的是让我找到了赵老师，是他的指引和教育、帮助、提携，给了我一个日趋完整的人生，一个有追求、有信念的人生，快乐的人生……我永远无法忘记赵老师对我产生影响的一言一行。可以说，没有赵老师，就没有今日的我。

当年，几经转折，我找到了那时正在“牛棚”改造的赵老师，那时先生还顶着右派的帽子，我要拜他为师，先生非但没有拒绝我，而是热情地接纳了我。他一边烧水，一边听我吹笛子，并直率地纠正说“方法不对，要从头来……”这样，先生从此就成为我的恩师，他像父亲一样引导我，教育我做人，教授我笛艺，既是我人生的领路人，也是我的良师诤友。就在那个年代里，在赵老师严格的要求和他温和笑容的陪伴下，我慢慢地成长了起来。

先生的文学修养与科技知识相当渊博，他在教授我吹笛子的进程中，同时向我教授很多做人的道理和科技知识，如春雨“润物细无声”，让我耳濡目染，潜移默化。可以说，老师对我循循善诱的教导和煞费心机的培养，都体现了父母之心和严师之情。先生给我最深刻的影响是他十分注重基本功扎实和艺德培养。在日复一日手把手的教学中，他常以深入浅出的手法和生动形象的比喻，给我传授艺德、艺技之道，如醍醐灌顶，使我豁然开朗。尤其是他那幽默风趣的说话情态和一些引人入胜的小故事，许多内容和情景至今还令我记忆犹新，一直给了我无限前进的动力和信心。现在我之所以还每天坚持苦练基本功，坚持谦让和谐，主要动力就来自先生这些教导。

自那以后，我今生便踏上了与笛子相依相伴的道路。当时赵老师所在的浙江歌舞团在杭州，而我所在的浙江皮影剧团则在海宁，相距百十里，交通也不便，我尽管常于两地之间奔波，但是只要一想到赵老师的教诲便忘了饥饿和劳累，并从中更加坚定了我的人生目标和理想。1973 年，在赵老师的推荐下，我进入了浙江歌舞团。从此开始，他还有意识地教我作曲，当时我并不特别想学，但是随着时间的推移和工作的需求，我越来越感觉到赵老师的那种远见卓识，几十年早知道的品格。之后每当我提笔想用音符记录下自己情怀的时候，总能听到耳旁传来赵老师的鼓励和指导之声；每当我站在舞台上演奏自己创作的曲子，总能感觉到我的恩师就在亲切地注视着我，那鼓励和信任的目光，给了我无限的勇气和力量。往事如烟，却总能在我的眼前轻轻地映现先生饱含儒雅气节的微笑，如秋雾般缓缓聚拢在身体周围，又淡淡地化开至我生活的细微处，香远益清，永不弥散……

我还清楚记得，1976 年全国要举办独唱独奏调演，当时可以作为选手对象的我和詹永明师弟都是赵老师的弟子，但只能取其一。按演奏水平，詹永明师弟确实比我吹得好，我自知基本功尚有欠缺，但因为他比我小七岁，赵老师说：“年轻人以后还会有很多机会。”最后赵老师向文化局领导建议让我去北京参加比赛，把机会让给了我。在赵老师的帮助指导下，我带着自己创作的《水乡船歌》到北京参加了比赛……我们的努力得到了收获。那年代，笛子各种风格之间的交流闭塞，甚至相互对立。我的曲子并不高难，但演奏之后，被认为这是一个既有曲笛的委婉抒情，又有梆笛的高亢粗犷；既不失南方的柔美，又糅合了北方的刚劲的曲子。于是，在百舸争流的笛艺海洋中竖起了自己的一面风帆——自《水乡船歌》起，确立了我自己的水乡风格。后来许多人只知我的笛子是“水里来，水里去，水里生，水里长”，却不知这些正是我听了赵老师的指导，跟紧了赵老师的脚步，一步步踏进了水乡，这些都是赵老师的功德！如若没有赵老师，《水乡船歌》何来？我蒋国基又何来？每每回想，心中的感激之情，难以言表……

我敬我的老师，爱我的老师，更是因为他在我人生布满荆棘的那段道路上，一如既往地信任着我，含辛茹苦地拯救我。

1990 年，我任浙江民乐团团长率团到法国商演时，有人因未被列入出国名单萌生怨恨而诬告，我以“销赃罪”被拘。赵老师听到消息后，甚为惊奇，并一直为我着急燃眉，多方呼吁，四处奔走。那段时间里，年届花甲，家住靠城边“花园北村”的赵老师，五次骑自行车到文化厅作证“蒋国基不是那样的人!”月余之后,真相大白,赵老师卸下了沉重的包袱,为我道喜庆贺,自己却如大病初愈,瘦了一圈。从此,赵老师对我的关爱在我心底牢牢地扎下了深根,我无法忘记先生的知己之情,患难之恩!先生为我流下的汗水、泪水,渐渐在我心里汇成了一条涓涓的细流,无时无刻不滋养着我,激励着我……恩师之情,苍天可鉴!

赵老师病重期间,曾抵着我的肩头对我说:“我现在对你最放心……”我至今仍记得先生紧握着我的手心内渐渐传流给我的体温,一直流到我身体的每一条血管里,我铭记着赵老师的牵挂和嘱托——做人要学会忍让,师兄弟间要团结……

先生已然仙逝而去十载,淡淡地我却回想了三千六百多天。他的音容笑貌依然不时在我的眼前浮现,我和先生之间的点点滴滴,从不曾因时光而褪色分毫,反而越发清晰与深刻。我唯有默默地牢记,在我的一生中,将永远地用我生命的全部,恪守先生的教导:“认认真真吹笛,老老实实做人。”我的老师,严师慈父,赵松庭先生,您是我心中坚定的信仰!你对我的恩情,山高海深,终生难忘;你的形象永远铭刻在我的心里!

2011年5月3日于杭州

师尊教诲铭刻心

张维良

正值赵松庭先生逝世十周年之际,想起童年时代在老家看到一本笛子教材《赵松庭的笛子》,从那时我就仰慕赵先生,渴望早日能见到赵先生。三十八年前一个炎热的夏天,那时候我还是一个毛孩子,经弹词名家王柏荫先生的介绍引见,我见到了赵松庭先生。当时的一刹那让我惊呆了,怎么赵先生在浙江歌舞团传达室工作呢?还得兼锅炉房的烧水任务。在我心目中,赵先生是一个神奇的笛子演奏家,是他的技艺与博学深深打动了我。而我也从那时开始真正意义上随赵先生学习笛子演奏技术。

十年前的一天我曾专程赶到杭州来看望病重中的赵先生,后来我回到北京的第二天就去了法国,第三天就接到电话说赵先生去世了。时光流逝,十年过去了,赵先生离开我们虽然说是十年了,但感觉就像昨天,好像他依然还在我们身边。我记得三十八年前浙江杭州的枪杆巷172号,也就是刚才沈老师所说的阁楼上我去拜见赵先生,他亲切、热情、耐心地接待我,并且让我在他家住。因为我要坐船,坐十二个小时,从苏州到杭州,他说很辛苦……这些,至今我仍然记忆犹新。我在大学当老师三十余年,现在也在做艺术研究,下个月即将完成四十万字的文字,这也多亏赵老师当时给我一点一点打下的基础。现在我觉得赵先生不止是个国乐家,他是20世纪继刘天华之后伟大的国学家、国乐家、教育家、演奏家,也是20世纪中国音乐发展的先驱。中国器乐,像笛子,说起来历史至少有九千年了,但是笛子真正走向舞台独奏才六十多年,以前都是作为伴奏、齐奏、领奏的一种乐器。所以说,20世纪才将笛子真正搬上舞台独奏,确立笛子这种地位的是他们那一代的人。他那时候给我们上课就说,学艺术的,文、史、哲、理多种学科都要懂。今天看来,赵先生真是高瞻远瞩,这些对我们提出的要求是很有道理的。今天的艺术教学仍然是这样,光顾着器乐范畴的这个专业背景,这样的文化层面是不够的,会比较肤浅,所以我要把赵先生叫做国学家。他博学多才,见多识广。他不但敬业，而且自己一生活到老，学到老，严于律己，宽以待人。当他病危时，我到浙江第一人民医院去看望他，什么东西都没带去，我就一个信封，里面有些钱，祝赵先生早日康复。我在病房拉开他床头柜抽屉放钱的时候，看到《唐诗三百首》还在那里，我就很有感触，真是好学啊！他自己病情十分严重，好几天没有吃东西，但是他心中还记着我。当时卢老师在，他就问："卢竹音，你晚饭有没有安排好啦？你带维良吃饭去！"实在让人感动至极。

他是一个伟大的教育家，也是一个中国器乐改革的先驱。他不断探索着我们的竹笛艺术，十分注重竹笛乐器怎样去进一步改革，能适合演奏需要。他用排笛的模式，使得音域拉宽，表现力丰富，音响效果得到很大改善。所以到今天为止，用排笛的笛子独奏曲《采茶忙》，还是我教学中的曲目。我一吹到这些曲子就觉得非常亲切，就感觉到那个时代气息。而今天的很多音乐，就是缺乏时代感，缺乏人文精神。回想赵先生的每一部作品，乡土气息浓厚，群众感情深郁，大都来源于我们浙江的文化，这是特殊的，与任何一个笛派都不同的。从创作来说，中国器乐百分之九十五以上的音乐题材来源于戏曲，赵先生就是运用戏曲音乐创作器乐音乐的榜样。希望今天这个活动能把赵先生的学问、学术做一个很好的总结，让我们后人再继续发扬光大。

我觉得，我们怎样把赵先生在教学上、观念上、理念上的东西总结起来？光靠我们吹笛子的人来总结是不够的，要有一些音乐史学家，甚至从哲学和美学这一块来归纳，因为他的《笛艺春秋》，小小的一本册子，里面基本上代表了赵先生的思想，从中可以看到一些赵先生治学上的脉络，一些观念，但不能够包括全部。我们现在发展比较吃力，我觉得就是缺乏规范的理论基础和教材建设，所以应该要动用更多的力量。因为赵先生生不逢时，前期一直在搞活动，例如像浙江赵先生的竹笛研究会，这样一个平台是需要的，但更需要的是有更多的思想，更多的归纳，更多理论建树，才可以将赵先生的学术、演奏、教学总结出来。赵先生的时代，论作品，就那么几部，活动也就活跃了那么些年，他大部分时间是关在"牛棚"里头。但是他教的学生质量很高，今天在全国吹得不错、吹得能够上点品的，百分之九十九都是他的学生。这是什么原因？那么今天按照教育的环境、教学的条件更好了，那么那时候人才辈出是什么原因？我觉得不是那么简单的能够靠几个字几句话，靠我们几个吹笛子的来做的事。所以要站在更高的角度上，才能够再往后发展，延续赵先生的精神和他的思想、学术。最后，我既代表中国民族管弦乐学会竹笛专业委员会，也代表中国音乐学院表态，我们如果以浙江为舞台，以后我们这边可以提供一些资金，我想大家群策群力，有效地、有序地、阶段性地展开一些活动，做一些实事。谢谢大家！

（一）

孩提从师忆当年，
苏杭往返依门墙。
太湖春晓惊南国，
枫桥晨钟响四方。
曲调翻新多改革，
中西合用创新腔，
试看今朝捧杯客，
高山仰止忆笛王。

（二）

忆师言传身教情，
富裕贫困似同仁。
授艺传技精益精，
德艺光辉耀星辰。
师尊教诲铭刻心。
兢兢业业传后人。
愿见桃李竞争艳，
回报教师海样恩。

鸸鸪西行去　幽兰春常在

——忆恩师赵松庭的一生

詹永明

2001年初春，我获悉老师病重住院，急忙赶赴杭州前去探望。师徒相逢，悲喜交集，热泪满面。此时此情，真是难以用语言表达。3月9日我刚返回狮城数天，传来了噩讯！这位为华族音乐事业做出伟大贡献的20世纪杰出音乐大师、著名笛子艺术家、教育家、理论家赵松庭先生与世长辞了！顿时使我沉浸在极度悲哀之中。

两年多来，恩师赵松庭虽然离开了我们，但他那种为人师表、言传身教、严谨治学、教书育人的道德风范，犹如兰花一样春常在我的心间，激动和鞭策着我为笛子艺术拼搏与奋进！

今天，新加坡华乐团、新加坡华乐协会、新加坡笛子学会联合举办笛子大师赵松庭先生音乐展，实现我们全体学生为举办恩师赵松庭纪念活动的夙愿。本人作为学生，缅怀之情自不待言，撰写此文追思老师的一生，以表达对恩师的怀念与崇敬。

“兰花”扎根于民间土壤

赵松庭先生出生于浙江东阳县一个书香门第，九岁开始吹笛，十四岁登台献艺。年轻时，他不顾社会的偏见和封建家庭压力，常常跟随家乡的民间乐手们学艺，从民间音乐的丰腴土壤上吸取了充足的养分。家乡地方戏曲的《三五七》《二凡》《小桃红》等婺剧曲牌，给他形成艺术风格和取得的艺术成就打下了坚实的基础。

赵松庭先生年轻时代做过小学、中学、师范学校的音乐老师，并立志献身于音乐事业。可是，当法官的父亲却强迫他学习法律。然而他的心一直系在笛子上，十七岁那年，拜昆曲艺人叶小苟为师，向他学吹昆曲。优雅的昆曲曲调使他着了迷，他一面吹，一面唱，直到今日，他还能背唱几十部折子戏的唱腔。

赵松庭先生虽然没有进入艺术学校学习，但他的音乐基础知识，都是在师范学院求得的。笛子是他的亲密伴侣，每年的暑、寒假期，他就参加昆曲“台下班”到处去游唱，整个青年时代的艺术实践，使他学到艺术院校无法学到的知识。在民间音乐和传统戏曲的养分里，在笛子演奏技巧上，使他熟悉了戏曲乱弹和高腔的热闹、粗犷、活泼、华丽的表现手法。他逐渐掌握了昆曲的典雅、秀丽，以声带情的音乐风格以及技巧上的八字诀：抑、扬、顿、挫、颤、叠、赠、打。为形成浙江笛子的演奏风格奠定了基础。

1949年，他冲破了封建家庭的樊笼，跳出了法律学院高墙，带着一根竹笛参加了文工团，从此，他的艺术才智得到了充分发挥。

浙江风格的开山鼻祖

50年代初期，赵松庭先生已蜚声乐坛。他突破了笛子的传统技法，敢于创新，形成了自己独树一帜的演奏风格。

中国竹笛历史源远流长，直到20世纪50年代，才从伴奏地位登上了独奏舞台。纵观笛子流派，北派刚劲明亮，以冯子存、刘管乐为代表；南派典雅秀丽，以赵松庭、陆春龄为代表。赵松庭是南北派大师中杰出的一位，他集理论、创作、演奏、教学于一身，立足南派，取北派之长，兼收并蓄，融会贯通，形成了"柔中有刚，刚柔并济"，具有浓郁乡土气息的浙江风格，创造性地发明了循环换气、气息控制等新技法，丰富了笛子的表现力，使古老的民族乐器更适应表现现代人民思想情感。

赵松庭先生创作的作品有十余首。代表作有《早晨》《三五七》《二凡》《采茶忙》《婺江风光》《幽兰逢春》等，大都取材于浙江民间乐曲及戏曲曲牌，乡土气息十分浓厚，艺术性、技巧性都达到极高水平。他在1954年创作的《早晨》经演不衰，深受音乐爱好者和同行的喜爱，是一首脍炙人口的佳作。乐曲以昆曲曲牌《点绛唇》为素材，全曲共分三段，大胆将南北派演奏技法相合，标新立异，写意、写景，运用笛子演奏技法描绘出旭日东升、晨曦四射、百鸟争鸣的早晨意境。1956年在"全国音乐周"演出后震惊乐坛。翌年，在莫斯科举行的世界青年联欢节上，《早晨》一曲又博得了国际友人的赞赏。听他演奏这些乐曲，或刚如秋空鹤唳，或柔和熏风拂抑，或粗放如林喧闹，或细腻如浅流涓涓。运用自如，游刃有余，充分体现了他的独特艺术风格。

艰难困苦　玉汝于成

一般人只知道赵松庭先生是位笛子演奏家，不知道他在笛子的科研与改革方面还有着出色的成绩。中国竹笛的"音准"是个至今尚未完全解决的难题。这是因为中国竹笛与西洋长笛(flute)不同。西洋长笛由金属加工制成，规格、口径、厚薄统一；中国笛子则是天然竹管制成，规格不可能完全统一，开音孔的尺寸是掌握笛子音准的关键。赵松庭先生在60年代初就有志于解决此难题，悉心研究十余年。他根据音律以及声学原理认为，不同条件的笛子振动频率各异。要制造出音律较好的笛子，首先必须求出在各个不同条件下频率振动的不同数据，然后计算出开孔位置。为了这些数据，他花去十年左右时间，记六七本笔记，试制了近两千根竹笛，撰写出《横笛的频率计算与应用》《温度与乐器音准问题》两篇论文，为笛子的科研与改革填补了空白，先后研制了排笛、低音大笛、弯管笛、雁飞篪等乐器。

人们为赵松庭先生在笛子演奏艺术和科研与改革方面取得的成就而感到高兴。但有谁会想到他在艺术生涯上所碰到的艰难遭遇？1957年被错划"右派"送到农村去劳改，每天虽有长达十二小时的劳动，但他始终没有离开亲密的伴侣——笛子，他坚持基本训练，并创作了《婺江风光》。1962年回到了浙江歌舞团工作，1964年参加"上海之春"音乐会，创造性地用排笛演奏《婺江风光》《采忙》，受到听众的欢迎，并录制唱片出版。音乐评论家李凌先生曾在《文汇报》上以《吹情》为题，给予高度的评价。1966年"文化大革命"，又剥夺了他吹笛子的权利，但他却利用这段时间来进行笛子的科研工作。他每天挨批斗后回到"牛棚"里，设法避开"牛倌"的监视，桌上摆着"我的罪行交代"作为掩护，却在那半开的抽屉下，暗暗进行着笛子频率数据的演算。他那填得满满的六七本数据，大半是在这样的环境中求得的，而他两篇论文是在剧院里边拉大幕边写成的。当时，他为了培养学生，晚上在传达室看门或在锅炉房烧开水休息之际，为我们几个学生上课。

"艰难困苦，玉汝于成"。赵松庭先生几十年来和笛子结下了不解之缘。多年来，恶劣的环境更加砥砺了他的意志，艰苦的条件更加锤炼了他的性格，他的思想更加深邃，感情更加深忱，艺术日臻完美。

1976年10月，笼罩中国大地的漫天乌云终于驱散了，他的笛艺生涯也重新得到生晖。组织把他调入浙江艺术学院任教，他整理了《中国竹笛教学讲义》，并撰写了《中国竹笛教学方法》的论文。1979 年，他以《幽兰逢春》的新作倾诉了自己衷肠。典雅的慢板，低回而婉转，犹如作者在向人们诉说着自己的坎坷一生。春天来临，这朵为音乐事业奋斗终生的"兰花"又逢春了！

几十年来，他先后在中国音乐学院、上海音乐学院、西安音乐学院、台湾文化大学、杭州大学任客座教授，为海内外培养和造就了一大批优秀的人才，并在世界各地演出讲学。1987 年被评为中国国家一级演奏员，并担任中国民族管弦乐学会副会长、浙江民族管弦乐学会会长、浙江音乐家协会主席、浙江艺术学校名誉校长、中国文化部科技组成员，为笛子艺术事业的发展鞠躬尽瘁。1982 年 9 月，恩师赵松庭登上泰山玉皇顶所作的一首五言律诗"志在玉皇顶，白头攀紫岑；豪情随蹬涌，悲思逐云生。历尽崎岖路，求来坦荡心；苍松万千树，无语却知音。"这是他对人生的最好写照。

"鹧鸪西行去，幽兰春常在。"恩师赵松庭为人类留下的宝贵艺术财富和开创的浙江笛子艺术将会代代相传下去。最后我引用恩师赵松庭 2001 年 3 月对自己一生总结的四句五言律诗来结束全文：

吹破一支笛，　　读破万卷书。
行程十万里，　　下完千盘棋。

我向赵老师学习《幽兰逢春》

王次恒

我第一次听赵松庭老师演奏笛曲《幽兰逢春》是在 20 世纪 70 年代末，他的演奏深深感染了我，同时我也深深地爱上了这部高雅而幽香的作品。

此后不久，我通过杭州第六中学的音乐老师杜年航女士的介绍，认识了赵老师。当天我向赵老师借了一份最原始的《幽兰逢春》乐谱，回家后一口气就把它抄完，至今保存完好。在那个年代演奏此曲的人不多，赵老师也不常教学生此曲，总觉得年轻人缺乏阅历，较难理解乐曲的内涵。而我当时感觉学习此曲很容易入情，也许与我的人生经历有关吧。

1980 年，我报考中央音乐学院与上海音乐学院均演奏了此曲，给评委老师留下了深刻的印象，取得了较好的成绩，同时被两院录取，最终我选择了北京的中央音乐学院。在中央音乐学院学习时，我也没有放弃对此曲的练习，反而更加深入地揣摩其内在元素，有演出活动就会选它上台演奏。1984 年我毕业后考入中央民族乐团，演出活动频繁，《幽兰逢春》是我演奏的首选曲目。在 1985 年初的一场音乐会中我演奏了此曲，被在场的中央人民广播电台采录组的老师看中，不久在中央人民广播电台录制了我的第一版《幽兰逢春》，由阎惠昌先生指挥。当时的传媒还是广播电台为主，播出范围较广，很快在全国各地传开，听众纷纷来信要谱子。当时在杭州的赵松庭老师也在收音机里听到了录音，感到很高兴。同年暑假我回杭州探亲，去他家时谈及了此事，也谈到乐曲处理有几处不同的地方，如"引子"开始的第一个音，我觉得我的处理，瞬间就能把自我及听众带进音乐的意境中，他听后连连点头说："有思想好。"

回顾三十几年来对《幽兰逢春》的学习和演奏，我认识到“悲欢之情，在于人心，非曲乐也”。音乐内涵是千锤百炼后的人生感悟。

怀念恩师　不忘教诲

———我与赵松庭老师的师生情

王建元

今年是我的恩师“江南笛王”赵松庭先生逝世十周年，我作为他的弟子，虽然后来因为种种原因没有从事笛子艺术工作，可是先生对我的教诲影响至深。我时常回想起跟先生在一起的那些难忘岁月和往事，在这些点点滴滴的回忆中，我深深感受到我们之间情同父子的浓浓真情。

笛子结缘：我认识先生正值他人生事业的低谷时期。由于当时的极“左”政治环境，赵老师曾一度被剥夺了演出资格，只能在浙江省歌舞团打打杂。从小喜爱摆弄笛子的我，早在上小学二年级时就听说了赵松庭的大名，心里非常仰慕先生的才华并希望能有机会拜师。直到1974年进入中学时期，我才终于有缘正式拜先生为师。从此，我和赵老师便结下了不解的笛子情缘。

赵老师虽人生坎坷，但丝毫没有影响他对工作和事业的热情。他除了上班，将其余的大部分时间都用于教学。那时我只要一放学，就直奔老师家，有时我还主动烧好饭菜等老师下班一起吃饭。当时老师住在一处老房子的阁楼里，阁楼分隔成一间小卧室和一间专门做竹笛的小工具间，我平时主要在工具间里练习吹笛子。老师经常是一边喝着酒，一边跟我讲关于笛子的种种知识。兴致所至时，先生面孔会泛出激动的红光，滔滔不绝，手也挥舞起来。先生不光教我吹笛子，还手把手地教我如何制作笛子，从选竹→烘竹→撬竹→修孔→校音→上漆→缠线→镶骨等等，每一道工序都一丝不苟。我清晰地记得老师弯着腰像一个老木匠似的拿着钻子小心翼翼钻竹孔的样子。老师对笛子的痴迷非常人可比，记得我第一次到老师家的时候，就被老师屋里一把扫帚给吸引住。那把扫帚的柄是用笛子做的，老师见我很诧异，就半开玩笑地告诉我“扫地时也可以练习手指哦”。老师那简陋的阁楼里，见到最多的除了笛子还是笛子。老师花费了近十年时间，研究笛子开孔间距及大小。他制作的笛子，成了我们学生最爱的“抢手货”，常常是一笛难求。我高中毕业下乡，每次从农村回城的时候，我总是为老师带去上好的竹子。如今每当我抚摩先生亲手打磨的竹笛，笛身仿佛仍留有先生的体温，而从笛孔中流淌出的音符，更寄托了对先生无尽的思念……

记得赵老师在浙江歌舞团打杂的日子里，我经常在剧场陪着老师。他对工作总是兢兢业业，认真负责。在后台为演员烧热水，拉大幕，搬道具，把这些活都做妥当后，他就带我坐在观众席的最后一排，点上一支烟，静静地跟我聊笛子、音乐、表演、为人处世……也就是在那段最令人难忘的日子里，老师不但教会了我很多技能，他对人生的态度更深深地感染了我。老师屈居人下，却仍然认真对待生活。当时烧开水都用煤饼，老师琢磨出烧煤饼的节约窍门，他自豪地跟我说：“我琢磨出的烧煤饼方法，一天可少用一块半至两块的煤饼，一个月我们就能少用几十块煤饼，一年下来，就能为团里节约很多了，呵呵。”说完，很开心地笑了。老师在谈到拉大幕时告诉我：“你别小看拉大幕这个工作，这个也是有讲究和学问的，不是简单机械地把大幕拉开合拢，而是根据每场演出不同的音乐风格和节奏，掌握好大幕的节奏，时紧时缓，把拉大幕融入节目中，成为节目的一部分。”老师在困境中顽强追求、自强不息、乐观豁达的精神，成为我一生的向往并为之努力追随的境界。

严师慈父：赵老师治学非常严谨。他要求我们吹奏练习曲时要慢练，不能急于求成，要严格按照乐曲的要求来练习；在吹奏曲子时，更要求我们先了解其寓意和相关背景。我在杭州钢铁厂工作时，金华婺剧团来厂演出，老师带着我的师兄弟们，骑车十多里路赶来，边看边跟我们说，《三五七》的旋律吸取了婺剧的曲调，描绘出浙东百姓勤奋而又机敏，淳朴而又不失情趣的风土民俗，所以吹奏这首曲子时，情绪要粗犷奔放，体现出它特有的韵味，在笛子技术上要做到强而不躁、弱而不虚。赵老师博学的知识和深邃的思想滋润着每个学子的心灵。上课中我印象最深的就是老师对音准问题的苛求，即使你吹得再好，一旦发现有一处音不准，他会严厉指出并让你先吹准音后再吹奏全曲。当我登台演出时，赵老师再忙都会抽时间赶到现场观看我的演出，尤其是我在省电视台演出录制节目时，老师对我更是严厉要求和悉心指导，每次演奏结束后对我进行点评和指正，使我的演奏水平很快得到提高。

赵老师一丝不苟的作风无处不在。我有幸陪赵老师外出讲学的那段时期，常充当老师的临时小助手。我提着那时还很稀有的录音机，负责在老师讲学过程中配合其讲课进度和内容，适时地、精准地播放出老师事先录制好的相关曲目，事前他都要求我一遍遍演练操作，不允许出现半点差错。我去农村插队期间，赵老师经常写信给我，鼓励我，不断提醒我不要因为环境改变就疏于对笛艺的学习，“持之以恒”是当时老师信中每次都对我提出的要求。老师的关心和督促，使我不敢懈怠，几乎每日凌晨五点，风雨无阻到山坡上坚持练习吹笛，山村的老乡和知青战友，都佩服我的毅力，但我深知这一切都是在赵老师身边养成的。

生活中的赵老师更像个慈祥的父亲。有时他回东阳老家看望家人，回来时，总是挑着满担冻米糕、冻米糖、米粉干、金华火腿、花生等这些土特产，招呼我们学生去吃。他躬身挑担的身影，他那洋溢着童心的面孔，还有跟我一起去公安、部队大院看苏联电影及内部片时开心快乐的神态，都深深地刻在了我的脑海里让我时常想起。

那时老师身边的学生很多，我们一帮学生经常跟赵老师吃住在一起，他对我尤其偏爱，像对待自己儿子似的。我呢，乐颠颠地充当老师的小跑腿和联络员、接待员，隔三岔五地去火车站、汽车站接那些慕名前来拜老师学艺的外地学生，协助老师安排他们的食宿。对家境不好的那些学生，老师不光不收学费，还经常倒贴钱并想办法为学生解决各种生活困难。那时我们就像一个其乐融融的大家庭，老师的小阁楼里充满了亲情的温馨。当学生们考入音乐学院、部队文工团、外省专业剧团后，赵老师仍旧不断给这些学生写信，寄东西，改曲子，始终牵挂着他们。老师从不为自己的事情麻烦学生，倒是为了其他那些去国外和中国台北、香港等地演出而途经深圳，或者因考入香港中乐团需常住深圳的一些学生而特地打电话给当时在深圳经商的我，嘱咐我要尽地主之谊给这些师弟们一些关照，这些细微之处无不体现出老师深深的“爱生如子之情”。

因为工作原因，我常驻深圳，但只要一回杭州我都会抽时间去看望赵老师。记得我最后一次去看望赵老师，那天他看到我非常开心，一直兴趣盎然地向我讲述和展示他近期的研究成果和筹划中的众多计划。当时老师告诉我他还有三个愿望：一个就是能在有生之年去一趟美国，看看美国的风土人情以及他的两个女儿；另一个就是希望有机会举办一场师生音乐会；还有一个愿望就是想出本书。那天老师跟我谈了很多很久，一再挽留不让我走，最后还不顾年迈体弱的身体坚持送我下楼。时隔多年，那天老师的音容笑貌，老师的清瘦身影，依然是那么清晰地浮现在我眼前，仿佛就在昨天。

恍惚中，我又仿佛看到老师他依然还和我们挤在那个狭小的阁楼里，我们围着老师问东问西……

赵老师笛艺生涯几十载，集演奏、创作、科研、著述、发明、理论教育于一身，他的教学成就和艺术造诣的高度，至今尚未有人超越。赵老师首创了“循环换气法”；糅合了秀美典雅的南派笛艺和粗犷刚劲的北派笛艺而形成特有的“浙派”；创制了弯管笛、排笛、雁飞篪等；著有《横笛的频率计算与应用》《温度与乐器音准问题》等多篇论文，当年我手抄了赵老师那本厚厚的写着密密麻麻的笛子计算数据及研究结果的资料。我深深地记得老师创作《幽兰逢春》的情景。打倒“四人帮”，结束了“文革”，赵老师终于走出逆境，他告诉我他要创作一支曲子来抒发他的激动心情。尔后的很多日子，我发现老师经常陷入沉思，于是有一天我忍不住问：“赵老师，你要创作的那首曲子怎样了？”老师指指他的脑袋说：“它已经在我的脑子里了，明天我就把它写出来。”第二天赵老师一气谱出了这只名曲的前奏和慢板部分，老师开始吹奏起来，低沉、幽缓的旋律，一下子震住了我，那一刻我就知道，一曲反映老师一生艰辛后重获新生的佳作诞生了。《幽兰逢春》是赵老师的心血之作，老师，您就像黎明前的幽兰，您在漫长的黑夜始终吐露着幽香，您终于等到了黎明那一刻。但您已不再年轻，您最好的年华已然失去……从音乐旋律中，我感受到了您深沉的痛和喜极的泣。《幽兰逢春》一直是老师重新登台表演的保留节目，我至今还清楚地记得当老师重返舞台第一次演奏此曲时身心合一的激动情景。当老师吹完最后一个音符的时候，我隐约看到老师眼角闪烁的泪花……只有老师才能真正把它演奏得如此让人震撼和感动，也只有老师才能最深刻地诠释它的意境。我们即便能流畅地吹奏这个曲目，也难以真正地把握它的精髓。

老师这一生最欣慰和骄傲的是他培养了众多优秀弟子。每当学生取得成绩时，就是他最开心的时刻。中央音乐学院、中国音乐学院、上海音乐学院等等高等音乐学府中，都有老师的学生在教授和研究笛艺；国家级的民族乐团、部队文工团、省级专业剧团中他的学生都成为顶梁柱；老师的学生们把笛声传遍世界各地……正如一位文艺评论家所说：“在全国各地和华人圈内，凡笛子吹得最好的，大多数是赵松庭的学生。”那些当时跟我一起学艺的师兄弟们，后来都成为当今国内杰出的笛子艺术家。如今，笛子事业后继有人，老师，您一定倍感欣慰吧。

遗憾之事：赵老师走的时候我没能陪在老师身边，一想到此事，我的心就非常难受。记得老师走的头两天，我在深圳突然接到师弟戴亚的电话，他告诉我说赵老师已病危，我当时就懵住了，赶紧安排手上的要紧事情，买了机票。可万没想到我还在赶往深圳机场的路上，接到了师弟戴亚的又一个电话：“赵老师凌晨离开了我们。”听到这个噩耗，我傻了，立即给我姐姐去电话，刚通电话我就忍不住哽咽起来……下飞机后匆匆赶到灵堂扑倒在老师灵前，说不出的悲痛和愧疚，直到师兄弟们把我拖起来。回到家里，我实在扛不住号啕大哭起来，长这么大这是我哭得最狠、心里最痛的一次。我深深地自责：虽然曾多次邀请过赵老师来深圳，但最终老师没有成行；因为工作繁忙，没有多给老师一些关心和帮助。特别是老师的晚年，他将大部分精力都放在了竹笛的制作和研究上，我一直想帮赵老师筹建一所竹笛研究中心，以实现赵老师的心愿，可如今这一切都成了我的终生遗憾。现在，当老师离去后才深知，人世间最值得珍惜的，莫过于与恩师的真挚情谊。

“学高为师，身正为范”，这是赵松庭老师一生的真实写照。老师，您是我永远的严师慈父，我永远不会忘记我们之间的这段浓浓师生情。

敬爱的赵老师，我深深地永远怀念您！

2011年3月

深切缅怀恩师

——写于赵松庭大师逝世两周年

戴亚

恩师赵松庭离我们而去已经整整两年了！在这两年里，我不曾为恩师写下一个字，因为我不愿也不敢相信他真的离我而去了。那个从我九岁起便悉心教导我的、慈爱的如同父亲一般的人，竟被死神当着我的面生生夺走了，而且走得那样匆忙、那样急促、那样无法挽留。

2001 年 2 月末，得知赵老师病重入院的消息，我和妻子立刻放下工作，不顾一切地从北京赶往杭州，在他的病榻前整整照料了十天。这期间，我们每天都在祈祷，希望奇迹可以出现，希望能把恩师从死神的手中抢回来。万万没有想到，这十天竟成了我们师生最后的诀别！我一下子蒙了，想起近三十年的师生情，想到与最敬重的恩师从此阴阳两隔，不由得心如刀绞。念天地悠悠，再无处觅斯人踪影；叹人海茫茫，叫何处访恩师仙音！

痛失恩师的悲伤令我很长时间难以自拔，好几次睡梦中，我都梦到恩师给我上课，醒来时枕巾都被泪水浸湿了。我自幼是个内向而又倔强的孩子，即使受到父亲的责罚也绝不流泪，可是，在恩师的遗体前，我第一次失声痛哭，父母安慰我说："赵老师走了，不要太伤心了，要继承他的事业才最重要。"记得我爷爷去世时我都没哭，父母一直以为我是个天生不会哭的孩子。

在近三十年跟随赵老师学艺的过程中，我深切体会到恩师不仅艺高，人格更高。可以说他是我人生的楷模，是我永远学不完的一部百科全书。这短短的篇幅，记载的只不过是冰山一角、沧海一粟罢了，用以聊寄对恩师的思念之情。

早在 50 年代，赵松庭老师的笛艺已名扬海内外。随着一曲悠扬的《和平鸽》从北京传遍中国，继而飞向世界——赵老师跟随中国代表团，使民乐在世界青年联欢节上大放光彩。可是没过多久，莫须有的罪名却让这位艺术家"靠边站"，让这位竹笛大师拉幕、看门、烧水！而对如此大的反差、如此沉重的打击，他没有选择沉沦，而是面对现实，兢兢业业地工作。1974 年的暑假，我去杭州向他学习，恰逢浙江歌舞团在胜利剧院演出。赵老师带我一起去看演出。热闹的舞蹈、嘹亮的歌声、各种器乐表演……一个个精彩的节目使我这个乡下孩子大开眼界，我兴奋极了！可是，我最急切盼望和等待的仍是赵老师的笛声。然而令我大失所望的是，我从台侧看到的只是他一次又一次地拉幕、闭幕……我跑到后台对他说："您太累了，让我来做吧。"赵老师说："不行，拉幕大有学问呢。你看，幕布要随着音乐徐徐拉开，还要配合灯光，有快慢，有节奏，这也是一种艺术。"在他的话语中竟没有一丝被剥夺演奏权的悲伤，从内心流淌出的依然是对艺术的钟爱。

在传达室当差时，他兼烧开水，小小的煤球炉总是烧得旺旺的，热水从未断过。他就这样，用自己的辛劳不断给大家送去点点滴滴的关爱。

周恩来总理得知他的这一遭遇，鼓励他在笛艺教育方面做出贡献。赵老师再次不负众望，认真编写笛子教程。他编几首我就吹几首，可以说我是他的教程第一个习练者。他还经常教我如何作曲,如何将传统的“起、承、转、合”结构在旋律中加以运用。

他一生中教过许多学生,可谓“桃李满天下”。他的门生一个个都是笛坛的优秀演奏家,而赵老师独特的教授方法也成为笛界一朵永远盛开的奇葩!赵老师对学生从不求回报,对家境贫寒的学生还尽可能地提供吃、住等帮助。不仅仅对学生如此,他对朋友也从来都是鼎力相助。赵老师去世后,有不少得到过他帮助的朋友、笛商都跪在他的遗体前失声痛哭,而赵老师生前却从未向他们取过分文。他就是这样一个永远耕耘、奉献、付出,不问收获的人。即使是在他病危期间,他依然用语言、用眼神,关心、鼓励着每一位前来探望他的友人、学生。

长期以来,我老觉得他是一个难解之谜。有时我常常自问:他为什么在落难中那样理智、镇静?为什么受了那么多苦仍不改对民乐的忠贞?这些谜团直到我开个人音乐会,直到我读他的研究生时才慢慢解开。

1991年,我在北京首次举办个人音乐会,在节目单的个人简历中曾写到“从九岁起跟随笛子大师赵松庭先生习艺”,他看后对我说:“不要用大师誉我,就写笛子演奏家、教育家好了。”我尊重他的意见,在正式定稿时作了修改。其实,作为笛坛的一代宗师,“大师”对他并不过誉。他对中国民间音乐的研究之深之广又何止限于竹笛!他不仅会多种乐器的演奏,更对婺剧、昆曲、浙江民间的乐曲做过广泛的采集和研究。《早晨》《三五七》《采茶忙》《婺江风光》等等,无不是他从地方戏曲和民间音乐中提炼加工成的精品!而《幽兰逢春》则是他1976年平反后的一曲内心讴歌。他自比幽兰,在历尽坎坷艰辛之后,终于在春光的沐浴中吐芳斗艳!此外,赵老师还精通哲学、历史、文学、美学,并对《易经》有深入的研究。

我终于懂了,他的精湛笛艺来源于他高洁的品格,而他伟大的人格,则来源于深邃而古老的五千年文化,来源于中华民族深层的沃土!他的品格如同苍天古树,根深叶茂,任凭风霜雨雪的敲打,依然挺拔傲立!寂寞时他潜心探索,风光时他不为名利所惑。

恩师对我的要求从来都是严格的,他关心我的点滴进步,但从不当面夸奖我,其良苦用心在于使我不断向上而不止步。然而,酷爱音乐又不故步自封的恩师,当见到我在中西合作演奏方面的尝试获得成功时,他又是多么的喜悦啊!

恩师,您安息吧,学生会沿着您所开辟的道路继续向前!

恩师的“雁飞篪”

杜如松

恩师离去已有两年多了,如今,每每拿起笛子时,他那慈祥和蔼的音容笑貌总是历历在目。

记得2001年3月8日那晚,当时我身在东阳,接到了冯伟先生(福建省艺术学院)来电说:“快,赵老师情况不好,他昏迷醒来之后在找你。”顿时,心里有一种不祥之兆,我的心一下紧缩了起来。

次日早晨,我乘上了回杭州的列车。到了中途,手机铃声突然响起,马彪(中国音乐学院)急促地说:“赵老师在今天早晨(3 月 9 日)6 点 15 分左右已经走了。”语音未落,电话的那头已经无声。这消息对于我犹如晴天霹雳,简直不敢相信——赵老师,您怎么走得那样急?不是说好终于想出一个办法,不是说好还有事情等我回来商量的吗?

记得距离 2001 年春节还有两天,您打来电话要我带着您亲手制作的 A 调“雁飞篪”去您家,因为您心里惦记着这根乐器的高音区还有问题。为了这个问题,让您苦思冥想了好几天,终于想出了一个办法——再加开一个小音孔就可以解决问题了。我永远忘不了您的形象:戴着老花眼镜,手拿伴随多年的钻子打下了这一孔,也是您生前最后打的一个孔。完事后,递过来让我试吹一下,听了发出的声音后,您按耐不住内心的喜悦说:“小杜,这下可以向外推广了,你可不要小看这乐器,它很有历史价值的,你要尽快地将演奏指法排列出来,我来写文章,将它发表出去。”之后,您感叹起来:“我今年 78 岁了,如果再给我一点时间,还可以做更多的事情。”我说:“赵老师,以您现在的精神状态,活到 90 岁应该没有问题的,再过两年,到了 2003 年是您 80 大寿,到那个时候我们这些门生一定要为您好好庆贺一番,搞个师生音乐会。”您听罢乐了起来,笑着答道:“我年纪大了,这种事情你们看着办吧。”

如今,在我的脑海里,像这样令人动情的场景何止这一幕?您总是谆谆教诲学生,除了吹好笛子,还要好好学习文化知识,做好人。在您的眼里,儿女是您的血脉传承,而学生是您艺术生命的延续。

赵老师,您播种的艺术种子正在开花结果,而且越来越茂盛!

忆恩师

韩建林

第一次见到老师是三十多年之前了,就在前歌舞团宿舍一个阁楼中。当时老师正在房里用小煤油炉炖着剩下的两个凉菜。目之所及,除了一张陈旧的单人床、小木桌,再没有别的器具摆设,想必过着非常艰苦的生活。我并没有提前告知我的来访,径自“闯”进他的房间,说我想要拜师学笛子,老师当即回绝了我。不知因为我与他素昧平生,还是因为当时的政策所限,他是绝不能带学生的。在那个小阁楼里,我有些尴尬地站在老师的对面,他顾自端坐着,一边拿起小酒盅喝起了小酒。我暗自想,我决不能这样就回去了。壮着胆子,我说:“老师,您尽管喝酒,我吹给您听一下。”他看着我,笑笑说:“你吹也没有用,我是不能教你的。”我不得老师的允许,还是吹起了《牧民新歌》。不想,听着听着,老师竟放下了手中的酒杯,起身来纠正我的持笛方式。这一刻便是我们师徒关系的开始。

1975 年,由于有当时艺校校长及书记的支持和他们所托写的条子,我在学校和当时的文化局之间为老师的工作问题两头跑。经过一段时间的努力,老师从原“浙歌”调入了省艺校。由于政治问题,只能安排到当时的校办工厂里做工人,主要负责小提琴制作中的烘板工序。那段时间,老师每周都固定给我上一堂笛子专业课,而当时学校“教革组”强制规定我每节课完毕都必须向组织上汇报教学经过,这样的状况维持了将近一年。到了第二年,老师得到了平反,被正式编制到学校教师人员的名单中,也分到了一个大约六平方的琴房。从那时开始,每天早晨八点多老师就在那里开始了他《笛艺春秋》的创作，而我则在边上练习笛子吹奏，有不对的地方，老师便会立刻放下手中的笔，为我纠正。在这小小的六平方米的琴房中，我和老师一同度过了整整两年的时间。临毕业之前，令我一生难忘的毕业演出中，老师竟亲自为我的独奏节目拉大幕，令我激动的不是那一片掌声，而是赵老师在台边静静站着的身影，他手里拿的是早已为我准备好的下一首曲子所需的笛子。

毕业了，我被当时的省昆剧团的领导所看重，点名要我去吹昆曲。但从未接触过戏曲的我说什么也不愿意去。即使不情愿地去了，每天也只是吹奏笛子的基本功训练及曲目。老师察觉了我的负面情绪，三番五次地来浙江昆剧团找我谈话，几次强调了笛子在昆曲中的重要地位，还说，他这辈子最钟爱的艺术就是昆曲，可惜在这个领域，他并没有一个正式的学生担起这份重任。言下之意，他希望我能在以后的昆曲生涯中能闯出自己的一条路，能得到专家们的肯定。赵老师语重心长的话语使我慢慢安下了心，开始学会了工尺谱的演奏，学会了第一支曲牌，吹奏六个调的演奏手法，继而能在国内和国外的演出中，得到了较高的评价。

80 年代，老师担任了社会艺术学校的竹笛教学。每次上课时，老师都咳嗽得非常厉害。而当时的教学都是义务的，看老师如此遭罪，我于心不忍，把老师这份工作全部承担了下来，直到他们毕业为止。

还记得 80 年代我第一次随文化部赴港演出之前，赵老师得知这个消息，将我叫了过去，亲自为我写了好多信件，托香港的友人照顾我。以致此后多次的出访，他都要替我写信，关照对方要如何照顾我和相关宣传活动。每次出去都要给我零花钱，我不要，他总会说："到外面人生地不熟的，要打电话、坐公车，都要零钱的。"老师一生简朴，平易近人，对待学生如己出。我几次在港台讲座《浅谈南北昆曲的笛子演奏手法》，都得益于与老师数次探讨的结果。

几十年的春秋如白驹过隙，转眼赵老师都已经离去十年有余。回忆恩师，点点滴滴犹然在目。谨以此文缅怀恩师赵松庭先生。

师恩铭记

吴樟华

时光飞逝，转眼间，恩师赵松庭先生离开我们已整整十年了。年少时与恩师学笛的情景至今历历在目，他那认真教学、待人诚恳的高尚品格，给我留下了深刻、难忘的印象。值此赵松庭先生逝世十周年之际，大家用同样的心情，表达对恩师的敬仰和思念之情。

1980 年，我考入浙江艺术学校音乐班，当年只有十三岁，一开始学的是唢呐专业。赵老师当时是艺校的笛子老师，他经过细致的观察，发现我的口形、手指非常适合笛子演奏，建议我改学笛子。老师的一个细心观察从此改变了学生的专业方向，也让我在笛子演奏的道路上有所发展，先生的知遇之恩令我至今感激不尽。在艺校的五年学习时间里，赵老师一直非常关心我的学习，严格要求我，不断帮助我提高，给我打下了扎实的笛子基础。当时赵老师已经是闻名海内外的笛坛宗师，各地慕名前来向他求学的人非常多，赵老师在教学任务繁忙的日子里，为了不让每一位学生的学业受到影响，就采取"传帮带"的方式,让高年级的同学带领低年级的同学共同学习和提高。于是赵老师就让当时的杜如松老师带我练习基本功,使我在演奏方面打下了扎实的基础,在笛子造诣方面取得了一定的成绩。

1985 年,我以优异的成绩从艺校毕业,当时有很多省内的专业团体希望录用我,年轻的我一时举棋不定。就在这决定自己发展方向的关键时刻,我征求了赵老师的意见,老师给出了非常诚恳的希望和建议,他希望我能够先留在他身边做些教学辅导工作,而后报考高等学府继续深造。老师一句话,让我眼前一亮,我似乎找到了自己努力的方向,于是欣然听从,留在他的身边担任教育辅导工作。工作中,赵老师一丝不苟的严谨态度、精益求精的工作作风、循循善诱的教学方法都深深地打动并感染着我,也给我的教学树立了一个鲜活的好榜样,为人师表,敬业爱岗成为我一生执教的座右铭。与此同时,我积极复习迎考,于 1988 年以全国竹笛专业第一名的成绩破格考入了中国音乐学院,师从张维良教授。在中国音乐学院学习期间,我常常收到赵老师从南方寄来的信,似慈父般地询问我的大学生活情况,了解我在学习方面的成绩和困难,又鼓励我认真学习,谆谆教诲我要将笛子艺术传承,发扬光大。

当我还在上大一的时候,参加了由中央电视台举办的首届"山城杯"全国笛子比赛,经过层层选拔,最终我以一号种子选手的身份代表中国音乐学院参赛。我得意地将这一喜讯告诉给了恩师,而他却语重心长地对我说,要以一种学习锻炼的心态去参加这次大赛。因为参加这次大赛最终决赛入围的一些名单中,有当代著名的笛子演奏家,如戴亚、陈涛、王次恒、李增光、马迪、杜如松、郝益军、谢继群等选手,我当时只有二十岁,是所有参赛选手中最年轻的一位,当时我演奏了赵老师的作品《三五七》、张维良教授的《南韵》,最后获得了第四名的好成绩。赵老师对我那次比赛的演奏给予了很高的评价,特别是对我演奏大 G 调笛子的音色上赞许有加,同时也希望我在以后的学习工作中更要努力钻研,谦虚做人。就是这样,在成绩面前老师总是显得十分的淡然,而学习提高是从他嘴里常常听到的词语。让我切身感受到,在笛子的教学中,他是一位严师,一丝不苟,严格要求;在生活上,他是一位慈父,关心学生更胜于关心他自己的儿女。从他身上学到的不仅是吹笛的技艺,更教我懂得了许多做人的道理。可以说,我的事业每一次重要的关头,都是由老师的悉心指点而成就的。在我的心目中他永远是和蔼可亲的慈父,又是我成长道路上的领航人。

1991 年,我南下到深圳发展,由于受到当时深圳特区发展的特定环境和社会因素的影响,我事业发展的主方向发生了微妙的变化,笛艺方面的发展也受到了不少的冲击。在我彷徨迷茫、前路不明的关键时刻,赵老师通过各种渠道了解了我当时的状况,他十分的担心。有一次,他去台湾讲座,途中特意绕道深圳约我见面。那晚,我们通宵无眠,彻夜长谈,聊了很多,他的一句话让我终身不能忘怀:“不要这么轻易就放弃专业,专业才是最重要的。你还很年轻,需要有一技之长,有立足之本,应该趁着这大好的时光去追求你想追求的东西,笛子才是你真正的事业。”而后,他想起大师兄詹永明在广东一带有不少学生和朋友,特意嘱咐詹永明师兄对我多加关照,并叮嘱我一定要在笛子艺术的道路上踏实长久地走下去。每每想到那个时候,我总觉得赵先生那严师慈父般的音容笑貌似乎仍在眼前。他的谆谆教诲和深切希冀似乎时时在耳边鞭策着我不断为笛子艺术奋斗。一晚的长谈,却足以影响我一生的笛艺生涯。在赵老师离开深圳后,我反复回想老师说的话,慢慢地重拾信心,笛艺之路也越走越顺。

2001 年,赵老师因病仙逝,离我们而去。他的离去是浙江艺术学校乃至全国竹笛艺术教学的一个巨大损失，也是我们众弟子的一大损失，我们失去了一位全方位始终关注我们事业的良师挚友。后来，我从深圳辗转回到浙江，又重返母校任教，重又接续上了这失落多年的师生缘，令人思绪万千。如今，赵松庭先生辞世已十载，我也早已为人师为人父，每当遭遇事业的辛劳和人生的困顿时，赵老师当年的教诲总萦绕耳畔，他对笛子艺术的执着追求和淡然的人生品格，总是在不断地激励我、鞭策我。

怀念

邓世晖

1982年的春天，通过万向荣老师的介绍，一个男孩在其三姐的陪同下，怀着对音乐的热爱，找到了杭州黄龙洞浙江艺术学校的宿舍（红楼）赵松庭先生的家。从此，一个什么都没有学过的我，开始和先生及竹笛结下了一辈子不能舍弃的情缘。

1986年，也是在先生的推荐下，我作为特招生（年龄已超）和陈嘉斌同学考入了浙江艺术学校器乐班继续竹笛的学习，直至毕业留校至今。

在跟先生近二十年的学习中，先生那慈祥可亲的笑脸，对教学的严谨姿态历历在目，仿佛就在昨天。

八十年代是中国改革之潮风起云涌之时，社会的各种新鲜事物和思维层出不穷，我在学校除了学习外，还担任班长、学生会主席、团支部书记，在杭“中专联谊会”副会长等职。社会活动相对频繁，并在学校以学生会名义办了一个小吃部。但频繁的社交活动，我每天三至五小时的笛子训练是无论如何不敢放弃的。有些老师说我不务正业，去先生那告状。先生知道后并没有责备我，反而对我说：“社会的发展，经济是必然。”劝我把小吃部做成一个股份制形式。还有一句话我至今也一直在教导着我的学生们：机遇是平等的，能力是积累的，世界是美好的、是可以自由飞翔的。

今天我已在竹笛这个教学岗位工作了二十二年，为各大音乐院校及艺术团体培养了大批学生，却一直沿用着先生的教材。有人劝我编本教材，但我一直不敢。先生对竹笛的理解有很深的内涵和研究。从长音的要求（平稳、响亮、结实、无噪音）及每一条音阶的练习，都有最基本和不同的要求，一条五声音阶的训练，就要求了最基本的音准、音色及气息（丹田力点）、口劲、角度的控制与变化。从第一单元的基本音阶，到颤、叠、赠、打的灵活运用；从第二单元的吐、滑、垛、花，到第三单元的气息控制；从因人施教到因材施教，无不是先生在教学上呕心沥血的成果。

2001年的2月，早春的生命已在萌芽、涌动着，如《早晨》的引子，那微露出的朝霞和冉冉升起的太阳，那欣欣然睁开眼的小鸟，那伸伸腰舒展身体的小草……而我们的心却如深渊的严寒。二十多个日日夜夜，既是记忆又不堪回首，凝望着病榻上被病魔折磨日见消瘦的先生，我几次跑到病房外的走廊号啕大哭……

先生已驾仙鹤而去，然他的人生如《三五七》《二凡》般豪情淋漓，又如那《幽兰逢春》般曲折、伤泣，《鹧鸪飞》中那不畏坎坷、追求自由光明是他笑看人生的最后写照。

我的琴房还保留着一把先生给我上课时坐的椅子。每每看到它，脑海中就会浮现先生上课时的各种情形；每每看到它，我只有好好做人，好好育人，才能报答先生的培育之恩。

老师，我想对您说

范建弟

时间过得真快，转眼已是老师离开我们十周年了。今天由中国民族管弦乐学会、省音协、歌舞剧院在这略带着寒意的初春，在景色怡人的西子湖边举办了纪念座谈会。您的老同学、老朋友、徒子徒孙集聚一堂。我想您的在天之灵一定很欣慰吧！

老师，学生我很惭愧，卢竹音先生让我准备了发言稿，拿起笔来，千头万绪涌上心头，却不知从何落笔是好，思索良久，就当是与您梦中相聚的闲聊，以此寄托对您的一份情感了。

十年来，一直遵循您“认认真真吹笛，踏踏实实做人”的教诲，努力学习，钻研您的竹笛演奏、制作、教学的艺术。对着唱片和您齐奏《早晨》《三五七》《幽兰逢春》成了我每天的必修课。特别是我要告诉您，这些年来，詹永明、杜如松对我的帮助，在他们那里让我学到了很多宝贵的东西，加上了曾经和孙天强、钱兆喜先生那里学习作曲的基础，使自己在竹笛制作、教学、音乐创作上都取得了一些成绩。说到这里，我仿佛又听见了您经常挂在嘴边作为鼓励的话——嗯，还可以。

老师，想对您说的话很多，但时间有限，只能最后对您说一句：老师，明天见！

2011年3月8日

永远感怀您，赵老师
——纪念恩师赵松庭先生仙逝十周年

吴寿松

岁月匆匆，光阴荏苒，赵老师，您离我一去竟已十年矣！十年了，但您又何曾离开过我？十年了，梦里人间，您还常和我在一起啊！十年了，您那慈父般的音容笑貌时常出现在我眼前……十年了，赵老师，您还记得我拜您为师，学习笛艺的一幕幕情景吗？

曾记得，三十九年前十一月的那一天，我由当时的余杭县毛泽东思想文艺宣传队的乐队长陪同前往你们歌舞团，当单位介绍信递给办公室人员，他得知我要向您学吹笛子后，竟说您不能教学生，因为您是右派分子，从而拒绝了我们的要求和愿望！当时，我俩只能怀着失望和落寞的心情离开办公室。但，是苍天有眼，还是您和我此生必有师生之缘？忽然，仿佛从远处飘来一阵阵乐声，我俩便寻声而去。远远的，乐队长就认出了您！因为，他曾观摩欣赏过您笛子独奏的演出！哦，赵老师，您还在吹笛,您还在参加乐队的演奏!我想:有希望了!由此,我怀着忐忑的心情,直奔您而来——我终于见到了此生仰慕、崇拜已久的“江南笛王”赵松庭老师了!来到了您身边,我就大着胆问:“您是赵松庭老师吗?”您看了看腋挟一支竹笛的我,便和蔼又亲切地笑着回答:“是的,怎么?从哪里来?要跟我学吹笛?待会再说好吗?”于是,您就去别处拿了两只椅子让我俩暂坐一会儿,听听练乐。过后,当您了解了我的一些情况后,就欣然答应,并约我于星期天上午去您家学笛!赵老师,您知道我当时那无以言表的激动心情吗?

赵老师,您这样一位了不起的演奏家,竟然住在了这样一间小小的阁楼里!记得第一堂课,您首先让我视奏由您改编创作的《鹧鸪飞》的慢板段,过后您说:“毕竟已工作两年了,视奏能力不错。”于是,您就把《鹧鸪飞》全曲示范演奏了一遍,简直让我惊呆了:天底下竟然还有这样美妙动听的笛音!您那抑、扬、顿、挫,忽快、忽慢,时强、时弱的高超演奏技巧使我眼花缭乱,更让我佩服得五体投地!尔后,您便由浅入深、循序渐进地讲解了演奏姿势、持笛、口形、呼吸、舌、指、唇等基本方法和要领,有些地方还帮助我纠正到位,并逐音逐句地教我学练《鹧鸪飞》。通过几个月对《鹧鸪飞》一曲的学练,使我的演奏能力和水平有了飞速的长进,并让我了解、掌握了“颤、叠、赠、打”和循环换气等笛子南派演奏风格的常用手法。赵老师,《早晨》是您的成名作,也是您融南北风格于一曲的杰作。稍后,通过对《早晨》的学练,更让我了解和掌握了北派演奏风格中“垛、吐、滑、花”和“叉口”等种种技艺。接下来几年,通过对《三五七》《婺江风光》《幽兰逢春》等曲目的学练,又让我懂得了什么叫“吹情”和怎样“吹情”。

赵老师,您在“文革”时期教我们学吹笛有多难啊!歌舞团领导不让您教学生,而我们单位的一位书记也不让我再跟您学吹笛,但您为了让我们几位学生能继续跟您学吹笛,便让我们用一种有节奏的敲门声作为暗号来敲门!赵老师,您真是用心良苦啊!您如不是为了笛子艺术的发扬光大,为了笛子艺术的后继有人,您为什么还要教我们吹笛呢?

赵老师,由于我在小剧团工作而长年累月地外出演出,所以,跟您学吹笛只能利用节假日时断时续地学了那么多年,又学了那么多曲目,您收过我一分钱的学费吗?没有!反过来,您给我上课后还经常留我一起吃饭,每次都由您亲自掌勺。虽然您不胜酒量,但您还是和我一起小酌!赵老师,您的儿女们曾和我说过:“爸爸待我们儿女还不如待你们学生好!”是的,赵老师,您把儿女们只当作“小家”的一分子,而把我们学生当作笛子艺术事业之“大家”的一分子!

赵老师,您不仅教我笛艺,还教我怎样为人!您给我讲过徐悲鸿先生怎样培养他的学生吴作人的故事:是先生出资送学生出国深造,终于又让我们中华民族多了一位杰出的艺术大师!您是以那德高望重、高风亮节的大师们为榜样,您身体力行,何尝没超过前辈艺术大师?

赵老师,您曾几次介绍、推荐我去一些大中城市的专业艺术院团吹笛,但限于当时国家的形势,本地行政主管部门都不放我走,我也就都未能成行。您过后曾几次给我写信宽慰我:“我们中国办事要三厢情愿!”“谋事在人、成事在天!”“虽然在小剧团,但艺术上不能满足于小剧团的水平要求,而要继续努力地向国家级大剧团的水平要求自己、提高自己。要常来我这里,多和全国各地的笛友交流!”是的,赵老师,我过后就是按您的教导来践行自己艺术人生的!

赵老师,十年了,您又何曾离开过我?十年了,梦里人间,您还常和我在一起啊!您这么多年对我的谆谆教诲和掬育之恩怎不让我永远感怀!赵老师,十年了,您在那冥冥之中一切都安顺吧?都好吗?赵老师,值此十周年冥诞之际,我谨以十年前守护您灵堂时所赋之二绝以诉心中对您的绵绵哀思和缅怀之情：

惊闻噩耗如雷震，	音容笑貌今犹在，
阵阵去痛学生心。	栽育谆谆永世存。
深惜恩师离我去，	笛艺春秋长百载，
未能一别憾终身！	相承遗志万年新！

民族音乐大陆行

——访当代中国竹笛大师赵松庭先生

林谷珍

从60年代以来，台湾国乐界吹笛子的同好们对大陆笛子演奏家最耳熟能详的大概就是陆春龄先生了，因为在当时所谓的“女王唱片”时代翻制了许多陆先生脍炙人口的成名笛曲，诸如《鹧鸪飞》《小放牛》《喜讯》《今昔》《奔驰》《欢乐歌》等。在那时可说每个吹笛子的人或多或少都练过以上这些曲子。经由唱片的传播，陆先生的名字在台湾的笛界可说是无人不晓了。

其实在当时的中国大陆除了几位笛坛的老前辈，如冯子存先生、刘管乐先生等，在60年代与陆先生同享盛名的尚有一位浙江的赵松庭先生。而台湾的笛艺界为什么一直不晓得赵先生这个人，同时对他所创作的诸多笛曲也不很熟悉？一方面可说是赵先生本人的境遇不佳，受到十年“文革”浩劫的迫害，影响了他在舞台上的演奏生命。另一方面可说是海峡两岸文化艺术界传播管道的阻塞，致使台湾笛界人士对这位笛艺精湛的大师也就一无所知。直到近几年陆续有赵先生的作品如《早晨》《三五七》《西皮花板》《鹧鸪飞》等在台湾演奏，及笛子教材《笛艺春秋》《笛子演奏技巧广播讲座》和卡带《赵松庭笛子曲集——幽兰逢春》的流入，才使得赵先生的名号在台湾逐渐传开。

此次有幸，笔者于七月份赴大陆探亲之余，在杭州专访了赵松庭先生，并就教他一些笛艺上的问题。以下是笔者与赵先生的部分对话内容。

林：请问赵先生，您在电台的“笛子广播讲座”是在手稿完成多久之后才录制的？

赵：基本上是同时，但稿子先写好后就根据稿子一起录音，另请两位学生来上课。一方面上课，一方面吹，我也做示范。

林：在大陆的笛乐界是否有很大的回响？毕竟对一般年轻的笛子学习者而言，这是一套比较有系统的教材。

赵：其实这只是个尝试。因为像西洋乐器在文艺复兴以后的系统教学，如长笛、钢琴等就编得很好。而中国民族乐器的教学现在还在摸索之中，我们过去没有一套系统的教材，现在想把它搞成一套系统，但一下子也不能够编得很完整。

林：赵先生，您这套教材不仅循序渐进，而且有极好的教学经验加以配合（笔者按：此指1973年赵先生被调回浙江歌舞团，并参加广州交易会的演出之后，回杭州时又被错划为“右派”。在这段时间内，他培养出优秀的青年笛子演奏员如蒋国基、詹永明、张维良、戴亚等），目前这套教材在大陆上采用的人多不多？

赵：采用的人是不少，因为除少数几个省市自治区（如西藏自治区）以外都有我的学生。这其中有许多是音乐学院的老师，有许多是歌舞团的独奏演员，他们基本都是使用我的教材（包括香港地区）。

林：现在连台湾都开始采用（大笑）。

赵：我是这样想，这是个尝试，它不能说是很成熟的，因为我们才刚开始。但从教学的探讨上，就如何使它科学化、系统化、规范化而言，我们是花了一点心思。

林：我们可感觉到您是花了相当多的心血。同时，您对教材编著的态度也做到相当的客观。譬如，您并不讳言江先渭先生的《姑苏行》作得不错，简广易先生的《牧民新歌》在笛子演奏技巧和演奏手法上有一定的影响，陆春龄先生的曲子，您也都加以介绍，这样的态度我们觉得很难得。在此能否为我们介绍一下您所培养出来的几位优秀的学生。

赵：我真正的教学是从1970年开始。过去我本身是搞演奏的，一边演奏，一边排学生的课来教。最早是从50年代开始教，所教出来的学生现在都是老教师了，像上海音乐学院的谭渭裕、西安音乐学院的元修和，60年代的像俞逊发（笔者按：俞先生原来师事陆春龄先生，后又求教于赵松庭先生，博采众家之长），以后因为“文化大革命”的缘故就很少教了。

林：“文革”期间是否就教了家乡的三位？

赵：这三位是70年代开始教的，而在60年代开始教的一位是蒋国基，一位是詹永明。其他还有几个不错的，现在还未窜起，不能承认其为演奏家，但他们都是很优秀的，如中央音乐学院的戴亚及上海音乐学院的杜如松。

林：在上海访问谭渭裕先生时他曾称赞杜先生吹得相当不错，听说最近放假回杭州了。

赵：他准备今年十月份在杭州开个独奏会，现在教他的老师也是我的学生，照辈分来说他应该算是第四代了。这次演奏会如果能达到一个水平，才能被音乐界认定成为一个青年笛子演奏家，不过他的基本功是很不错的。我们这份教材也是注重在基本功，这是相当难的。相对的，我要求的也较严格，因为如果基础不好，较难的曲子就无法吹，同时也无法选择慢的和风格性的曲子，光靠手的技巧是不行的，更重要的部分是理解与神会。

林：这点我相当赞同。在台湾，一般学笛子的年轻人也是到了一定程度以后就认为笛子技巧已经学得差不多了，没有什么值得再学的，以致一直未能进入另一个更深的层次。希望赵先生为台湾吹笛子的朋友说几句话。

赵：我想我要对他们说的话就是要体会“学然后知不足，技巧是无止境的，因为它不断在创新，包括力度与速度。你能说已达到最高技巧吗？不可能的。同时，每个人都有他的擅长，像北方人擅长舌头的运用，力度刚劲明亮；而南方人较柔，注重气息的控制，但这也是北方人所需要的，只是手法不同。由于生活的不同，北方的听起来就比较粗犷、直爽；南方的较细腻、秀气。如果一个人认为自己已经将技巧学得差不多了，那他对技巧的了解就太浅了。毕竟技巧是自己不断追求的，自满就是停留，这还是客气的说法，古人不是常言：“学如逆水行舟，不进则退。”

至于笛子的技巧究竟可分为哪几种呢？就概括说，它有三大部分：

一、气功：控——气息的控制。

变——气息的变换。变就是孔的变化。

换——换气。

震——气息的振动。

冲——气息的冲动。

泛——泛音。

二、指法：叠、历、滑、颤、震、叉、垛、赠、打等。而指法的变化是无止境的，因为指法的运用是在表达旋律，透过指法演奏旋律，而旋律本身就是靠人创造的。

三、用舌：舌与气是不可分的，一开始就要训练用舌。像我吹笛子五十多年，若问我技巧掌握的如何，我只能说我仍不如一个北方的小孩子。因为南方是不用舌头的，但我后来晓得不用舌头是不行的，才如此改变，所以风格上的问题要注意。而技巧怎样去表达与叙述要根据自己的感触，需要去追寻，去制造思想。学习方法不要依样画葫芦，否则只能成为一个乐匠，而不能成为一个大师。凡是学习民族乐器的人都要锲而不舍，勇往直前，虚心求进。这是常常要讲的。

林：听起来像老生常谈，但却是人生至理。

赵：最根本的笛子技巧所要达到的是要追求音乐的本质。什么叫做音乐的本质呢？第一，要注意音准，就是所谓音调。在大陆有个专业要求，便是不得超过十个音分（相当2.5赫兹）。第二，要把音色吹好。对于音色我认为要做到强而不噪，弱而不虚，这也就是音品的要求。最后是音量与节奏，量就是气势的控制，看你能否做到"***ff*** "或"***pp***"，但这也有两个前提就是强出来时不能高，弱时不能低。如果能达到以上要求，就算及格了。但你不能说你的技巧已经到头了，如果你认为自己的技巧已到达白璧无瑕般，其实只是自己看不见自己的缺点而已。所以，这点我要忠告台湾吹笛的朋友要虚心，勇往向前，这也包括做人的哲学，就如儒家思想所言要待人以宽，律己以严。

林：受教！受教！

现在我们感受到大陆的民乐风气不像以前那么盛，而台湾正在萌芽阶段，我希望借这次的机会多请教这边吹笛子的前辈们，在学习笛子的过程中有哪些需要注意和参考的较正确途径？

赵：艺术的研习过程中走弯路是难免的，当然老师会指引你走最直的路，但这也不一定是最直的。你何必要经过自己摸索的阶段，通过磨炼并努力不懈地往前走，这样虽然会走上弯路，但最后还是慢慢会导向正途的。

学习吹笛时要注意技巧和风格是要分开而不是等同的，风格是一个乐曲内容所需的，即要表达出什么样的乐曲味道来。

而技巧是不一样的，是手段。要吹北方的就要掌握吐、滑、垛、花，要吹南方的就要掌握颤、叠、赠、打及抑、扬、顿、挫，而要吹西洋的就要掌握半音阶等。以我个人的观点而言，技巧是手段而不是目的，技巧掌握得愈多愈好，但是在表现内容时，一定要注意到乐曲的思想性及风格性，也就是说必须将乐曲加以分析，什么样的曲子用什么样的技巧，这样才不会导致技巧的滥用。当然，这些是随着你的文化水平及欣赏水准的提高才能理解的。譬如你吹《姑苏行》这首曲子，就必须用那种游山玩水的悠扬、潇洒及南方的典雅气质的感觉来吹，而不能拿吹《扬鞭催马运粮忙》的那种感觉来吹。像吹《鹧鸪飞》就要求更典雅，细致幅度要更大，这比《姑苏行》的要求更难。

林：赵先生和陆先生是否在50年代同时改编了《鹧鸪飞》这首曲子？

赵：我是在1956年改编了这首曲子，但是在当时并没有把它给很好地录下音来。在1956年有本笛子曲集《赵松庭的笛子》这本书，当时就已把这首曲子收录在里面了。

林：在台湾有首曲子叫《万寿无疆》，也是这样的曲调，不过写的是湖南民间曲，整首曲子相当的中庸平和(以下哼唱一段)。那么这两首曲子是否都根据相同的素材——湖南民间曲牌改编,抑或是单纯的标题音乐?

赵:其实这首曲子也不见得是湖南的曲子,在50年代初期也有人说这是福建的曲子。这可说是牵涉音乐的考古问题了。我改编这首曲子是根据自己的意图,从李白"越王勾践破吴归,义士还众尽锦衣,宫女如花满春殿,至今唯有鹧鸪飞"诗中而产生的音乐构思,是一首带有一种怀古的、看开的这种感觉的曲调。

林:这首曲子从前段至中段多指颤音的模拟与气息的运用都相当的精彩。到后段的连续三次反复所采用的循环换气,在当时是相当新的技巧。这循环换气的技巧是否为赵先生所首先采用在笛子上的?

赵:是我首先采用的,算是一种贡献吧!

林:是先根据李白的诗来改编民间曲再加上这个技巧的运用,还是先掌握了技巧?

赵:两个都有,因为音乐的创作不光是一个音乐构思,还要加上技巧。但是技巧不能滥用,也不能太平淡,这些都需要仔细考虑的。

林:这当中花了多少时间?

赵:大概花了一两个月就把这首曲子演奏出来。当时江先渭听我演奏后也就激发起他自己写作《姑苏行》的动机。那时是1956年我只有三十二岁,而他只有二十几岁。

林:《姑苏行》也是一首相当好的曲子。但现在好像就没有听说他再有创作些什么曲子了?

赵:他就写了两个不错的曲子,另一首叫做《水车庆丰收》。就《姑苏行》及《鹧鸪飞》这两首乐曲来说都是典型的南曲风格,但是《鹧鸪飞》的难度稍大些,因其中对气息的要求,从 ***pp—ff***,循环换气及多指颤音的难度又较高,要求较严。

就一般来说,如果南方的乐曲能够将《鹧鸪飞》这首掌握下来,你就算毕业了。若是浙江的乐曲风格,如你能将《三五七》这首吹下来,也就算能掌握了。

林:赵先生,您的《三五七》也是一首相当精彩的曲子。这首乐曲基本上是由婺剧而来的。那么学习者是否也该多听听婺剧这方面的东西?

赵:当然能听听是最好的,这叫做生活的基础,如果能常听婺剧的音调,那你就会了。但这并不表示你就能吹得好,因为作这首曲子是在50年代,那时的婺剧和现在不同。而且婺剧是属于浙江的,是我家乡戏,像《西皮花板》《三五七》《二凡》都具有婺剧色彩。因而在作这些曲子时也表现了我对家乡的熟悉与热爱。

林:最近大陆出版了一卷卡带——《三五七戏曲联弹》,全部都是婺剧。

赵:《三五七》种类是很多,不仅婺剧里有,绍剧也有,它是一个曲牌,而我是根据婺剧曲牌移植成笛子独奏曲的,可说是一种创作,为什么呢?因为曲调和原来不同,我把它抻长和重新组织。由于它的组合是〔导板〕〔平板〕〔摇板〕〔快板〕四个板组成一个曲子,而一般戏曲不是〔导板〕就是〔平板〕〔摇板〕,我便将这些组合起来,这是第一改。第二改就是将〔导板〕的速度大幅度变缓(以下哼唱头四句),我将这四句拉长,那就需要技巧了。而吹《三五七》的技巧首先要学会循环换气。所以如果台湾的同好们要吹《三五七》就必须先掌握这个技巧。循环换气并不是个了不起的技巧,因为它可使你体内供应很大的能量,就是技巧的能量。譬如在《鹧鸪飞》里的最后一段为什么要用循环换气?因为当初我联想到飞鸟翩翩,有一种思绪蜂拥,一泻千里的感觉,所以就运用上了。假设没有一气呵成而吹成断断续续的那就没有那种感觉了。

林:一般在掌握循环换气的技巧时,在换气弱音部分是否采用颤音及其他技巧来练习!

赵:可以的,但这是要先学会基本动作。我建议初学时拿个吸管,把管子接到水里,用鼻子吸气,嘴巴呼气,气息持续不断,发出呼噜的声音,这是第一步的动作。第二步骤要学会在笛子上吹起来。

像西洋人便觉得这是个不得了的技巧,我有一个学生在上海音乐学院吹大管(巴松),他原先就找我学吹笛子并学会了循环换气,结果他在吹巴松时运用上了,西洋人都认为不可思议。

林:现在有的西洋管乐器也都把这个技巧用上了。

赵:这大概和我有些关系,因为1957年我到莫斯科参加世界青年联欢节,当时我吹《早晨》,曲中使用到循环换气,后来也开了一个座谈会将这个技巧推广。现在有个长笛演奏家就运用这个技巧来吹帕格尼尼的《无穷动》了。

林:循环换气在连接上要让人感觉到一口气而不会弱下来,好像蛮困难的?

赵:这就是没有掌握循环换气的三个要求:一、呼气吸气无声响;二、听不出;三、看不出你在换气(笔者按:《笛艺春秋》一书中尚加有"四、持久")。

学习的步骤须按部就班:

一、先学会吹在水中的动作。

二、再用笛子上使其吹响。

三、慢慢地在旋律当中应用。

四、最后要达到先前所说的三个要求。

林:在第二个步骤用到笛子上吹响时,有没有限定从中音区或低音区开始。

赵:应该是低音区较好换。但首先要学会将气息控制到很细,因循环换气一出来都只有一点点,如果不能将气息缩小,即使给你吹出来那音也会变。所以我们现在教学生,一般要到二年级才教循环换气。每天早上至少练习十到十五分钟,先从 ***pp—ff***,再从 ***ff—pp***,每一次气长维持八秒钟。这些要在先练习长音一年后才开始学,现在的年轻人都不喜欢吹长音,他们只觉得枯燥无味而不感觉它的重要性。

林:是不是要在基础的用气上来适应?

赵:当然呼吸方法要对,呼吸方法不对的话气就沉不下去。我们要求音要吹的长而稳,不一定都从八秒的要求开始,一般初学者从四秒也可以,但一定要达到长、稳的要求。

林:如何教学生掌握正确的用气方法?

赵:像打少林拳那样,刚开始可以让学生作"哈"声吐气的练习,先发短促有力的"哈"声,然后再继续地放松,体会那种"气节丹田"的控制点感觉。出气时要控制均匀,不要太浪费也不能太节约。进而逐步做到吹长音的四个基本要求——响亮、平稳、结实、八秒。找到正确位置后,然后要注意高低八度的关系(一般而言,吹低音容易冲,一冲就高,吹高音容易松,一松就掉)以及两者间用气及口动的区别,而关键检验在于耳朵来听。当然,这个先决条件是要有一把音准的笛子,那就要学生去适应笛子去吹准它,若是笛子准而你吹不准,那就是"气"的问题了。

林:如果经过一年以上的训练过程,气息可以,再教他循环换气的几个基本要领,大概要再练习多久才能掌握这个技巧?

赵:要看实际情况,因每一位学生的起点都不一样,学习过程以及吸收能力也有所不同。要因材施教,不能只是千篇一律地教。老师就好像是医生,第一要会看病,第二要会安排。一个学生来了,首先就是要望、闻、问、切,了解他基本功的情形如何?目前达到怎么样的水平?要从气功、指法、舌头及耳朵这几方面去观察他各项的优缺点,再针对问题点去教他。

音乐是一种听觉的艺术,哪怕是一般人或专业演奏家,每天都要不断作听觉的基础训练。从大地方来说,也就是不断地提高自己的耳朵对音乐上美的感觉及高的感觉。什么是美的?什么是不美的?哪个是高的?哪个是低的?这个必须要有这种感觉,要不断提高自己对这方面修养,这是最基本的。其次要提高他的表现,这牵涉技巧方面。技巧提高,表现力也就增大了。这包括各种指法、各种技巧——颤、叠、赠、打、吐、滑、垛、花、控、变、震、冲、泛、历等等。

林:在吹长音时是采用“呼”的好还是要“吐”的较好?

赵:“呼”的可以,用轻吐出来的“吐”也行。“呼、吐、嘟、噜”等都可以用。

林:吹泛音和笛子是否有关?

赵:泛音能顺利吹出的笛子,大致音色都较好。吹奏时需要注意口风及口形的变化,一般能吹出三个泛音。例如基音为“5̣”则可吹出“5̣25̇”三个泛音来,假使你吹出“52̇5̇”及“5̇2̇5”、“63̇6̇”及“6̇3̇6”等的上下行泛音并能够很快地反应吹出的话,那就表示你的口形变化是恰到好处。

林:气震音要达到什么样的要求?

赵:需达到一秒钟振动六次的速度,要均匀,不能忽快忽慢,这需要专门的训练。音色要干净,吹曲子时要震与否心里要能自由地去控制,不动时的感觉较淳朴,而动的时候便感觉较为华彩。像《三五七》前段〔倒板〕的前两小节“(2̇)6. 1̇ 2̇ 3̇ 1̇ 3̇ | (1̇)2̇ – – (1̇)6 0”其中第二小节的“2̇”音要两拍以后才能动,两拍以前就不能动,这个要求都是很严格的。

林:一般在舌头方面的技巧,北方是运用的较多,练习上有哪些特别需要注意到的?

赵:首先要注音到“舌”里头有许多的功法,要认识它的重要性,这是我们过去都有忽略没做到的。舌头的技巧就如同小提琴的方法,方法有很多的。

林:西洋管乐器在这方面比我们使用的多……

赵:是比我们强,但是我们一些民间技巧他们没有。像刚才提到,我们笛子上有“单、变、三、轻、花、呼、吐、嘟、噜”等,这都属于舌头的技巧。有很多奇奇怪怪的,像鸟一样很灵巧的。舌头的技巧主要的是“单吐”和“双吐”,你把单、双吐学好,基本上算是可以,特殊的技巧像花舌要多锻炼,我自己曾足足花了半年的时间去练习。其他的“呼、吐、嘟、噜”等要跟学生说清楚曲子中哪些地方该用“呼”的,哪些地方该用“吐”的。“呼、吐、嘟、噜”都不一样,像吹“京剧流水板”(按:即《京调》,以下哼唱一段旋律),其中何处该用何种?为什么?这都要在曲子上加以分析的!

林:在一段的乐曲上,“嘟”是否用得较少?

赵:民间乐曲上用得较少,但在吹长笛乐曲上用的多。记号就是音符上加一横,如“6̄”。

林:就是保持音的这种吹法了。

赵:“呼”是比较“和”的,而“吐”呢“,就是比较“强”的感觉了。

赵:舌头的技巧,当然我们南方不如北方,但现在北方的技巧也都比较自由了一些。我现在讲的,也是经过我自己的思考,虽然我是南方的,但我愿意在这方面再尽心研究。

训练时首先就是带“单吐”及“双吐”,这是最主要的,其他只是运用的问题,并不难。“双吐”除了舌头的技巧以外还要加上手指的速度配合。

林:有人吹吐音时唇部振动很厉害……

赵:这就是基本动作还要多训练,也可以纠正的。

林:现在大陆上也有人将“循环换气”应用到“双吐”上了。

赵:“双吐循环换气”与一般“双吐”的动作不同点在于它是采用“TPTK”而不是“TKTK”,循环换气时就是在“P”这一下进去的。

林:在目前有没有乐曲使用到?

赵:有的,其实一般乐曲也都可以用,不过现在比较少有这么长段双吐的曲子。比方说吹西洋的《大黄蜂》或是《无穷动》就都可以采用。但是现在能熟练掌握这个技巧的人不多,在大陆上目前只有两位。

林:是专业的?

赵:一位是业余的,一位是专业的。业余的(笔者按:指杭州的王彦先生)就是首先创造出这个技巧的,也是我的业余学生。他是在“文革”期间不知怎么搞的玩练了起来,我问他是怎么吹的,他自己也说不来,后来我帮他总结起来才晓得是用“TPTK”的方式的。另一位专业的是中央音乐院的戴亚,他现在吹“无穷动”一口气很干净。所以说假使以后有机会,台湾可以请他去表演一下。

林:原来的这位创造者是“知其然而不知其所以然……”

赵:是的,同时他也没有时间到舞台上去表演。但是我这个做老师的倒是时常的替他去宣传。现在国际上也有人使用这个技巧,但事实上是我们在60年代中期先创造的,但是没有很好地给它宣传及录音证明。目前大陆上有很多人会这个技巧,但是能够熟练使用的还只有这两位。因为这也要花费很多时间去练习。

林:刚刚赵先生提到了气功、舌头等的训练,那在指法这方面有哪些要特别注意的要点?

赵:在传统的装饰手法中有“颤、叠、赠、打、滑、叉、震、历、垛”,这些指法的技巧训练中,手指的弹性是很重要的,一定要注意到每个指头的独立活动能力,需随时随地训练,要做到每一指都能作弹性的跳动并达到均匀、灵活、持久、臂部肌肉不紧张的要求。其中滑音很重要,因为能够圆滑地演奏是中国笛子的特点。

林:吹奏滑音时,在曲笛上的手指是否要按进来些?这样的滑音效果是否能做得较为顺畅?

赵:是的,按照传统的拿法,圆滑音应该按到里面进去。

林:那如果在小笛子上呢?

赵:在小笛子上吹圆滑音那一定要将音孔开大。过去一般我们吹《流水板》《荫中鸟》《喜相逢》所用的笛子音孔都比较大,老一辈艺人用的眼儿(音孔)就有手指(比个手势)这么大,小孔吹奏圆滑音就没有什么好玩儿的啦。

林:前此我们到西安音乐学院参加中国传统音乐学年会时,曾到一个叫何家营的地方聆赏一些民间老艺人演奏“西安鼓乐”,他们所用的笛子是较早期一直流传下来的,其中不管是吹孔、膜孔及按音孔都很大。

赵:为什么大呢?道理很简单,因为眼孔大则好作文章。音孔大了以后声音较硬,不柔和,并不适合吹江南丝竹。但是它的表现性质一般来说是强而不能弱的。所以圆滑音要圆滑到什么程度呢?要像人的声带一样可以自由地滑动,要达到这个水平而且每一个手指都必须做到。

林:在上滑音和下滑音要注意哪些?

赵:不管上滑或下滑都要把音圆滑地做出来,我能够怎么唱你就能够怎么吹出来。要做到这一点,这里面牵涉很多技巧的:一、指,手的指法;二、气,刚提到“气变音”本身就可以吹出滑音;三、指与气的结合运用。

林:舌头是否要加以配合?

赵:那是两个技巧结合的问题,需不需要可视情况增减。

林:滑音技巧可说是中国笛的主要特色……

赵:像一般西洋长笛就没有了,有的只能在按键盖上开个洞。长笛加的按键可使声音变纯、较稳定,这是它的优点,但相对的它的变化性也就少了。比方说我要吹一个 ***ppp—fff***,西洋长笛做不来的,它只能达到 ***p—f***,而中国笛子可以达到 ***pp—ff***,这是不一样的。就像以《鹧鸪飞》那种很细很细织若一线的气,长笛是没办法的。虽然说笛膜是有关系,但是两者的用气方法是不一样的,长笛讲究稳定,而我们中国民族乐器的特点就是变化性很大,这在“声学”上的术语称做“激发频率”,不是固有的频率。“激发频率”的乐器性能特别强,像管子、唢呐等等。

林:我今天在西湖旁也看到有人用含在嘴里的小簧哨吹河北民间曲《摘棉花》及模仿唱腔和人的歌声,很精彩。

赵:这就如人的声带一样,你人怎唱它就怎么吹出来,它的激发频率是无穷的。我们中国的乐器比它就稳定一点,但是比起西洋乐器的话,显得要自由多了。我认为“自由”这一点不需要把它改掉,因为它能反应不同的语言。假使一定要像长笛一样奏出来虽稳定但较死板,就如吹《五梆子》没有了那些垛音、圆滑音,那就没有什么味道了。所以说改革也是一种学问,西洋乐器的科学无非是较稳定……

林:整体上来讲,在音准上、半音阶上是比我们稳定的。

赵:其实中国笛吹半音阶不是难的,而是因为我们没这个需要。假使有这个需要,我们就可以吹,明朝就可以吹。六个孔不够可用七个孔,七个不够可用八个,八个孔不够可用十个、十一个。

林:在六孔昆笛及低音大笛音孔上的半音按法,是怎么按指才较适当?

赵:应该是下三孔采按“里半孔”,而上三孔按“上半孔”。

林:中国笛子上吹半音我觉得有个缺点,就是出来的音较虚且音色与其他的音不统一。

赵:事实上,根据历史记载,中国早在宋朝时就已采用半孔的技巧来解决“十二律旋相为宫”的问题(按:宋朝陈旸《乐书》记载:“……今太常笛,从下而上,一穴为太簇,半窍为大吕,次上一穴为姑洗,半窍为夹钟……”),但是按半孔所吹出来的音感觉是不一样的,音色较闷且较不稳定,速度也没办法快,哪怕你花了很大的努力去练出来,总还是不如另开个半音孔,这是它的局限性,你不能认为这是它的科学性,是进步性!主要的是我们现在没这个需要,假使你说现在一定要吹半音,那么我可以另开半音孔来解决。因此你在训练学生时一定要注意要看得远,假使将来要学生吹半音阶行不行呢?如果你的手指是自由的这样拿惯了(按:指双手小指及大拇指的置放位置不对),那就糟糕了,以后你要花很大的努力来训练、纠正。所以开始就要教学生正确的持笛姿势。半音孔的位置可以根据自己手指的要求开(在音准的前提下)。现在的笛子有开六孔、八孔的,但为什么不作开十孔的呢?十孔笛我这边也有的,但问题是十孔笛的曲子没有,假使现在要用十孔笛那就要吹外国曲子了,但中国笛子要吹外国曲子做什么?一定要我们吹其实也不难的!

林:用中国笛吹西洋曲子,不仅没有原来民族风味的东西,而且所表现的……

赵:又没有洋长笛吹得好,所以说这就要看创作了,假使创作出来的曲子必需要用到半音阶而且又要有民族风格,这样就可以用加半音孔的笛子来吹了。有人以为我们中国笛子半音阶吹不来,不是的,只是现在没这个需要(目前六孔笛也可以吹,但是相对的是要不灵活些)。一般来说在五声音阶当中有几个半音需要经常作训练。一个是第二孔,一个是第五孔,假使你这二孔半音没学会的话,那么你尺字调(全按作 6̣)及六字调(全按作 3̣)就吹不来,另一个就是第六孔的半音。从理论上来说,一组自然音阶中只有五个半音,现在已经解决了三个,因此只要再把双手无名指的半音孔一加就行了。所以说现在八孔笛很时髦,吹的人很多。至于我自己因为也没有这个需要,所以我在吹《三五七》及《二凡》时只要用六孔笛就可以了。假使现在让我写个曲子而使用八孔笛也是完全可以。大至而言,我们要承认六孔笛吹半音是不如另外开孔的,但是并不是不可能。依目前情况来看,在五声音阶的转调上必须学会的几种指法为小工调(全按作 5̣)、正宫调(全按作 2̣)、尺字调(全按作 6̣)、六字调(全按作 3̣)、乙字调(全按作 **1**)及凡字调(全按作 **4**)等至少五个到六个调。你可依据实际情况去开孔,并不需要每个笛子都加按键,你以为这样是科学化、规范化,但是拿这种笛子来吹民间乐曲的话,味道就没了。

林:一般笛子上第二孔的位置总是开的稍低一些,在以前是顾虑到半孔性的按法较少用,但是现在如果大家都采用了,那是否这一孔的位置应该开的高一点?

赵:这是近代的所谓改革,以现在来看,是不够彻底也不怎么成功。若以乙字调(全按作**1**)来看,这"**2**"和"**3**"间变成大二度不到而又不是小二度的关系,但为什么不把它位置移高些使音准些呢?因为第二孔若上移,则食、中二指的距离太靠近,则指法按起来又不太舒服。

一定要作准的话,我认为可以将第二孔的眼儿开大一点,而把第三孔开小一点来解决。这样的话小工调的"**567**"或乙字调的"**123**"音就可以准了。但是现在的制作厂皆不愿这样生产,因为买的人不要这样的开孔。其实若要按照这种不够彻底改良的音孔位置,我主张倒不如回到以前传统昆笛的"骑墙音"的开孔法。我现在吹的《三五七》及《二凡》基本上这个"**1**"就是拉下来,而"**7**"索性不吹,而吹成比"**7**"低而不到"♭**7**",这样味道也好些。

现在有很多吹昆曲的到我这里做笛子,因为这些吹昆曲的人也不会像我们一样按半孔的吹法,假若在同一根笛子上要用小工调翻六字调就没办法了。所以我告诉他们,"你们昆曲要用三种笛子:小工调、正宫调、乙字调用一支笛子,六字调、尺字调用一支笛子,上字调、凡字调用一支笛子",这样的话所有的昆曲都吹好了。像过去一些老先生唱京戏,他们唱的"**5̣2**"并不是一个纯五度,而是要宽一些,这是他们的习惯。

林:我们那里也是这样子。

赵:其实我们过去讲的"三分损益"就是纯五度,它的比例是 1 跟 3 跟 2 的关系。人的耳朵听纯律是觉得最好听,1∶2,2∶3,3∶4。而像平均律的五度关系是 1∶1.4983,而纯律的五度关系是 1.5(3∶2),虽然只相差一点点,但是这种误差耳朵听起来就不舒服了。

林:赵先生,您在大陆笛坛上已经算是挺前辈了,而在往上数的老一辈笛艺家还健在的不知有哪些?

赵:还有一些比我年纪长的,像上海的金竹里老先生、天津的刘管乐老先生,很可惜的是今年初冯先生(按:指冯子存先生)过世了。冯老先生及刘管乐老先生可说是北方派的代表人物,南方派的代表则是陆春龄先生。

林:赵先生您也是吧!

赵:我也不算是南方派,可说是介乎二者之间吧!

林:是在《早晨》这首曲子出来以后才比较有南北交融的这种风格。不过一般还是把赵先生归到南方的代表。

赵:也不是,应该说是立足于南方……

林:但是也融入北方的风格。

赵:如果说要代表,那就代表这一部分吧!(二人哈哈大笑)

林:另外有一位陈重老先生?

赵:他是属于江南丝竹派。

林:好像还有一位年纪更长的?

赵:那就指金竹里老先生了,现在他已经八十几岁了。他是江南丝竹派的,现在他们还在活动。

陈重老先生不光吹笛子,其他的琵琶、古琴、二胡都教,他是教授,年纪也比我大一点。

林:从冯老先生到以上刚刚所提到的这几位,可说在这个时代都是深具代表性的。

赵:哈哈,好像是有一点代表性,不过我们的时代已经快过去了。以后就要看他们年轻人了。

跟我年纪差不多的还有一位武汉的孔建华先生,他最近也有场独奏会。

除此之外,还有很多人的,因为中国这么大,有很多民间艺人我们现在也不是很知道的!

林:目前您及前面提到的这些老一辈名家的活动性如何?

赵:现在慢慢地都退下来了,陈重先生今年退休返乡。刘管乐先生现在也在家里,老早就不上舞台。目前我们所谓的这些老一辈的当中,经常在舞台上活跃的属陆先生,他经常出去演出。我呢?则偶尔参加些活动,像前几年带了一个团到日本去访问演出,今年春节则到香港,有时有些活动还是要上台吹两下。吹嘛,现在还可以,不过牙齿不太好,要戴假牙了。

林:在中生代这一辈中,能够掌握的比较全面的有哪一些?

赵:近代的这些从四十多岁到二十多岁的,比较成熟的,我们现在叫他们为演奏家的,如南方的俞逊发、詹永明、蒋国基等都是算佼佼者,其他的还有很多,讲起来基本上每个省都有一些。以我的学生来说,北京的张维良、李增光;陕西的元修和、孙永志;香港的郑济民、张向华等等。以技巧上来说,我们这一代的技巧他们基本上都掌握了,不但掌握而且有所发挥,这也是时代的必然性,因为我们给他们开创了一条路,也就是说我们做的是摸索的功夫,像笛子怎么样的强弱变化,循环换气的使用……都是从我们这一代开始摸索起的。笛子在历史上从元朝、明朝开始就一直作为戏曲的伴奏乐器,单独的引出来成为乐队的主奏乐器很少,因此从我们这个阶段来看。以前也没有什么笛子独奏曲。从唐朝以来,唐朝的《霓裳羽衣曲》其中的一个“引子”是笛子独奏,晋代桓伊所作的《梅花三弄》是笛子曲,但现在这个曲子也失传,仅剩古琴曲的《梅花三弄》了。唐朝以后在戏曲中把笛子当作主要的乐器,特别是元曲、昆曲,以后加入弋阳腔、梆子腔。伴奏南曲(昆曲、乱弹等)叫曲笛,伴奏梆子戏的叫梆笛。元、明以后,笛子作为戏曲伴奏的曲牌有三千多首,像《九宫大成》里面有很多基本上可以用笛子吹,但它们都不是笛子独奏曲。那么笛子是在什么时候才开始演奏独奏曲,成为像古代所谓的一项表演艺术的独奏乐器呢?

林:是否是这三四十年以来的事情?

赵:是从50年代开始的。在我们来说,大陆上最早的是《喜相逢》——第一个北方乐曲出来,南方那个时候还是江南丝竹。冯老先生的《喜相逢》《五梆子》,刘管乐先生的《和平鸽》(1952)、《荫中鸟》,陆春龄先生的《今昔》、我的《早晨》(1954)及一些"二人转"的曲子出来以后,笛子独奏的曲子也就大量开始了。

林:那一阵子可以说是近代发展中国笛子演奏独奏曲,成为独奏乐器的一个相当辉煌灿烂的时代。

赵:也算是一个高峰吧!往音乐历史上来看,从唐朝以来一直到我们现在,基本上这个时间是一个高潮。单是笛子曲那个时候发表的就有二百多首。

林:从前在台湾从香港转录过去的唱片曲子,也都是那个高峰时期的作品。

将近70年代时,台湾就有您的曲子《早晨》的手抄谱了,可是不晓得怎么吹,吹不出个所以然来。那个时候赵先生您也还没有什么磁带出来……

赵:那时根本没磁带,只有唱片,不好带也拿不到!我的唱片就是一张《婺江风光》,它是向海外发行的,这张唱片一直到七八十年代在香港那边都还有,这一张现在还保留着。

赵:另外在50年代及60年代初期灌制了几张"粗纹"的唱片,像《早晨》《采茶忙》《未央歌》《和平鸽》等,但现在都没法听了,且一般粗纹的唱片也是不出口的。

林:就整体而言,像俞逊发先生,我们认为他掌握得相当全面……

赵:孔庆宝也不错

林:是的,那若以他们现在的程度来吹奏你们老一辈的曲子,跟你们原来所吹奏的有些怎么样的差别?地道不地道?比方说他们所掌握的技巧、音色都很好,其他等等都没有什么问题,那这样所吹出来的《喜相逢》《五梆子》和冯子存老先生所吹的差别在哪些地方呢?我指的是原来有些旧曲子可能具有相当的淳朴性、乡土味抑或民间风格等等,在经过他们现在所掌握比较新的一些东西加进去后,会有些怎样的不同?

赵:这肯定是有在变化的,终究来说,它是一直在发展的。这大致可分为三方面:一是技巧,一是速度,一是处理方法;就好像菜愈烧愈精一样,它也是会慢慢更成熟的。这个原因是老一辈的刚刚发展起来,在许多技巧及其他方面很多是自己摸索创造的,都是经过了很长时间的努力才达到的。我们花了二三十年很长时间的摸索,但当我们教给你时,只要二三年便把你教会了;有一种技巧我要花一年到两年去摸索,我教给你只要两三天你就会了,就技巧这方面而言,可以这样说,这些学生一代肯定是超过老一代了。一方面是他们这里学一点,那里学一点,启蒙掌握的早,另一方面是我们老一辈的教学是毫不保守的,你向我学,我就毫无保留地教给你,我们也不怕你们学生超过老师,因为"青出于蓝而更胜于蓝"是必然的!

林:而且如果能够有这样的学生,这也是做老师的光荣。

赵:假使阻碍学生的发展,那么这个老师就有问题。以上是就技巧层次上来说,但是艺术上并不单纯的只有技巧。

林:对的,我所指的也是这个问题。

赵:比方我举个例子来说,我所作的《幽兰逢春》现在叫我的学生来吹,是吹不出来那个味道的,虽然他们的技巧都达到了。

林:这首曲子是根据昆曲为素材来作的?

赵:是的,但它不仅只有技巧。所谓的技巧,不外是气息、指法、舌头,这些技巧他们都能够达得到。但是艺术不光是技巧,它这里面有一种表达思想、表达内心感情及一些说不出来的境界,而这些东西跟生活有关,跟你的思想境界有关。它能够感动人,主要描写的也许是风格,也许是感情,这些他们学生有许多掌握不到。

像吹速度、密度快的如《三五七》这首曲子,在这许多学生当中,技巧大家都差不多,但是有几个学生就吹得很好。比方说戴亚,我经常提到他,为什么呢?因为他也是我们东阳人,从小就受到这种熏陶,他吹出来的味道就够。刚才我送给你的那盒磁带(按:指《赵松庭笛子曲集》)里的《三五七》就是他吹的。他这个味道就地道,其他的学生就吹的不像这么地道。为什么不地道呢?这牵涉装饰的手法不同,乐曲的情趣、风格等问题。这个你说到底不一样在哪里呢?也很难说,不过倒是可用个例子来比喻,就好像我们用耳朵听方言一样,广东话就是广东话,你北方人说广东话味道就是差一点。这一点是不是一定要保存,那也是很难说的。但是我们从欣赏艺术的角度来说,首先就是看你能不能把内容基本上表达出来,至于你表现的手法,那也并不是说一定要哪一种。

林:前几天我还和谭渭裕先生提到,麻烦他帮我找一些前辈们的录音带,因为有的台湾找不到,而有的比较早期的唱片,比如说写的是《荫中鸟》,但我们并不知道这个究竟是不是刘管乐先生吹的。因为有这样的问题,所以我希望能找一点这方面的资料,以后在座谈中能给年轻的朋友作一个比较,这个比较不在刚才提及的技巧方面,而是让他们晓得这些老一辈辛辛苦苦摸索了许多年出来,在他们那一阵子最辉煌的时期所吹奏出来的这些曲子,味道性是这个样子的。而后来的这些学生,有的是嫡系直传,有的是带艺投师,走访各个名家的,那么这些人所吹出来的味道性又是怎么个样子的?

赵:这个我可以举个简单的例子来说,就像写字一样,老一辈的字写出来他总有他老一辈的味道在里面,然而新一代的他学了这个样子以后他自己又再发展,他的书法也很漂亮,那么这两个你到底喜欢哪一种呢?老一辈他是比较苍健,风格上比较独特突出;而新一辈的比较秀丽、华彩。各有各的特点,你说到底哪一个好呢?

应该是这样说的:新一辈是从老一辈脱胎而出的,从技巧上来说,总是一直在前进的。但从表现上来说,是随着他的年龄、修养及其他各方面的东西而相关呈现出来的,他可能向更高的方向发展,也可能停滞不前。换句话说,他可能超出但也有可能达不到前人先辈他们的那种境界!就像王羲之的书法,千古以来,后代的多少人还是达不到他那种境地。

我们老一辈的得要承认,年轻的这一代,从技巧上而言,无论在广度、在深度,应该说他们肯定是在前进的。但就表现的手法上,乐曲的处理上、理解上而言,有些可能尚未成熟而还没能达到某种层次的境界。

林:这大概就是所谓的功夫一年一年深吧!有些人的年纪或阅历、经历还不到那里,也就没有那样的感觉来表达那种的心境了。

赵:我们现在教学生,技巧上是都放心啦,现在学生在技巧上我不但放心,而且要承认他们在速度上、力度上,在普遍的掌握上超过我们。但是你们在笛子艺术的这个领域里,还有很多很多是要认真学习的!比方说我举个例子,“笛子艺术”涵盖多少方面?至少包括七个方面:1. 史学;2. 文学;3. 哲(理)学;4. 美学;5. 乐、声学;6. 乐器改革;7. 教学、演奏等(按:可参照《笛艺春秋》一书第18、19页)。所以,虽然你们不要抱着老一辈好像肯定比你们新一辈好的这个观念,但是你们在这方面掌握的东西若都在和老师相等,那是还差很大一截儿的。

林：是的，在这方面我自己是相当有这种体认的！在您刚刚说的“笛子艺术”涵盖的这几个方面里头，我认为一般的年轻人最多能掌握的是一个、两个，最多是三个罢了。

赵：三个已经不错啦！有些一辈子就是演奏！演奏也不错，演奏若你能攀登高峰，是好的，不容易。但是作为艺术，它总是有一种基础，即所谓称之为“知识面”的，技术它不只是单一的，它需要一个“总”的技术，若你不懂得文学及其他的配合……

林：在前面所提及的这几个方面，若你没有去涉猎到有相当程度的认知，我认为你在演奏的深度上可能……

赵：这个你就讲对了，所以我刚才说你们这些年轻人也许演奏不出这个味儿。虽然你现在所演奏的也是通过我花了很多的力气帮你处理，并且把我很多的东西教给你，但是另一方面有些东西是教不出来的，因为必须要你自己去体会才行。

比方说《鹧鸪飞》这首曲子，你怎么样能吹出那种典雅而又充满怀古色彩的，且格调上要做到很深的、包含宇宙的这样一种境界？

那么又像《幽兰逢春》，你如何做到悲而不丧、如怨如慕地但又不失为哭哭啼啼，吹过头了也是不行的！

林：那在这当中的火候拿捏，有的人他没有这种人生体验或其他文学的修养，整个的搭配……

赵：艺术的创造绝不是单一的，有关的方面你必须要去思索，去理解。有许多老一辈的对乐学、声学、近代科学不是很懂，因此他也许对理论也好或者一些音乐上的事物缘由就不可能达到像今天这样的水准。比如我们现在可以测得你吹的某个音高是多少？过去他是没办法知道的！过去他也许不懂得什么呼吸的生理科学，也不知道什么横膈膜，他只晓得你练气的时候在“小便急”的时候来练，这是过去我们老师这样讲的。因为他要我们“丹田提气”、“意守丹田”，但是他却没办法说明白，因此他要我们小便急的时候来吹笛子，这时候一边吹一边想到尿急，也就自然地“意守丹田”了。（二人哈哈大笑）从现在的眼光来看这是不科学的，但是他毕竟有他的道理在里边，那么我们就是要了解他为什么要这样讲？道理在哪？

又像冯老教学生吹笛子，首先要把笛膜吹破，吹破了以后再来吹笛子。我们必须领会他的意思，他学笛子首先要练“力功”。任何东西你首先要练“力度”而不是首先就练技巧，先练技巧就像是练“花拳”，好看而不实用，你必须先把“力度”练好，这是他的基本精神。

林：在冯老先生的曲子里，这一点似乎非常强调，这样的话味道性也就容易出来。有的人照着谱吹着也都吹了，各项的技巧也都用了，吹出来就是……

赵：没味儿，这就是基本这一点你疏忽了。比方说你吹《三五七》要分析它是描写什么东西？它有个什么样的风格？要注意哪些方面？

《三五七》它是带有农民色彩的，它要讲究粗犷，但是不能太强，太强又变成北方的味道了，它是反映了浙东农民这样的一个生活。

又如《鹧鸪飞》跟《姑苏行》这类曲子，就像是过去的公卿士大夫音乐了——典雅壮重，你不能像吹《三五七》那个味道来吹，技巧及使用时的气也不一样。另一方面来说，你《三五七》吹的油里油气的也不行，因为农民是淳朴、朴素的样子，是不是？

所以我刚刚跟你讲的是笛艺的总结，就如“南曲出手，颤、叠、赠、打；北曲拿手，吐、滑、垛、花”。这句顺口溜中，在某一类的曲子里，这里不能用滑音，那边不能用颤音等等，都是我们替你总结，然后再一点一滴教给你，因此学生在我这里学了五六年、十年下来之后，他每一点都接受了我的教导，从而也不能达到了某种程度的水平，那么这个是他的呢？还是我的呢？你说你们（按：指年青一代）比我们高，其实也是站在我们的基础之上，我们把你们载上去的。若是按照你自己的水平要平地拔尖地上去，那可是还早得很。所以有些学生认为他比你这个老师高，他就忘本了，他忘记他的本质基础是站在老师的头上、肩膀上，是老师把他顶高的，应该要明白这个道理才是。

林：毕竟“饮水要思源”嘛。

赵：所以说你们学生是这样，我们也是这样，我们为什么有现在的高度，也是因为古代及过去的这些老师他们教导而来的！但是我们这一代跨的比较远，跨的比较是真正的水平。因为笛子这样乐器长期以来都是一道处于伴奏的情况之下，我们则刚好处在这么一个时期……

林：也正好跨了很大的一步。（按：指在这阶段老一辈的创作及改编了大量的笛子独奏曲，使笛子长期以来在传统戏曲中伴奏的性质，一变而成为活跃于舞台上的独奏性乐器。）

赵：那么历史的长河就是这样一步一步地跨了过去。你们跟着我们，而下一代又跟着你们再下去，这样历史变前进了。如果论及作为你个人的贡献而言，那要从历史来衡量。你这一代在笛子或其他某项乐器引起了多少的作用，这在历史的刻度上是可以量得出来的，因为它是永远前进而不是到此为止的！

林：今天很难得的有这个机会能访问到赵先生，并聆听了您很多宝贵的笛艺知识与心得，真是受益良多。最后，赵先生您能不能再对台湾年轻的学笛朋友说几句话？

赵：这个机会是很难得的，不过我想以后机会会越来越多的！我们尽量向前面看吧，希望我们大众一起来，为了一个共同的目的，就是振兴我们民族的音乐，毕竟大家都是一样的炎黄子孙。如何来振兴呢？这是一个很大的课题，这必须依靠大家，也不是一个人、两个人就可以做到的，不能光是单打一，单打一是打不好的，同时基础面一定要宽才行。

我从开始吹笛子到现在也已经吹了五十多年了，走过了许多坎坷不平的道路，但感觉上也对振兴民族音乐这方面做了一些努力，也就是刚才同林先生讲过的那些有关笛子艺术的七个方面。希望你们也能共同努力一齐来达到这个目标！

林：真感谢赵先生您接受我们的访问，谢谢您！！

浙江省松庭笛箫公益艺术中心介绍

浙江省松庭笛箫公益艺术中心是经浙江省文化和旅游厅批准，注册登记于浙江省民政厅的公益性社会组织。中心的宗旨是深入贯彻党的方针政策，弘扬中华文化，持续不断的推陈出新，传承、研究、发展和创新赵派笛箫艺术，扶持与关心笛乐新生代成长，吸引更多年轻一代热爱并投身于笛箫艺术，促进笛箫艺术事业发展。

中心自成立以来，多次举办全国性的竹笛艺术展演、比赛、大师班讲座等系列大型活动，并录制和出版了这些活动光盘的音像出版品。特别是自2019年以来成功举办三届"松庭龙吟"全国竹笛邀请赛，吸引了大陆及香港、澳门、台湾等地选手积极参与。该赛事整体专业水平高，既弘扬赵松庭先生海纳百川的艺术精神与胸怀，又通过获奖选手音乐会展示了当今竹笛新秀自我精进与艺术追求，呈现竹笛艺术永续发展的前沿新貌。通过比赛发现选拔出一批优秀选手和好苗子，这不仅是对笛艺瑰宝的传承，也是对中华文化的生动演绎，为中心在文化传承和推广方面贡献卓越的努力，并获得业界内外广泛的赞赏与影响力。

王建元，现任浙江省松庭笛箫公益艺术中心理事长。曾任深圳裕隆国际贸易有限公司、浙江纺织品进出口深圳公司、上海裕宁国际贸易有限公司董事长、总经理，浙江裕隆国际贸易有限公司总经理，浙江省驻深圳企业家协会副会长。

他是赵松庭先生早期嫡系弟子中较为特殊的一位。20世纪70年代开始跟随赵先生学习，接受先生系统的基本功训练且在演奏上得其真传。在赵先生身处逆境时，陪伴左右，照料有加，二人结下了亲如父子的深厚师生情谊。80年代初期参加浙江省电视台艺术团，录制了大量的笛子独奏作品和民乐队演奏节目，参与多部影视作品配乐，并时常活跃在浙江省的音乐表演舞台上。后投身企业经营管理领域，在赵先生"自强不息，乐观豁达，严谨认真"的精神影响下促进了事业的成功。

为支持和弘扬赵派竹笛艺术，更为纪念恩师赵松庭先生，王建元出资成立浙江省松庭笛箫公益艺术中心，召集同门学友为回馈师恩共尽心力。在中心的成立仪式上，他号召几近全员赵派嫡传弟子聚首杭州，举行《感恩师德 不忘初心——笛乐名家名曲音乐会》，一时笛坛精英汇聚，成为一桩佳话。中心成立以来，创办"松庭龙吟"全国竹笛邀请赛，策划系列竹笛音乐会、大师班、研讨会等活动，资助笛乐展演及录制出版项目，使得中心在推动当代竹笛艺术发展方面具有相当影响力。同时，他为筹办赵松庭纪念馆做出重要贡献，联系赵氏家属提供珍贵资料与展品，并参与纪念馆的设计和布展。对于赵先生的文谱整理工作也不遗余力，鼎力协助《笛艺春秋——赵松庭笛曲·文论集》《松庭流芳——笛坛宗师赵松庭纪念馆落成典礼暨名家名曲音乐会》《赵松庭笛派经典作品集》《赵松庭全集》等书谱完成编辑出版。近年来在音乐表演方面，王建元多次参演赵松庭先生的纪念音乐会，分别在北京音乐厅、上海交响乐团音乐厅、浙江省人民大会堂、浙江音乐厅和杭州大剧院演出赵先生的作品《采茶忙》《婺江风光》《早晨》《幽兰逢春》等，以纯正地道的赵派演奏风格，受到广泛好评。